图书在版编目(CIP)数据

中国文化文物统计年鉴.2000/文化部计划财务司编著.－北京:北京图书馆出版社,2000.8

ISBN 7－5013－1064－5

Ⅰ.中… Ⅱ.文… Ⅲ.①文化事业－统计资料－中国－2000－年鉴 ②文物－工作－统计资料－中国－2000－年鉴 Ⅳ.G12－54

中国版本图书馆 CIP 数据核字(2000)第 68373 号

ZHONGGUO WENHUA WENWU TONGJI NIANJIAN

书名 中国文化文物统计年鉴(2000)

著者 文化部计划财务司编著

出版 北京图书馆出版社(原书目文献出版社)

发行 (100034 北京西城区文津街 7 号)

经销 北京新华书店

印刷 河南省文化厅印刷厂

开本 787×1092(毫米) 1/16

印张 40.75

字数 1043(千字)

版次 2000 年 9 月第 1 版 2000 年 9 月第 1 次印刷

印数 1－2200 册

书号 ISBN7－5013－1064－5/G·287

定价 100.00 元

中国文化文物统计年鉴

（2000）

文化部计划财务司编著

北京图书馆出版社

《中国文化文物统计年鉴》编委会

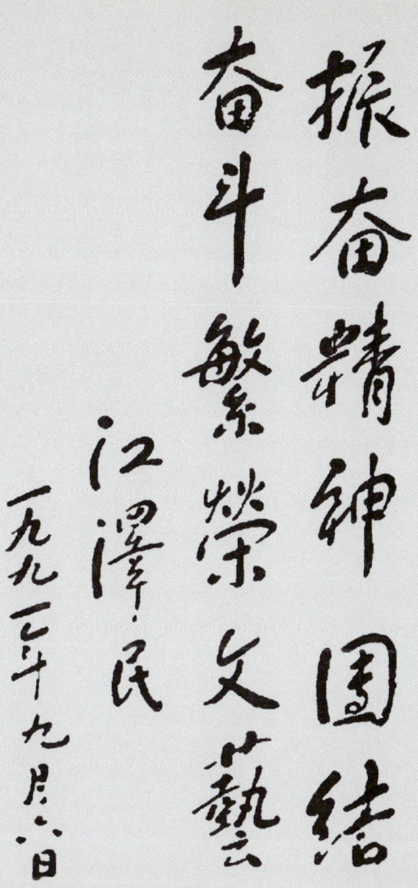

毛泽东、刘少奇、周恩来观看中央美术学院教师作品

邓小平观看《中国革命之歌》首演后接见演员

江泽民、李岚清等视察国家图书馆，与读者亲切交谈

三代领导的关心

主要文化事业机构发展情况曲线图

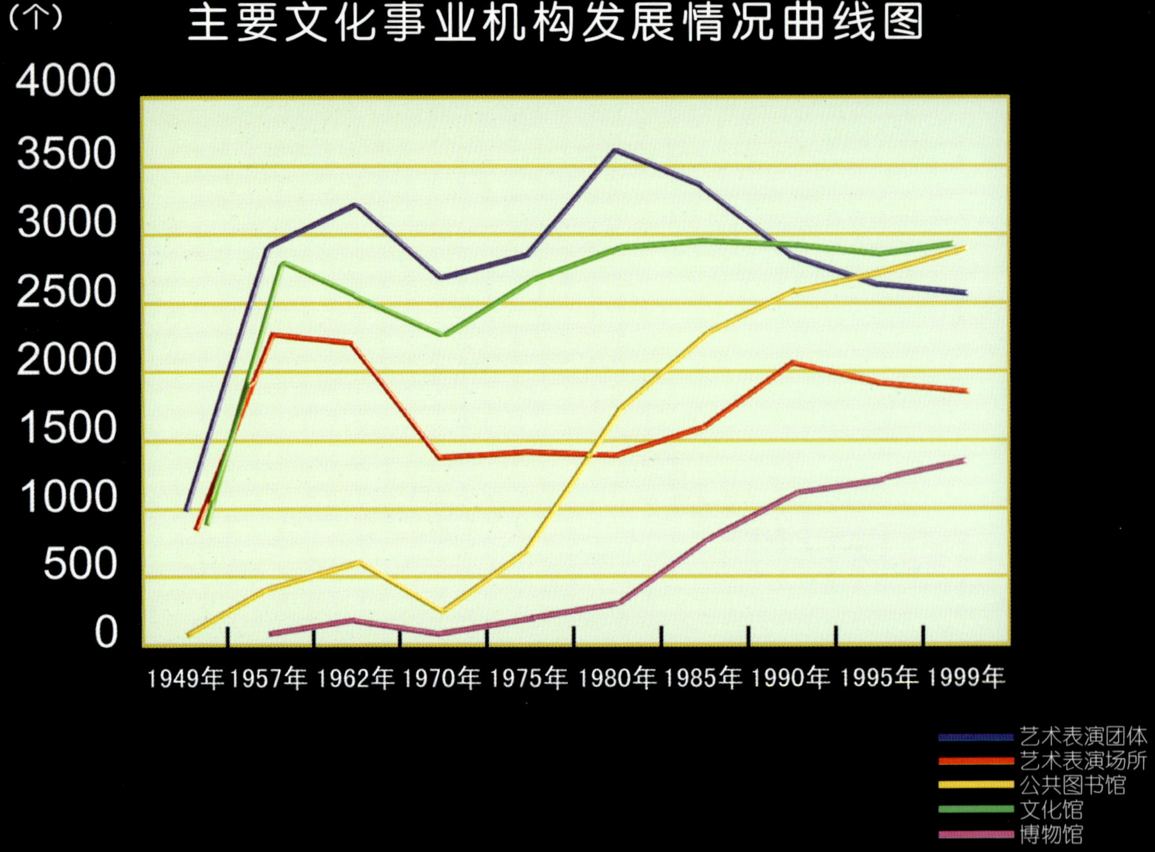

文化事业基建投资发展情况

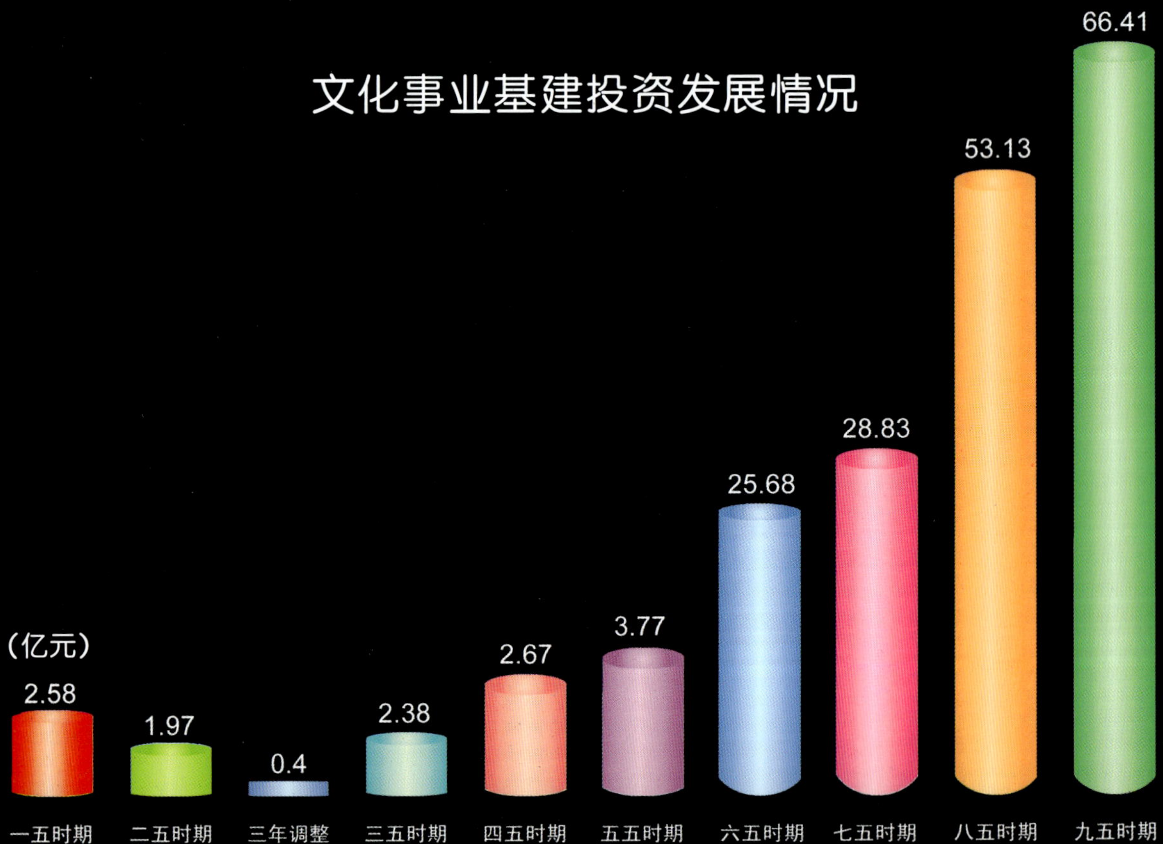

各时期文化事业费发展情况

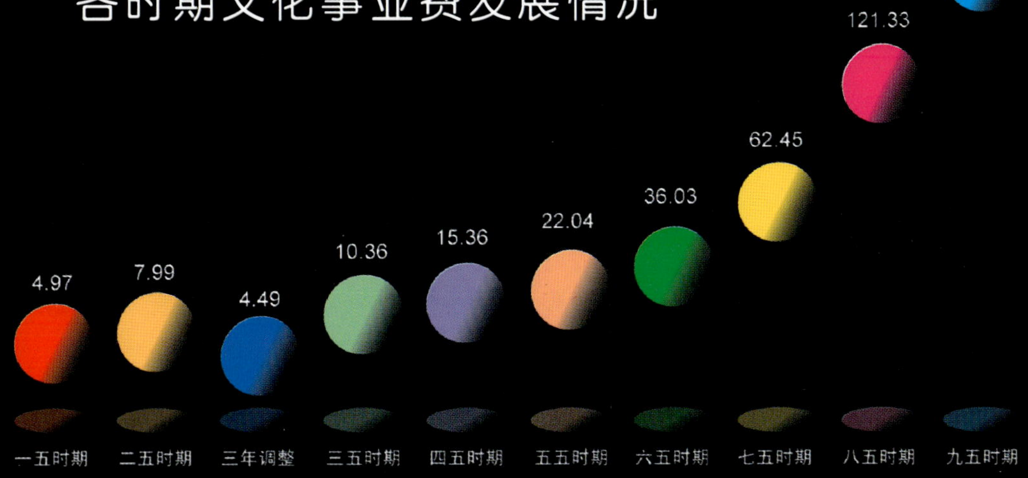

近年主要事业财政补助收入发展情况

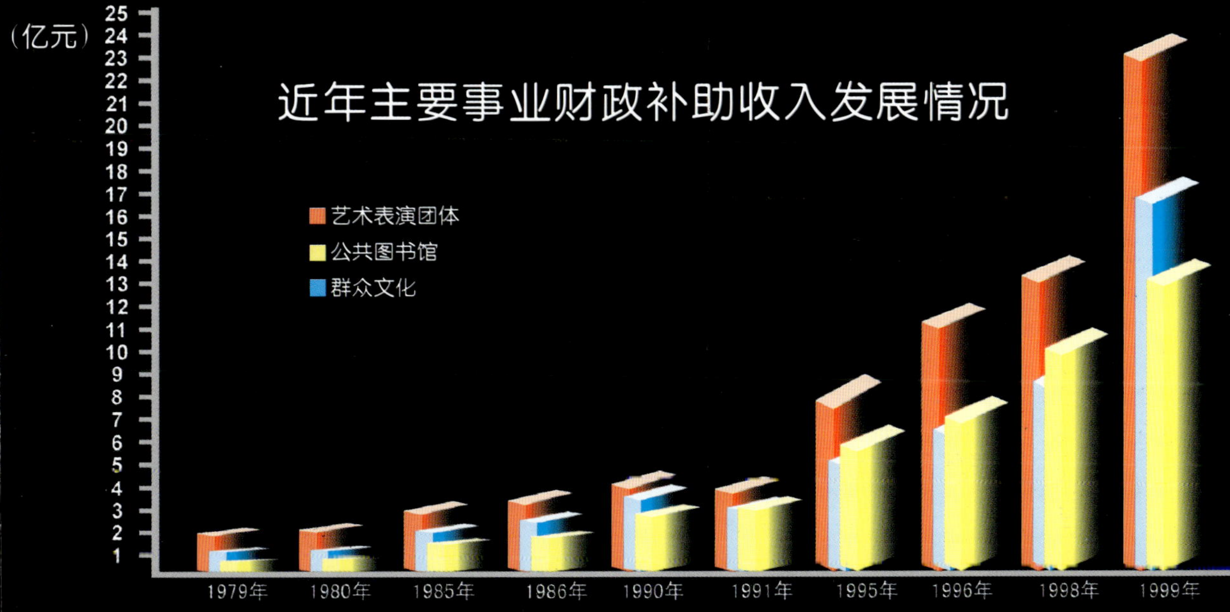

全国文化部门艺术表演团体演出情况

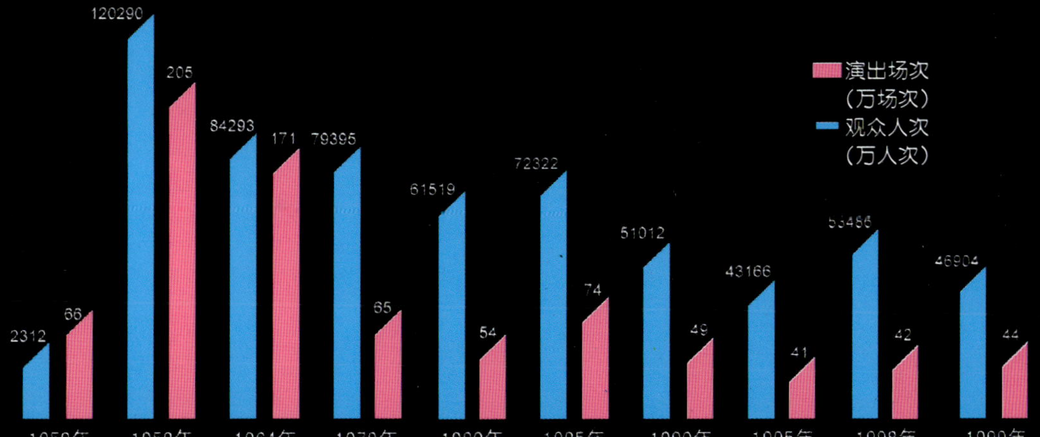

●文化舞台五彩缤纷

随着新中国的诞生，中国的舞台艺术翻开了新的一页。广大文艺工作者坚持为人民服务、为社会主义服务的方向，在文艺“百花齐放、推陈出新”、“古为今用、洋为中用”的方针和剧目创作“三并举”原则的指引下，文艺舞台繁花似锦，大批传统戏曲剧目去芜存菁，绽放出新的光彩，现代戏、新编历史剧佳作迭出，话剧艺术在革命现实主义道路上不断开拓，音乐舞蹈艺术水平有了显著提高，有着悠久历史、为人民群众喜闻乐见的曲艺、杂技、木偶、皮影等民间传统艺术，都有重要的发展和创新，特别是杂技艺术水平的飞速提高，使中国成为享誉世界的“杂技大国”。由文化部设立的“文华奖”，集中展现了我国舞台艺术创作的新成果。

越剧《红楼梦》

舞剧《白毛女》

话剧《红色风暴》

京剧《杨门女将》

●文学园地生机盎然

新中国文学努力反映社会历史和现实生活，歌颂人民创造和建设美好新生活的丰功伟绩，反映中国人民丰富的精神世界、高尚的理想情操和美好的生活情趣，揭露和鞭挞危害人民利益的丑恶现象，创作出了诗歌、散文、小说和民间文学等各式各样、丰富多彩的优秀作品。文学史论的研究也取得了丰硕成果。特别是改革开放 20 年，文学创作在题材、风格、品种、样式、表现手法诸方面，都有了新的发展。

毛主席与郭沫若、茅盾、周扬在第一次文代会上

连环画《地球的红飘带》

常香玉赴朝慰问志愿军并赠送『香玉号』飞机模型

美术领域丹青竞彩

新中国美术在五四以来的现实主义道路上不断拓展，名家辈出，佳作粲然。从 50 年代的革命历史画、大型主题性雕塑、新年画创作，中国画变革、版画地方画派的形成等重要成果，到 80 年代以来各画种的全面发展、多种风格并存，丰富多彩的视觉形象记录了时代的变化，反映了人民群众的思想感情，体现出广大美术家“笔墨当随时代”的创新精神。

●艺术教育人才辈出

建国50年来，我国艺术教育事业得到巨大发展，基本形成了具有相当规模、专业门类齐全、教学水平较高、独具特色的社会主义艺术教育体系。据不完全统计，建国以来，作为新中国艺术事业人才培育的摇篮的国家艺术院校，为文艺事业培养输送了约17.8万名艺术专业毕业生，他们中的不少人已创造出优异的成绩，成为享誉国内外的优秀艺术家、文艺理论研究以及艺术教育、艺术管理的专家学者。

北京舞蹈学院新校址

北京舞蹈学院旧校址

十部中国民族民间文艺集成出版发行

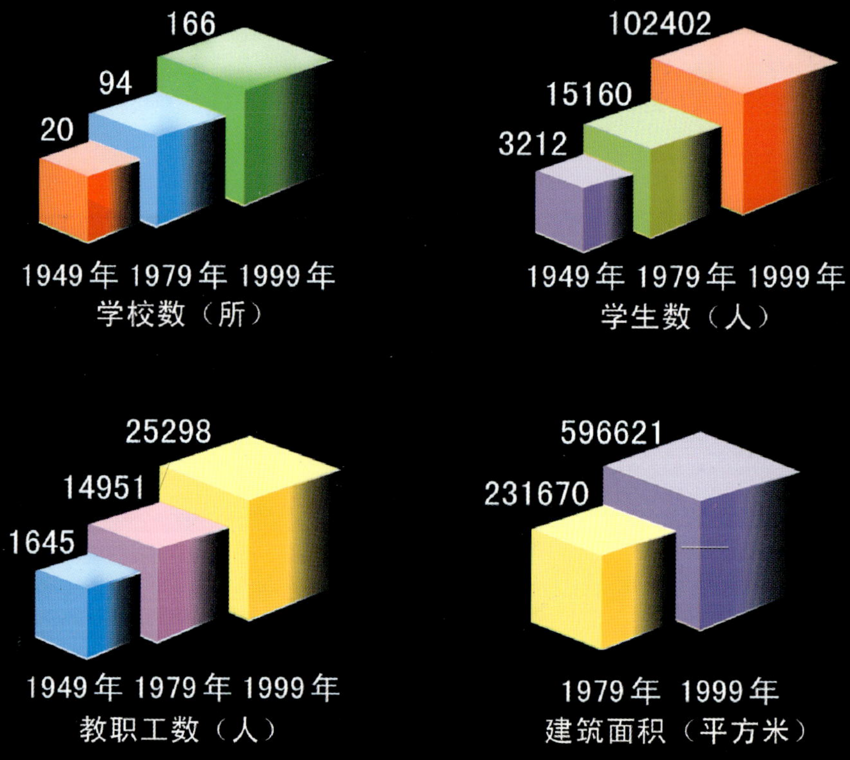

艺术教育发展情况

文化科技硕果累累

50年来，我国艺术科研、文化科技已形成一定规模。不仅培养了一支水平卓异、训练有素的艺术科研队伍，还建立了十余所艺术和文化科技研究院所，在艺术研究、艺术医学和舞台工程技术设计与设备研制、图书馆信息资源数字化开发利用、乐器科技、美术科技等专业领域中，有近2000项成果获文化部科技进步奖，32项获得国家级科技奖励。

●丰富多彩的群众文化活动

建国50年来，社会文化事业取得全面进步。群众文化蓬勃发展，少数民族文化多姿多彩，少儿文化百花争艳，图书馆事业稳步前进，公共文化设施建设方兴未艾；新时期以来实施的各项重点文化建设工程，有力地改善了社会文化环境，促进了社会文化事业的发展，丰富了群众的文化生活。

“全国文化先进县”创建活动广泛开展，自1993年开始，6年来共有261个县(市、区、旗)被文化部命名为“文化先进县(市、区、旗)”。

1992年开始，文化部在少数民族聚居的边疆9个省、自治区和沿海9省市实施“全国万里边疆文化长廊建设”工程，取得显著成效，极大地改善和丰富了边疆各族人民群众的文化生活。

“蒲公英计划”即《九十年代中国儿童文化艺术事业发展纲要》，有力地促进了我国少儿文化艺术事业的发展。

“知识工程”倡导全民读书，为建设“阅读社会”而努力。

遍布全国的社会文化网

短短50年，我国已建成一个由群众艺术馆、文化馆、图书馆、乡镇文化站、村屯文化(图书)室组成的、覆盖全国的社会文化网络，在活跃和满足我国城乡人民特别是广大农民群众的文化生活需要方面发挥了巨大的作用。

全国群众文化事业业务活动发展情况

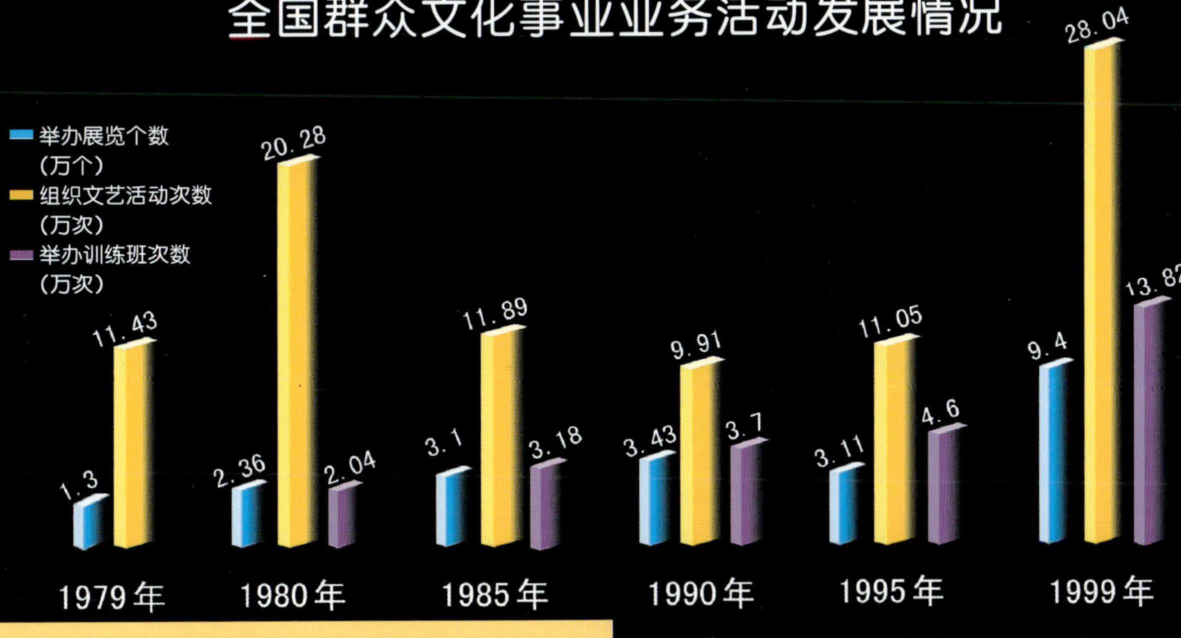

社会文化成绩显著

●飞速发展的图书馆事业

新中国成立以后，我国公共图书馆事业飞速发展，仅县级以上公共图书馆已达 2767 座，全国 90%的县已建立了公共图书馆。改革开放 20 年来，各类图书馆数量巨增，服务手段不断增强，服务质量大大提高，图书馆事业正在向现代化迈进。

国家图书馆数字化阅览室

全国公共图书馆购书费、新购图书册数发展情况

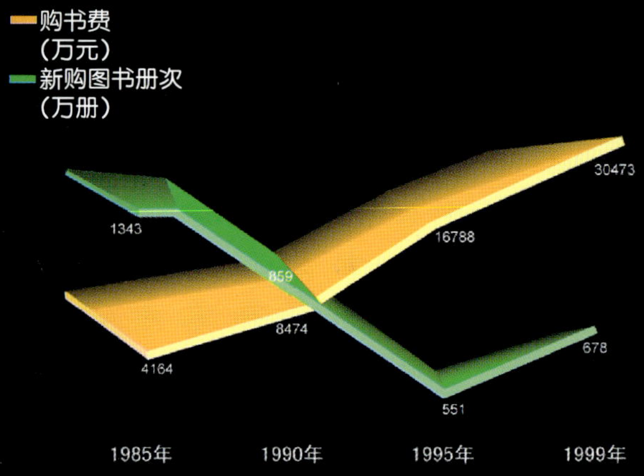

图 书 馆

全国公共图书馆总流通人次、外借册次发展情况

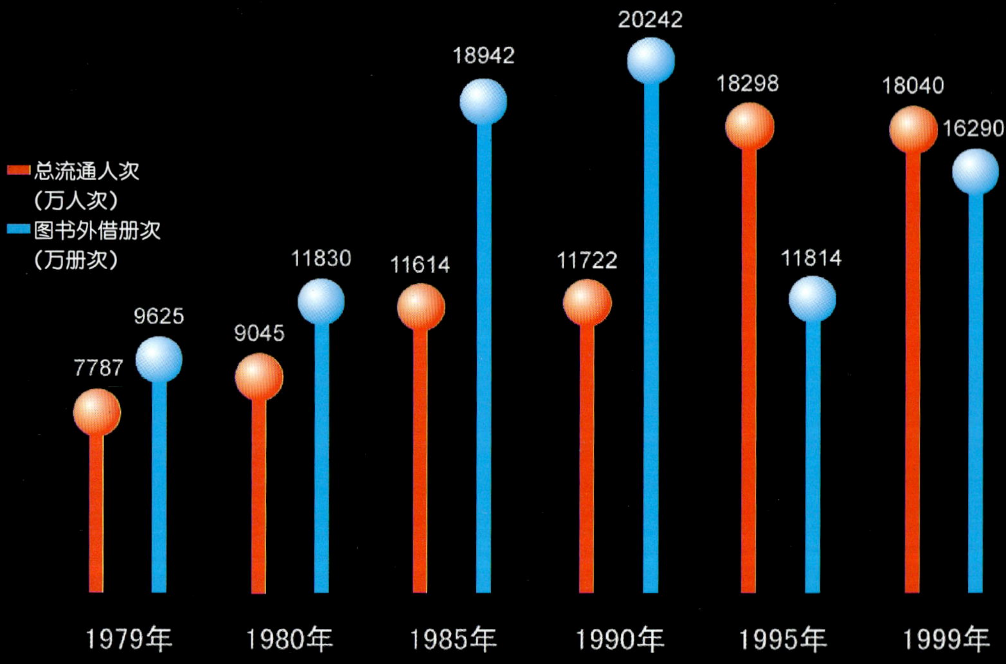

●发展中的文化市场

我国文化市场经过改革开放 20 年的培育和建设，已形成了包括演出市场、娱乐市场、书报刊市场、音像市场、电影市场、艺术品市场、文物市场、文艺培训市场等在内的综合型市场体系。

娱乐市场 全国文化娱乐业经营单位已近 20 万家，从业人员逾百万，年营业收入 181 亿元，上缴税金达 20 多亿元。娱乐市场已成为规模最大、群众参与面最广的文化市场之一。

音像市场 音像制品经营单位已达 10 多万家，每年向消费者提供近 3 亿盘(张)音像制品。音像制品已经发展成为普及面最广的文化消费品。

演出市场 营业性演出已成为我国新形势下社会文艺演出的主要形式，仅专业艺术表演团体年均演出即达 42.4 万场次，观众 5.3 亿人次，年出访演出 1.4 万场次。

艺术品市场 据不完全统计，目前全国有艺术品拍卖业务的拍卖公司近 200 家，画廊 2000 余家。每年在北京、上海、广州等城市都举办大型艺术博览会。

文化市场管理体制不断完善，国家颁布并实施了一系列规章和规范性文件，全国已基本形成了从中央到省、地、县的四级文化市场行政执法体系，使文化市场管理初步走上了有法可依、有章可循的轨道。

●文物事业蓬勃发展

中国古代文明是人类历史上极少数独立起源的文明之一，而且是唯一一支连续发展、不曾间断的文明。新中国 50 年来的考古发掘与研究，取得了举世瞩目的辉煌成果。中国考古学研究和工作体系初步建立，在若干重大学术课题研究上取得突破性进展，革命文物保护工作成绩斐然，文物修缮和科技保护成效显著，博物馆事业蓬勃发展，在社会主义精神文明建设中发挥了重要作用。

世界文化遗产之一：甘肃敦煌莫高窟

1989 年初至 1994 年对西藏布达拉宫主要建筑全面维修，是建国以来最大的古建筑维修工程。图为动迁后的布达拉宫广场。

配合长江三峡水利工程考古发掘项目之一，湖北宜昌市中堡岛遗址全景及 1986 年考古发掘出土的新石器时代陶豆

●日益扩大的文化交流

中央民族乐团在奥地利维也纳金色大厅演出

50年来，对外文化交流取得了举世瞩目的成就。据不完全统计，我国先后与121个国家签订了政府文化合作协定，与160多个国家和地区保持着不同形式的文化交往，与数千个外国及国际文化组织建立了联系，仅文化部审批的我国与外国文化交流项目达21200余起，其中出访项目13000余起，来访项目8200余起。文化交流为传播中华文化，对外展示新中国的伟大形象，借鉴外国文化的优秀成果，建设有中国特色的社会主义文化作出了重要贡献，为中国人民与世界各国人民架起了友谊的桥梁。

中国京剧院出访意大利受到热烈欢迎。图为演出团团长刘长瑜向意大利“戏迷”传功

俄罗斯莫斯科国家模范芭蕾舞团访华演出《唐·吉诃德》

加拿大世界著名大提琴演奏家欧夫娜·哈若依在北京举办独奏音乐会

● 文化设施

文化设施是文化活动的基础条件，是精神文明建设的重要阵地，是一个地区文明程度的重要标志和文化象征。目前，全国有艺术表演场所1911座，其中剧场、剧院1864座，博物馆1363个，公共图书馆2767个，群众艺术馆389个，文化馆2905个，文化站4.3万个，高等艺术院校12个，中等艺术院校141个。文化基建投资当年完成额由1978年的7500万元增加至1999年的23.9亿元，增长了30倍。

中国国家图书馆

西藏博物馆

上海博物馆

广东星海音乐厅

前　言

新中国的文化建设,继往开来,走过了不平凡的50年。

50年来,我国文化建设在马克思主义、毛泽东思想、邓小平理论指导下,坚持为人民服务、为社会主义服务的方向,贯彻百花齐放、百家争鸣的方针,植根于当代中国的现实生活,批判继承中华民族传统文化,借鉴吸收外国优秀文化成果,与时代同步,与人民同心,不断开拓创新,谱写出了五千年来中华文化崭新的篇章。

新中国的建设和发展、中国社会的全面进步,为文化事业的繁荣创造了前所未有的条件,提供了广阔的发展空间。党的文艺方针政策深入人心,广大文艺工作者精神振奋,才情勃发,"文革"前17年间,创造了举世瞩目的文艺事业新成就。党的十一届三中全会以后,文化领域解放思想,拨乱反正,文艺事业走向改革开放新时代的更大繁荣,人民群众充分享受文化权利,文化生活空前活跃。文艺领域人才辈出、星光灿烂,文艺创作百花齐放、精品纷呈,艺术教育桃李芬芳、硕果累累,文化科技长足进步,社会文化各项事业蓬勃发展,文化市场异军突起,文化产业初具规模,民族文化遗产保护成效显著,文化设施建设方兴未艾,中外文化交流日益扩大,影响遍及全球……

当我们随着历史的镜头,自豪地追溯新中国文化发展的壮丽航程,深情地回眸新中国文苑盛景之时,不禁为中华文化的雄浑博大所震撼,为祖国文化艺术的独特魅力而倾倒,为新中国文化事业的巨大发展和光辉前景而振奋!

50年中国文化发展的历史证明,中国共产党的正确领导是文化繁荣的根本保证,时刻保持与人民群众的血肉联系是社会主义文化艺术发展的根本道路。

新世纪的钟声即将敲响,中国文化的发展正面临新的历史机遇。党的十五大提出的建设有中国特色社会主义的宏伟目标激励着我们,广大文化艺术工作者将更加紧密地团结在以江泽民同志为核心的党中央周围,发奋图强,开拓进取,为中国文化艺术更加灿烂辉煌的明天而努力奋斗!

孙家正

前 言

说　　明

《中国文化文物统计年鉴(2000)》今天与读者见面了,这是一部最具权威性的有关文化产业的统计资料。

本年鉴共分为两大部分:历史资料和年度资料。

历史资料是根据文化部历年统计年报以及各省、自治区、直辖市文化主管部门补报的1966年至1977年文化事业统计数据,并搜集有关部门的文化事业统计资料整理汇编而成。

年度资料是根据各省、自治区、直辖市及各计划单列、省辖市文化主管部门报送的1999年文化产业统计年报和文化部对外文化联络(港澳台)司的有关报表整理编印。本年鉴尚缺香港、台湾、澳门资料。

年鉴中"－－"号表示数字为零,"…"号表示缺资料。

年鉴中的部分图片取自新中国文化艺术50年展览图片,在此特别鸣谢。

本年鉴的出版发行工作,得到了各级文化主管部门以及有关部门的大力支持,在此我们表示衷心的感谢!

年鉴中若有遗漏和不足之处,请同志们批评、指正,以便在内容上不断得到完善和充实。

编　者

2000年7月

目　录

各省市区概述

历史资料

(一)综合部分

(二)艺术部分

(三)公共图书馆部分

(四)群众文化部分

(五)补充资料

年度资料

(一)综合部分

(二)文物业

(三)艺术业

(四)图书馆业

(五)群众文化业

(六)文化市场

(七)艺术教育业

(八)文化科技

(九)其他文化业

排序资料

附 录

1999年全国文化产业发展概述

李 建 军

1999年，各级文化主管部门认真贯彻落实十四届六中全会文件精神，坚持十五大党的基本路线，坚持"二为"方向和"双百"方针，积极推进文化体制改革，各项文化事业都得到了全面的发展。

一、机构人员情况

截至1999年，全国文化部门共有产业机构33.07万个，从业人员166.15万人。从主要事业机构看：艺术表演团体2632个，14.5万人。艺术表演场所1911个，4.4万人；其中剧场影剧院1893个，4.3万人。艺术展览机构47个，1346万人；其中美术馆26个。公共图书馆2767个，4.9万人。其中县级及县级以下图书馆2330个，2.6万人。群众艺术馆389个，1.2万人。文化馆2905个，4.4万人。文化站42543个，7.2万人；其中乡镇文化站39719个。文物保护业机构3551个，6.6万人。文物机构2067个，3.0万人。博物馆1363个，3.3万人。

1999年，全国文化娱乐业(含歌舞厅、舞厅、卡拉OK厅、电子游艺厅、台球厅、保龄球、旱冰场、综合娱乐场所等)共有机构17.47万个，90.3万人。全国文化市场其他经营机构共有9.7万个，23万人，包括文化艺术经纪代理业、音像制品批发零售业、录像放映业、录像带出租业、画店画廊、美术公司、艺术品拍买公司、图书批发等。

二、文化事业经费收支情况

1999年全国文化事业单位总收入92.39亿元，比上年增加5.7亿元，增长6.6%。其中，财政补助收入55.61亿元，比1996年增加16.8亿元，增长43.4%。事业收入21.18亿元，比上年减少8117万元，下降3.7%，占总收入的22.9%，比上年减少3.2个百分点。经营收入4.51亿元，比上年减少5353万元，下降10.6%，占总收入的4.9%，比上年减少0.7个百分点。全国人均文化事业费4.54元。

1999年全国文化事业费总支出达92.2亿元，比上年增加6.6亿元，增长7.7%。其中，事业支出81.81亿元，比上年增加8.09亿元，增长11.0%，占总支出的88.7%，比上年增长2.1个百分点。经营支出3.55亿元，比上年减少6859万元，下降16.2%，占总支出的3.8%，比上年减少1个百分点。全国文化事业单位的从业人员劳动报酬29.9亿元，比上年增加2.95亿元，增长10.9%，占总支出的比重由上年的30%增加到32.5%，增长2.5个百分点。

从几个主要分项构成情况看，艺术表演团体总收入24.3亿元，比上年增加2.4亿元，增长10.96%。其中，财政补助收入15.6亿元，比上年增加1.6亿元，增长11.2%，占总收入的64.1%，比上年增加0.1个百分点。事业收入5.6亿元，比上年增加6029万元，增长12.0%，占总收入的23.1%，比上年减少2.7个百分点。总支出24.28亿元，比上年增加1.89亿元，增长8.5%。其中，事业支出23.95亿元，比上年增加2.84亿元，增长13.5%，占总支出的98.7%，比上年增加4.5个百分点。从业人员劳动报酬支出10.22亿元，比上年增加8590万元，增长9.1%，占总支出的42.1%，比上年增加0.1个百分点。

图书馆总收入13.7亿元，比上年增加8348万元，增长6.5%。其中，财政补助收入11.58亿元，比上年增加8309万元，增长7.7%，占总收入的84.3%，比上年增加1个百分点。事业收入

9293万元，比上年减少864万元，下降18.4%，占总收入的6.8%，比上年减少1.1个百分点。总支出13.58亿元，比上年增加8794万元，增长6.9%。其中，事业支出13.24亿元，比上年增加8638万元，增长6.9%，占总支出的97.5%，比上年增加1.6个百分点。从业人员劳动报酬支出4.44亿元，比上年增加5827万元，增长15.1%，占总支出的32.7%，比上年增加了2.9个百分点。

群众文化业总收入17.7亿元，比上年减少912万元，下降0.5%。其中，财政补助收入10.87亿元，比上年增加1.2亿元，增长12.7%，占总收入的61.3%，比上年增加7.2个百分点。事业收入2.66亿元，比上年减少116万元，下降0.4%，占总收入的15.0%，比上年增加0.2个百分点。总支出17.75亿元，比上年增加4321万元，增长2.5%。其中，事业支出16.19亿元，比上年增加1.15亿元，增长7.6%。经营支出1.1亿元，比上年减少4816万元，下降30.6%。从业人员劳动报酬8.06亿元，比上年增加7938万元，增长10.9%，占总支出的45.4%，比上年增加4.6个百分点。

三、文化(物)系统固定资产投资项目喜人

1999年全国文化(物)系统固定资产投资项目喜人。其中国家投资比上年保持较高的增长幅度。据统计，1999年全国文化(物)系统固定资产投资项目总数为1083个，比上年增加135个；计划总投资达202.24亿元，比上年增加19.31亿元，增长10.6%；计划施工面积(建筑面积)595.5万平方米，比上年增加161.6万平方米，增长37.2%；其中国家投资计划投资额38.59亿元，比上年增加7.11亿元，增长22.6%；完成投资额35.01亿元，比上年增加6.87亿元，增长24.4%，占全国实际完成投资额的比重由上年的0.23%增加到0.28%，增长0.05个百分点；建成项目381个，比上年增加85个；竣工建筑面积121.5万平方米，比上年增加12万平方米，增长11.4%。

全国文化基本建设呈现新的发展局面。据统计，1999年全国文化事业基建项目总数为626个，比上年增加77个；计划总投资达143.85亿元，比上年增加9.35亿元，增长7.0%；计划施工面积(建筑面积)370.3万平方米，比上年增加79.7万平方米，增长27.4%；计划投资额28.0亿元，比上年增加4.5亿元，增长19.2%，其中国家投资12.95亿元，比上年增加0.51亿元，增长4.1%；完成投资额23.93亿元，比上年增加6.07亿元，增长34.0%，占全国基建实际完成投资额的比重由上年的0.15%增加到0.19%，增长了0.04个百分点；建成项目217个，比上年增加41个；竣工建筑面积78.4万平方米，比上年增加5万平方米，增长7.4%。

1999年，中国戏曲学院、中央美术学院、中央音乐学院附中三所院校迁建工程进展顺利，总规模达16万平方米，投资98123万元。其中，中国戏曲学院已经竣工，使办学条件得到很大改善。为落实党中央关于建设国家大剧院的决定，1999年在国家大剧院建设领导小组的协调指导下，落实了工程前期准备费，完成了项目设计方案，使这个全国人民瞩目的工程有了实质性的进展。

1999年部分省、市筹建、新开工了投资在亿元以上的文化大中型项目4个：南京市图书馆、浙江艺术学校、杭州剧院、乌鲁木齐新中剧院。投资在亿元以上的文化在建施工项目15个：首都图书新馆、辽宁文化艺术中心博物馆、上海马戏娱乐城、上海黄埔区图书馆、南京市文化艺术中心、浙江红星文化大厦、山东省图书馆业务楼、武汉市图书馆、湖南大剧院、广东演艺中心、广东新德文化广场、深圳音乐厅、深圳中心图书馆、汕头市图书馆、云南省图书馆。

1999年有5个较大规模文化工程竣工：上海市卢弯区文化馆、浙江省图书馆新馆、江西艺术剧院、广东星海音乐厅、成都市少儿宫音乐厅。

四、艺术事业蓬勃发展

1999年，全国文化艺术队伍以党的十五大精神为指针，以繁荣文艺为根本目标，紧紧围绕庆祝中华人民共和国成立50周年，迎接澳门回归祖国和新世纪的来临，积极推动繁荣文艺创作，艺术事业呈现出蓬勃发展的局面。

全国广大文化艺术工作者以艺术创作为中心任务，以改革为动力，深入群众，深入生活，推出了一批思想深刻、艺术精湛、风格多样的优秀作品，繁荣了文艺舞台。特别是国庆文艺献礼演出，全面反映和歌颂在中国共产党领导下，新中国走过的50年光辉历程，反映和歌颂各族人民团结一心，为社会主义建设和改革开放事业做出的巨大成就，展示了文艺事业日益繁荣的绚丽景象。全国有134台优秀剧目参加北京举办的国庆献礼展演，展演历时3个月，展演的剧目题材广阔、内涵丰富、风格流派多样，弘扬了时代精神，唱响了主旋律，反映和体现了当前我国文艺队伍创作演出的高水平。展演期间，首都舞台百花齐放，绚丽多姿，观众踊跃，盛况空前，献礼演出共270场，观众20多万人次，涌现出京剧《骆驼祥子》、川剧《金子》、黄梅戏《徽州女人》等一批得到观众和专家都充分肯定的优秀作品。

文化部举办的《祖国颂》、新春、新年音乐会、庆祝澳门回归演出、中国京剧节、《黄河大合唱》、金狮奖第三届全国小品比赛等大型文艺活动，使全国文艺舞台丰富多彩，并产生轰动影响，得到了专家和社会各界的一致好评，达到了预期的目标。艺术歌曲的创作演唱和唐宋诗歌名篇朗诵音乐会的举办，弘扬了我国优秀传统文化。圆满举办了“庆祝建国50周年——第九届全国美展”，是一次展览规模最大、品种最多的展览，入选作品达3249件，有588件获奖作品，推出了一批富有时代精神和艺术魅力的作品和有势力的中青年美术人才，反映当前中国美术事业创作的最高水平。

1999年全国文化系统的2622个艺术表演团体全年共新排上演4579个剧目，其中有2153个是新创作并首演的剧目。戏曲剧团新排上演2724个剧目，有1058个是新创作并首演的剧目；其中话剧、儿童剧、滑稽剧团新排上演129个剧目，有117个是新创作并首演的剧目。艺术表演团体的国内演出场次共42.3万场，平均每团演出161场。其中本剧种演出32万场，占总演出场次的75.4%；到农村演出26万场，占总演出场次的61.0%。国内观众达到4.69亿人次。演出收入4.9亿元，占事业收入的87.2%，比上年增加6.6个百分点。

中直院团开展了有意义的文化下乡活动，为革命老区、贫困地区广大人民群众送去了党中央、国务院的关怀和温暖。这是社会主义精神文明建设的有益探索，受到人民群众的热烈欢迎，引起了广泛的社会反响。

艺术表演场所是人们日常生活中不可缺少的主要文化娱乐活动场所。1999年全国文化部门共有艺术表演场所1902个，比上年减少17个，下降0.9%。座席数164.4万个，比上年减少5.5万个，下降3.2%。

艺术表演场所全年共演出170.6万场，比上年减少37.9万场，下降18.2%。其中艺术演出6.5万场，比上年增加1.3万场，增长25.0%，占演出场次的3.8%，比上年增加了1.3个百分点。国内观众人次1.18亿人次，其中观看艺术演出的人数3534万人次，比上年增加220万人次，增长6.6%。全年艺术演出收入1.14亿元，比上年增加1593万元，增长16.3%，占艺术表演场所事业收入的比重也由上年的19.3%上升到29.0%，增加9.7个百分点。艺术演出场次、观众人次和演出收入的上升趋势说明，只要有创作优秀的新剧目，即剧目内容贴近现代社会并反映人们生活且演出质量高，就能把观众吸引到剧场来。

五、社会文化事业全面发展

1999年全国共有群众文化业机构45837个，其中群众艺术馆389个，文化馆2905个，文化站42543个(含乡镇文化站39719个)。由群众艺术馆、文化馆(站)举办的展览9.4万个；组织文艺活动28.0万次；举办训练班13.8万班次，共结业464万人次；放映录像351万场，有10.6亿人次观看。群众艺术馆和文化馆负责指导的农村集镇文化中心23066个，文化俱乐部(室)112643个，图书室60820个，文化户193551户，群众业余演出团(队)31672个。群众文化机构举办的各项业务活动均比上年有所增加，繁荣了群众的业余文化生活，提高了群众业余文化创作水平，涌现出一批文化业余骨干尖子。

继续推动实施了创建文化先进县、万里边疆文化长廊建设、少儿文艺蒲公英计划、知识工程四大社会文化重点工程。这是文化部牵头组织实施的新时期发展群众文化、少儿文化、少数民族文化、图书馆事业的有效举措。它调动了各级党委、政府和社会各方面抓文化工作的积极性，对推动基层文化建设起到了积极作用，其做法和经验不但得到了各有关部门的认同与积极参与，而且深受基层文化工作者和广大人民群众的欢迎。全国已命名了41家达到国家级要求的示范性农村儿童文化园。少数民族文化和老年文化工作得到进一步重视，开展了老年文化系列活动。群众文化生活丰富多彩，群众文化艺术水平明显提高，1999年全国共评“群星奖”金奖25个、银奖48个、铜奖50个；“孔雀奖”金奖3个，银奖12个，铜奖21个。

大力开展老年文化活动。第47届联合国大会将1999年确定为“国际老年人年”，围绕中国老年文化工作的现状及展望、老年文化和老年生活品质、老年社会及老年消费的特征分析、城乡老年文化的差异等问题，文化部召开了“社会·科学—老年文化研讨会”，进行了交流和讨论。文化部为了落实党中央的指示精神，起草了《文化部关于加强老年文化工作的意见》，提出了近一段时间乃至以后活跃我国老年人文化活动、丰富老年人文化生活的总体设想和整体思路；全年共组织老年人合唱、诗文、书画、时装展演、摄影、钢琴、硬笔书法等22项大型文化活动。

1999年8月8日，文化部在北京工人体育馆举办了第一届中国老年人合唱节，有3500多位老艺术家、老教授、老科学家参加演出，取得了圆满成功，社会反响强烈。这是一次具有导向性、带动性的老年文化活动。全国各地也纷纷组织了合唱节、长寿文化节、书画诗文征集展示、歌舞比赛等活动。这些活动以广泛的群众性为特点，尽可能多地吸引老年人参与，深受老年人的喜爱。不仅为众多的老年人提供了舞台，充分占领了老年文化活动阵地，有效地抵御了法轮功事件的影响，更重要的是，这些活动还为全国老年文化艺术活动的开展起了示范性、导向性和实验性的作用。为今后长期开展老年文化活动提供了契机。

抓好文艺评奖和重点的、具有导向、示范性的全国大型活动。重点组织了全国第八届群星奖评奖活动暨在中国美术馆举办的“全国第八届群星奖美术、书法作品展”、第八届孔雀奖少数民族题材戏剧剧本评奖颁奖会，举办了第九届群星奖评奖和第九届孔雀奖少数民族声乐大赛（民族唱法）。在浙江嘉兴还举办了“中国民间艺术之乡”艺术大展。

与各部委和有关部门加强协作，动员社会力量，发挥各方面优势，共同发展文化艺术。共同合作举办了征集“世纪民族之歌”、“迎接新世纪民族民间歌手选拔赛”、“献给母亲的歌”——六一少儿进京演出活动、“童牛奖”电影评奖、“优秀校园歌曲”评选、“奋进奖”残疾人艺术作品评选活动；组织了第四届民族百花奖中国各民族美术作品展览和“民族之花”中国民族服饰展演大型文艺晚会，参与组织南宁国际民歌节等活动。这些活动体现出这样几个特点：一是得到了有关部门的大力支持和密切配合；二是充分体现了广大群众广泛参与的特点；三是很多活动已经形成传统，具有很强的权威性；四是这些活动推出了一大批优秀的文艺精品和文艺创作人才。

六、图书馆加速向资源共享网络化发展

现代信息技术在图书馆事业中广泛应用，公共图书馆办馆条件进一步改善，服务效益得到提高。1999年全国共有公共图书馆2767个，比上年增加36个。总藏量达到3.95亿册（件），比上年增加1025万册（件），增长2.7%。其中古籍2774万册，图书2.7亿册，报刊5483万册，缩微制品1362万件，视听文献89万件。外文书刊2195册，占总藏量的5.6%；开架书刊7932万册，占总藏量的20.1%。书架单层总长度934万米，共发放有效借书证596万个。全年总流通人次1.8亿人次，增加981万人次，增长5.8%。其中书刊外借人次9075万人次，书刊外借册次1.63亿册次，分别比上年增加165万人次和865万册次，增长1.9%和5.6%。为读者举办30051次各种活动，共有1383万人次参加。同时，解答咨询162万条，代检索课题4.3万项，编制二、三次文献6.6万种。公共图书馆以其广泛、深入、细致的服务，促进了社会主义经济建设等各方面的发展。

为进一步宣传、贯彻、落实江泽民总书记视察国家图书馆重要指示精神，推动全社会大兴勤奋学习之风。全国开展了以"响应江总书记号召，大兴勤奋学习之风"为主题的1999年度图书馆服务宣传周活动，各级各类图书馆也充分利用阵地宣传和馆外宣传的形式，因地制宜，开展丰富多彩、群众喜闻乐见的宣传活动，使宣传周活动开展得有声有色，效果较好。

在全国开展以"祖国颂、社会主义颂、改革开放颂"为主题的读书征文活动，迎接建国50周年和迎接澳门回归祖国，并举办了迎接新世纪"亚农杯"全国农民读书征文活动。

促进图书馆资源共建共享工作。由全国公共图书馆、高校图书馆、党校图书馆以及科技信息等系统签署的《全国文献信息资源共建共享倡议书》和《全国图书馆馆际互借公约》，标志图书馆加快向资源共享网络化发展的步伐。

全国2323个图书馆参加了第二次全国县以上公共图书馆评估、定级工作，有215个图书馆获"一级图书馆"称号，581个图书馆获"二级图书馆"称号，755个图书馆获"三级图书馆"称号。加强少年儿童图书馆工作，规范管理条例。

基层图书馆网点建设得到加强。全国知识工程实施方案提出了"每年在全国发展1000个标准乡镇、街道图书馆"的目标，制定了全国标准乡镇、街道图书馆评选标准。许多地方也制定了乡镇图书馆建设规划，开展了乡镇图书馆评估定级工作，促进了乡镇图书馆的健康发展。如广西壮族自治区乡镇图书馆的普及率即将达到80%；江苏省乡镇图书馆(室)达1900多个，其中万册乡镇图书馆851个，20个县(市、区)全面实现乡乡有万册图书馆的目标。基层图书馆网点正在向村、社区延伸，如深圳市宝安区实施"百村书库工程"，累计投入1000多万元，在全区建立起村级图书馆52个，在建的还有44个。同时，县级以上公共图书馆也不断发展，设施建设、服务能力和管理水平稳步提高。

七、艺术教育进一步深化改革

1999年，全国文化部门共有各类教育机构238个，比上年增加3所。其中，高等艺术院校10所，中等专业学校141所，文化干部院校20所，其他教育机构67所。1999年，高等艺术院校招生2558人，毕业1655人，在校生8631人；中等专业学校招生23153人，毕业16700人，在校生77604人。

在院校全面招生并轨改革取得成效后，研究并制定相应配套措施，加大了艺术教育建设力度，并以评估工作为龙头，促进教学质量的提高，推进艺术教育管理观念、方式的转变，保证专门艺术人才的规格和水准。

为适应市场经济发展的需要，结合艺术院校教学改革的实际，根据教育部的有关规定，进行了专业目录的调整。同时，做好《中国艺术教育大系》编写、出版工作。

为了展示全国艺术院校教学成果，举办了"世纪在望"展演活动，展演周共演出6台12场风格不同的节目，展示了建国50年来艺术院校丰硕的艺术成果。

成功举办了第二届中国国际钢琴比赛。为促进对外文化交流和文化艺术事业的发展，弘扬高雅艺术，提高我国钢琴专业的教学和演奏水平，由文化部主办的第二届中国国际钢琴比赛于1999年12月2-12日在北京举行，来自50个国家和地区的55名选手经选拔后正式参加比赛。为保证比赛的权威性，比赛评审委员会由11个国家和地区的14位著名钢琴家、音乐教育家组成。

八、文化科技与文化艺术理论研究有了新的进展

1999年，全国共有文化（文物）科研机构240个，从业人员5900人，其中，具有中高级职称的科研人员2854人，比上年增加119人，占从业人员总数的48.4%，比上年增加0.6个百分点。1999年完成科研项目614个，获国家奖78个，占科研项目总数的12.7%；获省、部级奖183个，占科研项目总数的29.8%。

完成建国50年以来国家首届哲学社会科学规划艺术科学优秀成果评奖工作。共评出获奖成果8个，其中，一等奖1个，二等奖2个，三等奖5个。

完成了文化部第一届文化艺术科学优秀成果奖评奖工作。报送的参评成果153项，共有65项成果获奖，其中，一等奖8项，二等奖18项，三等奖39项。此外，杨荫浏、周贻白、顾仲彝、缪天瑞、王朝闻、张庚、葛一虹、周巍峙、郭汉城等9位对我国文化艺术科学研究事业做出奠基性和开拓性贡献的前辈专家学者，被授予文化部文化艺术科学优秀成果奖特别奖。

组织并完成了1999年度文化部科技进步奖评审工作。共评出一等奖2项、二等奖5项、三等奖2项、四等奖4项和科技管理奖1项。获一等奖的《图书馆自动化网络系统（ILASⅡ）》是在1988年由文化部立项，并在全国广泛推广和投入使用的《图书馆自动化集成系统（ILAS）》多用户版的基础上，经重大技术改进后开发出的一套适应不同规模、不同类型的图书馆自动化网络系统，其实现技术及推广应用规模达到国内领先地位及国际同类系统的先进水平，是我国具有自主知识产权的优秀软件。

九、文物保护业有序发展

全国文物工作者坚持“保护为主，抢救第一”的方针，保护、维修、应用工作并举，树立精品意识，取得了显著成绩。

1999年，全国文物业有文物保护管理机构1944个，其他文物保护管理机构67个，博物馆1356个，文物商店121个。全国文物业共有文物保管品、藏品1125万件，其中一级品4.7万件；举办陈列2812个，展览3945个，参观人次达2.46亿人次，门票收入9.12亿元。全年进行文物保护维修的单位1081个，维修面积68.3万平方米，其中国家级241个，占总维修单位数的22.3%，维修面积24.4万平方米，占总维修面积35.7%。新建和改建了一批博物馆及文物库房，一大批濒临毁坏的文物得到有计划、有重点的抢救和保护。

1999年，文博系统继续实施精品工程，配合庆祝建国50周年，推出一批具有较高水平和质量的文物展览，吸引了大量中外观众，取得良好的社会效果。

十、文化市场进一步发展

1999年，全国文化市场产业单位已达27万余家，从业人员23万人，年实现利润22.3亿元，创增加值124.51亿元。1999年全国省、市、县三级文化市场管理机构共有3372个，19712人；其中稽查机构1256个，9285人。基本上形成了从中央到地方的较为系统完整的管理稽查网络。立法工作取得突破，颁布实施了《营业性演出管理条例》和《娱乐场所管理条例》颁布实施。1999年的文化市场管理工作，以“整顿和规范文化市场”统揽全局，服从和服务于建国50周年庆典和澳门回归的大局，文化市场在调整优化结构中又进一步发展。

1.认真学习贯彻《娱乐场所管理条例》，明确职责，改进工作。

1999年3月17日，国务院令第261号发布了《娱乐场所管理条例》。这是我国文化娱乐市场管理的第一个国务院行政法规。为了保证各级文化行政部门从7月1日起全面、正确地贯彻执行《条例》，6月文化部下发了《关于实施〈娱乐场所管理条例〉有关问题的通知》和《〈娱乐场所管理条例〉学习宣传提纲》。《通知》就文化行政部门对娱乐场所的审核范围、审核内容、审核条件、审核程

序作了具体规定，进一步明确了文化行政部门对娱乐场所的管理职权，使各级文化市场管理部门有法可依，进一步加强对文化市场管理力度。

2.加强管理，进一步规范演出市场秩序。

通过召开全国演出管理暨演出洽谈会，使国内演出单位、经纪人等与国际接轨，解放思想，锐意进行制度创新、机制创新和技术创新，不断提高我国演出单位的市场竞争能力，繁荣发展我国演出市场为加强对涉外营业性演出的管理，减少大型涉外营业性演出中的倒卖批文的违法行为，根据《合同法》和《营业性演出管理条例》的规定和实际需要，制定了《文化部关于涉外营业性演出的若干规定》和涉外演出合同范本4套。针对近来一些扮演革命领袖人物和重要历史人物的演员，在参与类似福利彩票促销等的演出活动中表现庸俗，在社会上已造成不良影响，同时理顺演出市场管理体制，解决地方演出管理中政企不分的问题，切实做好娱乐场所和演出场所的安全工作，文化部发出了《文化部关于进一步加强营业性演出管理和演员艺德教育的通知》、《文化部办公厅关于加快理顺演出市场管理体制的通知》、《文化部文化市场司关于加强娱乐场所和演出场所安全工作的通知》，借以规范演出市场并取得显著成果。

3.整顿音像制品集中经营场所，推进音像制品流通体制改革。

文化部在认真研究当前音像市场突出问题和盗版活动特点的基础上，3月下发《关于清理整顿音像制品集中经营场所的通知》，要求一律停止新建各类音像制品批发、零售集中经营场所，并对全国现有的162个集中经营场所进行全面压缩整顿。重庆、兰州、贵阳、辽宁等地的压缩工作已经取得积极进展。

在整顿集中经营场所的基础上，积极推动音像制品流通体制改革，加强音像市场基础建设，建立科学的发行体系和完善的销售网络，支持连锁经营、超市、专业店的发展，规范总经销、总代理、品牌经营等现代经营方式，不断巩固和扩展正版音像制品经营阵地。

开展全国音像市场反盗版宣传，严厉打击盗版VCD活动，营造保护知识产权的良好社会环境。为了进一步揭露盗版音像制品的社会危害性，提高广大群众对盗版音像制品的辨别力，破除一些地方仍然存在的“盗版无害”的错误观念，营造抵制和打击盗版音像制品、保护知识产权的良好社会环境，6月13日至19日，以“经营盗版违法，使用盗版有害”为宣传主题，开展了首届全国音像市场“反盗版宣传周”活动，社会反响良好。

发布《音像制品进口管理办法》，加强进口管理，规范进口行为，大大减少了许多单位长期以来的违规进口行为，严格了程序，提高了效率，维护了正常的进口秩序，保护了音像出版单位的利益。

4.以打击走私影片和解决农民看电影难为突破口，努力开创电影工作新局面。

“指导电影发行放映工作”是国务院机构改革中新赋予文化部的一项职能。为了很好地承担起这项工作，在大量调研的基础上，文化部决定从打击走私影片和解决农民看电影难这两个突出而又棘手的问题入手，为电影发行放映工作做些实事。

1月12日，文化部联合广电总局下发了《关于开展打击走私影片活动的通知》，要求各地落实打击走私影片责任制，发起对走私影片的强大攻势，这在国内外引起了较大反响。文化市场司和电影局还共同制定发布了《关于打击走私影片表彰奖励办法》，激励各有关单位、集体和个人积极参与打击影片走私活动。为给这次活动以强大的社会舆论支持，文化部、广电总局和中央电视台联合制作了一期《焦点访谈》节目，社会反响强烈。3月在杭州召开全国文化市场工作会议期间，文化部又专门召开了全国电影发行放映工作座谈会，部署打击走私影片工作，使走私影片泛滥势头初步得到遏制。

为解决农民看电影难、推动“2131”目标的早日实现，文化部与广电总局联合向国家计委递交了《广电总局、文化部申请专项资金实现"2131"目标》的报告。

为庆祝建国50周年,展示国产电影50年来的发展历程和辉煌成就,文化部联合电影局从8月份开始在全国范围内开展了优秀影片的展映活动,取得了良好的社会效益。

5.加强基础建设,规范艺术品市场。

一是继续推动《艺术品拍卖管理办法》的出台。二是针对艺术品博览会存在的组织混乱、招展不规范、艺术性较差等问题,起草了《艺术品博览会管理规定》。三是委托中央美术学院开办了一期艺术品市场管理研修班。

6.以查处大案要案为中心,加强对文化市场稽查工作的督导力度。

1999年,针对演出市场未经批准擅自从事营业性演出活动,农村庙会、物资交流会等传统性节日期间色情淫秽表演,外籍演艺团体分队、分团演出等问题突出、形势严峻的客观情况,确立了以大案要案为中心,分清轻重缓急,加大对违法文化经营活动查处力度,支持地方文化市场行政执法工作,打击不法单位和个人的嚣张气焰,对于净化市场秩序、维护市场稳定起到了良好的作用。

针对一些地方文化市场稽查人员利用行政执法的权力,违反国家有关法律、法规及规章,从事一些违法乱纪活动的情形,依照《行政处罚法》以及《国家赔偿法》等有关规定,草拟了《文化市场行政执法错案责任追究暂行办法》。

十一、对外文化交流不断扩大并取得显著成果

截至1999年,我国与160多个国家和地区有不同形式的文化往来,与数千个外国和国际文化组织保持着各种形式的联系。"九五"期间前4年,我国与外国签订了11个文化协定、102个文化交流计划;经文化部审批的文化交流项目共有4515起,59847人次,其中出访2776起,31963人次;来访1739起,27884人次。我国艺术家在各类国际艺术比赛中获得金奖38个、银奖26个、铜奖15个,其他奖27个。我国每年都举办"国际艺术主题年"活动,集中引进了一批世界一流的高雅艺术产品。

1999年对外文化交流有影响的交流项目有:中国艺术团参加了朝鲜"四月之春"友谊艺术节,获团体奖14个。延边歌舞团参加了泰国第13届国家艺术节。在东京举办了"'99东瀛行"大型系列文化展演活动,共有200多名中国艺术家参加。由我国政府和联合国教科文组织共同主办了"'99巴黎中国文化周",在法国和欧洲引起巨大反响。中央民族乐团赴奥地利、德国和丹麦巡回演出,在三国八城市举办了8场演出音乐会,观众达上万人次。美国国家交响乐团在京沪港三地演出了《幻想交响曲》等曲目。日本宝剧团来华参加"民族歌舞年"和上海艺术节。成功举办了"中国国际民族歌舞年"活动,亚洲、非洲、欧洲、美洲和大洋洲数十个国家和地区以及国内各地上百个民族民间歌舞团体和众多国内外著名艺术家参加了"歌舞年"活动。举办了《非洲国际艺术大展》、第七届吴桥艺术节、第二届中国国际钢琴比赛、首届上海艺术节。引进世界经典剧目《美女与野兽》。为配合国庆50周年、澳门回归祖国等大型节日庆典活动,加强对外宣传,举办"'99聚焦中国"活动,通过外国摄影家独特的视角,记录下近日中国神州大地的变化瞬间,让世界各国人民更真实地了解中国。在96个国家举办"2000相约在北京"知识竞赛,全球约有百万人参加。《光辉历程——庆祝中华人民共和国成立50周年》大型展览在世界197个国家展出,在全球范围掀起了"让世界了解中国"的热潮,宣传了中国举世瞩目的伟大成绩。

1999年我国派出31个团体191人次参加国际比赛,获金奖1个,银奖5个,铜奖1个,其他奖项4个。

十二、发挥文化交流的特殊作用,推进祖国统一大业

在"九五"期间,对港澳的文化交流项目迅速增加,共有2078起,26759人次。其中,赴港澳

1792 起，22788 人次；港澳来内地 286 起，3971 人次，有利配合了香港、澳门的回归。两岸文化交流进一步扩大，两岸文化交流项目共有 2117 起，20985 人次。其中赴台 1424 起，12710 人次；台湾来大陆 693 起，8275 人次。

1999 年，对港澳文化交流项目 637 项，9752 人次。其中，赴港 389 项，4156 人次，香港来内地 61 项，1410 人次；赴澳门 138 项，3873 人次，澳门来内地 49 项，313 人次。两岸文化交流项目 346 项，3311 人次。其中，赴台 284 项，2473 人次；台湾来大陆 62 项，838 人次。

文化相通是对港澳台地区文化交流的优势，针对港澳台同胞对祖国历史了解较少的状况，赴台项目突出展现大陆的文化优势，重点推出了三星队出土文物展、承德避暑山庄藏传佛教文物展等，引起强烈反响，观众络绎不绝。为配合迎接澳门回归，举办了“迎接澳门回归大型音乐会”、“迎接澳门回归大型展览”、“迎接澳门回归书画摄影作品展”、“迎接澳门回归大型展览”的活动，激发了澳门同胞的爱国情怀，受到了澳门同胞的热烈欢迎。

致力文化基础建设　共铸燕赵辉煌伟业

河北省文化厅计财处

建国50年来，在党和政府的关心支持下，河北省的文化艺术事业基础建设发生了翻天覆地的变化。尤其是改革开放20年来，政府对文化事业建设资金投入的增长速度加快，全省的文化基础设施建设和其他文化资产建设突飞猛进，取得了令世人瞩目的伟大成就。

解放初期，旧中国遗留下来的文化基础设施及其他文化资产非常薄弱，在许多地方、许多文化专业门类几乎空白。建国后，党和政府非常重视文化事业建设，各地相继建设了一批文化基础设施和文化艺术团体，特别是在"六五"规划中提出了"市市有博物馆，县县有图书馆、文化馆，乡乡有文化站"的建设目标，全省的文化事业建设得到迅猛发展。截止到1998年底，河北省文化系统共拥有产业机构2758个，其中文化产业机构2752个，包括艺术业、图书馆业、群众文化业、艺术教育业、娱乐业、文艺科研业和其他文化产业七大门类。从业人员2.02万人，拥有固定资产4.9亿多元，在建工程总投资规模4.35亿多元，已累计完成投资1.94亿多元。向建国50周年献礼项目，河北省文化系统拥有最大规模固定资产的河北艺术中心即将开业运营，全省文化系统固定资产规模将达到8.5亿多元。

一、百花齐放的艺术表演业

解放初期，河北省的文化表演单位多为民间组织，专业门类少，规模较小，设施简陋，演出队伍实力较弱。经过50年的建设发展，全省现有艺术表演机构251个，从业人员9000多人，拥有固定资产2.04亿多元，公用房屋建筑面积44.5万平方米.无论是机构数量还是表演实力都有非常明显的提高，而且专业门类设置和区域布局更趋合理。

1.艺术表演团体。

河北省文化系统现建有艺术表演团体138个，其中纯国有剧团12个，享受国家经费补助的剧团123个(含12个国有剧团)，从业人员6931人。拥有固定资产9840万多元，平均每团占有71.3万多元；拥有公用房屋建筑面积18.4万多平方米，平均每个剧团占有1300多平方米，其中：排演练功用房2.6万多平方米，平均每团占有188平方米。政府对各剧团补助经费在逐年增多，1998年财政补助经费为4055万多元，是1964年财政补助经费的23倍，是改革开放前1978年的3.8倍。1998年各剧团经费总支出数为6905万多元，是1964年总支出数的5倍以上，平均每团支出经费50多万元，人均支出经费9900多元。

7个省直表演院团从业人员1080人，拥有固定资产4405万多元，公用房屋建筑面积5.2万多平方米，其中排演练功用房8000平方米，并拥有大量功能先进的演出仪器设备。1998年共计支出经费2311万多元，其中财政补助经费1690多万元，较以往都有大幅度的增长。

2.艺术表演场所。

建国以来，河北省文化系统的艺术表演场所的建筑规模和使用功能都有长足的发展。到1998年底，拥有各种规模的艺术表演场所106个，其中全部由国家投资建设的有104个，占总数的98%以上。从业人员1928人，拥有固定资产10561.8万多元，公用房屋建筑面积26.1万多平方米，观众座位102674个，多数是可以放映电影和演出戏剧的综合性设施，科学地分布在全省的广大城镇。1998年共支出各种经费2820.4万多元，是1984年的10倍以上，其中财政补助经费234.1万元，是1984年的6.5倍，经费自给率达到87.46%。

近期即将投入使用的河北艺术中心是河北省文化系统规模最大的多功能现代化艺术表演场所，计划总投资规模25458万多元，建筑面积2.49万多平方米，拥有两个演出厅，可以同时接待两个不同门类的高规格演出，容纳近3000名观众，它的投入使用将使河北省的艺术表演业建设更上一个新台阶。

二、快速向现代化发展的图书馆业

解放初期，河北省仅有2所公共图书馆，广大城镇是一片空白。建国后，党和政府非常重视公共图书馆业建设，经过50年的建设发展，截止到1998年底，已经建成投入使用146个公共图书馆。从业人员1674人，拥有固定资产11936.6万多元，公用房屋建筑面积22.2万多平方米，其中书库5.2万多平方米，阅览室4.2万多平方米。书架单层总长度为25.3万多米，阅览室座席数为1.6万个，其中少儿阅览室座数为5000个。藏书总量为1017.1万多册，是改革开放前1979年384万册的2.65倍，平均馆藏量为6.97万多册。其中：省图书馆藏书量为113.2万多册，12个市级图书馆藏书量为406.7万多册，平均馆藏33.9万多册，县级图书馆藏书量为497.2万多册，平均馆藏3.7万多册。

各级政府对图书馆的经费补助也逐年增加，1998年度的事业经费支出是2744.8万多元，其中财政补助经费为2497.2万多元。支出购书费396.7万多元，是改革前1979年的6.3倍，其中市级图书馆均购书费11.36万元，是1979年的4.5倍；县级图书馆馆均购书费0.79万元，是1979年的2.6倍多。

河北省图书馆现有从业人员174人，拥有固定资产3348万多元，公用房屋建筑面积3.9万多平方米。其中书库面积1万平方米，阅览室面积1.1万多平方米。单层书架总长度3.2万多米，阅览室座席数为1000个，总藏书量超过113万册，已经具备了通过微机网上提供服务的功能，是全省规模最大、现代化程度最高的综合性图书馆。现有的12个市级图书馆绝大部分采用了ILAS软件建立了微机自动化集成系统，藏书量超过50万册的有石家庄、唐山、保定和张家口4个市图书馆，全省已有80%以上的县建立了自己的公共图书馆，其他如广平、博野等县的图书馆都正在积极筹建中。

三、蓬勃发展的群众文化业

建国以来，党和政府非常重视社会群众文化工作，50年来，河北省的群众文化工作取得了非常重大的建设成就。尤其是改革开放以来，各种文化机构如雨后春笋般建立起来。截止1998年底，全省共建成群众文化机构2288个，是1964年186个的12倍多。其中群众艺术馆12个，是1959年的4倍，文化馆168个，文化站2108个(其中国办文化站1576个，民办文化站371个)，是改革开放前1978年133个的近16倍，基本上实现了“市市有群众艺术馆，县县有文化馆，乡乡有文化站”的建设目标。

财政对群众文化事业的经费补助也不断增加，1998年度全省群众文化业事业支出累计4920多万元，其中财政补助经费4353万元，是河北省群众文化活动经费的主要来源。各级文化馆站的建设规模和质量也都有了长足的发展。截止到1998年底，全省群众文化机构从业人员达到6495人，其中群众艺术馆637人，文化馆2491人，文化站3367人。拥有固定资产12487.3万多元，其中群众艺术馆1308.7万多元，平均每馆拥有资产近110万元；文化馆4322万多元，平均每馆拥有资产25.73万元；文化站6856.5万多元(国办文化站4334.6万元，民办文化站401.6万元)，平均每站拥有资产3.25万元。共拥有公用房屋建筑面积41.2万多平方米，其中群众艺术馆3.1万多平方米，文化馆13.4万多平方米，文化站24.7万多平方米(国办文化站17.9万多平方米，民办文化站6.5万多平方米)。正在建设中的石家庄市群众艺术馆和沧州市文化艺术活动中心，计划总投资都在2500万元以上，建筑面积都在9000平方米以上，是最具代表性的新型群众文化设施。

四、发展中的文艺教育业和文艺科研业

河北省的文艺教育事业是建国后才开始进行的，到现在已有以河北省艺术学校为龙头的7所中专教育机构。从业人员647人，拥有固定资产2530多万元，公用房屋建筑面积2.7万多平方米，其中教学用房面积1.7万多平方米，从学校规模和教学质量都取得了不凡的成就。文化艺术教育的经费收支也在逐年加大，1998年经费支出累计1473.8万多元，累计收入1462万元，其中财政补助经费1036.2万元。教学基础设施建设更是突飞猛进，仅“九五”期间就新增固定资产1000多万元，现在正在争取将省艺校扩建工程列入河北省“十五”规划。

河北省的文化艺术科研机构到目前已经发展到13个，从业人员165人，拥有固定资产378万多元，公用房屋建筑面积2038平方米，其中科研用房面积1638平方米，并购置了数十万元先进的科研仪器设备。各文艺科研机构除承担科研和编纂文艺集成志的任务外，还搜集、保存了大量珍贵的文化艺术音像资料。1998年度文艺科研经费支出364万多元，几乎全部为财政补助拨款。

五、其他文化产业和非文化产业

其他文化产业和非文化产业是河北省文化系统的重要构成部分，主要包括以下两类：

1.事业类其他文化产业和非文化产业。

到目前为止，河北省的事业类其他文化产业和非文化产业包括艺术创作业、艺术展览业和文艺经纪代理业等38个机构，从业人员493人，拥有固定资产1146.6万多元，公用房屋建筑面积2.5万多平方米。年度各种经费支出962万多元，其中财政补助经费668万多元，经费自给率为36.6%。

2.企业类其他文化产业和非文化产业。

近年来，文化系统为了补充文化事业经费不足，利用自身的专业优势为社会提供有偿服务，相继创办了一些辅助产业。到目前已经建成16个机构，从业人员298人，拥有资本金510万多元，其中国家资本金346万元；拥有固定资产原值763万元，固定资产净值557万元。仅1998年度上交主管部门纯利近20万元，大大支持了河北省文化事业建设。

六、方兴未艾的文化娱乐业

随着物质生活水平的普遍提高，人民群众对文化消费的需求不断增长，河北省社会力量兴办的文化娱乐业如雨后春笋般地发展起来。到1998年底，建成已登记注册的文化娱乐机构6344家，从业人员2.33万人，累计投入资本金8.53亿元，1998年实现主营业务收入2.45亿多元，实现主营业务利润9298.8万多元，成为河北省社会文化活动的一支劲旅，成为社会经济产业中的一个新的经济增长点。

经过50年的建设发展，全省的文化艺术事业从都市到乡村，从渔村到山寨，形成了门类齐全、实力雄厚的庞大体系，拥有国有资产数亿元。在社会主义现代化建设中，宣传党和国家的方针政策，活跃城乡群众文化生活、文化艺术事业发挥了巨大作用。经过长期的发展建设，在文化经济管理方面积累了丰富的管理资产、运用资产经验，有力地推动了社会文化艺术事业的发展。但是，目前的文化事业基础建设尚不能满足人民群众对文化生活的需要，文化投资力度与社会发展水平不相适应，还须继续推进文化基础设施建设和加大文化投资力度。在新的形势下，更要深入学习邓小平文艺理论，贯彻落实党的十五大精神，抓住机遇，改革前进，积极推进文化事业产业化发展，促进绚丽多彩的燕赵文化从一个辉煌走向新的辉煌。

山西文化事业五十年发展概述

李栖政

山西是中华民族文化的发祥地之一。建国以来,山西文化事业在旧社会的废墟上,几乎是从无到有,获得了长足发展。特别是党的十一届三中全会以后,山西文化进入了改革开放、全面发展的新时期,各种文化事业机构迅猛增加,至1999年底,文化产业机构已发展到4996个,从业人员32922人,分别是1953年的15倍和11倍。政府用于文化事业经费的投资50年达13亿元。1999年全省文化事业财政拨款1.3亿元,是1949年的1852倍。山西文化事业在邓小平理论和党的十五大精神指引下,取得了令人瞩目的辉煌成就。

一、艺术事业

山西素称"戏曲之乡",但解放初期仅有7个戏曲剧种、38个戏曲班社,从业人员不到2000人。在党的文艺方针指导下,山西艺术事业迅速发展起来。通过陆续举办各种调演、汇报演出,涌现出一批优秀演员和优秀剧目;一些优秀剧目多次赴京演出,曾11次被邀进入中南海为党和国家领导人演出,并受到接见;5部优秀剧目被拍摄成电影。十年文革,艺术事业备受摧残。党的十一届三中全会开辟了历史的新纪元,带来了艺术事业兴旺繁荣的新局面。目前,山西戏曲剧种已发展为52个,是解放初的7倍。剧团机构159个,从业人员10009人。机构增长了3倍,队伍扩大了4倍。艺术表演场所也由解放前仅有的几处破旧戏院,发展为51个具有现代装备的多功能剧场、影剧院。

随着社会主义市场经济体制的建立,山西省积极稳妥地进行艺术表演团体体制改革,大力解放艺术生产力,掀起了繁荣文艺创作的新高潮。对戏剧、歌舞等舞台表演艺术,坚持"综合治理"的指导方针,努力实施"精品战略",仅在戏曲剧目和话剧的创作方面,就改编传统戏、新创作历史剧和现代戏达数百部。特别是通过四大梆子调演、中青年演员调演、连续五届艺术节、新创剧节目晋京展览演出等一系列文化艺术活动,推出一大批深受人民群众喜爱的优秀剧目。其中,晋剧《崔秀英》、《富贵图》、《桐叶记》、《丁果仙》、《石角凹》、眉户《两个女人和一个男人》、蒲剧《关公与貂蝉》获得文化部文华新剧目奖;晋剧《醋工歌》、《油灯灯开花》、京剧《大脚皇后》获得中宣部精神文明建设"五个一工程"奖;话剧《孔繁森》同时获得文华新剧目奖和"五个一工程"奖。这一时期,成就更加突出的是歌舞艺术创作。山西省歌舞剧院先后创作的黄河三部曲:《黄河儿女情》、《黄河一方土》、《黄河水长流》在社会上引起轰动,成了全国舞蹈艺术争相模仿和学习的样板,也先后获国家文华新节目奖和"五个一工程"奖以及上海国际艺术节"露美花冠"大奖。这些作品由于独特的艺术风格和在社会上的深刻影响,形成了一个被称之为"黄河艺术"的流派。

山西省各级剧团带着编创的优秀剧目上山下乡,送戏到基层,仅1999年就演出35639场,平均每团演出224场,在全国排名第四位;国内观众5476万人次,平均每场1555人次,在全国名列第二;经费自给率41.2%,在全国也排第五位。多年来山西省剧团上述效益指标均在全国名列前茅。

在长期的艺术创作演出活动中,一大批优秀艺术人才脱颖而出。其中,有31人获戏剧"梅花奖",使山西成为全国拥有梅花奖最多的省区之一;获得"文华奖"的演员、编剧、导演、音乐唱腔及舞美设计人员47人。这些优秀艺术人才已成为山西文化艺术事业发展的中坚力量。

从1991年开始，山西省剧团共出访演出1713场，仅1999年就演出419场，是1991年的22倍。这些年，山西省先后派出省歌舞剧院、省晋剧院青年演出团、大同市歌舞剧团、孝义县木偶皮影艺术团、太原市杂技团等专业艺术表演团体赴日本、新加坡、香港、英国、澳大利亚、非洲六国等国家和地区进行访问演出，以鲜明的地方艺术特色和精湛的表演艺术赢得了所到国家和地区人民的赞誉，有力地弘扬了中华民族文化，提高了山西文化艺术的声誉。

二、公共图书馆事业

解放前，山西没有一所公共图书馆。1950年山西成立了图书博物馆；1954年太原市图书馆成立后，大同、长治等地的图书馆也陆续建立；1960年，以科技为重点的综合性大型公共图书馆——山西省图书馆正式建成。十一届三中全会以后，党和国家对图书馆事业的发展极为重视，提出了指令性计划和要求，使山西公共图书馆事业得到快速发展，至今全省已有公共图书馆121个，其中省级1个，地市级6个，县级114个。从业人员1493人。实现了国家社会发展规划中“县县有图书馆”的要求。

全省公共图书馆总藏量达到848.6万册(件)，其中藏书832.7万册，是1953年208倍。全省人均藏书0.26册，是1953年0.003册的87倍。各级图书馆工作人员充分利用馆藏书刊资料，努力为广大读者服务，从1999年来看，全省公共图书馆总流通人次241万人次，是1953年804倍；书刊外借145万人次、220万册次，分别是1953年725倍和81倍。共发放正在使用的有效借书证15万个。山西省图书馆还在不断的管理体制改革中，积极发挥其社会服务的功能，特别是为星火计划和科技研究服务以及开展各种辅导、培训等方面做了大量工作，举办了形式多样的活动。仅1999年即为读者举办各种活动514次，有30万人参加了活动；并大力开展信息服务，为读者解答咨询98586条，代检索课题308项，编制二、三次文献28种。

从1997年开始，各级图书馆积极开展了由中宣部、文化部等九部委联合组织实施的全国“知识工程”活动，每年都举办图书馆服务宣传周活动，促进了图书馆工作的开展。在1999年文化部组织的全国县以上图书馆评估定级工作中，山西省曲沃县图书馆被评为一级图书馆，还评出二级图书馆7个、三级20个。公共图书馆事业在两个文明建设中发挥着愈来愈重要的作用。

三、群众文化事业

群众文化事业是社会主义的一种特有观象。建国后随着经济的发展，群众文化机构相继建立。特别是改革开放以来，群众文化事业蓬勃发展，到1999年末，全省已建立群众艺术馆12个，文化馆118个，文化站1705个，从业人员1981人，形成了省、地(市)有群艺馆，县(市)有文化馆，乡镇有文化站的四级群众文化网络。群艺馆、文化馆负责指导业务的群众文化组织有文化俱乐部(室)9467个，图书室4567个，文化户20746户，群众业余演出团(队)967个。各级群众文化网络的建立，使人民群众的文化娱乐活动愈来愈丰富多彩。以1999年为例，全省群众文化机构共计举办展览2213个；组织文艺活动4942次；举办各种训练班2506班次，结业10万人次；开展录像放映14056场，观众达102万人次。从1987年开始的每两年一届的全省性艺术节活动，更是把人民群众的文化生活推向高潮，使山西群众文化事业呈现出一派繁荣景象。

从1995年开始，山西省坚持抓了三项重点文化工程。首先是创建文化先进县活动，现全省省级文化先进县已达64个，其中国家级10个。与创建文化先进县相配套，1997年群众文化工作提出了“千里文化长廊建设计划”，现已初步形成“抓好一条线，幅射一大片”的良好局面。山西省在实施“蒲公英计划”中主要抓了蒲公英农村儿童文化园的创建和命名工作。1995年至今,全省共命名16所省级蒲公英农村儿童文化园,其中2所被文化部命名为国家级蒲公英农村儿童文化园,省文化厅被评为执行计划第一周期二星级单位。

与社会文化活动普遍开展相映照的是群众文艺创作的异常繁荣。1986年，在全国第一届民间音乐舞蹈大奖赛中，山西选送的13个全部获奖。其中大奖2个、一等奖1个、二等奖5个、三等奖4个、丰收奖1个，在全国首屈一指；1993年，在全国第二届民间音乐舞蹈大奖赛中，山西又有两个节目获大奖，两个节目获一等奖，又一次在全国夺冠。山西省还在全国“群星奖”评比中连年获奖，如1996年为舞蹈比赛获3个金奖3个铜奖；1999年器乐和声乐比赛获“三金二银一铜”，获奖总分居全国第一。多次连连夺冠，使得山西民间艺术在全国名声大振，也引起了世界一些国家和地区艺术界的关注，纷纷邀请前往演出。自1986年以来，山西绛州鼓乐、晋南威风锣鼓以及民间舞蹈《元霄夜》、《小二黑结婚》、《送妻回娘家》、《开花调》等节目，多次参加了中国艺术节、亚运会开幕式等国内大型艺术活动和出访东南亚、西欧等不少国家和地区，从而为山西争得了荣誉，特别是提高了山西在海外的知名度。

四、艺术教育和艺术科研事业

山西的艺术教育事业解放前是个空白。1951年山西艺术干部学校成立,标志着山西的艺术教育开始了正规化进程。50年代后期又先后成立6所艺术院校,在简陋的条件下,培养出一大批艺术人才。十年“文革”造成文艺人才的青黄不接,后继乏人。十一届三中全会以来山西省非常重视艺术人才的培养,对艺术学校进行恢复、整顿,并新建了地市艺校。通过开展教学质量检查,定期举办教学汇演、比赛等活动,极大地推动了艺术教育事业的发展。现山西省已有中等专业学校13所,文化干部院校1所,其他教育机构4个。共开设了30多个专业,是1985年13个专业的2.3倍。1999年在校生6154人,是1985年的2.6倍。教职工1570人。校舍面积12.4万平方米，1979年至今累计培养各类文化艺术人才1.3万余人。目前这些人员大都已成为全省各级文化部门和单位的专业骨干,有些已成为蜚声省内外的艺术专家,如田桂兰、郭彩萍、任跟心、栗桂莲等著名演员及王东满(作家)、张枚同(音乐家)、王木兰(画家)、田树苌(书法家)等。多年来山西省艺术学校在举办和组织参加全省、全国艺术学校比赛均取得好成绩,提高了山西省艺术教育在全国的声誉。

随着各行各业改革的不断深入,艺术教育也根据社会需求,对管理体制、专业结构和教学内容以及招生制度等方面进行了较大幅度的改革和调整,从而使艺术教育的管理体制更趋合理,招生制度进一步完善,教学质量大幅度提高,使山西省艺术教育在全国处于领先地位,从而受到文化部的表彰。

山西省现有专业文化艺术科研机构13个,1996年至今,累计完成科研项目74个。其中获国家奖9个,省部奖52个,地市奖13个。科研工作取得了突出的成果。如:全国十大文艺集成、志书山西卷的编撰工作成绩突出,受到文化部、国家民委、全国艺术学科规划领导小组的表彰;1998年省图书馆的“计算机文献标引对照系统”、太原市舞台科艺研究所开发的WZ—VT型舞台电脑字幕机,获得了文化部科技进步二等奖和科技成果推广应用奖。这些成果的取得有力地推动了文化事业的发展。

五、文化市场

山西文化市场“七五”期间开始起步,“八五”期间形成规模,到1999年全省文化娱乐业发展为2665个,从业人员12352人。娱乐业机构中包括歌舞厅240个、舞厅72个、卡拉OK厅2189个、电子游艺厅37个、台球厅31个、保龄球场和旱冰场各12个、综合娱乐场所30个、其他42个。1999年主营营业收入30581万元,实现利润7043万元,上交国家税费2602万元,创增加值25867万元。文化市场的发展丰富了人民群众文化生活,促进了国民经济的发展。

随着文化市场的形成和发展,文化市场的管理也逐步走向正规。1991年省人大出台了《山西省文化市场管理暂行条例》;1994年省文化厅成立文化市场管理处;1995年成立山西省文化市场稽查总队。至此,山西的文化市场管理进入了一个新时期。现在,全省的文化市场管理已形成三级网络,省、地(市)、县(市)的专职文化市场管理机构和稽查机构共计104个,管理人员603人。在市场管理上,坚持"一手抓管理,一手抓繁荣",制定了《山西省文化行政执法责任制实施方案》,并在全省实行了全国统一的《文化经营许可证》和《中华人民共和国文化市场稽查证》,实行持证上岗制度,严厉打击非法经营行为,推动了文化市场向活跃有序、健康繁荣的方向发展。

山西文化事业虽然取得了突出成就,但也面临着一些困难和问题,主要是:事业经费投入虽增长幅度较大,但仍严重不足,影响事业发展;基础设施建设虽然获得长足发展,但仍显落后,与飞速发展的经济形成鲜明对比;艺术专业队伍建设成绩显著,但同时存在队伍不稳、人才流失严重、结构失衡、尖子人才缺乏的现象;文化市场发展迅猛,并加强了管理力度,但因管理体制上下错位,导致政出多门、政令不通、相互扯皮推诿的情况发生。为使山西文化事业在市场经济条件下与经济建设同步发展,建议各党委、政府要切实重视社会主义精神文明建设(包括文化工作),把文化工作摆在应有的重要位置,列入各级党委、政府的重要议事日程;加大基本建设投资,切实改变全省文化事业基础设施破旧落后、欠帐太多的状况;调整文化建设上的失调关系,在经济政策上给予倾斜,每年的文化事业经费投入应随财政收入的增长而不断增加;加强文化立法工作;设立专业艺术创作基金和奖励基金,特别要制定鼓励优秀人才脱颖而出的优惠政策,从根本上改变文艺创作滑坡的状况,以使历经沧桑、成就斐然、经验丰富的山西文化事业,在有中国特色的社会主义道路上,写下更加辉煌灿烂的新篇章。

繁荣发展的内蒙古文化事业

赵若奎

内蒙古地域辽阔,民族众多,历史悠久,并有着优秀的文化传统。富绕美丽的大草原蕴藏着丰富的文化宝藏。多年来以蒙古族为主体的少数民族与汉族文化融会在一起,形成了独具风格的民族文化,为内蒙古的经济繁荣,社会进步贡献了力量。

新中国成立50年来,特别是改革开放以来,内蒙古的文化事业呈现出一派繁荣景象,已经形成了一个比较完整的事业体系。1999年全区各类文化事业机构已达3860个,与1949年相比,增加了三十几倍,从业人员2.2万人。其中艺术表演团本117个,从业人员5505人;群众艺术馆13个,文化馆104个,文化站1611个,从业人员4478人;公共图书馆108个,从业人员1838人;艺术教育机构11个,从业人员682人;博物馆22个,文物管理站(所)70个,文物店7个,从业人员1403人;电影事业机构1733个,从业人员6240人。全区有不可移动文物遗址1.5万余处,馆藏文物50万件(套),全国重点文物保护单位17处,自治区重点文物保护单位158处,一级文物500多种,国家级珍宝13件。

一、艺术事业繁荣发展

1946年,内蒙古成立了有史以来第一个专业艺术表演团体——内蒙古文工团(后改为内蒙古歌舞团)。它不但是内蒙古地区第一个专业艺术表演团体,而且还是新中国第一个专业艺术表演团体,在新中国的文化史上占有特殊地位。在党的民族政策光辉照耀下,内蒙古的民族文化艺术获得了空前的发展。50年来,全区的艺术工作者创作和演出了一批又一批在自治区内外颇有影响的作品,涌现出一代国内外知名的艺术家和不少在国际国内获奖的佳作。《马刀舞》、《筷子舞》、《鄂尔多斯舞》、《赞歌》(歌曲)、《四人踢碗》(杂技)、《草原上升起不落的太阳》(歌曲)、《敖包相会》(歌曲)、《旗长您好》(话剧)、《森吉德玛》(舞剧)、《银碗》(蒙古剧)、《东归英雄传》(电影)、《悲情布鲁克》(电影)等大批艺术精品,不仅为区内各族群众所喜爱,而且还为内蒙古,甚至为中国赢得了巨大的荣誉。五六十年代创作的《鄂尔多斯舞》、《盅碗舞》、《挤奶员舞》分别在第五届、第六届和第八届世界青年联欢节上获得金奖。由内蒙古杂技团创作演出的《四人踢碗》,在1990年法国巴黎第13届明日世界杂技节上获得金奖,首创我国少数民族杂技演员在世界大赛中获金奖的纪录。在"九五"期间,全区的艺术作品和艺术工作者在国际国内各种艺术活动中共获得一等奖(含特等奖、大奖、特别奖)78项,二等奖80项,三等奖23项,总计181项。近5年来,全区共创作400多台剧节目。其中不乏精品,如蒙古剧《银碗》、《满都海斯琴》,歌剧《舍楞将军》,歌舞剧《也兰公主》,话剧《司法局长》,京剧《萧观音》,舞蹈诗《鄂尔多斯情愫》、《生命欢歌》,大型民族歌舞史诗《腾飞吧,内蒙古》等。近几年,全区在国内外艺术评奖中获奖70多项,包括3次戏剧梅花奖,6次文化部文华新剧目奖,7次中宣部"五个一工程"奖。最近,蒙古剧《满都海斯琴》又获得文化部文华新剧目奖和作曲表演等4个单项奖。全区艺术表演团体每年演出超万场,其中下基层演出超5000场,平均每年每团演出110多场;1999年演出达到12200场,其中下基层演出达到7101场。多次举办全区性艺术活动,如草原金秋声乐比赛、全区舞蹈比赛、乌兰牧骑艺术节等,借以检阅创作成果,促进艺术创作繁荣。1999年,全区各地举办了一系列庆祝建国50周年和澳门回归文艺活动,我们组织了文艺晚会《草原情深》、大型蒙古剧《满都海斯琴》、舞蹈诗《生命欢歌》,进京参加了庆祝建国50周年优秀剧节目献礼演出,均取得了圆满成功。

被誉为我国文艺战线一面红旗的乌兰牧骑,以它"队伍精干、队员一专多能"的特点,活跃在基层,多年来曾受到党和国家领导人的接见,在国内外产生强烈的反响。1957年内蒙古第一支乌兰牧骑成立至今,这支队伍已扩大到62个,从业人员达1705人。多年来,这支队伍始终活跃在农村、牧区,不断地探索新形势下的新路子,充分展现了乌兰牧骑在市场经济条件下的生机和活力。1992年,自治区举办了首届乌兰牧骑艺术节;内蒙古成立50周年时,举办了第二届乌兰牧骑艺术节。党和国家领导人江泽民、李鹏等为乌兰牧骑题词,再次肯定乌兰牧骑的方向和成绩,使乌兰牧骑这面艺术战线上的红旗在全国再一次产生巨大影响。

二、群众文化事业发展迅速

新中国成立之后,全区仅有一些数量很少的民乐社和民众教育馆,经过50年的发展,全区自上而下已形成了一个覆盖全区的群众文化网络。1997年以来,全区共新建图书馆13个,文化馆11个,新建、改建、完善文化站1300个。新建的规模2万平方米、设施先进、功能齐全的内蒙古图书馆新馆自1998年5月28日启用以来,坚持节假日不休息,平均每天接待读者上千人,至今已累计接待读者90余万人次。坚持开展文化下乡活动,1995年以来全区文化单位共下乡送书70多万册。由于基层文化事业的持续发展,全区已有13个旗县进入全国文化先进行列,8个旗县被评为全国文化长廊建设先进地区,58个图书馆被命名为全国三级以上图书馆,赤峰市红山区民族少儿图书馆和通辽市科尔沁图书馆被命名为国家一级图书馆,实现了内蒙古一级图书馆零的突破。

近几年，内蒙古广场文化活动蓬勃兴起，已有各类文化广场15个，每年有近百万人参与活动。其中包头市广场文化活动最为活跃，已累计举办消夏文化节15届，11万多人参与表演，观众达1500万人次。全区城镇企业文化、校园文化、社区文化也有了很大发展。

三、农牧区电影事业稳步发展

近年来，全区电影事业在市场经济条件下，经过不断探索和努力，走出了一条适合内蒙古发展的道路，并取得了一定的成绩。出台了《全区农村牧区电影“2131”目标实施方案》，积极开展“科普之春”电影汇映活动。到1999年底，全区农村牧区电影队由1995年的300多支增加到1470支，年放映电影15万场，农牧民人均看电影12.5场，受到国家广电总局的表扬。

四、文物工作成绩显著

在新中国成立之前，内蒙古没有文物保护管理机构，更谈不上文物保护。内蒙古自治区成立以后，即开始了文物保护工作。1957年5月1日，内蒙古历史上第一座博物馆落成开馆。1984年又成立了“自治区文物保护管理委员会”。1990年4月14日《内蒙古自治区文物保护条例》经自治区人大常委会审议通过，公布施行。这个《条例》的颁布和实行使全区的文物保护工作开始向法制化的轨道迈进。1981—1989年，全区文物考古工作者完成了自治区境内文物普查工作，发现全区有不可移动、现有地面的文物古迹、革命遗址、典型民族聚落址1.5万余处，馆藏文物50万件(套)。内蒙古的长城遗存长度和跨越历史年代，都居全国之首。阴山岩画和贺兰山岩画数量和艺术价值，也属全国之最。我国最大也是亚洲最大的恐龙化石——查干诺尔恐龙画石就在内蒙古博物馆。近年来，全区的文物保护、考古发掘和研究都取得了突出成绩，赤峰市阿鲁科尔沁旗辽代耶律羽之墓和敖汉旗兴隆洼遗址被评为1992年全国十大考古发现。赤峰市阿鲁科尔沁旗辽宝山墓被评为1994年全国十大考古发现。5年中全区共有3处文物考古发现进入全国十大文物考古发现行列。全区的文物考古学和博物馆学的科研工作也取得了显著成绩。发表了数百篇科研论文和报告，出版了《阴山岩画》、《鄂尔多斯青铜器》、《黑城文书》、《乌兰察布岩画》等一批具有较高学术水平的专著。内蒙古已进入了全国文物大省区行列。

五、文化市场初具规模

在改革开放以前，内蒙古没有现代意义上的文化市场。经过10多年的发展，全区的文化市场健康有序地发展，建立起以盟市所在地为中心，以旗县所在地为依托，联接乡苏木镇，向基层农村牧区延伸的文化市场经营网络，形成了一个书刊、音像、演出、游艺、娱乐等不同门类的综合性文化市场。目前，全区文化市场固定资产达3.4亿元。这些多渠道、多层次、多形式的文化娱乐服务，弥补了国办文化事业的不足，活跃于各个阶层群众的文化生活，同时，安排就业1.8万余人，年上缴税金950多万元，对经济和社会发展也有一定的积极作用。全区文化市场已经形成一个较完整的管理体系，全区有专职的文化市场稽查人员600多人。1994年6月，自治区人大常委会颁布了《内蒙古自治区文化市场管理条例》，使全区文化市场的管理逐步走向法制化和规范化。由于坚持集中“扫黄、打非”和日常管理相结合，所以基本上保证全区文化市场的健康、有序发展。

六、对外文化交流有了进一步发展

50年来，内蒙古的对外文化交流也取得了巨大成就。特别是改革开放以来，对外文化交流日趋活跃，呈现出勃勃生机，使自治区的文化艺术不仅为区内、国内观众所熟悉，而且为五大洲更多的人们所了解和喜爱。1979—1999年，自治区共派出艺术团、组240多个，2500多人次。这些文化团组分别赴亚洲、欧洲、非洲、美洲、大洋洲的540多个国家和地区进行友好访问和演出，演出场次累计达5826场，观众人数达1490多万人次。1993年内蒙古民族文化艺术团赴台湾演出150场，观众达30多万人次，创下了大陆文艺团体在台湾停留时间最长、演出场次和观众最多的纪录。1996年中国内蒙古民族歌舞团，应美国迪斯尼公司邀请，在美国六大城市进行为期36天的访问演出，在美国刮起了内蒙古歌舞旋风，近3万观众被独具神韵的、精彩的表演所倾倒。1995年《中国成吉思汗故乡历史文物展》在加拿大展出引起轰动，这是中加建交25年来，中国在加拿大举办规模最大的文化展览。近几年来内蒙古接待国外、海外文化艺术团组50多个，600多人次。对外文化交流活动弘扬了民族文化，提高了内蒙古在世界的知名度，也锻炼了队伍，取得了良好的社会效益和经济效益。

50多年来，内蒙古文化事业的发展，不仅展示了内蒙古改革开放、民族团结、经济发展和社会进步的良好形象，而且为弘扬我国优秀文化艺术作出了巨大贡献。

辽宁文化艺术事业辉煌五十年

辽宁省文化厅

新中国的建立开创了辽宁文化建设的新纪元。尤其是党的十一届三中全会以来，在省委、省政府的领导下，全省文化战线的干部职工高举马列主义、毛泽东思想和邓小平理论伟大旗帜，坚持“二为”方向和“双百”方针，坚持辽宁省文化工作“三转变、四加强”(即转变思想观念、转变运行机制、转变工作职能和加强业务建设、加强文化设施建设、加强文化产业建设、加强队伍建设)和“三树立、一运作”(即树立开放意识、树立市场意识、树立产业意识和文化事业按产业化思路运作)的文化事业发展的新思路，使全省文化工作在许多方面都跻身于全国先进行列。艺术事业精品荟萃，人才辈出；社会文化事业在充分发挥辽宁地域特色中不断取得新成就；文博事业蓬勃发展，考古工作取得重要成就；文化市场繁荣有序；对外、对港澳台文化交流日趋活跃，全省文化事业呈现出欣欣向荣的大好局面。

一、解放后30年文化艺术事业的发展

解放前，辽宁的文化艺术满目疮痍，一片凋零。伴随着新中国的诞生，辽宁的文化艺术事业揭开了新的篇章。解放战争时期建立的文工团队逐渐向专业化方向发展，建立了一批新型的艺术表演团体。针对当时演出剧目泥沙并存的状况，东北人民政府文化部建立了戏曲改进处，开始进行对戏曲改革的工作，根据中央精神进行“改人、改戏、改制”的活动，查禁淫秽荒诞、迷信恐怖的剧目，积极编写新剧目，从而净化了舞台，使人民群众得以享受清新、健康、有益的文化娱乐生活。为了配合经济建设、抗美援朝、“三反”、“五反”、对农业、手工业和资本主义工商业的社会主义改造等，创编演出了许多优秀剧(节)目，并在全国产生了较大的影响，如《前进再前进》、《瓦斯问题》、《曙光照耀莫斯科》；京剧《美人计》、《雁荡山》、《反徐州》；评剧《小女婿》、《小姑贤》、《茶瓶记》；歌剧《纪念碑》、《星星之火》等。杂技和曲艺也出现一些喜闻乐见、健康向上的节目，并赴朝慰问演出。

“反右”运动开始，一些文艺工作者受到波及，错划为右派，并下农村厂矿改造，艺术创作萧条。

1962年，随着国民经济的逐步复苏，辽宁的文化艺术也在不断发展，戏剧界创作演出了话剧《红石钟声》、《兵临城下》;京剧《松骨峰》、《插旗》;评剧《三关排宴》等。这些剧目分别获得省、国家级的奖励。这一时期戏剧艺术日趋成熟,逐渐形成了自己的风格和流派。如话剧辽宁人民艺术剧院的风格;京剧的唐(韵笙)派;评剧的韩(少云)、花(淑兰)、筱(俊亭)等流派,他们在群众中扎下了根,影响遍及全国。"辽南戏"作为辽宁地方剧种进行改革培植,阜新"蒙古剧"也为辽宁文艺舞台添色增辉。

舞蹈、杂技、曲艺等舞台艺术也在不断发展。1963年省舞蹈创作座谈会的召开及1964年省首届舞蹈创作交流演出,深入贯彻舞蹈艺术民族化、革命化、群众化的精神,展览了近年来优秀舞蹈创作成果。省内几个杂技团体多次组团去国外演出,为促进中外文化交流做出了贡献。曲艺中的评书《烈火金钢》、《红岩》、《肖飞买药》等成为全国广播电台收听率最高的节目之一。

群众文化工作1963年至1964年间,文化部和省市文化部门多次派去工作队下乡,针对基层文化工作问题边服务、边调查研究,使群众文化工作得到正常发展。电影发行贯彻文化部加强集中统一领导的精神,将下放各市成立的电影公司上收到省公司统一领导,截止1964年末,全省已形成各类放映单位遍及城乡各地的电影放映网络。图书馆为科研服务工作重新起步,成立科技参考机构,密切与科学工作者的联系,为生产服务提供有关资料,充分发挥书刊文献作用。这个时期艺术教育事业也有很大发展。先后建立了鲁迅美术学院、沈阳音乐学院两所高等艺术院校和辽宁戏曲学校,为辽宁省及全国培养了一大批优秀专业艺术人才,也为辽宁文化事业的发展奠定了坚实的基础。

"文化大革命"使辽宁的文艺事业受到猛烈冲击。辽宁改编上演的京剧《海瑞背纤》被斥为与《海瑞罢官》的反党、反社会主义"全国一盘棋"的大毒草。辽宁创作的话剧《兵临城下》横遭批判。一批领导干部和演职人员被打成"反动权威"、"黑线人物"、"牛鬼蛇神"而被关压甚至迫害致死。各地的群众艺术馆、文化馆被撤销;剧团被"毛泽东思想宣传队"所代替;一大批故事影片被视为"毒草"而停映,只上映《地道战》、《地雷战》及"样板戏"等几部影片,公共图书馆受到冲击而闭馆。虽有几个样板戏先后搬上舞台,但毕竟无法弥补文艺事业冷落萧条的局面。

二、改革开放20年,文化艺术事业取得辉煌成就

党的十一届三中全会的召开给辽宁这一受"四人帮"毒害的重点区带来了"文艺的春天",经过拨乱反正,恢复了应有的机构、设施,在文革中被打成"黑线人物"、反运权威的文化干部职工被平反昭雪。一场关于真理标准问题的大讨论,犹如一股春风推动了广大文艺工作者思想大解放。一段时期内戏剧创作涌现出一批在全国颇有影响的优秀剧目,如辽宁人民艺术剧院的话剧《报春花》、《高山下的花环》;辽宁歌舞团的大型民族舞剧《珍珠湖》;辽宁芭蕾舞团的芭蕾舞剧《梁山伯与祝英台》;辽宁儿童艺术剧院的儿童剧《人参娃娃》、《小路弯弯》以及抚顺京剧团的《康熙出政》等剧目。沈阳、大连杂技团相继出国演出,不断创作出高、难、险的新节目。相声《特殊生活》、《假大空》引起群众强烈共鸣,刘兰芳播讲的长篇评书《岳飞传》在全国70余家电台播放。群众文化、电影发行放映、图书馆、艺术教育等工作迅速恢复并得到很大的发展。对外对港澳台的文化交流日益增多,对增进友谊、提高辽宁在国际上的声望、促进辽宁文化艺术事业的发展起到了积极的作用。

1.文化体制改革取得显著成效。

党的十一届三中全会以后,全省文化战线在解放思想,拨乱反正的同时,对文化内部运行机制等方面进行了改革,主要在领导体制和管理机制、布局结构调整"以文补文"和文企联合、培育发展市场和扩大对外开放上,进行了有益的探索。

在国有文化事业单位的领导体制改革上，全面实行了行政首长负责制。在国有电影发行和放映单位、文物店及剧场这些文化事业单位，实行了自收自支，企业化管理，彻底断“皇粮”，走自主经营、自负盈亏的道路。但是，省政府对文化事业的投入并没有因此而减少。改革前国家对文化事业的总投入是1亿元，改革后近20年，国家对文化事业的投入达12多亿元，是改革前的12倍。在国家加大投入的同时，在文化事业单位中，大力提倡“以文补文”和“多业助文”，并相继出台了一些政策和措施。全省“以文补文”和“多业助文”的覆盖面达90%，年均实现纯收入2000万元左右，文化事业经费自给率达到了30%，从而打破了长期以来“文不经商、士不理财”的旧观念和单纯依赖国家投入办文化的格局。在剧院团的改革上，对全省的国有剧院团的布局结构进行了调整，并允许社会力量办团。全省国有剧团由改革前的119个调整到现在的79个。一些剧院团与企业进行了文企联合，既解决了剧院团资金的不足，又通过发挥剧院团特有的优势，宣传了企业，多种形式的经营性的组台演出促进了人才交流，活跃了辽宁的文艺舞台。

积极培育和发展文化市场。越来越多的文化精神产品以商品的形式进入市场，不仅丰富了广大人民群众的生活，产生了良好的经济效益，同时也取得了较好的社会效益，改变了过去只有投入而无经济效益的状况。到目前为止，已形成了包括娱乐市场、演出市场、书报刊市场、音像市场、电影市场、美术市场、文物市场、对外文化交流和文化艺术培训等在内的文化市场大格局。据1997年底统计，全省文化经营单位和文化业户已发展到2万余家，年创利税2亿多元，从业人员达20万人，全省文化市场网点的发展密度在全国名列前茅。文化也有市场，第一次被社会接受并认可。

对外和对港澳台文化交流空前活跃。据统计，自1993年以来，近5年间，辽宁省就派出文化团组270个，3000人次，到了39个国家和地区；接待来访团组155个，1800多人次。在参加国际艺术比赛和艺术节中，辽宁省共荣获6个金奖、1个一等奖、5个银奖和3个特别奖。近年来邀请美国、日本、瑞士、韩国四个国家的5位著名指挥家9次到辽宁乐团训练乐队，共排演了9台新作品音乐会。邀请了俄罗斯、日本的芭蕾舞教员、编导到辽宁芭蕾舞团进行教学，并排练《天鹅湖》全剧及《唐·吉诃德》、《吉赛尔》选段等。这些专家中，有世界级著名指挥大师小泽征尔先生和俄罗斯著名芭蕾舞编导菲加宁·瓦洛加先生。通过他们的教学和排练，不仅提高了演员们的演奏、表演技巧，也使辽宁交响乐团和芭蕾舞团的知名度得到了提高。

1992年10月，党的十四大明确提出：要建立社会主义市场经济新体制。为适应这一重大历史变革，1993年初全省文化工作会议上，厅党组明确提出了“三转变、四加强”的文化事业发展的总体思路。在这样一个总体思路的指导下，使全省文化体制改革开始大步地向前推进。

首先，从省直文化单位的人事制度、分配制度和管理方式三个方面进行改革。在人事制度改革上，重点解决了两个问题，即领导干部的终身制和一般干部的铁饭碗问题。从1994年开始对省厅直属文化企事业单位的处级干部实行任期聘任制。在分配制度改革上，主要建立按劳付酬的分配机制，解决“大锅饭”问题。过去只停留在拉开奖金的档次，从1994年开始规定，必须在30%—40%活的工资部分拉开档次，从而极大地调动了演职员的积极性。在管理方式改革上，对厅直单位实行百分量化目标管理。此项改革不仅具有较强的激励性，又充分体现了对县、处级领导班子考核的科学性、公开性和公正性，同时也使文化厅从微观管理向宏观管理转变迈出了可喜的一步。

其次是从1997年起，重点对省直剧院团和电影体制进行改革。这次改革较好地解决了前期改革中未能很好解决的有关内部机制问题,并已取得显著成效。省直5个院团由原来的831人精减到563人,共分流安置了富余人员229人,占省直院团实有人数的27.5%。由于方向对头、政策配套、措施得力、工作细致,使整个改革工作进展顺利,队伍思想稳定,并得到文化部的充分肯定。同时,辽宁省还在全国率先实行了艺术人才流动有偿转让制度。电影体制改革迈入了全国先进行列。由省电影公司、沈阳、大连、鞍山市电影公司发起,于1997年5月成立了辽宁北方电影股份有限公司。这是在文化事业单位中,第一个在全国建立现代化企业制度的省份,并已全面启动运行。此项改革得到了广电部领导的肯定,并在全国产生了较大影响。

党的十五大召开后,全省的文化工作在继续坚持"三转变、四加强"的工作思路基础上要做到"三树立、一运作"。过去几年来,辽宁省在解放思想、转变观念、深化改革上虽然有所突破,但只是在转变儿部运行机制等方面进行的改革,改革中的深层次问题还没有得到较好的解决,必须在公有制的多种实现形式即产权制度改革上狠下功夫。

树立开放意识,就是要打破行业界限和区域界限,跳出文化自身的小圈子,利用横向联合、资产重组、优势互补、抓大放小来推动全省文化事业的发展。

树立市场意识,就是要从过去重公益文化建设向公益和产业效益型文化齐头发展的方向转变,遍过大力发展市场文化来促进文化事业的全面发展。

树立产业意识,就是要大胆地把现代化企业制度引入到文化事业单位来,用现代化企业管理模式管理文化事业单位。

1999年2月,省文化厅召开全省文化局长会议,强调继续深化改革的重要意义和当前抓好改革的紧迫性,回答和指出了什么叫产业化运作,为什么要按产业化运作,从理论到实践进行了深刻的阐述,并且提出如何按产业化运作的思路和具体要求。从而以产权制度改革为重点,以产业化运作的思路和具体要求。从而以产权制度改革为重点,以产业化运作为目标的文化体制改革在全省拉开了帷幕。

1998年,本溪市对国有剧团内部实行了剧组主任负责制,即在一台剧(节)目生产和演出过程中,由剧组成员和艺术生产的需要聘用演职员组建剧组,并对剧组成员和艺术生产实行全方位管理。这种按产业化进行艺术生产的运作方式,改变了以往对艺术生产单一粗放的投资方式,实行了以"两个效益"为中心的新的投入方式,实行了艺术生产的成本核算,提高了经济效益,理顺了责、权、利的关系。

1998年4月,沈阳市杂技团在产业化运作上,成功地探索了合资入股的艺术生产方式,与深圳奥兰多演出公司合作,投资入股新排出一台杂技精品晚会《天幻》,并于1999年年初与广大观众见面。《天幻》的推出坚持了以市场为导向的运作方式。沈阳市杂技团精选了17个高难度的杂技节目,充分运用现代舞台科技手段,使杂技"新、难、美"的追求达到了一个全新的、更高更深的层次,取得了良好的社会效益和经济效益,不久将打入国际市场。

1999年3月,辽宁省文化厅先后对厅直4个文化事业单位进行重组。即辽宁人民艺术剧院与辽宁省儿童艺术剧院合并,辽宁省艺术研究所与辽宁省剧目工作室合并,经过重组后的两个单位现已按照既定的目标进行运转。

2.改革使文化工作跻身于全国先进行列。

20年来,由于我们不断地加大改革力度,使辽宁省的文化艺术工作在许多方面都走在全国先进的前列。

艺术探索不断更新,艺术精品不断涌现。新时期以来,出现了一些探索性剧目,沈阳话剧团的《搭错车》、《走出死谷》进入万人体育馆。《搭错车》走遍全国大江南北,共演出1060场,被誉为"搭错车现象"。沈阳评剧院的《风流寡妇》、辽艺的《荒原与人》、《富有的女人》都在探索的路子上迈出可喜的一步,成为新时期中令人瞩目的探索剧目。1989年以来,辽宁省先后成功地举办了4届文化艺术节,第三、四届文化艺术节成果尤为显著。1993年以来,全省的优秀剧目层出不穷,并连获国家级大奖。其中有6个剧目获中宣部“五个一工程”奖,有2个剧目获文化部文华大奖,11个剧目获“文华新剧目”奖。尤其是辽宁歌剧院创作演出的歌剧《苍原》,在全国引起了强烈反响,被专家誉为“中国歌剧的里程碑”,同获两项国家大奖,即“文华大奖”及其中的全部单项奖和“五个一工程”奖。《苍原》还作为优秀剧目,到香港参加了“庆回归”和中国第五届艺术节的演出。江泽民总书记曾观看过此剧,并给予了充分肯定。第三届艺术节推出了一批在全国有影响的优秀剧目。为了展示这一成果,辽宁省于1996年初,从省艺术节中选出以歌剧《苍原》为代表的7台优秀剧目晋京演出28场,观众达20万人次,在首都引起了强烈的反响,被北京的新闻界称之为“辽宁文艺界在北京刮起了一股强劲的东北风”。省第四届文化艺术节也获得了圆满成功,它突出了为民办节、万民同乐的宗旨。第四届文化艺术节一改以往仅在省城沈阳办节的做法,设立了3个主会场,分三个阶段来举办艺术节。开幕阶段在鞍山举行,中间阶段在锦州举行,闭幕阶段在沈阳举行,以此扩大群众的参与面,受到鞍山、锦州等广大人民群众的热烈欢迎。同时该届艺术节与鞍山、锦州的经贸洽谈活动紧密结合,融为一体,呈现出文化、经济同搭台、共唱戏的局面,使两地的经贸洽谈活动取得了圆满成功。全省各市也围绕着经济建设,相继举办了各种形式的艺术节,尤其是大连国际服装节享誉国内外。省第四届文化艺术节也涌现出大型芭蕾舞剧《二泉映月》、大型舞剧《白鹿额娘》、评剧《疙瘩屯》、《关东腊月雪》、京剧《板桥三哭》等一批优秀剧目。与此同时,全省还涌现出一批优秀的文化艺术专业人才,仅从专业艺术表演这一系列来看,享受政府特贴的就有36人。

群众文化活动丰富多彩。群众文化艺术中的秧歌、现代民间绘画、少儿摄影、少儿歌舞等,在全国具有较大影响。其中辽宁省有10个县、区被文化部命名为“中国现代民间绘画画乡”。群众文化设施建设得到了明显的加强。早在80年代辽宁省就在全国较早地实现了县、乡都有文化馆、文化站的目标。有12个县、市(区)被文化部命名为“全国文化先进县(区)”。在实施文化部等八部委共同制定的“蒲公英计划”中,辽宁省两次荣获国家最高星级“三星级”奖。在国家举办的全国第七届、第八届“群星奖”评奖活动中,辽宁省连续两年荣获金奖4枚,获金奖总数居全国首位,省文化厅连续8次获优秀组织工作奖。

公共图书馆事业取得长足发展。全省公共图书馆馆舍建筑面积已由1978年的5.4万平方米,增加到23.3万平方米,并于90年代初就实现了省、市、县(区)都有图书馆的目标,其建筑面积是改革前的4.6倍。藏书总量及古籍、善本的规模居各省前列。图书馆实施自动化管理有了突破性的进展。省政府投资500万元的辽宁省图书馆数字化系统工程在全国率先采用,并于1998年全面开通运行。沈阳、大连、丹东等市馆及其少儿馆已实现办公、业务环节的自动化管理,鞍山等6个市馆及部分县级图书馆也部分实现了自动化管理。其中有些图书馆还接通了因特网,实现了资源共享。在全国公共图书馆评估中,全省有75个图书馆达到国家三级以上标准,有11个图书馆被文化部授予全国文明图书馆称号。

电影工作始终处于全国领先地位。80年代,辽宁省在全国率先进行了城市电影院改造,推动电影放映事业的发展。尤其是在近些年来,我们对电影发行体制进行了大胆的改革,使电影行业在全国普遍滑坡的情况下,仍保持着稳定发展的势头,全省电影发行收入始终保持在全国同行业的前列。

艺术教育有了很大发展和明显变化。1989年创办了辽宁文化艺术职工大学,这是在全国兄弟省、市、自治区的成人艺术院校中唯一一所专科院校。13年中,有1300多人在这里经过系统化、理论化的学习。辽宁省艺术学校20年中,从一个单纯的戏曲学校,发展成综合性艺术学校,不仅培养了一批又一批艺术人才,而且出访过10多个国家和地区,被评为全国省部级重点艺术中专。

文化科技结出丰硕成果。到1997年全省共有94项文化科技成果获得省以上奖励,其中有30项成果获得文化部奖励或国际学术奖。如许世廉研制的"许氏音梁提琴",在1997年荣获国际爱迪生最高金奖和对人类贡献奖。全省文化科技成果的数量和质量均位居全国前列,被文化部誉为文化科技大省。

法规建设走在全国的前列。从1986年起辽宁省就率先或较早地制定了《辽宁省文化市场管理条例》和《辽宁省关于〈中华人民共和国文物保护法〉实施办法》,之后又相继出台了《省人大常委会关于进一步加强文物保护工作,严厉打击盗窃破坏文物违法犯罪活动的决定》、《省人大常委会关于进一步加强文化市场管理的决定》。省政府也先后下发了《辽宁省文物勘探管理办法》、《辽宁省电影市场管理办法》。其中《辽宁省文化市场管理条例》经过了三次修改,更加完善和更具操作性。这些法规的制定,使全省文化事业纳入了依法管理的轨道。

几年来,全省还涌现出一批全国文化先进地区、先进集体和先进个人。其中有4个地区被文化部、人事部评为全国文化先进地区,有12家单位被评为全国文化工作先进集体,有23名同志被评为全国系统先进工作者。

文化艺术事业不断改革,不断发展。1997年5月,省文化厅为贯彻党的十四届六中全会精神,做出了落实文化工作10件实事的决定。这10件实事包括:创建标准文化广场;开展送千场戏、百万册图书下乡活动;确立公益电影院;创建大众化舞厅;举办九大节日系列文化活动;博物馆、纪念馆免费向中小学生开放;举办高雅艺术展演月、展演周活动;抓好九项文化经济政策的落实;抓好十大文化形象工程建设;公共图书馆继续向社会公众免费借阅书刊。10件实事几乎涵盖了文化工作的方方面面,并且件件得到落实。

1997年,辽宁省共建设省级标准文化广场8个,各级政府投入663.8万元,社会赞助244万元,开展广场文化活动960余次,参加活动580万人次;各专业艺术团体下乡演出3700多场,114个县以上图书馆为523个乡镇、506个基层活动站送书及科技资料2688次,1052549册,为农民举办科普大集培训班70期、培训4000余人;全省确立的票价在2元以下的20家公益电影院,共放映电影16885场,观众人次与票房收入均有较大增长;票价在3元以内的100家大众化舞厅,共接待群众1000万人次;在九大节日中,共开展文化活动10726次,约1800多万人次参加;12家博物馆、纪念馆共免费接待中小学生42.3万人次;省政府下发的《关于进一步落实文化政策有关问题的通知》中规定的九项文化经济政策,得到了较好的落实;以投资5亿元的辽宁省文化艺术中心和省博物馆为标志的全省十大文化形象工程建设已全部开工,并且多数已经完工或接近完工;图书馆坚持向社会公众免费借阅书刊、简化借阅手续,受到广大读者的欢迎。

为使这项工作深入地开展下去,1998年4月省文化厅表彰了51家1997年度落实文化工作十件实事成绩显著的单位;取消了13个因废业或达不到规定要求的公益电影院、大众化舞厅的荣誉称号。同时,在辽宁日报公布了第二批标准文化广场,公益电影,大众化舞厅,免费向中小学生开放的博物馆、纪念馆名单,共34家。十件实事由于突出重点、贴近群众、体现特色、措施得力,得到了广大人民群众的热烈欢迎和省委、省政府的充分肯定,有力推进了辽宁省文化事业的健康发展。

吉林文化艺术五十年回眸

聂景春

1949年10月1日，中华人民共和国的成立使吉林省的文化艺术进入了春天。在庆祝建国50周年的时候，吉林省的文化艺术已是花团锦簇满园春色了。

建国前后的吉林文化艺术，就质而言有着天壤之别，量的悬殊更是今非昔比。1949年，吉林省的文化机构寥寥，且设施破败、设备陈旧。如今已有60个公共图书馆、17个博物馆、13个群众艺术馆、45个文化馆、874个文化站（乡镇文化活动中心）、43个文物管理所、57个剧场、54个电影发行放映公司、67个艺术表演团体、8个艺术研究所、46个艺术创作室（组），还有65个电影院（影剧院）、113个电影放映队，集结起1.5万多人的文化艺术队伍。建设起吉林省文化活动中心、吉林省博物馆、长春图书馆、吉林市博物馆、延边歌舞团等一批大型现代化的文化设施，成为当地社会文明的窗口和标志性建筑。“八五”计划确定的“县县有图书馆、文化馆，乡乡有文化站”的目标，在吉林省已经基本实现。

一、艺术表演事业欣欣向荣

吉林省的艺术表演团体是在建国前的人民军队、人民政府组建的文艺工作团或文艺宣传队以及民间职业戏曲班社的基础上重新组建发展起来的。建国之初，有这类专业艺术表演团体22个。在党的“百花齐放、百家争鸣”文艺方针指引下，吉林省的表演艺术事业出现了全新的面貌。吉剧、满族新城戏、黄龙戏等新的地方剧种相继问世，延边歌舞团、吉林省歌舞团、吉林市歌舞团等音乐舞蹈表演团体先后成立。到1966年，吉林省的专业艺术表演团体已发展到88个，创作演出了一大批脍炙人口、享誉国内外的优秀作品。话剧《两个心眼》、《关不住》、《早晨》、朝语话剧《沈清传》参加了全国第一届话剧观摩汇演，周恩来总理观赏后称赞道：“你们的演出很有地方特色。”

为保证文化市场健康有序地发展，吉林省十分重视文化市场的法制建设。1987年11月，吉林省人大常委会颁布《吉林省文化市场管理条例》。依据这个《条例》，吉林省陆续出台了相关的实施细则。如《吉林省营业性舞厅管理暂行办法》、《吉林省营业性台球管理办法》等3个吉林省人民政府法规及30多个部门文件。1995年，吉林省人民政府办公厅转发了《关于进一步促进农村文化市场繁荣健康发展的若干意见》。1996年12月，吉林省人大常委会再次颁布《吉林省文化市场管理条例》。各级文化主管部门通过举办法规学习培训班、法规知识比赛等形式，增强文化市场管理人员的学法、守法自学性，提高知法、执法水平。为对文化市场实施有效管理，吉林省加强了文化市场管理机构建设和队伍建设。1989年后，组建起省、市（州）、县（市、区）三级文化市场稽查队伍。针对文化市场中出现的丑恶现象和不良倾向，吉林每年都开展扫“黄”打“非”活动，并取得了积极成果。各级文化主管部门还组织开展了带有导向性的活动，引导文化市场健康发展。比如，一年一度的文明舞厅评比、歌舞厅红歌星大赛、交谊舞国标舞比赛等。这些措施促进了文化市场的健康、繁荣、有序。在全国首届文明娱乐厅的评比活动中，吉林省有3家歌舞厅被评为“全国文明娱乐厅”。

二、电影发行放映事业稳中有进

吉林省的社会性电影发行放映始于清代末年。中华人民共和国成立后，电影成为人民群众文化生活的重要组成部分。吉林省逐步建立健全了电影发行组织,加强了管理,改善了设施。1951 年,中国影片经理公司成立后,建立了东北区公司长春办事处。1953 年,改为吉林省办事处。1956 年,改为中国电影发行放映公司吉林省公司。1958 年后,各市县普遍成立了电影发行放映管理站。后来又改为电影发行放映公司 1 个、市州级公司 9 个、县级公司 43 个,有 35 毫米影片放映单位 600 多个,16 毫米影片放映单位 2000 多个,全省每个乡镇都有电影管理站(有的包含在文化站中)。进入市场经济环境以后,由于影片有效供应不足及文化消费分流带来的电影市场相对疲软,吉林省的电影发行放映事业面临着前所未有的严峻考验。全省的电影发行放映工作者克服困难,自强不息,锐意改革,仍然保持了稳中有进的发展势头。近 20 年来,吉林省共发行了 3200 个影片节目,放映 924 万场,观众 35.7 亿人次,实现放映收入 6.71 亿元,发行收入 4.1 万元。在稳定开拓电影市场方面,吉林省重点抓了三项工作。一是中小学生电影系列化教育活动。1986 年,由中共吉林省委宣传部、吉林省文化厅、吉林省教委联合组成了吉林省电影系列化教育领导小组,建立了有关收费、审片、费用管理使用等制度,健全了市、县两级组织网络,开展了中小学生电影节、艺术节、影评征文等活动,使全省中小学生电影系列化教育普及率达到 95%。二是农村电影发行放映工作。制定了农村电影“八五”、“九五”规划,确立了农民年均看电影 12 场的小康目标。吉林省电影公司成立了农村电影服务中心,为各县级电影公司订购、代购电影拷贝,以解决农村电影拷贝不足的问题。吉林省政府还在《关于加强全省农村文化建设若干意见的通知》中落实了农村电影收费办法,使全省有三分之二的农民能够看到看好电影。三是改善观赏电影条件。吉林省近年来贷款 600 万元建设乡镇电影院及维修改造县城电影院。同时,加大了城市影剧院的维修改造力度。

此外,吉林省还出台了《吉林省电影市场管理试行方法》、《吉林省电影专项资金收缴办法》、《吉林省关于办理电影许可证和实行年检制度的通知》等法规、文件,以规范电影市场;举办了长春电影节、德国电影周、日本电影周等活动,以激活电影市场。

从 1986 年开始,吉林省电影行业改革逐步深入。先是在中国电影发行放映公司指导下,省公司实行任务承包,各级公司开始单拷贝分帐。1994 年后,电影市场放开经营。为稳定电影市场,吉林省成立了影业联营公司。目前,吉林省的电影行业正逐步向制片、发行、放映“一条龙”方向发展。

“文化大革命”期间,艺术表演事业遭到严重摧残。大批优秀作品被打成“毒草”,绝大部分艺术表演团体被解散,文艺园地一片凋零。

1976 年 10 月粉碎“四人帮”以后,特别是中国共产党十一届三中全会以来的 20 年间,吉林省的艺术表演事业迅速走上了发展繁荣之路。艺术表演团体经过调整撤并,确定为 64 个。艺术创作机构从 70 年代末的 35 个增至 46 个,拥有 330 多名专业创作人员。剧场增至 45 个。这期间,吉林省的艺术创作获得了大面积丰收。话剧《救救她》、《田野又是青纱帐》、《榆树屯风情》、儿童京剧《寒号鸟》、杂技《大球高车踢碗》等曾产生了广泛的影响。每年创作的新剧(节)目在 200 部(个)左右,20 年间共创作戏剧、音乐、舞蹈、曲艺、杂技等剧(节)目 3000 多部(个)。其中,有 300 余剧(节)目在全国性大型文艺评奖比赛中获奖。在文化部设立的国家舞台艺术最高奖“文华奖”评比中,吉林省每届都有剧目获奖。获奖总数在全国各省、市、自治区中名列前茅。

为了繁荣全省的文艺舞台,活跃群众文化生活,吉林省文化厅已成功地举办了 16 届创作剧目评比演出,14 届二人转新剧目评奖推广会,向全省艺术表演团体提供 500 多个大、中、小优秀剧目。

在艺术创作及演出活动欣欣向荣的同时,吉林省的艺术研究工作也日趋活跃。1956 年,吉林省文化局戏曲研究室成立,始设专职的艺术研究工作者。到 1965 年,吉林省已初步形成一支专职与兼职相结合的艺术研究队伍，有力地推动了艺术研究工作的开展。1966年开始的十年动乱，使吉林省的艺术研究机构被撤销。1979年8月，吉林省地方戏曲研究室成立，全省各地也相继成立艺术研究所（室）。1984年，吉林省地方戏曲研究室改建为吉林省艺术研究所，艺术研究的领域有所拓宽。

三、图书馆事业初具规模

吉林省的公共图书馆事业始于清朝末年，由于战乱，解放前仅存长春、吉林两所图书馆。中华人民共和国成立后，在国民经济得到迅速恢复的同时，吉林省人民政府根据国家建设的需要和人民群众日益增长的文化需求，积极稳妥地发展图书馆事业。到1956年，已拨款新建和恢复公共图书馆11所、高校图书馆7所，藏书230万多册。1956年底，根据文化部的决定，国家和吉林省共同投资84万元筹建新的吉林省图书馆。1958年11月基本竣工，1959年元旦试行借阅，1960年元旦正式开馆。当时有工作人员51名，藏书60万册，年接待读者2.5万人次，借阅图书7.2万册次。

1959年，受“大跃进”的影响，一些县市不顾客观条件，盲目发展图书馆，全省公共图书馆猛增至47所。由于专项经费没有落实，没有独立固定的馆舍，缺乏管理人员，致使真正发挥作用的图书馆不多。1962年初，经过调整，保留了基础较好的县（市）图书馆15所。连同吉林省图书馆、长春市图书馆和吉林市图书馆一起构成了省、市、县三级图书馆事业规模。“文化大革命”时期，各级公共图书馆基本上陷入瘫痪状态。

党的十一届三中全会以后，吉林省的图书馆事业进入了迅速发展的新时期。1978年，全省有公共图书馆18所。随着图书馆数量的增多，图书馆工作人员也日趋科学化、标准化和规范化。从1983年开始，吉林省各级图书馆坚持开展了以整顿思想、整顿作风、整顿业务、整顿组织为内容的“四整顿”活动及优质服务竞赛评比活动。与此同时，图书馆也把工作重点放在为生产科研服务上，积极实施“星火计划”的战略决策。现在，吉林省的公共图书馆已发展到60所。其中，有3所少年儿童图书馆。全省图书馆工作人员由1978年的783人增至如今的1790人。馆舍面积由3.6万平方米发展到9.2万平方米，藏书由696万册增加到994万册。藏书超过百万册的有吉林省图书馆、长春市图书馆和吉林市图书馆。吉林省图书馆藏书270万册，1998年接待读者16.7万人次，外借图书13.1万册。全省公共图书馆以采用计算机为主要标志的现代化建设已开始起步，图书馆文献信息资源建设日益加强，文献信息种类日益多样化和现代化，图书馆事业管理日益科学化和规范化。通过建设规范化图书馆和图书馆评估定级活动，提高了全省图书馆的各项基础工作和服务水平。在1994年评估定级活动中，全省有9所图书馆被文化部命名为全国文明图书馆，有33所图书馆被评为三级以上图书馆。

全省各级图书馆为党政机关决策服务，为科研生产服务，坚持开门办馆。连续6年在全省组织开展以广大青少年为主要服务对象的多读书读好书活动、吉林省省情知识竞赛、迎香港回归百题知识竞赛、农民读书致富奔小康活动、走向21世纪科普读书知识竞赛，并实施了中宣部、文化部等九部委联合部署的“知识工程”。

1998年，在全国“知识工程”工作经验交流会上，吉林省介绍了经验。吉林省图书馆举办的“休闲时光话读书”活动，从1995年开始已举办111期，产生了很好的社会影响。各地图书馆的读书活动异彩纷呈，深受读者欢迎。图书馆流通人次和书刊外借率逐年提高。1998年，全省图书馆流通总人次447.5万人次，外借图书349.7万册次。在此期间，吉林省图书馆学术研究也十分活跃。吉林省图书馆学会拥有会员1600多人，会员单位160多个，学术刊物《图书馆学研究》到1998年底已出刊115期。

四、文物、博物事业成就显著

建国后的一段时间里，吉林省的文物保护

管理工作是由各级文化行政部门负责的。1957年3月，吉林省文物管理委员会成立，办公地点设在吉林省文化局，具体负责全省的文物保护工作。同时，在集安、敦化、榆树等县成立文物保管所。

"文化大革命"期间，吉林省文物管理委员会名存实亡，文物工作受到冲击。

1978年，吉林省文物事业管理局成立，设立吉林省考古研究室和吉林省文物工作队。其后，全省各地、市、州都先后成立了文物管理委员会。1982年，吉林省文物工作队合并，成立吉林省文化厅。1983年，吉林省考古研究室和吉林省文物工作队合并，成立吉林省文物考古研究所，负责全省的考古发掘研究与文物保护工作。此间，各县(市)文物管理所相继成立。到1998年，全省文物管理所已有46个。

各级文物保护机构的成立对文物保护管理、维修、考古发掘、外事交流等工作起到了极大的促进作用。1961年至1997年间，在国务院公布的四批文物保护单位750处中，吉林省有8处：集安洞沟古墓群、集安丸都山城、长白灵光塔、和龙龙头山古墓群、和龙渤海中京显德府遗址、敦化六顶山古墓群、吉林帽儿山汉代墓地、扶余大金得胜陀颂碑。1961年至1999年间，吉林省政府分五批公布了吉林省重点文物保护单位142处。对这些文物保护单位进行了"四有"建设，做到有保护标志牌、有记录档案、有保护范围、有保护管理机构。对具有代表性的10处文物进行了修缮加固，拯救了一大批濒临倾圮的珍贵文物。1986年，吉林省人大常委会颁布了《吉林省文物保护条例》。

建国以来，吉林省开展了大量的文物考古调查和发掘工作，并取得了可喜的成果。1959年至1960年，吉林省组织开展了第一次大规模文物普查，共发现古遗址、古建筑、古墓葬、石刻、革命遗迹和革命纪念建筑物1023处。1982年至1986年，组织开展了第二次大规模文物普查，调查、复查文物点6500处，采集和征集文物标本3万余件，积累和整理近900万字的文字资料，编辑出版了全省47个县市48本文物资料，共计600万字。

吉林省的考古发掘工作迄今为止，已清理发掘古遗址、古墓葬等150处，积累了大量考古调查和发掘资料。初步构建了吉林考古文化序列的框架、勾勒出吉林省境内古代文化区系和类型的基本面貌，使吉林省古代历史轮廓日益清晰地呈现在人们面前。其中，重大成果有：1951年，在榆树市发现距今4万年至7万年的"榆树人"；1963年，在安图县发现距今2.6万年的"安图人"；发现了新石器时代长岭腰井子、农安左家山、元宝沟遗址；发现了青铜器时代大安汉林遗址、吉林西团山文化类型；发现了战国两汉时期梨树二龙湖战国城址；高句丽、渤海考古成果显著，完成了集安洞沟高句丽古墓群的测绘工作；发掘了通化万发拨子遗址，出土文物6000余件；渤海遗址敦化贞惠公主墓、和龙贞孝公主墓、和龙龙头山石国墓区1号墓、长白灵光塔、榆树大坡墓地的发掘工作在全国都有影响。辽金元明的考古成果更为丰富。前郭塔虎城、公主岭秦家屯古城、白城洮北区城四家子古城、梨树偏脸城、延吉城子山山城、吉林船厂、清女真四部等遗址的发现，为研究吉林省的历史提供了有力的证据。

建国以来50年间，吉林省文物学术成果丰硕。其中，比较重要的著述有：《吉林省志·文物志》、《中国文物地图集·吉林分册》、《好太王碑研究》、《吉林两团山石棺墓发掘报告》、《唐代渤海〈贞惠公主墓志〉和〈贞孝公主墓志〉的比较研究》、《扶余疆域和土城》、《东北考古主要收获》等。吉林省文物考古研究所还创办了学术刊物《东北亚信息》。

新中国成立后，吉林省的博物馆事业始于1951年吉林省博物馆的筹建。馆址在吉林市，为综合性地志博物馆。1952年1月正式开馆，时有藏品4329件，基本陈列有吉林省地方工业、上产贸易、水利生产、文物等6部分。1954年，省会从吉林迁到长春，吉林省博物馆随之迁到长春，馆址在西安大道与重庆路口，馆舍面积5000余平方米。1960年，吉林省博物馆展出的包括自然地理、古代近现代史、社会主义革命和建设等内容的基本陈列，无论设计、制作，还是展出效果，都在全国博物馆引起了很大反响。吉林省博物馆被树为全国博物馆界的一面“红旗”。

1958年后，吉林省一时间建立起博物（展览）馆28所。1961年，对市县级博物馆进行调整。除省馆外，保留了8所。1962年，中共吉林省委决定，利用伪满洲国皇宫建立“日本帝国主义侵略东北罪行陈列馆”，馆名经请示文化部定为“伪皇宫陈列馆”。到1966年，吉林省有各类博物（展览、纪念）馆15所。其中，综合性地志博物馆5所、展览馆2所、专门陈列馆1所、纪念馆6所、纪念室1所。

“文化大革命”中，吉林省的博物馆事业遭到了严重破坏，有些博物馆被解散或撤销，文物、档案、资料散失。1973年以后，虽然恢复了一些市、地博物馆，但未能按博物馆自身规律开展工作。

1978年，党的十一届三中全会以后，吉林省的博物馆事业进入了快速发展时期。20年来，全省先后建立起10所博物馆，占博物馆总数58%。根据事业发展的需要，成立了吉林省革命博物馆和吉林省自然博物馆。至此，省级博物馆已有4所。各馆的文物收藏总量也有了大幅度增长。

为使文物藏品管理规范化，吉林省从1989年开始进行全省的博物馆藏品整顿工作。目前，这项工作已基本完成。以吉林省博物馆为基地的全省文物数据中心建设也已启动。陈列展览无论内容还是形式都有了全新的突破，先后推出了一批有影响的展览。如《吉林省历史文物陈列》、《勿忘9·18——东北沦陷十四年史展》、《关东抗日英烈珍闻展》、《吉林省自然博物馆馆藏珍稀动植物展》等。在办好陈列、展览的同时，各级博物馆还举办了一些内容丰富、形式灵活的流动展览，深入到机关、工厂、学校、部队展出。从1978年至1998年间，全省每年举办展览30个，接待观众25万人次左右。

五、社会文化事业蓬勃发展

中华人民共和国成立后，吉林省的各级党委和政府十分重视社会文化事业的发展，投入大量人力、物力，在全国普遍建立起以识字教育、政治宣传、文娱活动、普及科学知识为主要内容的社会文化活动机构。到1955年时，全省的文化馆、站有82所。其中，文化馆66所，文化站16所。

1956年，为适应社会文化事业发展的需要，吉林省群众艺术馆成立。其职能是从业务上协助和指导文化馆、站开展群众性的业余文艺活动，辅导培养群众文艺活动骨干。

1958年后，吉林省农村人民公社兴办的文化馆突破300所，但人员、经费、活动内容与活动方式均不符合客观实际。1962年起进行调整，吉林省编制委员会核定农村文化站为180所，全省的社会文化机构的布局和机构数量渐趋合理。其间，少数民族的社会文化事业也得到了充分的重视。延边朝鲜族自治州成立了群众艺术馆，长春、吉林两市成立了朝鲜族文化馆，在前郭尔罗斯自治县蒙古族聚居的查干花镇成立了草原文化馆。一些艺术馆、文化馆还配备了少数民族干部。到1965年，吉林省的社会文化机构发展到298所，拥有1380多名社会文化干部。“文化大革命”开始后，吉林省的社会文化事业遭到严重挫折，一部分社会文化机构被撤销，大部分被改为“毛泽东思想宣传站”，社会文化工作成为简单地为“政治运动”服务的工具。

党的十一届三中全会以后，吉林省的社会文化事业重新走上健康发展的道路，呈现出可喜景象。各级党委和政府把满足人民群众的文化生活需要视为进行社会主义建设的根本目的之一，把发展社会文化事业纳入“两个文明建设”之中。改革开放20年来，吉林省的社会文化机构建设成绩显著。全省有省、市（州）群众艺术馆13所、县（市、区）文化馆64所、乡（镇）文化站921所，基本上做到了“县县有文化馆、乡乡有文化站”。与此同时，吉林省的社会文化活动也日趋活跃。1984年举办的全省群众歌咏比赛有2000多人参加。同年举办的全省集体舞比赛，参赛的有10万之众。1986年举办的《长白山儿童画邀请展》，有26个省市599件作品参加，在长春展出后又进京展出，引起强烈反响。1993年举办的关东热闹节历时5天，开展了民间鼓乐、舞蹈、音乐、工艺美术等八大系列活动，热闹非凡。1997年举办的全省群星美术书法大展，展出作品200多件，是近几年来规模最大、品位最高的一次群众书画作品展览。全省各地开展的一些群众文化活动，地方特色鲜明，为人们所喜闻乐见。如：长春市的电影节、吉林市的雾淞冰雪节、延边的民俗节、四平市的英雄城音乐会、辽源市的农民艺术节、松原市的蒙古族那达慕大会、白城市的草原之夏音乐会、通化市的人参节、白山市的山货节等。几年来，吉林省每年都有20多个县市、300多个乡镇举办各种类型的文化艺术节。由于这些群众文化活动的广泛、深入、持久地开展，有的已逐渐成为新的民俗活动。社区文化、企业文化、校园文化、军营文化、广场文化也向着特色化、系列化方向发展。

社会文化活动的活跃，提高了社会文化的质量和品位。吉林省涌现了一大批特色文化基地、民间艺术家和艺术精品。其中，由文化部命名的特色文化县、乡(镇)有24个，由吉林省人民政府命名的有54个。

吉林省的社会文化建设得到了各级党委和政府经费投入的支持。从1993年开始实施“创建社会文化先进县”、“图们江、鸭绿江边境文化长廊工程”和“百镇文化中心辐射工程”等社会文化重点工程建设更是进展顺利，成效显著。吉林省有68个乡镇被评为“百镇文化中心辐射工程”先进乡镇，图们江、鸭绿江边境线共有43个乡镇，新建、改建或扩建的乡镇文化中心有36个。国家、省和当地共投入1900万元，总建筑面积达2.3万平方米。由此，延边被文化部、人事部联合命名为“全国文化模范自治州”，桦甸市等12个县市被文化部评为“全国文化先进县”，边境地区的12个市(州)和县(市、区)及部门受到文化部的表彰奖励。

六、文化科技成果喜人

吉林省的文化科技工作在改革开放之前基础薄弱，人才匮乏。经过近20年的努力，在科研机构设置、科研规划制定、科技研究、成果转化及科技情报网站、科技档案建设等方面均取得了可喜的成果。

1979年，吉林省文化局设立科技教育处，负责全省文化科技管理工作。同时，要求各市州文化局也相应配备1名专职干部负责文化科技的管理工作。吉林省目前有文化科技研究机构2所，即吉林省文化科技研究所(成立于1985年)和长春市文化科技研究所(成立于1992年)。附设2个科研单位，即吉林省图书馆技术研究室和吉林省考古研究所技术部。20年来，吉林省共完成了文化科技成果和技术改造项目105项。其中，重大科研项目46项，获国家级奖励4项，获文化部奖励32项，获省级奖励23项。

七、艺术教育全方位发展

吉林省的艺术教育经过50年的辛勤耕耘，已形成了由高等艺术教育、中等艺术教育和成人艺术教育全方位发展的格局。

吉林省现有高等、中等艺术院校各1所，承担着为文艺事业培养和输送艺术人才的任务。吉林艺术学院是东北地区唯一的综合性高等艺术院校，其前身是1958年在东北师范大学音乐系基础上创办的吉林艺术专科学校。1978年，改制为吉林艺术学院。学院现有教职员工393人，其中专业教师260人。其中，正副教授72人，讲师177人；全日制在校学生900人，其中有硕士生20人；成人教育系统在籍学员1500人。吉林省戏曲学校是省内唯一的中等艺术专科学校，是吉林省培养戏曲人才的基地和摇篮。学校现有教职员工240人，其中专业教师150人。全日制在校学生5000多人。

吉林省的艺术教育为适应社会需求，不断调整优化教育结构，在艺术门类上涵盖了音乐、舞蹈、戏剧、戏曲、美术等，形成了较为齐全的艺术学科设置。在培养人才层次上，形成了有硕士生、本科生、专科生、中专生的教育结构。同时,建立起了教学、科研创作、艺术实践(生产)相结合的教学体系。

八、文化市场繁荣有序

改革开放给文化带来的最大变化之一就是文化市场的异军突起。文化经营活动从最初的零星分散状态逐步发展壮大,形成了规模经营。经营项目日益丰富,规格档次日益提高。出现了多种经济成份并存、以大中城市为主导、县城为依托、逐步向乡镇辐射延伸的发展格局。如今,吉林省已经形成包括娱乐、音像、演出等9大类,8000余家经营单位在内的综合性文化市场体系。据1998年统计,吉林省文化市场行业主营业收入近3亿元,接待消费者近300万人次,从业人员近10万人。文化市场不仅成为社会主义精神文明建设的重要内容,而且成为第三产业中新的经济增长点。

九、对外文化交流不断拓展

随着我国改革开放的不断深入,吉林省的对外文化交流工作也不断得到拓展,呈现出繁荣活跃的局面。

从1978年到1998年这20年间,吉林省共派出艺术表演团体900人次,赴外演出50多次,足迹遍及日本、印度、韩国、朝鲜、新加坡、以色列、美国、加拿大、德国、英国、爱尔兰、比利时、荷兰、奥地利、法国等15个国家。既弘扬了我国优秀的民族文化艺术,扩大了吉林省在国外的影响,提高了吉林文化在国际上的声誉,又收到了较好的经济效益。与此同时,吉林省接待了来自俄罗斯、朝鲜、韩国、日本、印度等13个国家的文艺表演团体40多次,总计1100多人。吉林省还举办了多种形式的双向文艺交流展览活动31次,以高质量的展览陈列设计、高品位的艺术作品、全方位的宣传服务,引起了国外社会的广泛关注,增进了吉林省与国际之间的相互了解和友谊。吉林省曾4次赴外举办文物展览,均取得成功。先后有30多人次赴外进行文物考察,也接待了来自朝鲜、日本的文物考察团。

港澳台文化是中华文化的组成部分,与港澳台开展文化交流,对增进与港澳台同胞的感情联络、维系民族亲情有着重要意义。从1978年以来,吉林省与港澳台的文化交流有20多次。在1997年香港回归年时,吉林省接待了香港钱秀莲舞蹈团。随后,由延吉市朝鲜族艺术团60多人组成的吉林演出团赴香港参加了中国民间艺术节活动,给香港同胞带去了吉林省人民的深情厚谊和对香港回归后的良好祝愿。

黑龙江文化事业发展五十年回顾

贾宏图

黑龙江的文化事业在全省几代文化人的努力下,历经半个世纪的发展,取得了令人瞩目的成就。

1998年,全省共有文化事企业单位550个,其中艺术表演团体92个,涉及艺术门类包括戏剧(话剧、京剧、评剧、龙江剧及二人转等地方戏)、音乐、舞蹈、杂技(马戏)、曲艺、木偶、皮影等,省、地、县三级群众艺术馆、文化馆(站)263个,乡镇文化站842个,公共图书馆97个,博物馆29个,文物保护机构90个,电影发行放映机构158个,艺术创作、艺术教育、艺术研究等其他文化事业机构51个,全省文化系统职工11498余人。

一、精品生产取得丰硕成果

建国以来,黑龙江省文艺工作坚持贯彻党的“二为”方向和“双百”方针,专业艺术生产喜获丰收。

“七五”以来，省委、省政府提出了“繁荣黑土文化，造就北疆劲旅”的大政方针，促进精品生产不断迈上新台阶。20年来，先后有近50台大中小型剧(节)目晋京演出及参加全国大型艺术比赛，被专家学者和新闻界誉为“戏剧舞台的黑龙江现象”和“戏剧大省”。《革命自有后来人》、《千万不要忘记》、《曹植》、《荒唐宝玉》、《木兰传奇》、《鹰》、《地质师》等精品剧(节)目连连在国家评比中获文华大奖、文华新剧目奖、“五个一工程”奖等重要奖项。1990年《荒唐宝玉》等8台精品剧目和1997年《地质师》等6台精品剧目两次晋京汇演，创造了黑土戏剧的轰动效应，显示了黑龙江精品生产在全国的领先地位。音乐、杂技等门类的优秀节目也连年在全国比赛和国际比赛中获奖。

50年来，云燕铭、杨利民、杨宝琛、邵宏大、白淑贤、刘锡津、邢美珠、宋士芳、冯少先等黑龙江省自己培养的一大批剧作家、表演艺术家、作曲家、演奏家，不断摘取“梅花奖”、“曹禺戏剧文学奖”等全国大奖的桂冠。

改革开放以来，专业艺术不断面向市场面向群众，在繁荣省内文艺舞台的同时，不断开拓国内外演出市场，第二十三届亚冬会开幕式大型主题晚会《太阳·冰雪·亚细亚》、庆祝建国45周年主题晚会《阳光·黑土·新世纪》、专题晚会《祖国的召唤》、《春天的故事》、弘扬抗洪精神主题晚会《历史永远铭记》等大型晚会，受到江泽民、李鹏等中央和省领导的高度赞扬。“百团大下乡”、“沿江消夏文艺晚会”等活动，受到人民群众的热烈欢迎。黑龙江省杂技团、齐齐哈尔马戏团、洽尔滨儿童剧院走向国际演出市场，一年创汇超百万美元，佳木斯话剧团《托起明天的太阳》剧组，一台剧节目演遍大江南北，创下演出超过3000场的历史性纪录。

近年来，艺术表演团体纷纷与当地经济部门合作，招商引资，联谊搭桥，有力地促进了当地经济和社会事业的协调发展。

二、社会文化建设取得了历史性突破，巩固、夯实了农村文化事业的基础

建国后，特别是近20年来，黑龙江省社会文化工作卓有成效，在全国的“文化先进县建设”、“边疆文化长廊建设”、“少儿蒲公英计划”等社会文化创建工作中不断取得新成绩。目前，黑龙江省已有阿城等15个县(市)被命名为全国文化先进县，牡丹江等18个地区被命名为全国边疆文化长廊先进地区，均居全国第一。共有省级文化先进县33个，先进乡镇89个。少儿蒲公英计划实施后，黑龙江省安达市天泉村儿童文化园等2个儿童文化园被命名为国家级农村儿童文化园。1995年，文化部授予黑龙江省全国“蒲公英”计划第一周期终年最高奖——三星级奖牌，颁发了表扬令，授予前副省长周铁农“关心儿童文化艺术事业的好省长”荣誉称号。

群众文化队伍形成规模，密山、巴彦、虎林等20个县(市)被文化部命名为中国民间艺术之乡，居全国首位。牡丹江市、齐齐哈尔市群众艺术馆被评为全国先进文化单位，5个文化站、9个文化馆被文化部命名为先进文化馆(站)，24个文化馆、24个文化站被命名为国家级标准文化馆(站)，涌现出池春举、王欣然等优秀群众文艺工作者，形成了一批如海伦剪纸、大庆版画等群众文化创作群体，使黑龙江省在全国社会文化艺术领域政府最高奖“群星奖”评奖中，取得了金牌五连冠的好成绩。省政府批转省计委、财政、编委、文化厅联合制定的《关于加快全省农村文化事业发展的若干意见》和22部委厅局联合签发的《万里边疆文化长廊共建意见》及《黑龙江省乡镇文化站编制标准》，给农村文化工作带来了飞跃性发展。

新中国成立以来，黑龙江的电影发行放映事业不断发展，为繁荣城乡广大人民群众文化生活做出了贡献。改革开放以来，全省电影行业积极探索适应市场经济发展的新出路，通过一系列的行业改革，在全国电影行业普遍滑坡的情况下，积极改善城乡群众看电影的条件。1996年，争取省财政支持，向全省下发了100万元农村电影启动资金，体现了党和政府关心农民群众文化生活的重大政治主题，在全国引起强烈反响。全省通过举办百部爱国主义影片放映、冰雪电影艺术节、亚冬会体育电影节、"科普之冬"科教影片展映、优秀主旋律新片汇映等活动,发挥了电影事业在精神文明建设中的重要作用。

图书馆事业不断发展,全省公共图书馆接待读者 621.9 万人次,"金图工程"、"知识工程"的实施,为普及全民科学文化知识和为经济建设服务发挥了作用。长年开展声势浩大的"文化下乡"活动,为丰富人民群众文化生活,提高全民文化素质发挥了重要作用,有力支持了农业强省建设和农村精神文明建设。

三、文化市场从无到有,一个健康、繁荣的社会主义文化市场已经形成并不断发展,文化市场管理日益完善

建国后到 70 所代末,黑龙江的文化产品如电影、图书等和全国一样,属意识形态范畴,国办国养。严格意义上的文化市场的出现是在改革开放以后,经过近 20 年的发展,一个以把文化产品作为商品交换的场所的"文化市场"已具有相当规模,全省目前歌舞、游戏、娱乐场所、音像制品经营单位、演出经纪机构、书报刊批发零售单位等各级各类文化场所、音像制品经营单位等各级各类文化经营单位 3 万余家,极大地满足了黑龙江省人民精神文化生活的需求,同时成为新的经济增长点。文化行政部门的省、地、县、乡四级文化市场管理网络,担负着对全省文化市场进行宏观管理的职能。1991 年底省人大颁布的《黑龙江省文化市场管理条例》,标志着文化市场管理被纳入法制化轨道。在"一手抓繁荣、一手抓管理"的方针指导下,全省文化市场管理法制化、规范化、科学化进程不断加快,管理力度不断加强,管理水平不断提高,黑龙江文化市场管理模式被全国誉为"黑龙江模式"。

四、文博事业取得辉煌业绩

黑龙江省有丰富的文物资源,建国后党和政府高度重视文博事业。《文物保护法》颁布实施,为保护和开发利用省文物资源奠定了基础。经过几十年的努力,全省现已有国家级文物保护单位 9 个,省级文物保护单位 112 个,市、县级文保单位 458 个,文物遗址 3375 个,近年来每年约有 3000 件文物进入馆藏。在"保护为主,抢救第一"的文物工作方针指导下,黑龙江省考古挖掘工作取得重大进展,其中莲花水库大面积发掘出土珍贵文物数千件;渤海三灵 2 号墓和虹鳟鱼场渤海墓群先后被评为全国重大考古发现;阿城交界镇发现了旧石器时代早期人类遗址,把黑龙江省有人类活动的时间提前到 17.5 万年前。

建国后国家投资兴建了大批博物馆,目前全省共有各级各类博物馆 50 余家,年接待观众 100 万人次。在文物保护和利用、开展全民爱国主义教育、普及知识、弘扬民族文化等方面发挥了巨大作用。近年来,黑龙江省文博事业在依法保护、科学管理等方面迈出了重要步伐,"黑龙江考古千里行"活动连续 3 年对全省重点文物地区进行了大规模考古研究、新闻采访。此举在普及文物知识和文物保护法、宣传黑龙江的历史文化、收集流散文物等方面发挥了重要作用,在全国尚属首创。

此外,文博事业在对中学生进行爱祖国、爱民族教育,开发旅游资源,带动地方经济发展方面亦发挥着不可替代的作用。

五、艺术教育事业蓬勃发展

黑龙江省唯一的一所中等专科艺术学校——黑龙江省艺术学校,于 1959 年成立,现已培养音乐、舞蹈、戏剧等专业艺术人才 3000 余名,为全省各类专业艺术院团输送了大量人才,许多毕业生经国家级艺术院校的再培养,进入了国家艺术表演团体,有的成长为著名艺术家。省艺术学校又在佳木斯、大庆等地开设了 14 所校外办学点,办学能力和规模不断加强,文化职工队伍素质不断提高。

六、对外文化交流活跃

建国后,黑龙江省对外文化交流对象以前苏联、朝鲜等国家和地区为主。改革开放以来,已向五大洲大规模拓展,现已涉及近 50 个国家和地区,其中日本、韩国、美国、加拿大、墨西哥、英国、法国等国家和地区与黑龙江省保持着经常联系与合作。进入“九五”以来，全省共接待国外文化交流访问团组50余个，派出文化团组70余个，出访40余个国家和地区，对外演出创汇百万美元。黑龙江艺术团出访印尼、省博物馆恐龙展赴美展出等项目，在国外引起强烈反响。这些对外文化交流活动在弘扬民族文化和黑土文化的同时，扩大了黑龙江在国外的影响和知名度。

七、文化基础设施建设取得显著成果

建国后，党和政府在一穷二白的基础上不断进行基础文化建设，陆续建设了县级以上电影院400多家，剧场50家，图书馆97家，博物馆41家。“八五”以来，加大了基础设施建设力度，到“八五”末期，全省文化系统实际完成基建投资7361万元，完成基建项目49个，总面积达6.9万平方米。进入“九五”，建国以后又一个基础设施建设高潮到来，截至1998年末，又有省博物馆、东北烈士纪念馆、省龙江剧院、省歌舞剧院、省艺术学校改造扩建等大型设施建设工程陆续上马，并相继完工投入使用。一座现代化的省级图书馆正在施工准备过程中，又有9座新建博物馆对外开放。

蓬勃发展的黑龙江文化事业正以饱满的姿态，准备迎接新世纪的到来。

上海文化事业五十年发展历程

上海市文化广播影视局

新中国诞生后的50年是天翻地覆、极不平凡的50年。勤劳智慧的中国人民在伟大的中国共产党领导下，满怀豪情，艰苦奋斗，为中华民族的历史书写了光辉灿烂的新篇章。改革开放和社会主义现代化建设，更是开创了前无古人的壮丽事业。这一切，推动着社会主义文艺的发展和繁荣，也为人民的艺术家提供了施展才华的广阔舞台。

上海文艺的全面振兴和繁荣得益于改革开放的新时代。在这一时期，随着改革开放的不断深入推进和党的文艺方针政策的全面贯彻落实，广大文艺工作者的艺术创造力如火山岩浆般不可抑制地喷发奔涌。特别是90年代以来，建设社会主义现代化国际大都市的实践，中共上海市委为发展和繁荣文艺事业采取的一系列有力措施，推动了上海优秀艺术家和优秀艺术作品的不断涌现。在上海经济快速发展和社会全面进步的大好环境中，上海文艺工作者的创作热情更加高涨，创作题材更加广泛，创作内容更加丰富，创作形式更加多样。建设有中国特色社会主义的生动实践和人民群众五彩斑斓的现实生活，在文艺作品中得到了更全面、深刻、有力的表现。上海的文艺工作者还注意继承发扬优秀民族文化，积极吸收世界优秀文化成果，坚持古为今用、洋为中用，推陈出新。特别值得一提的是，上海文艺工作者在向建国50周年献礼的创作热潮中，弘扬主旋律，坚持多样化，创作生产了一批思想性、艺术性、观赏性俱佳的优秀作品，展示了上海文艺创作的丰硕成果和综合实力，赢得了人民群众的赞誉。所有这一切都反映了50年来上海文艺发展的主流和成就，值得充分肯定和大力弘扬。

上海文艺事业50年来取得的成就，为上海文艺事业在新世纪实现新的腾飞奠定了坚实基础。在新世纪我们更要着眼未来，激励上海的文艺工作者在党的领导下，继续植根社会生活，紧随时代步伐，讴歌人民群众创造历史的奋发精神，塑造生动感人的艺术形象，将一部部饱蘸心血的文艺精品奉献给祖国和人民，以振奋民族精神，提高民族素质，满足广大人民群众日益增长的精神文化需求。

50年前，毛泽东同志在新中国诞生之际就指出："随着经济建设的高潮到来，不可避免地将要出现一个文化建设的高潮。"今天，站在千年之交的历史门槛前，回顾百年沧桑，喜看50年巨变，展望新世纪辉煌，上海人民对上海文艺事业的进一步发展和繁荣充满殷切的期待。上海广大文艺工作者紧密团结在以江泽民同志为核心的党中央周围，高举邓小平理论伟大旗帜，在中共上海市委的领导下，始终不渝地坚持"二为"方向和"双百"方针，努力创作出更多无愧于伟大时代和伟大人民的优秀作品，唱响祖国颂、社会主义颂、改革开放颂，兴起上海文化建设的新高潮！

江泽民总书记要求我们，必须"在人民的历史创造中进行艺术创造，在人民的进步中造就艺术的进步"。在这辉煌的50年中，无论是戏剧、戏曲创作，还是音乐、舞蹈创作，抑或是歌曲、美术创作，坚持文艺为人民服务、为社会主义服务的方向，坚持百花齐放、百家争鸣的方针，讴歌英雄时代，传递人民心声，反映现实生活，始终是上海文艺创作高扬的主旋律，始终是上海广大文艺工作者追求的崇高目标。

一、繁华似锦的舞台艺术

上海曾经是中国现代戏剧的大舞台，是梅兰芳、周信芳等许多前辈大师生活、演出的地方，也是亚洲最早拥有交响乐团的城市之一。新中国成立以后，上海的舞台艺术焕发了新的活力，谱写了新的篇章。50年来，上海的艺术家坚持"两为"方向和"双百"方针，积极投身大时代的洪流，潜心艺术创作，推陈出新，整理改编传统戏，创作演出新编历史剧和表现时代精神的现代戏，奉献了一大批优秀剧目。

改革开放20年是国民经济建设的最好时期，也是艺术发展的最好时机。上海的文艺舞台上好戏连台、群星荟萃。思想性、艺术性、观赏性相统一的优秀剧目不断涌现，既有传统艺术作品，又有当代生活作品；既有历史人物的雄姿，又有当代英雄的风采；既展示了中华民族延绵数千年的悠久历史文明，又塑造了一批光彩夺目、栩栩如生的艺术形象，为上海乃至中华文明的历史长河增添了新的华丽篇章。

二、源远流长的海派美术

上海是海上中国画的发祥地。新中国成立不久，在周恩来总理关心下，上海中国画院成立，海上画坛的中青年精英尽收麾下。50年来海上画坛"笔墨当随时代"，与海派绘画宗师人文精神血脉相承，在中西交汇、南北夹击的态势中，进一步丰富了她亦中亦西、亦南亦北的艺术风格。在老一辈画坛大师刘海粟、林风眠等的影响下，海上画派后继有人，在黄浦江下游广阔的江面上空形成了一片蔚为壮观的灿烂星空。上海同时又是中国近现代美术的摇篮，油画、雕塑、粉画、漫画、水彩画……几乎所有近现代画种都发育在这座中国近现代文化的中心城市。1965年成立的上海油画雕塑院，汇集了周碧初、吴大羽、张充仁等一批中国近现代美术家和一大批富有才华的中青年艺术家。他们的创作既有气势宏大的历史和时代画幅，也有抒情诗般的艺术作品。改革开放20年来，他们以扎实的写实主义功底和丰富的艺术表现语言，创作出大批优秀作品，日益扩大着上海美术在国内外的影响。美术家们还积极参与了许多重大纪念性作品的创作，在美术与现代生活的结合上迈出了坚实的步伐。

三、绚丽多彩的群众文化

上海群众文化活动的最早雏型可以追溯到1949年5月上海市民欢天喜地迎接解放大军进城的秧歌舞。50年来，特别是改革开放20年来，上海的群众文化富有现代化大都市的特色，形成了由社区文化、企业文化、校园文化、军营文化、乡镇文化、广场文化等构成的完整体系。其中社区文化已经成为深入人心、家喻户晓、慰藉着万千现代市民、促进人际关系的日常文化形式；广场文化已经遍及城市的各个区域，创造着现代城市高品质的文化氛围，被人们誉为"蓝天下没有围墙的大剧场"。群众文化正日益向着更高的艺术层次发展，为提高上海的市民素质、提高城市的文明程度，发挥了积极的、潜移默化的作用，成为上海社会主义精神文明的重要组成部分。

四、影响广大的文化活动

重大的庆典性文化活动既是一座现代城市文化创造和组织能力的体现，同时也增添着城市节庆的欢快气氛，给平凡日常的城市生活添加了愉悦的氛围，大大增加了市民的精神凝聚力。上海和世界上许多重要城市一样，主办过许多意义重大的文化活动。“上海之春”历史悠久，上海国际艺术节热烈红火，东亚运动会开幕式富于时代气息，农运会开幕式质朴清新，八运会开幕式蔚为壮观，一年一度的春节团拜祥和喜庆……

从1999年开始，国家级的中国上海国际艺术节将在上海举办。来自世界各国的艺术家，将以他们五彩缤纷的表演，让上海和中国观众饱览艺术的精华。上海也将用精心组织的各种大型文化活动，来迎接世界各国的高朋嘉宾，来装点这座世纪之交全中国、全世界最有活力的城市。

五、都市标志的文化设施

上海是一座充满历史文化底蕴的大都市，对于文化设施的布局、建设，一直有着富于前瞻性的思路和眼光。历史给上海留下了一批始建于20世纪20－40年代的老剧场。这些陈旧的设施在党和政府的关心下，得到精心地保养、维修、改造，至今依然保持着当年高贵典雅、精美温馨的品格，成为上海现代文化的历史见证。她们婷婷玉立在上海的市中心，向过往的人民叙述着上海昔日的浮华梦境。改革开放以来，上海市政府又不失时机地以大手笔、大构思、大气魄规划了一批大型的现代化公共文化设施，上海图书馆、上海博物馆、上海大剧院、上海美术馆、上海马戏城以它们洋溢着时代热情和现代气息的挺拔身姿，屹立在上海的大地上。与此同时，上海各区县相继建设了一批现代化的公共文化设施。

上海和来自全国、全球的艺术家，在这些剧场里轻歌曼舞，在这些空间里传播交流当代前沿的文化信息。正如全世界许多闻名遐迩的大都市有着她标志性的文化建筑一样，文化建筑已经成为上海最有标志性的建筑。

六、不断开拓的文化交流

上海地处我国海岸线中点，背负大陆，面向大海。特殊的地理位置使上海具有强大的文化辐射和交流功能。50年来，上海的对外文化交流不断开拓，逐渐从50年代以苏联、东欧为主，六七十年代以亚、非、拉第三世界为主，发展到全方位、多功能、多层次的交流。

一批批的上海艺术家把艺术、微笑、友谊留给了他们所到的国家和城市，加深了世界对中国的了解。他们的艺术语言、精湛技艺向各国人民传递着中国人民希望和平、增进友谊的美好愿望，让世界各国人民看到了中华文明的风采，看到了独立自主和改革开放的中国的形象。同时，上海以海纳百川的胸襟，引进世界各国优秀文化成果，构建中外文化交流大舞台。

为了祖国统一的千秋大业，沪、港、台等地艺术交流已经成为上海文化交流的重要内容之一。艺术家们经常同台演出，切磋技艺，取长补短，不仅加深了彼此之间的交往和情谊，而且共同为繁荣祖国文化作出了贡献。

可以预见，进入新世纪后，上海的对外文化交流将会有更大的作为。上海将在不断派出艺术使者的同时，接纳更多海外的优秀艺术家来上海，使上海逐渐成为中外文化交流的中心城市。

50年来，在党和政府的关怀下，上海文化艺术事业取得了辉煌成就。上海的文艺工作者为社会主义精神文明建设，为创造和谐、高尚、优良的城市氛围，为繁荣社会主义文艺的百花园，为满足人民群众日益增长的精神文化需求，潜心创作，埋头苦干，创造了历史性的业绩，也为上海未来世纪的文化腾飞奠定了坚实雄厚的基础。

上海正站在新世纪的门口。我们将和这座城市一起跨越两个世纪、两个千年的界面。一条前程广阔的文化艺术发展之路已经展现在我们面前。我们将以文化立法、文化市场管理为纽带，以优秀人才、优秀作品、优秀院团为上海文艺可持续发展的支撑点，以文化市场、文化产业、文化科研发展为新的增长点，推动上海文化艺术事业在新世纪的全面繁荣。这是一个呼唤大师、呼喊巨作的时代，我们一定要在“两为”方向、“双百”方针指引下，以更多的优秀的传世的文化艺术精品，为中华民族的全面振兴，为中国文化艺术自主于世界民族之林，作出我们应有的贡献。把一个生动活泼、繁荣兴旺的文化艺术事业带进21世纪。

江苏文化五十年发展概况

江苏省文化厅

1949年，江苏境内有34个电影院、8个图书馆、2个博物馆、1个国立美术陈列馆，主要集中在城市；民间剧团的艺人流离失所，饱经沧桑，许多地方戏曲剧种濒临灭绝。新中国成立后，江苏各级文化主管部门组织和领导广大文艺工作者，继承弘扬优秀历史文化遗产，建立起新时代文化。至1962年末，江苏文化部门已有国营、集体性质的电影院64个、剧场254个、书场和曲艺场149个、艺术表演团体217个、公共图书馆39个、文化馆99个、文化站489个、博物馆13个、文管会8个。

1966年开始的“文化大革命”使文化发展被迫中断。江苏文化部门艺术表演团体中，165个戏曲剧团首当其冲，57%被撤销，其余被改并，京剧样板戏独占戏曲舞台，22个艺术创作机构遭解体。省内各市、县文化馆、图书馆、博物馆被合并成“毛泽东思想宣传馆”，大量图书、文物被视为“四旧”遭封存、毁坏。文化部门单位几乎全部停止正常业务活动。仅省属文化单位，被立冤案遭审查迫害的人员就超过1/3。江苏各种艺术流派、文艺种类和许多优秀文化艺术成果被否定。这一时期的文化艺术百花凋零。

1976年粉碎“四人帮”，经过解放思想、拨乱反正，文化发展重新焕发蓬勃生机。江苏文化艺术研究、艺术档案管理等事业单位以及文化市场娱乐业和其他经营企业，从无到有地建立起来。1999年末，江苏的电影院(未含影剧院)、公共图书馆、博物馆机构数，分别是1949年同比数的29．41倍、11．63倍和41倍。江苏的戏剧演出、艺术创作、社会文化、文物保护等多项工作，走在了全国的前列，江苏正在向建设文化大省的目标努力奋斗。

一、舞台艺术推陈出新,百花齐放

江苏戏曲传统剧目丰富，从艺人员众多。解放后，遵照周恩来总理提出的“改人、改制、改戏”的方针，加强戏曲改革，抢救传统文化艺术遗产。10多年里，江苏各戏曲剧种发掘、记录的传统剧目达3000多个，其中有近50%经过整理或演出，发源于江苏、解放前已濒临绝种的中国最古老剧种昆曲亦重获新生。昆剧《牡丹亭》、锡剧《双推磨》、《庵堂相会》、《珍珠塔》、《孟丽君》、扬剧《百岁挂帅》、越剧《柳毅传书》等以及新创作的滑稽剧《满意不满意》，均被搬上银屏，在境内外放映后备受好评。同期，江苏校订、编印了《戏曲研究丛书》20种60册，整理出版了著名扬州评话艺术大师王少堂的《武松》。改革后的江苏戏曲不仅在国内享有赞誉，还在国际艺术舞台上崭露头角。1959年7月，江苏省京剧院的周云亮、沈小梅在维也纳第7届世界青年与学生联欢节演出中获得金奖。1955 年至 1962 年间，全省文化部门专业剧团平均每年演出 14．2 万场，其中农村平均每年演出 4．87 万场。艺术演出在当时人民群众较单调的文化生活中占据重要地位。

中共十一届三中全会以后,江苏有才华的导演、演员、编剧、音乐、舞美设计人员,重新得以施展抱负,文化艺术园地百花齐放。1979 年前后是文艺复苏阶段,也是江苏艺术演出的观众上座率很高的时期。1983 年首届中国戏剧“梅花奖”评选,江苏省昆剧院的张继青以满票名列获奖者榜首。此后至 1999 年,江苏又有京剧、锡剧、淮剧、苏剧、滑稽剧等 10 余个剧种的 20 位演员共 22 人次获“梅花奖”。文化部 9 届“文华奖”评选,江苏有 15 个单位共 26 次、58 人共 61 人次荣获新剧目、表演、剧作、编导、舞美设计、音乐创作等奖项。中宣部“五个一工程”奖评选,江苏有 7 个剧目获奖。表演艺术家走出国门,参与国际交流与比赛,在法国巴黎第 9 届和第 11 届“世界明日杂技”比赛中,南京市杂技团 2 次获得最高奖项“法兰西总统奖”。江苏省歌舞剧院的顾欣在巴黎国际声乐比赛中获彼埃尔·梅斯迈特别奖。此外,50 年中江苏还涌现出新艳秋、陈正薇、钟荣、宋长荣、黄孝慈(京剧),姚澄、王兰英、沈佩华、吴雅童、王彬彬、梅兰珍(锡剧),高秀英、华素琴(扬剧),竺水招(越剧),张辉(话剧),金声伯、杨乃珍(曲艺)等一批技艺精湛的全国知名演员,以及戏曲音乐家武俊达等。

随着改革开放,人民群众业余生活日益多样化:电视和 VCD 的普及、文化市场娱乐业的形成、计算机国际互连网的扩展等,给传统文化不断带来新的冲击和考验。1984 年、1985 年江苏评选演出超 100 场的优秀现代戏,淮剧《离婚记》、滑稽剧《小小得月楼》等 22 个获奖剧目再获此项奖,占获奖剧目总数的比重不高,但剧团演创人员为传统艺术的生存发展在做种种尝试和努力。近年来,无锡市文化局和市歌舞团创作排演民族舞剧《阿炳》时打破常规,首先在追求艺术品味和质量上下功夫;其次改变剧目生产核算方式,经费以拨改投;接着进行机制创新,剧目主创演职员在全国优秀艺术人才中招聘;剧目公演之前广泛宣传,开拓演出市场;通过多次公演,认真听取多方意见进行艺术再加工;产生良好社会效益的同时,获取了投资回报。整个运作过程大胆创新尝试,积极探索文化艺术规律和市场经济规律的最佳结合。“九五”时期,江苏艺术演出呈现回升态势。1996—1999 年,全省文化部门专业剧团国内演出年均 4.08 万场,国内观众年均 1796 万人次(比“八五”时期年均增加 0.11 万场、143 万人次),年均增速分别为 2.94%和 0.11%。

据 1997 年末江苏人才统计一次性调查显示,全省文化部门在职的艺术表演、创作、舞台设计等方面的高级职称人才 671 人,在戏曲、曲艺、话剧、音舞等方面创演了许多在全国有影响的剧节目。在职演奏队伍 984 人中,二胡演奏具有较强实力,出现了朱昌耀等全国知名的演奏人才。展现了江苏在舞台艺术方面的人才潜力。

二、美术创作人才辈出,尽显风采

江苏书画艺术历来流派纷呈,名家辈出。解放后江苏成立了全国第一个省级美术馆(地址原国立美术馆)。江苏省国画院是继北京、上海之后成立的书画创作机构,集中了吕凤子、陈之佛、傅抱石等全国闻名的丹青高手。美术创研、陈列机构的建立为专业美术工作者提供了稳定的生活来源和有利的创作条件,创作成果很快引起全国美术界的关注。

1959 年,江苏画家傅抱石(与关山月合作)为人民大会堂绘制巨幅山水画,毛泽东主席为该画亲笔题名《江山如此多娇》。1961 年,以傅抱石、亚明、钱松岩、宋文治、魏紫熙等省国画院著名画家为主组成的“江苏国画工作团”旅行写生 2.3 万里,创作出充满时代气息的中国画作品,在中国美术馆展出,成为 60 年代中国画坛备受关注的焦点。

50 年代后期和 60 年代初,江苏的版画家们把新兴版画的创造性与明代版画的水印技巧相结合,并吸取中国画水墨韵染和徐州汉画像石的艺术特色,探索出一条水印木刻的新路子,开拓了中国版画新领域。1978—1996年,江苏先后有600余幅次水印版画作品分别在5大洲的30多个国家和地区展出。一个画种有这么多幅作品参加对外文化交流,在全国罕见。吴俊发、黄丕谟、张新予、朱琴葆、程勉等版画家的作品先后在国际上获奖。在全国版画展中,江苏参展作品数和获奖数均居全国前列。

此外,50年中江苏还有刘海粟、林散之、胡小石、高二适、陈大羽、萧娴、武中奇、费新我等一批创作风格迥异的著名书画大家,享誉国内外。

1997年末统计的江苏文化部门在职美术人才有405人,在绘画、书法、雕塑、美术理论等方面各展风采;其中有国家一级画师55人,年龄大多在46至55岁之间;国家二级画师104人,其中有10人年龄在30至40岁之间。尤其是省直单位在职的美术人才具有高级职称的达49人。这种人才的相对集中有利于形成竞争之势。江苏美术创作成就斐然,在中国画坛占有重要地位。

三、社会文化城乡普及,星罗棋布

50年来,江苏公共图书馆业大力发展。1984年实现了市市县县均有图书馆。1999年末,全省有公共图书馆101个,总藏量2623.57万册(件),其中藏书2618.44万册,总流通人次1093.4万人次。机构数、藏书数、总流通人次分别是"文革"以前1962年的2.59倍、3.66倍和3.76倍。省级的南京图书馆总藏量居全国第三位,仅次于国家图书馆和上海图书馆。常熟市图书馆总藏量居全国县(市)级图书馆的第三位。文化部第二次评定的国家一级图书馆,江苏有27个,居全国第二位,仅次于广东省。1996—1999年,全省文化部门公共图书馆总流通人次年均增速9.2%,比总藏量年均增速2.2%高;其中书刊外借册次年均增速6%,比藏书刊量年均增速2.2%高。图书购置费年均增速14%,比新购图书册数年均增速8.1%高。缩微制品、视听文献日趋丰富,年均增长17%。随着时代发展,全省公共图书馆馆藏量的科技含量提高,图书信息正逐步向计算机网络化管理发展。

江苏群众文化单位1952年有759个,1999年达2238个,其中群众艺术馆14个、文化馆107个、文化站2117个。农村集镇文化中心现已发展到1829个。近3年为落实文化经济政策,省政府批拨补助专款3750万元,扶持375个无房、危房文化站盖了新房。

群众文化业在宣传普及文化艺术、满足基层群众精神需求方面起着重要作用。江苏的儿童画在改革开放的春风里茁壮成长,很快居全国突出地位。1985年,全省有79幅作品参加全国首届少儿版画展,其中有12幅被评为优秀作品,入选和优秀作品数均占全国首位。仅江苏的儿童画之乡睢宁县,1983—1990年被选送参加国际儿童画展的作品就有1700多幅,其中有165幅作品在国外获奖。

至1999年,文化部9届"群星奖"评选,江苏共获金奖4个,银奖18个,铜奖17个。江苏现有文化部和人事部联合命名的全国文化先进地区、全国模范文化地区和全国文化先进县7个,以及文化部命名的全国文化先进县(市、区)26个,总数居全国第一位。国家级"蒲公英"农村儿童文化园13个,亦排全国第一位。中国民间特色艺术之乡3个、中国民间艺术之乡26个,总数占全国同比数的1/10。

1997年末,江苏群众文化业有在职的各类专业人才2749人,获高级职称的125人。在学历结构方面,有硕士研究生3人,大学和大专毕业生750人,群文队伍素质得到改观。建设江苏文化大省,社会文化有较大发展空间,需有足够的人才为基层文化建设服务。近两年江苏各地进行乡镇布局调整,乡镇文化站相应减少。在当前加快发展小城镇经济建设的同时,亦须相应加强文化配套设施的规划建设。基层群众文化活动经费不足、文化站人员待遇偏低问题,有待进一步落实解决。

四、文物事业展现历史悠久文化

解放初期,江苏仅有2个博物馆:1905年由清末民族实业家张謇筹资创建的南通博物苑,是中国第一个博物馆。1933年由著名人士蔡元培倡议创建的中央博物院筹备处,

1950年改为省级的南京博物院。

50年代开始，江苏组建了以南博为主体的考古队伍，并逐步发展市级考古队伍，在著名考古学家、博物馆学家曾昭燏和尹焕章、赵青芳等指导下，配合大规模的经济建设，在全省及华东地区开展文物考古普查和抢救性清理发掘。40余年间，仅南京博物院就清理发掘古墓1200余座，古文化遗址80余处，出土文物10万件左右。90年代每年评选"全国十大考古发现"，南博共有6项被选入。

江苏各级文物部门单位，在政府财力支持下，很重视对文物保护单位的测量绘图和维修工作，50年来对它们的调查、实测、研究、维修从未间断过。解放初期，苏州尚存的114处古典园林大多比较破败，维修后重要园林均已对外开放。武进淹城遗址（春秋战国时期)、苏州云岩寺塔（五代时期)、瑞光塔（北宋时期)、南京城墙（明代时期）等许多文保单位，都进行过专项维修。在进行文物保护的同时，按不同城市性质拟定保护措施，努力使各座历史文化名城特有的古城风貌，在城市规划建设中能得到保护。

80年代以来,许多年轻知识分子加入文物工作行列,给事业发展带来新的生机。1997年末,江苏文博单位在职的专业人才有1133人,学历层次较高,其中有硕士研究生19人,大学本科生196人,大专生393人,占人才总数的53.66%。获高级职称的120人。中青年人才占绝对优势:26至40岁的有512人,约占人才总数的45.2%;41至50岁的有396人,约占人才总数的35%。新一代文博科研人才正在走向成熟。至1997年全省已有30人获得国家级考古领队资格,其中以中青年人才居多。

1993—1996年以及1998年、1999年每年评选的"全国十大考古发现"，江苏均榜上有名。江苏在新石器时代考古、六朝考古和唐宋城市考古等方面取得重大突破。南京汤山古人类化石地点、扬州唐城遗址、徐州狮子山西汉早期楚王墓等考古发现，都具有重大学术价值。江苏现已形成了以古吴文化、楚汉文化、六朝文化为主要内容的地方文物特色。

江苏文物资源丰富，是全国最早实现市市有博物馆的省。1999年末，江苏文化部门博物馆增至84个、文管会57个、文物科研单位1个。文化部门文博单位共藏文物79.66万件其中一级品1980件，占全国文博单位馆藏量的1/14。1996—1999年，文博单位参观人次年均增长9.9%，其中外宾年均增长39.1%。南京博物院的文物藏品，从50年代初的27万件增至42万件（其中一级品1059件)。江苏现有文物点8000多个；列为文物保护单位的有2500多个，其中国家级重点文保单位40个，已有4个被列入《世界遗产名录》成为"世界文化遗产"；省级文保单位376个；国家级历史文化名城7座。

博物馆陈列水平向"精品化"迈进。90年代初,南京博物院"长江下游五千年文明展"以其独特的陈列风格受到国内同行赞誉。南京市博物馆的"六朝风采"展在1997年被国家文物局评为全国十大精品陈列。开发省内博物馆优势潜力,还须学习借鉴国内外博物馆有成效的办展方式,借助科学技术提高展览手段现代化程度。

五、文化科技队伍精悍,成果喜人

江苏文化部门有一支特别的文化科技队伍,人数不多,但却十分精悍。在舞台技术,特别是声光测试仪器和音响技术的研究方面,达到了国内领先水平。娱乐场所声光测试系统,获得国家科技进步奖,在全国20多个省、市、自治区及多所高等院校、科研机构运用,已获可观的经济收益。江苏在青铜器保护和纸张纤维保护技术方面,亦达国内领先水平,并推广应用,有效地保护了许多珍贵文物。据不完全统计,近20年来,江苏省计有73项科研成果获国家级、省部级以及市厅级奖,显示了江苏文化科技队伍的人才实力。

江苏文化科技管理工作亦卓有成效,我省文化科技学会1999年获科技部、中宣部、中国科协颁发的"全国科普工作先进集体"称号。

近来年,我省受文化部委托,数次举办全国声光测试技术和音响技术培训班。省文化厅的胡清亮长期热衷于科学普及和科研开发工作,1996年获国家科委、中宣部、中国科协颁发的"全国先进科普工作者"称号。

六、经济发展推动文化繁荣兴旺

1952—1962年,由财政拨款的江苏文化事业经费总计支出0.72亿元,平均每年支出0.07亿元。全省文化部门基本建设投资额总计完成0.14亿元,平均每年完成0.01亿元。80年代初,江苏文化事业单位职工顺应时代发展,转变思想观念,努力改变经费拮据状况,从单一依赖国家拨款,转向国家投入和自我发展并重的道路。随着筹资渠道的拓宽,文化事业经费有了较大增长。从1991至1999年,全省文化事业经费收入累计46.17亿元;其中财政补助收入累计21.5亿元,年均补助2.39亿元;剔除财政和上级补助数,文化事业单位的各类创收累计23.94亿元,占收入总数的51.85%。全省文化事业经费支出累计44.11亿元,年均支出4.9亿元。全省文化部门固定资产投资额累计完成11.81亿元,年均完成1.31亿元。至1999年末,江苏各级文化部门直属单位的固定资产原值累计达20亿元。

1999年,江苏文化市场有11926个娱乐业企业和4246个其他经营企业,全年共创利润1.1亿元,交纳各种税、费2亿元,实现增加值6.81亿元。全省3078个电影发行放映企业,全年放映总收入0.73亿元,发行收入0.33亿元。

50年来,国家投资逐渐增多,有力促进了江苏的文化发展。文化与经济具有共生互促性,文化繁荣对加强精神文明建设和改善投资环境起着重要作用。江苏是经济大省,要建设与经济同步发展的文化大省,还需各级政府加大对文化事业和文物保护的投资力度,继续推进文化基础设施建设,使之适应社会发展需求。

随着市场经济的发展,文化部门的经营管理和审计、会计、统计人才,在文化经济微观管理和政府宏观调控方面起到的作用,已愈来愈为人们所重视。1997年末,江苏文化部门企、事业单位的在职会计、统计队伍838人中,90%以上为中青年人才;获高级职称的2人,经济队伍职称构成不高现象应予以关注。健全文化部门的经济管理人才队伍,对于推动江苏文化发展具有积极作用,在注重队伍年轻化的同时,仍须向知识化、专业化方向努力,在实践中选聘、培养人才,同时予以相应的职称评定和知识更新,提高整体素质,以利尽早摸索出一条有别于其他产业的文化经营管理之路。

江苏文化以其独具神韵的地方特色和感人至深的艺术魅力,愈来愈多地受到国际友人青睐。进入"八五"时期,江苏与世界各国及港澳台地区的文化交流活动每年翻倍增长,1991—1999年,累计出访882批、4848人次,年均增速分别为153%和167%;累计来访784批、12126人次,年均增速分别为130%和198%。中国加入WTO已为期不远,民族文化将面对世界多元文化相互交流与冲突、相互融合与竞争的新局面,对江苏文化发展将带来新的契机与挑战。为适应新形势,尚须加快文化管理体制改革与布局结构的调整;进一步制定、落实保护民族文化、促进文化发展的法律法规和文化经济政策。江苏文化发展正向新时期迈进。

浙江建国五十年文化事业发展概况

浙江省文化厅

浙江素为“文化大省”,在历史上曾涌现了许多文学家、美术家、戏剧表演家等等,有着十分丰厚的文化积淀和底蕴。新中国成立50年以来,浙江省的文化事业更是得到了迅猛发展,各条战线成绩斐然:文化事业机构从无到有;文化艺术产品硕果累累;群众文化蓬勃发展,企业文化、社区文化、集镇文化、校园文化等层出不穷;具有一定规模、布局合理的文化基础设施相继建立;电影事业各项指标名列全国之首,并形成了“城乡并举”的城市、农村两级市场体系;文物保护日新月异,一批珍贵的文物财富得以完好保存,形成了综合性、专题性、纪念性相结合的博物馆群体网络;文化市场日益繁荣,并朝着健康有序的方向发展。

一、文化机构日臻完善,文化队伍不断壮大

建国初期,百业待兴,浙江省的文化机构发展极为迅速,1949年底,浙江省文化事业机构仅为82个,至1958年已达934个。至1999年止,全省有文化事业、产业机构30975个,其中:专业艺术表演团体80个;群艺馆、文化馆(站)1968个,基本形成省、市(地)、县、镇的四级群文机构网络;县以上图书馆83个(其中少儿图书馆3个);电影发行放映单位2463个;文化系统审批管理的文化经营单位33246家。整个文化事业机构数在50年间经历了在量上求发展、相对稳定和质上求突破的三个阶段,达到了基本上满足4420万浙江人民的文化生活需要的目的。

另一方面,文化队伍不断壮大,至1999年止,共有各类文化事业、产业从业人员118317人。同时,各种中等艺术教育、专业进修班和戏剧训练班、全省青年演员会演以及戏剧节、音乐舞蹈节,造就了一批艺术新人,这些人才成为各专业剧团的中坚力量。在不断的实践基础上,各类经营管理人才脱颖而出,成为文化产业化的领头羊,1999年全省文化产业共创造增加值155587万元,占全省国内生产总值的0.29个百分点,已成为浙江省第三产业不可缺少的重要组成部分,且呈不断发展之势。总之,目前浙江省已初步形成格调高雅、网络齐全、布局合理、人才辈出的文化事业体系。文化产业初具规模,为浙江省文化事业、产业的可持续发展提供了客观的物质基础。

二、艺术生产成绩卓著,优秀剧节目不断涌现

建国后昆剧《十五贯》、绍剧《孙悟空三打白骨精》、婺剧《断桥》、越剧《胭脂》相继上演,掀起了浙江省戏曲创作的高潮,在全国引起很大的反响,尤其是昆剧《十五贯》晋京演出,可谓盛况空前,越剧也从山野小剧一跃而为浙江省影响力最大的地方剧种。改革开放以后,专业艺术表演团体进一步拓展演出市场,多次赴港澳台和国外访问演出,不仅弘扬了民族文化,而且成为两地、两国文化交流的枢纽。期间一批创作精良、品质超群的艺术作品陆续面市,如越剧《五女拜寿》、《汉宫怨》、《西厢记》、《陆游与唐琬》、《红丝错》、《西施断缆》、《梨花情》和绍剧《大禹治水》、婺剧《女皇错断梨花案》、《白蛇前传》、舞剧《阿姐鼓》等一批优秀作品,为繁荣浙江省的文艺舞台做出了不朽的贡献。建国50年来,专业艺术表演团体每年有20多台新戏上演,平均每年演出总场次达2.1万场,年观众量达1448.2万人次。

三、群众文化、公共图书馆蓬勃发展,开创了各具特色、门类齐全、品种多样的文化新气象

省、市(地)、县(市)、乡(镇)的四级网络已基本建立,并在“以建设集镇文化为点,营造海疆和

铁路及国道线文化带为线，创建文化先进县为面”的全省文化建设的思路中，群众文化事业和图书馆事业正得到加强。解放以来，省委、省政府对社会文化活动的开展很重视，至1950年底，已有文化机构91个；1958年5月，浙江省建立了全国第一个省级群众艺术馆，随后市级群艺馆及乡镇、街道文化站也相继建立并积极开展各项活动；1985年全省群艺馆、文化馆(站)达到3631个，为历史上机构数最多的年份。自90年代以来，由于扎实推进实施“创建文化先进县”、“全国万里边疆文化长廊·浙江东海明珠工程”、“蒲公英计划”和“知识工程”的四大文化系列工程，强化了国办文化的主体地位，进一步拓展了城乡基层思想文化阵地。至1999年底，全省已有群艺馆12个，文化馆84个，文化站1872个。同时，文化基础设施逐年有所改善，业务建设也不断步上新台阶。据统计，至1996年底有全国标准文化馆12个，全国先进文化馆6个，省特级文化馆9个，省一、二、三级文化馆73个；全国标准文化站23个，全国先进文化站13个，省特级文化站135个，省一、二、三级文化站1540个。另至1999年止，全省共有11个全国文化先进县、21个省级文化先进县，15个全国民间艺术之乡、12个省级民间艺术之乡，193个“东海明珠”。馆舍面积也由1983年的全省群艺馆、文化馆平均每馆610平方米，提高到1999年的1740平方米。另外，全省文化馆、站的业务活动水平不断上台阶，在文化部设立的社会文化方面的最高奖“群星奖”的历届评比中，浙江省群众音乐、舞蹈、戏剧(曲艺)、美术、摄影、书法、理论研究等方面共获金奖11个、银奖29个、铜奖37个。不但如此，浙江省的社会文化活动在内容和投资主体上也有所拓展，已从以娱乐为主的“小文化”向兼有娱乐、科普推广、文体培训等多领域的方向拓展，办文化的主体也逐渐由国家转向社会各界，社区文化、校园文化、茶文化、旅游文化等层出不穷。

新中国成立50年来，浙江省的图书馆事业也有了突飞猛进的发展，机构数也由1949年的2家发展到目前的83家，并涌现了54个省文明图书馆，其中有9个市、县图书馆于1996年被命名为“全国文明图书馆”。在文化部1998年举办的全国第二次县以上公共图书馆评估定级中，全省共有68个被分别命名为一、二、三级图书馆。目前约有50个市(县)公共图书馆设有少儿分馆或少儿阅览室，乡镇公共图书馆(室)普及率达80%。全省公共图书馆的建筑面积已由1983年的平均每馆497平方米，提高到目前的2710平方米。全省市(地)公共图书馆和县(市)公共图书馆藏书量，也从1983年的31万册和7万册分别提高到目前的37.2万册和11.3万册，在社会主义精神文明建设中发挥了极为重要的作用。

四、文化设施建设发展迅速，标志性的文化建筑相继在各地落成并投放使用

1986—1999年间，共有263个文化基建项目竣工(不含文物)，竣工面积48.16万平方米，累计完成投资额83484万元。其间浙江博物馆、余姚河姆渡遗址博物馆、余杭良渚文化博物馆、浙江图书馆新馆、浙江音乐厅等为代表的高品位、上规模、上水平的文化设施相继建成，标志着浙江省的文化建设已步入了新的历史时期。为深入贯彻“把精神文明建设落实到城乡基层”的指导方针，与全国万里边疆文化长廊工程接轨，已全面启动“浙江东海明珠工程”(1995—2000年)，一个“以建设集镇文化为点，营造海疆和交通干线文化带为线，创建文化先进县为面”的文化建设新态势在浙江省逐步形成。目前已建成项目56个，建筑面积11万平方米，总投资达1.27亿元。

五、电影事业稳步发展，取得了较好的社会效益和经济效益

新中国成立50年来，全省电影发行放映收入稳步提高，1957年全省电影放映收入374.5万元，发行收入133万元；1998年两项指标已分别达到14609万元和7245万元，分别比1957年增长38倍和53倍，年均增速109%和110%，各项指标均居全国前列。

六、文物工作成绩显著

大批文物资源得到妥善保护和合理开发，各类博物馆、纪念馆、名人故居相继建成，多处文物点被列入各级爱国主义教育基地，已形成省级博物馆为龙头、市(地)级博物馆为骨干、县(市)级博物馆为主体、民办博物馆为补充的浙江省博物馆网络。1999年止全省共有博物馆69个,从业人员1218人,文物藏品49万件,其中一级品1430件,年接待观众近1000万人次。国家优秀爱国主义教育基地2处,国家优秀社会教育基地1处,省级文明博物馆21家,省级爱国主义教育基地69处。全国重点文物保护单位28处,省级文物保护单位323处,县级文物保护单位1924处。国家历史文化名城5座,省级历史文化名城12座,省级历史文化保护区43处。同时大量文物遗产得到保护和抢救,遵照"保护为主、抢救第一"的方针和"有效保护、合理利用、加强管理"的原则,文物保护工作取得了突破性进展,对杭州六和塔等40余处省级文物保护单位进行了保护维修,一大批濒临毁坏的地上地下文物得到抢救和保护,第一批至第三批全国重点文保单位基本无险情的目标已实现。围绕公路建设,尤其是高速公路建设有重点地开展考古发掘工作,发掘面积达2万多平方米,发掘古墓葬1000多座。浙江省考古工作有重大突破,良渚汇观山遗址、莫角山遗址、南宋太庙遗址、绍兴印山越国王陵、慈溪寺龙口越窑遗址分别被评为1991、1993、1995、1998年度全国十大考古新发现。

七、文化市场迅猛发展,初步形成布局合理、门类齐全、内容健康、形式多样,以及投资、经营主体多元化的文化市场新体系

作为第三产业的一个重要组成部分,娱乐业、文化市场其他经营单位在吸收下岗职工再就业以及创造国民经济新的经济增长点等方面立下了汗马功劳。至1999年3月止,浙江省仅文化系统审批管理的文化经营单位有33246家,其中歌舞娱乐场7772家,演出场所602家,音像制品经营6001家,书报刊销售7479家;1999年度创造增加值3.2亿元。同时,浙江省文化市场法制化程度逐步提高,《浙江省文化市场管理条例》颁布实施后,文化市场管理机构进一步完善,各地都成立了文化市场管理办公室及专业稽查机构,并积极开展"扫黄"、"打非"活动,成效明显。据1997—1998年第二次对全省文化市场稽查机构进行的规范执法考核,获优秀文化稽查队有40个,合格文化稽查队有25个。

总之,建国50年也是浙江省文化发展波澜壮阔的50年,值此世纪之交,浙江省的几十万文化工作者当齐心协力,以"建设文化大省,发展文化产业"和到2015年远景规划为总目标,继续加大投入、开拓市场、调整结构、深化改革,并逐步推进文化产业化过程,为把浙江省建设成为全国富有特色、有较强辐射力的文化大省努力奋斗。

安徽省文化事业五十年成就辉煌

安徽省文化厅

中华人民共和国成立以来,安徽省各级文化主管部门,在各级党委和政府的领导下,坚持"二为"方向和"双百"方针,带领全省文化工作者,艰苦创业,开拓进取,大力繁荣艺术事业,弘扬时代主旋律,为满足人民群众的文化生活,推进安徽的两个文明建设,做出了积极的贡献,取得了可喜的成绩。回顾50年安徽文化事业的发展历程,文化事业大致经历了初步发展时期、曲折前进时期和全面发展时期三个阶段。

一、艰苦创业、初步发展时期(1949—1965)

1949年中华人民共和国成立时,全省只有

77个旧戏班社、64个电影放映单位、2个文化馆、4个公共图书馆和47个新华书店，大部分艺人过着流离失所的生活，传统的戏曲艺术和民间艺术濒临衰亡，群众文化和文博事业几乎是一片空白。在党和政府的重视和关怀下，全省广大文艺工作者艰苦创业，使文化事业机构从无到有，逐步发展和健全。经过新中国恢复时期、“一五”时期和“二五”时期到1965年，全省已初步形成了机构比较齐全、队伍不断壮大、艺术活动比较丰富的社会主义文化事业的新局面，为安徽经济和文化事业的发展做出了积极的贡献。

在艺术事业方面，全省剧团机构数从1950年的84个到“一五”期末的1957年已发展到132个，此后，经过“二五”时期和三年调整时期，到1965年底已发展到140个。这个时期，全省剧团演出也呈现出蓬勃发展的势头，1957年艺术表演团体年表演场次达630千场，观众人次达27573千人次；1964年全省剧团演出达648千场，观众人次达31057千人次。1953年，安徽省黄梅戏剧团成立，同年，全国举行第一届民间音乐舞蹈会演，安徽代表队表演的花鼓灯、狮子舞等节目在北京引起强烈反响，并在中南海为党和国家领导人演出。1954年，全省选出黄梅戏、庐剧、泗州戏、徽剧等34个剧目参加华东第一届戏曲观摩演出，黄梅戏《天仙配》获得优秀演出奖。1957—1965年间，新建了安徽省徽剧团，创办了安徽艺术学校，开始有计划地培养各类艺术人才，涌现出以严凤英、王少舫为代表的一大批深受人民欢迎的艺术家，为黄梅戏艺术事业的发展作出了重大贡献。

在电影事业方面，1950年建立了第一个电影放映队，1957年、1962年分别发展到255个和391个，到三年调整期末的1965年，电影放映队已发展到530个。而同期的电影放映单位也由1949年的64个发展到1965年的699个。这一时期，先后成立了省电影发行公司、省电影机械厂和省电影器材公司，1958年筹建的安徽省电影制片厂，拍摄了纪录片《千里淮北变江南》、舞台艺术片《安徽戏曲集锦》、故事片《风雪大别山》等。1965年，观看电影成为当时人民的重要文化娱乐活动。

在公共图书馆事业方面，1949年，全省只有4个破旧的公共图书馆，此后，图书馆事业有了较快的发展，到1959年，全省公共图书馆已发展为76个。随着国民经济的调整，到1965年底，全省公共图书馆机构数调整为34个，这一时期，图书馆事业基本上还是处于初步发展时期。1949年，全省有新华书店47个，其后，随着国民经济的恢复和发展，新华书店基本呈现平稳发展的势头，到1965年底，全省新华书店发展到76个。

在群众文化事业方面，1949年，全省只有2个公共群众文化设施。从50年代起开始建立一批市县文化馆和区镇文化站，条件较好的地市还建立了中心文化馆，在城市工矿企业还建立了不少文化宫等群众性文化设施。1952年全省已有文化馆、分馆100个，文化站615个，其后，在“一五”、“二五”时期，群众文化事业有了较快的发展。三年困难时期，群众文化工作也受到了一定的影响，1962年，全省有文化馆81个，文化站234个。随着国民经济的恢复发展，群众文化工作又有了较大的发展，到1965年底，全省文化馆又发展到93个，文化站发展到560个。

在文博事业方面，解放前，全省文博事业几乎是一片空白，从1950年安徽建立第一个博物馆到1959年，全省博物馆已发展到23个，这一时期建立的安徽省博物馆，无论是规模还是馆藏文物，都堪称全国一流水平。毛泽东、刘少奇、周恩来、朱德、邓小平、陈毅等老一辈无产阶级革命家都先后视察了省博物馆，为我国博物馆事业的发展指明了方向，具有划时代的意义。同时，这一时期安徽省考古发掘工作也逐步开展。1955年寿县春秋蔡侯墓的发掘、1957年寿县战国鄂君启节和阜南县商代龙虎尊等珍贵文物的发现，曾在全国产生较大的影响；1960年萧县花家寺遗址的发掘，则标志着安徽省新石器考古发掘与研究的正式开始。

二、遭受挫折、曲折前进时期(1966—1976)

1966年开始的"文化大革命"使初步发展的安徽文化事业遭受了严重的破坏,全省大部分文化事业单位名存实亡,黄梅戏艺术是受破坏的"重灾区",《天仙配》等一批优秀剧目遭到批判,许多艺术家被批斗、迫害;被视为"四旧"的大批珍贵文物又一次遭受了空前的历史性浩劫。这一时期,虽然也演出了《红灯记》、《沙家浜》等京剧"样板戏",新建了部分文物机构,发掘了一批珍贵文物,但整个文艺舞台仍然是一片凄凉。1976年底,全省艺术表演团体从1965年的140个减少到120个,公共图书馆也由34个减少到13个。

三、改革开放、蓬勃发展时期(1977—1999)

粉碎"四人帮"以后,经过解放思想,拨乱反正,特别是1978年党的十一届三中全会以后,安徽省文化事业迎来了明媚的春天,得到了前所未有的蓬勃发展。

1.文化事业机构逐步健全,布局日趋合理。

1977年,全省共有各类文化事业机构近3700个,随着文艺路线的拨乱反正,到"五五"时期末的1980年,全省文化事业机构已发展为5850个,其中艺术表演团体137个,艺术表演场所108个,公共图书馆80个,博物馆12个,文化馆100个,文化站1718个,电影放映单位3644个。"六五"、"七五"时期,全省文化事业机构有了较大的发展,这一时期,全省乡镇文化站、电影放映单位发展较快,到"七五"末期的1990年,全省文化站达3213个、电影放映单位达4275个。"七五"以来,随着艺术表演团体体制改革的不断推进,全省艺术表演团体布局日趋合理,各地有重点地扶持了一批代表地方特色的剧种,各级专业表演团体通过深化改革、加强管理、引进竞争机制、开展横向联合等,增强了自我发展潜力。1992年以来,随着全省乡镇机构改革的进行,部分乡镇文化站相继滑坡,电影放映机构也有所减少。而这一时期,全省文化市场经营单位却发展较快,到1999年底,全省各类文化产业机构发展到9460个,并初步形成了机构较为健全、部局较为合理的文化事业发展新局面。

2.专业艺术成果丰硕,文艺舞台不断繁荣。

党的十一届三中全会以来,安徽省的专业艺术呈现出整体推进、重点突破的良好发展态势。各级艺术表演团体狠抓艺术创作和生产,推出了一大批优秀剧目和艺术精品。全省戏剧、音乐、舞蹈、美术、杂技、影视等各门类的剧(节)目和作品多次在国内外获奖。黄梅戏《红楼梦》、徽剧《刘铭传》、京剧《程长庚》获中宣部"五个一工程奖"。其中,《刘铭传》囊括"文华奖"、"五个一工程奖"、"曹禺戏剧奖"等三项国家级大奖。杂技节目《双爬杆》和《秋千顶技》在全国第四届杂技比赛中双获银奖。在诸多全国性的民间文艺活动中,花鼓灯舞蹈《欢庆》等一批群众性文艺创作节目均获得好成绩。马兰、黄新德、李龙斌、韩再芬、董成等一批青年演员获"文华奖"、中国戏剧"梅花奖"和上海戏剧"白玉兰奖",安庆市杂技团青年演员许梅花获得法国巴黎第十届世界"明日杂技节"的"法兰西共和国总统奖"后,又在摩纳哥第18届蒙特卡洛国际杂技比赛中获国际马戏艺术发展协会奖。在"打好徽字牌,唱响黄梅戏,加快建设文化强省"的方针指导下,'98安徽黄梅戏艺术年成功地推出了一批优秀黄梅戏,1999年《风雨丽人行》、《秋千架》、《徽州女人》等8台黄梅大戏进京展演,又产生了轰动性效应,整个安徽文艺舞台呈现出绚丽多彩的喜人局面。

3.群众文化事业蓬勃发展,丰富多彩。

改革开放以后,安徽省各级文化主管部门坚持面向社会、服务基层,广泛开展丰富多彩的文化活动,极大地活跃和丰富了广大人民群众的精神文化生活。自1990年以来,全省先后成功地举办了4届花鼓灯会、2届乡村歌手大赛等大型群众文化活动,与此同时,全省企业文化、校园文化、社区文化、广场文化、家庭文化等社会文化形式多样,生动活泼,多姿多彩。

1992年以后,随着安徽省乡镇机构改革的进行,全省基层文化站机构有一定的萎缩,出现了较大的滑坡局面，针对这一情况，安徽省推出了以省花“杜鹃花”命名，以文化站为龙头、推动农村科教一体化建设，以点带面，进而全面启动的“杜鹃花工程”；1994年以来，全省广泛开展了以“送书、送戏、送电影”为标志的文化三下乡活动，深受农民的喜爱。与此同时，全省还涌现出一批“书画艺术之乡”、“先进文化县”等。

全省公共图书馆事业也有了较快的发展。1978年，全省只有36所公共图书馆，图书总藏量3844千册，经过20余年的发展，到1999年底，全省公共图书馆已发展到83个，图书总藏量达7851千册，图书流通人次达4971千人次。在1998年文化部开展的全国县以上图书馆评估中，全省83所公共图书馆有40所被评为上等级图书馆，与“八五”相比增长42%，芜湖市、铜陵市、阜阳市、无为县图书馆还被文化部授予“全国文明图书馆”。

4.文物事业全面发展，成果瞩目。

1978年党的十一届三中全会召开以后，随着文物政策的全面落实，全省文物事业进入了全面发展时期。主要表现为：⑴文博机构逐步健全。建立并初步健全了省、地（市）、县三级文物行政机构网络；博物馆由1978年的12所发展到1999年的35所。⑵文物维修成效显著。近20年来，全省累计完成200余处全国和省级重点文物保护单位的维修工作。凤阳县明中都皇故城和皇陵石刻维修保护、黄山市徽州区“潜口民宅”的易地搬迁等在全国产生了积极深远的影响。⑶考古发掘成果瞩目。1978年以来，安徽省累计完成考古发掘项目近100个，清理发掘古墓葬近3000座，揭露古遗址2万多平方米。“和县猿人”、“巢县智人”化石等重大发现、“薛家岗文化”的确立、蒙城尉迟寺新时器遗址的发掘、天长三角圩、巢湖放王岗汉墓及淮北隋唐大运河等重大考古发掘在全国都具有重大影响（其中天长三角圩西汉墓发掘被评为1992年度全国十大考古新发现，巢湖放王岗西汉吕柯墓发掘荣获1996年度全国十大考古新发现提名奖，淮北隋唐大运河考古被评为1999年度全国十大考古新发现），为安徽汉唐以来社会政治、经济、文化等方面的研究提供了不可多得的珍贵资料。⑷法制建设成果显著。党的十一届三中全会以来，安徽省先后制定颁布各类地方性文物法规、条例等近20个，内容涉及文物事业的各个方面。其中《安徽省实施〈中华人民共和国文物保护法〉办法》、《安徽省皖南古民居保护条例》分别是安徽省第一部综合性地方文物法规和我国第一部关于古民居保护的地方法规；而省政府出台的《关于实施文物保护“五纳入”的决定》则是安徽省文物工作再上新台阶的重要举措。

5.文化市场健康有序，发展迅速。

进入80年代以来，随着经济的不断发展，安徽省文化市场呈现出蓬勃发展的势头，文化市场现已成为文化产业的重要组成部分。到1999年末，全省文化市场经营单位达7000余家，从业人员2.6万余人，文化市场已拓展为融娱乐、演出、书报刊、音像、美术、文物、中外文化交流和文化艺术培训在内的综合性市场体系。

6.对外文化交流日趋活跃。

新中国成立后，安徽文艺工作者多次走出国门，也多次接待了国外文艺团体。改革开放以后，全省对外文化交流日益频繁，据不完全统计，1978年以来，全省先后派出和接待的各类文艺团体和个人达585项，5400余人次，对宣传安徽、促进安徽文化和经济的发展，起到了积极的作用。

7.艺术教育、文化科技事业有了很大的发展。

1978年以来，安徽省先后兴建了一批学校设施，添置了一批教学设备，适应社会需要，拓宽了专业，培养了一大批文艺人才，省艺术学校和安徽大学合作，在连续几年开设大专班的基础上，1994年又正式成立了安徽大学艺术学院，在培养高层次艺术人才方面迈出了一大步。文化科技与艺术研究取得了一系列科研成果，其中多项科研成果获省部级科研成果奖。

8.文化事业经费投入逐年增长。

1950—1956年7年间,全省文化事业费总支出为1508万元,"三五"、"四五"时期,国家对文化事业的投入有了较大的增加。1978年党的十一届三中全会召开以后,安徽省的文化事业在经费投入、事业收入等方面都有了较大的增长。"六五"、"七五"、"八五"时期,全省文化事业财政拨款分别为12480万元、19673万元和37950万元,而1991—1999年,全省文化事业累计财政拨款达56022万元。1999年度,全省文化事业财政补助收入为17342万元,人均文化事业费为2.79元(含文物部门),是1980年的7倍。政府对文化事业投入力度的加大,有力地促进了全省文化事业的健康发展。

9.文化设施建设发展较快,布局日趋合理。

60年代,安徽省只有为数不多的文化设施,且结构较简单、规模较小。改革开放以来,全省各地先后兴建了一批公共图书馆、文化馆、剧场(影剧院)等,安徽剧院、芜湖大众影都、安徽省图书馆、铜陵市图书馆、马鞍山市图书馆、淮南市博物馆、宣城地区文化中心、宁国文化大世界等一批标志性文化设施先后建成,并有计划地建设了一批"杜鹃花试点工程"点。"七五"以来,全省文化部门基本建设投资完成额累计近1亿元,文化设施建设长期滞后于经济发展的状况有所改善。

三、文化事业工作中存在的突出问题

建国50年,安徽文化事业发展成就辉煌,但也应该看到,社会主义市场经济体制的建立,在给全省文化事业带来前所未有的发展机遇的同时,也带来了一些困难和问题,主要表现为:文化事业管理体制和内部运行机制的改革有待进一步深化,区域文化发展不平衡,文化事业费投入长期偏低,公共文化设施建设和利用仍然滞后于经济的发展和人民生活需要,文化经济政策未得到很好落实,文化资源还没有得到有效利用等,这些问题有待于我们在今后的工作中加以很好地研究和解决。我们坚信,有各级党委和政府对文化工作的重视,有全省文化工作者的不懈努力,安徽"文化强省"的宏伟目标一定能够早日实现。

福建文化五十年

福建省文化厅计财处

中华人民共和国成立50年来,特别是党的十一届三中全会以后,福建文化事业在马列主义、毛泽东思想、邓小平理论的指导下,坚持"为人民服务、为社会主义服务"的方向和"百花齐放、百家争鸣"的方针,弘扬主旋律,提倡多样化,文化事业得到长足的发展,取得了骄人的业绩。目前,福建省已初步建成以专业艺术、群众文化、公共图书馆、文物博物馆、文化市场、电影发行放映、艺术教育科研、文化企业等8大门类为骨干网络,依照文化事业发展的内在规律确定基本结构和目标指向的文化发展体系。

一、艺术事业繁荣兴旺

福建省现有21个剧种、93个专业艺术表演团体,较50年代初64个增加了29个,从业人员4688人;79个事业性剧场、影剧院,较50年代初32个增加了47个,从业人员1210人;2个专业展览馆,从业人员23人;8个艺术创作机构,9个艺术科研机构都是从无到有,文化部门直属的艺术院校也由1所发展到现在的3所。

福建省戏剧历史悠久,剧种繁多,其中闽

剧、莆仙戏、梨园戏、高甲戏和芗剧植根于福建地方语言，发展较快，成为现今福建的五大剧种。经过全省戏曲工作者长期不懈的努力，注重传承又着力更新，创作出一大批集思想性、艺术性、观赏性于一体的优秀作品，不少作品在全国产生一定影响。改革开放前莆仙戏《团圆之后》、闽剧《六离门》、芗剧《碧水赞》、梨园戏《陈三五娘》、高甲戏《连升三级》等优秀剧目都曾蜚声省内外。改革开放后，戏剧舞台进一步繁荣。在中宣部主办的六届社会主义精神文明建设"五个一工程"评奖中，全省有5台剧目获奖，4台剧目获得提名；在文化部主办的9届全国专业舞台艺术政府最高奖"文华奖"的评奖中，连续9届榜上有名，共20台剧目获奖。全省的曲艺工作者深入生活，积极创作，促进福建五大剧种全面发展，在参加全国曲艺节、曲艺小品大赛、相声大赛等各大赛事上获得了优异的成绩。

在书法美术摄影创作方面，新时期以来，福建省书画创作在原有的基础上提高到一个新水平。近几年已先后举办了两届全省"书画节"，在发现和培养书画人才、推出精品力作上发挥了重要作用。参赛作品在第六届全国美展中获2个银牌和2个铜牌，第七届全国美展中获1金5铜，在第八届全国美展中也有3件作品获奖。特别是1995年的"全国新人展"中，入选作品数量列全国第三位。

在音乐舞蹈、杂技艺术方面，改革开放20年来，举办了各类音乐活动近300项，涌现了一大批优秀声器乐作品。据不完全统计，获奖作品多达100多件。福建省的杂技艺术在吸收传统技艺精华的基础上，兼收并蓄又独辟蹊径。《小蹬人》、《对手滚杯》等优秀节目屡次在国际和国内比赛中获奖，并风靡海内外，为祖国赢得了荣誉。

二、公共图书馆事业蓬勃发展

建国初期全省只有2所公共图书馆。改革开放以后，公共图书馆事业迅速发展。截止1999年，全省有公共图书馆82个，总面积达17万平方米，大多数县（市、区）图书馆基础设施建设得到进一步改善。1998年省委、省政府把"完善基层文化设施建设"作为为民办实事项目，拨款1000万元扶持基层文化建设。通过开展全省公共图书馆考评定级工作，评出一级馆6个、二级馆29个，三级馆21个。全省公共图书馆总藏书量达955万册，图书总流通量达676万人次。全省引进港澳台侨资兴办公共图书馆20所，占全省公共图书馆的24．4%。

三、城乡群众文化活动丰富多彩

在各级党委和政府的领导下，福建的群众事业由50年代初的224个，增至现在的1069个，从业人员也由最初的722人，增至2475人。群众文化逐渐由低档次向高层次、由单调贫乏向丰富多样、由小文化向大文化方向发展，形成了国办文化与社会力量办文化并举的多元格局；省、地、县、乡、村五级文化网络正发挥着强劲的辐射带动作用。社区文化、农村文化、老年文化、少儿文化、企业文化、校园文化、旅游文化、民俗文化等各类特色文化正在八闽大地上全面开花。群众自发组织的戏剧、文学、音乐、舞蹈、美术、书法、摄影活跃于城乡各地。近20年来，省委、省政府和省文化厅因势利导地把发展健康向上、丰富多彩的群众文化事业提升到全省社会主义精神文明建设的高度，制定并实施了《福建省繁荣社会文化"芳草"计划》、《福建省繁荣农村文化"春风"计划》、《海峡西岸（闽东南区域）文化走廊建设规划》，贯彻实施文化部推出的开展创建文化先进县工程、全国边疆文化走廊建设工程、少儿文化"蒲公英"计划。共举办了8届"福建省音乐舞蹈节"、6届"民间职业剧团调演"、2届"福建省书画节"、2届"福建省少儿艺术节"等一系列导向性的大型群众文化活动。福建省南安市等5个县（市、区）获得全国文化先进县（市）光荣称号，受到文化部的表彰。在文化部组织的代表社会文化方面政府最高奖的全国"群星奖"比赛中，全省共获奖38项，其中金奖5项、银奖6项、铜奖13项。漳浦县、建阳市等9县、市先后被文化部命名为"全国民间艺术（音乐、美术)之乡”。少儿文化方面,全省创作的少儿歌曲《数鸭子》荣获中宣部“五个一工程奖”;在实施“蒲公英”计划中福建省被文化部评为最高星级——三星级奖,并先后有4个农村儿童文化园被文化部命名为“全国农村儿童文化园”;1995—1997年全省选送的少儿节目连续三次被调晋京,进入中南海参加全国“庆六一”晚会。蓬勃发展的群众文化为满足全省人民群众精神文化生活需求,宣传党的政策,倡导文明健康的生活方式,培养“四有”新人,提高人民素质,促进福建文化事业发展,促进社会主义两个文明建设,已经发挥了并将继续发挥重要的作用。

四、文化市场逐步走向繁荣有序

改革开放20年来,全省文化市场从无到有,从小到大,发展很快,伴随着文化产业的崛起,正成为新一轮文化创业的重要生长点。目前,全省共有各类文化娱乐场所7237个,其中歌厅、舞厅、卡拉OK厅2055个,电子游艺厅3117个,台球、保龄球馆、旱冰场818个,夜总会、娱乐城等综合娱乐场所343个,其他娱乐场所904个;音像制品批发、零售、出租和放映单位1046个;各类专业画廊、画店、美术公司30个;艺术品拍卖机构和图书流通机构198个;文体艺术代理、经纪机构18个。文化市场的现有状况和当前布局,基本适应了当前人民群众对精神文化的一般需求。在繁荣文化市场的同时,也加强文化立法工作。先后制订了《福建省歌舞厅、舞厅、卡拉OK厅管理办法》、《福建省营业性桌(台)球、游艺(戏)活动场所管理办法》等有关规章,逐步建立健全和配备了各级文化市场稽查机构和人员,有力打击了各种违法行为,使文化市场健康有序发展。

五、对外及对台港澳文化交流生机盎然

改革开放以来,福建充分发挥面对台湾、毗邻港澳及东南亚的人文和区位优势,坚持“以我为主,为我所用”的方针,逐步建立起多层次、多渠道、多品种、全方位的文化交流新格局。据不完全统计,近20年来,全省派出533批文化团组,计6258人次,远赴83个国家和地区进行文化交流,同时接待了来自65个国家和地区的文化团组330批共5621人次访问。其中福建省有224批团组共2761人次前往台港澳地区开展文化艺术交流,并接待了台港澳地区文艺界人士132批共1785人次来闽交流。目前,福建省开展对外及台港澳地区文化交流活动的范围涉及了文学、戏剧、音乐、舞蹈、杂技、木偶、电影、书画、摄影、雕刻、工艺美术等众多艺术门类,内容丰富、形式多样,深受海内外各界人士的欢迎和喜爱。在交流过程中,商业性活动正迅速拓展,一批高质量的文艺节目在竞争激烈的国际文艺舞台中赢得了市场。通过积极开展对外文化交流活动,广开渠道,广交朋友,广泛联系,广为宣传,增进了世界各地人民对福建的了解,为福建走向世界发挥了相当重要的作用。

六、文物博物和考古工作成效显著

福建省文物分布广泛、蕴藏丰富,有“中国南方文物大省”的美誉。50年来全省文物保护管理单位由1957年的1个发展到现在的33个;博物馆也由50年代末的1个发展到现在的77个,馆藏文物由原来的2万多件,增加到24万件,其中一级品有540件。迄今全省已有全国重点文物保护单位29处,省级文物保护单位204处,县(市、区)级文物保护单位2500多处。经国务院公布的国家历史文化名城,有福州、泉州、漳州、长汀4个城市。经省人民政府公布的省级历史文化名城4座、名镇(乡)6个、名村5个。福州林则徐纪念馆、厦门郑成功纪念馆、古田会议纪念馆、泉州海外交通史博物馆及陈嘉庚陵园被国家文物局授予全国文物系统优秀爱国主义教育基地称号。闽西革命历史博物馆被人事部、国家文物局授予全国文物系统先进集体。1958年与1981年的两次全省文物大普查共登记各类文物13960处,其中古文化遗址3874处、古墓葬1036处、古建筑4897处、石刻2542处、近现代重要史迹891处、近现代有代表性建筑354处、其他366处。闽侯昙石山、白沙溪头等新石器遗址的考古调查、发掘和研究，确立了福建境内第一个考古学文化——昙石山文化(距今4000—5000年)。武夷山"船棺"、武夷山市兴田镇的城村汉城遗址、福州市的新店古城遗址和屏山汉代建筑遗址的发现和发掘，为探寻闽越族历史文化和闽越国都"冶"提供了珍贵的实物资料。

七、文化设施建设上新台阶，事业经费逐年增加

福建省地处东南沿海，与台湾岛隔海相望。由于特殊的历史原因，福建作为前沿阵地，文化基础设施投入严重不足。改革开放后，特别是近年来，福建省在文化基础设施建设方面取得了突破性进展。现有公共文化设施102万平方米，其中"九五"前建成的为70万平方米，占总面积的68.44%；"九五"期间建成使用的为32万平方米，占总面积的31.56%，总投资达到38479.90万元。一批代表福建省经济社会发展总体水平的标志性文化设施工程相继立项投建，其中建国以来福建省投资额最大的社会事业项目——福建省博物馆新馆于1998年6月奠基，它将成为福建省文化领域一项现代化、标志性的形象工作；投资330万元，由省文化厅组织设计施工的武夷山"闽越王城博物馆"仅用4个月而告建成；福州马尾的中国近代海军博物馆、福建省画院、冰心文学馆、福州市博物馆新馆、泉州市文化艺术中心、闽西文化艺术中心、三明歌舞艺术大楼和书画院、漳州歌仔戏艺术中心等一批重点文化基础设施已建成或即将完工。为福建省文化事业的发展和繁荣，提供了坚实的物质依托。

文化事业费逐年增加，1950年全省文化事业费支出为37.1万元，占同期财政预算支出的0.89%；1970年文化事业费支出为380.6万元，占同期财政预算支出的0.46%；1990年文化事业费支出为5073.5万元，占同期财政预算支出的0.74%；1999年文化事业费支出为25739万元，占同期财政预算支出的0.93%。1999年文化事业费支出是1950年的694倍；是1970年的68倍；是1990年的5倍。

福建人民在改革和开放的进程中不断地塑造着奋发向上的突出形象，福建的文化艺术工作者也在为谱写闽海艺术的新篇章而奋力进取。福建省广大文艺工作者在邓小平理论的指引下，以繁荣文艺创作和精品生产为中心，以文化基础设施建设为重点，以文化体制改革为动力，以建设"海峡西岸文化走廊"为龙头，推出都市文化、社区文化、乡镇文化、老年文化、少儿文化、企业文化、校园文化、旅游文化、民族民俗文化等特色文化的建设，进一步繁荣和发展具有浓郁地域特色和鲜明时代精神的福建文化艺术事业，实现文化强省的战略目标。

建国五十年江西文化事业发展概述

江西省文化厅

建国50年以来，在党中央、省委、省政府的领导和关心支持下，江西文化事业得到了持续稳定的发展，特别是1978年以后，坚持"文艺为人民服务，为社会主义服务"的方向，贯彻"百花齐放，百家争鸣"的方针，江西省文化事业蓬勃发展，日趋繁荣。

机构人员大量增加。江西解放前夕，全省文化事业机构屈指可数，仅有24处民众教育馆，5座公共图书馆，6座电影院，19个剧场，20个职业戏剧班社。博物馆、群艺(文化)馆、艺术教育、艺术科研等，则是一片空白。解放后，省、地、县、乡文化机构相继建立，截止1999年底，共建有文化文物机构3206个,固定职工18133人。其中艺术表演团体79个,艺术表演场所63个,公共图书馆104个,群艺(文化)馆113个,艺术研究机构17个,中等艺术专业学校4个,博物馆84个,文物管理机构42个,乡镇文化(中心)站1813个,电影管理机构88个,电影院115个,影剧院19个,放映队419个,文化市场稽查队90个,其他文化单位44个。初步形成了省、地(市)、县、乡四级文化网络。

艺术创作繁花似锦。优秀作品不断涌现,特别是从"七五"期间开始,江西省每隔3年举办一届玉茗花戏剧节、音乐舞蹈艺术节和少儿艺术节,展示全省艺术创作的丰硕成果,新创作出2322个优秀作品,其中赣剧《荆钗记》、《还魂后记》、采茶戏《山歌情》、《榨油坊风情》、《木乡长》、京剧《贵人遗香》、话剧《古井巷》、风情组舞《长长的红背带》、舞剧《路》和歌曲《为了谁》、《爸爸》等分别获"五个一工程奖"、"文华大奖"、"文华新剧目奖"。江西省的杂技《转动地圈》、《晃梯顶碗》、《顶技》等节目名扬国内外。

社会文化丰富多彩。文化部评出江西省9个市县区为"全国文化先进县";评出第一批、第二批共19个全省"社会文化先进县"、182个"百强文化中心(站)"。有32个"省级民间艺术之乡",其中上高农民摄影、兴国山歌、萍乡农民画、永丰农民画、瑞昌剪纸、萍乡农民铜管乐、南丰傩舞、宜春版画、上栗傩舞、永新书法、湖口戏曲、赣州章贡区根艺,被文化部命名为"中国民间艺术之乡"称号。在全国"群星奖"的评选中,江西省共获3个金奖、6个银奖、12个铜奖。少儿文艺作品获全国一等奖25个、获国际奖2个。1997年在全国开展的第二次县以上公共图书馆的评估定级工作中,江西省有3个一级图书馆、32个二级图书馆、37个三级图书馆。

文物、博物馆事业成绩显著。江西省以革命文物为主,南昌八一起义纪念馆、井冈山革命博物馆、瑞金中央革命根据地纪念馆、安源路矿工人运动纪念馆、庐山博物馆,分别荣获国家文物局颁发的"全国优秀爱国主义教育基地";南昌八一起义纪念馆、井冈山革命博物馆、文天祥纪念馆被中宣部公布为"爱国主义教育基地";庐山被联合国批准为"世界文化景观";南昌、景德镇、赣州市被公布为国家级历史文化名城;大洋洲青铜器遗址被评为"七五"期间的全国十大考古发现之一;瑞昌古铜矿遗址被评为1991年全国十大考古发现之一;大洋洲青铜器遗址发掘、瑞昌古铜矿遗址发掘、德安周氏墓发掘,1989年被国家文物局表彰;丰城洪洲窑发掘1993年被评为全国十大考古发现之一;中美合作项目万年吊桶环遗址发掘1995年被评为全国十大考古发现之一;江西省荣获华东六省二市"龙华杯"讲解员比赛团体二等奖。

全省文化设施在中央的支持以及省委、省政府的重视和关怀下有了较大发展,逐步改变了江西省文化设施落后的面貌。从1980年至1999年江西省共新建图书馆、文化馆153座,总投资7927万元,总面积215966平方米。投资2376万元的省图书馆于1993年落成;投资5764万元的江西艺术剧院于1994年建成;投资1.7亿元的江西省新博物馆于1999年10月正式开馆,新博物馆的建成将成为江西省跨世纪标志性建筑之一。

一、机构人员情况

1950年全省文化事业机构为81个,固定职工554人;到1960年机构发展到427个,固定职工8671人;1966年至1974年由于受"文化大革命"的影响,全省文化事业几乎全部瘫痪;1980年机构为1044个,固定职工11131人;1990年机构为2544个,主要是增加了图书馆、博物馆及其他文化事业单位,固定职工11341人;截止1999年底,全省文化文物事业机构为3206个,比1950年增加了3125个,固定职工18133人,比1950年增加17579人,分别是1950年的39倍和33倍。

二、经费收支情况

1.全省财政补助收入保持稳定增长。

1975年全省政补助收入为1041.9万元,全省年人均占用文化事业费0.35元;1980年财政补助收入为1804.7万元,年人均占用文化事业费0.55元;1990年财政补助收入为4057万元,年人均占用文化事业费1.06元;

1999年财政补助收入为12786.7万元,年人均占用文化事业费3.02元。

2.全省文化事业经费支出情况。

1975年全省文化事业经费支出为1001万元,1980年为1929万元,1990年为4113万元,1999年为24413万元。1999年是1975年的24倍。

三、主要文化事业发展情况

1.艺术表演团体

(1)1999年全省艺术表演团体机构为79个,比1990年的86个减少7个,比1980年的119个减少40个,比1975年的116个减少37个。机构数呈递减状况。

(2)1999年固定职工为3775人,比1990年的4157人减少382人,比1980年的8411人减少4636人,比1975年的7751人减少3976人。

(3)1999年总收入为4052.4万元,其中财政补助收入为3139.6万元;1990年总收入为1553.3万元,其中财政补助收入为1076万元;1980年总收入为1435.2万元,其中财政补助收入为816.2万元;1975年总收入为730.8万元,其中财政补助收入为613.9万元。1999年总收入和财政补助收入分别是1975年的5.6倍和5.1倍。

(4)1999年总支出为4047.8万元,1990年为1532.6万元,1980年为1427万元,1975年为714.4万元。1999年是1975年的5.6倍。

2.艺术表演场所

(1)1999年全省艺术表演场所为63个,1990年为77个,1980年为49个。1999年比1980年减少14个。

(2)1999年固定职工为882人,1990年为777人,1980年为115人。1999年比1980年增加767人。

(3)1999年总收入为1428.2万元,1990年为580.1万元,1980年为122.3万元。1999年比1980年增加1305.9万元。

(4)1999年总支出为1469.1万元,1990年为533.3万元,1980年为103.4万元。1999年比1980年增加1365.7万元。

3.公共图书馆

(1)1999年全省公共图书馆为104个,1990年为104个,1980年为49个,1975年为15个。1999年比1975年增加89个。

(2)1999年固定职工为1392人,1990年为1236人,1980年为475人,1975年为185人。1999年比1975年增加1207人。

(3)1999年总收入为1899万元,1990年为767万元,1980年为369万元,1975年为35万元。1999年比1975年增加1824万元。

(4)1999年总支出为1906万元,1990年为744万元,1980年为105万元,1975年为35万元。1999年比1975年增加1871万元。其中:1999年图书购置费为274万元,1990年为129万元,1975年为11万元。1999年比1975年增加263万元。

(5)1999年公用房屋面积为178976平方米,1990年为99970平方米,1980年为23043平方米。1999年比1980年增加155933平方米。

(6)1999年图书总藏量为12363千册(件),1990年为10026千册(件),1980年为7681千册(件),1975年为2593千册(件)。1999年比1975年增加9770千册(件)。

4.群众文化

(1)1999年全省群艺馆、文化馆(站)机构为1926个,1990年为2096个,1975年为123个。1999年比1975年增加1803个。

(2)1999年固定职工为2705人,1990年为2264人,1975年为1399人。1999年比1975年增加1306人。

(3)1999年总收入为3003万元,1990年为875万元,1975年为272万元。1999年比1975年增加2731万元。

(4)1999年总支出为2996万元,1990年为751万元,1975年为234万元。1999年比1975年增加2762万元。

(5)1999年公用房屋面积为223177平方米,1990年为114661平方米。1999年比1990年增加108516平方米。

(6)1999年举办展览458个,1990年523个,1975年233个。1999年比1975年增加225个。1999年组织文艺活动1271次,1990

年1780次,1975年2472次。1999年比1975年减少1201次。1999年举办训练班621次,1990年599次,1975年233次。1999年比1975年增加388次。

5.博物馆

(1)1999年全省博物馆机构为84个,1990年为80个,1975年为14个。1999年比1975年增加70个。

(2)1999年固定职工为1204人,1990年为1014人,1975年为162人。1999年比1975年增加1042人。

(3)1999年总收入为4120万元,1990年为578万元,1975年为295万元。1999年比1975年增加3825万元。

(4)1999年总支出为3797万元,1990年为535万元,1975年为276万元。1999年比1975年增加3521万元。

(5)1999年公用房屋面积为134482平方米,1990年为121328平方米。1999年比1990年增加13154平方米。

(6)1999年文物藏品为217935件,1990年为167997件,1975年为12764件。1999年比1975年增加205171件。其中:1999年文物一级品为644件,1990年为314件。1999年比1990年增加330件。1999年参观总人次为2112千人次,1990年为2463千人次,1975年为546千人次。1999年比1975年增加1566千人次。

虽然江西省文化事业发展很快,但与全国相比还是有差距的。如江西省文化事业费总量偏少,比例偏低,人均占用文化事业费偏低,基础设施建设滞后。针对现状,我们必须抓住机遇,树立自我发展意识,大力发展文化产业,拓宽演出市场,依靠自身优势,增加自身"造血"功能,为繁荣江西省文化事业奠定良好的经济基础。

建国五十周年山东文化事业发展情况分析

张芳兰

1949年建国初期,山东省各类文化事业单位有剧团46个,剧场41个,图书馆3个,文化馆39个。

建国50年来,特别是党的十一届三中全会后的20年,随着我国综合国力的不断增强和山东经济建设与社会事业的迅速发展,在山东省委、省政府的关怀和各部门的支持下,加大了对文化的投入,文化事业发展迅速,截止1999年底有各类文化事业单位3229个(不包括文化娱乐经营单位),全部职工22985人,年财政拨款31044.3万元。各项文化事业发展和现状的具体情况是:

一、文化事业基本情况发展概况

1.艺术事业

艺术表演团体:1949年山东省仅有46个(文化部门的戏曲剧团2个,其他民间职业剧团44个)。截止1999年底文化部门艺术表演团体发展到117个,是1949年全部剧团的2.5倍,全部演职人员达6077人。主要剧种有:话剧团3个,歌剧、歌舞团25个,戏曲剧团82个,其中京剧团20个,杂技团7个。1999年演出2.1万场,观众2611.6万人次,平均年每团演出179场。

艺术表演场所:1949年山东省仅有剧场41个(文化部门5个,其他部门及私营36个)。1999年全省文化部门艺术表演场所发展到107个,是1949年全部艺术表演场所的2.6倍,全部职工2544人。剧场、影剧院座席数达

10.9万个,全年事业收入2104.2万元,艺术演出、电影放映、录像放映共12万场,观众达803.5万人次。

艺术创作研究机构:1949年山东省没有一个艺术创作研究单位。截止1999年底省、市(地)、县(市)创作研究机构发展到55个,全部职工495人,同时剧团还有一批专门从事创作的人员。1999年山东省获奖的优秀作品有:话剧《工人世家》获中宣部"五个一工程"奖;吕剧《苦菜花》在中国戏剧节上获8项奖;儿童剧《宝贝儿》获"曹禺戏剧文学剧本奖"。近年来有一批剧目在全国性的各类比赛评比中获奖,有几百部作品在省内各项比赛评比或会演中获奖。

2.公共图书馆

1949年全省仅有3个。截止1999年发展到133个,其中少儿馆1个。全省有89个图书馆进入国家级馆行列。除武城县、禹城县、临邑县没有图书馆外,基本达到了县县有图书馆,是1949年的44.3倍,1999年全部职工达2555人,馆舍建筑面积24万平方米,其中达到1000平方米以上的有83个。拥有藏书1936.8万册,其中图书1508.3万册,全省平均每人拥有藏书0.22册。1999年全省图书流通2287.7万人次,为读者举办各种业务活动1448次,有47万人参加。

3.群众文化事业

1949年全省仅有文化馆39个。截止1999年全省艺术馆、文化馆发展到158个,是1949年的4.1倍,从业人员3194人。1999年举办各种展览1002个,组织文艺活动4223次,举办各种训练班1740次。1999年群众文艺创作在文化部"群星奖"评选中,获2个金奖、1个银奖、3个铜奖,成绩在全国名列前茅。

4.艺术教育事业

1949年山东省艺术教育空白。截止1999年全省文化部门发展到9所艺术中专学校,全部教职工达1071人,其中有5所艺术学校被评为省部级重点中专,其中1所被评为国家级重点中专。改革开放以来,各艺术学校积极进行教育改革的探索,拓宽办学路子,提高办学效益,使艺术教育事业迅速发展,多年来全省艺术学校向社会输送了万余名毕业生。

5.文化市场管理机构

1949年山东省文化市场管理机构空白,随着经济发展和社会物质生活水平的提高,顺应人民群众对文化娱乐业生活的需要,文化市场迅速发展,近几年来,省及市地县已全部建立了文化市场管理机构,成立了文化市场稽查队。截止1999年底全省共有190个文化市场管理机构,专职管理人员1069人,初步形成了从省到乡镇的四级管理网络,全省文化市场繁荣有序,健康发展。

二、文化事业经费的基本情况

全省文化事业财政拨款1980年2709万元,1985年4372.7万元,1990年8617万元,1995年16314.6万元,1999年31044.3万元。分别增加了1663.7万元、4244.3万元、7697.6万元、14729.7万元,增长了61.4%、97.1%、89.3%、90.3%。各项文化事业财政拨款的情况是:

1.艺术表演团体财政拨款1980年1035.9万元,1985年1606.9万元,1990年2197万元,1995年3960.2万元,1999年6849.7万元。分别增加了571万元、590.1万元、1763.2万元、2889.5万元,增长了55%、36.7%、80.3%、72.9%。

2.公共图书馆财政拨款1980年283万元,1985年543万元,1990年1284万元,1995年2813.9万元,1999年5254万元。分别增加了260万元、741万元、1529.9万元、2440.1万元,增长了91.9%、136.5%、119.2%、86.7%。

3.群众文化事业财政拨款1980年722万元,1985年1067万元,1990年2151万元,1995年2621.8万元,1999年4655.4万元。分别增加了345万元、1084万元、470.8万元、2033.6万元,增长了47.8%、101.6%、21.9%、77.6%。

从以上财政拨款情况看,经费增长比例基本趋于平稳上升的局面。但是近几年来增加支出的项目较多,特别是用于人员开支每年都有所增加,而且增幅较大。又加之近几年来水、电费涨价过高(与1980年比上涨7倍多),另一个原因,近几年来随着通迅设备的发展,单位开支的电话费比前几年猛增,所以公用经费在部分用于水、电、电话费开支的比例越来越大，用于事业发展、开展业务活动的比例越来越小，又因文化事业单位大部分是公益性单位，是为宣传社会主义文明建设服务的，一般指令性任务较多，创收项目较少，所以虽然财政拨款历年增加，但是大部分用于人员和水、电、电话等方面的费用开支，只有少部分用于业务费开支，由于经费的制约使业务活动难以开展。鉴于以上原因，建议财政部门应加大对文化的投入，以缓解文化事业经费紧张的矛盾。

三、文化设施建设

山东省文化设施近几年来取得了重大进展，省里投资1.2亿元建设了山东省图书馆新馆(一期工程)，建筑面积3.58万平方米，二期工程投资0.5亿元，已招标准备在近期开工。翻建了山东省艺术馆业务综合楼。烟台市投资0.8亿元建设了烟台市图书馆新馆，建筑面积1.6万平方米。省直属6个艺术表演团体都有了条件较好的排练厅。十四届六中全会后，各级政府更加注重文化事业的发展，加大了对文化设施建设的投入，建成了一批条件较好的文化设施，增强了文化事业的物质基础。

山东文化事业在新的世纪里，必将随着全省经济建设和社会发展的巨大步伐，得到迅速发展。文化艺术事业的发展前景必将日益繁荣兴旺，文化艺术事业的明天必将更加美好。

河南文化五十年发展简况

河南省文化厅

河南文化积淀久远，底蕴深厚。中华人民共和国成立后，在中国共产党的领导下，河南文化事业步入了一个开发优秀文化资源、创建社会主义文化艺术的崭新时期。

一、新的文化体制逐步创建

1949年中华人民共和国成立时，河南省文化事业单位共有181个，其中艺术表演团体69个，艺术表演场所11个，公共图书馆1个，文化馆99个，博物馆1个。1999年底文化产业机构数是11424个，是1949年的63倍。

改革开放前，国家实行的是社会主义计划经济体制，是政府包办文化的文化体制。党的十一届三中全会以来，社会主义市场经济体制已逐步确立，与此相适应的“政府管文化，社会办文化”的体制在逐步创建。1995年河南省文化厅作为河南省委省政府推选国家公务员制度试点单位实施机构改革。机构改革后的省文化厅，其职能由偏重管理直属单位和文化系统转向管理全社会文化事业；从偏重“办文化”逐步过渡到“管文化”；从主要依靠行政手段管理向依靠法律、经济、行政手段相结合的综合管理。1998年，河南省文化厅在河南博物院、省豫剧团作为试点单位进行厅直事业单位机构人事制度的改革。改革按照“脱钩、分类、放权、搞活”的基本思路，从建立社会主义市场经济体制和发展文化艺术事业的需要出发，合理确定了事业单位内部机构设置和各项规章制度的建设。通过改革已逐步建立起符合自身发展规律和特点的充满生机和活力的人事管理机构和运行机制，推动了文化艺术事业的全面发展。

随着政府管理文化、社会办文化体制的逐步确立，河南省的文化艺术事业的综合性多功能的大文化发展格局已初步形成，文化市场、文化科技、文化教育、文化交流、文化管理、文物业、社会文化等形成的文化产业全面启动，不断的改变原有的文化发展模式。

二、艺术事业繁荣发展

河南是个戏曲大省，拥有专业剧团的剧种，除豫剧、曲剧、越调三大剧种外，还有蒲剧、四平调、坠剧、汉剧、大平调、宛梆、道情戏、眉户戏、大弦戏、二夹弦等，其中豫剧产出团体不仅覆盖了河南全省，而且河北、湖北、西藏、台湾等12个省、市都成立有豫剧团。据统计资料显示，1949年全省剧团66个，1985年264个，1999年206个，从这三个数字反映了河南省的艺术表演团体根据时代的需要进行体制改革，专业表演团体实行法人代表制，剧团的经费来源渠道和物质保证体系已基本形成。全省城乡业余剧团发展迅速，1999年全省业余剧团数达2500多个，节庆、休闲之日，喜爱戏剧艺术的人都可以欣赏或参与戏剧活动。

戏剧成果丰富。1956年参加河南省首届戏曲观摩演出的剧种23个，参演剧目96个，宣传爱国主义、英雄主义的剧目《刘胡兰》、《穆桂英挂帅》、《牛皋下书》、《战洛阳》、《反五关》等剧目获奖。一批演员，如豫剧的常香玉、陈素真、马金凤、崔兰田、阎立品、桑振君、赵义亭、王在玲、李斯忠；曲剧的李金波、张新芳、王秀玲、耿庚辰；越调的张秀卿、申凤梅、毛爱莲等受到广大观众的欢迎。常香玉的代表剧目《花木兰》成为建国初期轰动全国的剧目，马金凤的代表剧目《穆桂英挂帅》四次进京，两次进中南海演出，曾获全国优秀剧本奖。曲剧演员张新芳在剧目《陈三两》中，以唱腔塑造了陈三两善良、正直、舍己为人、坚贞不屈、疾恶如仇的中国妇女形象。越调演员申凤梅在《收姜维》中扮演的诸葛亮，获“活诸葛”之誉，曾多次晋京演出，并受到周恩来总理的接见。河南省的现代戏60年代已进入繁荣期，1963—1965年，河南省剧目工作委员会收到现代剧目1301个。《朝阳沟》、《人欢马叫》、《社长的女儿》、《李双双》、《扒瓜园》、《斗书场》、《游乡》、《红管家》、《好媳妇》、《卖箩筐》、《夫妻俩》等，在河南深受群众喜爱，在全国也有较大影响，为河南省赢得了“戏剧之乡”之誉。1964年1月1日，毛泽东、刘少奇、朱德、邓小平、彭真等党和国家领导人在北京观看了河南省豫剧三团演出的《朝阳沟》，并接见了全体演职员。进入90年代，河南省先后推出《吵闹亲家》、《五福临门》、《试夫》、《风流才子》、《红果，红了》、《能人百不成》、《王屋山下》、《蚂蜂庄的姑爷》、《都市风铃》等质量较高，影响较大的优秀作品。

河南曲艺文化历史久远，位于河南省宝丰县城南的马街村，元朝延祐年间，马街书会已初具规模，每年约有千名曲艺艺人前来说书。清同治二年（1863）农历正月十三马街书会，到会的艺人有2700人。中华人民共和国成立后，马街书会旧貌换新颜，赶会的艺人不仅有外省外地的，连美国著名的历史学家依阿华大学历史系教授欧达伟博士、日本早稻田大学教授冈崎等也来考察马街书会。在曲艺艺人的心目中，“十三马街书会”是他们欢聚、亮书会友、切磋技艺的神圣节日，约定俗成的“家”。它为河南曲艺积淀了丰厚的文化资源，该县被国家文化部命名为“全国曲艺之乡”。

80年代以后，河南的舞蹈创作有了较大发展。根据历史故事创编的有双人舞《霸王别姬》、表现巾帼英雄花木兰的《替父出征》、表现岳飞生平的《岳母刺字》等。省歌舞剧院创作演出的组舞《汉风》，曾赴西安、武汉、北京等地演出，《人民日报》评论文章指出：《汉风》完全有资格立于当代中国艺坛，可与《丝路花雨》、《编钟乐舞》等争奇斗艳。民间舞蹈《花桃》、《花轿到门前》，获取1986年全国民间音乐舞蹈比赛创作、表演、辅导三等奖，《回民秧歌》获丰收奖；《放蝶》参加1989年第二届“桃李杯”舞蹈比赛获优秀表演奖；1989年，河南省歌舞剧院创作的集体舞《天香》，参加全国舞蹈比赛获特别奖。

河南是全国杂技艺术表演团体最多的省份，改革开放以来，河南杂技开始走出国门，立于世界杂技之林。河南省的郑州、开封、濮阳、新乡、漯河、驻马店等市属的杂技团，先后赴美国、加拿大、法国、意大利、德国、瑞士、奥地利、荷兰、西班牙、摩纳哥、南斯拉夫、爱尔兰、冰岛、丹麦、挪威、澳大利亚、突尼斯、波多黎各、阿尔及利亚、毛里塔尼亚、塞浦路斯、利比亚、日本、泰国、新加坡和香港等20多个国家和地区，进行国际文化交流和商业性演出活动，所到之处深受欢迎，促进了中外文化交流。

民间杂技发展迅速，平顶山市宝丰县赵庄乡共有22个行政村，其中18个行政村共成立650多个魔术团，从业人员800余人。这些魔术专业户农忙务农，农闲从艺，以农为主，兼营魔术。1986年,有魔术团的18个行政村中,周营村的文化收入多达60余万元,占全村总收入的60%以上。其他如太康县马厂王老家村,一个村有70多个杂技专业户,组成10多个杂技班子,从业人员130多人,活跃了农村群众文化生活。

三、社会文化事业的成就卓著

1949年5月,河南省人民政府成立之后,一方面是对民国时期的河南全省各地遗留下来的民众教育馆进行改造,另一方面是在继承中国共产党领导下的革命苏区、革命根据地的革命文化传统的基础上,吸收中国传统文化中的优秀文化创建了河南省的群众文化事业。

社会文化网络已经建成。社会文化网络全省各市地建群众艺术馆、县市建文化馆、乡镇文化站,1965年前基本建成。据1999年统计,全省社会文化机构总数为2462个,其中群众艺术馆23个,文化馆193个,文化站2246个,从业人员达6753人。群众艺术馆、文化馆负责指导的农村文化集镇中心1152个,文化俱乐部、文化室5192个,图书馆3872个,文化户7514个,群众业余演出团(队)2481个。全省公共图书馆133个,其中省级1个,地市级16个,县市级116个,图书总藏量1191万册。

全省各级文化主管部门提倡"社会文化社会办",逐步形成了以国办文化为主渠道,社区文化、企业文化、校园文化、军营文化共同发展的群众文化体系。省文化厅坚持把群众文化的重点放在农村,实施了多项群众文化工程。"文化大院"是村级文化建设的一种模式,全省44965个行政村中,已有30%的村建成了各类"文化大院"、"文化室"、"农民综合教育中心"等,在农村经济发展和精神文明建设中发挥了积极作用;"创建文化建设先进县"是河南省农村文化工作的龙头工程。1996年底,河南省的济源市、辉县市、汝南县、淅川县、项城县、新密市、陕县、邓州市、开封县、商水县、修武县、孟津市被省政府命名为第一批"河南省文化建设先进县";1998年命名的文化建设先进县有唐河县、西平县、舞阳县、沁阳县、清丰县、灵宝市、林州市等7个县。"小康文化建设工程"是农民奔小康的重要组成部分。1996年河南省8000个小康村中文化含量已经达到小康村建设要求;"群星工程"对全省的县(市)、乡(镇)、村三级文化设施、队伍、活动三大网络建设作出了周密安排,并开展了创建"百强文化站"活动,已有200多个乡镇文化站被命名为"百强文化站"。

群众文化活动水平不断提高。随着社会物质生活的富裕,群众文化档次也不断提高,采用现代科学技术包装的民间歌舞、戏曲、曲艺、灯会等文艺活动广泛开展,"文化搭台、经贸唱戏"越来越普遍。洛阳牡丹花会、信阳茶叶节、安阳殷商文化节、开封菊花节、郑州少林武术节等,以文会友,招商引资,发展商贸,促进了河南省经济社会的发展。开封盘鼓、焦作得胜鼓、三门峡的百佛顶灯、周口民间艺术团、平顶山宝丰县魔术团等全国知名。河南省的舞阳县、内黄县、汝南县(民间绘画),开封柳园口(盘鼓)被国家文化部命名为"全国民间艺术之乡",平顶山市的宝丰县为文化部命名为"全国曲艺之乡",陕县大营村儿童文化园被文化部命名为"全国蒲公英农村文化园"试点单位。90年代以来,河南省的民间艺术在国内重大赛事活动中,获文化部"群星奖"金奖1枚、银奖4枚、铜奖5枚。在第23-27届日本国际儿童画画展上,儿童画创作共获奖牌4144枚,其中最高奖(外务相奖)4枚、特别金奖26枚、金奖482枚、银奖1274枚、铜奖2362玫,获奖数目连续保持居80多个参展国家和地区首位,为河南省争得了荣誉。1994年在"沈阳国际秧歌节暨全国优秀广场舞蹈邀请赛"中,开封郊区大李庄盘鼓队、开封县袁坊盘鼓队、三门峡市湖滨区向阳村的"百佛顶灯"等节目代表河南省参赛,连续4年夺得最高奖——金玫瑰奖。"龙潭杯"全国优秀民间花会大赛中,新乡市原阳县原武镇文化站的盘鼓队、获嘉县王官营盘鼓队、开封县独乐岗盘鼓队,年年夺魁。开封县大李庄盘鼓队1994年走出国门,赴日本参加对外文化交流。

四、电影业不断发展壮大

1949年,河南全省只有开封大陆、大华、人民会堂和郑州影院等4家影院。1952年,全省城市电影院发展到10余家,河南省电影教育工作队有31个分队,分赴全省各地巡回放映。1956年,河南省文化局所属的电影放映队243个,全省110个县平均每个县有1—2个放映队。1958年,全省放映单位达到400多个,其中,城市电影院增加41座。1965年全省放映单位达到850个,其中农村流动放映队400多个,于2.4万多个固定放映点实行流动巡回放映。根据各个放映点上的人口、经济、交通等不同情况,确定出不同的收费标准。对个别交通不方便、人口稀少、经济特别困难的山区放映点,实行送电影上门,免费放映的办法,从而消灭了电影放映空白点。

1959年11月,河南电影制片厂成立,1979年编制增加到300人,为省直一级事业机构。1981年起,先后摄制了豫剧《包公误》、《桃园喜》、《樊梨花》,曲剧《风雪配》、《背靴访帅》,故事片《小城细雨》、《玩猴的人》、《两个少女》、《来了个男子汉》、《少女与小偷》、《山的女儿》等。1986年以后又与北影、新影、峨影等制片厂合拍了《武当仙袍》、《十五的月亮》、《倒霉大叔的婚事》,还和香港金马等影业公司联合摄制了《包青天》、《七奶奶》、《少林弟子》、《杨家将》、《少林童子功》、《阮氏三雄》等戏剧片和故事片。

进入80年代,河南省电影发行放映单位迅速增加,1987年全省农村电影管理站399个,全省电影发行机构531个,放映单位1.5万个,翻新和新建城市电影院(含影剧院)180多家,农村集镇简易电影院500余家。1993年,河南省电影公司在郑州组建"中原(郑州)影视交易中心",1995年该中心销售拷贝6800个,1996年达到9600个,约占全国销售总量的三分之一。全省涌现出一批年发行收入超100万元、80万元、60万元的县级公司。1997年开始,省文化厅在全省开展"农村电影三十佳评选活动",该活动已在全国产生影响,并促进河南农村电影事业的发展。1999年全省农村电影队已发展到8000多个,农村节庆、农民办喜事,都可以举办电影晚会以示庆贺。

五、文化市场逐步完善

党的十一届三中全会之前,河南省除了国办的文化事业单位举办文化宣传、娱乐活动之外,文化经营活动基本上是个空白。1984年,郑州市率先创办佃省第一家营业性舞厅后,全省各地纷纷仿效,先是以国营单位兴办第三产业的形式开办舞厅、游戏厅、录像厅、售书亭等。1991年,各级文化行政部门以行政的、经济的、舆论宣传等多项措施,培育、开发了河南省文化市场。1998年全省已形成包括娱乐、演出、电影、音像、书刊、文物、美术、业余艺术、培训、对外文化交流等主要艺术门类在内的市场格局,形成了国有、集体、私营、中外合资、合作等多种经营成分共同开发文化市场经营体制。截止1998年,全省共有营业性歌舞厅、卡拉OK厅3120家,戏剧茶座187家,电子游戏室2442家,台球室3392家,保龄球馆242家,其他游乐单位80家,音像制品批发单位46家,出租单位2141家,零售单位2906家,录像厅890家,美术品公司29家,城市电影发行单位778家,农村电影放映单位7600家,社会艺术表演团体967个,专业艺术表演团体216个,社会艺术表演团体和专业艺术表演团体数量在全国均居首位。文化市场行政管理机构104个,管理机构127个,稽查队23个。初步形成了省、市(地)、县(市)、乡(镇)四级管理网络,横向归口、纵向分级的管理体制已经确立。市场管理已步入法制化规道。全省实行了证照管理制度,制订了《河南省文化市场管理条例》等20多个有关规章和规范性文件。各地在实践中摸索出了一套培育引导与整治打击相结合的管理办法。文化市场体系已经形成。文化市场作为联结经济与文化的纽带,其效益越来越明显。据不完全统计,仅文化娱乐业一项1997年的主营业收入就达3.4亿元,上缴国家税金0.27亿元,从业人员4.62万人,为河南省经济社会发展作出了贡献。

六、文物事业全面振兴

河南是中华民族重要的发祥地之一,悠久的历史、灿烂的古代文化,遗留下丰富的文物古迹,因而使其成为全国文物大省。截止目前,全省已发现有价值的文物点28168处,其中全国重点文物保护单位51处,河南省文物保护单位527处,市县级文物保护单位3614处。全省国有文物收藏单位收藏的各类文物藏品约130万件,约占全国总数的八分之一,其中珍贵文物约25万件。全省拥有郑州、开封、洛阳、安阳、南阳、商丘、浚县等全国历史文化名城7座和濮阳、许昌、汤阴、登封、朱仙镇等省级文化名城(镇)20座。

党的十一届一中全会以来,河南省文物工作者遵循"保护为主,抢救第一"的新时期文物工作方针和"有效保护,合理利用,加强管理"的工作原则,积极探索和实践"国家保护为主,并动员全社会参与的文物保护新体制",全省文物事业全面振兴并获得新的发展。

1979年河南省文物事业管理局成立,1984年河南省文物保护管理委员会恢复,文物事业单位也有较快的发展。全省现有文物单位204个,其中文物保护管理机构121个,文物科研单位6个,博物馆68个,文物商店3个,其他文物单位6个。80年代初,全省文物队伍仅1000余人,目前已增至4506名。1983年省人大常委通过《河南省〈文物保护法〉实施办法》,1988年又对其进行修订完善;同时省政府还颁布了《河南省古代大型遗址保护管理暂行规定》等一系列法规,使河南文物保护工作逐步迈上法制化轨道。

自80年代开始,河南省大力开展文物保护基础工作。1984—1986年进行了第四次、也是建国后规模最大的一次文物普查,摸清了经过十年"浩劫"全省文物资源的状况。1986年,河南省人民政府公布第二批河南省文物保护单位。经过文物部门多年努力,省级以上文物保护单位全部完成了"四有"(即有保护范围、有标志说明、有档案记录、有保护组织)工作。各文物收藏单位通过开展清库查库,澄清了文物藏品的"家底",逐步实现对馆藏文物的规范化管理。各级文物部门始终把确保文物安全作为重中之重,加强人防、物防、技防建设,积极建立县、乡、村三级文物保护网,与公安部门密切配合,严厉打击文物犯罪活动。1994年实现了第一个"全省馆藏文物安全年",1996年再创文物安全年。

考古发掘取得丰硕成果。仅"八五"计划以来,全省配合基本建设进行考古发掘即达2214项,发掘面积26万平方米,发掘墓葬2.1万余座,出土文物10.2万余件。为解决重大学术课题和研究而进行主动发掘的项目有20余个,发掘面积4万平方米。在从1991年开始评选的"全国十大考古新发现"中,河南省平均每年有两项考古发掘入选,占入选项目的五分之一。在搞好地下文物保护的同时,先后维修了数百处文物建筑,并陆续开放了一批文物景点。文物科研工作研究的多项文物保护技术,获得国家或文化部门重大科研开成果奖。同时,出版了一大批考古专著和学术论文,解决了诸多学术难题。

改革开放以来,全省博物馆建设长足发展,原有的博物馆得到整修和改建,同时新建了一批中小型博物馆和专题博物馆,特别是1998年5月1日河南博物院的建成开放,更是河南省文化史上的一件大事。一个具有河南特色的博物馆网络体系正在形成。同时,全省文物部门组织或参与了30个境外文物展览,为促进中外文化交流做出了积极贡献。

目前,河南省的文物保护法规体系、管理体系日臻完善,文物保护、管理、研究、利用等各项工作全面发展,在河南省两个文明建设和对外开放中正发挥着越来越大的作用。

湖北文化事业五十年

湖北省文化厅

湖北地处华中,是楚文化的发祥地,具有悠久灿烂的历史文化传统,自古以来,文化繁荣,名人荟萃。

建国50年来,特别是改革开放20年来,湖北文化事业取得了长足的发展。省、市(州)、县、乡现已形成系统完整配套的文化事业机构、人员、设施的体系。文化事业在抓改革、创特色、出精品、增实力上取得了巨大的成绩,呈现出全面发展、整体向上的良好态势,为满足全省城乡人民群众不断增长的文化生活需要发挥了积极的作用。

建国初期全省有文化事业机构168个,干部职工不到2000人;到1965年底发展到1688个机构,14700余人;文化大革命结束后的1977年,文化事业机构数为1879个,从业人数为18935人;经过改革开放20多年的发展,到1999年底,全省各级文化部门机构数达2488个,是建国初期的14.8倍,从业人员达25815人,是建国初期的12.9倍。全省各级文化部门累计完成固定资产达130478万元。

改革开放20多年,是全省文化事业发展最快、变化最大、资金投入最多的时期。从"六五"到1999年底,19年共完成文化事业基建投资达11.4亿元。建成了以武汉杂技厅、省博物馆编钟馆、新民众乐园、荆州市博物馆、十堰市图书馆等为代表的一大批新型文化建筑,为文化事业的发展打下了坚实的物质基础。目前在建的大型文化设施除新湖北剧场外,还有武汉市图书馆、武汉市博物馆、黄冈市文化活动中心、江汉剧场改造项目等。另外,武汉艺术中心、宜昌艺术中心等工程也开始筹建。

一、艺术事业

以武汉剧院、湖北剧场、武汉杂技厅为代表的舞台表演场所为艺术事业的持续繁荣打下基础。到1999年底,全省艺术单位有216个,从业人员达8981人。其中艺术表演团体102个,从业人员达6489人,艺术表演场所曾达到近百个。"八五"以来,全省又投资4422万元,其中省财政拨款799万元,兴建了55个县(市)级剧团的多功能排练场,建筑面积为69998平方米。湖北素有"戏剧大省"之美称,全省20多个戏曲剧种,通过改革和调整,已初步形成省会武汉以歌舞、杂技、京剧、汉剧、话剧为主,江汉平原以荆州花鼓戏为主,鄂中部以楚剧为主,鄂东北以黄梅戏为主,鄂东南以采茶戏为主,鄂西南以巴土民族歌舞为主,鄂西北以豫剧、曲剧为主,恩施以南剧为主的舞台艺术发展格局。舞台艺术创作保持了稳步发展的态势,一批反映社会生活、讴歌时代主旋律、体现民族特色、为人民群众喜闻乐见的优秀艺术作品相继问世。先后产生过一大批以歌剧《洪湖赤卫队》、歌舞《编钟乐舞》、《下里巴人》、京剧《徐九经升官记》、杂技《顶碗》、《雪映红梅》等为代表的优秀作品,并获取国家级大奖或国际金奖,其中有19个剧(节)目荣获文化部舞台艺术政府最高奖"文华奖",有9部作品荣获中宣部精神文明建设"五个一工程人选作品奖",涌现出以陈伯华、夏菊花、王玉珍、余笑予、朱世慧、沈虹光等为代表的著名艺术人才。正在动工新建的新湖北剧场工程,将结束省会城市没有一座现代化剧场的历史,并将极大鼓舞全省舞台艺术工作者的创作热情。

二、图书馆事业

"六五"初期,国家提出了"县县有图书馆"的规划目标,全省从1982年起在全国率先采取以地方为主,省给予补县(每馆8万元),多渠道、多层次筹集资金的方式,拉开了县级图书馆建设的序幕,仅"六五"期间,省补经费达553.5万元,完成建筑面积7万平方米,平均每馆面积达1200平方米。湖北是全国少数率先实现县县有图书馆、文化馆的省份。此后,先后有黄石、沙市、十堰、宜昌市图书馆和省图书馆一期工程建成、完工、交付使用。建国以来省内国家投资最多(达1.5亿元)、建筑规模最大(达3.26万平方米)、标准最高的武汉市图书馆2000年内也将以崭新面貌出现在江城。到1999年底,全省公共图书馆有102所,其中省级馆1所;地级馆13所,地级少儿馆3所;县级馆82所,县级少儿馆1所。另有湖北作家图书馆、湖北水利文献中心、黄石服装图书馆等12个特色图书馆。从业人员2257人,图书总藏量1643余万册(件),馆舍面积24万平方米。各地图书馆在加强硬件建设的同时,不断改善服务手段,强化和延伸服务功能。在组建网络,开发信息资源,开展全国性的互通情报信息和双边、多边协作服务方面,在参与"知识工程”、“万村书库”建设中，发挥了重要作用。全省已有56%的图书馆购有电脑，27%的图书馆实现了基础业务计算机管理自动化。在中等城市图书馆中，有60%实行计算机管理。同时，各地图书馆把送书下乡工作提上重要日程，坚持常年送科技图书、科技资料下乡，为全省农业产一化的实施创造了有利条件。

三、电影事业

建国初期，全省仅有16个电影放映点，到1999年底，全省电影管理、放映单位有3417个(包括电影放映队)，从业人员近8000人。1958年组建的湖北电影制片厂填补了湖北省电影制片业的空白，该厂先后拍摄了大量的新闻纪录片、科教片、电视剧和电影。电影发行放映工作在“八五”期间达到历史最高水平，1991年全省电影放映176万场，观众4.8亿人次，票房收入1.3亿元，片租收入5880万元，各项业务指标位居全国同行业前列。“八五”以来城市电影院向小型化、多功能、立体声方向发展，至1999年底，全省拥有立体声影院33座，银幕49块，其中具有数码声迹立体声系统的电影厅11个。已形成35毫米、70毫米立体声电影院、电影娱乐城等新技术、新形式、多品种、多功能，大、中、小厅，高、中档影院合理布局的城市电影放映新格局。省内20多家特轮影院成为电影经营的骨干力量，其票房收入占总票房的三分之二。农村电影工作逐步恢复，农民看电影问题得到缓解。全省大多数县市落实了农村放映收费的政策，并积极组织“送电影下乡”活动，保证了农民每年可看上8－12场电影。

四、群众文化事业

1950年建立了县“人民文化馆”，1956年以后，各大、中城市先后组建了群众艺术馆，相继发展了一批区镇文化分馆、站。到1999年底，全省群众文化事业机构有1728个，从业人员达6016人。以省群艺馆、新民众乐园、沙市群艺馆、十堰市文化中心为首，以县文化馆为骨干，以乡镇文化站为基础的群众文化设施为全省城乡人民文化生活提供基本场所。企业文化、广场文化、校园文化、家庭文化等社会多重文化蓬勃兴起，并逐步步入规范、健康的轨道。群众业余文艺创作成果丰硕，先后有48件作品荣获文化部“群星奖”金、银、铜奖。先后有233件作品获全省“楚天群星奖”。全省现有34个县(市、区)被省委、省政府命名“湖北省文化先进县”，有21个县(市、区)进入全国文化先进县行列(其中有5个是全国文化先进模范地区)。完成了38个山区县(市)的599个乡镇文化站的建设任务，建筑面积近18万平方米。“九五”以来，有264个平原乡镇文化站相继建成，新增面积近8万平方米。民族民间艺术活动引人注目。宜昌民间版画、安陆民间漫画、黄州民间绘画、长阳民间歌舞、丹江口伍家沟村民间故事、黄梅的黄梅戏等11个县、市，被文化部命名为“全国民间艺术之乡”；云梦民间皮影、孝南民间剪纸、监利和广水的民间书画等19个县、市、乡(镇)，被省文化厅命名为“湖北省民间艺术之乡”。

五、文博事业

湖北作为“文物大省”，建国后，其文物、博物馆事业得到迅速发展。到1999年底全省文物、博物馆机构135个，从业人员达2552人，文物藏品57万余件，其中一级品2727件。建国后，省境内重大考古发掘项目有：长阳人与郧阳人；鸡公山旧石器时代遗址；新石器时代石家河、门板湾等遗址；盘龙城商代城址；楚郢都纪南故城；潜江龙湾楚章华台遗址群；楚墓内越王勾践等出土的剑矛；楚墓中的丝绸宝库；铜绿山的古代矿冶；擂鼓墩曾侯乙墓；睡虎地秦代竹简；西汉墓的简牍、古尸等。全省已查出各类不可移动的文物点1.5万处，已公布的县级以上文物保护单位共3300余处，其中省政府审定公布的省级文物保护单位365处，国务院公布的全国重点文物保护单位29处。省政府还审定公布了10座湖北省历史文化名城，其中荆州、武汉、襄樊、随州、当阳等5城被国务院审定为国家历史文化名城。中山舰于1997年1月整体打捞成功，目前正在加紧维修保护。

全省文物古建筑丰富，形成“三二一”格局，即以武当山古建筑群、荆州古城墙、钟祥显陵三处为龙头；以鄂州吴王城、赤壁古战场、荆州三国遗址、当阳关帝陵、襄樊城墙及古隆中等三国文物建筑和利川大水井、鱼木寨、咸丰土司王城、来凤仙佛寺等少数民族建筑为两条线；以黄梅四祖寺、五祖寺、当阳玉泉寺、襄樊广德寺、武汉宝通寺、归元寺等佛教建筑和武当山、长春观等道教建筑为代表的宗教建筑为一个重点，并辅以秭归屈原故里、汉阳古琴台、东湖行吟阁等楚文物纪念建筑的格局。1994年，武当山被列入《世界文化遗产名录》。省政府投资近2800万元，建设规模为6511平方米的省博物馆编钟馆，1998年底交付使用以来，以浓郁楚文化建筑风格、精美的文物陈列，成为全省对外开放和文化交流的重要窗口，以荆州、宜昌、荆门、鄂州、鄂西为骨干，具有各种建筑风格的博物馆和几十处纪念馆，历史革命遗址遍布荆楚大地，持续发挥其特有功能，在对人民群众特别是青少年进行爱国主义、集体主义和社会主义教育，宣传民族文化等方面发挥着巨大作用。

六、文化市场

改革开放20年来，全省文化市场迅速崛起，蓬勃发展。文化市场经过引导、培育和建设，已初步形成了包括娱乐、演出、音像、电影、书报刊、艺术品、文物、国际文化市场等在内的综合市场体系，成为全省整个市场经济体系的一个重要组成部分。据1999年统计，全省现有各类文化经营单位3万个，参与其中经营、服务、管理的从业人员近50万人，文化市场（不包括电影、广播电视和书报刊市场）已形成16.98亿元的固定资产，年度主营营业收入为9亿元，主营营业税及附加税为0.82亿元，完成增加值6.22亿元。文化市场已不仅仅是活跃群众文化生活的重要场所，也是解决就业，涵养税源一条重要渠道，已成为全省第三产业重要的组成部分。近年来先后制定涉及文化市场管理的省级地方性法规、行政规章和政策性文件30多个；各地都建立了文化市场管理的专门机构，基本形成了省、地（市）、县（市）、乡镇四级文化市场管理网络，并拥有3000多名专兼职文化市场管理稽查人员。各级文化市场管理部门坚持“一手抓繁荣，一手抓管理”的方针，坚持不懈地开展“扫黄打非”斗争，在加强日常管理的基础上，有计划分阶段地开展文化市场专项集中治理，成效显著。近几年来，全省文化系统每年收缴非法音像出版物都在20万盘（盒）以上，一批地下黑窝点被端掉，一批不法分子受到法律的制裁，大批精神文化垃圾被扫除，有效地净化了社会文化环境，有力地保障了文化艺术的繁荣发展。整个文化市场初步形成活跃有序、健康繁荣的局面。

此外，文化艺术教育和科学研究硕果累累。全省有9所艺术中专学校，开设20多个专业，为社会培养了大批文化艺术中等专业人才，许多学生多次在国内和国际艺术舞台上获奖。特别是“八五”以来，全省完成文化科技项目85项，有68项先后获得省部级各种奖励。主要由文化部门承担编纂的艺术学科国家重点科研项目——10部文艺集成志书湖北卷，历时15年，全部完成初审工作，其中终审8卷，出版6卷，计1000万字。对外文化交流活跃。早在50年代，就有文化团体出访，改革开放以来，仅“八五”期间，全省就派出文化艺术团组和个人138批，出访2000多人次。出访五大洲40多个国家和地区。接待国（境）外文化艺术团组和个人72批，1052人次。派出的艺术团体所演节目艺术品位高，地方特色浓；文博系统所展览的文物多为稀世珍品，且文化底蕴丰厚，深受国（境）外朋友欢迎。日趋活跃的对外文化交流，为宣传湖北的改革开放、弘扬优秀的民族文化、提高湖北在国际上的知名度作出了积极贡献。

文化事业的迅速发展，为全省的两个文明建设作出了重要的贡献。但同全省经济、社会的发展和人民群众不断增长的精神文化需求相比还有一定差距，主要表现为：文化事业经费投入不足；文化设施建设步伐不快；文化单位自身改革力度不大；文化产业发展缓慢；文化法规建设滞后；农村文化生活相对薄弱等。

蓬勃发展的广东文化事业

广东省文化厅

新中国成立以后，随着社会主义建设的步伐，广东文化事业建设经历了从无到有、从小到大、从残缺不全到比较完整全面，逐渐发展起来，在文艺创作演出、群众文化、公共图书馆、文物保护、博物馆、电影发行放映、对外文化交流等方面的工作中都取得了显著成绩。十年动乱，文化事业受到严重干扰和摧残，整个文艺园地出现一片荒芜、万马齐喑的沉寂局面。1978年党的十一届三中全会召开，开始了社会主义改革开放和现代化建设的新时期，广东文化事业更是迎来了改革、发展、繁荣的新时期，在邓小平文艺理论指导下，解放思想，抓住机遇，加快发展，无论是艺术生产的数量和质量，还是文化设施的规模和档次、文化市场的活跃有序以及对外文化交流等方面都呈现出前所未有的繁荣，在社会主义精神文明建设中发挥着越来越大的影响和作用。

一、文化队伍持续发展壮大

据历史资料显示，解放初期全省只有6个专业剧团、7个图书馆、1个博物馆、63个电影放映单位。经过50年建设，至1999年底，全省文化产业机构23262个，其中专业艺术表演团体140个，艺术表演场所76个，公共图书馆121个，群众艺术馆22个，文化馆117个，文化站1902个，博物馆（纪念馆）128个，艺术教育机构10个，文化娱乐业单位11463个，其他文化经营单位6063个，电影发行放映单位3045个，共有从业人员175868人。

二、文化事业经费全面增长

建国50年来，广东经济发展取得了令人瞩目的成就。尤其是党的十一届三中全会以后，广东经济日新月异，经济总量跃居全国首位，对文化事业建设投入也以较高比例增长的速度发展。从1992年以来，广东省对文化事业的投入，不论是全年投入绝对额还是每年投入增加额，都位居全国前列。1999年，全省文化事业财政补助收入（即财政拨款，下同）为7.14亿元，占当年全国文化事业费的10.1%，比改革开放初期的1979年增长33.7倍，年均增长速度为19.4%；全省人均文化事业费9.78元，为1979年人均0.4元的23.5倍，年均增长速度为17.3%。按全国各省市人均文化事业费排列，1980年，广东省人均文化事业费列全国第23位，处于较后的位置；1990年上升到第19位；1995年跃上一个台阶，列全国第10位；1999年再上一个台阶，列全国第5位。

三、文化设施建设呈现新局面

据历史资料显示，1949—1980年，广东的文化设施建设累计投入2.8亿元，建成了一批图书馆、文化馆、博物馆等文化基础设施。十一届三中全会以来，文化事业进入了新的发展时期，文化设施建设速度加快，从1981年开始，每年完成投资额以年均增长20.8%的速度发展，1999年完成投资额达3.4亿元。

1993年，广东省人大常委会颁布《关于发展文化事业的决议》后，各级政府加大了对文化的投入，全省文化设施建设呈现全面上马的新局面。特别是1995年广东省人民政府批准在全省范围内实施《南粤锦绣工程——广东省文化建设发展规划》，更使全省文化建设有了明确目标，各地加快基本建设步伐，突出表现在国家投入增加的同时还多渠道筹集资金，利用外资、社会集资、个人捐助等社会各界的配套资金，用于文化设施建设。7年来，全省县区级以上文化部门累计完成投资19.7亿元，其中用于文化设施建设18.6亿元，占94.4%；共完成基本建设项目175个，面积63.5万平方米，其中新建（扩建）图书馆11个，群众艺术馆、文化馆13个，博物馆14个，还有新建音乐厅、美术馆、画院、影剧院、剧团排练场等，一批高起点、高档次、标志性大型文化设施先后建成投入使用，如广东省星海音乐厅、红线女艺术中心、深圳市关山月美术馆、深圳市南山区图书馆、番禺市博物馆、虎门海战博物馆、中山故居纪念馆陈列馆新馆等，其中星海音乐厅无论是建筑设计还是各项设施、音响效果等，目前在全国均属一流水平。1999年全省投资在亿元以上在建大型设施项目有：广东演艺中心、广州艺术博物院、广州信德文化广场、深圳音乐厅、深圳中心图书馆。

1997年，广东省八届人大常委会第三十二次会议通过了省人民政府《关于大力扶持山区文化建设，抓紧改变山区群众文化生活贫乏落后状况议案的办理方案报告》的决议，省政府从1998年起到2002年，每年安排4500万元用于山区文化设施建设，计划用5年的时间，基本实现全省山区各市、县（市、区）的群众艺术馆、图书馆、文化馆、博物馆都有馆舍，乡镇（街道）文化站都有场所，剧团、电影队各有排练演出、放映场地的建设目标，初步改善山区群众文化生活贫乏落后的状况。山区文化建设工程推出两年来，全省各山区市、县新（扩）建的文化设施项目已达260多个，有力地促进了全省及山区文化事业的全面发展。

四、艺术事业繁荣发展，创作演出硕果累累

建国初期，广东的艺术表演团体基本上是以戏剧、曲艺为主的民间职业剧团，文化系统只有6个专业剧团。随着国家政治经济制度的改革变化，各艺术表演团体逐渐由原来的班主所有制改革为全民所有制、集体所有制，到1999年文化系统的艺术表演团体达140个，包括的剧种及艺术表演形式有戏剧、话剧、木偶、皮影、杂技、音乐曲艺、音乐剧、交响乐、现代舞、芭蕾舞等，其中粤剧、潮剧、汉剧、雷剧、白戏剧、西秦戏、花朝戏、正字戏、白字戏是广东省独有的地方戏剧种类。广东粤剧被周恩来总理称誉为“南国红豆”，广东潮剧、汉剧被文艺界赞誉为“南国鲜花”、“南国牡丹”。分别成立于1992年和1997年的广东实验现代舞团、珠海市音乐剧剧团，都是在全国第一个创立的、有独立建制的新品种专业剧团；1993年底成立的广州芭蕾舞团，结束了广州没有芭蕾舞剧团的历史，该团阵容强盛，朝气蓬勃，充满创新精神。

50年间，广东省文艺工作者坚持“两为”方向和“双百”方针，先后改编、创作和演出了一大批既反映时代精神又有鲜明民族特点和地方特色的优秀剧（节）目，社会主义文艺舞台百花齐放，硕果累累。在参加国际和全国、全省性的各类文艺比赛和展演活动中，获得奖项共达1500多个，其中粤剧《情系中英街》、话剧《浪淘碧海》、《情结》、雷剧《抓阄村长》、大型舞剧《星海·黄河》、歌舞《深圳故事·追求》、歌曲《走进新时代》等获中宣部“五个一工程奖”；粤剧《魂牵珠玑巷》、《伦文叙传奇》、舞剧《南越王》、话剧《新居》、《春秋魂》、潮剧《陈太爷选婿》、曲艺《雏凤新声颂伟人》等获文化部“文华新剧目奖”。共有15人获中国戏剧“梅花奖”，12人获“文华表演奖”。

广东省在全国首创举办了一系列具有地方特色的文艺活动，集中地展示了舞台艺术成果，促进了全省文艺创作的提高和发展。如首先创办于60年代的“羊城音乐花会”已举办过6届，在海内外产生过重大的影响；“广东艺术节”、“羊城国际粤剧节”、“羊城艺术博览会”、“国际潮剧节”、“国际舞蹈节”、“深圳大剧院艺术节”等大型艺术演出活动也越办越好，文化活动形式向专题化、规模化发展，并继续开拓新的高品位的大型艺术活动，如广州交响乐团，1993年元旦在全国率先举办了采用每年同一时间、同一剧场举办一场以所在城市命名的交响音乐会——广州新年音乐会，在友谊剧院亮出以来，以走进剧院欣赏音乐会这种形式迎接新年的观众越来越多，1999年更将广州新年音乐会移师至新落成的星海音乐厅。作为高雅艺术之主要品种的交响音乐，如今已不仅仅专注于大都市，1999年元旦期间，广东全省城乡新年音乐会超过50场，新年音乐会已成为时髦的新品牌。

结合“国庆”及一些重大历史事件，成功地主办了一系列大型庆祝和专题纪念性文艺活动。1997年庆祝香港回归祖国大型文艺演出《百年梦圆》、1999年迎澳门回归大型文艺演出《同奔五彩路》以及广东省庆祝中华人民共和国成立50周年戏剧展演、大型演出《共和国礼赞》等活动，受到省委、省政府领导的表扬。

1999年，全省共有10台优秀剧(节)目晋京参加建国50周年献礼展演，“广东号彩车”和“佛山醒狮”也赴京参加盛大的庆祝建国50周年首都群众游行系列活动，受到中央领导、艺术专家和观众的好评，充分展示了改革开放以来广东省文艺创作的丰硕成果。

艺术表演场馆档次提高，全省原有的剧场大多经过改造，在舞台声光效果、观众舒适度等方面均得到较大改进，吸引了大批国家级艺术表演团体和艺术家前来广东各地演出。特别是近年来省会广州与珠江三角洲地区逐渐推行院线运作模式，激活了珠江三角洲的演出市场，纵横交错的院线使省会剧院有了强大的依托，城乡文化差别得到缩减，四乡群众就近可看到国家级世界级艺术家的精彩演出。1998年落成的广东星海音乐厅，更是目前我国设备最先进、功能最完善、具有世界水平的多功能艺术演出场馆，世界级的俄罗斯国家交响乐团、世界钢琴演奏大师阿什肯内齐以及国内著名的中国交响乐团、中央民族乐团等都曾莅临演出，至1999年底已经组织演出334场，其中外国演出团体演出31场，取得了很好的社会效益。全省有艺术表演场所76个，观众座位7.9万个。

全省艺术表演团体演出各类文艺节目自1957年以来累计共76.8万场，观众8.24亿人次。目前，全省除专业艺术表演团体外，还有民间职业剧团348个，个体演职人员2680人，时装表演队9个，文化艺术经纪与代理机构24个。

五、群众文化事业蓬勃发展

在旧中国，广东的群众文化事业几乎是一片空白。随着新中国的成立，广东的群众文化事业从无到有，逐步发展起来。从1952年起各县陆续建立了人民文化馆，负责组织和辅导城乡的业余剧团、文艺组、读报组、创作组等群众文化团组进行社会文化活动，广泛向人民群众进行社会主义思想教育，开展普及科学文化知识和文化娱乐活动。至1999年，全省的群众艺术馆22个、文化馆117个、文化站1902个，还有农村集镇文化中心2050个，文化俱乐部(室)6052个，图书室4492个，文化户3144户，群众业余演出团(队)1422个。这些遍布城乡基层的国办群众文化事业单位，积极组织宣传教育、开展文化娱乐、普及科技知识、传递经济信息、搜集和整理民族民间艺术遗产、培训各类人才，形成了省、市、县(区)、镇四级群众文化网络。1999年全年共举办展览7076个，组织文艺活动21327次，举办各种培训班10941次，共有52.9万人次参加学习，分别是1979年的18.1倍、6.8倍、14.7倍和29.3倍。目前，一个以文化设施为载体，以两个文明建设为目标，以国办文化为示范，以公益文化事业为依托的社区、村镇、企业、校园、少儿、广场文化等不同类型的文化活动蓬勃开展，极大地丰富了群众的文化生活，城乡人民精神文化生活的质量和文化素质有了明显的提高。

全省群众文艺创作和大型文艺演出活动非常活跃。1987年，广东省文化厅与广州市服务旅游局在全国首创举办了一年一届的将旅游景点、经贸活动、文艺表演结合于一体的“广东民族民间艺术欢乐节”，至今已连续举办13届；还举办了每三年一届的“广东省少年儿童艺术花会”和“广东省农村群众戏剧花会”，使广东省的群众文化活动呈现出生机勃勃的新景象。1998年新创办了首届广东省音乐舞蹈花会，还产生了群众自发性的文化广场活动，已首批命名表彰了10个“十佳文化广场”。在参加国家文化部举办的各类群众文化比赛评奖活动中，广东省共获得了200多个奖项，其中东莞市石牌镇中坑村明德醒狮队的广场舞蹈《醒狮踩高桩》在参加全国第六届“群星奖”比赛中，获得了这项比赛设立以来唯一的表演大奖。群众业余演出团体开始走出国门，1997年，南海市文明镇合唱团参加在波兰举行的“第32届国际合唱大赛”上，获合唱二等奖、波兰歌曲演艺奖和特别奖、最佳指挥奖。

为加快农村文化机构建设步伐，早在1992年，广东省就颁发了《广东省乡镇(街道)文化站人员编制标准》，率先在全国结束了农村文化站“有站无编”的历史。在开展群艺、文化馆(站)评估定级中，根据各地经济发展不平衡的实际情况，制定具体量化标准，共评出特级群艺(文化)馆10个，一级群艺(文化)馆23个，特级文化站 136 个，一级文化站 200 个。按《南粤锦绣工程》规划，全省各县(市、区)开展了创建“文化先进县”活动，至 1999 年底，全省已有 9 个“全国文化先进县”、“全国文化模范地区”，13 个“广东省文化先进县”。东莞市大朗镇儿童文化园被国家文化部命名为“国家级儿童文化园”、湛江市坡头区被命名为“全国万里边疆文化先进单位”；创建广东民族民间艺术之乡活动取得初步成果，潮阳市被国家文化部正式命名为“歌舞艺术之乡”、梅县为“山歌艺术之乡”、澄海市和顺德市容奇镇分别被授予“版画艺术之乡”、“书画艺术之乡”的称号，全省民族民间艺术之乡已发展至 68 个。

六、公共图书馆事业向高科技发展

1949 年，广东只有 7 个公共图书馆，39.6 万册藏书。经过 50 年建设，全省县级以上公共图书馆已有 121 个，总藏书量 2088.2 万册，分别是 1949 年的 16.3 倍和 51.7 倍；馆舍建筑面积 38 万平方米，其中书库面积 8 万平方米，阅览室面积 8.8 万平方米，分别是 1979 年的 8.7 倍、3.5 倍和 7.7 倍；书架总长度 39.2 万米，共发放借书证 43.5 万个。1999 年，全省公共图书馆共接待读者 2026 万人次，书刊外借 1136.3 万册次，分别为 1979 年的 4.2 倍、3.2 倍；为读者举办各种活动 1564 次，参加人数达 127 万人次。各级公共图书馆顺应潮流，接受挑战，积极对馆藏文献进行开发加工，努力开展信息服务，实现从单一的借阅到全面的文献信息服务转型。如广东省中山图书馆利用馆藏的几百种港台报刊编辑出版《决策参考》已经在全国发行；深圳图书馆凭借邻近港澳，报刊信息传递较为及时的有利条件，成立了剪报中心，在深圳及港澳都拥有不少客户。1999 年，全省公共图书馆编制二、三次文献 23373 种，为读者解答咨询 14.7 万项，代检索课题 3254 项。公共图书馆以其广泛、深入、细致的服务，促进了社会主义经济建设等各方面的发展。在第二次全国公共图书馆评估定级中，全省共有 92 个公共图书馆分别被评为一、二、三级图书馆。

随着现代信息技术在图书馆的广泛运用，图书馆自动化、网络化、数字化建设取得了很大进展。全省有 61 个图书馆实现了计算机管理，初步建立了能覆盖全省公共图书馆的自动化信息网络。该网络在中国公众多媒体信息网(169)平台上以“广东省视聆通多媒体信息网”作为远程连网，在广东省中山图书馆建立“广东省文献编目中心”，实现了各网络成员馆之间的远程联机编目和检索，实现了与北京、中科院图书馆等 20 多个省、市单位的计算机联网，24 小时为读者提供文献和信息服务。广东省中山图书馆先后与美国、日本、澳大利亚、朝鲜、香港等国家和地区的图书馆建立了图书交换关系，其中包括美国国会图书馆、澳大利亚国家图书馆；还被指定为联合国教科文组织出版物的收藏馆和美国高等院校资料收藏馆，跻身于国际重要图书馆的行列。全省已建立的书目型、全文型、事实型和图像型数据库近 200 个。自 1998 年以来，广东省中山图书馆与北京世纪超星公司合作，对馆藏资源开展大规模的数字化建设，并筹备建立超星数字图书馆华南站，以适应网络化社会发展的潮流。广东省中山图书馆以及广州、深圳、佛山、东莞、中山、江门等 10 多个图书馆还建立了多媒体电子阅览室，为读者提供新的服务项目。1999 年全省视听文献藏量达 12.9 万件，比上年增长 22.9%。广东省中山图书馆研制的“广东省公共图书馆自动化网络系统”、深圳图书馆研制的“图书馆自动化集成系统 ILAS”等文化科研项目，分别获得“文化部科技进步一等奖”、“国家科技进步三等奖”，被文化部定为“九五”期间向全国推广的重点科技项目，在 500 多个图书馆推广应用。

七、文博事业成绩显著

广东历史悠久，文物古迹丰富，在中国近代史上有着重要的地位，它是辛亥革命的策源地，也是大革命时期的革命根据地。1949 年全国解放时，广东省仅有一座博物馆，即广州博物馆。新中国成立后，博物馆的建设受到重视，先后建立了广东省博物馆、广东革命历史博物馆、毛泽东同志主办农民运动讲习所旧址纪念馆等一批博物馆，至 1965 年，全省博物馆已发展至 29 个。文化大革命期间，有的博物馆关闭了，到 1977 年，全省只剩下 23 个。从

1978年开始,各馆建制逐渐恢复,多种类型博物馆大量兴建,至1999年,全省已有博物馆128个,为建国初期的127倍,共有文物藏品47.2万件。

结合重大历史事件和国家的政治宣传,各博物馆每年都经常举办各种爱国主义、革命传统教育专题陈列展览,如《邓小平大型图片展览》获得巨大成功,社会反响热烈;大型展览《广东省改革开放成就展览》在省博物馆作为长期展出的项目;为配合庆祝香港回归和支援三峡库区等活动,举办了《迎接香港回归大型图片展览》、《情系三峡、探谜三峡》等一系列展览,参观人数踊跃,社会效益明显。广大文物工作者树立精品意识,在布展陈列上,广州市文化局《羊城文物珍藏》、深圳市博物馆《今日深圳》、孙中山故居纪念馆《孙中山先生生平史迹》先后被国家文物局评为"全国十大陈列展览精品"。在配合开展爱国主义教育活动中,博物馆发挥着积极的作用,1997年,孙中山故居纪念馆、广州起义烈士陵园、鸦片战争博物馆、三元里人民抗英斗争纪念馆,被中宣部列为全国爱国主义教育基地;雷州市博物馆被国家文物局授予"1996年度全国文物系统优秀爱国主义教育基地"称号。

博物馆建设也注重向高科技方向发展和开始向国际接轨,在布展陈列设计上打破僵化的前苏联模式,运用现代科技手段强化展览意图与展示效果。如广东革命历史博物馆举办的《近代广州》大型展览,运用现代科技手段,把声、光、电等技术应用到陈列形式中,将近代广州的历史生动活泼、有声有色地推介给观众;中山市孙中山故居纪念馆,在国际互联网上建立了孙中山故居纪念馆网站,开始采用现代化设备和技术开展业务工作,走向世界,为新时期基层博物馆的建设和社会职能的实现开辟了新的道路和途径。

为有效保护历史文物古迹,1981年广东省人民政府颁发了《关于加强文物保护的通知》,从1982年开始至1988年,在全省范围内开展了建国以来第二次文物普查工作。自1991年开始进行的全省博物馆馆藏文物藏品鉴定工作及全省国家级文物保护单位的"四有"工作已全部完成。至1999年底,全省共有国家级历史文化名城6座,省级历史文化名城16座;全国重点文物保护单位30处,省级文物保护单位179处,市、县级文物保护单位1400多处。

文物保护工作遵照中央提出"保护为主、抢救第一"的方针,积极开展考古发掘工作,取得了显著成绩:1958年发现了著名的"马坝人"头骨化石;1982年西汉南越王墓发掘、1997年西汉南越国公署遗址发掘,被列为当年全国十大考古发现之一;1995年以来,河源市共发现恐龙蛋化石106窝1006枚,其种类和数量位居全国第二。抢救和修复了一批重点文物,完成了国民党"一大"旧址、黄埔军校校本部、广州起义旧址、陈氏书院、虎门炮台旧址首期工程、粤北南雄、仁化39幅红军标语的揭取等重点文物的抢救和维修工作。

八、艺术教育稳步发展

广东的艺术教育开展较早,广东舞蹈学校创办于1959年,是全国开办最早的三所专业舞蹈学校之一。全省现有艺术教育机构10个,其中中等专业学校9所,文艺干部学校1所,教职工724人。1999年度招生946人,在校生3399人,分别为1979年的5.4倍和3.6倍。开设的专业有:粤剧、潮剧、汉剧、雷剧、山歌剧、采茶戏、杂技、木偶剧、中国舞、现代舞、芭蕾舞、音乐曲艺、舞台美术、社会文化等。

改革开放以来,各学校根据社会需求,以提高教学质量和办学效益为目标,有针对性培养人才,增设了各类学制的师资班、代培班、短训班、幼儿舞蹈班等,把原来培养单一人才转变为综合性的艺术教育,受到社会各方面的欢迎。1987年,广东舞蹈学校与美国舞蹈节及美国亚洲文化基金会合作,开设全国第一个四年制现代舞专业实验班;又相继与星海音乐学院、北京舞蹈学院联合开办第一个音乐舞蹈大专班和首届舞蹈编导班。深圳艺术学校与中央音乐学院联合开办了音乐大专班。1997年,广东舞蹈学校承办中国青少年艺术大赛第五届"桃李杯"舞蹈比赛获得圆满成功,开创"桃李杯"比赛首次离开京城在地方主办的首例。

经过40年的辛勤耕耘,已为专业艺术表

演团体和社会输送了6000多名毕业生，其中为专业艺术团体输送的人才现在已成了各专业艺术团体的骨干，他们不少人在国际、国内获奖，如杂技班毕业生蔡淑慈、戴文霞获“法国巴黎明日杂技大赛”的“市长奖”和“共和国总统奖”，刘贝妮、沈家妮获摩洛哥国际杂技赛“金K奖”，现代舞演员桑吉加、候莹、李宏均分别获得国际现代舞蹈比赛金奖、一等奖，著名粤剧演员丁凡、倪惠英、曹秀琴，汉剧演员李仙花，曲艺演员梁玉荣等分别获得中国戏剧“梅花奖”、“文华表演奖”；深圳艺术学校学生陈萨参加英国利兹国际钢琴比赛获得第四名，成为此项国际一流大赛设立30多年来第一位获奖的中国人。

各学校办学规模不断扩大，稳步发展，教学楼、实习剧场、各类专业和文化课教室及体育、生活设施等经过不断改善，已略具规模。至1999年底，学校公用房屋建筑面积10万平方米，其中教学用房4.8万平方米。经省人民政府批准，广东舞蹈学校和湛江艺术学校先后晋升为省部级重点普通中专学校。

九、电影发行放映事业坚持社会效益第一

1949年，广东省仅有58间电影院和5个无声电影队，且集中在广州等城市中。从1950年起，按照“城乡兼顾、重点在农村”的发展方针，农村电影放映事业开始起步，电影网络得到大力发展，至1965年，广东省的电影（影剧）院已发展至198间，电影放映队888支，分别为建国初期的3.4倍和177.6倍。

改革开放后，随着社会主义市场经济体制的建立，广东省的电影发行放映工作进入了转轨期，全省各级电影发行放映公司和电影（影剧）院都实行利改税和企业化的经营管理模式，并推行承包经营责任制。1986年以后，电影票价实行随行就市，按质论价，在全国率先放开。广东省的电影发行放映工作在激烈的市场竞争中，主动抵制和明令禁止放映有高额利润的走私影片，始终坚持“社会效益第一”的原则。从1996年起，为配合党的社会主义精神文明建设，按“文化艺术上山下乡工程”的要求，每年需为农村群众免费送电影50万场。广东省各级电影放映机构承担了这一义务，并且年年都超额完成任务。经过多年来的建设，至1999年，广东省的电影（影剧）院已发展至1130间，电影放映队1500支，现已有60%以上的集镇有了电影（影剧）院，40%以上的农村人口能够进入电影院或其他固定场所看电影，农村电影放映普及率已达到96%以上。广东省人民政府1997年作出决定，从1998年起至2002年，每年均安排专款解决全省53个山区县（市、区）电影队的放映场地、器材设备问题，将分批新建乡镇露天影剧场300个，以解决农村群众看电影难的问题。

50年来，广东省共发行电影故事片5736部，放映电影4038万场，观众人数累计达到30.9亿人次。

十、文化市场健康有序发展

广东毗邻港澳，又得改革开放风气之先，最早感受到外来文化的影响。从1980年广州东方宾馆举办的全国第一间音乐茶座为起点，广东的社会文化娱乐市场以较高的速度发展。经过20年的培育和建设，已初步形成了综合性的市场体系和以国有经济为主导、多种经济成份协调发展的共同繁荣的格局。到1999年底，文化部门管理的文化市场各类单位17526个，其中歌舞厅703间，舞厅137间，卡拉OK厅2477间，电子游艺厅5699间，台球厅1074间，保龄球馆83间，旱冰场117个，综合娱乐场所531间，音像制品批发零售单位2325个，录像放映单位1937个，录像带出租单位818个，画店、画廊63个，艺术品拍卖公司27个，图书批发单位801个，其他文化经营单位731个，共有从业人员12.7万人，年实现利润1.5亿元，新创增加值24.2亿元。经国家文化部批准建立的国家级音像制品批发市场——广东音像城，扩大了正版的、合法的音像制品在市场的占有量，使音像市场的管理工作朝着标本兼治的方向发展，受到中央有关部门的表彰。文化旅游业、音像制品销售业等已逐步向广东文化产业中的优势产业发展。这些遍布城镇并向农村延伸的文化市场，不仅拉动了文化消费，扩大了内需，是活跃人民群众文化生活的重要场所，也成为安排就业、涵养税源的重要渠道，已经成为广东一个新的经济增长点,对加快文化产业的发展起着很好的促进作用。

目前全省已建立了省、市、县(市、区)三级管理网络,有文化市场管理机构177个,文化市场稽查队45支。一个横向归口、纵向分级,责、权、利分明的管理体制已经形成。在中央关于加强社会主义精神文明建设和"一手抓繁荣,一手抓管理"的方针指导下,广东省确定了"提倡有益的,允许无害的,抵制有害的,打击犯罪的"社会文化市场管理总原则,相继制定和颁布了一系列文化市场管理的地方性法规和办法,使全省文化市场的管理工作逐步走上法制化的轨道,对文化市场的健康有序繁荣提供了有力保障。从80年代起,每年文化部门与工商、新闻出版、公安等部门携手开展"扫黄打非"集中行动,有效地遏制了社会文化市场中违法犯罪活动蔓延的势头,有力地打击了犯罪活动,使整个社会文化市场得以健康稳步发展。在加强日常管理工作的基础上,有计划地开展文化市场集中治理,积极引导文化市场的发展由以规模、数量增长为主,转向以质量、效益为主,注重文化市场布局结构的宏观调控,取得了明显成效。从1996年起,党中央和中共广东省委、广东省人民政府统一布署领导,加大了"扫黄打非"专项斗争的力度,设立举报电话,发动群众,取得了阶段性的成果,仅1999年,全省共出动6万多人次,清查出版物经营店档45104家,查处违法经营店档6750家、印刷厂238家,端掉较大的非法出版物窝点196个,取缔非法出版物集散地2个,挖掉非法光盘生产线6条,压缩印刷厂1418家,抓获违法犯罪嫌疑人1978名,缴获非法音像制品4378万多张(盒)、书刊425万多册、电子出版物108万多张,沉重打击了制作、贩卖、走私非法出版物的违法犯罪活动,有力地促进了知识产权保护工作。

十一、对外文化交流空前活跃

广东对外文化艺术交流活动,从新中国成立开始就比较活跃。50年代就派出广东音乐队和潮州音乐队以及著名粤剧演员红线女参加第四届、第六届世界青年联欢节,获得金质奖章;苏联红军歌舞团等各国优秀艺术团体来华访问时也到广州演出。十年动乱期间,对外出访文化交流基本处于停顿状态,只有少数外国艺术团体来访演出和进行展览、考察交流。改革开放后,广东对外文化艺术交流活动进入了空前活跃的时期,各种交流活动包括演出、展览、讲学、培训、访问、考察、研讨、比赛等,既有官方的,也有民间的;既有成年人的,也有少年儿童的,呈现出多形式、多层次、全方位的特点。1999年,全省经文化部门办理的对外双向文化交流项目批数及人次又创历史新高,分别达834批10949人次,相当于改革开放前30年的总和,与1998年同比增长13.3%、18.2%,继续居全国各省市之首。

广东在开展对外文化交流工作中,积极向境外推介广东省独具岭南特色的戏剧和广场民间艺术,如粤剧、潮剧、汉剧、山歌剧、西秦戏、白字戏、正字戏、花朝戏、广东音乐、醒狮、大锣鼓以及杂技、歌舞、木偶、皮影等地方艺术品种,颇受境外观众欢迎;同时从境外引进一批高雅艺术和独具民族民间风情的优秀节目,既有气势宏大的交响乐和优美壮观的芭蕾舞,也有轻松典雅的室内音乐,还有展示异国风情的民族歌舞和各具特色的民族音乐,以及现代舞、木偶剧、魔术、马戏等,艺术形式各异,表演绚丽多彩,丰富了人民群众的文化生活,活跃了演出市场。

广东省先后组派不同专业的艺术人员如杂技、现代舞、钢琴独奏等,共参加38项国际专项艺术比赛并屡获殊荣,参赛项目分别荣获总统奖、首奖、金、银、铜奖等62个不同奖项。广东实验现代舞团是中国第一个现代舞专业团体,连续参加法国第六、七、八届巴黎国际舞蹈大赛,都夺得现代舞男子独舞金奖;广州杂技团先后有19人次分别参加第五届巴黎"明日"国际杂技节、第六届和第九届摩纳哥"初登舞台"国际少年杂技大赛、第九届比利时"希望之路"国际杂技节,共获得首奖、金K奖等14个奖项,其中《滚杯》、《顶碗》在1981年第五届巴黎"明日"国际杂技节上,一举夺得个人首奖——夏特勒市长公众奖、团体首奖——法兰西共和国总统奖,这是"文化大革命"后我国首次在正式国际杂技大赛中夺得两枚金牌。

50年间，全省对外双向文化交流项目共计6243批89222人次，遍及五大洲125个国家和地区，其中出访3114批共46974人次，来访3129批共42248人次。对外文化交流活动的开展，不仅使中华民族优秀文化艺术登上国际艺术舞台，扩大了广东省文化艺术在国际上的影响，而且促进了我国与世界各国的友谊与合作，同时为我国进入国际文化市场拓宽了道路。

建国50年来，广东文化事业成就辉煌。面向新世纪，广东要充分发挥艺术创作演出、群众文化、公共图书馆、电影放映、文物博物、文化市场、对外文化交流等方面的优势，不断创造出更多更好的文化产品，满足人民群众日益增长的文化生活的需求。在社会主义精神文明建设中，弘扬主旋律，增创广东文化发展新优势。

建国五十年重庆文化事业获得巨大发展

重庆市文化局

建国50年来，重庆市的文化事业发生了翻天覆地的变化，从最初的半空白状态发展到今天形成专业艺术剧团、社会文化、公共图书馆事业、文物博物事业、电影发行放映、文化娱乐市场、文化艺术培训和理论研究、对外文化交流共同发展的社会主义文化新格局。

现有文化艺术单位4000多个，其中专业剧团23个，公共图书馆42个，艺术馆4个，文化馆42个，文化站1211个，博物馆12个，文管所40个，艺术学校1个，国画院1个，电影发行放映单位1944个等。文化娱乐经营单位9818家，国家级重点文物保护单位7处，市(省)级文物保护单位42处。

一、文艺创作形成初步繁荣的局面

50年来，共创作戏剧、舞蹈、杂技、曲艺剧节目3000余个，其优秀作品有：川剧《金子》；话剧《沙洲坪》；舞蹈《三峡情祭》、《小萝卜头》；弦乐四重奏《川江叙事》；管弦乐《蜀道难》、《川崖悬葬》、《雾之情》；歌剧《巫山神女》、《火把节》；杂技《舞流星》、《飞旋》；典艺《搬进新居迎太阳》；京剧《渝州盗》等。为繁荣重庆文艺，50年来举办了各类重大活动数百项。其中重庆雾季节艺术节、重庆专业剧团青少年汇演、“首届巴渝文学艺术奖评比”、“第七届全国少数民族舞蹈比赛”、重庆市专业艺术表演团体“舞台艺术之星”汇演、“中葡重庆世纪之声音乐周”、“第七届中国金鸡百花电影节”等活动影响甚大。

市属专业院团演出逐年增加，50年间共演出5万余场，观众达5000万人次以上，接待了中外艺术表演团体400余个，主承办了有影响的文艺演出1000余台。

在各类重人演出活动中重庆市院团曾为老一辈无产阶级革命家朱德、周恩来、陈毅、邓小平、叶剑英、杨尚昆、邓颖超等及党和国家领导人江泽民、李鹏、朱镕基、李瑞环等演出。50年来，全市文艺作品参加国内外比赛，共获奖1000余项，其中国际奖7项，全国奖200多项，省级奖300余项。包括国际杂技比赛金奖、全国“五个一工程奖”、文华奖、白玉兰奖等。为加强对外文化交流，开拓国际演出市场，使重庆走向世界，50年来重庆市共派出数百批团组赴美国、日本、英国、法国、苏联、意大利、瑞士、波兰、德国、秘鲁、哥伦比亚、丹麦、澳大利亚、墨西哥、荷兰、阿根廷、加拿大、缅甸、新加坡、菲律宾、台湾、澳门等30余个国家和地区进行文化交流。

二、群众文化事业蓬勃发展

建成了沙坪坝区文化馆等一批国家一级

文化馆,命名了一批民间故事家、民间歌手、民间艺术家、民间吹打乐手等。建成7个全国文化先进区县(市)、11个全市文化先进区县(市)、18个特色文化之乡。

基本实现"县县有图书馆、文化馆"目标,全市现有图书藏量823万册,其中重庆图书馆是联合国文件托存馆。投资1700万元的重庆图书馆新藏书库建成,收藏近50万册珍贵图书。

三、文博事业发展迅速

1986年,重庆被国务院公布为第二批国家历史文化名城,重庆历史文化名城的保护工作与文物博物工作同步发展,取得可喜成绩。建成了红岩革命纪念馆、歌乐山烈士陵园管理处、重庆大韩民国临时政府旧址列馆、万州三峡博物馆、涪陵博物馆、铜梁博物馆、綦江石刻博物馆、聂荣臻纪念馆、大足石刻艺术博物馆、宋庆龄旧居陈列馆、黄山陪都遗址陈列馆等文博机构,征集了大批珍贵文物。截止目前,全市已有文物藏品25万余件,其中一级文物1000余件。考古发掘取得重大收获,距今200万年前巫山人化石的发掘填补了国内古人类考古的空白,在国际上产生巨大影响。三峡文物抢救发掘获得丰硕成果,近年来,在忠县、云阳、奉节、巫山等地,发掘出土自新石器时代以来的,包含夏商周秦汉各个历史时期的文物上万件。

学术研究硕果累累。举办了一批有重大影响的文物展览,如《红岩魂》、《红岩颂》、《迈向21世纪的新重庆展览》、《三峡库区出土文物展》、《周恩来在重庆》、《毛泽东同志在重庆》、《国共合作与重庆谈判》、《纪念中国抗战和世界反法西斯战争胜利50周年》、《恐龙化石展览》、《生物教学陈列》、《大韩民国临时政府史展》、《中国革命之路》、《邓小平光辉业绩展》等等。

电影事业得到发展,市电影公司已拥有1亿元资产,建成国泰、艺术、鑫乐向阳影视城、环艺影视等现代化影院。

文化市场从无到有,从小到大,已经形成包括文化娱乐、演出、音像、影视、书报刊、文物、艺术品等门类齐全、项目众多的市场体系和以城市为主体,县镇乡为依托的经营格局。一个门类众多、项目齐全、初具规模、初步繁荣的文化市场已经形成。全市文化经营单位资产达5个亿。

四川文化五十年硕果累累

四川省文化厅

1949年中华人民共和国成立,为四川的文化事业繁荣发展开辟了广阔的道路和灿烂的前景。60年代,全省城乡迅速掀起群众文艺活动的热潮。各级各类专业文艺团体、群众文化(艺术)馆(站)、博物馆、公共图书馆等文化事业机构纷纷建立。70年代末至80年代初,四川进一步贯彻执行中共中央关于文艺工作的"二为"方向和"双百"方针,新人新作不断涌现,文化工作面貌日新月异。

党的十一届三中全会以来,四川文化事业坚持以邓小平理论和党的基本路线为指针,继续坚持文艺"二为"方向和"双百"方针,把握"改革"与"发展"两大主题,不断探索适应社会主义市场经济建设的文化事业发展的新途径。经过20年来的艰苦奋斗,四川文化战线已初步呈现出全面推进、重点突破、加快发展的良好势头,使这一时期成为全省文化艺术工作最活跃、成果最丰硕、事业最繁荣的时期之一。

一、文化基础设施上台阶

解放以后，在党的“百花齐放，百家争鸣”方针指导下，文化事业发展较快，文化基础设施建设开始零的突破。但是在“文化大革命”中，文化部门是重灾区，文化事业奄奄一息。十一届三中全会以来，文化事业进入了新的发展时期，文化设施建设得到迅速恢复和发展。1979年全省文化文物基建投入842万元，1999年全省文化文物基建投入1.1亿元。从1979年至1999年文化文物累计完成投资13.2亿元。公共图书馆由57个增至129个；群众艺术馆由4个增至24个；博物馆由12个增至47个。大型重点文化标志工程有四川省锦城艺术宫、成都市少儿艺术宫、成都市音乐厅、成都市艺术中心、乐山市群众艺术馆、自贡市图书馆、自贡恐龙博物馆、四川广汉三星堆博物馆、成都音乐广场、宜宾文化广场等一大批文化基础设施。目前，我们兴建文化设施的热潮已逐步形成，已分别列入国民经济发展总体规划的有：总投资3亿元的四川博物馆，总造价1.5亿元的四川省图书馆大楼，总投资1.5亿元的成都市图书馆，总投资为2亿元的成都市博物馆。这些文化设施的兴建，将推动我省文化事业业的迅速发展。

二、城乡群众文化生活丰富活跃

50年代始，四川省以工农群众为主的自我教育、自我娱乐的业余文艺创作和活动逐渐兴起，各市、县先后成立了93个群众文化馆，承担起向群众进行时事政策宣传、组织和辅导群众文化学习、开展群众文艺活动及普及科技、卫生知识等任务。进入80年代，群众艺术馆、文化馆(站)2055个，城乡业余文艺活动普及各行各业，群众参与的音乐、舞蹈、美术、摄影及健身活动等达到新的水平。进入90年代群众艺术馆、文化馆(站)发展到5145个，四川群众文化已形成自己独有的特色，即鲜明的地方色彩、浓郁的生活气息和多样化的民族风格相互交融；斑烂多彩的民族传统文化与现代经济、贸易、科技、体育紧密结合；立足面向广大群众与广泛吸引中外游客及商业人士并重，体现出城市、农村群众文化活动的社会效益和经济效益双双丰收。党的十一届三中全会以后，全省四级群众文化网络基本形成：省、市(地、州)有群众艺术馆20个；市、县(区)有文化馆171个；除少数老、少、边、山区外，基本上乡乡有文化站(中心)数量达5515个；村、组有文化户、文化室数量达11386个。面对改革开放新时期，四川省群众文化活动深深扎根于广大农村，丰富活跃城乡群众文化生活，进一步提高四川各族人民文化素质，努力为农村社会主义精神文明建设服务，为繁荣发展社会主义初级阶段市场经济服务。

1995年以后，四川省制定了《四川省乡镇文化站编制标准》，率先在全国结束了农村文化站“有站无编”的历史。四川省村、乡镇级小康文化标准和《四川省农村小康文化发展纲要》陆续出台，提出了“重基层、打基础、抓建设、促发展”的农村群众文化工作总体思路，确定了创建国家、集体、个人和社会共办群众文化的新型运行机制，将县(区)建设“小康经济”与建设“小康文化”结合起来，推动县、乡镇、村文化工作的巩固发展。目前，全省有上百个开展了创建“文化先进县”活动，上千个乡镇进入创建“文化先进乡镇”行列。截止1999年末，全省已有12个“全国文化先进县”、“全国文化模范地区”，33个“四川省文化先进县”，9个“中国民间艺术之乡”和188个“四川省文化先进乡镇”以及一系列小康文化示范村、示范乡镇。全省现有文化(艺术)馆196个，城乡文化站3666个，文化中心1549个。此外，由于四川省农村少儿工作突出，被文化部授予“执行‘蒲公英计划三星级’(最高级)单位”。1996－1999年一批有影响的优秀作品荣获文化部“群星奖”，获金奖4个，银奖10个，铜奖8个，优秀奖24个。1995－1999年全省各级群众艺术馆、文化馆、文化站(中心)共举办业余文化艺术培训计数3.8万次，培训音乐、舞蹈、美术、书法、摄影等门类群众文化活动极积分子达139.5万人次，举办各类文艺作品演出及展览达11.8万次。

三、舞台艺术日益繁荣兴旺

50年代初有艺术表演团体37个，1950－1966年的17年间，四川戏剧事业在党和政府的领导与扶持下，呈现出川剧、话剧、歌剧、舞剧、京剧、越剧、豫剧、汉剧、评剧、曲剧、灯戏、藏戏、傩戏、木偶戏和皮影戏等多剧种并存和竞相争艳的局面。

改革开放的20年，是巴蜀文艺舞台全面繁荣的20年，创作硕果累累，获奖开创先河，演出空前活跃，频频“出人、出戏、出效益”。全省戏剧、音乐、舞蹈、曲艺、杂技等艺门类佳作迭出，各级艺术舞台出现了新的繁荣兴旺。1995－1999年期间，四川省新排上演剧(节)目1123台，国内演出场次43958场，其中：下乡演出14544场；省直4个剧院(团)新创大型剧目17台；其中上演10台；全省99个专业剧团年平均演出100余场，其中下乡下基层演出场达到70%以上。5年来，全省一批优秀作品和优秀人才脱颖而出，荣获国际和国家级大奖，其中舞台演出获国际金奖的剧(节)目8个，荣获中宣部“五个一工程奖”2个，获国家级奖励的剧(节)目及单项奖34个，代表作品有：话剧《死水微澜》、《沙州坪》，川剧《攀枝花传奇》、《山杠爷》、《变脸》、《刘氏四娘》，京剧《少帝福临》，舞剧《山峡情祭》、《阿惹妞》等。文化部第七届文华大奖四川占三分之一，获奖总数、档次居全国之冠。获“梅花奖”、“上海白玉兰戏剧表演艺术主角奖、配角奖”的个人共达40余人，其中川剧演员刘芸在全国首创“梅开二度”佳绩。1995－1997年，四川省文化厅连续3年荣获文化部“文华组织工作奖”。

在1997年具体承办了文化部在成都举办的国家级艺术盛会——第五届中国艺术节的规模空前的筹备、演出工作，并取得卓著成绩，在四川掀起了崇尚高雅艺术，弘扬民族文化的热潮，深远影响遍及全国。艺术节共展演国内外剧目52台，演出107场，观众人数达15万人次以上。特别是四川文化部门参与组织策划的艺术节开幕式大型文艺晚会《百花赞》的演出，获得圆满成功，受到了中央领导、文化部、全国专家的充分肯定和一致好评，来自全国各兄弟省、市、自治区文化厅、局和国内外团队均给予四川方面高度评价和热情赞赏。与此同时，四川还精心组织了17台新创剧(节)目参演，其中正式演出4台、祝贺演出13台，剧(节)目演出的总体质量与数量，均名列国内前茅，为本届艺术节奉献了一大批精彩文艺成果。

四、公共图书馆事业迅速发展

建国初期全省只有4所公共图书馆。改革开放以来，四川省公共图书馆事业迅速发展。截止1999年，全省拥有公共图书馆129个，较之党的十一届三中全会前机构数翻了一番多。总面积达23万平方米，大多数县(市、区)图书馆基础设施建设得到进一步改善。通过开展全省公共图书馆考评定级工作，评出了一级图书馆6个、二级图书馆40个。全省公共图书馆总藏量达1689万册，图书总流通量达541万人次，每年都开展了“图书馆服务宣传周”活动和组织数十万册流动图书参与元旦、春节期间“送书下乡”活动，同时各级公共图书馆还分别开展了具有特色的展销、借阅、知识竞赛等活动以及编辑出版社科文化资料手册等。

五、文化市场管理不断规范，对外文化交流越来越广泛

从90年代开始，四川文化事业逐步向社会主义市场化、产业化方向发展，坚持“一手抓繁荣、一手抓管理”，促进文化市场健康有序发展，逐步走上法制化、规范化管理轨道，保证了广大群众在不断净化的文化市场中获得健康有益的精神食粮。四川省文化厅制定了《四川省文化市场发展“九五”规划》，并先后出台了《四川省文化厅市场管理条例》等一系列地方法规和管理性文件，基本理顺了文化市场管理体制，建立了省、市(地、州)县、乡文化市场管理网络，注重了对文化市场的宏观调控，抓导向、抓总量、抓结构、抓质量，不断规范市场行为，并将文化市场建设和管理工作纳入四川省“三优一学”创建文明城市竞赛活动。在文化市场管理中，坚持开展以音像市场为重点的集中整治和“扫黄打非”的集中行动。进一步改善了社会文化环境，受到了中央有关部门的肯定。

党的十一届三中全会以后，在四川省委、省政府“大开放促大发展”方针的引导下，四川对外文化交流的规模、范围不断扩大，渠道、途径逐渐拓宽，内容、项目日益增多，步入了一个多形式、多层次、全方位发展的新阶段。据不完全统计，1980－1999年，先后派出了536批、6934人(次)分赴81个国家和地区进行文化交流演出；国外艺术团组计有235批、2776人(次)访问过四川；四川与20多个国家的友好城市开展了双边文化交流活动。近20年来，四川对外文化交流项目日渐丰富多彩，除有川剧、话剧、音乐、舞蹈、曲艺、杂技、美术演展外，还有各种形式的民间工艺、少数民族文化、儿童文艺、文物展品的展览等。

随着对外交流演出日趋频繁，四川对外文化交流的影响和作用也越来越大。如《白蛇传》、《芙蓉花仙》、《巴蜀歌舞》、《哪吒》、《死水微澜》等古、今大型剧目的舞台表演，《三星堆出土文物精品展》、《自贡恐龙展》、《遂宁窖藏文物展》、《龙泉窑瓷精品展》等文物精品展，增进了世界各国人民对中国、对四川的了解，增强了四川人民与各国人民的交流与友谊。应邀在国(境)外举办的国际恐龙灯会、国际龙舟文化节、国际火把节、四川国际民间艺术节等，扩大了四川在世界的知名度。甘孜、阿坝、凉山等少数民族地区的专业、业余演出团(队)和尼玛泽仁个人画展到欧、美、亚等国演展，受到国外、海外赞誉。对外文化交流使巴蜀文化大踏步走向世界，也为国家和四川进一步对外开放起到了积极推动作用。

六、文物与考古工作成效显著

50年代初，四川省级博物馆仅有3座，1958－1963年四川省新建博物馆12座，1972年全省共计博物馆20座。各馆均收藏一定数量的文物、标本，并推出各类展览。但在文化大革命时期，各级博物馆的处境都较困难。

党的十一届三中全会以后，改革开放的路线方针为全省博物馆事业的发展创造了良好环境，各馆建制逐渐恢复，多种类型博物馆大量兴建，直到1999年，全省博物馆47座，其中新建的广汉三星堆博物馆、自贡恐龙博物馆、夹江手工造纸博物馆、绵竹年画博物馆等具有地方特色的博物馆享誉海内外。目前，全省馆藏文物达50余万件，其中上等级文物近10万件。

90年代，《四川省文物保护管理办法》出台，1996年成立了四川省文物局。截至1999年末，共有国务院批准公布的国家级历史文物名城7座，全国重点文物保护单位40处。四川省人民政府公布的省级历史文化名城(镇)46座，省级文物保护单位269处。此外，全省市、县级文物保护单位有近3000处。四川省委、省政府命名的“四川省爱国主义教育基地”82处，其中文博机构和各级文物保护单位有56处，占总数的68.3%。1994年以来，成都武侯祠博物馆、自贡盐业历史博物馆、成都市永陵(王建墓)博物馆、大邑刘氏庄园博物馆等，分别被国家文物局评为全国优秀博物馆和全国优秀社会教育基地，先后受到表彰和奖励。三星堆博物馆《古城古国古蜀文化》陈列被国家文物局评为’97全国十大精品陈列之一。1996年12月，峨眉山—乐山大佛被联合国教科文组织公布为世界文化与自然双重遗产。都江堰—青城山也已列入国家文物局申报世界遗产的预备名单。

考古发掘在90年代也取得了巨大成就。1993年以来，四川省文物考古工作者发掘整理了华蓥安炳墓、成都平原史前城址群，取得了重大成果，进入全国十大考古发现之列。四川省按照既有利于经济建设，有又利于文物保护的原则，配合基本建设对二滩水库、宝珠寺电站、宝成铁路复线、达成铁路、川陕公路(北段)扩线工程进行了考古调查勘探，出土了一批珍贵文物，有力地配合和服务了经济建设。

“九五”期间，四川省财政每年拨付于全省文物维修补助经费达360万元，1999年后增至500万元。国家文物局每年直接拨付用于四川省全国重点文物保护单位和部分重点省级文物保护单位的专项经费达380万元至600万元左右。全省平均每年完成40个以上抢救维修项目，其中重点维修工程达10处以上，使四川省一大批地面不可移动文物得到了妥善有效保护。

七、文化产业方兴未艾

1992年,四川省委、省政府坚持贯彻国务院《关于加快发展第三产业的决定》精神,结合四川实际,于同年制定了《九十年代四川省第三产业规划纲要》,强调把文化产业作为加快发展第三产业的重点之一。并出台了《四川省文化产业发展"九五"规划》,把文化产业建设作为全省文化系统深入体制改革的一项重要内容,摆在关系进一步解放文化生产力的突出位置。

1993－1999年,随着社会主义市场经济的逐步发展,四川文化产业由小到大,质量和数量方面都取得了长足发展。目前,全省文化系统产业从业人员达2万余人,加上文化部门管理的社会文化部分,就业人数近20万人,仅国办单位创造文化产业总收入达38亿元、创税收3.9亿元。这些都充分表明了,全省文化产业总量已达到一定水平,创造了可观的社会、经济效益,开始成为全省国民经济中一支不可忽视的力量。

贵州文化艺术百花齐放

贵州省文化厅

解放50年来,贵州文化事业从无到有、从小到大、从普及到提高,进入了一个崭新的发展时期。特别是党的十一届三中全会以来,在省委、省政府的领导下,始终坚持毛泽东思想、邓小平理论,深入贯彻执行文艺的"二为"方向和"双百"方针,从本省实际出发,抓住机遇,解放思想,振奋精神,务实求实,努力探索出一条地方特色、民族特色与时代精神相结合的发展文化艺术事业之路,取得了令人瞩目的成就,为塑造贵州的新形象,提高贵州的知名度,为社会主义物质文明和精神文明建设作出了积极的努力和贡献。

一、艺术事业繁荣,演出活动活跃

贵州解放初期,没有专门的艺术创作队伍,为庆祝解放演出的戏剧和歌舞多是从外地搬来的,如歌曲《解放区的天是明朗的天》、《团结就是力量》,戏剧《小放牛》等。50年来,特别是党的十一届三中全会以来,贵州始终坚持"文艺为人民服务为社会主义服务"的方向和"百花齐放、百家争鸣"的方针,提倡不同题材、不同形式、不同风格、不同流派的多样化,重视艺术人才的培养和文艺创作队伍、艺术表演团体的建设,因而在戏剧、舞蹈、音乐、杂技、曲艺等舞台艺术的创作和演出上取得了可喜的成绩。据不完全统计,50年来全省广大艺术工作者创作了各种剧(节)目近2万个,其中,改革开放20年期间达1万多个,仅大小戏剧就有2000多个,搬上各类舞台演出的达60%。出现了如"文化大革命"前的舞剧《蔓萝花》、黔剧《秦娘美》、花灯剧《七妹与蛇郎》、话剧《平凡的岗位》、京剧《苗岭风雷》,党的十一届三中全会以后的黔剧《奢香夫人》、《乌卡》、《姊妹崖》,话剧《二月天》、《小桥流水》、《母亲河》、《黑山汉子》,京剧《水西遗恨》、《范仲淹》,地方戏《秦娘美的后代们》等在全国或片区比赛中获得较高奖次,杂技《双钻筒》等节目获得国际杂技比赛金奖等一批优秀文艺作品。1984年以来,全省少儿文艺在全国评比中也获奖数十次,并多次在国际比赛中获得金奖。

由于抓住了地方特色、民族特色,贵州的音乐、舞蹈创作就更为活跃,歌曲《好花红》、《贵州好》、《火车修到苗家寨》和侗族大歌、苗族敬酒歌等唱红了贵州,唱遍了祖国的大江南北;文艺工作者从民族民间吸取了营养,编导的具有贵州地方特色和民族特色的舞蹈多次进入中南海怀仁堂演出，也多次应邀参加了国际艺术节。党的十一届三中全会以来还涌现了10多个大型歌、舞剧，与广大观众见面后产生了较好的社会影响。

1949年贵州仅有几个戏班子，约200人。自1956年5月，以中国人民解放军第五兵团政治部文工团为主建立了贵州省歌舞团之后，到1978年，有专业艺术表演团体31个，从业人员3254人。随着改革开放的深入，专业剧团实行了布局调整，到1999年底，全省有专业艺术表演团体28个，从业人员2267人。50年来，各艺术表演团体赴农村及厂矿企业演出10多万场，观众达1亿多人次，受到广大人民群众的称赞。1999年全省新排并上演剧目89个，国内演出场次2516场（其中，到农村演出859场次），观众达221.4万人次。为适应艺术事业发展，丰富群众文化生活，先后建立了一批艺术表演场所，到1999年止，有艺术表演场所13个，从业人员289人。

二、社会文化工作走出一条崭新的发展之路

群众文化业发展进度很快，到1999年止，群众艺术馆、文化馆和文化站分别达到8个、85个和847个（其中乡镇文化站828个）。1999年共举办展览1013个，组织文艺活动4154次，举办培训班1253次，结业4.2万人次。群众艺术馆和文化馆负责指导的村镇文化中心有354个、文化俱乐部（室）193个、图书室435个、文化户369个、群众业余演出团（队）264个。通过所开展的各项业务活动，丰富了城乡人民群众的业余文化生活，培养了一批业余文艺骨干，对于发展贵州民族民间文艺起到了积极的作用。

党的十一届三中全会以来，结合贵州实际，不断总结经验，提出了以加强文化设施、文化工作队伍、文化网络建设为基础的“文化带建设、文化先进县建设、蒲公英计划”三大重点文化工程建设的总体构想，从艺术之乡、文化先进乡（镇）、文化先进街道、文化先进企业抓起，逐步实现以文化人提高人民群众的科学文化素质，促进社会主义现代化建设。“文化带”建设是在群众文化工作实践中总结出来的符合内陆省实际的成功构想。目前，我省以“三线一大”（铁路线、公路线、旅游线和大集镇）为依托的7条各具特色的文化带建设，已取得了明显的成效，文化带与科技带、经济带发展相结合，发挥了引导性、辐射性、示范性的良好作用，有力地促进了沿带的两个文明建设，为促进贵州经济社会的发展起到了不可低估的作用，它成了“三不沿”的内陆省开展社会文化工作的一条成功经验。现在，社会文化工作已逐步地纳入各级政府的议事日程，社会办文化、群众办文化的积极性增高了，文化工作已突破了文化部门一家办文化的模式，行业文化、企业文化、农村文化、街道文化、校园文化、军营（警）文化，乃至院落文化、家庭文化已渐趋兴旺。到1999年底，全省已建成省级艺术之乡50个（其中“中国民间艺术之乡”4个）；省级文化先进乡（镇）28个，文化先进街道办事处13个，文化先进企业27个，省级蒲公英农村儿童文化园6个，国家级蒲公英农村儿童文化园2个，并被评为全国蒲公英计划实施的“三星级”省；省级文化先进县（市、区、特区）20个，国家级文化先进县（市、区）5个。

三、公共图书馆事业不断发展

解放初期，贵州省仅有1个图书馆（即省图书馆），1978—1999年全省图书馆由25个、208人分别增加到89个、899人，图书总藏量由213万册增加到648万册。1999年全省书刊外借187.9万册次，总流通人次为212.5万人次，为读者举办各种活动279次，参加者达14.4万人次，设服务点524个。50年来，我省图书馆事业通过深入、广泛、细致的服务，为科研、厂矿及农村经济的发展作出了很大贡献。在两个文明建设中发挥了积极的作用。

四、文化市场健康发展

随着改革开放的不断深入，文化产业的发展，加强了法制建设，以对文化市场进行引导和管理，使文化市场运行有序。根据中央精神，先后建立了省、地、县三级文化市场管理机构和文化市场稽查队伍，并初步建立了全省境内的文化市场稽查网络。在继《音像市场管理条例》、《演出市场管理条例》、《电影管理条例》之后，1999 年，国务院又颁发了《娱乐市场管理条例》，我省也相继制定了《贵州省〈娱乐场所管理条例〉实施办法》，使我省文化市场向规范化、法制化的管理又迈出了可喜的一步。根据以上管理条例，采取了经常性管理与集中治理相结合、正面引导与检查整顿相结合、加强法制建设与建立各项规章制度相结合等措施，同时坚持不懈地开展“扫黄打非”活动，并多次举办执法人员培训班和经营人员培训班，在培训、引导、管理、繁荣全省文化市场方面取得了较好的成绩，有力地促进了文化市场的健康发育和稳步发展。

五、文博事业蓬勃发展，专题博物馆独具特色

解放初期，贵州没有一个博物馆、纪念馆，也无专门的考古研究部门，甚至有的人认为，这块“不毛之地”有无文物还是一个值得研究的问题。直到 1953 年才建立第一个博物馆——贵州省博物馆，1955 年建立了遵义会议纪念馆，真正开展工作是从 1957 年才开始的。党的十一届三中全会以后，文博事业得到迅速发展，先后建立了文物保护管理机构、考古研究所、综合性博物馆和各具特色的专门性博物馆等。到 1999 年底，已有文物机构 95 个，从业人员 596 人。全省有文物藏品 4.1 万件，博物馆举办陈列 4 个，举办展览 42 个，参观人次达 56 万人次。党的十一届三中全会以后，贵州从实际出发，坚持“两个龙头”(即以省博物馆、遵义会议纪念馆为龙头)、抓住“三个系列”(即革命文物、历史文物、民族文物)，搞好“四个结合”(即文博工作与文化带建设、文化旅游、经济建设、文化产业发展相结合)，使文博事业出现了一个蓬勃发展的局面。近年来，修复和建立了如王若飞故居陈列室、邓恩铭故居陈列室等一批革命文物陈列馆(室)，建立了 10 多个爱国主义教育基地，为开展爱国主义社会主义教育提供了有利的条件；同时，本着“保护为主，抢救第一”的方针和“有效保护，合理利用，加强管理”的原则，修缮了一批文物古建，建立了如贵州民族婚俗博物馆、傩戏博物馆、酒文化博物馆、民族节日博物馆等 10 多个专题博物馆。这些专题博物馆颇具地方特色和民族特色，如郎德苗寨露天博物馆、安顺蔡官村村办地戏博物馆跃居全国有特色的百家博物馆之列。

文物考古工作的进展也十分喜人。除夜郎考古与研究获得一定的进展外，通过大量的田野普查和科学研究，还发现或发掘出土了如羊角钟、铜车马、摇钱树、抚琴俑、铸制青铜器的模和范等东汉时期的文物，发现了距今 2 亿年的贵州龙、海百合化石群，以及在息烽发掘出土的与桫椤同时代的食肉类恐龙化石，特别是平坝转坡恐龙化石群的发掘和盘县大洞等远古时期的古人类文化遗址的发掘，说明了贵州并非“不毛之地”，这块大陆存在的久远及早期就有人类的活动已毋庸置疑。

经过全省文博工作者的努力，贵州境内现有国家级文保单位 9 处、省级文保单位 285 处、县级文保单位 2000 多处；有国家级历史文化名城 2 个、省级历史文化名城(镇)9 个。

六、对外文化交流使贵州更好地走向了世界

50 年代至 60 年代初期，贵州既无对外文化交流机构，也无对外文化交流项目，仅有个别文艺工作者参加过世界青年联欢节。“文化大革命”期间，这种活动均被终止。党的十一届三中全会以后，对外及对港澳台地区的文化交流活动才开始起步。20 年来，对外及对港澳台文化交流从无到有，从少到多，从单一到多项，从官访到民访，从参加国际性艺术节、比赛到展览、讲学，从交流性文艺演(展)，到商业性文艺演(展)，其交流项目不断增多，交流形式多种多样，交流面不断拓宽。遵义杂技团、贵州省杂技团出国访问或商演；土耳其等国家专门邀请贵州少儿艺术团到该国访演；国家文化部亦多次指定贵州省艺术团代表国家出国访问演出，足迹已遍及美国、加拿大、法国、意大利、瑞士、俄罗斯、匈牙利、澳大利亚、日本、新加坡、科威特、阿尔及利亚等欧洲、美洲、非洲、大洋洲及亚洲等30多个国家和地区，所到之处，都受到当地人民群众的热烈欢迎和新闻媒介的好评，尤其是独具贵州特色、丰富多彩的贵州少儿艺术团、民族民间艺术团、贵州杂技艺术团的文艺演出，每到一处，观众如云，称赞不已。

自1980年开始，贵州对外及对港澳台地区的文化交流逐年上升。“八五”期间，交流项目达到75项，交流人数为979人次，分别为“七五”期间的2.9倍和4.1倍。1999年，全省对外及对港澳台地区的文化交流达22项、250多人次。近年来，贵州除选派具有地方特色、民族特色、且具有较高艺术水平的艺术团体出国访(商)演外，还本着“多出进好”“以我为主”的原则，注意引进有较高艺术水平的外国艺术团体入黔演出，如奥地利维也纳交响乐团、俄罗斯国家红军歌舞团、莫斯科芭蕾舞团等，以提高贵州人民的艺术欣赏水平。

历史赋予贵州广大文艺工作者的任务是十分光荣而艰巨的。在新形势下，贵州的文化艺术事业的发展面临着机遇和挑战，全省各级文化主管部门和广大文艺工作者决心在邓小平理论的指导下，团结在以江泽民同志为核心的党中央周围，从贵州实际出发，勤恳努力，艰苦奋斗，无私奉献，努力克服前进中的困难，把各项文化艺术工作搞好，为贵州后来居上创造良好的文化环境，为贵州两个文明建设作出更多更大的努力和贡献。

云南建国五十年文化事业发展概况

云南省文化厅

建国50年来，云南省文化事业的发展经历了艰难曲折的历程，取得了很大的成就，特别是党的十一届三中全会以来，在坚持社会主义物质文明建设和社会主义精神文明建设一起抓的方针指引下，围绕建设云南民族文化大省的战略目标，云南文化事业蓬勃发展，对促进云南经济发展、社会进步、提高人民群众的综合素质发挥了显著的作用。

一、文化事业机构、人员情况

建国初期，全省只有21个文化机构，其中10个剧团，11个剧场，从业人员1088人。云南省广大地区特别是农村人民群众的文化生活几乎是空白。新中国成立以后，党和政府十分重视文化建设，逐年增加投入，增设文化机构，改善文化基础设施，文化事业在全省迅速发展起来。

1950年云南省成立了第一个图书馆，建立了15个文化馆，1951年成立了第一个博物馆。从建国到1965年这15年是文化事业机构发展较快的时期，1965年云南省已有文化事业机构352个，从业人员5838人，比建国初增加16倍和4倍，其中艺术表演团体160个，文化馆140个，图书馆16个，剧场34个，基本形成了一个以电影放映、艺术演出、群众文化活动为中心的文化网络。1966年文化大革命开始，十年浩劫，文化战线遭受林彪、四人帮的严重破坏，文化机构有的被撤销，有的处于瘫痪、半瘫痪状态。1976年粉碎四人帮以后，经过两年的拨乱反正，1979年全省艺术表演团体已恢复到164个，接近1966年的水平，从业人员6824人；公共图书馆经过1978、1979两年的较快发展，已从原来的16个发展到66个，职工382人；文化馆146个，职工1120人；文化工作队95个，职工2422人；公社文化站91个，从业人员达3500多人。党的十一届三中全会以来，云南文化事业在各级党委、政府的关怀领导下发展更快，至1999年底全省文化事业机构已经发展到2195个(不含电影),是建国时的103倍;从业人员13350人,是建国时的11倍;艺术表演团体130个,比1949年增加12倍;乡镇文化站1547个,普及率为99.4%;文化馆127个,图书馆147个,群众艺术馆20个,覆盖了云南的所有县市;文化艺术教育机构7个,艺术创作机构19个,博物馆27个,文物保护管理机构97个,文物考古所1个,文物商店2个。一个多门类、多层次、多渠道、多种体制、多种经营形式的文化产业网络已初具规模。文化事业的发展丰富了云南省广大人民群众的文化生活,带来了丰富的信息和知识,开阔了人们的视野,拓展了人们的思维,更新了人们的观念,促进了社会生产和生活方式的转变。

二、文化事业经费、基础设施建设

建国以来,各级政府逐年增加对文化事业的投入。全省文事业单位财政补助以年均13.7%的速度增长,1999年各级财政部门对文化文物事业单位的补助为2.3亿元,比1952年增加410倍,比1990年增加2.6倍;1999年全省文化事业财政补助占全省财政支出的0.6%,人均文化事业费从1953年的0.03元增长到5.5元。

搞好文化基础设施建设、完善配套设备,是文化事业发展的基础。建国初期,云南省文化基础设施非常简陋,已建图书馆的州县基本没有馆址,系挤用文化馆馆址,有的是"两块牌子,一套人马"住房,藏书不能完全上架,藏书量增长缓慢,阅览室面积小,条件差,文化活动场所简陋,宣传工具既少又落后,大多数剧团没有排练场地,工作条件十分艰苦。建国后,各级政府逐年增加对文化事业的投入,特别是"千里边疆文化长廊建设工程"的实施,加速了文化事业基础设施的建设。50年来全省文化事业基本建设完成投资达12966万元,比1952年增加了157倍,达到历史最高水平。1999年建成投入使用的项目有40个,竣工面积达10万平方米。1991年以来,全省建成文化、文物设施190多项,竣工面积35.2万平方米,其中长廊建设范围内的文化设施建设投资项目80多个,竣工面积15.7万平方米;新建、维修县图书馆100多座,县文化馆80多个;县图书馆馆均公用房屋建筑面积已达到1100平方米,比1979年馆均增加897平方米,增加4.4倍;县文化馆馆均面积达到897平方米;建成27个博物馆,馆均面积达2850平方米。为800多个文化站增添了设备,全省文化设施简陋落后的状况得到很大改善,为文化事业发展奠定了基础。**三、艺术表演事业**

建国50年来,云南省艺术表演团体已从建国初的10个,发展到今天的130个,演职人员已达4662人,其中省级6个,地市级28个,县级96个,有77个艺术表演团体活动在少数民族地区,其中有16个少数民族歌舞团,在艺术表演团体中有京剧、话剧、花灯、滇剧、杂技、白剧、壮剧、曲剧、彝剧、傣剧10个剧种。1993年以来全省艺术表演团体通过转换内部管理体制和运行机制,建立完善人事管理和分配制度,实行院团长负责制的一系列改革措施,调动了广大文艺工作者的积极性,以精品为龙头,促进艺术创作的繁荣。自1991年以来,全省各专业剧团新创作剧(节)目300多个,在全国性的比赛、展演中获得各种奖励200个,其中"五个一工程奖"7个;"文华奖"10个;单项奖22个;"梅花奖"3个;"国际四月之春友谊艺术节"获奖5个;以及舞蹈"荷花奖"、"孔雀奖"、少数民族题材戏剧剧本评比特别奖、"曹禺剧目奖"等。民族舞剧《阿诗玛》连获"文华大奖"、"五个一工程奖"和"20世纪中华民族舞蹈经典作品金奖"。1991年以来全省艺术表演团体共演出9.7万多场,年平均演出场次1.1万场。1999年全省艺术表演团体演出10240场,其中到农村演出3770场,出境演出247场,连续7年组织"百团千场"文化下乡演出,深受群众的欢迎。

四、群众文化事业

刚解放时,云南省的群众文化事业一片空白,到1984年云南省实现了县县有文化馆、图书馆的目标。经过50年的艰苦奋斗,截至1999年末全省已建成公共图书馆147个,总藏书量1242万册,接待读者近800万人次,对社会发放了21万个借书证,已有53个图书馆达到国家公共图书馆等级建设标准。农村文化工作一直是云南省文化工作的一个重点,50年来通过健全网络、完善设施、颁发文化站工作条例、解决文化站工作人员的编制问题,巩固了队伍。至今乡镇文化站已有1547个,群众艺术馆20个,文化馆127个,其中已达到省级规范化建设标准的群众艺术馆10个,文化馆89个,达标率分别为50%和70%。随着活动阵地日益扩大,业务活动广泛开展起来,1999年群众艺术馆、文化馆、文化站共举办展览3085个,开办训练班3289次,组织文艺活动13219次,有3324个群众业余演出队活跃在广大农村,深受农民群众的欢迎。群众业余文艺创作十分活跃,1991年以来,全省群文系列创作的各类节目的作品共获全国奖136个,其中群星奖35个。成功举办了云南首届民族艺术节、第三届中国艺术节,1999年又成功举办了“'99昆明世界园艺博览会”开幕式文艺演出《天地浪漫曲》,将云南的大型广场艺术推上一个新的高峰,群众文化事业蓬勃发展。

五、文物事业

新中国成立后,党和人民政府十分重视文物保护和博物馆工作,建全机构,增加投入。发展至今,已建立文物机构127个,其中博物馆27个,文物管理所97个,文物考古所1个,文物商店2个。文物保护经费大幅度增加,“八五”计划和“九五”计划期间,各级财政部门每年安排的文物保护专项经费达1000多万元,用于文物维修、考古发掘及文物征集工作。经各级政府批准公布的文物保护单位1678项,其中国家级24项,省级209项,地州市级138项,县级1307项。加强了文化名城的保护和建设,丽江古城被联合国列为世界文化遗产,昆明、大理、建水、巍山等城市列为国家级历史文化名城。文物管理所、博物馆藏有文物223620件,1999年举办展览74个,陈列72个,接待参观群众144万人次。建国50年来,全省文物考古事业取得了瞩目的成就,晋宁石寨山古滇国王族墓地、江川李家山、楚雄万家坝等古墓群的发掘,出土了一大批青铜文物,极大地丰富了考古资料。1965年元谋猿人化石的发现,把我国人类起源的历史推进了100多万年。1984年在澄江发现的5.7亿年前的以三叶虫为代表的海洋脊索动物化石,在昆明、楚雄等地发现的1.3亿年前诛罗纪时期的恐龙化石群,使云南成为世界瞩目的人类起源的重要地区。江川李家山青铜器墓地的第二次发掘,被评为1992年全国十大考古新发现之一。官渡杨甫头汉代青铜器墓地发掘,评为1999年全国十大考古新发现之一。文物对外交流合作日益加强,影响很大。

回顾建国50年的历史,云南文化事业硕果累累,取得显著成就,为云南经济发展、社会进步做出了显著贡献。

陕西省文化事业辉煌五十年

陕西省文化厅

新中国成立50年,陕西文化事业蓬勃发展,呈现一派百花齐放、姹紫嫣红的绚丽景象。在中国共产党的领导下,全省各项文化艺术活动从无到有,由小到大,都发生了翻天覆地的巨大变化。艺术创作演出、电影音像发行放映、民族民间艺术继承创新、文化市场管理、对外文化交流、农村文化工作、艺术教育及艺术理论研究等方面都取得了极其显著的成就。

全省现有各类文化机构4856个，职工26300余人，其中艺术表演团体116个，艺术表演场所108个，公共图书馆114个，艺术馆文化馆122个，文化站1822个，文化事业形成多层次、多元化、百卉争艳、繁荣发展的新局面。文化事业作为社会主义现代化建设事业的重要组成部分，在推动精神文明建设、丰富人民群众的文化生活、促进陕西经济发展方面，发挥了积极的作用。

回首50年发展历程，曲折坎坷，几多峥嵘。1949年，全省文化机构仅有48个，从业人员610人。新中国成立后，陕西省文化事业和其他各项事业一样，从无到有，迅速发展，很快形成了遍布全省各地的文化网，截止1952年底，已有电影院14座，流动放映队16个，各类专业剧团63个，文化馆122个，文化站9个，图书馆4个。

第一个五年计划期间，随着工农业的不断发展，全省文化事业也得到了相应的发展，基本上改变了原来文化事业的落后状态。到1957年底，全省共有文化单位626个(不包括当时出版事业单位)，其中电影院20座，放映队174个，剧团93个，剧场55个，文化馆(站)140个，图书馆9个，大大地提高和活跃了人民群众的文化生活。与此同时，群众文化机构发展也较为迅速。至1957年底，全省共有农村俱乐部12580个，成为农村群众文化活动的中心。

第二个五年计划期间，陕西省全体文艺工作者艰苦奋斗，再接再励，在党的文艺方针指引下，在社会主义经济建设的鼓舞下，经过两年努力，第二个五年计划提前3年超额完成。当时电影事业发展尤为迅速，放映单位已达到467个、平均3.9万多人拥有一个。电影事业的其他方面也发展很快，如在1958年成立了西安电影制片厂，并在陕西省电影机械修配厂的基础上成立了陕西省电影机械制造厂，在原陕西省电影放映干部训练班的基础上成立了陕西省电影学校。至此，陕西省电影事业已基本建成一个从制片、发行、放映、机械制造到放映人员培训、放映网管理等一个较完整的电影事业体系。

艺术事业也和其他文化事业一样发展较快，至1959年，全省专业剧业已发展到105个，剧场59个，基本上达到平均一个县有一个剧团。从剧种上来说，有秦腔、眉户、华剧(即碗碗腔)、汉剧、豫剧、京剧、歌舞、话剧、评剧、越剧、晋剧、蒲剧等10多个剧种，在演出质量上，通过1956年、1959年两次汇演及出省观摩演出，有了很大提高，受到广大观众的赞扬。1959年全省平均每人可看专业剧团演出两次以上。

为了培养文化艺术干部和戏曲新生力量，继承优秀的陕西地方剧种，1957年成立了陕西省文化艺术干部学校和陕西省戏曲学校。为了解决全省各剧团戏装的需要，1958年成立了陕西省戏剧服装厂。

群众文化事业和文物事业的发展，在此期间也是较快的。至1959年底，全省文化馆发展到121个，文化站12个，博物馆、纪念馆47个，文管会2个，文管所4个，馆内藏品达6万多件，参观人数达33万多人次。此外，各地县兴办的文化事业如雨后春笋，蓬勃发展，文化馆5160个，从业人员达到12961名。机构为1952年的3.71倍，人员为1957年的9.5倍。

在文化大革命十年浩劫里，陕西省文化事业受到严重的干扰破坏。到1969年底，全省剧团总数只有91个，和1960年的127个剧团相比，减少四分之一。

粉碎“四人帮”，陕西省文艺事业和全国各条战线一样得到解放，文化事业得以恢复和发展。至1978年底，全省文化事业机构已达4605个，从业人员26235名。机构为1949年的96倍。其间仍以电影事业发展为最快，到1978年底，全省共有各类型放映单位4109个，从业人员11909名，已达到每个县有1—2座电影院或放映站。电影放映队1832个。陕北的延安、榆林两个地区达到了社社有电影放映队。另外，全省一些经济条件较好的生产大队，也于1977年、1978年内办起了电影放映队595个。各类专业剧团也有了相当的发展，连恢复原有的在内，至1978年底，已达到129个，比文化大革命前最高的1960年还增加了2个。

为了适应事业发展的需要，1978 年、1979 年还相继恢复了原陕西省戏曲学校和陕西省剧目工作室。

由于文化事业的迅速发展，群众的文化生活也随之日益提高。1978 年全省平均每人看电影 21.91 次，看戏 1.7 次，分别为 1949 年的 73 倍、14 倍。

党的十一届三中全会以来，全省文化艺术事业重新获得勃勃生机，展现出一片春苗吐翠、万紫千红的新气象。

20 年间，全省共创作戏曲、话剧、歌剧、音乐、舞蹈、小品、小戏 1300 部(本)，立于舞台的 700 多个(台)；拍摄故事影片 200 部；制作出版各类文艺录像、录音带数百个品种，并成功发行了秦腔 CD、LD 和 VCD 碟盘，在中宣部"五个一工程奖"中陕西省自 1992 年以来连续 6 年榜上有名，在文化部"文华奖"、"群星奖"、广电部"华表奖"及戏剧"梅花奖"等重大评奖中多次获奖。涌现出歌剧《张骞》，话剧《毛泽东的故事》、《白居易在长安》、《西安事变》，眉户现代戏《漂来的媳妇》、《臂塔圆舞曲》、《留下真情》，秦腔新编历史剧《千古一帝》、《蔡伦》、《清水衙门糊涂官》、《王鼎尸荐林则徐》，秦腔现代戏《日本女人关中汉》、《市井民风》、《屠夫状元》，华剧《杨贵妃》、《真的、真的》、舞剧《秦俑魂》，乐舞《仿唐乐舞》、《唐长安乐舞》，儿童剧《绿营少年》，歌曲《黄河鼓震》，电影《生活的颤音》、《西安事变》、《野山》、《人生》、《红高粱》、《老井》、《决战之后》、《步入辉煌》、《站直啰，别趴下》、《脸对脸、背靠背》、《炮打双灯》等一大批艺术精品和优秀作品。

全省专业艺术表演团体每年演出 2200 余场，其中到农村演出近 2 万场，各类演出活动丰富了城乡舞台演出，同时组织了众多的高质量剧(节)目参加全国艺术节和一系列全国性重大文艺汇演。近 10 年来，成功地举办了 3 届艺术节、首届中国戏曲"金三角"交流演出、首届西北话剧节、全国纪念"双拥"50 周年文艺演出、全国梆子戏剧种新剧目交流演出、全省新剧(节)目观摩演出、话剧音乐舞蹈调演、"月季花"地方戏交流演出、陕西西安古文化艺术节、建国 45 周年赴京国庆游园演出、'97 年迎香港回归、欢庆十五大召开等大型文艺活动。

20 年间，全省民族民间艺术在挖掘、继承、创新中蓬勃发展，陕北民歌、户县农民画、船鼓舞、蒲城和洋县焰火、安塞腰鼓、洛川蹩鼓、富平老鼓、宜川胸鼓、志丹扇鼓、黄龙猎鼓、韩城行鼓、华县皮影、旬邑剪纸、延安剪纸、凤翔泥塑、大荔面花、延川布贴、千阳布制品、华夏飞龙等享誉中外。群众性文化活动丰富多彩。创作演出的民族民间大型广场文艺演出《高天厚土黄河潮》、《欢欣鼓舞向辉煌》、《黄土风韵》、《龙腾九洲》、《锦绣中华》等一大批主题性节目，在全国大型活动和海内外炎黄子孙公祭黄帝陵演出中获得高度评价；成功地举办了陕西当代国画晋京及在有关省市的巡回展和油画作品展，在第六届全国美展中陕西省奖牌列全国第一；继户县、安塞、洛川、旬邑、宜君、延川 6 县被文化部命名为"全国民间绘画之乡"后，定边、靖边、富县、洛川、旬邑、安塞被文化部命名为"民间剪纸之乡"，安塞、洛川、宜川、凤翔、千阳县南赛乡、合阳县甘井乡被文化部命名为"民间艺术之乡"。1997 年陕西省第一所国家级农村儿童文化园在汉口铺镇落成；全省相继有汉中市汉台区、韩城市、陇县、安塞县、大荔县、宝鸡县、兴平市、城固县、绥德县、岐山县、西安市临潼区被评为全国"文化先进县"。

文化市场 20 年来从无到有，迅速发展。全省现有文化经营单位和经营户 7400 余家，从业人员近 5 万人，以娱乐市场(歌舞厅、卡拉 OK 厅、电子游戏厅、台球厅、保龄球场、旱冰场等)、演出市场、音像市场(录音、录像带和激光碟盘的批发、零售、出租、放映)、美术市场(画店、画廊、美术公司、艺术品拍卖行)以及艺术培训市场等为主要内容，形成了多门类、多层次的文化市场体系。通过实施《陕西省文化市场管理条例》等有关法规规章，文化市场正逐步走上活跃、有序、健康、繁荣的发展之路。

在对外文化交流方面，近 20 年来共接待来自近百个国家和地区的文化艺术团组 200 多批 9300 多人次；派出歌舞、杂技、戏剧、电影、皮影、书画、民间手工艺等各类文化艺术团组 500 多批 5700 多人次，对于弘扬民族优秀文化、增进国际文化交流、促进陕西经济发展起到积极推动作用。

20年来，全省文化系统通过文化体制改革，使各项文化事业迸发出新的活力。近年来，在全省范围内开展的“创佳评差”活动中，先后有20多个文化先进地区、60多个先进集体和一大批先进工作者受到表彰。全省艺术学校和电影电视学校为社会培养了上千名中等专业人才。全国重点艺术科研项目——十大文艺集成陕西卷，已有6部通过国家终审，8部通过省上终审，5部已经或正在出版；《文化艺术志》和《电影志》已完稿。经过广大文化艺术工作者的辛勤努力，全省文化活动和艺术创作结出了一大批丰硕成果，据20年来不完全统计，陕西省在全国和国际各类文化活动中，共获奖2092个(项)，其中国际奖172个，全国一等奖541个，为陕西省在国内外文化领域赢得了荣誉。全省人民群众的文化生活水平大大提高。1998年各类文艺演出的观众达3207万人次，是1949年146万人次的22倍；电影观众2900万人次，是1949年32万人次的90倍；图书借阅近200万册；文化馆、艺术馆举办各类展览近1000个。文化设施建设快速发展，新建图书馆、文化馆200余个，西安易俗大剧院、古都大剧院、陕歌大剧院等一批公共文化设施先后建成并投入使用。

放眼未来，全省广大文化艺术工作者满怀激情，正以创造绚丽多彩的有中国特色的社会主义文化为目标，进一步解放思想，加大改革力度，努力创造新的业绩，使文化工作各个方面取得更大成就。

继续以实施精品战略为重点，带动文艺普遍繁荣，力争全省每年重点抓好10—20部大型剧(节)目，并从中推出1—2部精品，争取获“五个一工程奖”、“文华奖”、“群星奖”以及戏剧“梅花奖”。1999年，将重点围绕建国50年周庆典，抓好新剧(节)目的创作，加大对高雅艺术的扶持力度。音像制品创作和生产要迈上新台阶，做好秦腔VCD系列音像制品的出版、发行工作。美术、书法创作要发扬“长安画派”的优良传统，不断增强新一代书画家的群体实力；大力繁荣群众文艺创作，发现和扶持新人新作；面向基层，搞好各类演出活动；继续抓好省图书馆、美术馆等重点文化工程建设，力争在20世纪内实现县县有图书馆、文化馆，并新建、改建一批集镇文化中心(站)。

继续加大文化市场管理力度，加大对文化市场的宏观调控，促进城市和乡村文化市场的协调发展，大力培育和发展城乡各类文化市场，开发和搞活农村电影市场，解决好农民看电影难的问题。

继续加大对外文化交流的力度，在“多出、进好”的原则指导下，组织能够代表陕西省较高水平的各类文化艺术团体出国访问，增加出国商业性演出展览场次，以期取得好的社会效益和经济效益。积极引进国外优秀文化，扩大视野，发展陕西省文化艺术事业。

继续加大农村文化工作的力度，从陕西省实际出发，把创建文化先进县的活动和实施小康文化建设工程深入持久地进行下去。认真贯彻落实全省农村文化工作会议精神，树立典型，推动农村文化事业持续发展，继续深入开展群众文艺活动和“文化下乡”活动，坚持送戏下乡，送电影下乡，送书下乡，千方百计满足广大群众对文化生活的基本需求。

在邓小平理论和党的十五大精神指引下，陕西省文化艺术界正以坚实的步伐迈向21世纪，再创新辉煌。

甘肃文化事业发展概述

甘肃省文化厅计财处

甘肃位于祖国的西北部，辖14个地市州、86个县市区，全省面积45万平方公里，2400

多万人口，地处黄土高原、内蒙古高原和青藏高原交汇处，西秦岭山脉边缘，由于甘肃是中原连系西北乃至中西亚的咽喉和纽带，成为多种文化形态的交汇地，在政治地理和经济地理上占有十分重要的位置。中外经济、文化的交流，配合本土文化的改造，给甘肃遗留下无数璀璨瑰丽的历史文化瑰宝，中国封建文化中最为灿烂的部分都扎根并繁殖于这块贫瘠而丰腴的土地，也构成了甘肃历史文化与地域文化中最具代表性的特征。著名的古丝绸之路东西横贯甘肃全境，历史上曾是我国经济、文化的繁荣昌盛和中华文化的发祥之地。

建国以后，甘肃省文化事业在省委、省政府的领导下，在各级领导和主管部门的大力支持下，取得了很大的发展。

一、总体情况

1949年，全省共有产业结构71个。1978年为2888个，从业人员15514人。截止1999年底，全省产业机构4563个，从业人员21513人。

1949年全省艺术表演团体37个，艺术表演场所17个，全省公共图书馆1个，文化馆6个，电影放映机构10个，文物科研与保护机构1个。1979年，艺术表演场所36个，从业人员260人；群众艺术馆5个，文化馆86个，从业人员974人；公共图书馆37个，从业人员327人；博物馆7个，从业人员151人；文物科研机构4个，从业人员65人；电影发行与放映机构2586个，从业人员7574人。而到1999年全省文化事业机构共有艺术表演团体96个，从业人员4186人；艺术表演场所45个，从业人员771人；公共图书馆91个，从业人员1074人；群众艺术馆15个，文化馆83个，从业人员1324人；博物馆63个，从业人员761人；文物科研机构保护机构34个，从业人员812人；电影发行与放映机构1361个，从业人员4044人。

二、建设与成就

1.艺术表演团体

甘肃省的艺术表演团体经历了由民族特色向多元化发展，在发展史上形成了五六十年代、七八十年代以及第四届中国艺术节三次载入史册的艺术高峰。

全省剧团由建国初期的37个发展到1979年恢复阶段的111个和1999年的76个，这期间既有对各剧种的发展，也有对不适应当地文化需求的演出团体进行合并与撤销。

目前，全省76个表演团体中，大多数是戏曲为主，兼有地方特色的剧种，戏曲团体50家，团体总数的66%，其次是有的文工团也多数以演出戏曲为主，在这之中，尤占主要的是秦剧团，多达42家，具有民族特色的演出团体有陇剧、乌兰牧骑、藏剧团等。

这些演出团体的演出风格，形成了“以敦煌为源流，以丝路为背景，以多民族为色彩”的艺术创作思想和特色。甘肃省的戏剧艺术历史悠久，根深叶茂，秦腔、陇剧、花儿剧、眉户剧、藏戏、兰州鼓子等地方戏深受各族人民的喜爱。解放以后，又有京剧、豫剧、舞剧、歌剧、话剧等进入到甘肃，使全省的戏剧舞台逐年活跃，先后涌现了一批又一批群众喜闻乐见的优秀作品。50年代地方戏陇剧《枫洛池》，七八十年代舞剧，特别是《丝路花雨》被称作是20世纪中华民族经典舞剧，演出20余年经久不衰。

1999年全省上演新剧目136台，演出14292场，其中农村演出高达10903场，占演出总数的76%，充分体现了文艺面向基层、面向群众的宗旨。

2.艺术表演场所

1949年称得上剧场设施的约有17座，其中绝大多数为土木结构，砖木结构的寥寥无几，内部设施残缺不全，十分简陋。发展到1999年共有45座艺术表演场所，其中许多剧场经历拆迁、改扩建等一系列变化。特别是第四届中国艺术节期间，省政府投资2380万元扩建了省属5个剧场，演出设施得到了很大的改善。黄河剧场斥资1000万元，成为全省较好的一处多功能文化娱乐场所，能容纳观众900人。人民剧院、东风剧院、长征剧院、飞天影剧院等也进行了大规模的改扩建，为保证艺术节演出正常进行发挥了巨大作用。

3.群众文化设施

目前,全省共有群众艺术馆和文化馆98个,文化站1302个,从业人员2844人。1999年举办展览539个,组织文艺活动895次,文化馆(站)藏书20余万册,藏文物1万余件。近几年来,甘肃省始终坚持把群众文化、特别是农村文化作为整个文化工作的重点。从1991年起,为了适应农村两个文明建设的新形势,全省组织了百团、百馆、千站、千队的大规模送文化下乡活动,改善和丰富广大农民群众的精神文化生活。1996年小康文化建设"333211"工程启动后,在省委省政府的正确领导和各级部门的有力配合下,到1999年底建成国家级文化先进县8个、省级先进县26个;"丝路文化长廊"沿线9个地市、21个县市、119个乡镇全部建成了文化馆和文化站,达到了"县县有文化馆、乡乡有文化站"的目标,其中86个文化站达到小康文化建设规划二类站以上的标准;全省100个示范文化站、100个示范书库全部建成;小康文化建设的三大工程之一"少儿蒲公英计划"建成国家级儿童文化园2个、省级4个、地级5个的丰硕成果。"九五"期间,省上在财力有限的情况下,拿出1000万元的专款,用于农村小康文化建设,380个乡镇受到不同程度的补助,已有600多个乡镇文化达到创建标准。

4.公共图书馆建设

从1949年的1个图书馆,总藏量只有16万册,从业人员30人;发展到1999年的91个公共图书馆,总藏量724万册,其中古籍55.6万册,善本7.7万册,书架单层长度15万米,发放借书证9万余个,总流通人次194万人次,书刊外借83万人次,外借117万册次,图书购置经费270万元。在1999年度的全国上等级图书馆评比中,甘肃省图书馆名列全国第五,是西北地区唯一一家一级馆,有11个县市图书馆被评为二级馆,14个县市图书馆被评为三级馆,图书馆事业的发展为推动精神文明建设起到了一定作用,为广大读者提供了一个良好的学习和查阅环境。

5.文物事业

甘肃省文物资源十分丰富,现已查明全省共有地上、地下文物遗存13300多处,其中全国重点文物保护单位23处,省级文物保护单位445处,县级文物保护单位2950处。全省馆藏文物37万多件。在这些文物遗存中,彩陶、长城和长城沿线的遗址、汉简、古窟寺、大型古遗址和墓葬群在全国占有一定的位置。像马家窟文化的彩陶、敦煌莫高窟、天水麦积山石窟、嘉峪关城楼、居延汉简、秦安大地湾史前文化遗址等都是闻名全国的。馆藏文物中有国宝级文物30件,一级文物1754件。目前,全省共有博物馆63个,文物保护单位29个,文物科研单位4个,从业人员1617人。

三、存在的问题

总体来说,甘肃省文化事业发展仍然落后于经济和社会其他领域的发展,文化事业投入总量偏少,比例偏低。

全省文化事业虽有发展,但"县县有图书馆"的目标仍未实现,目前仍有6个地州没有图书馆,3个县市区没有图书馆,现有的图书馆中有馆无舍的有30家,占到全省图书馆的33%;各级图书馆藏书少、档次低、设施差、购书经费严重短缺的现状仍需得到改善,有40个图书馆无购书经费,购书经费不足万元的有32个,两者合计占到总体的79%,甘肃省图书馆1家的图书购置费用占到全省的70%。由于群众文化设施大多是由寺庙改建而成的,许多已成危房,急需维修和改建,尚有18个文化馆没有馆舍,占到全省文化馆的21%,这还不包括急需维修和改建的馆舍,空白文化站还有近300个。专业艺术团体管理体制不顺,经费不足的问题继续制约着艺术团体的发展,全省全年无演出的剧团有3家,全年无演出收入的剧团有12家,演出收入不足1万元的剧团有8家,全省剧团几乎没有经营收入,其他收入多为出租房屋收入,由于甘肃省的剧团大多实行的是差额补助或自收自支,许多单位的演出收入与财政补助收入基本都用于人员工资的支出,演出的投入相对很少。随着市场经济的发展和广大群众娱乐方式多元化格局的形成，过去热闹非凡的艺术场所变得门前冷落，1999年度艺术演出场次占总演出场次的比重不到4%，以演出电影与录像为主。尽管甘肃省的演出场所硬件设施有了一定的改善，但目前还没有一个承接国内外大型艺术表演团体演出的场所，现有的一部分早期建设的艺术场所，存在建筑狭小、设施陈旧现象，加之年久失修，已满足不了现在的需求。

时代在发展，历史在前进，从1949年至1999年，甘肃文化事业已走过了50年的历程，得到了发展。为完成“十五”规划，借西部大开发的东风，必须加大对文化的投资力度，才能使全省的文化事业发展不落后于其他经济的发展，不至于影响全省两个文明的建设。

青海文化事业五十年发展概述

牛永泰

建国50年来，青海省文化事业在历届省委、省政府的正确领导下，紧紧围绕党和国家的中心工作，积极贯彻党的路线、方针、政策，始终如一地坚持“二为”方向，贯彻“双百”方针，全省广大文化工作者振奋精神，扎实工作，求真务实，艰苦奋斗，文化事业得到了长足发展，呈现出可喜局面。

一、文化事业机构不断增加，布局趋于合理，门类较为齐全

建国前，青海省文化事业机构寥寥无几，据不完全统计，全省仅有1家电影院，1个藏书不足2万册的省级图书馆，1家民办秦剧团，文化事业极为落后。

1949年8月，青海解放，结束了青海各族人民苦难深重的时代，文化事业从此迎来了新生，特别是党的十一届三中全会的召开，为青海省文化事业的繁荣带来了艳丽的春天，72万平方公里土地上生活的近500万青海各族人民，高举邓小平理论的伟大旗帜，解放思想，锐意开拓，文化事业欣欣向荣，迅猛发展。截至1999年底全省文化事业机构有2324个，其中，艺术表演团体14个，是建国前的13倍，专业剧场2座，省、州、县三级公共图书馆38座，是建国前的37倍，群艺馆9个，县级文化馆42个，城乡农村文化站198个，文化艺术学校1所，文化、文物科研单位各1个，综合性博物馆12个，文物保护单位23个，文化市场娱乐业、经营及管理机构1963个，在册的电影放映、发行管理机构679个，民族语影视译制机构1个等。文化事业单位从业人员达8732人，其中文化市场娱乐业、经营、管理人员5339人，从业人员通过不断学习和培训，知识层次和业务素质不断提高。

二、文化事业经费收支情况

1.国家对文化事业的经费投资逐年增加，人均文化事业费在全国名列前茅。

据“青海统计年鉴”资料，1949年财政投入文化事业费1万元；1959年增加到433.8万元，1979年714.3万元，是1959年的1.6倍；1989年1611万元，比1959年增加1177.2万元，增长2.7倍；1999年3645万元，比1959年增长9倍。从1959年到1999年财政投入经费年平均增长速度为5.6%。

人均文化事业费逐年增加，1980年为1.99元，是全国的3.6倍，居全国第二位；1998年全国人均文化事业费4.18元，而青海省为7.41元，高出全国平均水平3.23元，居全国第五位。

2.产业意识不断增强，非财政性收入逐年增加，经费的自给率上升。

青海省从1988年开展“以文补文”活动以

来，产业意识不断增强，挖掘内部潜力，发挥人才优势，利用闲置的设施来增加收入，弥补文化事业经费。从1989年创收46万元开始，逐年增加，1999年收入达618万元（其中事业收入445.5万元，经营收入13.6万元，附属单位上缴收入12.7万元，其他收入145.5万元）。10年来，年平均增长速度为33%。

由于非财政性收入逐年增多，经费支出中自给率也有一定幅度的上升。1996年为13.45%，1997年为16.2%，1998年为17.9%。

3.总支出不断增加。

(1)文化事业费总支出增长幅度较大。1984年为1104万元，1985年为1270万元，较上年增长15%；1995年为2853万元，1996年为3664万元，较上年增长28%；1997年为4153万元，较上年增长13.3%；1999年为4268万元，较上年增长10.6%。从1984年到1999年年平均增长速度9.41%。

(2)总支出中从业人员劳动报酬超过50%。1996年到1999年从业人员劳动报酬分别为1995万元、2101万元、2017万元、2305万元，年平均增长速度为4.9%，分别占同期总支出数的54.4%、50.6%、49.8%、55.2%。同期，总支出的年平均增长速度为5.2%。从以上数据中不难看出，在总支出中，支付给从业人员的费用在不同历史时期均超过一半，扣除从业人员劳动报酬的增长幅度因素后，用于开展业务活动的经费所剩无几。

三、文化设施不断增加

青海解放初期，旧中国留下来的文化设施基础极其薄弱，省会西宁除了建筑面积不足400平方米的省图书馆、湟光电影院及其一些零星的简陋设施外，别无其他，州、县基本上是空白。

解放后，青海省文化设施建设随着国民经济的发展逐步加强，特别是十一届三中全会后，中央和地方政府对文化建设给予了大力支持，加大了建设投资，文化设施建设得到了较快的发展。截至1999年全省文化事业单位固定资产7759万元，各类公用房屋近15万平方米。1993年兴建的省图书馆，总建筑面积1.2万平方米，投资2400万元，已投入使用。1999年利用日本友人捐助，建筑面积为2万平方米，总投资为7500万元的青海省博物馆，即将在2000年内建成。一个类别齐全、规模相当、布局较为合理、符合省情的文化设施基本形成，服务于社会，随着西部大开发进程的加快，青海省文化设施建设也将得到更进一步发展。

四、艺术事业繁荣发展

全省共有14个艺术表演团队，2个专业剧场，全部是1949年青海解放后陆续组建的，从无到有，从小到大。截至1999年，全省除海东地区外，其他6个少数民族自治州均有自己的民族剧团。青海地方剧种——平弦是一种联曲体的坐唱艺术，很受青海东部农业区和甘肃部分地区人们的喜爱。经文艺工作者的多年创新，由坐唱艺术搬上了舞台，成立了青海省平弦实验剧团。1999年在黄南州民族歌舞团的基础上组建了全省唯一的一家藏族艺术团——黄南州藏族艺术剧团，为藏族艺术的发掘、发展创造了良好条件，提供了施展阵地，繁荣了艺术舞台，很受省内外藏族同胞的欢迎。

文艺创作呈现繁荣景象，仅1978年到1999年底，全省共创作并演出了近200台具有民族特色、地方特色并富有时代气息的戏剧、音乐、舞蹈和杂技等剧（节）目，其中，藏族古典歌舞《霍林之战》，神话戏《意乐仙女》，神话舞剧《智美更登》，话剧《在这片没有生命的土地上》、《三百年前》、《扫祭唐古拉》，青海地方平弦剧《马五与尕豆妹》、《尕蛋和和尚》等戏剧，很受省内外和香港地区人们欢迎，并得到专家好评。1986年以来，有10台大型戏剧、音乐、杂技等节目参加了地区和全国性的汇演和展演，50余个剧（节）目，近300名艺术工作者在省和中央各类演出活动中获各种奖励。近半个世纪来，特别是1978年来，青海省10多个艺术表演团队先后赴蒙古、朝鲜、日本、前苏联、美国、加拿大、法国及南亚、西亚及非洲等40多个地区和国家进行了访问和商业性演出，为国家争了光，为青海争得了荣誉，向世界介绍了青海，宣传了青海，增进了友谊，扩大了影响。现在，各剧团正在组织创作力量，将配合西部大开发进程中出现的新人、新事、新思想，搬上舞台，活跃舞台，鼓舞人民奋勇向前。

五、公共图书馆事业稳步向前发展

建国前,旧中国只给青海省留下一座藏书不足2万册的省图书馆。解放后,特别是十一届三中全会后,青海省图书馆事业有了较快发展,1979年省图书馆藏书增加到104万册,建立了大通、民和等县级图书馆13个,全省公共图书馆总藏量达195万册,借阅人次不断增加。1985年全省公共图书馆发展到27个,藏书量增加到287万册,公用房屋建筑面积为23480平方米,从业人员340人。到1999年底,全省公共图书馆38个,比1985年增加11个,增长29%,其中县级馆30个,州、地市馆7个,省馆1个。全省除海东地区外,各州、地均建立了公共图书馆,总藏量达281.5万册(件),其中县级馆藏量平均达3.11万册。书架总长达6.8万米,阅览座位3000余个,外借书刊43.2万册次。公用房屋建筑面积增加到3.8万平方米,比1985年增加14520平方米,增长61%。1995年建成并投入使用的省图书馆加快改革步伐,进行科学管理,在全省率先开设了电子阅览室,增加了视听设备,开始向网络化服务发展。

六、群众文化事业逐渐兴旺

1949年以前,青海省群众文化活动较为冷落,没有专门的活动场所,即使是六月六花儿演唱会、正月社火展演,也只是小规模,民间自发组织,民间艺术后继无人,绝技失传。

解放后,人民当家做主,随着人们物质生活不断改善,对文化艺术、精神生活方面的要求愈来愈高。城乡相继建立了文化馆(站),规模由小到大,不断扩大。到1952年全省共建立了文化馆21个,农村文化站6个。1957年省群众艺术馆建成,1962年县级文化馆发展到30个,大部分馆配备了专职干部。十一届三中全会后,一些曾被冷落、撤销的文化馆(站)迅速恢复,人员不断增加。经过建国50年的努力,青海省已初步形成省、地、县和县下四级群文活动网,截至1998年全省共有县(区)文化馆42个,比1978年增加12个,增长40%,村文化室、图书室108个,群众业余演出团队360个,各级电影发行放映管理部门50个,电影院、影剧院115个,各类放映队479个。

为更好地开展牧业区所属县的群众文化活动,1997年投资100万元,启动了"高原流动文化车工程",首批10辆配有广播、电影、电视、录像放映、电子琴等乐器的"高原流动文化车"已开进了草原牧区和边远山村。以巩固和发展农牧区文化基础设施建设为目的的全省"建设特色文化乡"、"小康文化村工程"活动已经开展,截至1999年底,全省已建成"特色文化乡"37个,"小康文化村"90个。

民间业余创作十分活跃,广大文化工作者和业余骨干按照"百花齐放,推陈出新"的方针,立足当地,植根民间,弘扬民间优秀文化的宗旨,创作了大量具有浓郁民族、地方特色的群众喜闻乐见的文艺作品,如《逆天河上架金桥》、《翻身农奴唱新歌》、《雪白的鸽子》、《黄河放排》等,1980年至1998年在全国性文艺演出、比赛、展览活动中获奖近百个。1953年到1994年共举办全省性群众业余文艺会演35次。民间文化对外交流日益增多,1991年民族舞蹈《丰收龙鼓》赴拉美七国演出,1994年玉树州民间艺术团赴日演出,1999年组团赴台湾进行长达3个月的民俗演出,均受到当地人们好评和欢迎。

群众文化活动的两个高潮"六月六花儿演唱会"和正月元宵节前的"社火展演"活动,从参加人次和规模看,逐年增加和提高。

七、文物事业起步较晚,但发展较快

建国前,青海省文物事业是个空白。到1978年才有了一定发展,建立文物机构4个,从业人员41人。1984年文物机构发展到17个,从业人员128人,其中文物管理所7个,包括考古研究所在内的其他文物事业机构8个,博物馆1个,文物商店1个。1989年文物机构发展到24个,从业人员204人,其中博物馆6个,文物管理所15个。1999年文物机构达到37个,其中博物馆12个,从业人员119人,文物保护机构24个,从业人员152人,文物研究机构1个,从业人员54人,机构数比1978年增加33个,增长8.3倍,比1984年增加20个,增长2.2倍,比1989年增加13个,增长1.5倍,馆藏文物69558件,其中一级品192件。考古发掘中乐都柳湾的原始墓葬和都兰热水墓葬等发掘,取得了可喜成果:对多处文物进行了维修，国家级文保单位——瞿坛寺全面维修已接近尾声，另一个国保单位——隆务寺维修准备工作正在进行。

八、文化教育事业稳步发展

1978年，青海省建立了有史以来的第一所中等艺术学校，1999年底有教职工87人，在校生306名，其中舞蹈92名，音乐62名，从成立到1999年，已培养各类中等艺术人才658人，大部分毕业生分配在青海省各大艺术团和厂、矿、企业，有相当一部分已成为各剧团和厂矿业务骨干。

学校通过改革，面向社会，面向实际，根据社会需要设置专业，培养人才，受到社会好评。目前，该校正在挖掘潜力，调动人的积极性，准备扩大招生，培养更多的优秀艺术人才，为西部大开发作贡献。

九、文化市场健康发展

党的十四大以来，青海省文化市场迅猛发展，全省文化娱乐业的迅速发展，为丰富群众文化生活，增加就业人口、优化投资环境，促进经济发展和推动社会进步等发挥了十分重要作用。1996年全省文化娱乐业机构576个，从业人员2323人，其他文化经营机构548个，从业人员1146人，文化市场管理机构52个，从业人员331人。到1999年发展到娱乐业机构1017个，从业人员3666人，其他文化经营和管理机构997个，从业人员1673人。从经济成份来看，1999年文化市场机构中，国有经济28个，从业人员869人，集体经济100个，从业人员163人，其他经济（包括其他部门）1738个，从业人员4470人。1999年文化市场共获利润2499万元，与1996年相比，娱乐业机构增加441个，增长76.6%，利润增加55%。初步形成了多门类、多层次、多形式、多体制的文化市场体系和覆盖广大城乡的文化经营网络。

为了保证文化市场的健康发展，截至1999年全省共举办了法制培训班9次，培训人数近400人次。

建国五十年宁夏文化艺术事业发展概述

宁夏回族自治区文化厅

建国50年来，宁夏的文化艺术事业几起几落，走了一条曲折的道路，直到党的十一届三中全会以后，才有了突飞猛进的发展。

1949年以前的宁夏，农村只有一些零散艺人，三五成群，赶集卖唱，城镇里也仅有一些外地流落来的戏曲班社，随聚随散，自生自灭。当时的文化设施也几乎是空白，除1934年9月成立的宁夏省图书馆和1946年成立的宁夏省介寿图书馆以外，只有几所中等学校设有图书室，全省藏书不到3万册。到40年代末，全省只有3台16毫米无声电影放映机，1座破旧不堪的电影院（三晋会馆），2所“民众教育馆”。

一、建立和初步发展时期（1949—1957）

宁夏解放后，新生的人民政权在稳定社会秩序，完成民主革命，恢复国民经济的同时，迅速接受、改造了原有的文化机构，举办了多次戏曲观摩汇报演出活动，活跃了群众的文化生活，奠定了宁夏文化艺术事业发展的基础。1953年以后，吴忠、中卫、中宁、固原、平罗等市、县相继成立了秦腔剧团，银川市新增了“银光”、“前进”和“新生”3个剧团。1953年秋，召开了全省戏曲工作会议，成立了戏曲改革工作委员会，在挖掘整理演出剧目和净化、美化舞台艺术方面作了很多工作。

这一时期，群众文化事业有了较大发展。1949年底建起了5个文化馆，到1952年，全省各市、县建立了17个文化站。1952年，成人文化夜校，学员达6520人，同时，城乡各地出现了一批业余剧团和秧歌队，仅文化馆直接辅导的12个群众业余团队一年就排出小戏105个，演出123场。

电影事业有较大发展。1951年成立了宁夏巡回放映大队，1952年又成立省电影发行站，新建了银川人民电影院和吴忠市人民电影院。1955年，放映单位增加到16个，放映电影4090场，人均看电影1.33次。

二、壮大和曲折前进时期（1958—1965）

在党中央、国务院和全国人民的关怀、支持下，于1958年成立了宁夏回族自治区。随着自治区的成立，陆续从外地调来大批文化艺术骨干，有力地充实了宁夏的文化艺术队伍，极大地促进了宁夏文化事业步入新的发展阶段。从1958年底开始，各专业艺术团体相继建立。

1958年7月28日至8月3日，宁夏召开了第一次文化工作会议，重点研究了以俱乐部为中心的群众文化工作。但在“左”的思想指导下，要求成年人五分之一搞文艺创作，每个市、县在多项文化艺术活动中都要放出大大小小的“卫星”等，结果有的县在浮夸风中宣布了3天建个文化站，几小时建个俱乐部。至1959年，在不到一年的时间里，全自治区俱乐部数一下子增加了3倍，群众创作的诗歌、小品等达300万件，各地编印的刊物猛增到百种以上，而绝大数都是粗制滥造、华而不实的。1960年后，则又过分地撤销文化机构，精简人员，使群众文化工作受到损失。

自治区图书馆1958年筹建，1961年建成并开始接待读者。这期间，还先后成立了自治区电影发行放映公司、宁夏电影机械修配厂和宁夏电影制片厂，各市、县相继成立了电影放映管理站。1958年底，全自治区共有电影院、电影俱乐部13座，电影放映队38个，到1965年电影放映单位发展到162个，放映电影4.8万场次，观众2100多万人次，城乡人均看电影达7次。

三、动乱和畸形发展时期（1966—1976）

1996年，“文化大革命”爆发，文化领域首当其冲，文艺界被当作“突破口”，厄运难逃。文化艺术事业从此进入了前所未有的停滞和倒退时期。“文化大革命”刚开始不久，自治区话剧团、越剧团及一些县级剧团相继被解散，文艺工作者被迫改行，许多图书馆被查封，大批书刊被销毁。全自治区1400多部中外故事片和数千部科教片、纪录片、美术片被封存，许多放映单位被迫停映，地上、地下文物遭到严重毁坏，文物工作被迫停止。

四、恢复和新的发展时期（1997—1999）

1976年10月，粉碎了“四人帮”，长期困扰着人们的“左”的禁锢被打破，艺术工作者的思想得到了解放，尤其是1978年，党的十一届三中全会以后，确立了“为人民服务、为社会主义服务”的文化艺术方针，文化艺术事业呈现出空前繁荣的局面。1981年，自治区已有各类专业艺术团体24个，京剧、秦腔、歌舞、话剧等自治区级艺术团体的阵容和实力大大加强，许多市、县剧团都很重视对青年演员的培养，一大批青年迅速成长。1981年举办了自治区首届青年演员观摩演出，有19个剧团、7个艺术种类、460多名演员参加了演出，94人获表演奖，9个节目获集体奖；1985年又举办了第二届自治区青年演员大奖赛，参加比赛的专业中青年演员446人和业余文艺骨干152人，共8个艺术种类，有163个获奖。1979年，建立了自治区第一所文化艺术学校，陆续开设了声乐、器乐、舞蹈、戏曲、群众文化、影视播音、美术、电影放映、礼仪等专业，20年来，培养人才达1000余人，其中许多优秀人才被专业艺术表演团体选中。国家艺术重点科研项目——10部文艺集成志书的编纂工作已基本完成，并获多项全国奖。

艺术创作、演出成绩斐然。自1978年以来，创作剧目日益增多，质量不断提高。1982年，举办了自治区文艺创作调演，有40个剧团（队）的17台剧（节）目参加演出，现代题材占50%；1983年，在庆祝自治区成立25周年和民族团结月活动期间，有15台剧目参加演出，从不同侧面反映了社会主义现代化建设的新生活,展现了宁夏回汉各族人民革命斗争的历史,塑造了社会主义新人形象。这一时期,自治区的艺术创作也开始走向全国舞台,先后参加了全国性重大艺术活动,并获得了许多奖励,其中歌舞剧《曼苏尔》作为回族的第一个大型歌舞剧,赴京参加全国少数民族文艺演出,并获得全国剧本奖。儿童舞剧《三毛要上学》获全国儿童剧优秀创作奖和演出奖。大型话剧《女村长》获文华奖。大型话剧《王振举》获全国"五个一工程"奖、全国少数民族戏剧题材剧本创作特别奖和中国曹禺戏剧文学奖提名奖。大型歌舞《西夏土风》、《漠海羌笛》先后参加第1、2、3、4届中国艺术节,获得好评。宁夏坐唱《白字经》获"文华奖"和"文华新剧目奖"。眉户剧《鱼塘会》获全国"群星奖"金奖。西吉县文工队获文化部"全国乌兰牧骑先进团队"称号。自治区展览馆获全国《辉煌的五年》成就展设计金奖。马建军、曹广福、沈得志获"97中国画坛百杰"称号。回族评论家、剧作家杨建国1999年5月被中国文联授予全国"百名优秀青年文艺家"称号。

群众文化事业走上了健康发展的轨道。至1999年,全自治区共有群众艺术馆4个,文化馆22个,文化站273个,文化中心20个,中卫、青铜峡、吴忠等地还出现了一批文化专业户,基本上实现了国家"六五"计划中提出的"县县有文化馆,乡乡有文化站"的目标,4级文化网正在逐步形成。

群众业余创作和演出活动非常活跃。自1980年以来,举办过3届民歌(花儿)演唱会,还开展了陕甘宁故事联讲、现代小戏调演、中青年演员大奖赛、农民画展、民间音乐舞蹈比赛等活动。通过这些活动,发现了一批好作品和优秀人才。小戏曲《小俩口算帐》在《剧本》杂志上发表,并在全国少数民族题材剧本创作评奖中获银奖。隆德县被誉为"农民画之乡",有4幅作品参加了1983年全国农民画展,其中2幅作品获全国二等奖,《马社火》还被中国美术馆收藏并选为出国展品。青铜峡大坝电厂艺术团创作演出的《古峡情思》、《羊响板》,双双获得全国企业舞蹈比赛银奖。宁夏残联组织演出的舞蹈《羊响板》,获全国残疾人文艺调演银奖。电视小品剧本《作家赠书》获第3届全国"群星奖"银奖。宁夏电视台"小燕子艺术团"的合唱《沙窝窝雨》获第八届全国"群星奖"银奖。少数民族文化工作取得很大进展,回族聚居县的文化站已经普及,回族人口占半数以上的92个乡镇已全部建起了文化站,开展了具有民族特点的群众文化活动。少年儿童艺术工作受到重视,取得了显著成绩。在1978年至1986年期间,全自治区有13件少儿书画作品和14名少年儿童在全国获奖。1993年以来,中卫、吴忠、青铜峡、平罗等市县先后被文化部命名为"全国文化先进县",并先后命名隆德、固原县为"全国民间美术之乡"。

加强了群众文化设施建设,改善了群众文化活动条件。1978年至1985年,自治区人民政府投资1000多万元,新建和扩建了10多个公共图书馆。到1985年,全自治区有公共图书馆20个,群众文化设施总面积4.8万平方米,总投资为2450多万元,实现了"六五"计划提出的"县县有图书馆"的目标,初步形成了公共、高教、科研3大图书馆系统,藏书达560多万册,比1978年增加了1.8倍,工作人员增加到755人,其中中青年占总人数的90%以上,图书馆的工作条件逐步得到了改善。1985年,电影发行放映事业已有县级发行机构24个,各类放映单位925个,电影发行放映职工2755人,城镇有电影院、影剧院、电影俱乐部154座,实现了县县有电影院,平均13个城镇居民有1个固定坐席,农村平均3000人拥有1个电影放映队,600多个有1个放映点,已建立农村集镇电影院、影剧院61座,基本上结束了农民露天看电影的历史。1979年元月,自治区批准恢复宁夏电影摄制队,1982年10月改建为宁夏电影制片厂,1979年至1997年,先后摄制了反映宁夏回族风土人情和回汉族人民防风治沙的《回乡风情》和《沙坡头》、《古老美丽的宁夏》等10部彩色纪录片(29)本。电影《滑板梦之队》获"华表奖"和全国"五个一工程"奖,戏曲电视连续剧《婆媳湾》获全国“五个一工程”奖提名奖。

1982年成立了自治区文物事业管理委员会，领导和协调全自治区的文物工作。1978年至1985年，先后在9个市、县建立了文物管理所，文物工作队伍发展到百余人。1985年还在全自治区范围内进行了大规模的文物普查，新发现了各个时期的古代遗址、墓葬、城址等700多处，征集了流散在群众中的各种文物7000多件，征集古代钱币8000多公斤，拍摄文物照片2000多张，编写资料300万字，为文物工作的开展打下了良好的基础。截止1997年底，全区共发现、登记的各类文物古迹、古墓群、古墓葬及现代纪念建筑、旧遗址、古生物化石点2623处，全区各级文物保护单位共收藏文物3万余件，其中国宝级6件、一级珍品240多件。文物研究和中外考古合作取得较大成果。《西夏文佛经》、《古祥遍至和本续》被鉴定为世界现存最早的木活字版印本实物，该成果获出版、印刷业政府奖——毕昇奖。

自治区美术、书法、摄影等事业的空前发展，丰富了回汉各族人民的文化生活。1980年以来，全自治区共举办过各种美术展览53次，展出作品6990件，在自治区内外各种评奖中的获奖作品有194幅。著名画家曾杏绯(回族)等人的作品均有一定影响，著名书法家胡公石等7人的作品先后在日本、东南亚一些国家和地区展出，同时一批中青年书法家也脱颖而出，在全国性书法竞赛中获金牌1枚、一等奖1个，几年来全国大型书法展览中每次都有宁夏作者的作品入选或获奖。此外，摄影创作的题材、风格多样，队伍逐步扩大，现已有专业摄影工作者300多人，一批作品在自治区内外展览中获得好评，有的作品还参加了国际摄影展览。

对外文化交流活跃。50年来，特别是改单开放以来，自治区级文化部门和单位，充分发挥地方文化资源优势，采取走出去、引进来的双向互往方式，为扩大宁夏在国际上的影响作出了积极贡献。近20年来，自治区先后派出13个专业和业余艺术团体近300人次，15次赴美国、加拿大、日本、突尼斯、印度、斯里兰卡、阿尔及利亚、西亚4国、非洲、朝鲜、澳大利亚、克罗地亚、马来西亚等30多个国家和地区进行了600余场演出、展览，观众达200余万人次。其中宁夏京剧团创作演出的京剧《闹龙宫》荣获第13届迦太基国际民间艺术节最佳团体奖。1996年，宁夏歌舞团代表“中国艺术团”赴朝鲜参加第14届国际友谊艺术节，获得团体金奖、7个单项金奖和4个单项银奖。1996年，宁夏少年手风琴团参加澳大利亚第25届国际手风琴艺术节，获得参赛国家奖、合奏一、二等奖及12个个人等级奖。

宁夏文物作为对外文化交流的一个重要内容多次赴外展出。1998年，中国文展公司与日本东宝株式会社在日本东京、大坂、广岛等10个城市举办“丝绸之路上的神秘王国西夏文物展”，巡回展出8个月，观众达20多万人次。1992年，与日本NHK广岛放送局在日本联合举办“大黄河宁夏文物展”，观众达23万人次。1991年至1992年，北周李贤墓出土的文物在新加坡展出受到热烈欢迎。1996年9月至12月，宁夏与甘肃合作在克罗地亚举办了“回族文物展”。通过文物对外文化交流，扩大了宁夏在国内外的影响。

文化市场繁荣有序发展。初步形成包括文化娱乐、音像、书报刊、演出、电影、美术字画、文物、文化艺术培训等综合性文化市场体系，社会效益和经济效益逐年增长。1999年，全区共有文化经营场所2692余家，其中歌舞厅649家，电子游戏厅346家，台球厅12家，台球厅40家，音像批发、出租放映单位882个，民间艺术团体24个，其他文化经营单位739个，从业人员约5000万余人。1992年成立自治区文化市场稽查大队，随后陆续建立了各地、市、县、乡4级文化市场稽查队伍，逐步形成了4级文化市场管理网络，文化市场行为得到规范。

新疆建国五十年文化事业发展概述

新疆维吾尔自治区文化厅

新疆以其独特的地理位置,曾为古代丝绸之路上沟通东西方经济、文化交流最重要的枢纽。历史上,西域各族和人民用开放、交汇、融合、创新的历史手笔,共同培育、造就了绚丽多姿的西域文化,留下了厚积千年的民族文化传统。新疆1949年解放,1955年成立新疆维吾尔治区,特别是经历1979年后的20年改革开放,半个世纪中,在中国共产党的正确领导下,在党的民族区域自治政策的光辉照耀下,自治区的文化事业获得了空前的发展和繁荣。在历史文化的深厚积淀上,造就了新疆文化艺术事业新的历史辉煌。

到1999年底,新疆已形成了包括艺术表演、图书馆、群众文化、艺术教育、文艺科研、文物博物、电影、娱乐业等门类较为齐全的文化事业格局,机构总数达到8300个,从业人员28225人(其中职工15006人),与建国初期相比,不啻是翻天覆地的变化。

以1999年发展现状与1949年情况相比较:艺术表演业——全区现有专业艺术表演团体88个(其中省级6个、地级26个、县级56个),增加70个,增长3.9倍;演出场所现有24个,增加22个,增长11倍;图书馆业——全区现有公共图书馆79个(其中省级1个、地级17个、县级61个),增加78个,增长78倍,图书馆总藏量达到571.4万册,增加570.2万册,增长454.6倍;群众文化业——全区现有文化馆92个,增加57个,增长1.6倍,解放初全区无一所群众艺术馆和一个文化站,现群艺馆发展为16个(其中省级1个、地级15个),文化站发展为918个(其中乡镇文化站817个,普及率达到95.1%);艺术教育业——解放初无一所专业艺术学校,现发展为有2所中等专业艺术学校和1所文化干部学校,1999年招生388人,毕业生178人,在校生771人;文艺科研业——解放前是空白,解放后新建了1所综合性艺术研究机械,现有科研人员27人(其中高职15人、中职6人);文物业——博物馆、文物保护管理所和考古研究机构均系从无到有,不断发展壮大、博物馆现有23个(其中省级1个、地级16个、县级6个),馆藏文物45656件(其中国家一级文物藏品499件),文管所现有75个(其中地级19个、县级56个),拥有文物藏品32060件(其中国家一级文物藏品113件),文物考古研究机构现有2个,拥有科研人员88人(其中高职18人、中职28人);电影业——全区现有电影发行放映机构92个,增加48个,增长1.1倍,年放映电影13万场,增加12.1万场,增长率3.4倍,年观众人次1610万人,增加1188.5万人次,增长2.8倍;娱乐业——作为诞生在改革开放中的新兴文化产业,娱乐业在全区发展到2624家,从业人员10749人,拥有固定资产4.2亿元、营业用房30.0万平方米,年创新增加值1.9亿元,年创利税2975.9万元。

纵观50年发展历程,党的十一届三中全会以来的改革开放20年,是新疆文化事业发展最快、成就最大的时期。自治区各级党委、政府认真贯彻党的十四届六中全会和十五大精神,坚持两个文明建设一齐抓,高度重视文化事业的建设与发展。自“八五”到“九五”期间,在全区范围内实施“丝绸之路边疆文化长廊”、“文化建设先进县”和“知识工程”三大文化工程,全区区、地、县、乡四级累计投入文化建设资金2.4亿元,建筑面积20.8万平方米,其中仅由自治区安排的各类文化建设(维修)项目就有280多个,其中文化、图书、博物三馆建设项目53个、维修项目108个,文物博物馆(所)项目9个,影剧院项目6个,文工团排练室项目53个,文物保护点77个。使全区文化事业结构趋于完备,文化艺术、文物博物和电影等公益性文化机构初步形成了区、地、县、乡四级网络。各族文艺工作者坚持文艺“二为”方向和“双百”方针，努力实现“以优秀的作品鼓舞人”的目标，在促进文化事业繁荣兴盛、满足各族群众的文化需求上，做出了显著成绩。

艺术创作通过实施“精品”战略，创演出一大批突出时代主旋律、形式多样化、群众喜闻乐见的优秀剧节目。仅近5年，在全国性比赛和展演中就获得各种奖励80多项，其中大型民族音乐歌舞《天山彩虹》、维吾尔剧《古兰木罕》、大型民族舞剧《大漠女儿》等10多个剧节目荣获国家最高政府奖——“文华奖”或中宣部“五个一工程奖”；一批优秀的青年艺术家在国际赛场上取得优异成绩。仅1999年，全区专业艺术团体就演出了7692场，其中在农村牧区演出3731场，观众共560万人次，受到各族群众的欢迎。

优秀民族传统文化的整理研究取得丰硕成果。国家重点科研项目——十大文艺集成志书中《中国戏曲志·新疆卷》、《中国戏曲音乐集成·新疆卷》、《中国民族民间器乐集成·新疆卷》、《中国民族民间舞蹈集成·新疆卷》、《中国民歌集成·新疆卷》已相继出版发行。维吾尔木卡姆艺术的抢救整理工作取得重大进展，产生了一批高水平的研究成果。维吾尔民间杂技“达瓦孜”得到重点扶植，1997年6月22日，我区青年“达瓦孜”演员阿迪力·吾守尔以13分48秒79的时间横跨三峡夔门，创造了新的吉尼斯记录，为中华民族、也为新疆各族人民争得了荣誉，被自治区人民政府授予“高空王”称号并给予隆重表彰。

群众文化事业在改革开放和实施三大重点文化工程的促进下，获得空前的快速发展。群众文化网络不断完善。1999年与1978年相比，群众艺术馆增加了11个，达到16个，增长了2倍；图书馆增加了74个，达到79个，增长了14.6倍；文化馆增加了9个，达到92个，增长了9.5%；特别是1999年，在国家主席江泽民亲笔为新疆维吾尔自治区图书馆题写馆名的巨大鼓舞下，一座建筑面积为24700平方米、设施设备现代化的自治区图书馆新馆已落成开馆，成为自治区首府标志性文化设施；全区农村文化站已发展到918个（1978年时为零）。一个覆盖全区城乡、体系较为完善、硬软件达到一定水平的五级群众文化网络已经形成，成为自治区城乡基层社会主义精神文明建设的重要载体和主阵地之一。

三大工程成绩斐然。三大文化工程在全区实施，使文化建设由部门行为上升为党委、政府行为和社会系统工程。自治区人民政府已命名表彰了两批共18个“文化建设先进县（市、区）”，其中有8个县（市、区）跨入了“全国文化先进县”行列，有10个地、县被文化部授予“全国万里边疆文化长廊建设成绩显著地区”称号；实施“万村书库”工程，在全区建立农村文化室书库600多个，丰富了广大农牧民的文化生活。

群众文化队伍不断扩大，已经形成一支门类齐全、人员众多、覆盖面广、能够组织引导群众文艺活动广泛开展的群众文骨干队伍。群众文化活动丰富多采，特别是坚持开展送文化下乡活动，仅近几年就送演出下乡1万余场，送图书下乡1万余次，送电影下乡1.5万场次，实施文化扶贫捐书10余册。群众文艺创作蓬勃发展，在历届全国“群星奖”评比中，获得了1金4银8铜的好成绩；我区职工合唱团、少儿合唱团参加全国和国际合唱节获得优异成绩；我区哈密市回城乡、麦盖提县库木克萨尔乡、央塔克乡被文化部授予“中国民间艺术之乡”称号。

对外文化交流日益扩大和活跃，近5年共派出188个团组、1508人次到50多个国家和地区进行文化交流；同时接待了来自50多个国家和地区的125个团组、1554人次到我区进行文化交流。

文化市场迅速发展，管理得到加强。《新疆维吾尔自治区文化市场管理条例》的颁布实施，促进了文化市场的健康有序发展；全区三级文化市场稽查队伍的建立，使日常管理与“扫黄打非”专项斗争相结合取得了显著成效。

文物保护工作进一步加强，已查明文物点4000多处，其中已列为国家文物保护单位14个，列为自治区级文物保护单位239个。文物抢救维修和考古发掘工作取得重大成果。

1996年尼雅考古获重大发展，被列为全国文物考古十大成果之一；1998、1999年"新疆丝路考古珍品展"在上海、北京成功举办，扩大了新疆文物的对外宣传和影响。文博单位作为爱国主义教育基地的作用得到进一步发挥，已在全区形成历史文物和革命文物的教育网络。

回眸50年发展历程，展望新世纪发展前景，新疆各族文艺工作者更加意气风发，豪情激荡。知识经济时代的到来和国家实施西部大开发战略，是新疆文化事业发展的难得机遇。我们要在自治区党委、自治区人民政府正确领导下，扬新疆文化资源优势之长，拓新疆歌舞之乡、文物大省之利，以优秀民族文化形成新的凝聚力和创造力，融入西部大开发格局，服务新疆经济开发建设，聚文化产业、文化市场之发展而成新的经济增长点，为新疆的两个文明建设做出更大贡献。

宁波市文化发展沧桑五十载

宁波市文化局

宁波是国家级历史文化名城和著名的港口城市，文明发祥、港口开拓的历史悠久，文化资源和文化遗产极为丰富。建国50年来，宁波文化事业发展迅速，尤其在党的十一届三中全会以后，随着地方经济和社会发展进入一个崭新的历史时期，宁波的各项文化事业发展进程更势如破土新笋，文化基本建设不断加强，文艺创作普遍繁荣，群众文化日趋活跃，文博事业长足发展，公共图书馆事业高科技拓展，文化市场繁荣有序，对外文化交流日趋频繁，宁波的文化建设在全面发展的同时，呈现出可喜的局面，可谓是巨变的50年、辉煌的50年。

现按相关数据和资料分类概述如下。

一、文化事业机构日益健全

建国初期，宁波仅有少量的文化馆、私营剧场、私家藏书楼等。50年代初开始建立专业文工团，并向山区、海岛普及电影放映，发展文化事业机构。1956年，民营剧团、剧场、电影院转为公私合营或国营。"文革"期间，除"样板戏"、"样板电影"外，文化生活相对贫乏。改革开始后，文化事业呈现出勃勃生机，至1998年底，全市系统内文化事业、文化产业机构713个，其中专业表演团体7个，公共图书馆9个，群艺馆(文化馆)13个，乡镇文化站152个，电影院、影剧院75个，各级文物保护单位231个，艺术教育和研究单位2个，全市在编在岗专业文化工作人员为3442人。

二、城乡文化设施大为改观

由于历史的原因，宁波城乡的文化设施建设相对滞后于经济发展和城市建设速度。改革开始以后，在市委、市政府的重视下，加快了文化设施建设，仅1993年至1995年，文化事业总投入为50.07亿元。其中政府投入为25.26亿元，年均递增41%，大大高于同期地方可用财力31%的增长幅度。1993年至1997年，市本级财政(不含政策性优惠折价)投入文化基础设施1.5亿元，连同所辖县(市)、区各级政府财政总投入逾3亿元。其中1998年结顶的宁波文化艺术中心一期工程建筑面积4万余平方米，首期投资2.2亿元，其投资规模和建筑体量均创宁波文化设施之最。1979年以来，市本级新建、改造并投入使用的图书馆、展览馆、影剧院、文艺学校、剧团团部、文化广场等计19个，县(市)、区为11个(不含在建项目)。在创建"东海明珠工程"的同时，至1998年，全市共投入专款8900万元，设施建筑面积共计5.2万平方米。中心城市和副中心城市因文化硬件设施的大规模改善，大大提升了城市文化形象和品位，为专业文化、群众文化活动的开展提供了物质保障和更为广阔的空间。

三、文艺创作、表演硕果累累

建国50年来，在各级文化主管部门和文联的积极引导下，宁波的广大文艺工作者创作出一大批形象生动、内涵深刻、群众喜闻乐见的优秀作品，彻底改变了50—70年代仅有少数业余作者在报刊上发表短小文学作品和只有少量戏曲剧目参加省级文艺调演的现状。美术、书法、摄影、音乐、舞蹈、民间文艺则有了新的突破。据统计，1983年以来，全市在省级以上各类评比、展览中获奖的作品就达500余部（件、篇），获奖率名列全省各市（地）前茅，充分显示了宁波市文艺队伍的综合实力。其中文学作品为110余部（篇、首），戏剧作品80余部（次），美术作品90余件（次），书法作品50余件，摄影作品近百幅，音乐舞蹈作品50余个，民间文艺10余部（篇），为两个文明建设作出了重要的贡献。

四、大型群文活动如火如荼

1949年以前，宁波极少有大型群众文化活动，民间传统文艺活动多在过年过节或迎神赛会时举行。建国后，逐渐开展有组织的群文活动，形式有庆祝演出、会演、调演和文化节、艺术节、艺术周等。“文革”期间，以政治性宣传活动为主，改革开放后，群众性文化活动蓬勃发展，1983年国庆节组织盛大民间文艺会串，1984年开始举办市戏剧节，至今已举办7届；1985年开始举办群众声乐比赛，1987年开始举办青年文化艺术节，1989年开始举办市文化艺术节，至今已举办2届；1990年开始举办音乐舞蹈节，至今已举办5届。随着改革向纵深发展，宁波开始构建具有时代先导性、民族继承性、中外交融性的都市文化。1995年以来，除精心组织好以上各项活动，以及已形成传统的“新年交响音乐会”、“除夕焰火晚会”、“六一少儿艺术周”、“八一晚会”、“国庆文艺晚会”等活动外，每年上规模、有影响的文化活动保持在15次左右。如1996年春节文艺大巡游，1997至1999年先后3届宁波国际服装节开幕式大型文艺晚会、省运会开幕式团体操，以及首届全国体育大会开幕式大型文艺晚会等，在省内外引起较大反响，尤其是服装节开幕式大型文艺表演，以大场面、大气势、大手笔一展文化名城和服装大市缤纷多彩的风资，极大地提高了宁波在海内外的知名度。

五、文艺舞台处处莺歌燕舞

建国以来，宁波的文艺舞台一直比较繁荣。经过“文革”期间的冷寂，80年代初、中期再次呈现繁荣之象，演出场次和观众人次逐年递增，仅1987年就演出1100余场，观众达80余万人次。随着改革开放的逐步深入，1996年至1999年间，宁波的演出市场呈现了前所未有的火爆场面，共接纳国内专业演出团体300个，演出4000余场，国内著名表演团队，著名歌星、演员都纷纷在宁波亮相演出。1998年全市各专业剧团共演出1120场，观众121.4万人次；全市放映电影4.4万场，观众达530.2万人次。同时，还积极申办了一系列国家级、省级大型文化活动和文艺赛事，如1995年全国第六届“群星奖”舞台舞蹈决赛及颁奖晚会，1997年全国第七届“群星奖”群文科研成果颁奖会、全国第六次“万里边疆文化长廊”建设现场会、承办第二届全国科技发明博览会、’99中国国际民族歌舞年宁波分会场、浙江省第七届戏剧节等等。中心城市的文化活动营造了副中心城市的文化氛围，各副中心城市每年平均亦有10次左右较有影响的文化活动。

六、公共图书馆事业高速发展

宁波市图书馆恢复于1953年，其时藏书量仅8946册。1962年，馆舍面积扩至1400平方米，藏书12万册，期刊230余种，但设备依旧比较简陋。1988年建立新馆，馆舍面积为8187平方米，藏书70万册，其中古籍9万余册，一举成为浙东地区公共图书馆之最。50年来，公共图书馆事业有了巨大的发展，至1998年底，全市9个公共图书馆馆舍总面积达到27868平方米，总藏书量达159.8万册，年读者流通人次总量达104.1万人次。近年来更注重图书馆自动化建设，购置设备、培训人员，建立数据库，目前已有8个公共图书馆在采编、流通系统实现了电脑管理。同时还十分重视乡镇图书馆（室）的建设，市和各县级图书馆对乡镇图书馆进行了长期的帮助和指导。

七、文博事业继往开来

在首次文物普查中，发现了建于北宋的至

今江南保存最为完好的木结构建筑保国寺和在慈溪上林湖周边集中发现古越窑遗址120余处。嗣后，在1982年至1985年的第二次文物普查中，又全力勘查文物点3922处，筛选登记1230处，并将重大文物遗存及时公布为文保单位。自50年代初至1998年底，全市投入文物维护经费1.6亿余元，共完成保国寺大殿、天童寺、阿育王寺等70余项文保单位维修项目。1995年，市政府还确定文物维护经费基数60万元，并逐步递增，1999年已达到165万元。截至1999年底，全市有专业文博人员200余人，业余文保员1200余名。全市已公布的各级文物保护单位231处，其中国家级7处，省级29处，国家级大遗址3处，省级历史文化名城(镇)4座。在保护、开放的基础上，还先后建成专题性博物馆、纪念馆如河姆渡遗址博物馆、镇海口海防历史纪念馆等40余座，初步形成具有名城特色的博物馆体系。全市现有藏品20余万件(册)，其中珍贵文物3290余件，善本古籍8万余卷，有60余处文博单位被公布为国家、省、市、县级爱国主义教育基地，其中2处列为中宣部公布的全国百家“爱教”基地。

八、考古发掘成果丰硕

建国50年来，考古发掘成果卓著。1956年，修筑萧甬铁路和建设火车南站时，在青林渡、祖关山等地发掘、清理出战国至明代墓葬128座，出土文物1124件。1973年，在和义路、东门口建筑防空洞时发掘、清理唐宋古城门遗址、造船场遗址，出土了宋代木船和一批越窑青瓷等。1973年至1974年、1977年至1978年两次考古发掘河姆渡文化遗址，震惊世界。改革开放后，又进行了北仑砂溪，鄞县钱岙等古文化遗址、古窑址、古墓葬等考古发掘共23项，与城市各类基建配套的考古发掘10余项，极大地丰富和深化了宁波这个历史文化名城内涵。

九、文化市场流光溢彩

文化市场是深化改革开放的成果。我市从1984年创办第一家营业性舞厅以来，经过十多年的培育和管理，文化市场总体已呈现出门类齐全、布局合理、层次众多、健康有序的局面。据1999年底最新统计数字表明，全市已有文化经营单位6978家，其中娱乐市场2938家，音像市场1668家，书报刊市场1551家，演出市场206家，文物市场150家，电影发行、放映单位233家，美术品经营单位43家，艺术培训单位16家，其他经营项目173家。从地域分布来看，城区5区有文化经营单位2388家，6个县(市)4582家，分别占经营单位总数的34%和66%。全市娱乐、音像、演出、书报刊四大市场经营单位的固定资产总值已达到5.4亿元。主营项目的营业收入3.2亿余元，上缴国家税费和支付从业人员劳动报酬6000万元。全市文化市场直接从业人员约8万人左右，其中相对固定的约2.5万余人。各类场所每天接纳消费人次达20万以上。文化市场作为文化产业已成为我市第三产业的重要组成部分，它正在为丰富人民群众的文化生活，促进精神文明建设，繁荣地方经济，拓宽劳动就业面，稳定社会秩序等，发挥着积极而不可忽视的作用。

十、对外文化交流方兴未艾

作为沿海开放港口城市，对外文化交流是体现城市文化层次的标志。改革开放给宁波对外文化交流带来了勃勃生机。继1988年德国石荷州文化艺术团作为首家登陆宁波的外国艺术表演团队来甬演出后，我市先后接待了德国北莱茵州爵士乐团、奥地利萨尔茨堡室内乐四重奏、比利时管弦乐团、菲律宾21世纪乐队、哈萨克斯坦舞蹈团、德国现代芭蕾舞团、加拿大阿肯舞蹈团、乌克兰现代舞蹈团、俄罗斯冰上芭蕾舞团、新西兰库克群岛艺术团、巴西热带歌舞团、澳大利亚OSO摇滚乐团等60余个国外境外演出团体。在有选择地引进国外高雅艺术的同时，1996年，我市画家小组与列支敦士登画家进行互访年；1998年，市歌舞团先后成功地赴日本和法国演出；1997年市文化考察团考察了欧美并访问了韩国；1998年，市文物展览团在韩国全罗南道农业博物馆举办“中国河姆渡古代农耕遗物展览”，并举办学术讲座；1999年，市文物商店赴法国圣丹尼市参加旅游语言和娱乐博览会，民族乐团访问台湾。这些对外文化交流活动不仅极大地丰富了宁波市的文艺舞台，亦扩大了宁波对外的影响。

历史资料

全国文化事业机构数

单位:个

年份	艺术表演团体	艺术表演场所	博物馆	公共图书馆	群众艺术馆	文化馆	文化站	中等艺术学校
1949年	1 000	891	21	55	--	896	--	1
1952年	2 084	1 510	35	83	--	2 430	4 107	4
1957年	2 884	2 296	72	400	--	2 748	--	29
1962年	3 320	2 249	230	541	61	2 514	1 192	46
1965年	3 458	2 943	214	562	62	2 598	2 125	51
1970年	2 541	1 432	182	323	29	2 303	1 794	14
1975年	2 836	1 464	242	629	81	2 589	2 717	49
1976年	2 906	1 458	263	768	80	2 609	2 886	54
1977年	2 941	1 448	300	851	87	2 644	3 012	64
1978年	3 150	1 095	349	1 218	92	2 748	1 729	71
1979年	3 482	1 255	344	1 651	144	2 892	22 304	71
1980年	3 533	1 444	365	1 732	218	2 912	25 273	69
1981年	3 483	2 302	383	1 787	257	2 893	28 417	79
1982年	3 460	2 469	409	1 889	264	2 925	35 832	80
1983年	3 444	1 818	467	2 038	270	2 946	41 830	85
1984年	3 397	1 779	618	2 217	315	3 016	50 247	95
1985年	3 317	1 756	711	2 344	335	2 965	52 858	102
1986年	3 195	2 058	777	2 406	337	2 993	53 519	113
1987年	3 094	2 148	827	2 440	348	2 973	52 867	116
1988年	2 985	2 081	903	2 485	358	2 975	52 923	116
1989年	2 850	2 050	967	2 512	366	2 955	51 910	121
1990年	2 805	2 055	1 013	2 527	366	2 955	52 435	111
1991年	2 772	2 068	1 075	2 535	371	2 894	51 959	122
1992年	2 753	2 037	1 106	2 565	372	2 900	48 375	126
1993年	2 707	2 024	1 130	2 579	370	2 886	46 212	129
1994年	2 698	1 998	1 161	2 596	374	2 887	46 619	129
1995年	2 684	1 972	1 194	2 615	373	2 886	45 038	131
1996年	2 664	1 934	1 219	2 631	392	2 892	41 969	130
1997年	2 663	1 947	1 282	2 661	385	2 901	42 163	137
1998年	2 652	1 929	1 339	2 731	386	2 901	42 547	135
1999年	2 632	1 911	1 363	2 767	389	2 905	42 543	141

全国艺术表演团体分剧种机构数

单位:个

年　份	总　计	话剧、儿童剧、滑稽剧团	歌剧、舞剧、歌舞剧团	歌舞团、轻音乐团	乐　团	文工团、文宣队、乌兰牧骑	戏曲剧团		曲、杂、木、皮团
								京　剧	
1949年	1 000	--	--	--	--	--	860	--	--
1952年	2 084	--	--	--	--	255	1 706	350	123
1957年	2 884	100	103	--	--	13	2 406	--	262
1962年	3 320	78	113	--	15	91	2 450	249	647
1965年	3 458	94	102	--	14	212	2 318	230	725
1970年	2 541	52	93	--	7	932	1 293	226	156
1975年	2 836	58	113	--	4	1 225	1 253	243	183
1976年	2 906	58	117	--	3	1 246	1 282	240	198
1977年	2 941	60	124	--	3	1 232	1 326	232	196
1978年	3 150	76	116	--	7	959	1 726	239	266
1979年	3 482	89	137	--	10	775	2 100	235	371
1980年	3 533	100	143	--	11	669	2 224	231	386
1981年	3 483	104	152	--	10	605	2 272	221	340
1982年	3 460	5	165	--	11	584	2 269	215	326
1983年	3 444	105	170	--	12	558	2 271	209	328
1984年	3 397	105	184	--	16	530	2 231	191	331
1985年	3 317	103	204	--	18	517	2 167	181	308
1986年	3 195	100	226	--	20	502	2 061	163	286
1987年	3 094	97	261	--	22	490	1 954	154	270
1988年	2 985	94	283	--	21	466	1 861	138	260
1989年	2 850	91	289	--	24	445	176	126	234
1990年	2 805	90	298	--	22	440	1 722	122	233
1991年	2 772	92	41	252	21	432	1 707	121	227
1992年	2 753	94	43	250	21	432	1 695	120	218
1993年	2 707	90	42	254	18	421	1 667	119	215
1994年	2 698	90	44	258	20	427	1 647	116	212
1995年	2 682	89	45	261	19	425	1 634	116	209
1996年	2 664	92	61	283	17	415	1 587	114	209
1997年	2 663	93	59	283	19	432	1 573	113	204
1998年	2 652	88	65	286	17	424	1 562	112	210
1999年	2 632	86	74	295	17	410	1 541	110	209

全国文化事业占国家财政总支出、文教科学卫生事业费支出的比重

单位:亿元、%

年份	文化事业费	国家财政总支出	文教科学卫生事业费	文化事业费占国家财政比重	文化事业费占文教科卫比重	文教科学卫生事业费占国家财政总支出的比重
一五时期	4.97	1 345.6	110.21	0.37	4.51	8.19
二五时期	7.99	2 288.7	193.54	0.35	4.13	8.46
三年调整	4.49	1 204.9	126.89	0.37	3.54	10.53
三五时期	10.36	2 518.6	225.82	0.41	4.59	8.97
四五时期	15.36	3 919.6	341.98	0.39	4.46	8.72
五五时期	22.04	5 247.3	566.73	0.42	3.89	10.80
1978年	4.44	1 111.0	112.66	0.40	3.94	10.14
1980年	5.58	1 212.7	146.26	0.46	3.82	12.06
六五时期	36.03	6 952.0	1 171.73	0.52	3.07	16.85
1985年	9.32	1 844.8	316.70	0.51	2.94	17.17
七五时期	62.45	13 978.3	2 439.40	0.45	2.56	17.45
1986年	10.74	2 330.8	379.93	0.46	2.83	16.30
1987年	10.77	2 448.5	402.75	0.44	2.67	16.45
1988年	12.18	2 706.6	486.10	0.45	2.51	17.96
1989年	13.57	3 040.2	553.33	0.45	2.45	18.20
1990年	15.19	3 452.2	617.29	0.44	2.46	17.88
八五时期	121.23	26 092.5	5 703.59	0.46	0.21	21.86
1991年	17.28	3 813.6	708.00	0.45	2.44	18.56
1992年	19.46	4 389.7	792.76	0.44	2.45	18.06
1993年	22.37	5 287.4	957.77	0.42	2.34	18.11
1994年	28.83	5 792.6	1 278.18	0.50	2.26	22.07
1995年	33.39	6 809.2	1 966.88	0.49	1.69	28.89
九五时期						
1996年	38.77	7 914.4	1 705.08	0.49	2.27	25.04
1997年	46.19	9 197.1	…	0.50	…	…
1998年	50.78	10 771.0	…	0.47	…	…
1999年	55.61	13 136.0	…	0.42	…	…

说明:1.资料来源:国家财政总支出、文教科学卫生事业费均系国家财政决算数。文化事业费:1953——1980年系国家财政决算数("一五"至"四五"时期含文物、出版经费,"五五"时期不含文物、出版经费);1981年以后系文化事业统计年报数(不含文物、出版及科学研究费)。

2.文教科学卫生事业费包括:文化、出版、文物、教育、卫生、体育、科学、广播电影电视、计划生育、其他文教等事业费。

3.1995年的文教科学卫生事业费系财政的"事业发展和社会保障支出"数。

全国文化事业费总支出分项情况

单位:万元

年　份	总　计	艺术表演团团体	艺术表演场场所	公共图书馆	群众文化事业	中等专业学校	干部训练	其　他
六五时期	459 316	213 563	30 046	47 760	74 866	16 421	940	75 720
1981年	69 232	38 897	…	6 145	12 140	2 797	…	9 253
1982年	79 318	39 693	6 169	252	11 957	2 827	…	11 420
1983年	89 282	42 861	6 653	9 121	13 631	3 114	261	13 641
1984年	103 885	44 820	7 705	1 184	16 798	3 540	335	18 838
1985年	117 599	47 292	9 519	13 393	20 340	4 143	344	22 568
七五时期	980 847	294 857	138 074	116 300	168 619	29 521	5 122	228 353
1986年	151 892	53 238	16 912	17 242	27 118	4 640	1 160	31 582
1987年	163 618	54 334	21 887	19 030	28 222	483	958	34 350
1988年	193 954	57 834	27 420	23 021	32 385	5 967	872	46 454
1989年	226 748	61 937	33 601	26 737	3 818	6 720	1 000	58 335
1990年	244 635	67 514	38 254	30 270	42 470	7 357	1 132	57 632
八五时期	2 090 837	559 130	302 037	261 106	334 861	78 076	8148	547 478
1991年	287 937	76 065	45 634	34 388	48 674	8 610	1 228	73 338
1992年	328 295	87 797	49 738	41 132	55 330	10 483	1 217	82 598
1993年	398 478	100 106	58 860	48 211	63 172	13 717	1 489	112 922
1994年	502 210	134 508	68 389	63 295	78 794	21 113	1 985	134 126
1995年	574 193	160 654	79 416	74 080	88 891	24 153	2 229	144 769
九五时期								
1996年	741 671	183 534	88 947	88 963	137 775	31 477	1 573	208 402
1997年	848 548	202 789	93 125	113 927	158 861	39 561	2 186	238 100
1998年	899 877	223 877	92 580	127 032	173 207	43 820	2 084	237 277
1999年	973 733	242 797	85 653	135 826	177 528	51 690	1 486	278 754

全国文化事业费总支出构成情况

单位：%

年份	总计	艺术表演团团体	艺术表演场所	公共图书馆	群众文化事业	中等专业学校	干部训练	其他
六五时期	100.0	46.5	6.5	10.4	16.3	3.6	0.2	16.5
1981年	100.0	56.2	--	8.9	17.5	4.0	--	13.4
1982年	100.0	50.0	7.8	9.1	15.1	3.6	--	14.4
1983年	100.0	48.0	7.5	10.2	15.3	3.5	0.3	15.3
1984年	100.0	43.1	7.4	11.4	16.2	3.4	0.3	18.1
1985年	100.0	40.2	8.1	11.4	17.3	3.5	0.3	19.2
七五时期	100.0	30.1	14.1	11.9	17.2	3.0	0.5	23.3
1986年	100.0	35.0	11.1	11.4	17.9	3.1	0.8	20.8
1987年	100.0	33.2	13.4	11.6	17.2	3.0	0.6	21.0
1988年	100.0	29.8	14.1	11.9	16.7	3.1	0.4	24.0
1989年	100.0	27.3	14.8	11.8	16.9	3.0	0.4	25.7
1990年	100.0	27.6	15.6	12.4	17.4	3.0	0.5	23.6
八五时期	100.0	26.7	14.4	12.5	16.0	3.7	0.4	26.2
1991年	100.0	26.4	15.8	11.9	16.9	3.0	0.4	25.5
1992年	100.0	26.7	15.1	12.5	16.9	3.2	0.3	25.2
1993年	100.0	25.1	14.8	12.1	15.9	3.4	0.4	28.3
1994年	100.0	26.8	13.6	12.6	15.7	4.2	0.4	26.7
1995年	100.0	28.0	13.8	12.9	15.5	4.2	0.4	25.2
九五时期								
1996年	100.0	24.7	12.0	12.0	18.6	4.2	0.2	28.3
1997年	100.0	23.9	11.0	13.4	18.7	4.7	0.3	28.0
1998年	100.0	24.9	10.3	14.1	19.2	4.9	0.2	26.4
1999年	100.0	24.9	8.8	13.6	18.2	5.3	0.2	29.0

全国文化事业基本建设投资占全国基本建设投资的比重

单位:亿元、%

年　份	文化事业基建投资	国家基建投资	文化事业基建投资占国家基建投资比重
一五时期	2.58	531.19	0.49
二五时期	1.97	944.38	0.21
三年调整	0.40	371.74	0.11
三五时期	2.38	871.28	0.27
四五时期	2.67	1 454.72	0.18
五五时期	3.77	1 696.40	0.22
六五时期	25.68	3 410.09	0.75
1981年	3.63	442.91	0.82
1982年	4.62	555.53	0.83
1983年	4.94	594.13	0.83
1984年	6.04	743.15	0.81
1985年	6.45	1 074.37	0.60
七五时期	28.83	7 286.00	0.40
1986年	6.32	1 176.11	0.54
1987年	6.14	1 343.10	0.46
1988年	6.42	1 574.31	0.41
1989年	4.81	1 551.74	0.31
1990年	5.14	1 703.81	0.30
八五时期	53.13	23 545.69	0.23
1991年	5.78	2 115.80	0.27
1992年	7.85	3 012.65	0.26
1993年	9.18	4 615.50	0.20
1994年	14.22	6 436.74	0.22
1995年	16.10	7 365.00	0.22
九五时期			
1996年	14.43	8 399.00	0.17
1997年	20.48	10 500.00	0.20
1998年	17.01	11 904.00	0.14
1999年	23.92	12 619.00	0.19

说明:1.资料来源:①国家基建投资均摘自国家统计局统计年鉴。其中1953——1980年系国家预算内投资;1981年以后系国家基本建设投资(包括国家预算内投资、自筹投资和银行贷款等)。②文化事业基建投资:1953——1980年系国家预算内投资;1981—1984年以后系国家基本建设投资(包括国家预算内投资、自筹投资和银行贷款等)。1985——1989年系文化事业统计年报中文化事业基建实际完成投资额(包括国家预算内投资、自筹投资和银行贷款等)。

2.文化事业基建投资:1953——1984年包括文化系统内所属文化、出版、文物的基建投资;1985年以后仅为文化部系统的基建投资,不含文物、出版的基建投资。

全国文化事业基本建设情况

单位:万元、个、万平方米

年　份	本年计划投资		实际完成投资额	交付使用	
		国家投资		项　目	面　积
1982年	46 244	--	37 090	1 187	--
1983年	53 170	18 063	42 381	1 292	--
1984年	58 589	22 517	48 479	1 024	--
1985年	73 267	32 150	64 460	986	--
七五时期	320 139	152 369	288 287	2 419	520.6
1986年	69 939	32 864	63 197	74	117.6
1987年	69 692	34 951	61 383	622	121.0
1988年	69 918	31 594	64 186	581	97.0
1989年	51 964	24 680	48 124	542	97.9
1990年	58 626	28 280	51 397	476	87.1
八五时期	627 173	180 715	531 208	1 540	299.3
1991年	67 112	23 214	57 781	325	62.8
1992年	89 707	28 348	78 488	358	65.6
1993年	110 843	28 170	91 766	314	56.3
1994年	154 649	48 912	142 171	268	48.1
1995年	204 862	52 071	161 002	275	66.5
九五时期					
1996年	187 692	58 225	144 433	287	94.1
1997年	223 963	98 845	204 774	285	74.1
1998年	230 649	119 561	170 079	176	73.0
1999年	280 005	112 130	239 269	217	78.4

全国文化事业基本建设增长情况

(以上一年为100)

单位:%

年　份	本年计划投资		实际完成投资额	项　目	面　积
		国家投资			
1982年	--	--	--	--	--
1983年	15.0	--	14.3	8.8	--
1984年	10.2	24.7	30.7	-20.7	--
1985年	25.1	42.8	33.0	-3.7	--
七五时期	-4.4	-2.5	-4.4	-13.6	--
1986年	-0.5	2.2	-2.0	-24.9	--
1987年	-0.4	6.4	-2.9	-15.9	2.9
1988年	0.3	-9.6	4.6	-6.6	-19.8
1989年	-25.7	-21.9	-25.0	-6.7	0.9
1990年	12.8	14.6	6.8	-12.2	-11.0
八五时期	28.4	13.0	25.7	-10.4	-5.3
1991年	14.5	-17.9	12.4	-31.7	-27.9
1992年	33.7	22.1	35.8	10.2	4.5
1993年	23.6	-0.6	16.9	-12.3	-14.2
1994年	39.5	73.6	54.9	-14.6	-14.6
1995年	32.5	6.5	13.2	2.6	38.3
九五时期					
1996年	-8.4	11.8	-10.3	4.4	41.5
1997年	19.3	69.8	41.8	-0.7	-21.3
1998年	3.0	21.0	-16.9	-38.2	-1.4
1999年	21.4	-6.2	40.7	23.3	7.4

全国文化部门艺术表演团体演出及收支情况

年份	机构数（个）	演出场次（万场次）		观众人次（万人次）	平均每团演出场次（场）	总收入（万元）			总支出（万元）		经费自给率（%）
			农村演出				财政补助收入	演出收入		排练制作费	
1949年	1 000	30	--	--	300	--		--	--	--	--
1952年	2 084	66	--	2 312	317	--		--	--	--	--
1957年	2 884	137	--	79 245	474	--		--	--	--	--
1958年	3 181	205	--	120 290	644	--		--	--	--	--
1964年	3 302	171	82	84 293	518	19 030	5 290	--	19 817	--	68.0
1978年	3 143	65	22	79 395	206	32 086	19 644	11 079	30 049	7 393	41.4
1980年	2 183	54	20	61 519	245	34 687	22 503	10 685	29 524	5 953	41.3
1985年	3 295	74	49	72 322	226	48 568	30 942	13 091	47 292	6 007	37.3
1986年	3 173	63	40	60 012	198	53 638	35 562	13 278	53 238	3 815	34.0
1987年	3 068	62	39	59 688	202	55 533	34 776	15 169	54 334	3 589	38.2
1988年	2 961	55	35	53 674	186	61 081	37 637	16 129	57 834	2 947	40.5
1989年	2 831	49	32	50 080	173	64 118	39 509	16 003	61 937	3 530	40.0
1990年	2 788	49	32	51 012	176	71 535	43 759	18 041	67 514	3 952	41.1
1991年	2 760	45	29	46 411	162	71 756	42 638	17 798	76 065	4 566	38.3
1992年	2 744	43	28	46 338	155	80 959	46 617	19 559	87 797	4 843	39.1
1993年	2 698	41	26	42 530	151	92 770	51 093	21 756	100 106	4 762	41.6
1994年	2 691	40	26	40 935	149	127 628	75 583	27 276	134 508	6 608	38.7
1995年	2 676	41	26	43 166	154	151 388	86 620	34 382	160 654	9 302	40.3
1996年	2 656	42	27	47 934	158	184 240	109 781	39 870	183 534	8 090	40.1
1997年	2 651	42	26	46 361	157	206 794	125 300	40 716	202 789	10 161	37.9
1998年	2 640	42	26	53 486	161	218 546	139 913	41 730	223 877	11 215	34.5
1999年	2 622	42	26	46 904	161	242 645	155 609	48 967	242 797	16 423	33.2

全国文化部门剧场、影剧院演出及收支情况

年份	机构数(个)	演出场次(万场次)			观众人次(万人次)	收入合计(万元)				总支出(万元)
			艺术场次	电影场次			财政补助收入	艺术演出收入	电影放映收入	
1985年	1 377	99	12	87	－－	11 630	1 506	1 776	5 206	9 519
1986年	1 928	203	15	155	88 670	19 547	2 233	2 488	8 201	16 786
1990年	1 995	302	9	209	89 157	43 491	2 865	3 375	16 560	37 402
1991年	2 009	367	9	196	77 613	47 406	1 682	3 760	18 208	44 260
1992年	1 987	288	7	173	53 188	51 123	1 545	4 487	16 747	48 185
1993年	1 972	245	6	132	43 278	60 204	1 596	4 635	17 291	56 846
1994年	1 947	221	5	121	27 552	68 000	2 375	5 268	17 568	66 234
1995年	1 918	205	5	114	24 252	79 507	2 793	6 481	22 492	77 134
1996年	1 892	256	5	97	59 057	86 147	5 034	7 611	21 958	87 204
1997年	1 898	231	5	91	16 572	88 540	6 559	8 387	18 513	89 732
1998年	1 882	206	5	75	15 368	84 956	6 800	8 869	17 735	88 735
1999年	1 864	168	6	61	11 581	75 675	7 588	10 187	11 160	80 731

全国公共图书馆业务活动情况

年份	机构数(个)	总藏量(万册、件)		总流通人次(万人次)		图书流通册次(万册次)	书架单层总长度(万米)	发放借书证数(万个)
			书刊		外借人次			
1979年	1 651	18 353	18 353	7 787	－－	9 625	－－	－－
1980年	1 732	19 904	19 904	9 045	－－	11 830	－－	－－
1985年	2 344	25 573	25 573	11 614	－－	18 942	－－	－－
1986年	2 406	26 133	26 133	11 722	－－	16 205	504	523
1990年	2 527	29 064	29 064	12 435	－－	20 242	772	603
1991年	2 535	30 614	29 877	20 496	7 949	13 325	758	631
1992年	2 565	31 175	30 493	18 495	7 653	12 625	748	563
1993年	2 579	31 410	30 737	16 973	6 970	11 685	797	562
1994年	2 596	32 332	31 683	14 451	7 232	11 852	776	552
1995年	2 615	32 850	32 171	18 298	7 160	11 814	899	540
1996年	2 631	33 686	32 913	14 793	7 731	13 544	967	527
1997年	2 661	37 549	33 514	16 114	8 561	15 685	817	556
1998年	2 731	38 514	34 443	17 058	8 910	15 422	873	582
1999年	2 767	39 539	35 418	18 040	9 075	16 290	934	596

全国公共图书馆经费收支及设施情况

年份	收入合计(万元)	财政补助收入	支出合计(万元)	购书费	新购图书(万册)	公用房屋建筑面积(万平方米)	书库	阅览室	座席数(万个)
1979年	5 040	5 040	5 206	2 163	--	86.6	38.1	21.1	--
1980年	5 476	5 476	5 486	2 273	--	92.0	42.1	23.5	--
1985年	15 272	15 272	13 393	4 164	1 343	172.0	64.1	46.1	23.1
1986年	19 891	19 070	17 242	5 300	1 359	210.0	73.0	53.4	33.7
1990年	32 328	29 292	30 271	8 474	895	326.0	98.4	76.1	32.1
1991年	36 764	32 593	34 388	8 927	771	349.1	104.3	80.0	34.0
1992年	45 354	39 010	41 132	9 916	740	363.6	105.3	84.3	34.4
1993年	50 917	42 975	48 211	10 698	631	368.0	108.0	85.0	34.3
1994年	74 586	60 639	63 295	9 252	556	409.1	113.6	85.7	34.8
1995年	79 685	65 829	74 080	16 788	551	415.5	117.8	88.3	35.2
1996年	93 235	76 582	88 963	19 626	577	441.4	120.8	94.0	35.6
1997年	114 004	93 177	113 927	25 527	680	471.5	124.9	98.0	37.4
1998年	129 082	107 521	127 032	28 067	700	492.5	131.7	101.8	39.9
1999年	137 430	115 830	135 826	30 473	678	506.0	137.4	105.7	41.6

全国群众文化事业业务活动、经费收支及设施情况

年份	机构数(个)	举办展览个数(个)	组织文艺活动次数(次)	举办训练班次(次)	藏书(万册)	收入合计(万元)	财政补助收入	支出合计(万元)	业务费	公用房屋建筑面积(万平方米)
1979年	3 965	13 001	114 307	--	4 241	10 114	10 114	10 114	3 439	--
1980年	7 723	23 553	202 828	20 359	--	11 270	11 270	11 376	4 138	--
1985年	8 746	30 998	118 888	31 842	3 294	20 835	20 835	17 686	4 186	308.5
1986年	8 906	32 803	106 726	30 576	1 830	29 573	25 505	23 751	4 918	354.8
1990年	9 087	34 292	99 068	37 017	1 915	49 763	36 985	37 475	6 556	457.8
1991年	10 507	35 498	116 618	39 568	1 852	45 874	31 066	43 559	7 250	484.5
1992年	9 564	32 095	96 481	40 707	1 801	53 735	35 577	49 798	7 060	496.1
1993年	10 155	29 636	86 680	34 279	1 855	62 098	37 840	57 877	7 764	538.6
1994年	11 276	30 224	92 167	39 296	2 014	79 167	48 906	73 174	8 598	560.3
1995年	13 487	31 070	110 509	46 023	2 585	89 411	56 826	83 628	10 517	614.1
1996年	45 253	76 397	247 357	130 592	86 752	139 090	74 434	137 775	18 143	1 110.0
1997年	43 738	87 795	278 782	119 873	71 259	160 117	92 275	158 861	20 245	1 176.0
1998年	45 834	86 960	267 351	125 872	79 483	178 165	96 416	173 207	21 827	1 195.3
1999年	45 837	94 270	280 373	138 195	82 510	111 089	108 656	177 528	24 703	1 195.2

注:1996－1998年群众文化事业机构包括其他部门文化站。

按年份各地区文化事业财政补助收入情况

单位:万元

地　　区	1980年	1985年	1986年	1990年	1991年	1995年	1996年
总　　计	56 073	107 188	127 269	179 376	181 010	333 853	387 654
中　　央	2 389	5 609	5 991	11 021	13 326	20 973	20 283
地　　方	53 684	101 579	121 278	168 355	167 684	312 880	367 371
北　　京	1 146	2 333	2 700	4 592	3 827	8 427	9 832
天　　津	851	1 586	2 114	2 813	3 073	5 098	6 676
河　　北	2 286	3 740	4 789	6 243	5 659	11 393	12 703
山　　西	1 931	3 334	4 174	6 020	5 278	9 215	10 920
内 蒙 古	1 816	3 670	4 546	5 861	5 751	8 624	11 938
辽　　宁	3 022	5 748	6 390	9 417	11 433	17 525	17 039
吉　　林	2 199	3 899	4 894	5 911	5 712	10 613	10 992
黑 龙 江	2 264	4 008	4 720	6 358	6 080	10 722	11 435
上　　海	1 568	3 717	4 361	6 426	6 642	15 431	23 270
江　　苏	2 329	4 319	5 615	7 657	8 286	18 234	21 072
浙　　江	1 834	4 282	5 540	6 774	6 903	14 764	16 473
安　　徽	1 891	3 318	3 564	5 136	5 017	8 836	10 104
福　　建	1 472	2 627	3 078	5 073	5 620	11 023	12 959
江　　西	1 832	3 174	3 920	4 112	4 259	7 404	11 112
山　　东	2 709	4 704	5 914	9 016	9 789	16 315	20 683
河　　南	2 455	4 528	5 005	6 883	6 550	12 447	14 830
湖　　北	2 541	4 801	5 560	6 349	6 116	11 268	13 011
湖　　南	2 467	4 658	5 139	5 989	6 171	10 525	11 886
广　　东	2 437	5 112	6 433	11 547	9 500	27 486	33 520
广　　西	1 525	2 677	3 250	4 701	4 438	8 617	8 455
海　　南	…	…	…	1 241	1 496	2 965	2 732
四　　川	3 501	6 135	7 755	10 037	10 157	16 905	19 472
贵　　州	898	2 016	2 480	3 364	3 060	4 785	6 142
云　　南	1 682	3 534	4 304	7 247	9 581	14 563	17 162
西　　藏	797	1 416	1 379	1 733	1 153	2 124	2 973
陕　　西	1 990	3 269	3 968	5 758	5 360	8 583	9 782
甘　　肃	1 283	2 502	2 830	4 101	3 627	6 935	6 614
青　　海	749	1 425	1 478	1 730	1 513	2 574	3 240
宁　　夏	784	1 783	1 739	1 888	1 781	2 108	2 006
新　　疆	1 425	3 263	3 639	4 378	3 852	7 371	8 240

按年份各地区人均

地区	1980年		1985年		1990年		1991年	
	人均经费	位次	人均经费	位次	人均经费	位次	人均经费	位次
总计	0.56	--	0.89	--	1.33	--	1.49	--
北京	1.29	5	2.05	6	3.07	4	3.75	3
天津	1.14	6	1.79	7	2.63	6	3.63	4
河北	0.44	21	0.51	29	0.81	28	0.91	26
山西	0.78	11	1.07	12	1.57	12	1.77	13
内蒙古	0.97	9	1.78	9	2.19	8	2.64	7
辽宁	0.87	10	1.45	10	2.06	10	2.58	8
吉林	0.99	8	1.68	9	2.14	9	2.25	10
黑龙江	0.71	12	1.07	11	1.56	13	1.66	15
上海	1.36	4	2.67	4	4.55	1	5.30	1
江苏	0.39	24	0.63	23	0.99	22	1.11	21
浙江	0.48	9	0.91	15	1.42	16	0.62	16
安徽	0.39	25	0.55	27	0.78	29	0.82	29
福建	0.58	15	0.82	18	1.45	15	1.68	14
江西	0.56	16	0.71	19	0.97	23	1.03	23
山东	0.37	26	0.58	25	1.01	21	1.13	20
河南	0.34	28	0.51	28	0.70	30	0.75	30
湖北	0.54	17	0.91	16	1.05	20	1.11	22
湖南	0.46	20	0.67	20	0.84	26	0.94	25
广东	0.42	23	0.64	21	1.16	19	1.43	19
广西	0.43	22	0.64	22	0.90	24	1.01	24
海南	…	…	…	…	1.48	14	2.04	12
重庆	…	…	…	…	…	…	…	…
四川	0.36	27	0.56	26	0.85	25	0.89	28
贵州	0.32	29	0.59	24	0.83	27	0.91	27
云南	0.53	18	0.90	17	1.57	11	2.15	11
西藏	4.31	1	6.43	1	4.40	2	5.05	2
陕西	0.70	13	0.93	14	1.34	18	1.52	18
甘肃	0.67	14	1.03	13	1.40	17	1.57	17
青海	1.99	3	2.96	2	3.03	5	3.25	5
宁夏	2.10	2	2.73	3	3.18	3	2.88	6
新疆	1.11	7	2.06	5	3.32	7	2.56	9

文化事业费及位次

单位:元

1995年		1996年		1997年		1998年		1999年	
人均经费	位次	人均经费	位次	人均经费	位次	人均经费	位次	人均经费	位次
2.75	--	**3.24**	--	**3.83**	--	**4.18**	--	**4.54**	--
8.74	2	9.08	3	11.98	3	14.80	2	16.09	3
7.56	3	7.4	4	8.38	4	8.83	4	9.22	4
1.78	25	1.97	23	2.33	23	2.55	23	2.83	22
3.12	15	3.57	16	3.71	17	3.98	17	3.57	18
4.13	9	5.25	6	5.44	10	5.70	10	5.87	9
4.31	6	4.2	11	5.45	9	5.86	9	5.76	11
4.21	8	4.26	10	4.95	12	5.21	12	5.69	12
2.95	16	3.17	17	3.69	18	3.34	18	4.02	17
13.10	1	22.0	1	22.38	1	27.31	1	33.42	1
2.62	8	3.05	18	3.93	16	4.54	16	4.89	15
3.26	13	3.74	15	4.91	13	5.87	8	6.69	8
1.48	28	1.67	28	1.98	27	2.14	24	2.29	26
3.27	12	4.03	12	6.58	6	6.30	7	6.82	7
1.94	22	1.68	27	1.98	27	2.09	27	2.20	27
1.93	23	2.36	21	2.92	20	3.18	19	3.48	19
1.34	30	1.61	29	1.69	30	1.90	29	2.00	31
2.04	21	2.25	22	2.37	22	2.67	22	2.83	22
1.67	26	1.86	24	2.11	25	2.11	26	2.34	25
3.93	10	4.86	8	6.19	8	6.95	6	7.82	5
1.93	24	1.86	24	2.16	24	1.89	30	2.68	24
2.50	19	3.83	14	3.98	15	5.03	13	4.37	16
…	…	…	…	1.92	29	1.74	31	2.05	30
1.56	27	1.73	26	2.11	26	2.13	25	2.10	28
1.36	29	1.78	25	1.58	31	1.99	28	2.06	29
3.47	11	4.41	9	4.75	14	4.97	14	5.13	14
3.22	14	12.4	2	17.23	2	12.73	3	16.35	2
2.42	20	2.83	19	2.61	21	2.94	20	3.09	21
2.93	17	2.72	20	3.04	19	2.94	20	3.35	20
5.30	5	7.00	5	7.14	5	7.41	5	7.70	6
4.23	7	3.85	13	6.41	7	5.54	11	5.78	10
5.39	4	4.92	7	5.29	11	4.78	15	5.47	13

按年份各地区文化事业费总支出情况

单位:万元

地区	1985年	1986年	1990年	1991年	1995年	1996年
总计	119 106	151 893	250 231	287 937	574 196	741 671
中央	5 125	6 043	12 224	11 425	26 007	28 639
地方	113 981	145 850	238 007	276 512	548 189	713 032
北京	2 783	3 206	6 729	8 021	18 039	22 477
天津	1 873	2 764	3 946	8 906	10 008	13 026
河北	4 165	5 274	8 522	9 575	17 366	20 693
山西	4 672	5 326	12 784	8 267	14 724	18 312
内蒙古	3 676	4 251	5 703	6 534	10 720	14 391
辽宁	6 714	8 602	14 313	18 197	28 705	28 501
吉林	4 994	6 609	8 102	9 109	16 706	18 021
黑龙江	4 103	5 221	6 983	7 913	15 890	16 669
上海	4 599	7 265	14 586	18 044	49 623	62 051
江苏	5 174	6 335	15 445	17 715	43 011	70 445
浙江	4 980	6 398	11 546	16 421	34 097	39 459
安徽	3 286	4 636	6 540	7 407	13 798	16 876
福建	3 268	5 227	7 513	8 234	16 835	22 342
江西	2 995	3 866	5 039	5 445	10 094	25 419
山东	5 393	7 366	12 879	15 189	26 333	33 044
河南	5 984	7 870	11 257	12 485	22 947	27 692
湖北	5 535	6 717	9 908	11 136	25 424	29 268
湖南	4 971	5 726	8 643	10 092	19 554	24 667
广东	6 059	8 305	14 285	17 919	44 643	70 589
广西	2 884	3 986	6 613	6 783	13 253	16 920
海南	…	…	1 264	1 723	4 146	5 866
四川	7 483	9 566	13 773	14 954	29 144	38 903
贵州	2 090	2 563	3 655	3 699	6 537	8 134
云南	3 244	4 186	7 354	10 903	17 508	20 752
西藏	1 304	845	1 063	1 253	2 386	3 169
陕西	3 609	4 742	7 356	7 174	12 724	15 314
甘肃	2 497	2 966	4 095	4 579	9 023	9 597
青海	1 270	1 244	1 599	1 724	2 853	3 664
宁夏	1 261	1 401	2 168	2 121	2 971	2 662
新疆	3 115	3 387	4 344	4 990	9 127	11 286

按年份各地区文化事业实际完成基建投资情况

单位：万元

地　　区	1985 年	1986 年	1990 年	1991 年	1995 年	1996 年
总　　计	64 460	63 197	53 983	57 781	161 004	144 433
中　　央	10 940	13 417	12 241	11 713	17 876	9 853
地　　方	53 520	49 780	41 742	46 068	143 128	134 580
北　　京	1 799	3 085	1 248	2 126	2 646	3 734
天　　津	1 078	551	2 512	957	1 167	– –
河　　北	1 691	1 067	933	841	1 904	2 834
山　　西	1 166	1 443	1 606	1 141	640	2 260
内 蒙 古	898	2 303	678	961	1 587	2 707
辽　　宁	2 601	2 468	1 872	4 777	2 807	2 312
吉　　林	597	669	984	1 291	1 207	222
黑 龙 江	868	1 144	495	1 328	1 008	841
上　　海	1 482	1 659	2 586	2 104	18 635	17 638
江　　苏	1 825	1 829	3 017	2 022	12 241	12 628
浙　　江	2 334	2 396	1 366	1 237	12 759	9 265
安　　徽	847	581	467	721	1 762	1 003
福　　建	2 032	1 240	1 479	1 476	4 598	2 789
江　　西	1 454	1 417	1 258	1 492	4 279	1 521
山　　东	2 354	2 263	2 292	3 276	7 173	13 310
河　　南	2 310	3 293	1 695	1 525	4 018	3 201
湖　　北	2 181	2 102	1 887	2 564	8 590	17 785
湖　　南	2 257	1 730	1 234	1 745	4 755	5 479
广　　东	8 213	6 871	5 483	4 634	18 800	18 534
广　　西	592	892	1 478	2 052	2 722	1 387
海　　南	…	…	481	341	1 967	1 263
四　　川	2 904	2 554	2 211	2 363	18 240	6 409
贵　　州	839	509	127	329	1 429	722
云　　南	2 026	1 779	1 674	1 653	3 678	2 664
西　　藏	2 468	259	85	505	125	430
陕　　西	2 150	1 929	1 427	859	1 059	906
甘　　肃	1 166	860	659	1 028	406	1 164
青　　海	486	295	113	145	838	360
宁　　夏	947	1 077	– –	104	270	– –
新　　疆	1 955	1 515	395	471	1 818	1 214

按年份各地区文化事业实际完成基建投资额占本地区基建投资总额的比重情况

单位：%

地　　区	1985 年	1986 年	1990 年	1991 年	1995 年	1996 年
总　计	0.60	0.54	0.30	0.27	0.22	0.17
北　京	0.36	0.57	0.15	0.25	0.10	0.12
天　津	0.35	0.22	0.63	0.15	0.07	－－
河　北	0.49	0.27	0.15	0.12	0.07	0.08
山　西	0.24	0.28	0.27	0.16	0.05	0.15
内 蒙 古	0.34	1.05	0.20	0.19	0.13	0.19
辽　宁	0.47	0.37	0.18	0.37	0.09	0.07
吉　林	0.27	0.29	0.34	0.32	0.08	0.01
黑 龙 江	0.18	0.20	0.07	0.17	0.05	0.04
上　海	0.26	0.23	0.24	0.19	0.34	0.27
江　苏	0.40	0.32	0.41	0.22	0.36	0.27
浙　江	0.89	0.76	0.31	0.24	0.42	0.22
安　徽	0.31	0.18	0.12	0.15	0.10	0.05
福　建	0.76	0.43	0.57	0.31	0.21	0.12
江　西	0.88	0.80	0.48	0.47	0.42	0.13
山　东	0.48	0.36	0.24	0.29	0.19	0.29
河　南	0.64	0.89	0.32	0.19	0.13	0.08
湖　北	0.55	0.52	0.36	0.40	0.24	0.45
湖　南	0.98	0.70	0.31	0.32	0.24	0.23
广　东	0.80	0.63	0.32	0.22	0.21	0.20
广　西	0.37	0.47	0.69	0.71	0.17	0.08
海　南	…	…	0.22	0.14	0.16	0.09
四　川	0.57	0.47	0.25	0.20	0.52	0.15
贵　州	0.68	0.39	0.06	0.13	0.22	0.08
云　南	0.95	0.91	0.62	0.44	0.25	0.16
西　藏	0.23	0.63	0.13	0.53	0.04	0.15
陕　西	0.88	0.68	0.35	0.18	0.09	0.07
甘　肃	0.77	0.48	0.23	0.30	0.06	0.11
青　海	0.41	0.21	0.08	0.10	0.26	0.07
宁　夏	1.24	1.17	0.00	0.08	0.10	－－
新　疆	0.73	0.62	0.08	0.08	0.10	0.05

按年份各地区艺术表演团体机构数

单位:个

地区	1958年	1965年	1978年	1980年	1985年	1990年	1995年	1996年
总计	3 181	3 458	3 150	3 533	3 317	2 805	2 682	2 656
中央	…	34	19	18	19	20	18	10
地方	3 181	3 424	3 131	3 515	3 298	2 785	2 664	2 646
北京	36	29	11	24	23	23	22	21
天津	26	29	21	19	25	23	19	17
河北	289	264	205	206	181	143	138	138
山西	172	136	147	162	175	169	162	162
内蒙古	49	86	70	176	148	124	118	117
辽宁	81	119	116	132	120	97	89	85
吉林	72	106	103	107	99	74	68	67
黑龙江	62	129	112	120	122	94	92	92
上海	65	73	16	48	44	36	31	31
江苏	224	233	143	157	147	137	136	131
浙江	139	146	127	170	126	90	83	84
安徽	153	140	129	137	126	99	92	93
福建	126	115	101	107	104	91	91	91
江西	103	126	118	118	105	86	81	78
山东	175	176	155	156	158	119	118	118
河南	281	390	250	280	264	231	216	214
湖北	148	151	117	127	118	108	105	106
湖南	118	134	141	138	115	91	89	88
广东	197	171	172	195	171	130	134	136
广西	39	54	118	121	117	115	117	119
海南	…	…	…	…	…	22	23	22
四川	197	246	254	244	207	155	140	139
贵州	70	41	31	32	33	33	30	28
云南	85	72	149	154	156	137	134	133
西藏	…	5	9	10	29	25	25	25
陕西	104	105	132	137	139	119	117	117
甘肃	69	36	82	98	97	85	78	77
青海	19	12	21	23	18	14	14	14
宁夏	17	15	17	23	25	20	15	14
新疆	65	85	64	94	106	95	87	89

按年份各地区艺术表演团体演出场次

单位:千场

地区	1964年	1978年	1980年	1985年	1990年	1995年	1996年
总计	1 709.2	647.4	1 112.3	743.9	491.0	412.3	419
中央	2.6	1.8	4.3	3.2	1.5	1.0	1
地方	1 706.6	645.6	1 108.0	740.7	489.5	411.3	418
北京	21.5	2.6	10.0	6.5	4.0	4.2	5
天津	…	3.2	8.2	6.9	3.6	2.9	3
河北	125.2	44.5	63.9	49.3	36.1	29.3	28
山西	52.4	37.0	51.4	56.9	47.5	43.5	42
内蒙古	49.1	8.6	23.6	18.3	16.5	13.2	13
辽宁	97.1	21.8	37.3	24.6	15.8	10.4	10
吉林	59.1	13.8	25.5	23.2	14.9	10.9	10
黑龙江	31.8	16.7	30.1	22.4	14.2	13.9	14
上海	75.6	6.4	48.9	33.4	21.3	10.3	10
江苏	261.4	54.0	140.8	93.2	47.4	37.6	39
浙江	112.4	27.9	82.2	37.8	17.7	11.0	12
安徽	64.8	21.4	42.2	28.7	9.6	7.3	8
福建	43.4	15.6	31.6	26.0	15.2	14.6	13
江西	40.4	23.3	29.8	15.5	9.7	6.7	8
山东	68.7	42.8	57.6	36.7	18.7	16.5	19
河南	158.3	66.9	100.6	74.2	56.5	50.3	47
湖北	84.3	25.5	39.1	18.8	13.1	13.1	13
湖南	60.7	35.4	44.6	21.9	13.4	11.8	13
广东	57.1	31.8	45.2	29.5	23.7	17.1	21
广西	11.5	14.7	17.4	9.8	14.0	10.9	13
海南	…	…	…	…	1.5	1.6	2
四川	129.8	72.3	91.6	34.2	11.5	9.3	10
贵州	20.4	3.7	4.1	3.2	2.8	2.1	3
云南	19.3	6.8	16.1	9.1	9.1	14.5	13
西藏	0.4	0.4	0.6	0.9	1.2	1.9	1
陕西	33.3	21.9	32.7	29.2	24.9	22.6	22
甘肃	13.3	19.7	19.3	14.2	13.1	13.1	14
青海	0.7	1.8	1.9	1.8	1.6	1.9	2
宁夏	3.0	1.6	3.4	4.5	3.7	2.0	2
新疆	11.6	3.6	8.4	9.9	7.2	6.8	8

按年份各地区文化部门艺术表演团体财政补助收入情况

单位:万元

地　　区	1964年	1978年	1980年	1985年	1986年	1990年	1991年	1995年	1996年
总　　计	5 290	19 644	22 503	30 942	35 562	43 759	51 422	86 619	109 781
中　　央	342	743	658	954	1 136	974	1 835	2 960	3 384
地　　方	…	18 902	21 847	29 988	34 426	42 785	49 588	83 659	106 397
北　　京	118	465	664	847	1061	1 384	1 398	2 137	3 414
天　　津	…	242	335	502	578	646	653	1 625	2 261
河　　北	176	1 069	1 002	985	1 054	1 107	1 381	2 416	2 623
山　　西	124	680	648	813	1 078	1 419	1 591	2 341	3 623
内 蒙 古	157	447	764	1 227	1 300	1 698	1 951	2 913	3 723
辽　　宁	261	1 219	1 203	1 785	1 900	2 166	2 800	4 138	4 271
吉　　林	269	649	815	1 151	1 300	1 637	1 789	2 938	3 447
黑 龙 江	277	936	1 043	1 583	1 749	2 310	2 340	4 553	4 818
上　　海	215	421	606	945	1 105	1 298	1 607	4 207	5 133
江　　苏	222	737	816	1 105	1 433	1931	2 361	4 050	5 401
浙　　江	125	551	624	889	1 013	1 210	1 517	2 501	3 256
安　　徽	234	805	784	932	1 141	1 335	1 580	2 554	3 120
福　　建	133	465	632	756	887	1 313	1 547	2 258	3 829
江　　西	155	679	816	874	1 086	1 076	1 107	1 736	1 940
山　　东	179	967	1 036	1 607	1 868	2 197	1 245	3 817	5 052
河　　南	129	1 036	745	1 134	1 194	1 542	1 737	2 803	3 435
湖　　北	229	906	1 066	1 462	1 608	1 962	1 992	3 459	4 194
湖　　南	143	579	754	962	1 123	1 187	1 529	2 040	2 627
广　　东	145	905	1 076	1 393	1 517	1 998	2 371	6 533	8 712
广　　西	141	552	590	754	912	1 265	1 519	2 237	2 514
海　　南	…	…	…	…	…	290	488	962	1 002
四　　川	287	1 272	1 702	2 163	2 599	3 009	3 162	5 065	6 069
贵　　州	153	287	318	610	712	842	898	1 475	1 724
云　　南	194	633	645	1 074	1 220	1 547	2 292	3 783	5 530
西　　藏	80	161	231	398	439	625	678	1 130	1 807
陕　　西	173	899	1 037	1 213	1 438	2 078	2 446	2 995	4 125
甘　　肃	187	468	648	857	984	1 211	1 420	1 958	2 562
青　　海	81	253	276	486	487	503	570	1 068	1 307
宁　　夏	97	217	285	391	430	476	710	646	717
新　　疆	348	404	686	1 092	1 210	1 523	1 811	3 321	4 163

注:1996年以前为拨入差额补助费。

按年份各地区文化部门艺术表演团体演出收入情况

单位:万元

地　　区	1978年	1980年	1985年	1986年	1990年	1991年	1995年	1996年
总　　计	11 079	17 767	13 092	13 278	18 041	17 798	34 385	39 870
中　　央	56	221	204	257	403	377	1 394	2 062
地　　方	11 023	17 546	12 888	13 021	17 638	17 421	32 991	37 807
北　　京	70	271	231	232	295	311	1 068	1 216
天　　津	78	211	226	186	209	226	347	491
河　　北	779	1 068	875	878	1 148	1 202	1 754	1 956
山　　西	574	1 041	1 316	1 283	1 742	1 636	2 528	2 829
内 蒙 古	63	233	182	156	275	253	606	565
辽　　宁	456	776	660	701	887	884	1 209	1 364
吉　　林	236	381	387	347	554	513	778	811
黑 龙 江	347	439	287	256	245	443	866	742
上　　海	151	614	561	857	1 639	1 330	3 023	2 995
江　　苏	744	1 155	866	804	1 149	1 247	2 332	3 014
浙　　江	367	735	430	460	626	731	1 648	2 173
安　　徽	302	600	457	494	298	290	507	741
福　　建	225	552	596	646	869	951	1 953	2 175
江　　西	398	551	222	209	276	260	381	420
山　　东	737	956	579	440	640	742	1 500	1 767
河　　南	1 263	1 932	1 518	1 555	1 910	1 682	2 647	2 862
湖　　北	403	618	319	336	427	412	1 075	1 118
湖　　南	595	835	322	282	405	308	630	694
广　　东	857	1 292	1 108	1 188	1 659	1 656	3 861	4 734
广　　西	183	290	147	161	365	310	507	641
海　　南	…	…	…	…	142	154	476	479
四　　川	1 160	1 387	502	456	303	394	604	631
贵　　州	70	71	40	29	69	23	119	134
云　　南	88	173	67	54	167	112	353	374
西　　藏	…	2	1	2	8	10	27	23
陕　　西	436	761	563	540	679	746	1 245	1 558
甘　　肃	375	379	215	252	244	284	446	596
青　　海	16	25	17	23	46	26	63	67
宁　　夏	22	62	63	62	108	69	52	69
新　　疆	30	140	131	133	254	219	386	570

按年份各地区文化部门艺术表演团体总支出情况

单位:万元

地　区	1964年	1978年	1980年	1985年	1986年	1990年	1995年	1996年
总　计	19 817	30 049	41 184	47 292	53 238	67 514	160 653	183 534
中　央	478	820	906	1 349	1 501	1 771	6 635	8 111
地　方	19 339	29 229	40 278	45 934	51 737	65 743	154 018	175 423
北　京	429	537	940	1 193	1 266	1 566	5 062	5 846
天　津	…	331	539	785	874	962	2 570	3 317
河　北	1 358	1 782	2 156	1 951	2 075	2 472	5 302	5 373
山　西	952	1 383	1 800	2 341	2 596	3 462	6 054	7 017
内蒙古	462	477	1 034	1 341	1 514	1 953	3 861	4 490
辽　宁	963	1 633	1 943	2 246	2 692	3 236	6 727	6 985
吉　林	655	934	1 265	1 604	1 782	2 305	4 735	5 213
黑龙江	759	1 392	1 564	1 999	2 330	2 760	6 318	6 646
上　海	760	585	1 021	1 699	2 185	3 450	10 162	11 814
江　苏	1 061	1 425	1 979	2 282	2 526	3 482	9 742	10 830
浙　江	754	871	1 348	1 483	1 613	1 940	6 574	7 204
安　徽	738	1 042	1 405	1 380	1 600	1 717	3 787	4 387
福　建	618	659	1 117	1 451	1 626	2 292	5 107	6 580
江　西	626	1 024	1 427	1 192	1 519	1 533	2 974	3 085
山　东	930	1 641	2 030	2 331	2 442	3 090	7 026	8 250
河　南	1 495	2 133	2 729	2 710	2 973	3 519	6 587	7 313
湖　北	761	1 302	2 251	2 007	2 252	2 774	6 368	7 013
湖　南	660	1 152	1 596	1 512	1 621	1 956	4 565	4 683
广　东	1 175	1 638	2 332	2 672	2 955	3 960	12 955	15 280
广　西	267	715	872	949	1 156	1 727	3 670	4 198
海　南	…	…	…	…	…	396	1 728	1 854
四　川	1 305	2 344	3 158	3 259	3 489	4 320	8 638	9 916
贵　州	279	363	408	725	806	986	1 960	2 334
云　南	341	684	869	1 246	1 290	1 886	4 974	6 576
西　藏	85	161	233	398	446	636	1 333	1 899
陕　西	743	1 297	1 794	1 824	2 243	2 930	5 657	6 587
甘　肃	404	827	1 023	1 093	1 330	1 485	3 211	3 371
青　海	93	263	300	486	543	559	1 190	1 415
宁　夏	176	221	345	441	508	574	779	788
新　疆	489	415	802	1 346	1 485	1 815	4 402	5 201

按年份各地区文化部门艺术表演团体平均每团演出场次及位次

单位:场

地区	1964年		1978年		1980年		1985年		1990年		1995年		1996年	
	场次	位次	场次	位次	场次	位次	场次	位次	场次	位次	场次	位次	场次	位次
总计	498	--	206	--	316	--	226	--	176	--	154	--	157	--
中央	134	--	127	--	333	--	246	--	115	--	77	--	99	--
地方	...	--	206	--	316	--	226	--	176	--	154	--	157	--
北京	741	5	232	9	418	5	282	5	182	11	200	6	237	4
天津	...	...	154	17	429	4	276	7	164	13	153	10	176	9
河北	574	7	217	12	310	11	272	8	252	4	212	5	202	6
山西	354	17	252	6	317	10	325	3	281	3	269	3	259	3
内蒙古	506	9	123	21	134	22	123	22	133	19	112	18	111	17
辽宁	742	4	188	14	282	14	205	14	163	14	117	17	117	16
吉林	591	6	134	19	238	17	235	10	201	7	160	9	149	12
黑龙江	254	23	151	18	255	15	191	15	151	17	151	11	152	11
上海	1 007	2	398	1	1 064	1	796	1	592	1	332	1	322	1
江苏	1 094	1	378	2	897	2	634	2	346	2	276	2	297	2
浙江	745	3	220	10	484	3	300	4	197	8	133	14	142	14
安徽	453	12	166	16	308	12	228	12	97	24	79	23	86	24
福建	362	16	154	17	295	13	250	9	167	12	160	9	142	14
江西	323	19	198	13	253	16	148	20	113	23	83	21	102	20
山东	391	15	176	4	369	7	233	11	157	15	140	12	181	8
河南	429	13	267	5	359	8	281	6	245	5	233	4	219	5
湖北	469	11	218	11	308	12	158	19	121	21	125	16	122	15
湖南	427	14	251	7	323	9	191	15	147	18	133	14	147	13
广东	300	21	185	15	232	18	175	17	184	10	128	15	154	10
广西	226	24	124	20	143	21	84	25	122	20	93	20	109	18
海南	...	...	...	...	...	...	...	...	68	28	70	25	90	22
四川	505	10	284	3	375	6	165	18	74	27	66	26	71	25
贵州	523	8	119	22	128	23	98	24	85	25	70	25	107	19
云南	275	22	46	27	105	24	58	26	66	29	108	19	97	21
西藏	80	27	49	26	58	27	31	27	48	30	76	24	39	26
陕西	320	20	166	16	238	17	210	13	209	6	193	7	188	7
甘肃	333	18	240	8	197	19	146	21	154	16	168	8	181	8
青海	54	28	85	24	83	26	98	24	114	22	136	13	142	14
宁夏	203	25	94	23	147	20	178	16	185	9	133	4	142	14
新疆	194	26	57	25	90	25	100	23	82	26	78	22	89	23

按年份各地区文化部门艺术表演团体经费自给率情况

单位：%

地区	1964年		1978年		1980年		1985年		1990年		1995年		1996年	
	自给率	位次	自给率	位次	自给率	位次	自给率	位次	自给率	位次	自给率	位次	自给率	位次
总计	68.0	--	41.4	--	48.7	--	37.3	--	41.1	--	40.3	--	40.0	--
中央	30.0	--	9.6	--	28.3	--	23.9	--	51.2	--	45.7	--	54.8	--
地方	68.9	--	42.3	--	49.2	--	37.7	--	40.9	--	40.1	--	39.3	--
北京	70.5	11	14.2	24	29.8	21	22.3	22	28.2	19	34.2	16	37.0	16
天津	...	...	28.2	20	40.8	16	37.7	10	36.9	10	32.5	17	38.0	20
河北	75.5	5	45.7	9	51.9	9	51.0	5	58.9	4	48.0	7	54.3	3
山西	77.4	3	58.6	3	70.3	3	61.1	2	57.3	6	53.6	3	49.9	5
内蒙古	58.9	20	13.4	26	25.3	23	17.9	25	17.3	27	19.7	23	15.2	28
辽宁	69.7	13	29.2	19	41.5	15	36.2	11	38.0	9	35.2	15	39.5	14
吉林	56.4	21	33.2	16	34.9	19	30.5	16	35.4	13	28.7	19	27.2	23
黑龙江	64.7	18	33.3	15	35.8	18	25.7	20	21.4	23	27.3	20	28.3	22
上海	66.3	17	30.3	17	72.9	2	44.8	7	68.6	1	64.0	1	57.1	1
江苏	72.0	8	62.5	1	67.5	4	52.4	4	57.5	5	52.9	4	47.7	6
浙江	76.2	4	50.3	7	59.3	5	43.7	8	52.4	7	54.1	2	56.5	2
安徽	59.9	19	29.4	18	47.8	12	35.3	12	27.2	20	25.8	21	33.5	18
福建	71.7	9	36.4	14	52.2	8	53.8	3	48.0	8	50.4	6	39.7	15
江西	69.0	14	42.9	11	43.4	14	29.2	17	31.1	18	29.0	18	32.2	19
山东	71.0	10	47.3	8	50.2	10	31.5	15	32.7	17	42.8	11	40.8	12
河南	85.7	1	59.3	2	83.7	1	65.5	1	63.3	2	50.8	5	51.0	4
湖北	70.0	12	37.5	13	32.1	20	28.8	18	33.9	15	40.0	12	40.2	13
湖南	72.5	7	54.6	4	57.3	7	34.2	13	36.2	12	44.9	9	42.1	9
广东	83.2	2	54.1	5	58.5	6	48.7	6	62.1	3	47.4	8	44.4	7
广西	50.9	22	27.1	21	35.9	17	22.9	21	35.4	13	33.2	16	42.1	8
海南	...	--	...	--	...	--	...	--	34.6	14	44.6	10	41.7	10
四川	74.7	6	53.3	6	49.2	11	33.6	14	36.8	11	39.9	13	41.1	11
贵州	48.5	24	21.7	23	21.2	24	16.9	26	21.2	25	25.5	21	28.9	21
云南	67.1	15	24.3	22	25.8	22	21.6	23	20.8	26	15.0	24	15.9	27
西藏	5.6	28	...	--	10.7	27	0.1	29	2.8	29	6.8	27	3.2	30
陕西	66.9	16	42.4	12	49.2	11	43.0	9	33.5	16	36.5	14	36.9	17
甘肃	49.7	23	45.4	10	45.5	13	26.0	19	23.8	21	20.3	22	23.8	24
青海	11.9	27	6.1	27	8.3	28	7.9	28	10.6	28	9.7	26	7.8	29
宁夏	22.0	26	14.2	24	21.0	25	16.2	27	21.3	24	11.0	25	17.5	26
新疆	28.9	25	14.0	25	20.0	26	18.7	24	22.4	22	17.3	24	20.2	25

按年份各地区文化部门艺术表演团体平均每场演出经费补贴情况

单位:元

地区	1964年	1978年	1980年	1985年	1990年	1995年	1996年
总计	31	303	202	416	891	2 101	2 620
中央	1 342	4 174	1 521	2 982	6 493	29 595	33 841
地方	29	293	197	405	874	2 034	2 545
北京	55	1 821	662	1 305	3 460	5 087	6 828
天津	…	746	411	726	1 794	5 605	7 536
河北	14	240	157	181	307	825	937
山西	24	184	126	143	299	538	863
内蒙古	32	518	324	672	1 029	2 207	2 864
辽宁	27	560	323	725	1 371	2 275	4 271
吉林	46	470	319	495	1 099	2 695	3 447
黑龙江	87	562	347	707	1 627	3 276	3 441
上海	28	662	124	283	609	4 085	5 133
江苏	8	137	58	119	407	1 077	1 385
浙江	11	198	76	235	684	2 273	2 714
安徽	36	376	186	325	1 391	3 499	3 900
福建	30	299	200	290	864	1 752	2 946
江西	38	291	274	564	1 109	2 591	2 425
山东	26	226	180	437	1 175	2 313	2 659
河南	8	155	74	153	273	557	731
湖北	27	355	272	778	1 498	2 641	3 226
湖南	24	164	169	439	886	1 729	2 021
广东	25	285	238	472	843	3 820	4 149
广西	122	377	340	766	904	2 053	1 934
海南	…	…	…	…	1 933	6 012	5 012
四川	22	176	186	633	2 617	5 446	6 069
贵州	67	779	775	1 887	3 007	7 024	5 745
云南	57	930	400	1 180	1 700	2 609	4 253
西藏	2 000	3 611	4 003	4 472	5 208	5 949	1 807
陕西	52	411	318	415	835	1 325	1 875
甘肃	140	237	337	605	924	1 495	1 630
青海	1 165	1 420	1 450	2 762	3 143	5 622	6 533
宁夏	319	1 354	842	875	1 286	3 232	3 584
新疆	299	1 114	816	1 104	2 115	4 884	5 204

按年份各地区文化部门剧场、影剧院机构数

单位:个

地区	1952年	1965年	1978年	1980年	1985年	1990年	1995年	1996年
总计	1 510	2 943	1 095	1 444	1 377	1 995	1 918	1 892
中央	4	8	6	5	2	2	3	2
地方	1 506	2 935	1 089	1 439	1 375	1 993	1 915	1 890
北京	18	30	28	30	32	24	22	24
天津	33	28	13	9	9	29	27	27
河北	152	274	29	84	94	101	99	101
山西	27	52	25	29	44	51	53	53
内蒙古	23	43	8	19	12	30	33	29
辽宁	71	81	55	60	70	83	79	74
吉林	24	57	33	50	60	64	59	59
黑龙江	24	60	39	50	56	53	48	47
上海	96	68	18	43	43	39	35	37
江苏	216	587	33	23	21	125	129	128
浙江	78	124	85	107	89	93	93	92
安徽	106	196	95	169	12	107	109	107
福建	32	81	--	24	55	75	77	77
江西	53	79	53	49	80	77	69	60
山东	89	128	74	71	62	117	115	111
河南	66	356	81	97	87	175	169	171
湖北	79	116	55	75	75	90	86	85
湖南	87	120	66	106	108	110	104	103
广东	38	70	5	21	26	75	79	68
广西	23	33	21	27	35	39	34	32
海南	...	...	...	...	...	3	3	17
四川	99	162	141	159	159	150	124	123
贵州	16	3	3	7	17	14	15	13
云南	19	34	3	26	16	46	44	42
西藏	--	--	--	--	1	9	9	19
陕西	20	77	89	70	68	111	108	103
甘肃	11	38	26	24	27	56	47	45
青海	3	6	4	3	3	3	3	3
宁夏	3	10	...	...	2	16	17	16
新疆	--	16	7	7	12	28	26	24

按年份各地区剧场、影剧院演(映)出场次

单位:千场

地　　区	1985年	1990年	1991年	1995年	1996年
总　　计	988.3	3 020	3 665.7	2 047.7	2 558
中　　央	1.0	--	1.1	0.8	--
地　　方	987.3	3 020	3 664.6	2 046.9	2 558
北　　京	30.5	49	44.9	28.3	33
天　　津	10.7	65	60.4	68.4	61
河　　北	38.4	82	86.6	81.8	98
山　　西	49.7	35	47.0	36.3	49
内 蒙 古	11.0	29	37.1	19.4	22
辽　　宁	78.1	205	680.6	66.3	81
吉　　林	71.0	132	125.0	32.0	40
黑 龙 江	26.9	36	50.3	14.8	28
上　　海	58.2	73	88.3	47.7	176
江　　苏	14.1	340	354.4	265.8	277
浙　　江	7.0	171	179.8	141.7	140
安　　徽	3.7	170	173.5	169.1	145
福　　建	60.5	130	135.7	64.4	99
江　　西	50.5	91	94.8	49.0	45
山　　东	15.3	133	145.2	116.3	134
河　　南	45.8	222	237.6	164.0	186
湖　　北	63.7	161	153.8	118.1	150
湖　　南	90.7	166	183.9	109.4	122
广　　东	24.5	181	219.2	156.0	174
广　　西	12.8	68	72.8	36.8	57
海　　南	...	4	3.7	2.5	30
四　　川	72.4	150	166.1	59.7	118
贵　　州	25.8	36	40.1	13.8	14
云　　南	6.0	71	62.1	63.1	78
西　　藏	0.05	4	4.4	21.0	14
陕　　西	29.9	98	92.3	39.1	75
甘　　肃	11.8	49	47.8	29.3	75
青　　海	6.5	11	10.5	4.2	5
宁　　夏	5.4	33	36.8	21.6	19
新　　疆	2.8	25	30.0	7.3	13

注:剧场、影剧院演(映)出场次包括录像放映的场次。

按年份各地区剧场、影剧院艺术演出场次

单位：千场

地　　区	1985年	1990年	1991年	1995年	1996年
总　　计	116.1	89	87.9	49.1	50
中　　央	0.5	－－	0.5	0.3	－－
地　　方	115.6	89	87.4	48.8	50
北　　京	2.9	1	1.1	0.7	1
天　　津	1.1	1	0.7	0.4	－－
河　　北	5.7	4	3.1	2.0	2
山　　西	3.6	1	1.1	0.6	1
内 蒙 古	0.4	1	0.6	0.3	－－
辽　　宁	6.5	5	4.0	1.2	3
吉　　林	4.6	7	14.5	0.5	1
黑 龙 江	5.1	3	1.1	1.0	－－
上　　海	4.7	4	4.0	4.4	3
江　　苏	1.9	6	5.9	7.2	6
浙　　江	6.7	5	4.0	4.1	4
安　　徽	1.3	3	2.4	1.8	2
福　　建	3.1	1	4.0	1.8	2
江　　西	4.0	2	1.7	0.7	1
山　　东	6.6	5	6.1	3.5	4
河　　南	13.2	10	8.0	4.5	5
湖　　北	7.2	9	5.3	2.2	2
湖　　南	7.7	4	3.7	1.9	2
广　　东	3.7	3	2.7	2.6	3
广　　西	2.3	1	1.3	0.8	1
海　　南	…	－－	0.1	0.1	1
四　　川	13.0	5	5.5	2.6	3
贵　　州	0.6	1	0.1	－－	－－
云　　南	1.1	1	1.2	0.9	1
西　　藏	0.03	－－	－－	－－	－－
陕　　西	5.7	4	2.9	1.5	1
甘　　肃	1.4	1	0.9	0.7	1
青　　海	0.3	－－	0.2	0.1	－－
宁　　夏	0.2	－－	0.3	0.4	－－
新　　疆	1.0	1	0.9	0.3	－－

按年份各地区文化部门剧场、影剧院财政补助收入情况

单位:万元

地区	1984年	1985年	1986年	1990年	1991年	1995年	1996年
总计	1 892	1 506	2 233	2 865	5 505	5 723	5 131
中央	24	--	10	8	--	--	--
地方	1 864	1 506	2 223	2 857	5 505	5 723	5 131
北京	24	12	10	2	132	40	56
天津	--	--	2	2	8	13	16
河北	36	44	51	65	165	134	167
山西	51	75	123	258	103	151	155
内蒙古	5	14	71	72	99	156	169
辽宁	67	114	93	103	260	200	175
吉林	136	258	328	242	241	366	392
黑龙江	10	4	48	29	56	23	155
上海	--	--	6	11	13	54	101
江苏	12	32	13	27	69	191	77
浙江	87	83	132	112	202	325	132
安徽	3	3	81	259	295	338	316
福建	9	28	55	114	351	381	315
江西	113	58	155	114	113	301	221
山东	67	105	--	330	483	439	710
河南	76	76	163	229	225	444	282
湖北	424	99	60	40	732	81	136
湖南	36	40	163	99	209	264	268
广东	4	1	15	97	218	324	364
广西	50	20	21	28	22	59	44
海南	--	--	--	--	--	--	1
四川	66	196	162	138	120	255	180
贵州	24	--	12	6	8	93	35
云南	286	6	81	76	1 614	146	185
西藏	--	22	33	--	28	81	135
陕西	108	37	97	109	208	226	115
甘肃	119	86	158	222	112	402	63
青海	--	16	17	--	11	--	--
宁夏	32	56	4	4	37	21	11
新疆	24	23	69	69	32	217	158

按年份各地区文化部门剧场、影剧院总支出情况

单位:万元

地　　区	1984年	1985年	1986年	1990年	1991年	1995年	1996年
总　　计	7 705	9 519	16 786	37 402	44 260	77 139	87 204
中　　央	39	44	56	81	103	185	103
地　　方	7 666	9 475	16 730	37 321	44 158	76 954	87 101
北　　京	414	472	399	785	823	1 690	2 521
天　　津	93	143	390	566	666	1 311	1 409
河　　北	282	371	547	1 096	1 372	2 405	2 798
山　　西	284	344	490	672	850	1 620	1 956
内 蒙 古	89	131	365	485	500	666	703
辽　　宁	694	906	1 312	2 881	3 171	3 481	3 213
吉　　林	621	682	928	1 244	1 638	2 308	2 510
黑 龙 江	75	131	266	511	655	560	659
上　　海	586	599	657	1 398	2 236	5 056	5 263
江　　苏	68	65	129	3 743	3 735	8 848	10 044
浙　　江	544	708	861	2 108	2 670	4 672	5 652
安　　徽	18	26	846	1 533	1 825	3 250	3 393
福　　建	292	344	533	1 438	1 645	3 629	3 943
江　　西	251	228	368	533	670	1 227	1 316
山　　东	199	243	916	2 120	2 498	4 271	4 794
河　　南	394	450	1 413	2 688	2 968	5 146	5 517
湖　　北	539	492	797	1 525	1 878	4 476	4 717
湖　　南	527	683	805	1 655	1 852	3 325	3 744
广　　东	487	749	1 892	4 069	4 853	8 148	10 348
广　　西	181	202	244	1 036	1 028	1 480	1 859
海　　南	…	…	…	136	132	354	1 467
四　　川	419	650	708	1 554	1 477	2 676	3 141
贵　　州	118	222	221	311	309	489	962
云　　南	5	21	350	577	2 216	1 337	1 393
西　　藏	1	24	56	68	97	313	197
陕　　西	208	219	485	976	978	1 521	1 701
甘　　肃	127	166	448	766	546	1 456	1 269
青　　海	35	66	49	157	163	275	327
宁　　夏	68	80	150	290	352	499	377
新　　疆	47	58	105	400	353	465	450

按年份各地区公共图书馆机构数

单位:个

地区	1949年	1957年	1965年	1978年	1980年	1985年	1990年	1995年	1996年
总计	52	400	562	1 218	1 732	2 344	2 527	2 615	2 631
中央	1	1	1	1	1	1	1	1	1
地方	51	399	561	1 217	1 731	2 343	2 526	2 614	2 630
北京	2	7	6	17	20	22	22	22	22
天津	2	5	10	19	18	26	30	31	31
河北	2	14	12	42	80	104	121	134	143
山西	– –	5	17	61	72	103	111	119	120
内蒙古	– –	15	12	24	83	94	104	107	106
辽宁	– –	22	30	71	85	121	123	127	127
吉林	2	11	18	60	48	39	47	51	57
黑龙江	– –	12	26	78	80	87	96	96	96
上海	20	21	24	17	23	46	51	31	32
江苏	– –	25	35	78	82	90	91	94	97
浙江	2	31	35	63	69	76	80	81	81
安徽	– –	16	34	36	80	82	84	83	83
福建	– –	10	12	23	26	65	74	78	79
江西	2	11	20	38	49	105	104	104	104
山东	3	40	27	80	88	99	115	130	131
河南	1	10	17	36	71	118	127	132	132
湖北	3	15	7	47	101	99	101	100	99
湖南	1	15	37	72	77	110	116	116	115
广东	2	19	46	76	97	117	103	114	115
广西	– –	10	29	84	87	89	90	99	105
海南	…	…	…	…	…	…	19	19	19
四川	– –	26	44	78	98	115	148	166	168
贵州	– –	9	16	25	44	76	84	87	88
云南	– –	10	16	16	80	149	148	148	148
西藏	– –	1	1	1	1	18	18	18	1
陕西	7	9	13	43	69	113	113	114	114
甘肃	1	12	8	6	39	75	83	86	90
青海	– –	1	1	13	23	27	41	41	41
宁夏	– –	3	3	8	14	20	20	20	19
新疆	1	14	5	5	27	58	62	60	68

按年份各地区公共图书馆总藏量情况

单位:万册(件)

地区	1979 年	1980 年	1985 年	1990 年	1991 年	1995 年	1996 年
总计	18 353	19 904	25 573	29 064	30 614	32 850	33 686
中央	1 020	1 060	1 310	1 598	1 687	1 959	2 027
地方	17 333	18 844	2 426	27 466	28 927	30 891	31 659
北京	483	548	560	607	632	670	658
天津	547	550	584	664	644	677	697
河北	384	423	504	707	726	845	899
山西	427	444	588	662	719	777	787
内蒙古	401	367	482	550	581	621	630
辽宁	1 391	1 487	1 521	1 557	1 631	1 786	1 822
吉林	651	665	834	831	879	921	938
黑龙江	535	613	848	1 009	1 028	1 094	1 120
上海	1 107	1 138	1 430	1 585	1 803	1 586	1 653
江苏	1 364	1 433	1 816	2 110	2 186	2 420	2 458
浙江	814	843	1 038	1 266	1 325	1 511	1 544
安徽	556	563	651	681	707	752	734
福建	395	431	709	845	853	902	873
江西	513	768	916	1 003	1 041	1 070	1 111
山东	1 070	1 159	1 234	1 469	1 598	1 724	1 758
河南	660	708	975	1 022	1 084	1 062	1 065
湖北	650	771	1 032	1 220	1 319	1 445	1 472
湖南	732	808	1 120	1 239	1 291	1 362	1 397
广东	689	798	1 065	1 260	1 327	1 651	1 860
广西	581	644	935	1 102	1 161	1 243	1 328
海南	…	…	…	100	100	137	141
四川	1 471	1 502	1 880	2 125	2 236	2 356	2 382
贵州	229	292	451	527	576	616	628
云南	420	503	906	1 034	1 064	1 104	1 173
西藏	--	17	46	54	46	51	59
陕西	482	480	645	658	706	733	738
甘肃	323	338	586	579	616	670	689
青海	195	220	287	260	266	280	273
宁夏	156	185	300	328	342	338	325
新疆	107	147	321	412	440	489	484

注:本年鉴的总藏量,1991 年以前只包括图书。

按年份各地区公共图书馆总流通人次

单位:万人次

地区	1979年	1980年	1985年	1986年	1990年	1995年	1996年
总计	7 787	9 045	11 614	11 722	12 435	18 298	14 793
中央	48	53	72	73	169	133	144
地方	7 739	8 992	11 542	11 649	12 266	18 165	14 659
北京	126	157	142	136	180	272	216
天津	209	214	291	251	245	265	321
河北	135	242	289	334	390	473	476
山西	200	251	247	291	330	227	272
内蒙古	139	195	190	188	179	282	419
辽宁	432	544	606	671	686	829	883
吉林	133	132	182	226	314	385	374
黑龙江	241	327	514	509	619	631	623
上海	439	544	797	743	660	687	879
江苏	575	640	883	818	909	883	839
浙江	446	464	482	511	589	555	592
安徽	274	487	358	341	402	372	378
福建	142	130	405	806	384	466	569
江西	279	319	778	508	490	413	509
山东	701	707	494	398	504	509	629
河南	323	555	442	519	440	650	601
湖北	263	316	370	391	548	559	554
湖南	396	375	616	556	498	618	642
广东	524	504	739	804	903	1 447	1 500
广西	320	239	452	441	461	809	830
海南	…	…	…	…	52	94	97
四川	740	814	850	819	933	776	743
贵州	113	129	275	277	320	462	179
云南	206	289	463	466	517	559	642
西藏	—	—	3	3	5	–	6
陕西	217	236	258	205	207	242	251
甘肃	65	71	166	170	222	225	228
青海	33	35	73	42	43	39	68
宁夏	40	38	101	154	131	140	201
新疆	28	38	76	71	105	140	127

按年份各地区公共图书馆图书总流通册次

单位:万册次

地　区	1979年	1980年	1985年	1990年	1991年	1995年	1996年
总　计	9 625	11 830	18 942	20 242	13 325	11 814	13 544
中　央	110	129	177	654	37	29	33
地　方	9 515	11 701	18 765	19 588	13 288	11 785	13 511
北　京	279	361	367	366	277	283	306
天　津	485	471	581	467	273	237	197
河　北	133	234	358	504	454	379	467
山　西	228	310	403	467	290	204	272
内蒙古	116	202	246	294	239	239	328
辽　宁	726	957	1 321	1 197	897	856	953
吉　林	165	165	474	338	333	332	313
黑龙江	268	533	1346	1 239	635	500	498
上　海	673	862	1 143	1 045	638	507	543
江　苏	720	837	1 758	1 557	1 180	967	978
浙　江	513	600	926	1 068	683	550	670
安　徽	289	588	497	463	443	343	418
福　建	179	217	633	610	494	517	688
江　西	326	364	987	726	577	383	434
山　东	932	872	753	807	728	573	701
河　南	401	614	652	796	528	517	547
湖　北	293	371	661	954	537	543	543
湖　南	457	388	1 081	953	443	562	714
广　东	374	488	952	1 439	663	687	858
广　西	251	287	338	546	414	528	605
海　南	…	…	…	39	33	49	62
四　川	960	953	1 328	1 370	820	691	800
贵　州	115	141	372	289	242	133	169
云　南	218	338	540	705	519	529	630
西　藏	– –	– –	3	10	10	10	11
陕　西	209	299	366	311	237	238	241
甘　肃	89	94	220	398	294	173	175
青　海	36	40	136	86	54	51	49
宁　夏	47	62	197	372	249	125	224
新　疆	33	53	126	172	104	91	117

注:1995年、1996年图书流通册次只包括外借册次。

按年份各地区公共图书馆财政补助收入情况

单位:万元

地　　区	1979年	1980年	1985年	1990年	1991年	1995年	1996年
总　　计	5 040	5 467	15 272	29 296	32 592	65 838	76 582
中　　央	470	489	1 292	3 420	3 960	9 421	9 687
地　　方	4 570	4 978	13 980	25 876	28 632	56 417	66 895
北　　京	144	127	322	743	717	1 683	2 268
天　　津	159	162	321	409	1 191	1 295	1 805
河　　北	108	111	569	741	820	1 827	1 802
山　　西	154	124	331	517	604	1 184	1 374
内 蒙 古	131	167	420	876	875	1 432	1 498
辽　　宁	344	368	973	1 841	2 360	3 737	3 619
吉　　林	194	193	530	876	913	1 707	1 948
黑 龙 江	281	234	625	1 068	1 162	2 088	1 924
上　　海	399	433	990	2 159	2 387	5 558	9 311
江　　苏	226	297	741	1 403	1 600	3 620	4 359
浙　　江	121	146	725	1 195	1 430	2 356	2 776
安　　徽	125	149	313	519	559	1 165	1 304
福　　建	84	131	411	879	836	1 778	2 052
江　　西	121	111	451	700	693	1 184	1 194
山　　东	254	283	543	1 284	1 317	2 814	3 137
河　　南	143	119	429	819	879	1 766	2 102
湖　　北	168	211	768	941	921	1 649	1 812
湖　　南	199	176	771	884	955	1 816	1 888
广　　东	219	286	844	2 157	2 204	6 110	8 622
广　　西	138	174	456	793	776	1 563	1 537
海　　南	…	…	…	123	154	378	303
四　　川	254	291	690	1 545	1 581	2 591	2 711
贵　　州	91	101	241	479	475	746	991
云　　南	97	140	401	944	1 122	2 178	2 351
西　　藏	—	—	13	11	17	72	127
陕　　西	118	132	253	566	658	934	974
甘　　肃	93	85	217	482	507	985	1 136
青　　海	69	70	164	227	231	724	553
宁　　夏	67	85	178	264	279	408	426
新　　疆	69	72	290	431	409	1 062	901

按年份各地区公共图书馆总支出情况

单位:万元

地区	1979年	1980年	1985年	1986年	1990年	1991年	1995年	1996年
总计	5 206	5 486	13 393	17 242	30 271	34 388	74 080	88 963
中央	511	490	1 325	1 577	3 550	4 132	9 460	10 363
地方	4 695	4 996	12 068	15 665	26 721	30 256	64 620	78 599
北京	142	130	284	398	733	775	1 851	2 871
天津	164	160	323	397	643	1 207	2 128	2 290
河北	125	135	306	505	758	882	2 044	2 116
山西	148	126	287	375	527	593	1 170	1 537
内蒙古	143	150	370	475	734	872	1 458	1 583
辽宁	348	375	846	1 043	2 099	2 485	4 392	4 491
吉林	192	176	474	597	871	923	1 835	2 148
黑龙江	290	286	518	653	1 132	1 229	2 139	2 193
上海	402	379	897	1 215	2 484	2 695	7 021	9 101
江苏	219	259	695	958	1 514	1 723	4 046	5 155
浙江	130	135	624	955	1 237	1 485	3 082	3 646
安徽	134	137	254	361	521	577	1 384	1 505
福建	91	90	335	403	777	801	1 710	2 440
江西	114	137	372	446	744	746	1 323	1 779
山东	275	269	496	675	1 268	1 424	2 968	3 587
河南	161	168	371	449	815	955	2 140	2 514
湖北	166	225	636	811	1 109	1 235	2 372	2 864
湖南	199	207	548	599	982	1 059	2 329	2 564
广东	201	259	691	1 055	2 011	2 318	6 807	9 949
广西	148	165	431	395	749	828	1 769	1 945
海南	…	…	…	…	118	149	369	383
四川	258	287	618	916	1 789	1 733	3 245	3 755
贵州	83	95	241	303	417	439	810	1 022
云南	108	142	398	454	843	982	2 234	2 775
西藏	--	3	31	26	15	17	61	100
陕西	126	133	214	277	482	629	951	1 040
甘肃	107	99	200	283	441	516	1 011	1 231
青海	81	89	165	178	237	235	424	519
宁夏	69	82	153	164	265	258	430	415
新疆	71	98	290	299	406	486	1 119	1 082

按年份各地区公共图书馆购书费支出情况

单位:万元

地区	1979年	1980年	1985年	1986年	1990年	1995年	1996年
总计	2 163	2 273	4 164	5 300	8 474	16 788	19 626
中央	297	297	735	1 029	2 200	6 036	6 810
地方	1 866	1 975	3 429	4 271	6 274	10 752	12 816
北京	42	42	102	116	163	251	391
天津	67	67	104	108	106	318	295
河北	63	68	76	137	161	302	405
山西	50	49	68	85	93	131	246
内蒙古	45	51	66	95	85	86	101
辽宁	115	117	205	245	454	768	692
吉林	98	61	104	117	152	250	270
黑龙江	79	91	128	144	251	235	256
上海	172	187	431	556	1 079	2 204	2 703
江苏	98	99	284	376	458	732	1 036
浙江	68	68	191	255	374	578	644
安徽	57	60	62	76	121	262	247
福建	42	47	111	134	170	311	532
江西	44	58	67	113	129	98	102
山东	87	85	113	147	237	506	475
河南	62	65	80	111	165	255	311
湖北	55	94	120	168	256	299	415
湖南	68	73	115	156	177	207	225
广东	74	83	251	296	465	1 186	1 567
广西	71	82	96	114	159	291	195
海南	…	…	…	…	21	59	53
四川	107	109	168	207	289	431	578
贵州	48	46	79	80	128	100	136
云南	49	63	110	154	207	441	470
西藏	--	2	5	5	3	14	10
陕西	62	42	61	56	88	1 041	118
甘肃	41	51	61	72	108	170	187
青海	38	37	40	41	39	33	32
宁夏	29	32	42	39	59	41	39
新疆	35	46	89	68	77	91	85

按年份各地区公共图书馆人均购书费情况

单位:元

地　　区	1984 年	1985 年	1990 年	1991 年	1995 年	1996 年
总　　计	0.023	0.040	0.074	0.077	0.139	0.160
北　　京	0.049	0.106	0.150	0.152	0.239	0.311
天　　津	0.089	0.129	0.120	0.198	0.360	0.311
河　　北	0.013	0.014	0.026	0.027	0.048	0.062
山　　西	0.020	0.026	0.032	0.027	0.045	0.079
内 蒙 古	0.027	0.033	0.039	0.052	0.039	0.045
辽　　宁	0.034	0.056	0.114	0.127	0.194	0.171
吉　　林	0.028	0.045	0.061	0.058	0.101	0.105
黑 龙 江	0.029	0.039	0.070	0.058	0.067	0.071
上　　海	0.163	0.354	0.807	0.901	1.710	2.070
江　　苏	0.017	0.046	0.068	0.079	0.108	0.150
浙　　江	0.018	0.047	0.090	0.089	0.135	0.146
安　　徽	0.012	0.012	0.021	0.017	0.045	0.041
福　　建	0.019	0.041	0.056	0.063	0.101	0.166
江　　西	0.018	0.019	0.034	0.029	0.026	0.025
山　　东	0.012	0.015	0.028	0.031	0.059	0.054
河　　南	0.009	0.011	0.019	0.016	0.029	0.034
湖　　北	0.020	0.024	0.047	0.042	0.054	0.072
湖　　南	0.014	0.020	0.029	0.026	0.033	0.035
广　　东	0.016	0.040	0.073	0.068	0.183	0.227
广　　西	0.023	0.025	0.037	0.038	0.067	0.043
海　　南	…	…	0.032	0.049	0.088	0.074
四　　川	0.011	0.016	0.027	0.028	0.039	0.051
贵　　州	0.017	0.027	0.039	0.033	0.030	0.039
云　　南	0.020	0.032	0.052	0.055	0.117	0.120
西　　藏	0.011	0.030	0.014	0.001	0.061	0.042
陕　　西	0.015	0.021	0.027	0.028	0.031	0.034
甘　　肃	0.027	0.030	0.048	0.048	0.074	0.077
青　　海	0.098	0.098	0.087	0.084	0.074	0.069
宁　　夏	0.086	0.086	0.126	0.102	0.084	0.075
新　　疆	0.036	0.065	0.050	0.046	0.058	0.051

注:本表所用人口数,均为当年《中国统计年鉴》数字。

按年份各地区公共图书馆购书费占总支出比重

单位:%

地区	1979 年	1980 年	1985 年	1990 年	1991 年	1995 年	1996 年
中央	58.1	60.8	55.5	62.0	59.2	63.8	65.7
地方	39.7	39.5	28.4	23.5	21.4	16.6	16.3
北京	29.4	32.7	36.0	22.2	21.4	13.6	13.6
天津	40.7	41.5	32.1	16.5	14.9	14.9	12.9
河北	50.0	50.3	24.7	21.2	19.1	14.8	19.1
山西	34.0	38.8	23.9	17.6	11.8	11.2	16.0
内蒙古	31.5	33.8	17.8	11.6	13.0	5.9	6.4
辽宁	33.0	31.2	24.3	21.6	20.4	17.5	15.4
吉林	50.9	34.7	21.9	17.5	15.8	13.6	12.6
黑龙江	27.3	32.0	24.6	22.2	16.8	11.0	11.7
上海	42.9	49.4	48.1	43.4	44.8	31.4	29.7
江苏	44.7	38.1	40.9	30.3	31.2	18.1	20.0
浙江	52.4	50.4	30.6	30.2	25.1	18.7	17.7
安徽	42.6	44.1	24.3	23.2	17.0	18.9	16.4
福建	46.0	52.1	33.1	21.9	24.3	18.2	21.8
江西	39.0	41.9	17.9	17.3	15.1	7.4	5.7
山东	31.6	31.6	22.8	18.7	18.7	17.0	13.2
河南	38.9	38.8	21.7	20.2	14.7	11.9	12.4
湖北	33.0	42.1	18.9	23.1	18.6	12.6	14.5
湖南	34.1	35.3	21.0	18.0	15.1	8.9	8.8
广东	36.5	32.1	36.3	23.1	18.9	17.4	15.7
广西	47.8	49.7	22.2	23.1	19.8	16.4	10.0
海南	…	…	…	17.8	22.3	16.0	13.8
四川	41.5	37.8	27.2	16.2	17.4	13.3	15.4
贵州	58.5	47.9	32.7	30.7	25.3	12.4	13.3
云南	45.7	44.4	27.6	24.6	20.0	19.7	17.0
西藏	--	57.6	17.5	20.0	1.1	22.5	10.0
陕西	49.3	31.3	28.7	18.3	14.8	10.9	11.3
甘肃	38.8	51.9	30.5	24.5	21.1	16.8	15.2
青海	46.7	41.7	24.2	16.5	16.1	7.8	6.1
宁夏	41.9	39.6	27.3	22.3	18.9	9.4	9.4
新疆	48.9	47.2	30.5	19.0	14.6	8.1	7.9

按年份各地区地市级公共图书馆购书费占总支出比重

单位:%

地　　区	1979年	1980年	1985年	1990年	1991年	1995年	1996年
总　　计	36.7	31.8	28.0	20.3	17.7	14.8	14.1
北　　京	24.0	25.5	26.2	20.0	16.9	9.0	9.8
天　　津	32.1	31.6	19.0	10.5	9.7	7.5	6.6
河　　北	41.4	45.3	26.5	19.0	18.2	6.4	14.8
山　　西	32.9	53.1	24.3	20.2	12.5	10.1	18.0
内 蒙 古	25.5	32.5	19.3	8.9	12.6	7.4	4.9
辽　　宁	29.5	28.8	27.3	18.2	18.2	18.2	15.3
吉　　林	34.8	31.7	20.4	14.8	13.4	17.2	12.0
黑 龙 江	21.8	20.8	28.4	23.9	21.7	14.7	10.5
上　　海	40.5	25.4	27.4	17.4	19.2	11.8	13.3
江　　苏	38.7	32.9	41.5	31.5	26.4	17.7	21.4
浙　　江	40.4	45.7	27.7	25.4	22.8	19.4	19.8
安　　徽	35.4	37.5	22.9	21.0	18.6	21.5	19.7
福　　建	33.1	50.1	21.4	16.6	20.9	19.7	28.7
江　　西	38.6	35.5	21.1	17.9	12.4	5.8	2.8
山　　东	35.4	34.1	26.7	21.5	16.0	17.4	14.1
河　　南	37.7	42.2	26.9	22.5	14.7	12.0	10.9
湖　　北	41.4	42.4	24.4	23.7	18.6	15.1	12.8
湖　　南	37.3	33.3	14.8	14.1	12.8	8.4	9.8
广　　东	25.7	26.8	45.7	24.5	16.0	20.6	14.6
广　　西	43.3	45.9	16.7	26.1	18.8	18.9	13.1
海　　南	…	…	…	21.1	28.3	15.7	16.0
四　　川	44.2	37.6	34.1	15.8	16.2	15.2	14.6
贵　　州	55.8	52.4	21.2	38.3	30.2	7.2	7.7
云　　南	50.8	49.8	35.4	38.3	17.9	13.6	17.3
西　　藏	--	57.6	--	--	--	--	10.0
陕　　西	57.6	34.9	33.3	14.7	14.1	11.4	23.0
甘　　肃	44.8	41.4	23.2	26.8	20.3	13.4	14.9
青　　海	55.4	36.1	14.1	12.2	10.6	3.7	5.2
宁　　夏	53.1	46.7	22.1	20.0	18.2	12.2	10.2
新　　疆	70.0	49.2	29.8	21.6	12.3	11.3	9.2

按年份各地区县级公共图书馆购书费占总支出比重

单位:%

地　　区	1979年	1980年	1985年	1990年	1991年	1995年	1996年
总　　计	37.0	35.3	17.2	15.1	13.5	10.3	10.2
北　　京	39.1	34.7	19.2	13.5	14.7	8.6	12.6
天　　津	31.5	51.3	22.8	7.2	4.3	8.6	3.8
河　　北	46.9	40.7	16.7	14.6	8.7	13.6	10.1
山　　西	33.8	32.1	16.6	13.0	11.9	4.8	6.1
内 蒙 古	35.6	32.0	14.4	10.9	11.7	4.9	6.7
辽　　宁	32.9	24.4	16.6	13.9	11.6	14.1	12.7
吉　　林	34.4	28.8	12.3	9.6	10.0	7.2	6.8
黑 龙 江	23.6	23.9	16.7	14.6	11.8	7.8	7.5
上　　海	40.5	39.4	26.8	27.1	28.4	15.8	15.4
江　　苏	41.8	34.0	19.3	19.5	17.7	11.4	11.7
浙　　江	51.4	47.1	19.7	25.1	19.9	14.2	12.6
安　　徽	39.2	37.1	18.0	17.6	12.7	8.8	11.1
福　　建	36.4	50.9	23.8	22.0	16.4	11.6	12.5
江　　西	31.6	39.8	12.8	9.5	13.0	7.5	7.4
山　　东	24.1	23.9	9.6	8.3	9.5	10.0	7.5
河　　南	36.2	36.8	12.9	12.7	8.9	5.8	7.3
湖　　北	35.9	41.9	8.3	15.0	15.4	10.7	10.6
湖　　南	29.4	31.5	17.2	14.2	10.7	8.4	8.1
广　　东	31.0	29.8	19.4	18.0	15.5	13.3	12.5
广　　西	45.0	45.4	19.5	16.3	15.0	11.1	10.0
海　　南	…	…	…	16.3	19.2	16.3	12.7
四　　川	38.1	34.3	17.7	11.3	14.1	10.5	13.9
贵　　州	66.7	43.6	35.0	18.9	13.5	7.0	9.1
云　　南	48.0	44.1	21.5	20.6	15.9	14.2	12.2
西　　藏	--	--	17.5	20.0	2.0	--	--
陕　　西	52.4	22.3	19.3	8.9	6.2	3.6	3.4
甘　　肃	37.1	84.0	18.8	14.5	12.7	7.1	6.2
青　　海	48.9	44.0	17.4	10.8	9.5	2.8	2.4
宁　　夏	32.9	39.5	19.8	13.7	10.3	6.2	3.5
新　　疆	55.8	55.9	16.9	14.4	12.3	6.3	6.9

按年份各地区地市级公共图书馆平均每馆购书费情况

单位:万元

地　区	1979年	1980年	1985年	1990年	1991年	1995年	1996年
总　计	1.8	1.9	3.3	5.7	5.4	10.0	11.5
北　京	1.4	1.8	3.2	7.8	5.4	7.2	11.8
天　津	1.9	1.6	1.4	1.6	1.6	2.7	3.3
河　北	2.5	2.8	3.4	5.1	6.2	6.0	10.4
山　西	1.2	1.3	1.9	3.2	2.2	3.4	8.0
内蒙古	1.2	1.5	2.2	1.8	3.2	3.1	2.1
辽　宁	3.5	4.2	5.0	8.7	9.5	18.1	14.3
吉　林	2.1	2.1	3.1	6.3	5.9	16.7	10.4
黑龙江	2.0	3.1	3.5	10.3	10.2	12.9	8.5
上　海	2.1	2.1	2.9	5.6	8.4	14.7	17.4
江　苏	2.7	2.8	8.1	13.5	11.9	17.5	27.7
浙　江	2.5	2.9	4.3	8.0	8.8	15.0	22.9
安　徽	1.5	1.1	2.3	3.3	3.0	10.2	10.2
福　建	1.7	2.1	1.9	3.3	4.2	7.7	18.3
江　西	1.1	1.5	2.7	3.5	2.5	3.0	2.5
山　东	1.8	1.9	3.1	6.5	5.2	12.3	10.4
河　南	2.0	1.9	2.7	4.0	3.2	5.7	6.4
湖　北	2.2	1.9	2.8	5.4	4.8	6.8	8.3
湖　南	1.1	1.3	1.8	3.1	2.8	4.1	5.7
广　东	1.2	1.4	12.5	15.3	11.1	33.3	36.8
广　西	1.8	2.4	2.6	6.0	5.3	13.3	7.4
海　南	…	…	…	4.0	7.5	11.8	10.6
四　川	2.7	2.0	3.8	7.1	6.5	9.5	10.2
贵　州	1.8	2.0	2.2	5.2	4.3	2.0	4.2
云　南	1.0	1.2	1.9	3.4	2.6	4.6	7.0
西　藏	--	1.9	--	--	--	--	10.0
陕　西	1.7	1.8	1.3	1.8	1.7	3.0	7.2
甘　肃	1.0	0.9	1.2	3.2	2.5	3.4	3.9
青　海	1.3	1.4	1.0	1.3	1.0	0.6	1.1
宁　夏	3.8	2.8	2.7	1.3	4.0	5.4	4.6
新　疆	1.0	1.7	1.8	2.6	1.8	3.4	3.1

按年份各地区县级公共图书馆平均每馆购书费情况

单位：万元

地区	1979年	1980年	1985年	1990年	1991年	1995年	1996年
总计	0.5	0.5	0.5	0.8	1.0	1.2	1.3
北京	1.3	1.3	1.3	3.3	2.7	3.2	6.5
天津	0.7	1.0	2.0	0.8	0.9	2.2	0.9
河北	0.3	0.3	0.2	0.4	0.4	0.9	0.7
山西	0.4	0.4	0.3	0.4	0.4	0.3	0.4
内蒙古	0.3	0.3	0.4	0.5	0.8	0.5	0.7
辽宁	0.6	0.6	0.7	1.0	1.2	2.2	2.2.
吉林	0.5	0.5	0.9	0.9	1.2	1.2	1.2
黑龙江	0.6	0.5	0.5	0.7	0.8	0.7	0.8
上海	1.7	1.9	1.8	3.0	8.1	11.6	13.0
江苏	0.6	0.5	0.7	1.7	2.1	2.8	3.2
浙江	0.6	0.6	1.1	2.4	2.6	3.3	3.5
安徽	0.4	0.3	0.3	0.7	0.7	0.8	1.1
福建	0.6	0.7	0.6	1.0	1.3	1.3	1.8
江西	0.4	0.5	0.3	0.5	0.7	0.6	0.7
山东	0.5	0.5	0.3	0.6	0.8	1.5	1.3
河南	0.4	0.4	0.3	0.5	0.5	0.5	0.7
湖北	0.3	0.5	0.4	1.0	1.2	1.4	1.6
湖南	0.5	0.5	0.6	0.7	0.8	1.0	1.0
广东	0.4	0.5	0.5	1.5	1.9	3.2	4.3
广西	0.5	0.6	0.5	0.9	1.1	0.9	0.9
海南	…	…	…	0.8	1.2	2.1	1.9
四川	0.5	0.5	0.6	0.8	1.0	1.2	1.7
贵州	0.7	0.5	0.7	0.5	0.6	0.4	0.5
云南	0.4	0.5	0.4	0.7	0.9	1.4	1.6
西藏	--	--	0.2	0.5	--	--	--
陕西	0.6	0.2	0.2	0.2	0.3	0.2	0.2
甘肃	0.6	0.9	0.3	0.4	0.5	0.4	0.4
青海	1.1	0.8	0.5	0.3	0.3	0.1	0.1
宁夏	0.9	1.2	0.8	1.2	1.1	0.8	0.4
新疆	1.0	1.0	0.5	0.5	0.7	0.6	0.6

按年份各地区公共图书馆新购图书册数

单位:万册

地　　区	1983年	1985年	1990年	1991年	1995年	1996年
总　　计	1 541	1 343	895	771	551	577
中　　央	41	70	71	70	17	17
地　　方	1 500	1 273	824	701	534	560
北　　京	44	30	23	21	11	18
天　　津	39	31	13	15	14	14
河　　北	38	45	22	20	26	26
山　　西	32	30	25	11	7	9
内 蒙 古	33	31	18	19	7	7
辽　　宁	97	94	66	55	41	33
吉　　林	50	34	17	17	14	10
黑 龙 江	43	48	32	30	17	18
上　　海	90	67	49	38	44	47
江　　苏	108	68	54	51	41	44
浙　　江	73	67	50	45	33	33
安　　徽	33	27	17	13	9	11
福　　建	49	40	23	25	18	22
江　　西	44	61	19	21	9	12
山　　东	52	44	28	27	23	20
河　　南	73	40	25	15	16	16
湖　　北	70	64	43	38	23	21
湖　　南	76	62	26	23	19	19
广　　东	64	54	58	62	69	72
广　　西	55	38	66	24	16	18
海　　南	…	…	4	6	6	3
四　　川	86	74	46	37	25	35
贵　　州	34	36	20	14	5	5
云　　南	83	69	33	27	22	22
西　　藏	5	3	1	--	0.1	0.6
陕　　西	33	28	10	9	5	10
甘　　肃	30	26	15	10	7	8
青　　海	20	13	4	4	1	2
宁　　夏	25	24	7	12	2	2
新　　疆	21	25	10	12	6	6

按年份各地区地市级公共图书馆平均每馆新购图书册数

单位:万册

地区	1983年	1985年	1990年	1991年	1995年	1996年
总计	1.8	1.3	0.8	0.7	0.6	0.6
北京	2.7	1.6	1.5	1.0	0.4	0.8
天津	1.3	0.9	0.3	0.3	0.3	0.3
河北	1.4	1.4	1.0	1.1	0.5	0.7
山西	1.0	0.9	0.7	0.3	0.1	0.2
内蒙古	1.5	1.1	0.4	0.4	0.2	0.09
辽宁	3.1	2.2	1.3	1.1	1.0	0.7
吉林	2.1	1.1	0.7	0.6	0.8	0.3
黑龙江	0.9	1.3	1.3	1.5	0.8	0.6
上海	2.1	1.6	0.9	1.0	0.9	0.8
江苏	3.3	2.8	1.7	1.4	1.3	1.1
浙江	2.4	1.8	1.2	1.4	0.8	0.8
安徽	1.0	0.9	0.6	0.4	0.2	0.4
福建	3.3	1.1	0.7	0.7	0.5	0.5
江西	2.0	1.3	0.5	0.5	0.3	0.2
山东	1.8	1.4	0.6	0.6	0.4	0.5
河南	5.1	1.3	0.7	0.4	0.4	0.3
湖北	1.7	1.5	0.9	0.6	0.5	0.4
湖南	1.4	1.2	0.6	0.4	0.3	0.5
广东	1.9	1.8	0.9	1.9	1.7	1.7
广西	1.8	1.3	1.0	1.0	0.5	0.5
海南	…	…	0.5	1.0	1.2	0.7
四川	2.1	1.7	1.0	0.7	0.5	0.6
贵州	2.4	1.2	0.5	0.7	0.1	0.3
云南	1.1	1.1	0.4	0.4	0.3	0.3
西藏	--	--	--	--	--	0.6
陕西	1.1	0.6	0.3	0.1	0.2	0.2
甘肃	1.8	0.6	0.8	0.2	0.2	0.2
青海	0.5	0.4	0.1	0.1	0.02	0.1
宁夏	2.7	1.4	1.0	1.0	0.5	0.2
新疆	0.8	0.6	0.3	0.3	0.3	0.2

按年份各地区县级公共图书馆平均每馆新购图书册数

单位：万册

地 区	1983 年	1985 年	1990 年	1991 年	1995 年	1996 年
总 计	0.44	0.32	0.17	0.15	0.10	0.11
北 京	1.39	0.88	0.56	0.50	0.33	0.38
天 津	0.78	0.68	0.17	0.17	0.18	0.07
河 北	0.35	0.19	0.08	0.08	0.13	0.08
山 西	0.26	0.22	0.13	0.07	0.03	0.05
内 蒙 古	0.20	0.21	0.12	0.13	0.05	0.06
辽 宁	0.54	0.45	0.27	0.22	0.14	0.11
吉 林	0.49	0.61	0.23	0.24	0.15	0.10
黑 龙 江	0.34	0.27	0.14	0.11	0.08	0.12
上 海	1.54	0.92	0.55	1.30	0.72	0.63
江 苏	0.64	0.44	0.38	0.35	0.25	0.28
浙 江	0.71	0.57	0.49	0.37	0.25	0.23
安 徽	0.28	0.20	0.11	0.09	0.07	0.06
福 建	0.91	0.33	0.18	0.20	0.11	0.14
江 西	0.35	0.47	0.13	0.15	0.07	0.09
山 东	0.40	0.23	0.12	0.10	0.12	0.09
河 南	0.36	0.20	0.12	0.07	0.06	0.08
湖 北	0.30	0.23	0.26	0.26	0.13	0.12
湖 南	0.54	0.41	0.15	0.15	0.12	0.10
广 东	0.34	0.26	0.27	0.26	0.25	0.29
广 西	0.45	0.29	0.21	0.16	0.09	0.08
海 南	…	…	0.18	0.24	0.21	0.10
四 川	0.53	0.35	0.15	0.12	0.09	0.14
贵 州	0.36	0.36	0.13	0.09	0.03	0.03
云 南	0.40	0.33	0.15	0.13	0.10	0.10
西 藏	--	0.14	0.06	--	--	--
陕 西	0.27	0.16	0.05	0.04	0.02	0.07
甘 肃	0.29	0.22	0.05	0.06	0.04	0.03
青 海	0.71	0.26	0.06	0.03	0.01	0.02
宁 夏	1.26	1.02	0.18	0.47	0.05	0.05
新 疆	0.35	0.30	0.09	0.11	0.04	0.03

按年份各地区群众文化事业机构数

单位：个

地区	1964年	1978年	1980年	1985年	1986年	1990年	1995年	1996年
总计	4 467	6 893	28 403	56 158	56 849	55 756	58 525	45 253
北京	36	22	162	392	399	396	356	272
天津	--	18	200	524	364	367	362	382
河北	186	175	351	3 916	3 847	3 587	3 194	2 101
山西	103	124	628	1 785	1 906	1 803	1 835	1 731
内蒙古	98	61	572	1 708	1 752	1 622	2 122	1 615
辽宁	171	910	1 348	1 732	1 839	2 479	3 327	1 507
吉林	256	445	870	1 105	1 079	1 072	1 420	1 002
黑龙江	179	194	1 200	1 337	1 360	1 372	1 546	1 416
上海	68	20	367	369	403	410	334	348
江苏	665	1 042	2 265	2 427	2 429	2 287	3 401	2 280
浙江	230	372	1 671	3 610	3 629	3 623	3 877	2 126
安徽	403	825	1 820	3 196	3 387	3 328	2 178	1 873
福建	120	117	1 006	1 115	1 089	1 160	1 321	1 126
江西	188	106	750	2 050	2 131	2 096	1 999	1 771
山东	139	155	2 272	2 355	2 435	2 641	2 521	2 625
河南	178	173	2 209	2 351	2 462	2 452	2 435	2 389
湖北	222	876	1 477	2 991	2 647	1 849	3 136	1 748
湖南	225	182	3 628	3 286	3 180	3 333	2 788	2 646
广东	135	139	1 892	2 127	2 184	1 926	3 057	2 015
广西	88	86	1 085	1 256	1 299	1 422	1 527	1 415
海南	…	…	…	…	…	326	328	325
四川	227	234	1 003	7 294	7 676	7 041	4 964	4 811
贵州	85	89	229	2 187	2 199	1 858	1 556	844
云南	140	145	536	1 605	1 607	1 661	3 254	1 729
西藏	--	5	17	27	39	56	104	76
陕西	114	117	279	2 857	2 850	2 785	2 370	2 290
甘肃	75	95	240	1 181	1 238	1 310	1 363	1 329
青海	30	43	71	305	315	307	358	257
宁夏	23	36	109	297	304	318	465	324
新疆	83	87	146	773	800	869	1 023	800

按年份各地区群众艺术馆机构数

单位:个

地区	1959年	1965年	1978年	1980年	1985年	1990年	1995年	1996年
总计	51	62	92	218	335	366	373	392
北京	1	1	--	1	1	1	1	1
天津	1	1	1	1	1	1	1	1
河北	3	1	14	17	20	18	12	12
山西	1	--	--	5	11	12	12	12
内蒙古	1	--	4	10	13	13	13	13
辽宁	6	3	9	13	16	16	23	23
吉林	3	4	7	7	10	12	13	13
黑龙江	4	3	15	18	17	16	16	15
上海	1	1	--	1	1	1	3	3
江苏	--	2	--	1	11	12	12	12
浙江	2	2	1	12	12	12	12	12
安徽	1	1	1	2	12	14	14	14
福建	2	8	6	9	10	10	10	10
江西	1	8	--	11	12	12	12	13
山东	4	8	8	13	13	17	18	19
河南	2	11	10	12	17	22	23	22
湖北	2	2	1	15	17	16	13	29
湖南	1	--	--	1	16	14	15	15
广东	2	--	--	13	15	19	21	22
广西	1	--	--	4	14	14	14	15
海南	…	…	…	…	…	3	3	3
四川	3	2	5	5	16	24	24	25
贵州	2	2	2	3	7	7	8	8
云南	1	1	1	18	18	19	19	19
西藏	--	--	2	6	7	7	7	6
陕西	3	--	2	9	11	11	11	11
甘肃	1	--	1	8	14	15	15	15
青海	2	1	1	2	8	9	9	9
宁夏	--	--	1	1	2	4	4	4
新疆	--	--	--	--	13	15	15	16

按年份各地区文化馆机构数

单位:个

地　区	1952年	1965年	1978年	1980年	1985年	1990年	1995年	1996年
总　计	2 430	2 598	2 748	2 912	2 960	2 955	2 886	2 892
北　京	24	18	19	19	22	22	22	22
天　津	21	13	17	18	18	18	18	18
河　北	168	166	161	165	172	170	169	169
山　西	116	108	124	121	117	118	118	118
内蒙古	70	81	54	105	104	103	102	102
辽　宁	109	97	118	125	161	161	105	103
吉　林	64	62	72	62	36	43	45	89
黑龙江	85	86	100	129	132	122	121	121
上　海	2	20	20	23	42	48	40	43
江　苏	108	99	110	111	108	109	110	108
浙　江	90	83	75	78	93	85	83	83
安　徽	100	93	96	100	101	101	99	101
福　建	72	73	76	76	78	80	80	80
江　西	92	97	106	102	103	101	101	100
山　东	166	133	147	142	144	142	140	140
河　南	134	151	150	213	210	203	201	198
湖　北	112	138	176	173	188	182	179	134
湖　南	102	121	119	142	127	127	122	123
广　东	117	118	124	113	123	113	115	115
广　西	77	87	86	88	92	96	98	97
海　南	--	--	--	--	--	17	17	18
四　川	198	215	220	220	214	209	212	214
贵　州	61	83	87	87	86	84	85	85
云　南	65	140	144	130	130	128	128	128
西　藏	--	--	3	11	10	23	26	35
陕　西	127	110	115	111	112	113	111	111
甘　肃	94	75	94	85	83	84	83	83
青　海	21	30	30	47	43	42	42	42
宁　夏	--	18	19	20	20	19	22	21
新　疆	35	83	86	96	91	92	92	91

按年份各地区文化站机构数

单位:个

地区	1978年	1980年	1985年	1986年	1990年	1995年	1996年
总计	17 297	25 273	52 858	53 519	52 435	45 038	41 969
北京	87	142	369	376	373	321	249
天津	--	181	505	345	348	343	363
河北	133	169	3 724	3 656	3 399	3 011	1 920
山西	--	502	1 657	1 777	1 673	1 705	1 601
内蒙古	3	457	1 591	1 635	1 506	1 575	1 500
辽宁	1 542	1 210	1 555	1 660	2 302	1 805	1 381
吉林	950	801	1 059	1 030	1 017	1 010	900
黑龙江	565	1 053	1 183	1 204	1 234	1 280	1 280
上海	344	343	326	356	361	289	302
江苏	2 093	2 153	2 308	2 310	2 166	2 221	2 160
浙江	1 182	1 581	3 505	3 522	3 526	1 891	2 031
安徽	1 448	1 718	3 083	3 273	3 213	1 827	1 758
福建	914	921	1 027	1 001	1 070	1 072	1 036
江西	347	637	1 935	2 016	1 983	1 886	1 658
山东	2 103	2 117	2 198	2 276	2 482	2 363	2 466
河南	1 260	1 984	2 124	2 236	2 227	2 211	2 169
湖北	321	1 289	2 786	2 436	1 651	1 856	1 585
湖南	3 590	3 485	3 143	3 038	3 192	2 651	2 508
广东	15	1 766	1 989	2 046	1 794	1 957	1 878
广西	332	993	1 150	1 190	1 312	1 412	1 303
海南	…	…	…	…	306	301	304
四川	9	778	7 064	7 446	6 808	4 718	4 572
贵州	--	139	2 094	2 106	1 767	863	751
云南	2	388	1 457	1 459	1 514	1 567	1 582
西藏	--	--	10	17	26	44	35
陕西	28	159	2 734	2 726	2 661	2 237	2 168
甘肃	--	147	1 084	1 139	1 211	1 265	1 231
青海	12	22	254	265	256	219	206
宁夏	16	88	275	282	295	266	299
新疆	1	50	669	696	762	862	773

按年份各地区文化部门文化站机构数

单位：个

地　区	1952年	1965年	1978年	1980年	1986年	1990年	1991年	1995年	1996年
总　计	4 107	2 125	4 068	4 598	5 583	5 766	7 242	10 228	26 047
北　京	68	20	3	37	29	29	24	12	16
天　津	12	——	——	——	——	——	——	——	254
河　北	408	11	——	15	2	2	2	2	2
山　西	——	——	——	——	——	——	——	——	1 601
内蒙古	43	31	3	114	217	268	391	432	621
辽　宁	301	163	786	1 210	1 321	1 417	1 386	1 394	1 381
吉　林	177	204	366	322	400	392	400	352	623
黑龙江	174	85	79	83	125	128	128	129	129
上　海	——	——	——	9	5	3	3	2	2
江　苏	651	609	932	960	1 003	1 009	1 008	1 058	2 160
浙　江	164	147	296	330	408	374	394	1 891	2 031
安　徽	615	560	728	726	805	737	800	238	1 495
福　建	152	40	35	55	140	145	128	159	1 036
江　西	164	——	——	——	——	——	——	——	——
山　东	139	6	——	——	——	——	——	——	——
河　南	235	48	13	4	——	——	——	——	——
湖　北	308	135	711	426	146	139	145	1 088	1 535
湖　南	38	13	63	——	——	——	——	——	2 508
广　东	202	4	15	16	14	13	12	964	1 563
广　西	61	13	——	8	3	3	3	3	1 303
海　南	…	…	…	…	…	1	1	1	304
四　川	170	21	9	22	16	13	12	10	4 572
贵　州	——	——	——	90	493	548	571	600	751
云　南	——	——	——	101	186	238	1 509	1 540	1 527
西　藏	——	——	——	——	16	16	17	27	35
陕　西	9	3	——	42	12	11	11	11	10
甘　肃	16	1	——	——	——	——	——	——	——
青　海	——	——	12	1	42	61	62	88	196
宁　夏	——	11	16	18	168	178	179	173	24
新　疆	——	——	1	9	32	41	56	54	368

按年份各地区群众文化事业财政补助收入情况

单位:万元

地　区	1978年	1980年	1985年	1986年	1990年	1991年	1995年	1996年
总　计	11 520	11 270	20 835	25 505	36 985	31 066	56 826	74 434
北　京	142	126	281	373	812	551	661	1 120
天　津	187	139	279	495	415	443	691	1 146
河　北	594	513	740	1 192	1 819	1 279	2 362	3 633
山　西	512	486	621	739	1 207	960	1 603	1 893
内蒙古	354	324	759	869	1 320	1 123	1 723	2 523
辽　宁	599	700	1 426	1 521	2 047	2 156	3 488	3 405
吉　林	359	336	732	929	1 043	1 042	1 986	2 433
黑龙江	431	461	832	1 020	1 399	1 206	1 972	2 129
上　海	184	178	667	847	1 006	887	1 492	3 023
江　苏	542	584	1 079	1 401	1 852	1 744	3 959	4 683
浙　江	401	416	1 050	1 280	1 989	1 273	4 660	5 134
安　徽	369	433	591	676	1 052	1 048	1 430	2 250
福　建	281	306	573	648	932	879	1 794	2 269
江　西	402	346	504	667	960	790	1 182	1 231
山　东	637	722	1 067	1 427	2 151	1 805	2 622	4 906
河　南	572	654	818	1 097	1 377	1 182	2 282	3 138
湖　北	475	492	994	1 050	1 229	967	1 965	2 409
湖　南	648	636	1 050	1 111	1 352	1 012	1 620	2 654
广　东	495	440	891	1 159	1 909	1 487	4 518	5 501
广　西	347	348	637	764	1 225	793	1 231	1 594
海　南	…	…	…	…	210	205	363	545
四　川	841	710	1 391	1 772	2 544	1 984	3 149	4 828
贵　州	307	231	297	439	558	533	895	902
云　南	368	360	843	1 011	2 061	2 138	3 551	3 985
西　藏	21	42	133	119	209	180	454	501
陕　西	521	416	673	957	1 455	1 068	1 448	1 918
甘　肃	307	266	471	626	1 139	760	1 116	1 392
青　海	172	142	298	336	373	333	520	665
宁　夏	146	170	234	308	410	354	504	539
新　疆	306	293	904	672	930	884	1 586	2 112

按年份各地区群众文化事业总支出情况

单位:万元

地区	1978年	1980年	1985年	1990年	1991年	1995年	1996年
总计	10 114	11 376	20 340	42 476	48 674	83 628	137 750
北京	107	176	281	782	944	1 566	2 398
天津	146	174	289	695	780	1 376	2 393
河北	689	561	788	1 686	1 811	2 713	4 208
山西	482	522	637	1 075	1 202	1 824	2 299
内蒙古	201	359	733	1 173	1 338	1 932	2 904
辽宁	542	662	1 324	2 706	3 093	4 552	4 573
吉林	349	337	711	1 106	1 214	2 101	2 883
黑龙江	499	467	814	1 407	1 493	2 219	2 399
上海	220	253	674	2 333	2 829	6 752	13 476
江苏	328	471	1 072	3 778	4 109	8 509	15 577
浙江	306	417	1 011	2 629	2 877	7 101	9 730
安徽	388	419	572	1 323	1 548	1 934	2 973
福建	251	309	517	1 094	1 189	2 199	3 283
江西	337	374	515	1 055	1 121	1 493	1 661
山东	653	705	987	2 369	2 776	3 317	6 122
河南	674	695	914	1 469	1 655	2 737	4 207
湖北	442	480	981	1 706	1 774	3 885	5 622
湖南	542	572	941	1 702	1 957	2 575	4 938
广东	361	510	887	1 709	2 195	5 937	16 821
广西	279	278	656	1 235	1 282	1 877	2 900
海南	…	…	…	200	263	364	730
四川	636	740	1 313	3 108	3 625	5 327	10 580
贵州	274	268	359	585	604	989	1 266
云南	314	424	692	1 832	2 713	4 191	5 468
西藏	21	47	137	172	201	429	566
陕西	459	346	597	988	1 221	1 569	2 294
甘肃	310	267	506	861	909	1 189	1 619
青海	84	157	290	340	371	537	712
宁夏	108	115	260	418	446	651	714
新疆	112	271	882	940	1 134	1 785	2 462

历年对外文化交流情况

单位:起

年份	签订文化协定	签订文化协定执行计划	文化交流来往项目		
			总计	来华	出国
1985	5	17	804	381	423
1986	2	16	1 075	456	619
1987	8	32	880	378	502
1988	5	19	707	282	425
1989	4	18	484	182	302
1990	1	14	733	263	470
1991	4	29	736	227	509
1992	13	11	1 181	413	768
1993	8	31	1 534	480	1 054
1994	7	22	1 176	401	775
1995	1	28	1 647	500	1 147
1996	4	22	1 580	859	721
1997	1	27	1 446	527	919
1998	2	23	1 871	672	1 199
1999	4	31	1 366	534	832

按年份各地区总人口数

单位:万人

地区	1980年	1985年	1986年	1990年	1991年	1995年	1996年
总计	98 705	104 532	105 721	114 333	115 823	121 121	122 389
北京	886	960	975	1 086	1 094	1 251	1 259
天津	749	808	819	884	909	942	948
河北	5 168	5 548	5 617	6 159	6 220	6 437	6 484
山西	2 476	2 627	2 655	2 899	2 942	3 077	3 109
内蒙古	1 876	2 007	2 029	2 163	2 184	2 284	2 307
辽宁	3 487	3 686	3 726	3 967	3 990	4 092	4 116
吉林	2 211	2 298	2 315	2 483	2 509	2 592	2 610
黑龙江	3 204	3 311	3 332	3 543	3 575	3 701	3 728
上海	1 147	1 217	1 232	1 337	1 340	1 415	1 419
江苏	5 938	6 213	6 270	6 767	6 844	7 066	7 110
浙江	3 827	4 030	4 070	4 168	4 202	4 319	4 343
安徽	4 893	5 156	5 217	5 675	5 761	6 013	6 070
福建	2 518	2 713	2 749	3 037	3 079	3 237	3 261
江西	3 270	3 460	3 509	3 810	3 865	4 063	4 105
山东	7 296	7 695	7 776	8 493	8 570	8 705	8 738
河南	7 285	7 713	7 808	8 649	8 763	9 100	9 172
湖北	4 684	4 931	4 989	5 439	5 512	5 772	5 825
湖南	5 281	5 622	5 696	6 128	6 209	6 392	6 428
广东	5 228	6 253	6 346	6 346	6 439	6 868	6 961
广西	3 538	3 873	3 946	4 261	4 324	4 543	4 589
海南	552	--	--	663	674	724	734
四川	9 820	10 188	10 320	10 804	10 897	11 325	11 430
贵州	2 777	2 968	3 008	3 268	3 315	3 508	3 555
云南	3 173	3 406	3 456	3 731	3 782	3 990	4 042
西藏	185	199	203	222	226	240	244
陕西	2 831	3 002	3 043	3 316	3 363	3 514	3 543
甘肃	1 918	2 041	2 071	2 255	2 285	2 438	2 467
青海	377	407	412	448	454	481	488
宁夏	374	415	424	470	480	513	521
新疆	1 283	1 361	1 384	1 529	1 555	1 661	1 689

注:资料取自当年的《中国统计年鉴》。

年 度 资 料

全 国 文 化 产 业 机

	总计			文化					
				合计			国有经济		
	机构数	从业人员数	职工	机构数	从业人员数	职工	机构数	从业人员数	职工
总计	**330 734**	**1 662 088**	**952 249**	**90 128**	**677 135**	**521 960**	**41 932**	**481 397**	**423 806**
文化产业	**329 919**	**1 646 226**	**939 172**	**89 345**	**661 995**	**509 288**	**41 434**	**471 361**	**415 166**
艺术业	5 131	194 652	182 457	5 110	194 097	181 903	4 299	163 174	153 704
图书馆业	2 767	48 792	46 346	2 767	48 792	46 346	2 666	48 641	46 250
群众文化业	45 837	128 216	103 949	32 965	107 983	89 324	23 983	91 833	78 707
艺术教育业	238	20 432	18 349	238	20 432	18 349	231	20 315	18 289
娱乐业	174 727	903 499	401 127	21 327	108 773	47 511	1 518	16 126	9 035
文艺科研	184	3 168	3 127	184	3 168	3 127	184	3 168	3 127
文物业	3 552	66 619	56 223	3 538	64 701	55 782	3 525	64 448	55 642
其他文化产业	97 483	280 848	127 594	23 216	114 049	66 946	5 028	63 656	50 412
非文化产业	**815**	**15 862**	**13 077**	**783**	**15 140**	**12 672**	**498**	**10 036**	**8 640**

全 国 文 化 部 门 直 属 产 业

	总计			文化		
				合计		
	机构数	从业人员数	职工	机构数	从业人员数	职工
总计	**62 934**	**568 151**	**472 386**	**62 934**	**568 151**	**472 386**
文化产业	**62 499**	**558 232**	**463 612**	**62 499**	**558 232**	**463 612**
艺术业	5 102	194 056	181 869	5 102	194 056	181 869
图书馆业	2 767	48 792	46 346	2 767	48 792	46 346
群众文化业	32 965	107 983	89 324	32 965	107 983	89 324
艺术教育业	238	20 432	18 349	238	20 432	18 349
娱乐业	7 323	35 779	16 101	7 323	35 779	16 101
文艺科研	184	3 168	3 127	184	3 168	3 127
文物业	3 538	64 701	55 782	3 538	64 701	55 782
其他文化产业	10 382	83 321	52 714	10 382	83 321	52 714
非文化产业	**435**	**9 919**	**8 774**	**435**	**9 919**	**8 774**

构 数 、从 业 人 员 数

单位:个、人

部门						其他部门		
集体经济			其他经济					
机构数	从业人员数		机构数	从业人员数		机构数	从业人员数	
		职工			职工			职工
24 658	**108 232**	**70 668**	**23 538**	**87 506**	**27 486**	**240 606**	**984 953**	**430 289**
24 420	**104 582**	**67 640**	**23 491**	**86 052**	**26 482**	**240 574**	**984 231**	**429 884**
807	30 598	27 960	4	325	239	21	555	554
99	84	73	2	67	23	—	—	—
8 956	16 060	10 552	26	90	65	12 872	20 233	14 625
5	66	49	2	51	11	—	—	—
4 805	32 690	16 599	15 004	59 957	21 877	153 400	794 726	353 616
—	—	—	—	—	—	—	—	—
11	165	52	2	88	88	14	1 918	441
9 737	24 919	12 355	8 451	25 474	4 179	74 267	166 799	60 648
238	**3 650**	**3 028**	**47**	**1 454**	**1 004**	**32**	**722**	**405**

机 构 数 、从 业 人 员 数

单位:个、人

部门								
国有经济			集体经济			其他经济		
机构数	从业人员数		机构数	从业人员数		机构数	从业人员数	
		职工			职工			职工
39 588	**464 735**	**413 437**	**15 333**	**70 581**	**50 585**	**8 013**	**32 835**	**8 364**
39 309	**457 586**	**406 926**	**15 196**	**68 520**	**48 767**	**7 994**	**32 126**	**7 919**
4 292	163 143	153 673	806	30 588	27 957	4	325	239
2 666	48 641	46 250	99	84	73	2	67	23
23 983	91 833	78 707	8 956	16 060	10 552	26	90	65
231	20 315	18 289	5	66	49	2	51	11
742	8 208	4 914	1 774	11 057	5 245	4 807	16 514	5 942
184	3 168	3 127	—	—	—	—	—	—
3 525	64 448	55 642	11	165	52	2	88	88
3 686	57 830	46 324	3 545	10 500	4 839	3 151	14 991	1 551
279	**7 149**	**6 511**	**137**	**2 061**	**1 818**	**19**	**709**	**445**

全 国 艺 术 表 演 业 机

	总计			文化					
				合计			国有经济		
	机构数	从业人员数		机构数	从业人员数		机构数	从业人员数	
			职工			职工			职工
总　计	**4 543**	**188 134**	**176 366**	**4 524**	**187 588**	**175 821**	**3 719**	**156 746**	**147 694**
一、艺术表演团体	**2 632**	**144 560**	**136 010**	**2 622**	**144 117**	**135 567**	**1 897**	**114 646**	**108 656**
1.话剧、儿童剧、滑稽剧团	86	7 264	7 129	86	7 264	7 129	79	6 933	6 806
其中:儿童剧团	11	1 107	1 070	11	1 107	1 070	10	1 106	1 069
2.歌剧、舞剧、歌舞剧团	74	8 722	8 479	74	8 722	8 479	64	8 219	8 056
3.歌舞团、轻音乐团	295	22 404	21 632	292	22 176	21 404	258	20 487	19 833
4.乐团	17	1 708	1 640	16	1 708	1 640	16	1 708	1 640
5.文工团、文宣队、乌兰牧骑	410	12 042	11 459	405	11 827	11 244	381	10 948	10 417
6.戏曲剧团	1 541	82 362	76 144	1 541	82 362	76 144	975	58 306	54 221
其中:京剧	110	9 933	9 303	110	9 933	9 303	87	9 044	8 453
7.曲、杂、木、皮团	209	10 058	9 527	208	10 058	9 527	124	8 045	7 683
二、艺术表演场所	**1 911**	**43 574**	**40 356**	**1 902**	**43 471**	**40 254**	**1 822**	**42 100**	**39 038**
1.剧场、影剧院	1 875	42 649	39 701	1 866	42 546	39 599	1 792	41 205	38 407
其中:儿童剧场	2	63	31	2	63	31	2	63	31
2.书场、曲艺场	21	190	171	21	190	171	15	160	147
3.杂技、马戏场	2	70	65	2	70	65	2	70	65
4.音乐厅	13	665	419	13	665	419	13	665	419

全 国 图 书 馆 业 、群 众 文 化

	总计			文化					
				合计			国有经济		
	机构数	从业人员数		机构数	从业人员数		机构数	从业人员数	
			职工			职工			职工
图 书 馆 业	**2 767**	**48 792**	**46 346**	**2 767**	**48 792**	**46 346**	**2 666**	**48 641**	**46 250**
其中:少儿图书馆	81	1 527	1 421	81	1 527	1 421	81	1 527	1 421
群 众 文 化 业	**45 837**	**128 216**	**103 949**	**32 965**	**107 983**	**89 324**	**23 983**	**91 833**	**78 707**
1.群众文化馆	389	11 697	11 395	389	11 697	11 395	389	11 697	11 395
2.文化馆	2 905	44 118	41 552	2 904	44 106	41 540	2 901	44 013	41 459
3.文化站	42 543	72 401	51 002	29 672	52 180	36 389	20 693	36 123	25 853
其中:乡镇文化站	39 719	61 616	- -	27 796	44 919	- -	19 463	31 268	- -

构数、从业人员数

单位:个、人

部门						其他部门		
集体经济			其他经济					
机构数	从业人员数	职工	机构数	从业人员数	职工	机构数	从业人员数	职工
801	**30 517**	**27 888**	**4**	**325**	**239**	**19**	**546**	**545**
725	**29 471**	**26 911**	— —	— —	— —	**10**	**443**	**443**
7	331	323	— —	— —	— —	— —	— —	— —
1	1	1	— —	— —	— —	— —	— —	— —
10	503	423	— —	— —	— —	— —	— —	— —
34	1 689	1 571	— —	— —	— —	3	228	228
— —	— —	— —	— —	— —	— —	1	— —	— —
24	879	827	— —	— —	— —	5	215	215
566	24 056	21 923	— —	— —	— —	— —	— —	— —
23	889	850	— —	— —	— —	— —	— —	— —
84	2 013	1 844	— —	— —	— —	1	— —	— —
76	**1 046**	**977**	**4**	**325**	**239**	**9**	**103**	**102**
70	1 016	953	4	325	239	9	103	102
— —	— —	— —	— —	— —	— —	— —	— —	— —
6	30	24	— —	— —	— —	— —	— —	— —
— —	— —	— —	— —	— —	— —	— —	— —	— —
— —	— —	— —	— —	— —	— —	— —	— —	— —

业机构数、从业人员数

单位:个、人

部门						其他部门		
集体经济			其他经济					
机构数	从业人员数	职工	机构数	从业人员数	职工	机构数	从业人员数	职工
99	**84**	**73**	**2**	**67**	**23**	— —	— —	— —
— —	— —	— —	— —	— —	— —	— —	— —	— —
8 956	**16 060**	**10 552**	**26**	**90**	**65**	**12 872**	**20 233**	**14 625**
— —	— —	— —	— —	— —	— —	— —	— —	— —
2	42	30	1	51	51	1	12	12
8 954	16 018	10 522	25	39	14	12 871	20 221	14 613
8 319	13 627	— —	14	24	— —	11 923	16 697	— —

全国艺术教育业、其他文化产业和

	总计			文化					
				合计			国有经济		
	机构数	从业人员		机构数	从业人员数		机构数	从业人员数	
			职工			职工			职工
艺术教育业	**238**	**20 432**	**18 349**	**238**	**20 432**	**18 349**	**231**	**20 315**	**18 289**
一、高等学校	10	4 092	3 412	10	4 092	3 412	10	4 092	3 412
二、中等专业学校	141	14 172	12 918	141	14 172	12 918	139	14 133	12 894
三、文化干部院校	20	650	620	20	650	620	20	650	620
四、其他教育机构	67	1 518	1 399	67	1 518	1 399	62	1 440	1 363
其他文化产业	**272 982**	**1 194 033**	**537 939**	**45 313**	**232 499**	**123 666**	**7 310**	**89 378**	**68 584**
一、艺术创作机构	414	3 039	2 984	413	3 035	2 980	410	3 024	2 971
其中:剧目创作室、组	212	1 199	1 190	211	1 195	1 186	211	1 195	1 186
二、艺术科研机构	184	3 168	3 127	184	3 168	3 127	184	3 168	3 127
文化科技机构	16	436	422	16	436	422	16	436	422
综合性艺术研究	118	2 243	2 219	118	2 243	2 219	118	2 243	2 219
地方戏艺术研究	24	199	199	24	199	199	24	199	199
其他艺术研究	26	290	287	26	290	287	26	290	287
三、艺术展览机构	47	1 346	1 225	47	1 346	1 225	47	1 346	1 225
其中:美术馆	26	749	654	26	749	654	26	749	654
四、文化艺术经纪与代理业	242	2 395	1 922	194	1 708	1 528	184	1 622	1 473
五、其他	272 095	1 184 085	528 681	44 475	223 242	114 806	6 485	80 218	59 788
非文化产业	**815**	**15 862**	**13 077**	**783**	**15 140**	**12 672**	**498**	**10 036**	**8 640**

非文化产业机构数、从业人员数

单位：个、人

部门						其他部门		
集体经济			其他经济					
机构数	从业人员数	职工	机构数	从业人员数	职工	机构数	从业人员数	职工
5	**66**	**49**	**2**	**51**	**11**	**— —**	**— —**	**— —**
— —	— —	— —	— —	— —	— —	— —	— —	— —
1	13	13	1	26	11	— —	— —	— —
— —	— —	— —	— —	— —	— —	— —	— —	— —
4	53	36	1	25	— —	— —	— —	— —
14 548	**57 690**	**29 026**	**23 455**	**85 431**	**26 056**	**227 669**	**961 534**	**414 273**
3	11	9	— —	— —	— —	1	4	4
— —	— —	— —	— —	— —	— —	1	4	4
— —	— —	— —	— —	— —	— —	— —	— —	— —
— —	— —	— —	— —	— —	— —	— —	— —	— —
— —	— —	— —	— —	— —	— —	— —	— —	— —
— —	— —	— —	— —	— —	— —	— —	— —	— —
— —	— —	— —	— —	— —	— —	— —	— —	— —
— —	— —	— —	— —	— —	— —	— —	— —	— —
— —	— —	— —	— —	— —	— —	— —	— —	— —
6	52	40	4	34	15	48	687	394
14 539	57 627	28 977	23 451	85 397	26 041	227 620	960 843	413 875
238	**3 650**	**3 028**	**47**	**1 454**	**1 004**	**32**	**722**	**405**

全国文物保护业机

	总计			文化					
				合计			国有经济		
	机构数	从业人员	职工	机构数	从业人员数	职工	机构数	从业人员数	职工
总　　计	**3 552**	**66 619**	**56 223**	**3 538**	**64 701**	**55 782**	**3 525**	**64 448**	**55 642**
文物机构合计	**2 068**	**30 116**	**25 176**	**2 061**	**28 469**	**24 961**	**2 058**	**28 331**	**24 929**
1.文物保护管理机构	1 944	23 713	19 359	1 937	22 066	19 144	1 934	21 928	19 112
2.文物科研机构	56	2 732	2 250	56	2 732	2 250	56	2 732	2 250
3.其他文物机构	68	3 671	3 567	68	3 671	3 567	68	3 671	3 567
博物馆合计	**1 363**	**33 435**	**28 264**	**1 356**	**33 164**	**28 038**	**1 355**	**33 084**	**27 958**
1.综合性	812	17 269	15 090	812	17 269	15 090	812	17 269	15 090
2.专门性	265	10 260	8 407	264	10 206	8 374	263	10 126	8 294
3.纪念性	286	5 906	4 767	280	5 689	4 574	280	5 689	4 574
文物商店合计	**121**	**3 068**	**2 783**	**121**	**3 068**	**2 783**	**112**	**3 033**	**2 755**

全国民族自治地方主要文化

	总计			文化					
				合计			国有经济		
	机构数	从业人员	职工	机构数	从业人员数	职工	机构数	从业人员数	职工
总　　计	**9 950**	**61 120**	**59 527**	**7 596**	**56 417**	**56 925**	**6 801**	**55 009**	**55 891**
艺术业	**831**	**26 880**	**25 758**	**827**	**26 816**	**25 694**	**810**	**26 338**	**25 306**
1.艺术表演团体	511	21 493	20 705	511	21 493	20 705	498	21 041	20 341
其中:少数民族歌舞团	58	3 992	3 897	58	3 992	3 897	58	3 992	3 897
2.艺术表演场所	180	3 540	3 277	178	3 485	3 222	175	3 464	3 203
其中:剧场、影剧院	180	3 540	3 277	178	3 485	3 222	175	3 464	3 203
3.其他	140	1 847	1 776	138	1 838	1 767	137	1 833	1 762
图书馆业	**670**	**7 434**	**7 202**	**670**	**7 434**	**7 202**	**572**	**7 353**	**7 130**
群众文化业	**7 847**	**19 305**	**16 969**	**5 501**	**16 121**	**14 454**	**4 822**	**15 374**	**13 884**
1.群众艺术馆	79	1 912	1 881	79	1 912	1 881	79	1 912	1 881
2.文化馆	645	7 580	7 157	645	7 580	7 157	645	7 580	7 157
3.文化站	7 123	9 813	7 931	4 777	6 629	5 416	4 098	5 882	4 846
文物保护业	**602**	**7 501**	**9 598**	**598**	**6 046**	**9 575**	**597**	**5 944**	**9 571**
其中:文物保护管理机构	435	4 403	2 312	431	2 948	2 289	430	2 846	2 285
博物馆	144	2 377	2 183	144	2 377	2 183	144	2 377	2 183

构 数 、从 业 人 员 数

单位:个、人

部			门			其 他 部 门		
集 体 经 济			其 他 经 济					
机构数	从业人员数		机构数	从业人员数		机构数	从业人员数	
		职 工			职 工			职 工
11	165	52	2	88	88	14	1 918	441
3	138	32	— —	— —	— —	7	1 647	215
3	138	32	— —	— —	— —	7	1 647	215
— —	— —	— —	— —	— —	— —	— —	— —	— —
— —	— —	— —	— —	— —	— —	— —	— —	— —
— —	— —	— —	1	80	80	7	271	226
— —	— —	— —	— —	— —	— —	— —	— —	— —
— —	— —	— —	1	80	80	1	54	33
— —	— —	— —	— —	— —	— —	6	217	193
8	27	20	1	8	8	— —	— —	— —

产 业 机 构 数 、从 业 人 员 数

单位:个、人

部			门			其 他 部 门		
集 体 经 济			其 他 经 济					
机构数	从业人员数		机构数	从业人员数		机构数	从业人员数	
		职 工			职 工			职 工
793	1 398	1 027	2	10	7	2 354	4 703	2 602
16	473	383	1	5	5	4	64	64
13	452	364	— —	— —	— —	— —	— —	— —
— —	— —	— —	— —	— —	— —	— —	— —	— —
3	21	19	— —	— —	— —	2	55	55
3	21	19	— —	— —	— —	2	55	55
— —	— —	— —	1	5	5	2	9	9
98	81	72	— —	— —	— —	— —	— —	— —
678	742	568	1	5	2	2 346	3 184	2 515
— —	— —	— —	— —	— —	— —	— —	— —	— —
— —	— —	— —	— —	— —	— —	— —	— —	— —
678	742	568	1	5	2	2 346	3 184	2 515
1	102	4	— —	— —	— —	4	1 455	23
1	102	4	— —	— —	— —	4	1 455	23
— —	— —	— —	— —	— —	— —	— —	— —	— —

全国文化部门文化产业单位经费收支情况

单位：千元

	本年收入合计	财政补助收入	上级补助收入	事业收入	经营收入	附属单位上缴收入	其他收入	本年支出合计	事业支出	经营支出
总计	**12 854 261**	**7 066 585**	**355 213**	**3 608 805**	**594 588**	**80 648**	**1 148 422**	**12 634 556**	**11 411 196**	**473 324**
1.文化合计	**9 239 326**	**5 560 510**	**231 043**	**2 118 208**	**450 866**	**66 138**	**812 561**	**9 220 437**	**8 181 058**	**354 618**
艺术表演团体	2 426 446	1 556 094	68 816	561 488	25 942	11 737	202 369	2 427 969	2 395 488	21 512
艺术表演场所	804 475	86 656	16 830	391 732	147 608	14 940	146 709	856 532	723 563	116 870
图书馆	1 374 297	1 158 298	14 606	92 932	32 044	8 110	68 307	1 358 255	1 323 714	20 653
群众文化	1 772 529	1 086 562	96 920	265 795	176 649	22 826	123 777	1 775 279	1 619 425	109 284
干部训练	16 028	8 996	16	5 100	1 002	--	914	14 863	14 347	516
其他文化	2 845 551	1 663 904	33 855	801 161	67 621	8 525	270 485	2 787 539	2 104 521	85 783
2.文物合计	**2 848 060**	**1 107 013**	**112 115**	**1 218 884**	**119 356**	**7 899**	**282 793**	**2 682 455**	**2 520 307**	**113 207**
博物馆	1 397 806	632 421	76 638	609 169	26 986	5 949	46 643	1 308 061	1 267 840	21 932
文物事业机构	1 003 449	224 498	35 477	609 715	92 370	1 950	39 439	988 718	866 791	91 275
干部训练	321	321	--	--	--	--	--	321	321	--
文物保护	156 192	156 192	--	--	--	--	--	218 834	218 834	--
其他文物	290 292	93 581	--	--	--	--	196 711	166 521	166 521	--
3.教育合计	**766 875**	**399 062**	**12 055**	**271 713**	**24 366**	**6 611**	**53 068**	**731 664**	**709 831**	**5 499**
高等院校	243 745	133 419	8 794	51 464	19 555	2 380	28 133	214 767	213 257	10
中等专业学校	523 130	265 643	3 261	220 249	4 811	4 231	24 935	516 897	496 574	5 489

	在支出合计中							年末固定资产原值	当年提取修购基金
	对附属单位补助支出	从业人员劳动报酬	工资总额	税金支出	社会保障费	修缮费	设备购置费		
总计	**51 192**	**3 754 079**	**3 334 206**	**131 054**	**998 305**	**586 894**	**856 088**	**61 045 355**	**322 983**
1.文化合计	**35 688**	**2 994 440**	**2 654 492**	**108 180**	**800 285**	**360 413**	**732 208**	**55 334 528**	**287 168**
艺术表演团体	2 305	1 022 287	959 798	15 380	389 292	77 508	103 519	2 612 710	145 374
艺术表演场所	4 823	264 618	246 486	39 946	80 625	49 246	27 829	3 509 404	26 953
图书馆	756	443 536	411 029	10 806	104 674	72 770	430 885	4 980 068	10 885
群众文化	24 005	805 966	750 856	20 034	132 451	122 279	80 033	4 869 612	78 728
干部训练	--	5 662	5 430	135	1 812	988	1 224	23 624	20
其他文化	3 799	452 371	280 893	21 879	91 431	37 622	88 718	39 339 110	25 208
2.文物合计	**12 138**	**542 417**	**484 856**	**20 762**	**106 079**	**143 433**	**63 615**	**4 555 033**	**31 841**
博物馆	1 803	311 996	275 898	8 653	72 061	88 535	42 827	2 639 287	16 240
文物事业机构	10 335	230 421	208 958	12 109	34 018	54 898	20 788	1 294 697	15 601
干部训练	--	--	--	--	--	--	--	--	--
文物保护	--	--	--	--	--	--	--	--	--
其他文物	--	--	--	--	--	--	--	621 049	--
3.教育合计	**3 366**	**217 222**	**194 858**	**2 112**	**91 941**	**83 048**	**60 265**	**1 155 794**	**3 974**
高等院校	1 300	58 474	55 024	92	37 652	34 282	15 674	313 502	--
中等专业学校	2 066	158 748	139 834	2 020	54 289	48 766	44 591	842 292	3 974

全国文化产业增加值情况

单位：千元

	总产出	中间消耗	增加值	劳动者报酬	生产税净额	固定资产折旧	营业盈余
总计	**30 173 737**	**12 168 487**	**19 128 679**	**8 525 893**	**2 063 464**	**2 665 625**	**5 760 684**
艺术业	3 638 228	1 947 568	1 690 660	1 355 143	58 261	257 973	19 299
其中：艺术表演团体	2 500 863	1 357 445	1 143 418	1 022 287	15 380	104 511	1 233
艺术表演场所	867 603	404 615	462 988	264 618	39 946	140 378	18 050
图书馆业	1 522 923	869 372	653 551	443 536	10 806	199 206	— —
群众文化业	1 815 623	791 134	1 024 489	805 966	20 034	194 783	3 853
出版业	113 382	62 830	50 552	22 179	4 965	6 812	16 616
文化艺术经纪及代理业	95 265	70 354	24 911	13 697	2 180	2 176	6 854
娱乐业	14 701 599	4 502 178	10 199 421	3 039 713	1 581 362	1 576 945	3 982 390
文物保护业	2 464 148	1 443 697	1 110 847	680 183	38 864	167 680	134 645
其他文化艺术业	5 822 569	2 481 354	4 374 248	2 165 476	346 992	260 050	1 597 027

全国文化部门增加值情况

单位：千元

	总产出	中间消耗	增加值	劳动者报酬	生产税净额	固定资产折旧	营业盈余
总计	**15 849 962**	**7 669 664**	**9 303 727**	**5 772 610**	**521 579**	**1 205 521**	**1 725 483**
第一产业合计	— —	— —	— —	— —	— —	— —	— —
第二产业合计	150 969	89 191	61 778	23 506	8 292	7 524	25 911
其中：制造业	69 211	29 416	39 795	16 232	4 368	6 508	16 085
建筑业	80 007	58 421	21 586	7 201	3 912	971	9 559
第三产业合计	15 698 993	7 580 473	9 241 949	5 749 104	513 287	1 197 997	1 699 572
其中：文化产业	14 572 576	6 925 708	8 770 297	5 646 204	464 906	1 110 704	1 456 027
批、零、餐饮业	621 867	419 115	202 752	42 305	22 086	26 233	121 230
房地产业	26 305	8 704	17 601	2 422	1 259	5 886	8 034
社会服务业	239 682	122 814	116 868	34 402	11 187	25 317	45 962

全国文化部门文化产业增加值情况

单位：千元

	总产出	中间消耗	增加值	劳动者报酬	生产税净额	固定资产折旧	营业盈余
总计	**14 572 576**	**6 925 708**	**8 770 297**	**5 646 204**	**464 906**	**1 110 704**	**1 456 027**
艺术业	3 638 228	1 947 568	1 690 660	1 355 143	58 261	257 973	19 299
其中：艺术表演团体	2 500 863	1 357 445	1 143 418	1 022 287	15 380	104 511	1 233
艺术表演场所	867 603	404 615	462 988	264 618	39 946	140 378	18 050
图书馆业	1 522 923	869 372	653 551	443 536	10 806	199 206	— —
群众文化业	1 815 623	791 134	1 024 489	805 966	20 034	194 783	3 853
出版业	113 382	62 830	50 552	22 179	4 965	6 812	16 616
文化艺术经纪及代理业	87 609	69 019	18 590	11 285	1 881	644	3 449
娱乐业	1 892 388	284 533	1 607 855	678 095	202 151	150 514	575 407
文物保护业	2 464 148	1 443 697	1 110 847	680 183	38 864	167 680	134 645
其他文化艺术业	3 038 275	1 457 555	2 613 753	1 649 817	127 944	133 092	702 758

全国文化、文物部门产业

	项目个数	计划总投资	建筑面积	本年计划投资		本年资				
						上年结余资金		本年资		
								国家投资	国内贷款	债券
总　计	**1 083**	**20 223 930**	**5 955**	**3 859 037**	**4 602 131**	**1 083 910**	**3 518 221**	**1 601 438**	**256 143**	**300**
文化合计	**833**	**15 816 955**	**4 232**	**3 071 037**	**3 396 908**	**725 459**	**2 671 449**	**1 210 990**	**200 023**	**300**
剧团业务用房	78	825 033	212	173 662	192 245	23 416	168 829	112 008	1 587	--
艺术表演场所	61	6 571 813	716	655 784	712 962	166 286	546 676	191 380	119 000	--
公共图书馆	158	2 496 255	894	704 973	595 231	156 307	438 924	283 904	38 310	--
群众艺术馆	26	242 796	113	54 745	55 043	5 978	49 065	24 560	--	--
文化馆	108	389 519	269	112 521	104 199	6 697	97 502	30 232	4 950	--
中等艺术学校校舍	33	293 296	208	76 035	78 857	16 487	62 370	11 740	12 666	--
职工住宅	96	685 376	359	317 676	347 981	23 640	324 341	162 806	1 350	--
其他	273	4 312 867	1 465	975 641	1 310 390	326 648	983 742	394 360	22 160	300
文物合计	**250**	**4 406 975**	**1 720**	**788 000**	**1 205 223**	**358 451**	**846 772**	**390 448**	**56 120**	**--**
文物保护管理机构	44	508 447	211	137 217	181 823	41 979	139 844	101 795	--	--
其他文物机构	3	1 520	1	550	550	--	550	50	--	--
博物馆	131	3 655 481	1 339	550 435	918 717	299 728	618 989	268 092	51 200	--
文物商店	1	2 600	2	--	2 100	--	2 100	--	1 600	--
职工住宅	7	17 662	20	8 679	8 877	2 155	6 722	--	--	--
其他	64	221 265	149	91 119	93 156	14 589	78 567	20 511	3 320	--

单位固定资产投资情况

单位：个、千平方米、千元

金来源总计							累计完成投资		新增固定资产		本年全部建成交付使用的项目个数及竣工面积	
金来源合计												
利用外资	自筹资金	中央	地方	单位	其他资金来源	集资		本年完成投资		本年新增固定资产	建成项目	竣工面积
137 010	**1 245 722**	**9 996**	**791 653**	**303 924**	**277 608**	**167 018**	**9 418 196**	**3 501 267**	**1 004 817**	**814 396**	**381**	**1 215**
137 010	**963 585**	**9 296**	**619 388**	**229 789**	**159 541**	**98 919**	**6 816 486**	**2 660 826**	**819 471**	**672 372**	**296**	**887**
- -	31 043	500	10 191	16 392	24 191	19 141	406 479	118 215	35 564	25 211	24	59
- -	220 572	- -	187 330	14 531	15 724	4 050	1 492 459	532 672	318 391	291 929	24	112
100	106 018	100	100 044	4 623	10 592	2 510	1 519 728	440 190	63 467	56 305	51	123
1 680	20 725	- -	12 925	7 800	2 100	1 420	142 752	47 163	58 798	15 195	8	40
190	35 374	180	16 167	9 725	26 756	3 746	256 713	97 629	54 410	30 220	42	98
- -	33 871	- -	16 900	16 571	4 093	1 578	164 761	67 598	32 646	30 764	16	108
- -	110 752	8 440	11 813	59 163	49 433	46 532	357 851	229 081	99 430	84 142	40	129
135 040	405 230	76	264 018	100 984	26 652	19 942	2 475 743	1 128 278	156 765	138 606	91	220
- -	**282 137**	**700**	**172 265**	**74 135**	**118 067**	**68 099**	**2 601 710**	**840 441**	**185 346**	**142 024**	**85**	**324**
- -	34 201	- -	22 682	10 279	3 848	2 585	183 678	124 814	33 052	30 382	17	20
- -	500	- -	500	- -	- -	- -	1 456	286	1 456	1 456	1	1
- -	197 554	500	139 593	43 821	102 143	54 493	2 286 123	647 706	136 022	97 234	42	235
- -	- -	- -	- -	- -	500	500	2 600	2 100	- -	- -	1	2
- -	4 611	- -	- -	2 487	2 078	2 078	17 383	8 408	- -	- -	- -	- -
- -	45 238	200	9 490	17 548	9 498	8 443	110 470	57 127	14 816	12 952	24	67

全国文化、文物部门产业

	项目个数	计划总投资	建筑面积	本年计划投资	本年资					
						上年结余资金	本年资			
								国家投资	国内贷款	债券
总　计	814	18 578 619	5 321	3 564 748	4 177 260	1 034 233	3 143 027	1 504 142	222 747	120
文化合计	626	14 384 869	3 703	2 800 051	3 022 235	696 962	2 325 273	1 121 299	174 147	120
剧团业务用房	60	787 651	191	154 010	179 536	23 079	156 457	105 756	1 587	--
艺术表演场所	39	6 119 543	533	493 794	591 195	160 816	430 379	141 130	96 000	--
公共图书馆	130	2 475 357	864	694 848	584 046	156 277	427 769	279 742	38 280	--
群众艺术馆	21	224 186	108	52 310	52 488	5 858	46 630	24 210	--	--
文化馆	89	352 587	229	100 419	91 760	6 637	85 123	23 760	4 950	--
中等艺术学校校舍	26	269 576	189	67 225	61 078	7 348	53 730	11 740	11 300	--
职工住宅	84	670 724	339	312 796	340 400	23 440	316 960	161 673	1 350	--
其他	177	3 485 245	1 252	924 649	1 121 732	313 507	808 225	373 288	20 680	120
文物合计	188	4 193 750	1 617	764 697	1 155 025	337 271	817 754	382 843	48 600	--
文物保护管理机构	34	499 512	205	132 474	176 840	41 339	135 501	101 590	--	--
其他文物机构	1	1 350	1	180	180	--	180	--	--	--
博物馆	110	3 477 526	1 268	538 016	881 539	281 097	600 442	263 522	43 900	--
文物商店	1	2 600	2	--	2 100	--	2 100	--	1 600	--
职工住宅	6	17 662	20	8 679	8 877	2 155	6 722	--	--	--
其他	36	195 100	125	85 348	85 489	12 680	72 809	17 731	3 100	--

单位基本建设投资情况

单位:个、千平方米、千元

金来源总计							累计完成投资		新增固定资产		本年全部建成交付使用的项目个数及竣工面积	
金来源合计												
利用外资	自筹资金				其他资金来源			本年完成投资		本年新增固定资产	建成项目	竣工面积
		中央	地方	单位		集资						
290	**1 158 630**	**9 370**	**755 546**	**272 638**	**257 098**	**154 339**	**8 505 382**	**3 214 431**	**914 866**	**734 792**	**276**	**1 062**
290	**889 773**	**8 870**	**591 815**	**203 039**	**139 644**	**86 565**	**6 038 290**	**2 392 690**	**743 879**	**607 114**	**217**	**784**
- -	25 523	300	6 521	14 742	23 591	18 841	389 101	109 056	32 710	22 357	19	56
- -	185 225	- -	179 430	5 795	8 024	50	1 315 950	475 494	304 712	282 450	15	89
100	102 261	100	96 829	4 323	7 386	1 610	1 501 582	429 452	54 458	47 398	41	114
- -	20 640	- -	12 840	7 800	1 780	1 120	128 597	44 708	58 123	14 720	7	39
190	30 197	30	13 740	7 125	26 026	3 016	205 694	84 820	42 720	21 028	30	72
- -	26 667	- -	16 200	10 067	4 023	1 508	152 969	61 723	21 312	21 312	12	98
- -	110 345	8 440	11 813	58 756	43 592	40 691	351 276	223 006	95 208	79 920	35	122
- -	388 915	- -	254 442	94 431	25 222	19 729	1 993 121	964 431	134 636	117 929	58	194
- -	**268 857**	**500**	**163 731**	**69 599**	**117 454**	**67 774**	**2 467 092**	**821 741**	**170 987**	**127 678**	**59**	**276**
- -	30 481	- -	22 342	6 899	3 430	2 455	176 109	120 171	31 537	28 867	12	19
- -	180	- -	180	- -	- -	- -	1 350	180	1 350	1 350	1	1
- -	190 957	500	133 244	43 583	102 063	54 413	2 168 935	639 573	128 296	89 521	31	206
- -	- -	- -	- -	- -	500	500	2 600	2 100	- -	- -	1	2
- -	4 644	- -	- -	2 487	2 078	2 078	17 383	8 408	- -	- -	- -	- -
- -	42 595	- -	7 965	16 630	9 383	8 328	100 715	51 309	9 804	7 940	14	49

全国文化部门艺术表演

	剧团数		从业人员		本团新排上演剧目		国内演出场次			国内观众人次	
		补贴团数		职工		本团创作首演剧目		本剧种演出场次	农村演出场次		本剧种观众人次
总　　计	**2 622**	**2 470**	**144 117**	**135 567**	**4 579**	**2 153**	**423**	**319**	**258**	**469 038**	**348 272**
其中:国有剧团	1 897	1 850	114 646	108 656	3 531	1 813	266	182	143	311 540	216 877
集体剧团	725	620	29 471	26 911	1 048	340	157	137	115	157 498	131 395
按隶属关系分											
中　　央	10	10	2 582	2 520	23	20	2	1	--	2 357	1 404
省、区、市	208	206	29 813	28 579	422	244	43	28	5	48 379	30 554
地 市 级	764	734	54 089	52 174	1 324	711	127	93	48	140 728	102 592
县(市)级	1 640	1 520	57 633	52 294	2 810	1 178	257	195	196	277 574	213 722
按剧种分											
话剧、儿童剧、滑稽剧团	86	86	7 264	7 129	129	117	12	10	--	11 368	9 110
歌剧、舞剧、歌舞剧团	74	69	8 722	8 479	159	123	7	4	2	12 164	9 023
歌舞团、轻音乐团	292	282	22 176	21 404	558	313	35	17	10	47 191	23 547
乐　　团	16	15	1 708	1 640	75	4	--	--	--	1 353	950
文工团、文宣队、乌兰牧骑	405	391	11 827	11 244	667	386	40	16	21	36 471	18 621
戏 曲 剧 团	1 541	1 446	82 362	76 144	2 724	1 058	247	205	190	324 505	265 327
其中:京剧	110	106	9 933	9 303	155	62	9	8	3	18 001	15 350
曲、杂、木、皮团	208	181	10 058	9 527	267	152	70	58	24	35 986	21 694

团体演出及收支情况(一)

单位:个、人、千场、千人次、千元

国外演出场次(场)	平均每团演出场次(场)	本年收入合计								平均每团演出收入
			财政补助收入	上级补助收入	事业收入	演出收入	经营收入	附属单位上缴收入	其他收入	
16 569	**161**	**2 426 446**	**1 556 094**	**68 816**	**561 488**	**489 670**	**25 942**	**11 737**	**202 369**	**186.7**
14 208	140	2 145 115	1 413 979	64 648	453 547	387 859	21 829	10 712	180 400	204.4
2 361	216	281 331	142 115	4 168	107 941	101 811	4 113	1 025	21 969	140.4
105	199	104 082	25 584	16 703	32 909	30 403	308	476	28 102	3 037.2
5 278	206	839 333	571 379	17 466	173 637	143 054	8 997	5 522	62 332	687.7
8 931	166	995 699	678 469	25 273	194 594	168 128	8 613	4 705	84 045	220.0
2 255	156	487 332	280 662	9 374	160 348	148 085	8 024	1 034	27 890	90.2
69	139	203 407	121 794	8 658	38 385	28 265	1 810	2 408	30 352	328.6
271	94	207 490	134 975	8 428	44 691	37 425	3 959	1 694	13 743	505.6
1 119	119	422 469	286 881	15 169	88 145	77 754	2 972	829	28 473	266.2
36	- -	81 723	39 982	3 965	26 571	24 629	- -	170	11 035	1 538.3
255	98	113 241	94 854	1 098	11 394	9 932	1 333	26	4 536	24.5
3 125	160	1 157 131	744 722	24 122	274 691	238 802	14 099	5 941	93 556	154.9
735	81	224 219	157 170	7 409	31 999	23 038	1 864	1 620	24 157	209.4
11 694	336	240 985	132 886	7 376	77 611	72 863	1 769	669	20 674	350.2

全国文化部门艺术表演

	本年支出合计								
		事业支出	经营支出	对附属单位补助支出	在支出合				
					从业人员劳动报酬		税金支出	社会保障费	修缮费
						职工工资总额			
总　计	**2 427 969**	**2 395 488**	**21 512**	**2 305**	**1 022 287**	**959 798**	**15 380**	**389 292**	**77 508**
其中：国有剧团	2 143 443	2 115 705	17 453	2 276	885 399	832 838	14 409	342 175	70 760
集体剧团	284 526	279 783	4 059	29	136 888	126 960	971	47 117	6 748
按隶属关系分									
中　央	102 906	101 353	549	106	39 888	37 367	2 203	3 879	2 234
省、区、市	833 404	820 960	6 995	1 176	294 321	279 061	5 103	149 727	37 160
地 市 级	999 702	989 034	7 681	546	422 527	393 732	6 577	165 555	25 854
县（市）级	491 957	484 141	6 287	477	265 551	249 638	1 497	70 131	12 260
按剧种分									
话剧、儿童剧、滑稽剧团	202 351	199 406	1 390	194	69 339	66 411	1 377	37 871	7 159
歌剧、舞剧、歌舞剧团	208 240	203 776	2 819	826	82 072	77 766	1 298	28 515	5 494
歌舞团、轻音乐团	419 401	414 721	3 819	--	177 335	167 694	2 008	50 925	12 143
乐　团	82 218	82 218	--	--	32 567	28 943	749	5 633	3 850
文工团、文宣队、乌兰牧骑	112 036	110 998	642	--	70 737	68 248	655	12 220	3 806
戏曲剧团	1 162 484	1 145 664	10 975	1 200	507 481	476 062	7 699	216 107	30 702
其中：京剧	222 099	218 656	2 143	487	83 629	79 661	2 488	52 578	8 231
曲、杂、木、皮团	241 239	238 705	1 867	85	82 756	74 674	1 594	38 021	14 354

团体演出及收支情况(二)

单位:千元、千平方米

计中			演出收入与演出费比重(%)	年末固定资产原值	经费自给率(%)	劳动报酬占总支出比重(%)	当年提取修购基金	增加值	劳动生产率(元/人)	公用房屋建筑面积	
设备购置费	排练制作费	演出费									排练练功用房
103 519	**164 226**	**247 784**	**197.6**	**2 612 710**	**33.1**	**42.1**	**145 374**	**1 143 418**	**7 933**	**3 980**	**665**
90 345	148 617	221 316	175.2	2 315 429	31.2	41.3	143 909	992 662	8 658	3 318	578
13 174	15 609	26 468	384.6	297 281	47.5	48.1	1 465	150 756	5 115	660	89
3 348	7 150	15 504	196.0	271 090	60.6	38.7	484	52 934	20 501	126	5
36 686	60 787	95 415	149.9	780 424	30.2	35.3	136 743	330 752	11 094	923	199
41 842	70 600	96 543	174.1	983 841	29.2	42.2	3 334	468 789	8 666	1 582	264
21 643	25 689	40 322	367.2	577 355	40.2	53.9	4 813	290 943	5 048	1 344	198
9 625	15 795	20 780	136.0	215 603	36.3	34.2	129 591	79 342	10 922	266	37
7 818	17 577	28 344	132.0	227 969	31.0	39.4	880	92 519	10 607	299	67
23 800	33 009	42 708	182.0	464 197	28.7	42.2	3 137	198 034	8 930	558	116
5 722	1 794	14 847	165.8	102 080	45.9	39.6	148	37 397	21 895	67	7
3 529	4 383	4 136	240.1	154 734	15.4	63.1	1 911	77 587	6 560	321	63
44 604	70 584	113 151	211.0	1 244 090	33.5	43.6	8 414	565 671	6 868	2 179	307
8 313	14 205	19 002	121.2	330 552	27.0	37.6	650	99 336	10 000	374	45
8 421	21 084	23 818	305.9	204 037	41.8	34.3	1 293	92 868	9 233	290	70

全国文化部门国有艺术表

	剧团数	补贴团数	从业人员	职工	本团新排上演剧目	本团创作首演剧目	国内演出场次	本剧种演出场次	农村演出场次	国内观众人次	本剧种观众人次
总计	**1 897**	**1 850**	**114 646**	**108 656**	**3 531**	**1 813**	**266**	**182**	**143**	**311 540**	**216 877**
按隶属关系分											
中央	10	10	2 582	2 520	23	20	2	1	--	2 357	1 404
省、区、市	208	206	29 813	28 579	422	244	43	28	5	48 379	30 554
地市级	634	614	47 133	45 645	1 134	629	93	66	36	108 413	78 034
县(市)级	1 045	1 020	35 118	31 912	1 952	920	130	84	97	152 391	106 885
按剧种分											
话剧、儿童剧、滑稽剧团	79	79	6 933	6 806	122	110	8	6	--	10 422	8 164
歌剧、舞剧、歌舞剧团	64	63	8 219	8 056	152	122	5	2	--	8 828	5 747
歌舞团、轻音乐团	258	251	20 487	19 833	516	301	31	14	7	43 082	20 484
乐团	16	15	1 708	1 640	75	4	--	--	--	1 353	950
文工团、文宣队、乌兰牧骑	381	369	10 948	10 417	645	378	38	14	20	33 432	16 017
戏曲剧团	975	955	58 306	54 221	1 864	803	141	112	99	190 093	152 709
其中:京剧	87	84	9 044	8 453	133	60	5	5	1	13 984	11 665
曲、杂、木、皮团	124	118	8 045	7 683	157	95	30	23	8	24 330	12 806

演团体演出及收支情况(一)

单位:个、人、千场、千人次、千元

国外演出场次(场)	平均每团演出场次(场)	本年收入合计	财政补助收入	上级补助收入	事业收入	演出收入	经营收入	附属单位上缴收入	其他收入	平均每团演出收入
14 208	**140**	**2 145 115**	**1 413 979**	**64 648**	**453 547**	**387 859**	**21 829**	**10 712**	**180 400**	**204.4**
105	199	104 082	25 584	16 703	32 909	30 403	308	476	28 102	3 037.2
5 278	206	839 333	571 379	17 466	173 637	143 054	8 997	5 522	62 332	687.7
8 107	146	884 425	612 376	23 999	162 385	138 361	7 714	4 459	73 492	218.2
718	124	317 275	204 640	6 480	84 616	76 041	4 810	255	16 474	72.7
69	101	193 926	117 082	8 560	34 566	24 867	1 810	2 204	29 704	314.7
271	78	204 965	133 810	8 428	43 386	36 282	3 934	1 694	13 713	566.8
1 119	120	400 654	273 935	14 852	83 064	72 876	1 997	829	25 977	282.4
36	- -	81 723	39 982	3 965	26 571	24 629	- -	170	11 035	1 538.3
155	99	106 686	90 619	1 077	9 811	8 349	1 096	26	4 057	21.9
1 680	144	948 992	639 648	21 241	193 538	162 017	11 264	5 151	78 150	166.1
735	57	209 566	147 870	7 378	28 459	20 801	1 864	1 620	22 375	239.0
10 878	241	208 169	118 903	6 525	62 611	58 839	1 728	638	17 764	474.4

全国文化部门国有艺术表

	本年支出合计								
		事业支出	经营支出	对附属单位补助支出	在支出合计中：从业人员劳动报酬	职工工资总额	税金支出	社会保障费	修缮费
总　计	**2 143 443**	**2 115 705**	**17 453**	**2 276**	**885 399**	**832 838**	**14 409**	**342 175**	**70 760**
按隶属关系分									
中　央	102 906	101 353	549	106	39 888	37 367	2 203	3 879	2 234
省、区、市	833 404	820 960	6 995	1 176	294 321	279 061	5 103	149 727	37 160
地市级	887 915	877 922	7 175	546	374 127	349 169	6 109	144 657	23 234
县（市）级	319 218	315 470	2 734	448	177 063	167 241	994	43 912	8 132
按剧种分									
话剧、儿童剧、滑稽剧团	192 596	189 666	1 390	194	66 289	63 430	1 355	36 064	6 876
歌剧、舞剧、歌舞剧团	205 715	201 268	2 802	826	80 526	76 271	1 282	28 249	5 468
歌舞团、轻音乐团	397 319	393 908	2 914	--	166 513	157 337	1 936	48 984	11 817
乐　团	82 218	82 218	--	--	32 567	28 943	749	5 633	3 850
文工团、文宣队、乌兰牧骑	105 613	104 624	598	--	67 333	64 948	610	11 391	3 732
戏曲剧团	951 901	938 351	7 921	1 197	402 170	379 258	7 035	179 282	25 316
其中：京剧	207 534	204 091	2 143	487	77 560	74 046	2 422	48 857	7 590
曲、杂、木、皮团	208 081	205 670	1 828	59	70 001	62 651	1 442	32 572	13 701

演团体演出及收支情况(二)

单位:千元、千平方米

计	中		演出收入与演出费比重(%)	年末固定资产原值	经费自给率(%)	劳动报酬占总支出比重(%)	当年提取修购基金	增加值	劳动生产率(元/人)	公用房屋建筑面积	
设备购置费	排练制作费	演出费									排练练功用房
90 345	**148 617**	**221 316**	**175.2**	**2 315 429**	**31.2**	**41.3**	**143 909**	**992 662**	**8 658**	**3 318**	**578**
3 348	7 150	15 504	196.0	271 090	60.6	38.7	484	52 934	20 501	126	5
36 686	60 787	95 415	149.9	780 424	30.2	35.3	136 743	330 752	11 094	923	199
37 260	65 001	84 233	164.2	878 717	28.0	42.1	3 059	415 463	8 814	1 384	234
13 051	15 679	26 164	290.6	385 198	33.3	55.4	3 623	193 513	5 510	882	138
9 423	14 691	18 655	133.2	208 980	35.7	34.4	129 562	76 001	10 962	258	34
7 667	17 557	28 117	129.0	224 209	30.7	39.1	880	90 808	11 048	288	65
22 400	32 206	40 536	179.7	435 506	28.1	41.9	3 086	185 983	9 078	511	111
5 722	1 794	14 847	165.8	102 080	45.9	39.6	148	37 397	21 895	67	7
3 226	4 138	3 858	216.4	145 512	14.2	63.7	1 911	73 769	6 738	292	58
35 012	59 410	94 363	171.6	1 019 152	30.4	42.2	7 215	450 000	7 717	1 655	242
8 089	13 864	18 033	115.3	308 887	26.3	37.3	650	92 335	10 209	329	41
6 895	18 821	20 940	280.9	179 990	39.8	33.6	1 107	78 701	9 782	247	60

全国文化部门集体艺术表

	剧团数	补贴团数	从业人员	职工	本团新排上演剧目	本团创作首演剧目	国内演出场次	本剧种演出场次	农村演出场次	国内观众人次	本剧种观众人次
总　　计	**725**	**620**	**29 471**	**26 911**	**1 048**	**340**	**157**	**137**	**115**	**157 498**	**131 395**
按隶属关系分											
省、区、市	— —	— —	— —	— —	— —	— —	— —	— —	— —	— —	— —
地市级	130	120	6 956	6 529	190	82	32	28	13	32 315	24 558
县(市)级	595	500	22 515	20 382	858	258	125	109	99	125 183	106 837
按剧种分											
话剧、儿童剧、滑稽剧团	7	7	331	323	7	7	4	4	— —	946	946
歌剧、舞剧、歌舞剧团	10	6	503	423	7	1	2	2	2	3 336	3 276
歌舞团、轻音乐团	34	31	1 689	1 571	42	12	3	3	2	4 109	3 063
乐　　团	— —	— —	— —	— —	— —	— —	— —	— —	— —	— —	— —
文工团、文宣队、乌兰牧骑	24	22	879	827	22	8	2	2	1	3 039	2 604
戏曲剧团	566	491	24 056	21 923	860	255	105	92	95	134 412	112 618
其中:京剧	23	22	889	850	22	2	2	2	2	4 017	3 685
曲、杂、木、皮团	84	63	2 013	1 844	110	57	37	35	14	11 656	8 888

演团体演出及收支情况(一)

单位:个、人、千场、千人次、千元

国外演出场次(场)	平均每团演出场次(场)	本年收入合计								平均每团演出收入
			财政补助收入	上级补助收入	事业收入		经营收入	附属单位上缴收入	其他收入	
						演出收入				
2 361	**216**	**281 331**	**142 115**	**4 168**	**107 941**	**101 811**	**4 113**	**1 025**	**21 969**	**140.4**
– –	– –	– –	– –	– –	– –	– –	– –	– –	– –	– –
824	246	111 274	66 093	1 274	32 209	29 767	899	246	10 553	228.9
1 537	210	170 057	76 022	2 894	75 732	72 044	3 214	779	11 416	121.0
– –	570	9 481	4 712	98	3 819	3 398	– –	204	648	484.7
– –	199	2 525	1 165	– –	1 305	1 143	25	– –	30	114.1
– –	88	21 815	12 946	317	5 081	4 878	975	– –	2 496	143.4
– –	– –	– –	– –	– –	– –	– –	– –	– –	– –	– –
100	83	6 555	4 235	21	1 583	1 583	237	– –	479	65.9
1 445	185	208 139	105 074	2 881	81 153	76 785	2 835	790	15 406	135.6
– –	86	14 653	9 300	31	3 540	2 237	– –	– –	1 782	97.2
816	440	32 816	13 983	851	15 000	14 024	41	31	2 910	166.9

全国文化部门集体艺术表

	本年支出合计								
		事业支出	经营支出	对附属单位补助支出	在支出合				
					从业人员劳动报酬	职工工资总额	税金支出	社会保障费	修缮费
总　计	**284 526**	**279 783**	**4 059**	**29**	**136 888**	**126 960**	**971**	**47 117**	**6 748**
按隶属关系分									
省、区、市	--	--	--	--	--	--	--	--	--
地市级	111 787	111 112	506	--	48 400	44 563	468	20 898	2 620
县（市）级	172 739	168 671	3 553	29	88 488	82 397	503	26 219	4 128
按剧种分									
话剧、儿童剧、滑稽剧团	9 755	9 740	--	--	3 050	2 981	22	1 807	283
歌剧、舞剧、歌舞剧团	2 525	2 508	17	--	1 546	1 495	16	266	26
歌舞团、轻音乐团	22 082	20 813	905	--	10 822	10 357	72	1 941	326
乐团	--	--	--	--	--	--	--	--	--
文工团、文宣队、乌兰牧骑	6 423	6 374	44	--	3 404	3 300	45	829	74
戏曲剧团	210 583	207 313	3 054	3	105 311	96 804	664	36 825	5 386
其中：京剧	14 565	14 565	--	--	6 069	5 615	66	3 721	641
曲、杂、木、皮团	33 158	33 035	39	26	12 755	12 023	152	5 449	653

演团体演出及收支情况(二)

单位:千元、千平方米

计 中			演出收入与演出费比重(%)	年末固定资产原值	经费自给率(%)	劳动报酬占总支出比重(%)	当年提取修购基金	增加值	劳动生产率(元/人)	公用房屋建筑面积	
设备购置费	排练制作费	演出费									排练练功用房
13 174	**15 609**	**26 468**	**384.6**	**297 281**	**47.5**	**48.1**	**1 465**	**150 756**	**5 115**	**660**	**89**
– –	– –	– –	– –	– –	– –	– –	– –	– –	– –	– –	– –
4 582	5 599	12 310	241.8	105 124	39.3	43.2	275	53 326	7 666	200	30
8 592	10 010	14 158	508.8	192 157	52.9	51.2	1 190	97 430	4 327	462	59
202	1 104	2 125	159.9	6 623	47.9	31.2	29	3 338	10 084	7	3
151	20	227	503.5	3 760	53.8	61.2	– –	1 711	3 401	12	2
1 400	803	2 172	224.5	28 691	39.3	49.0	51	12 051	7 134	47	5
– –	– –	– –	– –	– –	– –	– –	– –	– –	– –	– –	– –
303	245	278	569.4	9 222	35.8	52.9	– –	3 818	4 343	29	6
9 592	11 174	18 788	408.6	224 938	47.6	50.0	1 199	115 671	4 808	524	65
224	341	969	230.8	21 665	36.5	41.6	– –	7 001	7 875	45	3
1 526	2 263	2 878	487.2	24 047	54.3	38.4	186	14 167	7 037	44	9

全国文化部门艺术表演

	机构数(个)	从业人员(人)	职工	座席数(个)	演(映)出场次合计(千场)	艺术演出场次	电影放映场次	录像放映场次	观众人次
总　计	**1 902**	**43 471**	**40 254**	**1 644 106**	**1 706**	**65**	**612**	**1 024**	**117 961**
其中:团属剧场	203	1 838	1 348	135 613	85	5	34	44	12 022
按经济类型分									
其中:国　有	1 822	42 100	39 038	1 582 616	1 656	62	594	996	115 412
集　体	76	1 046	977	57 624	30	1	13	15	2 022
按隶属关系分									
中　央	4	363	85	3 370	1	1	--	--	523
省、区、市	105	4 022	3 484	84 597	135	2	65	63	9 530
地市级	633	17 991	16 559	464 971	952	25	311	617	48 921
县、市及以下	1 160	21 095	20 126	1 091 168	614	31	243	339	58 987

	本年支出合计	事业支出	经营支出	对附属单位补助支出	在从业人员劳动报酬	职工工资总额
总　计	**856 532**	**723 563**	**116 870**	**4 823**	**264 618**	**246 486**
其中:团属剧场	34 833	22 527	11 812	329	10 538	9 295
按经济类型分						
其中:国　有	838 312	712 664	110 162	4 797	259 338	241 874
集　体	9 349	7 567	1 669	26	3 779	3 578
按隶属关系分						
中　央	11 795	4 110	7 685	--	2 447	2 245
省、区、市	165 024	150 582	12 201	829	38 297	34 604
地市级	434 638	354 691	69 943	2 986	130 389	121 873
县、市及以下	245 075	214 180	27 041	1 008	93 485	87 764

场所演出及收支情况

合计(千人次) 艺术演出观众人次	电影放映观众人次	录像放映观众人次	本年收入合计(千元)	财政补助收入	上级补助收入	事业收入	艺术演出	电影放映	录像放映	经营收入	附属单位上缴收入	其他收入
35 341	**51 123**	**31 497**	**804 475**	**86 656**	**16 830**	**391 732**	**113 596**	**114 334**	**58 327**	**147 608**	**14 940**	**146 709**
3 573	2 468	5 981	33 262	1 716	325	14 757	4 418	4 983	1 838	13 617	721	2 126
34 393	50 062	30 957	787 196	85 576	15 771	384 735	112 502	111 295	56 152	142 731	14 912	143 471
917	781	324	9 146	1 080	1 059	3 807	1 088	1 655	375	2 074	28	1 098
518	5	--	11 993	--	--	2 375	1 564	33	--	9 088	73	457
4 632	3 535	1 363	159 736	20 986	4 215	89 805	34 983	15 036	5 344	23 568	1 995	19 167
10 639	20 901	17 381	403 218	30 065	9 775	189 200	38 507	60 995	39 001	86 344	9 873	77 961
19 552	26 682	12 753	229 528	35 605	2 840	110 352	38 542	38 270	13 982	28 608	2 999	49 124

(千元) 支出合计中 税金支出	社会保障费	修缮费	设备购置费	年末固定资产原值(千元)	经费自给率(%)	劳动报酬占总支出比重(%)	当年提取修购基金(千元)	增加值(千元)	公用房屋建筑面积(千平方米)
39 946	**80 625**	**49 246**	**27 829**	**3 509 404**	**83.4**	**30.8**	**26 953**	**462 988**	**4 711**
1 662	2 466	1 349	606	104 859	90.9	30.2	466	17 082	269
39 138	79 826	47 707	27 493	3 448 062	83.3	30.9	25 281	453 715	4 592
255	671	1 376	191	41 009	75.8	40.4	198	5 777	100
477	35	353	14	17 428	101.6	20.7	191	3 622	16
11 145	12 722	10 717	11 117	551 116	82.6	23.2	5 903	74 009	476
20 098	43 349	20 192	10 359	1 590 668	85.5	29.9	13 189	224 106	1 761
8 226	24 519	17 984	6 339	1 350 192	79.2	38.1	7 670	161 251	2 458

全国文化部门剧场、影

	机构数（个）	从业人员（人）	职工	座席数（个）	演(映)出场次合计（千场）	艺术演出场次	电影放映场次	录像放映场次	观众人次
总　计	**1 864**	**42 483**	**39 568**	**1 629 982**	**1 678**	**60**	**606**	**1 009**	**115 810**
其中：团属剧场	196	1 495	1 256	132 299	78	3	31	41	11 322
按经济类型分									
其中：国　有	1 790	41 142	38 376	1 568 919	1 630	57	588	981	113 405
集　体	70	1 016	953	57 197	28	--	13	15	1 878
按隶属关系分									
中　央	3	97	54	2 223	--	--	--	--	148
省、区、市	97	3 723	3 223	79 488	126	2	60	59	8 636
地 市 级	616	17 702	16 298	458 107	945	21	310	614	48 324
县、市及以下	1 148	20 961	19 993	1 090 164	602	30	241	331	58 702

	本年支出合计	事业支出	经营支出	对附属单位补助支出	在从业人员劳动报酬	职工工资总额
总　计	**807 305**	**686 320**	**105 541**	**4 645**	**255 956**	**238 283**
其中：团属剧场	23 318	18 867	4 127	159	8 228	7 053
按经济类型分						
其中：国　有	789 362	675 698	98 833	4 619	250 826	233 815
集　体	9 072	7 290	1 669	26	3 629	3 434
按隶属关系分						
中　央	2 440	2 440	--	--	777	575
省、区、市	138 573	125 844	10 658	659	34 655	31 314
地 市 级	424 060	345 998	68 543	2 978	128 129	119 714
县、市及以下	242 232	212 038	26 340	1 008	92 395	86 680

剧院演出及收支情况

合计(千人次)			本年收入合计(千元)									
艺术演出观众人次	电影放映观众人次	录像放映观众人次		财政补助收入	上级补助收入	事业收入	事业收入：艺术演出	事业收入：电影放映	事业收入：录像放映	经营收入	附属单位上缴收入	其他收入
33 868	**50 773**	**31 169**	**756 746**	**75 877**	**16 514**	**370 345**	**101 872**	**111 598**	**57 636**	**135 846**	**14 877**	**143 287**
3 047	2 326	5 949	21 829	1 716	325	12 875	3 649	4 195	1 743	4 538	721	1 654
33 040	49 712	30 653	739 748	74 847	15 459	363 553	100 937	108 559	55 493	130 969	14 849	140 071
797	781	300	8 865	1 030	1 055	3 602	929	1 655	343	2 074	28	1 076
143	5	--	2 464	--	--	2 375	1 564	33	--	9	73	7
4 135	3 256	1 245	132 370	11 429	4 215	74 051	25 111	12 399	5 176	22 318	1 995	18 362
10 119	20 883	17 322	394 958	29 334	9 463	184 162	36 730	60 995	38 869	85 669	9 873	76 457
19 471	26 629	12 602	226 954	35 114	2 836	109 757	38 467	38 171	13 591	27 850	2 936	48 461

(千元) 支出合计中				年末固定资产原值(千元)	经费自给率(%)	劳动报酬占总支出比重(%)	当年提取修购基金(千元)	增加值(千元)	公用房屋建筑面积(千平方米)
税金支出	社会保障费	修缮费	设备购置费						
38 111	**78 529**	**46 237**	**24 748**	**3 407 499**	**83.8**	**31.7**	**25 961**	**448 133**	**4 649**
1 198	2 284	1 018	537	90 761	86.0	35.2	369	13 722	253
37 305	77 749	44 699	24 413	3 347 210	83.8	31.7	24 289	439 057	4 534
253	652	1 375	190	39 956	75.6	40.0	198	5 580	100
85	35	53	14	5 286	100.9	31.8	191	1 074	6
10 171	12 081	8 536	8 660	523 963	85.5	25.0	5 068	68 289	462
19 738	42 391	19 816	9 812	1 534 622	85.9	30.2	13 086	218 980	1 728
8 117	24 022	17 832	6 262	1 343 628	79.2	38.1	7 616	159 790	2 455

全国文化部门其他艺术

	机构数(个)	从业人员(人)	职工	座席数(个)	演(映)出场次合计(千场)	艺术演出场次	电影放映场次	录像放映场次	观众人次
总　计	**38**	**988**	**686**	**14 124**	**26**	**6**	**6**	**15**	**2 151**
其中:团属剧场	7	343	92	3 314	7	1	3	3	700
按经济类型分									
其中:国　有	32	958	662	13 697	25	5	6	15	2 007
集　体	6	30	24	427	1	1	--	--	144
按隶属关系分									
中　央	1	266	31	1 147	--	--	--	--	375
省、区、市	8	299	261	5 109	9	1	4	4	894
地 市 级	17	289	261	6 864	5	2	--	3	597
县、市及以下	12	134	133	1 004	11	1	2	8	285

	本年支出合计	事业支出	经营支出	对附属单位补助支出	在从业人员劳动报酬	职工工资总额
总　计	**49 227**	**37 243**	**11 329**	**178**	**8 662**	**8 203**
其中:团属剧场	11 515	3 660	7 685	170	2 310	2 242
按经济类型分						
其中:国　有	48 950	36 966	11 329	178	8 512	8 059
集　体	277	277	--	--	150	144
按隶属关系分						
中　央	9 355	1 670	7 685	--	1 670	1 670
省、区、市	26 451	24 738	1 543	170	3 642	3 290
地 市 级	10 578	8 693	1 400	8	2 260	2 159
县、市及以下	2 843	2 142	701	--	1 090	1 084

表演场所演出及收支情况

合计(千人次) 艺术演出观众人次	电影放映观众人次	录像放映观众人次	本年收入合计(千元)	财政补助收入	上级补助收入	事业收入	事业收入 艺术演出	事业收入 电影放映	事业收入 录像放映	经营收入	附属单位上缴收入	其他收入
1 473	**350**	**328**	**47 729**	**10 779**	**316**	**21 387**	**11 724**	**2 736**	**691**	**11 762**	**63**	**3 422**
526	142	32	11 433	- -	- -	1 882	769	788	95	9 079	- -	472
1 353	350	304	47 448	10 729	312	21 182	11 565	2 736	659	11 762	63	3 400
120	- -	24	281	50	4	205	159	- -	32	- -	- -	22
375	- -	- -	9 529	- -	- -	- -	- -	- -	- -	9 079	- -	450
497	279	118	27 366	9 557	- -	15 754	9 872	2 637	168	1 250	- -	805
520	18	59	8 260	731	312	5 038	1 777	- -	132	675	- -	1 504
81	53	151	2 574	491	4	595	75	99	391	758	63	663

(千元)支出合计中 税金支出	社会保障费	修缮费	设备购置费	年末固定资产原值(千元)	经费自给率(%)	劳动报酬占总支出比重(%)	当年提取修购基金(千元)	增加值(千元)	公用房屋建筑面积(千平方米)
1 835	**2 096**	**3 009**	**3 081**	**101 905**	**75.4**	**17.5**	**992**	**14 855**	**63**
464	182	331	69	14 098	100.7	20.0	97	3 360	15
1 833	2 077	3 008	3 080	100 852	75.3	17.3	992	14 658	62
2	19	1	1	1 053	81.9	54.1	- -	197	1
392	- -	300	- -	12 142	101.8	17.8	- -	2 548	10
974	641	2 181	2 457	27 153	67.7	13.7	835	5 720	14
360	958	376	547	56 046	71.5	21.3	103	5 126	35
109	497	152	77	6 564	73.1	38.3	54	1 461	4

全国公共图书

	机构数(个)	从业人员(人)	职工	总藏量(千册(件))	古籍	善本	图书	报刊
总计	**2 767**	**48 792**	**46 346**	**395 387**	**27 741**	**2 161**	**271 601**	**54 833**
其中:少儿图书馆	81	1 527	1 421	9 264	22	--	8 467	385
按隶属关系分								
中央	1	1 440	1 413	21 940	2 088	274	6 486	10 929
省、区、市	36	7 169	6 569	123 207	14 153	1 197	61 598	13 000
地市级	400	14 455	13 754	109 369	6 680	381	88 277	12 461
县、市及以下	2 330	25 728	24 610	140 872	4 819	308	115 242	18 439

	总流通人次(千人次)	书刊外借人次	书刊外借册次(千册次)	为读者举办各种活动 次数(次)	参加人次(千人次)	信息服务 解答咨询(条)	代检索课题(项)	编制二、三次文献(种)
总计	**180 398**	**90 754**	**162 903**	**30 051**	**13 827**	**1 622 068**	**42 940**	**66 329**
其中:少儿图书馆	7 585	4 265	8 778	3 033	1 888	60 105	400	26 380
按隶属关系分								
中央	2 980	543	1 630	21	4	36 782	4 399	48
省、区、市	18 132	6 270	13 381	3 997	1 946	766 455	9 405	683
地市级	58 529	27 758	55 131	8 596	4 429	429 925	9 218	37 470
县、市及以下	100 757	56 183	92 761	17 437	7 445	388 906	19 918	28 128

	在支出合计中(千元) 从业人员劳动报酬	职工工资总额	税金支出	社会保障费	修缮费	设备购置费	新增藏量购置费	图书购置费	经费自给率(%)	劳动报酬占总支出比重(%)	本年新购藏量(千册(件))	新购图书
总计	**443 536**	**411 029**	**10 806**	**104 674**	**72 770**	**430 885**	**349 610**	**304 734**	**14.9**	**32.6**	**8 958**	**6 784**
其中:少儿图书馆	17 284	15 805	761	3 265	2 749	18 700	13 695	10 217	23.0	31.3	650	599
按隶属关系分												
中央	21 864	10 453	1 905	4 952	16 709	89 221	85 000	81 539	19.5	12.3	586	211
省、区、市	82 113	76 654	4 593	27 109	16 259	164 275	129 620	115 633	14.2	22.0	1 684	1 379
地市级	151 146	143 280	2 720	36 341	16 645	111 907	83 538	66 127	15.3	36.2	3 297	2 586
县、市及以下	188 413	180 642	1 588	36 272	23 157	65 482	51 452	41 435	13.1	47.8	3 389	2 605

馆 基 本 情 况

缩微制品	视听文献	其他	总藏量中(千册) 外文书刊	开架书刊	平均每馆总藏量(千册(件))	书架单层总长度(千米)	发放借书证数(千个)
13 624	**891**	**26 698**	**21 952**	**79 321**	**142**	**9 341**	**5 957**
11	71	302	20	3 837	114	119	341
1 087	48	1 303	8 982	1 550	21 722	333	145
12 504	354	21 595	10 272	11 893	3 421	2 796	865
11	398	1 536	2 171	28 296	273	2 852	2 041
18	83	2 260	530	37 582	60	3 352	2 911

服务点(个)	本年收入合计(千元)	财政补助收入	上级补助收入	事业收入	经营收入	附属单位上缴收入	其他收入	本年支出合计(千元)	事业支出	经营支出	对附属单位补助支出
24 273	**1 374 297**	**1 158 298**	**14 606**	**92 932**	**32 044**	**8 110**	**68 307**	**1 358 255**	**1 323 714**	**20 653**	**756**
873	57 796	44 467	715	5 437	2 818	--	4 359	55 198	52 084	2 595	--
63	177 257	142 780	--	20 150	6 046	5 148	3 133	176 549	175 526	993	30
604	374 657	320 922	1 742	20 572	11 951	1 285	18 185	371 693	354 523	9 319	--
4 085	424 411	355 979	4 790	29 459	7 392	1 172	25 619	416 467	408 152	5 724	311
19 521	397 972	338 617	8 074	22 751	6 655	505	21 370	393 546	385 513	4 617	415

年末固定资产原值(千元)	新增藏量购置费占总支出比重(%)	平均每馆购置费(千元)	购书费占购置费的比重(%)	新购图书比上年增减(千册)	本年提取修购基金(千元)	增加值(千元)	公共房屋建筑面积(千平方米)	书库	阅览室	阅览室座席数(千个)	少儿阅览室座席数
4 980 068	**25.7**	**126**	**87.1**	**-218**	**10 885**	**653 551**	**5 060**	**1 374**	**1 057**	**416**	**126**
111 612	24.8	169	74.6	57	614	22 512	136	19	34	15	12
911 178	48.1	84 158	95.9	9	2 620	60 216	164	69	17	3	--
1 274 998	34.8	3 599	89.2	256	841	137 707	746	292	155	29	1
1 440 854	20.0	208	79.1	112	1 248	211 497	1 507	394	336	114	27
1 353 038	13.0	22	80.5	-600	6 176	244 131	2 642	615	550	276	92

全国群众艺术馆、文

	机构数（个）	从业人员（人）	职工	举办展览个数（个）	组织文艺活动次数（次）	举办训练班 班次（次）	举办训练班 结业人次（千人次）	录像放映 场次（场次）	录像放映 观众人次（千人次）
总计	**45 837**	**128 216**	**103 949**	**94 270**	**280 373**	**138 195**	**4 643**	**3 509 503**	**1 056 833**
群众艺术馆	389	11 697	11 395	1 978	8 563	6 017	207	21 331	1 113
文化馆	2 905	44 118	41 552	14 978	56 774	27 415	822	374 956	103 381
文化站	42 543	72 401	51 002	77 314	215 036	104 763	3 614	3 113 216	952 339
其中:乡镇文化站	39 719	61 616	43 345	64 281	170 863	89 569	2 969	2 618 805	777 111

	本年支出合计（千元）	事业支出	经营支出	对附属单位补助支出	在支出合计中 从业人员劳动报酬	工资总额	税金支出	社会保障费	修缮费	设备购置费	业务费
总计	**1 775 279**	**1 619 425**	**109 284**	**24 005**	**805 966**	**750 856**	**20 034**	**132 451**	**122 279**	**80 033**	**247 033**
群众艺术馆	277 704	266 049	9 262	1 054	109 199	105 188	2 924	36 312	18 996	8 419	49 318
文化馆	714 297	677 452	20 868	11 060	347 999	329 757	10 185	79 867	31 531	20 615	91 954
文化站	783 278	675 924	79 154	11 891	348 768	315 911	6 925	16 272	71 752	50 999	105 761
其中:乡镇文化站	647 149	560 398	62 610	10 902	293 752	268 388	5 154	13 695	66 008	40 680	82 596

化馆（站）基本情况

藏书（千册）	藏文物（件）	本年收入合计（千元）	财政补助收入	上级补助收入	事业收入	经营收入	附属单位上缴收入	其他收入
82 510	**111 089**	**1 772 529**	**1 086 562**	**96 920**	**265 795**	**176 649**	**22 826**	**123 777**
656	1 740	283 442	211 186	5 784	33 255	10 375	3 464	19 378
5 001	109 349	709 353	492 295	17 430	109 044	35 373	3 767	51 444
76 853	- -	779 734	383 081	73 706	123 496	130 901	15 595	52 955
64 378	- -	646 650	333 011	59 347	99 356	98 031	13 134	43 771

年末固定资产原值（千元）	经费自给率（%）	劳动报酬占总支出比重（%）	当年提取修购基金（千元）	增加值（千元）	劳动生产率（元/人）	公用房屋建筑面积（千平方米）	群众艺术馆、文化馆负责指导的单位的基本情况				
							农村集镇文化中心（个）	文化俱乐部（室）（个）	图书室（个）	文化户（个）	群众业余演出团（队）（个）
4 869 612	**34.0**	**45.3**	**78 728**	**1 024 489**	**7 990**	**11 952**	**23 066**	**112 643**	**60 820**	**193 551**	**31 627**
432 657	24.1	39.3	3 632	130 274	11 137	812	1 907	5 262	1 123	4 620	1 999
1 886 432	28.5	48.7	13 028	435 175	9 863	3 284	21 159	107 381	59 697	188 931	29 628
2 550 523	42.7	44.5	62 068	459 040	6 340	7 856	- -	- -	- -	- -	- -
2 128 769	40.8	45.3	61 701	385 379	6 254	6 748	- -	- -	- -	- -	- -

全国文化部门教

	机构数（个）	从业人员（人）	职工	毕业生数（人）	招生数（人）	在校			
						戏剧类	戏曲类	舞蹈类	音乐类
总计	**238**	**20 432**	**18 349**	**20 796**	**29 666**	**96 084**	**7 598**	**6 858**	**22 582**	**21 704**
高等院校	10	4 092	3 412	1 655	2 558	8 631	1 795	349	1 436	2 404
中等专业学校	141	14 172	12 918	16 700	23 153	77 604	4 986	5 821	18 557	17 247
文化干部学校	20	650	620	749	1 069	2 046	158	14	136	253
其他教育机构	67	1 518	1 399	1 692	2 886	7 803	659	674	2 453	1 800

	本年支出合								
		事业支出	经营支出	对附属单位补助支出	在支出合计				
					从业人员劳动报酬	职工工资总额	税金支出	社会保障费	修缮费
总计	**785 077**	**762 520**	**6 016**	**3 520**	**235 544**	**212 340**	**2 306**	**97 418**	**87 572**
高等院校	214 767	213 257	10	1 300	58 474	55 024	92	37 652	34 282
中等专业学校	516 897	496 574	5 489	2 066	158 748	139 834	2 020	54 289	48 766
文化干部学校	14 863	14 347	516	--	5 662	5 430	135	1 812	988
其他教育机构	38 550	38 342	1	154	12 660	12 052	59	3 665	3 536

育机构基本情况

生数(人)			培训干部(人)	本年收入合计(千元)						
美术类	电影放映	其他			财政补助收入	上级补助收入	事业收入	经营收入	附属单位上缴收入	其他收入
21 005	**851**	**15 486**	**7 557**	**820 023**	**427 548**	**12 682**	**292 048**	**25 368**	**6 776**	**55 601**
2 647	--	--	295	243 745	133 419	8 794	51 464	19 555	2 380	28 133
17 015	830	13 148	2 421	523 130	265 643	3 261	220 249	4 811	4 231	24 935
417	--	1 068	3 959	16 028	8 996	16	5 100	1 002	--	914
926	21	1 270	882	37 120	19 490	611	15 235	--	165	1 619

计(千元)			年末固定资产原值(千元)	经费自给率(%)	劳动报酬占总支出比重(%)	当年提取修购基金(千元)	增加值(千元)	劳动生产率(元/人)	公用房屋建筑面积	
中									(千平方米)	教学用房
设备购置费	业务费	助学金								
64 241	**82 575**	**22 419**	**1 221 850**	**49.4**	**30.0**	**4 111**	**286 909**	**14 042**	**6 119**	**1 104**
15 674	18 364	7 095	313 502	47.6	27.2	--	71 107	17 377	4 492	234
44 591	57 336	14 742	842 292	50.6	30.7	3 974	194 458	13 721	1 491	809
1 224	1 715	--	23 624	47.2	38.0	20	6 741	10 370	40	17
2 752	5 160	582	42 432	44.3	32.8	117	14 603	9 619	93	44

全国文化（文物）科

	机构数(个)	从业人员(人)	职工	科研人员总数	高级职称	中级职称	初级职称	本年完成科研项目(个)	获国家奖	获省、部奖	获地、市奖
总计	**240**	**5 900**	**5 377**	**3 845**	**1 261**	**1 593**	**920**	**614**	**78**	**183**	**101**
按行业分类											
1.文化科技研究	16	436	422	263	65	100	71	19	8	7	4
2.综合性艺术研究	118	2 243	2 219	1 638	639	706	272	375	52	112	54
3.地方戏艺术研究	24	199	199	151	62	59	27	63	5	27	24
4.文物研究	56	2 732	2 250	1 590	422	647	502	79	3	9	3
5.其他艺术研究	26	290	287	203	73	81	48	78	10	28	16
按类型分类											
1.独立研究机构	229	5 841	5 320	3 806	1 253	1 574	908	613	78	182	101
2.非独立研究机构	11	59	57	39	8	19	12	1	--	1	--

	本年支出合计(千元)	事业支出	经营支出	对附属单位补助支出	在支出合计中：从业人员劳动报酬	职工工资总额	税金支出	社会保障费
总计	**220 349**	**213 776**	**4 264**	--	**58 051**	**53 830**	**1 159**	**21 074**
按行业分类								
1.文化科技研究	24 940	24 748	192	--	5 529	5 452	695	1 835
2.综合性艺术研究	53 537	53 229	228	--	21 698	21 084	66	10 708
3.地方戏艺术研究	4 499	4 499	--	--	2 080	1 837	4	1 205
4.文物研究	128 952	122 879	3 844	--	25 706	22 489	373	6 133
5.其他艺术研究	8 421	8 421	--	--	3 038	2 968	21	1 193
按类型分类								
1.独立研究机构	219 011	212 438	4 264	--	57 538	53 352	1 159	20 963
2.非独立研究机构	1 338	1 338	--	--	513	478	--	111

技、科研单位基本情况

所办刊物（种）	本年收入合计（千元）						
		财政补助收入	上级补助收入	事业收入	经营收入	附属单位上缴收入	其他收入
80	**234 547**	**122 456**	**7 747**	**99 532**	**1 130**	**123**	**3 559**
4	27 456	13 109	1 089	12 988	101	55	114
55	57 395	53 534	1 339	908	159	61	1 394
4	4 450	4 193	15	14	40	7	181
12	136 874	45 844	5 280	83 087	830	- -	1 833
5	8 372	5 776	24	2 535	- -	- -	37
78	233 218	121 213	7 747	99 446	1 130	123	3 559
2	1 329	1 243	- -	86	- -	- -	- -

修缮费	设备购置费		新产品开发费	年末固定资产原值（千元）	经费自给率（%）	劳动报酬占总支出比重（%）	当年提取修购基金（千元）	增加值（千元）	劳动生产率（元/人）	公用房屋建筑面积（千平方米）	
		科研仪器设备									科研房屋
2 302	**13 938**	**114**	**371**	**278 239**	**47.8**	**26.3**	**512**	**205 333**	**34 802**	**300**	**34**
780	1 938	18	- -	10 595	53.1	22.1	223	6 650	15 251	12	4
1 430	1 506	31	371	42 491	4.7	40.5	62	23 458	10 458	64	27
62	95	39	- -	5 911	5.3	46.2	34	2 321	11 662	13	- -
- -	10 345	- -	- -	213 505	67.6	19.9	193	169 617	62 085	204	- -
30	54	26	- -	5 737	30.5	36.0	- -	3 287	11 334	5	3
2 302	13 936	114	371	278 038	48.1	26.2	512	204 453	35 003	299	34
- -	2	- -	- -	201	6.4	38.3	- -	880	14 912	1	- -

全国文化事业费列支的文化

	机构数(个)	从业人员(人)	职工	科研人员总数	高级职称	中级职称	初级职称	本年完成科研项目(个)	获国家奖	获省、部奖	获地、市奖
总　计	**184**	**3 168**	**3 127**	**2 255**	**839**	**946**	**418**	**535**	**75**	**174**	**98**
按行业分类											
1.文化科技研究	16	436	422	263	65	100	71	19	8	7	4
2.综合性艺术研究	118	2 243	2 219	1 638	639	706	272	375	52	112	54
3.地方戏艺术研究	24	199	199	151	62	59	27	63	5	27	24
5.其他艺术研究	26	290	287	203	73	81	48	78	10	28	16
按类型分类											
1.独立研究机构	175	3 118	3 079	2 220	832	928	408	534	75	173	98
2.非独立研究机构	9	50	48	35	7	18	10	1	--	1	--

	本年支出合计(千元)	事业支出	经营支出	对附属单位补助支出	在支出合计中：从业人员劳动报酬	职工工资总额	税金支出	社会保障费
总　计	**91 397**	**90 897**	**420**	--	**32 345**	**31 341**	**786**	**14 941**
按行业分类								
1.文化科技研究	24 940	24 748	192	--	5 529	5 452	695	1 835
2.综合性艺术研究	53 537	53 229	228	--	21 698	21 084	66	10 708
3.地方戏艺术研究	4 499	4 499	--	--	2 080	1 837	4	1 205
5.其他艺术研究	8 421	8 421	--	--	3 038	2 968	21	1 193
按类型分类								
1.独立研究机构	90 327	89 827	420	--	31 908	30 939	786	14 898
2.非独立研究机构	1 070	1 070	--	--	437	402	--	43

科技、科研单位基本情况

所办刊物(种)		本年收入合计(千元) 财政补助收入	上级补助收入	事业收入	经营收入	附属单位上缴收入	其他收入
68	**97 673**	**76 612**	**2 467**	**16 445**	**300**	**123**	**1 726**
4	27 456	13 109	1 089	12 988	101	55	114
55	57 395	53 534	1 339	908	159	61	1 394
4	4 450	4 193	15	14	40	7	181
5	8 372	5 776	24	2 535	--	--	37
66	96 597	75 536	2 467	16 445	300	123	1 726
2	1 076	1 076	--	--	--	--	--

修缮费	设备购置费	设备购置费 科研仪器设备	新产品开发费	年末固定资产原值(千元)	经费自给率(%)	劳动报酬占总支出比重(%)	当年提取修购基金(千元)	增加值(千元)	公用房屋建筑面积(千平方米)	公用房屋建筑面积 科研房屋
2 302	**3 593**	**114**	**371**	**64 734**	**20.3**	**35.3**	**319**	**35 716**	**94**	**34**
780	1 938	18	--	10 595	53.1	22.1	223	6 650	12	4
1 430	1 506	31	371	42 491	4.7	40.5	62	23 458	64	27
62	95	39	--	5 911	5.3	46.2	34	2 321	13	--
30	54	26	--	5 737	30.5	36.0	--	3 287	5	3
2 302	3 593	114	371	64 582	20.6	35.3	319	35 273	93	34
--	--	--	--	152	--	40.8	--	443	1	--

全 国 文 物 科 研

	机构数(个)	从业人员(人)						本年完成科研项目(个)			
			职工						获国家奖	获省、部奖	获地、市奖
				科研人员总数	高级职称	中级职称	初级职称				
总　　计	**56**	**2 732**	**2 250**	**1 590**	**422**	**647**	**502**	**79**	**3**	**9**	**3**
1.考古研究	40	1 525	1 392	1 031	298	440	274	60	3	8	1
2.古建研究	8	853	576	398	83	143	172	13	--	1	--
3.其他文物研究	8	354	282	161	41	64	56	6	--	--	2

	本年支出合计(千元)				在支出合计中			
		事业支出	经营支出	对附属单位补助支出	从业人员劳动报酬	职工工资总额	税金支出	社会保障费
总　　计	**128 952**	**122 879**	**3 844**	**--**	**25 706**	**22 489**	**373**	**6 133**
1.考古研究	86 487	80 697	3 767	--	14 266	11 919	186	3 517
2.古建研究	31 153	30 897	50	--	7 820	7 202	94	1 661
3.其他文物研究	11 312	11 285	27	--	3 620	3 368	93	955

单 位 基 本 情 况

所办刊物(种)	文物保管品(件)		本年收入合计(千元)							
		一级品		财政补助收入	上级补助收入	事业收入		经营收入	附属单位上缴收入	其他收入
							配合经济建设考古收入			
12	**668 888**	**1 268**	**136 874**	**45 844**	**5 280**	**83 087**	**46 489**	**830**	**– –**	**1 833**
8	653 137	1 113	92 617	31 102	3 920	55 702	46 489	599	– –	1 294
1	1 605	94	31 779	8 171	1 360	21 587	– –	164	– –	497
3	14 146	61	12 478	6 571	– –	5 798	– –	67	– –	42

				年末固定资产原值(千元)	当年提取修购基金(千元)	增加值(千元)	公用房屋建筑面积(千平方米)		
设备购置费	业务费	考古发掘费	文物保护单位维修费					业务用房	文物库房
10 345	**23 817**	**22 340**	**4 036**	**213 505**	**193**	**169 617**	**62 085**	**204**	**85**
7 533	14 364	21 983	1 958	85 757	141	112 679	73 887	119	47
1 419	8 041	232	1 544	111 609	40	39 077	45 810	57	36
1 393	1 412	125	534	16 139	12	17 861	50 453	23	2

全　国　文　化　娱

	机构数	从业人员		资本金合计		固定资产合计	固定资产原价	本年提取折旧	主营业收入	主营营业成本及费用	主营营业税金及附加	主营业务利润	其他业务利润
			职工		国家资本金								
总　计	174 727	903 499	401 127	29 717 158	3 229 846	28 178 202	28 254 250	1 576 945	14 481 742	9 583 525	1 495 778	3 402 439	65 005
1.歌　舞　厅	26 222	201 621	100 558	7 239 274	997 348	7 629 758	7 427 517	340 500	3 356 952	2 236 004	354 626	766 322	8 556
2.舞　　厅	7 983	49 804	23 204	1 424 744	115 361	1 460 398	1 369 022	46 424	779 924	475 930	83 648	220 346	2 726
3.卡拉OK厅	40 711	245 958	95 305	6 537 948	318 825	6 492 401	6 337 505	385 595	4 178 844	2 726 345	436 311	1 016 188	15 325
4.电子游艺厅	59 661	112 606	31 433	2 659 685	65 296	2 478 134	2 500 206	112 852	1 747 121	902 724	211 973	632 424	11 749
5.台　球　厅	15 323	29 018	10 101	786 871	122 677	444 628	402 491	17 335	336 951	209 886	39 177	87 888	543
6.保　龄　球	973	14 175	7 637	1 892 845	292 119	1 647 591	1 637 961	96 583	481 460	377 524	59 601	44 335	555
7.旱　冰　场	1 339	5 781	2 591	319 472	191 634	132 594	132 814	1 893	84 654	51 161	8 182	25 311	124
8.综合娱乐场所	7 033	128 014	74 203	7 111 175	975 876	6 004 723	6 405 217	422 513	2 342 466	1 743 226	192 775	406 465	24 326
9.其　　他	15 482	116 522	56 095	1 745 144	150 710	1 887 975	2 041 517	153 250	1 173 370	860 725	109 485	203 160	1 101

全　国　文　化　部　门　文

	机构数	从业人员		资本金合计		固定资产合计	固定资产原价	本年提取折旧	主营业收入	主营营业成本及费用	主营营业税金及附加	主营业务利润	其他业务利润
			职工		国家资本金								
总　计	21 327	108 773	47 511	3 795 221	514 205	3 266 159	3 434 273	150 514	1 843 529	1 196 645	193 957	452 927	25 222
1.歌　舞　厅	3 681	24 471	10 850	847 931	76 314	853 568	781 897	25 738	395 733	242 909	47 292	105 532	3 719
2.舞　　厅	1 061	6 812	3 655	161 201	32 820	179 281	178 573	3 674	86 842	50 576	10 597	25 669	1 371
3.卡拉OK厅	3 811	24 297	9 388	649 071	50 318	639 207	711 643	23 867	533 970	359 026	56 492	118 452	2 092
4.电子游艺厅	7 477	16 746	5 241	654 964	19 029	586 350	657 879	48 417	292 925	161 972	30 967	99 986	6 664
5.台　球　厅	2 331	4 991	1 913	152 637	107 029	96 645	103 560	818	51 744	27 412	6 110	18 222	413
6.保　龄　球	205	1 231	606	175 415	103 425	116 516	91 092	1 528	34 737	25 955	4 468	4 314	10
7.旱　冰　场	199	891	333	12 568	664	16 251	20 430	316	20 269	13 769	1 425	5 075	6
8.综合娱乐场所	1 192	15 456	7 852	903 825	118 665	623 334	612 787	39 270	260 961	192 512	19 240	49 209	10 801
9.其　　他	1 370	13 878	7 673	237 609	5 941	155 007	276 412	6 886	166 348	122 514	17 366	26 468	146

乐业基本情况

单位:个、人、千元、元/人、千平方米

损益及分配									其他			增加值	劳动生产率	房屋建筑面积
管理费用	税金	劳动待业保险	财务费用	补贴收入	投资收益	营业外收支净额	应交所得税	利润	从业人员劳动报酬	上交主办单位费用	上交文化市场管理费			
1 319 083	**77 990**	**41 920**	**148 027**	**19 707**	**22 883**	**39 053**	**58 490**	**2 023 487**	**3 039 713**	**127 326**	**359 981**	**10 199 421**	**11 288**	**21 906**
287 123	20 187	13 137	51 337	2 330	4 884	7 561	20 030	431 163	621 610	51 929	87 170	2 251 644	11 167	5 571
54 301	2 549	1 896	2 785	4 449	1 314	749	4 837	167 661	146 903	14 076	17 507	534 264	10 727	1 366
269 551	18 724	4 572	28 444	1 851	9 275	7 862	15 504	737 002	780 468	29 879	83 565	2 780 672	11 305	5 121
74 734	7 789	2 602	3 032	449	1 329	717	6 563	562 339	371 749	10 244	98 420	1 459 070	12 957	2 530
18 592	894	678	1 229	49	108	336	1 099	68 004	74 696	3 634	21 717	245 874	8 473	1 058
72 515	2 526	1 022	6 406	10	39	262	47	-33 767	71 594	3 712	21 385	300 295	21 184	485
4 805	329	310	436	4	29	42	334	19 935	18 381	2 119	1 834	58 194	10 066	299
464 159	21 550	15 526	43 666	9 731	5 268	17 982	8 161	-52 214	727 883	8 332	15 522	1 851 485	14 463	3 712
73 303	3 442	2 177	10 692	834	637	3 542	1 915	123 364	226 429	3 401	12 867	717 923	6 161	1 760

化娱乐业基本情况

单位:个、人、千元、元/人、千平方米

损益及分配									其他			增加值	劳动生产率	房屋建筑面积
管理费用	税金	劳动待业保险	财务费用	补贴收入	投资收益	营业外收支净额	应交所得税	利润	从业人员劳动报酬	上交主办单位费用	上交文化市场管理费			
128 758	**7 440**	**6 337**	**9 074**	**2 906**	**3 268**	**6 501**	**6 278**	**346 714**	**678 095**	**26 545**	**62 015**	**1 607 855**	**14 781**	**2 775**
29 625	1 313	853	8 628	883	867	3 384	1 685	74 447	80 899	6 968	17 744	289 311	11 822	658
6 368	425	495	-6 576	106	75	-41	595	26 793	19 520	1 443	2 590	65 313	9 587	183
24 799	1 594	506	2 217	152	572	1 151	1 961	93 442	85 058	12 000	13 549	321 148	13 217	654
15 653	1 749	1 042	658	166	142	33	988	89 692	58 295	2 238	16 693	265 248	15 839	347
1 316	97	50	167	6	34	3	214	16 981	10 182	2 006	5 175	43 016	8 618	137
1 340	--	10	499	--	--	1	5	2 481	7 337	222	2 490	20 368	16 545	30
1 605	27	22	139	1	2	31	171	3 200	2 886	84	317	10 143	11 383	38
42 007	2 050	3 264	2 749	1 577	1 227	1 955	532	19 481	376 136	1 408	2 174	503 034	32 546	529
6 045	185	95	593	15	349	-16	127	20 197	37 782	176	1 288	90 274	6 504	191

全国文化市场其他

	机构数	从业人员	职工	资本金合计	国家资本金	固定资产合计	固定资产原价	本年提取折旧	主营业收入	主营营业成本及费用	主营营业税金及附加	主营业务利润	其他业务利润
总计	**94 929**	**230 184**	**85 318**	**4 281 083**	**356 793**	**3 325 926**	**3 316 648**	**142 558**	**3 491 890**	**2 209 218**	**288 604**	**994 068**	**25 930**
1.文化艺术经纪与代理业	78	1 159	739	29 223	6 156	37 781	18 387	373	14 603	8 844	497	5 262	929
2.音像制品批发、零售业	23 293	44 205	14 286	895 493	52 838	590 212	571 678	11 451	918 872	635 309	87 050	196 513	5 744
3.录像放映业	16 734	42 999	19 098	694 950	87 374	737 242	755 914	18 831	480 612	250 661	52 208	177 743	4 595
4.录像带出租	25 999	42 022	14 930	434 053	11 546	350 529	313 955	3 573	401 979	201 865	47 014	153 100	715
5.画店、画廊	1 536	6 297	3 333	99 913	28 617	68 357	73 512	13 514	114 504	75 264	4 941	34 299	1 924
6.美术公司	584	1 867	577	43 646	7 720	26 129	21 006	740	24 175	12 915	1 868	9 392	256
7.艺术品拍卖公司	85	876	491	125 727	29 216	62 482	54 581	2 991	29 239	17 482	1 896	9 861	175
8.图书批发	13 056	23 003	7 502	705 639	31 546	254 591	252 459	11 821	545 475	386 420	29 040	130 015	8 132
9.其他	13 564	67 756	24 362	1 252 439	101 780	1 198 603	1 255 156	79 264	962 431	620 458	64 090	277 883	3 460

全国文化部门文化市场其

	机构数	从业人员	职工	资本金合计	国家资本金	固定资产合计	固定资产原价	本年提取折旧	主营业收入	主营营业成本及费用	主营营业税金及附加	主营业务利润	其他业务利润
总计	**20 673**	**63 581**	**24 857**	**1 825 670**	**144 820**	**1 064 343**	**1 082 678**	**24 769**	**947 457**	**603 655**	**85 567**	**258 235**	**11 478**
1.文化艺术经纪与代理业	30	472	345	7 990	4 389	19 174	8 661	168	7 071	4 822	202	2 047	805
2.音像制品批发、零售业	3 387	9 110	3 345	391 415	26 810	200 645	196 986	2 650	221 193	149 168	24 815	47 210	804
3.录像放映业	6 185	18 784	9 812	282 133	54 681	306 157	316 585	8 426	186 716	95 687	21 096	69 933	2 490
4.录像带出租	6 301	11 363	4 794	123 339	3 053	77 879	72 018	1 435	89 467	48 702	9 897	30 868	123
5.画店、画廊	326	1 650	860	41 965	15 253	26 702	31 891	6 056	35 048	20 546	1 774	12 728	932
6.美术公司	44	310	135	11 141	5 174	9 106	9 584	551	7 715	3 734	815	3 166	2
7.艺术品拍卖公司	17	55	27	2 190	--	6 429	455	--	1 116	724	76	316	--
8.图书批发	2 581	4 966	2 013	434 351	13 137	66 888	74 457	2 749	165 020	123 733	5 911	35 376	5 727
9.其他	1 802	16 871	3 526	531 146	22 323	351 363	372 041	2 734	234 111	156 539	20 981	56 591	595

经 营 单 位 基 本 情 况

单位:个、人、千元、元/人、千平方米

损益及分配									其他			增加值	劳动生产率	房屋建筑面积
管理费用	税金	劳动待业保险	财务费用	补贴收入	投资收益	营业外收支净额	应交所得税	利润	从业人员劳动报酬	上交主办单位费用	上交文化市场管理费			
221 072	**13 369**	**9 371**	**24 788**	**2 691**	**3 898**	**5 688**	**19 668**	**766 747**	**616 769**	**19 240**	**136 189**	**2 251 912**	**9 783**	**3 738**
1 476	4	18	-37	157	--	15	341	4 583	3 347	1	99	10 513	9 070	37
41 725	2 471	1 485	8 144	159	1 035	922	5 787	148 717	118 980	2 258	22 936	447 112	10 114	530
23 134	1 833	2 117	4 265	1 470	950	2 452	2 809	157 002	113 160	7 623	69 643	445 699	10 365	1 270
13 490	982	548	1 890	308	381	244	2 410	136 958	85 823	3 078	21 376	316 559	7 533	467
19 411	329	220	-303	3	168	1 326	1 453	17 159	13 003	304	703	68 970	10 952	95
3 252	632	278	321	--	--	88	611	5 552	4 014	86	195	17 175	9 199	61
6 309	891	351	631	156	945	276	1 126	3 347	4 034	29	103	19 979	22 806	12
31 429	2 328	1 848	2 247	12	117	-33	3 028	101 539	63 252	2 543	5 015	254 124	11 047	272
80 846	3 899	2 506	7 630	426	302	398	2 103	191 890	211 156	3 318	16 128	671 781	9 914	990

他 经 营 单 位 基 本 情 况

单位:个、人、千元、元/人、千平方米

损益及分配									其他			增加值	劳动生产率	房屋建筑面积
管理费用	税金	劳动待业保险	财务费用	补贴收入	投资收益	营业外收支净额	应交所得税	利润	从业人员劳动报酬	上交主办单位费用	上交文化市场管理费			
57 607	**5 989**	**4 874**	**3 512**	**786**	**1 483**	**2 112**	**5 838**	**207 137**	**130 418**	**8 191**	**38 120**	**565 837**	**8 899**	**1 113**
1 036	--	--	-37	157	--	28	341	1 697	935	--	35	4 192	8 881	30
11 088	1 502	1 057	942	6	551	45	1 191	35 395	29 725	861	3 131	110 829	12 165	95
11 647	1 238	1 654	1 841	481	579	1 387	1 619	59 763	46 944	4 108	22 902	177 196	9 433	531
3 930	459	383	236	83	92	48	484	26 564	16 307	1 430	5 093	65 983	5 806	84
8 039	239	65	-635	--	43	517	821	5 995	2 877	11	85	24 702	14 970	23
1 692	630	266	253	--	--	91	467	847	1 039	--	40	6 247	20 150	45
--	--	--	--	--	--	--	--	316	54	--	32	478	8 689	5
15 016	1 581	784	51	8	49	-60	660	25 373	10 349	664	948	65 798	13 249	60
5 159	340	665	861	51	169	56	255	51 187	22 188	1 117	5 859	110 412	6 544	233

全国文化市场管

	机构数(个)	从业人员(人)	职工	本年收入合计(千元)	财政补助收入	上级补助收入	事业收入	管理费收入	其他收入	本年	事业支出	从业人员劳动报酬	职工工资总额
总计	**3 372**	**19 712**	**12 694**	**713 051**	**110 518**	**12 147**	**573 390**	**527 601**	**16 996**	**738 154**	**357 008**	**113 740**	**88 580**
中央	1	--	--	--	--	--	--	--	--	--	--	--	--
省、区、市	55	470	375	38 534	14 279	692	21 274	17 460	2 289	32 271	25 948	3 287	2 551
地市级	563	3 933	3 036	135 111	27 738	5 223	99 379	83 951	2 771	131 316	92 162	33 042	25 134
县市级	2 753	15 309	9 283	539 406	68 501	6 232	452 737	426 190	11 936	574 567	238 898	77 411	60 895

	文化市场管理								
	文化艺术经纪与代理	民间职业剧团	个体演职人员	时装表演队	音像制品批发、零售单位	录像放映	录像带出租	歌舞厅	舞厅
总计	**205**	**2 695**	**28 624**	**397**	**31 387**	**25 218**	**30 909**	**27 483**	**8 472**
中央	17	--	--	--	140	--	--	--	--
省、区、市	58	51	2 724	62	810	4 665	373	381	74
地市级	63	605	7 452	260	7 514	4 921	9 220	7 787	2 716
县市级	67	2 039	18 448	75	22 923	15 632	21 316	19 315	5 682

理 机 构 基 本 情 况

支出合计（千元）					设备情况		固定资产原值（千元）	经费自给率（%）	劳动报酬占总支出比重（%）	当年提取修购基金（千元）	增加值（千元）
税金支出	社会保障费	设备购置费	业务费	补助下级支出	车辆（辆）	移动电话（部）					
5 694	17 581	35 890	256 834	28 898	2 096	992	333 397	165.3	15.4	2 840	458 408
--	--	--	--	--	1	2	--	--	--	--	--
187	518	669	11 361	186	63	66	22 256	90.8	10.1	1 060	11 350
1 870	4 374	7 098	35 034	3 592	751	233	84 301	110.8	25.1	909	73 537
3 637	12 689	28 123	210 439	25 120	1 281	691	226 840	194.5	13.4	871	373 521

支出合计（千元）					设备情况		固定资产原值（千元）	经费自给率（%）	劳动报酬占总支出比重（%）	当年提取修购基金（千元）	增加值（千元）
税金支出	社会保障费	设备购置费	业务费	补助下级支出	车辆（辆）	移动电话（部）					
36 580	17 616	61 656	15 795	1 024	1 641	7 121	2 345	560	265	16 113	23 373
--	--	--	--	1	--	4	--	3	--	--	--
147	169	54	26	35	2	352	49	8	58	31	237
7 392	4 054	11 619	2 531	438	422	2 672	924	61	156	1 686	3 768
29 041	13 393	49 983	13 238	550	1 217	4 093	1 372	488	51	14 396	19 368

全国文化市场行政

	机构数(个)	从业人员(人)		本年收入合计(千元)					
			职工		财政补助收入	上级补助收入	事业收入		其他收入
								管理费收入	
总计	**2 116**	**10 427**	**7 187**	**382 548**	**76 425**	**5 507**	**291 867**	**261 600**	**8 749**
中央	1	--	--	--	--	--	--	--	--
省、区、市	39	303	226	30 458	10 343	24	18 096	15 982	1 995
地市级	350	2 225	1 609	87 261	14 249	2 506	68 161	58 242	2 345
县市级	1 726	7 899	5 352	264 829	51 833	2 977	205 610	187 376	4 409

	文化市场管理								
	文化艺术经纪与代理	民间职业剧团	个体演职人员	时装表演队	音像制品批发零售单位	录像放映	录像带出租	歌舞厅	舞厅
总计	**160**	**1 949**	**21 262**	**222**	**21 280**	**18 309**	**19 718**	**19 590**	**5 855**
中央	17	--	--	--	140	--	--	--	--
省、区、市	55	51	2 394	61	681	4 576	238	323	68
地市级	44	497	5 720	137	4 888	3 675	5 589	5 851	1 954
县市级	44	1 401	13 148	24	15 571	10 058	13 891	13 416	3 833

全国文化市场稽

	机构数(个)	从业人员(人)		本年收入合计(千元)						本年			
			职工		财政补助收入	上级补助收入	事业收入		其他收入		事业支出	从业人员劳动报酬	
								管理费收入					职工工资总额
总计	**1 256**	**9 285**	**5 507**	**330 503**	**34 093**	**6 640**	**281 523**	**266 001**	**8 247**	**368 091**	**101 011**	**45 443**	**36 075**
中央	--	--	--	--	--	--	--	--	--	--	--	--	--
省、区、市	16	167	149	8 076	3 936	668	3 178	1 478	294	6 699	6 484	1 467	1 401
地市级	213	1 708	1 427	47 850	13 489	2 717	31 218	25 709	426	45 582	35 493	14 429	11 670
县市级	1 027	7 410	3 931	274 577	16 668	3 255	247 127	238 814	7 527	315 810	59 034	29 547	23 004

管理机构基本情况

本年支出合计（千元）									设备情况	
	事业支出	从业人员劳动报酬	职工工资总额	税金支出	社会保障费	设备购置费	业务费	补助下级支出	车辆（辆）	移动电话（部）
370 063	**255 997**	**68 297**	**52 505**	**3 882**	**8 704**	**26 862**	**96 492**	**11 369**	**1 270**	**603**
--	--	--	--	--	--	--	--	--	1	2
25 572	19 464	1 820	1 150	187	463	185	9 499	186	40	36
85 734	56 669	18 613	13 464	1 301	2 630	4 728	22 618	3 213	416	151
258 757	179 864	47 864	37 891	2 394	5 611	21 949	64 375	7 970	813	414

机构登记单位（个、人）											
卡拉OK厅	餐饮卡拉OK	电子游艺厅	台球厅	保龄球	旱冰场	综合娱乐场所	画店、画廊	美术公司	艺术品拍卖公司	图书批发	其他
24 858	**12 657**	**42 196**	**11 062**	**720**	**1 215**	**5 228**	**1 859**	**229**	**244**	**11 430**	**15 418**
--	--	--	--	1	--	4	--	3	--	--	--
131	60	48	24	27	2	245	46	7	53	6	225
5 105	2 956	8 021	1 818	336	318	2 149	760	25	150	1 171	2 383
19 622	9 641	34 127	9 220	356	895	2 830	1 053	194	41	10 253	12 810

查机构基本情况

支出合计（千元）					设备情况		固定资产原值（千元）	经费自给率（%）	劳动报酬占总支出比重（%）	当年提取修购基金（千元）	增加值（千元）
税金支出	社会保障费	设备购置费	业务费	补助下级支出	车辆（辆）	移动电话（部）					
1 812	**8 877**	**9 028**	**160 342**	**17 529**	**826**	**389**	**175 907**	**286.8**	**12.3**	**552**	**273 720**
--	--	--	--	--	--	--	--	--	--	--	--
--	55	484	1 862	--	23	30	10 359	53.5	21.8	50	2 068
569	1 744	2 370	12 416	379	335	82	31 327	89.1	31.6	326	23 996
1 243	7 078	6 174	146 064	17 150	468	277	134 221	431.3	9.3	176	247 656

全国其他文化产业和非

	机构数	从业人员		资本金合计		固定资产合计	固定资产原价	本年提取折旧	主营业收入	主营业成本及费用	主营业税金及附加	主营业务利润	其他业务利润
			职工		国家资本金								
总　计	**1 076**	**21 596**	**18 129**	**1 154 832**	**832 157**	**1 422 474**	**1 572 449**	**125 380**	**1 545 875**	**1 270 782**	**40 037**	**235 056**	**73 137**
第一产业	--	--	--	--	--	--	--	--	--	--	--	--	--
第二产业	124	3 235	2 793	100 081	72 624	80 077	107 763	7 524	145 046	125 423	3 963	15 660	5 923
其中:制造业	75	2 089	1 965	58 905	41 191	62 137	86 479	6 508	63 763	55 502	1 500	6 761	5 448
建筑业	48	1 134	819	40 976	31 233	17 828	21 009	971	79 532	68 449	2 451	8 632	475
第三产业	952	18 361	15 336	1 054 751	759 533	1 342 397	1 464 686	117 856	1 400 829	1 145 359	36 074	219 396	67 214
其中:批、零和餐饮业	256	4 220	3 498	170 132	122 529	351 202	367 672	26 233	587 581	513 330	5 853	68 398	34 286
房地产业	18	419	210	97 881	80 071	69 851	95 024	5 886	25 792	17 141	1 225	7 426	513
社会服务业	265	4 452	3 526	253 365	164 415	246 854	271 021	25 317	236 349	189 901	8 338	38 110	3 333

全国文化部门附营非文

	机构数	从业人员		资本金合计		固定资产合计	固定资产原价	本年提取折旧	主营业收入	主营业成本及费用	主营业税金及附加	主营业务利润	其他业务利润
			职工		国家资本金								
总　计	**372**	**4 586**	**3 619**	**204 116**	**147 102**	**147 064**	**216 639**	**20 091**	**337 070**	**270 544**	**11 329**	**55 197**	**3 048**
第一产业	--	--	--	--	--	--	--	--	--	--	--	--	--
第二产业	42	453	382	25 228	18 977	6 132	8 847	725	34 106	30 151	944	3 011	438
其中:制造业	21	234	213	8 349	4 606	4 386	6 232	569	12 940	11 223	204	1 513	53
建筑业	21	219	169	16 879	14 371	1 746	2 615	156	21 166	18 928	740	1 498	385
第三产业	330	4 133	3 237	178 888	128 125	140 932	207 792	19 366	302 964	240 393	10 385	52 186	2 610
其中:批、零和餐饮业	116	1 483	1 190	41 982	32 095	41 421	59 350	4 280	89 097	76 575	2 115	10 407	1 656
房地产业	6	30	22	20 350	19 850	5 551	6 362	101	--	322	--	- 322	23
社会服务业	103	1 431	1 096	67 804	46 170	60 739	99 883	11 384	103 325	81 063	3 554	18 708	841

文化产业单位基本情况(企业)

单位:个、人、千元、元/人

损益及分配									其他					
管理费用	税金	劳动待业保险	财务费用	补贴收入	投资收益	营业外收支净额	应交所得税	利润	从业人员劳动报酬	本年应付福利费总额	本年应交增值税	上交主办单位	劳动生产率	增加值
311 832	**9 269**	**24 493**	**28 235**	**5 340**	**10 689**	**23 011**	**14 773**	**-7 607**	**169 630**	**22 783**	**29 347**	**22 841**	**32 630**	**704 697**
--	--	--	--	--	--	--	--	--	--	--	--	--	--	--
28 504	600	4 655	170	11	853	1 426	802	-5 603	23 506	2 491	3 729	873	19 096	61 778
17 804	484	3 779	185	20	837	1 430	501	-3 994	16 232	1 795	2 384	478	19 049	39 795
10 354	116	875	-12	-9	16	-4	301	-1 533	7 201	686	1 345	395	19 035	21 586
283 328	8 669	19 838	28 065	5 329	9 836	21 585	13 971	-2 004	146 124	20 292	25 618	21 968	35 015	642 919
79 031	1 994	4 115	9 364	103	2 786	3 198	5 277	15 099	42 305	3 925	14 239	9 444	48 045	202 752
10 891	34	211	1 531	--	513	-51	78	-4 099	2 422	324	--	95	42 006	17 601
51 682	1 563	3 549	4 358	194	1 836	1 167	1 876	-13 276	34 402	3 706	1 286	4 519	26 250	116 868

化产业单位基本情况(企业)

单位:个、人、千元、元/人

损益及分配									其他					
管理费用	税金	劳动待业保险	财务费用	补贴收入	投资收益	营业外收支净额	应交所得税	利润	从业人员劳动报酬	本年应付福利费总额	本年应交增值税	上交主办单位	劳动生产率	增加值
53 364	**1 053**	**1 468**	**467**	**196**	**1 613**	**1 777**	**2 159**	**5 841**	**31 596**	**3 039**	**5 845**	**10 693**	**30 277**	**138 852**
--	--	--	--	--	--	--	--	--	--	--	--	--	--	--
5 080	115	481	-33	-9	13	-2	100	-1 696	3 232	359	487	476	20 811	9 428
2 234	36	446	-10	--	--	-21	17	-696	1 646	252	420	364	20 533	4 805
2 846	79	35	-23	-9	13	19	83	-1 000	1 586	107	67	112	21 108	4 623
48 284	938	987	500	205	1 600	1 779	2 059	7 537	28 364	2 680	5 358	10 217	31 314	129 424
12 755	365	186	244	46	298	878	575	-289	9 162	825	1 113	6 116	23 744	35 214
158	1	--	-26	--	--	40	--	-391	44	5	--	40	-3 765	-113
22 189	512	570	446	21	1 084	475	900	-2 406	11 948	970	637	2 362	34 902	49 946

全国其他文化产业和非

	机构数(个)	从业人员(人)		本年收入合计(千元)							本年		
			职工		财政补助收入	上级补助收入	事业收入	经营收入	附属单位上缴收入	其他收入		事业支出	经营支出
总　计	**1 163**	**16 804**	**15 689**	**683 110**	**347 944**	**18 630**	**196 091**	**67 321**	**8 237**	**44 887**	**675 903**	**585 241**	**85 362**
一、其他艺术业	588	6 518	6 091	285 261	211 092	6 121	33 958	13 860	794	19 436	268 814	256 704	11 784
1.艺术创作机构	414	3 039	2 984	93 540	78 903	809	4 579	5 864	213	3 172	85 211	80 711	4 233
2.艺术展览机构	47	1 346	1 225	84 886	54 562	2 933	15 173	2 998	--	9 220	76 084	72 848	3 186
其中:美术馆	26	749	654	60 978	39 760	916	13 557	1 051	--	5 694	58 656	57 422	1 184
3.其他艺术	127	2 133	1 882	106 835	77 627	2 379	14 206	4 998	581	7 044	107 519	103 145	4 365
二、其　他	575	10 286	9 598	397 849	136 852	12 509	162 133	53 461	7 443	25 451	407 089	328 537	73 578

全国文物部门附营产

	机构数	从业人员		资本金合计		固定资产合计	固定资产原价	本年提取折旧	主营业务收入	主营业务成本及费用	主营业务税金及附加	主营业务利润	其他业务利润
			职工		国家资本金								
总　计	**69**	**1 732**	**1 112**	**44 125**	**27 968**	**34 067**	**54 681**	**3 553**	**71 495**	**60 970**	**2 624**	**7 901**	**12 896**
第一产业	--	--	--	--	--	--	--	--	--	--	--	--	--
第二产业	8	774	505	22 290	16 538	22 129	39 288	2 088	29 277	26 242	841	2 194	3 423
其中:制造业	5	338	295	16 690	16 238	20 277	35 987	1 865	5 122	5 576	40	-494	3 366
建筑业	3	436	210	5 600	300	1 852	3 301	223	24 155	20 666	801	2 688	57
第三产业	61	958	607	21 835	11 430	11 938	15 393	1 465	42 218	34 728	1 783	5 707	9 473
其中:批、零和餐饮业	33	448	316	8 125	4 698	4 143	5 315	730	21 061	18 458	1 144	1 459	9 316
房地产业	--	--	--	--	--	--	--	--	--	--	--	--	--
社会服务业	10	210	112	7 620	3 852	4 416	6 374	510	10 283	8 270	371	1 642	--

文化产业单位基本情况(事业)

支出合计(千元)								年末固定资产原值(千元)	经费自给率%	劳动报酬占总支出比重(%)	当年提取修购基金(千元)	增加值(千元)	劳动生产率(元/人)	公用房屋建筑面积(千平方米)
对附属单位补助支出	在支出合计中													
	从业人员劳动报酬	职工工资总额	税金支出	社会保障费	修缮费	设备购置费	业务费							
3 645	163 215	148 920	15 340	55 244	31 784	46 483	132 019	837 701	47.2	24.1	21 932	215 979	12 852	757
20	68 238	63 380	2 935	21 771	15 008	30 056	46 660	327 111	25.3	25.3	7 106	84 254	12 926	319
15	33 171	31 572	186	10 099	4 201	3 178	17 364	75 188	16.2	38.9	510	36 350	11 961	74
--	17 095	14 411	1 257	5 541	5 836	22 041	9 118	186 867	36.0	22.4	3 350	25 823	19 184	156
--	11 406	9 112	120	4 194	4 456	21 315	7 274	145 884	34.6	19.4	1 387	17 359	23 175	90
5	17 972	17 397	1 492	6 131	4 971	4 837	20 178	65 056	24.9	16.7	3 246	22 081	10 352	90
3 625	94 977	85 540	12 405	33 473	16 776	16 427	85 359	510 590	61.7	23.3	14 826	131 725	12 806	435

业单位基本情况(企业)

单位:个、人、千元、元/人

损益及分配									其他			上交主办单位	劳动生产率
管理费用			财务费用	补贴收入	投资收益	营业外收支净额	应交所得税	利润	从业人员劳动报酬	本年应付福利费总额	本年应交增值税		
	税金	劳动待业保险											
14 965	985	1 480	-303	-1	708	1 192	766	7 268	11 951	1 706	977	1 552	24 502
--	--	--	--	--	--	--	--	--	--	--	--	--	--
6 979	112	1 429	-40	--	708	1 000	343	43	6 663	627	393	172	20 524
4 502	100	1 429	-29	--	708	1 044	217	-66	3 050	282	393	--	24 614
2 477	12	--	-11	--	--	-44	126	109	3 613	345	--	172	17 352
7 986	873	51	-263	-1	--	192	423	7 225	5 288	1 079	584	1 380	27 716
5 177	868	19	-183	--	--	197	66	5 912	3 453	478	571	704	40 724
--	--	--	--	--	--	--	--	--	--	--	--	--	--
1 096	5	32	80	--	--	17	225	258	1 523	58	6	504	21 718

全国各地区主要文化产

地区	艺术表演团体	比上年增减	艺术表演场所	比上年增减	剧场、影剧院	比上年增减	图书馆	比上年增减	文化馆	比上年增减
全国	**2 622**	**-18**	**1 902**	**-17**	**1 864**	**-18**	**2 767**	**36**	**2 905**	**4**
北京	19	— —	24	2	22	1	23	— —	22	— —
天津	15	-2	32	— —	30	— —	31	— —	18	— —
河北	139	1	99	-7	99	-7	145	-1	168	— —
山西	159	-2	51	-2	51	-2	121	1	118	— —
内蒙古	117	— —	31	— —	31	— —	108	— —	104	2
辽宁	79	-2	70	-2	68	-2	129	— —	103	— —
其中:大连	8	-1	10	— —	10	— —	12	— —	10	— —
吉林	66	-1	57	— —	56	— —	60	— —	95	— —
黑龙江	88	-1	49	-1	46	-1	97	— —	118	— —
上海	29	— —	44	— —	39	1	32	— —	43	— —
江苏	132	— —	138	1	130	1	101	2	107	-1
浙江	80	-2	97	-1	90	-1	83	1	84	1
其中:宁波	8	-1	10	— —	10	— —	9	— —	11	— —
安徽	93	2	105	1	104	1	83	— —	102	1
福建	93	-1	79	— —	78	— —	82	2	80	— —
其中:厦门	6	— —	8	— —	7	— —	8	1	7	— —
江西	79	-1	63	— —	63	— —	104	— —	101	— —
山东	117	-1	107	— —	107	— —	133	2	139	— —
其中:青岛	11	— —	10	— —	10	— —	11	— —	12	— —
河南	206	— —	167	— —	166	— —	133	1	193	-2
湖北	101	-3	77	-5	76	-5	102	1	129	— —
湖南	88	— —	93	— —	93	— —	115	— —	124	— —
广东	140	1	76	— —	75	— —	121	1	117	— —
其中:深圳	5	— —	5	1	5	1	6	— —	5	— —
广西	119	1	29	-3	29	-3	194	21	98	1
海南	21	-1	18	— —	18	— —	19	— —	18	— —
重庆	39	— —	25	— —	25	— —	42	— —	43	— —
四川	99	-1	96	-1	95	-2	129	— —	171	1
贵州	28	— —	13	— —	13	— —	89	— —	85	— —
云南	130	-1	39	-1	39	-1	147	-1	127	— —
西藏	25	-1	19	1	19	1	1	— —	48	— —
陕西	118	— —	112	2	111	2	113	-1	111	— —
甘肃	76	-2	45	-1	45	-1	91	— —	83	— —
青海	14	— —	2	— —	2	— —	38	— —	42	— —
宁夏	15	— —	17	— —	17	— —	21	1	22	— —
新疆	88	-1	24	— —	24	— —	79	6	92	1

业机构比上年增减情况

单位:个

文物保护管理机构		博物馆		歌舞厅		舞厅		卡拉OK厅		台球厅		电子游戏厅	
	比上年增减		比上年增减		比上年增减		比上年增减		比上年增减		比上年增减		比上年增减
1 937	**34**	**1 356**	**25**	**26 222**	**-1 078**	**7 983**	**-53**	**40 711**	**-5 822**	**15 323**	**-3 770**	**59 661**	**5 767**
23	-2	26	– –	232	-27	79	-30	635	-170	343	-170	264	20
8	– –	15	– –	1 007	1 007	65	65	274	274	355	355	256	256
159	– –	41	3	2 136	202	453	-27	1 489	-242	28	-9	2 039	183
81	6	72	– –	240	-216	72	-4	2 189	-1 083	31	-50	37	37
68	-1	22	1	397	-96	185	-28	648	27	311	-1	1 040	300
68	2	30	– –	1 041	42	476	89	3 741	-344	2 209	383	1 150	183
3	– –	4	– –	84	-5	148	43	1 101	105	864	460	204	23
43	– –	16	-1	54	-32	121	-12	684	21	549	-145	1 500	-76
84	-1	40	-1	914	-119	377	-54	1 459	-174	1 339	-259	2 144	-318
2	– –	11	– –	151	-81	80	-12	707	-162	157	-90	287	18
57	-1	84	5	3 432	142	1 041	-8	954	-73	1 147	-279	3 910	446
88	2	69	1	2 090	-146	662	-28	2 207	-127	713	-1 685	6 542	990
17	– –	6	– –	654	6	147	-62	209	-48	70	-607	1 177	99
86	1	35	– –	970	-39	93	-5	517	-210	35	-102	1 776	126
33	1	77	1	465	-139	552	-100	1 038	-379	700	-197	3 117	617
2	– –	3	– –	35	6	16	-26	59	-37	6	-53	126	-42
40	2	84	1	458	92	235	140	465	200	386	150	1 859	909
73	-2	57	1	643	22	127	-34	1 173	168	360	-51	1 633	411
4	– –	6	– –	41	31	5	-9	355	36	11	-27	45	29
122	1	70	2	1 243	-131	242	-136	940	-173	251	-78	2 275	152
36	-1	94	2	807	-70	166	-127	2 194	165	212	-14	2 576	-42
120	6	63	– –	510	13	351	-26	2 001	-51	346	-1	3 632	-43
11	1	127	6	708	-175	139	-67	2 520	-169	1 127	2	5 982	155
2	– –	6	2	21	-169	16	-79	103	-196	24	-24	20	-144
65	1	38	– –	326	-54	125	5	1 887	-369	1 080	-235	2 696	66
6	– –	15	– –	175	-1	149	1	190	21	87	25	742	226
40	1	14	2	775	-60	144	-37	1 534	-448	438	-231	2 411	501
138	4	47	– –	2 044	-526	349	59	6 048	-732	1 500	-334	4 231	196
83	5	6	1	131	-107	74	11	511	-283	183	-166	521	-56
97	5	27	– –	2 129	-218	838	295	2 786	-1 149	850	-478	3 461	-173
8	-1	2	– –	– –	– –	– –	– –	– –	– –	– –	– –	– –	– –
149	-1	67	– –	1 451	41	257	63	479	-271	132	21	1 223	275
29	-1	63	– –	650	-97	153	-60	719	-280	112	-26	504	178
23	1	12	– –	66	-30	54	4	110	-19	113	-38	290	37
22	3	4	1	571	-135	63	39	123	66	58	-23	367	61
75	3	23	– –	406	-140	261	-29	489	144	171	-44	1 196	132

全国各地区文化部门文化

地区	本年收入合计								
		财政补助收入	上级补助收入	事业收入	经营收入	附属单位上缴收入	其他收入		事业支出
总计	**12 854 261**	**7 066 585**	**355 213**	**3 608 805**	**594 588**	**80 648**	**1 148 422**	**12 634 556**	**11 411 196**
中央	1 169 501	509 232	44 461	336 606	65 302	14 601	199 299	1 086 088	994 862
地方	11 684 760	6 557 353	310 752	3 272 199	529 286	66 047	949 123	11 548 468	10 416 334
北京	579 625	232 370	12 249	280 954	14 044	2 676	37 332	575 404	554 079
天津	205 044	101 494	2 471	69 281	4 346	2 896	24 556	205 353	196 079
河北	464 184	256 188	5 075	140 891	14 852	402	46 776	483 626	432 780
山西	290 013	171 490	1 487	93 606	4 025	33	19 372	287 622	273 844
内蒙古	254 485	159 618	2 787	79 108	2 436	366	10 170	251 270	229 687
辽宁	427 961	283 187	3 815	107 219	13 510	1 335	18 895	425 280	381 884
其中:大连	79 632	47 777	1 634	22 450	4 033	95	3 643	78 239	66 362
吉林	274 817	186 705	4 557	50 699	22 469	774	9 613	279 502	246 969
黑龙江	414 224	172 781	3 492	221 682	1 270	212	14 787	451 484	217 734
上海	1 014 684	544 540	43 907	293 437	31 147	11 001	90 652	999 097	933 912
江苏	792 899	440 219	18 970	207 877	44 176	9 685	71 972	768 575	710 128
浙江	727 824	371 466	31 431	186 005	49 869	5 192	83 861	713 593	618 079
其中:宁波	107 707	53 951	5 800	27 821	5 821	1 425	12 889	108 371	91 395
安徽	264 158	173 679	7 697	49 083	10 092	1 354	22 253	266 024	242 024
福建	375 382	257 390	14 673	71 730	11 989	92	19 508	355 716	311 781
其中:厦门	62 461	45 006	1 871	10 180	2 573	10	2 821	55 527	51 226
江西	206 610	129 089	3 246	54 086	6 197	159	13 833	205 284	191 940
山东	616 951	370 789	18 093	165 823	12 633	2 250	47 363	613 006	583 546
其中:青岛	68 754	40 429	3 368	8 034	845	899	15 179	67 172	65 716
河南	464 094	259 579	10 996	143 131	9 402	1 497	39 489	457 805	425 213
湖北	394 168	205 268	6 967	97 234	39 006	2 537	43 156	397 656	347 930
湖南	357 901	186 469	5 452	97 308	36 400	1 251	31 021	369 656	330 365
广东	1 224 806	714 361	60 381	257 794	79 542	15 420	97 308	1 130 092	1 024 491
其中:深圳	243 180	153 018	17 245	37 528	11 637	629	23 123	242 048	232 242
广西	228 919	151 779	1 797	44 276	9 867	133	21 067	233 155	217 874
海南	60 250	39 189	908	13 575	1 749	322	4 507	67 108	63 452
重庆	168 642	85 942	1 456	43 277	17 344	1 290	19 333	168 601	150 887
四川	476 978	222 627	12 867	149 388	29 849	1 899	60 348	466 616	418 276
贵州	113 411	83 425	2 244	12 771	1 497	61	13 413	115 007	101 213
云南	320 855	233 035	11 970	47 177	10 084	353	18 236	316 527	300 126
西藏	61 223	55 451	416	4 043	305	64	944	59 539	57 512
陕西	483 330	166 292	12 621	207 023	41 886	2 324	53 184	462 358	451 612
甘肃	166 794	111 995	1 998	41 985	4 631	116	6 069	170 397	162 232
青海	51 886	44 531	1 170	4 467	136	127	1 455	52 157	49 664
宁夏	51 532	37 271	1 581	7 665	2 497	--	2 518	52 179	48 288
新疆	151 110	109 134	3 978	29 604	2 036	226	6 132	148 779	142 733

产业单位经费收支情况

单位:千元

本年支出合计：经营支出	本年支出合计：对附属单位补助支出	在支出合计中：从业人员劳动报酬	在支出合计中：职工工资总额	在支出合计中：税金支出	在支出合计中：社会保障费	在支出合计中：修缮费	在支出合计中：设备购置费	年末固定资产原值	当年提取修购基金
473 324	**51 192**	**3 754 079**	**3 334 206**	**131 054**	**998 305**	**586 894**	**856 088**	**61 045 355**	**322 983**
45 004	1 436	183 266	161 325	9 143	73 985	75 116	120 505	3 029 962	7 886
428 320	49 756	3 570 813	3 172 881	121 911	924 320	511 778	735 583	58 015 393	315 097
9 576	285	117 027	109 604	6 397	37 044	25 463	40 192	1 841 404	8 965
1 641	244	67 067	60 117	2 494	24 658	9 139	15 225	1 450 644	10 804
45 724	514	159 970	141 817	3 853	34 595	13 587	19 775	1 957 931	3 868
3 167	33	106 864	94 131	3 072	23 428	15 008	17 329	1 616 571	671
2 058	224	96 251	91 135	1 594	15 659	10 219	20 965	1 594 749	206
10 753	1 680	136 297	124 773	3 280	43 607	15 158	30 996	1 973 326	2 459
2 325	1 158	18 508	17 175	416	4 278	1 145	6 692	1 311 364	– –
29 245	558	109 330	105 534	2 282	32 541	10 362	12 732	1 607 166	2 610
886	21	93 277	88 601	1 440	39 045	7 143	11 758	1 803 056	1 627
15 927	10 456	226 940	184 811	17 465	69 794	45 837	136 359	2 517 861	20 842
42 941	2 746	242 056	221 703	6 001	75 171	35 593	47 422	3 115 907	12 633
45 572	2 069	186 943	169 181	6 309	50 347	42 524	50 016	2 261 078	32 792
5 285	766	28 447	24 762	903	5 391	4 276	6 475	1 391 345	20 148
11 419	1 341	102 797	88 098	2 631	40 456	7 128	10 245	1 550 717	2 384
9 730	2 068	102 280	93 030	5 588	32 658	12 395	22 278	1 735 571	3 854
1 654	– –	15 890	15 545	822	6 219	2 700	6 094	1 295 797	208
4 488	58	79 002	72 278	3 052	17 828	15 054	8 517	1 615 820	9 898
7 798	7 330	209 378	184 481	5 321	50 099	24 655	35 429	2 188 319	4 729
790	303	21 925	18 841	921	7 016	1 148	4 349	1 257 482	188
7 069	1 684	165 100	144 380	3 321	47 506	15 597	17 092	2 008 547	3 172
31 998	2 641	147 195	126 650	3 961	36 899	21 719	19 222	2 413 777	18 764
24 912	784	125 648	106 857	5 255	28 283	21 401	18 667	1 894 299	1 023
58 197	9 973	287 913	248 193	11 559	48 551	69 174	88 475	3 371 428	16 827
4 596	2 729	57 860	55 011	2 971	5 209	9 058	24 436	1 624 494	1 808
3 341	1 695	77 706	68 813	3 130	19 354	9 417	15 012	1 749 809	1 424
2 169	146	26 610	22 779	573	4 928	2 503	1 952	1 367 202	70
12 612	879	52 421	42 173	2 576	14 553	6 969	10 730	1 581 418	5 151
23 697	1 199	143 271	118 477	6 961	38 865	21 418	25 106	2 291 726	4 381
2 059	47	41 204	36 471	1 878	14 525	4 658	4 808	1 401 565	214
8 670	335	121 366	110 505	2 843	15 874	13 144	22 488	1 844 062	2 977
222	7	30 253	25 761	37	2 758	3 080	551	1 312 724	531
3 777	102	124 674	113 574	5 981	23 232	18 449	12 137	2 130 113	134 648
4 517	36	66 131	60 787	1 564	12 636	5 171	8 642	1 669 453	1 087
134	– –	26 374	24 916	258	8 606	1 090	1 659	1 279 052	4 590
2 526	159	21 186	19 202	386	6 327	3 293	3 285	1 359 959	1 188
1 495	442	78 282	74 049	849	14 493	5 430	6 519	1 510 139	708

全国各地区文化

地区	本年收入合计								
		财政补助收入	上级补助收入	事业收入	经营收入	附属单位上缴收入	其他收入		事业支出
总计	**9 239 326**	**5 560 510**	**231 043**	**2 118 208**	**450 866**	**66 138**	**812 561**	**9 220 437**	**8 181 058**
中央	488 605	327 860	19 855	76 086	18 012	5 697	41 095	476 821	416 526
地方	8 750 721	5 232 650	211 188	2 042 122	432 854	60 441	771 466	8 743 616	7 764 532
北京	326 770	178 040	9 448	94 722	10 175	2 676	31 709	317 759	300 413
天津	171 165	84 434	2 436	54 502	4 334	2 776	22 683	169 080	159 815
河北	265 462	187 045	3 779	50 060	4 547	402	19 629	266 252	257 518
山西	177 828	112 184	1 457	48 695	4 025	33	11 434	178 236	169 450
内蒙古	220 289	136 786	1 896	70 615	2 436	296	8 260	220 139	198 959
辽宁	346 000	236 276	2 875	76 406	12 501	1 310	16 632	346 450	305 878
其中:大连	64 449	41 884	1 634	14 535	4 013	70	2 313	64 476	53 737
吉林	213 908	148 799	4 041	29 974	22 358	774	7 962	221 535	189 077
黑龙江	383 136	147 021	3 492	217 371	1 270	151	13 831	421 130	187 410
上海	825 600	438 779	21 877	239 666	30 216	8 352	86 710	834 931	771 598
江苏	652 831	342 683	17 546	175 187	43 437	9 376	64 602	640 564	584 991
浙江	576 246	299 027	22 462	143 418	35 289	5 042	71 008	576 062	496 650
其中:宁波	89 209	44 905	5 452	22 674	2 713	1 425	12 040	91 048	77 345
安徽	217 040	142 104	5 468	38 066	9 226	1 122	21 054	220 135	197 894
福建	333 262	224 041	12 393	66 681	11 760	92	18 295	316 461	274 226
其中:厦门	52 904	36 638	1 798	9 162	2 573	10	2 723	48 276	43 975
江西	140 235	90 757	1 663	30 212	4 705	159	12 739	142 684	131 484
山东	423 503	310 443	8 068	58 163	6 528	2 249	38 052	415 379	408 431
其中:青岛	61 368	34 026	2 954	7 876	845	899	14 768	59 952	58 518
河南	311 046	189 103	2 774	75 730	9 351	1 023	33 065	309 854	282 017
湖北	315 814	168 225	5 033	66 072	35 836	2 491	38 157	318 513	276 373
湖南	275 626	152 601	2 484	62 516	32 253	1 251	24 521	284 310	251 316
广东	995 465	570 992	53 432	194 016	72 687	15 250	89 088	949 857	850 346
其中:深圳	212 045	131 582	14 999	31 301	10 906	629	22 628	213 855	204 554
广西	190 397	125 001	1 293	36 605	9 194	123	18 181	199 182	184 708
海南	46 968	32 509	842	7 297	1 749	322	4 249	50 949	47 293
重庆	123 727	63 068	862	23 106	17 287	1 143	18 261	124 351	108 458
四川	312 341	175 258	8 078	52 729	26 720	1 256	48 300	311 815	277 969
贵州	98 960	73 960	1 313	10 175	1 442	61	12 009	100 468	87 512
云南	276 965	206 040	9 036	35 371	9 412	353	16 753	272 188	256 912
西藏	42 546	40 513	376	1 004	305	44	304	41 564	39 537
陕西	167 796	108 658	1 031	39 316	6 513	1 915	10 363	168 624	159 117
甘肃	110 255	83 955	638	17 288	2 984	46	5 344	113 324	106 867
青海	42 669	36 444	1 078	3 467	136	127	1 417	42 684	40 191
宁夏	42 431	31 411	1 374	4 798	2 497	—	2 351	43 346	39 697
新疆	124 440	96 493	2 643	18 894	1 681	226	4 503	125 790	122 425

事业费收支情况

单位:千元

本年支出合计								年末固定资产原值	当年提取修购基金
经营支出	对附属单位补助支出	在支出合计中							
		从业人员劳动报酬	职工工资总额	税金支出	社会保障费	修缮费	设备购置费		
354 618	**35 688**	**2 994 440**	**2 654 492**	**108 180**	**800 285**	**360 413**	**732 208**	**55 334 528**	**287 168**
19 692	136	81 453	67 068	5 932	15 377	24 982	98 689	2 530 713	7 579
334 926	35 552	2 912 987	2 587 424	102 248	784 908	335 431	633 519	52 803 815	279 589
5 937	285	73 945	67 634	4 743	32 400	15 916	33 450	1 599 312	7 944
1 632	244	54 571	48 804	2 421	20 375	6 379	13 729	1 418 512	10 083
3 952	376	113 547	97 337	1 745	24 892	9 537	16 614	1 696 800	3 733
3 167	33	79 426	70 011	2 049	17 870	5 950	13 873	1 474 703	192
2 058	34	85 345	80 351	1 430	14 350	7 511	19 834	1 516 780	206
9 789	218	114 811	105 254	3 016	38 798	7 820	26 050	1 779 400	2 132
2 311	34	16 492	15 534	412	4 030	895	5 421	1 289 502	– –
29 170	558	90 036	86 522	2 185	27 118	5 854	10 259	1 498 262	1 633
856	21	84 263	80 017	1 349	35 962	5 958	11 072	1 618 248	1 627
15 106	10 451	192 871	162 026	16 350	61 049	29 916	131 872	2 314 251	6 071
42 085	2 746	207 638	190 307	5 911	64 273	26 132	42 880	2 691 452	11 680
30 317	1 535	154 262	142 882	5 959	43 097	34 932	43 685	2 046 006	31 468
2 178	750	24 591	21 277	816	4 624	1 947	6 133	1 345 031	19 721
9 889	1 136	88 020	76 210	2 499	35 875	5 233	9 193	1 476 266	2 146
9 627	814	90 130	81 855	5 534	29 030	8 802	19 338	1 647 515	3 673
1 654	– –	13 649	13 304	822	5 638	2 250	5 070	1 264 118	208
3 734	55	64 315	58 649	2 458	14 627	4 914	6 856	1 487 997	9 578
3 858	661	160 067	141 447	3 338	38 672	15 191	27 649	1 877 119	1 957
768	303	20 605	17 633	910	6 563	973	4 167	1 240 650	188
7 013	468	122 330	105 404	2 945	40 137	6 630	11 532	1 802 553	2 775
26 469	1 257	124 011	104 561	3 506	33 426	13 797	16 108	2 237 099	17 173
22 516	563	105 433	88 467	4 914	23 883	12 563	14 070	1 737 377	1 020
53 494	9 859	246 287	210 962	10 243	39 698	56 405	77 145	3 005 274	12 802
4 091	2 729	52 861	50 524	2 562	4 535	7 416	22 999	1 553 002	1 668
2 906	1 641	68 331	60 319	2 724	16 774	5 937	13 839	1 675 003	1 407
2 169	146	21 569	17 830	532	4 162	1 940	1 753	1 329 598	70
12 568	879	40 646	33 232	2 538	12 588	3 509	8 206	1 456 086	5 036
17 345	969	114 136	93 870	5 250	31 968	13 223	18 633	1 884 651	3 644
1 321	47	37 748	33 423	1 840	13 800	3 498	4 451	1 349 252	196
8 023	330	110 056	99 736	2 365	14 983	11 024	20 226	1 736 152	2 940
222	7	26 116	22 902	33	2 299	734	414	1 287 011	461
2 650	6	80 154	74 391	1 965	16 483	8 365	5 755	1 601 838	130 632
2 901	– –	50 793	47 330	948	9 453	2 292	5 946	1 509 472	935
134	– –	23 576	22 141	258	7 541	897	1 096	1 251 406	4 540
2 526	149	18 589	16 829	385	5 844	1 387	2 480	1 332 806	1 184
1 492	64	69 965	66 721	815	13 481	3 185	5 511	1 465 614	651

全国各地区文物

地区	本年收入合计	财政补助收入	上级补助收入	事业收入	经营收入	附属单位上缴收入	其他收入		事业支出
总计	**2 848 060**	**1 107 013**	**112 115**	**1 218 884**	**119 356**	**7 899**	**282 793**	**2 682 455**	**2 520 307**
中央	413 780	38 450	15 087	202 401	26 819	3 839	127 184	370 167	344 716
地方	2 434 280	1 068 563	97 028	1 016 483	92 537	4 060	155 609	2 312 288	2 175 591
北京	237 505	44 836	2 601	181 948	3 618	– –	4 502	239 135	235 156
天津	24 237	10 958	35	11 419	12	120	1 693	25 966	25 957
河北	180 748	58 226	1 149	84 021	10 305	– –	27 047	199 928	157 818
山西	74 482	39 984	– –	27 230	– –	– –	7 268	71 952	70 580
内蒙古	27 317	19 963	891	4 821	– –	70	1 572	24 688	24 285
辽宁	66 219	39 199	940	23 452	579	25	2 024	63 653	61 259
其中:大连	11 683	4 169	– –	6 139	20	25	1 330	10 828	9 690
吉林	24 059	19 432	316	3 975	111	– –	225	23 025	22 950
黑龙江	25 131	23 227	– –	887	– –	61	956	24 694	24 664
上海	163 329	89 644	21 834	46 908	931	1 500	2 512	138 543	137 717
江苏	107 604	80 613	1 202	18 130	739	308	6 612	94 740	93 636
浙江	129 725	61 156	8 969	34 040	14 580	150	10 830	116 592	100 490
其中:宁波	17 079	8 201	348	4 637	3 108	– –	785	15 947	12 674
安徽	31 424	24 049	2 149	3 207	866	39	1 114	30 797	29 038
福建	26 910	22 519	1 921	1 809	178	– –	483	25 145	23 769
其中:厦门	5 512	5 050	50	410	– –	– –	2	4 246	4 246
江西	52 395	33 809	1 573	14 480	1 492	– –	1 041	48 915	48 114
山东	160 244	45 289	10 025	92 743	6 105	1	6 081	164 680	142 168
其中:青岛	7 386	6 403	414	158	– –	– –	411	7 220	7 198
河南	120 554	52 787	8 207	53 048	51	418	6 043	115 730	112 674
湖北	56 767	26 643	1 932	22 520	1 328	46	4 298	57 819	52 024
湖南	57 665	28 236	2 968	21 200	3 288	– –	1 973	60 808	58 385
广东	179 624	117 741	6 327	41 202	6 589	170	7 595	134 775	128 951
其中:深圳	19 734	11 801	2 246	4 461	731	– –	495	17 762	17 257
广西	30 644	23 119	304	3 752	673	10	2 786	25 852	25 045
海南	9 348	3 772	66	5 252	– –	– –	258	10 411	10 411
重庆	41 265	21 500	591	18 089	13	– –	1 072	41 011	39 234
四川	147 061	37 368	4 539	90 282	2 977	643	11 252	138 370	123 990
贵州	14 451	9 465	931	2 596	55	– –	1 404	14 539	13 701
云南	38 396	22 745	2 934	10 562	672	– –	1 483	37 954	36 879
西藏	16 514	12 775	40	3 039	– –	20	640	15 787	15 787
陕西	301 574	52 538	11 590	161 372	35 373	409	40 292	279 774	278 535
甘肃	52 075	25 485	1 360	22 793	1 647	70	720	53 028	51 320
青海	6 334	6 196	92	8	– –	– –	38	6 924	6 924
宁夏	7 234	4 481	207	2 380	– –	– –	166	7 275	7 033
新疆	23 445	10 808	1 335	9 318	355	– –	1 629	19 778	17 097

事 业 费 收 支 情 况

单位：千元

本年支出合计								年末固定资产原值	当年提取修购基金
经营支出	对附属单位补助支出	在支出合计中							
		从业人员劳动报酬	职工工资总额	税金支出	社会保障费	修缮费	设备购置费		
113 207	**12 138**	**542 417**	**484 856**	**20 762**	**106 079**	**143 433**	**63 615**	**4 555 033**	**31 841**
21 332	－－	37 990	34 505	3 029	17 681	13 788	5 378	134 561	307
91 875	12 138	504 427	450 351	17 733	88 398	129 645	58 237	4 420 472	31 534
3 639	－－	39 548	38 436	1 654	1 708	5 152	4 213	218 775	876
9	－－	8 500	7 719	73	2 501	1 614	977	28 365	517
41 772	136	39 897	38 009	1 969	7 173	3 420	1 940	234 667	135
－－	－－	15 729	13 878	944	1 569	5 926	1 145	83 763	98
－－	190	8 758	8 636	164	1 196	1 368	541	64 514	－－
534	1 462	17 317	15 678	70	2 724	6 542	3 821	164 134	327
14	1 124	1 489	1 114	4	189	147	861	20 476	－－
75	－－	8 182	8 154	97	2 543	1 585	546	32 371	977
30	－－	7 688	7 354	91	1 801	919	203	163 603	－－
821	5	24 748	16 667	89	6 497	13 175	2 393	170 183	14 771
856	－－	22 453	20 697	90	6 080	5 391	2 425	371 383	953
15 255	534	23 587	20 659	286	4 895	6 162	3 017	186 744	1 105
3 107	16	3 531	3 160	23	634	1 971	334	43 690	427
1 530	205	8 399	7 934	112	1 770	814	360	58 183	238
103	1 254	8 040	7 681	10	1 880	2 087	712	60 243	167
－－	－－	1 240	1 240	－－	325	413	154	18 638	－－
754	3	10 645	9 935	594	2 142	8 419	333	97 976	320
3 940	6 669	38 850	32 674	1 981	8 160	7 705	3 263	243 358	8
22	－－	1 320	1 208	11	453	175	182	16 832	－－
56	461	29 863	27 608	371	4 231	7 308	3 424	161 038	288
5 058	75	17 244	16 466	157	2 326	5 341	224	131 695	1 591
2 202	221	14 950	13 603	312	2 795	3 773	2 654	120 134	3
4 437	114	31 234	27 444	1 294	5 641	8 672	6 361	305 431	4 025
505	－－	4 596	4 084	409	423	1 146	523	46 212	140
435	54	6 969	6 289	406	1 338	3 077	518	67 505	17
－－	－－	3 383	3 359	41	388	544	60	32 380	－－
－－	－－	10 930	8 191	38	1 954	2 922	1 833	121 195	115
6 238	230	25 940	21 456	1 711	5 206	6 841	4 627	385 967	699
738	－－	3 456	3 048	38	725	1 160	357	52 313	18
647	5	8 970	8 458	470	713	1 411	1 629	96 206	37
－－	－－	2 704	1 426	4	274	2 340	130	21 738	70
1 127	96	42 234	37 410	4 016	6 102	9 788	6 292	504 602	4 016
1 616	36	13 458	11 747	616	2 364	2 805	2 650	155 143	152
－－	－－	1 983	1 981	－－	586	126	40	23 764	－－
－－	10	1 914	1 690	1	216	1 906	650	24 398	4
3	378	6 854	6 064	34	900	1 352	899	38 701	7

全国各地区省级文化产业

地区	合计		文 化 合			
			艺术表演团体	艺术表演场所	图书馆	群艺馆
全国	**1 977 891**	**1 425 694**	**573 889**	**21 375**	**324 718**	**51 662**
北京	142 259	107 331	55 603	2 300	19 315	--
天津	61 374	46 108	27 260	--	9 827	1 230
河北	89 065	46 880	17 410	170	6 700	1 490
山西	55 998	26 861	13 461	--	6 109	1 988
内蒙古	27 229	20 596	10 912	--	3 086	795
辽宁	59 517	41 434	16 166	--	10 358	1 380
吉林	60 903	31 518	12 545	688	5 354	1 195
黑龙江	43 615	25 749	13 843	--	4 183	974
上海	340 093	323 976	81 777	--	127 470	1 319
江苏	111 137	71 437	27 826	150	12 912	1 655
浙江	97 002	66 234	31 915	1 650	16 745	3 707
安徽	39 678	23 089	11 580	150	3 532	811
福建	72 787	61 457	21 868	404	8 951	1 435
江西	40 298	15 857	9 540	1 022	2 102	480
山东	72 594	58 589	15 711	2 030	11 830	5 967
河南	60 775	33 056	12 901	--	6 654	1 470
湖北	38 398	27 478	11 396	--	4 352	1 214
湖南	45 383	33 615	12 500	--	6 601	1 343
广东	106 668	87 238	30 523	9 337	12 055	812
广西	40 604	28 070	10 779	--	7 851	948
海南	18 734	13 878	10 112	--	--	554
重庆	67 648	45 711	17 152	439	8 653	11 730
四川	43 395	26 568	13 500	--	5 370	1 338
贵州	24 499	19 480	7 867	360	2 468	1 191
云南	36 719	28 843	11 313	256	8 979	962
西藏	4 310	2 330	--	--	--	--
陕西	62 742	34 558	25 877	--	2 700	1 660
甘肃	50 844	30 031	12 962	1 093	5 371	1 405
青海	22 790	16 127	8 591	--	2 543	1 293
宁夏	16 106	12 625	6 591	229	1 744	668
新疆	24 727	18 970	14 408	1 097	903	648

单位财政补助收入情况

单位:千元

计 其他文化	文物合计	博物馆经费	文物保护费	其他文物事业费	教育合计	高等教育	中等教育
447 371	**401 387**	**196 437**	**139 969**	**29 550**	**150 810**	**12 535**	**138 275**
29 244	25 434	22 686	--	2 263	9 494	--	9 494
7 565	9 164	8 620	--	--	6 102	--	6 102
21 110	37 245	4 735	28 605	1 405	4 940	--	4 940
5 193	22 205	3 781	17 385	- 130	6 932	--	6 932
5 212	6 633	1 688	3 420	160	--	--	--
11 927	13 346	6 888	5 280	--	4 737	--	4 737
11 736	10 911	7 251	1 900	579	18 474	12 535	5 939
5 741	15 333	5 757	6 620	1 741	2 533	--	2 533
113 410	--	--	--	--	16 117	--	16 117
28 894	31 510	27 153	2 800	917	8 190	--	8 190
12 217	23 142	17 113	4 400	1 629	7 626	--	7 626
7 016	10 905	1 735	7 300	1 870	5 684	--	5 684
28 799	3 818	3 469	--	--	7 512	--	7 512
2 647	22 532	18 357	--	3 689	1 909	--	1 909
23 051	6 965	5 055	--	240	7 040	--	7 040
11 339	21 290	9 770	11 520	- 100	6 429	--	6 429
10 516	8 784	2 655	5 180	149	2 136	--	2 136
13 171	7 930	1 844	3 590	991	3 838	--	3 838
34 348	15 270	6 730	3 360	2 370	4 160	--	4 160
7 965	8 875	4 985	--	3 890	3 659	--	3 659
3 212	1 948	1 703	--	245	2 908	--	2 908
7 737	20 563	16 271	--	3 119	1 374	--	1 374
6 360	11 277	2 046	8 500	280	5 550	--	5 550
7 594	5 019	1 912	--	2 875	--	--	--
6 975	3 895	2 174	1 120	68	3 981	--	3 981
2 330	1 980	950	--	--	--	--	--
4 321	24 524	3 685	16 640	901	3 660	--	3 660
9 200	18 258	2 569	8 520	--	2 555	--	2 555
3 700	4 772	987	2 099	305	1 891	--	1 891
3 393	2 102	1 613	--	--	1 379	--	1 379
1 448	5 757	2 255	1 730	94	--	--	--

全国各地区文化产业单位总收入情况

单位：千元

地　区	合　计	文化合计					文物合计				
			艺术表演团体	艺术表演场所	图书馆	群众文化		博物馆经费	文物事业机构经费	文物保护费	其他文物事业费
总　计	**12 854 261**	**9 239 326**	**2 426 446**	**804 475**	**1 374 297**	**1 772 529**	**2 848 060**	**1 397 806**	**1 003 449**	**156 192**	**290 292**
中　央	1 169 501	488 605	104 082	11 993	177 257	- -	413 780	244 124	29 886	- -	139 770
地　方	11 684 760	8 750 721	2 322 364	792 482	1 197 040	1 772 529	2 434 280	1 153 682	973 563	156 192	150 522
北　京	579 625	326 770	92 905	41 276	44 594	41 539	237 505	48 530	186 708	- -	2 267
天　津	205 044	171 165	42 944	15 142	30 204	26 120	24 237	21 848	1 954	- -	435
河　北	464 184	265 462	75 679	24 469	31 008	56 226	180 748	22 484	106 044	28 605	23 615
山　西	290 013	177 828	79 166	14 469	19 843	28 759	74 482	26 323	22 925	17 385	7 719
内蒙古	254 485	220 289	57 152	6 443	22 922	36 217	27 317	12 680	11 038	3 420	179
辽　宁	427 961	346 000	95 846	25 954	68 861	57 739	66 219	35 857	22 278	6 099	1 985
其中：大连	79 632	64 449	12 084	5 458	14 305	11 702	11 683	3 352	7 195	500	636
吉　林	274 817	213 908	61 074	22 019	29 390	35 202	24 059	16 177	5 403	1 900	579
黑龙江	414 224	383 136	81 693	7 719	31 543	32 350	25 131	10 519	6 235	6 620	1 757
上　海	1 014 684	825 600	162 072	70 862	197 083	141 830	163 329	138 180	25 149	- -	- -
江　苏	792 899	652 831	160 944	85 397	74 059	162 556	107 604	79 187	14 413	3 585	10 415
浙　江	727 824	576 246	120 882	56 896	71 364	150 731	129 725	59 883	57 180	5 945	6 717
其中：宁波	107 707	89 209	11 609	9 030	8 088	31 438	17 079	8 590	8 489	- -	- -
安　徽	264 158	217 040	62 887	28 934	21 783	41 885	31 424	11 575	10 679	7 300	1 870
福　建	375 382	333 262	106 608	33 858	42 118	43 539	26 910	22 287	3 141	- -	1 482
其中：厦门	62 461	52 904	18 396	8 924	10 177	7 759	5 512	5 298	214	- -	- -
江　西	206 610	140 235	40 524	14 282	18 993	30 033	52 395	41 203	7 286	- -	3 906
山　东	616 951	423 503	110 438	41 347	57 036	83 882	160 244	52 152	99 357	840	7 895
其中：青岛	68 754	61 368	17 272	6 140	7 466	12 261	7 386	3 906	429	- -	3 051
河　南	464 094	311 046	88 102	42 765	33 599	52 397	120 554	44 175	60 988	12 120	3 171
湖　北	394 168	315 814	89 603	35 115	35 624	69 245	56 767	25 102	19 376	5 880	6 409
湖　南	357 901	275 626	59 467	34 021	32 400	52 961	57 665	24 820	25 494	4 590	2 761
广　东	1 224 806	995 465	205 187	87 431	139 653	279 756	179 624	144 728	25 336	3 551	5 999
其中：深圳	243 180	212 045	29 175	19 957	31 185	58 652	19 734	17 752	1 982	- -	- -
广　西	228 919	190 397	58 842	12 127	30 151	29 267	30 644	17 037	6 036	503	7 064
海　南	60 250	46 968	18 978	4 549	3 402	7 986	9 348	2 685	6 418	- -	245
重　庆	168 642	123 727	34 408	6 023	17 243	42 818	41 265	29 850	7 642	- -	3 773
四　川	476 978	312 341	82 668	20 808	31 073	79 556	147 061	65 240	71 566	9 030	1 225
贵　州	113 411	98 960	30 251	5 522	13 017	17 152	14 451	3 668	7 288	156	3 324
云　南	320 855	276 965	75 028	13 814	41 212	68 313	38 396	16 038	18 670	1 678	2 008
西　藏	61 223	42 546	20 952	4 691	1 012	5 785	16 514	1 050	7 007	7 029	1 428
陕　西	483 330	167 796	79 683	15 665	14 036	32 704	301 574	159 689	83 132	17 597	41 136
甘　肃	166 794	110 255	43 408	10 444	15 695	19 202	52 075	12 976	30 499	8 530	70
青　海	51 886	42 669	15 582	1 590	6 814	8 676	6 334	1 746	2 148	2 099	305
宁　夏	51 532	42 431	12 623	3 871	6 278	9 788	7 234	1 979	5 255	- -	- -
新　疆	151 110	124 440	56 768	4 979	15 030	28 315	23 445	4 014	16 918	1 730	783

全国各地区文化产业单位财政补助收入情况

单位:千元

地区	合计	文化合计					文物合计				
			艺术表演团体	艺术表演场所	图书馆	群众文化		博物馆经费	文物事业机构经费	文物保护费	其他文物事业费
总计	**7 066 585**	**5 560 510**	**1 556 094**	**86 656**	**1 158 298**	**1 086 562**	**1 107 013**	**632 421**	**224 498**	**156 192**	**93 581**
中央	509 232	327 860	25 584	--	142 780	--	38 450	20 970	--	--	17 480
地方	6 557 353	5 232 650	1 530 510	86 656	1 015 518	1 086 562	1 068 563	611 451	224 498	156 192	76 101
北京	232 370	178 040	59 310	2 654	37 457	23 108	44 836	35 617	6 956	--	2 263
天津	101 494	84 434	29 163	1 062	24 119	12 736	10 958	9 632	1 065	--	261
河北	256 188	187 045	43 039	2 689	27 739	47 980	58 226	11 755	14 967	28 605	2 899
山西	171 490	112 184	45 622	796	18 368	24 225	39 984	10 578	9 390	17 385	2 501
内蒙古	159 618	136 786	49 227	2 015	21 823	31 854	19 963	9 883	6 500	3 420	160
辽宁	283 187	236 276	65 402	2 336	60 214	48 187	39 199	20 212	11 267	6 099	1 621
其中:大连	47 777	41 884	7 923	449	12 917	9 138	4 169	1 477	1 861	500	331
吉林	186 705	148 799	46 940	5 666	27 758	30 681	19 432	12 842	4 111	1 900	579
黑龙江	172 781	147 021	64 932	786	28 911	29 254	23 227	8 897	5 969	6 620	1 741
上海	544 540	438 779	83 450	2 534	166 009	47 527	89 644	85 957	3 687	--	--
江苏	440 219	342 683	93 605	1 777	60 995	80 182	80 613	59 252	10 542	3 585	7 230
浙江	371 466	299 027	71 806	7 903	59 950	82 419	61 156	30 835	19 861	5 945	4 515
其中:宁波	53 951	44 905	7 261	2 186	6 299	13 215	8 201	2 847	5 354	--	--
安徽	173 679	142 104	45 740	4 278	18 160	34 349	24 049	6 662	8 217	7 300	1 870
福建	257 390	224 041	68 557	4 314	33 669	31 490	22 519	18 264	2 773	--	1 482
其中:厦门	45 006	36 638	13 523	1 493	9 013	6 506	5 050	4 836	214	--	--
江西	129 089	90 757	31 396	4 133	15 820	22 777	33 809	27 317	2 586	--	3 906
山东	370 789	310 443	68 497	6 276	52 540	69 851	45 289	25 355	11 277	840	7 817
其中:青岛	40 429	34 026	10 543	85	5 777	7 786	6 403	2 986	366	--	3 051
河南	259 579	189 103	47 499	3 357	30 242	42 615	52 787	27 754	11 625	12 120	1 188
湖北	205 268	168 225	58 884	3 094	26 148	31 557	26 643	13 049	3 854	5 880	3 860
湖南	186 469	152 601	36 078	3 657	24 220	33 554	28 236	12 871	8 492	4 590	2 283
广东	714 361	570 992	115 865	13 425	114 812	118 054	117 741	96 485	11 928	3 551	5 767
其中:深圳	153 018	131 582	18 044	2 791	27 040	23 631	11 801	9 830	1 971	--	--
广西	151 779	125 001	45 863	215	25 733	21 380	23 119	11 265	4 353	503	6 994
海南	39 189	32 509	13 797	--	3 086	6 218	3 772	2 523	1 004	--	245
重庆	85 942	63 068	19 325	829	11 427	17 921	21 500	16 705	1 676	--	3 119
四川	222 627	175 258	59 539	1 262	24 332	42 623	37 368	15 084	12 137	9 030	1 117
贵州	83 425	73 960	23 107	681	11 409	13 379	9 465	2 607	3 422	156	3 265
云南	233 035	206 040	62 693	2 200	35 961	53 088	22 745	10 915	9 091	1 678	1 059
西藏	55 451	40 513	20 727	3 300	1 012	5 446	12 775	950	3 718	7 029	1 078
陕西	166 292	108 658	52 505	1 718	13 199	26 808	52 538	12 537	15 572	17 597	6 812
甘肃	111 995	83 955	34 947	1 553	15 021	17 136	25 485	9 111	7 774	8 530	70
青海	44 531	36 444	14 532	--	6 356	8 299	6 196	1 610	2 146	2 099	305
宁夏	37 271	31 411	11 205	485	5 890	7 830	4 481	1 791	2 690	--	--
新疆	109 134	96 493	47 258	1 661	13 138	24 034	10 808	3 136	5 848	1 730	94

全国各地区文化部门

地区	本年收入合计								
		财政补助收入	上级补助收入	事业收入	经营收入	附属单位上缴收入	其他收入		事业支出
总计	**766 875**	**399 062**	**12 055**	**271 713**	**24 366**	**6 611**	**53 068**	**731 664**	**709 831**
中央	267 116	142 922	9 519	58 119	20 471	5 065	31 020	239 100	233 620
地方	499 759	256 140	2 536	213 594	3 895	1 546	22 048	492 564	476 211
北京	15 350	9 494	200	4 284	251	– –	1 121	18 510	18 510
天津	9 642	6 102	– –	3 360	– –	– –	180	10 307	10 307
河北	17 974	10 917	147	6 810	– –	– –	100	17 446	17 444
山西	37 703	19 322	30	17 681	– –	– –	670	37 434	33 814
内蒙古	6 879	2 869	– –	3 672	– –	– –	338	6 443	6 443
辽宁	15 742	7 712	– –	7 361	430	– –	239	15 177	14 747
其中：大连	3 500	1 724	– –	1 776	– –	– –	– –	2 935	2 935
吉林	36 850	18 474	200	16 750	– –	– –	1 426	34 942	34 942
黑龙江	5 957	2 533	– –	3 424	– –	– –	– –	5 660	5 660
上海	25 755	16 117	196	6 863	– –	1 149	1 430	25 623	24 597
江苏	32 464	16 923	222	14 560	– –	1	758	33 271	31 501
浙江	21 853	11 283	– –	8 547	– –	– –	2 023	20 939	20 939
其中：宁波	1 419	845	– –	510	– –	– –	64	1 376	1 376
安徽	15 694	7 526	80	7 810	– –	193	85	15 092	15 092
福建	15 210	10 830	359	3 240	51	– –	730	14 110	13 786
其中：厦门	4 045	3 318	23	608	– –	– –	96	3 005	3 005
江西	13 980	4 523	10	9 394	– –	– –	53	13 685	12 342
山东	33 204	15 057	– –	14 917	– –	– –	3 230	32 947	32 947
其中：青岛	– –	– –	– –	– –	– –	– –	– –	– –	– –
河南	32 494	17 689	15	14 353	– –	56	381	32 221	30 522
湖北	21 587	10 400	2	8 642	1 842	– –	701	21 324	19 533
湖南	24 610	5 632	– –	13 592	859	– –	4 527	24 538	20 664
广东	49 717	25 628	622	22 576	266	– –	625	45 460	45 194
其中：深圳	11 401	9 635	– –	1 766	– –	– –	– –	10 431	10 431
广西	7 878	3 659	200	3 919	– –	– –	100	8 121	8 121
海南	3 934	2 908	– –	1 026	– –	– –	– –	5 748	5 748
重庆	3 650	1 374	3	2 082	44	147	– –	3 239	3 195
四川	17 576	10 001	250	6 377	152	– –	796	16 431	16 317
贵州	– –	– –	– –	– –	– –	– –	– –	– –	– –
云南	5 494	4 250	– –	1 244	– –	– –	– –	6 385	6 335
西藏	2 163	2 163	– –	– –	– –	– –	– –	2 188	2 188
陕西	13 960	5 096	– –	6 335	– –	– –	2 529	13 960	13 960
甘肃	4 464	2 555	– –	1 904	– –	– –	5	4 045	4 045
青海	2 883	1 891	– –	992	– –	– –	– –	2 549	2 549
宁夏	1 867	1 379	– –	487	– –	– –	1	1 558	1 558
新疆	3 225	1 833	– –	1 392	– –	– –	– –	3 211	3 211

教育经费收支情况

单位：千元

本年支出合计									年末固定资产原值	当年提取修购基金
经营支出	对附属单位补助支出	在支出合计中								
		从业人员劳动报酬	职工工资总额	税金支出	社会保障费	修缮费	设备购置费			
5 499	**3 366**	**217 222**	**194 858**	**2 112**	**91 941**	**83 048**	**60 265**		**1 155 794**	**3 974**
3 980	1 300	63 823	59 752	182	40 927	36 346	16 438		364 688	– –
1 519	2 066	153 399	135 106	1 930	51 014	46 702	43 827		791 106	3 974
– –	– –	3 534	3 534	– –	2 936	4 395	2 529		23 317	145
– –	– –	3 996	3 594	– –	1 782	1 146	519		3 767	204
– –	2	6 526	6 471	139	2 530	630	1 221		26 464	– –
– –	– –	11 709	10 242	79	3 989	3 132	2 311		58 105	381
– –	– –	2 148	2 148	– –	113	1 340	590		13 455	– –
430	– –	4 169	3 841	194	2 085	796	1 125		29 792	– –
– –	– –	527	527	– –	59	103	410		1 386	– –
– –	– –	11 112	10 858	– –	2 880	2 923	1 927		76 533	– –
– –	– –	1 326	1 230	– –	1 282	266	483		21 205	– –
– –	– –	9 321	6 118	1 026	2 248	2 746	2 094		33 427	– –
– –	– –	11 965	10 699	– –	4 818	4 070	2 117		53 072	– –
– –	– –	9 094	5 640	64	2 355	1 430	3 314		28 328	219
– –	– –	325	325	64	133	358	8		2 624	– –
– –	– –	6 378	3 954	20	2 811	1 081	692		16 268	– –
– –	– –	4 110	3 494	44	1 748	1 506	2 228		27 813	14
– –	– –	1 001	1 001	– –	256	37	870		13 041	– –
– –	– –	4 042	3 694	– –	1 059	1 721	1 328		29 847	– –
	– –	10 461	10 360	2	3 267	1 759	4 517		67 842	2 764
– –	– –	– –	– –	– –	– –	– –	– –		– –	– –
– –	755	12 907	11 368	5	3 138	1 659	2 136		44 956	109
471	1 309	5 940	5 623	298	1 147	2 581	2 890		44 983	– –
194	– –	5 265	4 787	29	1 605	5 065	1 943		36 788	– –
266	– –	10 392	9 787	22	3 212	4 097	4 969		60 723	– –
– –	– –	403	403	– –	251	496	914		25 280	– –
– –	– –	2 406	2 205	– –	1 242	403	655		7 301	– –
– –	– –	1 658	1 590	– –	378	19	139		5 224	– –
44	– –	845	750	– –	11	538	691		4 137	– –
114	– –	3 195	3 151	– –	1 691	1 354	1 846		21 108	38
– –	– –	– –	– –	– –	– –	– –	– –		– –	– –
– –	– –	2 340	2 311	8	178	709	633		11 704	– –
– –	– –	1 433	1 433	– –	185	6	7		3 975	– –
	– –	2 286	1 773	– –	647	296	90		23 673	– –
– –	– –	0	1 710	– –	819	74	46		4 838	– –
– –	– –	815	794	– –	479	67	523		3 882	50
– –	– –	683	683	– –	267	– –	155		2 755	– –
– –	– –	1 463	1 264	– –	112	893	109		5 824	50

全国各地区文化产业单位事业收入情况

单位：千元

地区	合计	文化合计	艺术表演团体	艺术表演场所	图书馆	群众文化	文物合计	博物馆经费	文物事业机构经费
总计	**3 608 805**	**2 118 208**	**561 488**	**391 732**	**92 932**	**265 795**	**1 218 884**	**609 169**	**609 715**
中央	336 606	76 086	32 909	2 375	20 150	－－	202 401	197 236	5 165
地方	3 272 199	2 042 122	528 579	389 357	72 782	265 795	1 016 483	411 933	604 550
北京	280 954	94 722	20 365	26 066	2 999	9 416	181 948	6 907	175 041
天津	69 281	54 502	5 865	8 745	2 070	5 787	11 419	10 701	718
河北	140 891	50 060	25 573	12 007	988	2 877	84 021	7 874	76 147
山西	93 606	48 695	28 658	7 334	602	1 589	27 230	15 281	11 949
内蒙古	79 108	70 615	5 317	3 036	349	1 691	4 821	1 476	3 345
辽宁	107 219	76 406	20 207	15 093	4 221	3 889	23 452	14 867	8 585
其中：大连	22 450	14 535	3 394	1 262	344	460	6 139	1 796	4 343
吉林	50 699	29 974	9 601	7 576	575	861	3 975	2 945	1 030
黑龙江	221 682	217 371	9 561	3 239	1 653	1 022	887	737	150
上海	293 437	239 666	63 490	42 714	17 890	49 310	46 908	28 279	18 629
江苏	207 877	175 187	46 029	48 152	6 360	34 261	18 130	16 307	1 823
浙江	186 005	143 418	31 401	24 442	4 676	21 627	34 040	14 843	19 197
其中：宁波	27 821	22 674	2 936	3 700	527	7 018	4 637	2 427	2 210
安徽	49 083	38 066	9 968	12 180	1 327	3 575	3 207	1 967	1 240
福建	71 730	66 681	26 702	17 606	1 270	4 518	1 809	1 669	140
其中：厦门	10 180	9 162	2 897	4 461	86	448	410	410	－－
江西	54 086	30 212	5 939	7 232	1 498	3 330	14 480	10 055	4 425
山东	165 823	58 163	27 118	21 042	1 609	5 444	92 743	16 719	76 024
其中：青岛	8 034	7 876	3 119	2 525	758	1 173	158	150	8
河南	143 131	75 730	31 498	20 985	1 505	4 765	53 048	11 834	41 214
湖北	97 234	66 072	17 840	14 145	2 394	15 256	22 520	8 701	13 819
湖南	97 308	62 516	12 755	17 808	1 865	9 382	21 200	7 289	13 911
广东	257 794	194 016	64 412	39 466	8 664	50 920	41 202	29 282	11 920
其中：深圳	37 528	31 301	3 297	7 915	1 676	14 438	4 461	4 461	－－
广西	44 276	36 605	6 502	3 339	1 452	4 594	3 752	3 078	674
海南	13 575	7 297	4 172	1 979	46	294	5 252	74	5 178
重庆	43 277	23 106	6 684	2 225	3 447	7 841	18 089	12 998	5 091
四川	149 388	52 729	7 684	7 207	1 495	9 843	90 282	43 661	46 621
贵州	12 771	10 175	1 314	1 334	507	1 856	2 596	1 059	1 537
云南	47 177	35 371	6 227	5 864	2 053	5 548	10 562	1 994	8 568
西藏	4 043	1 004	115	867	－－	22	3 039	－－	3 039
陕西	207 023	39 316	19 524	7 070	479	2 496	161 372	138 682	22 690
甘肃	41 985	17 288	6 733	5 681	86	853	22 793	1 906	20 887
青海	4 467	3 467	482	1 030	40	122	8	6	2
宁夏	7 665	4 798	1 164	2 175	127	280	2 380	96	2 284
新疆	29 604	18 894	5 679	1 718	535	2 526	9 318	646	8 672

全国各地区文化产业单位经营及附属单位上缴收入情况

单位：千元

地区	合计	文化合计					文物合计		
			艺术表演团体	艺术表演场所	图书馆	群众文化		博物馆经费	文物事业机构经费
总计	**675 236**	**517 004**	**37 679**	**162 548**	**40 154**	**199 475**	**127 255**	**32 935**	**94 320**
中央	79 903	23 709	784	9 161	11 194	— —	30 658	6 316	24 342
地方	595 333	493 295	36 895	153 387	28 960	199 475	96 597	26 619	69 978
北京	16 720	12 851	178	5 401	1 045	2 585	3 618	21	3 597
天津	7 242	7 110	1 224	1 032	62	4 400	132	12	120
河北	15 254	4 949	211	2 277	514	1 511	10 305	1 532	8 773
山西	4 058	4 058	623	1 829	438	814	— —	— —	— —
内蒙古	2 802	2 732	401	824	9	303	70	70	— —
辽宁	14 845	13 811	1 431	6 304	1 546	2 842	604	138	466
其中：大连	4 128	4 083	— —	3 370	— —	642	45	20	25
吉林	23 243	23 132	2 132	7 127	567	2 550	111	66	45
黑龙江	1 482	1 421	338	157	264	511	61	61	— —
上海	42 148	38 568	2 464	9 975	1 045	23 816	2 431	1 213	1 218
江苏	53 861	52 813	2 631	15 328	1 309	27 432	1 047	866	181
浙江	55 061	40 331	1 425	12 402	1 017	11 757	14 730	4 107	10 623
其中：宁波	7 246	4 138	— —	1 297	117	2 654	3 108	2 923	185
安徽	11 446	10 348	706	6 566	735	1 125	905	834	71
福建	12 081	11 852	79	5 570	4 919	1 176	178	178	— —
其中：厦门	2 583	2 583	— —	2 104	— —	376	— —	— —	— —
江西	6 356	4 864	68	1 254	357	1 137	1 492	1 443	49
山东	14 883	8 777	661	4 367	290	2 276	6 106	1 101	5 005
其中：青岛	1 744	1 744	— —	176	— —	852	— —	— —	— —
河南	10 899	10 374	261	6 381	438	1 686	469	51	418
湖北	41 543	38 327	5 724	8 858	2 723	15 712	1 374	912	462
湖南	37 651	33 504	5 315	8 811	3 553	7 732	3 288	2 462	826
广东	94 962	87 937	1 953	23 688	3 338	51 901	6 759	6 754	5
其中：深圳	12 266	11 535	203	4 733	265	6 331	731	731	— —
广西	10 000	9 317	217	6 729	513	971	683	425	258
海南	2 071	2 071	— —	1 458	32	581	— —	— —	— —
重庆	18 634	18 430	2 778	1 464	1 113	12 860	13	— —	13
四川	31 748	27 976	2 028	5 832	1 060	15 578	3 620	1 724	1 896
贵州	1 558	1 503	412	421	60	610	55	— —	55
云南	10 437	9 765	1 451	2 523	1 446	3 839	672	627	45
西藏	369	349	26	41	— —	282	20	— —	20
陕西	44 210	8 428	1 604	4 597	69	2 104	35 782	475	35 307
甘肃	4 747	3 030	95	1 570	13	427	1 717	1 536	181
青海	263	263	178	— —	72	13	— —	— —	— —
宁夏	2 497	2 497	— —	313	9	345	— —	— —	— —
新疆	2 262	1 907	281	288	404	599	355	11	344

全国各地区文化产业单位总支出情况

单位:千元

地区	合计	文化合计					文物合计				
			艺术表演团体	艺术表演场所	图书馆	群众文化		博物馆经费	文物事业机构经费	文物保护费	其他文物事业费
总计	**12 634 556**	**9 220 437**	**2 427 969**	**856 532**	**1 358 255**	**1 775 279**	**2 682 455**	**1 308 061**	**988 718**	**218 834**	**166 521**
中央	1 086 088	476 821	102 906	11 795	176 549	--	370 167	249 289	29 828	87 387	3 663
地方	11 548 468	8 743 616	2 325 063	844 737	1 181 706	1 775 279	2 312 288	1 058 772	958 890	131 447	162 858
北京	575 404	317 759	93 483	38 553	42 908	41 503	239 135	48 256	188 612	--	2 267
天津	205 353	169 080	42 625	15 634	30 073	26 573	25 966	23 642	1 914	--	410
河北	483 626	266 252	76 633	25 443	31 315	56 199	199 928	22 811	113 545	32 443	31 129
山西	287 622	178 236	80 225	15 093	20 024	28 006	71 952	24 062	22 824	15 693	9 243
内蒙古	251 270	220 139	56 775	7 030	23 113	36 449	24 688	10 388	10 840	3 100	360
辽宁	425 280	346 450	95 906	29 044	67 984	57 541	63 653	35 051	22 169	4 555	1 878
其中:大连	78 239	64 476	12 084	6 294	14 234	11 698	10 828	3 334	6 388	573	533
吉林	279 502	221 535	60 912	23 723	29 481	34 542	23 025	14 947	6 498	1 110	470
黑龙江	451 484	421 130	80 442	8 381	31 581	32 310	24 694	10 561	5 943	4 490	3 700
上海	999 097	834 931	164 570	69 015	204 602	144 747	138 543	115 096	23 447	--	--
江苏	768 575	640 564	160 319	94 195	72 597	158 197	94 740	69 646	14 226	3 195	7 669
浙江	713 593	576 062	120 372	57 567	70 174	151 081	116 592	58 393	48 179	4 687	5 333
其中:宁波	108 371	91 048	11 783	9 081	8 215	31 894	15 947	8 130	7 817	--	--
安徽	266 024	220 135	64 909	31 651	22 518	41 184	30 797	10 755	11 312	3 706	5 024
福建	355 716	316 461	102 214	35 182	38 772	42 915	25 145	20 498	3 165	717	765
其中:厦门	55 527	48 276	15 737	9 282	8 531	7 486	4 246	4 032	214	--	--
江西	205 284	142 684	40 478	14 691	19 060	29 963	48 915	37 972	6 962	100	3 881
山东	613 006	415 379	112 038	45 219	53 781	82 710	164 680	46 112	110 249	841	7 478
其中:青岛	67 172	59 952	17 758	6 685	7 661	12 396	7 220	3 771	482	285	2 682
河南	457 805	309 854	84 823	43 155	33 640	56 281	115 730	42 273	59 951	9 412	3 994
湖北	397 656	318 513	90 579	38 109	36 590	70 377	57 819	25 656	19 648	7 211	5 304
湖南	369 656	284 310	60 556	42 002	33 074	53 475	60 808	24 576	29 117	4 991	2 124
广东	1 130 092	949 857	202 086	91 829	126 575	278 140	134 775	111 063	19 201	2 096	2 405
其中:深圳	242 048	213 855	31 186	22 702	32 867	57 641	17 762	15 755	2 007	--	--
广西	233 155	199 182	58 298	20 375	30 171	30 003	25 852	15 006	5 530	1 943	3 369
海南	67 108	50 949	19 050	6 920	3 613	8 090	10 411	2 701	7 200	200	310
重庆	168 601	124 351	33 971	5 897	17 336	43 740	41 011	30 220	8 884	297	1 610
四川	466 616	311 815	83 646	21 295	31 414	80 860	138 370	62 931	65 162	8 918	1 359
贵州	115 007	100 468	31 551	6 336	12 747	16 821	14 539	3 853	7 134	2 531	1 006
云南	316 527	272 188	75 870	14 603	38 503	67 621	37 954	14 881	18 828	238	4 005
西藏	59 539	41 564	21 086	5 070	1 028	5 821	15 787	1 006	6 534	6 605	1 642
陕西	462 358	168 624	81 058	15 984	14 351	32 545	279 774	154 504	70 473	2 680	52 097
甘肃	170 397	113 324	44 077	11 610	15 721	19 412	53 028	13 372	31 046	6 071	2 539
青海	52 157	42 684	16 063	1 978	6 666	8 592	6 924	1 740	1 945	2 312	891
宁夏	52 179	43 346	13 004	4 641	6 386	10 010	7 275	1 994	5 281	--	--
新疆	148 779	125 790	57 444	4 512	15 908	29 571	19 778	4 806	13 071	1 305	596

全国各地区文化产业单位事业支出分项情况

单位：千元

地区	合计	文化合计	艺术表演团体	艺术表演场所	图书馆	群众文化	文物合计	博物馆经费	文物事业机构经费	文物保护费	其他文物事业费
总计	**11 411 196**	**8 181 058**	**2 395 488**	**723 563**	**1 323 714**	**1 619 425**	**2 520 307**	**1 267 840**	**866 791**	**218 834**	**166 521**
中央	994 862	416 526	101 353	4 110	175 526	--	344 716	245 246	8 420	87 387	3 663
地方	10 416 334	7 764 532	2 294 135	719 453	1 148 188	1 619 425	2 175 591	1 022 594	858 371	131 447	162 858
北京	554 079	300 413	93 257	34 765	34 847	39 280	235 156	47 844	185 045	--	2 267
天津	196 079	159 815	42 625	14 638	30 044	25 848	25 957	23 633	1 914	--	410
河北	432 780	257 518	76 440	22 941	30 930	54 804	157 818	20 760	73 486	32 443	31 129
山西	273 844	169 450	79 403	13 422	19 940	27 010	70 580	24 062	21 452	15 693	9 243
内蒙古	229 687	198 959	56 533	6 103	23 008	36 084	24 285	10 388	10 437	3 100	360
辽宁	381 884	305 878	95 463	22 662	66 427	55 685	61 259	34 610	20 216	4 555	1 878
其中：大连	66 362	53 737	12 084	3 955	14 234	11 572	9 690	3 320	5 264	573	533
吉林	246 969	189 077	59 784	17 227	29 185	33 314	22 950	14 872	6 498	1 110	470
黑龙江	217 734	187 410	80 255	8 300	31 287	32 089	24 664	10 561	5 913	4 490	3 700
上海	933 912	771 598	164 215	61 040	202 222	123 021	137 717	114 846	22 871	--	--
江苏	710 128	584 991	158 521	70 857	72 133	143 796	93 636	68 776	13 992	3 195	7 669
浙江	618 079	496 650	118 338	51 182	69 430	141 834	100 490	52 991	37 479	4 687	5 333
其中：宁波	91 395	77 345	11 736	8 342	8 062	29 830	12 674	5 207	7 467	--	--
安徽	242 024	197 894	63 619	23 403	21 578	40 078	29 038	9 259	11 049	3 706	5 024
福建	311 781	274 226	102 167	30 317	34 865	40 965	23 769	19 172	3 115	717	765
其中：厦门	51 226	43 975	15 737	7 883	8 531	7 344	4 246	4 032	214	--	--
江西	191 940	131 484	40 436	13 478	18 620	28 973	48 114	37 171	6 962	100	3 881
山东	583 546	408 431	111 743	43 295	53 622	81 535	142 168	45 647	88 202	841	7 478
其中：青岛	65 716	58 518	17 758	6 659	7 661	12 017	7 198	3 749	482	285	2 682
河南	425 213	282 017	84 467	38 968	33 064	50 924	112 674	42 222	56 946	9 412	3 994
湖北	347 930	276 373	87 903	26 384	34 202	61 756	52 024	24 725	14 784	7 211	5 304
湖南	330 365	251 316	55 584	38 986	29 799	48 400	58 385	22 506	28 764	4 991	2 124
广东	1 024 491	850 346	200 781	74 020	123 676	233 496	128 951	105 242	19 198	2 096	2 405
其中：深圳	232 242	204 554	30 986	22 064	32 867	51 395	17 257	15 250	2 007	--	--
广西	217 874	184 708	56 976	19 850	29 592	28 042	25 045	14 476	5 253	1 943	3 369
海南	63 452	47 293	18 925	5 299	3 587	7 547	10 411	2 701	7 200	200	310
重庆	150 887	108 458	31 823	5 207	16 269	32 744	39 234	28 443	8 884	297	1 610
四川	418 276	277 969	80 256	19 496	30 728	69 143	123 990	54 508	59 205	8 918	1 359
贵州	101 213	87 512	30 621	6 086	12 687	16 557	13 701	3 853	6 296	2 531	1 006
云南	300 126	256 912	74 653	11 811	37 127	63 899	36 879	14 079	18 555	238	4 005
西藏	57 512	39 537	21 029	4 930	1 028	5 762	15 787	1 006	6 534	6 605	1 642
陕西	451 612	159 117	78 149	14 120	14 084	31 703	278 535	153 802	69 936	2 680	52 097
甘肃	162 232	106 867	43 904	10 661	15 703	19 031	51 320	11 899	30 811	6 071	2 539
青海	49 664	40 191	15 940	1 978	6 666	8 581	6 924	1 740	1 945	2 312	891
宁夏	48 288	39 697	13 002	4 154	6 351	8 828	7 033	1 994	5 039	--	--
新疆	142 733	122 425	57 323	3 873	15 487	28 696	17 097	4 806	10 390	1 305	596

全国各地区文化产业单位经费自给率分项情况

单位：%

地区	合计	文化合计					文物合计			中等专业学校
			艺术表演团体	艺术表演场所	图书馆	群众文化		博物馆	文物事业管理机构	
总计	**45.7**	**40.3**	**33.1**	**83.4**	**14.9**	**34.0**	**61.8**	**53.4**	**77.6**	**50.6**
中央	59.2	32.2	60.6	101.6	19.5	－－	98.4	84.9	99.7	51.4
地方	44.4	40.8	31.9	83.1	14.2	34.0	55.9	46.0	76.8	50.5
北京	59.4	45.4	33.6	96.1	17.3	36.3	79.5	23.2	94.8	30.5
天津	51.1	52.2	31.1	91.1	19.4	44.0	51.0	51.5	46.4	34.3
河北	42.4	28.5	42.2	82.1	6.8	12.6	60.8	43.6	80.0	39.6
山西	42.2	37.1	41.2	92.3	5.8	15.1	48.8	65.4	63.0	54.2
内蒙古	39.7	40.5	13.0	65.8	4.2	8.6	26.6	21.8	40.0	62.2
辽宁	35.9	33.8	31.8	87.0	12.0	14.1	42.2	44.6	49.4	52.9
其中：大连	43.9	37.3	34.4	79.0	8.3	11.1	77.4	56.2	101.3	60.4
吉林	30.2	27.9	23.0	70.0	5.2	13.0	18.7	21.3	17.2	56.9
黑龙江	108.8	123.5	18.5	76.3	7.6	8.3	7.7	15.3	4.4	60.4
上海	44.8	46.3	43.5	98.2	15.1	67.7	37.4	27.4	86.5	38.3
江苏	44.3	46.6	39.6	89.4	17.2	45.8	27.2	27.8	22.7	48.6
浙江	48.9	48.3	39.1	84.8	15.0	35.6	51.4	38.3	73.8	50.4
其中：宁波	49.6	48.8	33.7	74.3	18.1	44.7	54.0	68.3	38.8	41.6
安徽	32.6	33.4	21.6	76.9	14.9	17.0	17.0	29.5	18.4	53.5
福建	32.1	34.1	30.0	83.9	20.7	19.3	10.3	11.5	7.7	29.1
其中：厦门	29.4	31.7	21.3	80.0	13.4	13.9	9.7	10.2	－－	23.4
江西	37.8	35.3	22.0	69.0	13.2	23.0	34.8	32.8	65.1	76.5
山东	38.5	25.4	34.7	77.0	7.1	14.3	71.8	45.7	91.2	55.0
其中：青岛	37.5	41.1	33.6	87.4	17.3	28.0	7.8	14.4	5.1	－－
河南	44.7	41.2	46.5	92.7	9.7	17.4	52.8	33.4	76.2	48.4
湖北	47.8	47.0	33.4	83.4	24.0	51.2	49.3	42.5	77.1	55.9
湖南	46.7	44.0	38.2	70.0	24.4	36.3	43.6	42.8	53.5	90.9
广东	41.5	41.0	40.0	78.1	18.0	47.9	41.6	38.7	67.0	51.6
其中：深圳	30.7	31.3	21.6	63.1	12.5	50.7	32.0	36.0	0.5	16.9
广西	34.0	34.1	22.1	59.0	13.6	25.3	28.3	38.1	27.8	49.4
海南	30.7	27.5	26.9	65.5	6.1	15.7	52.9	3.5	75.1	17.8
重庆	49.6	49.4	43.9	93.0	32.4	58.7	48.8	45.8	61.7	70.1
四川	54.6	43.6	24.2	93.6	17.2	43.2	80.7	88.6	86.6	44.5
贵州	26.8	26.6	22.5	76.3	9.3	18.2	28.0	27.5	41.7	－－
云南	24.5	23.3	13.8	81.6	12.3	15.9	33.8	19.9	47.5	19.6
西藏	9.2	4.1	0.6	22.2	－－	5.3	23.4	9.9	49.7	－－
陕西	66.8	35.9	34.2	87.9	5.5	17.0	84.9	92.1	86.4	63.4
甘肃	31.6	23.3	18.8	76.5	4.0	9.6	47.6	27.3	69.6	47.1
青海	12.4	12.7	4.4	80.3	6.7	2.9	0.6	2.5	0.1	38.9
宁夏	24.9	22.8	10.6	75.2	5.2	12.8	36.1	7.8	47.4	31.3
新疆	26.3	20.4	13.4	73.5	8.2	13.8	66.0	18.2	93.6	43.3

全国各地区文化产业单位劳动生产率分项情况

单位:元/人

地区	合计	文化合计					文物合计		中等专业学校
			艺术表演团体	艺术表演场所	图书馆	群众文化		博物馆经费	
总计	**11 508**	**15 436**	**7 933**	**10 650**	**13 394**	**7 990**	**13 721**	**16 674**	**13 417**
中央	21 462	22 044	20 501	9 977	41 816	- -	20 433	21 939	17 124
地方	11 418	15 271	7 704	10 656	12 530	7 990	13 305	16 451	13 135
北京	14 199	24 116	13 630	20 575	16 081	10 090	10 948	30 186	14 755
天津	13 345	13 205	10 336	11 884	13 069	9 283	8 993	16 887	12 704
河北	10 136	12 265	5 829	7 711	10 603	6 802	10 521	21 385	13 051
山西	11 966	7 929	4 372	7 414	7 775	4 441	9 351	14 848	8 875
内蒙古	9 179	9 717	6 465	6 886	8 501	5 911	12 153	10 216	8 600
辽宁	12 186	11 968	7 770	6 107	11 696	7 067	15 600	12 094	11 912
其中:大连	15 598	17 583	9 500	8 773	12 292	10 113	12 930	9 785	9 417
吉林	10 019	9 553	7 066	6 760	9 675	6 380	15 816	12 684	8 674
黑龙江	16 923	38 324	7 486	8 313	10 266	6 672	10 401	15 534	20 862
上海	13 443	36 691	19 817	24 129	26 228	17 501	29 282	24 410	22 315
江苏	11 911	19 237	10 492	15 555	17 717	11 443	18 512	23 480	20 342
浙江	12 737	18 984	10 322	17 430	16 149	11 351	27 589	21 088	17 292
其中:宁波	16 399	23 360	14 403	18 685	21 562	15 814	15 432	18 062	17 898
安徽	9 438	9 662	6 332	7 455	9 712	5 505	15 837	11 224	9 053
福建	13 778	15 668	9 371	17 217	16 040	8 075	12 630	12 393	11 164
其中:厦门	20 173	25 792	17 264	22 009	27 320	17 239	40 068	15 483	15 370
江西	8 802	9 160	6 110	8 505	9 015	4 975	12 380	11 458	9 873
山东	9 681	14 707	9 454	10 088	10 837	7 955	12 301	17 871	14 712
其中:青岛	10 676	18 999	12 221	11 068	14 802	10 063	- -	14 815	9 736
河南	9 144	8 604	3 639	5 169	8 686	5 566	10 849	11 533	8 799
湖北	9 680	11 449	6 754	9 520	9 525	9 158	11 482	10 798	8 883
湖南	10 267	10 466	6 840	9 013	10 670	5 637	12 961	10 891	9 829
广东	14 560	32 669	12 564	15 628	21 147	13 583	18 063	23 383	17 818
其中:深圳	51 959	36 462	32 341	53 028	40 363	39 714	9 751	34 295	34 803
广西	8 506	11 760	6 356	24 127	10 574	6 176	10 922	10 061	11 258
海南	7 669	9 904	9 761	3 166	11 114	7 979	15 820	17 174	13 261
重庆	10 181	15 083	8 149	11 337	11 834	6 730	10 200	13 560	13 595
四川	9 438	11 598	7 301	11 142	10 748	5 717	11 914	19 241	13 828
贵州	11 834	11 023	7 309	15 062	9 282	5 455	- -	10 854	9 394
云南	11 161	15 746	10 540	21 557	14 047	10 033	10 999	17 175	14 412
西藏	9 510	14 858	15 795	14 291	37 906	16 756	20 149	1 961	15 735
陕西	9 609	11 663	5 014	8 815	7 649	4 859	9 289	15 733	13 909
甘肃	10 956	13 079	5 874	9 946	10 806	5 462	13 043	25 693	9 482
青海	10 608	13 880	10 784	14 413	11 056	9 087	11 148	16 641	11 225
宁夏	9 928	9 499	5 943	9 894	10 103	6 514	7 017	8 672	5 961
新疆	10 437	11 745	9 385	16 808	10 402	8 177	13 787	18 766	8 880

全国各地区文化产业增加值情况(总计)

单位:千元

地区	总产出	中间消耗	增加值	劳动者报酬	生产税净额	固定资产折旧	营业盈余
总计	**30 173 737**	**12 168 487**	**19 128 679**	**8 525 893**	**2 063 464**	**2 665 625**	**5 760 684**
中央	1 094 926	777 017	321 572	195 043	13 784	75 098	34 461
地方	29 078 811	11 391 470	18 807 107	8 330 850	2 049 680	2 590 527	5 726 223
北京	1 134 999	599 929	572 312	227 150	70 427	217 157	54 392
天津	550 505	190 769	365 974	129 686	35 309	146 865	54 108
河北	655 339	218 352	500 821	261 739	29 062	39 634	167 155
山西	567 314	158 576	433 191	169 085	35 773	92 629	124 589
内蒙古	550 373	251 317	316 285	165 896	29 595	19 641	99 677
辽宁	1 806 344	733 595	1 099 911	388 700	141 302	152 575	416 209
其中:大连	644 490	245 069	404 046	115 866	41 507	110 923	135 748
吉林	498 353	164 158	354 524	193 518	29 732	21 181	107 243
黑龙江	967 501	247 930	733 603	170 311	68 462	28 665	466 163
上海	2 239 674	1 157 647	1 189 861	585 763	119 402	321 524	163 219
江苏	1 801 128	774 296	1 096 702	502 672	140 374	157 124	296 339
浙江	2 214 771	889 994	1 387 663	562 933	172 572	143 714	499 337
其中:宁波	396 547	157 496	251 371	95 222	33 798	17 272	105 074
安徽	511 475	153 210	388 056	180 660	36 327	24 934	145 646
福建	1 266 184	525 100	780 537	351 712	107 489	86 566	234 632
其中:厦门	324 502	161 029	165 588	69 235	36 981	40 951	18 419
江西	437 288	145 756	310 976	144 877	30 583	24 567	110 199
山东	1 310 810	510 415	888 621	396 517	65 659	206 516	201 666
其中:青岛	256 069	125 494	142 250	39 191	18 395	37 388	47 276
河南	791 043	239 191	606 134	298 586	55 878	57 736	186 314
湖北	1 200 199	498 583	744 711	305 435	86 072	89 970	262 437
湖南	953 671	354 995	649 363	298 974	67 723	55 069	224 249
广东	3 644 782	1 470 258	2 315 023	1 197 269	280 836	336 309	495 285
其中:深圳	1 641 288	856 879	820 754	192 661	145 275	84 393	398 419
广西	709 537	323 370	411 509	194 477	58 381	47 030	111 616
海南	160 583	59 741	110 180	63 934	9 014	9 413	27 816
重庆	543 846	232 959	326 682	144 584	38 208	26 642	117 238
四川	1 350 158	372 541	1 023 121	443 025	128 411	67 387	368 206
贵州	270 667	59 882	221 173	85 855	17 029	14 825	103 366
云南	1 020 154	310 727	753 856	284 441	77 575	86 651	304 717
西藏	49 569	16 683	38 440	33 946	37	4 443	15
陕西	825 265	379 643	465 698	205 586	47 011	44 909	159 017
甘肃	289 052	66 524	235 704	108 160	22 337	27 892	63 600
青海	114 519	31 219	87 512	43 075	6 778	3 744	33 273
宁夏	172 229	71 334	103 999	48 139	11 266	7 857	36 526
新疆	471 479	182 776	294 965	144 145	31 056	27 358	91 974

全国各地区文化产业总产出分项情况

单位：千元

地区	合计	艺术业		图书馆业	群众文化业	出版业	文化艺术经纪及代理业	娱乐业	文物保护业	其他文化艺术业
		艺术表演团体	艺术表演场所							
总计	**30 173 737**	**2 500 863**	**867 603**	**1 522 923**	**1 815 623**	**113 382**	**95 265**	**14 701 599**	**2 464 148**	**5 822 569**
中央	1 094 926	112 196	4 808	211 973	--	40 002	40 807	--	263 313	339 019
地方	29 078 811	2 388 667	862 795	1 310 950	1 815 623	73 380	54 458	14 701 599	2 200 835	5 483 550
北京	1 134 999	96 313	39 204	38 839	42 645	5 311	723	450 183	279 033	177 464
天津	550 505	43 129	16 169	33 741	28 583	4 541	2	311 764	36 063	76 513
河北	655 339	81 217	27 504	36 538	60 101	--	1 584	257 196	131 127	46 171
山西	567 314	83 027	15 848	22 426	29 249	--	305	305 992	53 067	54 850
内蒙古	550 373	59 214	7 388	25 514	40 774	8	312	153 338	22 139	234 970
辽宁	1 806 344	98 663	27 207	75 780	60 126	298	1 567	918 458	62 940	556 422
其中：大连	644 490	12 265	4 633	15 943	12 893	--	182	289 022	9 403	297 347
吉林	498 353	62 313	19 890	33 535	34 973	210	--	161 448	19 973	156 656
黑龙江	967 501	84 223	9 764	35 965	33 595	--	259	392 065	22 569	386 575
上海	2 239 674	167 725	66 583	221 025	138 463	1 269	--	1 267 045	169 324	178 937
江苏	1 801 128	163 563	88 300	82 698	166 241	10 298	2 911	966 629	116 543	182 751
浙江	2 214 771	121 625	59 151	77 567	153 787	6 265	9 714	1 145 628	113 394	524 122
其中：宁波	396 547	12 207	9 310	9 003	33 383	--	90	245 251	15 038	71 837
安徽	511 475	65 855	28 236	23 894	41 783	854	1 167	211 188	25 113	108 135
福建	1 266 184	104 628	36 968	39 869	44 420	52	1 413	841 193	24 654	170 781
其中：厦门	324 502	15 952	9 043	9 606	7 720	--	236	252 569	4 998	24 378
江西	437 288	42 949	15 208	22 562	32 137	2 665	--	173 570	52 584	94 290
山东	1 310 810	118 059	51 902	59 949	86 435	375	4 438	675 887	162 301	136 998
其中：青岛	256 069	18 152	6 913	8 294	12 710	375	349	181 995	5 135	21 919
河南	791 043	87 906	46 657	38 890	56 974	2 417	2 983	325 843	107 266	122 105
湖北	1 200 199	92 515	34 012	40 169	84 233	--	1 538	776 479	47 149	119 880
湖南	953 671	58 404	44 547	35 460	53 201	--	7 132	494 395	56 202	201 402
广东	3 644 782	206 154	88 564	141 603	266 286	12 200	1 351	2 076 096	144 359	679 188
其中：深圳	1 641 288	31 778	26 509	36 431	56 452	148	231	1 077 491	20 465	377 611
广西	709 537	59 591	26 168	34 752	32 244	404	2 597	379 111	22 880	150 034
海南	160 583	20 417	7 136	4 565	8 344	--	--	62 051	10 701	47 369
重庆	543 846	33 693	5 639	19 530	37 058	--	8 465	352 433	41 966	44 382
四川	1 350 158	85 754	24 139	37 177	78 937	--	3 949	786 458	123 694	203 438
贵州	270 667	32 014	7 353	14 757	17 841	615	819	117 180	12 668	65 529
云南	1 020 154	79 245	15 250	43 044	71 349	287	298	430 164	35 357	339 962
西藏	49 569	21 944	5 177	1 951	7 486	--	--	--	8 253	2 331
陕西	825 265	81 967	19 869	17 245	34 915	1 267	--	271 606	240 117	156 412
甘肃	289 052	46 282	13 878	18 708	22 476	--	71	144 144	26 319	13 258
青海	114 519	17 058	2 109	7 313	9 045	851	147	49 350	4 261	24 038
宁夏	172 229	13 622	5 422	8 584	9 785	22 898	376	57 698	7 430	44 104
新疆	471 479	59 598	7 553	17 300	32 137	295	337	147 007	21 389	184 483

全国各地区文化产业增加值分项情况

单位：千元

地　区	合　计	艺术业		图书馆业	群众文化业	出版业	文化艺术经纪及代理业	娱乐业	文物保护业	其他文化艺术业
		艺术表演团体	艺术表演场所							
总　计	**19 128 679**	**1 143 418**	**462 988**	**653 551**	**1 024 489**	**50 552**	**24 911**	**10 199 421**	**1 110 847**	**4 374 248**
中　央	321 572	52 934	3 622	60 216	– –	9 526	1 087	– –	59 499	120 319
地　方	18 807 107	1 090 484	459 366	593 335	1 024 489	41 026	23 824	10 199 421	1 051 348	4 253 929
北　京	572 312	29 688	16 131	16 934	16 387	1 302	242	300 720	83 073	106 108
天　津	365 974	19 515	8 652	14 755	14 399	3 582	32	255 888	14 135	35 016
河　北	500 821	39 654	14 775	18 048	42 098	– –	566	210 046	105 794	66 182
山　西	433 191	43 760	8 037	11 609	18 734	– –	130	258 670	47 885	43 321
内蒙古	316 285	35 592	4 993	15 584	26 473	116	599	94 083	14 334	120 337
辽　宁	1 099 911	40 288	14 926	34 948	31 039	715	829	598 981	28 568	347 954
其中：大连	404 046	5 292	2 711	5 040	5 421	– –	114	208 541	2 417	173 906
吉　林	354 524	31 567	12 168	16 951	22 650	8 785	– –	122 431	14 093	121 950
黑龙江	733 603	40 586	5 470	19 230	20 779	– –	101	296 168	14 991	335 022
上　海	1 189 861	54 915	31 561	62 344	72 088	333	– –	756 145	34 101	173 617
江　苏	1 096 702	66 079	53 388	36 710	86 756	3 581	1 201	625 889	52 009	160 341
浙　江	1 387 663	39 897	29 091	30 410	70 800	2 483	6 007	802 089	48 377	357 230
其中：宁波	251 371	4 710	4 634	4 291	14 644	– –	50	163 065	5 202	54 721
安　徽	388 056	30 940	16 886	11 946	27 003	527	826	170 876	14 772	111 374
福　建	780 537	43 933	20 833	19 136	20 422	243	647	496 468	11 675	166 076
其中：厦门	165 588	6 146	4 842	3 579	1 931	– –	49	135 597	1 858	11 586
江　西	310 976	25 041	8 004	13 117	20 851	1 531	– –	133 088	23 134	85 662
山　东	888 621	57 455	25 665	27 691	51 610	716	550	477 594	74 776	165 207
其中：青岛	142 250	7 993	2 601	3 375	5 877	716	87	89 621	2 889	28 955
河　南	606 134	37 526	27 166	22 420	37 591	979	1 479	288 979	53 930	135 937
湖　北	744 711	43 833	22 953	21 500	55 100	– –	1 263	449 937	28 466	119 548
湖　南	649 363	31 145	18 342	20 253	34 858	– –	2 074	324 857	26 117	190 276
广　东	2 315 023	78 393	41 182	57 859	120 115	8 274	724	1 463 147	63 393	475 204
其中：深圳	820 754	10 317	11 083	13 118	26 093	299	266	572 947	6 619	176 939
广　西	411 509	29 132	10 568	16 983	21 494	97	1 218	214 316	10 746	106 210
海　南	110 180	11 060	4 347	2 812	5 498	– –	– –	48 930	4 534	32 999
重　庆	326 682	15 444	2 721	9 491	20 837	– –	2 551	227 028	15 852	32 511
四　川	1 023 121	42 996	13 025	18 445	49 733	– –	1 906	660 031	73 177	161 803
贵　州	221 173	16 571	4 353	8 345	11 374	197	260	69 840	6 469	102 643
云　南	753 856	49 138	8 968	21 886	43 616	227	68	361 741	18 103	248 281
西　藏	38 440	15 685	4 016	1 630	5 580	– –	– –	– –	4 204	6 039
陕　西	465 698	40 297	13 919	11 551	24 727	1 448	– –	205 005	99 121	68 516
甘　肃	235 704	24 590	7 669	11 606	15 536	– –	127	112 346	41 546	19 998
青　海	87 512	11 151	663	4 334	6 116	298	20	39 885	4 693	20 035
宁　夏	103 999	6 056	3 196	5 466	7 270	5 428	260	39 041	3 122	32 499
新　疆	294 965	38 557	5 698	9 341	22 955	164	144	95 202	16 158	106 033

全国各地区文化部门增加值情况(总计)

单位:千元

地区	总产出	中间消耗	增加值	劳动者报酬	生产税净额	固定资产折旧	营业盈余
总计	**15 849 962**	**7 669 664**	**9 303 727**	**5 772 610**	**521 579**	**1 205 521**	**1 725 483**
中央	1 175 761	801 898	377 526	203 597	19 869	83 558	79 482
地方	14 674 201	6 867 766	8 926 201	5 569 013	501 710	1 121 963	1 646 001
北京	696 484	454 137	279 589	171 978	20 843	38 650	45 076
天津	297 948	157 728	146 458	90 192	10 262	16 468	29 597
河北	444 988	190 110	318 712	218 532	7 414	31 930	57 606
山西	296 691	129 552	191 592	137 015	5 222	17 995	20 249
内蒙古	289 295	125 563	180 961	123 236	8 238	18 998	29 014
辽宁	661 081	327 375	360 868	188 764	35 082	39 634	96 264
其中:大连	132 446	73 465	63 606	30 325	3 240	9 094	20 945
吉林	250 037	112 695	157 671	131 245	2 874	16 744	3 958
黑龙江	814 944	243 147	585 829	138 759	46 524	25 543	375 001
上海	1 284 269	815 442	576 661	395 874	37 407	80 539	62 897
江苏	1 098 066	592 344	575 592	363 473	31 981	98 235	81 887
浙江	1 387 635	665 237	785 284	380 602	78 511	103 203	219 049
其中:宁波	189 204	95 243	106 281	54 480	7 523	13 067	31 211
安徽	256 181	109 235	176 737	134 395	6 197	17 151	18 508
福建	367 469	194 041	212 881	154 658	10 791	31 061	16 238
其中:厦门	80 832	47 842	35 105	23 486	3 484	4 503	3 632
江西	229 460	101 012	147 892	103 795	6 322	17 677	19 352
山东	590 921	301 834	377 313	296 895	9 135	44 831	24 743
其中:青岛	63 205	34 393	40 487	32 947	1 682	3 139	2 719
河南	470 949	195 470	329 761	231 868	20 712	35 584	33 979
湖北	428 152	171 555	299 692	194 223	10 282	58 907	35 494
湖南	344 168	158 887	235 968	174 947	8 790	28 790	20 101
广东	1 778 078	645 723	1 272 854	865 906	75 407	139 709	186 542
其中:深圳	469 628	259 916	246 057	116 420	16 191	39 678	73 764
广西	264 765	127 627	162 480	110 765	7 768	28 989	14 968
海南	60 594	28 284	41 648	34 001	573	6 622	450
重庆	315 407	145 235	185 967	85 925	10 276	34 548	55 250
四川	472 295	219 442	298 357	187 159	10 604	46 099	38 426
贵州	122 911	46 502	86 797	54 524	3 630	8 266	20 279
云南	388 484	156 023	276 890	181 366	11 716	43 468	39 883
西藏	49 569	16 683	38 440	33 946	37	4 443	15
陕西	532 413	274 133	278 356	157 774	14 969	41 531	54 907
甘肃	165 509	34 027	144 658	84 450	5 172	20 578	20 745
青海	68 802	23 128	49 886	32 166	1 383	6 117	9 579
宁夏	79 813	44 938	37 979	25 304	1 836	6 668	3 960
新疆	166 823	60 657	112 428	85 276	1 752	12 985	11 984

全国各地区文化部门总产出分项情况

单位：千元

地区	合计	第一产业合计	第二产业合计	制造业	建筑业	第三产业合计	文化产业	批、零、餐饮业	房地产业	社会服务业
总计	**15 849 962**	- -	**150 969**	**69 211**	**80 007**	**15 698 993**	**14 572 576**	**621 867**	**26 305**	**239 682**
中央	1 175 761	- -	25 703	7 748	17 955	1 150 058	1 029 075	48 456	- -	35 178
地方	14 674 201	- -	125 266	61 463	62 052	14 548 935	13 543 501	573 411	26 305	204 504
北京	696 484	- -	25 920	2 415	23 505	670 564	623 308	3 396	7 359	8 031
天津	297 948	- -	5 684	2 649	3 035	292 264	273 557	10 564	- -	8 143
河北	444 988	- -		- -	- -	444 988	442 790	1 016	- -	1 176
山西	296 691	- -	1 751	- -	- -	294 940	281 237	4 431	- -	8 889
内蒙古	289 295	- -	- -	- -	- -	289 295	289 295	- -	- -	- -
辽宁	661 081	- -	5 627	3 171	2 456	655 454	609 497	44 391	- -	1 495
其中：大连	132 446	- -	- -	- -	- -	132 446	92 554	39 732	- -	89
吉林	250 037	- -	1 187	775	412	248 850	248 471	- -	- -	379
黑龙江	814 944	- -	- -	- -	- -	814 944	814 944	- -	- -	- -
上海	1 284 269	- -	1 572	872	700	1 282 697	1 128 219	105 715	1 107	39 665
江苏	1 098 066	- -	36 069	32 318	3 751	1 061 997	886 275	101 590	11 197	43 691
浙江	1 387 635	- -	27 536	8 725	18 811	1 360 099	1 263 185	54 254	1 364	41 155
其中：宁波	189 204	- -	1 145	1 145	- -	188 059	152 220	13 657	- -	22 182
安徽	256 181	- -	- -	- -	- -	256 181	252 028	- -	- -	- -
福建	367 469	- -	- -	- -	- -	367 469	350 509	149	- -	841
其中：厦门	80 832	- -	- -	- -	- -	80 832	80 231	- -	- -	601
江西	229 460	- -	- -	- -	- -	229 460	229 460	- -	- -	- -
山东	590 921	- -	8 567	1 158	7 409	582 354	578 555	2 741	- -	798
其中：青岛	63 205	- -	- -	- -	- -	63 205	63 205	- -	- -	- -
河南	470 949	- -	- -	- -	- -	470 949	468 919	1 350	- -	680
湖北	428 152	- -	1 122	676	446	427 030	422 980	241	- -	2 494
湖南	344 168	- -	2 472	2 404	68	341 696	340 556	636	- -	504
广东	1 778 078	- -	1 612	1 612	- -	1 776 466	1 434 801	232 585	- -	12 834
其中：深圳	469 628	- -	- -	- -	- -	469 628	218 755	223 356	- -	5 201
广西	264 765	- -	- -	- -	- -	264 765	264 286	- -	- -	- -
海南	60 594	- -	- -	- -	- -	60 594	60 594	- -	- -	- -
重庆	315 407	- -	1 397	1 397	- -	314 010	277 883	3 135	1 480	10 130
四川	472 295	- -	3 291	3 291	- -	469 004	459 953	6 084	- -	2 313
贵州	122 911	- -	- -	- -	- -	122 911	122 911	- -	- -	- -
云南	388 484	- -	- -	- -	- -	388 484	378 441	- -	- -	9 017
西藏	49 569	- -	- -	- -	- -	49 569	49 569	- -	- -	- -
陕西	532 413	- -	- -	- -	- -	532 413	531 741	- -	- -	- -
甘肃	165 509	- -	- -	- -	- -	165 509	164 404	1 057	- -	48
青海	68 802	- -	1 459	- -	1 459	67 343	60 422	- -	1 994	4 927
宁夏	79 813	- -	- -	- -	- -	79 813	74 144	- -	1 804	2 122
新疆	166 823	- -	- -	- -	- -	166 823	160 567	76	- -	5 172

全国各地区文化部门增加值分项情况

单位:千元

地区	合计	第一产业合计	第二产业合计			第三产业合计				
				制造业	建筑业		文化产业	批、零、餐饮业	房地产业	社会服务业
总计	**9 303 727**	– –	**61 778**	**39 795**	**21 586**	**9 241 949**	**8 770 297**	**202 752**	**17 601**	**116 868**
中央	377 526	– –	10 405	7 813	2 592	367 121	305 420	27 657	– –	13 890
地方	8 926 201	– –	51 373	31 982	18 994	8 874 828	8 464 877	175 095	17 601	102 978
北京	279 589	– –	8 509	1 228	7 281	271 080	251 701	1 155	5 946	3 252
天津	146 458	– –	2 406	1 375	1 031	144 052	129 070	7 410	-306	7 878
河北	318 712	– –	– –	– –	– –	318 712	317 652	15	– –	978
山西	191 592	– –	397	– –	– –	191 195	187 479	2 003	– –	1 313
内蒙古	180 961	– –	– –	– –	– –	180 961	180 961	– –	– –	– –
辽宁	360 868	– –	2 466	1 615	851	358 402	344 739	12 728	– –	742
其中:大连	63 606	– –	– –	– –	– –	63 606	52 767	10 627	– –	19
吉林	157 671	– –	657	391	266	157 014	156 717	– –	– –	297
黑龙江	585 829	– –	– –	– –	– –	585 829	585 829	– –	– –	– –
上海	576 661	– –	651	335	316	576 010	535 148	20 578	1 483	16 912
江苏	575 592	– –	18 658	16 479	2 179	556 934	506 253	15 457	6 778	18 971
浙江	785 284	– –	10 157	5 297	4 860	775 127	745 023	11 798	380	17 814
其中:宁波	106 281	– –	462	462	– –	105 819	96 690	839	– –	8 290
安徽	176 737	– –	– –	– –	– –	176 737	176 276	– –	– –	– –
福建	212 881	– –	– –	– –	– –	212 881	208 277	26	– –	520
其中:厦门	35 105	– –	– –	– –	– –	35 105	34 820	– –	– –	285
江西	147 892	– –	– –	– –	– –	147 892	147 890	– –	– –	– –
山东	377 313	– –	2 167	729	1 438	375 146	371 114	1 333	– –	2 293
其中:青岛	40 487	– –	– –	– –	– –	40 487	40 487	– –	– –	– –
河南	329 761	– –	– –	– –	– –	329 761	328 916	393	– –	452
湖北	299 692	– –	952	747	205	298 740	293 712	169	– –	3 362
湖南	235 968	– –	488	461	27	235 480	234 881	342	– –	257
广东	1 272 854	– –	1 546	1 546	– –	1 271 308	1 105 811	95 410	– –	9 776
其中:深圳	246 057	– –	– –	– –	– –	246 057	118 942	93 724	– –	4 173
广西	162 480	– –	– –	– –	– –	162 480	162 200	– –	– –	– –
海南	41 648	– –	– –	– –	– –	41 648	41 648	– –	– –	– –
重庆	185 967	– –	907	907	– –	185 060	152 046	1 014	890	8 411
四川	298 357	– –	872	872	– –	297 485	291 074	3 484	180	2 030
贵州	86 797	– –	– –	– –	– –	86 797	86 797	– –	– –	– –
云南	276 890	– –	– –	– –	– –	276 890	272 396	– –	– –	3 894
西藏	38 440	– –	– –	– –	– –	38 440	38 440	– –	– –	– –
陕西	278 356	– –	– –	– –	– –	278 356	277 741	– –	– –	– –
甘肃	144 658	– –	– –	– –	– –	144 658	143 025	1 599	– –	34
青海	49 886	– –	540	– –	540	49 346	43 655	– –	2 131	3 560
宁夏	37 979	– –	– –	– –	– –	37 979	36 831	– –	119	73
新疆	112 428	– –	– –	– –	– –	112 428	111 575	181	– –	159

全国各地区文化部门文化产业增加值分项情况(总计)

单位:千元

地区	总产出	中间消耗	增加值	劳动者报酬	生产税净额	固定资产折旧	营业盈余
总计	**14 572 576**	**6 925 708**	**8 770 297**	**5 646 204**	**464 906**	**1 110 704**	**1 456 027**
中央	1 029 075	727 318	305 420	192 595	12 719	74 196	22 337
地方	13 543 501	6 198 390	8 464 877	5 453 609	452 187	1 036 508	1 433 690
北京	623 308	408 849	251 701	163 264	18 598	34 870	31 782
天津	273 557	150 725	129 070	86 368	8 809	15 710	18 184
河北	442 790	188 972	317 652	217 820	7 282	31 783	57 532
山西	281 237	118 211	187 479	135 657	4 875	17 620	18 207
内蒙古	289 295	125 563	180 961	123 236	8 238	18 820	29 014
辽宁	609 497	291 920	344 739	186 245	33 198	36 046	88 062
其中:大连	92 554	44 412	52 767	29 111	1 894	7 028	14 728
吉林	248 471	112 083	156 717	130 641	2 777	16 550	3 899
黑龙江	814 944	243 147	585 829	138 759	46 524	25 541	375 001
上海	1 128 219	700 905	535 148	384 153	31 902	75 810	43 330
江苏	886 275	449 892	506 253	342 471	22 651	86 446	54 602
浙江	1 263 185	581 048	745 023	366 698	73 012	95 323	205 988
其中:宁波	152 220	67 850	96 690	51 598	6 727	8 385	29 974
安徽	252 028	105 543	176 276	134 201	6 179	16 975	18 434
福建	350 509	181 685	208 277	151 845	10 391	30 309	15 526
其中:厦门	80 231	47 526	34 820	23 404	3 458	4 472	3 472
江西	229 460	101 014	147 890	103 795	6 322	17 675	19 352
山东	578 555	295 667	371 114	295 365	8 316	42 158	23 482
其中:青岛	63 205	34 393	40 487	32 947	1 682	3 135	2 719
河南	468 919	194 285	328 916	231 528	20 629	35 487	33 623
湖北	422 980	172 363	293 712	191 543	9 970	57 717	33 677
湖南	340 556	156 362	234 881	174 481	8 588	28 543	19 731
广东	1 434 801	469 489	1 105 811	834 602	57 894	111 230	96 793
其中:深圳	218 755	136 158	118 942	94 809	3 343	18 052	2 718
广西	264 286	127 428	162 200	110 546	7 736	28 700	14 939
海南	60 594	28 284	41 648	34 001	573	6 622	450
重庆	277 883	141 632	152 046	79 585	8 755	22 658	41 037
四川	459 953	214 383	291 074	185 308	9 945	45 353	34 347
贵州	122 911	46 502	86 797	54 524	3 630	8 255	20 279
云南	378 441	150 474	272 396	179 551	11 083	42 715	38 582
西藏	49 569	16 683	38 440	33 946	37	4 443	15
陕西	531 741	274 076	277 741	157 578	14 925	41 501	54 562
甘肃	164 404	34 555	143 025	84 246	5 100	19 466	20 564
青海	60 422	20 979	43 655	31 749	964	3 297	7 004
宁夏	74 144	40 417	36 831	25 015	1 625	6 353	3 627
新疆	160 567	55 254	111 575	84 888	1 659	12 532	12 065

全国各地区文化部门文化产业总产出分项情况

单位：千元

地区	合计	艺术业		图书馆业	群众文化业	出版业	文化艺术经纪及代理业	娱乐业	文物保护业	其他文化艺术业
		艺术表演团体	艺术表演场所							
总计	**14 572 576**	**2 500 863**	**867 603**	**1 522 923**	**1 815 623**	**113 382**	**87 609**	**1 892 388**	**2 464 148**	**3 038 275**
中央	1 029 075	112 196	4 808	211 973	--	40 002	40 807	--	263 313	273 168
地方	13 543 501	2 388 667	862 795	1 310 950	1 815 623	73 380	46 802	1 892 388	2 200 835	2 765 107
北京	623 308	96 313	39 204	38 839	42 645	5 311	723	8 014	279 033	107 942
天津	273 557	43 129	16 169	33 741	28 583	4 541	2	35 465	36 063	75 864
河北	442 790	81 217	27 504	36 538	60 101	--	1 584	47 204	131 127	43 614
山西	281 237	83 027	15 848	22 426	29 249	--	305	23 404	53 067	51 361
内蒙古	289 295	59 214	7 388	25 514	40 774	8	312	28 331	22 139	98 899
辽宁	609 497	98 663	27 207	75 780	60 126	298	1 567	71 411	62 940	206 622
其中：大连	92 554	12 265	4 633	15 943	12 893	--	182	10 027	9 403	24 406
吉林	248 471	62 313	19 890	33 535	34 973	210	--	790	19 973	67 432
黑龙江	814 944	84 223	9 764	35 965	33 595	--	259	270 935	22 569	355 148
上海	1 128 219	167 725	66 583	221 025	138 463	1 269	--	156 859	169 324	177 668
江苏	886 275	163 563	88 300	82 698	166 241	10 298	2 911	82 781	116 543	151 746
浙江	1 263 185	121 625	59 151	77 567	153 787	6 265	7 204	359 945	113 394	360 729
其中：宁波	152 220	12 207	9 310	9 003	33 383	--	90	39 863	15 038	32 898
安徽	252 028	65 855	28 236	23 894	41 783	854	395	12 388	25 113	48 260
福建	350 509	104 628	36 968	39 869	44 420	52	1 413	23 564	24 654	72 735
其中：厦门	80 231	15 952	9 043	9 606	7 720	--	236	10 132	4 998	22 544
江西	229 460	42 949	15 208	22 562	32 137	2 665	--	14 182	52 584	45 850
山东	578 555	118 059	51 902	59 949	86 435	375	4 358	5 990	162 301	74 720
其中：青岛	63 205	18 152	6 913	8 294	12 710	375	349	1 672	5 135	9 378
河南	468 919	87 906	46 657	38 890	56 974	2 417	2 983	54 467	107 266	71 357
湖北	422 980	92 515	34 012	40 169	84 233	--	938	44 944	47 149	74 796
湖南	340 556	58 404	44 547	35 460	53 201	--	7 132	13 207	56 202	69 475
广东	1 434 801	206 154	88 564	141 603	266 286	12 200	1 351	354 297	144 359	191 006
其中：深圳	218 755	31 778	26 509	36 431	56 452	148	231	504	20 465	32 065
广西	264 286	59 591	26 168	34 752	32 244	404	2 480	25 856	22 880	58 155
海南	60 594	20 417	7 136	4 565	8 344	--	--	--	10 701	9 431
重庆	277 883	33 693	5 639	19 530	37 058	--	6 391	101 359	41 966	31 567
四川	459 953	85 754	24 139	37 177	78 937	--	2 822	15 064	123 694	85 754
贵州	122 911	32 014	7 353	14 757	17 841	615	819	3 691	12 668	31 262
云南	378 441	79 245	15 250	43 044	71 349	287	298	53 532	35 357	74 881
西藏	49 569	21 944	5 177	1 951	7 486	--	--	--	8 253	2 331
陕西	531 741	81 967	19 869	17 245	34 915	1 267	--	55 589	240 117	78 905
甘肃	164 404	46 282	13 878	18 708	22 476	--	71	22 907	26 319	9 847
青海	60 422	17 058	2 109	7 313	9 045	851	147	4 618	4 261	14 673
宁夏	74 144	13 622	5 422	8 584	9 785	22 898	--	--	7 430	4 093
新疆	160 567	59 598	7 553	17 300	32 137	295	337	1 594	21 389	18 984

全国各地区文化事业单位

地区	项目个数	计划总投资	建筑面积	本年计划投资	本年资金						
						上年结余资金	本年资				
								国家投资	国内贷款	债券	利用外资
总计	**833**	**15 816 955**	**4 232**	**3 071 037**	**3 396 908**	**725 459**	**2 671 449**	**1 210 990**	**200 023**	**300**	**137 010**
中央	35	6 206 102	577	666 857	987 037	318 755	668 282	499 358	--	--	--
地方	798	9 610 853	3 655	2 404 180	2 409 871	406 704	2 003 167	711 632	200 023	300	137 010
北京	6	254 880	60	78 320	139 737	56 307	83 430	80 400	--	--	--
天津	2	13 394	10	12 694	6 930	--	6 930	3 530	--	--	--
河北	48	433 853	159	187 052	148 374	3 554	144 820	25 210	1 450	--	1 680
山西	34	147 513	146	48 162	47 329	2 777	44 552	6 836	--	--	--
内蒙古	8	13 134	15	2 876	4 647	78	4 569	3 519	--	--	--
辽宁	9	531 900	89	115 700	117 323	900	116 423	108 750	--	--	--
其中:大连	2	3 300	5	800	800	--	800	800	--	--	--
吉林	10	6 160	8	5 320	5 120	--	5 120	1 000	--	--	--
黑龙江	3	19 300	65	10 000	10 550	--	10 550	9 150	--	--	--
上海	14	837 020	145	269 490	240 552	14 490	226 062	78 390	45 000	--	--
江苏	77	1 128 120	497	332 330	303 644	69 264	234 380	123 502	3 366	--	--
浙江	45	976 859	334	227 662	199 282	21 092	178 190	21 130	25 000	--	--
其中:宁波	2	14 500	10	6 200	5 826	200	5 626	--	--	--	--
安徽	18	122 420	84	49 417	54 668	1 103	53 565	40 140	--	--	--
福建	43	109 859	103	40 561	44 725	5 238	39 487	15 045	11 400	--	100
其中:厦门	8	4 588	4	1 521	1 948	--	1 948	1 324	--	--	100
江西	24	128 290	93	15 045	78 242	58 149	20 093	6 045	4 380	--	--
山东	26	222 590	118	32 990	45 048	15 275	29 773	20 690	--	--	--
其中:青岛	3	12 700	14	2 400	2 510	110	2 400	1 500	--	--	--
河南	27	112 280	93	29 170	27 822	4 290	23 532	9 650	250	--	--
湖北	39	227 989	110	175 880	115 239	41 940	73 299	2 100	37 790	100	--
湖南	43	374 453	206	88 242	103 652	7 696	95 956	1 060	64 860	--	--
广东	78	2 372 690	509	360 908	371 777	62 731	309 046	5 125	2 280	--	135 040
其中:深圳	4	775 500	67	168 000	103 035	25 035	78 000	--	--	--	--
广西	12	30 269	34	8 607	11 139	3 645	7 494	400	100	--	--
海南	4	50 140	20	2 375	3 002	627	2 375	100	--	--	--
重庆	22	118 735	151	25 136	27 477	486	26 991	12 170	30	--	--
四川	44	333 573	185	107 738	111 349	20 659	90 690	14 193	--	--	--
贵州	5	145 260	59	10 098	10 218	870	9 348	9 348	--	--	--
云南	96	286 406	170	86 612	93 710	13 581	80 129	73 454	2 117	200	190
西藏	1	450	--	450	450	--	450	300	--	--	--
陕西	14	56 451	37	33 850	34 800	390	34 410	26 680	100	--	--
甘肃	11	110 518	49	19 600	16 403	1 213	15 190	1 110	1 300	--	--
青海	3	4 340	6	1 760	2 545	--	2 545	--	600	--	--
宁夏	12	11 485	10	3 030	3 754	--	3 754	1 190	--	--	--
新疆	20	430 522	90	23 105	30 363	349	30 014	11 415	--	--	--

固定资产投资情况（总计）

单位：个、千平方米、千元

来源总计						累计完成投资		新增固定资产		本年全部建成交付使用的项目个数及竣工面积	
金来源合计							本年完成投资		本年新增固定资产		
自筹资金				其他资金来源						建成项目	竣工面积
	中央自筹	地方自筹	单位自筹		集资						
963 585	**9 296**	**619 388**	**229 789**	**159 541**	**98 919**	**6 816 486**	**2 660 826**	**819 471**	**672 372**	**296**	**887**
168 924	8 516	- -	95 020	- -	- -	1 458 073	776 689	102 302	95 074	1	10
794 661	780	619 388	134 769	159 541	98 919	5 358 413	1 884 137	717 169	577 298	295	877
1 730	- -	1 460	270	1 300	- -	201 366	68 967	11 552	9 104	2	11
3 000	- -	800	- -	400	- -	7 515	6 815	- -	- -	1	4
108 657	- -	99 382	9 015	7 823	6 263	443 062	134 963	23 792	21 672	22	63
22 826	- -	12 050	10 776	14 890	12 047	124 696	39 890	11 210	10 430	13	40
950	- -	20	610	100	100	10 708	3 333	3 524	1 749	5	9
7 673	- -	700	2 973	- -	- -	195 810	68 373	3 424	3 424	2	4
- -	- -	- -	- -	- -	- -	4 067	800	3 267	3 267	1	3
4 120	- -	4 120	- -	- -	- -	5 120	5 120	5 120	5 120	4	1
1 400	- -	900	- -	- -	- -	15 400	10 550	6 559	6 559	2	9
80 872	- -	56 420	9 022	21 800	- -	732 623	245 313	69 564	34 262	4	27
99 291	- -	74 165	22 276	8 221	5 730	389 520	192 035	17 492	16 572	24	116
127 752	- -	95 854	26 645	4 308	3 234	398 737	185 064	31 800	23 268	14	53
5 626	- -	1 500	4 126	- -	- -	14 026	6 026	13 826	13 826	1	2
1 841	200	708	933	11 584	10 384	53 796	48 933	2 107	2 107	3	6
11 205	- -	5 930	4 565	1 737	1 560	86 633	36 018	9 501	5 479	14	30
474	- -	120	354	50	- -	4 798	1 838	3 471	1 611	3	3
5 650	- -	3 420	2 230	4 018	3 238	117 952	27 655	6 375	6 375	11	43
7 023	- -	6 693	330	2 060	1 140	160 250	21 476	5 534	5 534	13	44
- -	- -	- -	- -	900	900	6 100	2 510	- -	- -	- -	- -
9 792	- -	8 780	1 012	3 840	2 570	84 577	24 649	25 241	20 479	6	25
28 190	- -	13 880	14 170	5 119	4 819	199 071	111 108	12 339	11 199	17	35
12 940	130	4 176	6 985	17 096	7 723	284 144	79 366	34 726	34 726	16	59
154 301	300	144 220	8 681	12 300	9 370	1 169 402	279 502	298 593	278 017	39	67
78 000	- -	78 000	- -	- -	- -	74 085	37 133	- -	- -	- -	- -
4 025	- -	4 025	- -	2 969	2 312	21 286	6 759	562	370	2	2
2 255	- -	2 255	- -	20	20	51 447	2 462	51 447	2 462	4	20
1 040	- -	360	580	13 751	9 100	34 526	21 581	6 641	6 641	8	20
67 490	- -	58 290	7 666	9 007	7 129	222 132	101 134	11 875	10 715	11	76
- -	- -	- -	- -	- -	- -	25 998	10 248	6 800	6 800	1	6
3 998	150	700	2 576	170	110	132 860	78 262	33 554	32 471	34	65
150	- -	150	- -	- -	- -	450	450	450	450	1	- -
1 200	- -	320	280	6 430	3 430	54 175	33 680	7 268	7 068	8	19
7 480	- -	6 380	1 100	5 300	5 000	24 805	14 977	6 360	6 060	1	- -
520	- -	- -	520	1 425	900	3 352	320	1 400	780	1	2
1 694	- -	280	554	870	- -	5 989	1 990	3 649	2 795	5	6
15 596	- -	12 950	1 000	3 003	2 740	101 011	23 144	8 710	4 610	7	15

全国各地区文化事业单位

地区	项目个数	计划总投资	建筑面积	本年计划投资	本年资金						
						上年结余资金	本年资				
								国家投资	国内贷款	债券	利用外资
总计	**626**	**14 384 869**	**3 703**	**2 800 051**	**3 022 235**	**696 962**	**2 325 273**	**1 121 299**	**174 147**	**120**	**290**
中央	26	6 193 969	577	657 684	977 255	318 146	659 109	490 261	--	--	--
地方	600	8 190 900	3 126	2 142 367	2 044 980	378 816	1 666 164	631 038	174 147	120	290
北京	2	208 000	41	60 000	127 560	56 160	71 400	71 400	--	--	--
天津	2	13 394	10	12 694	6 930	--	6 930	3 530	--	--	--
河北	35	409 531	145	183 090	143 982	3 554	140 428	24 860	1 150	--	--
山西	34	147 513	146	48 162	47 329	2 777	44 552	6 836	--	--	--
内蒙古	6	12 804	12	2 741	4 527	78	4 449	3 519	--	--	--
辽宁	7	519 700	76	114 400	116 030	900	115 130	108 750	--	--	--
其中:大连	1	2 100	2	800	800	--	800	800	--	--	--
吉林	4	4 640	6	3 800	3 600	--	3 600	400	--	--	--
黑龙江	3	19 300	65	10 000	10 550	--	10 550	9 150	--	--	--
上海	8	724 980	116	160 200	174 489	14 490	159 999	45 400	35 000	--	--
江苏	59	1 081 239	469	315 063	276 734	63 356	213 378	118 660	1 000	--	--
浙江	41	759 659	280	224 107	189 975	18 621	171 354	20 330	25 000	--	--
其中:宁波	2	14 500	10	6 200	5 826	200	5 626	--	--	--	--
安徽	16	120 760	82	48 957	53 898	1 103	52 795	40 090	--	--	--
福建	29	99 220	89	16 403	25 179	1 538	23 641	12 860	600	--	100
其中:厦门	3	3 820	3	753	973	--	973	500	--	--	100
江西	22	126 590	90	14 945	76 742	58 149	18 593	5 945	3 180	--	--
山东	24	221 490	116	32 490	44 548	15 275	29 273	20 690	--	--	--
其中:青岛	3	12 700	14	2 400	2 510	110	2 400	1 500	--	--	--
河南	19	89 620	82	25 170	22 055	2 853	19 202	9 650	--	--	--
湖北	29	219 800	98	171 130	108 200	41 940	66 260	800	37 790	100	--
湖南	43	374 453	206	88 242	103 652	7 696	95 956	1 060	64 860	--	--
广东	44	1 607 609	342	335 279	211 770	51 901	159 869	3 010	1 350	--	--
其中:深圳	4	775 500	67	168 000	103 035	25 035	78 000	--	--	--	--
广西	9	25 880	28	5 175	7 465	3 420	4 045	200	100	--	--
海南	2	49 180	19	1 520	2 147	627	1 520	--	--	--	--
重庆	11	43 050	82	15 270	17 261	76	17 185	10 100	--	--	--
四川	34	308 263	151	102 448	106 032	20 659	85 373	13 093	--	--	--
贵州	3	142 160	59	8 998	9 868	870	8 998	8 998	--	--	--
云南	64	250 509	127	62 248	68 466	10 821	57 645	51 602	2 117	20	190
西藏	--	--	--	--	--	--	--	--	--	--	--
陕西	12	55 051	34	32 650	33 400	390	33 010	26 680	100	--	--
甘肃	10	110 518	49	19 600	16 343	1 213	15 130	1 050	1 300	--	--
青海	3	4 340	6	1 760	2 545	--	2 545	--	600	--	--
宁夏	6	11 305	10	2 900	3 520	--	3 520	1 140	--	--	--
新疆	19	430 342	90	22 925	30 183	349	29 834	11 235	--	--	--

基本建设投资情况(总计)

单位:个、千平方米、千元

来源总计						累计完成投资		新增固定资产		本年全部建成交付使用的项目个数及竣工面积	
金来源合计							本年完成投资		本年新增固定资产	建成项目	竣工面积
自筹资金	中央自筹	地方自筹	单位自筹	其他资金来源	集资						
889 773	**8 870**	**591 815**	**203 039**	**139 644**	**86 565**	**6 038 290**	**2 392 690**	**743 879**	**607 114**	**217**	**784**
168 848	8 440	- -	95 020	- -	- -	1 449 040	768 636	94 682	87 454	1	10
720 925	430	591 815	108 019	139 644	86 565	4 589 250	1 624 054	649 197	519 660	216	774
- -	- -	- -	- -	- -	- -	145 700	56 880	714	714	- -	- -
3 000	- -	800	- -	400	- -	7 515	6 815	- -	- -	1	4
106 708	- -	98 530	8 018	7 710	6 150	423 189	130 571	22 140	20 070	15	56
22 826	- -	12 050	10 776	14 890	12 047	124 696	39 890	11 210	10 430	13	40
930	- -	- -	610	- -	- -	10 588	3 213	3 404	1 629	5	9
6 380	- -	700	1 680	- -	- -	191 250	67 080	157	157	1	1
- -	- -	- -	- -	- -	- -	800	800	- -	- -	- -	- -
3 200	- -	3 200	- -	- -	- -	3 600	3 600	3 600	3 600	- -	- -
1 400	- -	900	- -	- -	- -	15 400	10 550	6 559	6 559	2	9
59 799	- -	56 420	3 379	19 800	- -	614 200	232 530	63 474	28 172	3	23
87 677	- -	68 945	15 882	6 041	3 550	366 933	173 368	10 383	10 383	20	111
121 736	- -	95 819	23 945	4 288	3 234	396 250	182 577	31 416	22 884	13	51
5 626	- -	1 500	4 126	- -	- -	14 026	6 026	13 826	13 826	1	2
1 121	- -	188	933	11 584	10 384	52 446	48 183	1 807	1 807	3	6
8 694	- -	4 300	3 794	1 387	1 260	67 437	21 702	4 500	2 640	11	22
373	- -	120	253	- -	- -	3 873	913	2 653	793	3	3
5 650	- -	3 420	2 230	3 818	3 238	117 712	27 415	6 275	6 275	9	40
6 523	- -	6 193	330	2 060	1 140	159 250	20 976	5 534	5 534	12	43
- -	- -	- -	- -	900	900	6 100	2 510	- -	- -	- -	- -
5 712	- -	5 030	682	3 840	2 570	75 208	20 072	22 241	20 479	5	21
23 590	- -	13 580	9 870	3 980	3 680	193 153	106 380	7 770	6 630	13	26
12 940	130	4 176	6 985	17 096	7 723	284 144	79 366	34 726	34 726	16	59
144 009	300	135 179	7 430	11 500	9 070	718 434	136 903	290 209	270 471	12	51
78 000	- -	78 000	- -	- -	- -	74 085	37 133	- -	- -	- -	- -
2 825	- -	2 825	- -	920	920	18 868	4 465	562	370	2	2
1 500	- -	1 500	- -	20	20	50 490	1 607	50 490	1 607	2	19
490	- -	360	130	6 595	4 200	20 276	12 675	941	941	5	17
64 303	- -	57 300	5 469	7 977	6 399	216 825	99 137	10 315	9 155	9	65
- -	- -	- -	- -	- -	- -	25 498	9 848	6 800	6 800	1	6
3 606	- -	550	2 526	110	110	102 726	55 710	29 532	28 589	26	51
- -	- -	- -	- -	- -	- -	- -	- -	- -	- -	- -	- -
1 200	- -	320	280	5 030	2 230	52 975	32 480	6 068	5 868	7	19
7 480	- -	6 380	1 100	5 300	5 000	24 445	14 917	6 000	6 000	- -	- -
520	- -	- -	520	1 425	900	3 352	320	1 400	780	1	2
1 510	- -	200	450	870	- -	5 859	1 860	2 440	1 960	3	6
15 596	- -	12 950	1 000	3 003	2 740	100 831	22 964	8 530	4 430	6	15

全国各地区主要文化产业

地区	艺术表演团体						图书馆				
	项目个数		建筑面积		资金来源	完成投资	项目个数		建筑面积		资金来源
	(个)	竣工	(千平方米)	竣工	(千元)	(千元)	(个)	竣工	(千平方米)	竣工	(千元)
全国	**53**	**19**	**190**	**56**	**103 716**	**51 956**	**130**	**41**	**864**	**114**	**584 046**
北京	1	– –	4	– –	4 400	4 400	1	– –	37	– –	123 160
天津	– –	– –	– –	– –	– –	– –	– –	– –	– –	– –	– –
河北	2	– –	4	– –	510	350	10	5	31	19	7 540
山西	2	1	3	2	960	960	2	– –	20	– –	11 117
内蒙古	– –	– –	– –	– –	– –	– –	– –	– –	– –	– –	– –
辽宁	– –	– –	– –	– –	– –	– –	4	– –	20	– –	21 330
其中:大连	– –	– –	– –	– –	– –	– –	1	– –	2	– –	800
吉林	– –	– –	– –	– –	– –	– –	1	– –	2	– –	700
黑龙江	– –	– –	– –	– –	– –	– –	2	1	60	4	9 650
上海	– –	– –	– –	– –	– –	– –	3	1	28	5	6 240
江苏	6	1	30	– –	34 695	14 271	12	2	155	9	62 651
浙江	– –	– –	– –	– –	– –	– –	7	3	26	3	23 519
其中:宁波	– –	– –	– –	– –	– –	– –	– –	– –	– –	– –	– –
安徽	3	1	16	2	10 828	8 107	4	1	31	1	30 140
福建	1	1	5	5	300	300	6	1	17	1	877
其中:厦门	– –	– –	– –	– –	– –	– –	1	1	1	1	100
江西	1	– –	1	– –	130	130	4	1	17	2	16 010
山东	3	2	7	4	2 400	900	7	2	59	12	26 468
其中:青岛	1	– –	3	– –	900	900	– –	– –	– –	– –	– –
河南	2	1	12	6	10 280	6 182	7	2	35	5	4 210
湖北	6	2	12	3	10 940	10 100	5	3	46	8	87 350
湖南	5	1	13	3	4 533	4 030	6	2	13	4	3 243
广东	6	3	44	10	17 390	–4 024	10	2	100	3	57 584
其中:深圳	1	– –	6	– –	1 310	653	1	– –	35	– –	51 550
广西	2	– –	3	– –	450	350	1	1	2	2	105
海南	1	1	4	4	400	400	– –	– –	– –	– –	– –
重庆	1	1	2	2	1 000	1 000	5	2	25	6	9 636
四川	1	– –	1	– –	583	583	8	3	20	6	3 978
贵州	1	1	6	6	– –	– –	1	– –	22	– –	9 670
云南	3	– –	3	– –	647	647	15	5	49	8	34 333
西藏	– –	– –	– –	– –	– –	– –	– –	– –	– –	– –	– –
陕西	1	– –	5	– –	2 800	2 800	4	3	16	15	25 030
甘肃	– –	– –	– –	– –	– –	– –	1	– –	5	– –	– –
青海	– –	– –	– –	– –	– –	– –	– –	– –	– –	– –	– –
宁夏	1	– –	3	– –	20	20	2	1	2	1	670
新疆	4	3	12	9	450	450	2	– –	26	– –	8 835

单位基本建设投资情况

完成投资（千元）	文化馆 项目个数（个）	竣工	建筑面积（千平方米）	竣工	资金来源（千元）	完成投资（千元）	博物馆 项目个数（个）	竣工	建筑面积（千平方米）	竣工	资金来源（千元）	完成投资（千元）
429 452	**89**	**30**	**229**	**72**	**91 760**	**84 820**	**110**	**31**	**1 268**	**206**	**881 539**	**639 573**
52 480	— —	— —	— —	— —	— —	— —	1	1	1	1	2 430	— —
— —	2	1	10	4	6 930	6 815	— —	— —	— —	— —	— —	— —
7 540	5	2	11	5	2 728	2 728	2	— —	3	— —	1 750	1 750
7 000	1	— —	1	— —	— —	— —	2	— —	500	— —	710	220
— —	— —	— —	— —	— —	— —	— —	1	— —	3	— —	1 050	1 620
20 713	1	— —	4	— —	4 100	3 600	5	— —	30	— —	129 941	101 960
800	— —	— —	— —	— —	— —	— —	— —	— —	— —	— —	— —	— —
700	2	— —	2	— —	1 200	1 200	1	1	6	6	6 300	6 300
9 650	— —	— —	— —	— —	— —	— —	— —	— —	— —	— —	— —	— —
27 568	2	2	18	18	26 139	33 292	4	3	58	46	53 166	53 208
32 168	5	1	25	1	8 687	5 672	11	3	56	19	140 262	62 849
30 064	2	1	9	3	2 220	2 220	10	4	34	17	25 362	21 188
— —	— —	— —	— —	— —	— —	— —	— —	— —	— —	— —	— —	— —
29 798	1	— —	1	— —	180	180	3	— —	16	— —	2 240	1 500
817	6	4	10	6	2 850	520	5	1	44	1	56 066	48 934
40	1	1	1	1	120	120	— —	— —	— —	— —	— —	— —
5 350	7	2	18	4	4 710	4 070	5	1	37	33	44 997	19 557
12 438	1	1	— —	— —	660	— —	5	2	52	21	17 405	22 270
— —	— —	— —	— —	— —	— —	— —	— —	— —	— —	— —	— —	— —
4 160	5	— —	15	— —	1 470	1 470	6	3	96	10	22 392	22 469
87 240	1	— —	1	— —	650	650	4	— —	9	— —	100	100
3 033	8	2	17	3	3 936	3 026	3	1	20	3	48 605	56 710
22 345	3	1	7	2	1 550	1 570	13	3	100	9	112 387	56 153
18 240	— —	— —	— —	— —	— —	— —	1	1	2	2	4 000	4 000
105	— —	— —	— —	— —	— —	— —	2	— —	9	— —	24 130	24 130
— —	— —	— —	— —	— —	— —	— —	— —	— —	— —	— —	— —	— —
7 530	1	1	3	3	710	710	3	1	17	7	16 572	16 611
4 035	6	2	16	8	7 970	8 430	7	2	52	16	24 499	13 089
9 650	— —	— —	— —	— —	— —	— —	— —	— —	— —	— —	— —	— —
21 478	21	8	24	10	4 880	4 990	4	2	16	13	43 205	39 855
— —	— —	— —	— —	— —	— —	— —	— —	— —	— —	— —	— —	— —
24 980	— —	— —	— —	— —	— —	— —	6	— —	80	— —	58 370	25 890
— —	5	— —	17	— —	4 330	2 817	3	1	4	1	4 650	3 850
— —	— —	— —	— —	— —	— —	— —	1	— —	20	— —	43 480	37 890
110	1	1	2	2	860	860	1	1	3	3	870	870
8 500	3	1	18	3	5 000	— —	2	1	2	— —	600	600

全国各地区文化部门机关事业费收支情况

地区	机构数(个)	本年收入合计(千元)	财政补助收入	下级上缴收入	其他收入	实际支出(千元)	事业支出	1.本机关支出	事业编制人员劳动报酬	2.补助本级、下级支出	3.其他外拨
总计	**2 387**	**1 314 597**	**1 109 340**	**36 787**	**168 470**	**1 243 535**	**1 033 033**	**952 113**	**130 411**	**270 824**	**20 598**
中央	1	47 815	47 815	--	--	39 569		39 569	--	--	--
地方	2 386	1 266 782	1 061 525	36 787	168 470	1 203 966	1 033 033	912 544	130 411	270 824	20 598
北京	20	39 543	30 561	4 954	4 028	36 194	34 975	28 491	1 789	7 696	7
天津	16	10 982	6 564	325	4 093	10 539	5 828	8 684	630	1 036	819
河北	169	47 687	45 433	211	2 043	47 509	47 068	38 219	12 655	9 277	13
山西	103	16 187	15 032	100	1 055	16 291	16 160	15 522	4 224	669	100
内蒙古	81	21 258	20 103	142	1 013	18 695	17 119	14 184	4 454	4 258	253
辽宁	86	39 268	38 534	70	664	38 908	25 751	24 481	2 690	12 825	1 602
其中:大连	11	7 718	7 578	--	140	7 768	4 092	6 010	49	1 758	--
吉林	59	21 973	20 898	57	1 018	20 129	19 859	18 040	524	2 074	15
黑龙江	81	14 135	12 733	--	1 402	14 262	13 151	13 065	1 733	1 197	--
上海	21	129 017	95 516	17 897	15 604	136 439	107 834	121 984	1 079	13 156	1 299
江苏	99	83 211	72 167	2 395	8 649	70 844	63 740	43 579	3 679	25 694	1 571
浙江	95	84 975	66 835	4 015	14 125	87 202	58 053	66 187	4 771	17 524	3 491
其中:宁波	11	19 097	15 126	2 087	1 884	20 369	12 320	9 890	1 243	8 052	2 427
安徽	88	36 795	28 309	241	8 245	33 511	29 181	28 795	5 859	4 673	43
福建	91	73 020	70 172	141	2 707	64 271	39 053	36 179	1 411	27 192	900
其中:厦门	5	4 366	4 283	--	83	4 095	2 115	1 534	--	2 461	100
江西	112	13 832	9 650	871	3 311	16 313	15 574	14 240	2 529	2 034	39
山东	139	93 095	83 961	543	8 591	83 242	83 242	72 236	12 101	9 693	1 313
其中:青岛	11	14 042	7 847	543	5 652	10 808	10 808	9 368	2 104	1 277	163
河南	153	61 115	52 388	954	7 773	59 808	51 388	50 039	11 310	8 371	1 398
湖北	97	48 842	36 978	973	10 891	45 375	40 277	42 050	12 744	2 851	474
湖南	127	52 771	42 719	756	9 296	50 986	49 141	36 990	8 495	13 282	714
广东	130	175 482	147 044	544	27 894	152 679	138 636	101 976	10 039	48 429	2 274
其中:深圳	7	39 522	32 918	--	6 604	36 345	36 345	35 168	1 028	1 177	--
广西	90	26 412	21 393	40	4 979	28 524	24 635	19 759	2 028	6 129	2 636
海南	23	7 727	6 944	35	748	9 028	9 028	7 445	1 947	1 421	162
重庆	45	16 511	11 174	1 067	4 270	15 966	15 556	12 760	2 947	3 206	--
四川	157	52 089	34 544	429	17 116	49 858	44 455	36 183	9 694	13 267	408
贵州	37	18 725	16 590	--	2 135	19 396	9 785	6 821	1 589	12 575	--
云南	140	44 220	39 862	17	4 341	41 524	40 484	34 991	4 241	5 567	966
西藏	6	7 776	7 698	--	78	6 218	4 447	3 791	1 891	2 427	--
陕西	38	5 683	5 037	10	636	5 688	4 461	3 662	576	1 975	51
甘肃	30	10 927	9 907	--	1 020	11 398	11 096	3 890	1 037	7 478	30
青海	7	3 819	3 514	--	305	3 987	3 987	2 752	851	1 230	5
宁夏	23	3 712	3 351	--	361	3 190	3 104	1 934	381	1 241	15
新疆	23	5 993	5 914	--	79	5 992	5 965	3 615	513	2 377	--

全国各地区文化部门省级机关事业费收支情况

地区	机构数(个)	本年收入合计(千元)	财政补助收入	下级上缴收入	其他收入	实际支出(千元)	事业支出	1.本机关支出	事业编制人员劳动报酬	2.补助下级支出	3.其他外拨
总计	**30**	**295 418**	**264 152**	**10 705**	**20 561**	**278 322**	**250 873**	**205 807**	**2 212**	**68 874**	**3 641**
北京	1	8 363	8 363	--	--	7 869	7 869	7 869	260	--	--
天津	1	1 472	--	--	1 472	1 472	--	1 472	--	--	--
河北	1	10 317	10 317	--	--	10 197	10 197	2 370	--	7 827	--
山西	1	2 373	2 139	--	234	2 708	2 708	2 708	--	--	--
内蒙古	1	3 541	3 307	130	104	1 263	1 143	616	--	417	230
辽宁	1	5 840	5 770	70	--	5 410	5 350	1 000	--	4 350	60
吉林	1	6 831	6 831	--	--	5 261	5 261	5 261	--	--	--
黑龙江	1	2 446	2 446	--	--	2 446	2 316	2 446	130	--	--
上海	1	85 619	74 009	9 743	1 867	98 547	90 151	98 547	--	--	--
江苏	1	15 959	15 959	--	--	9 939	9 939	1 550	--	8 389	--
浙江	1	9 277	8 845	--	432	10 444	--	10 444	--	--	--
安徽	1	9 867	5 118	120	4 629	6 502	6 452	6 452	105	50	--
福建	1	26 161	25 361	--	800	17 925	17 925	17 925	--	--	--
江西	1	1 954	1 443	--	511	4 499	4 499	4 499	--	--	--
山东	1	12 425	12 274	--	151	8 357	8 357	2 432	--	5 175	750
河南	1	9 188	8 551	--	637	9 679	6 890	9 679	--	--	--
湖北	1	7 780	7 250	--	530	4 480	4 480	4 480	--	--	--
湖南	1	10 874	10 077	--	797	8 798	8 798	--	--	8 798	--
广东	1	31 160	24 670	--	6 490	25 430	25 180	9 880	--	15 550	--
广西	1	4 928	4 867	--	61	7 439	7 439	2 657	--	2 331	2 451
海南	1	2 284	1 966	30	288	3 506	3 506	3 159	720	197	150
重庆	1	3 542	2 565	612	365	3 027	3 027	798	--	2 229	--
四川	1	2 400	2 400	--	--	2 400	--	--	--	2 400	--
贵州	1	3 994	3 950	--	44	3 994	3 994	600	62	3 394	--
云南	1	4 647	4 040	--	607	4 682	4 180	4 682	--	--	--
西藏	--	--	--	--	--	--	--	--	--	--	--
陕西	1	836	836	--	--	836	--	836	--	--	--
甘肃	1	7 136	7 136	--	--	7 437	7 437	495	--	6 942	--
青海	1	2 921	2 621	--	300	3 089	3 089	2 264	825	825	--
宁夏	1	1 173	931	--	242	576	576	576	--	--	--
新疆	1	110	110	--	--	110	110	110	110	--	--

全国各地区文化部门地市级机关事业费收支情况

地区	机构数（个）	本年收入合计（千元）	财政补助收入	下级上缴收入	其他收入	实际支出（千元）	事业支出	1.本机关支出	事业编制人员劳动报酬	2.补助本级、下级支出	3.其他外拨
总计	**365**	**449 985**	**370 527**	**16 635**	**62 823**	**403 299**	**327 749**	**282 220**	**28 357**	**116 700**	**4 379**
北京	13	25 638	16 762	4 954	3 922	23 147	22 123	17 400	682	5 740	7
天津	11	4 813	2 286	40	2 487	4 370	3 692	3 434	265	936	－－
河北	11	15 577	15 377	－－	200	15 676	15 676	15 330	3 159	346	－－
山西	8	3 786	3 176	100	510	3 710	3 657	3 657	762	53	－－
内蒙古	18	5 667	5 557	－－	110	5 448	4 846	3 934	788	1 514	－－
辽宁	14	8 225	8 225	－－	－－	8 225	5 049	7 715	473	510	－－
其中：大连	1	654	654	－－	－－	654	－－	654	－－	－－	－－
吉林	9	5 534	5 313	－－	221	5 200	5 200	5 200	69	－－	－－
黑龙江	14	4 336	3 488	－－	848	4 608	3 760	3 746	85	862	－－
上海	15	40 472	19 200	8 038	13 234	35 114	15 068	20 854	805	12 961	1 299
江苏	13	30 031	26 450	577	3 004	24 084	19 571	19 234	795	4 850	－－
浙江	11	21 736	19 151	110	2 475	20 187	19 231	13 839	953	6 167	181
其中：宁波	1	5 368	5 341	－－	27	4 704	4 704	1 630	－－	2 972	102
安徽	14	8 971	8 342	－－	629	9 276	7 834	7 021	910	2 242	13
福建	10	28 106	27 718	－－	388	27 000	8 008	7 576	442	19 343	81
其中：厦门	1	2 386	2 323	－－	63	2 115	2 115	1 336	－－	779	－－
江西	13	5 031	3 404	420	1 207	5 207	5 118	4 518	585	689	－－
山东	14	36 938	32 478	452	4 008	32 315	32 315	29 658	1 125	2 657	－－
其中：青岛	1	8 014	3 950	452	3 612	5 050	5 050	3 773	－－	1 277	－－
河南	18	22 675	18 390	641	3 644	20 512	19 484	16 431	2 239	4 001	80
湖北	13	14 184	11 650	180	2 354	13 473	11 512	12 752	3 780	581	140
湖南	14	15 427	11 259	225	3 943	15 391	14 661	11 910	1 042	3 435	46
广东	22	71 810	63 640	370	7 800	54 291	49 756	28 581	2 292	23 723	1 987
其中：深圳	1	9 803	9 803	－－	－－	8 784	8 784	8 784	－－	－－	－－
广西	15	12 082	8 235	30	3 817	12 263	9 087	9 373	316	2 705	185
海南	2	1 882	1 798	－－	84	2 017	2 017	1 371	290	646	－－
重庆	16	8 159	4 706	408	3 045	7 889	7 479	7 164	1 774	725	－－
四川	17	16 902	13 200	79	3 623	14 654	14 232	8 161	1 693	6 460	33
贵州	7	10 210	9 941	－－	269	10 362	1 467	2 585	276	7 777	－－
云南	25	17 689	16 818	11	860	16 231	16 068	13 438	645	2 469	324
西藏	6	7 776	7 698	－－	78	6 218	4 447	3 791	1 891	2 427	－－
陕西	4	769	769	－－	－－	872	872	629	112	240	3
甘肃	5	1 015	1 015	－－	－－	1 015	1 015	805	－－	210	－－
青海	1	110	110	－－	－－	110	110	－－	－－	110	－－
宁夏	4	29	29	－－	－－	29	16	29	16	－－	－－
新疆	8	4 405	4 342	－－	63	4 405	4 378	2 084	93	2 321	－－

全国各地区文化部门县级机关事业费收支情况

地区	机构数(个)	本年收入合计(千元)				实际支出(千元)					
			财政补助收入	下级上缴收入	其他收入		事业支出	1.本机关支出	事业编制人员劳动报酬	2.补助本级、下级支出	3.其他外拨
总计	**1 991**	**521 379**	**426 846**	**9 447**	**85 086**	**522 345**	**454 411**	**424 517**	**99 842**	**85 250**	**12 578**
北京	6	5 542	5 436	--	106	5 178	4 983	3 222	847	1 956	--
天津	4	4 697	4 278	285	134	4 697	2 136	3 778	365	100	819
河北	157	21 793	19 739	211	1 843	21 636	21 195	20 519	9 496	1 104	13
山西	94	10 028	9 717	--	311	9 873	9 795	9 157	3 462	616	100
内蒙古	62	12 050	11 239	12	799	11 984	11 130	9 634	3 666	2 327	23
辽宁	71	25 203	24 539	--	664	25 273	15 352	15 766	2 217	7 965	1 542
其中:大连	10	7 064	6 924	--	140	7 114	4 092	5 356	49	1 758	--
吉林	49	9 608	8 754	57	797	9 668	9 398	7 579	455	2 074	15
黑龙江	66	7 353	6 799	--	554	7 208	7 075	6 873	1 518	335	--
上海	5	2 926	2 307	116	503	2 778	2 615	2 583	274	195	--
江苏	85	37 221	29 758	1 818	5 645	36 821	34 230	22 795	2 884	12 455	1 571
浙江	83	53 962	38 839	3 905	11 218	56 571	38 822	41 904	3 818	11 357	3 310
其中:宁波	10	13 729	9 785	2 087	1 857	15 665	7 616	8 260	1 243	5 080	2 325
安徽	73	17 957	14 849	121	2 987	17 733	14 895	15 322	4 844	2 381	30
福建	80	18 753	17 093	141	1 519	19 346	13 120	10 678	969	7 849	819
其中:厦门	4	1 980	1 960	--	20	1 980	--	198	--	1 682	100
江西	98	6 847	4 803	451	1 593	6 607	5 957	5 223	1 944	1 345	39
山东	124	43 732	39 209	91	4 432	42 570	42 570	40 146	10 976	1 861	563
其中:青岛	10	6 028	3 897	91	2 040	5 758	5 758	5 595	2 104	--	163
河南	134	29 252	25 447	313	3 492	29 617	25 014	23 929	9 071	4 370	1 318
湖北	83	26 878	18 078	793	8 007	27 422	24 285	24 818	8 964	2 270	334
湖南	112	26 470	21 383	531	4 556	26 797	25 682	25 080	7 453	1 049	668
广东	107	72 512	58 734	174	13 604	72 958	63 700	63 515	7 747	9 156	287
其中:深圳	6	29 719	23 115	--	6 604	27 561	27 561	26 384	1 028	1 177	--
广西	74	9 402	8 291	10	1 101	8 822	8 109	7 729	1 712	1 093	--
海南	20	3 561	3 180	5	376	3 505	3 505	2 915	937	578	12
重庆	28	4 810	3 903	47	860	5 050	5 050	4 798	1 173	252	--
四川	139	32 787	18 944	350	13 493	32 804	30 223	28 022	8 001	4 407	375
贵州	29	4 521	2 699	--	1 822	5 040	4 324	3 636	1 251	1 404	--
云南	114	21 884	19 004	6	2 874	20 611	20 236	16 871	3 596	3 098	642
西藏	--	--	--	--	--	--	--	--	--	--	--
陕西	33	4 078	3 432	10	636	3 980	3 589	2 197	464	1 735	48
甘肃	24	2 776	1 756	--	1 020	2 946	2 644	2 590	1 037	326	30
青海	5	788	783	--	5	788	788	488	26	295	5
宁夏	18	2 510	2 391	--	119	2 585	2 512	1 329	365	1 241	15
新疆	14	1 478	1 462	--	16	1 477	1 477	1 421	310	56	--

综合部分主要指标解释

国有经济：指生产资料归国家所有的一种经济类型。包括由国有单位使用自有资金投资举办的企业。

集体经济：指生产资料归公民集体所有的一种经济类型。

私营经济：指生产资料归公民个人所有、以雇佣劳动为基础的一种经济类型。包括所有按照《中华人民共和国私营企业暂行条例》规定注册的私营独资企业、私营合伙企业和私营有限责任公司。

个体经济：指生产资料归劳动者个人所有，以个体劳动为基础，劳动成果归劳动者个人占有和支配的一种经济类型。包括所有按照《民法通则》和《城乡个体工商户管理暂行条例》规定登记注册的个体工商户和个人合伙。

联营经济：指不同所有制性质的企业之间或者企业、事业单位之间共同投资组成新的经济实体的一种经济类型。联营经济只包括具备法人条件的紧密型联营单位，不具备法人条件的半紧密型联营单位和松散型联营单位，仍按各自的所有制性质划归经济类型。相同所有制性质的企业之间或者企业、事业之间共同投资组成的紧密型联营单位，不列此类，按其所有制性质划归相应的经济类型。

股份制经济：指全部注册资本由全体股东共同出资，并以股份形式投资举办企业而形成的一种经济类型。股份制经济主要有股份有限公司和有限责任公司两种组织形式。

股份有限公司是指全部注册资本由等额股份构成并通过发行股票（或股权证）筹集资本，股东以其认购的股份对公司承担有限责任，公司以其全部资产对其债务承担责任的企业法人。

有限责任公司是指由两个以上股东出资，每个股东以其所认购的出资额对公司承担有限责任，公司以其全部资产对其债务承担责任的企业法人。

国有、集体、联营、私营企业等经济组织虽以股份制形式经营，但不以股份有限公司或有限责任公司登记注册的，仍按原所有制性质划归经济类型。

虽以有限责任公司名义注册，但由一个国有经济或集体经济股东投资的有限责任公司，暂按其股东的所有制性质划归经济类型。

外商投资经济：指外国投资者根据中华人民共和国有关涉外经济的法律、法规，以合资、合作或独资的形式在中国大陆境内开办企业而形成的一种经济类型。外商投资经济包括中外合资经营企业、中外合作经营企业和外资企业三种形式。

港、澳、台投资经济：指港、澳、台地区投资者参照中华人民共和国有关涉外经济的法律、法规，以合资、合作或独资的形式在大陆开办企业而形成的一种经济类型。港、澳、台投资经济参照外商投资经济可以分为合资经营企业、合作经营企业和独资企业三种形式。

其他经济:指上述各种经济类型之外的其他经济类型。

一、机构、人员类

1.文化产业机构的基本概念

文化产业机构:指专门从事文化工作具有法人资格、独立核算的事业、企业单位,以及单独核算、附属于事业单位的经营性专业文化活动单位。包括艺术业、图书馆业、群众文化业、文物业、文化艺术教育业、出版业、娱乐业、文化经纪与代理业,以及不属于以上分类的其他文化产业。

2.非文化产业机构的基本概念

非文化产业机构:指不属于以上"文化产业机构"的、直属于各级文化主管部门的事业、企业单位,以及文化系统内各事业单位办的各类经营性的非文化产业活动单位。

3.机构的部门分类

全部产业机构按隶属关系,分为"文化部门"和"其他部门"两种。

4.机构的经济类型分类

全部产业机构按经济类型分为国有经济,集体经济,私营经济,个体经济,联合经济,股份经济,外商投资经济,港、澳、台投资经济,其他经济等9种。

5.机构的经济性质分类

全部产业机构按经济性质分为"事业单位"和"企业单位"两类:

事业单位:指财务上执行事业会计制度单位。

企业单位:指财务上执行企业会计制度单位。

6.机构的隶属关系分类

产业机构的隶属关系按其主管部门的行政级别分为"中央"、"省、区、市"、"地、市"、"县、市及以下"四级。

中央:指中央党政机关或人民团体直接领导的文化产业机构。

省、区、市:指省、自治区、直辖市的党政机关或人民团体直接领导的文化产业机构。

地、市:指地区、自治州、盟、省辖市及直辖市的城区的党政机关或人民团体直接领导的文化产业机构。

县、市及以下:指县、县级市、旗及省辖市的区和直辖市的郊区的党政机关或人民团体直接领导的文化产业机构,以及县级以下的党政机关或人民团体直接领导的文化产业机构。

7.机构、人员具体指标涵义

(1)**机构类**

艺术业:包括戏剧、舞蹈、音乐、美术等各种艺术团体及艺术家的活动,如演员、音乐家、作家、雕刻家、画家、漫画家、雕塑家等。也包括剧场、音乐厅、美术展览馆等演出、展出设施的管理。

在本年鉴中,将"艺术业"分为"艺术表演团体"、"艺术表演场所"和"其他艺术"三类。

艺术表演团体:指话剧团、方言话剧团、滑稽剧团、儿童剧团、歌剧团、舞剧团、歌舞剧团、歌舞团、轻音乐团、乐团、合唱团、文工团、文宣队、乌兰牧骑、戏曲剧团、曲剧团、说唱团、杂技团、马戏团、木偶团、皮影团等专业艺术表演团体。不包括半工半艺、半农半艺和民间职业剧团。各类专业艺术表演团体，除部队系统外，均应统计。

艺术表演场所：指由各级文化主管部门或文化单位举办的，除部队系统外的其他部门举办的，具有观众厅、舞台、灯光设备，经常供专业艺术表演团体演出，在工商、税务部门登记，公开售票的营业场所。艺术表演场所分为两类，第一类为剧场、影剧院，包括独立核算的专业剧场和属文化部门主管的能演出戏剧的影剧院、兼映电影的剧场，以及附属在剧院、团公开营业的非独立核算的剧场、排演场；第二类为其他艺术表演场所，包括不论是否独立核算的书场、曲艺场、杂技场、马戏场、音乐厅等。

图书馆业：包括公共图书馆和除部队系统外的、各类单位内部举办的或单独举办的图书馆。不包括群众艺术馆、文化馆、文化站内设的图书室。目前本年鉴仅统计公共图书馆。

公共图书馆：指文化部门举办的面向社会服务的图书馆。

群众文化业：包括群众艺术馆、文化馆、文化站、文化宫、少年宫等群众文化活动。在本年鉴中，目前暂不统计文化系统外的文化宫和少年宫。

群众艺术馆、文化馆、文化站：指从事群众文化工作的专业机构。不包括临时抽调人员组成、没有编制的农村和街道文化工作队、服务站等。

文化艺术教育业：包括高等艺术院校、中等艺术学校、文化干部院校和其他教育机构。

高等艺术院校：指按国家规定的设置标准和审批程序批准举办的，纳入国家招生计划，通过国家统一招生考试，招收高中毕业生和具有同等学历者为主要培养对象，实施高等艺术教育、培养高等艺术人才的全日制、独立设置的学院和高等专科艺术学校。高等艺术院校均应填报国家教委统一印发的学年度"普通高等学校基层报表"，各高等艺术院校举办的分校(教学点)或大专班不计校数。其机构、学生人数应与向各级教委填报的学年度"普通高等学校基层报表"的数字相一致。职工人数应填报年末时点数；培训干部应填报当年累计结业人数。

中等艺术学校：指文化系统内由文化部或省、自治区、直辖市人民政府批准举办的，纳入国家招生计划，按国家规定组织入学考试，招收小学或初中(或部分高中)毕业生和具有同等学历者为主要培养对象，实施中等艺术教育、培养中等艺术人才的全日制专业学校。中等艺术学校均应填报国家教委统一印发的学年度"中等专业学校基层报表"，各中等艺术学校举办的分校(或校外班)不计校数。其机构、学生人数应与向各级教委填报的学年度"中等专业学校基层报表"的数字相一致。职工人数和培训干部人数的填报同"高等艺术院校"。

文化干部院校：指各级文化行政部门领导的培养和训练文化干部的院校。

其他教育机构：指不填报国家教委统一印发的"教育事业基层报表"的非正规的艺术学校、训练班等教育机构。不包括随团的学员班。

科技、科研机构：指有明确的研究方向和任务，有一定水平的学术带头人和一定数量、质量的研究人员，有开展工作的基本条件，主要进行文化艺术科技、科研的机构。在研究机构中，凡财务上独立核算盈亏的为独立研究机构，财务上非独立核算的为非独立研究机构。

文化市场经营单位由以下统计调查对象组成：

文化艺术经纪与代理业：包括各级文化主管部门直属的演出管理机构，以及在文化市场管理机构登记注册的，主要从事演出、展览等艺术活动组织工作的经营性机构。

个体演职人员:指在文化市场管理部门登记办证的个体演职人员。

娱乐业:包括卡拉OK歌舞厅、电子游艺厅(室)、游乐园(场)、夜总会等活动。具体划分如下:

歌舞厅:指以消费者欣赏歌手等演艺人员表演,并可伴着音乐跳舞为主的娱乐场所。

舞厅:指消费者伴着音乐(音响或乐队)跳舞的娱乐场所。

卡拉OK厅:指带有录放音响设备伴奏进行演唱歌曲的娱乐场所。

餐饮卡拉OK:指在餐饮厅(室)内设有录放音响设备伴奏歌曲功能的饭店、酒家等。

旱冰场:指具有一定范围的场地和使用专用冰鞋进行活动的场所。

保龄球:指按规定标准和技术要求建造,进行保龄球活动的专门场所。

台球厅、电子游艺厅:指借助台球娱乐工具或电子游艺机开展经营活动的场所。

综合性娱乐场所:除以上分类外的多功能娱乐机构,如夜总会、游乐园(场)等。

画店、画廊、美术公司、艺术品拍卖公司:指从事美术品或艺术品经营活动的机构。

音像制品批发、零售单位、图书批发:指从事音像制品批发、零售和图书批发的单位。

时装表演队:指在文化市场管理部门登记,从事时装表演的单位。

本制度对文化市场经营单位实行行业性统计。各级文化市场管理部门依法对文化市场经营单位进行统计调查,在将全部数据完成录入、审核和汇总后,送本级计划财务部门进行综合汇总。

其他文化产业:包括不属于以上分类的文化系统内其他文化产业,如艺术创作机构、艺术展览机构、出版社等。

艺术创作机构:指有专职创作人员、独立建制的剧目创作室(组)、美术创作室(组)及各类画院等专门从事艺术创作的机构。不包括业余性质的文艺创作单位。

艺术展览机构:指各级文化主管部门直属的、具有一定的展出面积、展出设备,专门供艺术作品展览用的场所。不包括群众艺术馆、文化馆内设的非独立核算的展览场所。

出版业:包括书、报、杂志、音像制品的出版活动,如报社、杂志社、音像出版社、图书出版社等。

在本年鉴中,目前仅统计文化主管部门直属的独立核算的出版单位,以及文化单位办的独立核算的出版单位。

(2)**人员类**

从业人员:指在文化产业单位或县以上文化单位办的非文化产业单位中工作,并取得劳动报酬的全部人员。包括职工、再就业的离退休人员、民办教师,以及在各单位中工作的外方人员和港、澳、台方人员。其具体指标涵义同政府统计部门"劳动情况统计"指标解释。

职工:指"从业人员"中的合同制职工、长期职工、临时职工。

二、财务状况类

1.事业单位财务指标

(1)**本年收入合计**:该指标包括财政补助收入、上级补助收入、事业收入、经营收入、附属单位上缴收入和其他收入等六部分。

财政补助收入:指事业单位当年从财政部门取得的各类事业经费,包括事业单位收到财政部门指定用途的专项资金,不包括用于基本建设投资的拨款。

上级补助收入：指事业单位从主管部门和上级单位取得的非财政补助收入，不包括直拨款和周转金。

事业收入：指事业单位开展专业业务活动及其辅助活动取得的收入。其中按规定应上缴财政预算的资金和应缴入财政专户的预算外资金不计入事业收入，从财政专户核拨的预算外资金和部分核准不上缴财政专户管理的预算外资金计入事业收入。

经营收入：指事业单位在专业业务活动及其辅助活动之外开展非独立核算经营活动取得的收入。

附属单位上缴收入：指事业单位附属独立核算单位按有关规定上缴的收入。

其他收入：指上述范围外的各项收入。包括投资收益、利息收入、捐赠收入等。

(2)**本年支出合计**：指事业单位在业务活动中发生的各项资产耗费和损失。本年支出合计及其中数中均不包括直拨款和周转金支出。

事业支出：指事业单位开展专业业务活动及辅助活动发生的支出，包括工资、补助工资、职工福利费、社会保障费、助学金、公务费、设备购置费、修缮费、业务费和其他费用。

经营支出：指事业单位开展专业业务活动及其辅助活动之外开展非独立核算经营活动发生的支出。事业单位在经营活动中应正确归集实际发生的各项费用数，无法归集的，应按规定的比例合理分摊。

对附属单位补助支出：指事业单位用财政补助收入之外的收入对附属单位补助发生的支出。

从业人员劳动报酬：指劳动者从事生产活动而从生产单位得到的各种形式的报酬。劳动者报酬有三种基本形式：一是货币工资及收入，包括单位支付给劳动者的工资、薪金、奖金、各种津贴和补贴；二是实物工资，包括单位以免费或低于成本价提供给劳动者的各种物质产品和服务；三是由单位为劳动者个人支付的社会保险，具体包括单位向政府和保险公司支付的劳动、待业、人身、医疗、家庭财产等保险。

社会保障费：包括职工医疗、养老、待业、住房等方面的开支。

设备购置费：指事业单位不够基本建设投资额度，按固定资产管理的办公一般设备、车辆等购置费，"车辆购置附加费"，教学、科研医疗单位的专业设备购置费，专业图书馆、文化馆、站的图书购置费，以及一般事业单位的图书购置费，档案设备购置费等。

修缮费：指事业单位的公用房屋、建筑物及附属设备的修缮费，公房租金。

税金支出：指事业单位向国家交纳的各种税金，如房产税、营业税、车船使用税、土地使用税、城市维护建设税、印花税、教育费附加费、养路费、排污费等；从基本建设支出、结余和收益中支付的税金不包括在内。

本年结余：指事业单位年度各项收入与支出相抵后的余额。包括事业收支结余和经营收支结余。

当年提取修购基金：指事业单位按有关规定从设备购置费和修缮费中提取的修购基金。

2.企业单位财务指标

(1)**资本金合计**：指企业在工商行政管理部门登记的注册资金。企业资本金按投资主体可分为国家资本金、法人资本金、个人资本金和外商资本金等。企业注册的资本金可能是由单一投资主体形成的,也可能是由多种投资主体形成的。资本金合计应包括企业各种投资主体注册的全部资本金。

国家资本金:指有权代表国家投资的政府部门或机构以国有资产投入企业形成的资本金。

(2)**固定资产合计**:指企业固定资产净值、固定资产清理、在建工程、待处理固定资产净损失所占用的资金合计。该指标根据会计"资产负债表"中"固定资产合计"项的期末数填列。

(3)**固定资产原价**:反映企业报告期末全部固定资产按原价计算的合计数。是指企业在建造、购置、安装、改建、扩建、技术改造某项固定资产时所支出的全部货币总额。该指标取自会计"资产负债表"中"固定资产原价"项的期末数填列。

(4)**本年提取折旧**:指企业在报告期末提取的固定资产折旧。

(5)**损益及分配**

主营营业收入:指企业从事某种主要业务活动所取得的营业收入。工业企业为"产品销售收入";交通运输业为"营运业务收入";建筑业为"工程结算收入";商业企业为"商品销售收入";服务企业为"服务收入"等。

主营营业成本及费用:包括营业成本和营业费用两项。营业成本指企业主营产品的生产成本,即企业为生产产品所发生的制造成本。工业企业为"产品销售成本";交通运输业为"营运业务成本";建筑业为"工程结算成本";商业企业为"商品销售成本";服务企业为"营业成本"。营业费用指企业为取得本期的销售收入或营业收入所发生的有关费用。工业企业为"产品销售费用";交通运输业为"营运费用";商业企业为"经营费用"。

主营营业税金及附加:指企业销售产品或提供劳务等主营业务活动应负担的税金及各种附加。工业企业为"产品销售税金及附加";交通运输业为"营运税金及附加";建筑业为"工程结算税金及附加";商业企业为"商品销售税金及附加"。

主营业务利润:指企业经营的主要业务所产生的利润。工业企业为"产品销售利润";交通运输业为"营运业务利润";建筑企业为"工程结算利润";服务企业为"经营利润"。

其他业务利润:指企业从事主要业务以外的业务活动所产生的利润。

管理费用:指企业管理部门为组织或管理生产经营活动所发生的各项费用支出。

税金:指企业按规定从管理费用中支付的各种税金,包括房产税、车船使用税、土地使用税和印花税等。

劳动、待业保险:指企业支付的劳动保险和待业保险费。包括支付给离退休职工的退休金、价格补贴、医药费、退职金、抚恤金和企业按规定支付给离休干部的各项经费等;待业保险费是指企业按国家规定交纳的待业保险基金。

财务费用:指企业为筹集生产经营所需资金等所发生的费用。

补贴收入:指企业按规定应收取的政策性亏损补贴和其他补贴。

投资收益:指企业以各种方式对外投资所取得的收益,即投资收入扣除投资所发生的损失后的余额。

营业外收支净额:指经营外收入减去营业外支出后的余额。

营业外收入:主要包括固定资产的盘赢和出售净收益,罚款收入,因债权人原因确实无法支付的应付款项，教育附加返还款等。

营业外支出：主要包括固定资产的盘亏、报废、毁损和出售的净损失，非季节性和非修理期间的停工损失、职工子弟学校经费和技术工学校经费，非常损失，公益救济性捐赠、赔偿金、违约金等。

应交所得税：指企业按照国家规定应计算交纳的所得税。

利　　润：指盈利企业当年实现的利润和亏损企业当年发生的亏损。（在填报时用“-”号表示）

利润=利润总额-应交所得税-应交增值税

利润总额=营业利润+补贴收入+投资收益+营业外收入-营业外支出

营业利润=主营业务利润+其他业务利润-管理费用-财务费用

(6)**其他**

从业人员劳动报酬：指标涵义同事业型单位。

应交增值税：指企业按照国家规定应计算交纳的增值税。

上交主办单位数：指企业按有关规定上交给主管部门或主办单位的费用。

三、三次产业及其增加值、总产出和中间消耗

1.三次产业的划分及第三产业的分类

第一产业：包括农业、林业、牧业、渔业等。

第二产业：包括采掘业、制造业、自来水、电力、蒸气、热水、煤气和建筑业等。

第三产业：除上述第一、第二产业以外的的其他各业。

第三产业包括的范围非常广泛，按其在社会经济发展中的不同作用，目前可分为四个层次：

第一层次为流通部门，包括交通运输业，邮电通讯业，商业饮食业，物资供销和仓储业。

第二层次是为生产和生活服务的部门，包括金融、保险业，地质普查业，房地产业，公用事业，居民服务业，旅游业，咨询信息服务业和各类技术服务业。

第三层次是为提高科学文化水平和居民素质服务的部门，包括教育、文化、广播电影电视事业，科学研究事业，卫生、体育和社会福利事业等。

第四层次是为社会公共需要服务的部门，包括国家机关，党政机关，社会团体，以及军队和警察等。

2.增加值、总产出和中间消耗的计算方法

(1)**增加值**：指产业单位向社会提供服务而增加的价值。反映一定时期内生产经营活动的最终成果。一个生产单位的增加值代表了这个单位对整个国民经济的贡献份额。

本制度对增加值的统计，仅限于本制度规定的调查对象。增加值的计算与汇总完全由计算机完成。

增加值的计算方法因产业单位的经济性质不同而有所区别：

事业单位的增加值计算方法

增加值=从业人员劳动报酬+生产税净额+固定资产折旧+营业盈余

生产税净额=税金支出—补贴收入

固定资产折旧=当年提取折旧或虚拟折旧

补贴收入＝财政补贴收入

营业盈余：该指标仅对事业收入大于事业支出的单位进行计算，其余单位不计算。计算公式如下：

营业盈余＝事业收入－事业支出－虚拟折旧

企业单位增加值计算方法

增加值＝从业人员劳动者报酬＋生产税净额＋固定资产折旧＋营业盈余

生产税净额＝主营营业税金及附加＋税金＋应交增值税

营业盈余＝主营业务利润＋上交管理费＋上交主办单位数＋其他业务利润

(2)**总产出和中间消耗的计算方法**

总产出的计算方法

总产出：指产业单位全部生产活动的总成果或总规模，也称总产品。它既包括转移价值，也包括新增价值，因此，它是中间投入与增加值之和。总产出包括事业单位的总产出和企业单位的总产出两种。

事业单位的总产出分两种类型计算：

第一种类型为事业收入大于事业支出的单位：

总产出＝事业收入

第二种类型为除以上类型的单位：

总产出＝经费支出－助学金＋虚拟折旧

企业单位的总产出计算：

总产出＝主营营业收入＋其他业务利润

中间消耗的计算方法

中间消耗：指产业单位在生产过程中消耗或转换的物质产品和服务价值。是总产出中的转移价值，消耗或转移的物质产品称物质产品投入；消耗或转换的服务称服务投入。中间消耗包括事业单位和企业单位的中间消耗，其计算公式均为：

中间消耗＝总产出－增加值

四、设施类

公用房屋建筑面积：指本部门或房产部门所有的本单位使用的各种办公和业务用房，包括职工单身宿舍、学生宿舍和暂被家属、职工或学生挤占了的非居住用房。不包括职工家属宿舍。其建筑面积均按总的建筑面积（指从外墙算起的各房屋面积相加之和）填报到“公用房屋建筑面积”栏内。此栏下面的其中数，如“书库”、“阅览室”、“教学用房”等凡属独立建筑的，均按建筑面积统计；凡属非独立建筑的，均按使用面积统计；二者兼有的，可按两种方法统计加总。

全国文物业

	机构数（个）		从业人员（人）		收入与支出（千元）		固定资产合计（千元）	
	合计	其中国有机构	合计	其中职工	总收入	总支出	合计	本年新增
	1	2	3	4	5	6	7	8
总　计	**3 538**	**3 525**	**64 701**	**55 782**	**3 037 962**	**2 910 072**	**4 191 971**	－－
文物保护管理机构	1 937	1 934	22 066	19 144	786 000	789 137	1 018 980	－－
其他文物机构	68	68	3 671	3 567	566 999	493 778	108 057	－－
博　物　馆	1 356	1 355	33 164	28 038	1 397 806	1 308 061	2 639 287	－－
其中：综合性博物馆	812	812	17 269	15 090	625 873	582 318	1 510 900	－－
专门性博物馆	264	·263	10 206	8 374	568 928	537 930	666 600	－－
纪念性博物馆	280	280	5 689	4 574	203 005	187 813	461 787	－－
文物商店	121	112	3 068	2 783	150 283	190 144	212 142	－－
文物科研机构	56	56	2 732	2 250	136 874	128 952	213 505	－－
总　计	**3 538**	**3 525**	**64 701**	**55 782**	**3 037 962**	**2 910 072**	**4 191 971**	－－
中　央	10	10	2 712	2 455	420 090	375 347	132 656	－－
省、区、市	180	180	11 639	9 465	798 578	792 212	1 157 588	－－
地　、市	911	909	22 925	19 761	997 214	939 688	1 391 397	－－
县　、市	2 437	2 426	27 425	24 101	822 080	802 825	1 510 330	－－

全国文物业机构数、从

	总计			文物业合计		
	机构数	从业人员	职工	机构数	从业人员	职工
	1	2	3	4	5	6
总　计	**3 552**	**66 619**	**56 223**	**3 538**	**64 701**	**55 782**
一、中央合计	10	2 712	2 455	10	2 712	2 455
二、地方合计	3 542	63 907	53 768	3 528	61 989	53 327
省、区、市	183	11 784	9 581	180	11 639	9 465
地　、市	915	24 380	19 784	911	22 925	19 761
县　、市	2 444	27 743	24 403	2 437	27 425	24 101

注：总计数中有部分其他部门的有关数字。

基 本 情 况

文物藏品及文物保管品(件)		业务活动(个)		参观人次(千人次)		业务用房(千平方米)			文物保护单位维修项目情况			
							其中		维修单位(个)		本年实际支出(千元)	
合计	其中一级品	陈列	展览	合计	其中外宾人次	合计	展览用房	文物库房	合计	其中国家级	合计	其中国家级
9	10	11	12	13	14	15	16	17	18	19	20	21
12 249 631	**50 578**	**2 812**	**3 945**	**138 882**	**4 367**	**5 592**	**2 029**	**679**	**– –**	**– –**	**– –**	**– –**
1 994 477	6 277	– –	– –	46 419	1 494	1 163	274	137	– –	– –	– –	– –
80 075	57	– –	– –	– –	– –	64	38	7	– –	– –	– –	– –
9 506 191	42 976	2 812	3 945	92 463	2 873	3 998	1 574	436	– –	– –	– –	– –
6 474 292	22 748	1 477	2 900	32 623	864	1 996	834	280	– –	– –	– –	– –
2 644 566	17 074	912	636	32 231	1 497	1 184	419	109	– –	– –	– –	– –
387 333	3 154	423	409	27 609	509	820	324	44	– –	– –	– –	– –
– –	– –	– –	– –	– –	– –	163	58	68	– –	– –	– –	– –
668 888	1 268	– –	– –	– –	– –	204	85	31	– –	– –	– –	– –
12 249 631	**50 578**	**2 812**	**3 945**	**138 882**	**4 367**	**5 595**	**2 028**	**677**	**1 081**	**241**	**261 350**	**114 427**
1 437 916	14 036	39	54	6 472	7	308	45	48	1	1	8 055	8 055
4 591 329	16 548	272	498	18 750	1 006	1 308	477	206	52	30	23 116	9 311
2 994 195	9 554	951	1 688	50 598	2 017	1 903	781	228	280	91	81 480	33 355
3 226 191	10 440	1 550	1 705	63 062	1 337	2 076	725	195	748	119	148 699	63 706

业人员数(按经济类型分)

单位:个、人

国有经济			集体经济			其他经济			其他部门		
机构数	从业人员		机构数	从业人员		机构数	从业人员		机构数	从业人员	
		职工			职工			职工			职工
7	8	9	10	11	12	13	14	15	16	17	18
3 525	**64 448**	**55 642**	**11**	**165**	**52**	**2**	**88**	**88**	**14**	**1 918**	**441**
10	2 712	2 455	– –	– –	– –	– –	– –	– –	– –	– –	– –
3 515	61 736	53 187	11	165	52	2	88	88	14	1 918	441
180	11 639	9 465	– –	– –	– –	– –	– –	– –	3	145	116
909	22 912	19 749	1	5	4	1	8	8	4	1 455	23
2 426	27 185	23 973	10	160	48	1	80	80	7	318	302

全国文物业机构数、

	总计			中央		
	机构数	从业人员		机构数	从业人员	
			职工			职工
	1	2	3	4	5	6
总　计	**3 552**	**66 619**	**56 223**	**10**	**2 712**	**2 455**
文物机构合计	2 068	30 116	25 176	5	368	360
1.文物保护管理机构	1 944	23 713	19 359	--	--	--
2.文物科研机构	56	2 732	2 250	1	97	95
3.其他文物机构	68	3 671	3 567	4	271	265
博物馆合计	1 363	33 435	28 264	5	2 344	2 095
1.综合性	812	17 269	15 090	1	382	382
2.专门性	265	10 260	8 407	3	1 893	1 646
3.纪念性	286	5 906	4 767	1	69	67
文物商店合计	121	3 068	2 783	--	--	--

注:该表总计中含其他部门上报的部分数字。

全国文物业收入与

	机构数	本年收入合计									事业支出
			财政补助收入	上级补助收入	事业收入		经营收入	附属单位上缴收入	其他收入		
						门票收入					
	1	2	3	4	5	6	7	8	9	10	11
总　计	**3 538**	**3 037 962**	**1 122 367**	**114 578**	**1 240 326**	**913 382**	**269 689**	**7 899**	**283 103**	**2 838 349**	**2 361 456**
文物保护管理机构	1 937	786 000	183 277	30 160	516 468	390 994	23 193	1 040	31 862	789 137	697 529
文物科研机构	56	136 874	45 844	5 280	83 087	--	830	--	1 833	128 952	122 879
其他文物机构	68	566 999	260 825	2 500	31 602	--	68 397	910	202 765	493 778	273 208
博物馆	1 356	1 397 806	632 421	76 638	609 169	522 388	26 986	5 949	46 643	1 308 061	1 267 840
其中:综合性博物馆	812	625 873	402 333	48 761	135 119	79 493	15 918	1 449	22 293	582 318	559 490
专门性博物馆	264	568 928	137 203	18 351	386 188	368 875	6 059	4 306	16 821	537 930	529 788
纪念性博物馆	280	203 005	92 885	9 526	87 862	74 020	5 009	194	7 529	187 813	178 562
文物商店	121	150 283	--	--	--	--	150 283	--	--	118 421	--
总　计	**3 538**	**3 037 962**	**1 122 367**	**114 578**	**1 240 326**	**913 382**	**269 689**	**7 899**	**283 103**	**2 838 349**	**2 361 456**
中　央	49	506 397	69 552	19 007	258 103	184 102	27 418	3 839	128 478	456 654	348 573
省、区、市	157	738 401	379 125	5 649	208 383	157 725	91 479	550	53 215	689 275	513 441
地　、市	895	971 084	428 777	45 672	343 054	251 521	99 260	2 885	51 436	890 355	789 089
县　、市	2 437	822 080	244 913	44 250	430 786	320 034	51 532	625	49 974	802 065	710 353

从业人员数（按级别分）

单位：个、人

省级			地级			县级		
机构数	从业人员	职工	机构数	从业人员	职工	机构数	从业人员	职工
7	8	9	10	11	12	13	14	15
183	**11 784**	**9 581**	**915**	**24 380**	**19 784**	**2 444**	**27 743**	**24 403**
65	2 887	2 373	421	9 916	7 498	1 577	16 945	14 945
16	351	192	366	7 668	5 443	1 562	15 694	13 724
31	2 029	1 703	24	606	452	- -	- -	- -
18	507	478	31	1 642	1 603	15	1 251	1 221
89	7 509	5 958	416	12 869	10 832	853	10 713	9 379
34	3 915	3 247	228	7 061	6 181	549	5 911	5 280
35	2 654	1 884	82	2 821	2 430	145	2 892	2 447
20	940	827	106	2 987	2 221	159	1 910	1 652
29	1 388	1 250	78	1 595	1 454	14	85	79

支出基本情况

单位：个、千元

本年支出合计														
		在支出合计中												
经营支出	对附属单位补助支出	从业人员劳动报酬	职工工资总额	税金支出	社会保障费	修缮费	设备购置费	业务费	宣传、出版费	文物征集费	藏品保护费	陈列、展览费	考古发掘费	文物保护单位维修费
12	13	14	15	16	17	18	19	20	21	22	23	24	25	26
231 638	**12 138**	**563 287**	**505 026**	**39 237**	**108 194**	**143 433**	**68 788**	**386 666**	**57 112**	**9 161**	**81 359**	**10 008**	**55 264**	**336 500**
61 860	10 280	188 595	172 070	8 082	23 991	42 838	13 468	- -	- -	- -	- -	- -	15 098	67 008
3 844	- -	25 706	22 489	373	6 133	- -	10 345	23 817	- -	- -	- -	- -	22 340	4 036
25 581	55	36 990	34 569	3 732	6 009	12 060	2 148	78 541	4 708	- -	- -	- -	9 271	214 025
21 932	1 803	311 996	275 898	8 653	72 061	88 535	42 827	284 308	52 404	9 161	81 359	10 008	8 555	51 431
14 658	1 486	161 758	143 350	3 515	34 374	38 430	21 281	178 923	44 432	6 153	46 752	3 013	7 166	25 112
2 704	- -	100 959	91 676	4 490	27 813	36 482	13 595	62 111	5 715	2 001	18 444	4 579	1 254	16 261
4 570	317	49 279	40 872	648	9 874	13 623	7 951	43 274	2 257	1 007	16 163	2 416	135	10 058
118 421	- -	- -	- -	18 397	- -	- -	- -	- -	- -	- -	- -	- -	- -	- -
231 638	**12 138**	**563 287**	**505 026**	**39 237**	**108 194**	**143 433**	**68 788**	**386 666**	**57 112**	**9 161**	**81 359**	**10 008**	**55 264**	**336 500**
25 099	- -	52 400	46 568	3 215	21 198	13 788	12 911	47 842	1 377	576	4 914	291	24 983	104 100
69 737	- -	87 612	76 715	16 708	22 768	31 262	16 358	139 441	11 146	3 461	37 363	2 154	9 316	110 888
82 030	2 297	213 509	187 729	11 007	41 243	59 407	26 192	146 023	41 327	3 442	31 756	5 201	16 780	54 030
54 772	9 841	209 766	194 014	8 307	22 985	38 976	13 327	53 360	3 262	1 682	7 326	2 362	4 185	67 482

全国文物保护费支

	文物保护经费支出				文物保护管理机构				其他文	
	合计	其中			合计	其中			合计	其中
		业务费	考古发掘费	文物保护单位维修费		业务费	考古发掘费	文物保护单位维修费		业务费
	1	2	3	4	5	6	7	8	9	10
总计	**729 094**	**337 330**	**55 264**	**336 500**	**82 106**	--	**15 098**	**67 008**	**28 277**	**23 815**
中央	139 570	34 428	3 000	102 142	--	--	--	--	2 708	2 708
省、区、市	247 388	108 902	27 040	111 446	4	--	--	4	1 450	1 450
地、市	224 356	147 887	21 039	55 430	31 118	--	12 405	18 713	9 675	5 224
县、市	117 780	46 113	4 185	67 482	50 984	--	2 693	48 291	14 444	14 433

全国民族自治地方文物业机构数、从业人员数(按经济类型分)

单位:个、人

	合计			国有经济			集体经济			其他经济		
	机构数	从业人员	职工	机构数	从业人员	职工	机构数	从业人员	职工	机构数	从业人员	职工
	1	2	3	4	5	6	7	8	9	10	11	12
总计	**544**	**5 874**	**4 761**	**540**	**5 649**	**4 759**	--	--	--	**3**	**224**	**1**
文物机构合计	408	3 591	2 602	404	3 366	2 600	--	--	--	3	224	1
1.文物保护管理机构	401	3 112	2 189	397	2 887	2 187	--	--	--	3	224	1
2.文物科研机构	4	197	155	4	197	155	--	--	--	--	--	--
3.其他文物机构	3	282	258	3	282	258	--	--	--	--	--	--
博物馆合计	121	2 048	1 945	121	2 048	1 945	--	--	--	--	--	--
1.综合性	89	1 689	1 620	89	1 689	1 620	--	--	--	--	--	--
2.专门性	18	223	197	18	223	197	--	--	--	--	--	--
3.纪念性	14	136	128	14	136	128	--	--	--	--	--	--
文物商店合计	15	235	214	15	235	214	--	--	--	--	--	--

出 基 本 情 况

单位:千元

物机构		博物馆				文物科研机构				文物行政管理部门			
		合计	其中			合计	其中			合计	其中		
考古发掘费	文物保护单位维修费		业务费	考古发掘费	文物保护单位维修费		业务费	考古发掘费	文物保护单位维修费		业务费	考古发掘费	文物保护单位维修费
11	12	13	14	15	16	17	18	19	20	21	22	23	24
1 202	**3 260**	**344 294**	**284 308**	**8 555**	**51 431**	**50 193**	**23 817**	**22 340**	**4 036**	**224 224**	**5 390**	**8 069**	**210 765**
--	--	48 525	30 770	3 000	14 755	950	950	--	--	87 387	--	--	87 387
--	--	90 593	86 293	1 146	3 154	36 031	15 973	17 956	2 102	119 310	5 186	7 938	106 186
1 191	3 260	155 387	135 593	2 970	16 824	13 212	6 894	4 384	1 934	14 964	176	89	14 699
11	--	49 789	31 652	1 439	16 698	--	--	--	--	2 563	28	42	2 493

全国民族自治地方文物业机构数、从业人员数(按级别分)

单位:个、人

	合计			中央			省级			市(地)级			县级		
	机构数	从业人员		机构数	从业人员		机构数	从业人员		机构数	从业人员		机构数	从业人员	
			职工			职工			职工			职工			职工
	1	2	3	4	5	6	7	8	9	10	11	12	13	14	15
总计	**602**	**7 429**	**5 058**	--	--	--	**19**	**1 173**	**926**	**131**	**3 657**	**1 993**	**452**	**2 599**	**2 150**
文物机构合计	443	4 824	2 674	--	--	--	7	446	277	67	2 485	907	369	1 893	1 501
1.文物保护管理机构	435	4 403	2 312	--	--	--	1	172	51	66	2 410	832	368	1 821	1 429
2.文物科研机构	5	253	205	--	--	--	4	248	200	1	5	5	--	--	--
3.其它文物机构	3	168	157	--	--	--	2	26	26	--	70	70	1	72	72
博物馆合计	144	2 377	2 183	--	--	--	7	585	530	55	1 088	1 006	82	704	647
1.综合性	100	1 717	1 598	--	--	--	5	435	395	39	810	764	56	472	439
2.专门性	26	471	417	--	--	--	2	150	135	9	175	155	15	146	127
3.纪念性	18	189	168	--	--	--	--	--	--	7	103	87	11	86	81
文物商店合计	15	228	201	--	--	--	5	142	119	9	84	80	1	2	2

全国文物保护

	机构数(个)	从业人员(人)	职工	文物藏品(件)	一级品	参观人次(千人次)	外宾参观人次
	1	2	3	4	5	6	7
总计	**1 937**	**22 066**	**19 144**	**1 994 477**	**6 277**	**46 419**	**1 494**
中央	--	--	--	--	--	--	--
省、区、市	16	351	192	131	--	305	26
地、市	362	6 213	5 420	725 368	1 525	12 800	636
县、市	1 559	15 502	13 532	1 268 978	4 752	33 314	832

	本年支出合计(千元)	事业支出	经营支出	对附属单位补助支出	在支出合计中:从业人员劳动报酬	职工工资总额	税金支出	社会保障费
	16	17	18	19	20	21	22	23
总计	**789 137**	**697 529**	**61 860**	**10 280**	**188 595**	**172 070**	**8 082**	**23 991**
中央	--	--	--	--	--	--	--	--
省、区、市	9 661	9 601	--	--	2 729	2 355	6	616
地、市	251 272	235 849	11 219	1 497	61 893	56 329	3 111	10 416
县、市	528 204	452 079	50 641	8 783	123 973	113 386	4 965	12 959

管理机构基本情况

本年收入合计（千元）							
	财政补助收入	上级补助收入	事业收入		经营收入	附属单位上缴收入	其他收入
				门票收入			
8	9	10	11	12	13	14	15
786 000	**183 277**	**30 160**	**516 468**	**390 994**	**23 193**	**1 040**	**31 862**
– –	– –	– –	– –	– –	– –	– –	– –
10 422	7 036	107	2 972	2 115	– –	120	187
264 967	73 549	8 565	157 116	129 660	11 838	483	13 416
510 611	102 692	21 488	356 380	259 219	11 355	437	18 259

修缮费	设备购置费	考古发掘费	文物保护单位维修费	年末固定资产原值（千元）	当年提取修购基金（千元）	增加值（千元）	公用房屋建筑面积（千平方米）		
								陈列展览用房	文物库房
24	25	26	27	28	29	30	31	32	33
42 838	**13 468**	**15 098**	**67 008**	**1 018 980**	**2 503**	**297 145**	**1 163**	**274**	**137**
– –	– –	– –	– –	– –	– –	– –	– –	– –	– –
823	572	– –	4	12 130	591	3 222	7	1	– –
23 104	6 942	12 405	18 713	226 390	1 195	86 194	327	81	57
18 911	5 954	2 693	48 291	780 460	717	207 729	826	191	79

全国文物科研

	机构数(个)	从业人员(人)	职工	科研人员总数	高级职称	中级职称	初级职称	本年完成科研项目(个)	获国家奖	获省、部奖	获地、市奖
	1	2	3	4	5	6	7	8	9	10	11
总计	**56**	**2 732**	**2 250**	**1 590**	**422**	**647**	**502**	**79**	**3**	**9**	**3**
1.考古研究	40	1 525	1 392	1 031	298	440	274	60	3	8	1
2.古建研究	8	853	576	398	83	143	172	13	--	1	--
3.其他文物研究	8	354	282	161	41	64	56	6	--	--	2

	本年支出合计(千元)	事业支出	经营支出	对附属单位补助支出	在支出合计中：从业人员劳动报酬	职工工资总额	税金支出	社会保障费
	23	24	25	26	27	28	29	30
总计	**128 952**	**122 879**	**3 844**	**--**	**25 706**	**22 489**	**373**	**6 133**
1.考古研究	86 487	80 697	3 767	--	14 266	11 919	186	3 517
2.古建研究	31 153	30 897	50	--	7 820	7 202	94	1 661
3.其他文物研究	11 312	11 285	27	--	3 620	3 368	93	955

单位基本情况

所办刊物(种)	文物保管品(件)		本年收入合计(千元)							
		一级品		财政补助收入	上级补助收入	事业收入		经营收入	附属单位上缴收入	其他收入
							配合经济建设考古收入			
12	13	14	15	16	17	18	19	20	21	22
12	**668 888**	**1 268**	**136 874**	**45 844**	**5 280**	**83 087**	**46 489**	**830**	**- -**	**1 833**
8	653 137	1 113	92 617	31 102	3 920	55 702	46 489	599	- -	1 294
1	1 605	94	31 779	8 171	1 360	21 587	- -	164	- -	497
3	14 146	61	12 478	6 571	- -	5 798	- -	67	- -	42

设备购置费	业务费	考古发掘费	文物保护单位维修费	年末固定资产原值(千元)	当年提取修购基金(千元)	增加值(千元)	公用房屋建筑面积(千平方米)		
								业务用房	文物库房
31	32	33	34	35	36	37	38	39	40
10 345	**23 817**	**22 340**	**4 036**	**213 505**	**193**	**169 617**	**204**	**85**	**31**
7 533	14 364	21 983	1 958	85 757	141	112 679	119	47	30
1 419	8 041	232	1 544	111 609	40	39 077	57	36	1
1 393	1 412	125	534	16 139	12	17 861	23	2	- -

全 国 其 他 文 物

	机构数(个)	从业人员(人)	职工	文物藏品(件)	一级品
	1	2	3	4	5
总　　计	**68**	**2 133**	**2 029**	**80 075**	**57**
中　　央	4	256	250	－－	－－
省、区、市	18	297	268	4 589	2
地　、市	31	1 023	984	60 212	45
县　、市	15	557	527	15 274	10

	本年支出合计(千元)	事业支出	经营支出	对附属单位补助支出	在支出合计中：从业人员劳动报酬	职工工资总额	税金支出	社会保障费
	13	14	15	16	17	18	19	20
总　　计	**108 102**	**82 390**	**25 581**	**55**	**24 288**	**21 867**	**3 732**	**6 009**
中　　央	29 828	8 420	21 332	－－	3 232	2 986	2 130	2 081
省、区、市	11 287	7 843	3 444	－－	2 739	2 701	36	373
地　、市	43 174	42 548	571	55	12 353	10 722	504	2 669
县　、市	23 813	23 579	234	－－	5 964	5 458	1 062	886

基本情况

	本年收入合计（千元）					
	财政补助收入	上级补助收入	事业收入	经营收入	附属单位上缴收入	其他收入
6	7	8	9	10	11	12
120 194	**10 731**	**2 500**	**31 602**	**68 397**	**910**	**6 054**
29 886	--	197	5 165	24 069	273	182
11 000	4 478	740	1 273	3 791	--	718
43 393	5 595	1 547	24 945	5 568	637	5 101
35 915	658	16	219	34 969	--	53

修缮费	设备购置费	业务费	考古发掘费	文物保护单位维修费	年末固定资产原值（千元）	当年提取修购基金（千元）	增加值（千元）	公用房屋建筑面积（千平方米）	陈列展览用房	文物库房
21	22	23	24	25	26	27	28	29	30	31
12 060	**2 148**	**23 815**	**1 202**	**3 260**	**108 057**	**13 058**	**32 661**	**64**	**38**	**7**
261	364	2 708	--	--	8 863	307	5 716	--	--	--
713	386	1 450	--	--	12 388	42	3 273	11	1	1
9 950	1 314	5 224	1 191	3 260	36 829	9 473	14 599	35	24	3
1 136	84	14 433	11	--	49 977	3 236	9 073	19	13	3

全 国 博 物 馆

	机构数(个)	从业人员(人)	职工	文物藏品(件)	一级品	业务活动 陈列(个)	展览(个)	参观人次(千人次)	外宾人次
	1	2	3	4	5	6	7	8	9
总　计	**1 356**	**33 164**	**28 038**	**9 506 191**	**42 976**	**2 812**	**3 945**	**92 463**	**2 873**
按性质分									
综合性	812	17 269	15 090	6 474 292	22 748	1 477	2 900	32 623	864
纪念性	280	5 689	4 574	387 333	3 154	423	409	27 609	509
专门性	264	10 206	8 374	2 644 566	17 074	912	636	32 231	1 497
按隶属关系分									
中　央	5	2 344	2 095	1 437 916	14 036	39	54	6 472	7
省、区、市	86	7 364	5 842	4 019 550	15 653	272	498	18 445	980
地　、市	416	12 869	10 832	2 106 786	7 609	951	1 688	37 798	1 381
县　、市	849	10 587	9 269	1 941 939	5 678	1 550	1 705	29 748	505

	在支出合计中 从业人员劳动报酬	职工工资总额	税金支出	社会保障费	修缮费	设备购置费	业务	文物征集费	藏品保护费
	22	23	24	25	26	27	28	29	30
总　计	**311 996**	**275 898**	**8 653**	**72 061**	**88 535**	**42 827**	**284 308**	**52 404**	**9 161**
按性质分									
综合性	161 758	143 350	3 515	34 374	38 430	21 281	178 923	44 432	6 153
纪念性	49 279	40 872	648	9 874	13 623	7 951	43 274	2 257	1 007
专门性	100 959	91 676	4 490	27 813	36 482	13 595	62 111	5 715	2 001
按隶属关系分									
中　央	34 758	31 519	899	15 600	13 527	5 014	30 770	1 377	576
省、区、市	70 811	60 944	3 650	20 118	29 726	13 981	86 293	6 576	3 461
地　、市	131 148	112 815	1 886	27 203	26 353	16 543	135 593	41 207	3 442
县　、市	75 279	70 620	2 218	9 140	18 929	7 289	31 652	3 244	1 682

基　本　情　况

本年收入合计（千元）								本年支出合计（千元）			
	财政补助收入	上级补助收入	事业收入		经营收入	附属单位上缴收入	其他收入		事业支出	经营支出	对附属单位补助支出
				门票收入							
10	11	12	13	14	15	16	17	18	19	20	21
1 397 806	**632 421**	**76 638**	**609 169**	**522 388**	**26 986**	**5 949**	**46 643**	**1 308 061**	**1 267 840**	**21 932**	**1 803**
625 873	402 333	48 761	135 119	79 493	15 918	1 449	22 293	582 318	559 490	14 658	1 486
203 005	92 885	9 526	87 862	74 020	5 009	194	7 529	187 813	178 562	4 570	317
568 928	137 203	18 351	386 188	368 875	6 059	4 306	16 821	537 930	529 788	2 704	– –
244 124	20 970	14 890	197 236	184 102	2 750	3 566	4 712	249 289	245 246	– –	– –
397 224	189 655	3 442	182 551	155 610	10 445	430	10 701	375 396	363 320	9 989	– –
518 333	294 537	35 560	155 195	121 861	9 737	1 765	21 539	470 258	456 204	9 182	745
238 125	127 259	22 746	74 187	60 815	4 054	188	9 691	213 118	203 070	2 761	1 058

（千元）				年末固定资产原值（千元）	当年提取修购基金（千元）	增加值（千元）	公用房屋建筑面积（千平方米）		
费		考古发掘费	文物保护单位维修费					陈列展览用房	文物库房
陈列、展览费	宣传、出版费								
31	32	33	34	35	36	37	38	39	40
81 359	**10 008**	**8 555**	**51 431**	**2 639 287**	**16 240**	**444 983**	**3 998**	**1 574**	**436**
46 752	3 013	7 166	25 112	1 510 900	5 090	225 854	1 996	834	280
16 163	2 416	135	10 058	461 787	7 133	76 353	820	324	44
18 444	4 579	1 254	16 261	666 600	4 017	142 776	1 184	419	109
4 914	291	3 000	14 755	112 103	– –	40 140	308	45	48
37 363	2 154	1 146	3 154	830 516	2 739	112 966	1 021	367	135
31 756	5 201	2 970	16 824	1 017 450	8 937	178 325	1 445	642	140
7 326	2 362	1 439	16 698	679 218	4 564	113 552	1 229	521	113

全国综合性博物

	机构数(个)	从业人员(人)		文物藏品(件)		业务活动		参观人次(千人次)	
			职工		一级品	陈列(个)	展览(个)		外宾人次
	1	2	3	4	5	6	7	8	9
总计	**812**	**17 269**	**15 090**	**6 474 292**	**22 748**	**1 477**	**2 900**	**32 623**	**867**
中央	1	382	382	331 049	2 095	1	23	282	2
省、区、市	34	3 915	3 247	2 924 426	11 279	162	349	5 305	320
地、市	228	7 061	6 181	1 616 823	5 122	550	1 186	14 575	414
县、市	549	5 911	5 280	1 601 994	4 252	764	1 342	12 461	131

	在支出合计中								
	从业人员劳动报酬		税金支出	社会保障费	修缮费	设备购置费		业务	
		职工工资总额						文物征集费	藏品保护费
	22	23	24	25	26	27	28	29	30
总计	**161 758**	**143 350**	**3 515**	**34 374**	**38 430**	**21 281**	**178 923**	**44 432**	**6 153**
中央	4 483	3 735	242	2 195	489	1 983	15 921	500	315
省、区、市	39 043	34 375	1 778	11 243	15 517	7 438	59 091	3 620	2 798
地、市	75 276	64 743	1 039	15 489	12 810	8 146	86 427	38 301	1 956
县、市	42 956	40 497	456	5 447	9 614	3 714	17 484	2 011	1 084

馆基本情况

本年收入合计（千元）								本年支出合计（千元）			
	财政补助收入	上级补助收入	事业收入	门票收入	经营收入	附属单位上缴收入	其他收入		事业支出	经营支出	对附属单位补助支出
10	11	12	13	14	15	16	17	18	19	20	21
625 873	**402 333**	**48 761**	**135 119**	**79 493**	**15 918**	**1 449**	**22 293**	**582 318**	**559 490**	**14 658**	**1 486**
29 732	13 880	7 950	7 752	1 150	--	--	150	35 013	30 970	--	--
191 321	131 907	2 140	42 132	23 515	9 800	396	4 946	176 840	167 506	9 024	--
281 060	171 272	26 580	64 625	40 833	4 784	973	12 826	260 905	254 559	4 686	428
123 760	85 274	12 091	20 610	13 995	1 334	80	4 371	109 560	106 455	948	1 058

（千元）费				年末固定资产原值（千元）	当年提取修购基金（千元）	增加值（千元）	公用房屋建筑面积（千平方米）		
陈列、展览费	宣传、出版费	考古发掘费	文物保护单位维修费					陈列展览用房	文物库房
31	32	33	34	35	36	37	38	39	40
46 752	**3 013**	**7 166**	**25 112**	**1 510 900**	**5 090**	**225 854**	**1 996**	**833**	**280**
4 415	--	3 000	6 700	20 430	--	5 542	23	9	5
25 201	989	934	2 058	620 032	762	65 620	530	229	105
12 590	1 464	2 006	6 181	535 614	1 739	97 735	777	326	89
4 546	560	1 226	10 173	334 824	2 589	56 957	666	270	80

全国专门性博物

	机构数(个)	从业人员(人)		文物藏品(件)		业务活动		参观人次(千人次)	
			职工		一级品	陈列(个)	展览(个)		外宾人次
	1	2	3	4	5	6	7	8	9
总计	**264**	**10 206**	**8 374**	**2 644 566**	**17 074**	**912**	**636**	**32 231**	**1 496**
中央	3	1 893	1 646	1 077 030	10 508	37	31	6 168	5
省、区、市	34	2 600	1 851	1 056 089	3 901	71	111	9 529	650
地、市	82	2 821	2 430	273 459	1 529	271	303	10 362	581
县、市	145	2 892	2 447	237 988	1 136	533	191	6 172	261

	在支出合计中								
	从业人员劳动报酬		税金支出	社会保障费	修缮费	设备购置费		业务	
		职工工资总额						文物征集费	藏品保护费
	22	23	24	25	26	27	28	29	30
总计	**100 959**	**91 676**	**4 490**	**27 813**	**36 482**	**13 595**	**62 111**	**5 715**	**2 001**
中央	29 455	26 964	657	13 094	12 839	2 903	14 342	876	254
省、区、市	22 999	20 325	1 709	6 934	12 090	5 812	20 514	2 807	655
地、市	28 260	25 569	426	5 679	6 423	3 225	18 487	1 538	720
县、市	20 245	18 818	1 698	2 106	5 130	1 655	8 768	494	372

馆基本情况

本年收入合计（千元）								本年支出合计（千元）			
	财政补助收入	上级补助收入	事业收入	门票收入	经营收入	附属单位上缴收入	其他收入		事业支出	经营支出	对附属单位补助支出
10	11	12	13	14	15	16	17	18	19	20	21
568 928	**137 203**	**18 351**	**386 188**	**368 875**	**6 059**	**4 306**	**16 821**	**537 930**	**529 788**	**2 704**	**－－**
211 675	5 740	5 640	189 420	182 896	2 750	3 566	4 559	211 709	211 709	－－	－－
175 280	43 718	996	125 056	122 101	625	－－	4 885	169 708	168 743	965	－－
111 218	61 911	6 032	36 046	33 638	1 245	663	5 321	89 078	87 911	746	－－
70 755	25 834	5 683	35 666	30 240	1 439	77	2 056	67 435	61 425	993	－－

（千元）				年末固定资产原值（千元）	当年提取修购基金（千元）	增加值（千元）	公用房屋建筑面积（千平方米）		
费		考古发掘费	文物保护单位维修费					陈列展览用房	文物库房
陈列、展览费	宣传、出版费								
31	32	33	34	35	36	37	38	39	40
18 444	**4 579**	**1 254**	**16 261**	**666 600**	**4 017**	**142 776**	**1 183**	**417**	**114**
485	225	－－	8 055	86 993	－－	33 591	272	36	43
9 567	1 044	212	898	172 199	1 711	36 171	338	100	28
6 466	2 454	925	3 619	248 951	652	38 652	302	150	23
1 926	856	117	3 689	158 457	1 654	34 362	270	131	20

全国纪念性博物

	机构数(个)	从业人员(人)		文物藏品(件)		业务活动		参观人次(千人次)	
			职工		一级品	陈列(个)	展览(个)		外宾人次
	1	2	3	4	5	6	7	8	9
总计	**280**	**5 689**	**4 574**	**387 333**	**3 154**	**423**	**409**	**27 609**	**510**
中央	1	69	67	29 837	1 433	1	--	22	--
省、区、市	18	849	744	39 035	473	39	38	3 611	10
地、市	106	2 987	2 221	216 504	958	130	199	12 861	387
县、市	155	1 784	1 542	101 957	290	253	172	11 115	112

	在支出合计中								
	从业人员劳动报酬		税金支出	社会保障费	修缮费	设备购置费		业务	
		职工工资总额						文物征集费	藏品保护费
	22	23	24	25	26	27	28	29	30
总计	**49 279**	**40 872**	**648**	**9 874**	**13 623**	**7 951**	**43 274**	**2 257**	**1 007**
中央	820	820	--	311	199	128	507	1	7
省、区、市	8 769	6 244	163	1 941	2 119	731	6 688	149	8
地、市	27 612	22 503	421	6 035	7 120	5 172	30 679	1 368	766
县、市	12 078	11 305	64	1 587	4 185	1 920	5 400	739	226

馆 基 本 情 况

本年收入合计（千元）	财政补助收入	上级补助收入	事业收入	事业收入：门票收入	经营收入	附属单位上缴收入	其他收入	本年支出合计（千元）	事业支出	经营支出	对附属单位补助支出
10	11	12	13	14	15	16	17	18	19	20	21
203 005	**92 885**	**9 526**	**87 862**	**74 020**	**5 009**	**194**	**7 529**	**187 813**	**178 562**	**4 570**	**317**
2 717	1 350	1 300	64	56	--	--	3	2 567	2 567	--	--
30 623	14 030	306	15 363	9 994	20	34	870	28 848	27 071	--	--
126 055	61 354	2 948	54 524	47 390	3 708	129	3 392	120 275	113 734	3 750	317
43 610	16 151	4 972	17 911	16 580	1 281	31	3 264	36 123	35 190	820	--

（千元）费：陈列、展览费	宣传、出版费	考古发掘费	文物保护单位维修费	年末固定资产原值（千元）	当年提取修购基金（千元）	增加值（千元）	公用房屋建筑面积（千平方米）	陈列展览用房	文物库房
31	32	33	34	35	36	37	38	39	40
16 163	**2 416**	**135**	**10 058**	**461 787**	**7 133**	**76 353**	**820**	**325**	**44**
14	66	--	--	4 680	--	1 007	13	--	--
2 595	121	--	198	38 285	266	11 175	149	38	2
12 700	1 283	39	7 024	232 885	6 546	41 938	366	169	28
854	946	96	2 836	185 937	321	22 233	292	118	14

全国文物商

	机构数（个）	从业人员（人）		周转金总额（千元）		上年末库存	
			职工		银行贷款	件数（件）	金额（千元）
	1	2	3	4	5	6	7
总计	**121**	**3 068**	**2 783**	**338 012**	**12 574**	**11 814 613**	**212 971**
中央	— —	— —	— —	— —	— —	— —	— —
省、区、市	29	1 388	1 250	253 005	5 150	6 882 049	90 767
地、市	78	1 595	1 454	82 506	7 190	4 748 149	118 271
县、市	14	85	79	2 501	234	184 415	3 933

	本年末库存		本年销售费用（千元）			各种税金（千元）
	件数（件）	金额（千元）		从业人员劳动报酬		
					工资总额	
	18	19	20	21	22	23
总计	**11 717 832**	**217 968**	**100 024**	**39 202**	**34 004**	**18 397**
中央	— —	— —	— —	— —	— —	— —
省、区、市	6 884 715	103 865	43 332	16 352	15 383	12 922
地、市	4 633 083	110 568	55 618	22 223	18 058	5 413
县、市	200 034	3 535	1 074	627	563	62

店基本情况

本年收购 件数(件)	本年收购 金额(千元)	本年销售 件数(件)	本年销售 金额(千元)	其中 外销件数	其中 外销金额	其中 内销件数	其中 内销金额	其中 新制品件数	其中 新制品金额
8	9	10	11	12	13	14	15	16	17
832 940	**71 723**	**929 721**	**150 283**	**73 620**	**74 899**	**214 764**	**59 978**	**641 337**	**14 812**
--	--	--	--	--	--	--	--	--	--
347 272	43 630	344 606	77 079	23 960	45 970	55 899	25 614	264 747	5 495
463 837	27 333	578 903	72 050	49 660	28 929	152 662	33 211	376 581	9 316
21 831	760	6 212	1 154	--	--	6 203	1 153	9	1

本年盈亏(千元)	年末固定资产原值(千元)	当年提取修购基金(千元)	增加值(千元)	公用房屋建筑面积(千平方米)	营业用房	文物库房
24	25	26	27	28	29	30
9 963	**212 142**	**2 690**	**76 045**	**163**	**58**	**68**
--	--	--	--	--	--	--
11 047	115 205	1 793	44 927	97	29	41
- 868	96 262	897	30 618	65	29	25
- 216	675	--	500	2	--	--

全国文物部门附营

	机构数(个)	从业人员(人)	职工	资本金合计(千元)	国家资本金	固定资产合计(千元)	固定资产原价(千元)	本年提取折旧(千元)	损 主营业收入	主营营业成本及费用	主营营业税金及附加	主营业务利润	其他业务利润
	1	2	3	4	5	6	7	8	9	10	11	12	13
总　　计	**69**	**1 732**	**1 112**	**44 125**	**27 968**	**34 067**	**54 681**	**3 553**	**71 495**	**60 970**	**2 624**	**7 901**	**12 896**
第一产业	--	--	--	--	--	--	--	--	--	--	--	--	--
第二产业	8	774	505	22 290	16 538	22 129	39 288	2 088	29 277	26 242	841	2 194	3 423
其中:制造业	5	338	295	16 690	16 238	20 277	35 987	1 865	5 122	5 576	40	– 494	3 366
建筑业	3	436	210	5 600	300	1 852	3 301	223	24 155	20 666	801	2 688	57
第三产业	61	958	607	21 835	11 430	11 938	15 393	1 465	42 218	34 728	1 783	5 707	9 473
其中:批、零和餐饮业	33	448	316	8 125	4 698	4 143	5 315	730	21 061	18 458	1 144	1 459	9 316
房地产业	--	--	--	--	--	--	--	--	--	--	--	--	--
综合服务业	10	210	112	7 620	3 852	4 416	6 374	510	10 283	8 270	371	1 642	--

全国文物主管部门机关

	机构数(个)	事业编制人数(人)	本年收入合计(千元)	财政补助收入	国家重点文物保护专项资金	地方重点文物保护专项资金	下级上缴收入	其他收入		事业支出
	1	2	3	4	5	6	7	8	9	10
总　　计	**256**	**1 538**	**446 805**	**250 094**	**101 744**	**54 448**	**162 453**	**34 258**	**385 676**	**190 818**
中　　央	1	15	139 770	17 480	--	--	118 680	3 610	91 050	14 210
省、区、市	28	210	210 897	169 785	92 598	47 371	27 508	13 604	205 524	101 780
地　、市	94	619	59 863	48 525	8 086	5 144	972	10 366	53 308	43 203
县　、市	133	694	36 275	14 304	1 060	1 933	15 293	6 678	35 794	31 625

单位基本情况（企业）

益及分配（千元）									其他（千元）			上交主办单位数（千元）	增加值（千元）
管理费用	税金	劳动待业保险	财务费用	补贴收入	投资收益	营业外收支净额	应交所得税	利润	从业人员劳动报酬	本年应付福利费总额	本年应交增值税		
14	15	16	17	18	19	20	21	22	23	24	25	26	27
14 965	**985**	**1 480**	**－303**	**－1**	**708**	**1 192**	**766**	**7 268**	**11 951**	**1 706**	**977**	**1 552**	**42 439**
－－	－－	－－	－－	－－	－－	－－	－－	－－	－－	－－	－－	－－	－－
6 979	112	1 429	－40	－－	708	1 000	343	43	6 663	627	393	172	15 886
4 502	100	1 429	－29	－－	708	1 044	217	－66	3 050	282	393	－－	8 320
2 477	12	－－	－11	－－	－－	－44	126	109	3 613	345	－－	172	7 566
7 986	873	51	－263	－1	－－	192	423	7 225	5 288	1 079	584	1 380	26 553
5 177	868	19	－183	－－	－－	197	66	5 912	3 453	478	571	704	18 245
－－	－－	－－	－－	－－	－－	－－	－－	－－	－－	－－	－－	－－	－－
1 096	5	32	80	－－	－－	17	225	258	1 523	58	6	504	4 561

事业编制及事业费收支情况

本年支出合计（千元）										省文物行政部门会同省财政部门一次性下拨的补助经费全年合计（千元）
1.本机关支出		2.补助本级、下级支出								
合计	事业编制人员劳动报酬	合计	文物保护单位维修费	考古发掘费	文物收购费	干部训练费	补助未设文博机构地方	拨给文物商店周转金	其他费用	
11	12	13	14	15	16	17	18	19	20	21
90 396	**12 702**	**295 280**	**210 765**	**8 069**	**4 708**	**321**	**361**	**405**	**48 931**	**67 469**
3 663	144	87 387	87 387	－－	－－	－－	－－	－－	－－	－－
33 048	3 513	172 476	106 186	7 938	4 570	266	350	400	38 071	63 955
28 709	4 495	24 599	14 699	89	120	49	7	5	3 613	3 064
24 976	4 550	10 818	2 493	42	18	6	4	－－	7 247	450

全 国 文 物 业 公

	总计			文物保护管理机构		
	合计	陈列展览及营业用房	文物库房	合计	陈列展览用房	文物库房
	1	2	3	4	5	6
总　计	**5 591**	**2 028**	**680**	**1 163**	**274**	**137**
中　央	308	45	48	--	--	--
省、区、市	1 308	477	206	7	1	--
地、市	1 903	781	228	327	81	57
县、市	2 076	725	195	826	191	79

全国文物业文物藏品或保管品

	文物藏品或文物保管品在10万件以上的文物机构				文物藏品或文物保管品在5－10万件的文物机构			
	机构数(个)	文物藏品(件)	其中一级品	文物库房(平方米)	机构数(个)	文物藏品(件)	其中一级品	文物库房(平方米)
	1	2	3	4	5	6	7	8
总　计	**25**	**5 133 422**	**22 977**	**143 096**	**19**	**1 380 923**	**3 415**	**33 785**
一、文物机构	4	695 519	230	9 873	5	419 310	879	7 447
1 文物保护管构	2	340 755	65	4 478	2	194 624	359	2 565
2 文物科研机构	2	354 764	165	5 395	3	224 686	520	4 882
3 其他文物机构	--	--	--	--	--	--	--	--
二、博物馆	21	4 437 903	22 747	133 223	14	961 613	2 536	26 338
1 综合性博物馆	16	2 729 104	11 256	83 775	12	790 890	1 988	21 512
2 专门性博物馆	5	1 708 799	11 491	49 448	2	170 723	548	4 826
3 纪念性博物馆	--	--	--	--	--	--	--	--

用房屋基本情况

单位:千平方米

其他文物机构			博物馆			文物商店			文物科研		
合计	陈列展览用房	文物库房	合计	陈列展览用房	文物库房	合计	陈列展览用房	文物库房	合计	业务用房	文物库房
7	8	9	10	11	12	13	14	15	16	17	18
64	**38**	**7**	**3 998**	**1 574**	**436**	**163**	**58**	**68**	**203**	**84**	**32**
--	--	--	308	45	48	--	--	--	--	--	--
11	1	1	1 021	367	135	97	29	41	172	79	29
35	24	3	1 445	642	140	65	29	25	31	5	3
19	13	3	1 229	521	113	2	--	--	--	--	--

及文物库房综合情况

文物藏品或文物保管品在1-5万件的文物机构				文物藏品或文物保管品在5000-10000件的文物机构				文物藏品或文物保管品在1000-5000件的文物机构				文物藏品或文物保管品在1000件以下的文物机构			
机构数(个)	文物藏品(件)	其中一级品	文物库房(平方米)	机构数(个)	文物藏品(件)	其中一级品	文物库房(平方米)	机构数(个)	文物藏品(件)	其中一级品	文物库房(平方米)	机构数(个)	文物藏品(件)	其中一级品	文物库房(平方米)
9	10	11	12	13	14	15	16	17	18	19	20	21	22	23	24
125	**2 424 449**	**8 404**	**81 742**	**155**	**1 077 713**	**4 198**	**87 947**	**779**	**1 756 829**	**8 939**	**130 905**	**2 314**	**476 295**	**2 645**	**138 255**
22	407 780	923	5 332	39	274 863	1 473	40 220	326	655 530	2 746	40 544	1 665	290 438	1 351	74 459
18	307 000	815	4 444	36	248 921	1 463	40 020	314	624 719	2 543	34 298	1 565	278 458	1 032	53 088
2	57 777	86	888	1	8 000	9	100	8	18 579	180	3 012	40	5 082	308	17 865
2	43 003	22	--	2	17 942	1	100	4	12 232	23	3 234	60	6 898	11	3 506
103	2 016 669	7 481	76 410	116	802 850	2 725	47 727	453	1 101 299	6 193	90 361	649	185 857	1 294	63 796
72	1 385 644	3 950	50 243	90	635 147	1 466	31 042	337	830 181	3 571	65 915	285	103 326	517	27 313
21	415 862	1 519	17 357	18	119 681	1 160	7 323	78	194 640	1 980	18 758	141	37 861	376	16 036
11	225 763	2 021	9 370	9	54 409	119	11 000	39	79 478	642	5 688	227	45 989	403	20 525

各地区文物

	机构数（个）		从业人员（人）		收入与支出（千元）		固定资产合计（千元）	
	合计	其中国有机构	合计	其中职工	总收入	总支出	合计	本年新增
	1	2	3	4	5	6	7	8
总计	**3 538**	**3 525**	**64 701**	**55 782**	**3 037 962**	**2 910 072**	**4 191 971**	--
中央	10	10	2 712	2 455	420 090	375 347	132 656	--
地方	3 528	3 515	61 989	53 327	2 617 872	2 534 725	4 059 315	--
北京	54	54	2 752	2 339	278 406	289 729	209 615	--
天津	24	24	837	715	34 334	35 662	15 613	--
河北	212	212	4 940	4 308	181 513	200 402	221 915	--
山西	165	165	3 225	2 703	86 775	85 829	84 604	--
内蒙古	99	99	1 403	1 403	27 518	25 993	51 762	--
辽宁	111	111	2 362	2 068	69 295	67 498	151 382	--
其中:大连	9	9	247	187	12 240	11 536	7 724	--
吉林	63	63	1 111	1 023	24 066	23 192	19 619	--
黑龙江	129	129	965	918	25 213	25 274	150 851	--
上海	24	24	1 397	908	189 149	156 734	157 431	--
江苏	155	153	2 215	2 073	128 740	122 080	358 632	--
浙江	178	172	2 294	1 887	140 627	126 249	173 992	--
其中:宁波	26	25	288	225	18 275	17 087	30 938	--
安徽	131	131	1 314	1 191	35 080	35 488	50 871	--
福建	114	114	942	824	27 851	27 780	47 491	--
其中:厦门	6	6	120	120	6 151	5 823	5 886	--
江西	132	132	2 019	1 868	56 493	51 796	85 224	--
山东	142	142	4 184	3 924	169 471	178 694	230 606	--
其中:青岛	11	11	195	163	8 138	8 056	4 080	--
河南	206	206	4 676	4 030	132 841	128 790	154 507	--
湖北	135	135	2 552	2 410	59 941	62 673	118 943	--
湖南	187	187	2 034	1 888	62 455	69 788	107 382	--
广东	153	152	2 705	2 276	190 583	154 339	292 679	--
其中:深圳	10	9	193	191	21 577	19 056	33 460	--
广西	108	108	1 068	933	31 657	27 597	54 753	--
海南	21	21	264	244	9 348	10 411	19 628	--
重庆	58	58	1 169	933	41 589	41 864	108 443	--
四川	190	190	3 803	3 111	150 929	146 124	377 515	--
贵州	95	95	596	500	15 528	16 383	39 561	--
云南	127	127	1 054	921	38 816	38 891	83 454	--
西藏	11	10	688	211	16 895	15 861	8 986	--
陕西	238	235	6 300	5 097	303 194	281 487	492 858	--
甘肃	98	98	1 617	1 288	52 126	53 125	142 391	--
青海	37	37	282	276	6 366	7 146	11 012	--
宁夏	29	29	360	331	7 298	7 484	11 646	--
新疆	102	102	861	726	23 775	20 362	25 949	--

业 基 本 情 况

文物藏品及文物保管品(件)		业务活动(个)		参观人次(千人次)		业务用房(千平方米)			文物保护单位维修项目情况			
									维修单位(个)		本年实际支出(千元)	
合计	其中一级品	陈列	展览	合计	其中外宾人次	合计	其中展览用房	其中文物库房	合计	其中国家级	合计	其中国家级
9	10	11	12	13	14	15	16	17	18	19	20	21
12 249 631	**50 578**	**2 812**	**3 945**	**245 955**	**4 386**	**5 592**	**2 029**	**679**	**1 081**	**241**	**261 350**	**114 427**
1 437 916	14 036	39	54	6 472	7	308	45	48	1	1	8 055	8 055
10 811 715	36 542	2 773	3 891	239 483	4 379	5 284	1 984	631	1 080	240	253 295	106 372
184 658	374	380	55	56 418	673	110	38	21	12	7	1 184	337
553 946	1 232	32	51	5 528	15	77	38	17	1	1	1 000	1 000
670 884	1 070	67	133	6 291	120	278	125	27	62	20	22 578	18 423
398 573	1 094	109	76	2 583	48	195	59	21	75	18	10 411	3 982
365 547	793	33	77	1 344	116	123	39	11	6	3	586	345
229 958	1 047	65	68	2 698	64	165	84	19	49	9	9 274	3 815
36 316	202	13	13	681	3	19	10	2	3	--	1 595	--
162 368	275	27	32	1 618	6	152	30	3	9	5	4 370	900
165 422	308	36	70	1 677	10	88	43	8	5	2	1 750	300
219 262	1 229	27	33	2 061	148	81	30	12	15	1	8 485	500
796 655	1 980	208	360	6 425	167	285	155	57	50	11	11 319	1 790
493 710	1 446	103	261	68 259	289	298	138	146	113	15	13 531	4 148
92 138	102	5	6	864	14	60	41	16	13	2	3 086	1 862
347 834	1 249	35	99	2 846	25	130	49	14	72	10	11 144	1 589
240 223	541	126	161	3 184	152	149	48	5	43	7	6 148	2 047
8 200	63	8	3	245	19	13	3	1	6	1	640	10
224 557	678	174	277	1 873	40	159	53	9	31	3	1 615	316
773 721	3 913	264	394	7 259	164	278	105	29	33	13	22 294	18 708
106 271	167	3	52	239	30	15	4	2	3	--	809	--
1 117 271	1 958	121	236	5 378	135	287	113	43	49	16	13 632	6 973
596 272	2 841	89	113	7 466	72	210	80	22	18	7	5 039	4 491
294 546	860	74	152	3 987	76	221	89	22	32	10	9 797	2 566
480 554	1 491	328	520	7 899	363	351	174	33	66	8	22 196	2 827
5 066	25	41	65	329	5	19	11	2	1	--	1 200	--
238 139	324	72	202	1 871	102	112	44	10	26	4	2 306	910
48 491	51	4	18	749	38	21	5	1	3	3	1 459	1 459
292 943	851	27	32	6 244	38	186	32	7	20	4	4 945	222
450 263	1 820	112	130	10 135	189	402	123	25	97	21	18 636	11 485
41 045	164	4	42	1 691	75	65	21	8	30	4	2 043	570
225 320	548	72	74	4 062	150	151	46	12	81	12	6 841	2 920
48 481	1 755	1	2	336	49	1	--	--	6	1	6 995	310
613 483	3 759	80	70	12 716	866	459	107	26	41	14	22 566	8 292
338 666	1 735	70	112	947	47	158	77	14	16	4	5 368	3 432
69 566	192	7	15	68	--	20	5	3	4	2	1 210	415
48 620	292	9	14	523	2	25	11	2	7	3	1 228	950
80 737	672	17	12	5 347	140	47	23	4	8	2	3 345	350

各地区文物业机构数、从

	总计			合计		
	机构数	从业人员		机构数	从业人员	
			职工			职工
	1	2	3	4	5	6
总计	**3 552**	**66 619**	**56 223**	**3 538**	**64 701**	**55 782**
中央	10	2 712	2 455	10	2 712	2 455
地方	3 542	63 907	53 768	3 528	61 989	53 327
北京	54	2 752	2 339	54	2 752	2 339
天津	24	837	715	24	837	715
河北	213	4 947	4 315	212	4 940	4 308
山西	165	3 225	2 703	165	3 225	2 703
内蒙古	99	1 403	1 403	99	1 403	1 403
辽宁	111	2 362	2 068	111	2 362	2 068
其中:大连	9	247	187	9	247	187
吉林	63	1 111	1 023	63	1 111	1 023
黑龙江	129	965	918	129	965	918
上海	24	1 397	908	24	1 397	908
江苏	155	2 215	2 073	155	2 215	2 073
浙江	178	2 294	1 887	178	2 294	1 887
其中:宁波	26	288	225	26	288	225
安徽	132	1 316	1 193	131	1 314	1 191
福建	114	942	824	114	942	824
其中:厦门	6	120	120	6	120	120
江西	132	2 019	1 868	132	2 019	1 868
山东	142	4 184	3 924	142	4 184	3 924
其中:青岛	11	195	163	11	195	163
河南	206	4 676	4 030	206	4 676	4 030
湖北	136	2 636	2 494	135	2 552	2 410
湖南	193	2 398	2 208	187	2 034	1 888
广东	154	2 711	2 281	153	2 705	2 276
其中:深圳	10	193	191	10	193	191
广西	108	1 068	933	108	1 068	933
海南	21	264	244	21	264	244
重庆	58	1 169	933	58	1 169	933
四川	190	3 803	3 111	190	3 803	3 111
贵州	95	596	500	95	596	500
云南	127	1 054	921	127	1 054	921
西藏	15	2 143	234	11	688	211
陕西	238	6 300	5 097	238	6 300	5 097
甘肃	98	1 617	1 288	98	1 617	1 288
青海	37	282	276	37	282	276
宁夏	29	360	331	29	360	331
新疆	102	861	726	102	861	726

注:总计中的数字含部分上报的其他部门机构数。

业人员数(按经济类型分)

单位:个、人

国有经济			集体经济			其他经济			其他部门		
机构数	从业人员	职工	机构数	从业人员	职工	机构数	从业人员	职工	机构数	从业人员	职工
7	8	9	10	11	12	13	14	15	16	17	18
3 525	**64 448**	**55 642**	**11**	**165**	**52**	**2**	**88**	**88**	**14**	**1 918**	**441**
10	2 712	2 455	—	—	—	—	—	—	—	—	—
3 515	61 736	53 187	11	165	52	2	88	88	14	1 918	441
54	2 752	2 339	—	—	—	—	—	—	—	—	—
24	837	715	—	—	—	—	—	—	—	—	—
212	4 940	4 308	—	—	—	—	—	—	1	7	7
165	3 225	2 703	—	—	—	—	—	—	—	—	—
99	1 403	1 403	—	—	—	—	—	—	—	—	—
111	2 362	2 068	—	—	—	—	—	—	—	—	—
9	247	187	—	—	—	—	—	—	—	—	—
63	1 111	1 023	—	—	—	—	—	—	—	—	—
129	965	918	—	—	—	—	—	—	—	—	—
24	1 397	908	—	—	—	—	—	—	—	—	—
153	2 203	2 061	2	12	12	—	—	—	—	—	—
172	2 282	1 881	6	12	6	—	—	—	—	—	—
25	285	223	1	3	2	—	—	—	—	—	—
131	1 314	1 191	—	—	—	—	—	—	1	2	2
114	942	824	—	—	—	—	—	—	—	—	—
6	120	120	—	—	—	—	—	—	—	—	—
132	2 019	1 868	—	—	—	—	—	—	—	—	—
142	4 184	3 924	—	—	—	—	—	—	—	—	—
11	195	163	—	—	—	—	—	—	—	—	—
206	4 676	4 030	—	—	—	—	—	—	—	—	—
135	2 552	2 410	—	—	—	—	—	—	1	84	84
187	2 034	1 888	—	—	—	—	—	—	6	364	320
152	2 697	2 268	—	—	—	1	8	8	1	6	5
9	185	183	—	—	—	1	8	8	—	—	—
108	1 068	933	—	—	—	—	—	—	—	—	—
21	264	244	—	—	—	—	—	—	—	—	—
58	1 169	933	—	—	—	—	—	—	—	—	—
190	3 803	3 111	—	—	—	—	—	—	—	—	—
95	596	500	—	—	—	—	—	—	—	—	—
127	1 054	921	—	—	—	—	—	—	—	—	—
10	586	207	1	102	4	—	—	—	4	1 455	23
235	6 181	4 987	2	39	30	1	80	80	—	—	—
98	1 617	1 288	—	—	—	—	—	—	—	—	—
37	282	276	—	—	—	—	—	—	—	—	—
29	360	331	—	—	—	—	—	—	—	—	—
102	861	726	—	—	—	—	—	—	—	—	—

各地区文物业机构数、

	总计			中央		
	机构数	从业人员	职工	机构数	从业人员	职工
	1	2	3	4	5	6
总　计	**3 552**	**66 619**	**56 223**	**10**	**2 712**	**2 455**
中　央	10	2 712	2 455	10	2 712	2 455
地　方	3 542	63 907	53 768	—	—	—
北　京	54	2 752	2 339	—	—	—
天　津	24	837	715	—	—	—
河　北	213	4 947	4 315	—	—	—
山　西	165	3 225	2 703	—	—	—
内蒙古	99	1 403	1 403	—	—	—
辽　宁	111	2 362	2 068	—	—	—
其中:大连	9	247	187	—	—	—
吉　林	63	1 111	1 023	—	—	—
黑龙江	129	965	918	—	—	—
上　海	24	1 397	908	—	—	—
江　苏	155	2 215	2 073	—	—	—
浙　江	178	2 294	1 887	—	—	—
其中:宁波	26	288	225	—	—	—
安　徽	132	1 316	1 193	—	—	—
福　建	114	942	824	—	—	—
其中:厦门	6	120	120	—	—	—
江　西	132	2 019	1 868	—	—	—
山　东	142	4 184	3 924	—	—	—
其中:青岛	11	195	163	—	—	—
河　南	206	4 676	4 030	—	—	—
湖　北	136	2 636	2 494	—	—	—
湖　南	193	2 398	2 208	—	—	—
广　东	154	2 711	2 281	—	—	—
其中:深圳	10	193	191	—	—	—
广　西	108	1 068	933	—	—	—
海　南	21	264	244	—	—	—
重　庆	58	1 169	933	—	—	—
四　川	190	3 803	3 111	—	—	—
贵　州	95	596	500	—	—	—
云　南	127	1 054	921	—	—	—
西　藏	15	2 143	234	—	—	—
陕　西	238	6 300	5 097	—	—	—
甘　肃	98	1 617	1 288	—	—	—
青　海	37	282	276	—	—	—
宁　夏	29	360	331	—	—	—
新　疆	102	861	726	—	—	—

从业人员数（按级别分）

单位：个、人

省级			地级			县级		
机构数	从业人员	职工	机构数	从业人员	职工	机构数	从业人员	职工
7	8	9	10	11	12	13	14	15
183	**11 784**	**9 581**	**915**	**24 380**	**19 784**	**2 444**	**27 743**	**24 403**
– –	– –	– –	– –	– –	– –	– –	– –	– –
183	11 784	9 581	915	24 380	19 784	2 444	27 743	24 403
22	935	798	17	358	265	15	1 459	1 276
9	671	549	14	109	109	1	57	57
6	380	321	35	1 859	1 742	172	2 708	2 252
12	335	307	27	1 071	807	126	1 819	1 589
3	240	240	31	783	783	65	380	380
5	320	272	50	1 351	1 202	56	691	594
– –	– –	– –	5	189	134	4	58	53
6	415	355	14	351	336	43	345	332
9	370	346	24	203	195	96	392	377
– –	– –	– –	20	1 336	860	4	61	48
4	197	197	63	1 400	1 315	88	618	561
7	404	313	56	1 127	968	115	763	606
– –	– –	– –	4	146	95	22	142	130
3	262	253	31	293	277	98	761	663
4	163	155	40	375	356	70	404	313
– –	– –	– –	4	111	111	2	9	9
8	464	445	28	754	716	96	801	707
4	250	242	34	1 367	1 220	104	2 567	2 462
– –	– –	– –	4	144	116	7	51	47
5	587	369	66	1 981	1 737	135	2 108	1 924
4	380	358	31	971	894	101	1 285	1 242
7	431	351	39	660	604	147	1 307	1 253
7	301	293	63	1 614	1 304	84	796	684
– –	– –	– –	4	140	138	6	53	53
4	208	140	23	414	375	81	446	418
2	80	72	5	105	105	14	79	67
6	493	411	18	96	96	34	580	426
4	300	277	35	1 598	1 187	151	1 905	1 647
3	88	71	10	178	115	82	330	314
4	156	137	28	405	351	95	493	433
3	234	106	8	1 645	110	4	264	18
8	1 625	1 048	42	1 297	1 151	188	3 378	2 898
11	867	593	14	235	223	73	515	472
4	137	133	9	40	40	24	105	103
4	154	145	5	65	54	20	141	132
5	337	284	35	339	287	62	185	155

各地区民族自治地方文物业机构数、从业人员数(按经济类型分)

	合计			国有经济			集体经济			其他经济		
	机构数	从业人员	职工	机构数	从业人员	职工	机构数	从业人员	职工	机构数	从业人员	职工
	1	2	3	4	5	6	7	8	9	10	11	12
总计	**544**	**5 874**	**4 761**	**540**	**5 649**	**4 759**	— —	— —	— —	**3**	**224**	**1**
北京	— —	— —	— —	— —	— —	— —	— —	— —	— —	— —	— —	— —
天津	— —	— —	— —	— —	— —	— —	— —	— —	— —	— —	— —	— —
河北	8	23	23	8	23	23	— —	— —	— —	— —	— —	— —
山西	— —	— —	— —	— —	— —	— —	— —	— —	— —	— —	— —	— —
内蒙古	91	1 330	1 255	91	1 330	1 255	— —	— —	— —	— —	— —	— —
辽宁	14	137	116	14	137	116	— —	— —	— —	— —	— —	— —
其中:大连	— —	— —	— —	— —	— —	— —	— —	— —	— —	— —	— —	— —
吉林	14	135	132	14	135	132	— —	— —	— —	— —	— —	— —
黑龙江	2	18	18	2	18	18	— —	— —	— —	— —	— —	— —
上海	— —	— —	— —	— —	— —	— —	— —	— —	— —	— —	— —	— —
江苏	— —	— —	— —	— —	— —	— —	— —	— —	— —	— —	— —	— —
浙江	1	4	2	1	4	2	— —	— —	— —	— —	— —	— —
其中:宁波	— —	— —	— —	— —	— —	— —	— —	— —	— —	— —	— —	— —
安徽	— —	— —	— —	— —	— —	— —	— —	— —	— —	— —	— —	— —
福建	— —	— —	— —	— —	— —	— —	— —	— —	— —	— —	— —	— —
其中:厦门	— —	— —	— —	— —	— —	— —	— —	— —	— —	— —	— —	— —
江西	— —	— —	— —	— —	— —	— —	— —	— —	— —	— —	— —	— —
山东	— —	— —	— —	— —	— —	— —	— —	— —	— —	— —	— —	— —
其中:青岛	— —	— —	— —	— —	— —	— —	— —	— —	— —	— —	— —	— —
河南	— —	— —	— —	— —	— —	— —	— —	— —	— —	— —	— —	— —
湖北	13	76	74	13	76	74	— —	— —	— —	— —	— —	— —
湖南	27	189	176	27	189	176	— —	— —	— —	— —	— —	— —
广东	3	6	6	3	6	6	— —	— —	— —	— —	— —	— —
其中:深圳	— —	— —	— —	— —	— —	— —	— —	— —	— —	— —	— —	— —
广西	108	981	906	107	980	905	— —	— —	— —	— —	— —	— —
海南	— —	— —	— —	— —	— —	— —	— —	— —	— —	— —	— —	— —
重庆	6	31	30	6	31	30	— —	— —	— —	— —	— —	— —
四川	18	169	152	18	169	152	— —	— —	— —	— —	— —	— —
贵州	44	163	159	44	163	159	— —	— —	— —	— —	— —	— —
云南	55	326	294	55	326	294	— —	— —	— —	— —	— —	— —
西藏	16	1 021	267	13	797	266	— —	— —	— —	3	224	1
陕西	— —	— —	— —	— —	— —	— —	— —	— —	— —	— —	— —	— —
甘肃	8	58	58	8	58	58	— —	— —	— —	— —	— —	— —
青海	20	84	84	20	84	84	— —	— —	— —	— —	— —	— —
宁夏	25	262	233	25	262	233	— —	— —	— —	— —	— —	— —
新疆	71	861	776	71	861	776	— —	— —	— —	— —	— —	— —

各地区民族自治地方文物业机构数、从业人员数(按级别分)

	合计			省级			市(地)级			县级		
	机构数	从业人员	职工	机构数	从业人员	职工	机构数	从业人员	职工	机构数	从业人员	职工
	1	2	3	4	5	6	7	8	9	10	11	12
总计	**602**	**7 429**	**5 058**	— —	— —	— —	**19**	**1 173**	**926**	**131**	**3 657**	**1 993**
北京	— —	— —	— —	— —	— —	— —	— —	— —	— —	— —	— —	— —
天津	— —	— —	— —	— —	— —	— —	— —	— —	— —	— —	— —	— —
河北	8	28	28	— —	— —	— —	— —	— —	— —	— —	— —	— —
山西	— —	— —	— —	— —	— —	— —	— —	— —	— —	— —	— —	— —
内蒙古	98	1 397	1 397	— —	— —	— —	3	240	240	31	783	783
辽宁	15	205	141	— —	— —	— —	— —	— —	— —	— —	— —	— —
其中:大连	— —	— —	— —	— —	— —	— —	— —	— —	— —	— —	— —	— —
吉林	14	130	120	— —	— —	— —	— —	— —	— —	2	70	67
黑龙江	2	8	8	— —	— —	— —	— —	— —	— —	— —	— —	— —
上海	— —	— —	— —	— —	— —	— —	— —	— —	— —	— —	— —	— —
江苏	— —	— —	— —	— —	— —	— —	— —	— —	— —	— —	— —	— —
浙江	1	3	2	— —	— —	— —	— —	— —	— —	— —	— —	— —
其中:宁波	— —	— —	— —	— —	— —	— —	— —	— —	— —	— —	— —	— —
安徽	— —	— —	— —	— —	— —	— —	— —	— —	— —	— —	— —	— —
福建	— —	— —	— —	— —	— —	— —	— —	— —	— —	— —	— —	— —
其中:厦门	— —	— —	— —	— —	— —	— —	— —	— —	— —	— —	— —	— —
江西	— —	— —	— —	— —	— —	— —	— —	— —	— —	— —	— —	— —
山东	— —	— —	— —	— —	— —	— —	— —	— —	— —	— —	— —	— —
其中:青岛	— —	— —	— —	— —	— —	— —	— —	— —	— —	— —	— —	— —
河南	— —	— —	— —	— —	— —	— —	— —	— —	— —	— —	— —	— —
湖北	15	81	73	— —	— —	— —	— —	— —	— —	— —	— —	— —
湖南	25	222	213	— —	— —	— —	— —	— —	— —	2	35	35
广东	3	6	6	— —	— —	— —	— —	— —	— —	— —	— —	— —
其中:深圳	— —	— —	— —	— —	— —	— —	— —	— —	— —	— —	— —	— —
广西	108	1 068	933	— —	— —	— —	4	208	151	23	414	375
海南	6	28	27	— —	— —	— —	— —	— —	— —	1	6	6
重庆	6	31	31	— —	— —	— —	— —	— —	— —	1	1	1
四川	17	156	145	— —	— —	— —	— —	— —	— —	4	91	80
贵州	47	184	180	— —	— —	— —	— —	— —	— —	— —	4	4
云南	66	419	366	— —	— —	— —	— —	— —	— —	12	175	162
西藏	15	2 143	234	— —	— —	— —	3	234	106	8	1 645	110
陕西	— —	— —	— —	— —	— —	— —	— —	— —	— —	— —	— —	— —
甘肃	— —	— —	— —	— —	— —	— —	— —	— —	— —	— —	— —	— —
青海	25	99	97	— —	— —	— —	— —	— —	— —	7	29	29
宁夏	29	360	331	— —	— —	— —	4	154	145	5	65	54
新疆	102	861	726	— —	— —	— —	5	337	284	35	339	287

各地区文物业收入

	机构数	本年收入合计									事业支出
			财政补助收入	上级补助收入	事业收入	门票收入	经营收入	附属单位上缴收入	其他收入		
	1	2	3	4	5	6	7	8	9	10	11
总计	**3 538**	**3 037 962**	**1 122 367**	**114 578**	**1 240 326**	**913 382**	**269 689**	**7 899**	**283 103**	**2 838 349**	**2 361 456**
中央	10	420 090	43 260	15 087	203 811	184 102	26 869	3 839	127 224	375 347	273 046
地方	3 528	2 617 872	1 079 107	99 491	1 036 515	729 280	242 820	4 060	155 879	2 463 002	2 088 410
北京	54	278 406	47 274	2 601	184 025	93 052	39 985	--	4 521	262 233	237 209
天津	24	34 334	10 958	35	11 419	7 992	10 109	120	1 693	33 128	25 547
河北	212	181 513	58 226	1 149	84 021	79 999	11 070	--	27 047	200 302	117 210
山西	165	86 775	42 184	850	36 063	23 594	410	--	7 268	85 594	83 553
内蒙古	99	27 518	19 963	891	4 821	3 223	201	70	1 572	25 862	24 285
辽宁	111	69 295	39 199	940	23 452	18 762	3 655	25	2 024	67 066	60 677
其中:大连	9	12 240	4 169	--	6 139	6 133	577	25	1 330	11 479	9 167
吉林	63	24 066	19 432	316	3 975	2 711	118	--	225	23 187	22 950
黑龙江	129	25 213	23 227	--	887	760	82	61	956	25 172	24 664
上海	24	189 149	89 644	21 834	46 908	21 206	26 751	1 500	2 512	154 432	137 717
江苏	155	128 740	80 613	1 202	18 379	8 197	21 626	308	6 612	111 598	92 425
浙江	178	140 627	62 172	8 969	35 489	22 569	22 999	150	10 848	123 118	101 661
其中:宁波	26	18 275	8 201	348	4 637	1 745	4 304	--	785	16 857	12 674
安徽	131	35 080	25 138	2 149	3 483	1 399	3 071	39	1 200	35 211	29 399
福建	114	27 851	22 519	1 921	1 809	1 687	1 119	--	483	26 826	23 764
其中:厦门	6	6 151	5 050	50	410	400	639	--	2	5 156	4 246
江西	132	56 493	33 809	1 573	14 480	12 085	5 590	--	1 041	50 882	48 114
山东	142	169 471	45 289	10 025	92 743	86 727	15 332	1	6 081	172 726	142 168
其中:青岛	11	8 138	6 403	414	158	76	752	--	411	7 858	7 198
河南	206	132 841	55 479	9 652	58 646	27 394	2 506	418	6 140	128 012	117 793
湖北	135	59 941	26 643	1 932	22 520	12 166	4 502	46	4 298	62 345	48 097
湖南	187	62 455	28 236	2 968	21 200	14 127	8 078	--	1 973	64 613	57 895
广东	153	190 583	117 741	6 327	41 202	28 113	17 548	170	7 595	148 110	128 520
其中:深圳	10	21 577	11 801	2 246	4 461	1 845	2 574	--	495	18 399	17 257
广西	108	31 657	23 119	304	3 752	1 381	1 686	10	2 786	27 049	22 357
海南	21	9 348	3 772	66	5 252	5 219	--	--	258	10 411	10 411
重庆	58	41 589	21 500	591	18 089	13 176	337	--	1 072	41 503	39 234
四川	190	150 929	38 178	4 539	91 832	66 713	4 435	643	11 302	145 064	126 450
贵州	95	15 528	9 465	931	2 596	2 085	1 132	--	1 404	15 145	13 334
云南	127	38 816	22 745	2 934	10 562	8 713	1 092	--	1 483	38 626	36 879
西藏	11	16 895	12 775	40	3 039	2 959	381	20	640	15 817	14 550
陕西	238	303 194	52 837	11 758	161 372	148 501	36 526	409	40 292	281 172	229 062
甘肃	98	52 126	25 485	1 360	22 793	4 519	1 698	70	720	53 121	42 715
青海	37	6 366	6 196	92	8	8	32	--	38	7 108	6 924
宁夏	29	7 298	4 481	207	2 380	2 148	64	--	166	7 448	7 033
新疆	102	23 775	10 808	1 335	9 318	8 095	685	--	1 629	20 121	15 813

与支出基本情况

单位:个、千元

本年支出合计 在支出合计中 经营支出	对附属单位补助支出	从业人员劳动报酬	职工工资总额	税金支出	社会保障费	修缮费	设备购置费	业务费	业务费 文物征集费	业务费 藏品保护费	业务费 陈列、展览费	业务费 宣传、出版费	考古发掘费	文物保护单位维修费
12	13	14	15	16	17	18	19	20	21	22	23	24	25	26
231 638	**12 138**	**563 287**	**505 026**	**39 237**	**108 194**	**143 433**	**68 788**	**386 666**	**57 112**	**9 161**	**81 359**	**10 008**	**55 264**	**336 500**
21 342	- -	39 629	36 144	3 039	18 261	13 788	6 188	34 428	1 377	576	4 914	291	3 000	102 142
210 296	12 138	523 658	468 882	36 198	89 933	129 645	62 600	352 238	55 735	8 585	76 445	9 717	52 264	234 358
22 267	- -	40 558	39 446	10 997	1 974	5 152	4 343	19 861	956	244	14 646	196	435	6 350
7 171	- -	8 500	7 719	1 205	2 501	1 614	977	3 618	58	43	2 145	338	- -	10
42 146	136	43 181	41 293	2 013	7 173	3 420	1 940	18 785	2 180	81	849	40	3 009	35 370
669	- -	18 910	16 560	980	2 226	5 926	4 379	7 528	84	39	348	606	3 794	18 800
1 174	190	8 758	8 636	249	1 196	1 368	541	2 163	185	59	595	13	1 341	2 774
3 947	1 462	17 604	15 965	159	2 724	6 542	3 821	5 327	954	369	726	520	485	8 000
665	1 124	1 689	1 314	66	189	147	861	195	11	40	56	73	94	2 561
237	- -	8 182	8 154	97	2 543	1 585	546	3 155	49	2	776	44	25	1 346
508	- -	7 968	7 634	148	1 801	919	203	3 975	297	- -	100	18	188	4 539
16 710	5	24 748	16 667	1 132	6 497	13 175	2 393	63 654	35 804	110	9 151	668	127	3 351
17 523	- -	22 767	21 011	1 666	6 080	5 391	2 432	25 108	1 713	1 589	17 125	589	1 170	9 490
19 522	534	24 852	21 920	772	5 058	6 162	3 017	22 836	2 326	971	8 043	1 076	5 662	9 315
4 017	16	3 531	3 160	117	634	1 971	334	2 096	17	19	40	193	316	647
4 493	205	8 977	8 335	236	1 955	814	404	6 112	493	25	299	33	884	6 955
1 784	1 254	8 118	7 759	361	1 880	2 087	712	4 265	202	230	556	119	235	2 670
910	- -	1 240	1 240	238	325	413	154	815	85	52	266	- -	10	90
2 721	3	10 645	9 935	782	2 142	8 419	333	11 912	186	263	957	155	301	1 852
11 986	6 669	39 147	32 971	2 785	8 160	7 705	3 263	8 972	932	814	3 486	808	1 443	11 140
660	- -	1 474	1 362	99	453	175	182	1 040	47	9	488	- -	- -	285
4 124	461	31 935	29 660	821	4 318	7 308	4 162	9 560	764	239	1 202	272	14 502	15 515
9 584	75	18 276	17 498	369	2 326	5 341	224	4 736	174	415	500	17	4 224	8 668
6 007	221	15 423	14 076	525	2 795	3 773	2 654	5 171	184	252	1 730	194	3 902	8 158
17 772	114	31 583	27 793	2 537	5 641	8 672	6 361	26 972	2 984	488	5 957	1 213	3 331	16 983
1 142	- -	4 596	4 084	484	423	1 146	523	4 253	450	52	1 239	21	100	1 948
1 632	54	7 181	6 501	472	1 338	3 077	518	4 036	176	19	651	5	713	3 161
- -	- -	3 446	3 422	41	388	544	60	616	21	4	17	8	26	1 471
492	- -	10 930	8 191	79	1 954	2 922	1 833	8 417	444	182	2 133	121	139	597
10 472	230	26 733	22 249	2 323	5 366	6 841	4 837	17 340	500	959	1 305	1 422	450	21 908
1 344	- -	3 537	3 129	132	725	1 160	357	1 117	210	464	100	- -	165	4 814
1 319	5	9 063	8 551	489	713	1 411	1 629	5 780	826	22	1 163	170	1 536	3 865
30	- -	3 369	2 091	4	274	2 340	130	488	- -	- -	- -	- -	- -	6 710
2 250	96	44 944	40 120	4 108	6 119	9 788	6 292	50 395	2 262	410	1 010	923	2 536	6 357
1 709	36	13 533	11 822	633	2 364	2 805	2 650	8 639	724	261	592	149	172	7 443
184	- -	2 022	2 020	9	586	126	40	904	- -	- -	20	- -	514	2 194
173	10	1 914	1 690	13	216	1 906	650	100	39	3	5	- -	260	719
346	378	6 854	6 064	61	900	1 352	899	696	8	28	258	- -	695	3 833

各地区文物保护

	文物保护经费支出				文物保护管理机构				其他文	
	合计	其中			合计	其中			合计	其中
		业务费	考古发掘费	文物保护单位维修费		业务费	考古发掘费	文物保护单位维修费		业务费
	1	2	3	4	5	6	7	8	9	10
总计	**729 094**	**337 330**	**55 264**	**336 500**	**82 106**	– –	**15 098**	**67 008**	**28 277**	**23 815**
中央	139 570	34 428	3 000	102 142	– –	– –	– –	– –	2 708	2 708
地方	589 524	302 902	52 264	234 358	82 106	– –	15 098	67 008	25 569	21 107
北京	26 646	19 861	435	6 350	5 660	– –	32	5 628	26	26
天津	3 628	3 618	– –	10	– –	– –	– –	– –	– –	– –
河北	43 971	5 592	3 009	35 370	2 768	– –	174	2 594	3 497	1 616
山西	29 172	6 578	3 794	18 800	1 311	– –	422	889	312	312
内蒙古	6 128	2 013	1 341	2 774	934	– –	232	702	– –	– –
辽宁	13 345	4 860	485	8 000	3 065	– –	301	2 764	– –	– –
其中:大连	2 850	195	94	2 561	2 077	– –	50	2 027	– –	– –
吉林	4 526	3 155	25	1 346	36	– –	20	16	– –	– –
黑龙江	6 172	1 445	188	4 539	37	– –	18	19	97	97
上海	67 132	63 654	127	3 351	20	– –	– –	20	2 257	2 257
江苏	35 231	24 571	1 170	9 490	4 762	– –	150	4 612	173	162
浙江	37 772	22 795	5 662	9 315	6 061	– –	2 999	3 062	– –	– –
其中:宁波	3 059	2 096	316	647	533	– –	316	217	– –	– –
安徽	9 907	2 068	884	6 955	3 395	– –	86	3 309	– –	– –
福建	6 805	3 900	235	2 670	270	– –	– –	270	– –	– –
其中:厦门	915	815	10	90	90	– –	– –	90	– –	– –
江西	14 065	11 912	301	1 852	195	– –	– –	195	– –	– –
山东	21 549	8 966	1 443	11 140	8 701	– –	253	8 448	– –	– –
其中:青岛	1 319	1 034	– –	285	– –	– –	– –	– –	– –	– –
河南	38 777	8 760	14 502	15 515	13 288	– –	7 956	5 332	1 374	549
湖北	17 228	4 336	4 224	8 668	910	– –	144	766	3	1
湖南	16 654	4 594	3 902	8 158	3 248	– –	1 265	1 983	81	81
广东	47 246	26 932	3 331	16 983	4 817	– –	– –	4 817	1 273	170
其中:深圳	6 301	4 253	100	1 948	682	– –	– –	682	– –	– –
广西	5 251	1 377	713	3 161	1 246	– –	58	1 188	2	2
海南	2 113	616	26	1 471	1 297	– –	26	1 271	– –	– –
重庆	7 782	7 046	139	597	274	– –	84	190	10	10
四川	39 395	17 037	450	21 908	6 611	– –	376	6 235	– –	– –
贵州	6 066	1 087	165	4 814	1 815	– –	65	1 750	40	40
云南	11 121	5 720	1 536	3 865	3 510	– –	146	3 364	– –	– –
西藏	6 718	8	– –	6 710	105	– –	– –	105	– –	– –
陕西	39 720	30 827	2 536	6 357	3 366	– –	158	3 208	16 379	15 739
甘肃	16 254	8 639	172	7 443	722	– –	– –	722	44	44
青海	2 946	238	514	2 194	2	– –	– –	2	– –	– –
宁夏	1 079	100	260	719	737	– –	28	709	– –	– –
新疆	5 125	597	695	3 833	2 943	– –	105	2 838	1	1

费支出基本情况

单位:千元

物机构		博物馆				文物科研机构				文物行政管理部门			
			其中				其中				其中		
考古发掘费	文物保护单位维修费	合计	业务费	考古发掘费	文物保护单位维修费	合计	业务费	考古发掘费	文物保护单位维修费	合计	业务费	考古发掘费	文物保护单位维修费
11	12	13	14	15	16	17	18	19	20	21	22	23	24
1 202	**3 260**	**344 294**	**284 308**	**8 555**	**51 431**	**50 193**	**23 817**	**22 340**	**4 036**	**224 224**	**5 390**	**8 069**	**210 765**
– –	– –	48 525	30 770	3 000	14 755	950	950	– –	– –	87 387	– –	– –	87 387
1 202	3 260	295 769	253 538	5 555	36 676	49 243	22 867	22 340	4 036	136 837	5 390	8 069	123 378
– –	– –	18 482	18 381	– –	101	2 478	1 454	403	621	– –	– –	– –	– –
– –	– –	3 628	3 618	– –	10	– –	– –	– –	– –	– –	– –	– –	– –
– –	1 881	2 719	2 644	5	70	1 374	162	840	372	33 613	1 170	1 990	30 453
– –	– –	5 808	3 752	40	2 016	5 918	2 384	2 762	772	15 823	130	570	15 123
– –	– –	1 802	1 721	9	72	192	192	– –	– –	3 200	100	1 100	2 000
– –	– –	5 397	4 562	88	747	328	298	30	– –	4 555	– –	66	4 489
– –	– –	200	195	1	4	– –	– –	– –	– –	573	– –	43	530
– –	– –	2 135	2 126	5	4	1 245	1 029	– –	216	1 110	– –	– –	1 110
– –	– –	1 259	1 059	– –	200	– –	– –	– –	– –	4 779	289	170	4 320
– –	– –	64 855	61 397	127	3 331	– –	– –	– –	– –	– –	– –	– –	– –
11	– –	26 919	24 402	879	1 638	175	– –	125	50	3 202	7	5	3 190
– –	– –	25 673	22 594	256	2 823	1 338	188	1 150	– –	4 700	13	1 257	3 430
– –	– –	2 526	2 096	– –	430	– –	– –	– –	– –	– –	– –	– –	– –
– –	– –	1 892	1 442	4	446	544	256	288	– –	4 076	370	506	3 200
– –	– –	5 699	3 900	116	1 683	119	– –	119	– –	717	– –	– –	717
– –	– –	825	815	10	– –	– –	– –	– –	– –	– –	– –	– –	– –
– –	– –	13 396	11 823	16	1 557	374	89	285	– –	100	– –	– –	100
– –	– –	10 738	8 820	141	1 777	1 243	120	1 049	74	867	26	– –	841
– –	– –	1 008	1 008	– –	– –	– –	– –	– –	– –	311	26	– –	285
549	276	8 353	7 293	43	1 017	5 950	518	5 144	288	9 812	400	810	8 602
2	– –	5 334	4 335	308	691	3 770	– –	3 770	– –	7 211	– –	– –	7 211
– –	– –	6 080	4 512	384	1 184	2 253	– –	2 253	– –	4 992	1	– –	4 991
– –	1 103	34 555	25 288	1 208	8 059	4 483	1 452	2 123	908	2 118	22	– –	2 096
– –	– –	5 619	4 253	100	1 266	– –	– –	– –	– –	– –	– –	– –	– –
– –	– –	2 053	1 368	643	42	– –	– –	– –	– –	1 950	7	12	1 931
– –	– –	616	616	– –	– –	– –	– –	– –	– –	200	– –	– –	200
– –	– –	7 201	7 036	55	110	– –	– –	– –	– –	297	– –	– –	297
– –	– –	18 210	11 381	41	6 788	5 649	5 649	– –	– –	8 925	7	33	8 885
– –	– –	1 455	922	– –	533	100	– –	100	– –	2 656	125	– –	2 531
– –	– –	6 807	5 705	839	263	564	13	551	– –	240	2	– –	238
– –	– –	6	6	– –	– –	– –	– –	– –	– –	6 607	2	– –	6 605
640	– –	11 727	10 047	276	1 404	3 535	3 008	462	65	4 713	2 033	1 000	1 680
– –	– –	2 337	2 185	72	80	6 630	5 960	– –	670	6 521	450	100	5 971
– –	– –	149	129	– –	20	447	73	374	– –	2 348	36	140	2 172
– –	– –	101	91	– –	10	241	9	232	– –	– –	– –	– –	– –
– –	– –	383	383	– –	– –	293	13	280	– –	1 505	200	310	995

各地区文物业文物藏品或

地区	文物藏品或文物保管品在10万件以上的文物机构				文物藏品或文物保管品在5－10万件的文物机构			
	机构数（个）	文物藏品（件）	其中一级品	文物库房（平方米）	机构数（个）	文物藏品（件）	其中一级品	文物库房（平方米）
	1	2	3	4	5	6	7	8
总计	**25**	**5 133 422**	**22 977**	**143 096**	**19**	**1 380 923**	**3 415**	**33 785**
中央	3	1 394 079	12 603	48 106	--	--	--	--
地方	22	3 739 343	10 374	94 990	19	1 380 923	3 415	33 785
北京	--	--	--	--	2	142 913	212	1 514
天津	2	484 802	597	3 220	--	--	--	--
河北	2	396 444	454	10 359	--	--	--	--
山西	1	108 400	443	4 000	1	57 689	44	150
内蒙古	2	236 176	235	2 854	--	--	--	--
辽宁	--	--	--	--	1	60 410	439	2 306
其中：大连	--	--	--	--	--	--	--	--
吉林	--	--	--	--	--	--	--	--
黑龙江	1	106 676	83	2 949	--	--	--	--
上海	1	122 888	708	3 000	--	--	--	--
江苏	1	421 466	1 059	34 254	1	70 043	154	3 800
浙江	--	--	--	--	3	237 087	563	11 932
其中：宁波	--	--	--	--	1	67 472	32	1 472
安徽	1	217 339	391	4 156	--	--	--	--
福建	1	122 940	237	--	--	--	--	--
其中：厦门	--	--	--	--	--	--	--	--
江西	--	--	--	--	1	53 800	232	--
山东	1	210 000	2 292	--	2	151 879	501	2 815
其中：青岛	--	--	--	--	1	57 255	142	450
河南	2	360 850	601	8 144	3	220 239	47	3 200
湖北	1	143 769	654	960	1	70 000	50	1 410
湖南	--	--	--	--	1	88 335	326	3 550
广东	1	126 202	405	2 000	--	--	--	--
其中：深圳	--	--	--	--	--	--	--	--
广西	--	--	--	--	--	--	--	--
海南	--	--	--	--	--	--	--	--
重庆	1	160 967	386	3 265	1	71 138	371	1 226
四川	1	160 000	626	4 916	--	--	--	--
贵州	--	--	--	--	--	--	--	--
云南	1	131 554	408	2 677	--	--	--	--
西藏	--	--	--	--	--	--	--	--
陕西	2	228 870	795	8 236	1	92 390	186	1 782
甘肃	--	--	--	--	1	65 000	290	100
青海	--	--	--	--	--	--	--	--
宁夏	--	--	--	--	--	--	--	--
新疆	--	--	--	--	--	--	--	--

保管品及文物库房综合情况

文物藏品或文物保管品在1－5万件的文物机构 机构数(个)	文物藏品(件)	其中一级品	文物库房(平方米)	文物藏品或文物保管品在5000－10000件的文物机构 机构数(个)	文物藏品(件)	其中一级品	文物库房(平方米)	文物藏品或文物保管品在1000－5000件的文物机构 机构数(个)	文物藏品(件)	其中一级品	文物库房(平方米)	文物藏品或文物保管品在1000件以下的文物机构 机构数(个)	文物藏品(件)	其中一级品	文物库房(平方米)
9	10	11	12	13	14	15	16	17	18	19	20	21	22	23	24
125	**2 424 449**	**8 404**	**81 742**	**155**	**1 077 713**	**4 198**	**87 947**	**779**	**1 756 829**	**8 939**	**130 905**	**2 314**	**476 295**	**2 645**	**138 255**
2	43 837	1 433	72	--	--	--	--	--	--	--	--	5	--	--	--
123	2 380 612	6 971	81 670	155	1 077 713	4 198	87 947	779	1 756 829	8 939	130 905	2 309	476 295	2 645	138 255
--	--	--	--	2	14 228	--	42	10	18 972	147	2 160	38	8 545	15	2 431
2	50 939	417	3 815	1	6 553	--	400	4	9 457	218	158	14	2 195	--	70
5	125 933	271	3 570	6	42 083	78	983	35	72 424	140	4 582	160	34 000	127	6 516
5	84 427	175	2 023	5	30 922	62	751	40	96 225	110	4 947	112	20 910	260	6 981
3	40 800	79	331	3	19 140	46	1 200	22	55 216	369	3 944	62	14 215	64	1 699
5	92 656	455	5 132	2	16 210	12	414	23	50 576	121	2 706	71	10 106	20	5 647
1	26 329	192	1 268	1	6 500	2	108	3	3 487	8	555	3	--	--	--
5	101 534	184	2 725	5	33 947	74	510	9	20 994	6	175	43	5 893	11	317
--	--	--	--	2	15 763	52	80	14	29 154	78	2 909	110	13 829	95	2 366
3	82 832	452	1 280	--	--	--	--	5	10 965	60	3 435	14	2 577	9	228
8	154 636	480	5 049	9	66 504	142	1 922	28	62 670	77	3 299	97	21 336	68	2 650
2	29 436	137	2 058	16	111 201	347	57 768	45	99 599	317	32 664	93	16 387	82	37 142
--	--	--	--	1	8 394	4	160	6	13 118	64	3 699	15	3 154	2	8 393
1	13 325	37	672	4	24 905	41	240	37	70 170	668	5 003	80	22 095	112	1 662
--	--	--	--	7	43 109	205	956	24	61 016	75	1 284	79	13 158	24	1 351
--	--	--	--	1	7 700	50	180	--	--	--	--	4	500	13	113
2	21 613	36	520	8	51 089	120	1 945	41	78 359	162	3 294	76	19 696	128	1 912
14	201 147	397	4 149	13	90 673	361	7 811	44	102 730	281	5 753	59	17 292	81	6 038
3	44 005	19	384	--	--	--	--	3	5 011	6	408	3	--	--	100
16	340 736	385	10 233	7	45 192	241	764	56	120 146	508	14 548	119	30 108	176	6 476
12	204 064	436	6 276	8	61 309	943	935	41	99 207	632	4 113	70	17 923	126	3 478
2	50 912	130	3 678	7	55 343	52	1 251	34	70 830	252	5 085	141	29 126	100	4 719
10	165 430	259	6 542	9	67 129	147	1 256	41	97 388	618	6 816	81	24 405	62	13 362
--	--	--	--	--	--	--	--	1	4 536	25	1 500	7	530	--	130
4	130 364	176	3 719	4	29 472	24	320	23	55 551	59	2 303	73	22 752	65	2 589
1	30 160	26	200	1	7 965	--	120	1	4 674	--	--	18	5 692	25	391
1	12 200	5	--	1	7 014	7	85	16	33 473	55	1 331	36	8 151	27	1 300
3	45 302	54	1 241	14	91 734	161	3 027	53	123 300	670	7 021	117	29 927	309	9 025
1	25 821	115	2 568	--	--	--	--	4	6 919	24	80	88	8 305	25	4 460
1	12 690	42	300	3	22 572	27	1 412	19	38 553	34	4 489	101	19 951	37	3 073
2	40 209	600	--	--	--	--	--	4	7 322	1 127	32	4	950	28	--
6	104 642	223	3 099	8	53 914	886	2 838	46	107 417	1 426	3 496	172	26 250	243	6 557
4	107 726	730	6 202	8	52 980	153	917	38	103 712	450	4 723	46	9 248	112	1 964
1	42 777	86	888	1	9 762	3	--	6	11 812	36	235	28	5 215	67	2 070
2	25 545	214	2 400	--	--	--	--	8	19 381	59	320	17	3 694	19	140
2	42 756	370	3 000	1	7 000	14	--	8	18 617	160	--	90	12 364	128	1 641

各地区文物保护管理

	机构数(个)	从业人员(人)	职工	文物藏品(件)	一级品	参观人次(千人次)	外宾参观人次
	1	2	3	4	5	6	7
总计	**1 937**	**22 066**	**19 144**	**1 994 477**	**6 277**	**46 419**	**1 494**
中央	--	--	--	--	--	--	--
地方	1 937	22 066	19 144	1 994 477	6 277	46 419	1 494
北京	23	1 520	1 312	16 847	2	4 915	375
天津	8	105	101	2 368	--	139	1
河北	159	3 149	2 667	101 602	257	4 220	77
山西	81	1 194	973	37 339	175	1 161	40
内蒙古	68	634	634	154 405	148	1 127	101
辽宁	68	754	632	23 456	71	1 328	16
其中:大连	3	78	49	1 002	7	448	2
吉林	43	259	259	17 957	34	22	--
黑龙江	84	385	369	15 629	30	287	4
上海	2	24	18	--	--	38	--
江苏	57	227	197	35 587	78	460	1
浙江	88	824	722	119 885	397	4 723	30
其中:宁波	17	136	114	18 634	36	554	9
安徽	86	587	533	77 429	417	604	9
福建	33	107	88	1 355	1	77	6
其中:厦门	2	2	2	--	--	--	--
江西	40	250	209	13 098	28	325	1
山东	73	2 048	1 940	201 219	571	3 660	91
其中:青岛	4	30	16	3 440	1	35	1
河南	122	1 938	1 700	550 573	449	1 860	65
湖北	36	505	463	44 168	758	2 292	26
湖南	120	815	790	73 039	135	776	4
广东	11	81	75	8 030	--	592	49
其中:深圳	2	10	10	--	--	--	--
广西	65	318	292	42 390	40	498	17
海南	6	118	113	1 450	8	720	38
重庆	40	327	272	40 081	46	1 888	3
四川	138	1 722	1 536	184 503	470	4 835	112
贵州	83	389	322	13 161	37	1 131	74
云南	97	460	422	47 336	24	2 625	105
西藏	8	574	104	47 031	1 743	336	49
陕西	149	1 884	1 650	63 879	107	4 640	148
甘肃	29	200	164	4 874	18	464	27
青海	23	93	91	6 881	55	18	--
宁夏	22	178	159	16 845	65	476	1
新疆	75	397	337	32 060	113	182	24

机构基本情况(一)

	本年收入合计（千元）						
	财政补助收入	上级补助收入	事业收入	门票收入	经营收入	附属单位上缴收入	其他收入
8	9	10	11	12	13	14	15
786 000	**183 277**	**30 160**	**516 468**	**390 994**	**23 193**	**1 040**	**31 862**
– –	– –	– –	– –	– –	– –	– –	– –
786 000	183 277	30 160	516 468	390 994	23 193	1 040	31 862
183 166	6 956	823	175 041	87 648	55	– –	291
1 954	1 065	– –	718	653	– –	120	51
92 938	12 427	164	74 588	73 035	3 786	– –	1 973
19 491	7 694	– –	10 390	9 079	– –	– –	1 407
8 755	5 079	361	3 035	2 953	– –	– –	280
20 072	9 801	805	8 125	5 906	171	25	1 145
7 149	1 821	– –	4 337	4 337	– –	25	966
2 776	2 517	169	– –	– –	45	– –	45
4 840	4 662	– –	133	119	– –	– –	45
1 052	993	– –	47	– –	– –	– –	12
13 580	10 210	608	1 606	977	– –	-2	1 158
57 180	19 861	2 249	19 197	14 909	10 623	– –	5 250
8 489	5 354	164	2 210	817	185	– –	576
10 565	8 103	417	1 240	751	32	39	734
2 893	2 525	127	140	102	– –	– –	101
214	214	– –	– –	– –	– –	– –	– –
5 401	1 704	161	3 513	3 077	– –	– –	23
96 943	9 164	4 258	75 728	74 966	5 005	– –	2 788
429	366	38	8	5	– –	– –	17
53 387	11 001	5 767	34 410	17 963	– –	418	1 791
13 950	2 851	383	9 706	8 802	461	1	548
21 798	7 929	1 542	10 911	7 932	797	– –	619
11 449	5 204	50	6 072	6 072	5	– –	118
1 982	1 971	– –	– –	– –	– –	– –	11
5 436	4 353	216	674	532	48	10	135
6 418	1 004	1	5 178	5 157	– –	– –	235
7 606	1 656	477	5 091	4 429	7	– –	375
55 117	11 946	3 229	30 521	28 446	1 896	– –	7 525
6 839	2 995	926	1 535	1 026	55	– –	1 328
17 506	8 558	754	7 944	7 301	45	– –	205
7 007	3 718	40	3 039	2 959	– –	20	190
32 380	10 435	4 496	14 107	13 327	118	409	2 815
6 059	1 694	627	3 722	3 274	– –	– –	16
803	801	– –	2	2	– –	– –	– –
4 433	2 201	175	2 052	2 052	– –	– –	5
14 206	4 170	1 335	8 003	7 545	44	– –	654

各地区文物保护管理

	本年支出合计(千元)							
		事业支出	经营支出	对附属单位补助支出	在支出合计中			
					从业人员劳动报酬	职工工资总额	税金支出	社会保障费
	16	17	18	19	20	21	22	23
总　　计	**789 137**	**697 529**	**61 860**	**10 280**	**188 595**	**172 070**	**8 082**	**23 991**
中　　央	– –	– –	– –	– –	– –	– –	– –	– –
地　　方	789 137	697 529	61 860	10 280	188 595	172 070	8 082	23 991
北　　京	184 711	184 588	63	– –	29 242	29 090	1 331	246
天　　津	1 914	1 914	– –	– –	968	920	28	275
河　　北	97 930	57 871	39 917	136	25 378	24 278	1 377	4 194
山　　西	19 831	18 459	– –	– –	6 488	5 200	728	377
内 蒙 古	8 720	8 317	– –	190	3 938	3 938	13	428
辽　　宁	19 642	17 959	161	1 124	5 591	5 020	27	449
其中:大连	6 339	5 215	– –	1 124	680	438	– –	134
吉　　林	2 843	2 843	– –	– –	1 642	1 637	– –	306
黑 龙 江	4 676	4 646	30	– –	2 941	2 857	– –	568
上　　海	968	968	– –	– –	356	307	2	100
江　　苏	13 372	13 372	– –	– –	2 771	2 391	– –	728
浙　　江	48 179	37 479	10 024	526	9 217	7 957	124	2 181
其中:宁波	7 817	7 467	184	16	1 998	1 855	5	333
安　　徽	11 212	10 949	43	205	4 226	3 954	100	769
福　　建	2 917	2 867	– –	50	852	803	– –	252
其中:厦门	214	214	– –	– –	31	31	– –	24
江　　西	5 141	5 141	– –	– –	1 641	1 221	– –	324
山　　东	107 897	85 850	3 654	6 669	22 174	17 547	1 787	4 589
其中:青岛	482	482	– –	– –	215	148	– –	18
河　　南	53 059	50 054	5	461	12 093	11 469	73	1 497
湖　　北	14 716	13 672	1 012	13	5 668	5 436	104	569
湖　　南	25 187	24 863	103	221	7 215	6 578	152	1 198
广　　东	9 893	9 890	3	– –	970	970	60	304
其中:深圳	2 007	2 007	– –	– –	376	376	60	237
广　　西	4 997	4 720	21	54	1 985	1 821	13	166
海　　南	7 200	7 200	– –	– –	1 873	1 853	41	122
重　　庆	8 848	8 848	– –	– –	2 663	2 389	1	283
四　　川	50 249	44 292	5 527	140	12 334	10 716	1 417	1 606
贵　　州	6 691	5 853	738	– –	2 193	1 912	38	221
云　　南	17 681	17 408	9	5	4 232	4 060	268	272
西　　藏	6 534	6 534	– –	– –	1 984	1 426	4	270
陕　　西	31 984	31 447	440	96	11 676	10 652	63	1 033
甘　　肃	6 362	6 250	110	2	1 390	1 213	316	247
青　　海	803	803	– –	– –	538	538	– –	73
宁　　夏	4 459	4 449	– –	10	1 084	881	1	58
新　　疆	10 521	8 023	– –	378	3 272	3 036	14	286

机构基本情况(二)

				年末固定资产原值（千元）	当年提取修购基金（千元）	增加值（千元）	公用房屋建筑面积		
修缮费	设备购置费	考古发掘费	文物保护单位维修费				（千平方米）	陈列展览用房	文物库房
24	25	26	27	28	29	30	31	32	33
42 838	**13 468**	**15 098**	**67 008**	**1 018 980**	**2 503**	**297 145**	**1 163**	**274**	**137**
– –	– –	– –	– –	– –	– –	– –	– –	– –	– –
42 838	13 468	15 098	67 008	1 018 980	2 503	297 145	1 163	274	137
2 227	384	32	5 628	123 674	602	35 520	11	4	1
42	20	– –	– –	1 080	3	1 039	6	6	– –
2 228	1 242	174	2 594	110 267	– –	63 801	62	15	7
3 929	456	422	889	16 176	3	8 787	51	8	3
443	147	232	702	18 689	– –	4 699	36	10	2
2 508	559	301	2 764	21 501	– –	6 572	32	12	2
22	385	50	2 027	3 159	– –	806	9	7	1
193	23	20	16	1 954	– –	1 719	4	1	– –
39	35	18	19	6 090	– –	3 182	16	6	1
– –	17	– –	20	993	– –	397	– –	– –	– –
1 057	128	150	4 612	23 840	23	3 725	22	7	2
3 659	1 216	2 999	3 062	41 645	626	16 550	114	39	67
1 714	273	316	217	9 762	265	2 395	24	13	9
153	108	86	3 309	19 415	238	5 099	42	17	4
465	45	– –	270	2 512	33	953	10	1	– –
– –	13	– –	90	– –	– –	31	– –	– –	– –
458	110	– –	195	6 806	15	2 540	15	1	– –
3 280	1 861	253	8 448	75 187	– –	36 625	90	23	9
30	80	– –	– –	1 985	– –	295	3	– –	– –
2 333	760	7 956	5 332	66 739	55	15 368	90	14	15
2 620	87	144	766	26 764	703	7 071	31	7	1
2 461	1 002	1 265	1 983	18 743	3	8 116	31	7	3
153	420	– –	4 817	5 598	– –	1 254	12	2	– –
103	– –	– –	682	1 189	– –	484	– –	– –	– –
233	61	58	1 188	5 894	– –	2 230	19	9	2
512	53	26	1 271	10 642	– –	2 354	9	2	– –
356	404	84	190	41 456	42	4 322	41	10	2
3 367	1 348	376	6 235	232 445	– –	26 574	163	37	7
700	9	65	1 750	27 505	18	3 330	44	10	2
511	539	146	3 364	15 076	37	5 110	71	10	2
2 340	80	– –	105	8 219	70	2 316	1	– –	– –
2 295	573	158	3 208	67 284	– –	14 467	107	9	4
1 977	291	– –	722	9 448	32	2 163	11	1	– –
114	18	– –	2	479	– –	558	2	1	– –
1 596	619	28	709	3 011	– –	1 204	8	1	– –
589	853	105	2 838	9 848	– –	9 500	12	4	1

各地区文物科研

	机构数(个)	从业人员(人)						本年完成科研项目(个)			
			职工						获国家奖	获省、部奖	获地、市奖
				科研人员总数							
					高级职称	中级职称	初级职称				
	1	2	3	4	5	6	7	8	9	10	11
总　计	**56**	**2 732**	**2 250**	**1 590**	**422**	**647**	**502**	**79**	**3**	**9**	**3**
中　央	1	97	95	82	31	31	20	3	—	—	—
地　方	55	2 635	2 155	1 508	391	616	482	76	3	9	3
北　京	2	72	64	52	14	14	24	16	—	—	—
天　津	—	—	—	—	—	—	—	—	—	—	—
河　北	2	123	113	83	19	30	34	—	—	—	—
山　西	5	284	213	162	34	64	64	12	—	—	—
内蒙古	2	60	60	42	11	20	11	—	—	—	—
辽　宁	3	65	65	42	15	14	13	1	1	—	—
其中:大连	—	—	—	—	—	—	—	—	—	—	—
吉　林	2	70	62	45	13	20	12	—	—	—	—
黑龙江	—	—	—	—	—	—	—	—	—	—	—
上　海	—	—	—	—	—	—	—	—	—	—	—
江　苏	1	—	—	—	—	—	—	3	—	—	2
浙　江	1	58	57	49	16	18	15	4	—	4	—
其中:宁波	—	—	—	—	—	—	—	—	—	—	—
安　徽	2	51	45	44	15	17	7	1	1	—	—
福　建	1	8	8	4	1	1	2	—	—	—	—
其中:厦门	—	—	—	—	—	—	—	—	—	—	—
江　西	2	45	45	29	6	19	4	—	—	—	—
山　东	3	55	55	40	14	13	13	—	—	—	—
其中:青岛	—	—	—	—	—	—	—	—	—	—	—
河　南	5	306	253	164	35	66	56	12	—	3	—
湖　北	2	79	79	53	30	17	6	1	1	—	—
湖　南	1	35	35	27	9	11	7	—	—	—	—
广　东	2	53	53	34	9	21	4	—	—	—	—
其中:深圳	—	—	—	—	—	—	—	—	—	—	—
广　西	—	—	—	—	—	—	—	—	—	—	—
海　南	—	—	—	—	—	—	—	—	—	—	—
重　庆	—	—	—	—	—	—	—	—	—	—	—
四　川	3	147	99	75	18	32	25	16	—	1	1
贵　州	1	14	14	14	5	2	—	—	—	—	—
云　南	1	35	30	25	8	14	3	9	—	—	—
西　藏	—	—	—	—	—	—	—	—	—	—	—
陕　西	6	216	210	153	30	81	42	—	—	—	—
甘　肃	4	612	396	231	60	89	82	1	—	1	—
青　海	1	54	54	45	6	12	27	—	—	—	—
宁　夏	1	44	40	15	4	9	2	—	—	—	—
新　疆	2	149	105	80	19	32	29	—	—	—	—

单 位 基 本 情 况(一)

所办刊物(种)	文物保管品(件)	一级品	本年收入合计(千元)	财政补助收入	上级补助收入	事业收入	配合经济建设考古收入	经营收入	附属单位上缴收入	其他收入
12	13	14	15	16	17	18	19	20	21	22
12	**668 888**	**1 268**	**136 874**	**45 844**	**5 280**	**83 087**	**46 489**	**830**	**– –**	**1 833**
1	– –	– –	6 310	4 810	– –	1 410	– –	50	– –	40
11	668 888	1 268	130 564	41 034	5 280	81 677	46 489	780	– –	1 793
– –	1 876	5	4 534	2 438	– –	2 077	603	– –	– –	19
– –	– –	– –	– –	– –	– –	– –	– –	– –	– –	– –
– –	245 894	132	3 921	2 372	– –	1 539	1 269	– –	– –	10
– –	1 217	120	13 850	2 857	850	10 133	4 411	– –	– –	10
1	3 890	62	2 283	1 421	– –	310	– –	– –	– –	552
– –	– –	– –	2 160	1 426	– –	454	454	270	– –	10
– –	– –	– –	– –	– –	– –	– –	– –	– –	– –	– –
1	241	– –	2 627	1 594	– –	1 030	640	– –	– –	3
– –	– –	– –	– –	– –	– –	– –	– –	– –	– –	– –
– –	– –	– –	– –	– –	– –	– –	– –	– –	– –	– –
1	105	– –	249	– –	– –	249	– –	– –	– –	– –
1	16	16	2 483	1 016	– –	1 449	1 307	– –	– –	18
– –	– –	– –	– –	– –	– –	– –	– –	– –	– –	– –
1	1 657	3	1 565	1 203	– –	276	250	– –	– –	86
– –	– –	– –	248	248	– –	– –	– –	– –	– –	– –
– –	– –	– –	– –	– –	– –	– –	– –	– –	– –	– –
1	1 030	3	1 338	643	– –	690	549	– –	– –	5
– –	15 000	– –	2 414	2 113	– –	296	86	– –	– –	5
– –	– –	– –	– –	– –	– –	– –	– –	– –	– –	– –
1	73 712	102	13 649	3 132	1 482	8 937	7 007	– –	– –	98
2	49	49	5 342	962	270	4 070	– –	– –	– –	40
– –	803	15	3 560	527	– –	3 000	3 000	29	– –	4
– –	– –	– –	10 355	4 650	480	4 985	4 155	– –	– –	240
– –	– –	– –	– –	– –	– –	– –	– –	– –	– –	– –
– –	– –	– –	– –	– –	– –	– –	– –	– –	– –	– –
– –	– –	– –	– –	– –	– –	– –	– –	– –	– –	– –
– –	– –	– –	– –	– –	– –	– –	– –	– –	– –	– –
– –	– –	– –	18 859	1 001	118	17 650	16 100	– –	– –	90
– –	– –	– –	232	232	– –	– –	– –	– –	– –	– –
– –	1 700	15	1 164	533	– –	624	624	– –	– –	7
– –	– –	– –	– –	– –	– –	– –	– –	– –	– –	– –
1	201 900	231	10 898	3 486	1 570	5 842	5 802	– –	– –	– –
1	74 000	369	24 170	5 830	510	17 165	– –	181	– –	484
– –	42 777	86	1 345	1 345	– –	– –	– –	– –	– –	– –
– –	– –	– –	822	489	– –	232	232	– –	– –	101
– –	3 021	60	2 496	1 516	– –	669	– –	300	– –	11

各地区文物科研

	本年支出合计(千元)							
					在支出合计中			
		事业支出	经营支出	对附属单位补助支出	从业人员劳动报酬	职工工资总额	税金支出	社会保障费
	23	24	25	26	27	28	29	30
总　　计	**128 952**	**122 879**	**3 844**	– –	**25 706**	**22 489**	**373**	**6 133**
中　　央	5 180	5 170	10	– –	1 495	1 495	10	580
地　　方	123 772	117 709	3 834	– –	24 211	20 994	363	5 553
北　　京	4 470	4 320	– –	– –	1 010	1 010	68	266
天　　津	– –	– –	– –	– –	– –	– –	– –	– –
河　　北	4 924	4 924	– –	– –	1 126	1 066	– –	373
山　　西	14 317	14 317	– –	– –	2 684	2 181	– –	693
内 蒙 古	2 120	2 120	– –	– –	483	483	142	101
辽　　宁	2 478	2 208	270	– –	801	660	– –	186
其中:大连	– –	– –	– –	– –	– –	– –	– –	– –
吉　　林	3 655	3 655	– –	– –	711	711	– –	180
黑 龙 江	– –	– –	– –	– –	– –	– –	– –	– –
上　　海	– –	– –	– –	– –	– –	– –	– –	– –
江　　苏	191	191	– –	– –	– –	– –	– –	– –
浙　　江	2 259	2 259	– –	– –	668	664	– –	163
其中:宁波	– –	– –	– –	– –	– –	– –	– –	– –
安　　徽	1 551	1 551	– –	– –	531	354	– –	203
福　　建	248	248	– –	– –	89	89	– –	4
其中:厦门	– –	– –	– –	– –	– –	– –	– –	– –
江　　西	1 154	1 154	– –	– –	287	287	– –	83
山　　东	2 352	2 352	– –	– –	581	578	– –	203
其中:青岛	– –	– –	– –	– –	– –	– –	– –	– –
河　　南	11 584	10 278	– –	– –	2 527	2 407	79	228
湖　　北	4 732	962	3 465	– –	216	216	– –	20
湖　　南	3 794	3 765	29	– –	347	347	– –	76
广　　东	6 385	6 385	– –	– –	1 056	1 056	10	135
其中:深圳	– –	– –	– –	– –	– –	– –	– –	– –
广　　西	– –	– –	– –	– –	– –	– –	– –	– –
海　　南	– –	– –	– –	– –	– –	– –	– –	– –
重　　庆	– –	– –	– –	– –	– –	– –	– –	– –
四　　川	17 373	17 373	– –	– –	1 005	817	– –	458
贵　　州	232	232	– –	– –	132	132	– –	– –
云　　南	1 147	1 147	– –	– –	386	361	34	11
西　　藏	– –	– –	– –	– –	– –	– –	– –	– –
陕　　西	10 370	10 370	– –	– –	842	726	– –	466
甘　　肃	24 136	24 013	67	– –	6 287	4 928	30	1 197
青　　海	1 142	1 142	– –	– –	430	428	– –	147
宁　　夏	822	590	– –	– –	364	350	– –	104
新　　疆	2 336	2 153	3	– –	1 648	1 143	– –	256

单位基本情况(二)

设备购置费	业务费	考古发掘费	文物保护单位维修费	年末固定资产原值(千元)	当年提取修购基金(千元)	增加值(千元)	公用房屋建筑面积(千平方米)	业务用房	文物库房
31	32	33	34	35	36	37	38	39	40
10 345	**23 817**	**22 340**	**4 036**	**213 505**	**193**	**169 617**	**204**	**85**	**31**
810	950	– –	– –	11 690	– –	9 980	– –	– –	– –
9 535	22 867	22 340	4 036	201 815	193	159 637	204	85	31
130	1 454	403	621	3 592	81	6 774	2	2	– –
– –	– –	– –	– –	– –	– –	– –	– –	– –	– –
33	162	840	372	14 795	– –	7 330	15	3	5
3 258	2 384	2 762	772	15 827	– –	17 284	20	7	4
33	192	– –	– –	4 236	– –	3 541	7	2	2
382	298	30	– –	4 406	– –	3 635	3	– –	3
– –	– –	– –	– –	– –	– –	– –	– –	– –	– –
314	1 029	– –	216	2 243	– –	5 249	2	– –	– –
– –	– –	– –	– –	– –	– –	– –	– –	– –	– –
– –	– –	– –	– –	– –	– –	– –	– –	– –	– –
7	– –	125	50	1	12	196	– –	– –	– –
– –	188	1 150	– –	– –	43	3 321	4	3	1
– –	– –	– –	– –	– –	– –	– –	– –	– –	– –
44	256	288	– –	5 611	17	2 766	5	1	– –
– –	– –	119	– –	593	– –	501	– –	– –	– –
– –	– –	– –	– –	– –	– –	– –	– –	– –	– –
64	89	285	– –	3 165	– –	1 808	2	– –	– –
– –	120	1 049	74	2 498	– –	4 507	4	– –	– –
– –	– –	– –	– –	– –	– –	– –	– –	– –	– –
963	518	5 144	288	8 390	40	13 616	28	4	3
– –	– –	3 770	– –	2 836	– –	2 075	8	– –	– –
351	– –	2 253	– –	4 275	– –	4 382	2	2	– –
282	1 452	2 123	908	2 074	– –	11 120	26	17	9
– –	– –	– –	– –	– –	– –	– –	– –	– –	– –
– –	– –	– –	– –	– –	– –	– –	– –	– –	– –
– –	– –	– –	– –	– –	– –	– –	– –	– –	– –
– –	– –	– –	– –	– –	– –	– –	– –	– –	– –
1 215	5 649	– –	– –	7 448	– –	18 374	7	2	– –
– –	– –	100	– –	– –	– –	468	– –	– –	– –
3	13	551	– –	5 957	– –	1 702	2	1	– –
– –	– –	– –	– –	– –	– –	– –	– –	– –	– –
869	3 008	462	65	8 769	– –	13 875	8	5	2
1 547	5 960	– –	670	100 139	– –	29 843	48	34	1
11	73	374	– –	2 145	– –	2 502	2	– –	1
1	9	232	– –	740	– –	1 088	1	– –	– –
28	13	280	– –	2 075	– –	3 680	8	2	– –

各地区其他文物

	机构数（个）	从业人员（人）	职工	文物藏品（件）	一级品
	1	2	3	4	5
总计	**68**	**2 133**	**2 029**	**80 075**	**57**
中央	4	256	250	—	—
地方	64	1 877	1 779	80 075	57
北京	1	37	37	—	—
天津	—	—	—	—	—
河北	6	339	339	—	—
山西	6	54	49	—	—
内蒙古	—	—	—	—	—
辽宁	1	2	2	—	—
其中：大连	1	2	2	—	—
吉林	1	—	—	—	—
黑龙江	3	61	60	5 215	9
上海	10	185	175	3 546	11
江苏	2	29	29	14 694	9
浙江	1	7	7	—	—
其中：宁波	—	—	—	—	—
安徽	—	—	—	—	—
福建	—	—	—	—	—
其中：厦门	—	—	—	—	—
江西	2	285	282	—	—
山东	—	—	—	—	—
其中：青岛	—	—	—	—	—
河南	6	64	63	33 780	20
湖北	1	19	—	—	—
湖南	1	4	4	10 000	—
广东	2	30	27	320	—
其中：深圳	—	—	—	—	—
广西	1	11	—	—	—
海南	—	—	—	—	—
重庆	2	7	7	53	—
四川	—	—	—	—	—
贵州	3	22	17	989	5
云南	—	—	—	—	—
西藏	—	—	—	—	—
陕西	13	699	659	11 478	3
甘肃	1	7	7	—	—
青海	—	—	—	—	—
宁夏	—	—	—	—	—
新疆	1	15	15	—	—

机构基本情况(一)

	本年收入合计（千元）					
	财政补助收入	上级补助收入	事业收入	经营收入	附属单位上缴收入	其他收入
6	7	8	9	10	11	12
120 194	**10 731**	**2 500**	**31 602**	**68 397**	**910**	**6 054**
29 886	— —	197	5 165	24 069	273	182
90 308	10 731	2 303	26 437	44 328	637	5 872
3 542	— —	— —	— —	3 542	— —	— —
— —	— —	— —	— —	— —	— —	— —
9 185	168	134	20	4 987	— —	3 876
1 467	1 039	— —	259	— —	— —	169
— —	— —	— —	— —	— —	— —	— —
46	40	— —	6	— —	— —	— —
46	40	— —	6	— —	— —	— —
— —	— —	— —	— —	— —	— —	— —
1 395	1 307	— —	17	— —	— —	71
24 097	2 694	1 180	18 582	581	637	423
833	332	21	217	183	— —	80
— —	— —	— —	— —	— —	— —	— —
— —	— —	— —	— —	— —	— —	— —
— —	— —	— —	— —	— —	— —	— —
— —	— —	— —	— —	— —	— —	— —
— —	— —	— —	— —	— —	— —	— —
547	239	— —	222	49	— —	37
— —	— —	— —	— —	— —	— —	— —
— —	— —	— —	— —	— —	— —	— —
3 784	184	113	3 465	— —	— —	22
84	41	— —	43	— —	— —	— —
136	36	— —	— —	— —	— —	100
3 532	2 074	— —	863	— —	— —	595
— —	— —	— —	— —	— —	— —	— —
600	— —	— —	— —	200	— —	400
— —	— —	— —	— —	— —	— —	— —
36	20	— —	— —	6	— —	10
— —	— —	— —	— —	— —	— —	— —
217	195	5	2	— —	— —	15
— —	— —	— —	— —	— —	— —	— —
— —	— —	— —	— —	— —	— —	— —
40 321	1 950	850	2 741	34 780	— —	— —
270	250	— —	— —	— —	— —	20
— —	— —	— —	— —	— —	— —	— —
— —	— —	— —	— —	— —	— —	— —
216	162	— —	— —	— —	— —	54

各地区其他文物

	本年支出合计(千元)							
		事业支出	经营支出	对附属单位补助支出	在支出合计中			
					从业人员劳动报酬	职工工资总额	税金支出	社会保障费
	13	14	15	16	17	18	19	20
总　计	**108 102**	**82 390**	**25 581**	**55**	**24 288**	**21 867**	**3 732**	**6 009**
中　央	29 828	8 420	21 332	– –	3 232	2 986	2 130	2 081
地　方	78 274	73 970	4 249	55	21 056	18 881	1 602	3 928
北　京	3 901	457	3 444	– –	457	457	– –	– –
天　津	– –	– –	– –	– –	– –	– –	– –	– –
河　北	10 691	10 691	– –	– –	4 012	4 012	346	436
山　西	1 649	1 649	– –	– –	325	325	10	45
内蒙古	– –	– –	– –	– –	– –	– –	– –	– –
辽　宁	49	49	– –	– –	24	24	1	12
其中:大连	49	49	– –	– –	24	24	1	12
吉　林	– –	– –	– –	– –	– –	– –	– –	– –
黑龙江	1 267	1 267	– –	– –	665	653	– –	229
上　海	22 479	21 903	571	5	5 782	4 297	73	1 858
江　苏	854	620	234	– –	355	303	14	35
浙　江	– –	– –	– –	– –	– –	– –	– –	– –
其中:宁波	– –	– –	– –	– –	– –	– –	– –	– –
安　徽	– –	– –	– –	– –	– –	– –	– –	– –
福　建	– –	– –	– –	– –	– –	– –	– –	– –
其中:厦门	– –	– –	– –	– –	– –	– –	– –	– –
江　西	667	667	– –	– –	404	404	3	120
山　东	– –	– –	– –	– –	– –	– –	– –	– –
其中:青岛	– –	– –	– –	– –	– –	– –	– –	– –
河　南	3 522	3 522	– –	– –	596	596	– –	102
湖　北	200	150	– –	50	50	– –	– –	– –
湖　南	136	136	– –	– –	35	35	– –	– –
广　东	2 923	2 923	– –	– –	498	472	19	48
其中:深圳	– –	– –	– –	– –	– –	– –	– –	– –
广　西	533	533	– –	– –	77	77	7	– –
海　南	– –	– –	– –	– –	– –	– –	– –	– –
重　庆	36	36	– –	– –	26	26	– –	– –
四　川	– –	– –	– –	– –	– –	– –	– –	– –
贵　州	211	211	– –	– –	138	125	– –	1
云　南	– –	– –	– –	– –	– –	– –	– –	– –
西　藏	– –	– –	– –	– –	– –	– –	– –	– –
陕　西	28 394	28 394	– –	– –	7 404	6 867	1 129	1 026
甘　肃	548	548	– –	– –	67	67	– –	4
青　海	– –	– –	– –	– –	– –	– –	– –	– –
宁　夏	– –	– –	– –	– –	– –	– –	– –	– –
新　疆	214	214	– –	– –	141	141	– –	12

机构基本情况(二)

修缮费	设备购置费	业务费	考古发掘费	文物保护单位维修费	年末固定资产原值(千元)	当年提取修购基金(千元)	增加值(千元)	公用房屋建筑面积(千平方米)	公用房屋建筑面积：陈列展览用房	公用房屋建筑面积：文物库房
21	22	23	24	25	26	27	28	29	30	31
12 060	**2 148**	**23 815**	**1 202**	**3 260**	**108 057**	**13 058**	**32 661**	**64**	**38**	**7**
261	364	2 708	--	--	8 863	307	5 716	--	--	--
11 799	1 784	21 107	1 202	3 260	99 194	12 751	26 945	64	38	7
--	--	26	--	--	171	--	464	--	--	--
--	--	--	--	--	--	--	--	--	--	--
196	221	1 616	--	1 881	6 172	--	4 605	7	7	--
85	144	312	--	--	834	27	369	--	--	--
--	--	--	--	--	--	--	--	--	--	--
--	--	--	--	--	32	--	26	--	--	--
--	--	--	--	--	32	--	26	--	--	--
--	--	--	--	--	--	--	--	--	--	--
--	26	97	--	--	5 584	--	888	10	1	1
9 646	327	2 257	--	--	19 663	9 473	6 669	13	9	2
27	27	162	11	--	1 062	--	460	4	3	1
--	--	--	--	--	--	--	--	--	--	--
--	--	--	--	--	--	--	--	--	--	--
--	--	--	--	--	--	--	--	--	--	--
--	--	--	--	--	--	--	--	--	--	--
--	--	--	--	--	--	--	--	--	--	--
--	--	--	--	--	3 898	--	563	3	--	--
--	--	--	--	--	--	--	--	--	--	--
--	--	--	--	--	--	--	--	--	--	--
31	679	549	549	276	4 723	--	1 029	2	2	--
--	--	1	2	--	232	--	59	--	--	--
--	20	81	--	--	--	--	35	--	--	--
156	105	170	--	1 103	1 340	--	571	5	5	--
--	--	--	--	--	--	--	--	--	--	--
82	133	2	--	--	133	15	89	--	--	--
--	--	--	--	--	--	--	--	--	--	--
--	--	10	--	--	450	--	44	2	2	--
--	--	--	--	--	--	--	--	--	--	--
5	2	40	--	--	3 106	--	262	3	--	2
--	--	--	--	--	--	--	--	--	--	--
--	--	--	--	--	--	--	--	--	--	--
1 571	90	15 739	640	--	50 188	3 236	10 540	15	9	1
--	9	44	--	--	1 308	--	119	--	--	--
--	--	--	--	--	--	--	--	--	--	--
--	--	--	--	--	--	--	--	--	--	--
--	1	1	--	--	298	--	153	--	--	--

各 地 区 博 物

	机构数(个)	从业人员(人)		文物藏品(件)		业务活动		参观人次(千人次)	
			职工		一级品	陈列(个)	展览(个)		外宾人次
	1	2	3	4	5	6	7	8	9
总计	**1 356**	**33 164**	**28 038**	**9 506 191**	**42 976**	**2 812**	**3 945**	**92 463**	**2 873**
中央	5	2 344	2 095	1 437 916	14 036	39	54	6 472	7
地方	1 351	30 820	25 943	8 068 275	28 940	2 773	3 891	85 991	2 866
北京	26	857	660	165 935	367	380	55	1 503	298
天津	15	626	530	551 578	1 232	32	51	5 389	14
河北	41	1 014	874	323 388	681	67	133	2 071	43
山西	72	1 464	1 239	360 017	799	109	76	1 422	8
内蒙古	22	629	629	207 252	583	33	77	217	15
辽宁	30	1 327	1 162	206 502	976	65	68	1 370	48
其中:大连	4	98	74	35 314	195	13	13	233	1
吉林	16	750	672	144 170	241	27	32	1 596	6
黑龙江	40	466	437	144 578	269	36	70	1 390	6
上海	11	1 057	631	215 716	1 218	27	33	2 023	148
江苏	84	1 536	1 437	746 269	1 893	208	360	5 965	166
浙江	69	1 218	939	373 809	1 033	103	261	6 463	240
其中:宁波	6	130	95	73 504	66	5	6	310	5
安徽	35	538	480	268 748	829	35	99	2 242	16
福建	77	763	665	238 868	540	126	161	3 107	146
其中:厦门	3	86	86	8 200	63	8	3	245	19
江西	84	1 300	1 204	210 429	647	174	277	1 548	39
山东	57	1 663	1 524	557 502	3 342	264	394	3 599	73
其中:青岛	6	122	106	102 831	166	3	52	204	29
河南	70	2 188	1 836	459 206	1 387	121	236	3 518	70
湖北	94	1 644	1 574	552 055	2 034	89	113	5 174	46
湖南	63	1 032	931	210 704	710	74	152	3 211	72
广东	127	2 280	1 864	472 204	1 491	328	520	7 307	314
其中:深圳	6	170	168	5 066	25	41	65	329	5
广西	38	639	560	195 749	284	72	202	1 373	85
海南	15	141	126	47 041	43	4	18	29	--
重庆	14	803	625	252 809	805	27	32	4 356	35
四川	47	1 796	1 361	265 760	1 350	112	130	5 300	77
贵州	6	129	117	26 895	122	4	42	560	1
云南	27	477	401	176 284	509	72	74	1 437	45
西藏	2	46	46	1 450	12	1	2	--	--
陕西	67	3 175	2 265	336 226	3 418	80	70	8 076	718
甘肃	63	761	693	259 792	1 348	70	112	483	20
青海	12	119	115	19 908	51	7	15	50	--
宁夏	4	131	126	31 775	227	9	14	47	1
新疆	23	251	220	45 656	499	17	12	5 165	116

馆基本情况(一)

本年收入合计(千元)								本年支出合计(千元)			
	财政补助收入	上级补助收入	事业收入	门票收入	经营收入	附属单位上缴收入	其他收入		事业支出	经营支出	对附属单位补助支出
10	11	12	13	14	15	16	17	18	19	20	21
1 397 806	**632 421**	**76 638**	**609 169**	**522 388**	**26 986**	**5 949**	**46 643**	**1 308 061**	**1 267 840**	**21 932**	**1 803**
244 124	20 970	14 890	197 236	184 102	2 750	3 566	4 712	249 289	245 246	– –	– –
1 153 682	611 451	61 748	411 933	338 286	24 236	2 383	41 931	1 058 772	1 022 594	21 932	1 803
48 530	35 617	1 778	6 907	5 404	21	– –	4 207	48 256	47 844	132	– –
21 848	9 632	35	10 701	7 339	12	– –	1 468	23 642	23 633	9	– –
22 484	11 755	851	7 874	6 964	1 532	– –	472	22 811	20 760	1 855	– –
26 323	10 578	– –	15 281	14 515	– –	– –	464	24 062	24 062	– –	– –
12 680	9 883	530	1 476	270	– –	70	721	10 388	10 388	– –	– –
35 857	20 212	135	14 867	12 856	138	– –	505	35 051	34 610	103	338
3 352	1 477	– –	1 796	1 796	20	– –	59	3 334	3 320	14	– –
16 177	12 842	147	2 945	2 711	66	– –	177	14 947	14 872	75	– –
10 519	8 897	– –	737	641	– –	61	824	10 561	10 561	– –	– –
138 180	85 957	20 654	28 279	21 206	350	863	2 077	115 096	114 846	250	– –
79 187	59 252	573	16 307	7 220	556	310	2 189	69 646	68 776	622	– –
59 883	30 835	6 720	14 843	7 660	3 957	150	3 378	58 393	52 991	5 231	8
8 590	2 847	184	2 427	928	2 923	– –	209	8 130	5 207	2 923	– –
11 575	6 662	1 732	1 967	648	834	– –	380	10 755	9 259	1 487	– –
22 287	18 264	1 794	1 669	1 585	178	– –	382	20 498	19 172	103	1 204
5 298	4 836	50	410	400	– –	– –	2	4 032	4 032	– –	– –
41 203	27 317	1 412	10 055	9 008	1 443	– –	976	37 972	37 171	754	3
52 152	25 355	5 767	16 719	11 761	1 100	1	3 210	46 112	45 647	286	– –
3 906	2 986	376	150	71	– –	– –	394	3 771	3 749	22	– –
44 175	27 754	2 290	11 834	9 431	51	– –	2 246	42 273	42 222	51	– –
25 102	13 049	1 279	8 701	3 364	867	45	1 161	25 656	24 725	581	12
24 820	12 871	1 426	7 289	6 195	2 462	– –	772	24 576	22 506	2 070	– –
144 728	96 485	5 797	29 282	22 041	6 584	170	6 410	111 063	105 242	4 434	114
17 752	9 830	2 246	4 461	1 845	731	– –	484	15 755	15 250	505	– –
17 037	11 265	88	3 078	849	425	– –	2 181	15 006	14 476	414	– –
2 685	2 523	65	74	62	– –	– –	23	2 701	2 701	– –	– –
29 850	16 705	114	12 998	8 747	– –	– –	33	30 220	28 443	– –	– –
65 240	15 084	1 192	43 661	38 267	1 081	643	3 579	62 931	54 508	711	90
3 668	2 607	– –	1 059	1 059	– –	– –	2	3 853	3 853	– –	– –
16 038	10 915	2 180	1 994	1 412	627	– –	322	14 881	14 079	638	– –
1 050	950	– –	– –	– –	– –	– –	100	1 006	1 006	– –	– –
159 689	12 537	4 842	138 682	135 174	475	– –	3 153	154 504	153 802	687	– –
12 976	9 111	223	1 906	1 245	1 466	70	200	13 372	11 899	1 439	34
1 746	1 610	92	6	6	– –	– –	38	1 740	1 740	– –	– –
1 979	1 791	32	96	96	– –	– –	60	1 994	1 994	– –	– –
4 014	3 136	– –	646	550	11	– –	221	4 806	4 806	– –	– –

各 地 区 博 物

	在支出合计中								
	从业人员劳动报酬		税金	社会	修缮费	设备	业务		
		职工工资总额	支出	保障费		购置费		文物征集费	藏品保护费
	22	23	24	25	26	27	28	29	30
总计	**311 996**	**275 898**	**8 653**	**72 061**	**88 535**	**42 827**	**284 308**	**52 404**	**9 161**
中央	34 758	31 519	899	15 600	13 527	5 014	30 770	1 377	576
地方	277 238	244 379	7 754	56 461	75 008	37 813	253 538	51 027	8 585
北京	9 849	8 889	323	1 462	2 925	3 829	18 381	956	244
天津	7 532	6 799	45	2 226	1 572	957	3 618	58	43
河北	9 381	8 653	246	2 170	996	444	2 644	1 010	81
山西	8 627	8 068	206	1 111	1 912	521	3 752	84	39
内蒙古	4 337	4 215	9	667	925	361	1 721	85	59
辽宁	10 901	9 974	42	2 077	4 034	2 880	4 562	954	369
其中:大连	785	652	3	43	125	476	195	11	40
吉林	5 829	5 806	97	2 057	1 392	209	2 126	49	2
黑龙江	4 082	3 844	91	1 004	880	142	1 059	8	－－
上海	18 610	12 063	14	4 539	3 529	2 049	61 397	35 804	110
江苏	19 327	18 003	76	5 317	4 307	2 270	24 402	1 710	1 589
浙江	14 370	12 702	162	2 714	2 503	1 801	22 594	2 313	971
其中:宁波	1 533	1 305	18	301	257	61	2 096	17	19
安徽	4 135	3 942	12	983	661	252	1 442	123	25
福建	7 099	6 789	10	1 624	1 622	667	3 900	202	230
其中:厦门	1 209	1 209	－－	301	413	141	815	85	52
江西	8 313	8 023	591	1 615	7 961	159	11 823	186	263
山东	16 095	14 549	194	3 368	4 425	1 402	8 820	906	814
其中:青岛	1 105	1 060	11	435	145	102	1 008	21	9
河南	16 097	14 566	219	2 491	4 944	1 760	7 293	464	239
湖北	11 310	10 814	53	1 737	2 721	137	4 335	174	415
湖南	7 353	6 643	160	1 521	1 312	1 281	4 512	183	252
广东	28 710	24 946	1 205	5 154	8 363	5 554	25 288	2 972	488
其中:深圳	4 220	3 708	349	186	1 043	523	4 253	450	52
广西	4 907	4 391	386	1 172	2 762	324	1 368	173	19
海南	1 510	1 506	－－	266	32	7	616	21	4
重庆	8 241	5 776	37	1 671	2 566	1 429	7 036	444	182
四川	13 111	10 433	294	3 302	3 474	2 274	11 381	499	959
贵州	993	879	－－	503	455	346	922	100	464
云南	4 352	4 037	168	430	900	1 087	5 705	826	22
西藏	720	－－	－－	4	－－	50	6	－－	－－
陕西	22 459	19 312	2 824	3 594	5 922	4 760	10 047	252	410
甘肃	5 714	5 539	270	916	828	803	2 185	424	261
青海	1 015	1 015	－－	366	12	11	129	－－	－－
宁夏	466	459	－－	54	310	30	91	39	3
新疆	1 793	1 744	20	346	763	17	383	8	28

馆基本情况(二)

(千元) 费							公用房屋建筑面积(千平方米)		
陈列、展览费	宣传、出版费	考古发掘费	文物保护单位维修费	年末固定资产原值(千元)	当年提取修购基金(千元)	增加值(千元)		陈列展览用房	文物库房
31	32	33	34	35	36	37	38	39	40
81 359	**10 008**	**8 555**	**51 431**	**2 639 287**	**16 240**	**444 983**	**3 998**	**1 574**	**436**
4 914	291	3 000	14 755	112 103	--	40 140	308	45	48
76 445	9 717	5 555	36 676	2 527 184	16 240	404 843	3 690	1 529	388
14 646	196	--	101	61 578	274	12 646	80	29	5
2 145	338	--	10	9 402	514	7 953	61	31	8
849	40	5	70	90 157	135	13 234	193	100	14
348	606	40	2 016	50 005	68	12 994	119	44	12
595	13	9	72	26 599	--	5 410	78	26	6
726	520	88	747	121 703	327	15 808	119	67	11
56	73	1	4	3 380	--	923	9	3	1
776	44	5	4	14 508	977	6 506	146	29	3
100	18	--	200	138 721	--	9 722	62	36	6
9 151	668	127	3 331	124 108	5 298	23 588	62	19	6
17 125	589	879	1 638	296 189	930	31 246	239	134	48
8 043	1 076	256	2 823	125 831	479	21 063	172	94	74
40	193	--	430	19 407	162	2 327	34	28	5
299	33	4	446	18 063	--	4 871	78	28	8
556	119	116	1 683	31 362	134	8 519	133	45	4
266	--	10	--	2 835	--	1 322	11	2	--
957	155	16	1 557	62 996	305	12 835	135	50	7
3 486	808	141	1 777	138 246	8	24 467	174	78	17
488	--	--	--	1 777	--	1 188	11	4	1
1 202	272	43	1 017	69 961	193	19 254	160	92	24
500	17	308	691	81 026	888	14 605	158	64	16
1 730	194	384	1 184	65 731	--	10 144	177	78	15
5 957	1 213	1 208	8 059	263 777	4 025	40 626	296	145	21
1 239	21	100	1 266	32 222	140	5 917	19	11	2
651	5	643	42	47 602	2	7 194	91	34	7
17	8	--	--	8 986	--	1 870	12	3	1
2 133	121	55	110	65 956	73	10 917	142	19	5
1 305	1 422	41	6 788	127 596	699	24 836	227	83	18
100	--	--	533	5 489	--	1 212	16	10	3
1 163	170	839	263	58 954	--	6 875	77	35	10
--	--	--	--	100	--	724	--	--	--
1 010	923	276	1 404	365 431	780	44 162	329	84	19
592	149	72	80	30 817	120	7 216	98	41	13
20	--	--	20	8 036	--	1 336	15	4	2
5	--	--	10	7 874	4	781	16	10	2
258	--	--	--	10 380	7	2 229	25	17	3

各地区综合性博

	机构数(个)	从业人员(人)	职工	文物藏品(件)	一级品	业务活动 陈列(个)	展览(个)	参观人次(千人次)	外宾人次
	1	2	3	4	5	6	7	8	9
总计	**812**	**17 269**	**15 090**	**6 474 292**	**22 748**	**1 477**	**2 900**	**32 623**	**867**
中央	1	382	382	331 049	2 095	1	23	282	2
地方	811	16 887	14 708	6 143 243	20 653	1 476	2 877	32 341	865
北京	8	263	192	147 240	216	30	27	374	136
天津	1	—	—	—	—	—	—	7	—
河北	23	464	405	237 201	533	40	109	1 109	3
山西	32	528	471	257 857	726	36	63	428	5
内蒙古	14	498	498	172 063	529	19	56	167	15
辽宁	17	621	577	136 163	729	43	43	597	13
其中:大连	2	75	56	27 514	192	8	8	225	1
吉林	9	447	400	110 016	195	20	21	1 377	1
黑龙江	25	235	218	124 569	162	17	52	796	3
上海	8	745	474	132 884	766	24	26	1 585	134
江苏	42	888	843	724 207	1 803	119	276	1 796	100
浙江	29	556	413	229 760	591	46	148	999	8
其中:宁波	4	97	62	70 224	43	3	4	290	4
安徽	25	446	432	259 883	809	23	92	2 088	16
福建	50	468	441	205 621	360	104	125	1 760	15
其中:厦门	2	54	54	7 700	50	7	2	25	3
江西	60	726	681	176 944	555	94	258	1 020	4
山东	42	1 291	1 158	521 377	3 200	137	271	2 110	61
其中:青岛	5	112	96	102 831	166	3	51	131	29
河南	42	1 579	1 258	428 958	1 163	95	196	2 742	65
湖北	67	1 358	1 303	533 279	1 987	61	92	2 738	43
湖南	31	754	660	203 106	697	40	104	1 616	19
广东	88	1 400	1 236	403 474	1 039	253	375	3 152	58
其中:深圳	1	117	115	4 536	25	37	37	205	1
广西	26	465	412	150 526	257	55	189	951	55
海南	15	141	126	47 041	43	4	18	29	—
重庆	5	144	104	17 558	28	3	1	177	18
四川	14	460	399	198 928	936	50	62	1 656	8
贵州	4	89	77	26 340	115	3	41	179	1
云南	16	375	310	171 920	499	55	56	1 256	44
西藏	2	46	46	1 450	12	1	2	—	—
陕西	29	890	650	217 899	1 081	26	39	1 140	19
甘肃	55	694	633	246 640	1 318	54	101	352	17
青海	12	119	115	19 908	51	7	15	50	—
宁夏	4	131	126	31 775	227	9	14	47	1
新疆	16	66	50	8 656	26	8	5	43	—

物馆基本情况(一)

本年收入合计（千元）								本年支出合计（千元）			
	财政补助收入	上级补助收入	事业收入	门票收入	经营收入	附属单位上缴收入	其他收入		事业支出	经营支出	对附属单位补助支出
10	11	12	13	14	15	16	17	18	19	20	21
625 873	**402 333**	**48 761**	**135 119**	**79 493**	**15 918**	**1 449**	**22 293**	**582 318**	**559 490**	**14 658**	**1 486**
29 732	13 880	7 950	7 752	1 150	– –	– –	150	35 013	30 970	– –	– –
596 141	388 453	40 811	127 367	78 343	15 918	1 449	22 143	547 305	528 520	14 658	1 486
17 206	11 448	51	3 220	2 803	– –	– –	2 487	15 808	15 408	120	– –
– –	– –	– –	– –	– –	– –	– –	– –	– –	– –	– –	– –
11 020	8 191	851	916	306	992	– –	70	11 047	9 851	1 000	– –
8 164	6 903	– –	1 113	688	– –	– –	148	8 132	8 132	– –	– –
10 842	8 459	330	1 321	115	– –	70	662	8 737	8 737	– –	– –
14 123	10 607	135	3 209	2 468	40	– –	132	14 571	14 233	– –	338
2 917	1 089	– –	1 789	1 789	– –	– –	39	2 917	2 917	– –	– –
7 974	6 525	137	1 075	841	66	– –	171	7 826	7 751	75	– –
4 956	3 990	– –	212	164	– –	27	727	4 830	4 830	– –	– –
111 358	60 762	20 629	27 272	20 248	– –	812	1 883	93 875	93 875	– –	– –
56 266	45 524	252	9 523	2 118	233	– –	734	46 765	46 431	304	– –
32 879	20 277	972	7 012	1 518	2 923	129	1 566	33 082	30 069	2 923	8
6 788	1 940	184	1 640	141	2 923	– –	101	6 433	3 510	2 923	– –
10 325	5 885	1 732	1 669	578	807	– –	232	9 356	7 896	1 460	– –
12 461	10 805	734	693	636	– –	– –	229	11 711	10 808	– –	887
2 928	2 796	50	80	80	– –	– –	2	2 122	2 122	– –	– –
29 517	23 293	1 182	2 916	2 608	1 422	– –	704	28 200	27 399	754	3
31 430	20 111	2 707	5 160	1 290	671	– –	2 781	31 558	31 355	24	– –
2 600	1 886	376	145	67	– –	– –	193	2 694	2 672	22	– –
30 108	20 382	834	7 602	5 393	1	– –	1 289	28 606	28 605	1	– –
22 031	10 756	1 279	8 086	2 989	842	45	1 023	22 600	21 723	581	12
18 976	10 090	1 256	5 214	4 354	1 860	– –	556	18 524	16 791	1 733	– –
82 015	57 809	2 081	16 859	10 286	3 083	170	2 013	68 284	64 208	2 770	114
10 603	7 142	– –	3 461	845	– –	– –	– –	9 273	9 273	– –	– –
12 329	7 833	64	2 613	527	– –	– –	1 819	11 587	11 493	– –	– –
2 685	2 523	65	74	62	– –	– –	23	2 701	2 701	– –	– –
3 332	434	– –	2 898	2 325	– –	– –	– –	4 469	4 469	– –	– –
10 107	5 540	324	1 927	874	878	126	1 312	9 245	8 567	518	90
2 162	2 145	– –	17	17	– –	– –	– –	2 092	2 092	– –	– –
14 502	9 721	2 127	1 719	1 335	627	– –	308	13 521	12 735	627	– –
1 050	950	– –	– –	– –	– –	– –	100	1 006	1 006	– –	– –
22 156	5 527	2 722	12 996	12 481	15	– –	896	22 639	22 287	337	– –
11 926	8 225	223	1 780	1 128	1 458	70	170	12 320	10 855	1 431	34
1 746	1 610	92	6	6	– –	– –	38	1 740	1 740	– –	– –
1 979	1 791	32	96	96	– –	– –	60	1 994	1 994	– –	– –
516	337	– –	169	89	– –	– –	10	479	479	– –	– –

各地区综合性博

	在支出合计中								
	从业人员劳动报酬		税金支出	社会保障费	修缮费	设备购置费	业务		
		职工工资总额						文物征集费	藏品保护费
	22	23	24	25	26	27	28	29	30
总计	**161 758**	**143 350**	**3 515**	**34 374**	**38 430**	**21 281**	**178 923**	**44 432**	**6 153**
中央	4 483	3 735	242	2 195	489	1 983	15 921	500	315
地方	157 275	139 615	3 273	32 179	37 941	19 298	163 002	43 932	5 838
北京	3 861	3 363	77	769	1 258	3 481	2 680	33	197
天津	--	--	--	--	--	--	--	--	--
河北	3 510	3 046	104	1 383	539	314	763	165	45
山西	3 133	3 068	15	866	289	52	527	47	20
内蒙古	3 470	3 360	--	540	832	361	1 576	79	52
辽宁	5 613	5 124	19	822	612	886	1 955	655	334
其中:大连	569	466	--	10	119	466	162	--	40
吉林	3 530	3 520	82	1 252	208	81	1 006	10	2
黑龙江	2 032	1 973	90	471	63	86	527	--	--
上海	14 462	8 763	--	3 235	2 115	1 529	53 618	35 534	68
江苏	12 077	11 303	12	3 356	1 574	1 736	21 450	1 253	1 459
浙江	7 141	6 647	44	1 376	1 222	1 078	15 646	961	572
其中:宁波	982	802	18	196	257	60	1 477	17	19
安徽	3 619	3 496	12	829	626	248	1 086	93	19
福建	4 296	4 126	1	1 139	945	251	2 518	142	104
其中:厦门	659	659	--	191	333	41	485	85	52
江西	4 723	4 537	366	1 019	7 467	84	10 773	148	205
山东	12 599	11 091	194	2 761	1 752	326	6 205	377	770
其中:青岛	1 040	995	11	429	133	39	368	13	9
河南	11 480	10 073	219	1 906	2 014	1 174	6 448	413	172
湖北	9 522	9 082	53	1 388	2 701	134	4 119	161	408
湖南	5 414	4 902	142	1 387	1 068	787	3 472	160	150
广东	18 852	16 297	790	3 514	6 164	3 510	13 915	2 096	405
其中:深圳	3 002	2 490	341	176	700	380	2 672	230	--
广西	3 529	3 202	355	954	2 566	190	929	101	--
海南	1 510	1 506	--	266	32	7	616	21	4
重庆	1 410	1 410	1	168	143	310	152	3	97
四川	2 568	2 394	95	410	672	236	2 021	27	160
贵州	603	563	--	381	200	173	708	100	250
云南	3 456	3 216	168	388	873	1 087	5 470	823	22
西藏	720	--	--	4	--	50	6	--	--
陕西	7 149	6 766	167	329	854	322	2 516	76	62
甘肃	5 148	4 974	267	837	808	756	2 072	415	258
青海	1 015	1 015	--	366	12	11	129	--	--
宁夏	466	459	--	54	310	30	91	39	3
新疆	367	339	--	9	22	8	8	--	--

物 馆 基 本 情 况(二)

(千元)

费		考古发掘费	文物保护单位维修费	年末固定资产原值(千元)	当年提取修购基金(千元)	增加值(千元)	公用房屋建筑面积(千平方米)		
陈列、展览费	宣传、出版费							陈列展览用房	文物库房
31	32	33	34	35	36	37	38	39	40
46 752	**3 013**	**7 166**	**25 112**	**1 510 900**	**5 090**	**225 854**	**1 996**	**833**	**280**
4 415	- -	3 000	6 700	20 430	- -	5 542	23	9	5
42 337	3 013	4 166	18 412	1 490 470	5 090	220 312	1 973	824	275
1 612	51	- -	- -	9 875	158	4 333	25	6	2
- -	- -	- -	- -	- -	- -	- -	- -	- -	- -
283	- -	5	70	35 914	135	5 049	77	37	8
84	12	37	1 999	24 391	- -	4 123	52	23	7
555	10	6	- -	21 094	- -	4 314	64	22	5
407	337	87	21	36 313	- -	7 082	52	21	6
49	68	- -	- -	2 931	- -	686	9	3	1
37	11	5	4	7 567	- -	3 915	47	17	2
61	6	- -	- -	73 928	- -	5 078	37	22	4
4 699	451	127	3 331	115 794	615	19 094	53	16	5
16 141	391	879	358	248 357	817	22 019	170	91	47
7 205	435	131	1 223	47 783	343	9 097	90	52	35
40	193	- -	10	11 452	162	1 458	30	27	2
291	25	4	120	14 028	- -	4 194	56	22	8
434	50	96	1 122	19 315	12	5 226	72	22	2
266	- -	10	- -	1 725	- -	728	8	2	- -
514	123	16	937	37 204	205	6 578	86	27	6
2 697	119	141	1 765	88 129	- -	16 319	127	53	16
48	- -	- -	- -	1 686	- -	1 119	11	4	1
1 092	217	41	448	39 541	185	13 282	95	46	22
459	11	305	385	48 434	- -	11 513	117	50	15
1 631	58	377	719	47 606	- -	7 461	112	58	14
1 357	266	208	4 362	212 978	2 145	28 159	179	90	15
- -	- -	- -	- -	30 313	- -	4 556	13	8	2
602	- -	633	42	35 584	2	5 305	68	23	6
17	8	- -	- -	8 986	- -	1 870	12	3	1
52	- -	55	10	29 502	42	2 592	25	4	1
196	14	38	215	29 034	250	3 823	59	14	8
100	- -	- -	13	3 810	- -	755	9	4	3
1 163	170	830	263	49 227	- -	5 591	63	28	9
- -	- -	- -	- -	100	- -	724	- -	- -	- -
51	99	73	895	161 513	50	13 775	107	24	12
572	149	72	80	26 930	120	6 492	86	35	12
20	- -	- -	20	8 036	- -	1 336	15	4	2
5	- -	- -	10	7 874	4	781	16	10	2
- -	- -	- -	- -	1 623	7	432	2	1	- -

各地区专门性博

	机构数(个)	从业人员(人)	职工	文物藏品(件)	一级品	业务活动 陈列(个)	展览(个)	参观人次(千人次)	外宾人次
	1	2	3	4	5	6	7	8	9
总　计	**264**	**10 206**	**8 374**	**2 644 566**	**17 074**	**912**	**636**	**32 231**	**1 496**
中　央	3	1 893	1 646	1 077 030	10 508	37	31	6 168	5
地　方	261	8 313	6 728	1 567 536	6 566	875	605	26 063	1 491
北　京	14	361	289	12 989	28	343	21	691	151
天　津	8	455	386	539 401	1 014	27	44	4 770	9
河　北	8	295	287	84 418	107	21	19	533	33
山　西	34	853	701	96 126	61	68	13	949	3
内蒙古	8	131	131	35 189	54	14	21	50	--
辽　宁	7	390	345	46 282	196	13	17	444	32
其中:大连	2	23	18	7 800	3	5	5	8	--
吉　林	7	303	272	34 154	46	7	11	219	5
黑龙江	8	108	108	13 292	46	7	5	194	2
上　海	1	73	53	26 518	165	1	--	7	5
江　苏	21	357	310	13 514	51	57	50	1 186	50
浙　江	11	361	307	112 640	241	22	53	872	13
其中:宁波	1	31	31	2 977	21	1	2	8	1
安　徽	2	7	4	331	--	1	2	8	--
福　建	11	111	46	22 318	148	9	26	757	99
其中:厦门	--	--	--	--	--	--	--	--	--
江　西	4	206	169	5 935	6	9	3	35	1
山　东	10	205	205	22 600	88	113	105	354	6
其中:青岛	1	10	10	--	--	--	1	73	--
河　南	15	323	306	22 606	161	13	21	250	5
湖　北	5	31	29	2 978	17	--	--	10	--
湖　南	2	9	9	57	--	--	--	7	--
广　东	17	323	316	33 812	362	50	85	1 019	202
其中:深圳	4	52	52	497	--	4	28	118	4
广　西	5	85	70	39 319	3	5	4	98	30
海　南	--	--	--	--	--	--	--	--	--
重　庆	6	382	283	232 742	757	10	20	1 745	16
四　川	23	777	596	46 948	381	35	48	1 541	15
贵　州	1	2	2	--	--	1	1	6	--
云　南	3	51	40	3 534	10	3	11	25	--
西　藏	--	--	--	--	--	--	--	--	--
陕　西	23	1 937	1 300	76 104	2 175	33	13	5 200	697
甘　肃	4	34	30	7 817	20	9	8	98	2
青　海	--	--	--	--	--	--	--	--	--
宁　夏	--	--	--	--	--	--	--	--	--
新　疆	3	143	134	35 912	429	4	4	4 995	116

物馆基本情况(一)

本年收入合计(千元)	财政补助收入	上级补助收入	事业收入	门票收入	经营收入	附属单位上缴收入	其他收入	本年支出合计(千元)	事业支出	经营支出	对附属单位补助支出
10	11	12	13	14	15	16	17	18	19	20	21
568 928	**137 203**	**18 351**	**386 188**	**368 875**	**6 059**	**4 306**	**16 821**	**537 930**	**529 788**	**2 704**	– –
211 675	5 740	5 640	189 420	182 896	2 750	3 566	4 559	211 709	211 709	– –	– –
357 253	131 463	12 711	196 768	185 979	3 309	740	12 262	326 221	318 079	2 704	– –
17 362	12 365	1 727	1 976	1 250	21	– –	1 273	17 638	17 626	12	– –
16 002	7 901	35	6 644	4 992	12	– –	1 410	16 408	16 399	9	– –
6 900	1 496	– –	4 695	4 695	540	– –	169	7 200	6 345	855	– –
16 756	2 537	– –	14 060	13 754	– –	– –	159	14 512	14 512	– –	– –
1 838	1 424	200	155	155	– –	– –	59	1 651	1 651	– –	– –
16 075	6 254	– –	9 372	9 365	98	– –	351	14 825	14 722	103	– –
435	388	– –	7	7	20	– –	20	417	403	14	– –
8 203	6 317	10	1 870	1 870	– –	– –	6	7 121	7 121	– –	– –
2 366	1 897	– –	401	355	– –	– –	68	2 633	2 633	– –	– –
7 067	6 866	7	89	50	– –	51	54	4 301	4 301	– –	– –
11 386	6 968	60	2 975	2 179	276	151	956	11 590	11 315	275	– –
14 943	7 546	3 557	2 320	1 974	25	21	1 474	14 369	14 333	– –	– –
1 459	570	– –	781	781	– –	– –	108	1 354	1 354	– –	– –
89	58	– –	30	30	– –	– –	1	88	88	– –	– –
2 435	1 922	145	322	305	– –	– –	46	2 543	2 539	1	– –
– –	– –	– –	– –	– –	– –	– –	– –	– –	– –	– –	– –
5 156	1 066	– –	4 072	4 072	– –	– –	18	4 179	4 179	– –	– –
6 599	4 113	260	1 795	770	114	– –	317	6 092	6 066	26	– –
1 306	1 100	– –	5	4	– –	– –	201	1 077	1 077	– –	– –
6 052	2 984	1 330	1 310	1 195	25	– –	403	6 080	6 055	25	– –
446	421	– –	23	5	– –	– –	2	446	446	– –	– –
23	– –	– –	22	22	1	– –	– –	23	23	– –	– –
44 996	32 702	3 476	5 736	5 544	1 286	– –	1 796	27 284	26 607	596	– –
6 635	2 188	2 246	986	986	731	– –	484	5 968	5 463	505	– –
3 213	2 480	24	197	112	420	– –	92	1 991	1 581	410	– –
– –	– –	– –	– –	– –	– –	– –	– –	– –	– –	– –	– –
12 322	9 936	23	2 359	1 003	– –	– –	4	13 762	13 762	– –	– –
21 950	6 507	485	12 906	9 451	25	517	1 510	22 390	17 047	25	– –
– –	– –	– –	– –	– –	– –	– –	– –	255	255	– –	– –
949	670	53	212	61	– –	– –	14	826	815	11	– –
– –	– –	– –	– –	– –	– –	– –	– –	– –	– –	– –	– –
130 782	4 342	1 319	122 742	122 285	460	– –	1 919	124 350	124 000	350	– –
565	436	– –	93	93	6	– –	30	567	561	6	– –
– –	– –	– –	– –	– –	– –	– –	– –	– –	– –	– –	– –
– –	– –	– –	– –	– –	– –	– –	– –	– –	– –	– –	– –
2 778	2 255	– –	392	392	– –	– –	131	3 097	3 097	– –	– –

各地区专门性博

	在支出合计中								
	从业人员劳动报酬		税金	社会	修缮	设备	业务		
		职工工资总额	支出	保障费	费	购置费		文物征集费	藏品保护费
	22	23	24	25	26	27	28	29	30
总计	**100 959**	**91 676**	**4 490**	**27 813**	**36 482**	**13 595**	**62 111**	**5 715**	**2 001**
中央	29 455	26 964	657	13 094	12 839	2 903	14 342	876	254
地方	71 504	64 712	3 833	14 719	23 643	10 692	47 769	4 839	1 747
北京	3 073	2 914	154	424	1 335	227	7 172	123	47
天津	5 412	5 066	45	1 959	1 230	701	2 235	58	43
河北	3 751	3 721	142	429	156	100	1 423	835	24
山西	4 940	4 532	191	231	1 343	425	3 121	17	11
内蒙古	867	855	9	127	93	— —	145	6	7
辽宁	4 039	3 769	23	925	3 123	585	1 215	299	35
其中:大连	216	186	3	33	6	10	33	11	— —
吉林	2 299	2 286	15	805	1 184	128	1 120	39	— —
黑龙江	1 028	890	1	98	16	26	373	6	— —
上海	1 610	1 276	— —	369	801	463	325	180	— —
江苏	4 219	3 975	64	1 017	824	125	1 731	352	91
浙江	4 479	3 807	61	854	1 163	479	4 933	1 268	356
其中:宁波	521	473	— —	97	— —	1	615	— —	— —
安徽	61	36	— —	23	— —	1	3	— —	— —
福建	1 051	1 001	9	249	247	27	589	58	105
其中:厦门	— —	— —	— —	— —	— —	— —	— —	— —	— —
江西	1 232	1 161	139	143	238	29	241	20	38
山东	1 836	1 836	— —	366	745	233	1 028	40	10
其中:青岛	65	65	— —	6	12	63	640	8	— —
河南	2 383	2 307	— —	294	1 095	47	348	12	62
湖北	128	113	— —	5	— —	3	22	— —	4
湖南	20	20	— —	— —	— —	— —	3	— —	— —
广东	5 267	5 235	119	1 057	1 349	1 040	8 462	838	52
其中:深圳	1 198	1 198	8	10	93	143	1 581	220	52
广西	679	603	— —	105	152	94	233	69	4
海南	— —	— —	— —	— —	— —	— —	— —	— —	— —
重庆	3 415	2 955	32	928	1 282	763	3 110	370	85
四川	5 194	4 622	172	949	1 553	965	3 582	111	396
贵州	— —	— —	— —	— —	255	— —	— —	— —	— —
云南	472	418	— —	34	— —	— —	198	3	— —
西藏	— —	— —	— —	— —	— —	— —	— —	— —	— —
陕西	12 726	9 992	2 657	3 002	4 793	4 204	5 811	123	346
甘肃	279	278	— —	11	20	20	13	9	3
青海	— —	— —	— —	— —	— —	— —	— —	— —	— —
宁夏	— —	— —	— —	— —	— —	— —	— —	— —	— —
新疆	1 044	1 044	— —	315	646	7	333	3	28

物 馆 基 本 情 况(二)

(千元)				年末固定资产原值(千元)	当年提取修购基金(千元)	增加值(千元)	公用房屋建筑面积(千平方米)		
费		考古发掘费	文物保护单位维修费					陈列展览用房	文物库房
陈列、展览费	宣传、出版费								
31	32	33	34	35	36	37	38	39	40
18 444	**4 579**	**1 254**	**16 261**	**666 600**	**4 017**	**142 776**	**1 183**	**417**	**114**
485	225	— —	8 055	86 993	— —	33 591	272	36	43
17 959	4 354	1 254	8 206	579 607	4 017	109 185	911	381	71
5 935	74	— —	101	18 735	78	3 983	45	18	3
1 179	338	— —	10	7 650	317	5 764	38	19	7
536	10	— —	— —	10 488	— —	4 313	73	40	3
244	594	3	17	20 192	68	8 100	55	17	4
40	3	3	72	5 505	— —	1 096	14	4	1
319	180	1	726	16 902	327	4 738	33	17	4
7	5	1	4	449	— —	237	1	1	— —
739	33	— —	— —	6 941	977	2 591	100	12	1
36	8	— —	200	55 102	— —	3 233	13	8	1
— —	— —	— —	— —	2 558	— —	1 712	3	2	— —
643	70	— —	730	19 532	38	5 066	34	18	1
628	462	— —	120	50 442	89	6 557	36	18	17
— —	— —	— —	120	7 955	— —	839	3	1	2
— —	— —	— —	— —	477	— —	80	2	2	— —
88	64	20	49	4 882	88	1 254	21	11	1
— —	— —	— —	— —	— —	— —	— —	— —	— —	— —
7	4	— —	375	6 671	100	2 335	8	3	— —
521	74	— —	12	26 069	8	2 879	25	15	1
440	— —	— —	— —	91	— —	69	— —	— —	— —
81	38	2	518	24 075	— —	3 346	44	35	2
— —	— —	3	283	150	888	134	4	— —	— —
— —	— —	— —	— —	164	— —	26	1	— —	— —
4 414	903	1 000	3 160	20 260	140	6 255	31	15	1
1 239	21	100	1 266	1 909	140	1 341	6	3	— —
45	— —	10	— —	9 594	— —	1 062	4	3	— —
— —	— —	— —	— —	— —	— —	— —	— —	— —	— —
741	— —	— —	— —	19 457	— —	4 225	33	11	4
566	706	— —	1 404	64 556	449	11 425	107	53	7
— —	— —	— —	— —	700	— —	28	— —	— —	— —
— —	— —	9	— —	6 473	— —	731	7	2	1
— —	— —	— —	— —	— —	— —	— —	— —	— —	— —
939	793	203	429	174 517	450	26 628	154	41	4
— —	— —	— —	— —	1 526	— —	340	6	4	— —
— —	— —	— —	— —	— —	— —	— —	— —	— —	— —
— —	— —	— —	— —	— —	— —	— —	— —	— —	— —
258	— —	— —	— —	5 989	— —	1 284	21	15	3

各地区纪念性博

	机构数(个)	从业人员(人)		文物藏品(件)		业务活动		参观人次(千人次)	
			职工		一级品	陈列(个)	展览(个)		外宾人次
	1	2	3	4	5	6	7	8	9
总计	**280**	**5 689**	**4 574**	**387 333**	**3 154**	**423**	**409**	**27 609**	**510**
中央	1	69	67	29 837	1 433	1	— —	22	— —
地方	279	5 620	4 507	357 496	1 721	422	409	27 587	510
北京	4	233	179	5 706	123	7	7	438	11
天津	6	171	144	12 177	218	5	7	612	5
河北	10	255	182	1 769	41	6	5	429	7
山西	6	83	67	6 034	12	5	— —	45	— —
内蒙古	— —	— —	— —	— —	— —	— —	— —	— —	— —
辽宁	6	316	240	24 057	51	9	8	329	3
其中:大连	— —	— —	— —	— —	— —	— —	— —	— —	— —
吉林	— —	— —	— —	— —	— —	— —	— —	— —	— —
黑龙江	7	23	111	6 717	61	12	13	400	1
上海	2	239	104	56 314	287	2	7	431	9
江苏	21	29[illegible]	284	8 548	39	32	34	2 983	16
浙江	29	301	219	31 409	201	35	60	4 592	219
其中:宁波	1	2	2	303	2	1	— —	12	— —
安徽	8	85	44	8 534	20	11	5	146	— —
福建	16	184	178	10 929	32	13	10	590	32
其中:厦门	1	32	32	500	13	1	1	220	16
江西	20	368	354	27 550	86	71	16	493	34
山东	5	167	161	13 525	54	14	18	1 135	6
其中:青岛	— —	— —	— —	— —	— —	— —	— —	— —	— —
河南	13	286	272	7 642	63	13	19	526	— —
湖北	22	255	242	15 798	30	28	21	2 426	3
湖南	30	269	262	7 541	13	34	48	1 588	53
广东	22	557	312	34 918	90	25	60	3 136	54
其中:深圳	1	1	1	33	— —	— —	— —	6	1
广西	7	89	78	5 904	24	12	9	324	— —
海南	— —	— —	— —	— —	— —	— —	— —	— —	— —
重庆	3	277	238	2 509	20	14	11	2 434	1
四川	10	559	366	19 884	33	27	20	2 103	53
贵州	1	38	38	555	7	— —	— —	375	— —
云南	8	51	51	830	— —	14	7	156	1
西藏	— —	— —	— —	— —	— —	— —	— —	— —	— —
陕西	15	348	315	42 223	162	21	18	1 736	1
甘肃	4	33	30	5 335	10	7	3	33	— —
青海	— —	— —	— —	— —	— —	— —	— —	— —	— —
宁夏	— —	— —	— —	— —	— —	— —	— —	— —	— —
新疆	4	42	36	1 088	44	5	3	127	— —

物馆基本情况(一)

本年收入合计(千元)								本年支出合计(千元)			
	财政补助收入	上级补助收入	事业收入		经营收入	附属单位上缴收入	其他收入		事业支出	经营支出	对附属单位补助支出
				门票收入							
10	11	12	13	14	15	16	17	18	19	20	21
203 005	**92 885**	**9 526**	**87 862**	**74 020**	**5 009**	**194**	**7 529**	**187 813**	**178 562**	**4 570**	**317**
2 717	1 350	1 300	64	56	--	--	3	2 567	2 567	--	--
200 288	91 535	8 226	87 798	73 964	5 009	194	7 526	185 246	175 995	4 570	317
13 962	11 804	--	1 711	1 351	--	--	447	14 810	14 810	--	--
5 846	1 731	--	4 057	2 347	--	--	58	7 234	7 234	--	--
4 564	2 068	--	2 263	1 963	--	--	233	4 564	4 564	--	--
1 403	1 138	--	108	73	--	--	157	1 418	1 418	--	--
--	--	--	--	--	--	--	--	--	--	--	--
5 659	3 351	--	2 286	1 023	--	--	22	5 655	5 655	--	--
--	--	--	--	--	--	--	--	--	--	--	--
--	--	--	--	--	--	--	--	--	--	--	--
3 197	3 010	--	124	122	--	34	29	3 098	3 098	--	--
19 755	18 329	18	918	908	350	--	140	16 920	16 670	250	--
11 535	6 760	261	3 809	2 923	47	159	499	11 291	11 030	43	--
12 061	3 012	2 191	5 511	4 168	1 009	--	338	10 942	8 589	2 308	--
343	337	--	6	6	--	--	--	343	343	--	--
1 161	719	--	268	40	27	--	147	1 311	1 275	27	--
7 391	5 537	915	654	644	178	--	107	6 244	5 825	102	317
2 370	2 040	--	330	320	--	--	--	1 910	1 910	--	--
6 530	2 958	230	3 067	2 328	21	--	254	5 593	5 593	--	--
14 123	1 131	2 800	9 764	9 701	315	1	112	8 462	8 226	236	--
--	--	--	--	--	--	--	--	--	--	--	--
8 015	4 388	126	2 922	2 843	25	--	554	7 587	7 562	25	--
2 625	1 872	--	592	370	25	--	136	2 610	2 556	--	--
5 821	2 781	170	2 053	1 819	601	--	216	6 029	5 692	337	--
17 717	5 974	240	6 687	6 211	2 215	--	2 601	15 495	14 427	1 068	--
514	500	--	14	14	--	--	--	514	514	--	--
1 495	952	--	268	210	5	--	270	1 428	1 402	4	--
--	--	--	--	--	--	--	--	--	--	--	--
14 196	6 335	91	7 741	5 419	--	--	29	11 989	10 212	--	--
33 183	3 037	383	28 828	27 942	178	--	757	31 296	28 894	168	--
1 506	462	--	1 042	1 042	--	--	2	1 506	1 506	--	--
587	524	--	63	16	--	--	--	534	529	--	--
--	--	--	--	--	--	--	--	--	--	--	--
6 751	2 668	801	2 944	408	--	--	338	7 515	7 515	--	--
485	450	--	33	24	2	--	--	485	483	2	--
--	--	--	--	--	--	--	--	--	--	--	--
--	--	--	--	--	--	--	--	--	--	--	--
720	544	--	85	69	11	--	80	1 230	1 230	--	--

各地区纪念性博

	在支出合计中								
	从业人员劳动报酬		税金	社会	修缮费	设备		业务	
		职工工资总额	支出	保障费		购置费		文物征集费	藏品保护费
	22	23	24	25	26	27	28	29	30
总　计	**49 279**	**40 872**	**648**	**9 874**	**13 623**	**7 951**	**43 274**	**2 257**	**1 007**
中　央	820	820	--	311	199	128	507	1	7
地　方	48 459	40 052	648	9 563	13 424	7 823	42 767	2 256	1 000
北　京	2 915	2 612	92	269	332	121	8 529	800	--
天　津	2 120	1 733	--	267	342	256	1 383	--	--
河　北	2 120	1 886	--	358	301	30	458	10	12
山　西	554	468	--	14	280	44	104	20	8
内蒙古	--	--	--	--	--	--	--	--	--
辽　宁	1 249	1 081	--	330	299	1 409	1 392	--	--
其中:大连	--	--	--	--	--	--	--	--	--
吉　林	--	--	--	--	--	--	--	--	--
黑龙江	1 022	981	--	435	801	30	159	2	--
上　海	2 538	2 024	14	935	613	57	7 454	90	42
江　苏	3 031	2 725	--	944	1 909	409	1 221	105	39
浙　江	2 750	2 248	57	484	118	244	2 015	84	43
其中:宁波	30	30	--	8	--	--	4	--	--
安　徽	455	410	--	131	35	3	353	30	6
福　建	1 752	1 662	--	236	430	389	793	2	21
其中:厦门	550	550	--	110	80	100	330	--	--
江　西	2 358	2 325	86	453	256	46	809	18	20
山　东	1 660	1 622	--	241	1 928	843	1 587	489	34
其中:青岛	--	--	--	--	--	--	--	--	--
河　南	2 234	2 186	--	291	1 835	539	497	39	5
湖　北	1 660	1 619	--	344	20	--	194	13	3
湖　南	1 919	1 721	18	134	244	494	1 037	23	102
广　东	4 591	3 414	296	583	850	1 004	2 911	38	31
其中:深圳	20	20	--	--	250	--	--	--	--
广　西	699	586	31	113	44	40	206	3	15
海　南	--	--	--	--	--	--	--	--	--
重　庆	3 416	1 411	4	575	1 141	356	3 774	71	--
四　川	5 349	3 417	27	1 943	1 249	1 073	5 778	361	403
贵　州	390	316	--	122	--	173	214	--	214
云　南	424	403	--	8	27	--	37	--	--
西　藏	--	--	--	--	--	--	--	--	--
陕　西	2 584	2 554	--	263	275	234	1 720	53	2
甘　肃	287	287	3	68	--	27	100	--	--
青　海	--	--	--	--	--	--	--	--	--
宁　夏	--	--	--	--	--	--	--	--	--
新　疆	382	361	20	22	95	2	42	5	--

物馆基本情况(二)

(千元) 费 陈列、展览费	(千元) 费 宣传、出版费	(千元) 考古发掘费	(千元) 文物保护单位维修费	年末固定资产原值(千元)	当年提取修购基金(千元)	增加值(千元)	公用房屋建筑面积(千平方米)	公用房屋建筑面积 陈列展览用房	公用房屋建筑面积 文物库房
31	32	33	34	35	36	37	38	39	40
16 163	**2 416**	**135**	**10 058**	**461 787**	**7 133**	**76 353**	**820**	**325**	**44**
14	66	--	--	4 680	--	1 007	13	--	--
16 149	2 350	135	10 058	457 107	7 133	75 346	807	325	44
7 099	71	--	--	32 968	38	4 330	10	6	1
966	--	--	--	1 752	197	2 189	22	12	--
30	30	--	--	43 755	--	3 872	43	23	3
20	--	--	--	5 422	--	771	12	5	--
--	--	--	--	--	--	--	--	--	--
--	3	--	--	68 488	--	3 988	34	29	1
--	--	--	--	--	--	--	--	--	--
--	--	--	--	--	--	--	--	--	--
3	4	--	--	9 691	--	1 411	13	6	--
4 452	217	--	--	5 756	4 683	2 782	6	2	1
341	128	--	550	28 300	75	4 161	36	25	1
210	179	125	1 480	27 606	47	5 409	46	23	21
--	--	--	300	--	--	30	1	--	--
8	8	--	326	3 558	--	597	20	4	--
34	5	--	512	7 165	34	2 039	40	13	1
--	--	--	--	1 110	--	594	3	1	--
436	28	--	245	19 121	--	3 922	42	20	1
268	615	--	--	24 048	--	5 269	21	10	--
--	--	--	--	--	--	--	--	--	--
29	17	--	51	6 345	8	2 626	21	12	--
41	6	--	23	32 442	--	2 958	37	14	2
99	136	7	465	17 961	--	2 657	65	19	1
186	44	--	537	30 539	1 740	6 212	86	41	5
--	--	--	--	--	--	20	--	--	--
4	5	--	--	2 424	--	827	19	7	1
--	--	--	--	--	--	--	--	--	--
1 340	121	--	100	16 997	31	4 100	83	4	--
543	702	3	5 169	34 006	--	9 588	61	16	2
--	--	--	520	979	--	429	6	5	--
--	--	--	--	3 254	--	553	7	4	--
--	--	--	--	--	--	--	--	--	--
20	31	--	80	29 401	280	3 759	68	20	3
20	--	--	--	2 361	--	384	6	2	--
--	--	--	--	--	--	--	--	--	--
--	--	--	--	--	--	--	--	--	--
--	--	--	--	2 768	--	513	3	2	--

各地区文物商

	机构数(个)	从业人员(人)	职工	周转金总额(千元)	银行贷款	上年末库存 件数(件)	金额(千元)
	1	2	3	4	5	6	7
总计	**121**	**3 068**	**2 783**	**338 012**	**12 574**	**11 814 613**	**212 971**
中央	－－	－－	－－	－－	－－	－－	－－
地方	121	3 068	2 783	338 012	12 574	11 814 613	212 971
北京	2	266	266	193 097	－－	2 663 748	15 572
天津	1	101	79	25 079	－－	402 857	16 109
河北	4	17	17	3 382	2 730	192 294	7 971
山西	1	24	24	3 045	－－	148 605	2 949
内蒙古	7	80	80	899	50	52 565	2 375
辽宁	9	153	146	563	－－	332 368	7 749
其中:大连	1	54	47	300	－－	59 342	2 362
吉林	1	32	30	2 711	－－	90 144	989
黑龙江	2	23	22	－－	－－	39 879	606
上海	1	131	84	29 963	－－	1 149 857	41 817
江苏	11	400	387	13 396	600	1 358 420	22 107
浙江	19	128	103	2 628	24	609 036	5 143
其中:宁波	3	22	16	421	－－	138 495	602
安徽	8	138	133	6 218	－－	272 013	5 363
福建	3	57	56	2 524	130	100 296	2 398
其中:厦门	1	32	32	1 206	－－	75 257	1 395
江西	4	139	128	4 104	－－	192 788	2 692
山东	9	308	295	7 294	2 010	905 457	13 118
其中:青岛	1	25	23	166	－－	216 429	4 857
河南	3	112	110	358	－－	240 792	2 855
湖北	2	172	161	10 433	－－	545 591	8 287
湖南	2	89	69	1 936	－－	533 742	1 721
广东	11	235	231	16 552	1 550	787 589	31 753
其中:深圳	2	13	13	945	800	4 553	6 707
广西	4	76	57	219	－－	78 407	5 230
海南	－－	－－	－－	－－	－－	－－	－－
重庆	2	32	29	123	－－	131 299	1 014
四川	2	93	70	7 076	5 000	588 844	5 088
贵州	2	30	18	520	150	145 081	2 207
云南	2	48	34	3 470	230	111 286	2 961
西藏	1	16	9	－－	－－	5 229	318
陕西	3	70	57	837	－－	53 969	1 472
甘肃	1	31	22	－－	－－	42 368	1 492
青海	1	11	11	－－	－－	2 111	53
宁夏	2	7	6	542	100	5 571	445
新疆	1	49	49	1 043	－－	32 407	1 117

店 基 本 情 况(一)

本年收购		本年销售							
				其中					
件数(件)	金额(千元)	件数(件)	金额(千元)	外销件数	外销金额	内销件数	内销金额	新制品件数	新制品金额
8	9	10	11	12	13	14	15	16	17
832 940	**71 723**	**929 721**	**150 283**	**73 620**	**74 899**	**214 764**	**59 978**	**641 337**	**14 812**
– –	– –	– –	– –	– –	– –	– –	– –	– –	– –
832 940	71 723	929 721	150 283	73 620	74 899	214 764	59 978	641 337	14 812
7 653	27 496	17 526	36 367	8 370	33 734	5 989	2 354	3 167	279
1 542	2 534	4 620	10 097	4 319	9 758	– –	– –	301	339
627	100	3 216	765	– –	– –	3 216	765	– –	– –
81	235	1 327	410	– –	– –	1 327	410	– –	– –
953	131	2 388	201	– –	– –	2 388	201	– –	– –
496	432	3 695	3 076	11	32	3 684	3 044	– –	– –
350	57	720	557	11	32	709	525	– –	– –
– –	5	27	7	– –	– –	27	7	– –	– –
163	102	318	82	– –	– –	318	82	– –	– –
98 600	2 302	26 270	25 820	13 004	15 352	1 666	9 481	11 600	987
199 289	10 482	255 692	20 887	4 459	3 287	12 466	13 180	238 767	3 826
6 390	3 131	16 685	8 419	5 353	3 176	9 463	4 595	1 869	648
1 374	230	2 433	1 196	1 591	1 008	594	149	248	39
205	277	55 449	2 205	4 974	169	1 230	1 879	49 245	157
7 686	954	4 725	941	1 062	363	1 698	283	1 965	295
5 914	667	3 017	639	1 055	326	785	117	1 177	196
608	914	7 875	4 098	– –	– –	7 769	4 008	106	90
31 622	5 968	112 906	9 227	1 765	449	8 311	6 184	102 830	2 594
902	198	94 972	752	1 715	401	74	16	93 183	335
2 159	778	18 841	2 455	12 824	869	5 514	1 329	503	257
1 076	328	6 056	3 174	3 493	1 862	931	885	1 632	427
116 424	5 175	37 823	4 790	– –	– –	12 747	2 803	25 076	1 987
29 260	6 229	46 573	10 959	10 603	4 935	15 609	4 358	20 361	1 666
455	657	1 054	1 843	558	1 414	348	346	148	83
44 627	548	59 442	1 013	99	47	4 242	310	55 101	656
– –	– –	– –	– –	– –	– –	– –	– –	– –	– –
6 133	361	7 281	324	– –	– –	698	299	6 583	25
159 748	1 060	127 112	1 458	2 355	606	4 424	451	120 333	401
114 220	1 238	106 546	1 077	2	3	106 544	1 074	– –	– –
1 180	265	1 705	420	– –	– –	979	399	726	21
451	44	380	381	– –	– –	380	381	– –	– –
722	315	1 785	1 153	201	77	1 252	1 008	332	68
12	4	1 144	51	525	23	619	28	– –	– –
215	38	327	32	– –	– –	327	32	– –	– –
611	36	1 402	64	12	9	929	40	461	15
187	241	585	330	189	148	17	108	379	74

各地区文物商

	本年末库存		本年销售费用(千元)			各种税金(千元)
	件数(件)	金额(千元)		从业人员劳动报酬	工资总额	
	18	19	20	21	22	23
总计	**11 717 832**	**217 968**	**100 024**	**39 202**	**34 004**	**18 397**
中央	— —	— —	— —	— —	— —	— —
地方	11 717 832	217 968	100 024	39 202	34 004	18 397
北京	2 653 875	34 750	9 353	5 374	5 374	9 275
天津	399 779	16 737	6 030	1 965	1 822	1 132
河北	189 705	7 986	330	159	155	44
山西	147 359	2 774	633	206	206	36
内蒙古	51 130	2 380	1 089	452	452	85
辽宁	329 169	7 777	3 324	848	845	89
其中:大连	58 972	2 271	589	41	39	62
吉林	90 117	987	162	162	162	— —
黑龙江	39 724	626	421	242	221	57
上海	1 222 187	41 602	14 846	5 054	2 886	1 043
江苏	1 302 017	18 360	15 091	6 017	4 952	1 576
浙江	598 741	4 519	3 781	1 384	995	486
其中:宁波	137 436	644	816	279	26	94
安徽	216 769	4 234	2 839	1 343	1 084	124
福建	103 257	2 411	1 330	712	671	351
其中:厦门	78 154	1 423	672	516	516	238
江西	185 521	1 984	1 779	798	776	188
山东	824 173	9 859	7 242	3 449	3 075	804
其中:青岛	122 359	4 303	550	430	421	88
河南	224 110	2 181	3 618	1 072	927	450
湖北	540 611	8 235	4 314	1 468	1 426	212
湖南	612 343	2 204	3 592	926	744	213
广东	770 276	29 941	12 092	4 720	4 712	1 243
其中:深圳	3 954	5 743	562	297	297	75
广西	63 592	3 033	1 131	518	500	66
海南	— —	— —	— —	— —	— —	— —
重庆	130 151	1 051	451	275	275	41
四川	621 480	4 704	3 622	604	423	612
贵州	152 755	2 386	512	219	195	94
云南	110 761	2 806	653	343	343	19
西藏	5 300	377	30	30	— —	— —
陕西	52 906	1 159	1 031	423	344	92
甘肃	41 236	1 445	76	76	76	17
青海	1 999	15	175	87	87	9
宁夏	4 780	417	161	38	38	12
新疆	32 009	1 028	316	238	238	27

店基本情况(二)

本年盈亏(千元)	年末固定资产原值(千元)	当年提取修购基金(千元)	增加值(千元)	公用房屋建筑面积(千平方米)		
					营业用房	文物库房
24	25	26	27	28	29	30
9 963	**212 142**	**2 690**	**76 045**	**163**	**58**	**68**
– –	– –	– –	– –	– –	– –	– –
9 963	212 142	2 690	76 045	163	58	68
9 929	20 600	– –	25 402	17	3	15
1 431	5 131	– –	4 733	10	1	9
– 166	524	– –	58	1	– –	1
– 154	1 762	39	158	5	– –	2
– 52	2 238	– –	574	2	1	1
30	3 740	– –	1 116	11	5	3
– 20	1 153	– –	129	1	– –	– –
– 50	914	– –	149	– –	– –	– –
1	456	– –	318	– –	– –	– –
– 3 157	12 667	– –	3 447	6	2	4
1 157	37 540	430	10 252	20	11	6
479	6 516	153	2 610	8	2	4
36	1 769	– –	480	2	– –	2
– 352	7 782	7	1 426	5	3	2
– 282	13 024	187	1 302	6	2	1
– 371	3 051	– –	505	2	1	1
198	8 359	– –	1 518	4	2	2
– 647	14 675	67	4 193	10	4	3
8	318	– –	539	1	– –	1
60	4 694	293	1 769	7	1	1
– 165	8 085	– –	1 838	13	9	5
10	18 633	– –	1 894	11	2	4
1 201	19 890	9	7 959	12	5	3
– 156	49	– –	218	– –	– –	– –
– 103	1 124	19	526	2	1	1
– –	– –	– –	– –	– –	– –	– –
– 9	581	– –	330	1	1	– –
727	10 026	1 326	2 344	5	1	– –
143	3 461	153	594	2	1	1
– 30	3 467	– –	471	1	– –	– –
– –	667	– –	57	– –	– –	– –
– 101	1 186	– –	462	– –	– –	– –
5	679	– –	125	1	1	– –
– 38	352	7	72	1	– –	– –
– 2	21	– –	49	– –	– –	– –
– 100	3 348	– –	299	2	– –	– –

各地区文物部门附营

	机构数(个)	从业人员(人)	职工	资本金合计(千元)	国家资本金	固定资产合计(千元)	固定资产原价(千元)	本年提取折旧(千元)	损				
									主营业收入	主营业成本及费用	主营业税金及附加	主营业务利润	其他业务利润
	1	2	3	4	5	6	7	8	9	10	11	12	13
总　计	**69**	**1 732**	**1 112**	**44 125**	**27 968**	**34 067**	**54 681**	**3 553**	**71 495**	**60 970**	**2 624**	**7 901**	**12 896**
中　央	15	554	500	22 841	21 341	23 458	41 002	2 660	22 292	19 552	1 086	1 654	12 189
地　方	54	1 178	612	21 284	6 627	10 609	13 679	893	49 203	41 418	1 538	6 247	707
北　京	15	590	288	10 741	1 530	5 138	6 867	356	26 726	23 065	847	2 814	139
天　津	7	48	15	465	165	165	321	6	1 939	1 398	71	470	57
河　北	— —	— —	— —	— —	— —	— —	— —	— —	— —	— —	— —	— —	— —
山　西	— —	— —	— —	— —	— —	— —	— —	— —	— —	— —	— —	— —	— —
内蒙古	— —	— —	— —	— —	— —	— —	— —	— —	— —	— —	— —	— —	— —
辽　宁	2	34	34	500	100	435	411	— —	800	670	50	80	104
其中：大连	— —	— —	— —	— —	— —	— —	— —	— —	— —	— —	— —	— —	— —
吉　林	— —	— —	— —	— —	— —	— —	— —	— —	— —	— —	— —	— —	— —
黑龙江	— —	— —	— —	— —	— —	— —	— —	— —	— —	— —	— —	— —	— —
上　海	3	26	22	1 203	813	15	144	129	1 895	1 760	66	69	6
江　苏	10	75	66	1 526	1 120	998	1 555	123	4 949	4 097	84	768	57
浙　江	8	259	83	4 233	833	3 053	3 264	88	7 598	6 227	273	1 098	5
其中：宁波	3	173	11	1 000	250	6	4	— —	4 720	4 057	144	519	— —
安　徽	— —	— —	— —	— —	— —	— —	— —	— —	— —	— —	— —	— —	— —
福　建	— —	— —	— —	— —	— —	— —	— —	— —	— —	— —	— —	— —	— —
其中：厦门	— —	— —	— —	— —	— —	— —	— —	— —	— —	— —	— —	— —	— —
江　西	— —	— —	— —	— —	— —	— —	— —	— —	— —	— —	— —	— —	— —
山　东	1	5	4	50	— —	— —	— —	— —	75	73	3	-1	— —
其中：青岛	— —	— —	— —	— —	— —	— —	— —	— —	— —	— —	— —	— —	— —
河　南	— —	— —	— —	— —	— —	— —	— —	— —	— —	— —	— —	— —	— —
湖　北	— —	— —	— —	— —	— —	— —	— —	— —	— —	— —	— —	— —	— —
湖　南	— —	— —	— —	— —	— —	— —	— —	— —	— —	— —	— —	— —	— —
广　东	2	30	28	1 516	1 516	741	1 018	187	2 512	2 504	7	1	20
其中：深圳	— —	— —	— —	— —	— —	— —	— —	— —	— —	— —	— —	— —	— —
广　西	— —	— —	— —	— —	— —	— —	— —	— —	— —	— —	— —	— —	— —
海　南	— —	— —	— —	— —	— —	— —	— —	— —	— —	— —	— —	— —	— —
重　庆	— —	— —	— —	— —	— —	— —	— —	— —	— —	— —	— —	— —	— —
四　川	5	111	72	1 050	550	64	99	4	2 709	1 624	137	948	319
贵　州	— —	— —	— —	— —	— —	— —	— —	— —	— —	— —	— —	— —	— —
云　南	— —	— —	— —	— —	— —	— —	— —	— —	— —	— —	— —	— —	— —
西　藏	— —	— —	— —	— —	— —	— —	— —	— —	— —	— —	— —	— —	— —
陕　西	— —	— —	— —	— —	— —	— —	— —	— —	— —	— —	— —	— —	— —
甘　肃	— —	— —	— —	— —	— —	— —	— —	— —	— —	— —	— —	— —	— —
青　海	— —	— —	— —	— —	— —	— —	— —	— —	— —	— —	— —	— —	— —
宁　夏	1	— —	— —	— —	— —	— —	— —	— —	— —	— —	— —	— —	— —
新　疆	— —	— —	— —	— —	— —	— —	— —	— —	— —	— —	— —	— —	— —

单位基本情况（企业）

益及分配（千元）									其他（千元）			上交主办单位数（千元）	增加值（千元）
管理费用			财务费用	补贴收入	投资收益	营业外收支净额	应交所得税	利润	从业人员劳动报酬	本年应付福利费总额	本年应交增值税		
	税金	劳动待业保险											
14	15	16	17	18	19	20	21	22	23	24	25	26	27
14 965	**985**	**1 480**	**– 303**	**–1**	**708**	**1 192**	**766**	**7 268**	**11 951**	**1 706**	**977**	**1 552**	**42 439**
9 179	968	1 437	– 223	– –	708	1 206	379	6 422	4 516	648	733	140	23 946
5 786	17	43	– 80	–1	– –	– 14	387	846	7 435	1 058	244	1 412	18 493
3 347	12	24	– 24	– –	– –	– 43	144	– 557	4 708	425	42	151	9 069
422	– –	– 3	– 10	– –	– –	– –	– –	115	133	– –	19	116	872
– –	– –	– –	– –	– –	– –	– –	– –	– –	– –	– –	– –	– –	– –
– –	– –	– –	– –	– –	– –	– –	– –	– –	– –	– –	– –	– –	– –
– –	– –	– –	– –	– –	– –	– –	– –	– –	– –	– –	– –	– –	– –
125	– –	– –	– –	–1	– –	– –	3	55	110	20	6	– –	350
– –	– –	– –	– –	– –	– –	– –	– –	– –	– –	– –	– –	– –	– –
– –	– –	– –	– –	– –	– –	– –	– –	– –	– –	– –	– –	– –	– –
– –	– –	– –	– –	– –	– –	– –	– –	– –	– –	– –	– –	– –	– –
126	– –	– –	– 1	– –	– –	– –	– –	– 50	86	5	– –	30	386
872	3	28	– 50	– –	– –	7	59	– 49	369	24	84	279	1 767
556	– –	– –	– 27	– –	– –	3	177	400	1 002	517	9	217	2 692
16	– –	– –	– –	– –	– –	– –	163	340	852	1	– –	– –	1 515
– –	– –	– –	– –	– –	– –	– –	– –	– –	– –	– –	– –	– –	– –
– –	– –	– –	– –	– –	– –	– –	– –	– –	– –	– –	– –	– –	– –
– –	– –	– –	– –	– –	– –	– –	– –	– –	– –	– –	– –	– –	– –
– –	– –	– –	– –	– –	– –	– –	– –	– –	– –	– –	– –	– –	– –
8	– –	– –	– –	– –	– –	– –	– –	– 9	24	3	3	– –	29
– –	– –	– –	– –	– –	– –	– –	– –	– –	– –	– –	– –	– –	– –
– –	– –	– –	– –	– –	– –	– –	– –	– –	– –	– –	– –	– –	– –
– –	– –	– –	– –	– –	– –	– –	– –	– –	– –	– –	– –	– –	– –
– –	– –	– –	– –	– –	– –	– –	– –	– –	– –	– –	– –	– –	– –
249	– –	2	2	– –	– –	– –	4	– 234	343	35	75	100	733
– –	– –	– –	– –	– –	– –	– –	– –	– –	– –	– –	– –	– –	– –
– –	– –	– –	– –	– –	– –	– –	– –	– –	– –	– –	– –	– –	– –
– –	– –	– –	– –	– –	– –	– –	– –	– –	– –	– –	– –	– –	– –
– –	– –	– –	– –	– –	– –	– –	– –	– –	– –	– –	– –	– –	– –
81	2	– 8	30	– –	– –	19	– –	1 175	660	29	6	519	2 595
– –	– –	– –	– –	– –	– –	– –	– –	– –	– –	– –	– –	– –	– –
– –	– –	– –	– –	– –	– –	– –	– –	– –	– –	– –	– –	– –	– –
– –	– –	– –	– –	– –	– –	– –	– –	– –	– –	– –	– –	– –	– –
– –	– –	– –	– –	– –	– –	– –	– –	– –	– –	– –	– –	– –	– –
– –	– –	– –	– –	– –	– –	– –	– –	– –	– –	– –	– –	– –	– –
– –	– –	– –	– –	– –	– –	– –	– –	– –	– –	– –	– –	– –	– –
– –	– –	– –	– –	– –	– –	– –	– –	– –	– –	– –	– –	– –	– –
– –	– –	– –	– –	– –	– –	– –	– –	– –	– –	– –	– –	– –	– –

各地区文物主管部门机关

	机构数(个)	事业编制人数(人)	本年收入合计(千元)							事业支出
				财政补助收入			下级上缴收入	其他收入		
					国家重点文物保护专项资金	地方重点文物保护专项资金				
	1	2	3	4	5	6	7	8	9	10
总计	**256**	**1 538**	**446 805**	**250 094**	**101 744**	**54 448**	**162 453**	**34 258**	**385 676**	**190 818**
中央	1	15	139 770	17 480	– –	– –	118 680	3 610	91 050	14 210
地方	255	1 523	307 035	232 614	101 744	54 448	43 773	30 648	294 626	176 608
北京	1	– –	2 267	2 263	– –	– –	– –	4	2 267	– –
天津	1	5	435	261	– –	– –	– –	174	410	– –
河北	12	298	52 220	31 504	15 110	13 495	15 105	5 611	63 572	22 964
山西	15	205	25 234	20 016	7 250	10 135	– –	5 218	25 066	25 066
内蒙古	1	– –	3 599	3 580	2 900	520	– –	19	3 460	3 460
辽宁	12	61	8 084	7 720	1 680	4 419	5	359	6 433	5 851
其中:大连	2	15	1 136	831	– –	500	5	300	1 106	583
吉林	1	– –	2 479	2 479	1 900	– –	– –	– –	1 580	1 580
黑龙江	1	30	8 377	8 361	6 620	– –	– –	16	8 190	8 190
上海	– –	– –	– –	– –	– –	– –	– –	– –	– –	– –
江苏	22	23	14 004	10 819	2 800	785	– –	3 185	10 868	9 466
浙江	6	59	12 662	10 460	2 050	3 895	47	2 155	10 020	8 932
其中:宁波	– –	– –	– –	– –	– –	– –	– –	– –	– –	– –
安徽	1	– –	9 170	9 170	3 700	3 600	– –	– –	8 730	7 640
福建	6	7	1 482	1 482	– –	– –	– –	– –	1 482	1 477
其中:厦门	– –	– –	– –	– –	– –	– –	– –	– –	– –	– –
江西	4	– –	3 906	3 906	– –	– –	– –	– –	3 981	3 981
山东	12	110	8 735	8 657	– –	840	– –	78	8 319	8 319
其中:青岛	1	18	3 051	3 051	– –	– –	– –	– –	2 967	2 967
河南	12	68	15 391	13 408	10 630	1 490	750	1 233	13 506	11 717
湖北	8	133	12 289	9 740	3 890	1 990	2 088	461	12 515	8 588
湖南	7	59	7 351	6 873	4 090	500	15	463	7 115	6 625
广东	15	26	9 560	9 328	1 360	2 191	13	219	4 511	4 080
其中:深圳	– –	– –	– –	– –	– –	– –	– –	– –	– –	– –
广西	11	24	7 571	7 501	206	297	– –	70	5 316	2 628
海南	20	5	245	245	– –	– –	– –	– –	510	510
重庆	1	– –	3 773	3 119	– –	– –	258	396	1 907	1 907
四川	29	45	10 255	10 147	8 560	470	32	76	10 277	10 277
贵州	7	12	3 495	3 436	– –	156	10	49	3 552	3 185
云南	19	34	3 688	2 739	830	848	2	947	4 245	4 245
西藏	4	52	8 457	8 107	6 530	499	220	130	8 247	7 010
陕西	20	256	58 753	24 429	10 440	7 157	25 228	9 096	54 797	5 049
甘肃	3	6	8 600	8 600	7 920	610	– –	– –	8 610	5
青海	1	5	2 440	2 440	1 548	551	– –	– –	3 239	3 239
宁夏	2	– –	– –	– –	– –	– –	– –	– –	– –	– –
新疆	1	– –	2 513	1 824	1 730	– –	– –	689	1 901	617

事业编制及事业费收支情况

本年支出合计（千元）										省文物行政部门会同省财政部门一次性下拨的补助经费全年合计（千元）
1.本机关支出		2.补助本级、下级支出								
合计	事业编制人员劳动报酬	合计	文物保护单位维修费	考古发掘费	文物收购费	干部训练	补助未设文博机构地方	拨给文物商店周转金	其他费用	
11	12	13	14	15	16	17	18	19	20	21
90 396	**12 702**	**295 280**	**210 765**	**8 069**	**4 708**	**321**	**361**	**405**	**48 931**	**67 469**
3 663	144	87 387	87 387	— —	— —	— —	— —	— —	— —	— —
86 733	12 558	207 893	123 378	8 069	4 708	321	361	405	48 931	67 469
2 267	— —	— —	— —	— —	— —	— —	— —	— —	— —	— —
410	— —	— —	— —	— —	— —	— —	— —	— —	— —	— —
16 766	3 284	46 806	30 453	1 990	1 170	— —	— —	— —	13 193	13 495
8 293	786	16 773	15 123	570	— —	130	— —	— —	950	— —
110	— —	3 350	2 000	1 100	100	— —	— —	— —	150	810
1 411	287	5 022	4 489	66	— —	— —	— —	— —	467	4 521
533	200	573	530	43	— —	— —	— —	— —	— —	711
470	— —	1 110	1 110	— —	— —	— —	— —	— —	— —	1 900
881	280	7 309	4 320	170	289	— —	— —	— —	2 530	— —
— —	— —	— —	— —	— —	— —	— —	— —	— —	— —	— —
6 130	314	4 738	3 190	5	3	4	— —	5	532	5 000
4 833	597	5 187	3 430	1 257	13	— —	— —	— —	41	10 840
— —	— —	— —	— —	— —	— —	— —	— —	— —	— —	— —
610	85	8 120	3 200	506	370	— —	— —	— —	4 044	3 000
400	78	1 082	717	— —	— —	— —	— —	— —	365	240
— —	— —	— —	— —	— —	— —	— —	— —	— —	— —	— —
3 870	— —	111	100	— —	— —	— —	— —	— —	— —	1 600
4 984	297	3 335	841	— —	26	— —	— —	— —	6	5 250
867	154	2 100	285	— —	26	— —	— —	— —	6	— —
2 894	622	10 612	8 602	810	300	100	— —	— —	800	5 970
2 818	1 032	9 697	7 211	— —	— —	— —	— —	400	— —	1 310
1 546	473	5 569	4 991	— —	1	— —	— —	— —	577	3 000
1 863	349	2 648	2 096	— —	12	10	— —	— —	40	50
— —	— —	— —	— —	— —	— —	— —	— —	— —	— —	— —
707	212	4 609	1 931	12	3	4	— —	— —	2 659	8
310	63	200	200	— —	— —	— —	— —	— —	— —	— —
239	— —	1 668	297	— —	— —	— —	— —	— —	1 371	— —
1 049	283	9 228	8 885	33	1	— —	6	— —	303	5 000
603	81	2 949	2 531	— —	110	15	— —	— —	30	— —
3 945	93	300	238	— —	— —	2	— —	— —	60	498
1 107	665	7 140	6 605	— —	— —	— —	2	— —	480	— —
15 615	2 563	39 182	1 680	1 000	2 010	20	3	— —	19 568	4 077
2 080	75	6 530	5 971	100	300	— —	150	— —	— —	900
225	39	3 014	2 172	140	— —	36	— —	— —	666	— —
— —	— —	— —	— —	— —	— —	— —	— —	— —	— —	— —
297	— —	1 604	995	310	— —	— —	200	— —	99	— —

各地区文物业基本建

地区	项目个数	计划总投资	建筑面积	本年计划投资	本年资金						
						上年结余金	本年资				
								国家投资	国内贷款	债券	利用外资
总计	**188**	**4 193 750**	**1 617**	**764 697**	**1 155 025**	**337 271**	**817 754**	**382 843**	**48 600**	--	--
中央	1	377 550	113	97 100	125 150	28 050	97 100	97 100	--	--	--
地方	187	3 816 200	1 504	667 597	1 029 875	309 221	720 654	285 743	48 600	--	--
北京	2	3 460	1	3 460	3 460	--	3 460	--	--	--	--
天津	--	--	--	--	--	--	--	--	--	--	--
河北	5	12 035	7	4 110	3 650	--	3 650	1 650	--	--	--
山西	3	301 500	502	--	1 010	1 010	--	--	--	--	--
内蒙古	3	6 500	9	1 370	6 150	1 110	5 040	1 200	--	--	--
辽宁	5	160 460	30	68 800	129 941	11 664	118 277	25 070	40 000	--	--
其中:大连	--	--	--	--	--	--	--	--	--	--	--
吉林	1	10 000	6	6 000	6 300	--	6 300	300	--	--	--
黑龙江	--	--	--	--	--	--	--	--	--	--	--
上海	5	683 700	62	38 000	78 246	28 316	49 930	19 500	--	--	--
江苏	14	240 730	70	71 820	149 662	62 572	87 090	50 570	--	--	--
浙江	14	109 620	45	28 770	31 928	5 113	26 815	14 280	--	--	--
其中:宁波	2	12 500	3	--	3 650	1 800	1 850	150	--	--	--
安徽	8	40 750	37	4 138	3 738	564	3 174	605	--	--	--
福建	5	282 900	44	54 066	56 066	250	55 816	52 961	2 100	--	--
其中:厦门	--	--	--	--	--	--	--	--	--	--	--
江西	6	165 360	39	17 707	45 117	30 440	14 677	7 357	200	--	--
山东	10	111 330	72	32 595	31 500	65	31 435	900	--	--	--
其中:青岛	1	2 760	2	195	195	--	195	--	--	--	--
河南	11	357 150	115	27 130	23 892	113	23 779	15 660	--	--	--
湖北	7	13 950	15	1 180	1 360	80	1 280	--	100	--	--
湖南	11	122 100	34	45 931	68 659	23 420	45 239	36 690	600	--	--
广东	14	378 880	101	33 370	114 487	79 067	35 420	6 550	1 600	--	--
其中:深圳	1	11 300	2	4 000	4 000	--	4 000	--	--	--	--
广西	6	39 695	15	26 450	29 011	1 060	27 951	690	--	--	--
海南	1	650	--	650	650	--	650	--	--	--	--
重庆	8	69 787	50	29 850	29 603	628	28 975	17 904	3 000	--	--
四川	16	202 027	74	47 933	42 679	19 768	22 911	10 100	--	--	--
贵州	2	5 350	2	2 180	2 180	--	2 180	2 000	--	--	--
云南	5	65 082	26	15 440	50 670	38 215	12 455	5 690	1 000	--	--
西藏	--	--	--	--	--	--	--	--	--	--	--
陕西	11	314 091	88	64 767	66 319	5 766	60 553	4 446	--	--	--
甘肃	6	28 250	28	7 350	5 450	--	5 450	3 450	--	--	--
青海	3	77 600	24	32 300	45 917	--	45 917	7 000	--	--	--
宁夏	1	5 783	3	870	870	--	870	420	--	--	--
新疆	4	7 460	5	1 360	1 360	--	1 360	750	--	--	--

设 投 资 综 合 情 况

单位:个、千平方米、千元

来源总计						累计完成投资		新增固定资产		本年全部建成交付使用的项目个数及竣工面积	
金来源合计							本年完成投资		本年新增固定资产	建成项目	竣工面积
自筹资金	中央自筹	地方自筹	单位自筹	其他资金来源	集资						
268 857	**500**	**163 731**	**69 599**	**117 454**	**67 774**	**2 467 092**	**821 741**	**170 987**	**127 678**	**59**	**276**
- -	- -	- -	- -	- -	- -	101 000	82 150	- -	- -	- -	- -
268 857	500	163 731	69 599	117 454	67 774	2 366 092	739 591	170 987	127 678	59	276
1 030	- -	- -	1 030	2 430	2 430	1 030	1 030	- -	- -	2	1
- -	- -	- -	- -	- -	- -	- -	- -	- -	- -	- -	- -
2 000	- -	300	1 700	- -	- -	6 700	3 650	- -	- -	- -	- -
- -	- -	- -	- -	- -	- -	2 050	220	- -	- -	- -	- -
3 840	- -	- -	3 840	- -	- -	8 290	6 714	3 620	3 620	2	6
3 003	- -	3 000	3	50 204	50 204	136 416	101 960	- -	- -	- -	- -
- -	- -	- -	- -	- -	- -	- -	- -	- -	- -	- -	- -
6 000	- -	6 000	- -	- -	- -	6 300	6 300	6 300	6 300	1	6
- -	- -	- -	- -	- -	- -	- -	- -	- -	- -	- -	- -
18 000	- -	- -	- -	12 430	7 080	541 790	55 603	71	71	3	46
34 500	- -	34 000	500	2 020	- -	131 759	73 419	5 980	5 980	3	19
11 780	- -	7 190	2 960	755	- -	59 292	22 278	12 202	5 292	6	21
1 700	- -	1 700	- -	- -	- -	11 000	1 000	30	- -	1	1
1 569	- -	1 567	2	1 000	1 000	13 958	2 199	393	210	1	1
755	- -	755	- -	- -	- -	54 064	48 934	- -	- -	1	1
- -	- -	- -	- -	- -	- -	- -	- -	- -	- -	- -	- -
7 020	- -	7 020	- -	100	- -	147 977	19 557	50	50	1	33
29 755	- -	29 755	- -	780	- -	117 427	35 985	18 740	18 740	5	28
195	- -	195	- -	- -	- -	2 630	195	- -	- -	1	2
8 119	- -	8 089	30	- -	- -	280 284	23 469	46 542	13 752	4	12
1 180	- -	1 100	80	- -	- -	6 410	1 280	800	- -	1	2
5 749	- -	5 104	445	2 200	510	105 811	64 579	12 097	12 097	3	5
26 770	200	26 570	- -	500	500	226 528	58 253	14 100	14 100	4	11
4 000	- -	4 000	- -	- -	- -	9 000	4 000	- -	- -	1	2
26 851	- -	26 851	- -	410	339	34 331	27 511	- -	- -	2	4
650	- -	650	- -	- -	- -	650	650	650	650	- -	- -
7 876	- -	250	7 626	195	- -	42 102	27 823	7 137	4 650	3	10
8 208	- -	2 550	5 658	4 603	2 814	70 120	32 083	33 476	33 476	6	19
180	- -	180	- -	- -	- -	5 089	2 319	1 350	1 350	1	1
5 765	- -	- -	5 765	- -	- -	63 864	47 320	4 240	4 240	3	22
- -	- -	- -	- -	- -	- -	- -	- -	- -	- -	- -	- -
55 182	300	800	38 885	925	925	240 597	30 647	2 739	2 600	2	3
2 000	- -	2 000	- -	- -	- -	14 306	3 850	- -	- -	3	22
625	- -	- -	625	38 292	1 862	39 938	39 938	- -	- -	- -	- -
450	- -	- -	450	- -	- -	3 249	870	- -	- -	1	3
- -	- -	- -	- -	610	110	5 760	1 150	500	500	1	- -

各地区文物业公

	总计			文物保护管理机构		
	合计	陈列展览及营业用房	文物库房	合计	陈列展览用房	文物库房
	1	2	3	4	5	6
总计	**5 592**	**2 029**	**679**	**1 163**	**274**	**137**
中央	308	45	48	—	—	—
地方	5 284	1 984	631	1 163	274	137
北京	110	38	21	11	4	1
天津	77	38	17	6	6	—
河北	278	125	27	62	15	7
山西	195	59	21	51	8	3
内蒙古	123	39	11	36	10	2
辽宁	165	84	19	32	12	2
其中:大连	19	10	2	9	7	1
吉林	152	30	3	4	1	—
黑龙江	88	43	8	16	6	1
上海	81	30	12	—	—	—
江苏	285	155	57	22	7	2
浙江	298	138	146	114	39	67
其中:宁波	60	41	16	24	13	9
安徽	130	49	14	42	17	4
福建	149	48	5	10	1	—
其中:厦门	13	3	1	—	—	—
江西	159	53	9	15	1	—
山东	278	105	29	90	23	9
其中:青岛	15	4	2	3	—	—
河南	287	113	43	90	14	15
湖北	210	80	22	31	7	1
湖南	221	89	22	31	7	3
广东	351	174	33	12	2	—
其中:深圳	19	11	2	—	—	—
广西	112	44	10	19	9	2
海南	21	5	1	9	2	—
重庆	186	32	7	41	10	2
四川	402	123	25	163	37	7
贵州	65	21	8	44	10	2
云南	151	46	12	71	10	2
西藏	1	—	—	1	—	—
陕西	459	107	26	107	9	4
甘肃	158	77	14	11	1	—
青海	20	5	3	2	1	—
宁夏	25	11	2	8	1	—
新疆	47	23	4	12	4	1

用房屋基本情况

单位:千平方米

其他文物机构			博物馆			文物商店			文物科研		
合计	陈列展览用房	文物库房	合计	陈列展览用房	文物库房	合计	陈列展览用房	文物库房	合计	业务用房	文物库房
7	8	9	10	11	12	13	14	15	16	17	18
64	**38**	**7**	**3 998**	**1 574**	**436**	**163**	**58**	**68**	**204**	**85**	**31**
– –	– –	– –	308	45	48	– –	– –	– –	– –	– –	– –
64	38	7	3 690	1 529	388	163	58	68	204	85	31
– –	– –	– –	80	29	5	17	3	15	2	2	– –
– –	– –	– –	61	31	8	10	1	9	– –	– –	– –
7	7	– –	193	100	14	1	– –	1	15	3	5
– –	– –	– –	119	44	12	5	– –	2	20	7	4
– –	– –	– –	78	26	6	2	1	1	7	2	2
– –	– –	– –	119	67	11	11	5	3	3	– –	3
– –	– –	– –	9	3	1	1	– –	– –	– –	– –	– –
– –	– –	– –	146	29	3	– –	– –	– –	2	– –	– –
10	1	1	62	36	6	– –	– –	– –	– –	– –	– –
13	9	2	62	19	6	6	2	4	– –	– –	– –
4	3	1	239	134	48	20	11	6	– –	– –	– –
– –	– –	– –	172	94	74	8	2	4	4	3	1
– –	– –	– –	34	28	5	2	– –	2	– –	– –	– –
– –	– –	– –	78	28	8	5	3	2	5	1	– –
– –	– –	– –	133	45	4	6	2	1	– –	– –	– –
– –	– –	– –	11	2	– –	2	1	1	– –	– –	– –
3	– –	– –	135	50	7	4	2	2	2	– –	– –
– –	– –	– –	174	78	17	10	4	3	4	– –	– –
– –	– –	– –	11	4	1	1	– –	1	– –	– –	– –
2	2	– –	160	92	24	7	1	1	28	4	3
– –	– –	– –	158	64	16	13	9	5	8	– –	– –
– –	– –	– –	177	78	15	11	2	4	2	2	– –
5	5	– –	296	145	21	12	5	3	26	17	9
– –	– –	– –	19	11	2	– –	– –	– –	– –	– –	– –
– –	– –	– –	91	34	7	2	1	1	– –	– –	– –
– –	– –	– –	12	3	1	– –	– –	– –	– –	– –	– –
2	2	– –	142	19	5	1	1	– –	– –	– –	– –
– –	– –	– –	227	83	18	5	1	– –	7	2	– –
3	– –	2	16	10	3	2	1	1	– –	– –	– –
– –	– –	– –	77	35	10	1	– –	– –	2	1	– –
– –	– –	– –	– –	– –	– –	– –	– –	– –	– –	– –	– –
15	9	1	329	84	19	– –	– –	– –	8	5	2
– –	– –	– –	98	41	13	1	1	– –	48	34	1
– –	– –	– –	15	4	2	1	– –	– –	2	– –	1
– –	– –	– –	16	10	2	– –	– –	– –	1	– –	– –
– –	– –	– –	25	17	3	2	– –	– –	8	2	– –

各地区文物保护

	文物保护维修单位(个)	其中 国家级	建筑面积(千平方米)	其中 国家级	维修面积	其中 国家级
	1	2	3	4	5	6
总　计	**1 081**	**241**	**1 946**	**1 027**	**683**	**244**
中　央	1	1	167	167	29	29
地　方	1 080	240	1 779	860	654	215
北　京	12	7	25	12	20	6
天　津	1	1	2	2	--	--
河　北	62	20	116	65	27	14
山　西	75	18	46	14	29	14
内蒙古	6	3	23	10	5	2
辽　宁	49	9	43	25	25	12
其中:大连	3	--	1	--	1	--
吉　林	9	5	--	--	--	--
黑龙江	5	2	20	20	20	20
上　海	15	1	14	--	9	--
江　苏	50	11	50	10	19	3
浙　江	113	15	447	358	68	18
其中:宁波	13	2	17	9	11	7
安　徽	72	10	49	11	23	2
福　建	43	7	99	16	86	8
其中:厦门	6	1	3	1	2	--
江　西	31	3	32	1	18	1
山　东	33	13	79	29	34	9
其中:青岛	3	--	4	--	1	--
河　南	49	16	52	38	32	22
湖　北	18	7	21	1	8	1
湖　南	32	10	75	36	30	15
广　东	66	8	71	5	43	5
其中:深圳	1	--	--	--	--	--
广　西	26	4	11	5	6	3
海　南	3	3	8	8	5	5
重　庆	20	4	30	6	13	2
四　川	97	21	138	79	51	18
贵　州	30	4	121	6	9	3
云　南	81	12	79	38	20	8
西　藏	6	1	5	--	4	--
陕　西	41	14	23	8	8	1
甘　肃	16	4	15	7	7	2
青　海	4	2	22	20	12	11
宁　夏	7	3	43	30	16	10
新　疆	8	2	20	--	7	--

单位维修基本情况

本年收入合计（千元）					本年支出合计（千元）					
	财政补助收入			其他		其中国家级	人工费		材料费	
		中央财政补助	省级财政补助					其中国家级		其中国家级
7	8	9	10	11	12	13	14	15	16	17
275 797	**172 567**	**49 449**	**58 450**	**72 585**	**261 350**	**114 427**	**51 929**	**24 096**	**104 308**	**42 723**
8 000	– –	– –	– –	8 000	8 055	8 055	– –	– –	– –	– –
267 797	172 567	49 449	58 450	64 585	253 295	106 372	51 929	24 096	104 308	42 723
1 184	1 166	30	1 136	18	1 184	337	647	164	537	173
1 000	1 000	– –	1 000	– –	1 000	1 000	551	551	449	449
23 691	17 360	8 640	6 320	6 331	22 578	18 423	6 074	4 545	8 295	5 960
11 570	10 670	3 350	7 035	900	10 411	3 982	2 229	1 014	4 533	1 841
605	325	– –	205	280	586	345	158	79	428	266
9 398	7 169	600	2 671	2 183	9 274	3 815	1 735	800	4 118	1 685
1 687	1 661	– –	40	– –	1 595	– –	300	– –	774	– –
5 670	5 670	1 400	4 270	– –	4 370	900	310	170	1 360	730
1 750	1 750	1 750	– –	– –	1 750	300	100	100	100	100
9 135	2 565	– –	2 565	6 570	8 485	500	– –	– –	– –	– –
10 743	6 787	850	2 950	3 894	11 319	1 790	1 593	295	4 217	537
15 407	11 450	2 020	2 530	3 957	13 531	4 148	5 841	2 267	7 486	1 862
3 423	2 705	700	– –	718	3 086	1 862	1 646	1 060	1 440	802
12 312	9 979	3 192	3 554	1 755	11 144	1 589	1 282	249	2 702	248
6 972	3 310	765	745	2 254	6 148	2 047	1 110	44	3 284	398
740	340	– –	– –	400	640	10	98	1	445	9
2 136	1 983	950	532	35	1 615	316	416	108	978	208
27 866	7 350	1 310	1 690	8 659	22 294	18 708	3 352	2 051	8 302	6 107
886	886	300	450	– –	809	– –	268	– –	531	– –
13 066	10 918	4 480	2 640	1 273	13 632	6 973	2 979	1 771	5 183	3 363
5 207	2 913	750	1 691	2 294	5 039	4 491	1 115	968	2 459	2 273
10 795	7 587	1 800	556	2 643	9 797	2 566	3 638	817	5 628	1 749
23 547	13 854	400	1 150	9 338	22 196	2 827	4 202	474	9 662	1 250
1 200	1 200	– –	– –	– –	1 200	– –	– –	– –	– –	– –
2 669	2 411	701	405	154	2 306	910	282	54	785	91
1 459	200	– –	200	1 259	1 459	1 459	468	468	991	991
4 270	3 363	600	120	877	4 945	222	661	40	3 923	60
19 322	11 992	4 590	3 495	6 639	18 636	11 485	5 958	4 145	11 227	7 336
2 106	1 441	– –	1 235	615	2 043	570	433	164	1 093	376
6 744	6 419	1 250	2 598	324	6 841	2 920	923	242	1 401	343
6 995	6 890	6 800	90	105	6 995	310	1 488	108	5 507	202
21 059	7 450	300	4 503	1 443	22 566	8 292	2 564	1 517	4 829	2 918
4 649	2 920	1 050	1 809	30	5 368	3 432	509	226	1 570	632
1 472	1 472	– –	130	– –	1 210	415	210	80	260	20
1 653	1 613	1 350	200	– –	1 228	950	561	500	592	450
3 345	2 590	521	425	755	3 345	350	540	85	2 409	105

文物业主要指标解释

文物藏品:指报告期末,该单位已经整理并登记入账的文物藏品数。尚未整理或正在整理的文物藏品,应在整理造册入帐后列入下年统计。本指标以件为计量单位,单件藏品编一个号者按一件计算;成套藏品按整体编一个号者,也按一件计算(其组成部分即使有分号,也按一件计)。不以数计的文物,如:粮食、药材及液体等,不论数量多少,均按一件计算。

举办陈列、展览:陈列指在博物馆内设置,由本馆布置,内容较为固定,时间较长的展出。在一个博物馆内通常称基本陈列。

展览指内容专题性较强,展出时间较短,形式比较活泼,地点可不固定的展出。展览可由一个博物馆举办,也可由几个文物机构合办。

同一内容的陈列或展览,不论时间多长,展览在几地展出,均按一个计算。凡已作为陈列统计的,就不能再作为展览统计。另外,陈列和展览的计量单位不是指每次展出的文物藏品件数。与系统外单位合办的展览,由本馆统计,与系统内单位合办的,由主办馆统计,另一馆(或几馆)可附加说明。

参观人次和外宾参观人次:参观人次指本报告期末,向社会开放的文物保护管理机构和博物馆当年接待的所有参观人次的累计数。

外宾是指外国人以及港、澳、台胞和华侨。

考古发掘费:指在当年业务费"目"中列支的考古发掘费用。

文物保护单位维修费:指列入文博机构本单位决算维修费"目"级科目中开支的各级文物保护单位维修经费支出数。

公用房屋建筑面积:指本部门或房产部门所有本单位使用的各种办公和业务用房,包括职工单身宿舍和暂被家属、职工挤占的非居住用房。不包括职工家属宿舍。其建筑面积均按总的建筑面积(指外墙算起的各房屋面积相加之和)计算。

业务用房、陈列展览用房和文物库房均按上述要求分别予以统计。

以各级文物保护单位为馆、所址的文博机构,只统计该单位实际使用部分的建筑面积。

1999年全国艺术事业发展概述

李 建 军

1999年全国文化艺术队伍，在各地党政部门支持下，坚持“二为”方向和“双百”方针，创作精品，繁荣文艺舞台，文化艺术事业呈现出蓬勃发展的新局面。具体表现在：

一、艺术表演团体机构、人员均呈下降趋势

1999年，全国共有艺术表演团体2632个，14.5万人。艺术表演场所1911个，4.4万人；其中剧场影剧院1893个，4.3万人。艺术创作机构414个，3039人；艺术展览机构47个，1346万人；其中美术馆26个。

在艺术表演团体中，文化部门共有艺术表演团体2622个，比上年减少18个，下降0.7%。全国只有河北、安徽、广东、广西4个省(区)比上年增加1－2个团，有16个省(区、市)的剧团机构数比上年减少。分级别看，省级剧团208个，比上年增加3个，增长1.5%；地市级剧团764个，比上年增加12个，增长1.6%；县级剧团1640个，比上年减少33个，下降2.0%。全国有16个省(区、市)的县剧团比上年减少，湖北最多，减少13个。分剧种看，话剧、儿童剧、滑稽剧、乐团的机构数与上年持平；歌剧、舞剧、歌舞剧团74个，比上年增加9个，增长13.8%；歌舞团、轻音乐团292个，比上年增加9个，增长3.2%；文工团、文宣队、乌兰牧骑405个，比上年减少14个，下降3.3%；戏曲剧团1541个，比上年减少21个，下降1.3%；曲、杂、木、皮团208个，比上年减少1个，下降0.5%。分所有制看，主要是集体经营剧团，比上年减少15个，下降2.0%。

文化部门艺术表演团体共有从业人员14.4万人，比上年减少1575人，下降1.1%。全国只有天津、山西、辽宁、江苏、浙江、福建、江西、湖南、广东、广西、海南、青海、宁夏等13个省(区、市)的剧团从业人员比上年增加。分级别看，省级剧团2.98万人，比上年增加133人，增长0.4%；地市级剧团5.4万人，比上年增加1234人，增长2.3%；县级剧团5.8万人，比上年减少2814人，下降4.7%。分剧种看，话剧、儿童剧、滑稽剧团7264人，比上年减少9人，下降0.1%；歌剧、舞剧、歌舞剧团8722人，比上年增加777人，增长9.8%；歌舞团、轻音乐团2.2万人，比上年增加30人，增长0.1%；乐团1708人，比上年增加10人，增长0.6%；文工团、文宣队、乌兰牧骑1.18万人，比上年减少725人，下降5.8%；戏曲剧团8.2万人，比上年减少1448人，下降1.7%；曲、杂、木、皮团1万人，比上年减少210人，下降2.0%。分所有制看，国营剧团11.5万人，比上年减少584人，下降0.5%；集体经营剧团2.9万人，比上年减少991人，下降3.3%。

二、繁荣艺术创作，推动艺术事业发展

1999年，全国文化艺术队伍以党的十五大精神为指针，以繁荣文艺为根本目标，以改革为动力，深入群众，深入生活，繁荣文艺创作，推出了一批思想深刻、艺术精湛、风格多样的优秀作品，繁荣文艺舞台，庆祝中华人民共和国成立50周年，迎接澳门回归祖国和新世纪的来临。文化部通过举办《祖国颂》、新春、新年音乐会、庆祝澳门回归演出、中国京剧节、《黄河大合唱》、金狮奖第三届全国小品比赛等大型文艺活动,使全国文艺舞台丰富多彩,并产生轰动影响,得到了专家和社会各界的一致好评,达到了预期的目标。而艺术歌曲的创作演唱和唐宋诗歌名篇朗诵音乐会的成功举办,则弘扬了我国优秀传统文化。特别是国庆文艺献礼演出,全面反映和歌颂在中国共产党领导下,新中国走过的50年光辉历程,反映和歌颂各族人民团结一心为社会主义建设和改革开放事业做出的巨大成就,展示了文艺事业日益繁荣的绚丽景象。全国有134台优秀剧目参加北京举办的国庆献礼展演,展演历时3个月,展演的剧目题材广泛,内涵丰富、风格流派多样,弘扬了时代精神,唱响了主旋律,反映和体现了当前我国文艺队伍创作演出的高水平。展演期间,首都舞台百花齐放,绚丽多姿,观众踊跃,盛况空前,献礼演出共270场,观众20多万人次,涌现出京剧《骆驼祥子》、川剧《金子》、黄梅戏《徽州女人》等一批得到观众和专家都充分肯定的优秀作品。

1999年,全国文化系统的2622个艺术表演团体,全年共新排上演剧目4579个,全国有18个省(区、市)的艺术表演团体,新排上演剧目比上年增加,内蒙古新排上演剧目增加最多,比上年增加92个,湖南增幅最大,达165%。分级别看,省级剧团新排上演剧目增加最多,比上年增加了54个,增长14.7%;分剧种看,歌剧、舞剧、歌舞剧团的新排上演剧目数居首,比上年增加47个,增长42%。全国新创作并首演的剧目2153个,集体所有制的剧团和县级剧团增加最多,中直剧团本团创作并首演剧目比上年增幅最大,达122.2%。戏曲剧团新排上演2724个剧目,有1058个是新创作并首演的剧目;其中话剧、儿童剧、滑稽剧团新排上演129个剧目,有117个是新创作并首演的剧目。艺术表演团体的国内演出场次共42.3万场,平均每团演出161场。其中本剧种演出32万场,占总演出场次的75.4%;到农村演出26万场,占总演出场次61.0%。国内观众达到4.69亿人次。演出收入4.9亿元,占事业收入87.2%,比上年增加6.6个百分点。

中直院团的文化下乡活动,为革命老区、贫困地区广大人民群众送去了党中央、国务院的关怀和温暖。这是社会主义精神文明建设的有益探索,受到人民群众的热烈欢迎,引起了广泛的社会反响。

三、全国353个艺术表演团体全年演出超过300场,330个艺术表演团体全年无演出

1999年全国文化系统的2622个艺术表演团体,全年共在国内演出42.3万场,比上年减少0.1万场。分级别看,省地级的艺术表演团体演出场次比上年有不同程度的增加,县级剧团比上年减少7000场演出,下降2.7%。全国有13个省(区、市)的演出场次比上年增加,河北、安徽、青海居前,均比上年增加0.2万场,青海增幅最大,达200%。全国平均每团演出161场,与上年持平。其中本剧种演出32万场,占总演出场次的75.4%,比上年增加0.6个百分点;到农村演出26万场,占总演出场次61.0%,比上年减少0.3个百分点。国内观众达到4.69亿人次,比上年减少6582万人次,下降12.4%。全国有16个省(区、市)的观众人次比上年有不同程度的增加,河北增加最多,为1076万人次,北京增幅最大,达155.9%。分剧种看,话剧、儿童剧、滑稽剧团86个,国内演出1.2万场,比上年增加0.2万场,平均每团140场,比上年增加24场。其中演出最多的是浙江省杭州滑稽剧团,全年共演出2683场。歌剧、舞剧、歌舞剧团74个,国内演出场次0.7万场,比上年增加0.1万场,平均每团92场,比上年增加3场。其中演出最多的是黑龙江省阿城市人民艺术剧院,全年共演出637场。文工团、文宣队、乌兰牧骑405个,国内演出场次4.0万场,比上年增加

0.1 万场，平均每团 95 场，比上年增加 2 场。其中演出最多的是青海省果洛藏族自治州文工团，全年共演出 753 场。戏曲剧团 1541 个，国内演出场次 24.7 万场，比上年减少 0.5 万场，平均每团 160 场，比上年减少 1 场。其中演出最多的是陕西省绥德县晋剧团，全年共演出 2096 场。曲艺、杂技、木偶、皮影剧团 208 个，国内演出场次 7.0 万场，比上年增加 0.4 万场，平均每团 337 场，比上年增加 22 场。其中演出最多的是江苏省苏州市评弹团，全年共演出 8060 场。

尽管全国艺术表演团体取得了很大的成绩，但也存在一些不容乐观的情况。1999 年全国仍有 330 个艺术表演团体全年没有演出，其中省级 6 个，比上年减少 1 个，占总数的 1.8%，比上年减少 0.3 个百分点；地市级 69 个，比上增加 1 个，占 20.9%，比上年增加 0.1 个百分点；县及县以下 255 个，比上增加 1 个，占 77.3%，比上增加 0.2 个百分点。分剧种来看，戏曲剧团全年无演出的机构最多，高达 230 个，占 69.7%；文工团、文宣队、乌兰牧骑 40 个，占 12.1%；曲艺、杂技、木偶、皮影剧团 36 个，占 10.9%；其他剧种 24 个，占 7.3%左右。

四、全国艺术表演团体演出收入加大，经费自给率下降

1999 年，全国艺术表演团体适应社会主义市场经济形势，提高创收能力，演出收入持续增加。

1999 年全国文化系统的 2622 个艺术表演团体演出收入 4.9 亿元，比上年增加 0.7 亿元，占事业收入的 87.2%，比上年增加 3.9 个百分点，经费自给率 33.3%，比上年减少 1.2 个百分点。其中国有剧团 1897 个，演出收入 3.9 亿元，比上年增加 0.7 亿元，占事业收入的 85.5%，比上年增加 4.9 个百分点，经费自给率 31.2%，比上年减少 0.9 个百分点；集体剧团 725 个，演出收入 1.02 亿元，比上年增加 0.06 亿元，占事业收入的 94.3%，比上年增加 0.9 个百分点，经费自给率 47.6%，比上年减少 3.5 个百分点。分级别看，省级艺术表演团体 208 个，演出收入 1.4 亿元，比上年增加 0.3 亿元，占事业收入的 82.4%，比上年增加 7.6 个百分点，经费自给率 30.3%，比上年减少 1.8 个百分点；地市级艺术表演团体 764 个，演出收入 1.7 亿元，比上年增加 0.3 亿元，占事业收入的 86.3%，比上年减少 0.1 个百分点，经费自给率 29.3%，比上年减少 0.7 个百分点；县级艺术表演团体 1640 个，演出收入 1.5 亿元，占事业收入的 92.3%，比上年增加 2 个百分点，经费自给率 40.2%，比上年减少 2.2 个百分点。分剧种看，经费自给率最高的是乐团，达到了 45.9%；最低的是文工团、文宣队、乌兰牧骑，只有 15.5%。全国有 1169 个剧团的经费自给率超过全国艺术表演团体经费自给率平均水平（33.4%）。

以上情况表明，全国所有的艺术表演团体都在与市场接轨，注重演出效益，演出收入均比上年增加，随着剧团级别的下降，演出收入占事业收入比重也加大，成为艺术表演团体事业收入的主要来源。同期，艺术表演团体的经费自给率却普遍下降，应引起有关部门和剧团的注意。

五、文化部门艺术表演场所机构继续减少，艺术演出场次和收入继续增加

1999 年全国文化部门共有艺术表演场所 1902 个，比上年减少 17 个，下降 0.9%。座席数 164.4 万个，比上年减少 5.5 万个，下降 4.2%。

全国文化系统艺术表演场所全年共演出 170.6 万场，比上年减少 37.9 万场，下降 18.2%，主要是录像放映的场次下降影响所至。虽然艺术表演场所的总演出场次下降，但其中艺术演出场次却比上年有大幅度增加，全国艺术演出共 6.5 万场，比上年增加 0.9 万场，增长 25.0%，全国有 10 个省（区、市）的艺术演出场次比上年增加，仅有海南省的艺术场次比上年减少，其他省（区、市）均与上年持平，江苏省的艺术演出场次以增加0.4万场为最多，全国有8个省(区、市)的增幅超过全国平均增幅，云南省和甘肃省增幅达100%，居前列。从艺术表演场所的总演出场次的构成看，艺术演出占全部演出场次的比重由2.5%上升到3.8%，比上年增加了1.3个百分点。全国到艺术表演场所观看的国内观众人数1.18亿人次，其中观看艺术演出的人数3534万人次，比上年增加220万人次，增长6.6%，全国有20个省(区、市)比上年有不同程度增加，浙江省最多，为69.4万人次，有18个省(区、市)的增幅超过全国平均水平。全年艺术演出收入1.14亿元，比上年增加1593万元，增长16.3%，占艺术表演场所事业收入的比重也由上年的19.3%上升到29.0%，增加9.7个百分点。艺术演出场次和观众人次及艺术演出收入的上升趋势说明，只要有创作优秀的新剧目，即剧目内容贴近现代社会并反映人民生活，且演出质量高，就能把观众吸引到剧场来，并达到社会效益和经济效益双丰收的目的。同时，也说明目前演出票价偏高，使工薪阶层对有的优秀剧目演出只能望而兴叹，既影响剧团的收入，也达不到演出的教育目的。

各地区艺术表演团体机构数、从业人员数

单位:个、人

地区	总计		文化部门						其他部门	
			合计		国有经济		集体经济			
	机构数	从业人员数	机构数	从业人员数	机构数	从业人员数	机构数	从业人员数	机构数	从业人员数
总计	**2 632**	**144 560**	**2 622**	**144 117**	**1 897**	**114 646**	**725**	**29 471**	**10**	**443**
中央	17	2 582	10	2 582	10	2 582	— —	— —	7	— —
地方	2 615	141 978	2 612	141 535	1 887	112 064	725	29 471	3	443
北京	19	2 178	19	2 178	13	2 076	6	102	— —	— —
天津	15	1 888	15	1 888	14	1 888	1	— —	— —	— —
河北	140	6 821	139	6 802	12	1 555	127	5 247	1	19
山西	159	10 009	159	10 009	14	1 988	145	8 021	— —	— —
内蒙古	117	5 505	117	5 505	114	5 350	3	155	— —	— —
辽宁	79	5 185	79	5 185	75	5 131	4	54	— —	— —
其中:大连	8	557	8	557	8	557	— —	— —	— —	— —
吉林	66	4 467	66	4 467	61	4 403	5	64	— —	— —
黑龙江	90	5 845	88	5 421	85	5 373	3	48	2	424
上海	29	2 771	29	2 771	25	2 697	4	74	— —	— —
江苏	132	6 298	132	6 298	28	2 741	104	3 557	— —	— —
浙江	80	3 865	80	3 865	68	3 661	12	204	— —	— —
其中:宁波	8	327	8	327	6	324	2	3	— —	— —
安徽	93	4 886	93	4 886	55	3 424	38	1 462	— —	— —
福建	93	4 688	93	4 688	78	4 254	15	434	— —	— —
其中:厦门	6	356	6	356	5	298	1	58	— —	— —
江西	79	4 098	79	4 098	79	4 098	— —	— —	— —	— —
山东	117	6 077	117	6 077	53	3 679	64	2 398	— —	— —
其中:青岛	11	654	11	654	5	398	6	256	— —	— —
河南	206	10 311	206	10 311	177	9 116	29	1 195	— —	— —
湖北	101	6 489	101	6 489	101	6 489	— —	— —	— —	— —
湖南	88	4 553	88	4 553	75	4 042	13	511	— —	— —
广东	140	6 239	140	6 239	124	5 784	16	455	— —	— —
其中:深圳	5	319	5	319	5	319	— —	— —	— —	— —
广西	119	4 583	119	4 583	116	4 512	3	71	— —	— —
海南	21	1 133	21	1 133	12	795	9	338	— —	— —
重庆	39	1 895	39	1 895	26	1 572	13	323	— —	— —
四川	99	5 889	99	5 889	71	5 041	28	848	— —	— —
贵州	28	2 267	28	2 267	28	2 267	— —	— —	— —	— —
云南	130	4 662	130	4 662	128	4 594	2	68	— —	— —
西藏	25	993	25	993	25	993	— —	— —	— —	— —
陕西	118	8 036	118	8 036	37	4 194	81	3 842	— —	— —
甘肃	76	4 186	76	4 186	76	4 186	— —	— —	— —	— —
青海	14	1 034	14	1 034	14	1 034	— —	— —	— —	— —
宁夏	15	1 019	15	1 019	15	1 019	— —	— —	— —	— —
新疆	88	4 108	88	4 108	88	4 108	— —	— —	— —	— —

各地区文化部门艺术表演团体分剧种机构数

单位:个

地区	总计	话剧、儿童剧、滑稽剧团		歌剧、舞剧、歌舞剧团	歌舞团、轻音乐团	乐团	文工团、文宣队、乌兰牧骑	戏曲剧团		曲、杂、木、皮团
			儿童剧						京剧团	
总计	**2 622**	**86**	**11**	**74**	**292**	**16**	**405**	**1 541**	**110**	**208**
中央	10	3	1	2	2	2	—	1	1	—
地方	2 612	83	10	72	290	14	405	1 540	109	208
北京	19	1	1	—	1	1	—	11	2	5
天津	15	2	1	1	—	1	1	7	2	3
河北	139	3	1	—	10	—	7	106	5	13
山西	159	3	—	10	6	—	6	131	1	3
内蒙古	117	2	—	2	11	—	70	30	1	2
辽宁	79	8	1	2	19	1	7	30	7	12
其中:大连	8	1	—	—	2	—	2	2	1	1
吉林	66	4	—	—	5	1	18	37	1	1
黑龙江	88	6	1	3	10	—	22	41	8	6
上海	29	4	—	2	2	2	—	11	1	8
江苏	132	7	—	—	16	1	1	85	9	22
浙江	80	3	—	—	7	—	—	56	2	14
其中:宁波	8	—	—	—	1	—	—	5	—	2
安徽	93	3	—	1	8	—	1	75	8	5
福建	93	1	—	2	7	—	1	68	2	14
其中:厦门	6	—	—	—	2	—	—	3	—	1
江西	79	2	—	4	5	—	11	55	4	2
山东	117	3	1	2	23	—	—	82	20	7
其中:青岛	11	1	—	1	2	—	—	6	1	1
河南	206	1	—	—	9	—	3	172	4	21
湖北	101	3	1	8	10	1	15	60	8	4
湖南	88	1	—	7	4	—	6	68	1	2
广东	140	6	—	10	21	3	3	82	—	15
其中:深圳	5	—	—	—	3	1	—	1	—	—
广西	119	1	—	1	22	—	55	32	—	8
海南	21	—	—	—	6	—	2	12	—	1
重庆	39	1	—	1	3	—	4	22	3	8
四川	99	3	—	3	10	—	6	64	4	13
贵州	28	1	—	1	5	—	3	15	6	3
云南	130	2	1	—	34	1	60	31	2	2
西藏	25	1	—	—	3	—	20	1	—	—
陕西	118	4	1	3	5	1	11	88	2	6
甘肃	76	1	—	2	10	—	11	50	1	2
青海	14	1	—	1	5	—	2	4	1	1
宁夏	15	1	—	1	—	—	4	6	2	3
新疆	88	4	1	5	13	1	55	8	2	2

各地区文化部门艺术表演团体分剧种新排上演剧目数

单位:个

地区	总计	话剧、儿童剧、滑稽剧团		歌剧、舞剧、歌舞剧团	歌舞团、轻音乐团	乐团	文工团、文宣队、乌兰牧骑	戏曲剧团		曲、杂、木、皮团
			儿童剧						京剧团	
总计	**4 579**	**129**	**13**	**159**	**558**	**75**	**667**	**2 724**	**155**	**267**
中央	23	10	3	5	4	3	－－	1	1	－－
地方	4 556	119	10	154	554	72	667	2 723	154	267
北京	36	4	4	－－	2	18	－－	10	2	2
天津	22	4	1	－－	－－	6	－－	12	8	－－
河北	84	1	－－	－－	5	－－	8	64	5	6
山西	152	3	－－	7	－－	－－	2	140	4	－－
内蒙古	179	6	－－	2	17	－－	86	68	1	－－
辽宁	113	19	－－	1	26	－－	13	47	16	7
其中:大连	10	2	－－	－－	2	－－	4	2	2	－－
吉林	190	6	－－	－－	20	－－	61	103	－－	－－
黑龙江	132	7	2	3	8	－－	61	52	9	1
上海	83	9	－－	1	2	－－	－－	62	3	9
江苏	143	9	－－	－－	20	－－	2	97	3	15
浙江	122	2	－－	－－	21	－－	－－	83	2	16
其中:宁波	11	－－	－－	－－	1	－－	－－	10	－－	－－
安徽	154	1	－－	－－	40	－－	－－	95	2	18
福建	348	2	－－	6	65	－－	－－	216	11	59
其中:厦门	50	－－	－－	－－	39	－－	－－	11	－－	－－
江西	326	1	－－	31	7	－－	41	239	4	7
山东	197	3	－－	3	68	－－	－－	120	35	3
其中:青岛	11	2	－－	－－	－－	－－	－－	8	1	1
河南	168	－－	－－	－－	40	－－	2	121	6	5
湖北	305	4	1	19	8	－－	133	141	5	－－
湖南	114	1	－－	5	－－	－－	2	106	－－	－－
广东	432	11	－－	40	106	48	11	192	－－	24
其中:深圳	4	－－	－－	－－	－－	－－	－－	4	－－	－－
广西	59	2	－－	－－	4	－－	14	39	－－	－－
海南	34	－－	－－	－－	－－	－－	－－	31	－－	3
重庆	67	5	－－	6	2	－－	－－	28	1	26
四川	238	2	－－	12	26	－－	1	169	6	28
贵州	89	－－	－－	6	10	－－	15	53	25	5
云南	76	3	1	－－	13	－－	8	52	2	－－
西藏	71	6	－－	－－	10	－－	50	5	－－	－－
陕西	366	3	1	2	14	－－	33	285	1	29
甘肃	136	2	－－	2	2	－－	53	77	1	－－
青海	33	2	－－	2	4	－－	18	6	1	1
宁夏	25	－－	－－	－－	－－	－－	17	8	－－	－－
新疆	62	1	－－	6	14	－－	36	2	1	3

各地区文化部门艺术表演团体分剧种国内演出场次

单位：千场

地区	总计	话剧、儿童剧、滑稽剧团	其中：儿童剧	歌剧、舞剧、歌舞剧团	歌舞团、轻音乐团	乐团	文工团、文宣队、乌兰牧骑	戏曲剧团	其中：京剧团	曲、杂、木、皮团
总计	**423**	**12**	**3**	**7**	**35**	--	**40**	**247**	**9**	**70**
中央	2	--	--	--	1	--	--	--	--	--
地方	421	12	3	7	34	--	40	247	9	70
北京	6	--	--	--	--	--	--	3	1	2
天津	2	--	--	--	--	--	--	1	--	1
河北	30	--	--	--	1	--	1	25	1	3
山西	35	--	--	2	--	--	--	32	--	--
内蒙古	15	--	--	--	1	--	9	4	--	--
辽宁	10	2	--	--	2	--	--	4	1	2
其中：大连	1	--	--	--	--	--	--	--	--	--
吉林	7	--	--	--	1	--	2	3	--	--
黑龙江	13	2	1	1	1	--	3	6	1	1
上海	13	1	--	--	--	--	--	2	--	10
江苏	42	1	--	--	5	--	--	10	1	26
浙江	13	3	--	--	1	--	--	6	--	2
其中：宁波	1	--	--	--	--	--	--	1	--	--
安徽	12	--	--	--	1	--	--	6	--	6
福建	14	--	--	--	1	--	--	11	--	2
其中：厦门	1	--	--	--	--	--	--	1	--	--
江西	9	--	--	1	--	--	1	7	--	--
山东	21	1	--	--	3	--	--	15	3	1
其中：青岛	2	--	--	--	--	--	--	1	--	--
河南	41	--	--	--	1	--	1	35	--	5
湖北	15	1	--	1	1	--	2	9	1	1
湖南	15	--	--	1	--	--	1	12	--	--
广东	18	1	--	1	2	--	--	12	--	3
其中：深圳	--	--	--	--	--	--	--	--	--	--
广西	12	--	--	--	2	--	5	3	--	1
海南	2	--	--	--	1	--	--	1	--	--
重庆	2	--	--	--	--	--	--	1	--	1
四川	10	--	--	--	2	--	--	5	--	2
贵州	3	--	--	--	--	--	--	1	--	--
云南	10	--	--	--	3	--	3	3	--	--
西藏	1	--	--	--	--	--	1	--	--	--
陕西	23	--	--	--	2	--	2	17	--	1
甘肃	14	--	--	--	1	--	2	11	--	--
青海	3	--	--	--	1	--	1	1	--	--
宁夏	2	--	--	--	--	--	1	1	--	--
新疆	8	--	--	--	1	--	5	--	--	--

各地区文化部门艺术表演团体分剧种国内观众人次

单位：千人次

地区	总计	话剧、儿童剧、滑稽剧团		歌剧、舞剧、歌舞剧团	歌舞团、轻音乐团	乐团	文工团、文宣队、乌兰牧骑	戏曲剧团		曲、杂、木、皮团
			儿童剧						京剧团	
总计	**469 038**	**11 368**	**2 422**	**12 164**	**47 191**	**1 353**	**36 471**	**324 505**	**18 001**	**35 986**
中央	2 357	311	160	240	1 305	268	– –	233	233	– –
地方	466 681	11 057	2 262	11 924	45 886	1 085	36 471	324 272	17 768	35 986
北京	8 916	254	254	– –	4 200	64	– –	2 670	683	1 728
天津	2 284	192	140	199	– –	109	20	1 278	301	486
河北	43 732	38	– –	– –	5 014	– –	727	35 065	824	2 888
山西	54 756	55	– –	3 360	585	– –	668	49 460	20	628
内蒙古	11 921	92	– –	136	1 351	– –	5 515	4 723	61	104
辽宁	11 614	1 757	235	134	3 020	– –	180	4 038	1 284	2 485
其中：大连	714	222	235	– –	275	– –	15	102	102	100
吉林	6 758	352	– –	– –	413	80	2 246	3 664	51	3
黑龙江	10 608	1 691	410	503	1 425	– –	1 777	4 674	1 374	538
上海	5 103	525	– –	495	970	175	– –	1 145	263	1 793
江苏	18 199	949	– –	– –	3 779	5	240	8 753	839	4 473
浙江	13 185	798	– –	– –	827	– –	– –	10 577	300	983
其中：宁波	1 131	– –	– –	– –	164	– –	– –	967	– –	– –
安徽	13 299	51	– –	100	1 869	– –	216	9 046	2 721	2 017
福建	23 870	188	– –	229	866	– –	– –	17 331	81	5 256
其中：厦门	1 075	– –	– –	– –	268	– –	– –	802	– –	5
江西	11 598	91	– –	581	385	– –	1 617	8 710	741	214
山东	26 116	732	416	521	4 191	– –	– –	19 724	6 225	948
其中：青岛	1 786	150	416	179	– –	– –	– –	1 276	155	181
河南	53 138	30	– –	– –	585	– –	398	48 641	25	3 484
湖北	16 584	625	403	969	1 443	84	1 596	11 461	1 061	406
湖南	11 212	111	– –	698	381	– –	728	9 076	68	218
广东	24 168	717	– –	2 065	2 523	385	88	16 658	– –	1 732
其中：深圳	639	– –	– –	– –	337	180	– –	122	– –	– –
广西	12 462	120	– –	30	2 035	– –	5 884	3 556	– –	837
海南	2 657	– –	– –	– –	795	– –	– –	1 682	– –	180
重庆	2 431	64	– –	238	583	– –	– –	510	25	1 036
四川	6 696	208	– –	290	1 449	– –	458	2 806	96	1 485
贵州	2 214	58	– –	131	408	– –	45	1 119	396	453
云南	12 066	355	158	– –	3 642	75	4 691	3 153	86	150
西藏	1 142	34	– –	– –	505	– –	433	170	– –	– –
陕西	30 044	347	190	183	747	60	3 970	24 005	20	732
甘肃	20 392	87	– –	153	606	– –	1 325	18 049	100	172
青海	3 477	88	– –	510	464	– –	595	1 740	14	80
宁夏	1 503	133	– –	64	– –	– –	393	689	92	224
新疆	4 536	315	56	335	825	48	2 661	99	17	253

各地区文化部门艺术表演团体分剧种财政补助收入情况

单位：千元

地　区	总　计	话剧、儿童剧、滑稽剧团		歌剧、舞剧、歌舞剧团	歌舞团、轻音乐团	乐　团	文工团、文宣队、乌兰牧骑	戏曲剧团		曲、杂、木、皮团
			儿童剧						京剧团	
总　计	**1 556 094**	**121 794**	**14 057**	**134 975**	**286 881**	**39 982**	**94 854**	**744 722**	**157 170**	**132 886**
中　央	25 584	7 273	2 476	6 014	3 791	4 882	– –	3 624	3 624	– –
地　方	1 530 510	114 521	11 581	128 961	283 090	35 100	94 854	741 098	153 546	132 886
北　京	59 310	2 275	2 275	– –	4 650	5 412	– –	36 940	17 697	10 033
天　津	29 163	4 029	1 626	4 784	– –	2 193	607	13 465	6 884	4 085
河　北	43 039	2 980	60	– –	9 521	– –	675	25 725	4 732	4 138
山　西	45 622	4 028	– –	5 617	3 085	– –	2 668	28 420	2 120	1 804
内蒙古	49 227	1 300	– –	4 444	14 900	– –	13 053	13 833	2 142	1 697
辽　宁	65 402	12 399	1 529	8 403	17 417	– –	1 200	20 798	11 906	5 185
其中:大连	7 923	1 222	1 529	– –	2 103	– –	733	2 673	2 430	1 192
吉　林	46 940	4 396	– –	– –	11 369	495	11 466	17 808	2 691	1 406
黑龙江	64 932	9 087	2 119	9 406	4 101	– –	6 576	30 804	15 023	4 958
上　海	83 450	6 567	– –	13 173	8 894	9 049	– –	39 634	15 847	6 133
江　苏	93 605	7 875	– –	– –	23 257	412	100	52 258	11 731	9 703
浙　江	71 806	7 453	– –	– –	10 500	– –	– –	45 428	5 132	8 425
其中:宁波	7 261	– –	– –	– –	1 730	– –	– –	5 461	– –	70
安　徽	45 740	2 324	– –	656	7 475	– –	299	31 599	5 071	3 387
福　建	68 557	2 654	– –	7 810	11 398	– –	– –	38 762	3 126	7 933
其中:厦门	13 523	– –	– –	– –	5 488	– –	– –	6 546	– –	1 489
江　西	31 396	2 491	– –	2 031	5 451	– –	2 858	16 965	2 893	1 600
山　东	68 497	5 320	643	6 849	11 613	– –	– –	38 701	15 063	6 014
其中:青岛	10 543	2 008	643	3 144	659	– –	– –	4 193	1 745	539
河　南	47 499	636	– –	– –	6 225	– –	348	36 789	1 637	3 501
湖　北	58 884	4 871	1 167	12 004	4 825	2 077	2 537	27 259	7 380	5 311
湖　南	36 078	1 774	– –	5 284	2 111	– –	1 428	22 292	1 513	3 189
广　东	115 865	7 026	– –	23 068	16 460	9 815	509	44 325	– –	14 662
其中:深圳	18 044	– –	– –	– –	7 690	5 027	– –	5 327	– –	– –
广　西	45 863	1 115	– –	143	18 671	– –	9 089	14 061	– –	2 784
海　南	13 797	– –	– –	– –	5 381	– –	292	8 038	– –	86
重　庆	19 325	418	– –	904	3 812	– –	197	8 295	2 443	5 699
四　川	59 539	5 606	– –	7 579	9 251	– –	1 731	27 710	3 321	7 662
贵　州	23 107	1 188	– –	1 326	5 050	– –	1 598	11 618	5 197	2 327
云　南	62 693	1 895	589	– –	22 737	1 410	12 188	22 854	2 389	1 609
西　藏	20 727	3 282	– –	– –	7 517	– –	6 288	3 640	– –	– –
陕　西	52 505	3 517	614	1 529	10 357	2 240	1 813	29 804	1 843	3 245
甘　肃	34 947	2 080	– –	3 158	9 073	– –	1 783	17 223	164	1 630
青　海	14 532	1 119	– –	889	5 765	– –	1 841	4 417	1 681	501
宁　夏	11 205	1 087	– –	2 334	– –	– –	835	5 801	1 716	1 148
新　疆	47 258	3 729	959	7 570	12 224	1 997	12 875	5 832	2 204	3 031

各地区文化部门艺术表演团体分剧种演出收入情况

单位：千元

地区	总计	话剧、儿童剧、滑稽剧团		歌剧、舞剧、歌舞剧团	歌舞团、轻音乐团	乐团	文工团、文宣队、乌兰牧骑	戏曲剧团		曲、杂、木、皮团
			儿童剧						京剧团	
总计	**489 670**	**28 265**	**4 912**	**37 425**	**77 754**	**24 629**	**9 932**	**238 802**	**23 038**	**72 863**
中央	30 403	3 166	1 906	5 991	11 652	7 742	--	1 852	1 852	--
地方	459 267	25 099	3 006	31 434	66 102	16 887	9 932	236 950	21 186	72 863
北京	18 521	540	540	--	1 342	2 250	--	8 452	4 912	5 937
天津	5 440	366	286	2 468	--	587	58	1 149	723	812
河北	24 638	45	--	--	2 847	--	251	15 941	1 309	5 554
山西	28 138	55	--	1 199	370	--	522	25 318	643	674
内蒙古	4 994	70	--	368	1 122	--	1 056	1 874	51	504
辽宁	17 223	2 441	82	2 263	2 817	--	102	3 912	2 042	5 688
其中：大连	2 763	--	82	--	473	--		610	610	1 680
吉林	6 131	665	--	--	1 440	178	1 629	1 379	--	840
黑龙江	7 082	876	--	445	378	--	642	2 181	1 031	2 560
上海	48 547	5 491	--	7 876	4 289	5 292	--	9 040	2 132	16 559
江苏	40 909	3 488	--	--	15 357	218	270	16 826	1 314	4 750
浙江	27 905	1 458	--	--	7 270	--	--	15 616	458	3 561
其中：宁波	2 334	--	--	--	714	--	--	1 620	--	--
安徽	8 856	55	--	--	1 439	--	90	4 245	181	3 027
福建	24 274	640	--	1 521	3 142	--	--	17 843	183	1 128
其中：厦门	2 306	--	--	--	753	--	--	1 532	--	21
江西	4 027	96	--	299	307	--	168	2 602	174	555
山东	24 917	1 275	597	1 398	5 727	--	--	14 432	4 466	2 085
其中：青岛	3 086	325	597	542	216	--	--	1 824	519	179
河南	30 229	1 723	--	--	1 018	--	509	24 364	72	2 615
湖北	14 050	832	499	3 126	1 006	356	304	6 234	813	2 192
湖南	10 426	122	--	1 956	181	--	367	6 507	50	1 293
广东	61 175	1 882	--	6 430	4 491	7 428	--	35 067	--	5 877
其中：深圳	3 296	--	--	--	536	1 962	--	798	--	--
广西	5 659	45	--	1	1 279	--	870	2 352	--	1 112
海南	4 151	--	--	--	798	--	--	3 222	--	131
重庆	3 516	225	--	459	1 018	--	--	322	69	1 492
四川	5 153	57	--	500	769	--	88	1 566	97	2 173
贵州	799	--	--	24	22	--	18	142	124	593
云南	5 179	879	206	--	1 370	386	190	1 966	235	388
西藏	71	--	--	--	--	--	41	30	--	--
陕西	17 077	885	624	300	4 669	101	1 005	9 707	5	410
甘肃	5 753	80	--	262	813	--	315	4 155	9	128
青海	410	4	--	57	105	--	--	201	31	43
宁夏	1 049	390	--	60	--	--	283	173	6	143
新疆	2 968	414	172	422	716	91	1 154	132	56	39

各地区文化部门艺术表演团体分剧种事业支出情况

单位：千元

地区	总计	话剧、儿童剧、滑稽剧团	儿童剧	歌剧、舞剧、歌舞剧团	歌舞团、轻音乐团	乐团	文工团、文宣队、乌兰牧骑	戏曲剧团	京剧团	曲、杂、木、皮团
总计	**2 395 488**	**199 406**	**24 175**	**203 776**	**414 721**	**82 218**	**110 998**	**1 145 664**	**218 656**	**238 705**
中央	101 353	27 920	5 416	19 459	20 775	21 539	- -	11 660	11 660	- -
地方	2 294 135	171 486	18 759	184 317	393 946	60 679	110 998	1 134 004	206 996	238 705
北京	93 257	3 447	3 447	- -	6 570	9 804	- -	56 100	27 375	17 336
天津	42 625	5 983	2 520	8 728	- -	3 604	752	17 577	9 318	5 981
河北	76 440	4 177	60	- -	15 612	- -	963	44 968	6 633	10 720
山西	79 403	4 510	- -	7 022	3 890	- -	3 143	57 939	3 952	2 899
内蒙古	56 533	1 554	- -	5 221	16 741	- -	14 252	16 327	2 333	2 438
辽宁	95 463	18 228	1 687	10 988	24 096	- -	1 392	29 220	16 069	11 539
其中：大连	12 084	1 853	1 687	- -	3 286	- -	788	3 283	3 040	2 874
吉林	59 784	5 584	- -	- -	16 801	942	13 093	20 752	2 991	2 612
黑龙江	80 255	13 658	2 589	11 037	4 602	- -	7 497	35 468	17 634	7 993
上海	164 215	15 559	- -	25 584	12 814	15 151	- -	60 249	17 614	34 858
江苏	158 521	13 314	- -	- -	44 044	741	370	82 589	16 175	17 463
浙江	118 338	10 459	- -	- -	21 052	- -	- -	73 722	7 728	13 105
其中：宁波	11 736	- -	- -	- -	2 724	- -	- -	8 944	- -	68
安徽	63 619	2 942	- -	656	11 400	- -	389	40 641	5 602	7 591
福建	102 167	3 975	- -	12 185	15 627	- -	- -	60 841	3 194	9 539
其中：厦门	15 737	- -	- -	- -	6 582	- -	- -	7 528	- -	1 627
江西	40 436	3 043	- -	2 505	6 323	- -	3 269	22 987	3 730	2 309
山东	111 743	9 004	1 224	10 477	19 316	- -	- -	63 057	23 715	9 889
其中：青岛	17 758	3 456	1 224	4 571	1 032	- -	- -	7 741	2 765	958
河南	84 467	2 363	- -	- -	5 051	- -	993	68 730	2 368	7 330
湖北	87 903	6 916	2 088	16 974	7 315	2 763	3 114	43 280	11 730	7 541
湖南	55 584	2 117	- -	8 433	2 630	- -	2 329	35 381	1 788	4 694
广东	200 781	10 533	- -	33 290	24 265	20 965	690	90 878	- -	20 160
其中：深圳	30 986	- -	- -	- -	13 209	9 293	- -	8 484	- -	- -
广西	56 976	1 097	- -	149	21 213	- -	10 907	18 353	- -	5 257
海南	18 925	- -	- -	- -	6 342	- -	293	12 047	- -	243
重庆	31 823	1 273	- -	2 115	6 091	- -	394	13 741	4 220	8 209
四川	80 256	6 588	- -	8 640	12 840	- -	2 214	39 123	4 243	10 851
贵州	30 621	1 455	- -	1 899	5 182	- -	2 594	14 965	6 055	4 526
云南	74 653	3 369	852	- -	27 374	2 248	12 984	27 129	3 196	1 549
西藏	21 029	3 332	- -	- -	7 628	- -	6 399	3 670	- -	- -
陕西	78 149	5 502	1 539	2 506	17 167	2 341	2 881	43 060	2 477	4 692
甘肃	43 904	2 608	- -	3 443	11 162	- -	2 370	22 461	167	1 860
青海	15 940	1 254	- -	951	6 495	- -	1 890	4 800	1 762	550
宁夏	13 002	1 585	- -	2 493	- -	- -	1 128	6 423	1 777	1 373
新疆	57 323	6 057	2 753	9 021	14 303	2 120	14 698	7 526	3 150	3 598

各地区文化部门艺术表演团体分剧种经费自给率情况

单位:%

地区	总计	话剧、儿童剧、滑稽剧团		歌剧、舞剧、歌舞剧团	歌舞团、轻音乐团	乐团	文工团、文宣队、乌兰牧骑	戏曲剧团		曲、杂、木、皮团
			儿童剧						京剧团	
总计	**33.1**	**36.3**	**33.1**	**31.0**	**28.7**	**45.9**	**15.4**	**33.5**	**27.0**	**41.8**
中央	60.6	64.6	44.2	55.7	66.5	64.2	--	41.7	41.7	--
地方	31.9	31.6	29.9	28.4	26.7	39.4	15.4	33.4	26.1	41.8
北京	33.6	25.2	25.2	--	31.5	44.7	--	28.8	29.5	45.4
天津	31.1	32.6	35.4	45.1	--	39.1	19.2	22.3	24.0	31.7
河北	42.2	25.4	--	--	28.2	--	27.4	44.3	38.6	61.4
山西	41.2	13.3	--	24.6	19.1	--	22.4	48.0	40.3	39.4
内蒙古	13.0	5.0	--	15.9	9.1	--	9.0	17.4	8.1	32.2
辽宁	31.8	31.6	8.3	26.8	27.7	--	14.0	26.8	25.9	60.4
其中:大连	34.4	34.0	8.3	--	36.0	--	6.9	18.5	20.0	58.5
吉林	23.0	25.6	--	--	27.9	35.3	18.3	16.8	16.0	51.6
黑龙江	18.5	24.2	16.5	15.8	11.4	--	12.2	14.8	16.6	39.0
上海	43.5	61.6	--	46.3	41.0	47.3	--	28.2	18.0	58.7
江苏	39.6	45.0	--	--	46.0	31.9	72.9	35.8	26.8	36.5
浙江	39.1	26.8	--	--	49.2	--	--	38.0	38.5	39.4
其中:宁波	33.7	--	--	--	34.7	--	--	33.6	--	--
安徽	21.6	19.7	--	--	20.7	--	23.1	17.4	7.2	48.1
福建	30.0	34.4	--	13.1	29.1	--	--	34.9	7.0	20.3
其中:厦门	21.3	--	--	--	25.1	--	--	21.3	--	6.1
江西	22.0	16.6	--	19.6	10.8	--	12.6	25.5	25.0	40.3
山东	34.7	34.0	49.7	26.4	40.9	--	--	35.3	34.6	28.4
其中:青岛	33.6	28.8	49.7	29.5	29.8	--	--	39.2	33.0	29.2
河南	46.5	73.0	--	--	35.3	--	58.8	45.6	30.8	52.9
湖北	33.4	28.9	41.9	33.2	35.2	15.9	19.8	35.8	38.7	34.1
湖南	38.2	29.9	--	45.0	18.7	--	46.7	37.6	21.5	40.4
广东	40.0	28.7	--	24.0	22.0	44.4	34.4	51.3	--	38.5
其中:深圳	21.6	--	--	--	7.0	36.8	--	28.1	--	--
广西	22.1	23.3	--	0.6	15.1	--	16.6	26.1	--	47.5
海南	26.9	--	--	--	15.7	--	0.3	32.9	--	53.9
重庆	43.9	74.0	--	70.7	36.3	--	44.9	41.6	41.6	38.8
四川	24.2	11.0	--	19.7	26.0	--	24.6	24.8	13.8	30.6
贵州	22.5	18.3	--	31.7	4.5	--	46.7	23.0	17.3	23.7
云南	13.8	37.3	28.4	--	11.5	17.4	3.3	17.2	25.5	25.2
西藏	0.6	0.6	--	--	0.2	--	1.1	0.8	--	--
陕西	34.2	42.7	60.1	39.4	38.0	4.3	37.4	33.0	24.3	31.0
甘肃	18.8	16.3	--	7.9	14.4	--	24.1	23.3	8.9	7.0
青海	4.4	0.3	--	13.5	3.0	--	2.5	5.8	3.7	7.8
宁夏	10.6	31.4	--	3.1	--	--	25.0	5.6	3.9	12.2
新疆	13.4	19.5	22.9	13.4	11.2	5.8	11.4	21.9	29.9	6.8

各地区文化部门艺术表演团体分剧种劳动生产率情况

单位:元/人

地区	总计	话剧、儿童剧、滑稽剧团		歌剧、舞剧、歌舞剧团	歌舞团、轻音乐团	乐团	文工团、文宣队、乌兰牧骑	戏曲剧团		曲、杂、木、皮团
			儿童剧						京剧团	
总计	**7 933**	**10 922**	**10 006**	**10 607**	**8 930**	**21 895**	**6 560**	**6 868**	**10 000**	**9 233**
中央	20 501	16 350	12 004	15 110	22 513	27 961	– –	25 223	25 223	– –
地方	7 704	10 389	9 530	10 250	8 644	19 598	6 560	6 786	9 418	9 233
北京	13 630	13 019	13 019	– –	11 067	37 639	– –	13 427	13 866	11 366
天津	10 336	11 531	11 078	9 551	– –	13 521	7 366	10 104	12 188	10 253
河北	5 829	9 667	4 950	– –	7 331	– –	2 940	5 302	8 779	7 204
山西	4 372	7 920	– –	5 205	6 136	– –	6 281	3 954	8 522	6 697
内蒙古	6 465	10 041	– –	9 597	7 411	– –	5 530	5 813	9 323	8 736
辽宁	7 770	8 380	9 139	9 310	7 644	– –	4 683	7 353	8 755	8 667
其中:大连	9 500	8 842	9 139	– –	9 902	– –	8 498	9 860	11 073	9 266
吉林	7 066	8 053	– –	– –	9 400	5 936	6 948	5 727	9 071	11 056
黑龙江	7 486	10 448	9 756	8 624	6 460	– –	6 231	6 936	7 878	8 642
上海	19 817	15 765	– –	22 372	16 319	31 083	– –	17 271	19 055	23 239
江苏	10 492	12 525	– –	– –	11 255	13 943	6 674	9 939	11 590	11 048
浙江	10 322	9 863	– –	– –	12 132	– –	– –	9 980	11 416	10 824
其中:宁波	14 403	– –	– –	– –	12 489	– –	– –	14 785	– –	16 611
安徽	6 332	7 223	– –	177	7 028	– –	7 803	5 962	8 188	8 336
福建	9 371	11 704	– –	11 915	12 320	– –	– –	8 686	9 688	8 905
其中:厦门	17 263	– –	– –	– –	18 786	– –	– –	16 170	– –	16 366
江西	6 110	9 603	– –	6 127	6 589	– –	6 435	5 588	5 009	7 819
山东	9 454	13 839	9 531	14 547	9 318	– –	– –	8 317	9 928	12 593
其中:青岛	12 221	16 170	9 531	12 569	6 072	– –	– –	11 520	14 351	16 565
河南	3 639	5 447	– –	– –	4 337	– –	6 169	3 543	6 730	3 768
湖北	6 754	8 335	7 108	9 029	6 423	10 074	4 391	6 229	6 871	8 258
湖南	6 840	9 641	– –	8 350	6 383	– –	7 013	6 324	6 717	8 666
广东	12 564	15 348	– –	17 827	13 222	29 063	10 528	10 410	– –	10 971
其中:深圳	32 340	– –	– –	– –	31 612	36 115	– –	28 824	– –	– –
广西	6 356	10 482	– –	4 452	6 891	– –	5 062	6 612	– –	7 916
海南	9 761	– –	– –	– –	10 645	– –	3 574	9 978	– –	4 340
重庆	8 149	10 054	– –	10 820	7 627	– –	10 957	7 743	8 831	8 101
四川	7 301	7 629	– –	9 806	7 934	– –	7 587	6 738	9 933	6 847
贵州	7 309	8 174	– –	8 539	7 529	– –	8 472	6 188	6 353	9 653
云南	10 540	12 586	9 368	– –	10 325	8 325	9 397	11 528	13 332	9 931
西藏	15 795	19 861	– –	– –	17 624	– –	12 620	18 654	– –	– –
陕西	5 014	8 215	5 696	6 217	4 555	9 474	2 323	4 922	6 776	7 072
甘肃	5 874	9 504	– –	9 057	7 075	– –	5 786	5 183	777	7 193
青海	10 784	9 589	– –	9 611	10 525	– –	14 520	10 586	9 678	8 998
宁夏	5 943	5 713	– –	4 974	– –	– –	6 707	6 128	8 209	6 348
新疆	9 385	10 289	9 846	10 989	9 931	10 941	7 607	11 371	11 999	11 346

文化部直属与省直属、文化部门国有经济与集体经济艺术表演团体对比情况

（平均每团）

	部直属与省直属对比		国有经济与集体经济对比	
	部直属	省直属	国有	集体
演职员人数(人)	258.2	143.3	60.7	40.6
全年演出场次(场)	166.1	191.3	139.9	217.3
其中:农村(场)	4.5	50.0	75.9	158.2
财政补贴收入(千元)	2 558.4	2 747.0	746.8	196.0
人均补贴收入(千元)	9.9	19.2	12.3	4.8
事业收入(千元)	3 290.9	834.8	239.1	148.9
其中:演出收入(千元)	3 040.3	687.8	204.5	140.4
人均收入(千元)	12.7	5.8	3.9	3.7
总支出(千元)	10 290.6	4 006.8	1 131.4	392.4
其中:排练制作费	715.0	292.2	78.3	21.5
人均支出(千元)	39.9	28.0	18.7	9.7
经费自给率(%)	60.6	30.3	31.2	47.6
劳动生产率(千元/人)	20.5	11.1	8.6	5.1

各地区文化部门艺术表演

地区	剧团数	补贴团数	从业人员	职工	本团新排上演剧目	本团创作首演剧目	国内演出场次	本剧种演出场次	农村演出场次	国内观众人次	本剧种观众人次
总计	**2 622**	**2 470**	**144 117**	**135 567**	**4 579**	**2 153**	**423**	**319**	**258**	**469 038**	**348 272**
中央	10	10	2 582	2 520	23	20	2	1	－－	2 357	1 404
地方	2 612	2 460	141 535	133 047	4 556	2 133	421	318	258	466 681	346 868
北京	19	17	2 178	1 565	36	13	6	4	－－	8 916	3 916
天津	15	15	1 888	1 818	22	3	2	2	－－	2 284	1 174
河北	139	122	6 802	6 398	84	26	30	23	24	43 732	28 541
山西	159	126	10 009	8 785	152	23	35	33	33	54 756	52 320
内蒙古	117	115	5 505	5 500	179	93	15	7	9	11 921	7 211
辽宁	79	76	5 185	5 066	113	76	10	7	3	11 614	6 553
其中：大连	8	8	557	539	10	10	1	1	－－	714	287
吉林	66	61	4 467	4 419	190	115	7	4	4	6 758	3 562
黑龙江	88	85	5 421	5 326	132	96	13	8	5	10 608	6 646
上海	29	23	2 771	2 718	83	33	13	13	5	5 103	4 733
江苏	132	128	6 298	6 171	143	93	42	40	21	18 199	17 184
浙江	80	70	3 865	3 768	122	63	13	11	6	13 185	11 203
其中：宁波	8	7	327	295	11	5	1	1	－－	1 131	815
安徽	93	92	4 886	4 739	154	72	12	9	4	13 299	7 976
福建	93	89	4 688	4 274	348	154	14	12	10	23 870	16 824
其中：厦门	6	6	356	344	50	23	1	1	1	1 075	1 075
江西	79	76	4 098	3 762	326	199	9	5	6	11 598	7 292
山东	117	115	6 077	5 871	197	71	21	18	14	26 116	23 473
其中：青岛	11	11	654	626	11	6	2	1	1	1 786	1 171
河南	206	192	10 311	9 402	168	32	41	36	34	53 138	46 430
湖北	101	100	6 489	6 208	305	122	15	9	8	16 584	10 623
湖南	88	87	4 553	4 293	114	40	15	12	10	11 212	9 304
广东	140	130	6 239	5 171	432	166	18	13	11	24 168	19 029
其中：深圳	5	5	319	308	4	－－	－－	－－	－－	639	639
广西	119	116	4 583	4 289	59	37	12	4	5	12 462	4 576
海南	21	19	1 133	1 031	34	7	2	1	2	2 657	1 709
重庆	39	35	1 895	1 819	67	35	2	1	1	2 431	1 354
四川	99	99	5 889	5 677	238	133	10	7	3	6 696	4 500
贵州	28	28	2 267	2 219	89	67	3	1	1	2 214	1 104
云南	130	123	4 662	4 556	76	38	10	4	4	12 066	5 398
西藏	25	21	993	884	71	47	1	1	－－	1 142	899
陕西	118	107	8 036	7 693	366	146	23	18	18	30 044	23 920
甘肃	76	76	4 186	3 589	136	56	14	10	11	20 392	13 986
青海	14	14	1 034	1 005	33	28	3	1	1	3 477	2 267
宁夏	15	15	1 019	995	25	9	2	－－	1	1 503	451
新疆	88	88	4 108	4 036	62	40	8	4	4	4 536	2 710

团体演出及收支情况（一）

单位：个、人、千场、千人次、千元

国外演出场次（场）	平均每团演出场次（场）	本年收入合计								平均每团演出收入
			财政补助收入	上级补助收入	事业收入	演出收入	经营收入	附属单位上缴收入	其他收入	
16 569	**161**	**2 426 446**	**1 556 094**	**68 816**	**561 488**	**489 670**	**25 942**	**11 737**	**202 369**	**186.7**
105	199	104 082	25 584	16 703	32 909	30 403	308	476	28 102	3 037.2
16 464	161	2 322 364	1 530 510	52 113	528 579	459 267	25 634	11 261	174 267	175.8
1 154	315	92 905	59 310	2 154	20 365	18 521	178	– –	10 898	974.2
27	133	42 944	29 163	500	5 865	5 440	– –	1 224	6 192	362.4
580	215	75 679	43 039	273	25 573	24 638	211	– –	6 583	177.2
419	220	79 166	45 622	530	28 658	28 138	623	– –	3 733	176.9
575	128	57 152	49 227	527	5 317	4 994	105	296	1 680	42.6
1 852	126	95 846	65 402	– –	20 207	17 223	744	687	8 806	217.9
914	124	12 084	7 923	– –	3 394	2 763	– –	– –	767	344.9
363	106	61 074	46 940	163	9 601	6 131	1 720	412	2 238	92.8
1 172	147	81 693	64 932	1 833	9 561	7 082	338	– –	5 029	80.4
330	448	162 072	83 450	6 981	63 490	48 547	352	2 112	5 687	1 673.4
250	318	160 944	93 605	3 963	46 029	40 909	1 133	1 498	14 716	309.8
245	162	120 882	71 806	2 175	31 401	27 905	640	785	14 075	348.7
5	124	11 609	7 261	375	2 936	2 334	– –	– –	1 037	291.3
492	129	62 887	45 740	3 264	9 968	8 856	706	– –	3 209	95.2
485	150	106 608	68 557	7 306	26 702	24 274	79	– –	3 964	260.9
30	166	18 396	13 523	1 510	2 897	2 306	– –	– –	466	383.6
400	113	40 524	31 396	212	5 939	4 027	68	– –	2 909	50.9
451	179	110 438	68 497	3 075	27 118	24 917	332	329	11 087	212.9
42	181	17 272	10 543	755	3 119	3 086	– –	– –	2 855	280.2
790	199	88 102	47 499	1 165	31 498	30 229	235	26	7 679	146.7
575	148	89 603	58 884	837	17 840	14 050	4 736	988	6 318	139.0
461	170	59 467	36 078	483	12 755	10 426	5 290	25	4 836	118.4
887	128	205 187	115 865	8 387	64 412	61 175	1 953	– –	14 570	436.9
1	– –	29 175	18 044	4 369	3 297	3 296	203	– –	3 262	657.8
152	100	58 842	45 863	281	6 502	5 659	185	32	5 979	47.5
– –	95	18 978	13 797	87	4 172	4 151	– –	– –	922	197.5
90	51	34 408	19 325	258	6 684	3 516	2 125	653	5 363	90.1
1 238	100	82 668	59 539	2 933	7 684	5 153	1 316	712	10 484	52.0
1 152	107	30 251	23 107	85	1 314	799	412	– –	5 333	28.5
247	76	75 028	62 693	1 921	6 227	5 179	1 451	– –	2 736	39.8
37	39	20 952	20 727	80	115	71	26	– –	4	2.8
1 493	194	79 683	52 505	313	19 524	17 077	258	1 346	5 737	144.7
41	184	43 408	34 947	172	6 733	5 753	89	6	1 461	75.6
20	214	15 582	14 532	334	482	410	123	55	56	29.2
– –	133	12 623	11 205	30	1 164	1 049	– –	– –	224	69.8
486	90	56 768	47 258	1 791	5 679	2 968	206	75	1 759	33.7

各地区文化部门艺术表演

	本年支出合计								
		事业支出	经营支出	对附属单位补助支出	在支出合				
					从业人员劳动报酬	职工工资总额	税金支出	社会保障费	修缮费
总计	**2 427 969**	**2 395 488**	**21 512**	**2 305**	**1022 287**	**959 798**	**15 380**	**389 292**	**77 508**
中央	102 906	101 353	549	106	39 888	37 367	2 203	3 879	2 234
地方	2 325 063	2 294 135	20 963	2 199	982 399	922 431	13 177	385 413	75 274
北京	93 483	93 257	60	--	26 088	25 097	544	24 348	3 786
天津	42 625	42 625	--	--	18 532	18 118	479	9 520	752
河北	76 633	76 440	193	--	34 639	33 157	149	10 342	1 472
山西	80 225	79 403	643	--	39 645	36 867	472	9 809	3 031
内蒙古	56 775	56 533	120	--	32 814	32 580	97	6 145	1 319
辽宁	95 906	95 463	89	176	36 676	33 905	412	19 411	1 225
其中:大连	12 084	12 084	--	--	5 096	4 919	15	1 844	179
吉林	60 912	59 784	849	59	28 525	27 204	513	12 248	1 287
黑龙江	80 442	80 255	177	--	36 375	35 950	232	20 763	1 980
上海	164 570	164 215	355	--	50 279	45 099	1 067	18 049	6 679
江苏	160 319	158 521	1 322	26	60 846	57 914	191	30 331	4 153
浙江	120 372	118 338	1 421	--	36 005	35 542	605	16 910	11 195
其中:宁波	11 783	11 736	47	--	4 121	4 042	118	1 080	164
安徽	64 909	63 619	609	80	28 127	25 731	577	15 533	1 032
福建	102 214	102 167	45	2	40 940	38 769	532	16 963	2 411
其中:厦门	15 737	15 737	--	--	5 931	5 931	--	2 963	408
江西	40 478	40 436	42	--	22 355	21 708	173	6 061	997
山东	112 038	111 743	58	237	50 680	47 339	459	19 316	3 792
其中:青岛	17 758	17 758	--	--	7 444	7 128	155	3 546	252
河南	84 823	84 467	189	94	33 896	31 915	138	19 802	1 305
湖北	90 579	87 903	1 523	1 145	38 979	37 678	242	16 128	4 386
湖南	60 556	55 584	4 359	--	27 595	25 456	730	9 585	2 269
广东	202 086	200 781	1 297	8	71 078	62 337	1 927	19 268	2 852
其中:深圳	31 186	30 986	200	--	9 134	8 513	391	1 496	221
广西	58 298	56 976	357	--	26 130	23 170	387	8 462	2 065
海南	19 050	18 925	--	125	9 543	8 262	24	2 439	296
重庆	33 971	31 823	1 899	244	13 222	12 086	352	7 406	680
四川	83 646	80 256	3 138	3	36 316	34 541	1 182	17 790	3 699
贵州	31 551	30 621	718	--	14 599	12 789	579	6 730	1 995
云南	75 870	74 653	759	--	44 175	41 645	332	6 994	2 440
西藏	21 086	21 029	40	--	14 768	14 559	2	1 416	103
陕西	81 058	78 149	360	--	35 997	32 932	392	11 770	5 314
甘肃	44 077	43 904	173	--	22 114	20 982	98	6 164	707
青海	16 063	15 940	123	--	9 987	9 809	46	3 827	241
宁夏	13 004	13 002	--	--	5 426	4 484	10	3 393	105
新疆	57 444	57 323	45	--	36 048	34 806	234	8 490	1 706

团体演出及收支情况（二）

单位：千元、千平方米

计中			演出收入与演出费比重（%）	年末固定资产原值	经费自给率（%）	劳动报酬占总支出比重（%）	当年提取修购基金	增加值	劳动生产率（元/人）	公用房屋建筑面积	
设备购置费	排练制作费	演出费									排练练功用房
103 519	**164 226**	**247 784**	**197.6**	**2 612 710**	**33.1**	**42.1**	**145 374**	**1143 418**	**7 933**	**3 980**	**665**
3 348	7 150	15 504	196.0	271 090	60.6	38.7	484	52 934	20 501	126	5
100 171	157 076	232 280	197.7	2 341 620	31.9	42.2	144 890	1090 484	7 704	3 854	660
5 512	4 782	8 933	207.3	76 379	33.6	27.9	833	29 688	13 630	62	12
2 320	3 108	2 035	267.3	12 581	31.1	43.4	537	19 515	10 336	46	7
3 123	4 752	6 252	394.0	114 744	42.2	45.2	910	39 654	5 829	179	29
5 291	4 586	7 310	384.9	90 553	41.2	49.4	103	43 760	4 372	225	27
3 239	2 494	3 131	159.5	66 994	13.0	57.7	52	35 592	6 465	136	35
5 337	10 098	7 919	217.4	79 950	31.8	38.2	49	40 288	7 770	88	22
282	2 560	416	664.1	4 500	34.4	42.1	－－	5 292	9 500	6	1
1 075	2 030	2 579	237.7	63 220	23.0	46.8	237	31 567	7 066	103	18
2 270	3 861	3 730	189.8	99 380	18.5	45.2	35	40 586	7 486	146	26
6 277	19 487	21 526	225.5	86 396	43.5	30.5	258	54 915	19 817	57	20
7 015	13 963	19 357	211.3	126 064	39.6	37.9	2 136	66 079	10 492	177	36
8 923	12 548	16 030	174.0	82 194	39.1	29.9	1 108	39 897	10 322	131	16
1 300	1 500	2 001	116.6	11 795	33.7	34.9	－－	4 710	14 403	9	5
2 317	4 182	6 329	139.9	54 767	21.6	43.3	552	30 940	6 332	91	20
3 460	8 830	16 981	142.9	61 589	30.0	40.0	542	43 933	9 371	126	20
712	1 008	2 860	80.6	5 362	21.3	37.6	28	6 146	17 263	4	－－
1 074	2 956	3 240	124.2	62 871	22.0	55.2	53	25 041	6 110	123	14
6 072	5 473	10 486	237.6	157 816	34.7	45.2	359	57 455	9 454	259	47
1 316	473	1 795	171.9	9 872	33.6	41.9	144	7 993	12 221	32	3
3 158	3 742	10 485	288.3	86 481	46.5	39.9	184	37 526	3 639	193	28
2 898	3 865	7 044	199.4	115 297	33.4	43.0	619	43 833	6 754	267	49
2 188	4 316	5 822	179.0	70 389	38.2	45.5	41	31 145	6 840	114	26
11 325	14 460	37 453	163.3	133 806	40.0	35.1	1 022	78 393	12 564	197	35
4 739	4 779	1 922	171.4	19 801	21.6	29.2	－－	10 317	32 340	15	2
3 544	3 552	4 292	131.8	64 183	22.1	44.8	74	29 132	6 356	106	22
588	1 733	1 520	273.0	37 148	26.9	50.0	6	11 060	9 761	27	3
980	1 653	4 452	78.9	46 743	43.9	38.9	108	15 444	8 149	83	9
3 492	4 937	5 017	102.7	137 344	24.2	43.4	871	42 996	7 301	201	19
705	1 510	1 740	45.9	34 899	22.5	46.2	64	16 571	7 309	59	18
2 858	3 750	4 317	119.9	102 391	13.8	58.2	1 030	49 138	10 540	107	25
213	259	492	14.4	22 858	0.6	70.0	－－	15 685	15 795	38	5
2 285	3 563	7 371	231.6	94 913	34.2	44.4	129 244	40 297	5 014	232	26
806	2 564	3 549	162.1	59 419	18.8	50.1	2	24 590	5 874	118	15
282	417	340	120.5	27 932	4.4	62.1	3 043	11 151	10 784	31	5
553	744	534	196.4	15 460	10.6	41.7	808	6 056	5 943	45	6
991	2 861	2 014	147.3	56 859	13.4	62.7	10	38 557	9 385	87	20

各地区文化部门省级艺术

地区	剧团数	补贴团数	从业人员	职工	本团新排上演剧目	本团创作首演剧目	国内演出场次	本剧种演出场次	农村演出场次	国内观众人次	本剧种观众人次
总计	**208**	**206**	**29 813**	**28 579**	**422**	**244**	**43**	**28**	**5**	**48 379**	**30 554**
北京	10	10	1 818	1 212	34	11	5	3	—	8 707	3 707
天津	10	10	1 736	1 670	19	3	2	2	—	1 554	1 024
河北	7	7	1 188	1 086	3	3	1	—	1	5 523	1 015
山西	5	5	919	919	8	4	1	1	—	1 102	1 102
内蒙古	7	7	770	767	9	9	1	—	—	1 021	573
辽宁	6	5	765	765	2	2	1	—	—	910	284
吉林	6	6	781	766	—	—	—	—	—	530	530
黑龙江	6	6	921	907	5	5	1	1	—	898	750
上海	16	16	2 465	2 436	24	22	6	6	—	3 663	3 576
江苏	6	6	1 067	1 067	10	8	3	3	1	2 162	2 162
浙江	7	6	856	837	19	17	3	3	1	1 675	1 673
安徽	6	6	896	890	28	27	1	1	—	1 586	1 158
福建	6	6	843	830	29	10	1	—	—	688	404
江西	6	6	838	827	9	2	1	—	—	1 039	825
山东	6	6	882	882	9	8	1	1	—	1 026	840
河南	8	8	978	954	6	—	1	—	—	1 154	596
湖北	5	5	882	818	13	1	1	—	—	629	—
湖南	7	7	1 086	1 004	4	3	1	1	—	887	865
广东	8	8	1 145	1 140	75	27	1	1	1	2 635	2 635
广西	8	8	714	707	13	9	1	—	—	1 249	375
海南	3	3	461	433	12	2	—	—	—	818	508
重庆	11	11	1 169	1 119	23	15	1	1	—	1 680	1 025
四川	4	4	817	785	34	33	1	1	—	568	548
贵州	6	6	684	675	1	1	1	—	—	625	374
云南	6	6	781	775	5	1	1	1	—	814	814
西藏	—	—	—	—	—	—	—	—	—	—	—
陕西	7	7	1 697	1 692	7	7	2	1	—	1 278	822
甘肃	8	8	800	798	6	4	1	—	—	733	304
青海	7	7	584	555	11	7	2	1	1	2 258	1 682
宁夏	4	4	543	536	1	—	—	—	—	479	—
新疆	6	6	727	727	3	3	1	—	—	488	383

表演团体演出及收支情况 （一）

单位：个、人、千场、千人次、千元

国外演出场次（场）	平均每团演出场次（场）	本年收入合计	财政补助收入	上级补助收入	事业收入	演出收入	经营收入	附属单位上缴收入	其他收入	平均每团演出收入
5 278	**206**	**839 333**	**571 379**	**17 466**	**173 637**	**143 054**	**8 997**	**5 522**	**62 332**	**687.7**
814	499	85 390	55 603	2 117	16 770	16 062	178	– –	10 722	1 604.5
27	199	40 418	27 260	500	5 381	4 956	– –	1 224	6 053	495.1
150	142	25 318	17 410	– –	4 901	4 763	– –	– –	3 007	679.4
216	199	16 871	13 461	50	1 757	1 709	250	– –	1 353	341.1
471	142	13 448	10 912	– –	1 730	1 723	80	296	430	245.7
54	166	22 048	16 166	– –	4 250	3 510	– –	640	992	584.0
105	– –	15 885	12 545	– –	2 300	639	193	– –	847	106.3
900	166	17 907	13 843	– –	2 530	2 090	– –	– –	1 534	347.7
22	374	146 577	81 777	5 195	53 492	38 862	352	1 662	4 099	2 427.3
63	499	40 067	27 826	160	10 514	6 997	– –	700	867	1 164.2
207	427	45 628	31 915	560	7 751	7 052	605	– –	4 797	1 005.9
243	166	18 988	11 580	2 731	3 662	3 422	144	– –	871	569.3
20	166	30 425	21 868	4 120	3 536	3 169	– –	– –	901	527.2
400	166	12 498	9 540	– –	1 781	930	– –	– –	1 177	154.7
270	166	22 029	15 711	– –	3 332	3 091	– –	54	2 932	514.3
– –	124	19 636	12 901	– –	4 926	4 592	– –	– –	1 809	573.2
– –	199	17 475	11 396	– –	3 310	3 048	1 204	– –	1 565	608.3
240	142	20 346	12 500	– –	2 780	2 713	3 048	– –	2 018	387.0
137	124	55 854	30 523	1 613	18 772	17 542	391	– –	4 555	2 190.0
72	124	14 771	10 779	– –	1 117	768	– –	– –	2 875	95.8
– –	– –	12 102	10 112	– –	1 620	1 606	– –	– –	370	533.5
90	90	25 121	14 642	253	4 929	2 704	1 620	653	3 024	245.5
175	249	14 486	13 500	– –	865	729	– –	– –	121	181.7
10	166	8 866	7 867	– –	489	112	– –	– –	510	18.6
70	166	14 919	11 313	– –	2 138	1 957	856	– –	612	325.6
– –	– –	– –	– –	– –	– –	– –	– –	– –	– –	– –
6	285	34 589	25 877	– –	5 722	5 633	– –	157	2 833	803.5
40	124	14 932	12 962	100	1 128	1 084	– –	6	736	135.3
20	285	9 152	8 591	67	348	348	40	55	51	49.6
– –	– –	7 328	6 591	– –	571	466	– –	– –	166	116.2
456	166	16 259	14 408	– –	1 235	777	36	75	505	129.2

各地区文化部门省级艺术

	本年支出合计				在支出合计中				
		事业支出	经营支出	对附属单位补助支出	从业人员劳动报酬	职工工资总额	税金支出	社会保障费	修缮费
总计	**833 404**	**820 960**	**6 995**	**1 176**	**294 321**	**279 061**	**5 103**	**149 727**	**37 160**
北京	85 877	85 651	60	– –	23 195	22 206	369	22 920	3 603
天津	40 114	40 114	– –	– –	17 514	17 200	473	8 478	724
河北	25 902	25 902	– –	– –	8 400	7 520	26	2 741	984
山西	17 315	17 065	250	– –	6 720	6 413	113	3 233	1 318
内蒙古	13 455	13 375	80	– –	6 302	6 296	71	2 661	401
辽宁	22 289	21 935	– –	176	6 333	6 233	277	5 261	311
吉林	15 817	15 617	19	– –	8 472	8 467	71	3 456	642
黑龙江	16 939	16 939	– –	– –	7 859	7 455	36	2 754	289
上海	145 332	144 977	355	– –	46 163	41 234	991	16 471	6 559
江苏	37 965	37 875	– –	– –	13 830	13 830	– –	9 357	698
浙江	44 466	43 474	992	– –	8 440	8 384	316	6 366	10 429
安徽	19 211	19 001	– –	– –	6 572	5 901	16	2 987	241
福建	27 909	27 909	– –	– –	8 743	8 743	236	5 192	948
江西	12 454	12 454	– –	– –	6 227	6 203	58	2 242	67
山东	23 339	23 202	– –	137	9 719	8 990	99	4 488	1 132
河南	16 736	16 736	– –	– –	5 411	4 684	– –	2 674	280
湖北	17 604	16 772	182	650	6 288	6 250	– –	3 559	135
湖南	20 656	17 271	3 287	– –	7 904	7 444	571	3 403	826
广东	56 787	56 545	242	– –	18 442	18 421	488	3 391	1 097
广西	13 984	13 386	– –	– –	5 318	4 767	155	3 805	556
海南	12 199	12 074	– –	125	5 343	4 650	20	1 930	132
重庆	24 968	23 392	1 488	88	8 916	8 348	214	5 077	450
四川	14 025	14 025	– –	– –	5 061	4 898	21	2 986	425
贵州	8 866	8 866	– –	– –	4 328	4 059	92	2 763	195
云南	14 855	14 565	– –	– –	8 511	7 777	131	365	264
西藏	– –	– –	– –	– –	– –	– –	– –	– –	– –
陕西	35 341	32 879	– –	– –	12 838	11 788	163	8 071	3 239
甘肃	15 369	15 369	– –	– –	4 705	4 427	42	2 733	91
青海	9 522	9 482	40	– –	5 521	5 343	46	3 126	114
宁夏	7 399	7 399	– –	– –	2 853	2 834	8	2 629	40
新疆	16 709	16 709	– –	– –	8 393	8 296	– –	4 608	970

表演团体演出及收支情况（二）

单位：千元、千平方米

计中			演出收入与演出费比重（%）	年末固定资产原值	经费自给率（%）	劳动报酬占总支出比重（%）	当年提取修购基金	增加值	劳动生产率（元/人）	公用房屋建筑面积	
设备购置费	排练制作费	演出费									排练练功用房
36 686	**60 787**	**95 415**	**149.9**	**780 424**	**30.2**	**35.3**	**136 743**	**330 752**	**11 094**	**923**	**199**
5 199	4 145	8 814	182.2	66 424	32.2	27.0	829	26 221	14 422	48	7
2 264	3 092	1 873	264.6	10 787	31.5	43.6	537	18 418	10 609	41	7
590	2 555	2 103	226.4	50 998	30.5	32.4	– –	10 466	8 809	53	8
693	777	1 000	170.8	20 160	19.4	38.8	– –	7 639	8 312	41	4
305	120	760	226.7	15 287	18.8	46.8	– –	6 985	9 071	25	9
1 944	2 275	2 735	128.3	18 979	26.8	28.4	– –	7 369	9 632	10	3
263	853	738	86.5	24 804	21.3	53.5	42	9 535	12 208	32	6
807	1 621	436	479.3	16 104	23.9	46.3	– –	8 539	9 271	17	6
6 007	18 826	18 915	205.4	82 414	41.0	31.7	120	50 564	20 512	54	20
1 221	4 125	5 659	123.6	42 636	31.8	36.4	1 530	15 536	14 560	24	7
4 390	1 603	5 898	119.5	25 710	29.5	18.9	808	9 784	11 429	40	2
1 287	1 484	3 397	100.7	13 625	24.6	34.2	– –	7 132	7 959	11	3
922	4 235	3 647	86.8	17 940	15.8	31.3	96	9 696	11 501	33	5
292	1 043	1 504	61.8	16 471	23.7	49.9	35	6 943	8 285	26	5
890	1 116	1 791	172.5	64 413	27.2	41.6	23	12 394	14 051	82	19
312	412	2 875	159.7	19 092	40.2	32.3	88	6 174	6 312	17	5
564	130	809	376.7	16 610	35.8	35.7	– –	6 953	7 883	39	16
923	1 863	2 035	133.3	23 310	38.1	38.2	– –	9 406	8 661	28	9
3 708	2 202	14 084	124.5	23 296	41.7	32.4	406	19 861	17 345	28	4
83	211	758	101.3	15 964	29.8	38.0	36	6 112	8 560	35	6
149	1 058	792	202.7	16 455	16.4	43.7	– –	6 022	13 062	10	1
651	1 443	4 159	65.0	25 347	41.1	35.7	74	10 144	8 677	45	7
980	1 270	1 066	68.3	18 411	7.0	36.0	58	5 819	7 122	18	2
58	426	311	36.0	9 218	11.2	48.8	– –	4 789	7 001	22	11
754	397	986	198.4	29 649	24.7	57.2	– –	9 828	12 583	12	5
– –	– –	– –	– –	– –	– –	– –	– –	– –	– –	– –	– –
699	637	4 782	117.7	38 138	26.4	36.3	129 000	14 527	8 560	54	8
162	1 247	2 263	47.9	20 693	12.1	30.6	– –	5 574	6 967	23	5
137	54	248	140.3	12 404	5.1	57.9	3 033	6 064	10 383	16	3
301	594	315	147.9	10 477	9.9	38.5	28	3 280	6 040	23	4
131	973	662	117.3	14 608	11.0	50.2	– –	8 978	12 349	16	2

各地区文化部门地、市级艺

地区	剧团数	补贴团数	从业人员	职工	本团新排上演剧目	本团创作首演剧目	国内演出场次	本剧种演出场次	农村演出场次	国内观众人次	本剧种观众人次
总计	**764**	**734**	**54 089**	**52 174**	**1 324**	**711**	**127**	**93**	**48**	**140 728**	**102 592**
北京	9	7	360	353	2	2	1	1	--	209	209
天津	2	2	38	38	--	--	--	--	--	20	--
河北	39	38	2 408	2 344	43	10	8	6	6	15 065	8 601
山西	34	34	3 118	2 746	40	7	6	6	5	14 724	14 570
内蒙古	31	31	2 473	2 472	67	26	4	2	2	3 947	3 136
辽宁	38	37	3 429	3 357	60	40	8	5	1	7 687	4 087
其中:大连	4	4	454	454	6	6	1	1	--	624	202
吉林	16	15	1 636	1 619	21	13	2	1	--	1 353	788
黑龙江	28	28	2 537	2 497	27	21	5	3	1	4 737	2 777
上海	12	6	289	265	17	10	7	7	4	1 240	957
江苏	47	47	2 844	2 781	55	35	17	16	3	7 174	6 798
浙江	28	23	1 504	1 478	34	17	5	4	1	3 281	2 469
其中:宁波	3	3	217	216	9	3	1	--	--	458	142
安徽	38	38	2 235	2 166	45	20	3	1	1	6 130	4 283
福建	23	22	1 494	1 410	114	65	4	3	2	7 189	2 109
其中:厦门	5	5	304	304	45	23	1	1	--	678	678
江西	19	18	1 515	1 452	53	51	2	1	1	2 255	779
山东	39	38	2 695	2 624	55	30	8	7	4	10 850	9 987
其中:青岛	5	5	455	441	5	5	1	--	--	905	406
河南	38	36	2 221	2 064	31	5	7	6	4	10 867	9 880
湖北	29	29	2 909	2 878	47	27	4	3	2	5 706	4 306
湖南	23	23	1 572	1 502	28	5	3	3	2	2 848	2 290
广东	44	42	2 481	2 190	160	66	7	5	2	7 808	6 918
其中:深圳	3	3	294	284	4	--	--	--	--	464	464
广西	28	26	1 743	1 619	20	14	3	1	1	3 142	1 554
海南	2	2	92	89	2	--	--	--	--	64	64
重庆	10	7	298	289	25	8	1	--	--	591	265
四川	47	47	3 768	3 666	111	45	6	4	1	4 458	3 269
贵州	18	18	1 407	1 373	82	60	2	1	--	1 411	650
云南	28	27	1 881	1 873	21	14	3	1	1	2 953	1 147
西藏	10	10	830	829	43	38	1	1	--	961	768
陕西	26	25	2 294	2 235	50	42	3	3	2	6 777	5 656
甘肃	19	19	1 472	1 422	26	11	3	1	1	4 279	2 733
青海	7	7	450	450	22	21	1	--	--	1 219	585
宁夏	6	6	247	247	2	2	1	--	--	351	18
新疆	26	26	1 849	1 846	21	6	2	1	1	1 432	939

术表演团体演出及收支情况（一）

单位：个、人、千场、千人次、千元

国外演出场次（场）	平均每团演出场次（场）	本年收入合计	财政补助收入	上级补助收入	事业收入	演出收入	经营收入	附属单位上缴收入	其他收入	平均每团演出收入
8 931	**166**	**995 699**	**678 469**	**25 273**	**194 594**	**168 128**	**8 613**	**4 705**	**84 045**	**220.0**
340	110	7 515	3 707	37	3 595	2 459	--	--	176	272.9
--	--	1 163	1 017	--	58	58	--	--	88	28.8
430	205	33 663	19 939	116	10 138	9 343	51	--	3 419	239.5
203	176	40 037	25 770	208	11 534	11 162	373	--	2 152	328.1
19	128	27 353	24 711	147	1 448	1 238	--	--	1 047	39.9
1 798	210	67 776	44 679	--	15 119	12 911	724	47	7 207	339.6
914	249	10 718	6 654	--	3 394	2 763	--	--	670	689.0
224	124	26 885	19 304	2	5 297	3 562	1 110	412	760	222.4
262	178	48 498	38 022	1 713	5 216	3 326	228	--	3 319	118.7
308	582	15 099	1 518	1 786	9 780	9 467	--	450	1 565	788.2
184	361	78 175	45 205	2 259	21 154	20 198	63	23	9 471	429.6
33	178	45 440	22 872	1 037	14 232	12 946	--	785	6 514	462.1
--	332	8 898	5 399	275	2 352	2 132	--	--	872	708.3
217	78	28 821	24 054	460	2 657	2 005	94	--	1 556	52.7
159	173	43 119	32 056	1 687	7 631	6 384	--	--	1 745	277.4
30	199	17 287	12 861	1 510	2 450	1 880	--	--	466	375.2
--	105	15 143	12 800	55	1 248	716	--	--	1 040	37.6
174	205	56 048	33 364	2 291	14 305	13 047	302	275	5 511	334.4
42	199	13 732	8 810	601	1 909	1 909	--	--	2 412	381.0
787	184	32 232	18 407	705	8 683	8 310	--	26	4 411	218.6
575	137	48 423	31 982	448	8 884	6 506	2 441	915	3 753	224.2
221	130	20 908	13 598	329	3 997	3 068	1 145	20	1 819	133.3
532	159	116 275	74 250	6 094	26 885	25 935	891	--	8 155	589.2
--	--	27 252	16 514	4 259	3 269	3 268	--	--	3 210	1 085.7
9	107	29 261	23 693	109	2 921	2 606	82	32	2 424	93.0
--	--	2 369	1 511	85	321	318	--	--	452	158.2
--	99	4 798	2 173	--	842	790	--	--	1 783	78.9
1 063	127	52 138	37 851	2 341	4 667	3 618	288	531	6 460	76.9
1 142	111	18 181	13 146	85	705	665	348	--	3 897	36.9
169	107	34 320	29 334	1 382	2 269	1 798	94	--	1 241	64.1
37	99	20 259	20 189	--	70	30	--	--	--	2.9
14	115	26 964	17 684	170	5 279	3 034	142	1 189	2 500	116.6
1	157	18 447	15 568	72	2 213	1 317	17	--	577	69.2
--	142	6 430	5 941	267	134	62	83	--	5	8.8
--	166	3 426	3 123	20	252	242	--	--	31	40.2
30	76	26 533	21 001	1 368	3 060	1 007	137	--	967	38.7

各地区文化部门地、市级艺

	本年支出合计	事业支出	经营支出	对附属单位补助支出	在支出合计中：从业人员劳动报酬	职工工资总额	税金支出	社会保障费	修缮费
总　计	**999 702**	**989 034**	**7 681**	**546**	**422 527**	**393 732**	**6 577**	**165 555**	**25 854**
北　京	7 606	7 606	– –	– –	2 893	2 891	175	1 428	183
天　津	1 163	1 163	– –	– –	244	244	6	747	13
河　北	34 035	33 984	51	– –	14 894	14 371	108	5 964	358
山　西	40 117	39 797	217	– –	18 567	16 620	348	4 873	1 423
内蒙古	27 288	27 288	– –	– –	15 586	15 371	15	2 490	587
辽　宁	67 663	67 589	74	– –	26 964	24 464	132	12 940	855
其中:大连	10 718	10 718	– –	– –	4 432	4 255	15	1 448	179
吉　林	27 226	26 566	601	59	10 665	9 413	430	5 687	318
黑龙江	48 229	48 083	146	– –	18 609	18 588	179	15 909	1 407
上　海	18 842	18 842	– –	– –	3 916	3 665	76	1 478	120
江　苏	78 623	78 544	79	– –	29 619	27 818	146	12 404	2 827
浙　江	45 807	44 780	414	– –	15 390	15 280	269	6 692	495
其中:宁波	9 057	9 010	47	– –	2 871	2 859	118	821	149
安　徽	30 129	29 737	29	– –	13 770	12 176	523	8 373	448
福　建	40 901	40 901	– –	– –	15 665	14 540	51	6 929	884
其中:厦门	14 628	14 628	– –	– –	5 366	5 366	– –	2 756	408
江　西	15 271	15 271	– –	– –	8 341	7 951	81	2 367	854
山　东	56 067	55 967	– –	100	25 181	23 397	293	9 288	1 135
其中:青岛	14 002	14 002	– –	– –	6 056	5 820	155	2 805	217
河　南	31 124	31 124	– –	– –	10 306	9 678	117	7 862	706
湖　北	48 467	47 038	1 034	387	19 416	19 092	192	8 486	3 385
湖　南	21 417	20 112	821	– –	10 148	9 287	63	3 189	659
广　东	111 834	111 460	374	– –	35 517	31 425	1 244	14 177	1 120
其中:深圳	29 172	29 172	– –	– –	8 244	7 667	391	1 496	91
广　西	29 451	28 844	240	– –	11 580	9 951	206	3 592	963
海　南	2 334	2 334	– –	– –	1 463	1 209	2	283	82
重　庆	4 506	4 395	111	– –	2 033	1 778	44	1 036	70
四　川	53 623	51 148	2 326	– –	24 945	23 810	828	10 413	2 105
贵　州	19 448	18 596	676	– –	9 531	7 999	487	3 056	1 323
云　南	35 343	34 970	258	– –	18 688	17 554	109	4 656	695
西　藏	20 380	20 380	– –	– –	14 180	14 167	– –	1 416	102
陕　西	27 326	27 215	50	– –	12 317	11 102	175	2 694	1 549
甘　肃	18 489	18 392	97	– –	9 598	9 113	51	2 690	562
青　海	6 541	6 458	83	– –	4 466	4 466	– –	701	127
宁　夏	3 736	3 734	– –	– –	1 128	304	2	600	49
新　疆	26 716	26 716	– –	– –	16 907	16 008	225	3 135	450

术表演团体演出及收支情况（二）

单位：千元、千平方米

计中			演出收入与演出费比重（%）	年末固定资产原值	经费自给率（%）	劳动报酬占总支出比重（%）	当年提取修购基金	增加值	劳动生产率（元/人）	公用房屋建筑面积	
设备购置费	排练制作费	演出费									排练练功用房
41 842	**70 600**	**96 543**	**174.1**	**983 841**	**29.2**	**42.2**	**3 334**	**468 789**	**8 666**	**1 582**	**264**
313	637	119	2 066.2	9 955	49.5	38.0	4	3 467	9 630	14	5
3	10	40	144.9	732	12.5	20.9	– –	280	7 366	2	– –
1 542	1 751	2 797	334.0	36 691	39.9	43.7	25	16 720	6 943	72	12
2 602	2 569	4 587	243.3	40 020	35.1	46.2	103	20 517	6 580	86	11
1 995	1 288	1 746	70.9	33 861	9.1	57.1	2	16 954	6 855	67	13
3 343	7 601	4 958	260.4	55 856	34.1	39.8	49	29 332	8 554	63	16
263	2 529	389	710.2	3 582	37.9	41.3	– –	4 591	10 112	5	– –
428	452	941	378.5	18 986	27.8	39.1	102	11 854	7 245	31	4
971	1 799	2 407	138.1	65 008	18.1	38.5	35	21 388	8 430	88	15
270	600	2 576	367.5	3 730	62.5	20.7	138	4 141	14 328	3	– –
3 704	6 699	9 012	224.1	50 984	39.0	37.6	527	31 805	11 183	96	20
3 030	7 154	5 644	229.3	38 559	47.6	33.5	272	17 202	11 437	50	9
1 024	1 292	1 879	113.4	10 345	35.5	31.6	– –	3 402	15 676	7	4
490	1 816	2 303	87.0	22 375	14.4	45.7	552	15 188	6 795	40	10
1 455	3 015	8 095	78.8	22 478	22.9	38.2	122	16 615	11 121	28	5
682	970	2 592	72.5	4 445	19.9	36.6	– –	5 544	18 236	3	– –
168	1 297	785	91.2	26 086	14.9	54.6	18	9 465	6 247	38	4
4 055	3 025	6 129	212.8	54 982	36.4	44.9	253	27 674	10 268	95	20
1 139	419	1 702	112.1	7 473	30.8	43.2	144	6 509	14 305	16	3
934	1 842	4 835	171.8	27 855	42.1	33.1	96	11 539	5 195	70	9
1 531	2 759	4 477	145.3	50 737	33.2	40.0	101	21 638	7 438	120	14
562	1 174	2 386	128.5	24 820	33.3	47.3	41	11 205	7 127	35	10
5 931	10 511	18 536	139.9	78 891	32.1	31.7	491	39 916	16 088	115	19
4 540	4 591	1 710	191.1	17 538	22.2	28.2	– –	9 337	31 757	15	2
2 719	2 764	2 483	104.9	28 264	18.7	39.3	38	12 965	7 438	31	6
165	91	149	213.4	12 255	33.1	62.6	– –	1 955	21 247	– –	– –
277	180	265	298.1	11 185	58.2	45.1	34	2 524	8 469	7	– –
1 642	3 336	3 166	114.2	87 210	22.3	46.5	20	29 262	7 765	124	14
311	847	1 214	54.7	21 747	25.6	49.0	64	10 886	7 736	32	7
1 354	1 903	2 411	74.5	35 840	10.2	52.8	– –	20 227	10 753	36	13
183	247	492	6.0	21 407	0.3	69.5	– –	15 036	18 115	35	4
943	2 144	1 843	164.6	33 951	33.4	45.0	237	13 880	6 050	84	7
136	1 113	918	143.4	22 641	15.1	51.9	– –	10 556	7 171	52	5
145	363	92	67.3	15 528	3.3	68.2	10	5 087	11 304	15	2
143	85	173	139.8	3 093	7.5	30.1	– –	1 254	5 076	15	2
497	1 528	964	104.4	28 114	15.5	63.2	– –	18 257	9 873	38	8

各地区文化部门县、市级艺

地区	剧团数	补贴团数	从业人员	职工	本团新排上演剧目	本团创作首演剧目	国内演出场次	本剧种演出场次	农村演出场次	国内观众人次	本剧种观众人次
总　计	**1 640**	**1 520**	**57 633**	**52 294**	**2 810**	**1 178**	**257**	**195**	**196**	**277 574**	**213 722**
北　京	– –	– –	– –	– –	– –	– –	– –	– –	– –	– –	– –
天　津	3	3	114	110	3	– –	– –	– –	– –	710	150
河　北	93	77	3 206	2 968	38	13	21	16	18	23 144	18 925
山　西	120	87	5 972	5 120	104	12	29	27	27	38 930	36 648
内蒙古	79	77	2 262	2 261	103	58	10	5	7	6 953	3 502
辽　宁	35	34	991	944	51	34	2	1	1	3 017	2 182
其中:大连	4	4	103	85	4	4	– –	– –	– –	90	85
吉　林	44	40	2 050	2 034	169	102	5	3	3	4 875	2 244
黑龙江	54	51	1 963	1 922	100	70	8	4	4	4 973	3 119
上　海	1	1	17	17	42	1	– –	– –	– –	200	200
江　苏	79	75	2 387	2 323	78	50	22	21	16	8 863	8 224
浙　江	45	41	1 505	1 453	69	29	5	4	4	8 229	7 061
其中:宁波	5	4	110	79	2	2	1	1	– –	673	673
安　徽	49	48	1 755	1 683	81	25	9	8	3	5 583	2 535
福　建	64	61	2 351	2 034	205	79	10	9	8	15 993	14 311
其中:厦门	1	1	52	40	5	– –	– –	– –	– –	397	397
江　西	54	52	1 745	1 483	264	146	7	4	5	8 304	5 688
山　东	72	71	2 500	2 365	133	33	13	11	10	14 240	12 646
其中:青岛	6	6	199	185	6	1	1	– –	1	881	765
河　南	160	148	7 112	6 384	131	27	33	30	30	41 117	35 954
湖　北	67	66	2 698	2 512	245	94	10	5	6	10 249	6 317
湖　南	58	57	1 895	1 787	82	32	11	8	8	7 477	6 149
广　东	88	80	2 613	1 841	197	73	10	7	8	13 725	9 476
其中:深圳	2	2	25	24	– –	– –	– –	– –	– –	175	175
广　西	83	82	2 126	1 963	26	14	7	2	4	8 071	2 647
海　南	16	14	580	509	20	5	1	1	1	1 775	1 137
重　庆	18	17	428	411	19	12	– –	– –	– –	160	64
四　川	48	48	1 304	1 226	93	55	3	2	2	1 670	683
贵　州	4	4	176	171	6	6	– –	– –	– –	178	80
云　南	96	90	2 000	1 908	50	23	7	2	3	8 299	3 437
西　藏	15	11	163	55	28	9	– –	– –	– –	181	131
陕　西	85	75	4 045	3 766	309	97	17	14	15	21 989	17 442
甘　肃	49	49	1 914	1 369	104	41	11	9	9	15 380	10 949
青　海	– –	– –	– –	– –	– –	– –	– –	– –	– –	– –	– –
宁　夏	5	5	229	212	22	7	1	– –	1	673	433
新　疆	56	56	1 532	1 463	38	31	5	2	3	2 616	1 388

术表演团体演出及收支情况（一）

单位：个、人、千场、千人次、千元

国外演出场次（场）	平均每团演出场次（场）	本年收入合计								平均每团演出收入
		(合计)	财政补助收入	上级补助收入	事业收入	演出收入	经营收入	附属单位上缴收入	其他收入	
2 255	**156**	**487 332**	**280 662**	**9 374**	**160 348**	**148 085**	**8 024**	**1 034**	**27 890**	**90.2**
– –	– –	– –	– –	– –	– –	– –	– –	– –	– –	– –
– –	– –	1 363	886	– –	426	426	– –	– –	51	141.5
– –	225	16 698	5 690	157	10 534	10 532	160	– –	157	113.2
– –	241	22 258	6 391	272	15 367	15 267	– –	– –	228	127.2
85	126	16 351	13 604	380	2 139	2 033	25	– –	203	25.7
– –	57	6 022	4 557	– –	838	802	20	– –	607	22.9
– –	– –	1 366	1 269	– –	– –	– –	– –	– –	97	– –
34	113	18 304	15 091	161	2 004	1 930	417	– –	631	43.8
10	148	15 288	13 067	120	1 815	1 666	110	– –	176	30.8
– –	– –	396	155	– –	218	218	– –	– –	23	215.8
3	278	42 702	20 574	1 544	14 361	13 714	1 070	775	4 378	173.5
5	111	29 814	17 019	578	9 418	7 907	35	– –	2 764	175.6
5	199	2 711	1 862	100	584	202	– –	– –	165	40.3
32	183	15 078	10 106	73	3 649	3 429	468	– –	782	69.9
306	156	33 064	14 633	1 499	15 535	14 721	79	– –	1 318	229.9
– –	– –	1 109	662	– –	447	426	– –	– –	– –	421.7
– –	129	12 883	9 056	157	2 910	2 381	68	– –	692	44.0
7	180	32 361	19 422	784	9 481	8 779	30	– –	2 644	121.9
– –	166	3 540	1 733	154	1 210	1 177	– –	– –	443	195.8
3	206	36 234	16 191	460	17 889	17 327	235	– –	1 459	108.2
– –	149	23 705	15 506	389	5 646	4 496	1 091	73	1 000	67.0
– –	189	18 213	9 980	154	5 978	4 645	1 097	5	999	80.0
218	113	33 058	11 092	680	18 755	17 698	671	– –	1 860	201.0
1	– –	1 923	1 530	110	28	28	203	– –	52	13.9
71	84	14 810	11 391	172	2 464	2 285	103	– –	680	27.5
– –	62	4 507	2 174	2	2 231	2 227	– –	– –	100	139.1
– –	– –	4 489	2 510	5	913	22	505	– –	556	1.2
– –	62	16 044	8 188	592	2 152	806	1 028	181	3 903	16.7
– –	– –	3 204	2 094	– –	120	22	64	– –	926	5.4
8	72	25 789	22 046	539	1 820	1 424	501	– –	883	14.8
– –	– –	693	538	80	45	41	26	– –	4	2.7
1 473	199	18 130	8 944	143	8 523	8 410	116	– –	404	98.9
– –	224	10 029	6 417	– –	3 392	3 352	72	– –	148	68.3
– –	– –	– –	– –	– –	– –	– –	– –	– –	– –	– –
– –	199	1 869	1 491	10	341	341	– –	– –	27	68.0
– –	89	13 976	11 849	423	1 384	1 184	33	– –	287	21.1

各地区文化部门县、市级艺

地区	本年支出合计	事业支出	经营支出	对附属单位补助支出	在支出合：从业人员劳动报酬	其中：职工工资总额	税金支出	社会保障费	修缮费
总计	**491 957**	**484 141**	**6 287**	**477**	**265 551**	**249 638**	**1 497**	**70 131**	**12 260**
北京	--	--	--	--	--	--	--	--	--
天津	1 348	1 348	--	--	774	674	--	295	15
河北	16 696	16 554	142	--	11 345	11 266	15	1 637	130
山西	22 793	22 541	176	--	14 358	13 834	11	1 703	290
内蒙古	16 032	15 870	40	--	10 926	10 913	11	994	331
辽宁	5 954	5 939	15	--	3 379	3 208	3	1 210	59
其中：大连	1 366	1 366	--	--	664	664	--	396	--
吉林	17 869	17 601	229	--	9 388	9 324	12	3 105	327
黑龙江	15 274	15 233	31	--	9 907	9 907	17	2 100	284
上海	396	396	--	--	200	200	--	100	--
江苏	43 731	42 102	1 243	26	17 397	16 266	45	8 570	628
浙江	30 099	30 084	15	--	12 175	11 878	20	3 852	271
其中：宁波	2 726	2 726	--	--	1 250	1 183	--	259	15
安徽	15 569	14 881	580	80	7 785	7 654	38	4 173	343
福建	33 404	33 357	45	2	16 532	15 486	245	4 842	579
其中：厦门	1 109	1 109	--	--	565	565	--	207	--
江西	12 753	12 711	42	--	7 787	7 554	34	1 452	76
山东	32 632	32 574	58	--	15 780	14 952	67	5 540	1 525
其中：青岛	3 756	3 756	--	--	1 388	1 308	--	741	35
河南	36 963	36 607	189	94	18 179	17 553	21	9 266	319
湖北	24 508	24 093	307	108	13 275	12 336	50	4 083	866
湖南	18 483	18 201	251	--	9 543	8 725	96	2 993	784
广东	33 465	32 776	681	8	17 119	12 491	195	1 700	635
其中：深圳	2 014	1 814	200	--	890	846	--	--	130
广西	14 863	14 746	117	--	9 232	8 452	26	1 065	546
海南	4 517	4 517	--	--	2 737	2 403	2	226	82
重庆	4 497	4 036	300	156	2 273	1 960	94	1 293	160
四川	15 998	15 083	812	3	6 310	5 833	333	4 391	1 169
贵州	3 237	3 159	42	--	740	731	--	911	477
云南	25 672	25 118	501	--	16 976	16 314	92	1 973	1 481
西藏	706	649	40	--	588	392	2	--	1
陕西	18 391	18 055	310	--	10 842	10 042	54	1 005	526
甘肃	10 219	10 143	76	--	7 811	7 442	5	741	54
青海	--	--	--	--	--	--	--	--	--
宁夏	1 869	1 869	--	--	1 445	1 346	--	164	16
新疆	14 019	13 898	45	--	10 748	10 502	9	747	286

术表演团体演出及收支情况（二）

单位：千元、千平方米

计	中		演出收入与演出费比重（%）	年末固定资产原值	经费自给率（%）	劳动报酬占总支出比重（%）	当年提取修购基金	增加值	劳动生产率（元/人）	公用房屋建筑面积	
设备购置费	排练制作费	演出费									排练练功用房
21 643	**25 689**	**40 322**	**367.2**	**577 355**	**40.2**	**53.9**	**4 813**	**290 943**	**5 048**	**1 344**	**198**
- -	- -	- -	- -	- -	- -	- -	- -	- -	- -	- -	- -
53	6	122	349.1	1 062	35.3	57.4	- -	817	7 166	3	1
991	446	1 352	778.9	27 055	64.9	67.9	885	12 468	3 888	53	9
1 996	1 240	1 723	886.0	30 373	68.6	62.9	- -	15 604	2 612	98	12
939	1 086	625	325.2	17 846	14.8	68.1	50	11 653	5 151	44	14
50	222	226	354.8	5 115	24.6	56.7	- -	3 587	3 619	15	4
19	31	27	- -	918	7.1	48.6	- -	701	6 805	2	- -
384	725	900	214.4	19 430	17.1	52.5	93	10 178	4 964	40	7
492	441	887	187.8	18 268	13.7	64.8	- -	10 659	5 429	41	5
- -	61	35	622.6	252	60.8	50.5	- -	210	12 345	- -	- -
2 090	3 139	4 686	292.6	32 444	47.4	39.7	79	18 738	7 849	56	9
1 503	3 791	4 488	176.1	17 925	40.5	40.4	28	12 911	8 578	41	5
276	208	122	165.5	1 450	27.4	45.8	- -	1 308	11 889	2	- -
540	882	629	545.1	18 767	31.6	50.0	- -	8 620	4 911	39	6
1 083	1 580	5 239	280.9	21 171	50.6	49.4	324	17 622	7 495	65	10
30	38	268	158.9	917	40.3	50.9	28	602	11 574	1	- -
614	616	951	250.3	20 314	28.7	61.0	- -	8 633	4 947	59	5
1 127	1 332	2 566	342.1	38 421	37.2	48.3	83	17 387	6 954	82	8
177	54	93	1 265.4	2 399	44.0	36.9	- -	1 484	7 456	16	1
1 912	1 488	2 775	624.3	39 534	53.2	49.1	- -	19 813	2 785	106	14
803	976	1 758	255.7	47 950	32.0	54.1	518	15 242	5 649	107	19
703	1 279	1 401	331.5	22 259	43.7	51.6	- -	10 534	5 558	51	7
1 686	1 747	4 833	366.1	31 619	63.6	51.1	125	18 616	7 124	54	12
199	188	212	13.2	2 263	14.0	44.1	- -	980	39 184	- -	- -
742	577	1 051	217.4	19 955	21.8	62.1	- -	10 055	4 729	41	10
274	584	579	384.6	8 438	51.6	60.5	6	3 083	5 315	16	2
52	30	28	78.5	10 211	45.5	50.5	- -	2 776	6 485	30	2
870	331	785	102.6	31 723	45.6	39.4	793	7 915	6 069	59	3
336	237	215	10.2	3 934	34.6	22.8	- -	896	5 090	5	- -
750	1 450	920	154.7	36 902	12.5	66.1	1 030	19 083	9 541	59	7
30	12	- -	410 000.0	1 451	10.8	83.2	- -	649	3 981	3	- -
643	782	746	1 127.3	22 824	49.2	58.9	7	11 890	2 939	94	11
508	204	368	910.8	16 085	35.3	76.4	2	8 460	4 420	44	5
- -	- -	- -	- -	- -	- -	- -	- -	- -	- -	- -	- -
109	65	46	741.1	1 890	19.6	77.3	780	1 522	6 645	6	1
363	360	388	305.1	14 137	12.2	76.6	10	11 322	7 390	33	10

各地区文化部门艺术表

	机构数（个）	从业人员（人）	职工	座席数（个）	演（映）出场次合计（千场）	艺术演出场次	电影放映场次	录像放映场次	观众人次
总　计	**1 902**	**43 471**	**40 254**	**1 644 106**	**1 706**	**65**	**612**	**1 024**	**117 961**
中　央	4	363	85	3 370	1	1	－－	－－	523
地　方	1 898	43 108	40 169	1 640 736	1 705	64	612	1 024	117 438
北　京	24	784	646	17 902	33	2	13	17	2 737
天　津	32	728	668	22 563	55	－－	19	35	1 647
河　北	99	1 916	1 877	96 171	79	2	33	44	5 101
山　西	51	1 084	1 002	51 724	35	1	15	20	1 537
内蒙古	31	725	725	27 667	21	1	10	10	885
辽　宁	70	2 444	2 215	43 860	53	1	23	29	3 648
其中：大连	10	309	295	8 485	4	－－	2	3	446
吉　林	57	1 800	1 698	37 452	30	1	9	20	2 574
黑龙江	49	658	594	26 936	22	1	10	12	2 354
上　海	44	1 308	1 225	22 938	48	5	21	23	4 589
江　苏	138	3 432	3 259	121 137	179	11	79	89	12 867
浙　江	97	1 669	1 614	74 242	93	5	22	65	7 997
其中：宁波	10	248	247	7 428	7	1	1	5	963
安　徽	105	2 265	2 127	86 728	110	1	25	84	4 079
福　建	79	1 210	1 161	60 404	50	2	23	24	3 695
其中：厦门	8	220	218	5 784	13	－－	5	7	403
江　西	63	941	866	54 687	28	1	5	21	1 526
山　东	107	2 544	2 469	108 880	120	3	39	77	8 035
其中：青岛	10	235	231	6 412	14	－－	3	10	803
河　南	167	5 255	5 030	182 820	147	4	46	97	9 220
湖　北	77	2 411	2 038	76 835	113	3	19	91	12 587
湖　南	93	2 035	1 990	91 170	94	3	33	58	4 370
广　东	76	2 635	2 439	79 175	114	5	36	73	5 609
其中：深圳	5	209	204	4 884	4	－－	2	2	508
广　西	29	438	414	29 720	26	1	2	22	2 683
海　南	18	1 373	1 331	23 136	9	－－	7	1	783
重　庆	25	240	234	13 016	16	－－	5	11	351
四　川	96	1 169	1 078	64 619	34	4	11	19	2 166
贵　州	13	289	256	10 573	7	－－	3	4	636
云　南	39	416	402	33 398	36	2	15	19	2 000
西　藏	19	281	213	10 950	25	－－	23	2	4 515
陕　西	112	1 579	1 395	97 500	58	3	22	33	4 985
甘　肃	45	771	617	40 993	40	2	21	17	2 371
青　海	2	46	41	1 749	5	－－	4	1	248
宁　夏	17	323	254	13 700	15	－－	12	3	1 032
新　疆	24	339	291	18 091	10	－－	7	3	611

演场所演出及收支情况（一）

（千人次）			本年收入合计（千元）									
艺术演出观众人次	电影放映观众人次	录像放映观众人次		财政补助收入	上级补助收入	事业收入				经营收入	附属单位上缴收入	其他收入
							艺术演出	电影放映	录像放映			
35 341	**51 123**	**31 497**	**804 475**	**86 656**	**16 830**	**391 732**	**113 596**	**114 334**	**58 327**	**147 608**	**14 940**	**146 709**
518	5	– –	11 993	– –	– –	2 375	1 564	33	– –	9 088	73	457
34 823	51 118	31 497	792 482	86 656	16 830	389 357	112 032	114 301	58 327	138 520	14 867	146 252
1 192	1 109	436	41 276	2 654	2 438	26 066	15 438	5 955	899	5 401	– –	4 717
334	850	463	15 142	1 062	– –	8 745	745	4 043	1 946	1 032	– –	4 303
938	1 969	2 194	24 469	2 689	1 016	12 007	1 871	4 594	2 987	2 277	– –	6 480
412	723	402	14 469	796	63	7 334	1 124	2 479	2 678	1 829	– –	4 447
243	388	254	6 443	2 015	– –	3 036	472	1 626	599	824	– –	568
475	2 628	545	25 954	2 336	205	15 093	1 605	5 239	1 147	6 304	– –	2 016
75	340	31	5 458	449	125	1 262	284	483	362	3 370	– –	252
445	1 721	408	22 019	5 666	269	7 576	899	3 593	1 300	7 001	126	1 381
523	1 439	392	7 719	786	533	3 239	822	1 302	443	157	– –	3 004
2 277	1 957	355	70 862	2 534	3 725	42 714	6 906	5 376	1 461	8 331	1 644	11 914
4 043	6 750	2 074	85 397	1 777	449	48 152	15 552	19 365	5 630	12 857	2 471	19 691
3 797	2 644	1 556	56 896	7 903	573	24 442	11 419	4 527	2 559	11 096	1 306	11 576
625	201	137	9 030	2 186	253	3 700	1 970	207	253	810	487	1 594
761	1 594	1 724	28 934	4 278	911	12 180	2 245	3 695	3 675	5 972	594	4 999
851	2 264	580	33 858	4 314	115	17 606	1 699	6 038	1 386	5 569	1	6 253
159	216	28	8 924	1 493	– –	4 461	316	693	147	2 104	– –	866
744	383	399	14 282	4 133	12	7 232	936	1 679	1 289	1 254	– –	1 651
2 320	2 851	2 864	41 347	6 276	296	21 042	6 227	6 032	3 953	3 559	808	9 366
274	300	229	6 140	85	208	2 525	1 361	197	602	175	1	3 146
3 097	3 949	2 174	42 765	3 357	359	20 985	6 641	7 206	3 944	5 523	858	11 683
1 888	2 121	8 578	35 115	3 094	1 117	14 145	3 098	1 782	5 310	8 714	144	7 901
1 178	2 164	1 028	34 021	3 657	1 038	17 808	5 885	5 554	2 390	8 168	643	2 707
1 913	2 419	1 277	87 431	13 425	2 854	39 466	18 544	10 671	7 201	17 926	5 762	7 998
222	225	61	19 957	2 791	2 840	7 915	3 792	2 725	775	4 733	– –	1 678
669	563	1 451	12 127	215	8	3 339	1 030	329	1 775	6 694	35	1 836
166	562	55	4 549	– –	15	1 979	408	1 353	136	1 139	319	1 097
127	156	68	6 023	829	33	2 225	43	656	726	1 464	– –	1 472
1 404	510	252	20 808	1 262	133	7 207	2 387	1 242	553	5 778	54	6 374
177	186	273	5 522	681	– –	1 334	214	556	335	421	– –	3 086
1 026	699	275	13 814	2 200	228	5 864	1 291	1 798	1 524	2 523	– –	2 999
198	4 086	231	4 691	3 300	266	867	3	836	25	31	10	217
2 084	2 250	651	15 665	1 718	169	7 070	2 233	2 110	772	4 505	92	2 111
984	1 074	313	10 444	1 553	– –	5 681	1 470	2 199	1 350	1 570	– –	1 640
26	163	59	1 590	– –	– –	1 030	– –	283	118	– –	– –	560
345	624	63	3 871	485	5	2 175	130	1 659	80	313	– –	893
186	322	103	4 979	1 661	– –	1 718	695	524	136	288	– –	1 312

各地区文化部门艺术表

	本年支出合计					
		事业支出	经营支出	对附属单位补助支出	在 从业人员劳动报酬	职工工资总额
总　计	**856 532**	**723 563**	**116 870**	**4 823**	**264 618**	**246 486**
中　央	11 795	4 110	7 685	--	2 447	2 245
地　方	844 737	719 453	109 185	4 823	262 171	244 241
北　京	38 553	34 765	2 850	--	9 187	8 293
天　津	15 634	14 638	808	170	5 875	5 413
河　北	25 443	22 941	2 341	30	8 769	8 449
山　西	15 093	13 422	1 314	--	4 848	4 450
内蒙古	7 030	6 103	623	--	3 473	3 473
辽　宁	29 044	22 662	4 228	8	8 798	8 369
其中:大连	6 294	3 955	2 219	--	1 889	1 814
吉　林	23 723	17 227	5 739	499	8 509	7 777
黑龙江	8 381	8 300	81	--	3 310	3 126
上　海	69 015	61 040	4 718	735	20 577	18 471
江　苏	94 195	70 857	22 150	473	29 013	27 503
浙　江	57 567	51 182	5 883	372	18 198	17 488
其中:宁波	9 081	8 342	517	163	3 329	3 279
安　徽	31 651	23 403	7 451	493	10 647	10 017
福　建	35 182	30 317	4 717	--	10 876	9 487
其中:厦门	9 282	7 883	1 399	--	2 847	2 558
江　西	14 691	13 478	1 212	--	5 212	4 677
山　东	45 219	43 295	1 847	--	14 765	14 202
其中:青岛	6 685	6 659	26	--	1 842	1 699
河　南	43 155	38 968	3 155	244	16 958	16 233
湖　北	38 109	26 384	10 637	16	12 535	11 111
湖　南	42 002	38 986	2 903	75	11 170	10 521
广　东	91 829	74 020	17 038	672	20 978	20 004
其中:深圳	22 702	22 064	638	--	5 951	5 825
广　西	20 375	19 850	323	-38	3 397	3 067
海　南	6 920	5 299	1 621	--	2 090	2 055
重　庆	5 897	5 207	336	354	1 858	1 645
四　川	21 295	19 496	1 232	567	6 216	5 813
贵　州	6 336	6 086	250	--	2 130	2 095
云　南	14 603	11 811	2 129	--	4 497	4 277
西　藏	5 070	4 930	128	4	3 747	2 824
陕　西	15 984	14 120	1 545	--	6 839	6 249
甘　肃	11 610	10 661	949	--	3 860	3 506
青　海	1 978	1 978	--	--	421	412
宁　夏	4 641	4 154	338	149	1 683	1 615
新　疆	4 512	3 873	639	--	1 735	1 619

演场所演出及收支情况（二）

（千元）支出合计中 税金支出	社会保障费	修缮费	设备购置费	年末固定资产原值（千元）	经费自给率（%）	劳动报酬占总支出比重（%）	当年提取修购基金（千元）	增加值（千元）	公用房屋建筑面积（千平方米）
39 946	**80 625**	**49 246**	**27 829**	**3 509 404**	**83.4**	**30.8**	**26 953**	**462 988**	**4 711**
477	35	353	14	17 428	101.6	20.7	191	3 622	16
39 469	80 590	48 893	27 815	3 491 976	83.1	31.0	26 762	459 366	4 695
1 679	1 272	2 682	289	109 270	96.1	23.8	2 484	16 131	92
917	1 450	877	641	44 627	91.1	37.5	655	8 652	83
1 217	3 741	2 386	502	101 253	82.1	34.4	1 779	14 775	249
763	1 313	841	1 553	60 646	92.3	32.1	83	8 037	136
235	891	377	278	32 111	65.8	49.4	– –	4 993	71
874	2 705	577	461	103 174	87.0	30.2	768	14 926	179
144	347	97	16	16 951	79.1	30.0	– –	2 711	34
841	3 730	1 536	326	64 798	70.0	35.8	514	12 168	152
647	595	405	279	36 338	76.3	39.4	305	5 470	57
4 379	9 151	6 409	2 188	95 894	98.2	29.8	2 179	31 561	115
3 662	7 254	2 998	1 385	403 078	89.4	30.8	1 839	53 388	341
2 527	6 234	4 655	1 767	202 140	84.8	31.6	1 783	29 091	252
337	918	294	163	24 181	74.3	36.6	193	4 634	28
1 153	5 770	1 764	626	111 301	76.9	33.6	1 440	16 886	208
2 292	3 518	1 789	1 598	163 408	84.0	30.9	1 592	20 833	173
794	895	792	487	29 956	80.0	30.6	180	4 842	33
868	1 336	1 732	1 074	41 766	69.0	35.4	15	8 004	113
2 145	3 353	1 895	2 961	215 667	77.0	32.6	1 525	25 665	288
505	573	144	32	6 326	87.4	27.5	38	2 601	24
1 797	7 392	1 780	1 126	193 107	92.7	39.2	2 344	27 166	430
1 734	3 133	2 930	1 055	182 718	83.4	32.8	2 443	22 953	222
1 595	3 585	3 648	1 891	139 130	70.0	26.5	762	18 342	300
3 554	3 104	3 688	3 936	379 923	78.1	22.8	1 021	41 182	238
687	429	934	400	110 153	63.1	26.2	922	11 083	61
828	1 215	280	120	158 221	59.0	16.6	1 285	10 568	96
234	509	1 133	135	50 566	65.5	30.2	60	4 347	65
162	595	241	240	17 214	93.1	31.5	95	2 721	68
1 942	2 527	1 608	689	119 385	93.6	29.1	477	13 025	207
817	817	435	19	32 840	76.4	33.6	– –	4 353	35
891	2 000	1 028	678	79 736	81.6	30.7	251	8 968	91
4	282	207	22	6 506	22.2	73.9	– –	4 016	14
840	971	656	579	145 804	87.9	42.7	716	13 919	202
564	512	28	1 181	81 095	76.5	33.2	173	7 669	90
111	419	41	42	3 274	80.3	21.2	6	663	6
6	514	40	92	37 163	75.2	36.2	133	3 196	77
191	702	227	82	79 823	73.5	38.4	35	5 698	45

各地区文化部门省级艺术

	机构数(个)	从业人员(人)		座席数(个)	演(映)出场次合计(千场)				观众人次
			职工			艺术演出场次	电影放映场次	录像放映场次	
总计	**105**	**4 022**	**3 484**	**84 597**	**135**	**2**	**65**	**63**	**9 530**
北京	9	299	216	5 167	8	1	3	4	820
天津	11	255	214	6 039	20	—	12	8	644
河北	1	50	26	776	1	—	1		23
山西	2	41	41	2 450	3	—	1	2	137
内蒙古	1	27	27	1 188	1	—	1	—	212
辽宁	2	53	53	2 260	7	—	1	6	349
吉林	3	281	270	2 327	—	—	—	—	174
黑龙江	3	73	58	2 470	—	—	—	—	362
上海	9	358	324	5 353	4	1	1	1	1 025
江苏	2	75	75	1 235	1	—	—	—	247
浙江	4	176	175	2 871	7	—	3	4	880
安徽	3	148	123	3 061	3	—	—	3	87
福建	2	80	58	1 274	1	—	1	—	98
江西	4	107	77	2 942	2	—	1		298
山东	3	290	290	3 975	2	—	1	1	588
河南	2	158	135	2 374	7	—	3	3	420
湖北	3	141	49	7 128	7	—	—	7	92
湖南	6	317	302	4 239	12	—	7	5	551
广东	2	127	127	3 343	—	—	—	—	242
广西	3	59	59	1 875	2	—	—	2	39
海南	—	—	—	—	—	—	—	—	—
重庆	3	44	40	83	5	—	1	4	50
四川	2	173	173	2 600	2	—	2	—	202
贵州	4	171	142	3 268	4	—	3	1	312
云南	5	138	128	4 726	11	—	4	7	361
西藏	—	—	—	—	—	—	—	—	—
陕西	4	49	37	2 433	2	—	—	2	219
甘肃	5	111	78	3 422	9	—	8	1	498
青海	2	46	41	1 749	5	—	4	1	248
宁夏	2	61	55	1 060	4	—	4	—	107
新疆	3	114	91	2 909	5	—	3	1	245

表演场所演出及收支情况 （一）

（千人次）			本年收入合计（千元）									
艺术演出观众人次	电影放映观众人次	录像放映观众人次		财政补助收入	上级补助收入	事业收入	事业收入：艺术演出	事业收入：电影放映	事业收入：录像放映	经营收入	附属单位上缴收入	其他收入
4 632	**3 535**	**1 363**	**159 736**	**20 986**	**4 215**	**89 805**	**34 983**	**15 036**	**5 344**	**23 568**	**1 995**	**19 167**
545	161	114	20 490	2 300	438	15 021	10 788	1 920	227	1 275	- -	1 456
153	424	67	4 904	- -	- -	4 365	395	2 053	441	168	- -	371
10	13	- -	1 230	170	- -	30	6	24	- -	- -	- -	1 030
14	53	70	2 281	- -	- -	2 281	115	695	1 065	- -	- -	- -
74	29	109	387	- -	- -	374	226	47	101	- -	- -	13
135	137	77	1 857	- -	50	805	544	184	77	998	- -	4
80	91	3	4 378	688	19	795	76	588	8	2 239	126	511
169	193	- -	2 926	- -	200	840	735	105	- -	- -	- -	1 886
918	100	7	28 566	- -	2 842	21 466	3 449	459	88	- -	- -	4 258
200	47	- -	2 672	150	- -	1 341	820	250	- -	156	758	267
474	359	47	7 863	1 650	- -	4 367	1 436	1 292	434	926	- -	920
- -	51	36	3 842	150	- -	242	- -	130	112	3 269	- -	181
12	86	- -	3 347	404	- -	1 772	- -	45	- -	540	- -	631
157	124	17	3 627	1 022	- -	2 262	226	492	- -	342	- -	1
192	180	216	6 311	2 030	- -	4 280	312	405	355	- -	- -	1
50	287	83	3 551	- -	- -	1 762	451	1 172	139	977	468	344
50	- -	42	3 103	- -	360	216	5	- -	211	1 161	- -	1 366
118	377	56	10 190	- -	306	7 636	3 006	2 790	415	1 486	643	119
242	- -	- -	20 737	9 337	- -	8 705	8 705	- -	- -	2 398	- -	297
8	7	24	2 229	- -	- -	409	47	21	341	1 689	- -	131
- -	- -	- -	- -	- -	- -	- -	- -	- -	- -	- -	- -	- -
5	17	28	1 483	50	- -	290	- -	153	137	1 098	- -	45
191	10	1	7 897	- -	- -	3 036	913	55	3	4 131	- -	730
114	125	73	3 451	360	- -	747	2	534	130	- -	- -	2 344
117	109	135	3 634	256	- -	2 194	1 021	277	757	715	- -	469
- -	- -	- -	- -	- -	- -	- -	- -	- -	- -	- -	- -	- -
206	- -	13	900	- -	- -	900	861	- -	39	- -	- -	- -
290	175	33	2 708	1 093	- -	1 052	334	432	87	- -	- -	563
26	163	59	1 590	- -	- -	1 030	- -	283	118	- -	- -	560
1	106	- -	551	229	- -	270	21	224	- -	- -	- -	52
81	111	53	3 031	1 097	- -	1 317	489	406	59	- -	- -	617

各地区文化部门省级艺术

	本年支出合计					
		事业支出	经营支出	对附属单位补助支出	从业人员劳动报酬	
						在职工工资总额
总计	**165 024**	**150 582**	**12 201**	**829**	**38 297**	**34 604**
北京	20 061	18 517	1 544	- -	3 477	2 986
天津	5 114	4 943	- -	170	2 254	1 931
河北	1 240	1 240	- -	- -	410	200
山西	2 447	2 447	- -	- -	314	314
内蒙古	590	387	203	- -	195	195
辽宁	2 437	1 731	482	- -	423	420
吉林	5 881	3 594	2 287	- -	1 324	1 294
黑龙江	2 927	2 927	- -	- -	762	762
上海	26 203	25 071	- -	- -	7 174	6 052
江苏	2 814	2 777	37	- -	1 087	1 087
浙江	7 461	7 344	117	- -	2 314	2 304
安徽	4 395	1 030	3 365	- -	686	653
福建	3 626	3 559	67	- -	1 032	416
江西	3 782	3 513	269	- -	645	509
山东	7 604	7 604	- -	- -	1 805	1 782
河南	3 081	2 813	268	- -	1 064	1 033
湖北	2 973	2 654	319	- -	1 297	1 227
湖南	14 823	14 675	148	- -	2 765	2 573
广东	18 380	16 157	2 223	- -	1 568	1 568
广西	1 957	1 996	- -	-39	596	596
海南	- -	- -	- -	- -	- -	- -
重庆	1 723	1 308	217	198	455	385
四川	7 961	7 448	13	500	1 576	1 576
贵州	4 096	4 096	- -	- -	1 266	1 231
云南	4 018	3 721	242	- -	1 679	1 593
西藏	- -	- -	- -	- -	- -	- -
陕西	900	900	- -	- -	266	266
甘肃	2 996	2 996	- -	- -	686	536
青海	1 978	1 978	- -	- -	421	412
宁夏	736	736	- -	- -	72	72
新疆	2 820	2 420	400	- -	684	631

表演场所演出及收支情况（二）

（千元）支出合计中				年末固定资产原值（千元）	经费自给率（%）	劳动报酬占总支出比重（%）	当年提取修购基金（千元）	增加值（千元）	公用房屋建筑面积（千平方米）
税金支出	社会保障费	修缮费	设备购置费						
11 145	**12 722**	**10 717**	**11 117**	**551 116**	**82.6**	**23.2**	**5 903**	**74 009**	**476**
883	671	1 706	111	34 548	88.4	17.3	2 078	6 181	28
317	839	155	130	9 695	99.2	44.0	189	2 978	33
70	100	130	40	4 070	85.4	33.0	– –	643	9
102	105	7	928	5 115	93.2	12.8	– –	621	3
45	40	30	170	2 757	65.5	33.0	– –	350	4
284	275	172	– –	2 463	81.6	17.3	64	806	10
181	446	178	119	8 272	62.4	22.5	229	1 837	32
431	300	47	– –	9 653	93.1	26.0	272	1 579	11
2 309	2 843	2 320	543	31 664	102.6	27.3	1 152	12 410	41
113	395	29	298	5 879	89.6	38.6	25	1 436	6
257	752	422	877	51 862	83.2	31.0	312	4 645	19
230	70	408	20	17 312	84.0	15.6	516	1 608	25
275	100	110	658	59 371	81.1	28.4	323	3 681	10
265	134	547	550	8 970	68.8	17.0	– –	1 269	5
479	169	707	2 219	32 838	56.2	23.7	– –	3 598	21
527	600	73	22	10 744	115.2	34.5	– –	2 021	12
– –	320	60	62	11 860	92.2	43.6	120	1 771	11
737	563	315	564	27 937	66.6	18.6	– –	4 620	59
616	72	1 623	2 353	4 148	62.0	8.5	– –	2 350	2
121	439	23	1	7 715	111.6	30.4	– –	1 025	15
– –	– –	– –	– –	– –	– –	– –	– –	– –	– –
74	109	89	20	3 263	93.9	26.4	36	660	13
1 622	416	951	484	39 075	105.8	19.7	271	4 761	18
645	583	401	2	11 505	75.4	30.9	– –	2 371	15
171	1 009	57	88	22 094	85.2	41.7	245	2 735	29
– –	– –	– –	– –	– –	– –	– –	– –	– –	– –
40	130	– –	– –	24 980	99.9	29.5	– –	1 305	5
95	90	11	742	36 381	53.9	22.8	– –	2 236	19
111	419	41	42	3 274	80.3	21.2	6	663	6
– –	122	– –	– –	1 606	43.7	9.7	30	136	2
145	611	105	74	62 065	68.5	24.2	35	3 713	13

各地区文化部门地、市级艺术

	机构数(个)	从业人员(人)	职工	座席数(个)	演(映)出场次合计(千场)	艺术演出场次	电影放映场次	录像放映场次	观众人次
总计	**633**	**17 991**	**16 559**	**464 971**	**952**	**25**	**311**	**617**	**48 921**
北京	11	319	279	7 416	18	1	6	11	1 352
天津	17	366	352	10 691	33	--	7	26	742
河北	25	917	914	16 426	54	--	25	29	2 284
山西	18	582	521	13 962	18	--	8	10	652
内蒙古	13	401	401	13 513	13	--	7	6	395
辽宁	35	1 458	1 241	17 873	33	--	15	18	1 955
其中:大连	4	109	103	2 430	--	--	--	--	67
吉林	21	829	751	10 972	25	--	7	17	1 246
黑龙江	20	246	214	12 356	18	1	8	9	1 264
上海	32	898	849	16 045	40	3	19	18	3 204
江苏	38	1 325	1 254	30 690	101	7	40	54	5 026
浙江	25	498	479	14 281	34	2	12	21	2 988
其中:宁波	4	83	83	2 318	2	--	1	1	354
安徽	34	925	871	24 847	44	--	11	33	1 160
福建	22	406	400	13 297	27	1	10	17	1 284
其中:厦门	7	199	197	4 984	12	--	5	7	362
江西	19	493	462	17 476	19	--	2	16	775
山东	30	935	888	27 902	51	1	17	34	2 609
其中:青岛	6	161	157	4 092	10	--	3	7	567
河南	44	1 797	1 688	36 287	93	1	26	66	2 373
湖北	33	1 210	992	29 111	78	1	10	67	8 605
湖南	22	711	696	22 185	45	--	14	31	1 534
广东	25	1 092	1 043	23 413	83	1	20	62	2 722
其中:深圳	2	164	161	2 024	2	--	1	1	315
广西	12	260	245	11 426	18	1	2	16	1 347
海南	2	164	164	2 202	1	--	1	--	52
重庆	13	152	151	5 961	9	--	5	4	196
四川	38	549	495	23 390	22	2	8	12	1 119
贵州	6	70	70	5 062	3	--	1	2	277
云南	17	227	225	14 175	21	1	8	11	861
西藏	6	150	138	3 942	2	--	2	--	154
陕西	31	547	426	21 611	20	1	8	11	1 440
甘肃	12	294	208	10 791	19	1	7	11	804
青海	--	--	--	--	--	--	--	--	--
宁夏	3	95	72	2 084	6	--	3	3	238
新疆	9	75	70	5 584	4	--	2	2	263

表演场所演出及收支情况 （一）

（千人次）			本年收入合计（千元）									
艺术演出观众人次	电影放映观众人次	录像放映观众人次		财政补助收入	上级补助收入	事业收入				经营收入	附属单位上缴收入	其他收入
							艺术演出	电影放映	录像放映			
10 639	**20 901**	**17 381**	**403 218**	**30 065**	**9 775**	**189 200**	**38 507**	**60 995**	**39 001**	**86 344**	**9 873**	**77 961**
552	589	211	16 321	354	2 000	8 389	4 159	2 439	487	3 594	--	1 984
36	320	386	8 639	448	--	3 819	193	1 820	1 327	629	--	3 743
96	1 198	990	15 519	1 062	--	8 797	417	3 766	2 532	1 377	--	4 283
90	373	189	8 259	275	50	2 635	258	867	1 304	1 537	--	3 762
88	203	104	4 056	1 406	--	1 465	69	810	247	754	--	431
231	1 382	342	17 271	1 402	155	11 157	869	3 140	516	3 258	--	1 299
67	--	--	2 710	--	125	194	194	--	--	2 139	--	252
121	851	274	12 534	3 416	250	4 291	222	1 622	1 211	3 901	--	676
222	700	342	3 638	507	333	1 755	71	695	317	157	--	886
1 272	1 694	238	40 325	2 298	832	19 929	3 320	4 742	1 086	8 331	1 644	7 291
1 458	2 691	877	42 250	--	438	22 489	5 202	9 503	4 092	9 226	979	9 118
1 039	1 442	507	18 988	817	230	7 584	2 976	1 838	963	5 827	434	4 096
233	117	4	3 373	535	120	1 447	400	87	18	586	--	685
93	542	525	14 992	1 962	819	6 809	621	2 211	2 204	1 695	425	3 282
253	872	159	17 330	2 155	45	9 433	764	3 027	1 021	4 270	--	1 427
158	176	28	7 944	1 493	--	4 167	311	404	147	1 954	--	330
247	226	302	7 545	2 153	12	3 625	284	870	842	892	--	863
531	859	1 219	18 533	893	228	8 206	2 502	3 132	1 906	2 155	334	6 717
211	174	182	4 042	--	208	1 413	476	172	510	85	1	2 335
415	1 283	675	21 679	713	224	10 829	1 748	4 097	2 263	2 930	110	6 873
715	537	7 353	24 300	1 660	273	10 394	2 117	1 357	4 253	6 189	23	5 761
132	1 089	313	10 563	929	632	5 139	1 606	1 601	1 153	3 209	--	654
658	1 078	986	49 198	2 272	2 845	22 613	7 280	6 960	6 157	13 483	5 762	2 223
177	129	9	16 015	1 573	2 840	6 766	3 572	1 926	645	4 273	--	563
307	553	487	8 824	15	3	2 471	831	308	1 216	5 005	35	1 295
17	31	4	1 357	--	--	354	45	260	24	565	--	438
25	139	32	3 759	390	33	1 879	--	503	581	146	--	1 311
587	418	114	8 840	323	71	3 037	1 083	696	479	474	35	4 900
23	54	200	1 180	50	--	410	47	10	205	421	--	299
333	389	139	8 997	1 635	213	2 978	202	921	766	1 798	--	2 373
23	131	--	2 567	1 563	--	773	1	772	--	21	--	210
646	649	145	7 836	707	89	3 031	672	1 021	546	3 249	92	668
302	336	166	5 302	210	--	3 787	873	1 260	1 197	924	--	381
--	--	--	--	--	--	--	--	--	--	--	--	--
43	132	63	1 587	21	--	962	20	668	80	150	--	454
84	140	39	1 029	429	--	160	55	79	26	177	--	263

各地区文化部门地、市级艺术

	本年支出合计	事业支出	经营支出	对附属单位补助支出	在从业人员劳动报酬	职工工资总额
总计	434 638	354 691	69 943	2 986	130 389	121 873
北京	13 679	13 212	467	— —	4 119	3 823
天津	9 003	8 178	808	— —	3 167	3 057
河北	16 420	14 674	1 615	— —	4 995	4 945
山西	8 577	7 187	1 148	— —	2 772	2 432
内蒙古	4 274	3 644	420	— —	2 177	2 177
辽宁	19 224	14 508	2 949	8	5 790	5 431
其中:大连	3 074	1 397	1 677	— —	644	619
吉林	12 556	8 687	3 277	499	5 127	4 463
黑龙江	3 788	3 777	11	— —	1 455	1 295
上海	40 601	33 988	4 718	735	12 488	11 554
江苏	47 863	30 651	16 084	453	13 202	12 632
浙江	17 472	14 322	3 090	— —	5 627	5 471
其中:宁波	3 264	2 747	517	— —	1 102	1 102
安徽	16 453	12 693	2 963	493	5 238	5 038
福建	17 352	15 636	1 715	— —	4 595	4 234
其中:厦门	8 285	7 036	1 249	— —	2 521	2 232
江西	8 042	7 343	698	— —	3 168	2 784
山东	20 081	18 948	1 064	— —	6 180	5 728
其中:青岛	4 314	4 314	— —	— —	1 217	1 074
河南	22 372	20 235	1 726	110	8 039	7 697
湖北	27 130	16 597	9 531	16	7 488	6 497
湖南	12 928	11 853	1 075	— —	3 639	3 412
广东	55 022	42 854	11 496	672	13 353	12 987
其中:深圳	19 639	19 639	— —	— —	4 634	4 634
广西	17 372	16 809	323	— —	2 280	1 968
海南	1 423	734	689	— —	590	590
重庆	3 437	3 418	19	— —	1 147	1 007
四川	9 256	8 944	312	— —	3 072	2 729
贵州	1 309	1 059	250	— —	475	475
云南	9 386	6 946	1 840	— —	2 473	2 393
西藏	2 750	2 643	107	— —	2 126	2 024
陕西	8 175	6 854	1 152	— —	2 758	2 398
甘肃	5 687	5 578	109	— —	1 652	1 488
青海	— —	— —	— —	— —	— —	— —
宁夏	2 045	1 947	98	— —	717	675
新疆	961	772	189	— —	480	469

表演场所演出及收支情况（二）

（千元）				年末固定资产原值（千元）	经费自给率（%）	劳动报酬占总支出比重（%）	当年提取修购基金（千元）	增加值（千元）	公用房屋建筑面积（千平方米）
支出合计中									
税金支出	社会保障费	修缮费	设备购置费						
20 098	**43 349**	**20 192**	**10 359**	**1 590 668**	**85.5**	**29.9**	**13 189**	**224 106**	**1 761**
531	562	900	155	37 525	102.1	30.1	406	6 154	41
551	514	221	426	23 216	91.1	35.1	466	4 671	35
960	3 000	493	197	38 698	88.7	30.4	252	8 124	75
566	953	721	513	21 765	95.1	32.3	83	4 209	59
126	549	274	65	19 575	65.2	50.9	— —	3 087	38
390	1 622	229	427	61 854	90.0	30.1	646	9 582	98
— —	— —	— —	— —	5 709	84.0	20.9	— —	872	14
577	2 576	984	140	32 262	74.1	40.8	246	7 221	62
201	295	331	265	16 546	73.8	38.4	33	2 317	30
1 980	6 024	4 065	1 525	60 537	96.0	30.7	1 027	17 999	70
2 252	2 649	780	174	182 650	89.4	27.5	474	25 591	105
912	2 150	501	236	49 664	103.0	32.2	650	8 793	55
217	355	114	— —	9 255	83.2	33.7	85	1 690	8
613	3 717	924	339	54 489	77.9	31.8	834	8 554	83
1 099	1 809	1 080	782	46 003	87.1	26.4	469	7 538	56
666	805	792	487	28 780	77.8	30.4	180	4 341	30
518	740	1 023	482	18 866	66.9	39.3	15	4 448	40
1 040	1 599	375	188	84 969	87.0	30.7	912	10 712	92
402	325	75	8	2 005	88.8	28.2	— —	1 699	17
940	3 909	998	521	67 984	94.4	35.9	372	11 997	126
1 518	2 035	2 323	789	118 988	85.6	27.6	2 203	15 109	107
449	1 166	1 163	466	48 065	69.6	28.1	655	6 009	101
2 359	2 245	890	965	247 664	81.1	24.2	935	26 373	126
598	313	78	191	97 320	59.0	23.5	922	9 125	46
648	648	155	65	146 083	51.4	13.1	1 285	8 787	59
136	261	8	— —	10 425	95.3	41.4	60	1 143	5
88	388	110	196	11 777	97.0	33.3	59	1 718	47
207	1 673	323	110	29 350	91.2	33.1	202	4 532	92
77	97	22	17	8 656	86.3	36.2	— —	991	7
676	883	685	424	41 461	81.3	26.3	6	5 196	40
3	150	— —	— —	4 490	36.5	77.3	— —	2 309	7
406	518	456	437	54 348	87.9	33.7	675	5 664	50
255	332	16	424	27 551	89.5	29.0	130	3 009	23
— —	— —	— —	— —	— —	— —	— —	— —	— —	— —
3	245	27	30	15 626	76.5	35.0	94	1 345	15
17	40	115	1	9 581	62.4	49.9	— —	924	17

各地区文化部门县、市级艺术

	机构数（个）	从业人员（人）	职工	座席数（个）	演(映)出场次合计(千场)	艺术演出场次	电影放映场次	录像放映场次	观众人次
总　计	**1 160**	**21 095**	**20 126**	**1 091 168**	**614**	**31**	**243**	**339**	**58 987**
北　京	4	166	151	5 319	6	—	4	2	565
天　津	4	107	102	5 833	1	—	1	—	261
河　北	73	949	937	78 969	24	1	8	15	2 794
山　西	31	461	440	35 312	15	—	6	8	748
内蒙古	17	297	297	12 966	7	—	3	4	278
辽　宁	33	933	921	23 727	13	—	8	5	1 344
其中:大连	6	200	192	6 055	4	—	2	3	379
吉　林	33	690	677	24 153	4	1	2	2	1 154
黑龙江	26	339	322	12 110	4	—	2	2	728
上　海	3	52	52	1 540	5	—	—	4	360
江　苏	98	2 032	1 930	89 212	78	4	39	35	7 594
浙　江	68	995	960	57 090	51	4	7	40	4 129
其中:宁波	6	165	164	5 110	5	—	—	4	609
安　徽	68	1 192	1 133	58 820	64	1	14	49	2 832
福　建	55	724	703	45 833	22	2	13	7	2 313
其中:厦门	1	21	21	800	—	—	—	—	41
江　西	40	341	327	34 269	6	1	1	4	453
山　东	74	1 319	1 291	77 003	66	2	22	43	4 838
其中:青岛	4	74	74	2 320	4	—	1	3	236
河　南	121	3 300	3 207	144 159	47	3	16	28	6 427
湖　北	41	1 060	997	40 596	28	2	8	17	3 890
湖　南	65	1 007	992	64 746	36	2	12	22	2 285
广　东	49	1 416	1 269	52 419	30	3	16	11	2 645
其中:深圳	3	45	43	2 860	2	—	1	1	193
广　西	14	119	110	16 419	5	1	—	5	1 297
海　南	16	1 209	1 167	20 934	8	—	7	1	731
重　庆	9	44	43	6 972	3	—	—	2	105
四　川	56	447	410	38 629	9	1	1	6	845
贵　州	3	48	44	2 243	—	—	—	—	47
云　南	17	51	49	14 497	4	—	4	—	778
西　藏	13	131	75	7 008	23	—	22	2	4 361
陕　西	77	983	932	73 456	37	2	15	21	3 326
甘　肃	28	366	331	26 780	11	1	6	4	1 069
青　海	—	—	—	—	—	—	—	—	—
宁　夏	12	167	127	10 556	6	—	5	—	687
新　疆	12	150	130	9 598	1	—	1	—	103

表演场所演出及收支情况（一）

（千人次）			本年收入合计（千元）									
艺术演出观众人次	电影放映观众人次	录像放映观众人次		财政补助收入	上级补助收入	事业收入				经营收入	附属单位上缴收入	其他收入
							艺术演出	电影放映	录像放映			
19 552	**26 682**	**12 753**	**229 528**	**35 605**	**2 840**	**110 352**	**38 542**	**38 270**	**13 982**	**28 608**	**2 999**	**49 124**
95	359	111	4 465	－－	－－	2 656	491	1 596	185	532	－－	1 277
145	106	10	1 599	614	－－	561	157	170	178	235	－－	189
832	758	1 204	7 720	1 457	1 016	3 180	1 448	804	455	900	－－	1 167
308	297	143	3 929	521	13	2 418	751	917	309	292	－－	685
81	156	41	2 000	609	－－	1 197	177	769	251	70	－－	124
109	1 109	126	6 826	934	－－	3 131	192	1 915	554	2 048	－－	713
8	340	31	2 748	449	－－	1 068	90	483	362	1 231	－－	－－
244	779	131	5 107	1 562	－－	2 490	601	1 383	81	861	－－	194
132	546	50	1 155	279	－－	644	16	502	126	－－	－－	232
87	163	110	1 971	236	51	1 319	137	175	287	－－	－－	365
2 385	4 012	1 197	40 475	1 627	11	24 322	9 530	9 612	1 538	3 475	734	10 306
2 284	843	1 002	30 045	5 436	343	12 491	7 007	1 397	1 162	4 343	872	6 560
392	84	133	5 657	1 651	133	2 253	1 570	120	235	224	487	909
668	1 001	1 163	10 100	2 166	92	5 129	1 624	1 354	1 359	1 008	169	1 536
586	1 306	421	13 181	1 755	70	6 401	935	2 966	365	759	1	4 195
1	40	－－	980	－－	－－	294	5	289	－－	150	－－	536
340	33	80	3 110	958	－－	1 345	426	317	447	20	－－	787
1 597	1 812	1 429	16 503	3 353	68	8 556	3 413	2 495	1 692	1 404	474	2 648
63	126	47	2 098	85	－－	1 112	885	25	92	90	－－	811
2 632	2 379	1 416	17 535	2 644	135	8 394	4 442	1 937	1 542	1 616	280	4 466
1 123	1 584	1 183	7 712	1 434	484	3 535	976	425	846	1 364	121	774
928	698	659	13 268	2 728	100	5 033	1 273	1 163	822	3 473	－－	1 934
1 013	1 341	291	17 496	1 816	9	8 148	2 559	3 711	1 044	2 045	－－	5 478
45	96	52	3 942	1 218	－－	1 149	220	799	130	460	－－	1 115
354	3	940	1 074	200	5	459	152	－－	218	－－	－－	410
149	531	51	3 192	－－	15	1 625	363	1 093	112	574	319	659
97	－－	8	781	389	－－	56	43	－－	8	220	－－	116
626	82	137	4 071	939	62	1 134	391	491	71	1 173	19	744
40	7	－－	891	271	－－	177	165	12	－－	－－	－－	443
576	201	1	1 183	309	15	692	68	600	1	10	－－	157
175	3 955	231	2 124	1 737	266	94	2	64	25	10	10	7
1 232	1 601	493	6 929	1 011	80	3 139	700	1 089	187	1 256	－－	1 443
392	563	114	2 434	250	－－	842	263	507	66	646	－－	696
－－	－－	－－	－－	－－	－－	－－	－－	－－	－－	－－	－－	－－
301	386	－－	1 733	235	5	943	89	767	－－	163	－－	387
21	71	11	919	135	－－	241	151	39	51	111	－－	432

各地区文化部门县、市级艺术

	本年支出合计					
		事业支出	经营支出	对附属单位补助支出	在从业人员劳动报酬	职工工资总额
总计	**245 075**	**214 180**	**27 041**	**1 008**	**93 485**	**87 764**
北京	4 813	3 036	839	– –	1 591	1 484
天津	1 517	1 517	– –	– –	454	425
河北	7 783	7 027	726	30	3 364	3 304
山西	4 069	3 788	166	– –	1 762	1 704
内蒙古	2 166	2 072	– –	– –	1 101	1 101
辽宁	7 383	6 423	797	– –	2 585	2 518
其中:大连	3 220	2 558	542	– –	1 245	1 195
吉林	5 286	4 946	175	– –	2 058	2 020
黑龙江	1 666	1 596	70	– –	1 093	1 069
上海	2 211	1 981	– –	– –	915	865
江苏	43 518	37 429	6 029	20	14 724	13 784
浙江	32 634	29 516	2 676	372	10 257	9 713
其中:宁波	5 817	5 595	– –	163	2 227	2 177
安徽	10 803	9 680	1 123	– –	4 723	4 326
福建	14 204	11 122	2 935	– –	5 249	4 837
其中:厦门	997	847	150	– –	326	326
江西	2 867	2 622	245	– –	1 399	1 384
山东	17 534	16 743	783	– –	6 780	6 692
其中:青岛	2 371	2 345	26	– –	625	625
河南	17 702	15 920	1 161	134	7 855	7 503
湖北	8 006	7 133	787	– –	3 750	3 387
湖南	14 251	12 458	1 680	75	4 766	4 536
广东	18 427	15 009	3 319	– –	6 057	5 449
其中:深圳	3 063	2 425	638	– –	1 317	1 191
广西	1 046	1 045	– –	1	521	503
海南	5 497	4 565	932	– –	1 500	1 465
重庆	737	481	100	156	256	253
四川	4 078	3 104	907	67	1 568	1 508
贵州	931	931	– –	– –	389	389
云南	1 199	1 144	47	– –	345	291
西藏	2 320	2 287	21	4	1 621	800
陕西	6 909	6 366	393	– –	3 815	3 585
甘肃	2 927	2 087	840	– –	1 522	1 482
青海	– –	– –	– –	– –	– –	– –
宁夏	1 860	1 471	240	149	894	868
新疆	731	681	50	– –	571	519

表演场所演出及收支情况（二）

（千元）支出合计中				年末固定资产原值（千元）	经费自给率（%）	劳动报酬占总支出比重（%）	当年提取修购基金（千元）	增加值（千元）	公用房屋建筑面积（千平方米）
税金支出	社会保障费	修缮费	设备购置费						
8 226	**24 519**	**17 984**	**6 339**	**1 350 192**	**79.2**	**38.1**	**7 670**	**161 251**	**2 458**
265	39	76	23	37 197	115.2	33.0	– –	3 796	23
49	97	501	85	11 716	64.9	29.9	– –	1 003	15
187	641	1 763	265	58 485	67.6	43.2	1 527	6 008	165
95	255	113	112	33 766	85.8	43.3	– –	3 207	74
64	302	73	43	9 779	67.1	50.8	– –	1 556	28
200	808	176	34	38 857	81.6	35.0	58	4 538	71
144	347	97	16	11 242	74.1	38.6	– –	1 839	20
83	708	374	67	24 264	69.2	38.9	39	3 110	59
15	– –	27	14	10 139	52.5	65.6	– –	1 574	15
90	284	24	120	3 693	85.0	41.3	– –	1 152	4
1 297	4 210	2 189	913	214 549	89.3	33.8	1 340	26 361	230
1 358	3 332	3 732	654	100 614	75.3	31.4	821	15 653	178
120	563	180	163	14 926	69.2	38.2	108	2 944	19
310	1 983	432	267	39 500	72.5	43.7	90	6 724	100
918	1 609	599	158	58 034	80.7	36.9	800	9 614	107
128	90	– –	– –	1 176	98.2	32.6	– –	501	4
85	462	162	42	13 930	75.0	48.7	– –	2 287	68
626	1 585	813	554	97 860	74.6	38.6	613	11 355	175
103	248	69	24	4 321	84.9	26.3	38	902	7
330	2 883	709	583	114 379	86.3	44.3	1 972	13 148	292
216	778	547	204	51 870	73.1	46.8	120	6 073	104
409	1 856	2 170	861	63 128	73.8	33.4	107	7 713	140
579	787	1 175	618	128 111	85.5	32.8	86	12 459	110
89	116	856	209	12 833	88.9	42.9	– –	1 958	15
59	128	102	54	4 423	83.1	49.8	– –	756	22
98	248	1 125	135	40 141	57.7	27.2	– –	3 204	60
– –	98	42	24	2 174	67.4	34.7	– –	343	8
113	438	334	95	50 960	76.5	38.4	4	3 732	97
95	137	12	– –	12 679	66.5	41.7	– –	991	13
44	108	286	166	16 181	72.1	28.7	– –	1 037	22
1	132	207	22	2 016	5.2	69.8	– –	1 707	7
394	323	200	142	66 476	86.3	55.2	41	6 950	148
214	90	1	15	17 163	74.6	51.9	43	2 424	48
– –	– –	– –	– –	– –	– –	– –	– –	– –	– –
3	147	13	62	19 931	87.2	48.0	9	1 715	60
29	51	7	7	8 177	107.2	78.1	– –	1 061	15

各地区文化部门剧场、影

	机构数(个)	从业人员(人)	职工	座席数(个)	演(映)出场次合计(千场)	艺术演出场次	电影放映场次	录像放映场次	观众人次
总计	**1 864**	**42 483**	**39 568**	**1 629 982**	**1 678**	**60**	**606**	**1 009**	**115 810**
中央	3	97	54	2 223	--	--	--	--	148
地方	1 861	42 386	39 514	1 627 759	1 678	60	606	1 009	115 662
北京	22	721	615	16 856	30	2	11	16	2 419
天津	30	688	634	21 673	49	--	17	32	1 461
河北	99	1 916	1 877	96 171	79	2	33	44	5 101
山西	51	1 084	1 002	51 724	35	1	15	20	1 537
内蒙古	31	725	725	27 667	21	1	10	10	885
辽宁	68	2 389	2 160	43 860	53	1	23	29	3 648
其中:大连	10	309	295	8 485	4	--	2	3	446
吉林	56	1 740	1 638	37 452	30	1	9	20	2 574
黑龙江	46	606	542	25 710	22	1	10	12	2 275
上海	39	1 214	1 139	21 265	41	3	20	18	4 133
江苏	130	3 334	3 171	120 064	174	9	78	87	12 583
浙江	90	1 630	1 575	73 892	88	5	22	61	7 896
其中:宁波	10	248	247	7 428	7	1	1	5	963
安徽	104	2 261	2 124	86 728	110	1	25	84	4 079
福建	78	1 193	1 144	59 690	49	2	23	24	3 657
其中:厦门	7	203	201	5 070	12	--	5	7	365
江西	63	941	866	54 687	28	1	5	21	1 526
山东	107	2 544	2 469	108 880	120	3	39	77	8 035
其中:青岛	10	235	231	6 412	14	--	3	10	803
河南	166	5 233	5 008	182 820	147	4	46	97	9 220
湖北	76	2 341	1 973	73 731	113	3	19	91	12 483
湖南	93	2 035	1 990	91 170	94	3	33	58	4 370
广东	75	2 544	2 348	77 244	114	5	36	73	5 428
其中:深圳	5	209	204	4 884	4	--	2	2	508
广西	29	438	414	29 720	26	1	2	22	2 683
海南	18	1 373	1 331	23 136	9	--	7	1	783
重庆	25	240	234	13 016	16	--	5	11	351
四川	95	1 152	1 066	63 769	34	4	11	19	2 137
贵州	13	289	256	10 573	7	--	3	4	636
云南	39	416	402	33 398	36	2	15	19	2 000
西藏	19	281	213	10 950	25	--	23	2	4 515
陕西	111	1 579	1 395	97 380	58	3	22	33	4 985
甘肃	45	771	617	40 993	40	2	21	17	2 371
青海	2	46	41	1 749	5	--	4	1	248
宁夏	17	323	254	13 700	15	--	12	3	1 032
新疆	24	339	291	18 091	10	--	7	3	611

剧院演出及收支情况（一）

（千人次）			本年收入合计（千元）									
艺术演出观众人次	电影放映观众人次	录像放映观众人次		财政补助收入	上级补助收入	事业收入	艺术演出	电影放映	录像放映	经营收入	附属单位上缴收入	其他收入
33 868	**50 773**	**31 169**	**756 746**	**75 877**	**16 514**	**370 345**	**101 872**	**111 598**	**57 636**	**135 846**	**14 877**	**143 287**
143	5	－－	2 464	－－	－－	2 375	1 564	33	－－	9	73	7
33 725	50 768	31 169	754 282	75 877	16 514	367 970	100 308	111 565	57 636	135 837	14 804	143 280
1 081	1 002	336	35 207	2 654	2 438	21 254	13 935	4 290	799	4 151	－－	4 710
308	708	445	13 979	1 062	－－	7 604	676	3 255	1 878	1 032	－－	4 281
938	1 969	2 194	24 469	2 689	1 016	12 007	1 871	4 594	2 987	2 277	－－	6 480
412	723	402	14 469	796	63	7 334	1 124	2 479	2 678	1 829	－－	4 447
243	388	254	6 443	2 015	－－	3 036	472	1 626	599	824	－－	568
475	2 628	545	25 615	2 067	205	15 045	1 605	5 239	1 147	6 295	－－	2 003
75	340	31	5 458	449	125	1 262	284	483	362	3 370	－－	252
445	1 721	408	21 331	5 446	269	7 576	899	3 593	1 300	7 001	126	913
444	1 439	392	6 541	468	231	2 917	771	1 302	443	157	－－	2 768
1 955	1 927	251	66 402	2 298	3 725	38 957	5 803	5 192	1 190	8 294	1 644	11 484
3 871	6 697	2 015	83 266	1 747	445	47 717	15 358	19 266	5 502	11 992	2 471	18 894
3 743	2 644	1 509	55 708	7 888	563	24 149	11 280	4 527	2 435	10 661	1 243	11 204
625	201	137	9 030	2 186	253	3 700	1 970	207	253	810	487	1 594
761	1 594	1 724	28 904	4 258	911	12 180	2 245	3 695	3 675	5 972	594	4 989
831	2 246	580	33 450	4 284	115	17 315	1 699	6 038	1 386	5 482	1	6 253
139	198	28	8 516	1 463	－－	4 170	316	693	147	2 017	－－	866
744	383	399	14 282	4 133	12	7 232	936	1 679	1 289	1 254	－－	1 651
2 320	2 851	2 864	41 347	6 276	296	21 042	6 227	6 032	3 953	3 559	808	9 366
274	300	229	6 140	85	208	2 525	1 361	197	602	175	1	3 146
3 097	3 949	2 174	42 514	3 357	359	20 874	6 641	7 206	3 944	5 523	858	11 543
1 784	2 121	8 578	32 562	2 790	1 117	12 076	2 541	1 782	5 310	8 714	144	7 721
1 178	2 164	1 028	34 021	3 657	1 038	17 808	5 885	5 554	2 390	8 168	643	2 707
1 732	2 419	1 277	70 240	4 088	2 854	31 909	10 987	10 671	7 201	17 926	5 762	7 701
222	225	61	19 957	2 791	2 840	7 915	3 792	2 725	775	4 733	－－	1 678
669	563	1 451	12 127	215	8	3 339	1 030	329	1 775	6 694	35	1 836
166	562	55	4 549	－－	15	1 979	408	1 353	136	1 139	319	1 097
127	156	68	6 023	829	33	2 225	43	656	726	1 464	－－	1 472
1 375	510	252	20 257	1 262	133	6 656	1 836	1 242	553	5 778	54	6 374
177	186	273	5 522	681	－－	1 334	214	556	335	421	－－	3 086
1 026	699	275	13 814	2 200	228	5 864	1 291	1 798	1 524	2 523	－－	2 999
198	4 086	231	4 691	3 300	266	867	3	836	25	31	10	217
2 084	2 250	651	15 665	1 718	169	7 070	2 233	2 110	772	4 505	92	2 111
984	1 074	313	10 444	1 553	－－	5 681	1 470	2 199	1 350	1 570	－－	1 640
26	163	59	1 590	－－	－－	1 030	－－	283	118	－－	－－	560
345	624	63	3 871	485	5	2 175	130	1 659	80	313	－－	893
186	322	103	4 979	1 661	－－	1 718	695	524	136	288	－－	1 312

各地区文化部门剧场、影

	本　年　支　出　合　计					
		事业支出	经营支出	对附属单位补助支出	在	
					从业人员劳动报酬	职工工资总额
总　计	**807 305**	**686 320**	**105 541**	**4 645**	**255 956**	**238 283**
中　央	2 440	2 440	--	--	777	575
地　方	804 865	683 880	105 541	4 645	255 179	237 708
北　京	32 182	29 937	1 307	--	8 322	7 456
天　津	14 335	13 509	808	--	5 364	4 969
河　北	25 443	22 941	2 341	30	8 769	8 449
山　西	15 093	13 422	1 314	--	4 848	4 450
内蒙古	7 030	6 103	623	--	3 473	3 473
辽　宁	28 693	22 326	4 221	--	8 696	8 267
其中:大连	6 294	3 955	2 219	--	1 889	1 814
吉　林	23 056	16 560	5 739	499	8 175	7 443
黑龙江	7 132	7 051	81	--	3 104	2 927
上　海	63 388	55 940	4 668	735	18 800	17 028
江　苏	90 404	68 888	20 328	473	28 294	26 784
浙　江	56 203	49 953	5 748	372	17 749	17 039
其中:宁波	9 081	8 342	517	163	3 329	3 279
安　徽	31 622	23 374	7 451	493	10 637	10 013
福　建	34 545	29 767	4 630	--	10 595	9 206
其中:厦门	8 645	7 333	1 312	--	2 566	2 277
江　西	14 691	13 478	1 212	--	5 212	4 677
山　东	45 219	43 295	1 847	--	14 765	14 202
其中:青岛	6 685	6 659	26	--	1 842	1 699
河　南	42 904	38 717	3 155	244	16 895	16 170
湖　北	35 556	23 831	10 637	16	11 841	10 433
湖　南	42 002	38 986	2 903	75	11 170	10 521
广　东	76 820	59 011	17 038	672	20 008	19 034
其中:深圳	22 702	22 064	638	--	5 951	5 825
广　西	20 375	19 850	323	-38	3 397	3 067
海　南	6 920	5 299	1 621	--	2 090	2 055
重　庆	5 897	5 207	336	354	1 858	1 645
四　川	20 621	18 822	1 232	567	6 205	5 803
贵　州	6 336	6 086	250	--	2 130	2 095
云　南	14 603	11 811	2 129	--	4 497	4 277
西　藏	5 070	4 930	128	4	3 747	2 824
陕　西	15 984	14 120	1 545	--	6 839	6 249
甘　肃	11 610	10 661	949	--	3 860	3 506
青　海	1 978	1 978	--	--	421	412
宁　夏	4 641	4 154	338	149	1 683	1 615
新　疆	4 512	3 873	639	--	1 735	1 619

剧院演出及收支情况（二）

（千元） 支出合计中 税金支出	 社会保障费	 修缮费	 设备购置费	年末固定资产原值（千元）	经费自给率（%）	劳动报酬占总支出比重（%）	当年提取修购基金（千元）	增加值（千元）	公用房屋建筑面积（千平方米）
38 111	**78 529**	**46 237**	**24 748**	**3 407 499**	**83.8**	**31.7**	**25 961**	**448 133**	**4 649**
85	35	53	14	5 286	100.9	31.8	191	1 074	6
38 026	78 494	46 184	24 734	3 402 213	83.8	31.7	25 770	447 059	4 643
1 393	1 221	2 263	283	90 780	96.3	25.8	1 893	14 241	88
847	1 268	846	572	43 637	90.2	37.4	558	8 013	78
1 217	3 741	2 386	502	101 253	82.1	34.4	1 779	14 775	249
763	1 313	841	1 553	60 646	92.3	32.1	83	8 037	136
235	891	377	278	32 111	65.8	49.4	--	4 993	71
874	2 512	572	460	102 697	87.9	30.3	768	14 804	179
144	347	97	16	16 951	79.1	30.0	--	2 711	34
841	3 730	1 536	326	62 560	70.0	35.4	514	11 744	150
647	421	299	22	30 453	81.9	43.5	305	5 029	49
4 145	8 508	6 152	2 125	93 671	99.6	29.6	2 032	29 200	111
3 546	7 154	2 984	1 382	398 961	90.8	31.2	1 839	52 386	331
2 463	5 984	4 518	1 713	197 477	84.8	31.5	1 729	28 392	250
337	918	294	163	24 181	74.3	36.6	193	4 634	28
1 153	5 752	1 764	626	111 301	76.9	33.6	1 440	16 876	208
2 265	3 422	1 789	1 598	159 231	84.4	30.6	1 592	20 358	170
767	799	792	487	25 779	81.5	29.6	180	4 367	29
868	1 336	1 732	1 074	41 766	69.0	35.4	15	8 004	113
2 145	3 353	1 895	2 961	215 667	77.0	32.6	1 525	25 665	288
505	573	144	32	6 326	87.4	27.5	38	2 601	24
1 797	7 228	1 778	1 121	191 757	92.6	39.3	2 344	27 049	429
1 544	2 980	2 815	785	141 713	83.1	33.3	2 340	20 429	209
1 595	3 585	3 648	1 891	139 130	70.0	26.5	762	18 342	300
3 098	3 032	2 065	1 583	375 775	83.2	26.0	1 021	39 590	238
687	429	934	400	110 153	63.1	26.2	922	11 083	61
828	1 215	280	120	158 221	59.0	16.6	1 285	10 568	96
234	509	1 133	135	50 566	65.5	30.2	60	4 347	65
162	595	241	240	17 214	93.1	31.5	95	2 721	68
1 942	2 527	1 608	689	119 385	94.0	30.0	477	13 014	207
817	817	435	19	32 840	76.4	33.6	--	4 353	35
891	2 000	1 028	678	79 736	81.6	30.7	251	8 968	91
4	282	207	22	6 506	22.2	73.9	--	4 016	14
840	971	656	579	145 804	87.9	42.7	716	13 919	202
564	512	28	1 181	81 095	76.5	33.2	173	7 669	90
111	419	41	42	3 274	80.3	21.2	6	663	6
6	514	40	92	37 163	75.2	36.2	133	3 196	77
191	702	227	82	79 823	73.5	38.4	35	5 698	45

各地区文化部门省级剧场、

	机构数（个）	从业人员（人）		座席数（个）	演（映）出场次合计（千场）				观众人次
			职工			艺术演出场次	电影放映场次	录像放映场次	
总计	**97**	**3 723**	**3 223**	**79 488**	**126**	**2**	**60**	**59**	**8 636**
北京	7	236	185	4 121	5	1	1	3	502
天津	9	215	180	5 149	15	- -	9	5	458
河北	1	50	26	776	1	- -	1	- -	23
山西	2	41	41	2 450	3	- -	1	2	137
内蒙古	1	27	27	1 188	1	- -	1	- -	212
辽宁	2	53	53	2 260	7	- -	1	6	349
吉林	2	221	210	2 327	- -	- -	- -	- -	174
黑龙江	3	73	58	2 470	- -	- -	- -	- -	362
上海	8	313	279	4 231	3	1	1	1	816
江苏	2	75	75	1 235	1	- -	- -	- -	247
浙江	4	176	175	2 871	7	- -	3	4	880
安徽	3	148	123	3 061	3	- -	- -	3	87
福建	2	80	58	1 274	1	- -	1	- -	98
江西	4	107	77	2 942	2	- -	1	- -	298
山东	3	290	290	3 975	2	- -	1	1	588
河南	2	158	135	2 374	7	- -	3	3	420
湖北	3	141	49	7 128	7	- -	- -	7	92
湖南	6	317	302	4 239	12	- -	7	5	551
广东	1	36	36	1 412	- -	- -	- -	- -	61
广西	3	59	59	1 875	2	- -	- -	2	39
海南	- -	- -	- -	- -	- -	- -	- -	- -	- -
重庆	3	44	40	83	5	- -	1	4	50
四川	2	173	173	2 600	2	- -	2	- -	202
贵州	4	171	142	3 268	4	- -	3	1	312
云南	5	138	128	4 726	11	- -	4	7	361
西藏	- -	- -	- -	- -	- -	- -	- -	- -	- -
陕西	3	49	37	2 313	2	- -	- -	2	219
甘肃	5	111	78	3 422	9	- -	8	1	498
青海	2	46	41	1 749	5	- -	4	1	248
宁夏	2	61	55	1 060	4	- -	4	- -	107
新疆	3	114	91	2 909	5	- -	3	1	245

影剧院演出及收支情况（一）

（千人次）			本年收入合计（千元）									
艺术演出观众人次	电影放映观众人次	录像放映观众人次		财政补助收入	上级补助收入	事业收入				经营收入	附属单位上缴收入	其他收入
							艺术演出	电影放映	录像放映			
4 135	**3 256**	**1 245**	**132 370**	**11 429**	**4 215**	**74 051**	**25 111**	**12 399**	**5 176**	**22 318**	**1 995**	**18 362**
434	54	14	14 421	2 300	438	10 209	9 285	255	127	25	– –	1 449
127	282	49	3 741	– –	– –	3 224	326	1 265	373	168	– –	349
10	13	– –	1 230	170	– –	30	6	24	– –	– –	– –	1 030
14	53	70	2 281	– –	– –	2 281	115	695	1 065	– –	– –	– –
74	29	109	387	– –	– –	374	226	47	101	– –	– –	13
135	137	77	1 857	– –	50	805	544	184	77	998	– –	4
80	91	3	3 690	468	19	795	76	588	8	2 239	126	43
169	193	– –	2 926	– –	200	840	735	105	– –	– –	– –	1 886
739	70	7	26 311	– –	2 842	19 222	2 706	275	88	– –	– –	4 247
200	47	– –	2 672	150	– –	1 341	820	250	– –	156	758	267
474	359	47	7 863	1 650	– –	4 367	1 436	1 292	434	926	– –	920
– –	51	36	3 842	150	– –	242	– –	130	112	3 269	– –	181
12	86	– –	3 347	404	– –	1 772	– –	45	– –	540	– –	631
157	124	17	3 627	1 022	– –	2 262	226	492	– –	342	– –	1
192	180	216	6 311	2 030	– –	4 280	312	405	355	– –	– –	1
50	287	83	3 551	– –	– –	1 762	451	1 172	139	977	468	344
50	– –	42	3 103	– –	360	216	5	– –	211	1 161	– –	1 366
118	377	56	10 190	– –	306	7 636	3 006	2 790	415	1 486	643	119
61	– –	– –	3 546	– –	– –	1 148	1 148	– –	– –	2 398	– –	– –
8	7	24	2 229	– –	– –	409	47	21	341	1 689	– –	131
– –	– –	– –	– –	– –	– –	– –	– –	– –	– –	– –	– –	– –
5	17	28	1 483	50	– –	290	– –	153	137	1 098	– –	45
191	10	1	7 897	– –	– –	3 036	913	55	3	4 131	– –	730
114	125	73	3 451	360	– –	747	2	534	130	– –	– –	2 344
117	109	135	3 634	256	– –	2 194	1 021	277	757	715	– –	469
– –	– –	– –	– –	– –	– –	– –	– –	– –	– –	– –	– –	– –
206	– –	13	900	– –	– –	900	861	– –	39	– –	– –	– –
290	175	33	2 708	1 093	– –	1 052	334	432	87	– –	– –	563
26	163	59	1 590	– –	– –	1 030	– –	283	118	– –	– –	560
1	106	– –	551	229	– –	270	21	224	– –	– –	– –	52
81	111	53	3 031	1 097	– –	1 317	489	406	59	– –	– –	617

各地区文化部门省级剧场、

	本年支出合计	事业支出	经营支出	对附属单位补助支出	在从业人员劳动报酬	职工工资总额
总计	138 573	125 844	10 658	659	34 655	31 314
北京	13 690	13 689	1	– –	2 612	2 149
天津	3 815	3 814	– –	– –	1 743	1 487
河北	1 240	1 240	– –	– –	410	200
山西	2 447	2 447	– –	– –	314	314
内蒙古	590	387	203	– –	195	195
辽宁	2 437	1 731	482	– –	423	420
吉林	5 214	2 927	2 287	– –	990	960
黑龙江	2 927	2 927	– –	– –	762	762
上海	23 098	21 966	– –	– –	6 212	5 347
江苏	2 814	2 777	37	– –	1 087	1 087
浙江	7 461	7 344	117	– –	2 314	2 304
安徽	4 395	1 030	3 365	– –	686	653
福建	3 626	3 559	67	– –	1 032	416
江西	3 782	3 513	269	– –	645	509
山东	7 604	7 604	– –	– –	1 805	1 782
河南	3 081	2 813	268	– –	1 064	1 033
湖北	2 973	2 654	319	– –	1 297	1 227
湖南	14 823	14 675	148	– –	2 765	2 573
广东	3 371	1 148	2 223	– –	598	598
广西	1 957	1 996	– –	-39	596	596
海南	– –	– –	– –	– –	– –	– –
重庆	1 723	1 308	217	198	455	385
四川	7 961	7 448	13	500	1 576	1 576
贵州	4 096	4 096	– –	– –	1 266	1 231
云南	4 018	3 721	242	– –	1 679	1 593
西藏	– –	– –	– –	– –	– –	– –
陕西	900	900	– –	– –	266	266
甘肃	2 996	2 996	– –	– –	686	536
青海	1 978	1 978	– –	– –	421	412
宁夏	736	736	– –	– –	72	72
新疆	2 820	2 420	400	– –	684	631

影剧院演出及收支情况（二）

（千元） 支出合计中 税金支出	社会保障费	修缮费	设备购置费	年末固定资产原值（千元）	经费自给率（%）	劳动报酬占总支出比重（%）	当年提取修购基金（千元）	增加值（千元）	公用房屋建筑面积（千平方米）
10 171	**12 081**	**8 536**	**8 660**	**523 963**	**85.5**	**25.0**	**5 068**	**68 289**	**462**
597	620	1 287	105	16 058	85.3	19.0	1 487	4 291	23
247	657	124	61	8 705	98.0	45.6	92	2 339	28
70	100	130	40	4 070	85.4	33.0	– –	643	9
102	105	7	928	5 115	93.2	12.8	– –	621	3
45	40	30	170	2 757	65.5	33.0	– –	350	4
284	275	172	– –	2 463	81.6	17.3	64	806	10
181	446	178	119	6 034	61.4	18.9	229	1 413	30
431	300	47	– –	9 653	93.1	26.0	272	1 579	11
2 147	2 507	2 212	514	30 377	106.8	26.8	1 005	11 235	39
113	395	29	298	5 879	89.6	38.6	25	1 436	6
257	752	422	877	51 862	83.2	31.0	312	4 645	19
230	70	408	20	17 312	84.0	15.6	516	1 608	25
275	100	110	658	59 371	81.1	28.4	323	3 681	10
265	134	547	550	8 970	68.8	17.0	– –	1 269	5
479	169	707	2 219	32 838	56.2	23.7	– –	3 598	21
527	600	73	22	10 744	115.2	34.5	– –	2 021	12
– –	320	60	62	11 860	92.2	43.6	120	1 771	11
737	563	315	564	27 937	66.6	18.6	– –	4 620	59
160	– –	– –	– –	– –	105.1	17.7	– –	758	2
121	439	23	1	7 715	111.6	30.4	– –	1 025	15
– –	– –	– –	– –	– –	– –	– –	– –	– –	– –
74	109	89	20	3 263	93.9	26.4	36	660	13
1 622	416	951	484	39 075	105.8	19.7	271	4 761	18
645	583	401	2	11 505	75.4	30.9	– –	2 371	15
171	1 009	57	88	22 094	85.2	41.7	245	2 735	29
– –	– –	– –	– –	– –	– –	– –	– –	– –	– –
40	130	– –	– –	24 980	99.9	29.5	– –	1 305	5
95	90	11	742	36 381	53.9	22.8	– –	2 236	19
111	419	41	42	3 274	80.3	21.2	6	663	6
– –	122	– –	– –	1 606	43.7	9.7	30	136	2
145	611	105	74	62 065	68.5	24.2	35	3 713	13

各地区文化部门地、市级剧

	机构数(个)	从业人员(人)	职工	座席数(个)	演(映)出场次合计(千场)	艺术演出场次	电影放映场次	录像放映场次	观众人次
总　计	616	17 702	16 298	458 107	945	21	310	614	48 324
北　京	11	319	279	7 416	18	1	6	11	1 352
天　津	17	366	352	10 691	33	——	7	26	742
河　北	25	917	914	16 426	54	——	25	29	2 284
山　西	18	582	521	13 962	18	——	8	10	652
内蒙古	13	401	401	13 513	13	——	7	6	395
辽　宁	34	1 446	1 229	17 873	33	——	15	18	1 955
其中:大连	4	109	103	2 430	——	——	——	——	67
吉　林	21	829	751	10 972	25	——	7	17	1 246
黑龙江	17	194	162	11 130	17	——	8	9	1 185
上　海	29	864	823	15 664	37	2	19	16	3 052
江　苏	35	1 271	1 210	30 101	99	6	40	53	4 870
浙　江	22	487	468	14 281	34	1	12	21	2 949
其中:宁波	4	83	83	2 318	2	——	1	1	354
安　徽	34	925	871	24 847	44	——	11	33	1 160
福　建	21	389	383	12 583	26	1	9	17	1 246
其中:厦门	6	182	180	4 270	12	——	5	7	324
江　西	19	493	462	17 476	19	——	2	16	775
山　东	30	935	888	27 902	51	1	17	34	2 609
其中:青岛	6	161	157	4 092	10	——	3	7	567
河　南	43	1 775	1 666	36 287	93	1	26	66	2 373
湖　北	32	1 140	927	26 007	78	1	10	67	8 501
湖　南	22	711	696	22 185	45	——	14	31	1 534
广　东	25	1 092	1 043	23 413	83	1	20	62	2 722
其中:深圳	2	164	161	2 024	2	——	1	1	315
广　西	12	260	245	11 426	18	1	2	16	1 347
海　南	2	164	164	2 202	1	——	1	——	52
重　庆	13	152	151	5 961	9	——	5	4	196
四　川	37	532	483	22 540	22	2	8	12	1 090
贵　州	6	70	70	5 062	3	——	1	2	277
云　南	17	227	225	14 175	21	1	8	11	861
西　藏	6	150	138	3 942	2	——	2	——	154
陕　西	31	547	426	21 611	20	1	8	11	1 440
甘　肃	12	294	208	10 791	19	1	7	11	804
青　海	——	——	——	——	——	——	——	——	——
宁　夏	3	95	72	2 084	6	——	3	3	238
新　疆	9	75	70	5 584	4	——	2	2	263

场、影剧院演出及收支情况（一）

艺术演出观众人次（千人次）	电影放映观众人次（千人次）	录像放映观众人次（千人次）	本年收入合计（千元）	财政补助收入	上级补助收入	事业收入	事业收入：艺术演出	事业收入：电影放映	事业收入：录像放映	经营收入	附属单位上缴收入	其他收入
10 119	**20 883**	**17 322**	**394 958**	**29 334**	**9 463**	**184 162**	**36 730**	**60 995**	**38 869**	**85 669**	**9 873**	**76 457**
552	589	211	16 321	354	2 000	8 389	4 159	2 439	487	3 594	– –	1 984
36	320	386	8 639	448	– –	3 819	193	1 820	1 327	629	– –	3 743
96	1 198	990	15 519	1 062	– –	8 797	417	3 766	2 532	1 377	– –	4 283
90	373	189	8 259	275	50	2 635	258	867	1 304	1 537	– –	3 762
88	203	104	4 056	1 406	– –	1 465	69	810	247	754	– –	431
231	1 382	342	17 122	1 323	155	11 109	869	3 140	516	3 249	– –	1 286
67	– –	– –	2 710	– –	125	194	194	– –	– –	2 139	– –	252
121	851	274	12 534	3 416	250	4 291	222	1 622	1 211	3 901	– –	676
143	700	342	2 460	189	31	1 433	20	695	317	157	– –	650
1 152	1 694	206	38 702	2 298	832	18 645	2 994	4 742	1 010	8 294	1 644	6 989
1 329	2 691	850	40 977	– –	438	22 260	5 043	9 503	4 036	8 684	979	8 616
1 000	1 442	507	18 714	817	220	7 451	2 843	1 838	963	5 827	434	3 965
233	117	4	3 373	535	120	1 447	400	87	18	586	– –	685
93	542	525	14 992	1 962	819	6 809	621	2 211	2 204	1 695	425	3 282
233	854	159	16 922	2 125	45	9 142	764	3 027	1 021	4 183	– –	1 427
138	158	28	7 536	1 463	– –	3 876	311	404	147	1 867	– –	330
247	226	302	7 545	2 153	12	3 625	284	870	842	892	– –	863
531	859	1 219	18 533	893	228	8 206	2 502	3 132	1 906	2 155	334	6 717
211	174	182	4 042	– –	208	1 413	476	172	510	85	1	2 335
415	1 283	675	21 428	713	224	10 718	1 748	4 097	2 263	2 930	110	6 733
611	537	7 353	21 747	1 356	273	8 325	1 560	1 357	4 253	6 189	23	5 581
132	1 089	313	10 563	929	632	5 139	1 606	1 601	1 153	3 209	– –	654
658	1 078	986	49 198	2 272	2 845	22 613	7 280	6 960	6 157	13 483	5 762	2 223
177	129	9	16 015	1 573	2 840	6 766	3 572	1 926	645	4 273	– –	563
307	553	487	8 824	15	3	2 471	831	308	1 216	5 005	35	1 295
17	31	4	1 357	– –	– –	354	45	260	24	565	– –	438
25	139	32	3 759	390	33	1 879	– –	503	581	146	– –	1 311
558	418	114	8 289	323	71	2 486	532	696	479	474	35	4 900
23	54	200	1 180	50	– –	410	47	10	205	421	– –	299
333	389	139	8 997	1 635	213	2 978	202	921	766	1 798	– –	2 373
23	131	– –	2 567	1 563	– –	773	1	772	– –	21	– –	210
646	649	145	7 836	707	89	3 031	672	1 021	546	3 249	92	668
302	336	166	5 302	210	– –	3 787	873	1 260	1 197	924	– –	381
– –	– –	– –	– –	– –	– –	– –	– –	– –	– –	– –	– –	– –
43	132	63	1 587	21	– –	962	20	668	80	150	– –	454
84	140	39	1 029	429	– –	160	55	79	26	177	– –	263

各地区文化部门地、市级剧

	本年支出合计					
		事业支出	经营支出	对附属单位补助支出	在从业人员劳动报酬	
						职工工资总额
总　计	**424 060**	**345 998**	**68 543**	**2 978**	**128 129**	**119 714**
北　京	13 679	13 212	467	– –	4 119	3 823
天　津	9 003	8 178	808	– –	3 167	3 057
河　北	16 420	14 674	1 615	– –	4 995	4 945
山　西	8 577	7 187	1 148	– –	2 772	2 432
内蒙古	4 274	3 644	420	– –	2 177	2 177
辽　宁	19 063	14 362	2 942	– –	5 749	5 390
其中:大连	3 074	1 397	1 677	– –	644	619
吉　林	12 556	8 687	3 277	499	5 127	4 463
黑龙江	2 539	2 528	11	– –	1 249	1 096
上　海	38 661	32 575	4 668	735	12 014	11 157
江　苏	45 032	29 076	14 828	453	12 819	12 249
浙　江	17 190	14 040	3 090	– –	5 520	5 364
其中:宁波	3 264	2 747	517	– –	1 102	1 102
安　徽	16 453	12 693	2 963	493	5 238	5 038
福　建	16 715	15 086	1 628	– –	4 314	3 953
其中:厦门	7 648	6 486	1 162	– –	2 240	1 951
江　西	8 042	7 343	698	– –	3 168	2 784
山　东	20 081	18 948	1 064	– –	6 180	5 728
其中:青岛	4 314	4 314	– –	– –	1 217	1 074
河　南	22 121	19 984	1 726	110	7 976	7 634
湖　北	24 577	14 044	9 531	16	6 794	5 819
湖　南	12 928	11 853	1 075	– –	3 639	3 412
广　东	55 022	42 854	11 496	672	13 353	12 987
其中:深圳	19 639	19 639	– –	– –	4 634	4 634
广　西	17 372	16 809	323	– –	2 280	1 968
海　南	1 423	734	689	– –	590	590
重　庆	3 437	3 418	19	– –	1 147	1 007
四　川	8 582	8 270	312	– –	3 061	2 719
贵　州	1 309	1 059	250	– –	475	475
云　南	9 386	6 946	1 840	– –	2 473	2 393
西　藏	2 750	2 643	107	– –	2 126	2 024
陕　西	8 175	6 854	1 152	– –	2 758	2 398
甘　肃	5 687	5 578	109	– –	1 652	1 488
青　海	– –	– –	– –	– –	– –	– –
宁　夏	2 045	1 947	98	– –	717	675
新　疆	961	772	189	– –	480	469

场、影剧院演出及收支情况 （二）

（千元） 支出合计中 税金支出	社会保障费	修缮费	设备购置费	年末固定资产原值（千元）	经费自给率（%）	劳动报酬占总支出比重（%）	当年提取修购基金（千元）	增加值（千元）	公用房屋建筑面积（千平方米）
19 738	**42 391**	**19 816**	**9 812**	**1 534 622**	**85.9**	**30.2**	**13 086**	**218 980**	**1 728**
531	562	900	155	37 525	102.1	30.1	406	6 154	41
551	514	221	426	23 216	91.1	35.1	466	4 671	35
960	3 000	493	197	38 698	88.7	30.4	252	8 124	75
566	953	721	513	21 765	95.1	32.3	83	4 209	59
126	549	274	65	19 575	65.2	50.9	--	3 087	38
390	1 549	224	426	61 465	90.4	30.1	646	9 525	98
--	--	--	--	5 709	84.0	20.9	--	872	14
577	2 576	984	140	32 262	74.1	40.8	246	7 221	62
201	121	225	8	10 661	88.2	49.1	33	1 876	23
1 916	5 798	3 919	1 511	59 828	95.5	31.0	1 027	17 171	69
2 181	2 649	778	174	180 406	92.3	28.4	474	25 044	97
904	2 078	501	236	49 377	103.1	32.1	650	8 667	55
217	355	114	--	9 255	83.2	33.7	85	1 690	8
613	3 717	924	339	54 489	77.9	31.8	834	8 554	83
1 072	1 713	1 080	782	41 826	88.2	25.8	469	7 063	53
639	709	792	487	24 603	79.4	29.2	180	3 866	26
518	740	1 023	482	18 866	66.9	39.3	15	4 448	40
1 040	1 599	375	188	84 969	87.0	30.7	912	10 712	92
402	325	75	8	2 005	88.8	28.2	--	1 699	17
940	3 745	996	516	66 634	94.3	36.0	372	11 880	125
1 328	1 882	2 208	519	77 983	85.3	27.6	2 100	12 585	94
449	1 166	1 163	466	48 065	69.6	28.1	655	6 009	101
2 359	2 245	890	965	247 664	81.1	24.2	935	26 373	126
598	313	78	191	97 320	59.0	23.5	922	9 125	46
648	648	155	65	146 083	51.4	13.1	1 285	8 787	59
136	261	8	--	10 425	95.3	41.4	60	1 143	5
88	388	110	196	11 777	97.0	33.3	59	1 718	47
207	1 673	323	110	29 350	91.9	35.6	202	4 521	92
77	97	22	17	8 656	86.3	36.2	--	991	7
676	883	685	424	41 461	81.3	26.3	6	5 196	40
3	150	--	--	4 490	36.5	77.3	--	2 309	7
406	518	456	437	54 348	87.9	33.7	675	5 664	50
255	332	16	424	27 551	89.5	29.0	130	3 009	23
--	--	--	--	--	--	--	--	--	--
3	245	27	30	15 626	76.5	35.0	94	1 345	15
17	40	115	1	9 581	62.4	49.9	--	924	17

各地区文化部门县、市级剧

	机构数(个)	从业人员(人)	职工	座席数(个)	演(映)出场次合计(千场)	艺术演出场次	电影放映场次	录像放映场次	观众人次
总计	**1 148**	**20 961**	**19 993**	**1 090 164**	**602**	**30**	**241**	**331**	**58 702**
北京	4	166	151	5 319	6	— —	4	2	565
天津	4	107	102	5 833	1	— —	1	— —	261
河北	73	949	937	78 969	24	1	8	15	2 794
山西	31	461	440	35 312	15	— —	6	8	748
内蒙古	17	297	297	12 966	7	— —	3	4	278
辽宁	32	890	878	23 727	13	— —	8	5	1 344
其中:大连	6	200	192	6 055	4	— —	2	3	379
吉林	33	690	677	24 153	4	1	2	2	1 154
黑龙江	26	339	322	12 110	4	— —	2	2	728
上海	2	37	37	1 370	1	— —	— —	1	265
江苏	93	1 988	1 886	88 728	74	4	37	34	7 466
浙江	64	967	932	56 740	47	3	7	36	4 067
其中:宁波	6	165	164	5 110	5	— —	— —	4	609
安徽	67	1 188	1 130	58 820	64	1	14	49	2 832
福建	55	724	703	45 833	22	2	13	7	2 313
其中:厦门	1	21	21	800	— —	— —	— —	— —	41
江西	40	341	327	34 269	6	1	1	4	453
山东	74	1 319	1 291	77 003	66	2	22	43	4 838
其中:青岛	4	74	74	2 320	4	— —	1	3	236
河南	121	3 300	3 207	144 159	47	3	16	28	6 427
湖北	41	1 060	997	40 596	28	2	8	17	3 890
湖南	65	1 007	992	64 746	36	2	12	22	2 285
广东	49	1 416	1 269	52 419	30	3	16	11	2 645
其中:深圳	3	45	43	2 860	2	— —	1	1	193
广西	14	119	110	16 419	5	1	— —	5	1 297
海南	16	1 209	1 167	20 934	8	— —	7	1	731
重庆	9	44	43	6 972	3	— —	— —	2	105
四川	56	447	410	38 629	9	1	1	6	845
贵州	3	48	44	2 243	— —	— —	— —	— —	47
云南	17	51	49	14 497	4	— —	4	— —	778
西藏	13	131	75	7 008	23	— —	22	2	4 361
陕西	77	983	932	73 456	37	2	15	21	3 326
甘肃	28	366	331	26 780	11	1	6	4	1 069
青海	— —	— —	— —	— —	— —	— —	— —	— —	— —
宁夏	12	167	127	10 556	6	— —	5	— —	687
新疆	12	150	130	9 598	1	— —	1	— —	103

场、影剧院演出及收支情况 （一）

（千人次）			本年收入合计（千元）									
艺术演出观众人次	电影放映观众人次	录像放映观众人次		财政补助收入	上级补助收入	事业收入				经营收入	附属单位上缴收入	其他收入
							艺术演出	电影放映	录像放映			
19 471	**26 629**	**12 602**	**226 954**	**35 114**	**2 836**	**109 757**	**38 467**	**38 171**	**13 591**	**27 850**	**2 936**	**48 461**
95	359	111	4 465	– –	– –	2 656	491	1 596	185	532	– –	1 277
145	106	10	1 599	614	– –	561	157	170	178	235	– –	189
832	758	1 204	7 720	1 457	1 016	3 180	1 448	804	455	900	– –	1 167
308	297	143	3 929	521	13	2 418	751	917	309	292	– –	685
81	156	41	2 000	609	– –	1 197	177	769	251	70	– –	124
109	1 109	126	6 636	744	– –	3 131	192	1 915	554	2 048	– –	713
8	340	31	2 748	449	– –	1 068	90	483	362	1 231	– –	– –
244	779	131	5 107	1 562	– –	2 490	601	1 383	81	861	– –	194
132	546	50	1 155	279	– –	644	16	502	126	– –	– –	232
64	163	38	1 389	– –	51	1 090	103	175	92	– –	– –	248
2 342	3 959	1 165	39 617	1 597	7	24 116	9 495	9 513	1 466	3 152	734	10 011
2 269	843	955	29 131	5 421	343	12 331	7 001	1 397	1 038	3 908	809	6 319
392	84	133	5 657	1 651	133	2 253	1 570	120	235	224	487	909
668	1 001	1 163	10 070	2 146	92	5 129	1 624	1 354	1 359	1 008	169	1 526
586	1 306	421	13 181	1 755	70	6 401	935	2 966	365	759	1	4 195
1	40	– –	980	– –	– –	294	5	289	– –	150	– –	536
340	33	80	3 110	958	– –	1 345	426	317	447	20	– –	787
1 597	1 812	1 429	16 503	3 353	68	8 556	3 413	2 495	1 692	1 404	474	2 648
63	126	47	2 098	85	– –	1 112	885	25	92	90	– –	811
2 632	2 379	1 416	17 535	2 644	135	8 394	4 442	1 937	1 542	1 616	280	4 466
1 123	1 584	1 183	7 712	1 434	484	3 535	976	425	846	1 364	121	774
928	698	659	13 268	2 728	100	5 033	1 273	1 163	822	3 473	– –	1 934
1 013	1 341	291	17 496	1 816	9	8 148	2 559	3 711	1 044	2 045	– –	5 478
45	96	52	3 942	1 218	– –	1 149	220	799	130	460	– –	1 115
354	3	940	1 074	200	5	459	152	– –	218	– –	– –	410
149	531	51	3 192	– –	15	1 625	363	1 093	112	574	319	659
97	– –	8	781	389	– –	56	43	– –	8	220	– –	116
626	82	137	4 071	939	62	1 134	391	491	71	1 173	19	744
40	7	– –	891	271	– –	177	165	12	– –	– –	– –	443
576	201	1	1 183	309	15	692	68	600	1	10	– –	157
175	3 955	231	2 124	1 737	266	94	2	64	25	10	10	7
1 232	1 601	493	6 929	1 011	80	3 139	700	1 089	187	1 256	– –	1 443
392	563	114	2 434	250	– –	842	263	507	66	646	– –	696
– –	– –	– –	– –	– –	– –	– –	– –	– –	– –	– –	– –	– –
301	386	– –	1 733	235	5	943	89	767	– –	163	– –	387
21	71	11	919	135	– –	241	151	39	51	111	– –	432

各地区文化部门县、市级剧

	本年支出合计	事业支出	经营支出	对附属单位补助支出	在从业人员劳动报酬	职工工资总额
总计	**242 232**	**212 038**	**26 340**	**1 008**	**92 395**	**86 680**
北京	4 813	3 036	839	—	1 591	1 484
天津	1 517	1 517	—	—	454	425
河北	7 783	7 027	726	30	3 364	3 304
山西	4 069	3 788	166	—	1 762	1 704
内蒙古	2 166	2 072	—	—	1 101	1 101
辽宁	7 193	6 233	797	—	2 524	2 457
其中:大连	3 220	2 558	542	—	1 245	1 195
吉林	5 286	4 946	175	—	2 058	2 020
黑龙江	1 666	1 596	70	—	1 093	1 069
上海	1 629	1 399	—	—	574	524
江苏	42 558	37 035	5 463	20	14 388	13 448
浙江	31 552	28 569	2 541	372	9 915	9 371
其中:宁波	5 817	5 595	—	163	2 227	2 177
安徽	10 774	9 651	1 123	—	4 713	4 322
福建	14 204	11 122	2 935	—	5 249	4 837
其中:厦门	997	847	150	—	326	326
江西	2 867	2 622	245	—	1 399	1 384
山东	17 534	16 743	783	—	6 780	6 692
其中:青岛	2 371	2 345	26	—	625	625
河南	17 702	15 920	1 161	134	7 855	7 503
湖北	8 006	7 133	787	—	3 750	3 387
湖南	14 251	12 458	1 680	75	4 766	4 536
广东	18 427	15 009	3 319	—	6 057	5 449
其中:深圳	3 063	2 425	638	—	1 317	1 191
广西	1 046	1 045	—	1	521	503
海南	5 497	4 565	932	—	1 500	1 465
重庆	737	481	100	156	256	253
四川	4 078	3 104	907	67	1 568	1 508
贵州	931	931	—	—	389	389
云南	1 199	1 144	47	—	345	291
西藏	2 320	2 287	21	4	1 621	800
陕西	6 909	6 366	393	—	3 815	3 585
甘肃	2 927	2 087	840	—	1 522	1 482
青海	—	—	—	—	—	—
宁夏	1 860	1 471	240	149	894	868
新疆	731	681	50	—	571	519

场、影剧院演出及收支情况 （二）

（千元） 支出合计中 税金支出	 社会保障费	 修缮费	 设备购置费	年末固定资产原值（千元）	经费自给率（%）	劳动报酬占总支出比重（%）	当年提取修购基金（千元）	增加值（千元）	公用房屋建筑面积（千平方米）
8 117	**24 022**	**17 832**	**6 262**	**1 343 628**	**79.2**	**38.1**	**7 616**	**159 790**	**2 455**
265	39	76	23	37 197	115.2	33.0	– –	3 796	23
49	97	501	85	11 716	64.9	29.9	– –	1 003	15
187	641	1 763	265	58 485	67.6	43.2	1 527	6 008	165
95	255	113	112	33 766	85.8	43.3	– –	3 207	74
64	302	73	43	9 779	67.1	50.8	– –	1 556	28
200	688	176	34	38 769	83.8	35.0	58	4 473	71
144	347	97	16	11 242	74.1	38.6	– –	1 839	20
83	708	374	67	24 264	69.2	38.9	39	3 110	59
15	– –	27	14	10 139	52.5	65.6	– –	1 574	15
82	203	21	100	3 466	95.6	35.2	– –	794	4
1 252	4 110	2 177	910	212 676	89.4	33.8	1 340	25 906	229
1 302	3 154	3 595	600	96 238	75.1	31.4	767	15 080	176
120	563	180	163	14 926	69.2	38.2	108	2 944	19
310	1 965	432	267	39 500	72.6	43.7	90	6 714	100
918	1 609	599	158	58 034	80.7	36.9	800	9 614	107
128	90	– –	– –	1 176	98.2	32.6	– –	501	4
85	462	162	42	13 930	75.0	48.7	– –	2 287	68
626	1 585	813	554	97 860	74.6	38.6	613	11 355	175
103	248	69	24	4 321	84.9	26.3	38	902	7
330	2 883	709	583	114 379	86.3	44.3	1 972	13 148	292
216	778	547	204	51 870	73.1	46.8	120	6 073	104
409	1 856	2 170	861	63 128	73.8	33.4	107	7 713	140
579	787	1 175	618	128 111	85.5	32.8	86	12 459	110
89	116	856	209	12 833	88.9	42.9	– –	1 958	15
59	128	102	54	4 423	83.1	49.8	– –	756	22
98	248	1 125	135	40 141	57.7	27.2	– –	3 204	60
– –	98	42	24	2 174	67.4	34.7	– –	343	8
113	438	334	95	50 960	76.5	38.4	4	3 732	97
95	137	12	– –	12 679	66.5	41.7	– –	991	13
44	108	286	166	16 181	72.1	28.7	– –	1 037	22
1	132	207	22	2 016	5.2	69.8	– –	1 707	7
394	323	200	142	66 476	86.3	55.2	41	6 950	148
214	90	1	15	17 163	74.6	51.9	43	2 424	48
– –	– –	– –	– –	– –	– –	– –	– –	– –	– –
3	147	13	62	19 931	87.2	48.0	9	1 715	60
29	51	7	7	8 177	107.2	78.1	– –	1 061	15

艺术业主要指标解释

本年新排上演剧目:指戏曲、话剧、歌剧、舞剧、歌舞剧、木偶、皮影剧团在本年新排并在本年上演的剧目。不包括音乐、舞蹈、曲艺、杂技等。

本团创作首演剧目:指上述剧团本团创作并在本年首演的剧目。

国内演出场次:指以场为计量单位的在国内的艺术表演的次数,包括售票、包场等有演出收入的演出场数和到老、少、边、山、穷地区免费演出的场数,以及参加汇演、调演等无演出收入的公开演出场次。不包括彩排审查和内部观摩演出等类无演出收入场数。

场数的计算,通常以售票、发票一次(或在其它地点进行一次艺术表演活动相当于剧场演出一场的时间)为一场。按时收费的,按日场、晚场或早场等一般习惯(约2至3小时)计算。评弹等曲艺演出计算场数,可按演出2至3小时为一场的原则进行折算。独幕剧或音乐、舞蹈、曲、杂、木、皮节目组成专场演出时,不论包括几个独幕剧或节目,一律按一场计算。

本剧种演出场次:指剧团演出和本团基本剧种相称的戏曲、话剧、歌剧、舞剧、歌舞剧、音乐及曲、杂、木、皮等剧(节)目的演出场次。

农村演出场次:指各级剧团到乡以下(含乡)农村和林区、牧区、渔区的演出。不论在本省或外省,凡到上述地区演出,均计入农村演出。

国内观众人次:指计入演出场数相关的观众人次。按时收费的,按进场观众人数计数,不论进场早晚,在场内时间多久,进一人,算一人次。

本剧种观众人次:指计入本剧种演出场次相关的观众人次。

国外演出场次:指艺术表演团体到境外的出访演出和商业演出场次。

排练制作费:指艺术表演团体在排练剧(节)目过程中所支付的一切费用,如服装、布景、道具等费用。

演出费:指艺术表演团体在演出剧(节)目过程中所支付的一切费用,如宣传费、场租费、旅运费、演出补助费等。

座席数:指艺术表演场所可向观众售票的实际座席数。

演出场次、观众人次:指艺术演出、放映电影、录像等全部有收入的场次和观众人次。

录像放映场次及观众人次:指由本艺术表演场所举办或联办的录像放映点的放映场数和售票的观众人数。

场数的计算以每部录像带放映一次为一场,连续放映则连续统计场次;连续剧按双场计价或多场计价的即按双场或多场计算场次。

1999 年全国公共图书馆发展概述

李 建 军

1999 年，全国公共图书馆在有关领导和部门的支持下，经过图书馆战线职工的努力，全国公共图书馆事业有了显著的进展。具体表现在：

一、图书馆事业机构增长，人员增加

1999 年底全国共有公共图书馆 2767 个，比上年增加 36 个，增长 1.3%。县级及县以下图书馆 2330 个，比上年增加 29 个，增长 1.3%。公共图书馆机构的增加，主要是县级馆，占全国图书馆增加总数的 80.6%。

全国公共图书馆共有从业人员 48792 人，比上年增加 479 人，增长 1.0%。其中职工 46346 人，比上年增加 808 人，增长 1.8%。分级别看，省级图书馆 7169 人，比上年增加 101 人，增长 1.4%；地市级图书馆 14455 人，比上年增加 439 人，增长 3.1%；县级及县以下图书馆 25728 人，比上年增加 40 人，增长 0.2%。

二、公共图书馆总藏量稳步上升

总藏量作为衡量公共图书馆服务能力的指标，仍呈连续稳步上升趋势，截至 1999 年末，全国公共图书馆总藏量共有 3.95 亿册(件)，比上年增加 1025 万册(件)，增长 2.7%。全国仅有西藏的图书馆总藏量与上年持平，其他 30 个省(区、市)的公共图书馆的总藏量均比上年有不同程度的增加。江苏的图书馆藏量增加最多，比上年增加 95 万册(件)；其次是江西的图书馆，增加 76 万册(件)。总藏量增长速度超过全国平均水平的有：北京、天津、河北、山西、江苏、浙江、安徽、福建、江西、河南、广东、广西、新疆等 13 个省(区、市)，其中江西和安徽的增长速度最高，比上年均增长 6.6%。分级别看，省级馆总藏量 1.23 亿册(件)，比上年增加 88.5 万册(件)，增长 0.7%；平均每馆总藏量 342 万册(件)，比上年增加 2 万册(件)，增长 0.6%。地市级馆总藏量 1.09 亿册(件)，比上年增加 422 万册(件)，增长 4.0%；平均每馆总藏量 27 万册(件)。县级馆总藏量 1.41 亿册(件)，比上年增加 455 万册(件)，增长 3.3%，全国有 24 个省(区、市)的县级馆总藏量比上年增加，江西增加 99.6 万册(件)为最多，上海增幅最大，高达 39.2%。全国平均每个县级馆总藏量 6 万册(件)，全国共有 2311 个县级馆总藏量超过全国平均水平，占县级馆总数 99.2%。全国人均藏量为 0.32 册(件)，人均藏量超过全国平均水平的有：北京、天津、辽宁、吉林、上海、江苏、浙江等 7 个省(市)，其中上海人均拥有公共图书馆藏量最多，高达 3.7 册(件)。

截至 1999 年末，全国公共图书馆共有藏书 3.5 亿册，比上年增加 975 万册，增长 2.8%，24 个省(区、市)的图书馆的藏书均有不同程度的增长。全国平均每馆藏书 12.8 万册，比上年增加 0.2 万册，增长 1.6%。全国人均藏书 0.28 册，与上年持平。

三、书架单层总长度增加，借书证发放略有增加

1999 年全国公共图书馆书架单层总长度 934.1 万米，比上年增加 61.5 万米，增长 7.0%，大大改善公共图书馆的藏书上架能力，全国有 16 个省(区、市)的公共图书馆比上年增加，湖北省图书馆比上年增加 66.1 万米，增长 170.8%，居全国增幅第一位。书架单层总长度增长速度超过全国平均速度(7.0%)的有：河北、辽宁、浙江、湖北、云南、宁夏、新疆等 7 个省(区、市)。分级别看，省级馆

279.6 万米，比上年增加 63.8 万米，增长 29.6%；地市级馆 285.2 万米，比上年减少 24.7 万米，下降 8.0%；县级馆 335.2 万米，比上年增加 21.2 万米，增长 6.8%。辽宁省县级馆比上年增加 13.4 万米为最多，增幅 103.1%为最大。

1999 年全国公共图书馆共发放借书证 596 万个，比上年增加 13.5 万个，增长 3.3%。全国有 16 个省(区、市)的发放借书证数比上年增加，15 个省(区、市)的发放借书证数比上年有不同程度的减少。全国平均每证拥有藏书 59 册，与上年持平。1999 年千人拥有借书证为 5 个，与上年持平。

四、公共图书馆服务水平有所提高

1999 年，全国公共图书馆图书流通总人次为 1.8 亿人次，比上年增加 982 万人次，增长 5.8%。全国有 20 个省(区、市)的图书馆总流通人次比上年增加，增加最多的是浙江，高达 279 万人次，其次是广东，增加 169 万人次。全国有 12 个省(区、市)的图书馆总流通人次比上年增长幅度超过全国平均水平(5.8%)，浙江增幅最大，达 45.1%。

1999 年全国公共图书馆的外借人次为 9075 万人次，比上年增加 165 万人次，增长 1.9%。全国有 15 个省(区、市)图书馆的外借人次均比上年增加，浙江增加最多，86 万人次，其次是江西，增加 49 万人次。外借人次增长幅度超过全国平均水平的有 14 个省(区、市)，海南增幅最大，达 56.8%。全国图书馆外借册次 1.63 亿册次，比上年增加 868 万册次，增长 5.6%。分地区看，仅有 12 个省(区、市)的外借册次比上年减少，有 18 个省(区、市)的外借册次比上年增加，山东最多，比上年增加 294 万册次，其次是上海，增加 211 万册次。外借册次增长幅度高于全国平均水平的有 14 个省(区、市)，海南增幅最大，达 43.4%。全国年人均外借 0.13 册图书。有 13 个省(区、市)超过全国平均水平，上海年人均外借 0.73 册图书为最高。一方面说明上海人对更新知识的需求大，另一方面说明上海市图书馆的藏量丰富，上架新书多，服务水平较高，吸引了大批读者到馆借阅。

1999 年全国公共图书馆为读者服务共举办各种活动 30051 次，共有 1383 万人次参加。1999 年全国公共图书馆共解答咨询 162.2 万条，代检索课题 42940 项，编制二、三次文献 66329 种。

五、财政补助收入持续增长

在市场经济条件下，公共图书馆为了自身的发展，加强有偿服务力度。图书馆总收入 1999 年达到 13.7 亿元，比上年增加 8348 万元，增长 6.5%。各地区图书馆均有不同程度的增加，广东增加最多，为 2149 万元。有 14 个省(区、市)的总收入增幅超过全国平均水平，其中北京增幅最高，达 20.2%，高居榜首。

尽管图书馆具有了一定造血机能，但是作为公益性的文化事业单位，还是主要靠国家拨款来维持。1999 年全国公共图书馆财政补助收入 11.58 亿元，比上年增加 8309 万元，增长 7.7%。分地区看，除陕西、安徽、海南、重庆、山西比上年下降，青海与上年持平外，各地对图书馆投入均比上年有不同程度的增加，广东增加 1616 万元为最多，其次上海增加 1479 万元。全国有 14 个省(区、市)的财政补助收入增长速度超过全国平均水平(7.7%)，北京以增长 28.3%的速度居首，吉林增长 16.9%居次。分级别看，省级馆财政补助收入 3.21 亿元，比上年增加 2737 万元，增长 9.3%；地市级馆财政补助收入 3.56 亿元，比上年增加 3119 万元，增长 9.6%；县级馆财政补助收入 3.39 亿元，比上年增加 2282 万元，增长 7.2%。全国有 22 个省(区、市)的县级馆财政补助收入比上年增加，浙江县级馆增加最多，为 506 万元。有 16 个省(区、市)的县级馆财政补助收入比上年增幅超过全国平均水平，天津增幅最大，达 61.2%。这就保证了图书馆的开馆最基本的需要。

六、总支出增幅仍小于从业人员劳动报酬的增幅

1999 年全国图书馆总支出为 13.58 亿元，比上年增加 8794 万元，增长 6.9%。除山西、辽宁、福建、海南、重庆、陕西、青海外，各地图书馆的总支出普遍增加，上海增加最多，为 2315 万元，广东次之，为 799 万元。全国有 15 个省（区、市）图书馆的增幅高于全国平均水平（6.9%），新疆以 17% 的增长速度高居榜首，其次是北京，为 16%。

1999 年在总支出中的从业劳动人员报酬是 4.44 亿元，比上年增加 5827 万元，增长 15.1%，超过总支出的增幅 8.2 个百分点。各地的从业人员劳动报酬均呈增长趋势，全国有 12 个省（区、市）的增幅高于全国平均增幅。从业人员劳动报酬占总支出的 32.7%，若扣除国家图书馆的影响，实际占 35.7%，分别比上年增加 2.4 和 2.6 个百分点。这说明图书馆经费尽管增长，主要是用于人员费用，开展业务活动经费并没有增加，反而有所下降，影响图书馆正常开展业务活动。

七、购书费继续增长，新购图书册数减少

1999 年全国公共图书馆购书费 3.05 亿元，比上年增加 2407 万元，增长 8.6%。全国有 16 个省（区、市）的购书费比上年有不同程度的增加，山东最多，为 479 万元。有 12 个省（区、市）的购书费增幅高于全国平均水平，甘肃增幅最大，达 196.2%。1999 年人均购书费 0.25 元，比上年增加 0.02 元，增长 8.7%。全国有 6 个省（区、市）的人均购书费高于全国平均水平，上海最高，为 5.24 元。

尽管购书费持续增加，但购书费的增幅远远低于人头费的增长幅度 6.8 个百分点，且购书费占总支出的比重仅为 22.4%，也低于人头费占总支出的比重 10.3 个百分点。全国还有天津、河北、山西、内蒙古、安徽、河南、湖北、广西、海南、贵州、云南、西藏、陕西、宁夏、新疆等 15 个省（区、市）的购书费比上年减少。全国仅有 5 个省（区、市）的人均购书费高于全国平均水平（0.25 元），其余 26 个省（区、市）均低于全国平均水平，河南、陕西 2 个省的人均购书费最低，仅为 0.03 元。甚至还有 729 个图书馆全年无购书费，占全国公共图书馆总数的 26.3%。而同期平均每册新书单价高达 44.9 元，比上年增加 4.8 元，增长 12.0%，使本来经费就拮据的图书馆只能望书兴叹。

1999 年公共图书馆新购图书 678 万册，比上年减少 22 万册，下降 3.1%。全国有 15 个省（区、市）的新购图书增加，北京以增加 11.8 万册和增长 54.6%居首。有 16 个省（区、市）公共图书馆的新购图书册数比上年减少，广东减少 5.5 万册为最多，青海下降幅度最高为 46.7%。全国仍有 725 个图书馆全年没新购图书，占图书馆总数的 26.2%。而新购图书的减少，使图书馆入藏量无论品种还是册数都在减少，很难以新增藏品吸引读者。

1999 年全国公共图书馆拥有固定资产 49.8 亿元。公用房屋建筑面积 506.0 万平方米，比上年增加 13.5 万平方米，增长 2.7%。书库 137.4 万平方米，阅览室 105.7 万平方米，全国平均每 1191 人拥有一平方米阅览室面积。阅览室座席 41.6 万个，其中少儿阅览室座席 12.6 万个。全国图书馆阅览室每个座席服务人口高达 3027 人。

八、目前图书馆面临的问题

1.图书馆经费仍然紧张。由于经费基数低，增幅小（扣除调整工资因素），尽管年年增长，但增加绝对数不多，平均每馆增加幅度小，用于业务费更少，甚至全国还有 729 个馆全年无购书费，占图书馆总数的 26.3%，所以经费紧张仍然困扰图书馆事业发展。

2.新购图书册数减少，图书馆藏量增减分布不均衡。全国仍有 725 个图书馆全年没新购图书，占图书馆总数的 26.2%，使图书馆藏量增长缓慢。

3.图书馆设施建设亟待加强。截至 1999 年底，全国仍有 159 个县无图书馆，有 99 个图书馆有馆无舍。在有馆舍的 2668 个图书馆中，169 个县图书馆馆舍面积低于 300 平方米，占有馆舍总馆数的 6.3%；有 45 个图书馆既无书库也无阅览室，占有馆舍总馆数的 1.7%；有 64 个图书馆无书库，占有馆舍总馆数的 2.4%；有 38 个图书馆无阅览室，占有馆舍总馆数的 1.4%。一部分图书馆设施简陋，甚至列入危房，而不能使用，严影响了图书馆业务活动的开展。

各地区公共图书

地区	机构数(个)	从业人员(人)	职工	总藏量(千册(件))	古籍	善本	图书	报刊	缩微制品	视听文献	其他
总计	**2 767**	**48 792**	**46 346**	**395 387**	**27 741**	**2 161**	**271 601**	**54 833**	**13 624**	**891**	**26 698**
中央	1	1 440	1 413	21 940	2 088	274	6 486	10 929	1 087	48	1 303
地方	2 766	47 352	44 933	373 447	25 653	1 887	265 115	43 904	12 537	843	25 395
北京	23	1 053	950	7 402	519	34	6 391	369	7	14	102
天津	31	1 129	1 018	7 622	547	88	6 538	496	2	28	11
河北	145	1 702	1 639	10 555	591	27	8 573	1 131	63	13	185
山西	121	1 493	1 406	8 486	780	122	5 899	1 648	19	9	130
内蒙古	108	1 833	1 833	6 752	298	18	5 622	703	1	5	124
辽宁	129	2 988	2 890	19 340	1 043	152	15 848	1 839	5	68	537
其中:大连	12	410	368	3 711	264	23	2 861	293	1	21	272
吉林	60	1 752	1 720	10 164	588	40	8 385	979	116	44	52
黑龙江	97	1 873	1 792	11 576	451	20	9 084	1 759	6	8	268
上海	32	2 377	1 982	48 562	1 896	178	11 080	1 862	12 258	312	21 153
江苏	101	2 072	2 002	26 236	3 169	194	21 136	1 820	16	35	59
浙江	83	1 883	1 791	16 490	1 913	43	12 100	2 153	1	27	296
其中:宁波	9	199	188	1 660	165	3	1 249	198	--	2	46
安徽	83	1 230	1 180	7 851	664	35	5 778	1 342	1	2	64
福建	82	1 193	1 094	9 550	483	38	7 927	1 016	5	13	106
其中:厦门	8	131	127	1 253	73	2	1 094	80	--	5	1
江西	104	1 455	1 392	12 363	1 015	59	9 460	1 539	--	2	346
山东	133	2 555	2 517	19 368	1 300	94	15 083	2 816	6	21	142
其中:青岛	11	228	223	2 318	152	2	1 883	280	2	--	--
河南	133	2 581	2 426	11 912	1 340	86	8 720	1 790	3	12	47
湖北	102	2 257	2 167	16 425	960	82	12 333	2 722	3	20	387
湖南	115	1 898	1 836	15 026	1 539	68	11 421	1 888	6	10	162
广东	121	2 736	2 548	20 882	825	49	16 424	3 261	4	129	239
其中:深圳	6	325	325	1 881	16	1	1 403	423	2	16	22
广西	194	1 606	1 478	13 622	509	14	10 444	2 447	2	22	199
海南	19	253	226	1 502	12	--	1 307	181	--	--	2
重庆	42	802	770	8 135	797	85	6 278	994	2	4	59
四川	129	1 716	1 665	16 895	1 566	85	12 420	2 587	3	18	302
贵州	89	899	869	6 482	183	9	5 386	794	2	1	117
云南	147	1 558	1 538	12 421	931	63	9 663	1 701	2	5	120
西藏	1	43	43	596	100	30	482	13	--	--	--
陕西	113	1 510	1 368	7 913	700	79	6 142	1 007	1	2	62
甘肃	91	1 074	1 027	7 240	555	77	5 552	1 088	1	8	36
青海	38	392	367	2 815	129	12	2 279	335	1	1	70
宁夏	21	541	520	3 550	154	3	2 963	418	1	6	8
新疆	79	898	879	5 714	96	3	4 397	1 206	--	4	10

馆 基 本 情 况（一）

总藏量中（千册）外文书刊	开架书刊	人均拥有藏书（册）	书架单层总长度（千米）	发放借书证数（千个）	千人拥有借书证（个）	总流通（千人次）	书刊外借人次	书刊外借册次（千册次）	为读者举办各种活动 次数（次）	参加人次（千人次）	信息服务 解答咨询（条）	代检索课题（项）	编制二、三次文献（种）
21 952	**79 321**	**0.32**	**9 341**	**5 957**	**5**	**180 398**	**90 754**	**162 903**	**30 051**	**13 827**	**1 622 068**	**42 940**	**66 329**
8 982	1 550	--	333	145	--	2 980	543	1 630	21	4	36 782	4 399	48
12 970	77 771	--	9 008	5 812	--	177 418	90 211	161 273	30 030	13 823	1 585 286	38 541	66 281
279	3 130	0.67	145	124	11	3 095	2 082	3 970	882	588	8 007	245	147
444	2 357	0.83	359	147	16	3 521	1 759	3 372	760	651	88 739	355	224
128	2 418	0.16	280	246	4	6 934	5 051	6 647	1 642	330	90 251	2 040	539
493	1 787	0.27	149	150	5	2 412	1 450	2 198	514	295	98 586	308	28
45	1 016	0.29	292	95	4	2 658	1 414	2 263	3 506	50	12 025	393	256
1 177	6 147	0.47	581	315	8	10 995	4 997	10 155	1 262	933	158 265	3 333	1 953
275	1 188	0.68	88	75	14	2 640	1 262	2 332	230	273	53 897	299	298
624	1 200	0.39	183	125	5	4 268	1 813	3 479	660	269	31 993	415	735
621	3 627	0.32	210	248	7	6 210	2 056	5 324	642	377	12 528	477	465
1 872	5 214	3.70	386	188	14	12 526	4 655	9 590	3 382	1 159	316 422	4 960	241
1 415	4 272	0.37	773	439	6	10 934	7 039	11 678	1 138	1 178	67 527	2 679	284
481	2 473	0.37	390	284	6	8 969	4 597	7 653	740	446	34 020	1 687	2 805
27	349	0.31	81	38	7	1 429	520	1 182	108	41	4 479	420	72
367	1 198	0.13	178	102	2	4 971	2 603	4 046	1 366	135	14 410	400	185
162	2 497	0.29	228	207	6	6 759	2 783	7 541	916	212	31 075	1 442	8 226
14	399	1.01	36	41	33	2 144	377	2 829	178	35	6 588	4	7
83	1 873	0.30	120	136	3	4 957	3 264	6 135	483	353	12 339	776	136
572	3 511	0.22	412	378	4	7 892	4 989	9 917	1 448	472	55 890	2 259	759
97	465	0.33	38	63	9	929	651	1 547	101	204	12 505	126	25
165	2 867	0.13	258	225	2	7 155	4 247	6 086	1 025	279	37 887	791	466
812	3 531	0.28	1 048	398	7	6 752	4 325	7 102	1 715	970	80 987	602	719
446	3 569	0.23	334	366	6	8 695	4 436	7 660	1 458	818	55 187	976	248
501	9 276	0.29	392	435	6	20 260	7 336	11 363	1 564	1 270	147 299	3 254	23 373
61	1 408	1.72	34	35	32	3 195	532	733	192	62	80 178	1 012	19 791
302	3 366	0.29	791	238	5	9 622	4 121	6 977	1 217	690	110 651	3 919	15 735
15	798	0.20	28	15	2	1 269	707	968	83	45	2 112	434	14
203	1 574	0.10	118	78	1	2 605	1 664	3 032	512	227	13 999	226	136
304	2 356	0.47	293	170	5	5 407	2 904	5 741	951	838	21 831	1 531	6 383
41	714	0.16	107	162	4	2 125	1 360	1 879	279	144	5 783	478	68
236	1 942	5.01	346	208	84	7 926	4 030	7 426	629	461	28 743	518	1 742
4	150	0.02	2	1	--	236	88	88	2	4	1	--	--
459	1 239	0.22	110	111	3	2 689	1 451	2 718	410	136	15 071	2 001	94
412	1 264	0.29	154	93	4	1 937	828	1 177	380	274	17 634	1 199	26
185	241	0.59	68	18	4	488	191	432	75	30	2 594	361	3
55	257	0.65	149	27	5	1 306	864	2 764	139	95	8 089	130	211
67	1 907	0.32	124	83	5	1 845	1 107	1 892	250	94	5 341	352	80

各地区公共图书

地区	本年收入合计(千元)	财政补助收入	上级补助收入	事业收入	经营收入	附属单位上缴收入	本年支出合计(千元)	事业支出	经营支出	对附属单位补助支出	从业人员劳动报酬	职工工资总额
总计	**1 374 297**	**1 158 298**	**14 606**	**92 932**	**32 044**	**8 110**	**1 358 255**	**1 323 714**	**20 653**	**756**	**443 536**	**411 029**
中央	177 257	142 780	--	20 150	6 046	5 148	176 549	175 526	993	30	21 864	10 453
地方	1 197 040	1 015 518	14 606	72 782	25 998	2 962	1 181 706	1 148 188	19 660	726	421 672	400 576
北京	44 594	37 457	1 053	2 999	1 035	10	42 908	34 847	290	--	12 637	11 899
天津	30 204	24 119	231	2 070	--	62	30 073	30 044	--	--	10 947	10 276
河北	31 008	27 739	1 123	988	514	--	31 315	30 930	385	--	12 366	12 203
山西	19 843	18 368	300	602	405	33	20 024	19 940	84	--	8 993	8 635
内蒙古	22 922	21 823	125	349	9	--	23 113	23 008	81	--	13 005	12 954
辽宁	68 861	60 214	478	4 221	1 534	12	67 984	66 427	1 406	--	25 140	24 083
其中:大连	14 305	12 917	197	344	--	--	14 234	14 234	--	--	3 266	3 094
吉林	29 390	27 758	81	575	567	--	29 481	29 185	293	--	12 520	12 486
黑龙江	31 543	28 911	214	1 653	264	--	31 581	31 287	276	18	14 413	13 990
上海	197 083	166 009	446	17 890	307	738	204 602	202 222	411	85	42 575	36 825
江苏	74 059	60 995	565	6 360	868	441	72 597	72 133	270	--	26 073	25 074
浙江	71 364	59 950	880	4 676	584	433	70 174	69 430	717	--	21 969	20 919
其中:宁波	8 088	6 299	299	527	117	--	8 215	8 062	153	--	3 293	2 912
安徽	21 783	18 160	302	1 327	385	350	22 518	21 578	625	170	9 466	9 262
福建	42 118	33 669	486	1 270	4 919	--	38 772	34 865	3 588	237	12 149	11 721
其中:厦门	10 177	9 013	20	86	--	--	8 531	8 531	--	--	2 504	2 504
江西	18 993	15 820	667	1 498	357	--	19 060	18 620	312	55	9 007	8 815
山东	57 036	52 540	672	1 609	176	114	53 781	53 622	103	56	21 217	20 867
其中:青岛	7 466	5 777	361	758	--	--	7 661	7 661	--	--	2 676	2 655
河南	33 599	30 242	82	1 505	438	--	33 640	33 064	443	--	16 441	16 040
湖北	35 624	26 148	843	2 394	2 513	210	36 590	34 202	1 761	--	15 252	14 706
湖南	32 400	24 220	178	1 865	3 553	--	33 074	29 799	2 926	58	13 923	13 295
广东	139 653	114 812	2 217	8 664	2 915	423	126 575	123 676	1 999	18	38 827	36 446
其中:深圳	31 185	27 040	15	1 676	--	265	32 867	32 867	--	--	9 394	9 394
广西	30 151	25 733	307	1 452	510	3	30 171	29 592	553	5	11 295	10 707
海南	3 402	3 086	92	46	32	--	3 613	3 587	26	--	1 787	1 726
重庆	17 243	11 427	187	3 447	1 113	--	17 336	16 269	1 067	--	6 026	4 849
四川	31 073	24 332	1 378	1 495	1 001	59	31 414	30 728	426	9	11 847	11 281
贵州	13 017	11 409	417	507	58	2	12 747	12 687	42	--	6 272	5 958
云南	41 212	35 961	557	2 053	1 446	--	38 503	37 127	1 032	--	15 536	14 571
西藏	1 012	1 012	--	--	--	--	1 028	1 028	--	--	707	707
陕西	14 036	13 199	50	479	69	--	14 351	14 084	129	3	8 348	8 174
甘肃	15 695	15 021	30	86	13	--	15 721	15 703	18	--	8 565	8 222
青海	6 814	6 356	10	40	--	72	6 666	6 666	--	--	3 687	3 623
宁夏	6 278	5 890	52	127	9	--	6 386	6 351	35	--	3 233	3 124
新疆	15 030	13 138	583	535	404	--	15 908	15 487	362	12	7 449	7 138

馆 基 本 情 况(二)

在支出合计中：税金支出	社会保障费	修缮费	设备购置费	新增藏量购置费	图书购置费	本年新购藏量(千册(件))	新购图书	年末固定资产原值(千元)	增加值(千元)	公共房屋建筑面积(千平方米)	书库	阅览室	阅览室座席数(千个)	少儿阅览室座席
10 806	**104 674**	**72 770**	**430 885**	**349 610**	**304 734**	**8 958**	**6 784**	**4 980 068**	**653 551**	**5 060**	**1 374**	**1 057**	**416**	**126**
1 905	4 952	16 709	89 221	85 000	81 539	586	211	911 178	60 216	164	69	17	3	- -
8 901	99 722	56 061	341 664	264 610	223 195	8 372	6 573	4 068 890	593 335	4 896	1 305	1 040	413	126
305	2 048	2 130	17 888	8 027	6 840	359	334	99 815	16 934	101	22	17	8	3
111	2 919	1 459	8 427	5 814	4 474	215	199	92 461	14 755	86	23	14	7	2
74	3 059	3 399	7 906	5 747	3 815	211	145	140 191	18 048	242	54	45	17	5
130	1 741	580	4 891	3 561	2 814	217	149	62 042	11 609	94	28	18	10	3
73	2 271	1 342	2 926	2 155	1 686	122	105	62 641	15 584	128	31	31	13	4
455	6 810	1 615	16 743	14 104	13 293	501	382	233 799	34 948	250	59	54	20	7
65	802	279	4 552	4 135	4 116	105	97	42 693	5 040	59	13	15	3	1
81	3 390	1 109	5 836	4 754	4 302	215	200	108 726	16 951	97	27	22	11	4
139	4 115	1 227	6 331	5 422	3 825	206	170	116 867	19 230	139	35	32	12	4
966	14 080	4 861	95 207	77 707	68 759	700	522	470 074	62 344	225	83	43	15	3
72	7 021	2 781	20 585	17 524	15 338	665	549	264 076	36 710	254	87	54	21	6
304	5 307	6 784	20 956	17 315	13 850	529	494	203 448	30 410	225	55	34	15	4
57	500	216	2 627	1 773	1 608	69	64	23 541	4 291	27	6	5	2	- -
164	3 867	630	4 394	3 737	2 718	184	124	57 969	11 946	89	25	15	9	3
1 983	3 038	2 013	11 174	8 329	6 952	287	244	125 239	19 136	169	49	35	14	4
- -	863	672	3 081	2 837	2 000	70	67	26 873	3 579	18	6	4	1	- -
168	2 134	948	3 368	2 743	1 903	202	127	98 590	13 117	179	46	43	15	5
147	4 974	2 593	12 755	10 710	10 069	395	285	158 161	27 691	240	59	42	19	6
66	1 019	65	1 883	1 380	1 300	57	49	15 822	3 375	23	7	4	2	1
153	3 910	1 613	5 235	4 758	2 573	419	168	145 616	22 420	228	56	41	15	5
281	3 511	1 767	8 569	7 495	6 753	329	280	149 194	21 500	239	65	51	22	6
669	3 024	2 608	6 992	6 285	5 754	308	259	141 596	20 253	248	73	63	24	8
1 105	6 398	8 303	35 971	27 573	22 236	801	691	448 142	57 859	380	80	88	30	8
160	883	2 128	9 756	6 364	3 327	96	83	89 076	13 118	49	4	14	3	- -
528	2 168	1 361	8 391	6 173	4 299	437	317	128 968	16 983	222	65	65	25	8
47	219	86	623	492	394	24	21	24 417	2 812	31	8	7	3	1
204	1 565	639	4 255	3 274	2 892	154	121	81 457	9 491	110	26	19	7	3
149	3 013	2 245	7 862	5 305	4 318	281	206	161 174	18 445	228	60	56	20	6
3	1 360	580	2 827	2 140	2 064	96	85	51 782	8 345	100	25	28	10	3
433	1 422	1 914	12 228	6 224	5 195	249	208	147 959	21 886	203	58	43	18	6
- -	- -	- -	143	143	143	3	2	23 075	1 630	16	4	3	- -	- -
42	1 188	723	1 623	1 269	1 083	44	28	79 041	11 551	104	25	20	10	3
36	1 307	92	3 171	2 799	2 701	91	70	75 158	11 606	106	28	28	9	3
- -	1 438	207	533	419	403	16	8	16 206	4 334	38	11	7	3	- -
- -	697	298	1 293	722	334	23	20	55 768	5 466	40	11	6	3	1
79	1 728	154	2 561	1 890	1 415	89	60	45 238	9 341	85	27	16	8	2

各地区少儿公共图

地区	机构数(个)	从业人员(人)	职工	总藏量(千册(件))	古籍	善本	图书	报刊	缩微制品	视听文献	其他
总计	**81**	**1 527**	**1 421**	**9 264**	**22**	－－	**8 467**	**385**	**11**	**71**	**302**
北京	3	109	93	640	－－	－－	556	27	5	2	49
天津	12	208	179	1 443	－－	－－	1 406	19	－－	7	10
河北	－－	－－	－－	－－	－－	－－	－－	－－	－－	－－	－－
山西	1	21	14	103	－－	－－	93	10	－－	－－	－－
内蒙古	2	25	25	146	－－	－－	145	1	－－	1	－－
辽宁	14	255	243	1 470	－－	－－	1 329	77	－－	8	56
其中:大连	1	52	42	361	－－	－－	332	2	－－	2	25
吉林	3	81	81	304	－－	－－	259	37	－－	－－	8
黑龙江	1	20	20	41	－－	－－	－－	21	5	－－	16
上海	4	94	82	616	－－	－－	587	10	－－	19	－－
江苏	4	29	29	222	－－	－－	213	8	－－	－－	－－
浙江	3	83	79	390	－－	－－	375	4	1	2	8
其中:宁波	－－	－－	－－	－－	－－	－－	－－	－－	－－	－－	－－
安徽	1	13	13	30	－－	－－	30	－－	－－	－－	－－
福建	4	61	60	439	－－	－－	411	23	－－	4	－－
其中:厦门	2	31	30	310	－－	－－	295	10	－－	4	－－
江西	－－	－－	－－	－－	－－	－－	－－	－－	－－	－－	－－
山东	1	14	8	24	－－	－－	23	－－	－－	－－	－－
其中:青岛	－－	－－	－－	－－	－－	－－	－－	－－	－－	－－	－－
河南	1	16	16	47	－－	－－	39	8	－－	－－	－－
湖北	5	92	88	635	－－	－－	488	15	－－	4	128
湖南	6	126	126	912	1	－－	857	46	－－	3	5
广东	4	113	106	876	7	－－	835	9	－－	17	7
其中:深圳	1	24	24	133	－－	－－	129	1	－－	3	－－
广西	3	61	56	359	－－	－－	323	33	－－	2	1
海南	－－	－－	－－	－－	－－	－－	－－	－－	－－	－－	－－
重庆	1	47	44	273	－－	－－	250	20	－－	2	－－
四川	－－	－－	－－	－－	－－	－－	－－	－－	－－	－－	－－
贵州	1	11	11	47	－－	－－	41	4	－－	－－	2
云南	2	2	2	7	－－	－－	3	1	－－	－－	3
西藏	－－	－－	－－	－－	－－	－－	－－	－－	－－	－－	－－
陕西	3	33	33	216	14	－－	181	12	－－	－－	9
甘肃	2	13	13	24	－－	－－	23	－－	－－	－－	－－
青海	－－	－－	－－	－－	－－	－－	－－	－－	－－	－－	－－
宁夏	－－	－－	－－	－－	－－	－－	－－	－－	－－	－－	－－
新疆	－－	－－	－－	－－	－－	－－	－－	－－	－－	－－	－－

书馆基本情况（一）

总藏量中(千册) 外文书刊	开架书刊	平均每馆总藏量(千册(件))	书架单层总长度(千米)	发放借书证数(千个)	平均每证拥有藏书(册)	总流通(千人次)	书刊外借人次	书刊外借册次(千册次)	为读者举办各种活动 次数(次)	参加人次(千人次)	信息服务 解答咨询(条)	代检索课题(项)	编制二、三次文献(种)
20	**3 837**	**114**	**119**	**341**	**27**	**7 585**	**4 265**	**8 778**	**3 033**	**1 888**	**60 105**	**400**	**26 380**
6	213	212	5	22	29	367	289	510	385	308	342	— —	5
4	580	120	9	35	41	943	740	1 694	474	441	52 022	36	57
— —	— —	— —	— —	— —	— —	— —	— —	— —	— —	— —	— —	— —	— —
2	20	101	2	1	101	44	44	160	5	1	100	— —	— —
2	4	72	1	14	10	81	55	95	11	— —	63	6	— —
2	857	104	32	60	24	1 093	599	1 350	358	332	339	42	11
— —	182	357	6	25	14	395	149	377	66	145	172	6	6
— —	146	100	8	7	43	150	132	321	42	18	50	22	50
— —	30	40	— —	2	20	73	29	34	12	4	35	— —	— —
— —	210	153	9	19	32	810	340	580	301	129	96	78	5
— —	98	55	2	11	20	270	166	233	59	170	366	99	— —
— —	102	129	5	8	48	170	107	277	50	31	2	12	— —
— —	— —	— —	— —	— —	— —	— —	— —	— —	— —	— —	— —	— —	— —
— —	13	29	1	3	9	48	36	36	18	2	— —	— —	— —
— —	113	109	7	6	73	261	111	212	120	22	9	1	— —
— —	112	154	3	3	102	205	73	151	101	15	4	— —	— —
— —	— —	— —	— —	— —	— —	— —	— —	— —	— —	— —	— —	— —	— —
— —	— —	23	1	1	23	156	125	125	8	2	1 500	— —	— —
— —	— —	— —	— —	— —	— —	— —	— —	— —	— —	— —	— —	— —	— —
— —	24	46	— —	1	46	9	9	45	2	2	— —	— —	— —
— —	94	126	6	23	27	335	233	258	101	58	84	2	4
— —	560	151	11	80	11	617	286	650	551	125	1 153	50	4
4	424	218	8	17	51	1 271	438	1 220	152	119	2 790	— —	19 787
3	42	131	— —	3	44	250	4	6	16	1	156	— —	19 782
— —	127	119	8	15	23	399	173	432	236	86	917	6	6 451
— —	— —	— —	— —	— —	— —	— —	— —	— —	— —	— —	— —	— —	— —
— —	182	270	2	6	45	260	260	328	116	23	41	35	6
— —	— —	— —	— —	— —	— —	— —	— —	— —	— —	— —	— —	— —	— —
— —	— —	46	1	— —	4 700	45	4	72	9	1	102	— —	— —
— —	— —	3	— —	— —	700	4	3	6	1	8	10	— —	— —
— —	— —	— —	— —	— —	— —	— —	— —	— —	— —	— —	— —	— —	— —
— —	26	71	1	7	30	146	75	93	14	2	28	11	— —
— —	14	11	— —	3	7	33	11	47	8	4	56	— —	— —
— —	— —	— —	— —	— —	— —	— —	— —	— —	— —	— —	— —	— —	— —
— —	— —	— —	— —	— —	— —	— —	— —	— —	— —	— —	— —	— —	— —
— —	— —	— —	— —	— —	— —	— —	— —	— —	— —	— —	— —	— —	— —

各地区少儿公共图

地区	本年收入合计(千元)	财政补助收入	上级补助收入	事业收入	经营收入	附属单位上缴收入	本年支出合计	事业支出	经营支出	对附属单位补助支出	从业人员劳动报酬	职工工资总额
总计	**57 796**	**44 467**	**715**	**5 437**	**2 818**	**- -**	**55 198**	**52 084**	**2 595**	**- -**	**17 284**	**15 805**
北京	3 532	2 685	410	247	77	- -	3 622	3 545	77	- -	926	838
天津	5 025	3 434	200	391	- -	- -	4 992	4 963	- -	- -	2 335	1 969
河北	- -	- -	- -	- -	- -	- -	- -	- -	- -	- -	- -	- -
山西	284	284	- -	- -	- -	- -	278	278	- -	- -	150	150
内蒙古	448	367	- -	58	- -	- -	440	440	- -	- -	260	260
辽宁	6 967	5 990	30	174	43	- -	6 913	6 837	76	- -	2 291	2 155
其中:大连	2 202	1 802	- -	- -	- -	- -	2 202	2 202	- -	- -	439	379
吉林	1 475	1 385	- -	88	- -	- -	1 488	1 488	- -	- -	648	648
黑龙江	261	261	- -	- -	- -	- -	261	261	- -	- -	188	188
上海	7 079	5 508	4	1 411	- -	- -	7 354	7 354	- -	- -	1 988	1 733
江苏	1 612	852	- -	506	130	- -	1 298	1 298	- -	- -	368	368
浙江	5 047	4 601	- -	267	126	- -	5 010	4 993	16	- -	1 117	1 001
其中:宁波	- -	- -	- -	- -	- -	- -	- -	- -	- -	- -	- -	- -
安徽	213	213	- -	- -	- -	- -	213	213	- -	- -	115	115
福建	3 733	3 382	20	- -	- -	- -	3 000	3 000	- -	- -	928	922
其中:厦门	2 909	2 578	- -	- -	- -	- -	2 176	2 176	- -	- -	673	673
江西	- -	- -	- -	- -	- -	- -	- -	- -	- -	- -	- -	- -
山东	350	350	- -	- -	- -	- -	350	350	- -	- -	127	127
其中:青岛	- -	- -	- -	- -	- -	- -	- -	- -	- -	- -	- -	- -
河南	359	355	- -	- -	- -	- -	359	359	- -	- -	185	142
湖北	2 750	1 472	8	156	517	- -	2 851	1 896	467	- -	763	763
湖南	3 742	1 865	- -	191	1 524	- -	3 731	2 214	1 517	- -	1 232	1 183
广东	10 707	9 341	43	354	- -	- -	8 639	8 639	- -	- -	2 041	1 966
其中:深圳	2 322	2 282	- -	- -	- -	- -	2 774	2 774	- -	- -	541	541
广西	1 155	726	- -	- -	401	- -	1 380	937	442	- -	497	497
海南	- -	- -	- -	- -	- -	- -	- -	- -	- -	- -	- -	- -
重庆	2 338	802	- -	1 536	- -	- -	2 338	2 338	- -	- -	645	325
四川	- -	- -	- -	- -	- -	- -	- -	- -	- -	- -	- -	- -
贵州	64	64	- -	- -	- -	- -	64	64	- -	- -	62	62
云南	60	60	- -	- -	- -	- -	20	20	- -	- -	20	20
西藏	- -	- -	- -	- -	- -	- -	- -	- -	- -	- -	- -	- -
陕西	447	355	- -	53	- -	- -	447	447	- -	- -	320	295
甘肃	148	115	- -	5	- -	- -	150	150	- -	- -	78	78
青海	- -	- -	- -	- -	- -	- -	- -	- -	- -	- -	- -	- -
宁夏	- -	- -	- -	- -	- -	- -	- -	- -	- -	- -	- -	- -
新疆	- -	- -	- -	- -	- -	- -	- -	- -	- -	- -	- -	- -

书馆基本情况(二)

在支出合计中 计（千元） 税金支出	社会保障费	修缮费	设备购置费	新增藏量购置费	图书购置费	本年新购藏量（千册(件)）	新购图书	年末固定资产原值（千元）	增加值（千元）	公共房屋建筑面积（千平方米）	书库	阅览室	阅览室座席数（千个）	少儿阅览室座席
761	**3 265**	**2 749**	**18 700**	**13 695**	**10 217**	**650**	**599**	**111 612**	**22 512**	**136**	**19**	**34**	**15**	**12**
9	151	157	1 155	820	752	47	43	9 424	1 312	10	1	2	1	1
52	423	69	986	779	474	91	88	8 280	2 718	11	1	2	2	1
— —	— —	— —	— —	— —	— —	— —	— —	— —	— —	— —	— —	— —	— —	— —
— —	57	20	12	12	11	1	1	180	157	— —	— —	— —	— —	— —
14	25	75	43	33	31	1	1	800	306	2	— —	— —	— —	— —
5	565	253	1 856	1 618	1 560	83	76	15 100	2 901	19	3	6	2	2
— —	179	— —	880	800	800	29	27	5 624	664	7	1	1	1	1
— —	121	43	391	325	325	41	38	6 562	911	4	1	1	1	1
— —	— —	— —	17	17	17	1	1	14	189	1	— —	— —	— —	— —
15	489	163	3 578	2 039	1 944	84	79	10 280	2 414	8	1	3	1	1
— —	109	38	209	160	149	13	12	1 585	432	3	1	1	1	1
1	365	17	3 105	2 957	525	40	37	5 283	1 330	11	— —	2	1	— —
— —	— —	— —	— —	— —	— —	— —	— —	— —	— —	— —	— —	— —	— —	— —
— —	23	— —	21	21	21	2	2	1 150	161	2	— —	1	— —	— —
— —	200	448	906	624	624	52	47	3 395	1 064	6	1	1	1	1
— —	145	395	492	326	326	31	31	1 668	740	3	1	1	— —	— —
— —	— —	— —	— —	— —	— —	— —	— —	— —	— —	— —	— —	— —	— —	— —
— —	10	— —	44	— —	— —	— —	— —	240	137	2	— —	— —	— —	— —
— —	— —	— —	— —	— —	— —	— —	— —	— —	— —	— —	— —	— —	— —	— —
— —	43	40	53	45	30	5	3	309	197	— —	— —	— —	— —	— —
47	130	462	756	470	446	34	29	2 186	897	9	2	2	1	1
330	219	232	663	603	471	33	31	14 285	2 134	19	4	7	2	2
84	214	279	4 041	2 664	2 356	99	90	20 060	2 927	13	2	4	1	1
— —	61	228	1 168	641	531	12	10	3 655	687	1	— —	— —	— —	— —
105	35	211	267	164	137	11	11	5 462	821	6	1	1	1	— —
— —	— —	— —	— —	— —	— —	— —	— —	— —	— —	— —	— —	— —	— —	— —
98	37	204	521	323	323	10	9	2 879	858	4	— —	1	— —	— —
— —	— —	— —	— —	— —	— —	— —	— —	— —	— —	— —	— —	— —	— —	— —
— —	1	— —	— —	— —	— —	— —	— —	1 310	114	2	1	— —	— —	— —
— —	— —	— —	— —	— —	— —	— —	— —	9	20	— —	— —	— —	— —	— —
— —	— —	— —	— —	— —	— —	— —	— —	— —	— —	— —	— —	— —	— —	— —
1	48	35	28	13	13	1	— —	2 724	430	3	— —	— —	— —	— —
— —	— —	3	48	8	8	1	1	95	82	1	— —	— —	— —	— —
— —	— —	— —	— —	— —	— —	— —	— —	— —	— —	— —	— —	— —	— —	— —
— —	— —	— —	— —	— —	— —	— —	— —	— —	— —	— —	— —	— —	— —	— —
— —	— —	— —	— —	— —	— —	— —	— —	— —	— —	— —	— —	— —	— —	— —

各地区省级公共

地区	机构数(个)	从业人员(人)		总藏量(千册(件))							
			职工		古籍	善本	图书	报刊	缩微制品	视听文献	其他
总计	**36**	**7 169**	**6 569**	**123 207**	**14 153**	**1 197**	**61 598**	**13 000**	**12 504**	**354**	**21 595**
北京	2	269	252	3 126	457	33	2 409	149	7	4	101
天津	2	441	359	4 193	501	88	3 392	283	2	15	– –
河北	1	177	177	1 168	60	2	918	125	61	4	– –
山西	1	199	199	2 148	284	50	1 062	775	19	8	– –
内蒙古	1	164	164	1 466	180	4	1 139	58	1	– –	87
辽宁	1	255	255	3 282	459	123	2 166	531	3	23	100
吉林	1	205	188	2 810	370	24	1 990	336	110	2	– –
黑龙江	1	149	124	2 329	134	5	1 831	361	– –	3	– –
上海	2	1 231	950	40 871	1 838	178	3 756	1 712	12 257	199	21 110
江苏	1	312	312	7 114	1 410	103	5 363	299	16	20	6
浙江	1	300	300	4 125	841	– –	2 412	868	– –	3	– –
安徽	1	138	137	2 221	409	24	1 351	459	1	1	– –
福建	1	256	226	2 310	239	21	1 850	189	5	6	22
江西	1	162	162	2 010	560	10	1 312	118	– –	– –	20
山东	1	168	168	4 221	746	70	2 922	525	4	11	14
河南	1	203	183	2 485	708	43	1 561	211	2	3	– –
湖北	1	189	177	3 928	434	56	2 458	994	2	4	36
湖南	2	306	286	4 092	950	50	2 786	348	1	6	1
广东	1	307	289	4 133	389	25	2 572	1 161	1	9	– –
广西	3	381	321	3 432	267	8	2 715	401	2	16	32
海南	– –	– –	– –	– –	– –	– –	– –	– –	– –	– –	– –
重庆	2	224	221	3 792	525	48	2 882	343	2	2	37
四川	1	234	234	4 699	687	61	3 322	679	3	7	– –
贵州	1	128	128	2 164	127	1	1 802	233	1	– –	1
云南	1	148	148	2 253	545	42	1 323	384	1	– –	– –
西藏	– –	– –	– –	– –	– –	– –	– –	– –	– –	– –	– –
陕西	1	141	134	2 498	385	54	1 684	421	1	2	5
甘肃	1	182	182	2 604	316	60	1 834	451	1	1	– –
青海	1	116	110	1 444	115	10	1 117	188	– –	1	23
宁夏	1	108	107	1 345	137	1	1 158	45	1	4	– –
新疆	1	76	76	944	80	3	511	353	– –	– –	– –

图书馆基本情况（一）

总藏量中(千册) 外文书刊	总藏量中(千册) 开架书刊	书架单层总长度(千米)	发放借书证数(千个)	平均每证拥有藏书(册)	总流通(千人次)	总流通(千人次) 书刊外借人次	书刊外借册次(千册次)	为读者举办各种活动 次数(次)	为读者举办各种活动 参加人次(千人次)	信息服务 解答咨询(条)	信息服务 代检索课题(项)	信息服务 编制二、三次文献(种)
10 272	**11 893**	**2 796**	**865**	**142**	**18 132**	**6 270**	**13 381**	**3 997**	**1 946**	**766 455**	**9 405**	**683**
249	124	25	15	208	252	146	226	115	276	575	3	18
438	1 173	77	74	56	1 491	660	1 589	140	340	84 922	234	82
75	813	34	62	18	624	352	481	32	3	58 369	758	7
461	300	23	58	37	427	177	317	25	140	85 701	200	5
37	— —	84	7	209	483	100	130	5	10	— —	— —	— —
632	1 427	80	61	53	844	329	1 068	37	11	35 123	899	7
476	143	41	10	280	183	44	106	43	— —	360	58	7
121	— —	31	4	580	405	91	394	14	43	313	171	5
1 864	924	242	42	972	3 384	759	1 976	2 179	505	288 892	3 945	120
1 153	124	119	14	507	433	207	295	30	120	16 785	748	— —
421	48	55	34	121	1 163	444	453	9	— —	277	52	6
242	38	56	3	737	144	64	123	3	— —	2 750	28	— —
145	398	36	62	37	747	316	381	306	15	12 000	106	3
— —	— —	— —	1	1 990	324	191	191	12	3	30	— —	3
416	130	152	9	468	363	266	1 053	4	1	785	430	8
136	240	43	50	49	401	139	300	15	11	6 747	56	11
692	1 150	752	80	49	253	157	551	41	22	52 878	25	7
365	1 069	68	80	51	1 215	286	646	579	68	14 512	188	16
325	928	49	15	275	2 208	242	474	39	210	15 275	315	60
246	803	504	36	95	1 223	340	740	115	52	69 278	930	258
— —	— —	— —	— —	— —	— —	— —	— —	— —	— —	— —	— —	— —
202	321	40	19	199	391	297	456	168	35	1 741	48	38
284	269	41	8	586	11	9	85	26	26	1 176	3	10
25	— —	— —	— —	216 400	120	85	89	2	— —	— —	— —	— —
214	250	89	67	33	329	306	790	10	6	2 200	7	2
— —	— —	— —	— —	— —	— —	— —	— —	— —	— —	— —	— —	— —
399	400	23	28	89	106	34	63	10	5	6 200	— —	— —
383	400	60	14	185	358	118	187	24	31	7 761	30	6
183	105	37	3	479	146	52	87	10	5	800	171	3
55	16	25	1	1 331	45	37	92	1	1	1 005	— —	1
33	300	10	8	117	59	22	38	3	7	— —	— —	— —

各地区省级公共

地区	本年收入合计（千元）	财政补助收入	上级补助收入	事业收入	经营收入	附属单位上缴收入	本年支出合计（千元）	事业支出	经营支出	对附属单位补助支出	从业人员劳动报酬	职工工资总额
总计	**374 657**	**320 922**	**1 742**	**20 572**	**11 951**	**1 285**	**371 693**	**354 523**	**9 319**	--	**82 113**	**76 654**
北京	19 738	19 315	--	405	--	--	19 335	11 564	--	--	3 084	3 032
天津	12 595	9 827	--	602	--	--	12 604	12 604	--	--	3 683	3 445
河北	8 140	6 700	1 000	--	--	--	7 270	7 270	--	--	1 340	1 340
山西	6 790	6 109	--	265	367	33	6 905	6 859	46	--	1 563	1 494
内蒙古	3 178	3 086	--	--	--	--	3 256	3 256	--	--	1 077	1 077
辽宁	11 936	10 358	--	503	1 056	--	11 382	10 326	1 056	--	2 694	2 436
吉林	5 558	5 354	--	60	79	--	5 656	5 577	79	--	1 968	1 968
黑龙江	4 350	4 183	--	--	--	--	4 264	4 264	--	--	1 389	1 210
上海	145 713	127 470	91	9 754	--	569	149 295	149 295	--	--	24 179	21 515
江苏	14 983	12 912	139	1 248	79	25	15 098	14 970	48	--	5 150	5 150
浙江	17 236	16 745	--	270	--	221	16 986	16 986	--	--	3 231	3 231
安徽	3 848	3 532	--	123	--	47	4 098	4 098	--	--	862	861
福建	13 789	8 951	--	--	4 838	--	11 546	8 047	3 499	--	2 293	2 154
江西	2 752	2 102	--	650	--	--	2 733	2 733	--	--	1 109	1 109
山东	12 134	11 830	--	96	--	--	9 071	9 071	--	--	1 589	1 389
河南	7 215	6 654	--	121	423	--	7 355	6 932	423	--	1 791	1 667
湖北	5 292	4 352	--	515	--	160	5 681	5 681	--	--	1 556	1 556
湖南	9 952	6 601	--	332	2 317	--	10 001	7 691	2 310	--	3 129	2 980
广东	16 793	12 055	--	2 161	--	158	16 058	16 058	--	--	5 022	4 939
广西	9 389	7 851	--	797	--	--	8 889	8 889	--	--	3 149	2 897
海南	--	--	--	--	--	--	--	--	--	--	--	--
重庆	7 661	4 857	12	2 146	646	--	7 636	6 990	646	--	1 732	1 348
四川	7 370	5 370	--	270	660	--	7 680	7 530	150	--	1 612	1 612
贵州	2 954	2 468	--	--	--	--	2 954	2 954	--	--	1 354	1 354
云南	10 203	8 979	--	--	1 169	--	9 731	8 986	745	--	1 916	1 506
西藏	--	--	--	--	--	--	--	--	--	--	--	--
陕西	2 707	2 700	--	1	--	--	3 030	3 030	--	--	1 288	1 268
甘肃	5 520	5 371	--	--	--	--	5 475	5 475	--	--	1 859	1 859
青海	2 976	2 543	--	29	--	72	2 822	2 822	--	--	968	904
宁夏	1 802	1 744	--	--	--	--	1 901	1 901	--	--	793	789
新疆	2 083	903	500	224	317	--	2 981	2 664	317	--	733	564

图书馆基本情况（二）

在支出合计中：税金支出	社会保障费	修缮费	设备购置费	设备购置费：新增藏量购置费	新增藏量购置费：图书购置费	本年新购藏量（千册（件））	新购图书	年末固定资产原值（千元）	增加值（千元）	公共房屋建筑面积（千平方米）	书库	阅览室	阅览室座席数（千个）	少儿阅览室座席
4 593	**27 109**	**16 259**	**164 275**	**129 620**	**115 633**	**1 684**	**1 379**	**1 274 998**	**137 707**	**746**	**292**	**155**	**29**	**1**
32	1 126	907	11 964	3 906	3 419	76	69	33 255	4 446	10	4	－－	－－	－－
19	1 105	26	4 997	4 219	3 274	137	130	54 860	5 896	33	13	4	2	－－
－－	300	1 690	3 260	3 000	1 650	37	25	33 650	2 686	39	10	11	1	－－
29	491	348	2 820	2 100	1 553	88	32	30 044	2 794	17	9	4	1	－－
16	336	－－	980	640	466	25	24	7 941	1 411	20	7	3	1	－－
185	1 004	57	4 096	3 320	3 320	62	55	77 293	5 971	34	5	8	1	－－
49	717	462	1 686	1 433	1 383	31	25	22 705	2 925	13	6	1	1	－－
22	743	40	1 275	1 230	1 230	21	15	16 940	2 089	10	5	1	－－	－－
533	7 992	2 912	80 793	68 435	60 643	328	239	354 530	38 893	122	58	20	4	－－
－－	1 491	262	6 162	5 932	5 932	93	80	79 990	8 350	31	26	5	1	－－
－－	837	4 699	5 110	5 107	5 107	77	77	50 932	5 268	12	8	1	1	－－
－－	860	67	1 606	1 421	983	43	40	16 977	1 541	14	8	1	－－	－－
1 825	755	406	2 935	1 657	1 657	38	38	22 705	5 026	15	5	－－	1	－－
－－	462	60	357	357	167	31	13	36 248	2 559	37	12	8	1	－－
－－	679	235	4 901	4 901	4 901	75	75	32 008	2 869	11	6	1	1	－－
24	599	935	1 434	1 426	656	27	21	34 672	3 202	42	10	11	1	－－
55	920	277	2 233	2 000	2 000	48	41	37 944	3 129	27	11	7	1	－－
504	1 056	406	3 071	3 048	2 921	100	90	42 629	5 339	38	13	19	2	1
520	525	1 119	5 175	4 757	4 532	75	74	62 658	8 048	26	8	8	2	－－
272	863	280	2 823	2 443	1 834	72	54	42 668	5 127	41	14	16	2	－－
－－	－－	－－	－－	－－	－－	－－	－－	－－	－－	－－	－－	－－	－－	－－
135	631	410	2 012	1 401	1 401	56	55	43 347	3 601	30	8	3	1	－－
51	860	20	3 320	1 602	1 501	45	28	29 340	2 837	26	13	5	－－	－－
－－	344	－－	780	700	700	12	8	11 640	1 820	1	－－	－－	－－	－－
258	－－	152	6 402	1 484	1 484	25	25	27 866	3 289	12	5	4	1	－－
－－	－－	－－	－－	－－	－－	－－	－－	－－	－－	－－	－－	－－	－－	－－
－－	584	279	567	567	528	7	4	18 102	2 012	－－	－－	－－	－－	－－
－－	542	7	1 940	1 880	1 880	39	34	29 149	3 025	33	11	7	1	－－
－－	630	175	416	305	305	13	6	8 456	1 306	19	6	2	1	－－
－－	290	25	599	218	75	3	2	10 339	1 207	8	3	1	－－	－－
64	367	3	561	131	131	－－	－－	6 110	1 041	25	8	4	1	－－

各地区地、市级公共

地区	机构数(个)	从业人员(人)	职工	总藏量(千册(件))	古籍	善本	图书	报刊	缩微制品	视听文献	其他
总计	**400**	**14 455**	**13 754**	**109 369**	**6 680**	**381**	**88 277**	**12 461**	**11**	**398**	**1 536**
北京	15	608	522	3 476	60	1	3 237	167	– –	11	1
天津	23	523	494	2 985	39	– –	2 739	184	– –	13	10
河北	11	474	448	4 177	447	16	3 166	477	1	2	84
山西	6	194	185	1 505	164	17	1 063	277	– –	– –	1
内蒙古	20	632	632	2 574	70	9	2 198	283	– –	1	22
辽宁	30	1 357	1 280	10 515	555	28	8 470	1 073	2	41	374
其中:大连	2	217	184	2 508	260	23	1 740	251	1	18	237
吉林	10	566	560	4 296	191	16	3 693	365	– –	41	6
黑龙江	13	717	685	5 344	308	15	3 938	986	– –	5	106
上海	25	976	863	6 151	26	– –	5 848	120	1	113	43
江苏	13	680	659	9 398	1 226	64	7 408	742	– –	9	12
浙江	12	537	472	4 465	584	21	3 228	432	1	15	205
其中:宁波	1	57	47	645	98	– –	438	62	– –	1	45
安徽	13	401	390	2 600	166	8	1 986	430	– –	1	16
福建	9	278	270	2 582	109	6	2 182	248	– –	7	37
其中:厦门	2	97	97	1 051	62	2	911	72	– –	5	1
江西	7	269	267	2 389	168	27	1 946	215	– –	– –	59
山东	14	676	666	4 895	354	11	3 697	823	– –	9	11
其中:青岛	1	105	100	1 068	143	1	741	184	– –	– –	– –
河南	16	664	645	4 523	479	33	3 351	683	1	7	2
湖北	19	751	707	6 045	344	12	4 718	722	1	11	248
湖南	12	390	388	3 097	147	6	2 587	343	– –	2	18
广东	23	1 051	1 012	8 470	202	8	6 912	1 121	2	92	142
其中:深圳	2	216	216	1 423	15	1	980	393	2	11	22
广西	10	339	339	2 286	80	2	1 727	448	– –	4	27
海南	2	55	49	354	7	– –	327	21	– –	– –	– –
重庆	13	268	252	2 086	208	35	1 484	392	– –	1	– –
四川	17	495	478	5 304	410	11	4 157	655	– –	6	76
贵州	8	239	232	1 414	13	3	1 205	196	1	– –	– –
云南	16	353	348	2 665	85	– –	2 246	327	1	4	2
西藏	1	43	43	596	100	30	482	13	– –	– –	– –
陕西	7	179	163	1 237	44	– –	1 070	119	– –	– –	4
甘肃	8	215	203	1 120	77	1	924	118	– –	– –	– –
青海	8	117	107	439	5	1	378	29	– –	– –	27
宁夏	2	89	82	515	2	– –	425	86	– –	1	– –
新疆	17	319	313	1 866	10	– –	1 485	366	– –	2	3

图书馆基本情况(一)

总藏量中(千册)		书架单层总长度(千米)	发放借书证数(千个)	平均每证拥有藏书(册)	总流通(千人次)		书刊外借册次(千册次)	为读者举办各种活动		信息服务		
外文书刊	开架书刊					书刊外借人次		次数(次)	参加人次(千人次)	解答咨询(条)	代检索课题(项)	编制二、三次文献(种)
2 171	**28 296**	**2 852**	**2 041**	**53**	**58 529**	**27 758**	**55 131**	**8 596**	**4 429**	**429 925**	**9 218**	**37 470**
8	2 493	97	97	35	2 212	1 447	2 971	669	254	6 086	164	119
6	1 058	274	65	45	1 823	996	1 669	603	295	3 364	117	123
36	414	109	52	80	1 966	1 278	1 531	188	111	8 984	437	66
22	24	41	13	115	101	86	216	15	9	560	– –	4
5	587	142	34	75	888	512	873	120	15	6 139	52	221
536	2 736	237	138	76	5 170	1 948	3 927	499	513	96 298	908	355
273	832	59	44	56	1 475	562	1 098	73	146	48 816	129	172
123	312	80	60	71	1 511	431	1 020	194	84	24 046	162	105
500	2 183	103	116	46	2 540	882	2 482	192	144	3 114	137	37
8	3 689	110	114	53	7 697	3 156	6 567	1 138	618	25 641	979	93
228	1 317	432	189	49	2 883	1 962	3 358	261	442	25 262	410	93
51	921	86	96	46	2 977	1 389	2 456	233	129	13 117	137	108
20	– –	11	13	49	570	127	190	22	5	– –	– –	15
74	487	72	36	72	1 447	854	1 223	1 078	9	4 553	76	88
14	809	73	52	49	1 527	649	3 837	168	40	8 994	116	28
14	344	31	31	33	797	224	2 632	108	22	5 772	1	7
6	150	17	13	183	454	299	531	27	12	649	43	– –
131	1 120	99	150	32	2 041	1 115	1 973	690	149	13 586	726	31
97	117	21	49	21	253	172	665	16	54	3 927	64	8
16	1 349	107	51	88	1 990	1 208	2 196	208	71	12 945	278	102
106	832	110	127	47	2 399	1 529	2 346	285	262	9 833	160	215
61	868	72	106	29	1 541	660	1 344	247	147	9 329	236	43
145	3 700	169	204	41	8 000	2 845	4 961	662	441	116 150	2 090	23 133
60	1 029	17	13	109	1 855	264	331	57	46	77 575	994	19 788
36	781	56	88	25	2 208	899	1 788	390	205	15 486	55	6 582
– –	87	4	3	117	242	108	129	9	6	– –	– –	– –
– –	356	29	20	104	654	383	867	144	56	3 305	115	24
11	490	90	50	106	1 336	660	1 432	205	196	7 380	414	5 750
1	201	44	59	23	720	498	567	49	21	1 331	33	56
15	468	87	35	76	1 905	748	1 823	117	129	5 780	94	75
4	150	2	1	590	236	88	88	2	4	1	– –	– –
9	20	10	10	123	496	138	482	26	18	1 097	20	2
– –	87	30	12	93	312	142	178	47	12	4 027	1 089	3
1	45	7	4	109	112	47	169	42	15	229	– –	– –
– –	6	12	6	85	311	260	1 143	8	3	141	10	– –
18	556	51	40	46	830	541	984	80	19	2 498	160	14

各地区地、市级公共

地区	本年收入合计（千元）	财政补助收入	上级补助收入	事业收入	经营收入	附属单位上缴收入	本年支出合计（千元）	事业支出	经营支出	对附属单位补助支出	从业人员劳动报酬	职工工资总额
总计	**424 411**	**355 979**	**4 790**	**29 459**	**7 392**	**1 172**	**416 467**	**408 152**	**5 724**	**311**	**151 146**	**143 280**
北京	20 294	14 594	1 015	2 334	1 035	– –	19 211	18 921	290	– –	7 614	6 930
天津	14 485	11 493	231	1 196	– –	62	14 345	14 316	– –	– –	6 025	5 615
河北	12 021	10 803	– –	755	380	– –	13 167	12 884	283	– –	4 089	3 984
山西	3 460	3 204	– –	255	– –	– –	3 456	3 456	– –	– –	1 424	1 307
内蒙古	8 132	7 611	25	176	9	– –	8 141	8 132	9	– –	4 623	4 601
辽宁	34 034	30 423	17	1 542	251	12	33 831	33 604	227	– –	12 382	11 812
其中:大连	8 490	7 780	– –	70	– –	– –	8 490	8 490	– –	– –	1 739	1 639
吉林	13 767	13 157	39	400	15	– –	13 820	13 819	1	– –	4 735	4 728
黑龙江	15 038	13 361	200	1 218	217	– –	15 162	14 924	238	– –	6 516	6 324
上海	44 758	33 188	279	7 965	141	49	48 329	46 140	228	85	15 169	12 980
江苏	26 646	21 770	179	2 106	653	150	24 609	24 389	218	– –	8 536	8 214
浙江	22 455	16 902	55	2 268	467	200	22 385	21 858	500	– –	6 163	5 624
其中:宁波	2 685	1 873	10	371	– –	– –	2 669	2 669	– –	– –	863	577
安徽	8 382	6 793	69	455	242	250	8 843	8 134	398	170	3 809	3 706
福建	14 580	13 298	65	27	– –	– –	13 211	13 211	– –	– –	3 654	3 613
其中:厦门	8 963	7 954	– –	– –	– –	– –	7 313	7 313	– –	– –	2 039	2 039
江西	3 892	3 525	– –	126	– –	– –	3 748	3 748	– –	– –	1 763	1 731
山东	16 731	15 349	– –	210	106	114	16 879	16 750	73	56	6 647	6 589
其中:青岛	3 474	2 945	– –	– –	– –	– –	3 753	3 753	– –	– –	1 251	1 231
河南	12 988	11 609	– –	739	– –	– –	12 795	12 795	– –	– –	6 001	5 821
湖北	12 954	9 714	180	367	1 275	50	13 566	12 231	1 281	– –	5 905	5 789
湖南	7 952	6 298	10	951	47	– –	8 016	7 908	47	– –	3 241	3 067
广东	72 042	63 152	951	2 097	1 639	265	64 291	63 259	1 032	– –	18 452	17 746
其中:深圳	20 239	18 619	– –	– –	– –	265	22 536	22 536	– –	– –	6 440	6 440
广西	9 831	8 419	5	146	446	– –	11 231	10 772	458	– –	3 304	3 066
海南	1 105	1 061	– –	44	– –	– –	1 113	1 113	– –	– –	500	473
重庆	4 504	2 774	140	776	194	– –	4 580	4 358	222	– –	1 987	1 886
四川	10 394	7 815	1 059	682	66	20	10 105	10 092	13	– –	4 232	3 953
贵州	5 090	4 504	100	396	22	– –	4 793	4 793	– –	– –	1 882	1 634
云南	11 341	8 922	50	1 587	154	– –	9 191	8 984	138	– –	3 587	3 477
西藏	1 012	1 012	– –	– –	– –	– –	1 028	1 028	– –	– –	707	707
陕西	2 767	2 276	45	397	10	– –	2 826	2 761	45	– –	1 355	1 318
甘肃	3 839	3 541	– –	28	– –	– –	3 878	3 878	– –	– –	1 888	1 767
青海	1 776	1 764	– –	10	– –	– –	1 782	1 782	– –	– –	1 303	1 303
宁夏	1 561	1 430	24	– –	– –	– –	1 586	1 586	– –	– –	611	588
新疆	6 580	6 217	52	206	23	– –	6 549	6 526	23	– –	3 042	2 927

图书馆基本情况（二）

在支出合计中：税金支出	社会保障费	修缮费	设备购置费	新增藏量购置费	图书购置费	本年新购藏量（千册(件)）	新购图书	年末固定资产原值（千元）	增加值（千元）	公共房屋建筑面积（千平方米）	书库	阅览室	阅览室座席数（千个）	少儿阅览室座席
2 720	**36 341**	**16 645**	**111 907**	**83 538**	**66 127**	**3 297**	**2 586**	**1 440 854**	**211 497**	**1 507**	**394**	**336**	**114**	**27**
247	633	1 068	5 291	3 510	2 980	247	231	52 693	9 968	72	14	14	6	2
84	1 456	660	2 912	1 498	1 128	73	64	30 264	7 319	41	9	9	4	1
74	1 578	1 536	3 388	1 738	1 429	69	57	47 705	6 071	67	18	11	4	1
80	425	92	674	520	492	15	15	6 924	1 781	6	2	1	－－	－－
28	583	522	1 064	816	628	37	33	33 172	5 979	54	14	14	5	1
81	3 194	811	8 812	7 529	7 147	247	198	90 409	16 081	120	32	29	7	2
－－	270	3	2 880	2 800	2 800	61	54	22 500	2 639	37	9	11	2	1
9	1 456	494	3 262	2 592	2 273	127	126	64 020	7 306	41	12	10	3	1
111	2 126	339	3 588	2 895	1 778	111	96	66 776	9 298	60	14	12	3	1
420	5 208	1 853	13 241	8 194	7 159	328	245	94 927	19 386	83	20	19	9	2
53	1 897	750	6 893	5 866	4 607	181	164	69 907	11 384	81	28	19	6	1
189	1 416	551	8 485	7 297	4 366	195	182	57 019	8 632	72	13	11	4	1
42	40	187	1 004	702	702	28	28	11 328	1 358	8	2	2	－－	－－
126	1 283	305	1 591	1 412	1 024	77	43	25 156	4 942	31	9	6	3	1
24	1 324	980	5 197	4 424	3 563	134	115	51 742	5 747	38	8	8	3	1
－－	827	672	2 665	2 558	1 746	57	53	23 313	2 971	11	4	3	1	－－
29	299	177	830	687	387	45	41	18 363	2 526	14	4	2	1	－－
127	1 663	542	4 386	3 331	3 133	101	80	61 170	9 221	91	24	20	6	1
66	406	－－	1 435	1 022	1 022	28	25	7 513	1 618	9	3	2	－－	－－
119	1 604	293	2 463	2 131	1 008	282	68	55 287	8 331	59	18	7	3	1
113	1 183	664	3 245	2 987	2 664	136	111	50 238	8 026	71	23	17	6	1
66	715	1 028	1 593	1 313	1 142	57	45	31 305	4 559	51	19	10	5	1
342	3 953	1 314	21 081	14 914	11 409	371	317	231 366	28 047	118	27	34	9	2
112	783	469	8 167	4 944	2 209	47	37	50 325	8 565	14	2	5	1	－－
191	602	494	3 456	1 771	1 420	85	61	38 351	5 029	63	13	10	4	1
12	138	5	165	108	108	5	5	5 415	728	5	1	1	1	－－
58	452	76	981	770	532	34	19	13 270	2 577	33	8	8	3	1
55	856	950	1 957	1 591	1 236	90	73	62 083	6 770	60	17	18	4	1
－－	430	285	1 483	936	936	51	48	22 531	2 782	36	9	13	3	1
47	493	368	2 748	2 251	1 614	108	84	34 272	5 004	44	14	9	3	1
－－	－－	－－	143	143	143	3	2	23 075	1 630	16	4	3	－－	－－
15	130	181	624	356	327	10	8	18 166	2 096	16	3	4	2	－－
13	397	25	647	498	479	19	15	21 874	2 777	23	4	9	2	－－
－－	290	32	61	58	44	2	1	2 888	1 419	6	2	2	1	－－
－－	139	159	391	257	99	6	6	35 546	2 033	7	2	1	1	－－
7	418	91	1 255	1 145	872	51	33	24 940	4 048	28	9	5	3	1

各地区县、市级公共

地区	机构数(个)	从业人员(人)	职工	总藏量(千册(件))	古籍	善本	图书	报刊	缩微制品	视听文献	其他
总计	**2 330**	**25 728**	**24 610**	**140 872**	**4 819**	**308**	**115 242**	**18 439**	**18**	**83**	**2 260**
北京	6	176	176	800	2	—	745	53	—	—	—
天津	6	165	165	444	7	—	408	29	—	—	—
河北	133	1 051	1 014	5 210	85	9	4 490	528	—	6	100
山西	114	1 100	1 022	4 834	332	56	3 775	596	—	1	129
内蒙古	87	1 037	1 037	2 713	49	4	2 285	362	—	3	14
辽宁	98	1 376	1 355	5 543	29	—	5 211	234	—	4	63
其中:大连	10	193	184	1 204	4	—	1 120	42	—	3	35
吉林	49	981	972	3 058	26	—	2 701	278	5	1	46
黑龙江	83	1 007	983	3 903	9	1	3 315	411	5	—	162
上海	5	170	169	1 540	32	—	1 476	31	—	—	—
江苏	87	1 080	1 031	9 723	533	26	8 365	779	—	6	40
浙江	70	1 046	1 019	7 900	488	23	6 460	853	—	8	91
其中:宁波	8	142	141	1 015	67	2	811	136	—	1	1
安徽	69	691	653	3 030	89	2	2 440	453	—	—	48
福建	72	659	598	4 658	135	12	3 896	579	—	—	47
其中:厦门	6	34	30	202	11	—	183	8	—	—	—
江西	96	1 024	963	7 964	286	22	6 202	1 206	—	2	267
山东	118	1 711	1 683	10 251	200	13	8 464	1 467	2	—	118
其中:青岛	10	123	123	1 250	9	1	1 142	97	2	—	—
河南	116	1 714	1 598	4 904	153	10	3 808	896	1	2	44
湖北	82	1 317	1 283	6 453	182	14	5 157	1 006	—	5	103
湖南	101	1 202	1 162	7 837	442	12	6 048	1 197	5	2	143
广东	97	1 378	1 247	8 279	234	16	6 940	979	—	28	97
其中:深圳	4	109	109	458	1	—	423	29	—	5	—
广西	181	886	818	7 904	162	4	6 002	1 599	—	1	140
海南	17	198	177	1 148	5	—	981	160	—	—	2
重庆	27	310	297	2 257	64	2	1 912	259	—	1	22
四川	111	987	953	6 893	469	13	4 941	1 253	—	4	225
贵州	80	532	509	2 903	43	5	2 379	364	—	—	116
云南	130	1 057	1 042	7 502	300	21	6 094	990	—	—	117
西藏	—	—	—	—	—	—	—	—	—	—	—
陕西	105	1 190	1 071	4 178	271	24	3 388	467	—	—	53
甘肃	82	677	642	3 516	162	16	2 794	518	—	6	36
青海	29	159	150	933	9	1	784	118	—	—	21
宁夏	18	344	331	1 690	15	2	1 380	287	—	1	8
新疆	61	503	490	2 904	6	—	2 401	487	—	2	8

图书馆基本情况（一）

总藏量中（千册）		书架单层总长度（千米）	发放借书证数（千个）	平均每证拥有藏书（册）	总流通（千人次）		书刊外借册次（千册次）	为读者举办各种活动		信息服务		
外文书刊	开架书刊					书刊外借人次		次数（次）	参加人次（千人次）	解答咨询（条）	代检索课题（项）	编制二、三次文献（种）
530	**37 582**	**3 352**	**2 911**	**48**	**100 757**	**56 183**	**92 761**	**17 437**	**7 445**	**388 906**	**19 918**	**28 128**
22	513	22	12	66	631	489	773	98	57	1 346	78	10
－－	127	8	8	55	207	103	114	17	17	453	4	19
18	1 191	137	131	39	4 344	3 421	4 635	1 422	216	22 898	845	466
11	1 463	86	79	61	1 884	1 187	1 665	474	146	12 325	108	19
3	429	65	54	50	1 287	802	1 260	3 381	25	5 886	341	35
9	1 984	264	116	47	4 981	2 720	5 160	726	408	26 844	1 526	1 591
2	355	29	31	38	1 165	700	1 234	157	128	5 081	170	126
25	745	61	55	55	2 574	1 338	2 353	423	185	7 587	195	623
－－	1 443	76	128	30	3 265	1 083	2 448	436	189	9 101	169	423
－－	601	34	32	48	1 445	740	1 047	65	36	1 889	36	28
34	2 831	222	236	41	7 618	4 870	8 025	847	617	25 480	1 521	191
9	1 504	250	155	50	4 829	2 764	4 744	498	316	20 626	1 498	2 691
7	349	70	25	40	859	393	992	86	36	4 479	420	57
51	673	50	64	47	3 380	1 685	2 700	285	125	7 107	296	97
3	1 291	118	93	50	4 485	1 818	3 323	442	157	10 081	1 220	8 195
－－	56	5	10	20	1 347	153	197	70	12	816	3	－－
77	1 722	103	122	65	4 179	2 774	5 413	444	338	11 660	733	133
25	2 260	160	219	46	5 488	3 608	6 891	754	323	41 519	1 103	720
－－	348	16	14	89	676	479	882	85	150	8 578	62	17
14	1 279	108	124	39	4 764	2 900	3 590	802	197	18 195	457	353
13	1 549	186	191	33	4 100	2 639	4 205	1 389	686	18 276	417	497
21	1 631	194	180	43	5 939	3 490	5 670	632	603	31 346	552	189
32	4 648	174	217	38	10 052	4 249	5 928	863	619	15 874	849	180
1	380	17	22	20	1 340	268	402	135	15	2 603	18	3
19	1 783	230	114	69	6 191	2 882	4 449	712	433	25 887	2 934	8 895
15	711	23	12	95	1 027	599	839	74	39	2 112	434	14
1	897	49	39	57	1 560	984	1 709	200	135	8 953	63	74
10	1 596	162	112	61	4 060	2 235	4 224	720	616	13 275	1 114	623
15	513	63	103	28	1 285	777	1 223	228	122	4 452	445	12
6	1 225	170	107	70	5 692	2 976	4 813	502	327	20 763	417	1 665
－－	－－	－－	－－	－－	－－	－－	－－	－－	－－	－－	－－	－－
50	819	76	73	57	2 087	1 279	2 173	374	113	7 774	1 981	92
29	776	64	68	51	1 267	568	812	309	231	5 846	80	17
1	92	24	11	84	230	92	176	23	10	1 565	190	－－
1	235	111	21	80	950	567	1 529	130	91	6 943	120	210
16	1 051	62	35	82	956	544	870	167	68	2 843	192	66

各地区县、市级公共

地区	本年收入合计（千元）	财政补助收入	上级补助收入	事业收入	经营收入	附属单位上缴收入	本年支出合计（千元）	事业支出	经营支出	对附属单位补助支出	从业人员劳动报酬	职工工资总额
总计	**397 972**	**338 617**	**8 074**	**22 751**	**6 655**	**505**	**393 546**	**385 513**	**4 617**	**415**	**188 413**	**180 642**
北京	4 562	3 548	38	260	--	10	4 362	4 362	--	--	1 939	1 937
天津	3 124	2 799	--	272	--	--	3 124	3 124	--	--	1 239	1 216
河北	10 847	10 236	123	233	134	--	10 878	10 776	102	--	6 937	6 879
山西	9 593	9 055	300	82	38	--	9 663	9 625	38	--	6 006	5 834
内蒙古	11 612	11 126	100	173	--	--	11 716	11 620	72	--	7 305	7 276
辽宁	22 891	19 433	461	2 176	227	--	22 771	22 497	123	--	10 064	9 835
其中：大连	5 815	5 137	197	274	--	--	5 744	5 744	--	--	1 527	1 455
吉林	10 065	9 247	42	115	473	--	10 005	9 789	213	--	5 817	5 790
黑龙江	12 155	11 367	14	435	47	--	12 155	12 099	38	18	6 508	6 456
上海	6 612	5 351	76	171	166	120	6 978	6 787	183	--	3 227	2 330
江苏	32 430	26 313	247	3 006	136	266	32 890	32 774	4	--	12 387	11 710
浙江	31 673	26 303	825	2 138	117	12	30 803	30 586	217	--	12 575	12 064
其中：宁波	5 403	4 426	289	156	117	--	5 546	5 393	153	--	2 430	2 335
安徽	9 553	7 835	233	749	143	53	9 577	9 346	227	--	4 795	4 695
福建	13 749	11 420	421	1 243	81	--	14 015	13 607	89	237	6 202	5 954
其中：厦门	1 214	1 059	20	86	--	--	1 218	1 218	--	--	465	465
江西	12 349	10 193	667	722	357	--	12 579	12 139	312	55	6 135	5 975
山东	28 171	25 361	672	1 303	70	--	27 831	27 801	30	--	12 981	12 889
其中：青岛	3 992	2 832	361	758	--	--	3 908	3 908	--	--	1 425	1 424
河南	13 396	11 979	82	645	15	--	13 490	13 337	20	--	8 649	8 552
湖北	17 378	12 082	663	1 512	1 238	--	17 343	16 290	480	--	7 791	7 361
湖南	14 496	11 321	168	582	1 189	--	15 057	14 200	569	58	7 553	7 248
广东	50 818	39 605	1 266	4 406	1 276	--	46 226	44 359	967	18	15 353	13 761
其中：深圳	10 946	8 421	15	1 676	--	--	10 331	10 331	--	--	2 954	2 954
广西	10 931	9 463	302	509	64	3	10 051	9 931	95	5	4 842	4 744
海南	2 297	2 025	92	2	32	--	2 500	2 474	26	--	1 287	1 253
重庆	5 078	3 796	35	525	273	--	5 120	4 921	199	--	2 307	1 615
四川	13 309	11 147	319	543	275	39	13 629	13 106	263	9	6 003	5 716
贵州	4 973	4 437	317	111	36	2	5 000	4 940	42	--	3 036	2 970
云南	19 668	18 060	507	466	123	--	19 581	19 157	149	--	10 033	9 588
西藏	--	--	--	--	--	--	--	--	--	--	--	--
陕西	8 562	8 223	5	81	59	--	8 495	8 293	84	3	5 705	5 588
甘肃	6 336	6 109	30	58	13	--	6 368	6 350	18	--	4 818	4 596
青海	2 062	2 049	10	1	--	--	2 062	2 062	--	--	1 416	1 416
宁夏	2 915	2 716	28	127	9	--	2 899	2 864	35	--	1 829	1 747
新疆	6 367	6 018	31	105	64	--	6 378	6 297	22	12	3 674	3 647

图书馆基本情况（二）

在支出合计中						本年新购藏量		年末固定资产原值	增加值	公共房屋建筑面积			阅览室座席数	
税金支出	社会保障费	修缮费	设备购置费	新增藏量购置费	图书购置费	（千册(件)）	新购图书	（千元）	（千元）	（千平方米）	书库	阅览室	（千个）	少儿阅览室座席
1 588	**36 272**	**23 157**	**65 482**	**51 452**	**41 435**	**3 389**	**2 605**	**1 353 038**	**244 131**	**2 642**	**615**	**550**	**276**	**92**
26	289	155	633	611	441	36	33	13 867	2 520	18	4	3	2	1
8	358	773	518	97	72	5	5	7 337	1 540	12	1	2	1	－－
－－	1 181	173	1 258	1 009	736	105	63	58 836	9 291	137	25	23	12	4
21	825	140	1 397	941	769	114	102	25 074	7 034	71	17	14	9	3
29	1 352	820	882	699	592	60	48	21 528	8 194	54	11	14	7	3
189	2 612	747	3 835	3 255	2 826	191	130	66 097	12 896	96	22	17	12	4
65	532	276	1 672	1 335	1 316	44	42	20 193	2 401	22	4	3	2	1
23	1 217	153	888	729	646	56	49	22 001	6 720	43	8	11	7	3
6	1 246	848	1 468	1 297	817	74	59	33 151	7 843	69	17	18	8	3
13	880	96	1 173	1 078	957	45	38	20 617	4 065	20	6	4	2	－－
19	3 633	1 769	7 530	5 726	4 799	391	305	114 179	16 976	142	33	29	15	5
115	3 054	1 534	7 361	4 911	4 377	258	235	95 497	16 510	141	34	23	10	3
15	460	29	1 623	1 071	906	41	36	12 213	2 933	19	4	3	1	－－
38	1 724	258	1 197	904	711	63	41	15 836	5 463	43	8	8	6	2
134	959	627	3 042	2 248	1 732	115	91	50 792	8 363	116	35	26	10	4
－－	36	－－	416	279	254	14	13	3 560	608	7	3	1	－－	－－
139	1 373	711	2 181	1 699	1 349	127	73	43 979	8 032	127	29	33	14	5
20	2 632	1 816	3 468	2 478	2 035	218	130	64 983	15 601	138	29	21	13	4
	613	65	448	358	278	29	24	8 309	1 757	14	3	2	2	1
10	1 707	385	1 338	1 201	909	110	79	55 657	10 887	126	28	23	11	4
113	1 408	826	3 091	2 508	2 089	145	128	61 012	10 345	141	31	26	16	5
99	1 253	1 174	2 328	1 924	1 691	151	124	67 662	10 355	158	41	34	17	6
243	1 920	5 870	9 715	7 902	6 295	354	300	154 118	21 764	236	45	46	20	6
48	100	1 659	1 589	1 420	1 118	49	46	38 751	4 553	35	2	9	2	－－
65	703	587	2 112	1 959	1 045	279	202	47 949	6 827	118	37	39	19	6
35	81	81	458	384	286	19	16	19 002	2 084	27	6	6	3	1
11	482	153	1 262	1 103	959	64	47	24 840	3 313	48	10	8	4	1
43	1 297	1 275	2 585	2 112	1 581	146	105	69 751	8 838	143	31	33	16	5
3	586	295	564	504	428	33	28	17 611	3 743	63	15	15	7	2
128	929	1 394	3 078	2 489	2 097	116	98	85 821	13 593	147	38	30	14	5
－－	－－	－－	－－	－－	－－	－－	－－	－－	－－	－－	－－	－－	－－	－－
27	474	263	432	346	228	27	16	42 773	7 443	88	22	16	8	3
23	368	60	584	421	342	33	20	24 135	5 804	50	13	12	6	2
－－	518	－－	56	56	54	2	1	4 862	1 609	13	3	3	1	－－
－－	268	114	303	247	160	14	13	9 883	2 226	24	6	5	2	1
8	943	60	745	614	412	38	26	14 188	4 252	33	10	8	4	1

各地区公共图书

地区	总计：经费自给率（%）	总计：劳动报酬占总支出比重（%）	总计：新购图书比上年增减（%）	总计：劳动生产率（元/人）	总计：平均每册新书单价（元）	省区：经费自给率（%）	省区：劳动报酬占总支出比重（%）
总计	**14.9**	**32.6**	**-3.1**	**13 394**	**44.9**	**14.2**	**22.0**
中央	19.5	12.3	4.4	41 816	386.4	--	--
地方	14.2	35.6	-3.3	12 530	33.9	14.2	22.0
北京	17.3	29.4	54.6	16 081	20.4	3.6	15.9
天津	19.4	36.4	7.5	13 068	22.4	21.9	29.2
河北	6.8	39.4	-31.9	10 603	26.3	6.0	18.4
山西	5.8	44.9	25.2	7 775	18.8	9.8	22.6
内蒙古	4.2	56.2	-11.7	8 501	16.0	2.8	33.0
辽宁	12.0	36.9	-1.0	11 696	34.7	13.8	23.6
其中:大连	8.3	22.9	-3.9	12 292	42.4	--	--
吉林	5.2	42.4	19.0	9 675	21.5	3.6	34.7
黑龙江	7.6	45.6	-27.3	10 266	22.4	3.9	32.5
上海	15.1	20.8	8.5	26 227	131.7	12.1	16.1
江苏	17.2	35.9	-5.1	17 717	27.9	12.8	34.1
浙江	15.0	31.3	26.3	16 149	28.0	2.8	19.0
其中:宁波	18.1	40.0	14.2	21 561	25.1	--	--
安徽	14.9	42.0	0.7	9 712	21.9	7.7	21.0
福建	20.7	31.3	2.9	16 040	28.4	41.9	19.8
其中:厦门	13.4	29.3	33.9	27 318	29.8	--	--
江西	13.2	47.2	0.7	9 015	14.9	23.7	40.5
山东	7.1	39.4	-26.5	10 837	35.3	3.3	17.5
其中:青岛	17.3	34.9	6.5	14 801	26.5	--	--
河南	9.7	48.8	-32.2	8 686	15.3	7.6	24.3
湖北	24.0	41.6	-11.6	9 525	24.1	16.5	27.3
湖南	24.4	42.0	8.3	10 670	22.2	33.5	31.2
广东	18.0	30.6	-28.4	21 147	32.1	29.5	31.2
其中:深圳	12.5	28.5	-57.6	40 361	40.0	--	--
广西	13.6	37.4	20.9	10 574	13.5	17.3	35.4
海南	6.1	49.4	-38.2	11 114	18.7	--	--
重庆	32.4	34.7	24.7	11 834	23.8	36.5	22.6
四川	17.2	37.7	-4.6	10 748	20.9	26.0	20.9
贵州	9.3	49.2	51.7	9 282	24.2	16.4	45.8
云南	12.3	40.3	12.4	14 047	24.9	12.5	19.6
西藏	--	68.7	--	37 898	71.1	--	--
陕西	5.5	58.1	-40.4	7 649	38.6	0.2	42.5
甘肃	4.0	54.4	-10.2	10 806	38.5	2.7	33.9
青海	6.7	55.3	-46.6	11 055	50.3	15.3	34.3
宁夏	5.2	50.6	-9.0	10 103	16.6	3.0	41.7
新疆	8.2	46.8	22.4	10 401	23.5	22.8	24.5

馆活动情况分析

市级			地市级					县市级				
新购图书比上年增减（%）	劳动生产率（元/人）	平均每册新书单价（元）	经费自给率（%）	劳动报酬占总支出比重（%）	新购图书比上年增减（%）	劳动生产率（元/人）	平均每册新书单价（元）	经费自给率（%）	劳动报酬占总支出比重（%）	新购图书比上年增减（%）	劳动生产率（元/人）	平均每册新书单价（元）
22.7	**19 208**	**83.8**	**15.3**	**36.2**	**4.5**	**14 631**	**25.5**	**13.1**	**47.8**	**– 18.7**	**9 488**	**15.9**
– –	– –	– –	– –	– –	– –	– –	– –	– –	– –	– –	– –	– –
22.7	19 208	83.8	15.3	36.2	4.5	14 631	25.5	13.1	47.8	– 18.7	9 488	15.9
40.8	16 527	49.5	24.3	39.6	63.8	16 394	12.8	22.3	44.4	26.9	14 317	13.3
47.7	13 369	25.1	19.2	42.0	– 27.2	13 993	17.6	10.4	39.6	– 37.4	9 332	14.3
– –	15 174	65.9	9.2	31.0	49.9	12 807	25.0	4.4	63.7	– 63.7	8 840	11.6
– 27.2	14 039	48.5	7.4	41.2	66.5	9 179	32.7	2.4	62.1	52.2	6 394	7.5
9.0	8 603	19.4	6.0	56.7	– 10.8	9 460	19.0	3.3	62.3	– 19.9	7 901	12.3
57.1	23 414	60.3	10.6	36.5	– 4.3	11 850	36.0	13.2	44.1	– 9.7	9 372	21.7
– –	– –	– –	8.3	20.4	– 15.6	12 160	51.8	8.3	26.5	13.5	12 439	31.3
19.0	14 267	55.2	4.1	34.2	90.8	12 907	18.0	7.7	58.1	– 40.2	6 850	13.1
– 11.7	14 019	81.9	9.7	42.9	– 21.3	12 967	18.5	6.3	53.5	– 37.8	7 788	13.8
73.1	31 594	253.7	24.3	31.3	– 21.7	19 862	29.2	17.0	46.2	22.5	23 910	25.1
11.1	26 761	74.1	19.0	34.6	– 5.2	16 740	28.0	17.9	37.6	– 8.6	15 718	15.7
39.9	17 559	66.3	24.5	27.5	38.9	16 074	23.9	14.7	40.8	14.6	15 783	18.6
– –	– –	– –	30.0	32.3	74.9	23 820	25.0	12.4	43.8	– 9.9	20 653	25.1
33.3	11 165	24.5	17.8	43.0	– 6.5	12 323	23.8	15.5	50.0	– 17.9	7 905	17.3
– 25.4	19 632	43.5	9.2	27.6	35.2	20 671	30.9	13.9	44.2	– 9.9	12 690	19.0
– –	– –	– –	13.7	27.8	12.7	30 625	32.9	11.0	38.1	224.4	17 877	19.5
– –	15 795	12.8	9.7	47.0	156.1	9 389	9.4	11.9	48.7	– 33.6	7 843	18.4
– 10.7	17 076	65.3	8.2	39.3	– 32.2	13 640	39.1	7.6	46.6	– 29.7	9 118	15.6
–	– –	– –	14.0	33.3	24.9	15 408	40.8	20.4	36.4	– 3.9	14 283	11.5
– 27.5	15 772	31.2	10.7	46.9	– 23.5	12 546	14.8	9.9	64.1	– 39.2	6 351	11.5
7.8	16 554	48.7	22.6	43.5	60.8	10 686	23.9	27.6	44.9	– 39.0	7 854	16.3
42.8	17 447	32.4	20.6	40.4	– 11.7	11 689	25.3	20.3	50.1	0.7	8 614	13.6
– 12.9	26 214	61.2	12.3	28.7	– 17.8	26 685	35.9	21.9	33.2	– 39.3	15 793	20.9
– –	– –	– –	7.1	28.5	– 51.3	39 650	59.6	24.2	28.5	– 61.6	41 766	24.2
42.0	13 456	33.9	12.5	29.4	– –	14 834	23.2	11.6	48.1	23.1	7 705	5.1
– –	– –	– –	3.9	44.9	– 37.4	13 233	21.5	7.1	51.4	– 38.4	10 524	17.8
52.7	16 075	25.4	34.7	43.3	– 38.6	9 615	27.9	24.3	45.0	56.6	10 686	20.3
– 37.7	12 123	53.5	15.0	41.8	45.9	13 676	16.9	13.7	44.0	– 12.4	8 954	15.0
– –	14 217	87.3	10.1	39.2	65.4	11 639	19.4	4.3	60.7	39.9	7 035	15.2
– 7.4	22 221	59.3	25.9	39.0	78.7	14 175	19.2	5.7	51.2	– 11.7	12 859	21.3
– –	– –	– –	– –	68.7	– –	37 898	71.1	– –	– –	– –	– –	– –
– 55.4	14 268	131.6	15.8	47.9	– 46.6	11 708	40.8	3.9	67.1	– 30.4	6 254	14.2
6.2	16 619	55.2	7.6	48.6	– 11.7	12 915	31.9	3.0	75.6	– 31.0	8 572	17.0
199.0	11 257	50.7	0.6	73.1	– 49.7	12 127	43.5	0.1	68.6	– 90.8	10 118	53.4
– –	11 174	37.3	6.7	38.5	19.9	22 840	16.4	5.8	63.0	– 13.3	6 470	12.2
– 99.6	13 695	– –	4.7	46.4	49.9	12 689	26.4	5.0	57.6	8.3	8 453	15.8

公共图书馆业主要指标解释

总藏量:指本馆已编目的古籍、图书、期刊和报纸的合订本、小册子、手稿,以及缩微制品、录像带、录音带、光盘等视听文献资料数量之和。

对同一书名,但分若干册(卷)的图书,按每一册(卷)作为一册统计。期刊和报纸均以每一合订本为一册统计。至填报本表时,尚未装订成册的期刊和报纸不应统计在内。

古籍、善本:指实际成书和出版年代在1911年(含1911年)以前的线装、卷轴装、经折装、蝴蝶装、包背装等书籍为古籍;其中清乾隆六十年,即1795年(含1795年)以前的古籍为善本,1795年–1911年间的具有历史文献性、学术资料性和印刷装帧艺术代表性的也归为善本。

图书:指不少于49页并在“古籍”范围以外的图书。少儿读物、连环画49页以上的按图书统计,48页以下的按小册子统计到“其它”类中。

报纸:指刊登当前事件的专题或综合新闻,每周至少出版一张并按年、月、日顺序或按编号排列的连续出版物。

期刊:指同一刊名下,按顺序号或按年、月、日、出版的定期或不定期的一种连续出版物。

缩微制品:指本馆所有经过缩微处理制成缩微胶卷和缩微平片,使用时需要放大的文献资料。

视听文献:指要求使用专用设备阅读和(或)听声的非书型、非缩微制品型文献。包括声频文献(例如:唱片、录音带、盒式磁带等),视频文献(例如:幻灯片、透明正片等)和声频与视频混合文献(例如:有声电影、录像片等)。

其他:指手稿和48页以下的小册子等。

书架单层总长度:指按书架(包括书柜)每层(不包括书架顶部遮尘板)长度累计计算的长度,其中两面放书的书架每层应按两个长度计算。

发放借书证数:指图书馆发放并正在使用的有效的借书证累计数。

总流通人次:指包括在馆内阅读和借出阅读书、刊、缩微制品、视听文献等的读者人次。

外借人次:指由馆内借出阅读中外文书、刊的读者人次。

书刊外借册次:指读者通过借阅手续借出,在馆外阅读的书、刊册次,包括外文图书。

解答咨询:指利用图书馆学、文献学知识和工具解答读者的问题,包括电话、口头或简单书面咨询等,以问题的条数计算。

代检索课题:指通过手工和机检为读者完成的定题和回溯检索服务项目。

编制二、三次文献:指图书馆编辑的书目、索引、文摘、专题述评、综述、进展报告、书目指南等。

1999年全国群众文化事业发展概述

李建军

1999年，全国群众文化部门紧紧围绕党的中心工作，抓住庆国庆和迎接澳门回归的有利时机，开展了大量富有成效的群众文化活动，使群众文化事业发展呈现出欣欣向荣的新局面。

一、群众文化机构变动不大，从业人员略有减少

1999年，全国群众文化业共有机构45837个，比上年增加3个。群众艺术馆389个，比上年增加3个；文化馆2905个，比上年增加4个，增长0.1%；全国共有文化站42543个，比上年减少4个，其中乡镇文化站39719个。

全国群众文化业共有从业人员12.8万人，比上年减少1626人，下降1.3%。分级别看，群众艺术馆1.2万人，减少8人，下降0.1%，只有陕西、内蒙古、河南、湖北、湖南、四川、西藏、甘肃、宁夏、新疆等10个省(区、市)群艺馆人数增加，其余三分之二的省(区、市)群艺馆的从业人员都不同程度减少。全国文化馆共有从业人员4.4万人，比上年减少908人，下降2.0%，只有北京、山西、浙江、湖南、广东、贵州、云南、西藏、陕西、甘肃等10个省(区、市)的文化馆人数增加，陕西增加63人最多，西藏增长18.3%最高。全国文化站共有从业人员7.2万人，比上年减少710人，下降1.0%，只有13个省(区、市)的文化站人员呈增加趋势。

二、群众文化业活动丰富多彩

1999年全国群众文化业举办的展览为9.4万个，比上年增加7310个，增长8.4%，仅有河北、吉林、河南、湖北、湖南、广西、海南、青海、新疆等9省(区、市)的举办展览数减少，其余22个省(区、市)举办展览均比上年有不同程度增加，广东增加1298个最多，西藏增长100.0%最高。分级别看，群艺馆举办展览1978个，比上年增加248个，增长14.3%，只有天津、辽宁、上海、湖北、广西、贵州、青海等7个省群艺馆(区、市)的举办展览数比上年减少，其余均比上年增加，有15个省(区、市)的增幅超过全国平均水平，山西群艺馆以举办展览比上年增加61个，增长358.8%，居第一位；文化馆共举办展览14978个，比上年增加1526个，增长11.3%，只有河北、山西、吉林、安徽、江西、宁夏等6个省(区、市)比上年减少了举办展览个数，其余25个省(区、市)均比上年增加，并有15个省(区、市)的增幅高于全国平均水平，黑龙江以增加441个展览和增长79.3%居首；文化站举办展览77314个，占群众文化业举办展览总数的82.0%，比上年增加5536个，增幅度不大，仅为7.7%，只有河北、吉林、河南、湖北、湖南、广西、海南、青海、新疆等9个省(区、市)的展览数减少，其余各地均比上年增加，且有11个省(区、市)的增幅超过全国平均水平，广东增加1084个最多，山西增长39.3%最高。

全国群众文化业组织文艺活动28.0万次，比上年增加1万次，增长4.9%，只有北京、辽宁、吉林、江苏、湖北、湖南、广西、云南、西藏、青海、新疆等11个省(区、市)组织文艺活动比上年减少，其余省(区、市)均有不同程度增加,有 14 个地区增幅超过全国平均水平,陕西增加额最多(4383 次),增幅最大(68.2%),高居榜首。分级别看,群众艺术馆组织文艺活动 8563 次,比上年增加 1567 次,增长 22.4%,只有 6 个省(区、市)负增长,其余均有不同程度增加,同时有 17 个省群艺馆(区、市)的增幅超过全国平均水平,安徽增加 422 次,增长 178.1%居首;文化馆组织文艺活动 56774 次,比上年增加 1912 次,增长 3.5%,只有 9 个地区比上减少,有 71%的文化馆比上年增加,有 20 个省(区、市)的增幅超过全国平均水平,黑龙江增加 867 次最多,甘肃增幅 59.7%最大;文化站组织文艺活动 21.5 万次,比上年增加 9543 次,增长 4.6%,有 58%文化站比上年增加,极大丰富了基层群众文化生活。

全国群众文化业共举办训练班 13.82 万班次,比上年增加 12323 班次,增长 9.8%,有二分之一强的省(区、市)举办的培训班次增加,浙江增加 7489 个为最多,天津增幅最大(533.3%)。分级别看,群艺馆举办培训班 6017 班次,比上年增加 508 班次,增长 9.2%;文化馆举办培训班 27415 班次,比上年增加 1267 班次,增长 4.8%,有 17 个省(区、市)文化馆呈增加趋势且增幅超过全国平均水平,浙江增加 855 班次为最多,西藏增长 200.0%最大;全国文化站共举办了 10.5 万班次,比上年增加 10548 班次,增长 11.2%,只有内蒙古、吉林、江苏、安徽、湖南、湖北、广东、重庆、新疆等 9 省(区、市)比上年减少,其余省(区、市)均呈增加趋势,有 11 个省(区、市)的增幅高于全国平均水平,浙江增加 6621 班次最多,天津增幅最大。

全国群众文化业举办的培训班共结业 464.3 万人次,比上年增加 4.6 万人次,增长 1.0%。分级别看,群众艺术馆举办的培训班结业 20.7 万人次,比上年增加 4.9 万人次,增长 31.0%;文化馆举办的培训班结业 82.2 万人次,比上年减少 0.6 万人次,下降 0.7%;文化站举办的培训班结业 361.4 万人次,比上年增加 0.3 万人次,增长 0.1%。

全国群众文化业共放映录像 351 万场,有 11 亿人次观看,分别比上年减少 46.6 万场和 1.4 亿人次,下降 11.7%和 12.0%。分级别看,群众艺术馆放映录像 2.1 万场,比上年减少 1.7 万场,下降 43.9%,观看放映观众人次 111 万人次,比上年减少 712 万人次,下降 86.5%;文化馆放映录像 37.5 万场,有 1.03 亿人次观看,分别比上年减少 9.5 万场和 1.3 亿人次,下降 20.3%和 56.1%,只有河北、内蒙古、河南、广东、海南、贵州、西藏、甘肃、青海 9 个省(区、市)文化馆放映场次增加,有 12 个省(区、市)到文化馆观看录像人次增加;文化站放映录像 311.3 万场,观众 9.52 亿人次,分别比上年减少 35.4 万场和 471 万人次,下降 10.2%和 0.5%。

全国群众文化业共藏书 8251 万册,比上年增加 303 万册,增长 3.8%,只有内蒙古、辽宁、黑龙江、吉林、安徽、福建、河南、湖南、宁夏、新疆 10 个省(区、市)的藏书减少。群艺馆藏书比上年增加 6.4 万册,增长 10.8%;文化馆藏书比上年增加 0.6 万册,增长 0.1%;基层文化站藏书比上年增加 296 万册,增长 4.0%。群众文化业共藏文物 11 万件,比上年增加 10990 件,增长 11.0%。

全国群众艺术馆和文化馆负责指导的农村集镇文化中心 23066 个,比上年增加 1072 个,增长 4.9%,只有浙江、福建、江西、湖北、重庆、宁夏 6 个省(区、市)的文化中心减少,其余均比上年增加,并有 21 个地区的增幅超过全国平均水平,广东增加 776 个最多,西藏增长 850.0%最大。文化俱乐部(室)112643 个,比上年减少 5955 个,下降 5.0%,有 10 个省(区、市)的俱乐部(室)增加。图书室 60820 个,比上年减少 1119 个,下降 1.8%。文化户 193551 户,比上年减少 1.1 万户,下降 5.5%。

群众业余演出团(队)31627个,比上年增加1494个,增长5.0%,在增加的17个省(区、市)中,有16个增幅超过全国平均水平。

三、财政投入加大,业务费增加

全国群众文化业总收入17.73亿元,比上年减少912万元,下降0.5%。全国只有北京、天津、辽宁、上海、江苏、湖南、广西、海南、宁夏、新疆10个省(区、市)的总收入是负增长,其余均比上年增加,广东增加额最多为3280万元,西藏增幅最高达48.2%。分级别看,群艺馆总收入2.83亿元,比上年增加1878万元,增长7.1%,除天津、内蒙古、黑龙江、上海、广西、广东、海南、甘肃、宁夏、新疆10个省(区、市)减少外,其余均有不同程度的增加,浙江增加605.4万元最多,西藏增幅33.4%最大,有15个省(区、市)增幅超过全国平均水平。文化馆总收入7.09亿元,比上年增加3807万元,增长5.7%,除北京、辽宁、湖南、广西、新疆5个省(区、市)比上年减少,其余均有所增加,广东增加525万元最多,有20个省(区、市)增幅超过全国平均水平,西藏以155.8%的增长速度居首。文化站总收入7.8亿元,比上年减少6598万元,下降7.8%,有12个省(区、市)总收入比上年减少,造成了全国群众文化业总收入整体下滑。

在总收入中,群众文化业财政补助收入为10.87亿元,比上年增加了1.2亿元,增长12.7%,只有北京、海南、宁夏、新疆4个省(区、市)比上年减少,其余均比上年增加,有13个省(区、市)的增幅超过全国平均数。分级别看,群艺馆2.11亿元,比上年增加1917万元,增长10.0%,只有内蒙古、黑龙江、上海、广东、广西、海南、甘肃、新疆8个省(区、市)比上年减少,浙江增加491万元,增幅61.2%居首,有17个省(区、市)增幅超过全国平均水平。文化馆4.92亿元,比上年增加4424万元,增长9.9%,仅有北京、新疆比上年减少,其余29个省(区、市)均比上年增加,有15个省(区、市)增幅超过全国平均水平,广东增加685万元最多,西藏增幅128.7%最大。文化站3.83亿元,比上年增加5899万元,增长18.2%,有25个省(区、市)增加,11个省(区、市)增幅超过全国平均水平,广东增加2694万元最多,天津增幅最大为81.8%。

全国群众文化业收入2.66亿元,比上年减少117万元,下降0.4%。分级别看,群艺馆事业收入3226万元,比上年增加421万元,增长14.5%,有13个省(区、市)的增幅超过全国平均水平。文化馆事业收入1.09亿元,比上年减少284万元,下降2.5%,只有9个省(区、市)增加,江苏增加214万元最多,贵州以102.4%的增幅居首。文化站事业收入1.23亿元,比上年减少254万元,下降2.0%,有16个省(区、市)减少,影响了群众文化事业收入。

全国群众文化业经营收入1.17亿元,比上年减少3810万元,下降17.7%。分级别看,群艺馆减少268万元,下降20.5%;文化馆减少747万元,下降17.4%,只有天津、吉林、黑龙江、海南、重庆、西藏、陕西、宁夏8个省(区、市)比上年增加;文化站减少2796万元,下降17.6%,只有10个省(区、市)比上年增加,其余均比上年有不同程度减少。

在群众文化业总收入中,财政补助收入占总收入的61.3%,比上年增加7.2个百分点,主要是因为文化站的财政补助收入占总收入比重由上年的38.3%升到49.1%,增加10.8个百分点。事业收入占总收入的15.0%,比上年略有浮动,增加0.02个百分点。经营收入占总收入的10.0%,比上年减少2.1个百分点,各级群文机构所占比重均比上年减少。说明财政补助仍是群众文化业经费的主要来源,但所占份额正逐年下降。而事业收入所占比重的上升,表明文化延伸服务是我们的优势；经营收入所占比重的减少，提醒我们今后应注意在市场经济环境下，加强市场观念，以文化为主导，多种经营，提高自我生存能力，繁荣群众文化。

全国群众文化业总支出17.75亿元，比上年增加4321万元，增长2.5%，只有辽宁、上海、江苏、湖南、广西、海南、云南7个省(区、市)比上年减少，其余均有不同程度增加，有21个省(区、市)的增幅高于全国平均水平。分级别看，群艺馆总支出2.78亿元，比上年增加1754万元，增长6.7%，除天津、内蒙古、黑龙江、上海、广东、广西、新疆7个省(区、市)减少外，其余均比上年增加，浙江增加535万元最多，有15个省(区、市)的增幅超过全国平均水平，西藏增幅33.5%最大。文化馆总支出7.14亿元，比上年增加2525万元，增长3.7%，有25个省(区、市)比上年增加，有21个省(区、市)的增幅超过全国平均水平，广东增加453万元最多，西藏增幅168.8%最大。文化站总支出7.83亿元，比上年增加41万元，增长0.1%，有20个省(区、市)的增幅超过全国平均水平，广东增加2677万元最多，青海增幅63.7%最高。

在总支出中，事业支出16.19亿元，增加1.15亿元，增长7.9%，仅有辽宁、上海、广西、海南、宁夏5个省(区、市)比上年减少，其余均呈增加趋势，有15个省(区、市)的增幅超过全国平均水平。分级别看，群艺馆事业支出2.66亿元，比上年增加1850万元，增长7.5%，有23个省(区、市)比上年增加，其中17个省(区、市)增幅超过全国平均水平，浙江增加519万元最多，北京增长50.8%最大。文化馆事业支出6.77亿元，比上年增加2674亿元，增长4.1%，只有北京、辽宁、上海、湖南4个省(区、市)比上年减少，有21个省(区、市)的增幅超过全国平均水平，广东增加476万元最多，西藏增长154.4%最大。文化站事业支出6.76亿元，比上年增加6942万元，增长11.4%，有20个省(区、市)比上年增加，广东增加3796万元最多，青海以61.9%的增幅居首，有12个省(区、市)的增幅超过全国平均水平。

全国群众文化业经营支出1.09亿元，比上年减少4817万元，下降30.6%，只有10个省(区、市)比上年增加。分级别看，群艺馆926万元，减少0.6万元，下降0.1%，只有10个省(区、市)比上年增加；文化馆2087万元，减少1081万元，下降34.1%，只有天津、河北、黑龙江、江西、海南、重庆、西藏、陕西、新疆9个省(区、市)比上年增加；文化站7915万元，下降32.1%，只有天津、福建、河南、海南、四川、陕西、甘肃、青海等8个省(区、市)比上年增加。

全国群众文化业从业人员劳动报酬8.06亿元，比上年增加7937万元，增长10.9%，各地均有不同程度增加，有17个省(区、市)增幅超过全国平均水平。分级别看，群艺馆1.09亿元，比上年增加271万元，增长13.2%，有19个省(区、市)增幅超过全国平均水平，辽宁增加118万元最多，重庆增幅120.0%最高；文化馆3.48亿元，比上年增加3089万元，增长9.7%，只有辽宁、湖南、海南3个省(区、市)比上年减少，上海增加367万元最多，西藏增幅136.6%最大；文化站3.49亿元，增加3578万元，增长11.4%，有27个省(区、市)比上年增加，其中15个省(区、市)增幅超过全国平均水平。

全国群众文化业业务费支出2.47亿元，比上年增加2877万元，增长13.2%。分级别看，群艺馆4932万元，增加737万元，增长17.6%；文化馆9195万元，增加1088万元，增长13.4%，有26个省(区、市)比上年增加，18个省(区、市)增幅超过全国平均水平；基层文化站1.06亿元，比上年增加1052万元，增长11.0%，有24个省(区、市)比上年增加。业务费的普遍增加，为群众文化业能正常开展业务活动提供了有利保证。

1999年全国群众文化业设施有所改善，建筑面积1195.2万平方米，比上年减少0.1万平方米，下降0.008%。分级别看，群艺馆81.2万平方米，比上年增加3.4万平方米，增长4.4%；文化馆328.4万平方米，比上年减少0.5万平方米，下降0.2%，有18个省(区、市)的增幅超过全国平均水平，全国文化馆平均每馆面积1130平方米，有1132个文化馆的面积超过全国平均水平，占文化馆总数的39.0%；文化站比上年减少3万平方米，下降0.4%。但仍有90个县无文化馆，占县级行政区划数的5.4%；215个县文化馆无馆舍，占文化馆总数的7.4%；139个县馆舍面积小于300平方米，占文化馆总数的4.8%。群众文化业因缺乏阵地或场所狭小，而难于开展活动。

各地区群众艺术馆、文

地区	机构数(个)	从业人员(人)		举办展览个数(个)	组织文艺活动次数(次)	举办训练班		录像放映	
			职工			班次次(次)	结业人次(千人次)	场次(场次)	观众人次(千人次)
总计	**45 837**	**128 216**	**103 949**	**94 270**	**280 373**	**138 195**	**4 643**	**3 509 503**	**1 056 833**
北京	329	1 624	1 248	800	4 945	2 224	73	16 475	3 685
天津	336	1 551	995	775	3 730	5 909	29	15 951	9 423
河北	2 272	6 189	5 278	5 917	21 815	10 343	529	36 409	64 521
山西	1 835	4 218	3 372	2 213	4 942	2 506	100	14 056	1 019
内蒙古	1 728	4 478	4 171	3 121	13 356	5 396	168	94 327	5 327
辽宁	1 529	4 392	3 738	3 606	9 743	5 987	214	33 957	2 093
其中:大连	168	536	462	426	1 970	550	23	3 947	892
吉林	953	3 550	3 142	1 371	3 790	2 104	60	11 789	23 565
黑龙江	1 047	3 114	2 956	2 914	7 439	3 913	121	19 287	50 180
上海	349	4 119	2 896	1 340	8 096	4 152	75	83 445	48 873
江苏	2 238	7 581	6 052	8 088	19 357	7 085	258	292 954	8 673
浙江	1 968	6 237	5 263	7 965	21 902	18 121	309	414 450	19 755
其中:宁波	178	926	701	782	2 955	1 757	53	67 722	2 991
安徽	1 946	4 905	4 184	2 924	6 183	1 587	71	49 207	13 459
福建	1 122	2 529	1 968	2 711	7 380	4 092	98	47 444	9 417
其中:厦门	36	112	97	95	428	251	5	1 300	48
江西	1 926	4 191	2 705	2 604	6 202	2 510	101	93 872	39 228
山东	2 651	6 487	6 107	5 385	16 361	5 966	185	93 125	12 476
其中:青岛	215	584	462	782	2 290	820	18	9 836	3 428
河南	2 462	6 753	5 909	4 213	8 552	5 232	230	282 781	79 647
湖北	1 728	6 016	4 987	2 610	8 922	2 185	91	124 851	95 276
湖南	2 648	6 183	5 306	1 904	9 122	2 847	126	179 925	4 589
广东	2 041	8 843	5 683	7 076	21 327	10 941	529	758 759	313 858
其中:深圳	51	657	654	319	1 533	824	30	85 968	6 759
广西	1 540	3 480	2 965	1 928	9 022	7 969	107	92 167	2 167
海南	328	689	578	574	1 521	866	20	14 886	775
重庆	1 285	3 096	2 068	3 344	8 430	1 564	51	52 056	2 396
四川	3 862	8 698	6 336	8 319	17 837	7 458	248	212 394	11 807
贵州	940	2 085	1 818	1 013	4 154	1 253	42	53 708	7 251
云南	1 727	4 347	3 948	3 085	13 219	3 289	192	222 538	60 459
西藏	90	333	234	12	232	5	—	8 150	571
陕西	1 972	5 088	3 864	4 219	10 813	6 297	357	109 294	59 570
甘肃	1 400	2 844	2 158	1 989	4 552	3 023	98	42 722	96 263
青海	249	673	576	212	1 308	199	5	6 780	3 423
宁夏	310	1 116	899	615	1 585	713	33	2 488	5 133
新疆	1 026	2 807	2 545	1 423	4 536	2 459	123	29 256	1 954

化馆（站）基本情况（一）

藏书（千册）	藏文物（件）	本年收入合计（千元）	财政补助收入	上级补助收入	事业收入	经营收入	附属单位上缴收入	其他收入
82 510	**111 089**	**1 772 529**	**1 086 562**	**96 920**	**265 795**	**176 649**	**22 826**	**123 777**
752	--	41 539	23 108	3 501	9 416	2 551	34	2 929
499	908	26 120	12 736	1 705	5 787	3 144	1 256	1 492
3 631	605	56 226	47 980	1 179	2 877	1 469	42	2 679
1 009	25	28 759	24 225	314	1 589	814	--	1 817
1 272	10	36 217	31 854	1 213	1 691	303	--	1 156
3 547	657	57 739	48 187	1 416	3 889	2 612	230	1 405
650	104	11 702	9 138	1 267	460	572	70	195
561	1 684	35 202	30 681	14	861	2 429	121	1 096
841	--	32 350	29 254	382	1 022	511	--	1 181
3 207	414	141 830	47 527	4 419	49 310	21 226	2 590	16 758
14 603	3 866	162 556	80 182	10 322	34 261	23 324	4 108	10 359
6 559	2 400	150 731	82 419	15 191	21 627	9 266	2 491	19 737
1 002	--	31 438	13 215	4 220	7 018	1 736	918	4 331
538	5 002	41 885	34 349	553	3 575	1 033	92	2 283
1 634	13 696	43 539	31 490	3 903	4 518	1 085	91	2 452
63	--	7 759	6 506	208	448	366	10	221
1 900	3 529	30 033	22 777	369	3 330	1 082	55	2 420
5 120	4 690	83 882	69 851	2 196	5 444	1 889	387	4 115
505	60	12 261	7 786	1 011	1 173	525	327	1 439
2 470	4 789	52 397	42 615	658	4 765	1 587	99	2 673
2 119	3 655	69 245	31 557	2 130	15 256	15 138	574	4 590
4 658	43	52 961	33 554	34	9 382	7 641	91	2 259
12 371	--	279 756	118 054	36 502	50 920	42 836	9 065	22 379
852	--	58 652	23 631	7 275	14 438	5 967	364	6 977
3 388	1	29 267	21 380	565	4 594	971	--	1 757
515	720	7 986	6 218	499	294	578	3	394
766	2 565	42 818	17 921	370	7 841	12 575	285	3 826
2 806	3 685	79 556	42 623	2 448	9 843	15 384	194	9 064
535	107	17 152	13 379	710	1 856	551	59	597
2 070	5 021	68 313	53 088	4 557	5 548	3 528	311	1 281
159	--	5 785	5 446	30	22	248	34	5
1 428	40 346	32 704	26 808	376	2 496	1 681	423	920
1 393	10 079	19 202	17 136	196	853	387	40	590
184	1 094	8 676	8 299	127	122	13	--	115
208	665	9 788	7 830	783	280	345	--	550
1 767	833	28 315	24 034	258	2 526	448	151	898

各地区群众艺术馆、文

地区	本年支出合计(千元)										
		事业支出	经营支出	对附属单位补助支出	在支出合计中						
					从业人员劳动报酬	工资总额	税金支出	社会保障费	修缮费	设备购置费	业务费
总计	**1 775 279**	**1 619 425**	**109 284**	**24 005**	**805 966**	**750 856**	**20 034**	**132 451**	**122 279**	**80 033**	**247 033**
北京	41 503	39 280	1 847	117	12 359	11 851	663	1 595	4 078	5 262	10 284
天津	26 573	25 848	666	44	11 283	9 214	381	2 857	2 316	1 335	3 864
河北	56 199	54 804	957	346	36 676	36 309	125	4 929	2 226	2 094	4 721
山西	28 006	27 010	790	33	16 195	15 618	300	3 128	964	428	3 347
内蒙古	36 449	36 084	123	34	21 680	21 538	103	3 419	3 116	1 410	3 632
辽宁	57 541	55 685	1 663	34	26 278	25 332	320	5 256	2 982	921	7 787
其中:大连	11 698	11 572	92	34	4 061	3 860	39	560	298	264	2 932
吉林	34 542	33 314	1 113	– –	20 884	20 752	107	4 563	567	1 117	2 389
黑龙江	32 310	32 089	221	– –	19 135	19 004	138	4 397	980	450	4 112
上海	144 747	123 021	9 622	9 609	51 360	42 213	4 048	12 302	6 998	6 769	13 487
江苏	158 197	143 796	13 502	847	62 460	56 302	1 680	12 861	12 396	9 465	24 568
浙江	151 081	141 834	7 319	1 163	57 949	54 645	898	10 087	11 176	8 483	31 274
其中:宁波	31 894	29 830	1 458	587	10 795	9 486	296	1 719	1 259	1 595	7 886
安徽	41 184	40 078	891	76	24 855	23 424	439	6 645	1 494	786	3 760
福建	42 915	40 965	1 164	575	16 639	15 599	310	3 444	2 330	2 055	12 078
其中:厦门	7 486	7 344	142	– –	1 533	1 498	22	550	375	679	3 950
江西	29 963	28 973	940	– –	17 320	16 746	367	3 453	948	533	3 439
山东	82 710	81 535	1 047	108	46 148	44 745	562	7 059	5 886	2 583	9 410
其中:青岛	12 396	12 017	331	48	5 003	4 651	181	1 137	482	562	2 057
河南	56 281	50 924	1 385	22	31 167	30 424	374	7 043	1 291	889	5 828
湖北	70 377	61 756	7 609	93	31 417	29 057	908	5 303	3 639	2 017	9 973
湖南	53 475	48 400	4 889	35	29 536	27 684	516	4 616	2 125	1 141	5 916
广东	278 140	233 496	27 501	9 048	83 850	73 970	3 155	7 525	38 734	20 658	36 868
其中:深圳	57 641	51 395	3 253	2 729	19 842	19 842	1 194	1 274	2 810	4 315	6 875
广西	30 003	28 042	835	955	16 744	15 734	416	2 320	1 295	696	3 580
海南	8 090	7 547	522	21	4 608	4 457	93	441	414	238	1 417
重庆	43 740	32 744	8 976	20	14 762	12 900	1 761	2 261	1 816	2 289	9 294
四川	80 860	69 143	10 549	390	38 852	32 778	1 072	5 489	4 701	3 602	12 060
贵州	16 821	16 557	217	47	9 694	9 580	365	1 434	464	356	2 818
云南	67 621	63 899	3 159	330	35 784	34 483	349	2 717	5 074	2 349	11 090
西藏	5 821	5 762	54	3	3 803	3 612	27	323	201	26	830
陕西	32 545	31 703	616	3	21 355	20 943	160	1 601	1 289	610	3 233
甘肃	19 412	19 031	376	– –	11 949	11 578	142	1 059	962	371	2 043
青海	8 592	8 581	11	– –	5 637	5 445	15	1 371	194	40	526
宁夏	10 010	8 828	298	– –	6 239	6 159	74	865	877	80	838
新疆	29 571	28 696	422	52	19 348	18 760	166	2 088	746	980	2 567

化馆（站）基本情况（二）

年末固定资产原值（千元）	经费自给率（%）	劳动报酬占总支出比重（%）	当年提取修购基金（千元）	增加值（千元）	劳动生产率（元/人）	公用房屋建筑面积（千平方米）	群众艺术馆、文化馆负责指导的单位的基本情况				
							农村集镇文化中心（个）	文化俱乐部（室）（个）	图书室（个）	文化户（个）	群众业余演出团(队)（个）
4 869 612	**34.0**	**45.3**	**78 728**	**1 024 489**	**7 990**	**11 952**	**23 066**	**112 643**	**60 820**	**193 551**	**31 627**
84 048	36.3	29.7	1 351	16 387	10 090	115	93	421	108	8	317
68 278	44.0	42.4	97	14 399	9 283	152	152	1 031	260	1 000	260
132 416	12.6	65.2	976	42 098	6 802	401	1 084	12 889	7 822	29 862	2 996
56 055	15.1	57.8	--	18 734	4 441	176	733	9 467	4 567	20 746	967
117 075	8.6	59.4	113	26 473	5 911	318	1 995	4 075	2 467	12 493	583
111 036	14.1	45.6	90	31 039	7 067	343	774	4 636	1 483	15 045	798
33 022	11.1	34.7	--	5 421	10 113	99	124	448	118	4 404	327
41 569	13.0	60.4	164	22 650	6 380	121	478	3 633	2 009	2 940	373
37 612	8.3	59.2	1 270	20 779	6 672	110	893	5 187	2 901	6 413	1 585
382 611	67.7	35.4	613	72 088	17 501	359	228	29	68	9	150
564 101	45.8	39.4	5 039	86 756	11 443	1 352	1 829	11 704	4 164	12 197	1 189
298 806	35.6	38.3	24 221	70 800	11 351	835	608	3 049	1 004	4 953	792
88 817	44.7	33.8	19 361	14 644	15 814	198	89	251	101	1 469	71
40 855	17.0	60.3	53	27 003	5 505	149	701	1 632	587	2 662	626
85 923	19.3	38.7	819	20 422	8 075	316	777	2 837	1 241	3 453	1 043
9 395	13.9	20.4	--	1 931	17 239	13	76	216	18	336	25
79 211	23.0	57.8	9 300	20 851	4 975	357	777	4 619	2 778	10 102	934
122 590	14.3	55.7	33	51 610	7 955	379	1 566	6 752	5 955	13 625	2 491
17 341	28.0	40.3	6	5 877	10 063	53	172	1 865	1 635	1 551	886
151 309	17.4	55.3	31	37 591	5 566	371	1 152	5 192	3 872	7 514	2 481
569 122	51.2	44.6	13 996	55 100	9 158	725	850	2 841	2 000	5 148	937
117 492	36.3	55.2	79	34 858	5 637	436	961	4 746	2 714	12 225	918
798 276	47.9	30.1	10 313	120 115	13 583	1 803	2 050	6 052	4 492	3 144	1 442
126 372	50.7	34.4	746	26 093	39 714	148	10	189	223	6	40
103 124	25.3	55.8	16	21 494	6 176	389	755	2 218	1 411	11 838	3 009
19 830	15.7	56.9	4	5 498	7 979	64	218	1 157	688	715	154
107 964	58.7	33.7	4 737	20 837	6 730	289	171	2 376	464	3 790	301
229 399	43.2	48.0	1 027	49 733	5 717	830	1 549	7 249	2 086	7 670	897
32 659	18.2	57.6	87	11 374	5 455	106	354	193	435	369	264
186 172	15.9	52.9	1 384	43 616	10 033	531	446	1 178	740	1 059	3 324
43 518	5.3	65.3	461	5 580	16 756	38	95	15	11	52	260
80 509	17.0	65.6	41	24 727	4 859	285	949	2 428	1 898	2 937	1 094
86 299	9.6	61.5	620	15 536	5 462	264	459	2 481	774	1 068	859
11 618	2.9	65.6	1 440	6 116	9 087	43	30	115	39	20	358
23 911	12.8	62.3	3	7 270	6 514	86	37	127	16	32	35
86 224	13.8	65.4	350	22 955	8 177	209	302	2 314	1 766	462	190

各地区群众艺

地区	机构数（个）	从业人员（人）	职工	举办展览个数（个）	组织文艺活动次数（次）	举办训练班 班次（次）	结业人次（千人次）	录像放映 场次（场次）	观众人次（千人次）
总计	**389**	**11 697**	**11 395**	**1 978**	**8 563**	**6 017**	**207**	**21 331**	**1 113**
北京	1	29	29	2	51	3	– –	– –	– –
天津	1	63	61	8	60	20	– –	– –	– –
河北	12	635	633	72	690	321	9	310	4
山西	12	475	437	78	123	41	1	1 200	28
内蒙古	13	453	451	33	180	233	7	1	508
辽宁	23	706	687	79	271	443	17	5	2
其中：大连	2	60	56	5	19	38	2	5	2
吉林	13	499	496	30	85	47	1	– –	– –
黑龙江	15	427	396	65	351	270	5	280	21
上海	3	78	78	30	102	111	2	– –	– –
江苏	14	419	413	84	584	227	9	3 107	37
浙江	12	459	451	115	356	606	27	5 780	199
其中：宁波	1	74	73	30	20	48	1	– –	– –
安徽	14	348	341	54	659	130	4	720	22
福建	10	144	129	47	113	95	2	– –	– –
其中：厦门	1	22	18	8	50	20	1	– –	– –
江西	12	346	346	61	116	129	4	– –	– –
山东	19	636	630	116	726	303	11	433	45
其中：青岛	1	53	51	– –	– –	– –	– –	– –	– –
河南	23	645	613	154	850	264	7	720	80
湖北	18	762	752	56	245	140	3	1 240	54
湖南	15	485	468	66	165	405	11	800	2
广东	22	476	459	133	795	398	12	700	16
其中：深圳	1	69	69	13	35	108	5	– –	– –
广西	15	345	337	76	320	335	5	950	20
海南	3	69	68	24	59	72	1	– –	– –
重庆	4	136	131	13	83	36	2	– –	– –
四川	25	754	720	206	517	450	19	– –	– –
贵州	8	197	197	11	73	61	2	– –	– –
云南	20	470	469	112	308	205	32	2 160	36
西藏	7	188	184	7	25	2	– –	– –	– –
陕西	11	394	387	46	98	101	1	– –	– –
甘肃	15	374	363	88	165	180	3	– –	– –
青海	9	164	164	14	117	78	1	1 120	20
宁夏	4	139	134	18	76	8	– –	5	12
新疆	16	382	371	80	200	303	9	1 800	7

术 馆 基 本 情 况（一）

藏书（千册）	藏文物（件）	本年收入合计（千元）						
			财政补助收入	上级补助收入	事业收入	经营收入	附属单位上缴收入	其他收入
656	**1 740**	**283 442**	**211 186**	**5 784**	**33 255**	**10 375**	**3 464**	**19 378**
— —	— —	3 020	2 184	774	— —	— —	24	38
— —	— —	2 005	1 230	— —	775	— —	— —	— —
57	— —	12 206	10 501	26	614	675	24	366
17	— —	7 578	6 394	— —	277	371	— —	536
8	— —	5 574	5 066	— —	186	168	— —	154
35	— —	16 859	13 856	38	650	1 810	230	275
10	— —	1 891	1 346	— —	— —	475	70	— —
16	— —	10 786	9 455	10	279	568	117	357
18	— —	8 924	7 900	315	148	359	— —	202
— —	400	3 298	2 623	5	188	— —	431	51
19	— —	18 641	10 510	294	4 777	495	298	2 267
21	— —	24 485	12 935	1 167	6 578	639	801	2 365
— —	— —	5 987	2 123	687	3 108	— —	— —	69
8	— —	8 054	5 399	22	1 545	258	— —	830
1	49	8 207	7 246	401	140	313	— —	107
1	— —	3 812	3 499	— —	— —	313	— —	— —
33	— —	4 931	4 043	— —	685	96	— —	107
65	— —	18 997	15 125	610	1 458	— —	158	1 646
6	— —	2 729	924	610	— —	— —	128	1 067
58	— —	11 602	9 823	6	1 070	182	97	424
2	— —	12 350	7 572	186	1 255	2 534	199	604
5	— —	9 853	6 480	— —	2 473	402	— —	498
14	— —	22 646	17 923	662	1 681	75	124	2 181
— —	— —	6 373	5 072	— —	484	— —	— —	817
36	1	7 166	4 442	380	1 259	289	— —	796
4	— —	2 093	1 515	300	190	— —	— —	88
2	— —	3 257	2 295	20	430	— —	260	252
20	120	16 651	8 947	149	3 435	202	71	3 847
17	— —	3 048	2 482	67	226	— —	— —	273
10	8	11 012	9 510	208	428	512	130	224
86	— —	4 640	4 620	20	— —	— —	— —	— —
23	— —	7 828	6 209	— —	1 126	— —	390	103
76	— —	5 306	5 026	7	138	30	— —	105
— —	1 000	3 234	3 064	— —	116	— —	— —	54
4	162	2 157	1 418	57	78	212	— —	392
1	— —	7 034	5 393	60	1 050	185	110	236

各地区群众艺

地区	本年支出合计(千元)										
		事业支出	经营支出	对附属单位补助支出	在支出合计中						
					从业人员劳动报酬	工资总额	税金支出	社会保障费	修缮费	设备购置费	业务费
总计	**277 704**	**266 049**	**9 262**	**1 054**	**109 199**	**105 188**	**2 924**	**36 312**	**18 996**	**8 419**	**49 318**
北京	3 026	3 026	– –	– –	449	449	– –	196	838	6	1 131
天津	2 005	2 005	– –	– –	772	754	27	522	16	49	267
河北	12 141	11 577	564	– –	6 215	6 126	91	2 020	271	250	1 040
山西	6 940	6 604	336	– –	3 085	2 881	122	1 331	457	110	548
内蒙古	5 731	5 713	18	– –	3 272	3 264	29	828	316	63	284
辽宁	16 770	15 337	1 283	– –	6 693	6 393	129	2 045	1 015	128	1 340
其中:大连	1 895	1 895	– –	– –	546	531	23	15	26	1	141
吉林	10 563	10 103	460	– –	4 618	4 520	66	2 047	361	751	881
黑龙江	8 747	8 583	164	– –	3 960	3 932	81	1 812	252	182	976
上海	3 263	3 263	– –	– –	1 235	1 018	– –	464	161	403	574
江苏	18 319	18 021	277	10	5 400	5 279	66	2 073	1 016	672	5 854
浙江	23 825	23 103	704	– –	5 554	5 520	228	2 129	1 729	992	9 882
其中:宁波	5 946	5 928	– –	– –	1 071	1 065	113	224	100	– –	4 438
安徽	7 404	7 160	244	– –	3 486	3 357	266	1 559	127	169	789
福建	8 008	7 881	127	– –	1 649	1 479	17	1 088	804	298	3 542
其中:厦门	3 626	3 499	127	– –	356	329	17	404	116	223	2 265
江西	4 872	4 798	74	– –	2 400	2 374	78	885	145	20	881
山东	17 169	17 169	– –	– –	7 164	6 987	135	1 716	4 014	591	1 190
其中:青岛	2 729	2 729	– –	– –	666	654	71	336	402	55	420
河南	11 650	11 423	179	– –	5 409	5 037	95	1 539	443	461	1 585
湖北	12 746	9 821	2 526	49	4 720	4 628	164	1 835	305	163	1 277
湖南	9 823	9 543	280	– –	4 001	3 355	106	1 813	563	97	1 201
广东	21 119	20 789	73	– –	7 236	6 858	153	2 295	1 870	736	4 331
其中:深圳	6 226	5 969	– –	– –	2 017	2 017	82	124	1 258	294	1 009
广西	7 375	5 967	465	943	2 623	2 412	160	821	610	239	785
海南	2 248	2 248	– –	– –	915	915	21	207	147	32	506
重庆	3 257	3 257	– –	– –	869	859	20	436	184	– –	1 508
四川	16 635	16 181	208	– –	6 100	5 716	272	2 110	916	937	3 451
贵州	2 998	2 998	– –	– –	1 478	1 477	248	597	120	70	429
云南	10 813	9 862	842	– –	4 510	4 437	112	1 065	671	439	1 658
西藏	4 661	4 661	– –	– –	2 951	2 927	10	310	201	10	684
陕西	7 498	7 498	– –	– –	2 978	2 978	23	489	791	129	1 122
甘肃	5 460	5 425	31	– –	2 839	2 753	39	459	321	59	740
青海	3 214	3 214	– –	– –	1 645	1 633	5	829	69	21	183
宁夏	2 299	1 983	180	– –	1 138	1 132	44	307	88	3	231
新疆	7 125	6 836	227	52	3 835	3 738	117	485	175	339	448

术 馆 基 本 情 况（二）

年末固定资产原值（千元）	经费自给率（%）	劳动报酬占总支出比重（%）	当年提取修购基金（千元）	增加值（千元）	劳动生产率（元/人）	公用房屋建筑面积（千平方米）	群众艺术馆、文化馆负责指导的单位的基本情况				
							农村集镇文化中心（个）	文化俱乐部（室）（个）	图书室（个）	文化户（个）	群众业余演出团（队）（个）
432 657	**24.1**	**39.3**	**3 632**	**130 274**	**11 137**	**812**	**1 907**	**5 262**	**1 123**	**4 620**	**1 999**
751	2.0	14.8	– –	479	16 511	2	1	– –	– –	– –	3
1 153	38.6	38.5	62	845	13 410	– –	40	230	– –	– –	100
12 810	13.8	51.1	– –	6 819	10 738	30	310	454	150	33	208
15 385	17.0	44.4	– –	3 822	8 046	33	4	5	– –	7	5
8 373	8.8	57.0	– –	3 636	8 026	20	1	– –	– –	– –	6
25 086	17.8	39.9	– –	7 825	11 083	47	116	546	111	342	101
813	28.7	28.8	– –	601	10 014	2	12	2	1	– –	4
8 153	12.5	43.7	77	5 010	10 039	18	23	46	62	118	33
11 508	8.1	45.2	– –	4 501	10 540	21	205	1 830	246	1 591	179
4 919	20.5	37.8	– –	1 432	18 356	5	39	– –	– –	– –	7
14 169	42.8	29.4	220	6 032	14 395	21	293	160	105	2	27
16 629	43.6	23.3	198	6 447	14 045	35	42	290	35	919	249
2 948	53.5	18.0	66	1 302	17 592	6	– –	– –	– –	– –	– –
8 711	35.5	47.0	23	4 100	11 781	21	5	– –	– –	1	6
3 901	6.9	20.5	– –	1 823	12 658	11	189	11	14	12	150
1 152	8.6	9.8	– –	419	19 036	2	– –	– –	– –	– –	– –
14 279	18.2	49.2	– –	3 048	8 808	18	– –	– –	– –	– –	– –
17 770	18.9	41.7	– –	8 010	12 594	38	64	1	– –	12	97
907	43.7	24.4	– –	773	14 582	2	– –	– –	– –	– –	– –
22 416	15.2	46.4	28	6 399	9 920	57	95	458	142	692	93
34 558	37.1	37.0	1 890	6 268	8 225	49	37	118	69	259	81
15 612	34.3	40.7	– –	4 733	9 758	37	4	– –	– –	– –	2
32 143	19.4	34.2	– –	8 676	18 226	41	71	– –	24	1	350
12 172	21.7	32.3	– –	2 586	37 472	5	– –	– –	– –	– –	– –
25 939	36.4	35.5	16	4 031	11 683	46	103	– –	– –	– –	92
3 158	12.3	40.7	– –	1 063	15 403	7	8	22	17	8	27
5 705	28.9	26.6	– –	1 117	8 212	7	5	– –	– –	– –	– –
29 893	46.0	36.6	221	8 203	10 879	83	45	1 016	72	560	90
6 827	16.6	49.2	– –	2 000	10 151	8	8	30	17	3	12
16 581	12.0	41.7	892	5 283	11 240	32	95	25	45	39	53
25 476	– –	63.3	– –	3 980	21 169	23	80	3	4	– –	1
14 968	21.5	39.7	– –	3 600	9 136	33	10	6	– –	4	9
8 640	5.0	51.9	– –	3 223	8 617	20	13	11	10	11	9
3 994	5.2	51.1	2	1 811	11 042	18	– –	– –	– –	– –	– –
4 420	31.5	49.4	3	1 359	9 776	9	– –	– –	– –	– –	– –
18 730	22.3	53.8	– –	4 699	12 300	22	1	– –	– –	6	9

各 地 区 文 化

地区	机构数（个）	从业人员（人）	职工	举办展览个数（个）	组织文艺活动次数（次）	举办训练班		录像放映	
						班次（次）	结业人次（千人次）	场次（场次）	观众人次（千人次）
总计	**2 905**	**44 118**	**41 552**	**14 978**	**56 774**	**27 415**	**822**	**374 956**	**103 381**
北京	22	897	752	110	1 439	972	24	8 191	1 400
天津	18	744	669	120	897	342	5	3 715	48
河北	168	2 460	2 308	1 025	5 489	1 615	46	2 014	167
山西	118	1 762	1 597	463	1 401	1 001	27	1 058	45
内蒙古	104	1 430	1 426	387	2 874	558	25	11 066	276
辽宁	103	1 826	1 812	706	2 488	2 075	94	3 900	79
其中:大连	10	225	221	69	552	173	4	1 130	6
吉林	95	1 978	1 887	391	1 732	1 226	24	4 180	1 345
黑龙江	118	1 582	1 538	997	3 009	1 969	31	1 512	1 545
上海	43	1 797	1 552	215	1 728	1 699	23	23 835	25 353
江苏	107	1 841	1 768	816	2 547	1 014	41	61 352	1 382
浙江	84	1 583	1 558	723	2 929	2 451	71	26 930	879
其中:宁波	11	248	236	61	493	764	25	3 165	183
安徽	102	1 476	1 423	466	1 308	432	15	23 438	7 297
福建	80	914	766	601	2 266	1 578	24	6 207	4 663
其中:厦门	7	50	45	44	191	199	3	– –	– –
江西	101	1 525	1 463	397	1 155	492	17	13 338	1 530
山东	139	2 558	2 505	886	3 497	1 437	38	5 617	409
其中:青岛	12	217	205	96	421	313	3	11	5
河南	193	3 082	2 883	751	2 256	958	30	8 795	447
湖北	129	2 100	1 976	493	1 647	596	39	19 259	8 727
湖南	124	1 852	1 782	350	1 712	617	26	16 546	535
广东	117	1 421	1 229	825	3 554	1 145	42	17 012	15 116
其中:深圳	5	84	84	83	323	108	4	3 032	175
广西	98	1 283	1 208	374	1 837	839	24	19 709	520
海南	18	200	171	85	173	97	2	300	30
重庆	43	776	722	278	1 293	289	10	5 310	77
四川	171	1 936	1 877	1 088	2 106	1 369	59	11 731	5 825
贵州	85	773	737	226	1 510	358	12	17 574	720
云南	127	1 420	1 358	511	1 497	578	29	23 699	1 962
西藏	48	110	50	5	191	3	– –	8 140	570
陕西	111	1 910	1 767	670	1 531	938	19	13 293	16 572
甘肃	83	950	914	451	730	278	10	8 217	387
青海	42	308	296	114	664	50	2	642	18
宁夏	22	482	461	94	372	103	2	150	5 000
新疆	92	1 142	1 097	360	942	336	11	8 226	457

馆　基　本　情　况（一）

藏书（千册）	藏文物（件）	本年收入合计（千元）	财政补助收入	上级补助收入	事业收入	经营收入	附属单位上缴收入	其他收入
5 001	**109 349**	**709 353**	**492 295**	**17 430**	**109 044**	**35 373**	**3 767**	**51 444**
10	－－	30 022	15 339	1 430	8 663	1 894	－－	2 696
4	908	16 535	10 124	59	3 814	17	1 111	1 410
543	605	26 110	23 804	354	1 206	339	18	389
94	25	16 610	14 520	20	924	43	－－	1 103
71	10	15 248	14 146	87	578	23	－－	414
69	657	30 599	26 457	864	2 459	118	－－	701
11	104	7 337	5 967	823	405	8	－－	134
142	1 684	19 968	17 279	4	486	1 457	4	738
119	－－	18 517	17 324	49	742	116	－－	286
140	14	88 508	25 588	1 591	39 362	7 483	784	13 700
240	3 866	45 573	29 499	1 436	10 680	928	667	2 363
237	2 400	46 076	30 073	1 731	6 261	1 063	302	6 646
32	－－	9 782	5 085	458	1 431	129	262	2 417
64	5 002	19 146	15 420	293	1 508	541	90	1 294
178	13 647	22 339	15 756	2 238	2 647	322	30	1 346
26	－－	3 046	2 544	91	147	47	－－	217
95	3 529	17 160	13 638	226	1 176	323	55	1 742
592	4 690	38 020	31 429	779	2 818	857	180	1 957
105	60	6 390	4 540	355	906	67	172	350
295	4 789	28 625	23 006	295	3 090	223	－－	2 011
144	3 655	22 603	12 540	717	4 558	2 007	266	2 515
78	43	19 616	14 143	34	2 188	2 235	－－	1 016
142	－－	43 739	34 973	1 045	4 571	546	146	2 458
3	－－	11 235	9 154	528	1 501	－－	－－	52
73	－－	12 508	9 892	94	1 558	251	－－	713
14	720	2 421	2 043	37	13	126	－－	202
33	2 565	23 246	6 321	166	3 556	11 265	－－	1 938
625	3 565	25 093	18 986	1 313	2 048	1 031	20	1 695
63	107	7 780	6 631	361	498	93	－－	197
49	5 013	22 924	19 062	1 101	1 612	879	20	250
54	－－	1 087	773	10	22	243	34	5
184	40 346	15 237	13 274	160	529	561	－－	713
136	10 079	9 604	8 439	94	534	157	40	340
57	94	4 440	4 373	－－	6	－－	－－	61
51	503	5 859	4 662	716	190	133	－－	158
405	833	14 140	12 781	126	747	99	－－	387

各 地 区 文 化

地区	本年支出合计(千元)	事业支出	经营支出	对附属单位补助支出	在支出合计中：从业人员劳动报酬	工资总额	税金支出	社会保障费	修缮费	设备购置费	业务费
总计	**714 297**	**677 452**	**20 868**	**11 060**	**347 999**	**329 757**	**10 185**	**79 867**	**31 531**	**20 615**	**91 954**
北京	30 020	28 364	1 402	– –	10 396	10 093	627	1 329	3 101	1 419	6 676
天津	17 171	17 166	5	– –	7 088	6 315	320	2 335	1 296	452	2 593
河北	26 132	25 383	311	346	18 721	18 550	26	2 742	278	355	1 867
山西	16 535	16 285	44	33	9 912	9 569	158	1 794	407	228	2 064
内蒙古	15 312	15 219	59	– –	9 586	9 577	72	2 432	381	287	1 191
辽宁	30 501	30 390	81	30	13 645	13 086	186	3 076	1 738	252	4 666
其中:大连	7 329	7 291	8	30	2 135	2 010	11	446	161	54	2 212
吉林	19 566	19 114	437	– –	12 473	12 439	41	2 509	160	366	1 359
黑龙江	18 654	18 607	47	– –	11 539	11 438	57	2 552	727	189	2 131
上海	90 945	78 597	1 139	9 449	30 132	24 221	2 710	9 327	4 615	3 754	8 759
江苏	46 423	45 112	1 246	57	20 431	19 332	293	6 185	1 968	1 391	7 682
浙江	46 707	45 198	1 227	282	17 596	17 375	356	6 381	1 206	1 533	7 569
其中:宁波	10 218	10 059	159	– –	3 754	3 661	110	787	367	232	470
安徽	19 337	18 680	472	76	10 741	9 941	147	4 371	432	243	1 988
福建	21 907	21 083	313	395	8 728	8 184	241	2 167	805	1 340	5 338
其中:厦门	2 984	2 972	12	– –	973	965	– –	143	162	437	1 149
江西	17 159	16 566	543	– –	9 596	9 308	192	2 530	447	231	1 684
山东	38 525	38 050	465	10	21 232	20 286	408	4 434	1 128	957	3 921
其中:青岛	6 463	6 372	81	10	2 180	1 887	110	701	75	492	1 311
河南	28 589	28 222	244	15	17 108	16 794	231	5 446	359	252	2 273
湖北	23 569	22 747	745	37	12 030	11 206	357	2 870	1 156	405	3 325
湖南	20 023	19 082	831	5	11 320	10 898	204	2 476	944	214	2 021
广东	42 629	41 775	463	135	15 538	14 552	922	2 457	3 371	3 327	8 005
其中:深圳	10 251	10 251	– –	– –	3 000	3 000	850	311	102	1 322	2 340
广西	12 923	12 502	329	12	7 202	6 830	228	1 264	407	232	1 527
海南	2 398	2 291	107	– –	1 341	1 317	42	171	142	34	397
重庆	22 060	13 921	8 139	– –	6 014	5 022	1 601	1 711	1 029	1 285	3 702
四川	25 352	24 068	665	115	12 719	12 163	267	2 918	2 017	306	2 978
贵州	7 728	7 649	39	40	4 567	4 500	75	805	199	251	1 079
云南	22 407	21 517	824	20	13 026	12 604	120	1 235	1 318	344	2 788
西藏	1 102	1 043	54	3	814	647	17	13	– –	16	126
陕西	15 328	15 051	173	– –	11 002	10 730	118	1 089	362	255	1 376
甘肃	9 655	9 421	233	– –	6 556	6 472	103	600	250	220	881
青海	4 376	4 376	– –	– –	3 146	2 971	10	541	– –	19	336
宁夏	5 942	5 076	118	– –	3 420	3 363	30	553	787	75	572
新疆	15 322	14 897	113	– –	10 380	9 974	26	1 554	501	383	1 080

馆基本情况（二）

年末固定资产原值（千元）	经费自给率（%）	劳动报酬占总支出比重（%）	当年提取修购基金（千元）	增加值（千元）	劳动生产率（元/人）	公用房屋建筑面积（千平方米）	群众艺术馆、文化馆负责指导的单位的基本情况：农村集镇文化中心（个）	文化俱乐部（室）（个）	图书室（个）	文化户（个）	群众业余演出团（队）（个）
1 886 432	**28.5**	**48.7**	**13 028**	**435 175**	**9 863**	**3 284**	**21 159**	**107 381**	**59 697**	**188 931**	**29 628**
53 636	44.5	34.6	1 351	13 170	14 682	69	92	421	108	8	314
38 605	36.9	41.2	30	8 950	12 029	65	112	801	260	1 000	160
49 750	7.5	71.6	716	20 736	8 429	151	774	12 435	7 672	29 829	2 788
34 992	12.6	59.9	--	11 469	6 509	114	729	9 462	4 567	20 739	962
25 869	6.6	62.6	--	10 700	7 482	83	1 994	4 075	2 467	12 493	577
45 777	10.7	44.7	90	15 666	8 579	112	658	4 090	1 372	14 703	697
5 547	7.4	29.1	--	2 369	10 528	14	112	446	117	4 404	323
27 431	13.7	63.7	87	13 609	6 880	60	455	3 587	1 947	2 822	340
22 496	6.1	61.8	150	12 498	7 900	59	688	3 357	2 655	4 822	1 406
259 003	76.9	33.1	277	44 579	24 807	156	189	29	68	9	143
96 472	31.5	44.0	--	24 638	13 382	177	1 536	11 544	4 059	12 195	1 162
61 195	30.7	37.6	1 758	20 401	12 887	132	566	2 759	969	4 034	543
8 247	41.4	36.7	--	4 194	16 910	18	89	251	101	1 469	71
23 066	17.9	55.5	--	11 885	8 052	65	696	1 632	587	2 661	620
36 341	20.3	39.8	76	10 423	11 403	111	588	2 826	1 227	3 441	893
7 652	13.7	32.6	--	1 280	25 594	9	76	216	18	336	25
42 472	19.2	55.9	--	11 484	7 530	134	777	4 619	2 778	10 102	934
69 507	15.0	55.1	18	24 423	9 547	167	1 502	6 751	5 955	13 613	2 394
13 539	23.1	33.7	--	2 832	13 050	19	172	1 865	1 635	1 551	886
68 845	18.7	59.8	3	20 094	6 519	209	1 057	4 734	3 730	6 822	2 388
374 381	39.7	51.0	5	27 361	13 028	161	813	2 723	1 931	4 889	856
47 216	27.3	56.5	77	13 432	7 252	150	957	4 746	2 714	12 225	916
82 817	18.2	36.4	249	19 771	13 913	155	1 979	6 052	4 468	3 143	1 092
46 075	15.1	29.2	--	5 693	67 765	23	10	189	223	6	40
43 055	19.6	55.7	--	9 151	7 132	120	652	2 218	1 411	11 838	2 917
5 017	14.2	55.9	--	1 585	7 924	13	210	1 135	671	707	127
66 833	75.9	27.2	4 737	10 284	13 252	76	166	2 376	464	3 790	301
82 537	19.3	50.1	709	16 292	8 415	210	1 504	6 233	2 014	7 110	807
17 509	10.2	59.0	--	5 342	6 910	60	346	163	418	366	252
46 919	12.3	58.1	5	15 022	10 578	114	351	1 153	695	1 020	3 271
17 590	27.7	73.8	401	1 547	14 062	14	15	12	7	52	259
42 779	11.8	71.7	1	12 824	6 714	127	939	2 422	1 898	2 933	1 085
37 334	11.0	67.9	620	8 148	8 576	87	446	2 470	764	1 057	850
6 744	1.5	71.8	1 318	3 426	11 123	12	30	115	39	20	358
14 908	9.2	57.5	--	4 047	8 396	47	37	127	16	32	35
45 336	8.2	67.7	350	12 218	10 698	74	301	2 314	1 766	456	181

各地区文化

地区	机构数（个）	从业人员（人）	职工	举办展览个数（个）	组织文艺活动次数（次）	举办训练班 班次（次）	举办训练班 结业人次（千人次）	录像放映 场次（场次）	录像放映 观众人次（千人次）
总计	**42 543**	**72 401**	**51 002**	**77 314**	**215 036**	**104 763**	**3 614**	**3 113 216**	**952 339**
北京	306	698	467	688	3 455	1 249	49	8 284	2 285
天津	317	744	265	647	2 773	5 547	24	12 236	9 375
河北	2 092	3 094	2 337	4 820	15 636	8 407	474	34 085	64 350
山西	1 705	1 981	1 338	1 672	3 418	1 464	72	11 798	946
内蒙古	1 611	2 595	2 294	2 701	10 302	4 605	136	83 260	4 543
辽宁	1 403	1 860	1 239	2 821	6 984	3 469	103	30 052	2 012
其中：大连	156	251	185	352	1 399	339	17	2 812	884
吉林	845	1 073	759	950	1 973	831	35	7 609	22 220
黑龙江	914	1 105	1 022	1 852	4 079	1 674	85	17 495	48 614
上海	303	2 244	1 266	1 095	6 266	2 342	50	59 610	23 520
江苏	2 117	5 321	3 871	7 188	16 226	5 844	208	228 495	7 254
浙江	1 872	4 195	3 254	7 127	18 617	15 064	211	381 740	18 677
其中：宁波	166	604	392	691	2 442	945	27	64 557	2 808
安徽	1 830	3 081	2 420	2 404	4 216	1 025	52	25 049	6 140
福建	1 032	1 471	1 073	2 063	5 001	2 419	72	41 237	4 754
其中：厦门	28	40	34	43	187	32	1	1 300	48
江西	1 813	2 320	896	2 146	4 931	1 889	80	80 534	37 698
山东	2 493	3 293	2 972	4 383	12 138	4 226	136	87 075	12 022
其中：青岛	202	314	206	686	1 869	507	15	9 825	3 423
河南	2 246	3 026	2 413	3 308	5 446	4 010	193	273 266	79 120
湖北	1 581	3 154	2 259	2 061	7 030	1 449	49	104 352	86 495
湖南	2 509	3 846	3 056	1 488	7 245	1 825	89	162 579	4 052
广东	1 902	6 946	3 995	6 118	16 978	9 398	475	741 047	298 726
其中：深圳	45	504	501	223	1 175	608	21	82 936	6 584
广西	1 427	1 852	1 420	1 478	6 865	6 795	78	71 508	1 627
海南	307	420	339	465	1 289	697	17	14 586	745
重庆	1 238	2 184	1 215	3 053	7 054	1 239	39	46 746	2 319
四川	3 666	6 008	3 739	7 025	15 214	5 639	170	200 663	5 982
贵州	847	1 115	884	776	2 571	834	28	36 134	6 531
云南	1 580	2 457	2 121	2 462	11 414	2 506	131	196 679	58 461
西藏	35	35	- -	- -	16	- -	- -	10	1
陕西	1 850	2 784	1 710	3 503	9 184	5 258	337	96 001	42 998
甘肃	1 302	1 520	881	1 450	3 657	2 565	85	34 505	95 876
青海	198	201	116	84	527	71	2	5 018	3 385
宁夏	284	495	304	503	1 137	602	31	2 333	121
新疆	918	1 283	1 077	983	3 394	1 820	103	19 230	1 490

站基本情况（一）

藏书（千册）	藏文物（件）	本年收入合计（千元）	财政补助收入	上级补助收入	事业收入	经营收入	附属单位上缴收入	其他收入
76 853	**– –**	**779 734**	**383 081**	**73 706**	**123 496**	**130 901**	**15 595**	**52 955**
742	– –	8 497	5 585	1 297	753	657	10	195
495	– –	7 580	1 382	1 646	1 198	3 127	145	82
3 031	– –	17 910	13 675	799	1 057	455	– –	1 924
898	– –	4 571	3 311	294	388	400	– –	178
1 193	– –	15 395	12 642	1 126	927	112	– –	588
3 443	– –	10 281	7 874	514	780	684	– –	429
629	– –	2 474	1 825	444	55	89	– –	61
403	– –	4 448	3 947	– –	96	404	– –	1
704	– –	4 909	4 030	18	132	36	– –	693
3 067	– –	50 024	19 316	2 823	9 760	13 743	1 375	3 007
14 344	– –	98 342	40 173	8 592	18 804	21 901	3 143	5 729
6 301	– –	80 170	39 411	12 293	8 788	7 564	1 388	10 726
970	– –	15 669	6 007	3 075	2 479	1 607	656	1 845
466	– –	14 685	13 530	238	522	234	2	159
1 455	– –	12 993	8 488	1 264	1 731	450	61	999
36	– –	901	463	117	301	6	10	4
1 772	– –	7 942	5 096	143	1 469	663	– –	571
4 463	– –	26 865	23 297	807	1 168	1 032	49	512
394	– –	3 142	2 322	46	267	458	27	22
2 117	– –	12 170	9 786	357	605	1 182	2	238
1 973	– –	34 292	11 445	1 227	9 443	10 597	109	1 471
4 575	– –	23 492	12 931	– –	4 721	5 004	91	745
12 215	– –	213 371	65 158	34 795	44 668	42 215	8 795	17 740
849	– –	41 044	9 405	6 747	12 453	5 967	364	6 108
3 279	– –	9 593	7 046	91	1 777	431	– –	248
497	– –	3 472	2 660	162	91	452	3	104
731	– –	16 315	9 305	184	3 855	1 310	25	1 636
2 161	– –	37 812	14 690	986	4 360	14 151	103	3 522
455	– –	6 324	4 266	282	1 132	458	59	127
2 011	– –	34 377	24 516	3 248	3 508	2 137	161	807
19	– –	58	53	– –	– –	5	– –	– –
1 221	– –	9 639	7 325	216	841	1 120	33	104
1 181	– –	4 292	3 671	95	181	200	– –	145
127	– –	1 002	862	127	– –	13	– –	– –
153	– –	1 772	1 750	10	12	– –	– –	– –
1 361	– –	7 141	5 860	72	729	164	41	275

各 地 区 文 化

地区	本年支出合计（千元）								
		事业支出	经营支出	对附属单位补助支出	在支出合计中				
					从业人员劳动报酬	工资总额	税金支出	社会保障费	修缮费
总计	**783 278**	**675 924**	**79 154**	**11 891**	**348 768**	**315 911**	**6 925**	**16 272**	**71 752**
北京	8 457	7 890	445	117	1 514	1 309	36	70	139
天津	7 397	6 677	661	44	3 423	2 145	34	- -	1 004
河北	17 926	17 844	82	- -	11 740	11 633	8	167	1 677
山西	4 531	4 121	410	- -	3 198	3 168	20	3	100
内蒙古	15 406	15 152	46	34	8 822	8 697	2	159	2 419
辽宁	10 270	9 958	299	4	5 940	5 853	5	135	229
其中:大连	2 474	2 386	84	4	1 380	1 319	5	99	111
吉林	4 413	4 097	216	- -	3 793	3 793	- -	7	46
黑龙江	4 909	4 899	10	- -	3 636	3 634	- -	33	1
上海	50 539	41 161	8 483	160	19 993	16 974	1 338	2 511	2 222
江苏	93 455	80 663	11 979	780	36 629	31 691	1 321	4 603	9 412
浙江	80 549	73 533	5 388	881	34 799	31 750	314	1 577	8 241
其中:宁波	15 730	13 843	1 299	587	5 970	4 760	73	708	792
安徽	14 443	14 238	175	- -	10 628	10 126	26	715	935
福建	13 000	12 001	724	180	6 262	5 936	52	189	721
其中:厦门	876	873	3	- -	204	204	5	3	97
江西	7 932	7 609	323	- -	5 324	5 064	97	38	356
山东	27 016	26 316	582	98	17 752	17 472	19	909	744
其中:青岛	3 204	2 916	250	38	2 157	2 110	- -	100	5
河南	16 042	11 279	962	7	8 650	8 593	48	58	489
湖北	34 062	29 188	4 338	7	14 667	13 223	387	598	2 178
湖南	23 629	19 775	3 778	30	14 215	13 431	206	327	618
广东	214 392	170 932	26 965	8 913	61 076	52 560	2 080	2 773	33 493
其中:深圳	41 164	35 175	3 253	2 729	14 825	14 825	262	839	1 450
广西	9 705	9 573	41	- -	6 919	6 492	28	235	278
海南	3 444	3 008	415	21	2 352	2 225	30	63	125
重庆	18 423	15 566	837	20	7 879	7 019	140	114	603
四川	38 873	28 894	9 676	275	20 033	14 899	533	461	1 768
贵州	6 095	5 910	178	7	3 649	3 603	42	32	145
云南	34 401	32 520	1 493	310	18 248	17 442	117	417	3 085
西藏	58	58	- -	- -	38	38	- -	- -	- -
陕西	9 719	9 154	443	3	7 375	7 235	19	23	136
甘肃	4 297	4 185	112	- -	2 554	2 353	- -	- -	391
青海	1 002	991	11	- -	846	841	- -	1	125
宁夏	1 769	1 769	- -	- -	1 681	1 664	- -	5	2
新疆	7 124	6 963	82	- -	5 133	5 048	23	49	70

站　基　本　情　况(二)

设备购置费	业务费	年末固定资产原值(千元)	经费自给率(%)	劳动报酬占总支出比重(%)	当年提取修购基金(千元)	增加值(千元)	劳动生产率(元/人)	公用房屋建筑面积(千平方米)
50 999	**105 761**	**2 550 523**	**42.7**	**44.5**	**62 068**	**459 040**	**6 340**	**7 856**
3 837	2 477	29 661	19.3	17.9	– –	2 738	3 922	44
834	1 004	28 520	62.0	46.2	5	4 604	6 188	87
1 489	1 814	69 856	19.1	65.4	260	14 543	4 700	220
90	735	5 678	21.3	70.5	– –	3 443	1 738	29
1 060	2 157	82 833	10.7	57.2	113	12 137	4 677	215
541	1 781	40 173	18.4	57.8	– –	7 548	4 058	184
209	579	26 662	8.2	55.7	– –	2 451	9 764	83
– –	149	5 985	11.6	85.9	– –	4 031	3 756	43
79	1 005	3 608	17.5	74.0	1 120	3 780	3 420	30
2 612	4 154	118 689	56.1	39.5	336	26 077	11 620	198
7 402	11 032	453 460	53.5	39.1	4 819	56 086	10 540	1 154
5 958	13 823	220 982	36.0	43.2	22 265	43 952	10 477	668
1 363	2 978	77 622	43.5	37.9	19 295	9 148	15 145	174
374	983	9 078	6.3	73.5	30	11 018	3 576	63
417	3 198	45 681	25.4	48.1	743	8 176	5 558	194
19	536	591	36.6	23.2	– –	232	5 798	2
282	874	22 460	34.0	67.1	9 300	6 319	2 723	205
1 035	4 299	35 313	10.2	65.7	15	19 177	5 823	174
15	326	2 895	24.4	67.3	6	2 272	7 235	32
176	1 970	60 048	16.5	53.9	– –	11 098	3 667	105
1 449	5 371	160 183	64.4	43.0	12 101	21 471	6 807	515
830	2 694	54 664	44.8	60.1	2	16 693	4 340	249
16 595	24 532	683 316	57.3	28.4	10 064	91 668	13 197	1 607
2 699	3 526	68 125	64.7	36.0	746	17 814	35 344	120
225	1 268	34 130	25.5	71.2	– –	8 312	4 488	223
172	514	11 655	18.9	68.2	4	2 850	6 785	44
1 004	4 084	35 426	41.6	42.7	– –	9 436	4 320	206
2 359	5 631	116 969	57.3	51.5	97	25 238	4 200	537
35	1 310	8 323	29.1	59.8	87	4 032	3 616	38
1 566	6 644	122 672	19.4	53.0	487	23 311	9 487	385
– –	20	452	8.6	65.5	60	53	1 513	1
226	735	22 762	21.8	75.8	40	8 303	2 982	125
92	422	40 325	12.2	59.4	– –	4 165	2 740	157
– –	7	880	1.2	84.4	120	879	4 372	13
2	35	4 583	0.6	95.0	– –	1 864	3 765	30
258	1 039	22 158	17.1	72.0	– –	6 038	4 706	113

各地区乡镇文

地区	机构数（个）	从业人员（人）		举办展览个数（个）	组织文艺活动次数（次）	举办训练班		录像放映	
			职工			班次（次）	结业人次（千人次）	场次（场次）	观众人次（千人次）
总计	**39 719**	**61 616**	**43 345**	**64 281**	**170 863**	**89 569**	**2 969**	**2 618 805**	**777 111**
北京	211	430	175	438	1 835	1 081	42	6 287	2 110
天津	236	382	172	469	1 721	5 340	8	8 990	9 252
河北	2 009	2 885	2 245	4 567	13 626	7 907	446	30 044	64 073
山西	1 606	1 829	1 126	1 480	2 811	1 284	68	10 611	881
内蒙古	1 525	2 371	1 928	2 434	8 645	4 021	110	75 218	4 233
辽宁	1 225	1 526	997	1 960	5 303	2 679	56	27 366	1 525
其中：大连	125	175	98	153	769	145	3	1 043	612
吉林	753	902	613	646	1 480	563	19	6 230	19 784
黑龙江	826	1 008	892	1 758	3 739	1 620	84	16 215	48 586
上海	226	1 189	816	621	3 073	986	14	37 311	7 234
江苏	1 962	4 161	3 478	6 519	13 711	4 196	166	187 329	6 132
浙江	1 770	3 548	2 821	6 069	16 005	14 052	170	319 142	16 075
其中：宁波	153	384	280	474	1 698	629	18	56 577	2 659
安徽	1 749	2 865	2 154	2 292	3 749	995	51	22 079	6 086
福建	963	1 328	956	1 786	3 840	1 827	62	40 037	4 707
其中：厦门	16	22	22	5	55	16	－－	800	8
江西	1 683	1 996	643	2 018	3 947	1 628	73	78 066	37 488
山东	2 337	2 949	2 437	3 561	8 619	3 630	119	72 533	8 581
其中：青岛	153	220	69	357	841	275	9	3 456	1 291
河南	2 164	2 723	2 174	2 649	4 722	3 657	182	271 000	71 046
湖北	1 389	2 612	1 818	1 705	3 918	1 051	38	81 668	5 248
湖南	2 371	3 511	2 661	1 267	5 378	1 322	59	106 488	2 569
广东	1 699	5 149	3 490	5 314	13 965	7 587	385	697 509	289 436
其中：深圳	20	401	398	108	798	244	10	57 326	5 123
广西	1 374	1 764	1 257	1 313	6 288	6 597	72	63 360	1 442
海南	304	395	326	462	1 263	683	17	13 428	711
重庆	1 179	1 965	941	1 184	4 483	1 052	34	36 943	2 161
四川	3 445	5 225	2 743	5 206	11 311	4 137	129	74 443	4 285
贵州	828	1 052	817	475	2 021	688	18	30 513	5 969
云南	1 547	2 286	2 071	2 389	10 988	2 372	108	173 339	58 046
西藏	20	20	－－	－－	16	－－	－－	10	1
陕西	1 804	2 471	1 637	3 359	7 659	4 808	288	91 017	20 215
甘肃	1 260	1 367	830	1 210	3 046	2 315	71	25 065	74 517
青海	188	197	109	74	519	71	2	5 018	3 385
宁夏	249	431	263	375	862	336	14	1 565	91
新疆	817	1 079	755	681	2 320	1 084	64	9 981	1 242

化站基本情况（一）

藏书（千册）	藏文物（件）	本年收入合计（千元）						
			财政补助收入	上级补助收入	事业收入	经营收入	附属单位上缴收入	其他收入
64 378	**– –**	**646 650**	**333 011**	**59 347**	**99 356**	**98 031**	**13 134**	**43 771**
556	– –	3 085	2 342	102	141	405	10	85
396	– –	3 606	1 371	328	1 105	800	– –	2
2 840	– –	17 012	13 023	693	929	443	– –	1 924
874	– –	3 791	2 806	29	388	400	– –	168
1 060	– –	13 683	11 275	921	854	99	– –	534
2 625	– –	7 859	6 071	214	595	561	– –	418
267	– –	1 142	942	144	– –	6	– –	50
289	– –	3 201	3 049	– –	22	130	– –	– –
639	– –	4 479	3 850	18	132	36	– –	443
1 949	– –	34 472	17 361	1 369	7 824	5 109	736	2 073
12 908	– –	84 367	37 215	7 204	15 423	17 074	2 641	4 810
4 988	– –	67 706	35 037	10 183	6 614	5 721	1 148	9 003
682	– –	13 061	5 269	2 581	1 730	1 428	538	1 515
430	– –	12 769	11 757	193	464	194	2	159
1 361	– –	11 158	7 211	1 159	1 278	450	61	999
26	– –	460	252	117	71	6	10	4
1 488	– –	6 059	3 796	137	1 065	637	– –	424
3 709	– –	20 909	18 203	644	911	754	22	375
196	– –	1 302	952	– –	110	220	– –	20
1 961	– –	11 005	8 753	348	525	1 141	– –	238
1 267	– –	24 520	9 730	992	4 652	7 762	109	1 275
3 533	– –	20 088	11 126	– –	3 815	4 497	30	620
10 183	– –	190 384	58 619	30 252	41 015	36 818	8 216	15 464
547	– –	34 690	8 205	4 479	11 920	4 374	51	5 661
3 127	– –	8 564	6 464	91	1 369	392	– –	248
475	– –	3 366	2 554	162	91	452	3	104
515	– –	10 358	6 430	93	1 897	689	– –	1 249
1 587	– –	27 636	11 356	688	3 109	10 197	24	2 262
257	– –	3 597	2 895	246	84	298	59	15
1 946	– –	33 141	24 328	2 831	3 487	1 769	49	677
8	– –	58	53	– –	– –	5	– –	– –
1 105	– –	9 159	7 080	211	827	931	24	86
1 070	– –	3 317	2 917	55	111	179	– –	55
124	– –	953	813	127	– –	13	– –	– –
127	– –	1 609	1 599	– –	10	– –	– –	– –
981	– –	4 739	3 927	57	619	75	– –	61

各地区乡镇文

地区	本年支出合计（千元）	事业支出	经营支出	对附属单位补助支出	在支出合计中：从业人员劳动报酬	工资总额	税金支出	社会保障费	修缮费
总计	**647 149**	**560 398**	**62 610**	**10 902**	**293 752**	**268 388**	**5 154**	**13 695**	**66 008**
北京	3 037	2 828	92	117	1 026	839	20	－－	23
天津	3 547	3 411	121	－－	2 130	1 441	－－	－－	124
河北	17 049	16 969	80	－－	11 072	10 969	7	146	1 677
山西	3 751	3 341	410	－－	2 744	2 714	20	3	100
内蒙古	13 694	13 488	30	2	7 557	7 434	2	103	2 401
辽宁	7 848	7 659	176	4	4 584	4 537	－－	113	111
其中：大连	1 142	1 137	1	4	695	674	－－	82	－－
吉林	3 178	3 128	50	－－	2 953	2 953	－－	7	－－
黑龙江	4 479	4 469	10	－－	3 486	3 484	－－	33	1
上海	34 543	30 315	3 999	138	13 318	12 258	518	1 866	1 605
江苏	79 018	69 017	9 193	775	31 560	27 563	1 083	3 996	8 528
浙江	68 247	62 138	4 542	820	29 161	26 709	246	1 307	8 026
其中：宁波	13 241	11 354	1 299	587	4 388	3 178	72	597	769
安徽	12 527	12 342	155	－－	9 038	8 771	26	609	935
福建	11 165	10 241	724	180	5 586	5 405	47	186	714
其中：厦门	435	432	3	－－	186	186	－－	3	90
江西	6 054	5 751	303	－－	4 276	4 018	88	25	144
山东	21 022	20 650	312	60	13 976	13 821	19	808	676
其中：青岛	1 364	1 364	－－	－－	879	869	－－	63	－－
河南	14 888	10 157	930	7	7 781	7 735	46	44	452
湖北	24 428	19 867	4 025	7	11 450	10 089	349	586	1 858
湖南	20 170	16 721	3 403	－－	12 165	11 542	206	278	603
广东	191 219	151 450	23 865	8 457	55 963	47 780	1 896	2 398	32 020
其中：深圳	34 109	28 207	3 208	2 687	13 278	13 278	201	558	962
广西	8 647	8 515	41	－－	6 083	5 727	28	230	278
海南	3 338	2 902	415	21	2 246	2 119	30	63	125
重庆	10 376	10 029	347	－－	5 542	5 221	59	57	417
四川	28 356	20 990	7 266	99	14 029	10 486	309	331	1 431
贵州	3 594	3 409	178	7	2 926	2 880	42	32	145
云南	33 095	31 404	1 410	205	17 976	17 170	100	409	2 970
西藏	58	58	－－	－－	38	38	－－	－－	－－
陕西	9 223	8 717	384	3	7 088	6 948	11	20	136
甘肃	3 309	3 207	102	－－	2 219	2 027	－－	－－	351
青海	953	942	11	－－	797	792	－－	1	125
宁夏	1 609	1 609	－－	－－	1 530	1 520	－－	5	2
新疆	4 727	4 674	36	－－	3 452	3 398	2	39	30

化站基本情况(二)

		年末固定资产原值(千元)	经费自给率(%)	劳动报酬占总支出比重(%)	当年提取修购基金(千元)	增加值(千元)	劳动生产率(元/人)	公用房屋建筑面积(千平方米)
设备购置费	业务费							
40 680	**82 596**	**2 128 769**	**40.8**	**45.3**	**61 701**	**385 379**	**6 254**	**6 748**
169	1 585	22 379	21.9	33.7	– –	1 942	4 516	33
449	655	12 753	53.9	60.0	1	2 647	6 929	57
1 438	1 713	65 291	19.3	64.9	260	13 692	4 745	208
90	413	3 655	25.4	73.1	– –	2 908	1 589	29
1 026	1 860	73 791	11.0	55.1	113	10 511	4 433	193
381	1 206	21 091	20.0	58.4	– –	5 425	3 555	111
101	183	8 818	4.9	60.8	– –	1 048	5 988	25
– –	76	5 580	4.7	92.9	– –	3 175	3 519	35
79	725	3 148	13.6	77.8	1 120	3 612	3 583	29
2 277	2 913	102 457	45.8	38.5	266	17 934	15 083	158
6 607	8 348	378 173	51.0	39.9	4 759	47 767	11 479	1 002
5 037	11 660	189 943	33.7	42.7	22 221	37 003	10 429	579
1 343	2 619	71 381	41.1	33.1	19 295	7 315	19 048	163
364	963	8 540	6.5	72.1	30	9 406	3 283	58
365	2 448	44 255	25.4	50.0	729	7 439	5 601	185
17	127	591	20.9	42.7	– –	209	9 495	1
247	719	16 907	35.1	70.6	9 300	5 040	2 525	178
759	2 977	29 158	9.8	66.4	15	15 155	5 139	131
– –	101	1 517	25.6	64.4	6	939	4 267	14
169	1 862	58 208	17.1	52.2	– –	10 154	3 728	99
878	2 889	127 956	57.7	46.8	12 101	16 917	6 476	430
458	2 319	47 151	44.5	60.3	2	14 343	4 085	210
15 290	21 667	577 054	57.9	29.2	10 064	82 121	15 948	1 453
1 957	2 304	53 064	70.0	38.9	746	15 603	38 909	94
225	1 252	32 499	23.4	70.3	– –	7 411	4 201	217
172	514	11 655	19.5	67.2	4	2 744	6 946	42
558	2 063	22 745	36.9	53.4	– –	6 510	3 312	116
1 744	3 935	73 337	55.1	49.4	46	17 266	3 304	420
35	327	5 506	12.7	81.4	10	3 190	3 032	35
1 482	6 039	117 720	18.2	54.3	440	22 825	9 984	373
– –	20	331	8.6	65.5	60	52	2 598	1
176	614	22 192	20.5	76.8	40	7 985	3 231	119
72	112	34 419	10.4	67.0	– –	3 594	2 629	134
– –	7	868	1.3	83.6	120	830	4 212	13
2	26	4 407	0.6	95.0	– –	1 706	3 958	23
131	689	15 600	16.0	73.0	– –	4 075	3 776	77

群众文化业主要指标解释

举办展览个数:指本馆(站)举办或与外单位联合举办的在馆内或者馆外展览的个数。个数按展览的内容计算。同一内容的展览不论在哪些地点展出和展出时间多久,只计算一个。

组织文艺活动次数:指本馆(站)组织或与外单位联合组织各种文艺演出(包括调演、汇演)和故事会次数,不论地点和内容,每组织一次算一次。

举办训练班班次及结业人次:指本馆(站)举办或与外单位联合举办的各种文化、艺术、科普(包括图书、讲演、创作、表演、音乐、舞蹈、美术、文学、摄影等)训练班,按截止到年底办完的班数计算班次,每结业一人算一人次。截止到年底未办完的班数和人数均在下一年度统计。

录像放映场次及观众人次:指由本馆(站)举办或联办的录像放映点的录像放映场数和售票的观众人数。

场数的计算以每部戏的录像带放映一次为一场,连续放映则连续统计场次;连续剧按双场计价或多场计价的即按双场或多场计算场次。

农村集镇文化中心:指在农村集镇有文化活动的组织领导机构、设施、场所、文艺骨干队伍,并有经常性文化活动,客观上已经形成当地的文化中心。

文化俱乐部(室):指街道或村举办的经常开展群众性文化活动的文化俱乐部和文化室。

图书室:指拥有藏书,并经常开展借阅、图书阅览活动的文化站、农村集镇文化中心、文化俱乐部(室)中的图书室,以及文化户中的图书借阅文化户。

文化户:指业务上受群众艺术馆、文化馆指导,经常开展图书阅览、游艺、文艺演出、电视收看等活动或办讲座、艺校的个体户。包括有偿服务的专门职业文化户、亦农亦文文化户和纯义务服务性的农民家庭文化户。不包括个体电影放映队。

群众业余演出团(队):指城镇和农村各种业余文艺演出团(队),包括半农半艺、半工半艺的演出团(队)。凡在当年工余、节假日和农闲确有演出活动,具备一定规模、并有多人参加的演出团(队)均应统计。不具备上述条件的不统计。

1999年全国文化市场发展概述

李 建 军

1999年全国各级文化市场管理部门,以"整顿和规范文化市场"统揽全局,加强了立法工作,并取得了实质性突破。《营业性演出管理条例》和《娱乐场所管理条例》的颁布实施,为文化市场发展提供了有力的法律依据,使全国文化市场在调整优化结构中又进一步发展。据统计,1999年全国文化市场产业单位已达26.97万家,从业人员113.4万人,年实现利润27.9亿元,创增加值124.5亿元。

1999年全国省、市、县三级文化市场管理机构共有3372个,19712人;其中稽查机构1256个,9285人。从中央到地方的较为系统完整的管理稽查网络为规范文化市场管理提供了坚强的基础。

一、文化市场发展不均衡,经营效益整体下滑

1999年,全国文化市场经营单位269656个,比上年减少7156个,下降2.6%。从业人员113.4万人,比上年减少104105人,下降8.4%。固定资产原价316亿元,比上年下降51.9%。年实现利润27.9亿元。上缴各种税金19.5亿元,比上年减少4.1亿元,下降17.3%。创增加值124.5亿元,比上年减少21.7亿元,下降14.8%。

分行业看,音像业的机构和从业人员比上年下降幅度最小,分别为1.9%和5.5%;书刊批发业的经营单位下降幅度最大,达9%;娱乐业的从业人员下降最大,为10%。从经营规模看,只有书刊批发业比上年增长9.7%,其他行业都比上年减少,娱乐业的经营规模下降幅度最大,比上年下降54.2%;文化市场经营单位中,只有音像业的利润比上年减少,其他行业均比上年有不同程度增加,娱乐业利润增加幅度最大,高达106.8%;娱乐业、音像业的上缴各种税金均比上年减少,只有书刊批发业上缴各种税金比上年增加;由于文化市场经营单位的效益下滑,造成新创增加值普遍下降,书刊批发业下降幅度最小,为3.6%。从行业构成看,娱乐业只有利润所占份额加大外,其他指标(机构、人员、利润、税金、增加值)均逐年下降。而音像业却是除利润比上年下降外,其他经营指标均呈逐年上升趋势。

附表一

全国文化市场主要经营指标发展情况表

单位:个、人、万元、%

	经营单位		从业人员		固定资产原价		利　润		各种税金		增加值	
	1999年	比上年	1999年	比上年	1999年	比上年	1999年	比上年	1999年	比上年	1999年	比上年
合　计	269 656	-2.6	1 133 683	-8.4	3 157 090	-51.9	279 024	67.4	195 390	-17.3	1 245 113	-14.8
娱乐业	174 727	-2.9	903 499	-10.3	2 825 425	-54.2	202 349	106.8	163 226	-18.8	1 019 942	-15.8
音像业	66 026	-1.9	129 226	-5.5	164 155	-12.9	44 268	-4.7	20 256	-11.4	120 937	-7.6
书刊批发业	13 056	-9	23 003	-5.4	25 246	9.7	10 154	3.9	3 440	0.8	25 412	-3.6
其　他	15 847	3.4	77 955	12.9	142 264	-21.3	22 253	76.5	8 468	-6.5	78 822	-14.5

附表二

全国文化市场主要经营指标行业构成表

单位:%

	经营单位			从业人员			固定资产原价			利　润			各种税金			增加值		
	1996年	1998年	1999年	1996年	1998年	1999年	1996年	1998年	1999年	1996年	1998年	1999年	1996年	1998年	1999年	1996年	1998年	1999年
合　计	100	100	100	100	100	100	100	100	100	100	100	100	100	100	100	100	100	100
娱乐业	71.5	65	64.8	81.5	81.4	79.7	91.6	94	89.5	78.7	58.7	72.5	89.3	85.1	83.5	88.5	82.9	81.9
音像业	16.7	24.3	24.5	9.4	11	11.4	3.8	2.9	5.2	14.2	27.9	15.9	5.8	9.7	10.4	5.6	9	9.7
书刊批发业	6	5.2	4.8	2.3	2	2	0.8	0.4	0.8	4.7	5.9	3.6	1.6	1.4	1.8	1.9	1.8	2
其　他	5.8	5.5	5.9	6.8	5.6	6.9	3.8	2.7	4.5	2.4	7.5	8	3.3	3.8	4.3	4.5	6.2	6.4

从经济成份看,私营和个体经济经营的文化市场场所,除增加值比上年减少外,其他各项指标均呈逐年上升趋势;国有和集体经济、联营及其他经济的经营场所各项指标却比上年有不同程度减少。从经济类型构成看,国有、集体经济的经营场所,不论是机构、人员,还是上缴各种税金和新创增加值等主要指标,在经济类型构成中所占比重均呈逐年下降趋势;只有私营和个体经济的经营场所的各项指标,在经济类型构成中所占比重呈上升趋势。非国有制经济逐渐占主导地位,为文化市场管理提出新的课题。

附表三

全国文化市场主要经营指标按所有制划分发展情况表

单位:个、人、万元

	经营单位			从业人员			各种税金			增加值		
	1997年	1998年	1999年	1997年	1998年	1999年	1997年	1998年	1999年	1997年	1998年	1999年
合　计	257 378	276 812	269 656	1 160 385	1 237 788	1 133 683	187 001	236 337	195 390	1 485 673	1 461 899	1 245 113
国有集体经济	74 314	71 944	62 313	506 302	530 769	417 355	66 703	84 263	56 145	641 896	543 928	415 115
私营个体经济	168 491	194 857	197 181	474 254	525 134	546 900	79 837	99 489	100 541	521 625	622 522	602 142
联营及其他经济	14 573	10 011	10 162	79 829	181 885	169 428	40 461	52 585	38 704	322 152	295 449	227 856

附表四

全国文化市场主要经营指标按所有制划分构成情况表

单位:%

	经营单位			从业人员			各种税金			增加值		
	1997年	1998年	1999年	1997年	1998年	1999年	1997年	1998年	1999年	1997年	1998年	1999年
合　计	100	100	100	100	100	100	100	100	100	100	100	100
国有集体经济	28.9	26	23.1	43.6	42.9	36.8	35.7	35.7	28.7	43.2	37.2	33.3
私营个体经济	65.5	70.4	73.1	40.8	42.4	48.2	42.7	42.1	51.5	35.1	42.6	48.4
联营及其他经济	5.6	3.6	3.8	15.6	14.7	15	21.6	22.2	19.8	21.7	20.2	18.3

二、文化娱乐业经营规模萎缩，经营状况欠佳

1999 年，全国文化市场的主体——文化娱乐业的机构已达到 174727 家，主营营业收入 145 亿元，创利润 20.2 亿元，上交各种税金 16.3 亿元，增加值 101.99 亿元。

附表五

全国文化娱乐业主要经营指标发展情况表

单位：个、人、万元

	机构数		从业人员		固定资产合计		各种税金		增加值	
	1999 年	比上年(%)	1999 年	比上年(%)	1999 年	比上年(%)	1999 年	比上年(%)	1999 年	比上年(%)
合计	174 727	-2.9	903 499	-10.3	2 817 820	-18	163 226	-18.8	1 019 942	-15.9
歌舞厅	26 222	-3.9	201 621	-2.6	762 976	-3.1	39 484	-13.9	225 164	-9.2
舞厅	7 983	-0.7	49 804	-5.9	146 040	-13.4	9 103	-22.1	53 426	-6.5
卡拉 OK 厅	40 711	-12.5	245 958	-9.9	649 240	-18.1	47 054	-15.4	278 067	-20
电子游戏厅	59 661	10.7	112 606	19	247 813	34.2	22 633	6.9	145 907	14.5
台球厅	15 323	-19.7	29 018	-17.8	44 463	-7.4	4 117	-6.6	24 587	-18.5
保龄球	973	23.9	14 175	-0.4	164 759	-23.1	6 217	-11.8	30 030	-14.2
旱冰场	1 339	-15	5 781	-11.8	13 259	-50.7	885	-18.2	5 819	-
综合娱乐场所	7 033	-5	128 014	-30.8	600 472	-40	22 249	-40.5	185 149	-30.2
其他	15 482	1.6	116 522	-16.2	188 798	-11.4	11 484	-31.4	71 792	-29.6

附表六

全国文化娱乐业主要经营指标构成情况表

单位：%

	机构数			从业人员			固定资产原价			各种税金			增加值		
	1997 年	1998 年	1999 年	1997 年	1998 年	1999 年	1997 年	1998 年	1999 年	1997 年	1998 年	1999 年	1997 年	1998 年	1999 年
合计	100	100	100	100	100	100	100	100	100	100	100	100	100	100	100
歌舞厅	14.9	15.2	15	24.8	20.5	22.3	21.6	12.2	27.1	25.5	22.8	24.2	21.1	20.5	22.1
舞厅	4.9	4.5	4.6	6.7	5.3	5.5	6.1	2.4	5.2	6.3	5.8	5.6	5	4.7	5.2
卡拉 OK 厅	26.8	25.9	23.3	29.2	27.1	27.2	24.2	13.5	23	30.8	27.7	28.8	27.9	28.7	27.3
电子游戏厅	28	30	34	9.7	9.4	12.5	4.8	3.1	8.8	11.2	10.5	13.9	9.2	10.5	14.3
台球厅	13.6	10.6	8.8	4.8	3.5	3.2	7.9	0.8	1.6	3.9	2.2	2.5	3.3	2.5	2.4
保龄球	0.4	0.4	0.6	1.5	1.4	1.6	4.4	3.5	5.8	3.1	3.5	3.8	2.6	2.9	2.9
旱冰场	1.2	0.9	0.8	1	0.7	0.6	1	0.5	0.5	0.9	0.5	0.5	1	0.003	0.6
综合娱乐场所	3.3	4.1	4	9.8	18.4	14.2	15.7	52.8	21.3	12.1	18.6	13.6	24.6	21.9	18.2
其他	6.9	8.4	8.9	12.5	13.7	12.9	14.3	11.2	6.7	6.2	8.4	7.1	5.3	8.3	7

从经营规模看，1999 年，全国文化娱乐业共有机构 17.47 万个，90.3 万人，分别比上年减少 5231 个和 104205 人，下降 2.9%和 10.3%。在文化娱乐业中，除电子游戏厅和其他娱乐业的机构和从业人员比上年增加外，歌舞厅、舞厅、卡拉 OK 厅、台球厅、旱冰场的机构减少和结构比重均有下降，下降幅度最大的是旱冰场。

从经济类型看，只有联营和其他经济类型的娱乐场所比上年增加，私营和个体经济的从业人员比上年增加，其他行业的机构、从业人员及分类构成比重均有不同程度减少和下降。全国文化娱乐业的固定资产原价282.5亿元，比上年下降54.2%。主要是由于国有和集体经济、联营和其他经济投资的综合娱乐场所的固定资产下降幅度较大所至，只有私营和个体经济投资的娱乐场所的固定资产增加、经营规模扩大，且投资主要集中在电子游戏厅。

从经营效益看，尽管文化娱乐业经营规模萎缩，全国文化娱乐业的利润却达20.2亿元，除联营和其他经济类型的娱乐场所利润下降外，其他经济类型的娱乐场所利润均比上年增加，国有和集体经济类型的娱乐场所比上年有明显改善，利润增幅较大，所占份额提高了20个百分点。全国文化娱乐业新创增加值101.99亿元，比上年减少19.3亿元，下降15.9%，只有电子游戏厅的新创增加值是比上年增长，其他行业和经济类型的娱乐场所新创增加值均不同程度减少。尽管文化娱乐业的经济效益下滑，但仍上缴国家各种税金16.3亿元，比上年下降18.8%，除电子游戏厅上缴各种税金比上年增占6.9%外，其他类型娱乐场所上缴各种税金均不同程度减少，下降幅度最大的是综合娱乐场所，高达40.5%；私营个体经济的下降幅度最小，仅为1.6%，且占文化娱乐业上缴税金总份额的比重高达50.7%。

附表七

全国文化娱乐业主要经营指标按所有制划分发展情况表

单位：个、人、万元

	机构数		从业人员		固定资产原价		利　润		各项税金		增加值	
	1998年	1999年	1998年	1999年	1998年	1999年	1998年	1999年	1998年	1999年	1998年	1999年
合　计	179 858	174 727	1 007 704	903 499	6 169 842	2 825 425	97 867	202 349	201 009	163 226	1 212 521	1 019 942
国有集体经济	37 462	32 854	416 972	318 605	4 009 988	1 003 331	2 526	46 307	70 130	44 072	423 017	321 559
私营个体经济	133 747	133 035	418 440	426 041	858 745	968 997	185 845	197 113	84 047	82 674	509 377	481 830
联营及其他经济	8 649	8 838	172 292	158 853	130 111	853 097	－90 504	－41 071	46 832	36 480	280 127	216 553

附表八

全国文化娱乐业主要经营指标按所有制划分构成情况表

单位：%

	机构数		从业人员		固定资产原价		利　润		各项税金		增加值	
	1998年	1999年	1998年	1999年	1998年	1999年	1998年	1999年	1998年	1999年	1998年	1999年
合　计	100	100	100	100	100	100	100	100	100	100	100	100
国有集体经济	20.8	18.8	41.4	35.3	65	35.5	2.6	22.9	34.9	27	34.9	31.5
私营个体经济	74.4	76.1	41.5	47.1	13.9	33.3	189.9	99.7	41.8	50.7	42	47.2
联营及其他经济	4.8	5.1	17.1	17.6	21.1	31.2	－92.9	－22.6	23.3	22.3	23.1	21.3

三、其他文化市场在整顿中发展

1999年，全国文化市场的重要组成部分——其他文化市场经营机构共有9.5万个，23万人，分别比上年减少2025个，增加100人，下降2.1%和增长0.04%。固定资产原价33.16亿元，比上年减少6.05亿元，下降15.4%。上缴各种税金3.2亿元，比上年减少0.3亿元，下降8.6%。新创增加值22.5亿元，比上年减少2.4亿元，下降9.6%。

在其他文化市场经营机构中占69.6%的音像市场，1999年有经营机构66026个，从业人员

129226 人，分别比上年减少 1262 个和 7468 人，下降 1.9%和 5.5%。其中，音像制品批发零售业 23293 个，4.4 万人；录像放映业 1.7 万个，4.3 万人；录像带出租 2.6 万个，4.2 万人。

1999 年，针对音像市场存在的盗版等问题，各级文化市场管理部门整顿音像制品集中经营场所，推进音像制品流通体制改革，有力地打击了非法音像制品经营活动，净化了市场环境。音像市场的经营规模和效益得到有效控制，音像业固定资产原价 16.4 亿元，比上年减少 2.4 亿元，下降 12.9%；主营营业收入 18.0 亿元，比上年减少 5.1 亿元，下降 23.1%；利润 4.4 亿元，比上年减少 0.23 亿元，下降 4.7%；上缴各种税金 2.0 亿元，比上年减少 0.3 亿元，下降 11.4%；创增加值 12.1 亿元，比上年减少 1.0 亿元，下降 7.5%。

1999 年，文化市场管理部门加强了演出市场的管理，进一步规范了演出市场。全国文化艺术经纪与代理业经营机构有 205 个，其中具有一定规模的演出经纪机构 78 个，1159 人，分别比上年增长 16.4%和 0.3%；在文化市场管理机构登记的民间职业剧团有 2695 个，个体演职人员 28624 人，时装表演队 397 个。全国主要文化艺术经纪与代理业的主营营业收入 1460 万元，比上年减少 559 万元，下降 33.2%；上缴各种税金 84 万元；创增加值 1051 万元。

规范日益成熟的富有发展潜力的艺术品市场。1999 年艺术品市场有经营机构 2205 个，从业人员 9040 人，比上年增加 166 人，增长 1.9%。其中，画店画廊 1536 个，6297 人；美术公司 584 个，1867 人；艺术品拍卖公司 85 个，876 人。艺术品市场的主要经营指标均比上年有不同程度的增加，呈现良好的发展态势，固定资产原价 1.6 亿元，比上年增加 0.1 亿元，增长 6.7%；主营营业收入 1.7 亿元，比上年增加 0.3 亿元，增长 21.4%；利润 2606 万元，比上年增加 766 万元，增长 41.6%；各种税金 1375 万元，比上年增加 482 万元，增长 54.0%；新创增加值 1.06 亿元。

全国文化部门管理的图书批发零售机构有 13056 个，2.3 万人，分别比上年下降 9.0%和 4.2%；固定资产原价 2.5 亿元，比上年增长 4.2%；主营营业收入 5.45 亿元，比上年减少 0.64%；利润 1.02 亿元，比上年增加 378 万元，增长 3.9%；上缴各种税金 3440 万元，比上年增加 27 万元，增长 0.8%；新创增加值 2.5 亿元。

统计资料显示，全国文化市场尽管整体效益欠佳，但仍为丰富群众文化生活、增加就业人口、优化投资环境、促进经济发展和推动社会进步等起到了十分重要的作用。同时，统计资料也表明，我国文化市场仍需解决高档的大型综合娱乐场所相对过剩与大众化娱乐场所发展不足、总量发展相对超前与规划管理相对滞后、行业结构不合理等问题，加强管理，扶持大众化娱乐场所；合理控制总量，调整优化行业结构，使全国文化市场健康有序地发展。

全国文化娱乐业基

	机构数	从业人员	职工	资本金合计	国家资本金	固定资产合计	固定资产原价	本年提取折旧	主营业收入	主营业成本及费用	主营业税金及附加	主营业务利润	其他业务利润
总　计	**8 720**	**121 030**	**71 576**	**4 600 516**	**1 821 333**	**4 093 370**	**4 157 784**	**194 346**	**1 520 284**	**1 120 286**	**120 638**	**279 360**	**24 230**
歌舞厅	2 435	29 087	16 966	1 240 568	660 648	1 225 756	1 251 405	48 782	377 775	262 235	33 140	82 400	2 751
舞　厅	1 135	9 147	5 624	206 824	79 865	229 932	219 451	10 379	101 627	66 825	9 366	25 436	1 595
卡拉 OK 厅	1 648	22 175	11 397	469 786	145 921	542 975	545 988	32 494	309 009	228 970	26 491	53 548	2 318
电子游艺厅	769	4 352	2 812	93 721	28 768	108 621	129 843	9 515	51 007	37 450	3 887	9 670	6 223
台球厅	468	2 590	1 459	129 721	115 945	76 330	76 004	1 204	21 759	14 151	2 286	5 322	295
保龄球	115	1 486	774	295 115	207 550	250 917	206 895	2 813	31 069	19 301	2 562	9 206	-8
旱冰场	84	485	294	5 920	1 754	7 180	6 600	47	3 683	2 657	658	368	1
综合娱乐场所	1 216	33 372	20 958	1 943 569	464 441	1 308 130	1 320 439	80 199	442 046	353 001	32 914	56 131	10 816
其　他	850	18 336	11 292	215 292	116 441	343 529	401 159	8 913	182 309	135 696	9 334	37 279	239

全国文化娱乐业基

	机构数	从业人员	职工	资本金合计	国家资本金	固定资产合计	固定资产原价	本年提取折旧	主营业收入	主营业成本及费用	主营业税金及附加	主营业务利润	其他业务利润
总　计	**24 134**	**197 575**	**103 013**	**6 007 706**	**347 005**	**6 134 834**	**5 875 530**	**322 907**	**2 891 018**	**1 986 000**	**264 608**	**640 410**	**12 136**
歌舞厅	6 377	53 335	29 859	1 722 852	106 225	1 823 308	1 715 758	50 492	763 359	500 465	74 045	188 849	2 033
舞　厅	2 079	14 880	8 573	425 390	25 501	499 836	461 144	13 032	225 216	140 471	21 697	63 048	559
卡拉 OK 厅	5 602	52 640	23 469	1 507 040	76 420	1 407 160	1 186 027	62 917	792 308	568 423	77 324	146 561	6 182
电子游艺厅	3 741	11 785	5 440	196 219	12 273	197 458	202 153	8 083	169 707	105 352	16 146	48 209	720
台球厅	1 554	4 777	2 580	72 751	3 809	53 639	55 288	2 010	57 538	42 292	5 222	10 024	705
保龄球	204	2 740	1 501	181 819	9 461	159 304	155 666	7 655	51 873	36 451	4 926	10 496	149
旱冰场	249	1 260	760	22 480	980	23 785	24 151	365	10 546	6 972	1 082	2 492	5
综合娱乐场所	2 189	32 035	17 596	1 180 337	88 090	1 310 975	1 227 332	60 326	606 194	423 820	45 765	136 609	1 482
其　他	2 139	24 123	13 235	698 818	24 246	659 369	848 011	118 027	214 277	161 754	18 401	34 122	301

本情况（国有经济）

单位：个、人、千元、千平方米

损益及分配									其他			增加值	房屋建筑面积
管理费用			财务费用	补贴收入	投资收益	营业外收支净额	应交所得税	利润	从业人员劳动报酬	上交主办单位费用	上交文化市场管理费		
	税金	劳动待业保险											
204 049	**11 504**	**16 827**	**19 396**	**12 453**	**3 697**	**7 096**	**7 644**	**95 747**	**587 393**	**22 394**	**26 081**	**1 273 068**	**2 854**
52 608	4 106	7 841	10 917	1 409	314	962	2 897	21 414	63 928	12 578	7 200	254 939	629
11 601	593	616	－5 496	4 196	991	856	1 043	25 926	25 178	1 589	2 411	76 566	282
35 564	928	2 064	4 749	150	183	1 057	－284	17 227	46 776	2 593	3 434	168 580	437
6 778	868	886	347	141	44	－9	187	8 757	9 032	1 391	1 701	42 308	148
4 305	71	439	204	7	2	－31	162	924	5 684	71	6 256	21 197	100
4 420	937	634	158	--	7	1	629	3 999	4 059	1 001	2 155	22 725	54
417	5	217	10	--	--	3	6	－61	1 033	570	130	2 811	17
78 778	3 478	3 834	7 260	6 550	1 807	3 817	2 789	－9 706	397 278	2 223	2 224	592 281	921
9 578	518	296	1 247	--	349	440	215	27 267	34 425	378	570	91 661	266

本情况（集体经济）

单位：个、人、千元、千平方米

损益及分配									其他			增加值	房屋建筑面积
管理费用			财务费用	补贴收入	投资收益	营业外收支净额	应交所得税	利润	从业人员劳动报酬	上交主办单位费用	上交文化市场管理费		
	税金	劳动待业保险											
253 526	**23 468**	**6 273**	**40 516**	**942**	**6 400**	**14 336**	**12 856**	**367 326**	**554 187**	**52 959**	**58 406**	**1 942 524**	**4 427**
58 981	5 313	1 480	15 525	292	2 736	3 086	3 222	119 268	152 882	24 378	17 021	515 147	1 212
17 833	1 042	226	4 772	143	129	253	1 527	40 000	39 233	7 944	5 154	151 746	363
57 799	5 299	873	9 006	235	2 716	3 471	3 533	88 827	163 168	11 484	19 193	492 204	951
10 392	867	325	690	23	286	45	1 170	37 031	30 867	2 869	7 831	115 683	268
2 858	222	25	174	34	33	416	231	7 949	10 819	985	1 812	31 821	166
7 210	182	16	867	--	--	25	637	1 956	7 999	812	819	33 041	85
541	92	10	218	2	20	4	39	1 725	2 838	767	395	8 048	65
84 026	9 847	3 188	7 891	200	275	6 966	2 156	51 459	110 422	3 138	3 991	384 651	956
13 886	604	130	1 373	13	205	70	341	19 111	35 959	582	2 191	210 183	358

全国文化娱乐业基

	机构数	从业人员	职工	资本金合计	国家资本金	固定资产合计	固定资产原价	本年提取折旧	主营业收入	主营业成本及费用	主营业税金及附加	主营业务利润	其他业务利润
总计	**7 939**	**65 486**	**28 394**	**1 684 739**	**- -**	**2 015 394**	**1 647 948**	**44 343**	**1 067 934**	**738 971**	**113 402**	**215 561**	**1 547**
歌舞厅	1 781	15 292	8 025	458 780	- -	451 348	452 152	7 839	237 861	164 619	29 398	43 844	492
舞厅	555	3 808	1 619	116 709	- -	107 775	98 933	2 693	91 321	56 270	9 468	25 583	74
卡拉OK厅	2 575	22 523	7 740	607 139	- -	883 031	584 862	14 534	410 095	286 760	39 802	83 533	412
电子游艺厅	1 144	3 305	1 629	66 855	- -	62 819	61 283	2 295	46 039	27 623	4 789	13 627	272
台球厅	381	1 189	545	22 778	- -	26 303	29 002	3 302	11 463	9 475	1 380	608	- -
保龄球	71	1 107	587	136 909	- -	141 392	110 206	3 154	36 953	28 929	3 400	4 624	70
旱冰场	72	445	200	10 253	- -	11 332	12 163	209	7 173	4 398	659	2 116	12
综合娱乐场所	368	5 686	2 952	162 025	- -	202 408	166 600	6 282	119 589	83 173	14 436	21 980	51
其他	992	12 131	5 097	103 291	- -	128 986	132 747	4 035	107 440	77 724	10 070	19 646	164

全国文化娱乐业基

	机构数	从业人员	职工	资本金合计	国家资本金	固定资产合计	固定资产原价	本年提取折旧	主营业收入	主营业成本及费用	主营业税金及附加	主营业务利润	其他业务利润
总计	**3 512**	**18 105**	**9 286**	**681 210**	**105 915**	**618 706**	**632 267**	**33 086**	**345 119**	**234 693**	**35 464**	**74 962**	**1 722**
歌舞厅	360	3 614	2 232	237 025	85 551	180 016	159 423	2 206	53 741	36 929	5 808	11 004	61
舞厅	95	848	437	27 257	1 710	30 315	30 855	652	11 774	7 325	1 590	2 859	- -
卡拉OK厅	792	5 269	2 476	158 974	5 266	147 154	156 102	7 669	113 215	79 341	11 645	22 229	30
电子游艺厅	895	1 299	380	19 100	2	14 088	13 491	1 014	22 471	6 994	3 593	11 884	5
台球厅	1 015	942	232	26 109	167	15 833	17 434	1 701	25 730	15 364	2 743	7 623	15
保龄球	72	581	222	46 005	224	31 439	30 792	1 340	15 440	8 560	1 918	4 962	- -
旱冰场	18	102	51	3 779	- -	2 961	3 002	30	1 201	1 020	246	-65	45
综合娱乐场所	130	3 809	2 190	146 585	12 964	183 020	204 651	17 058	81 584	63 378	6 075	12 131	1 566
其他	135	1 641	1 066	16 376	31	13 880	16 517	1 416	19 963	15 782	1 846	2 335	- -

本情况（私营经济）

单位：个、人、千元、千平方米

损益及分配									其他			增加值	房屋建筑面积
管理费用	税金	劳动待业保险	财务费用	补贴收入	投资收益	营业外收支净额	应交所得税	利润	从业人员劳动报酬	上交主办单位费用	上交文化市场管理费		
58 653	**4 242**	**684**	**5 005**	**568**	**1 847**	**3 235**	**3 645**	**155 455**	**186 418**	**4 274**	**16 933**	**592 723**	**1 320**
11 750	678	243	1 277	186	302	590	870	31 517	43 830	1 562	4 436	132 149	347
2 925	201	4	132	63	87	20	154	22 616	14 358	468	1 332	54 187	95
19 641	1 779	107	1 638	271	1 410	2 104	1 832	64 619	62 903	1 188	5 578	211 059	406
2 403	112	171	248	3	3	-27	199	11 028	8 657	200	1 773	31 769	64
1 333	7	6	112	--	--	-21	47	-905	3 385	18	459	9 170	33
1 696	264	14	529	10	10	21	111	2 399	7 221	125	271	19 128	37
754	--	1	--	--	--	--	6	1 368	1 415	214	159	4 787	20
11 852	590	121	768	20	10	529	296	9 674	23 766	434	954	73 012	196
6 299	611	17	301	15	25	19	130	13 139	20 883	65	1 972	57 462	123

本情况（联营经济）

单位：个、人、千元、千平方米

损益及分配									其他			增加值	房屋建筑面积
管理费用	税金	劳动待业保险	财务费用	补贴收入	投资收益	营业外收支净额	应交所得税	利润	从业人员劳动报酬	上交主办单位费用	上交文化市场管理费		
41 854	**2 828**	**1 128**	**4 538**	**369**	**2 241**	**82**	**-454**	**33 438**	**83 673**	**3 058**	**17 845**	**252 687**	**592**
4 152	344	77	262	66	311	75	172	6 931	10 653	475	1 664	32 222	90
1 965	52	241	16	--	60	19	--	957	3 244	91	241	8 731	31
8 083	1 441	223	922	--	1 754	-10	602	14 396	33 142	1 409	6 629	84 217	117
787	215	12	66	--	35	1	155	10 917	11 481	175	5 910	34 295	27
1 263	99	--	418	--	48	5	161	5 849	4 822	166	2 336	19 505	89
2 655	260	--	210	--	5	1	-1 560	3 663	2 860	328	546	12 214	14
55	13	--	--	--	--	--	--	-75	439	5	25	737	8
22 331	394	295	2 613	303	22	-16	10	-10 948	13 394	57	288	50 964	197
563	10	280	31	--	6	7	6	1 748	3 638	352	206	9 802	19

全国文化娱乐业基

	机构数	从业人员	职工	资本金合计	国家资本金	固定资产合计	固定资产原价	本年提取折旧	主营业收入	主营营业成本及费用	主营营业税金及附加	主营业务利润	其他业务利润
总计	**125 096**	**360 558**	**110 685**	**7 153 650**	**- -**	**8 054 618**	**8 042 018**	**171 377**	**5 496 462**	**2 883 840**	**668 641**	**1 943 981**	**10 016**
歌舞厅	13 997	73 448	29 287	1 724 945	- -	2 206 189	2 029 448	18 474	1 133 092	605 547	133 917	393 628	2 195
舞厅	3 873	17 826	5 314	389 328	- -	407 252	351 891	3 693	286 171	145 871	34 286	106 014	276
卡拉OK厅	28 719	113 010	35 068	2 226 464	- -	2 252 838	2 448 812	82 511	1 891 150	1 025 788	223 995	641 367	6 037
电子游艺厅	52 757	87 931	19 316	1 812 586	- -	1 793 096	1 769 840	52 940	1 362 135	647 041	174 783	540 311	822
台球厅	11 717	18 175	4 432	178 544	- -	188 871	189 987	2 416	202 543	103 032	25 904	73 607	92
保龄球	260	1 418	331	118 064	- -	103 342	79 583	518	42 273	21 465	6 558	14 250	47
旱冰场	890	3 082	1 023	68 710	- -	76 457	75 466	941	53 644	29 293	5 098	19 253	61
综合娱乐场所	2 114	9 403	3 616	253 502	- -	539 826	725 285	5 078	149 036	75 058	15 562	58 416	369
其他	10 769	36 265	12 298	381 507	- -	486 747	371 706	4 806	376 418	230 745	48 538	97 135	117

全国文化娱乐业基

	机构数	从业人员	职工	资本金合计	国家资本金	固定资产合计	固定资产原价	本年提取折旧	主营业收入	主营营业成本及费用	主营营业税金及附加	主营业务利润	其他业务利润
总计	**2 778**	**53 496**	**30 118**	**2 642 783**	**414 980**	**2 238 511**	**2 252 063**	**184 861**	**1 139 700**	**895 106**	**110 511**	**134 083**	**3 373**
歌舞厅	698	10 107	5 392	564 958	35 203	624 571	587 105	27 730	322 991	262 250	34 581	26 160	- 185
舞厅	141	1 381	620	76 656	80	80 246	85 941	5 240	21 048	19 657	2 564	-1 173	40
卡拉OK厅	800	12 223	6 359	569 649	36 062	525 779	546 679	97 732	288 028	217 856	27 029	43 143	212
电子游艺厅	211	2 130	717	100 213	2 370	86 606	95 346	10 508	40 375	29 185	3 412	7 778	2 565
台球厅	95	645	395	14 070	1 170	6 505	8 555	681	5 991	4 264	494	1 233	3
保龄球	103	2 475	1 359	208 658	10 414	187 081	206 597	10 065	67 852	47 924	11 091	8 837	128
旱冰场	17	146	56	192 050	188 900	6 950	7 503	275	6 528	4 251	271	2 006	- -
综合娱乐场所	404	13 772	8 917	768 957	131 794	580 914	587 396	28 803	260 439	196 318	22 252	41 869	567
其他	309	10 617	6 303	147 572	8 987	139 859	126 941	3 827	126 448	113 401	8 817	4 230	43

本情况（个体经济）

单位：个、人、千元、千平方米

损益及分配									其他			增加值	房屋建筑面积
管理费用	税金	劳动待业保险	财务费用	补贴收入	投资收益	营业外收支净额	应交所得税	利润	从业人员劳动报酬	上交主办单位费用	上交文化市场管理费		
110 631	**17 837**	**2 696**	**15 472**	**1 612**	**3 202**	**1 940**	**18 976**	**1 815 672**	**1 163 320**	**30 800**	**216 942**	**4 225 579**	**9 382**
19 201	2 500	362	3 368	260	747	521	4 394	370 388	258 042	7 384	49 320	865 916	2 675
7 254	244	719	2 635	7	47	15	2 055	94 415	53 562	1 135	7 458	206 677	507
34 051	7 408	356	4 930	1 114	1 568	1 112	5 941	606 276	371 858	12 234	41 740	1 388 047	2 487
29 702	4 715	861	1 533	202	732	184	4 435	506 581	298 449	5 193	79 902	1 158 798	1 907
2 037	472	65	356	8	25	21	441	70 919	45 591	2 335	10 590	160 953	623
1 952	44	2	41	--	17	--	207	12 114	5 329	353	16 423	43 522	47
1 708	156	28	203	2	9	35	283	17 166	10 688	153	1 061	37 420	178
4 605	1 365	180	417	6	5	10	201	53 583	29 406	539	3 896	114 666	297
10 121	933	123	1 989	13	52	42	1 019	84 230	90 395	1 474	6 553	249 580	662

本情况（股份经济）

单位：个、人、千元、千平方米

损益及分配									其他			增加值	房屋建筑面积
管理费用	税金	劳动待业保险	财务费用	补贴收入	投资收益	营业外收支净额	应交所得税	利润	从业人员劳动报酬	上交主办单位费用	上交文化市场管理费		
139 940	**3 804**	**3 549**	**16 078**	**167**	**1 150**	**824**	**8 855**	**-25 276**	**152 126**	**4 696**	**9 606**	**616 234**	**1 453**
26 360	1 160	883	5 789	84	-773	118	5 187	-11 932	32 286	1 231	2 950	125 934	285
5 326	51	16	31	40	--	-369	58	-6 877	4 859	94	500	12 182	49
29 672	1 427	375	2 301	34	1 606	557	3 217	10 362	47 007	753	2 875	228 162	461
4 324	73	230	46	6	224	-42	111	6 050	4 277	192	729	29 544	42
992	23	3	9	--	--	-58	41	136	918	54	95	3 501	18
9 919	193	153	1 822	--	--	3	-97	-2 676	6 518	240	353	37 427	85
1 330	63	54	5	--	--	--	--	671	685	410	14	3 724	5
53 678	710	1 661	3 873	3	93	529	214	-14 704	41 107	1 219	1 439	137 970	323
8 339	104	174	2 202	--	--	86	124	-6 306	14 469	503	652	37 790	185

全国文化娱乐业基本

	机构数	从业人员	职工	资本金合计	国家资本金	固定资产合计	固定资产原价	本年提取折旧	主营业收入	主营业成本及费用	主营业税金及附加	主营业务利润	其他业务利润
总计	**954**	**33 093**	**18 038**	**2 583 780**	**163 307**	**2 067 231**	**2 283 504**	**312 703**	**705 937**	**601 866**	**68 969**	**35 102**	**149**
歌舞厅	243	7 863	3 997	619 500	52 169	435 769	491 565	130 836	179 703	160 804	18 720	179	1 191
舞厅	37	896	543	81 794	4 800	39 572	42 017	3 457	17 225	15 633	1 855	－263	－－
卡拉OK厅	229	6 406	3 308	291 583	18 232	217 520	253 673	17 874	108 127	91 472	8 848	7 807	16
电子游艺厅	48	658	403	131 221	20 852	113 403	103 662	17 926	32 159	30 927	2 827	－1 595	142
台球厅	38	226	150	10 588	250	6 529	6 521	37	1 129	6 689	52	－5 612	－－
保龄球	67	1 940	1 175	376 294	24 740	391 872	412 048	29 151	109 530	89 898	15 950	3 682	－－
旱冰场	4	80	53	50	－－	400	400	－－	111	60	3	48	－－
综合娱乐场所	199	10 726	6 135	987 567	41 435	821 440	906 577	106 978	182 895	144 717	15 240	22 938	－1 256
其他	89	4 298	2 274	85 183	829	40 726	67 041	6 444	75 058	61 666	5 474	7 918	56

全国文化娱乐业基本情

	机构数	从业人员	职工	资本金合计	国家资本金	固定资产合计	固定资产原价	本年提取折旧	主营业收入	主营业成本及费用	主营业税金及附加	主营业务利润	其他业务利润
总计	**934**	**37 653**	**21 469**	**3 159 184**	**324 955**	**2 276 003**	**2 703 525**	**282 938**	**1 034 419**	**866 092**	**89 219**	**79 108**	**10 635**
歌舞厅	222	6 132	3 320	512 523	38 111	545 218	602 136	47 135	241 831	197 995	21 463	22 373	35
舞厅	36	632	356	79 395	3 405	55 813	61 440	6 002	15 286	16 145	1 763	－2 622	182
卡拉OK厅	205	8 399	4 064	508 410	35 157	353 006	498 810	67 711	213 371	174 961	17 894	20 516	118
电子游艺厅	49	746	509	89 854	206	56 045	77 911	10 549	19 531	15 530	1 992	2 009	992
台球厅	35	274	157	330 567	1 246	67 837	16 650	5 847	8 079	12 914	879	－5 714	－567
保龄球	66	2 080	1 486	473 781	30 730	345 001	385 335	39 226	111 035	110 664	11 683	－11 312	167
旱冰场	2	122	121	13 630	－－	929	929	26	268	1 260	15	－1 007	－－
综合娱乐场所	210	13 380	8 296	1 099 422	216 100	824 566	1 021 243	101 711	379 478	295 794	30 618	53 066	9 556
其他	109	5 888	3 160	51 602	－－	27 588	39 071	4 731	45 540	40 829	2 912	1 799	152

情况（外商投资经济）

单位：个、人、千元、千平方米

损益及分配									其他			增加值	房屋建筑面积
管理费用	税金	劳动待业保险	财务费用	补贴收入	投资收益	营业外收支净额	应交所得税	利润	从业人员劳动报酬	上交主办单位费用	上交文化市场管理费		
200 690	**3 724**	**2 646**	**21 905**	**917**	**1 124**	**2 326**	**1 000**	**-183 977**	**114 236**	**6 312**	**5 910**	**554 580**	**801**
43 566	1 356	358	9 657	12	1 028	751	440	-50 502	25 140	3 840	2 350	183 613	146
1 183	162	45	349	- -	- -	-17	- -	-1 812	1 743	1 400	129	8 484	15
23 449	107	104	2 568	20	24	393	124	-17 881	17 360	30	1 360	53 405	88
7 192	168	1	48	72	- -	328	94	-8 387	3 488	222	295	23 473	18
39	- -	- -	- -	- -	- -	- -	- -	-5 651	655	5	32	-4 831	6
20 220	217	88	1 265	- -	- -	255	- -	-17 548	18 699	253	343	68 295	63
- -	- -	- -	- -	- -	- -	- -	- -	48	35	- -	2	88	2
91 521	1 704	996	6 171	163	72	687	342	-75 430	33 060	555	1 066	187 754	405
13 520	10	1 054	1 847	650	- -	-71	- -	-6 814	14 056	7	334	34 299	58

况（港、澳、台投资经济）

单位：个、人、千元、千平方米

损益及分配									其他			增加值	房屋建筑面积
管理费用	税金	劳动待业保险	财务费用	补贴收入	投资收益	营业外收支净额	应交所得税	利润	从业人员劳动报酬	上交主办单位费用	上交文化市场管理费		
249 537	**9 310**	**6 185**	**19 283**	**1 763**	**3 036**	**8 725**	**4 563**	**-170 116**	**153 817**	**2 615**	**6 451**	**638 404**	**733**
52 407	4 445	1 821	2 142	21	38	1 149	2 484	-33 417	25 007	306	1 737	122 504	121
3 237	204	29	351	- -	- -	-16	- -	-6 044	2 523	1 345	132	9 530	19
51 500	167	376	1 966	24	14	-825	348	-33 967	30 354	164	2 439	143 666	114
13 136	769	115	52	- -	- -	238	133	-10 082	3 396	- -	92	19 801	36
5 264	- -	140	-44	- -	- -	- -	16	-11 517	2 301	- -	122	2 869	14
23 085	59	91	1 536	- -	- -	4	78	-35 840	16 891	600	396	57 711	89
- -	- -	- -	- -	- -	- -	- -	- -	-1 007	1 140	- -	15	189	1
95 961	3 037	3 518	12 424	1 575	2 984	5 270	1 447	-37 381	64 557	160	1 302	264 007	292
4 947	629	95	856	143	- -	2 905	57	-861	7 648	40	215	18 127	47

全国文化娱乐业基

	机构数	从业人员		资本金合计		固定资产合计	固定资产原价	本年提取折旧	主营业收入	主营业成本及费用	主营业税金及附加	主营业务利润	其他业务利润
			职工		国家资本金								
总计	**660**	**16 503**	**8 548**	**1 203 590**	**52 351**	**679 535**	**659 611**	**30 384**	**280 869**	**256 671**	**24 326**	**－128**	**1 197**
歌舞厅	109	2 743	1 480	158 123	19 441	137 583	138 525	7 006	46 599	45 160	3 554	－2 115	－17
舞厅	32	386	118	21 391	－－	9 657	17 350	1 276	10 256	7 733	1 059	1 464	－－
卡拉OK厅	141	3 313	1 424	198 903	1 767	162 938	116 552	2 153	53 541	52 774	3 283	－2 516	－－
电子游艺厅	47	400	227	149 916	825	45 998	46 677	22	3 697	2 622	544	531	8
台球厅	20	200	151	1 743	90	2 781	3 050	137	2 719	1 705	217	797	－－
保龄球	15	348	202	56 200	9 000	37 243	50 839	2 661	15 435	14 332	1 513	－410	2
旱冰场	3	59	33	2 600	－－	2 600	2 600	－－	1 500	1 250	150	100	－－
综合娱乐场所	203	5 831	3 543	569 211	21 052	233 444	245 694	16 078	121 205	107 967	9 913	3 325	1 175
其他	90	3 223	1 370	45 503	176	47 291	38 324	1 051	25 917	23 128	4 093	－1 304	29

全国文化市场其他经营单位

	机构数	从业人员		资本金合计		固定资产合计	固定资产原价	本年提取折旧	主营业收入	主营业成本及费用	主营业税金及附加	主营业务利润	其他业务利润
			职工		国家资本金								
总计	**29 459**	**98 750**	**52 807**	**1 697 284**	**316 785**	**1 574 887**	**1 566 694**	**66 861**	**1 641 480**	**1 107 265**	**102 545**	**431 670**	**13 998**
文化艺术经纪代理业	41	588	396	13 992	5 191	20 538	8 793	257	8 264	5 781	271	2 212	877
音像制品批发零售业	4 363	14 262	6 832	425 108	51 518	203 319	195 611	5 120	422 452	319 967	26 894	75 591	2 527
录像放映业	10 665	31 909	16 205	512 952	87 013	548 677	559 141	16 331	341 166	185 983	32 892	122 291	4 330
录像带出租	10 249	18 530	9 529	200 364	11 239	143 995	126 349	2 622	155 199	85 408	15 186	54 605	349
画店、画廊	348	3 283	2 321	51 719	28 067	35 539	44 609	12 663	79 237	53 115	2 412	23 710	1 753
美术公司	49	334	169	11 591	7 420	8 358	8 876	557	8 469	4 500	797	3 172	2
艺术品拍卖公司	39	428	263	62 638	22 596	30 494	18 583	185	12 374	8 083	351	3 940	127
图书批发	1 622	5 698	3 391	95 323	30 338	66 987	63 023	3 499	241 197	192 943	5 984	42 270	1 381
其他	2 083	23 718	13 701	323 597	73 403	516 980	541 709	25 627	373 122	251 485	17 758	103 879	2 652

本情况（其他经济）

单位：个、人、千元、千平方米

损益及分配									其他			增加值	房屋建筑面积
管理费用	税金	劳动待业保险	财务费用	补贴收入	投资收益	营业外收支净额	应交所得税	利润	从业人员劳动报酬	上交主办单位费用	上交文化市场管理费		
60 203	**1 273**	**1 932**	**5 834**	**916**	**186**	**489**	**1 405**	**-64 782**	**44 543**	**218**	**1 806**	**103 622**	**342**
18 098	285	72	2 400	--	181	309	364	-22 504	9 842	175	489	19 220	67
2 977	--	--	-5	--	--	-12	--	-1 520	2 203	10	150	6 161	6
9 792	168	94	364	3	--	3	191	-12 857	7 900	24	318	11 332	62
20	2	1	2	2	5	-1	79	444	2 102	2	187	3 399	19
501	--	--	--	--	--	4	--	300	521	--	16	1 689	7
1 358	370	24	-22	--	--	-48	42	-1 834	2 018	--	78	6 232	9
--	--	--	--	--	--	--	--	100	108	--	32	390	3
21 407	425	1 733	2 249	911	--	190	706	-18 761	14 893	7	363	46 180	125
6 050	23	8	846	--	--	44	23	-8 150	4 956	--	173	9 019	45

基本情况（国有、集体经济）

单位：个、人、千元、千平方米

损益及分配									其他			增加值	房屋建筑面积
管理费用	税金	劳动待业保险	财务费用	补贴收入	投资收益	营业外收支净额	应交所得税	利润	从业人员劳动报酬	上交主办单位费用	上交文化市场管理费		
152 590	**6 479**	**7 409**	**16 858**	**1 408**	**2 133**	**4 651**	**11 703**	**272 709**	**252 714**	**13 639**	**44 733**	**935 559**	**1 851**
1 276	4	18	-37	157	--	15	341	1 681	1 419	--	59	5 100	34
26 090	1 063	1 018	5 007	116	665	630	2 658	45 774	43 787	980	3 386	159 322	133
21 065	1 611	2 033	3 993	610	808	2 236	2 338	102 879	83 156	6 597	24 617	291 927	939
8 289	586	487	1 473	188	313	171	1 634	44 230	31 312	2 274	11 243	118 427	143
18 146	298	194	-422	--	134	1 308	1 360	7 821	6 437	257	235	47 776	54
1 785	630	266	253	--	--	91	482	745	1 038	5	13	6 215	5
240	12	10	-19	--	--	3	1	3 848	761	29	67	5 473	5
17 381	480	1 477	1 159	5	98	-101	1 738	23 375	15 274	1 384	892	73 757	65
58 318	1 795	1 906	5 451	332	115	298	1 151	42 356	69 530	2 113	4 221	227 562	474

全国文化市场其他经营单位

	机构数	从业人员	职工	资本金合计	国家资本金	固定资产合计	固定资产原价	本年提取折旧	主营业收入	主营业成本及费用	主营业税金及附加	主营业务利润	其他业务利润
总　计	**64 146**	**120 859**	**28 146**	**1 688 539**	**- -**	**1 434 373**	**1 369 055**	**56 891**	**1 575 429**	**871 068**	**169 082**	**535 279**	**3 835**
文化艺术经纪代理业	31	502	296	12 231	- -	14 449	7 739	86	5 985	2 712	215	3 058	52
音像制品批发零售业	18 593	27 835	7 007	312 749	- -	270 886	255 567	5 403	396 109	233 250	51 123	111 736	1 103
录像放映业	5 810	10 404	2 682	162 451	- -	172 910	180 485	2 073	131 406	60 399	18 654	52 353	248
录像带出租	15 583	23 105	5 170	216 099	- -	204 076	185 123	934	239 699	110 710	31 741	97 248	365
画店、画廊	1 112	2 402	599	39 118	- -	29 222	26 726	290	29 865	17 039	2 436	10 390	99
美术公司	522	1 342	279	14 075	- -	12 923	9 030	10	14 318	7 131	1 018	6 169	20
艺术品拍卖公司	26	74	39	4 379	- -	1 081	1 035	5	1 021	579	73	369	2
图书批发	11 262	15 242	3 097	180 508	- -	167 219	151 002	7 490	235 520	133 220	22 095	80 205	1 504
其　他	11 207	39 953	8 977	746 929	- -	561 607	552 348	40 600	521 506	306 028	41 727	173 751	442

全国文化市场其他经营单位基本

	机构数	从业人员	职工	资本金合计	国家资本金	固定资产合计	固定资产原价	本年提取折旧	主营业收入	主营业成本及费用	主营业税金及附加	主营业务利润	其他业务利润
总　计	**107**	**1 492**	**968**	**117 619**	**28 215**	**62 656**	**63 636**	**8 898**	**35 474**	**26 356**	**1 190**	**7 928**	**428**
文化艺术经纪代理业	- -	- -	- -	- -	- -	- -	- -	- -	- -	- -	- -	- -	- -
音像制品批发零售业	5	21	7	315	- -	163	175	12	684	561	43	80	- -
录像放映业	7	30	25	7 561	- -	7 621	7 619	- -	564	473	36	55	- -
录像带出租	2	8	5	13 650	- -	150	150	- -	5 066	4 515	- -	551	- -
画店、画廊	13	66	64	70	- -	50	20	- -	50	20	10	20	- -
美术公司	3	32	10	1 380	- -	411	439	36	249	397	6	- 154	234
艺术品拍卖公司	- -	- -	- -	- -	- -	- -	- -	- -	- -	- -	- -	- -	- -
图书批发	42	624	382	16 800	- -	863	1 021	120	2 480	2 583	34	- 137	- -
其　他	35	711	475	77 843	28 215	53 398	54 212	8 730	26 381	17 807	1 061	7 513	194

基本情况（私营、个体经济）

单位：个、人、千元、千平方米

损益及分配									其他			增加值	房屋建筑面积
管理费用	税金	劳动待业保险	财务费用	补贴收入	投资收益	营业外收支净额	应交所得税	利润	从业人员劳动报酬	上交主办单位费用	上交文化市场管理费		
34 218	**3 444**	**599**	**3 859**	**1 106**	**736**	**589**	**6 147**	**497 321**	**341 141**	**4 996**	**89 253**	**1 203 116**	**1 693**
2	--	--	--	--	--	--	--	3 108	1 838	1	39	5 289	2
10 697	715	38	1 470	42	330	266	2 908	98 402	71 314	1 087	19 236	261 439	367
1 548	198	84	259	858	130	170	446	51 506	28 110	784	44 838	147 227	311
4 816	381	60	415	118	58	73	774	91 857	54 007	766	10 010	196 099	318
895	29	13	91	3	34	18	56	9 502	5 935	43	412	19 569	33
546	1	--	74	--	--	--	129	5 440	2 780	24	174	10 188	15
97	--	--	1	--	--	--	4	269	169	--	28	645	5
5 989	347	295	920	2	17	23	1 206	73 636	45 600	1 140	4 037	161 810	183
9 628	1 773	109	629	83	167	39	624	163 601	131 388	1 151	10 479	400 850	459

情况（外商、港、澳、台投资经济）

单位：个、人、千元、千平方米

损益及分配									其他			增加值	房屋建筑面积
管理费用	税金	劳动待业保险	财务费用	补贴收入	投资收益	营业外收支净额	应交所得税	利润	从业人员劳动报酬	上交主办单位费用	上交文化市场管理费		
6 179	**26**	**141**	**1 305**	**--**	**--**	**53**	**3**	**922**	**2 815**	**2**	**1 278**	**35 620**	**14**
--	--	--	--	--	--	--	--	--	--	--	--	--	--
73	3	1	--	--	--	--	--	7	97	--	5	240	--
1	1	--	--	--	--	--	--	54	109	--	16	218	3
--	--	--	--	--	--	--	--	551	117	--	--	668	--
3	--	--	--	--	--	--	2	15	6	2	10	49	1
255	1	--	-6	--	--	-3	--	-172	196	--	--	319	1
--	--	--	--	--	--	--	--	--	--	--	--	--	--
10	--	10	--	--	--	--	--	147	104	--	1	121	--
5 837	21	130	1 311	--	--	56	1	614	2 186	--	1 246	34 005	9

各 地 区 文 化 娱

地区	机构数	从业人员	职工	资本金合计	国家资本金	固定资产合计	固定资产原价	本年提取折旧	主营业收入	主营业成本及费用	主营业税金及附加	主营业务利润	其他业务利润
总计	**174 727**	**903 499**	**401 127**	**29 717 158**	**3 229 846**	**28 178 202**	**28 254 250**	**1 576 945**	**14 481 742**	**9 583 525**	**1 495 778**	**3 402 439**	**65 005**
北京	2 068	26 618	17 918	1 057 340	140 132	740 418	888 617	175 237	449 722	396 241	48 826	4 655	461
天津	2 111	18 660	10 453	918 200	158 955	824 129	889 748	134 445	309 946	252 771	29 233	27 942	1 818
河北	6 433	23 484	12 777	769 139	207 447	882 935	832 625	8 832	256 740	125 196	23 203	108 341	456
山西	2 665	12 352	6 608	376 382	62 109	364 360	397 105	75 539	305 806	188 165	31 946	85 695	186
内蒙古	2 911	11 062	3 637	346 800	35 672	344 395	305 739	2 661	153 208	103 087	17 493	32 628	130
辽宁	9 086	44 263	18 901	1 969 056	355 415	2 385 503	2 063 875	59 142	908 499	603 187	91 239	214 073	9 959
其中:大连	2 561	11 827	6 462	736 569	306 146	933 372	635 661	47 076	279 526	216 226	25 557	37 743	9 496
吉林	2 946	9 180	2 672	237 032	2 274	261 601	245 559	4 143	161 448	76 050	16 243	69 155	--
黑龙江	6 610	20 653	4 945	377 290	1 014	368 029	335 363	1 498	391 783	178 090	48 201	165 492	282
上海	3 561	72 936	44 565	4 078 354	638 272	2 625 948	2 722 734	266 881	1 255 558	1 027 788	93 604	134 166	11 487
江苏	11 926	55 868	32 687	1 871 334	185 283	2 475 799	2 562 092	76 521	964 591	656 747	105 540	202 304	2 038
浙江	14 164	58 532	23 190	2 410 517	84 388	2 180 011	2 226 476	86 906	1 070 497	655 239	119 795	295 463	1 973
其中:宁波	2 511	8 374	4 515	435 715	9 655	469 098	368 933	8 593	244 317	145 586	25 927	72 804	934
安徽	3 656	16 245	10 150	398 348	67 775	418 099	377 238	7 100	210 030	102 625	23 876	83 529	1 158
福建	7 237	34 586	10 618	1 285 102	16 378	1 190 301	1 177 755	63 291	840 132	579 762	95 428	164 942	1 061
其中:厦门	454	6 757	5 773	360 974	15 048	385 454	435 044	36 669	251 776	202 786	34 373	14 617	793
江西	3 562	13 954	4 770	298 802	27 473	278 768	260 875	4 723	173 058	88 621	20 770	63 667	512
山东	6 526	57 748	33 425	1 394 192	223 679	1 718 809	1 978 797	164 018	591 374	407 386	46 702	137 286	2 819
其中:青岛	540	10 983	6 883	243 901	34 944	360 659	420 036	29 729	181 637	130 223	14 027	37 387	358
河南	5 189	22 790	10 165	578 625	18 555	725 718	645 179	24 402	326 090	147 951	42 217	135 922	-247
湖北	6 744	46 543	18 469	1 700 735	210 478	1 763 290	1 645 619	40 127	772 471	495 919	72 352	204 200	4 008
湖南	7 362	30 610	7 546	718 736	63 213	742 983	763 093	25 430	492 974	298 636	45 778	148 560	1 421
广东	12 064	113 879	44 192	4 463 329	223 274	3 151 143	3 586 071	227 792	2 068 022	1 590 654	203 800	273 568	8 074
其中:深圳	202	8 980	2 901	1 100 749	118 862	305 960	395 473	64 848	1 074 985	657 404	115 600	301 981	2 506
广西	6 471	26 316	6 315	411 772	18 661	503 030	524 642	21 967	375 393	269 865	41 257	64 271	3 718
海南	1 415	8 149	4 820	139 617	900	61 998	85 497	2 055	62 182	38 626	4 977	18 579	-131
重庆	7 405	22 159	8 579	491 897	27 896	524 836	505 031	10 352	351 325	218 884	32 077	100 364	1 108
四川	17 467	69 340	25 860	900 977	53 027	1 071 004	940 888	21 395	777 313	431 565	97 334	248 414	9 145
贵州	1 815	7 167	2 079	127 939	1 330	113 683	111 101	4 393	117 115	78 722	10 900	27 493	65
云南	12 004	35 351	14 121	931 307	252 016	1 031 875	897 015	47 037	428 595	217 954	48 756	161 885	1 569
西藏	1 116	1 674	--	23 582	--	--	--	--	--	--	--	--	--
陕西	3 885	18 785	6 950	495 872	19 195	495 198	450 274	4 053	270 806	126 739	33 915	110 152	800
甘肃	2 564	9 806	8 419	479 000	97 578	440 841	430 418	9 152	143 553	77 692	19 520	46 341	591
青海	1 016	3 665	699	83 334	2 108	110 542	95 018	351	49 115	22 903	5 154	21 058	235
宁夏	1 208	3 280	3 238	154 088	26 799	133 840	130 690	1 298	57 698	32 302	6 409	18 987	--
新疆	2 656	9 518	2 359	252 042	8 550	249 116	179 116	6 204	146 698	94 158	19 233	33 307	309

乐业基本情况

单位：个、人、千元、千平方米

损益及分配									其他			增加值	房屋建筑面积
管理费用			财务费用	补贴收入	投资收益	营业外收支净额	应交所得税	利润	从业人员劳动报酬	上交主办单位费用	上交文化市场管理费		
	税金	劳动待业保险											
1 319 083	**77 990**	**41 920**	**148 027**	**19 707**	**22 883**	**39 053**	**58 490**	**2 023 487**	**3 039 713**	**127 326**	**359 981**	**10 199 421**	**21 906**
120 080	2 389	1 192	7 912	16	108	1 498	5 097	-126 351	59 965	5 024	4 231	300 720	961
66 637	575	968	10 501	30	374	385	-1 228	-45 361	49 761	2 219	9 851	255 888	473
10 667	1 378	803	1 790	4 140	163	350	1 873	99 120	49 042	11 817	6 767	210 046	558
14 013	436	5	1 773	--	349	2	18	70 428	38 350	434	25 561	258 670	283
11 923	77	--	1 182	797	688	113	699	20 552	31 284	4 356	5 367	94 083	480
105 950	3 127	3 660	18 705	-200	134	3 232	1 983	100 560	175 863	7 436	37 988	598 981	1 200
93 083	2 479	3 513	17 649	39	134	2 286	462	-61 496	61 368	5 334	19 491	208 541	288
4 644	139	48	386	--	--	--	776	63 349	28 671	78	3 797	122 431	240
2 886	143	20	118	117	113	63	332	162 731	48 380	725	31 389	296 168	398
278 534	5 026	9 017	11 270	9 708	1 999	7 911	4 595	-129 128	241 632	3 349	--	756 145	1 567
97 500	17 754	9 631	11 304	1 438	4 265	3 510	8 379	96 372	170 574	25 601	24 992	625 889	1 469
59 074	3 443	1 053	315	44	-489	449	2 274	235 777	236 693	11 595	25 620	802 089	1 801
20 174	1 971	393	3 824	--	-882	445	2 174	47 129	43 381	3 072	6 307	163 065	391
12 272	2 964	156	1 625	221	47	69	2 150	68 977	38 530	2 398	11 213	170 876	298
2 913	193	110	535	3	3	51	167	162 445	150 504	3 450	17 362	496 468	863
1 062	50	23	53	3	3	--	43	14 258	47 667	114	1 302	135 597	154
6 388	498	266	969	131	78	359	460	56 930	35 017	1 351	6 421	133 088	343
59 788	2 792	1 729	7 070	408	2 331	1 657	2 492	75 151	91 435	1 773	205	477 594	2 133
39 271	1 637	558	1 520	33	1 896	143	1 616	-2 590	6 298	185	--	89 621	415
23 000	2 638	6	958	8	149	30	156	111 748	73 759	1 309	8 758	288 979	464
37 247	2 678	3 156	9 903	261	3 631	2 106	3 966	163 090	110 474	3 801	12 025	449 937	856
24 136	1 021	311	3 791	94	128	79	1 361	120 994	94 427	3 082	5 259	324 857	506
230 514	11 446	3 945	36 082	906	3 594	12 685	10 702	21 529	691 867	17 249	29 137	1 463 147	2 162
204 498	2 118	4 676	28 120	66	--	389	15 108	57 216	83 394	1 820	680	572 947	121
27 794	2 347	3 572	5 399	53	148	1 320	664	35 653	71 035	1 676	7 938	214 316	651
659	112	10	--	--	--	--	8	17 781	21 538	149	1 639	48 930	254
10 882	1 696	556	3 496	1 118	970	527	407	89 302	73 937	1 093	6 295	227 028	491
58 982	8 999	772	4 770	33	2 748	994	1 461	196 121	232 822	3 839	37 762	660 031	1 244
2 219	192	27	412	--	10	66	131	24 872	22 061	602	4 153	69 840	161
26 283	4 589	465	2 202	182	814	1 053	7 737	129 281	75 205	5 619	17 545	361 741	772
--	--	--	--	--	--	--	--	--	--	--	--	--	--
9 269	472	234	1 515	130	157	119	1 066	99 508	46 741	1 358	7 407	205 005	468
6 720	787	179	2 843	24	371	131	358	37 537	29 241	3 546	3 153	112 346	323
2 474	3	--	436	--	--	3	188	18 198	11 179	447	1 483	39 885	84
42	--	--	21	--	--	--	24	18 900	12 314	33	--	39 041	140
5 593	76	29	744	45	--	291	194	27 421	27 412	1 917	6 663	95 202	263

各 地 区 歌 舞

	机构数	从业人员		资本金合计		固定资产合计	固定资产原价	本年提取折旧	主营业收入	主营营业成本及费用	主营营业税金及附加	主营业务利润	其他业务利润
			职工		国家资本金								
总　计	**26 222**	**201 621**	**100 558**	**7 239 274**	**997 348**	**7 629 758**	**7 427 517**	**340 500**	**3 356 952**	**2 236 004**	**354 626**	**766 322**	**8 556**
北　京	232	4 082	3 187	233 884	13 763	236 157	299 502	46 133	189 934	183 791	23 060	-16 917	-413
天　津	1 007	10 749	5 503	547 670	57 759	437 062	478 364	107 585	169 082	135 615	16 190	17 277	1 289
河　北	2 136	11 942	7 649	536 075	202 997	603 218	577 155	7 459	155 555	78 317	11 838	65 400	308
山　西	240	3 299	1 762	99 899	51 313	71 601	72 073	2 847	44 329	27 820	5 679	10 830	1
内蒙古	397	2 573	859	105 134	8 760	131 968	125 313	2 168	43 744	32 817	4 866	6 061	68
辽　宁	1 041	7 657	3 344	325 362	5 006	598 803	602 325	3 068	140 067	85 311	17 349	37 407	77
其中:大连	84	967	475	23 137	929	27 979	21 108	2 232	14 691	12 245	1 578	868	14
吉　林	54	207	93	7 907	--	7 766	7 644	--	5 143	906	444	3 793	--
黑龙江	914	4 136	836	122 402	116	123 063	117 863	451	70 896	37 622	9 588	23 686	--
上　海	151	2 458	1 812	142 073	102 176	101 019	129 376	16 218	29 759	26 883	2 062	814	101
江　苏	3 432	22 178	13 146	666 240	76 677	908 305	855 573	30 430	338 778	228 788	41 749	68 241	347
浙　江	2 090	14 731	6 935	694 504	33 155	599 402	542 781	12 038	323 894	200 868	34 832	88 194	1 055
其中:宁波	654	3 955	2 527	254 410	9 270	217 668	132 393	5 498	139 568	91 473	15 031	33 064	868
安　徽	970	7 065	4 700	233 645	46 285	276 623	263 828	4 868	102 031	54 515	11 874	35 642	768
福　建	465	2 617	845	88 131	50	82 403	79 933	1 329	70 714	46 997	7 205	16 512	1
其中:厦门	35	210	145	2 828	--	8 587	8 655	33	2 254	1 896	329	29	--
江　西	458	4 758	1 955	115 174	18 838	98 346	90 869	1 983	64 106	33 838	6 462	23 806	111
山　东	643	4 437	3 186	94 350	26 140	102 469	110 910	2 371	35 582	21 627	2 645	11 310	110
其中:青岛	41	210	108	4 545	2 910	4 268	4 647	2	1 403	802	145	456	--
河　南	1 243	7 630	4 298	285 814	9 253	409 014	378 549	21 635	139 801	66 120	15 041	58 640	-394
湖　北	807	14 198	6 203	654 610	117 394	748 604	639 415	9 865	254 138	177 418	25 878	50 842	843
湖　南	510	5 992	1 863	169 275	8 965	171 902	206 087	6 346	120 079	82 341	8 467	29 271	25
广　东	708	19 028	8 826	763 808	112 560	559 772	594 619	33 385	309 658	265 619	29 073	14 966	2 147
其中:深圳	21	1 416	335	200 680	83 300	73 091	83 147	6 524	53 496	41 222	4 625	7 649	--
广　西	326	2 807	846	72 865	2 825	88 251	92 490	4 699	65 808	54 479	6 214	5 115	321
海　南	175	1 818	1 175	33 650	900	22 200	19 437	519	14 615	8 993	1 051	4 571	--
重　庆	775	5 195	2 256	170 722	15 921	151 337	102 964	2 813	88 342	62 094	8 838	17 410	105
四　川	2 044	12 955	4 877	211 302	12 498	229 524	197 433	2 579	178 293	102 631	20 432	55 230	364
贵　州	131	750	233	13 845	450	11 026	11 711	46	8 824	3 863	968	3 993	36
云　南	2 129	11 355	4 704	265 975	13 687	286 636	302 800	9 639	139 746	73 950	13 099	52 697	367
西　藏	91	232	--	2 800	--	--	--	--	--	--	--	--	--
陕　西	1 451	8 192	3 626	199 461	10 659	194 646	170 083	1 566	102 719	52 640	11 748	38 331	296
甘　肃	650	3 030	2 454	142 200	22 070	144 013	145 827	5 516	48 943	25 772	6 005	17 166	356
青　海	66	400	118	11 260	113	18 499	15 189	--	5 187	2 419	475	2 293	136
宁　夏	571	2 457	2 415	136 205	24 943	117 437	115 654	1 262	46 924	27 110	5 087	14 727	--
新　疆	406	2 925	852	95 832	2 075	98 692	81 750	1 682	50 261	34 840	6 407	9 014	131

厅基本情况

单位:个、人、千元、千平方米

损益及分配									其他				
管理费用			财务费用	补贴收入	投资收益	营业外收支净额	应交所得税	利润	从业人员劳动报酬	上交主办单位费用	上交文化市场管理费	增加值	房屋建筑面积
	税金	劳动待业保险											
287 123	**20 187**	**13 137**	**51 337**	**2 330**	**4 884**	**7 561**	**20 030**	**431 163**	**621 610**	**51 929**	**87 170**	**2 251 644**	**5 571**
38 790	711	46	4 795	1	- -	1 332	4 413	- 63 995	17 633	1 832	698	72 712	127
38 236	194	471	8 555	3	319	25	140	- 28 018	28 302	1 481	4 961	177 301	254
8 566	1 095	551	1 288	- -	9	212	1 406	54 669	29 246	10 690	2 584	128 688	319
5 767	328	1	751	- -	- -	- 6	17	4 290	9 481	221	15 839	45 225	55
3 087	59	- -	439	715	672	88	276	3 802	9 515	3 582	1 144	27 495	70
4 851	74	143	474	- -	123	465	155	32 592	24 478	1 610	3 303	87 380	192
4 062	49	121	437	- -	123	464	98	- 3 128	2 527	1 400	338	9 006	22
5	- -	- -	- -	- -	- -	- -	- -	3 788	3 086	- -	80	7 404	8
217	- -	- -	- -	- -	- -	- -	27	23 442	14 735	24	9 758	58 262	87
7 236	29	982	1 001	66	- -	390	56	- 6 922	4 747	36	- -	24 007	39
30 866	5 880	4 766	2 883	707	251	1 090	4 382	32 505	68 076	11 375	7 687	233 942	540
15 767	1 452	331	1 795	- -	- 940	79	1 390	69 436	61 968	6 886	6 430	212 920	525
13 466	1 420	303	1 746	- -	- 940	60	1 313	16 527	24 765	2 874	3 191	86 727	216
7 735	899	110	1 282	61	- -	30	1 102	26 382	17 879	1 604	2 959	76 546	154
179	2	- -	57	- -	- -	- -	12	16 265	11 838	468	1 150	38 514	87
26	- -	- -	- -	- -	- -	- -	- -	3	834	- -	57	1 282	6
3 783	220	144	658	99	5	324	236	19 668	11 233	630	1 236	45 697	97
3 365	43	181	128	- -	33	4	15	7 949	11 604	173	16	28 272	917
27	2	- -	1	- -	33	1	5	457	325	- -	- -	930	6
20 772	2 569	- -	927	8	112	31	44	36 654	33 809	862	4 130	136 351	174
14 883	347	827	4 117	67	322	149	462	32 761	31 277	1 308	2 193	122 576	246
2 101	40	15	450	1	26	78	164	26 686	19 755	480	848	65 241	99
42 731	2 393	440	14 764	297	2 840	3 052	1 960	- 36 153	55 240	3 325	5 834	146 376	298
19 124	750	157	2 748	66	- -	27	36	- 14 166	5 924	27	368	25 867	22
9 642	642	3 494	959	25	16	- 276	28	- 5 428	10 399	1	637	28 043	84
- -	- -	- -	- -	- -	- -	- -	- -	4 571	4 958	149	638	11 884	47
5 030	319	176	1 792	150	178	181	131	11 071	17 668	538	1 093	48 851	115
7 040	1 059	229	1 847	17	424	98	331	46 915	52 349	648	5 654	138 393	243
30	20	4	2	- -	10	5	7	4 005	2 091	254	258	7 680	14
8 070	880	136	656	12	55	123	2 607	41 921	20 050	996	2 349	100 076	247
- -	- -	- -	- -	- -	- -	- -	- -	- -	- -	- -	- -	- -	- -
2 344	247	72	482	98	98	91	457	35 631	21 433	794	2 421	76 847	210
3 079	675	9	913	3	331	2	90	13 776	8 647	1 168	854	40 400	103
20	- -	- -	12	- -	- -	- -	12	2 385	1 340	9	194	4 448	10
29	- -	- -	16	- -	- -	- -	15	14 667	9 325	10	- -	30 411	112
2 902	10	9	294	- -	- -	- 6	95	5 848	9 448	775	2 222	29 702	98

各地区舞厅

地区	机构数	从业人员	职工	资本金合计	国家资本金	固定资产合计	固定资产原价	本年提取折旧	主营业收入	主营业成本及费用	主营业税金及附加	主营业务利润	其他业务利润
总计	**7 983**	**49 804**	**23 204**	**1 424 744**	**115 361**	**1 460 398**	**1 369 022**	**46 424**	**779 924**	**475 930**	**83 648**	**220 346**	**2 726**
北京	79	1 144	637	71 772	17 607	43 415	55 970	6 693	24 343	22 135	2 328	－120	294
天津	65	623	318	25 210	4 343	40 649	41 337	1 712	16 501	10 614	1 111	4 776	－－
河北	453	1 775	1 201	28 185	3 168	36 433	29 038	594	18 179	10 060	1 802	6 317	13
山西	72	487	162	13 070	10	9 150	6 955	189	9 459	8 799	471	189	－－
内蒙古	185	1 391	718	20 140	5 733	20 726	19 397	319	13 506	8 262	1 624	3 620	－－
辽宁	476	3 724	2 103	115 023	6 185	101 108	100 683	1 695	56 143	41 152	5 945	9 046	13
其中:大连	148	1 155	753	34 805	3 875	45 050	48 376	1 503	17 984	17 258	1 713	－987	13
吉林	121	1 022	383	18 927	989	22 571	22 065	1 133	14 311	8 578	686	5 047	－－
黑龙江	377	1 700	502	11 186	10	11 514	12 219	39	18 445	7 207	2 628	8 610	100
上海	80	767	463	40 329	2 950	56 583	48 630	6 080	13 701	12 734	1 064	－97	2
江苏	1 041	7 330	4 686	268 694	19 935	280 083	244 727	7 879	108 643	78 719	10 751	19 173	250
浙江	662	3 417	1 085	133 072	6 226	195 151	208 495	5 928	63 362	36 315	6 516	20 531	3
其中:宁波	147	788	537	32 248	180	98 524	105 632	224	20 820	10 776	2 246	7 798	－－
安徽	93	520	261	9 585	380	12 986	9 808	380	7 277	3 059	708	3 510	40
福建	552	2 562	574	89 706	460	92 528	95 373	2 810	65 437	45 002	7 557	12 878	916
其中:厦门	16	162	134	16 085	－－	17 838	19 994	1 970	6 657	6 209	829	－381	778
江西	235	1 799	772	35 050	2 805	31 412	29 505	282	16 420	9 521	1 763	5 136	155
山东	127	798	527	20 902	2 756	20 465	20 753	449	8 813	4 213	816	3 784	150
其中:青岛	5	71	67	330	200	108	517	56	40	21	1	18	－－
河南	242	1 409	894	40 394	1 061	45 827	44 937	278	23 972	13 267	2 628	8 077	8
湖北	166	1 490	849	67 581	17 256	54 348	57 286	2 338	25 313	12 938	1 947	10 428	103
湖南	351	3 122	1 031	72 198	3 911	75 921	73 164	782	43 858	25 774	5 008	13 076	270
广东	139	1 785	600	110 029	4 041	39 076	34 358	1 425	74 523	40 254	9 853	24 416	－－
其中:深圳	16	664	113	252 398	－－	109 575	42 198	2 846	429 024	256 271	68 147	104 606	－－
广西	125	1 036	203	12 307	160	12 340	11 997	156	9 130	4 883	1 110	3 137	36
海南	149	997	596	9 092	－－	7 209	6 682	7	7 677	2 541	603	4 533	－－
重庆	144	998	427	27 930	1 088	21 699	14 238	176	12 057	7 579	1 310	3 168	28
四川	349	2 001	953	46 399	4 732	54 579	46 555	603	28 148	13 647	2 765	11 736	24
贵州	74	421	93	7 244	143	7 548	6 730	－－	4 433	2 300	569	1 564	－－
云南	838	3 417	1 198	24 014	68	64 572	45 518	4 098	26 497	12 406	4 228	9 863	11
西藏	22	25	－－	538	－－	－－	－－	－－	－－	－－	－－	－－	－－
陕西	257	1 609	768	38 824	1 655	36 877	36 968	131	38 458	16 645	3 464	18 349	106
甘肃	153	771	616	27 013	4 461	23 664	24 503	87	9 880	4 867	1 562	3 451	83
青海	54	289	94	5 170	395	7 739	5 879	2	2 892	1 564	338	990	30
宁夏	63	76	76	1 090	300	1 501	1 364	12	599	102	76	421	－－
新疆	261	1 324	414	34 608	2 533	32 724	13 888	147	17 947	10 793	2 417	4 737	91

基　本　情　况

单位:个、人、千元、千平方米

损益及分配									其他			增加值	房屋建筑面积
管理费用	税金	劳动待业保险	财务费用	补贴收入	投资收益	营业外收支净额	应交所得税	利润	从业人员劳动报酬	上交主办单位费用	上交文化市场管理费		
54 301	**2 549**	**1 896**	**2 785**	**4 449**	**1 314**	**749**	**4 837**	**167 661**	**146 903**	**14 076**	**17 507**	**534 264**	**1 366**
9 917	24	382	18	--	--	-358	10	-10 129	5 820	1 400	214	16 661	47
3 320	1	8	272	--	--	78	5	1 257	1 667	160	205	9 632	21
1 242	152	125	134	4 137	21	21	214	8 919	2 806	505	648	12 845	50
--	--	--	--	--	--	--	--	189	1 590	60	1 083	3 586	15
895	--	--	393	5	1	23	169	2 192	3 163	483	331	9 545	58
3 978	62	10	42	16	--	-25	60	4 970	11 196	362	1 545	29 873	105
3 947	62	10	42	16	--	-25	50	-5 022	2 905	342	728	6 279	39
105	--	--	--	--	--	--	--	4 942	2 297	13	171	9 348	24
842	64	20	10	80	70	20	10	8 018	1 869	12	705	14 028	37
1 451	11	5	117	--	3	458	56	-1 258	2 782	84	--	9 926	33
10 861	660	189	4 531	12	918	344	353	4 952	19 145	6 916	2 647	67 449	159
3 168	379	21	-6 808	--	--	-177	612	23 385	15 456	230	1 417	50 489	121
992	288	10	182	--	--	2	504	6 122	4 097	46	605	15 308	35
112	16	--	133	31	10	20	127	3 239	1 827	172	1 403	8 059	7
115	23	3	12	--	--	--	--	13 667	12 910	397	1 380	38 879	101
--	--	--	--	--	--	--	--	397	1 456	6	31	4 689	4
392	89	52	54	8	22	6	30	4 851	3 684	215	483	11 810	50
2 383	22	245	45	51	9	33	11	1 588	3 003	73	2	8 299	25
7	--		--	--	--	--	--	11	39	--	--	114	1
29	10	--	10	--	37	--	7	8 076	5 475	29	450	16 963	36
1 121	273	17	402	--	--	--	7	9 001	5 184	49	240	20 565	52
780	86	81	49	4	--	-6	146	12 369	8 422	713	298	28 667	54
9 807	63	650	3 118	--	--	--	2 502	8 989	6 404	1 139	165	43 469	31
39 261	--	670	21 302	--	--	--	7 581	36 462	18 669	1 105	19	195 392	10
46	20	2	3	1	1	1	6	3 121	2 379	56	219	7 112	20
24	--	--	--	--	--	--	--	4 509	2 447	--	233	7 827	33
227	63	19	101	26	32	22	11	2 937	2 725	127	211	7 818	30
1 242	286	14	27	--	117	--	143	10 465	9 840	139	898	26 302	59
52	--	--	--	--	--	--	--	1 512	2 080	99	119	4 433	11
1 639	123	3	9	3	6	261	50	8 446	3 500	24	1 094	22 846	63
--	--	--	--	--	--	--	--	--	--	--	--	--	--
173	21	14	42	10	27	8	92	18 193	2 957	267	448	25 750	42
284	76	35	45	20	40	20	147	3 138	1 960	333	273	7 825	32
7	--	--	--	--	--	--	11	1 002	702	8	55	2 124	10
9	--	--	5	--	--	--	3	404	294	5	--	808	3
80	25	1	21	45	--	--	55	4 717	3 319	6	570	11 326	37

各地区卡拉OK

地区	机构数	从业人员	职工	资本金合计	国家资本金	固定资产合计	固定资产原价	本年提取折旧	主营业收入	主营业成本及费用	主营业税金及附加	主营业务利润	其他业务利润
总计	**40 711**	**245 958**	**95 305**	**6 537 948**	**318 825**	**6 492 401**	**6 337 505**	**385 595**	**4 178 844**	**2 726 345**	**436 311**	**1 016 188**	**15 325**
北京	635	7 938	4 977	261 337	34 748	175 261	202 225	94 036	102 850	84 915	11 838	6 097	53
天津	274	2 239	1 443	48 488	9 005	34 280	34 881	1 385	25 949	21 444	2 425	2 080	22
河北	1 489	5 683	1 925	160 631	302	190 226	184 429	248	47 826	19 275	5 297	23 254	66
山西	2 189	6 555	3 322	171 606	2 350	212 852	214 108	63 695	167 825	87 865	18 571	61 389	--
内蒙古	648	2 903	890	65 313	1 359	65 028	57 901	--	37 385	23 897	4 474	9 014	1
辽宁	3 741	19 028	6 832	624 797	20 042	929 616	611 145	11 812	413 557	274 273	39 861	99 423	1 979
其中:大连	1 101	3 412	1 489	76 329	4 698	406 879	107 785	5 573	87 998	64 811	8 318	14 869	1 703
吉林	684	3 628	949	142 676	1 285	143 245	136 994	1 263	85 122	41 187	7 600	36 335	--
黑龙江	1 459	7 471	2 084	121 737	--	104 920	95 455	235	188 843	89 040	19 753	80 050	157
上海	707	7 944	4 720	257 032	25 830	214 260	205 820	17 115	163 917	131 207	13 481	19 229	848
江苏	954	4 386	2 310	96 506	12 084	118 086	105 819	9 763	58 634	38 825	6 033	13 776	188
浙江	2 207	12 253	4 192	505 187	10 020	433 504	472 066	8 548	276 790	175 099	35 035	66 656	99
其中:宁波	209	463	193	15 664	--	15 009	12 481	277	11 210	6 472	1 171	3 567	5
安徽	517	2 596	1 845	47 650	5 600	38 708	30 821	303	36 926	18 030	3 941	14 955	156
福建	1 038	5 938	2 006	273 261	7 870	233 859	208 013	5 233	192 546	123 853	20 992	47 701	--
其中:厦门	59	1 190	1 061	46 277	7 500	42 457	59 133	3 070	51 098	43 072	6 922	1 104	--
江西	465	1 957	569	30 575	715	31 208	28 583	205	24 246	11 461	2 743	10 042	93
山东	1 173	9 491	4 802	156 739	43 600	155 275	179 073	12 680	132 900	88 594	10 902	33 404	2 040
其中:青岛	355	4 808	2 795	48 876	8 502	49 022	75 062	7 793	79 914	60 632	6 499	12 783	313
河南	940	6 750	3 079	136 829	7 710	131 405	115 604	1 808	76 188	36 110	13 678	26 400	14
湖北	2 194	17 447	6 374	481 714	23 983	463 138	494 731	11 531	211 006	130 118	19 763	61 125	159
湖南	2 001	10 167	2 804	247 080	10 777	219 986	219 870	8 603	154 788	96 553	15 100	43 135	135
广东	2 520	40 450	13 191	1 565 337	54 379	1 353 778	1 612 001	95 861	848 854	666 004	73 292	109 558	2 347
其中:深圳	103	6 449	2 355	221 585	33 984	115 664	264 326	55 353	543 776	329 009	37 528	177 239	2 261
广西	1 887	13 713	3 553	198 389	8 504	270 645	289 057	14 254	193 300	144 548	18 349	30 403	3 348
海南	190	738	312	8 971	--	7 958	7 661	--	15 341	10 512	795	4 034	--
重庆	1 534	6 276	2 273	160 917	3 475	150 728	144 554	2 673	105 483	64 198	10 785	30 500	86
四川	6 048	30 751	12 275	336 751	4 320	368 806	293 137	4 875	331 111	174 934	49 028	107 149	2 298
贵州	511	3 099	1 031	57 108	250	36 822	33 297	1 067	66 167	48 290	5 484	12 393	27
云南	2 786	8 264	3 400	183 103	25 397	207 162	200 254	15 625	101 440	63 190	10 698	27 552	789
西藏	257	393	--	6 700	--	--	--	--	--	--	--	--	--
陕西	479	3 209	1 105	56 630	1 087	58 108	46 809	1 041	44 386	22 307	5 431	16 648	328
甘肃	719	2 845	2 485	85 429	3 683	82 417	69 519	637	40 980	20 384	6 037	14 559	48
青海	110	470	81	13 988	--	18 586	13 549	--	5 219	1 993	643	2 583	29
宁夏	123	142	142	1 573	--	1 399	1 403	--	1 115	710	103	302	--
新疆	489	1 627	334	40 594	450	41 135	28 726	1 099	28 150	17 529	4 179	6 442	15

厅 基 本 情 况

单位：个、人、千元、千平方米

损益及分配									其他			增加值	房屋建筑面积
管理费用	税金	劳动待业保险	财务费用	补贴收入	投资收益	营业外收支净额	应交所得税	利润	从业人员劳动报酬	上交主办单位费用	上交文化市场管理费		
269 551	**18 724**	**4 572**	**28 444**	**1 851**	**9 275**	**7 862**	**15 504**	**737 002**	**780 468**	**29 879**	**83 565**	**2 780 672**	**5 12**
32 367	551	73	1 195	6	45	183	130	-27 308	14 219	663	1 473	128 893	234
3 609	133	2	35	25	45	10	151	-1 613	4 895	379	2 363	13 691	35
445	74	38	185	3	43	84	107	22 713	10 573	302	1 263	41 130	113
234	103	--	1	--	--	--	--	61 154	18 369	35	4 521	167 204	140
3 321	5	--	130	76	13	2	184	5 471	7 569	107	1 016	22 187	205
17 726	584	210	1 598	-238	--	722	1 052	81 510	69 902	4 941	8 565	237 167	375
7 741	105	107	674	1	--	83	156	8 085	11 582	3 327	1 190	46 664	39
1 450	127	--	28	--	--	--	429	34 428	11 859	38	855	58 147	98
293	--	--	98	31	35	37	128	79 791	15 576	412	10 166	126 369	109
36 681	215	240	48	53	19	-402	535	-17 517	33 999	531	--	85 418	128
7 498	424	729	955	--	19	257	626	5 161	14 750	1 662	1 673	48 311	260
13 205	740	82	2 602	30	149	89	-184	51 400	58 891	1 499	4 534	188 370	328
734	26	10	30	--	--	--	66	2 742	2 254	46	345	7 696	15
1 450	594	15	54	43	6	-1	351	13 304	6 212	256	758	27 199	39
347	88	--	71	--	--	51	37	47 297	30 807	1 122	3 288	109 259	157
--	--	--	--	--	--	--	--	1 104	8 326	--	185	19 608	19
139	54	10	40	19	30	21	65	9 961	7 137	226	632	21 129	37
12 891	780	206	436	164	1 839	18	1 184	22 954	17 499	154	3	78 725	284
12 633	517	173	43	24	1 625	-3	1 130	936	3 320	9	--	31 234	164
2 128	38	--	8	--	--	1	--	24 277	17 507	167	1 776	61 429	107
11 185	799	367	2 592	176	3 249	2 012	3 296	49 648	32 894	1 218	2 364	129 917	212
9 721	552	174	1 781	66	88	42	716	31 248	30 874	1 242	1 348	100 951	162
72 394	3 102	2 061	9 634	576	668	3 638	3 334	31 425	154 395	8 372	9 214	456 174	795
140 570	797	1 842	2 489	--	--	338	6 409	30 370	56 705	62	255	330 200	75
11 375	773	31	3 645	6	74	132	313	18 630	33 803	1 299	2 145	104 409	221
2	--	--	--	--	--	--	--	4 032	2 853	--	116	7 795	20
2 991	801	22	1 200	712	758	372	166	28 071	23 756	266	1 725	70 664	150
17 042	6 403	110	441	1	1 960	36	299	93 662	109 191	2 466	16 480	298 002	500
1 071	172	23	266	--	--	52	124	11 011	9 497	54	2 155	30 826	59
6 348	1 466	127	805	98	223	510	1 853	20 166	20 670	545	1 616	78 806	160
--	--	--	--	--	--	--	--	--	--	--	--	--	--
1 960	134	50	589	3	12	--	519	13 923	7 804	128	1 477	33 008	53
676	12	2	3	1	--	--	77	13 852	8 080	1 405	905	31 678	76
89	--	--	--	--	--	--	8	2 515	1 046	5	153	4 462	11
--	--	--	--	--	--	--	--	302	411	--	--	816	5
913	--	--	4	--	--	-2	4	5 534	5 430	385	981	18 536	48

各地区电子游

地区	机构数	从业人员	职工	资本金合计	国家资本金	固定资产合计	固定资产原价	本年提取折旧	主营业收入	主营业成本及费用	主营业税金及附加	主营业务利润	其他业务利润
总计	**59 661**	**112 606**	**31 433**	**2 659 685**	**65 296**	**2 478 134**	**2 500 206**	**112 852**	**1 747 121**	**902 724**	**211 973**	**632 424**	**11 749**
北京	264	1 986	1 365	42 881	11 032	30 708	35 096	2 935	14 369	13 271	1 027	71	404
天津	256	888	483	59 842	110	56 607	66 113	5 673	14 993	13 648	1 858	－513	3
河北	2 039	2 821	906	40 280	900	49 074	37 962	426	32 308	16 095	3 896	12 317	4
山西	37	186	171	5 011	4 771	4 991	4 851	－－	4 930	2 875	463	1 592	－－
内蒙古	1 040	2 062	315	32 843	20	30 864	29 088	96	25 019	14 948	3 075	6 996	11
辽宁	1 150	2 118	379	82 402	454	91 834	81 629	170	42 319	21 313	6 731	14 275	4
其中:大连	204	307	50	4 281	－－	5 641	5 705	146	4 102	2 547	2 249	－694	－－
吉林	1 500	2 725	649	29 531	－－	43 117	37 153	373	36 767	15 435	5 276	16 056	－－
黑龙江	2 144	3 484	697	70 182	838	68 682	80 722	226	60 743	24 425	10 050	26 268	16
上海	287	1 914	1 223	163 204	10 550	86 272	95 597	10 360	39 218	32 230	3 015	3 973	6 501
江苏	3 910	7 651	3 191	139 658	2 845	144 525	150 976	4 487	106 279	57 188	13 444	35 647	1 138
浙江	6 542	11 330	2 437	510 216	350	455 951	493 669	39 480	169 693	73 963	19 040	76 690	64
其中:宁波	1 177	1 600	469	25 235	－－	36 483	33 052	344	24 486	12 208	3 496	8 782	36
安徽	1 776	3 410	1 878	52 390	－－	59 560	47 701	1 294	46 547	19 703	5 742	21 102	109
福建	3 117	4 657	707	90 491	40	78 412	76 885	853	89 394	49 980	9 469	29 945	18
其中:厦门	126	316	104	4 931	－－	4 769	5 064	115	6 220	4 090	643	1 487	8
江西	1 859	3 814	869	73 797	1 410	68 162	63 861	474	53 610	25 702	8 201	19 707	142
山东	1 633	4 381	2 096	78 500	4 083	79 723	86 377	3 923	54 031	24 715	5 223	24 093	41
其中:青岛	45	736	551	20 023	2 770	16 530	23 009	1 493	11 605	4 190	1 153	6 262	29
河南	2 275	4 238	824	54 755	11	55 799	53 215	316	48 399	17 611	6 505	24 283	119
湖北	2 576	6 626	1 160	140 623	524	148 421	141 048	6 086	108 609	61 436	13 443	33 730	1 096
湖南	3 632	6 328	445	97 867	400	102 337	98 274	278	97 566	43 076	11 160	43 330	148
广东	5 982	11 834	2 520	429 375	18 186	330 382	383 929	23 975	303 762	194 480	32 174	77 108	476
其中:深圳	20	144	60	4 955	1 028	1 720	3 298	94	3 383	2 709	260	414	200
广西	2 696	4 679	495	60 156	305	62 917	64 547	963	56 458	30 676	9 439	16 343	52
海南	742	1 622	337	23 868	－－	22 153	21 379	306	19 632	13 682	1 922	4 028	－－
重庆	2 411	4 196	1 629	47 542	1 037	81 770	48 210	754	53 468	27 825	5 588	20 055	750
四川	4 231	6 395	1 925	90 696	1 444	79 831	85 406	2 541	79 312	34 354	10 298	34 660	485
贵州	521	772	149	10 174	17	11 425	10 851	154	8 929	3 246	1 041	4 642	2
云南	3 461	6 285	2 487	124 082	3 127	131 260	117 811	6 035	98 795	38 023	12 534	48 238	143
西藏	6	8	188	－－	－－	－－	－－	－－	－－	－－	－－	－－	－－
陕西	1 223	2 982	468	63 348	90	56 703	54 168	268	33 902	11 067	4 836	17 999	21
甘肃	504	807	774	15 360	－－	13 273	12 988	50	10 510	5 093	1 666	3 751	2
青海	290	360	86	2 951	－－	6 133	3 495	7	4 602	1 125	391	3 086	－－
宁夏	367	433	433	6 771	－－	6 395	6 328	21	5 392	2 468	693	2 231	－－
新疆	1 196	1 622	335	20 889	2 752	20 853	10 877	328	27 565	13 071	3 773	10 721	－－

艺 厅 基 本 情 况

单位:个、人、千元、千平方米

损益及分配：管理费用	损益及分配：管理费用：税金	损益及分配：管理费用：劳动待业保险	损益及分配：财务费用	损益及分配：补贴收入	损益及分配：投资收益	损益及分配：营业外收支净额	损益及分配：应交所得税	损益及分配：利润	其他：从业人员劳动报酬	其他：上交主办单位费用	其他：上交文化市场管理费	增加值	房屋建筑面积
74 734	**7 789**	**2 602**	**3 032**	**449**	**1 329**	**717**	**6 563**	**562 339**	**371 749**	**10 244**	**98 420**	**1 459 070**	**2 530**
5 224	177	108	18	3	38	-73	146	-4 945	2 507	191	577	7 895	99
3 093	136	--	8	2	10	243	4	-3 360	2 633	3	1 125	10 927	34
91	24	17	66	--	65	15	96	12 148	5 916	18	2 051	24 743	69
--	--	--	--	--	--	--	--	1 592	462	--	199	2 716	5
1 823	12	--	65	--	2	--	26	5 095	5 004	79	2 145	17 444	54
466	1	--	2	--	--	--	173	13 638	10 314	116	4 008	35 628	72
337	--	--	--	--	--	--	60	-1 091	3 038	13	543	5 295	8
429	2	--	56	--	--	--	174	15 397	7 318	25	2 109	31 258	63
700	--	--	14	6	8	6	149	25 441	8 401	77	8 629	53 678	73
8 648	627	944	-65	208	232	82	537	1 876	7 140	194	--	31 810	58
7 165	1 454	900	164	15	9	253	614	29 119	24 888	2 161	8 072	91 510	181
8 306	292	7	15	2	14	4	28	68 425	52 120	738	8 437	197 103	279
263	8	--	--	--	6	--	1	8 560	5 005	41	1 558	19 324	47
2 052	726	--	116	86	31	20	490	18 690	8 722	295	5 301	43 318	63
851	25	--	268	3	3	4	66	28 788	14 955	673	5 363	61 428	111
62	16	--	3	3	3	4	6	1 434	1 324	12	340	3 949	6
187	105	25	136	1	18	9	73	19 481	9 855	208	3 558	42 362	78
5 526	814	120	85	6	235	12	262	18 514	10 796	328	76	45 304	122
5 090	738	110	78	6	235	13	234	1 143	1 171	172	--	11 018	45
47	1	2	3	--	--	--	69	24 283	8 272	178	1 855	41 636	65
1 951	189	25	255	16	18	-79	68	32 507	19 014	211	5 923	79 846	140
94	56	--	46	1	2	1	256	43 086	23 031	153	2 070	80 178	91
14 989	628	264	554	11	38	110	318	61 882	51 864	1 393	7 884	195 646	278
464	2	176	10	--	--	24	--	164	627	120	37	1 754	7
659	239	5	391	10	1	11	116	15 251	13 518	198	3 619	44 480	99
19	--	--	--	--	--	--	--	4 009	8 906	--	589	15 785	33
989	258	--	153	--	--	-25	96	19 542	12 341	94	2 605	42 545	69
4 036	527	14	147	1	134	-4	283	30 810	24 919	111	9 468	83 081	125
18	--	--	--	--	--	--	--	4 626	2 510	59	1 047	9 486	18
6 306	1 462	143	500	59	451	110	2 383	39 812	20 472	1 936	6 430	97 299	138
--	--	--	--	--	--	--	--	--	--	--	--	--	--
874	20	25	26	19	20	18	105	17 072	6 331	26	2 166	31 742	43
46	2	--	4	--	--	--	--	3 703	2 062	187	455	8 182	20
13	--	--	--	--	--	--	23	3 050	641	45	431	4 599	6
4	--	--	--	--	--	--	6	2 221	1 509	18	--	4 472	11
128	12	3	5	--	--	--	2	10 586	5 328	529	2 228	22 969	33

各地区台球

	机构数	从业人员	职工	资本金合计	国家资本金	固定资产合计	固定资产原价	本年提取折旧	主营业收入	主营业成本及费用	主营业税金及附加	主营业务利润	其他业务利润
总　计	**15 323**	**29 018**	**10 101**	**786 871**	**122 677**	**444 628**	**402 491**	**17 335**	**336 951**	**209 886**	**39 177**	**87 888**	**543**
北　京	343	1 945	1 391	20 396	3 529	14 467	15 879	1 107	7 756	5 791	841	1 124	6
天　津	355	1 320	682	37 121	3 588	37 279	39 243	1 899	18 327	14 538	2 152	1 637	235
河　北	28	58	10	391	--	519	545	--	468	311	111	46	--
山　西	31	47	42	3 841	1 845	3 841	3 841	--	614	717	80	-183	--
内蒙古	311	577	153	7 858	--	10 037	9 216	1	10 768	7 391	1 613	1 764	--
辽　宁	2 209	3 217	1 083	58 919	1 374	56 299	48 724	481	48 221	30 598	5 522	12 101	151
其中:大连	864	708	214	17 289	110	13 285	13 371	342	7 426	9 227	710	-2 511	31
吉　林	549	996	218	6 698	--	9 428	8 514	90	9 887	3 851	1 470	4 566	--
黑龙江	1 339	1 868	531	16 105	50	15 371	15 615	75	21 051	6 187	2 543	12 321	9
上　海	157	851	495	320 924	3 578	68 341	15 841	4 966	15 629	19 154	1 191	-4 716	-5
江　苏	1 147	2 380	1 266	16 997	2 050	19 215	19 787	264	13 902	6 774	1 747	5 381	--
浙　江	713	1 006	254	18 164	20	17 530	19 580	840	13 682	8 370	1 076	4 236	--
其中:宁波	70	179	77	3 506	--	3 548	3 609	26	2 360	1 841	279	240	--
安　徽	35	52	30	165	--	219	237	--	327	120	32	175	--
福　建	700	1 358	300	29 943	30	25 078	27 093	510	31 871	22 340	3 093	6 438	--
其中:厦门	6	32	20	673	--	649	693	40	599	506	50	43	--
江　西	386	635	174	3 361	95	3 427	2 929	8	3 811	1 712	490	1 609	7
山　东	360	680	280	6 223	37	14 046	14 183	80	5 520	2 670	656	2 194	24
其中:青岛	11	32	12	267	32	250	294	4	343	141	119	83	11
河　南	251	562	232	4 552	20	4 624	2 579	6	5 045	1 847	507	2 691	5
湖　北	212	684	194	4 638	--	5 122	5 102	190	5 006	2 327	616	2 063	--
湖　南	346	597	40	5 399	--	5 296	5 578	14	7 116	3 047	793	3 276	--
广　东	1 127	3 173	911	83 213	750	49 333	67 732	5 876	73 876	51 244	7 542	15 090	16
其中:深圳	24	207	28	12 124	550	2 890	1 419	11	19 007	12 521	1 766	4 720	--
广　西	1 080	1 497	229	8 531	47	7 750	7 709	101	10 349	5 479	1 866	3 004	12
海　南	87	122	29	981	--	828	832	--	1 010	466	111	433	--
重　庆	438	577	175	2 045	10	1 855	1 848	16	3 302	1 793	409	1 100	--
四　川	1 500	1 979	425	12 162	905	8 995	8 623	105	11 188	5 894	1 870	3 424	5
贵　州	183	228	52	467	--	552	470	1	1 169	298	115	756	--
云　南	850	1 384	389	108 767	103 719	57 097	53 079	414	7 890	2 957	1 407	3 526	71
西　藏	566	682	--	9 800	--	--	--	--	--	--	--	--	--
陕　西	132	281	63	2 475	720	2 424	2 444	8	1 788	621	269	898	--
甘　肃	112	415	369	2 405	--	2 129	2 108	9	3 542	1 463	531	1 548	2
青　海	113	175	8	503	--	723	659	--	912	321	138	453	--
宁　夏	58	37	37	879	310	867	847	2	423	207	68	148	--
新　疆	171	317	39	2 748	--	1 936	1 654	272	2 501	1 398	318	785	5

厅基本情况

单位：个、人、千元、千平方米

损益及分配									其他				
管理费用	税金	劳动待业保险	财务费用	补贴收入	投资收益	营业外收支净额	应交所得税	利润	从业人员劳动报酬	上交主办单位费用	上交文化市场管理费	增加值	房屋建筑面积
18 592	**894**	**678**	**1 229**	**49**	**108**	**336**	**1 099**	**68 004**	**74 696**	**3 634**	**21 717**	**245 874**	**1 058**
1 823	51	13	22	6	14	-123	102	-920	2 486	303	332	6 251	72
3 378	38	373	121	--	--	8	42	-1 661	3 238	74	711	9 986	62
6	--	--	--	--	--	--	--	40	123	12	36	328	2
14	--	--	--	--	--	--	--	-197	134	--	3 674	3 705	11
297	--	--	61	--	--	--	44	1 362	1 813	6	347	5 552	37
1 357	146	11	192	18	2	296	117	10 902	10 399	134	3 502	32 449	128
922	3	1	92	18	2	--	14	-3 488	1 923	9	323	830	22
45	--	--	7	--	--	--	35	4 479	2 149	2	493	8 804	31
26	--	--	5	--	--	--	18	12 281	2 863	25	1 295	19 132	50
4 648	10	158	-69	15	--	-28	13	-9 326	3 813	9	--	5 268	28
483	156	64	40	2	1	10	113	4 758	4 802	298	889	13 619	55
23	1	--	2	--	--	--	10	4 201	2 602	31	859	9 631	100
7	1	--	--	--	--	--	--	233	480	2	62	1 092	9
15	4	--	--	--	--	--	--	160	105	--	10	326	2
14	--	--	--	--	--	--	--	6 424	5 187	428	1 222	16 904	72
14	--	--	--	--	--	--	--	29	225	--	12	371	2
47	19	--	10	1	3	--	12	1 551	1 119	40	286	3 576	25
110	31	1	2	--	1	--	7	2 100	1 575	23	2	4 585	21
29	14	1	1	--	--	--	2	62	83	1	--	315	2
--	--	--	--	--	--	--	--	2 696	2 032	56	154	5 450	21
270	6	3	11	1	1	1	1	1 784	1 445	9	248	4 584	22
--	--	--	--	--	--	--	8	3 268	1 670	22	149	5 898	18
5 299	234	50	744	5	11	157	448	8 788	10 762	309	1 223	41 056	120
1 800	--	24	463	--	--	--	325	2 132	878	--	--	7 375	5
38	15	--	22	1	--	2	6	2 953	3 213	56	663	8 894	50
--	--	--	--	--	--	--	--	433	514	--	25	1 075	4
81	5	--	--	--	--	--	--	1 019	1 247	4	135	2 915	13
322	75	4	23	--	42	5	8	3 123	5 166	127	1 869	12 635	39
8	--	--	--	--	--	--	--	748	468	9	65	1 403	5
273	102	1	36	--	33	8	110	3 219	3 108	1 587	3 112	13 253	36
--	--	--	--	--	--	--	--	--	--	--	--	--	--
1	--	--	--	--	--	--	4	893	339	21	163	1 689	7
8	1	--	--	--	--	--	--	1 542	1 189	33	56	3 366	9
--	--	--	--	--	--	--	--	453	295	11	23	920	3
--	--	--	--	--	--	--	--	148	86	--	--	304	2
6	--	--	--	--	--	--	1	783	754	5	174	2 316	13

各地区保龄

	机构数	从业人员	职工	资本金合计	国家资本金	固定资产合计	固定资产原价	本年提取折旧	主营业收入	主营业成本及费用	主营业税金及附加	主营业务利润	其他业务利润
总计	**973**	**14 175**	**7 637**	**1 892 845**	**292 119**	**1 647 591**	**1 637 961**	**96 583**	**481 460**	**377 524**	**59 601**	**44 335**	**555**
北京	69	1 380	906	135 290	22 000	141 721	171 215	13 433	36 604	30 134	4 593	1 877	--
天津	20	402	300	111 432	58 800	49 530	50 494	2 773	19 089	17 745	2 064	-720	--
河北	2	8	8	--	--	--	--	--	--	--	--	--	--
山西	12	295	229	36 661	--	16 217	32 524	3 261	5 673	5 176	647	-150	1
内蒙古	22	255	67	52 326	17 700	42 176	21 186	--	7 910	5 837	494	1 579	--
辽宁	114	1 215	491	118 348	19 400	39 766	52 651	2 518	33 432	19 927	2 529	10 976	--
其中:大连	71	657	198	61 113	7 400	22 428	25 218	1 778	20 578	10 242	1 446	8 890	--
吉林	9	115	97	15 611	--	6 838	7 032	1 175	3 998	3 447	264	287	--
黑龙江	125	318	44	17 757	--	17 640	1 550	--	6 657	2 385	720	3 552	--
上海	--	--	--	--	--	--	--	--	--	--	--	--	--
江苏	131	2 088	1 610	279 526	31 210	350 329	333 608	17 855	67 406	65 551	13 937	-12 082	-19
浙江	55	677	316	70 673	10 355	56 290	67 416	4 998	21 896	18 341	2 031	1 524	93
其中:宁波	3	30	29	4 600	--	8 299	10 306	2 006	1 169	979	168	22	--
安徽	11	175	89	17 930	--	13 530	9 770	110	2 819	1 846	223	750	60
福建	46	1 332	780	235 689	--	177 432	154 962	14 518	82 211	56 307	8 459	17 445	7
其中:厦门	10	420	388	94 362	--	86 024	90 951	8 688	33 237	27 383	4 116	1 738	7
江西	--	--	--	--	--	--	--	--	--	--	--	--	--
山东	44	552	299	91 909	19 833	160 425	163 410	7 460	16 001	13 702	1 229	1 070	6
其中:青岛	4	54	36	6 000	--	3 600	3 600	80	132	118	14	--	--
河南	30	468	153	20 650	--	44 380	21 530	35	9 491	4 525	1 452	3 514	--
湖北	26	348	166	52 708	6 010	55 077	53 511	3 437	17 038	9 818	1 160	6 060	9
湖南	10	201	70	4 618	--	14 812	20 330	5 417	8 403	5 008	482	2 913	--
广东	86	1 932	1 039	326 545	--	189 108	229 606	15 761	85 763	83 317	8 813	-6 367	158
其中:深圳	--	--	--	--	--	--	--	--	--	--	--	--	--
广西	21	290	86	30 702	--	34 313	37 467	356	10 636	6 739	1 869	2 028	--
海南	6	30	11	1 370	--	1 171	1 172	--	1 005	689	168	148	--
重庆	4	34	19	2 950	1 700	2 700	2 770	--	1 176	975	101	100	--
四川	34	310	98	15 162	320	16 803	12 160	150	3 577	1 959	466	1 152	175
贵州	3	71	--	6 000	--	5 879	5 879	404	1 099	709	143	247	--
云南	34	565	266	169 159	104 520	116 418	109 841	2 022	12 342	8 359	1 038	2 945	48
西藏	1	20	--	21	--	--	--	--	--	--	--	--	--
陕西	24	482	175	38 690	--	41 530	36 388	107	16 684	7 511	5 685	3 488	--
甘肃	7	110	108	23 247	--	16 330	19 521	344	1 555	1 028	238	289	--
青海	4	65	36	3 000	--	8 338	5 338	--	892	457	70	365	10
宁夏	9	106	106	5 230	--	5 080	4 000	--	2 631	1 414	319	898	--
新疆	15	351	68	9 662	271	23 758	12 630	449	5 472	4 618	407	447	7

球基本情况

单位：个、人、千元、千平方米

损益及分配									其他				
管理费用	税金	劳动待业保险	财务费用	补贴收入	投资收益	营业外收支净额	应交所得税	利润	从业人员劳动报酬	上交主办单位费用	上交文化市场管理费	增加值	房屋建筑面积
72 515	**2 526**	**1 022**	**6 406**	**10**	**39**	**262**	**47**	**-33 767**	**71 594**	**3 712**	**21 385**	**300 295**	**485**
16 136	101	116	608	--	--	4	124	-14 987	4 349	--	5	24 358	75
3 825	38	--	-1	--	--	--	1 581	-2 963	1 088	--	--	5 243	21
--	--	--	--	--	--	--	--	--	--	--	--	--	--
1 068	1	4	475	--	--	46	--	-1 646	995	--	49	4 804	9
1 229	--	--	--	--	--	--	--	350	1 410	--	99	3 583	6
6 157	12	19	229	--	--	277	162	4 705	4 752	--	15 998	36 785	28
5 997	12	19	244	--	--	277	1	2 925	4 045	--	15 858	32 029	8
536	--	--	--	--	--	--	108	-357	605	--	53	2 384	4
--	--	--	--	--	--	--	--	3 552	40	--	83	4 395	5
--	--	--	--	--	--	--	--	--	--	--	--	--	--
8 795	1 651	749	1 800	--	--	-75	647	-23 418	15 455	1 390	604	38 795	63
1 844	25	--	4	--	--	--	11	-242	3 940	857	234	13 702	38
355	24	--	-4	--	--	--	2	-331	204	--	8	2 432	4
46	36	--	--	--	--	--	--	764	451	10	8	1 647	5
115	--	--	29	--	--	--	6	17 302	13 203	230	227	54 088	49
--	--	--	--	--	--	--	--	1 745	6 085	--	36	20 670	16
--	--	--	--	--	--	--	--	--	--	--	--	--	--
1 502	55	6	24	--	--	--	--	-450	2 699	35	11	12 565	19
62	--	--	--	--	--	--	--	-62	38	--	--	132	
--	--	--	--	--	--	--	--	3 514	1 996	--	72	7 070	25
486	67	32	983	--	7	12	2	4 617	1 230	610	95	12 669	15
3 346	86	--	354	--	--	46	36	869	458	40	8	9 404	4
21 618	243	33	1 096	--	--	-70	256	-29 249	11 219	379	769	30 974	53
--	--	--	--	--	--	--	--	--	--	--	--	--	--
1 679	--	--	66	--	--	80	72	291	1 091	--	106	5 451	14
--	--	--	--	--	--	--	--	148	128	--	18	461	2
24	6	--	--	--	--	--	--	76	154	36	127	524	2
185	76	--	214	10	32	11	28	953	1 764	75	491	4 349	5
80	--	--	7	--	--	--	--	160	248	--	23	1 065	2
1 649	96	35	83	--	--	23	275	1 009	1 845	--	2 078	10 073	15
--	--	--	--	--	--	--	--	--	--	--	--	--	--
979	29	--	50	--	--	2	129	2 590	755	--	144	10 208	10
661	4	13	385	--	--	--	--	-757	224	--	25	1 124	6
11	--	--	--	--	--	--	--	364	270	--	9	724	2
--	--	--	--	--	--	--	--	898	541	--	--	1 758	4
544	--	15	--	--	--	-2	30	-122	684	50	49	2 092	4

各 地 区 旱 冰

地区	机构数	从业人员	职工	资本金合计	国家资本金	固定资产合计	固定资产原价	本年提取折旧	主营业收入	主营营业成本及费用	主营营业税金及附加	主营业务利润	其他业务利润
总计	1 339	5 781	2 591	319 472	191 634	132 594	132 814	1 893	84 654	51 161	8 182	25 311	124
北京	5	19	10	--	--	--	--	--	--	--	--	--	--
天津	9	129	96	2 158	178	2 493	2 448	171	1 878	918	138	822	--
河北	3	10	10	361	10	326	306	7	94	32	5	57	--
山西	12	67	35	7 690	--	7 170	7 270	--	3 382	4 115	252	-985	45
内蒙古	39	136	40	2 886	--	2 344	2 150	--	1 630	888	134	608	--
辽宁	124	518	244	7 481	20	14 303	14 112	9	8 683	5 275	702	2 706	--
其中:大连	10	14	--	346	20	1 453	1 433	--	308	271	7	30	--
吉林	12	62	31	766	--	719	711	8	401	190	59	152	--
黑龙江	46	193	41	1 565	--	2 062	1 350	--	3 997	1 887	382	1 728	--
上海	3	82	58	188 900	188 900	2 680	2 680	219	1 800	148	64	1 588	--
江苏	282	1 238	679	17 059	330	25 207	25 294	299	11 604	7 107	1 826	2 671	9
浙江	24	87	50	3 173	--	3 223	3 124	80	1 612	1 104	141	367	20
其中:宁波	9	38	27	2 020	--	2 144	1 900	25	525	225	63	237	19
安徽	45	360	293	4 160	--	4 169	3 900	--	4 078	1 124	301	2 653	25
福建	72	354	163	22 556	--	9 016	9 303	123	5 324	4 755	513	56	10
其中:厦门	5	17	11	300	--	220	200	--	105	47	15	43	--
江西	60	227	88	5 381	--	6 286	5 628	43	2 435	1 156	254	1 025	1
山东	61	224	92	2 030	--	3 892	3 977	--	1 731	711	140	880	2
其中:青岛	2	14	2	--	--	45	45	--	44	2	1	41	1
河南	47	179	60	2 896	100	2 720	2 228	10	1 551	562	188	801	1
湖北	89	463	228	11 757	1 290	10 821	10 779	44	7 911	3 388	909	3 614	--
湖南	53	177	12	3 550	60	4 031	3 929	15	3 576	1 684	330	1 562	4
广东	122	628	106	19 488	--	14 215	18 681	558	14 570	11 810	1 012	1 748	2
其中:深圳	--	--	--	--	--	--	--	--	--	--	--	--	--
广西	24	76	18	1 634	--	1 715	1 438	--	802	354	74	374	--
海南	--	--	--	--	--	--	--	--	--	--	--	--	--
重庆	34	88	47	1 465	20	1 742	1 813	--	1 406	795	178	433	4
四川	51	120	35	2 004	110	2 664	1 674	6	1 319	663	185	471	--
贵州	15	28	1	259	--	271	162	--	191	39	13	139	--
云南	42	82	34	4 177	--	4 435	4 513	290	1 364	564	109	691	1
西藏	5	6	--	103	--	--	--	--	--	--	--	--	--
陕西	23	72	37	1 419	--	1 749	1 911	2	916	337	106	473	--
甘肃	10	32	30	744	300	627	637	8	207	79	44	84	--
青海	8	34	11	272	--	358	272	--	307	109	29	169	--
宁夏	11	19	19	454	160	514	447	1	148	74	17	57	--
新疆	13	77	23	3 187	156	2 842	2 077	--	1 737	1 293	77	367	--

场 基 本 情 况

单位：个、人、千元、千平方米

损益及分配									其他			增加值	房屋建筑面积
管理费用	税金	劳动待业保险	财务费用	补贴收入	投资收益	营业外收支净额	应交所得税	利润	从业人员劳动报酬	上交主办单位费用	上交文化市场管理费		
4 805	**329**	**310**	**436**	**4**	**29**	**42**	**334**	**19 935**	**18 381**	**2 119**	**1 834**	**58 194**	**299**
- -	- -	- -	- -	- -	- -	- -	- -	- -	- -	- -	5	5	2
641	5	17	- -	- -	- -	3	7	177	436	- -	53	1 626	6
12	3	3	2	- -	- -	- -	3	40	13	- -	6	91	1
4	2	- -	- -	- -	- -	- -	- -	- 944	209	- -	32	- 445	9
7	- -	- -	- -	- -	- -	- -	- -	601	326	77	34	1 180	8
1 088	- -	10	3	- -	9	10	154	1 480	1 297	149	217	5 081	24
15	- -	- -	- -	- -	9	- -	3	21	43	120	7	208	1
- -	- -	- -	- -	- -	- -	- -	- -	152	120	- -	16	355	3
- -	- -	- -	- -	- -	- -	- -	- -	1 728	529	- -	158	2 798	5
1 182	63	54	- 1	- -	- -	- -	- -	407	271	410	- -	2 615	2
629	65	225	91	3	9	1	43	1 930	3 533	961	322	9 693	50
15	1	- -	18	- -	- -	- -	- -	354	315	257	60	1 242	6
15	1	- -	18	- -	- -	- -	- -	223	190	1	19	556	2
245	124	- -	40	- -	- -	- -	80	2 313	1 060	- -	44	4 204	7
12	- -	- -	- -	- -	- -	- -	- -	54	2 071	- -	122	2 899	20
- -	- -	- -	- -	- -	- -	- -	- -	43	29	- -	7	95	2
3	2	- -	1	- -	- -	- -	2	1 020	436	7	73	1 842	18
- -	- -	- -	- -	- -	- -	- -	3	879	442	4	1	1 469	16
- -	- -	- -	- -	- -	- -	- -	3	39	25	- -	- -	68	- -
- -	- -	- -	- -	- -	- -	- -	- -	802	317	5	37	1 363	9
238	10	- -	22	1	2	20	1	3 376	1 446	50	188	6 266	21
6	- -	- -	1	- -	- -	- -	- -	1 559	656	46	31	2 642	11
428	33	- -	119	- -	6	4	24	1 189	3 161	76	228	6 821	41
- -	- -	- -	- -	- -	- -	- -	- -	- -	- -	- -	- -	- -	- -
6	2	- -	111	- -	- -	- -	- -	257	179	2	15	646	4
- -	- -	- -	- -	- -	- -	- -	- -	- -	- -	- -	- -	- -	- -
48	10	- -	3	- -	2	2	- -	390	363	- -	18	1 006	6
30	- -	- -	2	- -	- -	- -	- -	439	342	30	41	1 075	10
- -	- -	- -	- -	- -	- -	- -	- -	139	111	- -	6	269	1
41	5	- -	9	- -	1	2	16	629	221	- -	31	1 347	6
- -	- -	- -	- -	- -	- -	- -	- -	- -	- -	- -	- -	- -	- -
20	4	- -	15	- -	- -	- -	1	437	142	45	50	821	4
6	- -	- -	- -	- -	- -	- -	- -	78	66	- -	11	213	2
- -	- -	- -	- -	- -	- -	- -	- -	169	100	- -	4	301	1
- -	- -	- -	- -	- -	- -	- -	- -	57	67	- -	- -	142	2
144	- -	1	- -	- -	- -	- -	- -	223	152	- -	31	627	4

各地区综合娱乐

	机构数	从业人员		资本金合计		固定资产合计	固定资产原价	本年提取折旧	主营业收入	主营营业成本及费用	主营营业税金及附加	主营业务利润	其他业务利润
			职工		国家资本金								
总　计	**7 033**	**128 014**	**74 203**	**7 111 175**	**975 876**	**6 004 723**	**6 405 217**	**422 513**	**2 342 466**	**1 743 226**	**192 775**	**406 465**	**24 326**
北　京	162	3 654	2 394	272 340	36 154	60 911	67 499	8 195	33 037	19 292	2 820	10 925	117
天　津	15	800	647	34 277	23 743	133 638	142 849	8 683	3 801	3 827	253	- 279	536
河　北	12	62	36	3 136	70	3 064	3 115	98	2 177	992	235	950	65
山　西	30	1 008	793	28 657	620	27 903	44 843	5 111	54 957	37 953	4 772	12 232	8
内蒙古	125	922	546	53 976	2 100	37 379	37 266	- -	10 493	7 708	997	1 788	50
辽　宁	147	6 454	4 274	632 024	302 502	548 455	547 228	39 329	163 556	123 922	12 342	27 292	7 735
其中:大连	76	4 588	3 267	518 929	289 114	410 327	412 330	35 502	126 024	99 450	9 514	17 060	7 735
吉　林	5	348	190	3 494	- -	11 032	11 032	- -	2 974	1 663	345	966	- -
黑龙江	81	784	145	4 246	- -	14 695	647	3	8 098	2 243	716	5 139	- -
上　海	1 740	44 396	26 938	2 796 762	300 682	1 999 652	2 107 733	205 811	764 811	607 224	55 737	101 850	3 588
江　苏	418	5 432	3 993	343 848	40 152	588 345	784 819	5 322	234 606	160 900	12 993	60 713	112
浙　江	850	10 028	5 901	359 297	21 303	306 410	326 409	13 569	123 103	82 454	13 302	27 347	622
其中:宁波	102	1 012	546	87 821	105	75 447	57 491	142	41 041	19 618	3 068	18 355	6
安　徽	101	1 439	781	28 712	15 510	9 629	10 520	107	6 190	2 210	664	3 316	- -
福　建	343	6 316	2 700	340 191	7 543	363 420	394 500	32 045	179 097	141 666	19 710	17 721	- -
其中:厦门	68	2 272	2 096	152 119	7 538	166 314	194 523	19 757	91 464	74 256	11 182	6 026	- -
江　西	61	616	311	33 486	3 610	38 220	37 639	1 539	7 063	4 106	722	2 235	2
山　东	361	12 816	8 281	267 066	68 841	351 009	422 718	21 779	156 196	121 394	11 664	23 138	410
其中:青岛	73	4 883	3 307	125 856	20 530	180 641	204 769	13 846	81 331	58 972	5 343	17 016	4
河　南	88	950	328	25 519	- -	24 579	19 510	260	15 465	4 764	1 552	9 149	- -
湖　北	152	2 490	1 413	234 993	42 595	235 418	199 074	4 439	85 544	64 773	4 838	15 933	1 797
湖　南	185	2 954	911	85 402	28 523	115 111	102 229	2 620	41 228	22 828	2 906	15 494	513
广　东	570	11 750	6 527	1 066 056	33 009	567 826	550 790	45 054	247 326	194 657	27 984	24 685	2 764
其中:深圳	4	40	6	406 623	- -	1 230	527	20	12 638	6 703	2 392	3 543	45
广　西	180	1 952	797	23 396	6 819	22 253	17 569	1 366	26 336	20 670	2 073	3 593	58
海　南	9	1 064	652	61 057	- -	- -	27 972	1 223	2 006	1 639	237	130	- 131
重　庆	110	585	389	15 858	3 905	32 928	35 018	734	12 282	7 920	976	3 386	121
四　川	545	5 220	2 880	124 156	28 001	246 375	241 696	8 973	75 098	53 005	6 237	15 856	5 718
贵　州	87	1 159	392	29 108	400	36 577	38 397	2 721	21 325	18 256	2 199	870	- -
云　南	297	1 304	748	37 399	1 365	42 159	47 489	8 541	15 557	7 920	1 456	6 181	77
西　藏	25	153	- -	515	- -	- -	- -	- -	- -	- -	- -	- -	- -
陕　西	155	1 436	494	84 640	3 250	93 577	94 399	577	25 743	11 781	1 950	12 012	48
甘　肃	76	590	480	70 473	2 180	61 765	59 805	2 185	9 268	6 762	1 246	1 260	38
青　海	57	368	31	6 245	1 600	5 500	5 160	14	2 362	399	261	1 702	30
宁　夏	3	10	10	1 886	1 086	647	647	- -	466	217	46	203	- -
新　疆	68	1 107	221	43 475	313	26 246	26 645	2 215	12 301	10 081	1 542	678	48

场 所 基 本 情 况

单位：个、人、千元、千平方米

损益及分配									其他				
管理费用	税金	劳动待业保险	财务费用	补贴收入	投资收益	营业外收支净额	应交所得税	利润	从业人员劳动报酬	上交主办单位费用	上交文化市场管理费	增加值	房屋建筑面积
464 159	**21 550**	**15 526**	**43 666**	**9 731**	**5 268**	**17 982**	**8 161**	**－52 214**	**727 883**	**8 332**	**15 522**	**1 851 485**	**3 712**
12 052	582	437	1 212	- -	11	329	13	－1 895	7 116	292	454	30 503	203
1 062	- -	22	85	- -	- -	17	- -	－ 873	748	- -	19	9 960	19
305	30	69	115	- -	25	18	47	591	267	290	17	1 952	2
6 457	2	- -	544	- -	- -	－25	- -	5 214	4 436	106	137	26 804	32
1 231	1	- -	94	1	- -	- -	- -	514	1 742	21	210	4 824	36
70 279	2 248	3 257	16 165	4	- -	1 487	110	－50 036	42 942	123	761	132 772	247
70 062	2 248	3 255	16 160	4	- -	1 487	80	－60 016	35 226	123	499	107 907	147
40	- -	- -	40	- -	- -	- -	- -	886	670	- -	11	1 992	4
808	79	- -	－9	- -	- -	- -	- -	4 340	1 373	- -	140	7 453	15
193 736	2 998	5 278	7 884	8 558	1 605	4 254	3 183	－84 948	142 550	1 728	- -	514 262	1 119
29 926	7 296	1 978	805	692	3 027	1 617	1 580	33 850	13 837	797	1 833	102 925	115
14 478	540	610	2 664	11	285	357	386	11 094	23 072	977	2 749	84 941	281
4 298	201	70	1 843	- -	50	383	287	12 366	5 523	20	448	27 768	51
528	507	1	- -	- -	- -	- -	- -	2 788	1 598	61	645	6 905	15
200	4	4	44	- -	- -	- -	5	17 472	37 208	17	1 742	108 452	138
- -	- -	- -	- -	- -	- -	- -	- -	6 026	16 514	5	307	53 791	50
1 727	6	29	69	3	- -	－1	40	403	1 205	25	124	5 859	34
24 092	681	743	3 850	183	202	1 583	850	－3 276	17 111	502	7	104 583	376
20 467	366	274	1 198	3	3	196	242	－4 685	1 120	- -	- -	37 695	195
- -	- -	- -	- -	- -	- -	- -	- -	9 149	3 086	- -	89	14 138	23
6 265	284	1 794	709	- -	7	－24	111	10 628	9 142	338	399	37 189	90
7 472	190	41	792	20	10	4	8	7 769	6 887	382	415	29 409	53
57 078	4 440	386	5 365	17	31	5 788	1 182	－30 340	371 308	1 458	2 764	480 463	354
2 471	569	1 807	652	- -	- -	- -	127	338	165	6	1	6 741	1
4 194	603	39	200	10	37	1 351	122	533	6 015	24	434	14 164	150
614	112	10	- -	- -	- -	- -	8	－ 623	1 367	- -	5	2 943	39
1 038	109	339	192	230	- -	－30	3	2 474	2 391	21	88	7 828	22
23 248	537	401	1 123	- -	19	838	242	－2 182	15 718	84	919	54 043	131
956	- -	- -	137	- -	- -	9	- -	－ 214	2 490	127	215	8 618	39
1 141	252	15	51	2	9	－3	129	4 945	2 987	454	273	20 207	43
- -	- -	- -	- -	- -	- -	- -	- -	- -	- -	- -	- -	- -	- -
2 827	11	73	283	- -	- -	- -	17	8 933	6 161	53	467	21 285	76
1 465	9	- -	832	- -	- -	109	2	－ 892	1 925	125	209	6 998	31
64	- -	- -	- -	- -	- -	3	116	1 555	382	160	33	2 574	6
- -	- -	- -	- -	- -	- -	- -	- -	203	81	- -	- -	330	1
876	29	- -	420	- -	- -	301	7	－ 276	2 068	167	363	7 109	18

各地区其他文化

	机构数	从业人员		资本金合计		固定资产合计	固定资产原价	本年提取折旧	主营业收入	主营营业成本及费用	主营营业税金及附加	主营业务利润	其他业务利润
			职工		国家资本金								
总计	**15 482**	**116 522**	**56 095**	**1 745 144**	**150 710**	**1 887 975**	**2 041 517**	**153 250**	**1 173 370**	**860 725**	**109 485**	**203 160**	**1 101**
北京	279	4 470	3 051	19 440	1 299	37 778	41 231	2 705	40 829	36 912	2 319	1 598	--
天津	110	1 510	981	52 002	1 429	32 591	34 019	4 564	40 326	34 422	3 042	2 862	- 267
河北	271	1 125	1 032	80	--	75	75	--	133	114	19	--	--
山西	42	408	92	9 947	1 200	10 635	10 640	436	14 637	12 845	1 011	781	131
内蒙古	144	243	49	6 324	--	3 873	4 222	77	2 753	1 339	216	1 198	--
辽宁	84	332	151	4 700	432	5 319	5 378	60	2 521	1 416	258	847	--
其中:大连	3	19	16	340	--	330	335	--	415	175	22	218	--
吉林	12	77	62	11 422	--	16 885	14 414	101	2 845	793	99	1 953	--
黑龙江	125	699	65	12 110	--	10 082	9 942	469	13 053	7 094	1 821	4 138	--
上海	436	14 524	8 856	169 130	3 606	97 141	117 057	6 112	226 723	198 208	16 990	11 525	452
江苏	611	3 185	1 806	42 806	--	41 704	41 489	222	24 739	12 895	3 060	8 784	13
浙江	1 021	5 003	2 020	116 231	2 959	112 550	92 936	1 425	76 465	58 725	7 822	9 918	17
其中:宁波	140	309	110	10 211	100	11 976	12 069	51	3 138	1 994	405	739	--
安徽	108	628	273	4 111	--	2 675	653	38	3 835	2 018	391	1 426	--
福建	904	9 452	2 543	115 134	385	128 153	131 693	5 870	123 538	88 862	18 430	16 246	109
其中:厦门	129	2 138	1 814	43 399	10	58 596	55 831	2 996	60 142	45 327	10 287	4 528	--
江西	38	148	32	1 978	--	1 707	1 861	189	1 367	1 125	135	107	1
山东	2 124	24 369	13 862	676 473	58 389	831 505	977 396	115 276	180 600	129 760	13 427	37 413	36
其中:青岛	4	175	5	38 004	--	106 195	108 093	6 455	6 825	5 345	752	728	--
河南	73	604	297	7 216	400	7 370	7 027	54	6 178	3 145	666	2 367	--
湖北	522	2 797	1 882	52 111	1 426	42 341	44 673	2 197	57 906	33 703	3 798	20 405	1
湖南	274	1 072	370	33 347	10 577	33 587	33 632	1 355	16 360	18 325	1 532	-3 497	326
广东	810	23 299	10 472	99 478	349	47 653	94 355	5 897	109 690	83 269	14 057	12 364	164
其中:深圳	14	60	4	2 384	--	1 790	558	--	13 661	8 969	882	3 810	--
广西	132	266	88	3 792	1	2 846	2 368	72	2 574	2 037	263	274	- 109
海南	57	1 758	1 708	628	--	479	362	--	896	104	90	702	--
重庆	1 955	4 210	1 364	62 468	740	80 077	153 616	3 186	73 809	45 705	3 892	24 212	14
四川	2 665	9 609	2 392	62 345	697	63 427	54 204	1 563	69 267	44 478	6 053	18 736	76
贵州	290	639	128	3 734	70	3 583	3 604	--	4 978	1 721	368	2 889	--
云南	1 567	2 695	895	14 631	133	122 136	15 710	373	24 964	10 585	4 187	10 192	62
西藏	145	172	--	2 993	--	--	--	--	--	--	--	--	--
陕西	141	522	214	10 385	1 734	9 584	7 104	353	6 210	3 830	426	1 954	1
甘肃	333	1 206	1 103	112 129	64 884	96 623	95 510	316	18 668	12 244	2 191	4 233	62
青海	314	1 504	234	39 945	--	44 666	45 477	328	26 742	14 516	2 809	9 417	--
宁夏	3	--	--	--	--	--	--	--	--	--	--	--	--
新疆	37	168	73	1 047	--	930	869	12	764	535	113	116	12

娱乐业基本情况

单位:个、人、千元、千平方米

损益及分配									其他				
管理费用	税金	劳动待业保险	财务费用	补贴收入	投资收益	营业外收支净额	应交所得税	利润	从业人员劳动报酬	上交主办单位费用	上交文化市场管理费	增加值	房屋建筑面积
73 303	**3 442**	**2 177**	**10 692**	**834**	**637**	**3 542**	**1 915**	**123 364**	**226 429**	**3 401**	**12 867**	**717 923**	**1 760**
3 771	192	17	44	--	--	204	159	-2 172	5 835	343	473	13 442	102
9 473	30	75	1 426	--	--	1	4	-8 307	6 754	122	414	17 522	21
--	--	--	--	--	--	--	--	--	98	--	162	269	--
469	--	--	2	--	349	-13	1	776	2 674	12	27	5 071	7
33	--	--	--	--	--	--	--	1 165	742	1	41	2 273	6
48	--	--	--	--	--	--	--	799	583	1	89	1 846	28
--	--	--	--	--	--	--	--	218	79	--	4	323	2
2 034	10	48	255	--	--	--	30	-366	567	--	10	2 739	6
--	--	--	--	--	--	--	--	4 138	2 994	175	456	10 053	16
24 952	1 073	1 356	2 355	808	140	3 157	215	-11 440	46 330	357	--	82 839	160
1 277	168	31	35	7	31	13	21	7 515	6 088	41	1 265	19 645	45
2 268	13	2	23	1	3	97	21	7 724	18 329	120	900	43 691	123
44	2	--	9	--	2	--	1	687	863	42	71	2 162	13
89	58	30	--	--	--	--	--	1 337	676	--	86	2 672	6
1 080	51	103	54	--	--	-4	41	15 176	22 325	115	2 869	66 045	128
960	34	23	50	--	--	-4	37	3 477	12 874	91	328	31 142	48
110	3	6	1	--	--	--	2	-5	348	--	29	813	5
9 919	366	227	2 500	4	12	7	160	24 893	26 706	481	87	193 792	351
956	--	--	199	--	--	-64	--	-491	177	3	--	8 115	3
24	20	4	10	--	--	--	36	2 297	1 265	12	195	4 579	4
848	703	91	812	--	25	15	18	18 768	8 842	8	374	36 325	58
616	11	--	318	2	2	6	27	-4 122	2 674	4	92	2 467	15
6 170	310	61	688	--	--	6	678	4 998	27 514	798	1 058	62 168	191
808	--	--	456	--	--	--	630	1 916	426	500	--	5 618	2
155	53	1	2	--	19	19	1	45	438	40	99	1 117	7
--	--	--	--	--	--	--	--	702	365	--	15	1 160	75
454	125	--	55	--	--	5	--	23 722	13 292	7	294	44 877	83
5 837	36	--	946	4	20	10	127	11 936	13 533	159	1 942	42 151	133
4	--	--	--	--	--	--	--	2 885	2 566	--	265	6 060	12
816	203	5	53	8	36	19	314	9 134	2 352	77	563	17 834	66
--	--	--	--	--	--	--	--	--	--	--	--	--	--
91	6	--	28	--	--	--	--	1 836	819	24	72	3 655	24
495	8	120	661	--	--	--	42	3 097	5 088	295	365	12 560	44
2 270	3	--	424	--	--	--	18	6 705	6 403	209	582	19 733	36
--	--	--	--	--	--	--	--	--	--	--	--	--	--
--	--	--	--	--	--	--	--	128	229	--	43	525	8

各地区文化市场

	机构数(个)	从业人员(人)		本年收入合计(千元)					
			职工		财政补助收入	上级补助收入	事业收入	管理费收入	其他收入
总计	**3 372**	**19 712**	**12 694**	**713 051**	**110 518**	**12 147**	**573 390**	**527 601**	**16 996**
中央	1	—	—	—	—	—	—	—	—
地方	3 371	19 712	12 694	713 051	110 518	12 147	573 390	527 601	16 996
北京	22	141	79	9 336	3 838	134	5 263	3 158	101
天津	12	93	77	15 064	2 300	—	12 530	12 417	234
河北	196	979	628	10 217	3 203	80	6 685	6 085	249
山西	103	603	368	10 751	713	60	9 884	8 762	94
内蒙古	109	599	436	57 495	1 472	21	55 883	55 034	119
辽宁	118	922	759	32 608	2 250	170	29 947	26 593	241
其中:大连	10	130	111	9 596	501	45	8 977	7 578	73
吉林	85	589	414	10 842	2 034	21	8 759	8 298	28
黑龙江	122	760	626	202 124	1 072	49	199 190	196 540	1 813
上海	18	190	150	13 963	6 794	2 674	2 970	470	1 525
江苏	163	654	598	34 484	4 979	210	28 026	25 479	1 269
浙江	190	720	481	48 283	2 978	2 272	42 401	39 083	632
其中:宁波	26	94	66	9 070	392	255	8 181	7 956	242
安徽	111	686	494	11 082	1 396	142	9 387	7 811	157
福建	104	484	261	22 555	7 766	249	14 228	11 243	312
其中:厦门	10	24	21	1 392	432	60	880	730	20
江西	163	858	581	13 829	2 575	401	10 429	8 888	424
山东	190	1 069	891	13 224	10 028	1 629	1 134	371	433
其中:青岛	14	99	92	2 324	1 354	599	260	—	111
河南	150	3 267	886	15 432	3 603	359	10 836	6 931	634
湖北	105	708	500	17 108	2 228	43	14 124	13 326	713
湖南	155	1 050	813	17 733	5 109	671	11 116	7 918	837
广东	222	875	549	51 985	26 611	321	24 327	22 313	726
其中:深圳	12	86	57	15 358	12 338	—	3 020	3 020	—
广西	110	538	431	16 441	2 863	1	13 302	10 983	275
海南	21	146	100	2 645	1 050	30	671	369	894
重庆	—	—	—	—	—	—	—	—	—
四川	212	1 139	727	28 135	4 125	882	22 177	20 336	951
贵州	85	385	261	5 419	847	2	4 441	3 148	129
云南	185	532	302	22 056	2 988	1 023	14 078	11 450	3 967
西藏	7	15	10	260	—	—	261	261	—
陕西	131	647	415	10 647	2 138	123	8 251	7 864	135
甘肃	107	324	269	5 691	1 674	23	3 935	3 766	59
青海	51	236	189	3 824	2 347	53	1 424	1 372	—
宁夏	27	113	112	514	—	504	5	1	5
新疆	104	405	297	9 564	1 537	—	7 987	7 592	40

管理机构基本情况（一）

本年支出合计（千元）									设备情况		固定资产原值（千元）	当年提取修购基金（千元）	增加值（千元）
	事业支出	在支出合计中							车辆（辆）	移动电话（部）			
		从业人员劳动报酬	职工工资总额	税金支出	社会保障费	设备购置费	业务费	补助下级支出					
738 154	**357 008**	**113 740**	**88 580**	**5 694**	**17 581**	**35 890**	**256 834**	**28 898**	**2 096**	**992**	**333 397**	**2 840**	**458 408**
– –	– –	– –	– –	– –	– –	– –	– –	– –	1	2	– –	– –	– –
738 154	357 008	113 740	88 580	5 694	17 581	35 890	256 834	28 898	2 095	990	333 397	2 840	458 408
10 577	9 829	1 557	1 461	68	86	1 225	4 525	– –	41	33	9 044	445	2 475
13 917	11 301	1 045	685	– –	124	277	7 363	202	13	5	2 253	898	4 673
9 604	5 872	2 873	2 170	133	129	737	2 837	340	73	42	2 546	– –	5 884
9 723	5 063	1 951	1 111	322	338	1 289	1 857	181	40	19	4 250	6	7 742
59 591	42 737	2 267	2 154	2	99	10 407	6 242	1	41	8	11 210	41	16 883
30 151	15 429	6 688	5 487	826	719	2 024	6 646	532	105	42	12 723	27	24 171
8 640	4 046	1 116	865	140	372	256	2 858	– –	9	3	2 219	– –	6 379
10 738	9 147	3 775	3 222	208	497	260	3 202	45	50	41	9 478	60	5 628
239 288	7 833	3 956	2 954	144	3 608	1 077	127 746	15 158	73	57	100 847	– –	200 201
13 224	10 974	5 269	2 930	– –	1 079	438	3 267	– –	31	7	9 685	– –	6 675
33 468	31 677	8 566	7 453	105	1 232	2 137	7 064	2 125	115	59	13 182	147	11 233
47 653	30 790	7 321	6 561	528	1 472	2 437	11 502	2 333	119	93	22 970	108	26 388
8 620	5 972	1 609	1 357	– –	341	275	1 585	115	23	14	6 369	3	4 358
12 951	7 394	3 322	2 253	45	832	897	3 194	179	70	23	1 855	2	8 032
22 807	16 711	4 268	2 729	175	601	886	5 811	1 865	54	11	6 660	18	8 817
1 252	585	290	290	– –	35	42	593	– –	7	1	1 419	– –	831
13 543	6 995	4 206	3 055	676	206	760	3 271	517	73	18	6 154	140	10 028
14 585	12 489	5 955	5 298	6	826	695	2 505	14	149	64	13 940	– –	6 636
2 541	2 234	927	891	– –	146	221	506	14	14	4	2 194	– –	1 014
13 865	6 873	5 396	4 015	138	586	573	2 272	78	82	21	7 734	13	11 312
17 053	10 406	5 129	4 236	168	573	862	5 272	521	93	34	6 276	68	12 372
16 112	9 136	6 255	4 458	199	581	822	3 702	120	86	46	8 739	80	11 781
51 801	38 763	10 757	8 058	36	862	1 651	19 785	1 462	249	59	20 292	60	21 302
16 034	13 817	4 213	3 661	– –	126	530	8 942	– –	21	– –	2 188	– –	5 497
14 939	10 356	3 450	2 827	254	419	506	5 431	400	96	40	9 364	– –	8 957
2 662	1 321	957	750	134	344	128	708	26	9	11	6 460	– –	1 774
– –	– –	– –	– –	– –	– –	– –	– –	– –	– –	– –	– –	– –	– –
26 916	18 072	6 338	4 806	602	763	2 492	7 033	1 532	229	185	17 354	283	14 736
4 619	2 872	1 366	1 069	74	55	202	1 847	52	18	15	2 919	45	3 599
21 267	17 134	2 208	1 274	244	1 081	1 280	5 966	896	73	16	13 505	256	9 309
– –	– –	– –	– –	– –	– –	– –	– –	– –	– –	– –	– –	– –	– –
9 586	7 188	2 832	2 136	455	195	286	3 131	202	39	13	2 205	20	6 004
5 689	2 440	1 242	1 043	58	41	301	2 184	38	32	19	3 304	50	3 588
2 986	627	2 184	2 113	– –	59	186	288	36	12	3	1 521	– –	3 406
515	513	201	172	– –	– –	232	6	– –	2	1	391	– –	218
8 324	7 066	2 406	2 100	94	174	823	2 177	43	28	5	6 536	73	4 584

各地区文化市场

	文化市场管理								
	文化艺术经纪与代理	民间职业剧团	个体演职人员	时装表演队	音像制品批发、零售单位	录像放映	录像带出租	歌舞厅	舞厅
总计	**205**	**2 695**	**28 624**	**397**	**31 387**	**25 218**	**30 909**	**27 483**	**8 472**
中央	17	— —	— —	— —	140	— —	— —	— —	— —
地方	188	2 695	28 624	397	31 247	25 218	30 909	27 483	8 472
北京	17	— —	381	— —	— —	— —	— —	232	79
天津	— —	13	430	23	51	64	22	579	34
河北	2	31	279	97	131	30	8	2 452	371
山西	2	19	200	— —	4	3	2	217	65
内蒙古	— —	11	135	1	540	656	749	295	161
辽宁	4	49	419	4	1 898	1 186	2 685	1 231	492
其中:大连	— —	— —	— —	— —	277	718	566	381	42
吉林	— —	— —	60	— —	800	249	1 630	57	120
黑龙江	4	29	458	7	755	367	1 460	582	298
上海	— —	— —	— —	— —	97	18	33	119	55
江苏	7	93	1 493	26	938	1 109	3 341	4 122	1 030
浙江	24	319	3 169	19	1 353	1 521	2 864	2 267	880
其中:宁波	2	46	155	3	510	307	566	722	203
安徽	5	457	616	4	967	395	1 137	918	144
福建	6	344	5 739	14	208	453	605	488	681
其中:厦门	— —	1	302	— —	28	79	21	37	18
江西	2	21	188	25	479	573	748	559	358
山东	4	24	1 896	2	1 843	743	532	751	170
其中:青岛	— —	— —	95	1	369	186	156	81	21
河南	15	260	685	12	1 955	817	1 117	1 582	256
湖北	18	64	1 584	11	1 226	859	1 721	837	330
湖南	22	317	3 011	18	1 429	1 004	1 394	520	423
广东	24	348	2 680	19	4 333	7 567	955	1 150	288
其中:深圳	1	1	215	— —	222	1 269	149	300	92
广西	6	26	251	3	2 524	577	1 443	340	179
海南	— —	68	517	— —	463	126	145	167	141
重庆	— —	— —	— —	— —	— —	— —	— —	— —	— —
四川	10	121	1 272	6	2 845	1 452	3 755	2 343	390
贵州	2	19	161	34	606	770	859	215	108
云南	1	10	150	5	3 714	2 968	1 584	2 410	623
西藏	— —	— —	— —	— —	— —	— —	— —	— —	— —
陕西	5	28	1 075	36	675	620	846	1 451	257
甘肃	— —	8	163	18	43	14	— —	650	153
青海	— —	8	42	— —	226	247	381	72	48
宁夏	3	1	200	— —	261	165	334	536	38
新疆	5	7	1 370	13	883	665	559	341	300

管理机构基本情况（二）

机构登记单位（个人）											
卡拉OK厅	餐饮卡拉OK	电子游艺厅	台球厅	保龄球	旱冰场	综合娱乐场所	画店、画廊	美术公司	艺术品拍卖公司	图书批发	其他
36 580	**17 616**	**61 656**	**15 795**	**1 024**	**1 641**	**7 121**	**2 345**	**560**	**265**	**16 113**	**23 373**
– –	– –	– –	– –	1	– –	4	– –	3	– –	– –	– –
36 580	17 616	61 656	15 795	1 023	1 641	7 117	2 345	557	265	16 113	23 373
635	279	264	343	69	5	162	177	– –	– –	– –	54
211	181	202	254	16	9	1	8	– –	– –	245	13
857	1 252	1 950	127	4	13	22	22	4	3	2	9
2 149	46	37	158	17	19	31	– –	3	– –	55	72
345	190	915	277	33	30	127	13	78	– –	285	980
3 027	1 802	1 409	1 575	41	71	73	202	43	12	901	916
825	626	460	330	13	4	21	22	– –	10	115	461
684	1 382	1 548	553	9	12	5	4	14	– –	292	558
1 027	792	1 698	1 347	24	26	18	37	32	– –	567	920
491	207	235	116	– –	2	1 404	– –	– –	– –	63	108
1 154	578	4 964	1 483	170	401	439	206	3	6	622	743
2 992	839	7 262	1 193	57	77	918	243	1	141	5 748	2 235
308	7	1 322	208	12	21	135	42	1	– –	1 543	173
503	226	1 755	91	9	31	114	38	3	1	215	407
1 129	691	2 764	674	74	74	254	33	3	5	190	205
59	111	127	6	12	5	70	16	– –	– –	– –	– –
607	241	1 928	373	24	64	92	109	– –	– –	350	817
844	2 705	1 869	498	67	85	434	363	132	5	97	868
334	116	89	44	9	10	121	7	2	– –	1	2
562	915	3 648	340	46	76	121	114	31	30	87	196
1 925	426	2 846	429	39	116	192	56	– –	3	356	314
2 084	209	4 330	471	26	89	277	76	40	9	773	987
2 130	2 457	5 532	1 109	88	179	496	139	1	32	2 674	586
393	593	203	193	1	28	31	51	– –	– –	1 584	– –
1 303	934	2 892	1 232	22	32	267	82	19	3	420	417
133	54	737	88	7	– –	9	5	5	2	174	92
– –	– –	– –	– –	– –	– –	– –	– –	– –	– –	– –	– –
5 573	320	4 979	1 218	65	76	612	161	37	10	346	4 935
686	138	854	353	7	21	129	46	61	– –	67	943
3 746	308	3 472	990	55	77	527	31	29	– –	909	3 299
– –	– –	– –	– –	– –	– –	– –	– –	– –	– –	– –	– –
427	52	1 224	133	24	23	155	150	8	2	89	141
719	232	505	112	7	10	76	1	7	– –	118	379
172	108	342	80	2	5	87	5	– –	– –	24	233
74	– –	326	29	7	7	3	11	– –	– –	3	711
391	52	1 169	149	14	11	72	13	3	1	441	1 235

各地区文化市场行政

	机构数(个)	从业人员(人)	职工	本年收入合计(千元)	财政补助收入	上级补助收入	事业收入	管理费收入	其他收入
总计	**2 116**	**10 427**	**7 187**	**382 548**	**76 425**	**5 507**	**291 867**	**261 600**	**8 749**
中央	1	--	--	--	--	--	--	--	--
地方	2 115	10 427	7 187	382 548	76 425	5 507	291 867	261 600	8 749
北京	16	108	49	7 274	2 727	134	4 319	2 877	94
天津	12	93	77	15 064	2 300	--	12 530	12 417	234
河北	152	657	393	6 956	2 214	--	4 565	4 126	177
山西	78	463	250	6 488	595	60	5 739	4 751	94
内蒙古	52	261	176	53 260	718	--	52 517	51 888	25
辽宁	94	656	519	24 659	1 344	109	23 082	19 923	124
其中:大连	7	90	79	6 757	396	45	6 244	4 845	72
吉林	37	223	196	4 058	728	8	3 311	3 087	11
黑龙江	93	489	429	12 086	385	49	11 121	9 695	531
上海	16	173	133	13 196	6 257	2 673	2 742	470	1 524
江苏	112	516	468	31 842	3 779	110	26 762	24 440	1 191
浙江	90	332	233	38 407	2 170	106	35 706	34 151	425
其中:宁波	9	40	24	4 997	292	55	4 578	4 578	72
安徽	76	451	302	8 519	986	142	7 281	5 807	110
福建	50	222	87	15 380	6 347	94	8 797	5 911	142
其中:厦门	5	10	10	940	384	50	498	383	8
江西	60	311	171	5 457	879	56	4 324	3 521	198
山东	120	574	458	7 267	6 199	508	351	71	209
其中:青岛	5	29	25	726	505	144	47	--	30
河南	119	891	647	9 681	1 919	292	6 893	4 732	577
湖北	54	362	256	11 130	2 021	28	8 419	7 971	662
湖南	49	360	239	7 373	1 533	188	5 273	3 546	379
广东	177	623	377	45 139	20 978	141	23 368	21 787	652
其中:深圳	5	21	11	12 528	9 708	--	2 820	2 820	--
广西	74	326	244	10 252	1 883	--	8 213	7 293	156
海南	1	23	23	669	--	--	--	--	669
重庆	--	--	--	--	--	--	--	--	--
四川	134	729	388	15 226	2 689	6	12 190	11 022	341
贵州	14	39	26	443	132	--	294	274	17
云南	106	257	121	11 676	2 088	668	8 870	7 455	50
西藏	7	15	10	261	--	--	--	--	--
陕西	107	537	333	9 140	1 902	59	7 071	6 697	108
甘肃	80	182	142	3 722	464	23	3 189	3 167	46
青海	48	229	182	3 796	2 347	53	1 396	1 344	--
宁夏	25	87	86	1	--	--	1	1	--
新疆	69	253	182	4 387	841	--	3 543	3 176	3

管理机构基本情况（一）

本年支出合计（千元）									设备情况	
	事业支出	在支出合计中							车辆（辆）	移动电话（部）
		从业人员劳动报酬	职工工资总额	税金支出	社会保障费	设备购置费	业务费	补助下级支出		
370 063	**255 997**	**68 297**	**52 505**	**3 882**	**8 704**	**26 862**	**96 492**	**11 369**	**1 270**	**603**
--	--	--	--	--	--	--	--	--	1	2
370 063	255 997	68 297	52 505	3 882	8 704	26 862	96 492	11 369	1 269	601
8 362	7 819	1 038	962	68	69	1 060	3 613	--	33	26
13 917	11 301	1 045	685	--	124	277	7 363	202	13	5
6 516	4 209	1 768	1 409	131	105	455	1 945	237	51	28
6 205	1 961	1 316	614	268	282	811	1 393	164	27	11
55 548	40 227	763	745	2	10	10 144	5 728	1	27	4
22 999	11 664	4 610	3 752	597	368	1 237	4 436	532	82	34
5 856	3 598	764	681	--	180	76	1 386	--	9	3
4 205	3 603	1 522	1 361	82	138	142	1 099	31	24	15
11 272	6 570	2 808	2 063	130	182	892	3 293	158	58	48
12 478	10 228	4 903	2 575	--	1 018	384	3 127	--	25	7
30 675	28 896	6 873	5 945	105	1 047	1 958	6 610	2 125	96	53
36 136	21 375	4 765	4 359	466	742	1 602	8 562	1 750	67	56
4 848	2 873	678	538	--	116	45	845	--	14	6
9 343	5 051	2 352	1 545	15	803	723	2 670	107	46	10
15 425	11 898	2 264	1 038	72	288	315	3 124	1 297	33	8
857	190	132	132	--	12	11	522	--	5	--
5 201	2 527	1 235	1 175	187	108	250	1 125	467	23	5
7 793	6 414	3 226	2 761	6	509	552	1 099	14	72	34
692	630	222	220	--	67	156	80	14	6	2
9 044	3 604	3 569	2 876	120	397	401	1 410	77	65	16
10 958	7 448	2 818	2 339	105	387	484	3 594	487	48	22
5 825	2 593	1 865	1 140	106	211	493	1 156	7	28	20
43 612	33 293	7 014	5 164	36	593	1 326	17 640	1 440	218	53
11 848	11 844	1 848	1 736	--	40	300	7 750	--	8	--
9 173	6 434	1 876	1 465	204	242	404	3 564	299	59	21
669	--	110	110	66	252	--	241	--	1	1
--	--	--	--	--	--	--	--	--	--	--
14 576	8 980	3 178	2 351	341	459	1 082	3 476	1 053	49	88
354	296	132	105	--	--	21	117	15	3	1
10 745	8 115	983	646	217	34	891	4 312	673	44	8
--	--	--	--	--	--	--	--	--	--	--
8 263	6 118	2 515	1 895	455	172	222	2 648	168	33	8
3 706	1 335	357	225	39	8	183	1 593	18	22	15
2 958	599	2 184	2 113	--	59	186	288	36	12	3
2	--	--	--	--	--	--	--	--	--	--
4 103	3 439	1 208	1 087	64	97	367	1 266	11	10	1

各地区文化市场行政

	文化市场管理								
	文化艺术经纪与代理	民间职业剧团	个体演职人员	时装表演队	音像制品批发、零售单位	录像放映	录像带出租	歌舞厅	舞厅
总计	**160**	**1 949**	**21 262**	**222**	**21 280**	**18 309**	**19 718**	**19 590**	**5 855**
中央	17	——	——	——	140	——	——	——	——
地方	143	1 949	21 262	222	21 140	18 309	19 718	19 590	5 855
北京	17	——	381	——	——	——	——	232	62
天津	——	13	430	23	51	64	22	579	34
河北	2	18	192	7	130	29	8	1 602	242
山西	2	——	160	——	4	3	2	141	20
内蒙古	——	7	72	1	168	342	473	159	77
辽宁	4	48	419	4	1 438	909	1 658	685	372
其中:大连	——	——	——	——	228	550	467	165	11
吉林	——	——	——	——	392	60	185	5	37
黑龙江	3	25	338	7	581	295	1 257	465	246
上海	——	——	——	——	97	18	33	117	53
江苏	6	79	1 242	26	818	1 026	3 169	3 889	1 004
浙江	24	268	3 140	18	1 141	1 287	2 299	1 895	674
其中:宁波	2	25	144	2	334	156	263	548	53
安徽	3	402	330	2	754	234	630	669	95
福建	3	213	4 439	13	88	242	320	205	383
其中:厦门	——	1	302	——	11	39	20	15	15
江西	2	14	118	25	269	253	295	294	178
山东	1	14	1 521	1	1 140	374	187	492	105
其中:青岛	——	——	95	1	192	66	53	40	8
河南	11	251	665	12	1 424	549	830	1 053	201
湖北	10	39	1 036	9	405	348	778	416	153
湖南	4	69	1 114	——	635	359	530	243	139
广东	23	347	2 465	19	3 922	6 881	893	984	267
其中:深圳	——	——	——	——	181	666	97	201	72
广西	6	23	179	3	1 441	358	804	209	95
海南	——	——	——	——	——	——	——	——	——
重庆	——	——	——	——	——	——	——	——	——
四川	9	56	333	——	2 010	1 089	2 215	1 004	252
贵州	2	8	——	——	47	78	147	43	23
云南	1	10	150	5	2 574	2 161	1 262	1 796	580
西藏	——	——	——	——	——	——	——	——	——
陕西	5	27	1 027	34	576	546	655	1 141	203
甘肃	——	2	49	——	31	13	——	458	118
青海	——	8	42	——	198	227	381	71	38
宁夏	——	1	200	——	257	101	334	492	38
新疆	5	7	1 220	13	549	463	351	251	166

管理机构基本情况（二）

机构登记单位（个、人）											
卡拉OK厅	餐饮卡拉OK	电子游艺厅	台球厅	保龄球	旱冰场	综合娱乐场所	画店、画廊	美术公司	艺术品拍卖公司	图书批发	其他
24 858	**12 657**	**42 196**	**11 062**	**720**	**1 215**	**5 228**	**1 859**	**229**	**244**	**11 430**	**15 418**
— —	— —	— —	— —	1	— —	4	— —	3	— —	— —	— —
24 858	12 657	42 196	11 062	719	1 215	5 224	1 859	226	244	11 430	15 418
430	243	193	294	60	2	138	163	— —	— —	— —	49
211	181	202	254	16	9	1	8	— —	— —	245	13
519	1 141	1 416	123	4	12	14	12	2	3	2	9
1 680	26	5	34	5	12	12	— —	3	— —	34	51
137	91	349	110	13	12	26	3	42	— —	45	520
2 318	1 407	1 201	1 165	30	58	56	202	43	12	586	555
335	399	404	179	9	2	13	22	— —	10	31	160
143	717	653	299	— —	— —	2	4	— —	— —	51	260
716	600	1 268	930	23	21	18	26	13	— —	419	668
444	207	224	101	— —	2	1 308	— —	— —	— —	63	82
1 098	520	4 609	1 386	163	389	425	206	3	6	581	638
2 632	706	6 033	1 028	52	62	809	213	1	141	4 656	1 870
162	— —	560	109	8	10	45	17	1	— —	776	83
382	100	1 092	35	7	26	53	31	3	1	154	208
586	445	1 634	429	37	50	188	20	2	5	24	69
55	66	57	6	9	1	68	16	— —	— —	— —	— —
297	102	711	100	9	13	50	51	—	— —	176	158
430	1 658	959	272	41	52	208	289	14	— —	70	404
130	111	76	9	4	1	66	1	2	— —	1	1
445	644	3 055	281	24	53	83	63	12	30	35	110
985	195	1 429	158	18	50	89	5	— —	2	234	130
917	60	1 768	137	14	22	132	31	3	3	187	208
1 964	2 189	5 279	1 069	84	178	436	110	1	32	2 110	586
251	356	87	166	— —	28	26	28	— —	— —	1 020	— —
742	547	1 754	814	12	21	88	70	10	3	319	231
— —	— —	— —	— —	— —	— —	— —	— —	— —	— —	— —	— —
— —	— —	— —	— —	— —	— —	— —	— —	— —	— —	— —	— —
3 693	206	3 255	951	20	55	434	138	33	3	295	3 740
31	11	69	31	1	1	12	10	1	— —	4	68
2 682	253	2 243	636	44	66	320	29	22	— —	649	2 631
— —	— —	— —	— —	— —	— —	— —	— —	— —	— —	— —	— —
366	49	994	102	19	20	132	150	8	2	44	140
498	220	389	94	6	9	63	1	7	— —	118	313
167	88	323	78	2	5	86	5	— —	— —	23	208
74	— —	325	29	4	7	1	11	— —	— —	3	711
271	51	764	122	11	8	40	8	3	1	303	788

各地区音像批发、

	机构数	从业人员	职工	资本金合计	国家资本金	固定资产合计	固定资产原价	本年提取折旧	主营业收入	主营业成本及费用	主营业税金及附加	主营业务利润	其他业务利润
总计	**23 293**	**44 205**	**14 286**	**895 493**	**52 838**	**590 212**	**571 678**	**11 451**	**918 872**	**635 309**	**87 050**	**196 513**	**5 744**
北京	--	--	--	--	--	--	--	--	--	--	--	--	--
天津	--	--	--	--	--	--	--	--	--	--	--	--	--
河北	--	--	--	--	--	--	--	--	--	--	--	--	--
山西	--	--	--	--	--	--	--	--	--	--	--	--	--
内蒙古	525	869	300	11 658	1 250	7 439	8 487	98	13 528	8 484	1 317	3 727	--
辽宁	1 200	5 057	1 265	326 479	15 768	155 122	152 091	1 789	196 126	144 927	19 159	32 040	1 223
其中:大连	227	1 536	745	10 104	2 860	9 837	10 984	1 243	105 177	95 909	848	8 420	1 214
吉林	799	1 349	226	12 171	2 050	18 315	16 701	169	21 075	11 945	2 841	6 289	--
黑龙江	777	1 248	557	5 321	33	5 971	4 359	8	17 056	6 498	3 177	7 381	9
上海	--	--	--	--	--	--	--	--	--	--	--	--	--
江苏	531	1 450	995	10 599	1 407	8 167	8 969	737	33 984	27 159	1 252	5 573	715
浙江	1 201	2 118	821	26 563	2 958	20 043	18 641	202	26 749	17 141	2 352	7 256	266
其中:宁波	344	543	211	7 903	1 070	5 857	4 199	55	7 301	4 472	766	2 063	160
安徽	834	1 662	992	17 610	5 790	11 922	8 778	117	19 030	10 165	1 843	7 022	139
福建	190	306	78	5 271	510	6 128	6 518	354	4 102	2 038	403	1 661	171
其中:厦门	28	57	25	775	10	999	1 054	2	1 172	855	129	188	-6
江西	301	548	179	5 196	330	4 159	4 763	1 979	4 660	2 041	436	2 183	166
山东	1 075	2 027	942	34 975	299	16 812	15 436	63	18 995	12 145	1 722	5 128	66
其中:青岛	--	--	--	--	--	--	--	--	--	--	--	--	--
河南	1 441	2 536	878	27 340	349	25 403	23 839	123	26 784	11 277	3 494	12 013	115
湖北	433	815	290	12 235	120	8 510	5 436	8	9 960	5 227	924	3 809	--
湖南	1 332	2 513	399	40 430	2 890	38 693	37 328	48	33 522	17 492	4 552	11 478	2
广东	2 415	5 028	982	111 314	3 190	53 643	63 763	1 403	167 285	117 540	20 376	29 369	105
其中:深圳	157	879	160	72 467	22 410	82 403	39 621	1 562	204 238	144 447	13 496	46 295	13 084
广西	2 224	3 572	596	85 937	4 592	80 701	81 609	224	52 521	39 732	5 559	7 230	112
海南	461	854	313	15 026	--	8 460	7 661	4	17 459	12 656	2 030	2 773	--
重庆	76	80	59	379	--	367	367	--	603	351	79	173	--
四川	1 429	2 701	1 038	24 744	4 703	27 239	24 229	506	48 825	36 306	3 082	9 437	424
贵州	286	382	59	2 814	--	2 480	2 670	11	2 761	1 113	297	1 351	--
云南	3 587	5 378	2 299	68 715	2 984	60 651	51 720	2 915	84 466	56 336	6 295	21 835	2 161
西藏	119	155	2 552	--	--	--	--	--	--	--	--	--	--
陕西	675	1 770	298	24 378	2 005	15 353	17 079	566	88 418	75 453	2 358	10 607	62
甘肃	43	60	55	492	--	455	455	--	512	209	78	225	--
青海	148	223	68	2 367	30	1 284	1 029	17	2 618	1 682	191	745	--
宁夏	266	388	388	5 806	80	3 462	3 415	--	5 435	3 801	456	1 178	--
新疆	1 044	1 271	209	17 673	1 500	9 433	6 335	110	22 398	13 591	2 777	6 030	8

零售业基本情况

单位：个、人、千元、千平方米

损益及分配									其他				
管理费用	税金	劳动待业保险	财务费用	补贴收入	投资收益	营业外收支净额	应交所得税	利润	从业人员劳动报酬	上交主办单位费用	上交文化市场管理费	增加值	房屋建筑面积
41 725	**2 471**	**1 485**	**8 144**	**159**	**1 035**	**922**	**5 787**	**148 717**	**118 980**	**2 258**	**22 936**	**447 112**	**530**
- -	- -	- -	- -	- -	- -	- -	- -	- -	- -	- -	- -	- -	- -
- -	- -	- -	- -	- -	- -	- -	- -	- -	- -	- -	- -	- -	- -
- -	- -	- -	- -	- -	- -	- -	- -	- -	- -	- -	- -	- -	- -
- -	- -	- -	- -	- -	- -	- -	- -	- -	- -	- -	- -	- -	- -
2 367	- -	- -	84	2	15	- -	42	1 251	5 532	40	455	11 181	12
5 499	36	76	1 460	100	38	487	194	26 735	8 080	227	1 867	64 457	54
5 432	24	76	1 455	100	38	487	88	3 284	3 687	124	244	15 803	7
488	12	- -	- -	- -	- -	-51	17	5 733	3 796	31	790	13 960	17
197	3	2	2	2	4	3	2	7 198	1 146	10	661	12 408	9
- -	- -	- -	- -	- -	- -	- -	- -	- -	- -	- -	- -	- -	- -
2 758	1 353	773	472	36	178	91	665	2 698	2 831	274	319	13 076	9
946	95	1	3	- -	418	-3	135	6 853	16 212	127	737	27 316	23
235	23	- -	3	- -	- -	- -	9	1 976	1 722	40	193	5 029	7
807	170	3	-10	2	- -	5	167	6 204	2 055	121	10 162	21 644	13
86	- -	- -	12	- -	- -	- -	22	1 712	861	2	126	3 571	4
- -	- -	- -	- -	- -	- -	- -	- -	182	374	2	43	730	1
81	25	6	2	- -	- -	- -	6	2 260	977	12	163	5 945	6
109	25	- -	2	- -	- -	- -	12	5 071	4 133	18	4	11 158	24
- -	- -	- -	- -	- -	- -	- -	- -	- -	- -	- -	- -	- -	- -
138	5	24	19	1	- -	- -	16	11 956	5 345	75	150	21 310	29
7	3	1	- -	- -	- -	- -	6	3 796	2 279	26	263	7 360	10
39	2	7	44	- -	2	- -	49	11 350	6 672	47	361	23 112	26
14 057	161	134	3 670	2	25	86	3 400	8 460	20 555	516	1 934	74 404	71
38 146	9	1 336	3 385	- -	- -	-5	2 116	15 727	4 977	40	- -	79 463	24
1 378	111	127	411	12	15	51	43	5 588	7 833	71	1 292	22 320	44
- -	- -	- -	19	- -	- -	30	21	2 763	3 482	- -	187	8 437	14
16	2	- -	- -	- -	- -	- -	- -	157	247	- -	33	545	1
4 379	78	273	148	- -	107	43	258	5 226	5 678	101	929	20 268	37
- -	- -	- -	- -	- -	- -	- -	- -	1 351	873	6	120	2 644	5
3 149	363	22	1 715	2	195	149	670	18 808	10 103	445	1 143	44 968	75
- -	- -	- -	- -	- -	- -	- -	- -	- -	- -	- -	- -	- -	- -
5 107	26	35	89	- -	38	30	48	5 493	4 896	88	648	19 242	20
- -	- -	- -	- -	- -	- -	- -	- -	225	29	- -	10	339	1
8	- -	- -	- -	- -	- -	- -	14	723	396	15	52	1 413	2
2	1	1	- -	- -	- -	- -	- -	1 176	1 306	- -	- -	2 941	7
107	- -	- -	2	- -	- -	1	- -	5 930	3 663	6	530	13 093	17

各地区音像出

	机构数	从业人员	职工	资本金合计	国家资本金	固定资产合计	固定资产原价	本年提取折旧	主营业收入	主营业成本及费用	主营业税金及附加	主营业务利润	其他业务利润
总计	**25 999**	**42 022**	**14 930**	**434 053**	**11 546**	**350 529**	**313 955**	**3 573**	**401 979**	**201 865**	**47 014**	**153 100**	**715**
北京	- -	- -	- -	- -	- -	- -	- -	- -	- -	- -	- -	- -	- -
天津	14	41	31	240	110	417	506	28	422	157	24	241	- -
河北	- -	- -	- -	- -	- -	- -	- -	- -	- -	- -	- -	- -	- -
山西	- -	- -	- -	- -	- -	- -	- -	- -	- -	- -	- -	- -	- -
内蒙古	727	1 244	155	10 749	10	10 695	10 525	63	12 120	6 893	1 750	3 477	1
辽宁	1 921	4 077	1 490	76 658	593	27 497	25 006	559	31 431	17 238	3 058	11 135	- 23
其中:大连	536	1 344	844	4 945	144	4 367	7 002	192	7 887	4 811	325	2 751	- 44
吉林	1 625	2 432	1 051	24 420	195	26 645	26 048	246	25 711	10 820	2 952	11 939	- -
黑龙江	1 625	2 812	702	14 382	1 342	15 697	13 964	71	26 932	9 925	4 663	12 344	217
上海	- -	- -	- -	- -	- -	- -	- -	- -	- -	- -	- -	- -	- -
江苏	2 676	4 475	2 833	13 159	390	20 055	15 954	395	14 779	8 420	1 600	4 759	8
浙江	2 102	3 180	1 050	28 487	770	25 843	22 557	301	29 042	14 956	2 862	11 224	159
其中:宁波	416	668	251	7 208	133	6 676	3 822	187	7 313	4 035	797	2 481	23
安徽	1 156	1 843	1 108	7 665	83	9 189	5 198	77	11 168	4 627	1 246	5 295	3
福建	408	508	106	6 432	17	5 232	4 872	10	7 736	4 039	774	2 923	- -
其中:厦门	21	40	30	387	- -	350	308	- -	565	392	59	114	- -
江西	556	859	263	11 067	- -	10 092	8 332	31	9 382	4 324	988	4 070	51
山东	359	695	435	4 941	443	4 523	4 302	13	6 022	2 814	538	2 670	22
其中:青岛	- -	- -	- -	- -	- -	- -	- -	- -	- -	- -	- -	- -	- -
河南	563	992	486	8 979	298	8 381	6 966	39	7 980	3 698	1 063	3 219	67
湖北	1 700	2 568	807	27 466	851	22 485	20 866	332	23 323	11 330	3 156	8 837	62
湖南	1 210	2 189	301	29 988	293	27 888	26 877	6	25 731	11 734	3 014	10 983	27
广东	816	1 419	131	44 561	675	23 713	21 951	126	55 184	35 177	5 163	14 844	15
其中:深圳	42	88	36	25 218	30	5 983	2 194	96	32 907	21 871	2 803	8 233	- -
广西	1 217	1 976	389	20 747	499	17 296	16 916	211	19 424	11 576	2 218	5 630	22
海南	112	149	46	1 927	- -	1 728	1 737	- -	1 814	852	86	876	- -
重庆	355	513	209	5 894	- -	4 890	5 080	1	5 487	2 795	711	1 981	- -
四川	3 060	4 698	1 505	43 720	515	43 994	41 657	239	42 377	21 161	5 353	15 863	31
贵州	520	650	181	5 218	- -	4 328	4 811	75	5 841	2 130	730	2 981	- -
云南	1 110	1 626	669	17 621	4 089	14 380	9 166	534	11 805	5 663	1 382	4 760	47
西藏	137	179	- -	2 923	- -	- -	- -	- -	- -	- -	- -	- -	- -
陕西	846	1 458	337	17 441	300	13 291	12 045	172	13 648	5 400	1 773	6 475	- -
甘肃	- -	- -	- -	- -	- -	- -	- -	- -	- -	- -	- -	- -	- -
青海	336	392	90	1 905	73	2 094	1 934	33	2 631	783	373	1 475	- -
宁夏	335	446	444	4 998	- -	4 713	4 648	9	3 462	1 259	499	1 704	- -
新疆	650	780	111	5 388	- -	5 463	2 037	2	8 527	4 094	1 038	3 395	6

租 业 基 本 情 况

单位：个、人、千元、千平方米

损益及分配									其他			增加值	房屋建筑面积
管理费用	税金	劳动待业保险	财务费用	补贴收入	投资收益	营业外收支净额	应交所得税	利润	从业人员劳动报酬	上交主办单位费用	上交文化市场管理费		
13 490	**982**	**548**	**1 890**	**308**	**381**	**244**	**2 410**	**136 958**	**85 823**	**3 078**	**21 376**	**316 559**	**467**
- -	- -	- -	- -	- -	- -	- -	- -	- -	- -	- -	- -	- -	- -
14	- -	- -	- -	- -	- -	- -	- -	227	65	5	8	371	1
- -	- -	- -	- -	- -	- -	- -	- -	- -	- -	- -	- -	- -	- -
- -	- -	- -	- -	- -	- -	- -	- -	- -	- -	- -	- -	- -	- -
316	- -	- -	101	14	76	3	89	3 065	1 833	151	713	7 981	16
1 555	31	10	21	7	44	7	260	9 334	5 556	270	3 102	23 741	37
1 501	26	8	8	6	43	7	172	1 082	1 241	91	474	5 056	7
117	12	2	- -	- -	- -	- -	7	11 815	7 236	78	2 316	24 918	32
1 162	22	46	181	67	118	89	262	11 230	2 816	127	1 217	21 489	26
- -	- -	- -	- -	- -	- -	- -	- -	- -	- -	- -	- -	- -	- -
678	288	252	6	1	7	4	48	4 047	4 021	147	1 523	12 854	18
743	57	122	9	- -	4	57	184	10 508	7 790	688	2 612	25 801	31
379	31	122	7	- -	3	2	123	2 000	1 719	392	286	5 981	6
603	226	- -	54	79	- -	- -	81	4 639	2 872	40	820	10 591	16
40	- -	- -	11	- -	- -	- -	3	2 869	1 412	85	353	5 605	10
- -	- -	- -	- -	- -	- -	- -	- -	114	167	72	26	438	- -
4	1	- -	- -	- -	- -	- -	1	4 116	1 887	7	439	7 512	12
71	- -	- -	-1	- -	- -	- -	1	2 621	1 374	7	6	4 630	8
- -	- -	- -	- -	- -	- -	- -	- -	- -	- -	- -	- -	- -	- -
26	11	- -	2	4	6	1	5	3 264	1 773	53	56	6 279	14
726	81	2	52	7	3	25	6	8 150	6 065	222	897	19 858	33
44	9	4	213	- -	28	- -	158	10 623	6 385	35	481	20 886	24
3 260	7	13	1 064	2	- -	7	767	9 777	5 538	185	364	26 222	17
3 109	- -	10	1 050	- -	- -	- -	745	3 329	709	98	- -	11 939	1
223	91	58	132	118	85	37	119	5 418	4 416	93	1 057	13 804	25
19	- -	- -	- -	- -	- -	- -	- -	857	450	4	34	1 442	3
62	- -	- -	1	- -	- -	- -	- -	1 918	1 295	- -	302	4 355	6
3 415	93	11	19	- -	- -	- -	243	12 217	11 197	352	2 757	36 018	63
5	5	- -	- -	- -	- -	11	- -	2 987	2 149	71	442	6 483	9
375	47	28	22	9	10	3	109	4 323	3 234	288	623	10 863	26
- -	- -	- -	- -	- -	- -	- -	- -	- -	- -	- -	- -	- -	- -
7	1	- -	- -	- -	- -	- -	19	6 449	2 218	75	678	11 430	18
- -	- -	- -	- -	- -	- -	- -	- -	- -	- -	- -	- -	- -	- -
19	- -	- -	- -	- -	- -	- -	35	1 421	282	46	415	2 624	5
5	- -	- -	3	- -	- -	- -	11	1 685	1 394	10	- -	3 616	7
1	- -	- -	- -	- -	- -	- -	2	3 398	2 565	39	161	7 186	10

各地区录像放

	机构数	从业人员	职工	资本金合计	国家资本金	固定资产合计	固定资产原价	本年提取折旧	主营业收入	主营业成本及费用	主营业税金及附加	主营业务利润	其他业务利润
总计	**16 734**	**42 999**	**19 098**	**694 950**	**87 374**	**737 242**	**755 914**	**18 831**	**480 612**	**250 661**	**52 208**	**177 743**	**4 595**
北京	--	--	--	--	--	--	--	--	--	--	--	--	--
天津	54	594	473	8 548	7 131	8 769	10 591	287	8 385	6 403	903	1 079	355
河北	1	2	2	--	--	--	--	--	--	--	--	--	--
山西	--	--	--	--	--	--	--	--	--	--	--	--	--
内蒙古	703	1 378	300	27 791	818	32 280	31 996	97	27 058	13 043	2 596	11 419	1
辽宁	503	2 212	1 301	30 774	4 103	32 012	34 182	2 195	24 665	12 384	2 925	9 356	736
其中:大连	146	733	468	4 622	955	6 385	7 999	1 403	10 306	4 693	1 289	4 324	10
吉林	249	677	179	14 715	140	17 027	16 484	26	8 274	4 349	1 005	2 920	--
黑龙江	338	689	317	41 910	941	43 024	57 856	1 143	19 142	6 488	5 062	7 592	77
上海	--	--	--	--	--	--	--	--	--	--	--	--	--
江苏	831	2 044	1 330	14 398	4 817	18 475	19 008	440	11 535	6 331	931	4 273	475
浙江	1 101	2 816	1 047	34 296	1 450	30 184	28 451	450	27 560	14 692	2 681	10 187	8
其中:宁波	231	513	261	5 401	650	5 185	3 033	117	4 774	2 752	498	1 524	2
安徽	294	1 059	678	6 552	721	10 982	5 873	34	7 452	3 196	931	3 325	18
福建	448	875	260	16 041	172	14 335	14 914	375	14 304	7 929	1 395	4 980	2
其中:厦门	71	169	87	2 169	155	2 130	2 046	108	1 663	1 123	223	317	--
江西	368	1 529	779	19 322	5 586	20 444	18 555	129	10 511	4 951	953	4 607	41
山东	507	2 053	1 233	20 569	3 961	25 918	25 608	791	13 081	7 232	1 058	4 791	287
其中:青岛	--	--	--	--	--	--	--	--	--	--	--	--	--
河南	650	2 071	1 047	27 206	2 037	30 468	25 997	229	16 677	5 910	1 917	8 850	70
湖北	709	2 164	1 101	44 311	18 069	43 769	31 654	252	20 561	9 786	1 964	8 811	52
湖南	846	2 823	1 442	51 770	1 773	50 280	66 383	649	26 800	11 299	3 355	12 146	233
广东	1 993	5 581	1 745	157 107	16 603	165 292	193 803	6 428	128 043	80 135	11 704	36 204	1 744
其中:深圳	21	52	30	2 228	670	1 100	1 819	113	1 326	998	83	245	--
广西	531	1 976	751	41 846	5 360	53 959	53 615	1 852	19 719	11 426	2 069	6 224	36
海南	125	284	107	5 547	--	5 113	4 962	4	3 691	1 943	345	1 403	--
重庆	66	158	59	3 415	740	3 301	3 168	10	2 048	1 207	252	589	--
四川	1 292	2 416	1 019	22 963	3 273	16 218	15 875	743	13 831	7 897	1 680	4 254	235
贵州	559	1 284	324	16 641	1 552	12 313	12 954	101	11 795	5 932	1 299	4 564	--
云南	2 747	4 918	2 033	49 960	4 795	67 298	54 182	2 131	37 841	15 816	4 025	18 000	167
西藏	490	718	--	7 657	--	--	--	--	--	--	--	--	--
陕西	619	1 492	629	17 524	1 771	16 683	14 276	261	11 875	5 366	1 305	5 204	39
甘肃	14	29	15	10	--	10	10	--	15	7	1	7	--
青海	325	475	158	3 319	433	3 702	3 187	99	3 940	1 076	464	2 400	--
宁夏	166	270	270	3 915	310	3 485	3 591	70	2 511	1 043	318	1 150	--
新疆	695	1 130	499	14 500	818	11 901	8 739	35	9 298	4 820	1 070	3 408	19

映业基本情况

单位：个、人、千元、千平方米

损益及分配									其他				
管理费用	税金	劳动待业保险	财务费用	补贴收入	投资收益	营业外收支净额	应交所得税	利润	从业人员劳动报酬	上交主办单位费用	上交文化市场管理费	增加值	房屋建筑面积
23 134	**1 833**	**2 117**	**4 265**	**1 470**	**950**	**2 452**	**2 809**	**157 002**	**113 160**	**7 623**	**69 643**	**445 699**	**1 270**
--	--	--	--	--	--	--	--	--	--	--	--	--	--
1 564	311	297	-14	2	--	245	187	-56	2 474	18	64	5 492	14
--	--	--	--	--	--	--	--	--	--	--	--	--	--
--	--	--	--	--	--	--	--	--	--	--	--	--	--
900	2	1	229	6	24	2	81	10 242	5 860	200	709	20 876	50
2 963	78	463	378	19	50	14	212	6 622	5 728	608	1 229	22 847	48
2 347	42	92	12	1	50	9	199	1 836	1 484	207	684	9 443	10
65	8	8	8	--	--	--	--	2 847	1 702	20	356	6 045	15
415	12	11	115	22	37	20	116	7 102	2 995	130	5 213	22 232	15
--	--	--	--	--	--	--	--	--	--	--	--	--	--
1 059	131	125	159	11	19	24	439	3 145	3 571	822	2 517	13 199	38
302	27	2	11	--	1	--	75	9 808	7 547	574	2 236	23 754	72
203	14	--	5	--	--	--	51	1 267	1 024	166	194	3 559	15
289	78	18	80	75	40	16	169	2 936	1 353	112	1 178	7 054	12
77	2	--	18	--	--	--	7	4 880	3 072	70	566	10 489	31
--	--	--	--	--	--	--	--	317	594	25	164	1 436	6
266	49	23	41	4	10	4	45	4 314	2 826	165	437	9 230	40
951	54	89	31	293	--	-3	6	4 380	3 809	148	30	10 972	51
--	--	--	--	--	--	--	--	--	--	--	--	--	--
164	25	3	33	12	18	3	29	8 727	3 643	225	331	15 292	56
317	27	16	34	4	67	59	40	8 602	4 892	431	584	17 101	90
337	185	81	237	115	197	130	105	12 142	6 204	217	375	23 340	52
9 245	396	684	2 084	67	373	1 861	548	28 372	28 891	2 262	4 186	91 836	257
29	12	--	10	--	--	20	7	219	155	77	--	685	2
1 281	84	170	412	17	29	-1	58	4 554	5 095	185	680	16 245	61
26	--	--	--	--	--	--	--	1 377	996	4	116	2 869	13
67	4	--	6	--	--	--	--	516	577	--	50	1 483	3
821	54	79	114	--	--	-23	72	3 459	4 255	28	581	11 843	53
36	5	--	1	--	--	6	19	4 514	3 021	241	45 982	55 179	30
1 746	261	38	265	17	73	26	423	15 849	8 065	795	1 059	34 328	150
--	--	--	--	--	--	--	--	--	--	--	--	--	--
145	39	3	22	11	12	24	52	5 071	2 686	107	734	10 365	39
--	--	--	--	--	--	--	--	7	4	--	8	25	1
69	--	--	--	785	--	45	120	3 041	721	180	122	3 967	12
2	1	--	--	--	--	--	6	1 142	777	--	--	2 316	8
27	--	6	1	10	--	--	--	3 409	2 396	81	300	7 320	59

各地区演出经纪

地区	机构数	从业人员	职工	资本金合计	国家资本金	固定资产合计	固定资产原价	本年提取折旧	主营业收入	主营业成本及费用	主营业税金及附加	主营业务利润	其他业务利润
总　计	**78**	**1 159**	**739**	**29 223**	**6 156**	**37 781**	**18 387**	**373**	**14 603**	**8 844**	**497**	**5 262**	**929**
北　京	– –	– –	– –	– –	– –	– –	– –	– –	– –	– –	– –	– –	– –
天　津	– –	– –	– –	– –	– –	– –	– –	– –	– –	– –	– –	– –	– –
河　北	– –	– –	– –	– –	– –	– –	– –	– –	– –	– –	– –	– –	– –
山　西	– –	– –	– –	– –	– –	– –	– –	– –	– –	– –	– –	– –	– –
内蒙古	– –	– –	– –	– –	– –	– –	– –	– –	– –	– –	– –	– –	– –
辽　宁	– –	– –	– –	– –	– –	– –	– –	– –	– –	– –	– –	– –	– –
其中:大连	– –	– –	– –	– –	– –	– –	– –	– –	– –	– –	– –	– –	– –
吉　林	– –	– –	– –	– –	– –	– –	– –	– –	– –	– –	– –	– –	– –
黑龙江	2	4	– –	– –	– –	– –	– –	– –	– –	– –	– –	– –	– –
上　海	– –	– –	– –	– –	– –	– –	– –	– –	– –	– –	– –	– –	– –
江　苏	– –	– –	– –	– –	– –	– –	– –	– –	– –	– –	– –	– –	– –
浙　江	27	473	385	3 568	2 300	301	310	24	4 664	1 665	109	2 890	278
其中:宁波	– –	– –	– –	– –	– –	– –	– –	– –	– –	– –	– –	– –	– –
安　徽	6	116	32	952	802	4 794	3 568	91	700	659	14	27	72
福　建	– –	– –	– –	– –	– –	– –	– –	– –	– –	– –	– –	– –	– –
其中:厦门	– –	– –	– –	– –	– –	– –	– –	– –	– –	– –	– –	– –	– –
江　西	– –	– –	– –	– –	– –	– –	– –	– –	– –	– –	– –	– –	– –
山　东	4	32	27	120	– –	110	110	2	80	58	4	18	– –
其中:青岛	– –	– –	– –	– –	– –	– –	– –	– –	– –	– –	– –	– –	– –
河　南	2	65	– –	1 150	100	5 500	5 000	– –	1 550	770	2	778	– –
湖　北	11	205	130	2 031	1 075	10 626	605	120	1 377	784	44	549	4
湖　南	– –	– –	– –	– –	– –	– –	– –	– –	– –	– –	– –	– –	– –
广　东	1	6	4	3 000	– –	– –	988	– –	– –	– –	– –	– –	– –
其中:深圳	1	6	4	3 000	– –	– –	988	– –	– –	– –	– –	– –	– –
广　西	1	6	4	1 000	– –	6	6	– –	117	117	6	-6	– –
海　南	– –	– –	– –	– –	– –	– –	– –	– –	– –	– –	– –	– –	– –
重　庆	9	103	77	7 714	1 879	7 445	6 524	88	4 277	3 516	140	621	573
四　川	9	40	1	7 673	– –	7 673	2	– –	1 125	663	134	328	2
贵　州	– –	– –	– –	– –	– –	– –	– –	– –	– –	– –	– –	– –	– –
云　南	– –	– –	– –	– –	– –	– –	– –	– –	– –	– –	– –	– –	– –
西　藏	– –	– –	– –	– –	– –	– –	– –	– –	– –	– –	– –	– –	– –
陕　西	– –	– –	– –	– –	– –	– –	– –	– –	– –	– –	– –	– –	– –
甘　肃	– –	– –	– –	– –	– –	– –	– –	– –	– –	– –	– –	– –	– –
青　海	– –	– –	– –	– –	– –	– –	– –	– –	– –	– –	– –	– –	– –
宁　夏	3	34	34	1 080	– –	1 080	1 080	– –	376	274	30	72	– –
新　疆	3	75	45	935	– –	246	194	48	337	338	14	-15	– –

机构基本情况

单位：个、人、千元、千平方米

损益及分配									其他			增加值	房屋建筑面积
管理费用	税金	劳动待业保险	财务费用	补贴收入	投资收益	营业外收支净额	应交所得税	利润	从业人员劳动报酬	上交主办单位费用	上交文化市场管理费		
1 476	**4**	**18**	**-37**	**157**	**--**	**15**	**341**	**4 583**	**3 347**	**1**	**99**	**10 513**	**37**
--	--	--	--	--	--	--	--	--	--	--	--	--	--
--	--	--	--	--	--	--	--	--	--	--	--	--	--
--	--	--	--	--	--	--	--	--	--	--	--	--	--
--	--	--	--	--	--	--	--	--	--	--	--	--	--
--	--	--	--	--	--	--	--	--	--	--	--	--	--
--	--	--	--	--	--	--	--	--	--	--	--	--	--
--	--	--	--	--	--	--	--	--	--	--	--	--	--
--	--	--	--	--	--	--	--	--	--	--	--	--	--
--	--	--	--	--	--	--	--	--	--	--	--	--	--
--	--	--	--	--	--	--	--	--	--	--	--	--	--
--	--	--	--	--	--	--	--	--	--	--	--	--	--
24	--	--	-40	--	--	--	341	2 843	1 571	--	13	4 885	3
--	--	--	--	--	--	--	--	--	--	--	--	--	--
128	4	18	--	--	--	-13	--	-42	232	--	3	444	--
--	--	--	--	--	--	--	--	--	--	--	--	--	--
--	--	--	--	--	--	--	--	--	--	--	--	--	--
--	--	--	--	--	--	--	--	--	--	--	--	--	--
--	--	--	--	--	--	--	--	18	9	--	--	33	--
--	--	--	--	--	--	--	--	--	--	--	--	--	--
--	--	--	--	--	--	--	--	778	10	--	2	792	--
117	--	--	3	--	--	--	--	433	408	1	16	1 142	20
--	--	--	--	--	--	--	--	--	--	--	--	--	--
--	--	--	--	--	--	--	--	--	90	--	2	92	3
--	--	--	--	--	--	--	--	--	90	--	2	92	3
115	--	--	--	--	--	--	--	-121	35	--	1	36	--
--	--	--	--	--	--	--	--	--	--	--	--	--	--
1 079	--	--	--	158	--	--	--	273	592	--	18	2 032	8
--	--	--	--	--	--	--	--	330	145	--	44	653	2
--	--	--	--	--	--	--	--	--	--	--	--	--	--
--	--	--	--	--	--	--	--	--	--	--	--	--	--
--	--	--	--	--	--	--	--	--	--	--	--	--	--
--	--	--	--	--	--	--	--	--	--	--	--	--	--
--	--	--	--	--	--	--	--	--	--	--	--	--	--
--	--	--	--	--	--	--	--	--	--	--	--	--	--
--	--	--	--	--	--	--	--	72	158	--	--	260	--
13	--	--	--	-1	--	28	--	-1	97	--	--	144	1

各 地 区 美 术

	机构数	从业人员	职工	资本金合计	国家资本金	固定资产合计	固定资产原价	本年提取折旧	主营业收入	主营业成本及费用	主营业税金及附加	主营业务利润	其他业务利润
总计	**584**	**1 867**	**577**	**43 646**	**7 720**	**26 129**	**21 006**	**740**	**24 175**	**12 915**	**1 868**	**9 392**	**256**
北京	--	--	--	--	--	--	--	--	--	--	--	--	--
天津	3	43	10	324	24	1 152	244	72	2 252	1 312	122	818	2
河北	1	--	--	--	--	--	--	--	--	--	--	--	--
山西	--	--	--	--	--	--	--	--	--	--	--	--	--
内蒙古	78	168	37	2 584	--	2 687	2 293	1	2 276	1 371	100	805	--
辽宁	16	170	97	4 305	300	2 386	2 386	--	457	308	38	111	3
其中:大连	1	18	12	600	300	--	--	--	49	36	3	10	--
吉林	14	44	--	303	--	387	387	--	354	122	66	166	--
黑龙江	46	86	22	617	--	545	642	5	865	303	122	440	--
上海	--	--	--	--	--	--	--	--	--	--	--	--	--
江苏	2	33	30	6 000	4 500	5 200	6 834	451	3 684	1 421	537	1 726	--
浙江	7	48	36	17 464	2 500	5 202	1 375	31	4 499	3 113	90	1 296	--
其中:宁波	1	3	3	2 449	--	2 349	--	--	2 503	1 551	23	929	--
安徽	2	4	1	600	--	400	--	--	300	270	8	22	--
福建	2	7	2	45	--	15	18	3	52	21	8	23	--
其中:厦门	--	--	--	--	--	--	--	--	--	--	--	--	--
江西	13	40	--	211	--	604	172	--	582	133	27	422	--
山东	151	331	177	4 788	336	2 493	2 639	169	2 694	1 395	217	1 082	234
其中:青岛	3	12	4	1 780	100	645	779	134	8	206	--	-198	234
河南	21	104	38	608	--	505	517	--	653	277	36	340	--
湖北	1	2	2	40	--	20	20	--	50	25	3	22	--
湖南	35	78	12	1 329	--	1 132	1 183	--	1 350	722	87	541	--
广东	2	3	--	100	--	80	80	--	150	50	20	80	--
其中:深圳	--	--	--	--	--	--	--	--	--	--	--	--	--
广西	8	52	15	1 955	--	507	417	8	338	227	7	104	--
海南	5	11	11	249	--	142	83	--	205	74	9	122	--
重庆	35	51	40	339	--	353	353	--	1 281	992	80	209	--
四川	54	98	16	391	--	282	299	--	415	188	39	188	--
贵州	25	38	--	131	--	75	45	--	376	130	43	203	--
云南	41	390	4	45	--	963	143	--	540	177	131	232	2
西藏	4	5	--	103	--	--	--	--	--	--	--	--	--
陕西	8	28	14	626	--	383	314	--	310	96	22	192	15
甘肃	7	24	13	469	60	469	469	--	313	97	35	181	--
青海	--	1	--	2	--	2	3	--	3	1	--	2	--
宁夏	--	--	--	--	--	--	--	--	--	--	--	--	--
新疆	7	13	--	121	--	145	90	--	176	90	21	65	--

公司基本情况

单位：个、人、千元、千平方米

损益及分配									其他			增加值	房屋建筑面积
管理费用	税金	劳动待业保险	财务费用	补贴收入	投资收益	营业外收支净额	应交所得税	利润	从业人员劳动报酬	上交主办单位费用	上交文化市场管理费		
3 252	**632**	**278**	**321**	--	--	**88**	**611**	**5 552**	**4 014**	**86**	**195**	**17 175**	**61**
--	--	--	--	--	--	--	--	--	--	--	--	--	--
619	1	17	-4	--	--	91	--	296	225	--	--	1 240	1
--	--	--	--	--	--	--	--	--	--	--	--	--	--
--	--	--	--	--	--	--	--	--	--	--	--	--	--
522	--	--	--	--	--	--	--	283	908	--	47	1 860	4
11	--	--	--	--	--	--	--	103	54	--	8	214	42
11	--	--	--	--	--	--	--	-1	--	--	--	13	--
--	--	--	--	--	--	--	--	166	8	--	11	253	--
--	--	--	--	--	--	--	--	440	180	--	49	799	1
--	--	--	--	--	--	--	--	--	--	--	--	--	--
877	628	249	257	--	--	--	467	125	406	--	1	3 749	1
669	1	12	-1	--	--	--	123	505	80	59	9	1 567	--
156	--	--	--	--	--	--	120	653	18	2	1	973	--
--	--	--	--	--	--	--	--	22	--	--	4	34	--
--	--	--	--	--	--	--	--	23	9	--	1	44	--
--	--	--	--	--	--	--	--	--	--	--	--	--	--
--	--	--	--	--	--	--	--	422	78	--	9	539	--
376	--	--	-5	--	--	-3	--	942	412	5	--	2 119	4
334	--	--	-6	--	--	-3	--	295	34	--	--	204	1
--	--	--	--	--	--	--	--	340	249	--	8	633	1
--	--	--	--	--	--	--	--	22	8	--	1	34	--
8	--	--	74	--	--	--	8	451	343	--	3	971	2
--	--	--	--	--	--	--	--	80	20	--	--	120	--
--	--	--	--	--	--	--	--	--	--	--	--	--	--
152	1	--	--	--	--	--	--	-48	173	--	8	300	1
--	--	--	--	--	--	--	--	122	65	--	1	196	--
--	--	--	--	--	--	--	--	209	289	6	6	590	1
1	--	--	--	--	--	--	--	187	95	--	9	327	1
--	--	--	--	--	--	--	--	203	130	--	4	377	--
3	1	--	--	--	--	--	1	230	43	2	6	412	2
--	--	--	--	--	--	--	--	--	--	--	--	--	--
--	--	--	--	--	--	--	--	207	162	14	4	409	--
11	--	--	--	--	--	--	12	158	33	--	1	251	--
--	--	--	--	--	--	--	--	2	1	--	--	3	--
--	--	--	--	--	--	--	--	--	--	--	--	--	--
3	--	--	--	--	--	--	--	62	43	--	5	134	--

各地区艺术品

地区	机构数	从业人员	职工	资本金合计	国家资本金	固定资产合计	固定资产原价	本年提取折旧	主营业收入	主营业成本及费用	主营业税金及附加	主营业务利润	其他业务利润
总计	**85**	**876**	**491**	**125 727**	**29 216**	**62 482**	**54 581**	**2 991**	**29 239**	**17 482**	**1 896**	**9 861**	**175**
北京	--	--	--	--	--	--	--	--	--	--	--	--	--
天津	--	--	--	--	--	--	--	--	--	--	--	--	--
河北	2	11	6	1 020	--	6	8	--	37	43	2	-8	--
山西	--	--	--	--	--	--	--	--	--	--	--	--	--
内蒙古	1	25	--	100	--	1 000	1 000	--	--	--	--	--	--
辽宁	--	--	--	--	--	--	--	--	--	--	--	--	--
其中:大连	--	--	--	--	--	--	--	--	--	--	--	--	--
吉林	--	--	--	--	--	--	--	--	--	--	--	--	--
黑龙江	1	5	5	--	--	--	--	--	--	--	--	--	--
上海	--	--	--	--	--	--	--	--	--	--	--	--	--
江苏	3	65	62	16 000	6 500	12 026	14 249	1 268	7 638	3 686	1 119	2 833	--
浙江	3	35	35	5 000	--	--	--	--	500	400	6	94	12
其中:宁波	--	--	--	--	--	--	--	--	--	--	--	--	--
安徽	--	--	--	--	--	--	--	--	--	--	--	--	--
福建	3	10	--	--	--	--	--	--	--	--	--	--	--
其中:厦门	--	--	--	--	--	--	--	--	--	--	--	--	--
江西	--	--	--	--	--	--	--	--	--	--	--	--	--
山东	3	99	34	3 248	1 716	1 299	1 362	85	1 287	934	38	315	5
其中:青岛	--	--	--	--	--	--	--	--	--	--	--	--	--
河南	14	43	22	1 190	1 000	1 029	1 055	--	221	26	27	168	--
湖北	5	51	20	22 400	--	11 000	--	--	5 000	3 600	150	1 250	--
湖南	9	29	12	10 158	--	10 115	10 117	5	159	76	25	58	2
广东	27	363	261	36 780	10 000	15 665	16 246	1 347	10 661	6 681	420	3 560	156
其中:深圳	--	--	--	--	--	--	--	--	--	--	--	--	--
广西	1	10	--	5 000	5 000	158	217	29	54	33	3	18	--
海南	2	24	24	13 800	--	9 652	9 753	153	539	464	30	45	--
重庆	2	11	10	5 000	5 000	25	--	--	101	5	1	95	--
四川	2	16	--	1	--	1	1	--	--	--	--	--	--
贵州	1	2	--	20	--	15	20	--	20	7	1	12	--
云南	1	1	--	10	--	10	10	--	8	1	1	6	--
西藏	1	1	--	21	--	--	--	--	--	--	--	--	--
陕西	2	63	--	5 000	--	469	543	104	1 270	1 526	73	-329	--
甘肃	--	--	--	--	--	--	--	--	--	--	--	--	--
青海	2	--	--	--	--	--	--	--	--	--	--	--	--
宁夏	--	--	--	--	--	--	--	--	--	--	--	--	--
新疆	1	13	--	1 000	--	12	--	--	1 744	--	--	1 744	--

拍卖公司基本情况

单位：个、人、千元、千平方米

损益及分配：管理费用	管理费用：税金	管理费用：劳动待业保险	财务费用	补贴收入	投资收益	营业外收支净额	应交所得税	利润	其他：从业人员劳动报酬	其他：上交主办单位费用	其他：上交文化市场管理费	增加值	房屋建筑面积
6 309	**891**	**351**	**631**	**156**	**945**	**276**	**1 126**	**3 347**	**4 034**	**29**	**103**	**19 979**	**12**
--	--	--	--	--	--	--	--	--	--	--	--	--	--
--	--	--	--	--	--	--	--	--	--	--	--	--	--
--	--	--	--	--	--	--	--	-8	40	--	1	35	--
--	--	--	--	--	--	--	--	--	--	--	--	--	--
--	--	--	--	--	--	--	--	--	--	--	--	--	--
--	--	--	--	--	--	--	--	--	--	--	--	--	--
--	--	--	--	--	--	--	--	--	--	--	--	--	--
--	--	--	--	--	--	--	--	--	--	--	--	--	--
--	--	--	--	--	--	--	--	--	--	--	1	1	--
--	--	--	--	--	--	--	--	--	--	--	--	--	--
1 188	877	311	329	153	238	271	960	1 018	896	--	--	6 993	1
58	10	--	-12	--	--	1	--	61	--	--	3	125	--
--	--	--	--	--	--	--	--	--	--	--	--	--	--
--	--	--	--	--	--	--	--	--	--	--	--	--	--
--	--	--	--	--	--	--	--	--	--	--	4	4	--
--	--	--	--	--	--	--	--	--	--	--	--	--	--
--	--	--	--	--	--	--	--	--	--	--	--	--	--
168	3	1	20	3	4	2	1	140	323	15	--	784	1
--	--	--	--	--	--	--	--	--	--	--	--	--	--
3	1	--	--	--	--	--	1	164	79	3	26	304	5
--	--	--	--	--	--	--	--	1 250	--	--	23	1 423	1
2	--	--	1	--	--	--	--	57	28	--	21	138	--
2 951	--	10	330	--	703	2	68	1 072	914	11	--	6 408	3
--	--	--	--	--	--	--	--	--	--	--	--	--	--
21	--	--	--	--	--	--	--	-3	--	--	10	60	--
656	--	18	3	--	--	--	--	-614	154	--	--	382	1
--	--	--	--	--	--	--	--	95	4	--	7	107	--
--	--	--	--	--	--	--	--	--	--	--	--	--	--
--	--	--	--	--	--	--	--	12	--	--	--	13	--
--	--	--	--	--	--	--	--	6	6	--	1	14	--
--	--	--	--	--	--	--	--	--	--	--	--	--	--
--	--	--	--	--	--	--	--	-329	1 500	--	4	1 352	--
--	--	--	--	--	--	--	--	--	--	--	--	--	--
--	--	--	--	--	--	--	--	--	--	--	--	--	--
--	--	--	--	--	--	--	--	--	--	--	--	--	--
1 262	--	11	-40	--	--	--	96	426	90	--	2	1 836	--

各地区画店、

地区	机构数	从业人员	职工	资本金合计	国家资本金	固定资产合计	固定资产原价	本年提取折旧	主营业收入	主营业成本及费用	主营业税金及附加	主营业务利润	其他业务利润
总计	**1 536**	**6 297**	**3 333**	**99 913**	**28 617**	**68 357**	**73 512**	**13 514**	**114 504**	**75 264**	**4 941**	**34 299**	**1 924**
北京	177	2 353	1 828	31 203	17 730	17 218	26 591	10 628	67 880	44 876	1 705	21 299	640
天津	--	--	--	--	--	--	--	--	--	--	--	--	--
河北	22	60	30	1 887	700	1 519	1 549	30	936	357	144	435	--
山西	1	3	3	--	--	--	--	--	105	57	6	42	--
内蒙古	10	23	9	289	30	283	214	1	271	199	26	46	--
辽宁	181	950	399	20 407	790	9 508	8 252	173	4 270	3 589	350	331	--
其中:大连	3	46	43	200	--	80	100	--	17	2	1	14	--
吉林	4	7	--	43	--	43	43	--	52	18	4	30	--
黑龙江	9	11	2	49	--	50	46	1	69	26	10	33	--
上海	--	--	--	--	--	--	--	--	--	--	--	--	--
江苏	161	478	293	7 952	40	5 549	4 634	222	3 353	2 093	257	1 003	--
浙江	134	345	163	8 894	634	3 852	3 239	511	7 702	5 785	387	1 530	87
其中:宁波	32	75	45	1 172	--	885	195	410	3 208	2 683	97	428	72
安徽	38	200	143	4 766	4 193	8 074	7 155	1 808	3 247	2 054	251	942	842
福建	28	58	32	2 420	1 180	2 177	2 471	1	2 305	1 362	378	565	--
其中:厦门	16	29	28	737	--	613	905	1	1 739	1 132	354	253	--
江西	35	65	9	868	--	853	771	--	853	344	73	436	23
山东	281	627	92	7 997	25	7 727	7 741	7	5 769	3 718	319	1 732	--
其中:青岛	2	2	2	6	--	2	2	--	14	7	1	6	--
河南	59	118	28	1 585	--	1 511	1 438	8	1 494	420	101	973	6
湖北	8	10	--	99	--	143	147	10	175	71	50	54	--
湖南	41	68	2	578	--	585	639	2	1 322	671	135	516	--
广东	63	409	135	2 553	11	1 231	847	12	2 153	1 447	113	593	1
其中:深圳	5	7	3	42	--	--	--	--	33	16	4	13	--
广西	49	80	24	1 074	--	719	289	4	1 272	659	79	534	6
海南	5	7	7	138	--	69	51	--	122	56	7	59	--
重庆	27	59	20	520	--	781	828	1	741	274	78	389	2
四川	97	151	41	1 174	--	1 223	1 244	--	1 750	995	119	636	--
贵州	38	57	9	423	--	289	270	--	429	166	31	232	--
云南	43	93	13	1 395	--	1 348	1 517	9	3 684	2 061	167	1 456	--
西藏	18	25	--	348	--	--	--	--	--	--	--	--	--
陕西	--	--	--	--	--	--	--	--	--	--	--	--	--
甘肃	1	1	1	3	--	3	3	--	5	1	1	3	--
青海	2	4	4	--	--	6	6	--	14	10	--	4	--
宁夏	11	21	21	242	--	242	242	--	252	109	16	127	1
新疆	11	39	25	3 354	3 284	3 354	3 285	86	4 279	3 846	134	299	316

画 廊 基 本 情 况

单位：个、人、千元、千平方米

损益及分配									其他			增加值	房屋建筑面积
管理费用	税金	劳动待业保险	财务费用	补贴收入	投资收益	营业外收支净额	应交所得税	利润	从业人员劳动报酬	上交主办单位费用	上交文化市场管理费		
19 411	**329**	**220**	**－303**	**3**	**168**	**1 326**	**1 453**	**17 159**	**13 003**	**304**	**703**	**68 970**	**95**
14 991	146	170	－428	--	133	713	1 336	6 886	5 226	248	212	40 114	44
--	--	--	--	--	--	--	--	--	--	--	--	--	--
--	--	--	--	--	--	--	--	435	310	--	200	1 119	1
61	--	--	--	--	--	--	--	－19	12	--	--	60	--
10	--	--	--	--	--	--	--	36	73	--	4	150	--
--	--	--	--	--	--	--	--	331	6	--	2	862	9
--	--	--	--	--	--	--	--	14	4	--	2	21	--
--	--	--	--	--	--	--	--	30	28	--	1	62	--
--	--	--	--	--	--	--	--	33	19	--	4	67	--
--	--	--	--	--	--	--	--	--	--	--	--	--	--
17	6	6	--	--	--	--	--	986	1 231	1	50	2 767	4
1 313	11	36	－2	--	--	380	33	653	1 348	14	72	3 949	5
356	6	36	－1	--	--	32	27	150	432	2	6	1 449	1
1 906	136	--	--	--	--	176	--	54	862	6	12	4 856	5
146	--	--	77	--	--	--	12	330	488	--	16	1 447	1
--	--	--	--	--	--	--	--	253	415	--	7	1 030	1
41	21	--	--	--	--	--	20	398	124	16	20	712	1
20	--	--	--	--	30	--	1	1 741	950	12	5	3 025	8
--	--	--	--	--	--	--	1	5	--	--	--	7	--
--	--	--	--	--	--	--	--	979	264	--	12	1 358	2
--	--	--	--	--	--	--	--	54	35	--	3	152	--
--	--	--	--	--	--	--	--	516	293	--	4	947	1
495	3	--	－2	--	1	17	10	109	353	--	10	1 084	3
--	--	--	--	--	--	--	--	13	--	--	--	17	--
4	1	--	6	3	4	7	10	534	150	--	18	783	3
--	--	--	--	--	--	--	--	59	39	--	1	105	--
7	1	--	5	--	--	--	1	378	313	--	5	788	2
23	--	6	--	--	--	--	--	613	374	--	28	1 147	2
--	--	--	--	--	--	--	--	232	83	--	9	348	1
8	--	--	3	--	--	--	5	1 440	339	7	11	1 991	2
--	--	--	--	--	--	--	--	--	--	--	--	--	--
--	--	--	--	--	--	--	--	--	--	--	--	--	--
1	--	--	--	--	--	--	--	2	2	--	--	6	--
--	--	--	--	--	--	--	--	4	--	--	--	4	--
--	--	--	--	--	--	--	--	128	75	--	--	219	1
368	4	2	38	--	--	33	25	217	6	--	4	848	--

各地区文化部门教

地区	机构数（个）	从业人员（人）		毕业生数（人）	招生数（人）	在校				
			职工				戏剧类	戏曲类	舞蹈类	音乐类
总计	**238**	**20 432**	**18 349**	**20 796**	**29 666**	**96 084**	**7 598**	**6 858**	**22 582**	**21 704**
中央	18	4 570	3 971	1 910	2 909	9 393	1 572	707	1 528	3 001
地方	220	15 862	14 378	18 886	26 757	86 691	6 026	6 151	21 054	18 703
北京	3	436	347	15	135	635	– –	232	177	99
天津	3	473	348	219	321	946	– –	273	98	61
河北	7	734	587	535	1 021	2 774	438	80	784	550
山西	18	1 570	1 476	1 205	1 825	6 154	193	730	914	2 099
内蒙古	11	682	682	451	1 179	2 977	213	210	770	1 016
辽宁	6	511	511	431	861	2 358	392	76	890	378
其中：大连	1	45	45	66	172	279	23	24	155	24
吉林	2	826	636	669	707	5 876	1 354	– –	747	1 085
黑龙江	9	370	315	470	513	2 061	110	239	595	677
上海	4	416	405	96	86	1 128	48	193	359	130
江苏	21	940	821	1 493	2 079	5 927	355	282	1 022	761
浙江	8	428	390	336	590	1 774	156	324	449	230
其中：宁波	1	32	29	– –	25	55	– –	30	25	– –
安徽	7	506	485	690	1 101	3 023	503	– –	382	415
福建	3	425	303	296	411	1 254	208	230	242	299
其中：厦门	1	38	38	36	79	189	– –	38	101	– –
江西	9	430	430	823	1 130	3 128	188	116	1 008	742
山东	9	1 071	1 067	1 998	2 356	7 972	156	401	1 729	2 192
其中：青岛	– –	– –	– –	– –	– –	– –	– –	– –	– –	– –
河南	22	1 502	1 330	2 616	3 478	11 690	305	1 505	1 469	2 362
湖北	10	710	650	986	1 060	3 847	91	151	1 024	1 211
湖南	7	566	534	1 293	1 625	4 803	527	116	1 419	1 325
广东	10	724	702	646	976	3 399	213	232	1 174	757
其中：深圳	1	145	145	– –	70	375	– –	– –	100	215
广西	12	401	308	639	944	2 877	69	81	1 257	386
海南	1	118	118	60	109	435	20	– –	223	48
重庆	1	99	82	69	139	327	29	22	144	120
四川	10	428	410	1 107	1 550	4 317	123	– –	2 453	293
贵州	– –	– –	– –	– –	– –	– –	– –	– –	– –	– –
云南	7	370	356	464	593	1 671	101	254	446	220
西藏	1	79	77	16	23	103	– –	– –	44	11
陕西	10	495	495	912	1 114	3 215	126	287	563	884
甘肃	3	169	156	85	268	823	81	117	346	104
青海	2	100	90	13	55	306	– –	– –	92	62
宁夏	1	113	97	75	120	120	– –	– –	35	31
新疆	3	170	170	178	388	771	27	– –	199	155

育机构基本情况（一）

生	数(人)		培训干部(人)	本年收入合计（千元）						
美术类	电影放映	其他			财政补助收入	上级补助收入	事业收入	经营收入	附属单位上缴收入	其他收入
21 005	**851**	**15 486**	**7 557**	**820 023**	**427 548**	**12 682**	**292 048**	**25 368**	**6 776**	**55 601**
2 069	--	516	473	268 004	143 156	9 519	58 721	20 471	5 065	31 072
18 936	851	14 970	7 084	552 019	284 392	3 163	233 327	4 897	1 711	24 529
37	--	90	104	16 562	10 363	200	4 284	383	--	1 332
403	--	111	495	9 942	6 328	--	3 415	--	--	199
385	--	537	--	17 974	10 917	147	6 810	--	--	100
1 306	--	912	--	38 703	19 856	210	17 925	--	--	712
285	--	483	536	15 993	8 331	--	7 215	--	--	447
338	11	273	--	20 782	10 714	--	9 365	430	--	273
5	11	37	--	3 500	1 724	--	1 776	--	--	--
2 121	--	569	--	36 850	18 474	200	16 750	--	--	1 426
205	--	235	422	10 470	5 059	250	4 639	--	--	522
24	--	374	582	27 403	16 581	196	7 878	--	1 149	1 599
1 965	--	1 542	570	40 202	20 310	359	17 644	--	1	1 888
147	148	320	156	23 247	12 060	--	9 111	--	--	2 076
--	--	--	156	1 419	845	--	510	--	--	64
967	--	756	--	17 480	8 256	80	8 861	--	193	90
160	--	115	4	15 469	11 089	359	3 240	51	--	730
--	--	50	--	4 045	3 318	23	608	--	--	96
722	57	295	--	14 058	4 589	10	9 406	--	--	53
2 325	118	1 051	--	33 204	15 057	--	14 917	--	--	3 230
--	--	--	--	--	--	--	--	--	--	--
3 302	124	2 623	160	35 408	19 600	28	15 334	--	56	390
826	53	491	--	21 869	10 634	2	8 689	1 842	--	702
562	--	854	1	25 941	6 168	--	14 361	859	--	4 553
518	--	505	3 563	50 524	25 791	622	22 625	839	--	647
60	--	--	--	11 401	9 635	--	1 766	--	--	--
496	38	550	5	13 112	5 264	200	7 486	--	--	162
144	--	--	--	3 934	2 908	--	1 026	--	--	--
--	--	12	--	3 650	1 374	3	2 082	44	147	--
560	--	888	298	19 016	10 887	250	6 752	152	165	810
--	--	--	--	--	--	--	--	--	--	--
160	280	210	56	7 565	6 100	--	1 464	--	--	1
17	--	31	--	2 163	2 163	--	--	--	--	--
655	--	700	--	16 326	6 809	--	6 983	--	--	2 534
68	--	107	--	4 558	2 649	--	1 904	--	--	5
--	--	152	--	3 464	2 383	47	992	--	--	42
37	--	17	--	1 867	1 379	--	487	--	--	1
201	22	167	132	4 283	2 299	--	1 682	297	--	5

各地区文化部门教

地区	本年支出合								
		事业支出	经营支出	对附属单位补助支出	在支出合计				
					从业人员劳动报酬	职工工资总额	税金支出	社会保障费	修缮费
总计	**785 077**	**762 520**	**6 016**	**3 520**	**235 544**	**212 340**	**2 306**	**97 418**	**87 572**
中央	239 832	234 352	3 980	1 300	64 068	59 989	182	40 983	36 414
地方	545 245	528 168	2 036	2 220	171 476	152 351	2 124	56 435	51 158
北京	19 417	19 277	140	– –	3 953	3 953	26	3 023	4 597
天津	10 607	10 607	– –	– –	4 116	3 702	1	1 842	1 147
河北	17 446	17 444	– –	2	6 526	6 471	139	2 530	630
山西	38 506	34 886	– –	– –	12 129	10 633	79	4 032	3 189
内蒙古	15 358	15 358	– –	– –	5 633	5 633	– –	640	1 884
辽宁	20 090	19 660	430	– –	5 855	5 426	194	2 672	1 447
其中:大连	2 935	2 935	– –	– –	527	527	– –	59	103
吉林	34 942	34 942	– –	– –	11 112	10 858	– –	2 880	2 923
黑龙江	10 193	10 193	– –	– –	2 882	2 718	– –	1 989	651
上海	27 173	26 147	– –	– –	9 661	6 458	1 026	2 383	2 761
江苏	41 183	39 413	– –	– –	13 989	12 438	2	5 603	5 238
浙江	22 297	22 284	– –	– –	9 610	6 156	64	2 554	1 589
其中:宁波	1 376	1 376	– –	– –	325	325	64	133	358
安徽	16 850	16 850	– –	– –	6 772	4 271	20	3 007	1 222
福建	14 279	13 955	– –	– –	4 175	3 559	44	1 776	1 506
其中:厦门	3 005	3 005	– –	– –	1 001	1 001	– –	256	37
江西	13 769	12 426	– –	– –	4 090	3 742	– –	1 094	1 721
山东	32 947	32 947	– –	– –	10 461	10 360	2	3 267	1 759
其中:青岛	– –	– –	– –	– –	– –	– –	– –	– –	– –
河南	36 467	34 768	– –	755	14 108	12 527	5	3 416	1 681
湖北	21 609	19 818	471	1 309	6 051	5 734	298	1 259	2 581
湖南	25 980	22 106	194	– –	5 703	5 225	29	1 737	5 227
广东	46 190	45 572	618	– –	10 623	10 018	81	3 258	4 099
其中:深圳	10 431	10 431	– –	– –	403	403	– –	251	496
广西	12 995	12 800	1	154	3 910	3 562	– –	1 876	774
海南	5 748	5 748	– –	– –	1 658	1 590	– –	378	19
重庆	3 239	3 195	44	– –	845	750	– –	11	538
四川	17 875	17 761	114	– –	3 794	3 691	– –	1 873	1 578
贵州	– –	– –	– –	– –	– –	– –	– –	– –	– –
云南	8 458	8 408	– –	– –	3 127	3 098	8	245	772
西藏	2 188	2 188	– –	– –	1 433	1 433	– –	185	6
陕西	16 388	16 388	– –	– –	3 449	2 932	57	1 045	412
甘肃	4 139	4 139	– –	– –	1 940	1 770	– –	819	74
青海	3 097	3 097	– –	– –	953	924	– –	660	188
宁夏	1 558	1 558	– –	– –	683	683	– –	267	– –
新疆	4 257	4 233	24	– –	2 235	2 036	49	114	945

育机构基本情况（二）

计（千元）			年末固定资产原值（千元）	经费自给率（%）	劳动报酬占总支出比重（%）	当年提取修购基金（千元）	增加值（千元）	劳动生产率（元/人）	公用房屋建筑面积（千平方米）	
中										
设备购置费	业务费	助学金								教学用房
64 241	**82 575**	**22 419**	**1 221 850**	**49.4**	**30.0**	**4 111**	**286 909**	**14 042**	**6 119**	**1 104**
16 495	17 671	8 834	368 006	48.3	26.7	--	78 971	17 280	4 510	256
47 746	64 904	13 585	853 844	49.8	31.4	4 111	207 938	13 109	1 609	848
2 531	3 813	279	25 824	30.8	20.3	151	5 012	11 495	47	26
537	970	149	3 888	34.0	38.8	207	4 272	9 031	17	16
1 221	2 016	636	26 464	39.6	37.4	--	7 723	10 521	33	22
2 516	3 748	1 258	58 838	53.4	31.4	381	14 560	9 273	124	67
1 775	939	490	22 024	49.8	36.6	--	6 513	9 549	54	44
1 535	3 112	249	40 829	50.1	29.1	--	7 681	15 031	63	28
410	712	6	1 386	60.5	17.9	--	582	12 930	6	3
1 927	4 207	1 058	76 533	52.0	31.8	--	14 174	17 159	115	45
903	1 059	22	25 734	50.6	28.2	9	3 912	10 572	29	22
2 230	3 901	1 090	34 377	40.6	35.5	--	12 062	28 994	19	11
2 645	2 947	424	63 455	49.5	33.9	28	16 536	17 591	102	47
3 487	2 723	1 026	29 592	50.2	43.0	247	10 857	25 366	44	21
8	228	--	2 624	41.7	23.6	--	494	15 432	2	--
746	1 376	389	16 903	54.2	40.1	--	7 467	14 756	75	39
2 228	2 041	438	28 089	28.8	29.2	14	5 343	12 571	36	19
870	524	11	13 041	23.4	33.3	--	1 523	40 068	5	1
1 328	1 389	186	30 057	76.1	29.7	--	5 293	12 309	59	32
4 517	5 039	786	67 842	55.0	31.7	2 764	13 175	12 301	150	89
--	--	--	--	--	--	--	--	--	--	--
2 274	4 112	2 447	50 401	45.3	38.6	120	16 129	10 738	142	85
2 890	2 654	142	45 037	55.3	28.0	--	8 151	11 480	93	40
1 960	3 783	187	40 781	88.6	21.9	--	7 364	13 010	81	46
5 023	5 593	162	60 723	52.1	22.9	--	13 133	18 139	100	48
914	1 087	--	25 280	16.9	3.8	--	1 414	9 751	11	11
871	1 659	481	9 787	59.7	30.0	--	4 485	11 184	36	23
139	853	205	5 224	17.8	28.8	--	1 867	15 820	11	3
691	533	101	4 137	70.1	26.0	--	1 010	10 200	15	5
1 919	3 586	852	22 612	44.0	21.2	83	4 697	10 974	27	15
--	--	--	--	--	--	--	--	--	--	--
729	1 153	174	15 975	17.4	36.9	--	3 774	10 199	38	23
7	181	16	3 975	--	65.4	--	1 592	20 149	4	3
228	736	165	26 047	58.0	21.0	--	4 548	9 187	39	6
46	385	20	4 882	46.1	46.8	--	2 136	12 638	14	6
536	86	3	4 649	33.3	30.7	57	1 139	11 388	15	6
155	131	17	2 755	31.3	43.8	--	793	7 017	16	6
152	179	133	6 410	46.6	52.5	50	2 540	14 940	11	5

各地区文化部门中等

地区	机构数(个)	从业人员(人)		毕业生数(人)	招生数(人)	在校				
			职工				戏剧类	戏曲类	舞蹈类	音乐类
总计	**141**	**14 172**	**12 918**	**16 700**	**23 153**	**77 604**	**4 986**	**5 821**	**18 557**	**17 247**
中央	8	827	774	472	608	2 320	--	358	473	835
地方	133	13 345	12 144	16 228	22 545	75 284	4 986	5 463	18 084	16 412
北京	2	408	319	15	135	635	--	232	177	99
天津	2	461	340	219	321	946	--	273	98	61
河北	7	734	587	535	1 021	2 774	438	80	784	550
山西	13	1 509	1 418	1 110	1 693	5 936	139	690	914	2 000
内蒙古	3	221	221	246	404	1 326	50	--	321	549
辽宁	3	356	356	296	586	1 903	258	61	846	285
其中:大连	1	45	45	66	172	279	23	24	155	24
吉林	1	301	245	--	--	3 362	1 131	--	230	722
黑龙江	1	209	175	398	450	1 581	25	225	366	664
上海	3	399	388	96	86	698	48	193	359	30
江苏	9	761	685	1 298	1 813	5 201	294	282	875	598
浙江	5	373	335	283	470	1 587	112	209	449	202
其中:宁波	1	32	29	--	25	55	--	30	25	--
安徽	4	445	436	569	895	2 539	488	--	206	329
福建	2	417	295	296	411	1 254	208	230	242	299
其中:厦门	1	38	38	36	79	189	--	38	101	--
江西	8	423	423	823	1 130	3 128	188	116	1 008	742
山东	9	1 071	1 067	1 998	2 356	7 972	156	401	1 729	2 192
其中:青岛	--	--	--	--	--	--	--	--	--	--
河南	16	1 356	1 192	2 437	3 260	11 163	248	1 421	1 363	2 221
湖北	9	700	640	986	1 060	3 847	91	151	1 024	1 211
湖南	5	522	490	1 246	1 625	4 711	527	116	1 347	1 305
广东	9	711	689	646	976	3 399	213	232	1 174	757
其中:深圳	1	145	145	--	70	375	--	--	100	215
广西	4	247	199	449	678	1 879	40	48	690	310
海南	1	118	118	60	109	435	20	--	223	48
重庆	1	99	82	69	139	327	29	22	144	120
四川	3	339	334	740	1 097	3 691	123	--	2 038	223
贵州	--	--	--	--	--	--	--	--	--	--
云南	3	256	242	347	416	1 099	52	222	288	124
西藏	1	79	77	16	23	103	--	--	44	11
陕西	3	348	348	699	780	1 988	--	142	473	408
甘肃	2	159	146	85	268	823	81	117	346	104
青海	1	87	77	13	55	306	--	--	92	62
宁夏	1	113	97	75	120	120	--	--	35	31
新疆	2	123	123	178	168	551	27	--	199	155

专业学校基本情况（一）

生	数(人)		培训干部（人）	本年收入合计（千元）						
美术类	电影放映	其他			财政补助收入	上级补助收入	事业收入	经营收入	附属单位上缴收入	其他收入
17 015	**830**	**13 148**	**2 421**	**523 130**	**265 643**	**3 261**	**220 249**	**4 811**	**4 231**	**24 935**
654	– –	– –	– –	45 906	22 038	925	16 455	916	2 685	2 887
16 361	830	13 148	2 421	477 224	243 605	2 336	203 794	3 895	1 546	22 048
37	– –	90	– –	15 350	9 494	200	4 284	251	– –	1 121
403	– –	111	– –	9 642	6 102	– –	3 360	– –	– –	180
385	– –	537	– –	17 974	10 917	147	6 810	– –	– –	100
1 281	– –	912	– –	37 703	19 322	30	17 681	– –	– –	670
206	– –	200	16	6 879	2 869	– –	3 672	– –	– –	338
237	11	205	– –	15 742	7 712	– –	7 361	430	– –	239
5	11	37	– –	3 500	1 724	– –	1 776	– –	– –	– –
710	– –	569	– –	14 315	5 939	– –	6 950	– –	– –	1 426
205	– –	96	– –	5 957	2 533	– –	3 424	– –	– –	– –
24	– –	44	– –	25 755	16 117	196	6 863	– –	1 149	1 430
1 785	– –	1 367	– –	32 464	16 923	222	14 560	– –	1	758
147	148	320	156	21 853	11 283	– –	8 547	– –	– –	2 023
– –	– –	– –	156	1 419	845	– –	510	– –	– –	64
940	– –	576	– –	15 694	7 526	80	7 810	– –	193	85
160	– –	115	4	15 210	10 830	359	3 240	51	– –	730
– –	– –	50	– –	4 045	3 318	23	608	– –	– –	96
722	57	295	– –	13 980	4 523	10	9 394	– –	– –	53
2 325	118	1 051	– –	33 204	15 057	– –	14 917	– –	– –	3 230
– –	– –	– –	– –	– –	– –	– –	– –	– –	– –	– –
3 204	103	2 603	– –	32 494	17 689	15	14 353	– –	56	381
826	53	491	– –	21 587	10 400	2	8 642	1 842	– –	701
562	– –	854	1	24 610	5 632	– –	13 592	859	– –	4 527
518	– –	505	2 241	49 717	25 628	622	22 576	266	– –	625
60	– –	– –	– –	11 401	9 635	– –	1 766	– –	– –	– –
394	38	359	3	7 878	3 659	200	3 919	– –	– –	100
144	– –	– –	– –	3 934	2 908	– –	1 026	– –	– –	– –
– –	– –	12	– –	3 650	1 374	3	2 082	44	147	– –
500	– –	807	– –	17 576	10 001	250	6 377	152	– –	796
– –	– –	– –	– –	– –	– –	– –	– –	– –	– –	– –
97	280	36	– –	5 494	4 250	– –	1 244	– –	– –	– –
17	– –	31	– –	2 163	2 163	– –	– –	– –	– –	– –
279	– –	686	– –	13 960	5 096	– –	6 335	– –	– –	2 529
68	– –	107	– –	4 464	2 555	– –	1 904	– –	– –	5
– –	– –	152	– –	2 883	1 891	– –	992	– –	– –	– –
37	– –	17	– –	1 867	1 379	– –	487	– –	– –	1
148	22	– –	– –	3 225	1 833	– –	1 392	– –	– –	– –

各地区文化部门中等

地区	本年支出合计								
		事业支出	经营支出	对附属单位补助支出	在支出合计				
					从业人员劳动报酬	职工工资总额	税金支出	社会保障费	修缮费
总计	**516 897**	**496 574**	**5 489**	**2 066**	**158 748**	**139 834**	**2 020**	**54 289**	**48 766**
中央	44 560	40 590	3 970	— —	13 652	13 031	90	5 104	4 189
地方	472 337	455 984	1 519	2 066	145 096	126 803	1 930	49 185	44 577
北京	18 510	18 510	— —	— —	3 534	3 534	— —	2 936	4 395
天津	10 307	10 307	— —	— —	3 996	3 594	— —	1 782	1 146
河北	17 446	17 444	— —	2	6 526	6 471	139	2 530	630
山西	37 434	33 814	— —	— —	11 709	10 242	79	3 989	3 132
内蒙古	6 443	6 443	— —	— —	2 148	2 148	— —	113	1 340
辽宁	15 177	14 747	430	— —	4 169	3 841	194	2 085	796
其中:大连	2 935	2 935	— —	— —	527	527	— —	59	103
吉林	14 715	14 715	— —	— —	2 809	2 555	— —	1 051	798
黑龙江	5 660	5 660	— —	— —	1 326	1 230	— —	1 282	266
上海	25 623	24 597	— —	— —	9 321	6 118	1 026	2 248	2 746
江苏	33 271	31 501	— —	— —	11 965	10 699	— —	4 818	4 070
浙江	20 939	20 939	— —	— —	9 094	5 640	64	2 355	1 430
其中:宁波	1 376	1 376	— —	— —	325	325	64	133	358
安徽	15 092	15 092	— —	— —	6 378	3 954	20	2 811	1 081
福建	14 110	13 786	— —	— —	4 110	3 494	44	1 748	1 506
其中:厦门	3 005	3 005	— —	— —	1 001	1 001	— —	256	37
江西	13 685	12 342	— —	— —	4 042	3 694	— —	1 059	1 721
山东	32 947	32 947	— —	— —	10 461	10 360	2	3 267	1 759
其中:青岛	— —	— —	— —	— —	— —	— —	— —	— —	— —
河南	32 221	30 522	— —	755	12 907	11 368	5	3 138	1 659
湖北	21 324	19 533	471	1 309	5 940	5 623	298	1 147	2 581
湖南	24 538	20 664	194	— —	5 265	4 787	29	1 605	5 065
广东	45 460	45 194	266	— —	10 392	9 787	22	3 212	4 097
其中:深圳	10 431	10 431	— —	— —	403	403	— —	251	496
广西	8 121	8 121	— —	— —	2 406	2 205	— —	1 242	403
海南	5 748	5 748	— —	— —	1 658	1 590	— —	378	19
重庆	3 239	3 195	44	— —	845	750	— —	11	538
四川	16 431	16 317	114	— —	3 195	3 151	— —	1 691	1 354
贵州	— —	— —	— —	— —	— —	— —	— —	— —	— —
云南	6 385	6 335	— —	— —	2 340	2 311	8	178	709
西藏	2 188	2 188	— —	— —	1 433	1 433	— —	185	6
陕西	13 960	13 960	— —	— —	2 286	1 773	— —	647	296
甘肃	4 045	4 045	— —	— —	1 880	1 710	— —	819	74
青海	2 549	2 549	— —	— —	815	794	— —	479	67
宁夏	1 558	1 558	— —	— —	683	683	— —	267	— —
新疆	3 211	3 211	— —	— —	1 463	1 264	— —	112	893

专业学校基本情况(二)

计(千元) 中 设备购置费	业务费	助学金	年末固定资产原值(千元)	经费自给率(%)	劳动报酬占总支出比重(%)	当年提取修购基金(千元)	增加值(千元)	劳动生产率(元/人)	公用房屋建筑面积(千平方米)	教学用房
44 591	**57 336**	**14 742**	**842 292**	**50.6**	**30.7**	**3 974**	**194 458**	**13 721**	**1 491**	**809**
2 587	2 673	2 797	78 926	51.4	30.6	– –	16 899	20 433	76	45
42 004	54 663	11 945	763 366	50.5	30.7	3 974	177 559	13 305	1 415	764
2 529	3 800	279	23 317	30.5	19.0	145	4 467	10 948	44	23
519	956	149	3 767	34.3	38.7	204	4 146	8 993	16	15
1 221	2 016	636	26 464	39.6	37.4	– –	7 723	10 521	33	22
2 311	3 661	1 252	58 105	54.2	31.2	381	14 111	9 351	123	66
590	380	198	13 455	62.2	33.3	– –	2 686	12 153	29	29
1 125	2 314	246	29 792	52.9	27.4	– –	5 554	15 600	44	26
410	712	6	1 386	60.5	17.9	– –	582	12 930	6	3
104	770	– –	48 793	56.9	19.0	– –	4 761	15 816	57	22
483	613	– –	21 205	60.4	23.4	– –	2 174	10 401	20	19
2 094	3 268	1 090	33 427	38.3	36.3	– –	11 684	29 282	19	11
2 117	1 590	399	53 072	48.6	35.9	– –	14 088	18 512	85	38
3 314	2 594	1 025	28 328	50.4	43.4	219	10 291	27 589	40	18
8	228	– –	2 624	41.7	23.6	– –	494	15 432	2	– –
692	1 001	389	16 268	53.5	42.2	– –	7 048	15 837	70	36
2 228	2 040	438	27 813	29.1	29.1	14	5 267	12 630	36	19
870	524	11	13 041	23.4	33.3	– –	1 523	40 068	5	1
1 328	1 389	186	29 847	76.5	29.5	– –	5 237	12 380	59	32
4 517	5 039	786	67 842	55.0	31.7	2 764	13 175	12 301	150	89
– –	– –	– –	– –	– –	– –	– –	– –	– –	– –	– –
2 136	3 809	2 320	44 956	48.4	40.0	109	14 712	10 849	131	80
2 890	2 620	142	44 983	55.9	27.8	– –	8 038	11 482	92	40
1 943	3 295	187	36 788	90.9	21.4	– –	6 766	12 961	75	44
4 969	5 585	162	60 723	51.6	22.8	– –	12 843	18 063	95	48
914	1 087	– –	25 280	16.9	3.8	– –	1 414	9 751	11	11
655	838	418	7 301	49.4	29.6	– –	2 698	10 922	26	15
139	853	205	5 224	17.8	28.8	– –	1 867	15 820	11	3
691	533	101	4 137	70.1	26.0	– –	1 010	10 200	15	5
1 846	3 376	852	21 108	44.5	19.4	38	4 039	11 914	24	13
– –	– –	– –	– –	– –	– –	– –	– –	– –	– –	– –
633	998	133	11 704	19.6	36.6	– –	2 816	10 999	36	22
7	181	16	3 975	– –	65.4	– –	1 592	20 149	4	3
90	454	163	23 673	63.4	16.3	– –	3 233	9 289	34	3
46	385	20	4 838	47.1	46.4	– –	2 074	13 043	13	6
523	67	3	3 882	38.9	31.9	50	970	11 148	9	6
155	131	17	2 755	31.3	43.8	– –	793	7 017	16	6
109	107	133	5 824	43.3	45.5	50	1 696	13 787	9	5

各地区文化科技、科

地区	机构数(个)	从业人员(人)	职工	科研人员总数	高级职称	中级职称	初级职称	本年完成科研项目(个)	获国家奖	获省、部奖	获地、市奖
总计	**240**	**5 900**	**5 377**	**3 845**	**1 261**	**1 593**	**920**	**614**	**78**	**183**	**101**
中央	4	688	686	547	219	248	72	48	6	25	--
地方	236	5 212	4 691	3 298	1 042	1 345	848	566	72	158	101
北京	4	139	131	113	20	37	30	25	8	1	--
天津	1	41	41	31	16	11	4	2	--	1	1
河北	14	282	272	220	85	85	46	23	6	14	3
山西	18	476	403	296	82	122	90	25	2	7	4
内蒙古	8	165	165	135	32	68	32	9	3	1	4
辽宁	14	270	264	172	51	85	36	71	5	7	8
其中:大连	1	27	22	18	6	9	3	60	1	--	8
吉林	12	210	191	142	49	50	39	1	1	--	--
黑龙江	2	63	63	49	19	26	4	--	--	--	--
上海	2	80	80	52	13	29	10	2	--	1	--
江苏	11	56	56	48	26	18	4	4	--	1	2
浙江	11	334	333	164	52	64	48	30	2	12	9
其中:宁波	2	11	11	6	2	3	1	--	--	--	--
安徽	8	125	119	103	40	27	31	19	10	8	1
福建	11	111	105	89	26	37	26	39	2	19	14
其中:厦门	1	16	14	9	5	4	--	12	1	6	5
江西	19	212	212	158	47	80	31	123	12	27	21
山东	8	157	157	89	39	32	18	28	9	9	10
其中:青岛	2	18	18	17	6	8	3	20	3	7	10
河南	24	486	433	296	83	110	95	71	6	14	7
湖北	2	79	79	53	30	17	6	1	1	--	--
湖南	2	68	66	52	22	19	11	3	--	3	--
广东	10	123	121	80	24	39	16	21	2	12	7
其中:深圳	1	10	10	8	2	3	2	--	--	--	--
广西	10	79	72	56	30	20	6	3	3	--	--
海南	--	--	--	--	--	--	--	--	--	--	--
重庆	1	13	13	11	6	3	2	4	--	--	2
四川	7	239	191	133	42	57	34	41	--	15	4
贵州	5	44	44	39	13	11	8	3	--	1	--
云南	2	35	30	25	8	14	3	9	--	--	--
西藏	--	--	--	--	--	--	--	--	--	--	--
陕西	16	349	340	234	65	109	60	5	--	1	4
甘肃	5	631	415	245	66	95	84	1	--	1	--
青海	2	70	70	53	8	15	29	--	--	--	--
宁夏	3	79	75	46	14	23	7	3	--	3	--
新疆	4	196	150	114	34	42	38	--	--	--	--

研 单 位 基 本 情 况（一）

所办刊物（种）	本年收入合计（千元）						
		财政补助收入	上级补助收入	事业收入	经营收入	附属单位上缴收入	其他收入
80	**234 547**	**122 456**	**7 747**	**99 532**	**1 130**	**123**	**3 559**
17	22 447	20 935	– –	1 410	50	– –	52
63	212 100	101 521	7 747	98 122	1 080	123	3 507
– –	8 007	4 478	– –	3 509	– –	– –	20
1	1 171	1 031	– –	– –	– –	– –	140
4	8 587	6 978	– –	1 589	– –	– –	20
5	17 113	5 925	850	10 163	164	– –	11
3	4 066	3 134	– –	310	– –	– –	622
1	6 997	5 671	582	457	270	– –	17
1	549	549	– –	– –	– –	– –	– –
3	8 215	7 059	4	1 030	– –	55	67
1	1 482	1 476	– –	– –	– –	– –	6
1	4 147	1 541	2	2 590	– –	– –	14
5	2 335	2 054	– –	256	– –	25	– –
3	19 796	5 171	939	13 515	– –	7	164
– –	583	426	50	106	– –	– –	1
4	3 909	3 250	235	276	– –	– –	148
2	4 890	4 633	209	1	– –	– –	47
1	1 200	1 200	– –	– –	– –	– –	– –
1	3 432	2 626	– –	695	– –	– –	111
1	5 149	4 402	– –	296	– –	36	415
– –	409	409	– –	– –	– –	– –	– –
4	16 896	6 359	1 482	8 937	– –	– –	118
2	5 342	962	270	4 070	– –	– –	40
1	4 704	1 558	– –	3 013	125	– –	8
1	15 383	9 170	710	4 985	– –	– –	518
– –	2 016	2 013	– –	– –	– –	– –	3
3	1 932	1 795	51	29	– –	– –	57
– –	– –	– –	– –	– –	– –	– –	– –
1	461	230	2	129	– –	– –	100
2	21 350	3 122	320	17 650	40	– –	218
2	830	800	– –	– –	– –	– –	30
– –	1 164	533	– –	624	– –	– –	7
– –	– –	– –	– –	– –	– –	– –	– –
8	13 636	6 150	1 570	5 907	– –	– –	9
2	24 696	6 355	510	17 165	181	– –	485
– –	1 786	1 786	– –	– –	– –	– –	– –
2	1 440	1 100	– –	236	– –	– –	104
– –	3 184	2 172	11	690	300	– –	11

各地区文化科技、科

地区	本年支出合计(千元)							
		事业支出	经营支出	对附属单位补助支出	在支出合计中			
					从业人员劳动报酬	职工工资总额	税金支出	社会保障费
总　计	**220 349**	**213 776**	**4 264**	**– –**	**58 051**	**53 830**	**1 159**	**21 074**
中　央	17 843	17 833	10	– –	6 068	6 053	10	3 548
地　方	202 506	195 943	4 254	– –	51 983	47 777	1 149	17 526
北　京	7 837	7 687	– –	– –	1 984	1 938	114	658
天　津	1 171	1 171	– –	– –	499	499	10	402
河　北	8 904	8 904	– –	– –	2 723	2 613	– –	1 310
山　西	17 464	17 209	255	– –	4 057	3 501	10	1 326
内蒙古	3 932	3 932	– –	– –	1 437	1 437	148	364
辽　宁	7 315	7 045	270	– –	2 832	2 625	– –	1 221
其中:大连	549	549	– –	– –	244	220	– –	7
吉　林	9 076	9 076	– –	– –	1 970	1 970	– –	863
黑龙江	1 495	1 495	– –	– –	712	712	– –	378
上　海	4 893	4 893	– –	– –	1 504	1 482	21	598
江　苏	2 236	2 236	– –	– –	918	884	– –	393
浙　江	18 857	18 857	– –	– –	4 237	4 233	652	1 345
其中:宁波	579	579	– –	– –	131	131	– –	35
安　徽	3 594	3 515	– –	– –	1 241	1 045	– –	782
福　建	3 956	3 956	– –	– –	1 355	1 315	1	688
其中:厦门	1 180	1 180	– –	– –	293	272	– –	125
江　西	3 171	3 171	– –	– –	1 472	1 459	– –	534
山　东	5 033	5 033	– –	– –	1 842	1 839	– –	857
其中:青岛	415	415	– –	– –	244	244	– –	79
河　南	14 678	13 372	– –	– –	4 558	4 261	79	435
湖　北	4 732	962	3 465	– –	216	216	– –	20
湖　南	4 936	4 811	124	– –	760	674	18	474
广　东	10 888	10 818	70	– –	2 377	2 355	31	374
其中:深圳	1 739	1 739	– –	– –	364	364	– –	43
广　西	1 975	1 975	– –	– –	628	583	1	359
海　南	– –	– –	– –	– –	– –	– –	– –	– –
重　庆	461	461	– –	– –	100	96	– –	76
四　川	19 918	19 918	– –	– –	1 706	1 491	– –	1 050
贵　州	821	821	– –	– –	389	369	– –	59
云　南	1 147	1 147	– –	– –	386	361	34	11
西　藏	– –	– –	– –	– –	– –	– –	– –	– –
陕　西	13 083	13 083	– –	– –	2 046	1 892	– –	662
甘　肃	24 683	24 560	67	– –	6 486	5 115	30	1 326
青　海	1 586	1 586	– –	– –	611	609	– –	300
宁　夏	1 436	1 204	– –	– –	679	609	– –	246
新　疆	3 228	3 045	3	– –	2 258	1 594	– –	415

研 单 位 基 本 情 况(二)

修缮费	设备购置费	科研仪器设备	新产品开发费	年末固定资产原值(千元)	经费自给率(%)	劳动报酬占总支出比重(%)	当年提取修购基金(千元)	增加值(千元)	劳动生产率(元/人)	公用房屋建筑面积(千平方米)	科研房屋
2 302	**13 938**	**114**	**371**	**278 239**	**47.8**	**26.3**	**512**	**205 333**	**34 802**	**300**	**34**
570	1 383	– –	– –	22 010	8.4	34.0	– –	14 967	21 754	22	16
1 732	12 555	114	371	256 229	51.3	25.6	512	190 366	36 524	278	18
202	164	18	– –	4 653	45.9	25.3	81	7 837	56 377	2	– –
11	29	– –	– –	184	11.9	42.6	7	516	12 582	1	1
6	38	– –	– –	18 606	18.0	30.5	– –	9 079	32 193	17	2
56	3 342	23	– –	20 106	59.1	23.2	– –	18 839	39 576	28	3
1	81	– –	– –	5 779	23.7	36.5	– –	4 562	27 646	9	2
4	471	– –	– –	6 487	10.1	38.7	– –	5 749	21 291	3	– –
– –	1	– –	– –	455	– –	44.4	– –	262	9 700	– –	– –
12	1 666	– –	– –	4 800	12.6	21.7	50	6 609	31 469	6	3
21	28	– –	– –	987	0.4	47.6	– –	752	11 934	1	– –
15	8	– –	– –	1 569	53.2	30.7	– –	1 588	19 847	– –	– –
2	20	– –	79	1 565	12.5	41.0	12	1 176	20 996	– –	– –
330	436	– –	– –	5 253	72.5	22.4	224	7 752	23 208	13	4
13	171	– –	– –	323	18.4	22.6	1	144	13 079	– –	– –
1	49	– –	– –	9 913	12.0	34.5	17	3 647	29 173	9	1
134	48	26	– –	4 299	1.2	34.2	– –	1 915	17 250	– –	– –
– –	39	26	– –	1 710	– –	24.8	– –	361	22 548	– –	– –
8	71	– –	– –	5 785	25.4	46.4	– –	3 098	14 612	6	– –
185	205	– –	– –	3 684	14.8	36.5	– –	5 815	37 035	6	– –
– –	– –	– –	– –	25	– –	58.7	– –	245	13 603	– –	– –
49	1 000	– –	– –	10 075	67.7	31.0	40	15 714	32 332	36	– –
– –	– –	– –	– –	2 836	92.8	4.5	– –	2 075	26 262	8	– –
81	362	– –	– –	5 344	63.7	15.3	– –	4 856	71 401	7	1
247	496	– –	– –	4 442	50.5	21.8	32	12 557	102 081	26	– –
204	186	– –	– –	1 166	0.1	20.9	– –	411	41 058	– –	– –
136	6	– –	292	1 334	4.3	31.7	– –	683	8 644	2	– –
– –	– –	– –	– –	– –	– –	– –	– –	– –	– –	– –	– –
2	2	– –	– –	111	49.6	21.6	4	104	7 993	1	1
60	1 295	– –	– –	13 079	89.9	8.5	34	19 299	80 745	19	– –
1	10	8	– –	191	3.6	47.3	– –	733	16 655	1	– –
– –	3	– –	– –	5 957	55.0	33.6	– –	1 702	48 614	2	– –
– –	– –	– –	– –	– –	– –	– –	– –	– –	– –	– –	– –
156	1 075	– –	– –	12 430	45.2	15.6	11	15 224	43 620	11	– –
3	1 550	– –	– –	100 508	72.4	26.2	– –	30 057	47 633	52	– –
– –	11	– –	– –	2 230	– –	38.5	– –	2 686	38 365	2	– –
9	61	39	– –	1 498	28.2	47.2	– –	1 434	18 149	2	– –
– –	28	– –	– –	2 524	32.8	69.9	– –	4 308	21 978	8	– –

各地区文化事业费列支的文化

地区	机构数(个)	从业人员(人)						本年完成科研项目(个)			
			职工						获国家奖	获省、部奖	获地、市奖
				科研人员总数	高级职称	中级职称	初级职称				
总计	**184**	**3 168**	**3 127**	**2 255**	**839**	**946**	**418**	**535**	**75**	**174**	**98**
中央	3	591	591	465	188	217	52	45	6	25	—
地方	181	2 577	2 536	1 790	651	729	366	490	69	149	98
北京	2	67	67	61	6	23	6	9	8	1	—
天津	1	41	41	31	16	11	4	2	—	1	1
河北	12	159	159	137	66	55	12	23	6	14	3
山西	13	192	190	134	48	58	26	13	2	7	4
内蒙古	6	105	105	93	21	48	21	9	3	1	4
辽宁	11	205	199	130	36	71	23	70	4	7	8
其中:大连	1	27	22	18	6	9	3	60	1	—	8
吉林	10	140	129	97	36	30	27	1	1	—	—
黑龙江	2	63	63	49	19	26	4	—	—	—	—
上海	2	80	80	52	13	29	10	2	—	1	—
江苏	10	56	56	48	26	18	4	1	—	1	—
浙江	10	276	276	115	36	46	33	26	2	8	9
其中:宁波	2	11	11	6	2	3	1	—	—	—	—
安徽	6	74	74	59	25	10	24	18	9	8	1
福建	10	103	97	85	25	36	24	39	2	19	14
其中:厦门	1	16	14	9	5	4	—	12	1	6	5
江西	17	167	167	129	41	61	27	123	12	27	21
山东	5	102	102	49	25	19	5	28	9	9	10
其中:青岛	2	18	18	17	6	8	3	20	3	7	10
河南	19	180	180	132	48	44	39	59	6	11	7
湖北	—	—	—	—	—	—	—	—	—	—	—
湖南	1	33	31	25	13	8	4	3	—	3	—
广东	8	70	68	46	15	18	12	21	2	12	7
其中:深圳	1	10	10	8	2	3	2	—	—	—	—
广西	10	79	72	56	30	20	6	3	3	—	—
海南	—	—	—	—	—	—	—	—	—	—	—
重庆	1	13	13	11	6	3	2	4	—	—	2
四川	4	92	92	58	24	25	9	25	—	14	3
贵州	4	30	30	25	8	9	8	3	—	1	—
云南	1	—	—	—	—	—	—	—	—	—	—
西藏	—	—	—	—	—	—	—	—	—	—	—
陕西	10	133	130	81	35	28	18	5	—	1	4
甘肃	1	19	19	14	6	6	2	—	—	—	—
青海	1	16	16	8	2	3	2	—	—	—	—
宁夏	2	35	35	31	10	14	5	3	—	3	—
新疆	2	47	45	34	15	10	9	—	—	—	—

科技、科研单位基本情况（一）

所办刊物（种）	本年收入合计（千元）						
		财政补助收入	上级补助收入	事业收入	经营收入	附属单位上缴收入	其他收入
68	**97 673**	**76 612**	**2 467**	**16 445**	**300**	**123**	**1 726**
16	16 137	16 125	– –	– –	– –	– –	12
52	81 536	60 487	2 467	16 445	300	123	1 714
– –	3 473	2 040	– –	1 432	– –	– –	1
1	1 171	1 031	– –	– –	– –	– –	140
4	4 666	4 606	– –	50	– –	– –	10
5	3 263	3 068	– –	30	164	– –	1
2	1 783	1 713	– –	– –	– –	– –	70
1	4 837	4 245	582	3	– –	– –	7
1	549	549	– –	– –	– –	– –	– –
2	5 588	5 465	4	– –	– –	55	64
1	1 482	1 476	– –	– –	– –	– –	6
1	4 147	1 541	2	2 590	– –	– –	14
4	2 086	2 054	– –	7	– –	25	– –
2	17 313	4 155	939	12 066	– –	7	146
– –	583	426	50	106	– –	– –	1
3	2 344	2 047	235	– –	– –	– –	62
2	4 642	4 385	209	1	– –	– –	47
1	1 200	1 200	– –	– –	– –	– –	–
– –	2 094	1 983	– –	5	–	– –	106
1	2 735	2 289	– –	– –	– –	36	410
– –	409	409	– –	– –	– –	– –	– –
3	3 247	3 227	– –	– –	– –	– –	20
– –	– –	– –	– –	– –	– –	– –	– –
1	1 144	1 031	– –	13	96	– –	4
1	5 028	4 520	230	– –	– –	– –	278
– –	2 016	2 013	– –	– –	– –	– –	3
3	1 932	1 795	51	29	– –	– –	57
– –	– –	– –	– –	– –	– –	– –	– –
1	461	230	2	129	– –	– –	100
2	2 491	2 121	202	– –	40	– –	128
2	598	568	– –	– –	– –	– –	30
– –	– –	– –	– –	– –	– –	– –	– –
– –	– –	– –	– –	– –	– –	– –	– –
7	2 738	2 664	– –	65	– –	– –	9
1	526	525	– –	– –	– –	– –	1
– –	441	441	– –	– –	– –	– –	– –
2	618	611	– –	4	– –	– –	3
– –	688	656	11	21	– –	– –	– –

各地区文化事业费列支的文化

地区	本年支出合计(千元)	事业支出	经营支出	对附属单位补助支出	在支出合计中 从业人员劳动报酬	职工工资总额	税金支出	社会保障费
总　计	**91 397**	**90 897**	**420**	**－－**	**32 345**	**31 341**	**786**	**14 941**
中　央	12 663	12 663	－－	－－	4 573	4 558	－－	2 968
地　方	78 734	78 234	420	－－	27 772	26 783	786	11 973
北　京	3 367	3 367	－－	－－	974	928	46	392
天　津	1 171	1 171	－－	－－	499	499	10	402
河　北	3 980	3 980	－－	－－	1 597	1 547	－－	937
山　西	3 147	2 892	255	－－	1 373	1 320	10	633
内蒙古	1 812	1 812	－－	－－	954	954	6	263
辽　宁	4 837	4 837	－－	－－	2 031	1 965	－－	1 035
其中:大连	549	549	－－	－－	244	220	－－	7
吉　林	5 421	5 421	－－	－－	1 259	1 259	－－	683
黑龙江	1 495	1 495	－－	－－	712	712	－－	378
上　海	4 893	4 893	－－	－－	1 504	1 482	21	598
江　苏	2 045	2 045	－－	－－	918	884	－－	393
浙　江	16 598	16 598	－－	－－	3 569	3 569	652	1 182
其中:宁波	579	579	－－	－－	131	131	－－	35
安　徽	2 043	1 964	－－	－－	710	691	－－	579
福　建	3 708	3 708	－－	－－	1 266	1 226	1	684
其中:厦门	1 180	1 180	－－	－－	293	272	－－	125
江　西	2 017	2 017	－－	－－	1 185	1 172	－－	451
山　东	2 681	2 681	－－	－－	1 261	1 261	－－	654
其中:青岛	415	415	－－	－－	244	244	－－	79
河　南	3 094	3 094	－－	－－	2 031	1 854	－－	207
湖　北	－－	－－	－－	－－	－－	－－	－－	－－
湖　南	1 142	1 046	95	－－	413	327	18	398
广　东	4 503	4 433	70	－－	1 321	1 299	21	239
其中:深圳	1 739	1 739	－－	－－	364	364	－－	43
广　西	1 975	1 975	－－	－－	628	583	1	359
海　南	－－	－－	－－	－－	－－	－－	－－	－－
重　庆	461	461	－－	－－	100	96	－－	76
四　川	2 545	2 545	－－	－－	701	674	－－	592
贵　州	589	589	－－	－－	257	237	－－	59
云　南	－－	－－	－－	－－	－－	－－	－－	－－
西　藏	－－	－－	－－	－－	－－	－－	－－	－－
陕　西	2 713	2 713	－－	－－	1 204	1 166	－－	196
甘　肃	547	547	－－	－－	199	187	－－	129
青　海	444	444	－－	－－	181	181	－－	153
宁　夏	614	614	－－	－－	315	259	－－	142
新　疆	892	892	－－	－－	610	451	－－	159

科技、科研单位基本情况（二）

修缮费	设备购置费	科研仪器设备	新产品开发费	年末固定资产原值（千元）	经费自给率（%）	劳动报酬占总支出比重（%）	当年提取修购基金（千元）	增加值（千元）	劳动生产率（元/人）	公用房屋建筑面积（千平方米）	科研房屋
2 302	**3 593**	**114**	**371**	**64 734**	**20.3**	**35.3**	**319**	**35 716**	**11 273**	**94**	**34**
570	573	– –	– –	10 320	– –	36.1	– –	4 987	8 438	22	16
1 732	3 020	114	371	54 414	23.6	35.2	319	30 729	11 924	72	18
202	34	18	– –	1 061	42.5	28.9	– –	1 063	15 863	– –	– –
11	29	– –	– –	184	11.9	42.6	7	516	12 582	1	1
6	5	– –	– –	3 811	1.5	40.1	– –	1 749	10 999	2	2
56	84	23	– –	4 279	6.1	43.6	– –	1 555	8 098	8	3
1	48	– –	– –	1 543	3.8	52.6	– –	1 021	9 722	2	2
4	89	– –	– –	2 081	0.2	41.9	– –	2 114	10 311	– –	– –
– –	1	– –	– –	455	– –	44.4	– –	262	9 700	– –	– –
12	1 352	– –	– –	2 557	2.1	23.2	50	1 360	9 713	3	3
21	28	– –	– –	987	0.4	47.6	– –	752	11 934	1	– –
15	8	– –	– –	1 569	53.2	30.7	– –	1 588	19 847	– –	– –
2	13	– –	79	1 564	1.5	44.8	– –	980	17 496	– –	– –
330	436	– –	– –	5 253	73.6	21.5	181	4 431	16 053	9	4
13	171	– –	– –	323	18.4	22.6	1	144	13 079	– –	– –
1	5	– –	– –	4 302	3.1	34.7	– –	881	11 903	4	1
134	48	26	– –	3 706	1.2	34.1	– –	1 414	13 726	– –	– –
– –	39	26	– –	1 710	– –	24.8	– –	361	22 548	– –	– –
8	7	– –	– –	2 620	5.5	58.7	– –	1 290	7 724	4	– –
185	205	– –	– –	1 186	16.6	47.0	– –	1 308	12 822	2	– –
– –	– –	– –	– –	25	– –	58.7	– –	245	13 603	– –	– –
49	37	– –	– –	1 685	0.6	65.6	– –	2 098	11 654	8	– –
– –	– –	– –	– –	– –	– –	– –	– –	– –	– –	– –	– –
81	11	– –	– –	1 069	9.9	36.1	– –	474	14 359	5	1
247	214	– –	– –	2 368	6.1	29.3	32	1 437	20 525	– –	– –
204	186	– –	– –	1 166	0.1	20.9	– –	411	41 058	– –	– –
136	6	– –	292	1 334	4.3	31.7	– –	683	8 644	2	– –
– –	– –	– –	– –	– –	– –	– –	– –	– –	– –	– –	– –
2	2	– –	– –	111	49.6	21.6	4	104	7 993	1	1
60	80	– –	– –	5 631	6.6	27.5	34	925	10 053	12	– –
1	10	8	– –	191	5.0	43.6	– –	265	8 830	1	– –
– –	– –	– –	– –	– –	– –	– –	– –	– –	– –	– –	– –
– –	– –	– –	– –	– –	– –	– –	– –	– –	– –	– –	– –
156	206	– –	– –	3 661	2.7	44.3	11	1 349	10 142	3	– –
3	3	– –	– –	369	0.1	36.3	– –	214	11 257	4	– –
– –	– –	– –	– –	85	– –	40.7	– –	184	11 492	– –	– –
9	60	39	– –	758	1.1	51.3	– –	346	9 882	– –	– –
– –	– –	– –	– –	449	2.3	68.3	– –	628	13 358	– –	– –

各地区其他文化产业

地区	机构数	从业人员		资本金合计		固定资产合计	固定资产原价	本年提取折旧	损			
			职工		国家资本金				主营业收入	主营营业成本及费用	主营营业税金及附加	主营业务利润
总计	**1 076**	**21 596**	**18 129**	**1 154 832**	**832 157**	**1 422 474**	**1 572 449**	**125 380**	**1 545 875**	**1 270 782**	**40 037**	**235 056**
中央	92	1 739	1 360	101 081	83 428	95 348	130 562	10 049	188 719	145 841	5 752	37 126
地方	984	19 857	16 769	1 053 751	748 729	1 327 126	1 441 887	115 331	1 357 156	1 124 941	34 285	197 930
北京	39	1 084	652	101 687	49 314	32 370	47 483	7 779	82 181	65 715	2 205	14 261
天津	53	742	465	28 939	21 082	13 420	19 912	2 828	37 042	25 172	948	10 922
河北	17	293	237	3 790	2 158	6 263	8 582	657	14 592	13 811	416	365
山西	27	444	425	5 356	3 488	3 643	5 277	366	15 126	13 289	182	1 655
内蒙古	2	61	61	386	386	377	1 025	656	1 002	899	42	61
辽宁	21	620	598	32 166	26 785	22 843	29 793	3 838	51 934	43 662	420	7 852
其中:大连	8	222	216	16 079	11 481	11 161	14 522	2 101	39 613	33 579	97	5 937
吉林	34	436	406	8 865	7 538	10 334	12 894	451	7 373	7 647	287	- 561
黑龙江	10	112	101	2 648	2 023	3 763	5 266	53	5 647	4 711	45	891
上海	104	1 837	1 234	156 646	121 867	96 185	110 502	6 751	218 062	189 155	3 982	24 925
江苏	169	2 940	2 845	125 765	82 477	122 487	198 283	12 211	217 317	191 715	5 772	19 830
浙江	126	2 052	1 554	83 922	49 447	117 296	82 773	13 687	143 602	120 455	7 939	15 208
其中:宁波	32	516	222	20 668	12 997	59 309	14 834	4 729	39 941	37 793	597	1 551
安徽	23	326	314	5 151	1 795	9 133	11 270	919	7 236	6 561	205	470
福建	16	597	540	26 527	24 814	29 883	35 048	1 295	33 636	31 383	1 010	1 243
其中:厦门	4	121	118	1 673	548	511	3 522	410	13 306	12 227	737	342
江西	12	451	443	6 383	4 672	14 052	16 960	930	6 721	5 753	234	734
山东	38	768	672	25 663	17 607	40 615	41 853	3 680	21 134	16 390	856	3 888
其中:青岛	7	164	145	6 194	5 382	11 670	7 774	764	6 620	4 283	382	1 955
河南	20	401	370	8 630	1 809	3 471	3 774	169	4 917	4 227	216	474
湖北	40	554	462	29 287	21 554	35 348	34 932	1 790	9 369	7 946	402	1 021
湖南	25	314	294	8 405	4 950	8 583	10 704	762	8 505	7 406	181	918
广东	65	2 555	2 447	234 258	169 030	559 783	545 778	34 706	352 758	274 697	5 704	72 357
其中:深圳	14	1 130	1 119	140 140	94 622	420 326	373 622	21 610	227 911	178 903	1 477	47 531
广西	6	149	122	6 163	5 611	6 363	7 057	384	5 739	5 479	105	155
海南	- -	- -	- -	- -	- -	- -	- -	- -	- -	- -	- -	- -
重庆	33	906	862	52 415	47 310	76 897	76 493	12 210	32 436	22 817	994	8 625
四川	36	469	363	15 059	11 802	12 517	14 594	758	11 648	9 145	410	2 093
贵州	8	156	104	2 251	1 736	2 780	3 818	166	6 114	4 816	196	1 102
云南	10	278	232	27 458	27 333	17 481	23 749	838	12 097	10 041	508	1 548
西藏	- -	- -	- -	- -	- -	- -	- -	- -	- -	- -	- -	- -
陕西	12	477	377	30 995	30 818	38 253	48 738	2 548	5 925	4 036	283	1 606
甘肃	7	74	61	3 068	2 651	2 690	3 817	1 176	1 422	963	83	376
青海	8	296	114	2 139	666	20 099	22 819	2 934	8 980	5 857	373	2 750
宁夏	18	380	334	12 992	6 501	10 959	12 690	336	28 386	24 904	239	3 243
新疆	5	85	80	6 737	1 505	9 238	6 003	453	6 255	6 289	48	- 82

和非文化产业基本情况

单位:个、人、千元、元/人

益及分配							其他			上交主办单位数	增加值	劳动生产率
其他业务利润	管理费用	税金	劳动待业保险	财务费用	应交所得税	利润	从业人员劳动报酬	本年应付福利费总额	本年应交增值税			
73 137	**311 832**	**9 269**	**24 493**	**28 235**	**14 773**	**-7 607**	**169 630**	**22 783**	**29 347**	**22 841**	**704 697**	**32 630**
14 211	34 014	1 827	1 538	-688	2 310	19 704	15 173	2 224	3 147	11 146	98 431	56 601
58 926	277 818	7 442	22 955	28 923	12 463	-27 311	154 457	20 559	26 200	11 695	606 266	30 531
1 959	16 955	199	463	-2 115	3 303	4 328	9 629	955	1 149	185	37 366	34 470
1 322	12 466	247	860	1 937	145	-1 745	6 315	737	772	3 008	26 362	35 527
3	876	39	75	74	13	-345	1 191	190	115	--	2 786	9 508
328	2 037	117	61	50	61	8	1 358	91	48	59	4 113	9 263
--	187	4	37	-1	--	-83	307	28	2	50	1 122	18 390
636	8 251	155	652	-119	407	95	2 845	635	1 388	--	17 134	27 635
298	5 281	89	457	-133	401	678	1 251	385	1 178	--	10 951	49 326
328	1 595	41	62	60	6	-1 880	1 207	-24	58	43	1 854	4 252
70	1 237	2	14	34	--	-345	491	33	261	149	1 962	17 516
1 975	24 502	339	1 969	173	2 887	963	16 847	1 841	3 400	2 492	60 711	33 048
6 255	33 734	797	2 571	5 632	332	-11 406	22 999	2 537	3 009	2 530	73 403	24 966
2 778	23 097	453	1 918	4 621	761	-7 481	17 007	2 679	2 626	1 162	60 860	29 658
265	3 698	68	123	3 882	308	-5 637	3 057	680	241	56	10 564	20 472
410	1 559	24	132	153	--	-500	870	109	20	15	2 933	8 996
1 079	7 545	226	2 155	-417	174	-4 646	5 409	476	150	--	10 412	17 440
75	542	--	13	22	6	-172	1 543	41	22	--	3 129	25 857
195	1 685	270	159	321	1	-441	1 643	240	211	--	4 217	9 350
83	6 247	385	1 295	407	--	-2 507	2 985	311	252	47	12 176	15 853
--	2 105	137	302	178	--	-244	853	68	7	--	4 098	24 986
-23	704	25	56	285	13	-472	1 221	130	65	89	2 236	5 575
1 738	4 189	58	154	572	27	-1 341	3 962	276	135	249	9 355	16 885
272	1 477	44	196	138	8	-287	1 327	79	98	178	3 780	12 037
30 633	95 814	3 172	5 959	14 177	3 889	5 882	40 107	6 844	10 416	177	197 272	77 209
24 950	59 852	2 510	4 010	5 768	2 723	10 739	22 655	1 480	9 031	60	129 824	114 887
489	963	33	127	-21	7	-305	971	133	93	35	2 265	15 200
--	--	--	--	--	--	--	--	--	--	--	--	--
5 561	14 896	332	2 988	1 639	75	-2 461	6 460	1 027	219	136	34 537	38 119
1 117	2 092	102	1	363	58	1 275	1 898	167	200	1 029	7 607	16 219
--	993	--	--	70	7	24	929	46	42	--	2 435	15 607
424	2 823	73	40	171	2	-840	2 017	304	112	30	5 550	19 963
--	--	--	--	--	--	--	--	--	--	--	--	--
1 081	4 507	165	416	112	36	-1 258	2 071	266	169	20	7 943	16 651
--	311	--	--	13	8	44	229	40	--	5	1 869	25 253
4	2 946	25	2	17	113	-245	417	70	61	6	6 570	22 195
208	3 118	78	500	-6	278	57	1 357	293	1 121	1	6 583	17 323
1	1 012	37	93	583	-148	-1 399	388	46	8	--	853	10 034

各地区其他文化产业

地区	机构数	从业人员	职工	资本金合计	国家资本金	固定资产合计	固定资产原价	本年提取折旧	主营业收入	主营业成本及费用	主营业税金及附加	主营业务利润
									损			
总计	**124**	**3 235**	**2 793**	**100 081**	**72 624**	**80 077**	**107 763**	**7 524**	**145 046**	**125 423**	**3 963**	**15 660**
中央	8	362	318	25 509	25 449	25 964	41 575	2 010	22 325	20 721	617	987
地方	116	2 873	2 475	74 572	47 175	54 113	66 188	5 514	122 721	104 702	3 346	14 673
北京	8	530	294	6 369	917	2 743	4 365	310	25 920	22 384	828	2 708
天津	9	121	60	4 457	2 251	1 658	2 361	115	5 627	4 763	88	776
河北	—	—	—	—	—	—	—	—	—	—	—	—
山西	2	12	9	200	200	112	275	45	1 751	1 472	12	267
内蒙古	—	—	—	—	—	—	—	—	—	—	—	—
辽宁	2	135	135	6 676	6 676	4 333	5 051	544	5 574	4 683	161	730
其中：大连	—	—	—	—	—	—	—	—	—	—	—	—
吉林	6	223	223	530	500	724	1 321	83	1 187	1 078	27	82
黑龙江	—	—	—	—	—	—	—	—	—	—	—	—
上海	2	12	3	2 152	1 691	177	441	264	1 543	1 355	43	145
江苏	39	851	839	25 860	16 465	19 279	27 850	2 495	34 696	28 467	1 180	5 049
浙江	18	362	346	12 995	11 649	11 259	7 673	473	26 606	23 177	465	2 964
其中：宁波	3	41	41	457		667	894	210	1 145	1 157	6	-18
安徽	—	—	—	—	—	—	—	—	—	—	—	—
福建	—	—	—	—	—	—	—	—	—	—	—	—
其中：厦门	—	—	—	—	—	—	—	—	—	—	—	—
江西	—	—	—	—	—	—	—	—	—	—	—	—
山东	7	253	241	4 700	2 974	5 219	7 010	486	8 567	7 782	294	491
其中：青岛	—	—	—	—	—	—	—	—	—	—	—	—
河南	—	—	—	—	—	—	—	—	—	—	—	—
湖北	6	67	60	3 340	2 290	1 640	2 093	398	1 052	889	78	85
湖南	5	111	101	2 644	—	1 188	1 204	21	2 471	2 208	20	243
广东	2	49	41	780	—	580	630	22	1 612	1 400	37	175
其中：深圳	—	—	—	—	—	—	—	—	—	—	—	—
广西	—	—	—	—	—	—	—	—	—	—	—	—
海南	—	—	—	—	—	—	—	—	—	—	—	—
重庆	4	41	36	3 121	1 500	2 934	3 579	129	1 365	960	15	390
四川	4	88	75	518	62	2 065	2 065	119	3 291	3 124	32	135
贵州	—	—	—	—	—	—	—	—	—	—	—	—
云南	—	—	—	—	—	—	—	—	—	—	—	—
西藏		—	—	—	—	—	—	—	—	—	—	—
陕西	—	—	—	—	—	—	—	—	—	—	—	—
甘肃	—	—	—	—	—	—	—	—	—	—	—	—
青海	2	18	12	230	—	202	270	10	1 459	960	66	433
宁夏	—	—	—	—	—	—	—	—	—	—	—	—
新疆	—	—	—	—	—	—	—	—	—	—	—	—

和非文化产业基本情况（第二产业）

单位：个、人、千元、元/人

益及分配：其他业务利润	管理费用	管理费用：税金	管理费用：劳动待业保险	财务费用	应交所得税	利润	其他：从业人员劳动报酬	本年应付福利费总额	本年应交增值税	上交主办单位数	增加值	劳动生产率
5 923	**28 504**	**600**	**4 655**	**170**	**802**	**–5 603**	**23 506**	**2 491**	**3 729**	**873**	**61 778**	**19 096**
3 378	5 559	133	1 429	–43	213	288	2 829	282	391	60	10 405	28 742
2 545	22 945	467	3 226	213	589	–5 891	20 677	2 209	3 338	813	51 373	17 881
– –	2 932	12	– –	–5	132	–395	4 420	383	80	151	8 509	16 054
57	1 124	30	67	–13	32	–260	1 111	116	156	73	2 406	19 882
– –	– –	– –	– –	– –	– –	– –	– –	– –	– –	– –	– –	– –
– –	346	– –	1	–3	– –	–76	73	10	– –	– –	397	33 055
– –	– –	– –	– –	– –	– –	– –	– –	– –	– –	– –	– –	– –
53	1 161	8	141	–2	3	–380	823	119	147	– –	2 466	18 265
– –	– –	– –	– –	– –	– –	– –	– –	– –	– –	– –	– –	– –
– –	153	5	24	–1	– –	–105	417	14	43	– –	657	2 946
– –	– –	– –	– –	– –	– –	– –	– –	– –	– –	– –	– –	– –
29	152	– –	12	1	– –	21	170	10	– –	– –	651	54 204
1 373	10 384	256	1 725	56	128	–3 954	7 133	894	721	451	18 658	21 924
930	4 246	92	612	40	181	–536	3 394	378	1 792	47	10 157	28 057
– –	469	7	4	48	16	–558	173	25	48	36	462	11 265
– –	– –	– –	– –	– –	– –	– –	– –	– –	– –	– –	– –	– –
– –	– –	– –	– –	– –	– –	– –	– –	– –	– –	– –	– –	– –
– –	– –	– –	– –	– –	– –	– –	– –	– –	– –	– –	– –	– –
– –	– –	– –	– –	– –	– –	– –	– –	– –	– –	– –	– –	–
– –	1 086	13	620	–20	– –	–579	788	59	95	– –	2 167	8 564
– –	– –	– –	– –	– –	– –	– –	– –	– –	– –	– –	– –	– –
– –	– –	– –	– –	– –	– –	– –	– –	– –	– –	– –	– –	– –
70	175	3	– –	–88	– –	449	250	17	12	56	952	14 206
1	330	3	– –	80	– –	–148	159	– –	41	– –	488	4 396
– –	110	32	24	12	13	40	1 266	98	– –	14	1 546	31 544
– –	– –	– –	– –	– –	– –	– –	– –	– –	– –	– –	– –	– –
– –	– –	– –	– –	– –	– –	– –	– –	– –	– –	– –	– –	– –
– –	– –	– –	– –	– –	– –	– –	– –	– –	– –	– –	– –	– –
32	318	– –	– –	13	25	66	222	28	104	15	907	22 116
– –	196	– –	– –	141	– –	–158	439	76	147	– –	872	9 907
– –	– –	– –	– –	– –	– –	– –	– –	– –	– –	– –	– –	– –
– –	– –	– –	– –	– –	– –	– –	– –	– –	– –	– –	– –	– –
– –	– –	– –	– –	– –	– –	– –	– –	– –	– –	– –	– –	– –
– –	– –	– –	– –	– –	– –	– –	– –	– –	– –	– –	– –	– –
– –	– –	– –	– –	– –	– –	– –	– –	– –	– –	– –	– –	– –
– –	232	13	– –	2	75	124	12	7	– –	6	540	29 983
– –	– –	– –	– –	– –	– –	– –	– –	– –	– –	– –	– –	– –
– –	– –	– –	– –	– –	– –	– –	– –	– –	– –	– –	– –	– –

各地区其他文化产业

地区	机构数	从业人员		资本金合计		固定资产合计	固定资产原价	本年提取折旧	损			
			职工		国家资本金				主营业收入	主营业成本及费用	主营业税金及附加	主营业利润
总计	**952**	**18 361**	**15 336**	**1 054 751**	**759 533**	**1 342 397**	**1 464 686**	**117 856**	**1 400 829**	**1 145 359**	**36 074**	**219 396**
中央	84	1 377	1 042	75 572	57 979	69 384	88 987	8 039	166 394	125 120	5 135	36 139
地方	868	16 984	14 294	979 179	701 554	1 273 013	1 375 699	109 817	1 234 435	1 020 239	30 939	183 257
北京	31	554	358	95 318	48 397	29 627	43 118	7 469	56 261	43 331	1 377	11 553
天津	44	621	405	24 482	18 831	11 762	17 551	2 713	31 415	20 409	860	10 146
河北	17	293	237	3 790	2 158	6 263	8 582	657	14 592	13 811	416	365
山西	25	432	416	5 156	3 288	3 531	5 002	321	13 375	11 817	170	1 388
内蒙古	2	61	61	386	386	377	1 025	656	1 002	899	42	61
辽宁	19	485	463	25 490	20 109	18 510	24 742	3 294	46 360	38 979	259	7 122
其中:大连	8	222	216	16 079	11 481	11 161	14 522	2 101	39 613	33 579	97	5 937
吉林	28	213	183	8 335	7 038	9 610	11 573	368	6 186	6 569	260	－643
黑龙江	10	112	101	2 648	2 023	3 763	5 266	53	5 647	4 711	45	891
上海	102	1 825	1 231	154 494	120 176	96 008	110 061	6 487	216 519	187 800	3 939	24 780
江苏	130	2 089	2 006	99 905	66 012	103 208	170 433	9 716	182 621	163 248	4 592	14 781
浙江	108	1 690	1 208	70 927	37 798	106 037	75 100	13 214	116 996	97 278	7 474	12 244
其中:宁波	29	475	181	20 211	12 997	58 642	13 940	4 519	38 796	36 636	591	1 569
安徽	23	326	314	5 151	1 795	9 133	11 270	919	7 236	6 561	205	470
福建	16	597	540	26 527	24 814	29 883	35 048	1 295	33 636	31 383	1 010	1 243
其中:厦门	4	121	118	1 673	548	511	3 522	410	13 306	12 227	737	342
江西	12	451	443	6 383	4 672	14 052	16 960	930	6 721	5 753	234	734
山东	31	515	431	20 963	14 633	35 396	34 843	3 194	12 567	8 608	562	3 397
其中:青岛	7	164	145	6 194	5 382	11 670	7 774	764	6 620	4 283	382	1 955
河南	20	401	370	8 630	1 809	3 471	3 774	169	4 917	4 227	216	474
湖北	34	487	402	25 947	19 264	33 708	32 839	1 392	8 317	7 057	324	936
湖南	20	203	193	5 761	4 950	7 395	9 500	741	6 034	5 198	161	675
广东	63	2 506	2 406	233 478	169 030	559 203	545 148	34 684	351 146	273 297	5 667	72 182
其中:深圳	14	1 130	1 119	140 140	94 622	420 326	373 622	21 610	227 911	178 903	1 477	47 531
广西	6	149	122	6 163	5 611	6 363	7 057	384	5 739	5 479	105	155
海南	--	--	--	--	--	--	--	--	--	--	--	--
重庆	29	865	826	49 294	45 810	73 963	72 914	12 081	31 071	21 857	979	8 235
四川	32	381	288	14 541	11 740	10 452	12 529	639	8 357	6 021	378	1 958
贵州	8	156	104	2 251	1 736	2 780	3 818	166	6 114	4 816	196	1 102
云南	10	278	232	27 458	27 333	17 481	23 749	838	12 097	10 041	508	1 548
西藏	--	--	--	--	--	--	--	--	--	--	--	--
陕西	12	477	377	30 995	30 818	38 253	48 738	2 548	5 925	4 036	283	1 606
甘肃	7	74	61	3 068	2 651	2 690	3 817	1 176	1 422	963	83	376
青海	6	278	102	1 909	666	19 897	22 549	2 924	7 521	4 897	307	2 317
宁夏	18	380	334	12 992	6 501	10 959	12 690	336	28 386	24 904	239	3 243
新疆	5	85	80	6 737	1 505	9 238	6 003	453	6 255	6 289	48	－82

和非文化产业基本情况 (第三产业)

单位:个、人、千元、元/人

益及分配							其他			上交主办单位数	增加值	劳动生产率
其他业务利润	管理费用	税金	劳动待业保险	财务费用	应交所得税	利润	从业人员劳动报酬	本年应付福利费总额	本年应交增值税			
67 214	**283 328**	**8 669**	**19 838**	**28 065**	**13 971**	**-2 004**	**146 124**	**20 292**	**25 618**	**21 968**	**642 919**	**35 015**
10 833	28 455	1 694	109	-645	2 097	19 416	12 344	1 942	2 756	11 086	88 026	63 925
56 381	254 873	6 975	19 729	28 710	11 874	-21 420	133 780	18 350	22 862	10 882	554 893	32 671
1 959	14 023	187	463	-2 110	3 171	4 723	5 209	572	1 069	34	28 857	52 087
1 265	11 342	217	793	1 950	113	-1 485	5 204	621	616	2 935	23 956	38 575
3	876	39	75	74	13	-345	1 191	190	115	--	2 786	9 508
328	1 691	117	60	53	61	84	1 285	81	48	59	3 716	8 601
--	187	4	37	-1	--	-83	307	28	2	50	1 122	18 390
583	7 090	147	511	-117	404	475	2 022	516	1 241	--	14 668	30 242
298	5 281	89	457	-133	401	678	1 251	385	1 178	--	10 951	49 326
328	1 442	36	38	61	6	-1 775	790	-38	15	43	1 197	5 619
70	1 237	2	14	34	--	-345	491	33	261	149	1 962	17 516
1 946	24 350	339	1 957	172	2 887	942	16 677	1 831	3 400	2 492	60 060	32 909
4 882	23 350	541	846	5 576	204	-7 452	15 866	1 643	2 288	2 079	54 745	26 206
1 848	18 851	361	1 306	4 581	580	-6 945	13 613	2 301	834	1 115	50 703	30 001
265	3 229	61	119	3 834	292	-5 079	2 884	655	193	20	10 102	21 266
410	1 559	24	132	153	--	-500	870	109	20	15	2 933	8 996
1 079	7 545	226	2 155	-417	174	-4 646	5 409	476	150	--	10 412	17 440
75	542	--	13	22	6	-172	1 543	41	22	--	3 129	25 857
195	1 685	270	159	321	1	-441	1 643	240	211	--	4 217	9 350
83	5 161	372	675	427	--	-1 928	2 197	252	157	47	10 009	19 434
--	2 105	137	302	178	--	-244	853	68	7	--	4 098	24 986
-23	704	25	56	285	13	-472	1 221	130	65	89	2 236	5 575
1 668	4 014	55	154	660	27	-1 790	3 712	259	123	193	8 403	17 254
271	1 147	41	196	58	8	-139	1 168	79	57	178	3 292	16 215
30 633	95 704	3 140	5 935	14 165	3 876	5 842	38 841	6 746	10 416	163	195 726	78 102
24 950	59 852	2 510	4 010	5 768	2 723	10 739	22 655	1 480	9 031	60	129 824	114 887
489	963	33	127	-21	7	-305	971	133	93	35	2 265	15 200
--	--	--	--	--	--	--	--	--	--	--	--	--
5 529	14 578	332	2 988	1 626	50	-2 527	6 238	999	115	121	33 630	38 878
1 117	1 896	102	1	222	58	1 433	1 459	91	53	1 029	6 735	17 676
--	993	--	--	70	7	24	929	46	42	--	2 435	15 607
424	2 823	73	40	171	2	-840	2 017	304	112	30	5 550	19 963
--	--	--	--	--	--	--	--	--	--	--	--	--
1 081	4 507	165	416	112	36	-1 258	2 071	266	169	20	7 943	16 651
--	311	--	--	13	8	44	229	40	--	5	1 869	25 253
4	2 714	12	2	15	38	-369	405	63	61	--	6 030	21 689
208	3 118	78	500	-6	278	57	1 357	293	1 121	1	6 583	17 323
1	1 012	37	93	583	-148	-1 399	388	46	8	--	853	10 034

各地区文化部门附营非

地区	机构数	从业人员	职工	资本金合计	国家资本金	固定资产合计	固定资产原价	本年提取折旧	主营业收入	主营业成本及费用	主营业税金及附加	主营业务利润
总计	**372**	**4 586**	**3 619**	**204 116**	**147 102**	**147 064**	**216 639**	**20 091**	**337 070**	**270 544**	**11 329**	**55 197**
中央	40	546	372	36 657	31 813	47 157	59 624	4 768	96 939	66 390	2 946	27 603
地方	332	4 040	3 247	167 459	115 289	99 907	157 015	15 323	240 131	204 154	8 383	27 594
北京	1	5	--	1 000	1 000	1 000	1 000	--	2 372	2 308	9	55
天津	34	287	122	15 908	8 372	6 709	8 212	549	15 463	10 207	558	4 698
河北	5	79	43	500	500	1 699	3 427	366	11 769	11 072	287	410
山西	20	329	325	3 190	1 986	2 401	3 187	210	4 380	3 825	80	475
内蒙古	1	15	15	248	248	184	832	648	398	391	20	-13
辽宁	2	23	13	83	83	104	163	83	473	356	24	93
其中:大连	--	--	--	--	--	--	--	--	--	--	--	--
吉林	16	77	66	3 368	2 161	1 950	3 003	114	3 845	4 794	139	-1 088
黑龙江	7	75	69	1 842	1 217	3 049	4 491	37	4 456	3 952	24	480
上海	61	1 072	750	52 121	34 171	24 181	32 944	5 232	71 730	60 053	2 318	9 359
江苏	69	1 002	946	52 293	39 812	33 887	65 239	3 717	57 607	48 069	3 181	6 357
浙江	59	549	487	21 119	15 244	8 750	13 887	1 194	48 729	43 586	933	4 210
其中:宁波	5	15	13	280	--	214	239	14	2 408	2 182	51	175
安徽	9	63	59	617	562	258	193	2	1 046	739	45	262
福建	1	13	13	137	--	--	--	--	--	--	--	--
其中:厦门	--	--	--	--	--	--	--	--	--	--	--	--
江西	--	--	--	--	--	--	--	--	--	--	--	--
山东	2	35	27	2 040	1 100	1 994	1 994	--	460	412	33	15
其中:青岛	--	--	--	--	--	--	--	--	--	--	--	--
河南	--	--	--	--	--	--	--	--	--	--	--	--
湖北	4	56	44	2 524	199	2 684	3 016	267	1 754	1 418	95	241
湖南	13	67	58	852	450	673	814	18	668	701	129	-162
广东	4	33	33	2 191	2 191	1 513	1 789	65	1 369	951	70	348
其中:深圳	--	--	--	--	--	--	--	--	--	--	--	--
广西	--	--	--	--	--	--	--	--	--	--	--	--
海南	--	--	--	--	--	--	--	--	--	--	--	--
重庆	--	--	--	--	--	--	--	--	--	--	--	--
四川	11	105	74	5 451	5 311	4 489	4 963	99	3 460	3 233	54	173
贵州	--	--	--	--	--	--	--	--	--	--	--	--
云南	1	32	5	411	411	1 219	2 010	236	3 974	3 112	145	717
西藏	--	--	--	--	--	--	--	--	--	--	--	--
陕西	--	--	--	--	--	--	--	--	--	--	--	--
甘肃	--	--	--	--	--	--	--	--	--	--	--	--
青海	5	89	71	1 503	260	3 107	5 762	2 484	5 576	4 650	215	711
宁夏	6	29	24	56	6	51	84	--	599	325	23	251
新疆	1	5	3	5	5	5	5	2	3	-	1	2

文化产业单位基本情况

单位:个、人、千元、元/人

益及分配							其他			上交主办单位数	增加值	劳动生产率
其他业务利润	管理费用	税金	劳动待业保险	财务费用	应交所得税	利润	从业人员劳动报酬	本年应付福利费总额	本年应交增值税			
3 048	**53 364**	**1 053**	**1 468**	**467**	**2 159**	**5 841**	**31 596**	**3 039**	**5 845**	**10 693**	**138 852**	**30 277**
307	13 343	168	81	– 286	1 564	14 917	5 386	784	1 900	5 272	48 350	88 551
2 741	40 021	885	1 387	753	595	– 9 076	26 210	2 255	3 945	5 421	90 502	22 401
– –	22	– –	– –	– 1	– –	34	39	– –	– –	– –	103	20 558
200	5 899	37	39	1	91	– 887	2 205	225	215	1 128	9 590	33 413
– –	369	2	– –	43	– –	– 11	330	17	88	– –	1 483	18 769
328	857	72	60	50	48	37	997	55	48	59	2 269	6 896
– –	15	2	– –	– –	– –	– 28	46	17	2	50	755	50 299
– –	220	14	– –	– 1	– –	– 123	55	39	14	– –	283	12 299
– –	– –	– –	– –	– –	– –	– –	– –	– –	– –	– –	– –	– –
6	195	– –	– –	– 3	– –	– 1 300	249	6	– –	40	– 540	– 7 012
70	637	2	9	4	– –	– 176	218	18	188	149	1 168	15 571
472	12 812	100	532	– 136	147	– 2 645	7 838	593	486	1 101	26 906	25 098
368	9 266	360	573	592	106	– 2 817	7 903	726	2 008	1 759	25 653	25 601
1 115	6 805	213	124	54	146	– 1 044	4 438	339	572	827	13 502	24 593
– –	52	11	– –	20	12	91	41	5	12	11	315	20 986
– –	283	7	5	1	– –	16	204	26	20	5	545	8 649
– –	4	– –	– –	– 4	– –	– –	– –	40	– –	– –	– –	– –
– –	– –	– –	– –	– –	– –	– –	– –	– –	– –	– –	– –	– –
– –	– –	– –	– –	– –	– –	– –	– –	– –	– –	– –	– –	– –
– –	45	1	5	– –	– –	– 30	102	1	74	– –	225	6 426
– –	– –	– –	– –	– –	– –	– –	– –	– –	– –	– –	– –	– –
– –	– –	– –	– –	– –	– –	– –	– –	– –	– –	– –	– –	– –
– 7	308	5	31	48	– –	– 96	244	14	– –	73	918	16 389
86	140	5	– –	1	7	– 162	169	8	– –	119	364	5 432
33	238	39	– –	– 1	11	137	173	7	22	– –	750	22 720
– –	– –	– –	– –	– –	– –	– –	– –	– –	– –	– –	– –	– –
– –	– –	– –	– –	– –	– –	– –	– –	– –	– –	– –	– –	– –
– –	– –	– –	– –	– –	– –	– –	– –	– –	– –	– –	– –	– –
– –	– –	– –	– –	– –	– –	– –	– –	– –	– –	– –	– –	– –
67	478	2	– –	12	1	– 160	306	20	35	81	817	7 780
– –	– –	– –	– –	– –	– –	– –	– –	– –	– –	– –	– –	– –
– –	548	– –	7	76	2	88	285	39	90	30	1 503	46 954
– –	– –	– –	– –	– –	– –	– –	– –	– –	– –	– –	– –	– –
– –	– –	– –	– –	– –	– –	– –	– –	– –	– –	– –	– –	– –
– –	– –	– –	– –	– –	– –	– –	– –	– –	– –	– –	– –	– –
3	765	24	2	1	36	– 30	379	63	61	– –	3 877	43 556
– –	112	– –	– –	16	– –	122	14	– –	22	– –	310	10 685
– –	3	– –	– –	– –	– –	– 1	16	2	– –	– –	21	4 191

各地区文化部门附营非

地区	机构数	从业人员	职工	资本金合计	国家资本金	固定资产合计	固定资产原价	本年提取折旧	损			
									主营业收入	主营业成本及费用	主营业税金及附加	主营业务利润
总计	**42**	**453**	**382**	**25 228**	**18 977**	**6 132**	**8 847**	**725**	**34 106**	**30 151**	**944**	**3 011**
中央	3	46	41	2 511	2 511	30	30	—	9 370	8 682	310	378
地方	39	407	341	22 717	16 466	6 102	8 817	725	24 736	21 469	634	2 633
北京	—	—	—	—	—	—	—	—	—	—	—	—
天津	6	64	15	2 380	474	787	773	3	2 428	2 087	49	292
河北	—	—	—	—	—	—	—	—	—	—	—	—
山西	—	—	—	—	—	—	—	—	—	—	—	—
内蒙古	—	—	—	—	—	—	—	—	—	—	—	—
辽宁	—	—	—	—	—	—	—	—	—	—	—	—
其中：大连	—	—	—	—	—	—	—	—	—	—	—	—
吉林	2	44	44	—	—	18	18	13	412	387	20	5
黑龙江	—	—	—	—	—	—	—	—	—	—	—	—
上海	1	5	3	1 152	691	172	436	264	843	851	—	-8
江苏	14	128	124	8 855	7 305	2 387	3 860	335	9 642	8 585	152	905
浙江	10	109	103	8 085	7 196	831	1 772	110	10 507	8 772	318	1 417
其中：宁波	—	—	—	—	—	—	—	—	—	—	—	—
安徽	—	—	—	—	—	—	—	—	—	—	—	—
福建	—	—	—	—	—	—	—	—	—	—	—	—
其中：厦门	—	—	—	—	—	—	—	—	—	—	—	—
江西	—	—	—	—	—	—	—	—	—	—	—	—
山东	1	30	27	1 740	800	1 694	1 694	—	437	403	32	2
其中：青岛	—	—	—	—	—	—	—	—	—	—	—	—
河南	—	—	—	—	—	—	—	—	—	—	—	—
湖北	1	2	2	300	—	50	50	—	300	250	40	10
湖南	3	19	19	205	—	163	179	—	118	110	5	3
广东	—	—	—	—	—	—	—	—	—	—	—	—
其中：深圳	—	—	—	—	—	—	—	—	—	—	—	—
广西	—	—	—	—	—	—	—	—	—	—	—	—
海南	—	—	—	—	—	—	—	—	—	—	—	—
重庆	—	—	—	—	—	—	—	—	—	—	—	—
四川	—	—	—	—	—	—	—	—	—	—	—	—
贵州	—	—	—	—	—	—	—	—	—	—	—	—
云南	—	—	—	—	—	—	—	—	—	—	—	—
西藏	—	—	—	—	—	—	—	—	—	—	—	—
陕西	—	—	—	—	—	—	—	—	—	—	—	—
甘肃	—	—	—	—	—	—	—	—	—	—	—	—
青海	1	6	4	—	—	—	35	—	49	24	18	7
宁夏	—	—	—	—	—	—	—	—	—	—	—	—
新疆	—	—	—	—	—	—	—	—	—	—	—	—

文化产业单位基本情况（第二产业）

单位：个、人、千元、元/人

益	及	分	配				其	他				
其他业务利润	管理费用			财务费用	应交所得税	利润	从业人员劳动报酬	本年应付福利费总额	本年应交增值税	上交主办单位数	增加值	劳动生产率
		税金	劳动待业保险									
438	**5 080**	**115**	**481**	**-33**	**100**	**-1 696**	**3 232**	**359**	**487**	**476**	**9 428**	**20 811**
12	552	30	--	-10	--	-152	28	--	--	60	818	17 778
426	4 528	85	481	-23	100	-1 544	3 204	359	487	416	8 610	21 154
--	--	--	--	--	--	--	--	--	--	--	--	--
--	619	14	8	-7	6	-294	402	59	47	52	859	13 419
--	--	--	--	--	--	--	--	--	--	--	--	--
--	--	--	--	--	--	--	--	--	--	--	--	--
--	--	--	--	--	--	--	--	--	--	--	--	--
--	--	--	--	--	--	--	--	--	--	--	--	--
--	--	--	--	--	--	--	--	--	--	--	--	--
--	18	--	--	--	--	-40	228	6	--	--	266	6 044
--	--	--	--	--	--	--	--	--	--	--	--	--
29	--	--	--	1	--	20	50	--	--	--	335	66 866
25	2 009	14	418	-11	16	-1 033	1 282	151	214	364	3 291	25 708
372	1 813	42	55	-6	78	-150	1 101	143	152	--	3 512	32 217
--	--	--	--	--	--	--	--	--	--	--	--	--
--	--	--	--	--	--	--	--	--	--	--	--	--
--	--	--	--	--	--	--	--	--	--	--	--	--
--	--	--	--	--	--	--	--	--	--	--	--	--
--	--	--	--	--	--	--	--	--	--	--	--	--
--	31	--	--	--	--	-29	90	--	74	--	198	6 597
--	--	--	--	--	--	--	--	--	--	--	--	--
--	--	--	--	--	--	--	--	--	--	--	--	--
--	--	--	--	--	--	10	40	--	--	--	90	44 776
--	8	3	--	--	--	-5	11	--	--	--	22	1 157
--	--	--	--	--	--	--	--	--	--	--	--	--
--	--	--	--	--	--	--	--	--	--	--	--	--
--	--	--	--	--	--	--	--	--	--	--	--	--
--	--	--	--	--	--	--	--	--	--	--	--	--
--	--	--	--	--	--	--	--	--	--	--	--	--
--	--	--	--	--	--	--	--	--	--	--	--	--
--	--	--	--	--	--	--	--	--	--	--	--	--
--	--	--	--	--	--	--	--	--	--	--	--	--
--	--	--	--	--	--	--	--	--	--	--	--	--
--	--	--	--	--	--	--	--	--	--	--	--	--
--	--	--	--	--	--	--	--	--	--	--	--	--
--	30	12	--	--	--	23	--	--	--	--	37	6 156
--	--	--	--	--	--	--	--	--	--	--	--	--
--	--	--	--	--	--	--	--	--	--	--	--	--

各地区文化部门附营非

地区	机构数	从业人员		资本金合计		固定资产合计	固定资产原价	本年提取折旧	损			
			职工		国家资本金				主营业收入	主营业成本及费用	主营业税金及附加	主营业务利润
总计	**330**	**4 133**	**3 237**	**178 888**	**128 125**	**140 932**	**207 792**	**19 366**	**302 964**	**240 393**	**10 385**	**52 186**
中央	37	500	331	34 146	29 302	47 127	59 594	4 768	87 569	57 708	2 636	27 225
地方	293	3 633	2 906	144 742	98 823	93 805	148 198	14 598	215 395	182 685	7 749	24 961
北京	1	5	– –	1 000	1 000	1 000	1 000	– –	2 372	2 308	9	55
天津	28	223	107	13 528	7 898	5 922	7 439	546	13 035	8 120	509	4 406
河北	5	79	43	500	500	1 699	3 427	366	11 769	11 072	287	410
山西	20	329	325	3 190	1 986	2 401	3 187	210	4 380	3 825	80	475
内蒙古	1	15	15	248	248	184	832	648	398	391	20	–13
辽宁	2	23	13	83	83	104	163	83	473	356	24	93
其中:大连	– –	– –	– –	– –	– –	– –	– –	– –	– –	– –	– –	– –
吉林	14	33	22	3 368	2 161	1 932	2 985	101	3 433	4 407	119	–1 093
黑龙江	7	75	69	1 842	1 217	3 049	4 491	37	4 456	3 952	24	480
上海	60	1 067	747	50 969	33 480	24 009	32 508	4 968	70 887	59 202	2 318	9 367
江苏	55	874	822	43 438	32 507	31 500	61 379	3 382	47 965	39 484	3 029	5 452
浙江	49	440	384	13 034	8 048	7 919	12 115	1 084	38 222	34 814	615	2 793
其中:宁波	5	15	13	280	– –	214	239	14	2 408	2 182	51	175
安徽	9	63	59	617	562	258	193	2	1 046	739	45	262
福建	1	13	13	137	– –	– –	– –	– –	– –	– –	– –	– –
其中:厦门	– –	– –	– –	– –	– –	– –	– –	– –	– –	– –	– –	– –
江西	– –	– –	– –	– –	– –	– –	– –	– –	– –	– –	– –	– –
山东	1	5	– –	300	300	300	300	– –	23	9	1	13
其中:青岛	– –	– –	– –	– –	– –	– –	– –	– –	– –	– –	– –	– –
河南	– –	– –	– –	– –	– –	– –	– –	– –	– –	– –	– –	– –
湖北	3	54	42	2 224	199	2 634	2 966	267	1 454	1 168	55	231
湖南	10	48	39	647	450	510	635	18	550	591	124	–165
广东	4	33	33	2 191	2 191	1 513	1 789	65	1 369	951	70	348
其中:深圳	– –	– –	– –	– –	– –	– –	– –	– –	– –	– –	– –	– –
广西	– –	– –	– –	– –	– –	– –	– –	– –	– –	– –	– –	– –
海南	– –	– –	– –	– –	– –	– –	– –	– –	– –	– –	– –	– –
重庆	– –	– –	– –	– –	– –	– –	– –	– –	– –	– –	– –	– –
四川	11	105	74	5 451	5 311	4 489	4 963	99	3 460	3 233	54	173
贵州	– –	– –	– –	– –	– –	– –	– –	– –	– –	– –	– –	– –
云南	1	32	5	411	411	1 219	2 010	236	3 974	3 112	145	717
西藏	– –	– –	– –	– –	– –	– –	– –	– –	– –	– –	– –	– –
陕西	– –	– –	– –	– –	– –	– –	– –	– –	– –	– –	– –	– –
甘肃	– –	– –	– –	– –	– –	– –	– –	– –	– –	– –	– –	– –
青海	4	83	67	1 503	260	3 107	5 727	2 484	5 527	4 626	197	704
宁夏	6	29	24	56	6	51	84	– –	599	325	23	251
新疆	1	5	3	5	5	5	5	2	3	– –	1	2

文化产业单位基本情况（第三产业）

单位：个、人、千元、元/人

益	及	分		配			其	他		上交主办单位数	增加值	劳动生产率
其他业务利润	管理费用	税金	劳动待业保险	财务费用	应交所得税	利润	从业人员劳动报酬	本年应付福利费总额	本年应交增值税			
2 610	**48 284**	**938**	**987**	**500**	**2 059**	**7 537**	**28 364**	**2 680**	**5 358**	**10 217**	**129 424**	**31 314**
295	12 791	138	81	– 276	1 564	15 069	5 358	784	1 900	5 212	47 532	95 062
2 315	35 493	800	906	776	495	– 7 532	23 006	1 896	3 458	5 005	81 892	22 541
– –	22	– –	– –	– 1	– –	34	39	– –	– –	– –	103	20 558
200	5 280	23	31	8	85	– 593	1 803	166	168	1 076	8 731	39 150
– –	369	2	– –	43	– –	– 11	330	17	88	– –	1 483	18 769
328	857	72	60	50	48	37	997	55	48	59	2 269	6 896
– –	15	2	– –	– –	– –	– 28	46	17	2	50	755	50 299
– –	220	14	– –	– 1	– –	– 123	55	39	14	– –	283	12 299
– –	– –	– –	– –	– –	– –	– –	– –	– –	– –	– –	– –	– –
6	177	– –	– –	– 3	– –	– 1 260	21	– –	– –	40	– 806	– 24 416
70	637	2	9	4	– –	– 176	218	18	188	149	1 168	15 571
443	12 812	100	532	– 137	147	– 2 665	7 788	593	486	1 101	26 571	24 902
343	7 257	346	155	603	90	– 1 784	6 621	575	1 794	1 395	22 362	25 585
743	4 992	171	69	60	68	– 894	3 337	196	420	827	9 990	22 704
– –	52	11	– –	20	12	91	41	5	12	11	315	20 986
– –	283	7	5	1	– –	16	204	26	20	5	545	8 649
– –	4	– –	– –	– 4	– –	– –	– –	40	– –	– –	– –	– –
– –	– –	– –	– –	– –	– –	– –	– –	– –	– –	– –	– –	– –
– –	– –	– –	– –	– –	– –	– –	– –	– –	– –	– –	– –	– –
– –	14	1	5	– –	– –	– 1	12	1	– –	– –	27	5 389
– –	– –	– –	– –	– –	– –	– –	– –	– –	– –	– –	– –	– –
– –	– –	– –	– –	– –	– –	– –	– –	– –	– –	– –	– –	– –
– 7	308	5	31	48	– –	– 106	204	14	– –	73	828	15 330
86	132	2	– –	1	7	– 157	158	8	– –	119	342	7 123
33	238	39	– –	– 1	11	137	173	7	22	– –	750	22 720
– –	– –	– –	– –	– –	– –	– –	– –	– –	– –	– –	– –	– –
– –	– –	– –	– –	– –	– –	– –	– –	– –	– –	– –	– –	– –
– –	– –	– –	– –	– –	– –	– –	– –	– –	– –	– –	– –	– –
– –	– –	– –	– –	– –	– –	– –	– –	– –	– –	– –	– –	– –
67	478	2	– –	12	1	– 160	306	20	35	81	817	7 780
– –	– –	– –	– –	– –	– –	– –	– –	– –	– –	– –	– –	– –
– –	548	– –	7	76	2	88	285	39	90	30	1 503	46 954
– –	– –	– –	– –	– –	– –	– –	– –	– –	– –	– –	– –	– –
– –	– –	– –	– –	– –	– –	– –	– –	– –	– –	– –	– –	– –
– –	– –	– –	– –	– –	– –	– –	– –	– –	– –	– –	– –	– –
3	735	12	2	1	36	– 7	379	63	61	– –	3 840	46 259
– –	112	– –	– –	16	– –	122	14	– –	22	– –	310	10 685
– –	3	– –	– –	– –	– –	– 1	16	2	– –	– –	21	4 191

内地与香港文化交流往来项目

	总计		赴香港		来内地	
	起数	人次	起数	人次	起数	人次
总　计	**450**	**5 566**	**389**	**4 156**	**61**	**1 410**
艺术演出	176	4 733	135	3 509	41	1 224
艺术展览	53	320	46	262	7	58
其　　他	221	513	208	385	13	128

内地与澳门文化交流往来项目

	总计		赴澳门		来内地	
	起数	人次	起数	人次	起数	人次
总　计	**187**	**4 186**	**138**	**3 873**	**49**	**313**
艺术演出	62	3 668	56	3 611	6	57
艺术展览	63	303	25	130	38	173
其　　他	62	215	57	132	5	83

海峡两岸文化交流往来项目

	起数	人次
总　计	**346**	**3 311**
赴台湾	284	2 473
来大陆	62	838

签订文化合作协定

国家	名称	时间	地点
卡塔尔	中国和卡塔尔文化协定	1999年4月9日	北京
斯洛伐克	中国和斯洛伐克文化协定	1999年10月7日	布拉迪斯拉发
柬埔寨	中国和柬埔寨文化协定	1999年2月9日	北京
马来西亚	中国和马来西亚文化协定	1999年11月23日	吉隆坡

签订文化合作协定执行计划

国家	时间	地点
朝鲜	1999年	北京
斯洛伐克	1999年2月2日	布拉迪斯拉发
科威特	1999年4月12日	科威特城
英国	1999年4月12日	北京
俄罗斯	1999年4月27日	莫斯科
美国	1999年5月	华盛顿
突尼斯	1999年5月4日	北京
斯洛文尼亚	1999年5月10日	北京
哥伦比亚	1999年5月14日	北京
孟加拉国	1999年5月27日	北京
丹麦	1999年6月14日	哥本哈根
智利	1999年6月16日	北京
乌干达	1999年8月	北京
希腊	1999年9月	北京
匈牙利	1999年9月10日	北京
古巴	1999年9月24日	北京
加纳	1998年10月	阿克拉
格鲁吉亚	1999年10月4日	第比利斯
墨西哥	1999年10月8日	墨西哥城
新加坡	1999年10月28日	北京
阿尔及利亚	1999年10月30日	阿尔及尔
玻利维亚	1999年11月4日	北京
拉脱维亚	1999年11月10日	里加
芬兰	1999年11月24日	赫尔新基
约旦	1999年12月6日	北京
越南	1999年12月15日	北京

文化交流往来项目

	总计		派出		来访	
	起数	人次	起数	人次	起数	人次
总计	**1 366**	**17 949**	**832**	**10 508**	**534**	**7 441**
文化代表团	194	1 546	106	867	88	679
艺术表演团体	805	13 882	486	8 031	319	5 841
艺术展览	227	1 642	128	1 076	99	566
国际比赛	33	306	30	286	3	20
国际会议	46	144	43	14	3	30
其他	61	429	39	134	22	295

注:1998年我国共派出19个团组158人参加国际艺术比赛,获14项金奖、2项银奖、3项铜奖、5项其他奖。

全国艺术表演团体分剧种按演出场次排序

单位:场

名次	单位名称	演出场次	名次	单位名称	演出场次
	一、话剧、儿童剧、滑稽剧团		33	辽宁省朝阳市话剧团	123
1	浙江省杭州滑稽剧团	2683	34	上海市滑稽剧团	122
2	辽宁省沈阳话剧团	537	35	黑龙江省齐齐哈尔市话剧团	120
3	辽宁省鞍山市话剧团	475	36	黑龙江省佳木斯话剧团	120
4	黑龙江省鸡西市人民艺术剧院	445	37	湖北省武汉话剧院	120
5	浙江话剧团	441	38	辽宁人民艺术剧院	111
6	广东话剧院	396	39	贵州省话剧团	106
7	重庆市话剧团	306	40	天津人民艺术剧院	104
8	江苏省无锡市滑稽剧团	236	41	河南省话剧团	104
9	江苏省苏州市滑稽剧团	234	42	湖南省话剧团	101
10	江苏省常州市滑稽剧团	233	43	辽宁省本溪市话剧团	100
11	上海市话剧中心	228	44	新疆伊犁州话剧团	98
12	辽宁省大连市话剧团	212	45	内蒙古话剧团	88
13	福建省人民艺术剧院	209	46	江苏省连云港市话剧团	84
14	云南省话剧团	172	47	新疆话剧团	82
15	山东省话剧院	170	48	广西壮族自治区话剧团	80
16	宁夏话剧团	166	49	陕西省西安市话剧院	72
17	江苏省南通市话剧团	162	50	内蒙古呼盟话剧团	68
18	黑龙江省哈尔滨话剧院	161		**二、歌剧、舞剧、歌舞剧团**	
19	青海省话剧团	160	1	黑龙江省阿城市人民艺术剧院	637
20	黑龙江省牡丹江市话剧团	157	2	湖北省来凤县南剧团	351
21	中央实验话剧院	154	3	湖北省歌剧舞剧院	325
22	上海市人民滑稽剧团	149	4	黑龙江省哈尔滨歌剧院	301
23	中国青年艺术剧院	146	5	山西省壶关县秧歌剧团	300
24	四川人民艺术剧院	145	6	山西省武乡县光明秧歌剧团	300
25	吉林省吉林市话剧团	137	7	山西省繁峙县秧歌剧团	300
26	山东省青岛市话剧院	135	8	山西省朔州市朔城区秧歌剧团	286
27	上海市黄浦区上海青艺滑稽剧团	133	9	内蒙古民族剧团	264
28	新疆伊犁地区话剧团	128	10	山东省歌舞剧院	248
29	辽宁省丹东市话剧团	124	11	上海市歌剧舞剧院	240
30	吉林省四平市话剧团	124	12	广东歌舞剧院	220
31	吉林省延边话剧团	124	13	山东省青岛市歌舞剧院	216
32	广东省惠州市实验剧团	124	14	天津歌舞剧院	211

全国艺术表演团体分剧种按演出场次排序

单位:场

名次	单位名称	演出场次
15	山西省阳高县民间歌剧团	200
16	江西省瑞金市歌舞剧团	200
17	湖北省枝城市宜都市歌舞剧团	200
18	江西省崇义县歌舞剧团	180
19	湖南省歌舞剧院	180
20	重庆市歌剧院	174
21	黑龙江省歌舞剧院	166
22	湖北省当阳市歌舞剧团	162
23	湖南省郴州市歌舞剧团	162
24	湖南省常宁市常宁县歌舞剧团	158
25	四川省歌舞剧院	155
26	山西省太谷县秧歌剧团	153
27	陕西省西安市秦腔二团	139
28	湖南省株洲市歌舞剧团	137
29	湖北省枝江市歌舞剧团	134
30	湖北省武汉市歌舞剧院	132
31	广东省蕉岭县山歌剧团	131
32	中国歌剧舞剧院	129
33	广东省平远县山歌剧团	128
34	贵州省贵阳市歌舞剧院	125
35	山西省歌舞剧院	124
36	山西省襄垣县人民秧歌剧团	124
37	江西省上饶地区歌舞话剧团	123
38	湖南省衡阳市歌舞剧团	123
39	新疆石河子市歌舞话剧团	120
40	福建省龙岩市山歌剧团	117
41	湖南省长沙市歌舞剧院	111
42	广东省惠东县歌剧团	108
43	广东省广州歌舞团	105
44	宁夏歌舞团	101
45	新疆歌剧团	98
46	湖南省湘潭市歌舞剧团	96
47	广东省梅县山歌剧团	94
48	上海市芭蕾舞团	92
49	青海省西宁市歌剧团	89
50	广东省梅州市山歌剧团	88

三、乐　　团

名次	单位名称	演出场次
1	江苏省南京民乐团	157
2	中央民族乐团	157
3	广州交响乐团	122
4	中国交响乐团	122
5	上海市交响乐团	103
6	上海市民族乐团	100
7	广东省深圳交响乐团	93
8	北京交响乐团	82
9	新疆木卡姆艺术团	81
10	吉林省民族乐团	78
11	天津交响乐团	71
12	湖北省武汉乐团	56
13	云南省昆明交响乐团	45
14	陕西省乐团	20
15	辽宁乐团	0

四、文工团、文宣队、乌兰牧骑

名次	单位名称	演出场次
1	青海省果洛州文工团	753
2	内蒙古哲里木盟奈曼旗乌兰牧骑	650
3	甘肃省肃南县文工团	581
4	陕西省子洲县文工团	457
5	广西金秀瑶族自治县瑶族艺术团	400
6	河南省汝阳县文工团	379
7	内蒙古阿鲁科尔沁旗阿旗乌兰牧骑	364
8	吉林省辽源市艺术团	351
9	内蒙古呼市和林县乌兰牧骑	350
10	陕西省佳县剧团	340
11	内蒙古呼市清水河县乌兰牧骑	320
12	内蒙古宁城县乌兰牧骑	306
13	江西省赣州市艺术剧院	302

全国艺术表演团体分剧种按演出场次排序

单位:场

名次	单位名称	演出场次	名次	单位名称	演出场次
14	内蒙古敖汉旗乌兰牧骑	300	48	吉林省辉南县艺术团	190
15	云南省南涧县文工队	300	49	黑龙江省肇源县文工团	190
16	吉林省舒兰市文工团	292	50	吉林省洮南市艺术团	186
17	甘肃省成县文工团	280		**五、戏曲剧团**	
18	河北省深泽县文工团	270	1	陕西省绥德县晋剧团	2096
19	江苏省淮阴县文工团	268	2	河北省香河县评剧团	1662
20	陕西省榆林地区文工团	263	3	北京京剧院	1194
21	吉林省双辽市艺术团	262	4	广东省广州市粤艺发展中心	913
22	陕西省榆林市文艺工作团	250	5	山西省垣曲县曲剧团	800
23	新疆阿克苏地区库车县文工团	250	6	黑龙江省地方戏学会实验剧团	750
24	内蒙古莫旗乌兰牧骑	244	7	安徽省宿县地区省坠子剧团	700
25	新疆喀什地区岳普湖县文工团	240	8	河北省丰润县评剧团	677
26	内蒙古伊克昭盟鄂托克前旗乌兰牧骑	234	9	河北省成安县豫剧团	650
27	云南省洱源县文工队	233	10	山西省晋中地区晋剧团	650
28	内蒙古伊克昭盟准格尔旗文工团	232	11	北京市河北梆子剧团	635
29	陕西省横山县文工团	230	12	陕西省长安县秦腔剧团	608
30	陕西省靖边县文工团	230	13	黑龙江省哈尔滨京剧评剧院	568
31	宁夏中宁县文工团	230	14	甘肃省西和县秦剧团	563
32	黑龙江省宝清县艺术团	225	15	山西省太原市实验晋剧院	559
33	湖南省双峰县文艺工作团	220	16	福建省闽侯县闽剧团	559
34	黑龙江省巴彦县文工团	215	17	陕西省韩城市人民艺术剧院	550
35	河南省开封市文工团	212	18	河北省井陉县晋剧团	544
36	内蒙古自治区兴和县乌兰牧骑	210	19	山西省介休市晋剧团	519
37	新疆喀什地区莎车县文工团	210	20	山东省鱼台县青年豫剧团	510
38	甘肃省庆阳县文化团	209	21	江西省宁都县采茶剧团	506
39	湖南省华容县艺术团	206	22	山西省平定县晋剧团	500
40	江西省安福县文工团	205	23	山西省盂县晋剧团	500
41	内蒙古察右中旗乌兰牧骑	200	24	山西省沁源县晋剧团	500
42	黑龙江省绥化市文工团	200	25	甘肃省陇西县秦剧团	500
43	陕西省清涧县人民剧团	200	26	山西省方山县晋剧团	485
44	黑龙江省穆棱市文工团	198	27	陕西省礼泉县剧团	481
45	江西省万年县文工团	197	28	河南省尉氏县予剧团	480
46	内蒙古自治区额济纳旗乌兰牧骑	195	29	河南省鄢陵县豫剧团	480
47	宁夏灵武市民族艺术团	193	30	山西省岚县晋剧团	470

全国艺术表演团体分剧种按演出场次排序

单位:场

名次	单位名称	演出场次	名次	单位名称	演出场次
31	陕西省戏曲研究院	468	15	广州市广东音乐曲艺团	1310
32	山西省吕梁地区晋剧团	467	16	江苏省常州市评弹团	1306
33	江苏省淮剧团	463	17	上海市闸北区新艺评弹团	1284
34	河北省保定市河北梆子二团	460	18	贵州省贵阳市杂技团	1110
35	河北省望都县河北梆子剧团	460	19	河南省漯河市杂技团	1000
36	河北省三河市评剧团	460	20	辽宁省大连市杂技团	998
37	山西省兴县晋剧团	460	21	黑龙江省杂技团	980
38	河南省林州市豫剧一团	460	22	河南省开封市杂技团	952
39	河南省林州市豫剧二团	453	23	四川省宜宾市杂技团	888
40	河北省保定市河北梆子一团	450	24	江苏省扬州市曲艺团	800
41	河南省长垣县豫剧团	450	25	福建省福州市曲艺团	800
42	内蒙古自治区临河市晋剧团	440	26	江苏省吴江市评弹团	735
43	山东省曲阜市山东梆子剧团	430	27	新疆杂技团	730
44	辽宁省鞍山市评剧团	427	28	北京市宣武区北京杂技团	689
45	河北省涉县平调落子剧团	426	29	江苏省射阳县杂技团	675
46	山东省郓城县梆子剧团	425	30	辽宁省鞍山市曲艺团	667
47	河北省正定县河北梆子剧团	420	31	河北省保定市河北梆子团	634
48	河北省武安市平调剧团	420	32	湖北省武汉市杂技团	614
49	河北省沽源县晋剧团	420	33	中国木偶艺术剧团	612
50	上海市崇明县沪剧团	420	34	山东省聊城市杂技团	560
	六、曲、杂、木、皮团		35	河南省鄢陵县说唱团	560
1	江苏省苏州市评弹团	8060	36	上海市木偶剧团	557
2	安徽省宿州市涌桥区动物表演艺术团	4920	38	上海魔术团	533
3	江苏省张家港市评弹团	3142	39	湖北省浠水县杂技团	512
4	上海市杨浦区东方评弹团	2578	40	河北省沧州市杂技团	507
5	上海市评弹团	2521	41	广东省木偶剧团	507
6	上海市黄浦区新长征评弹团	2290	42	四川省南充市杂技团	486
7	江苏省吴县市评弹团	2241	43	内蒙古杂技团	485
8	江苏省江阴市评弹团	1737	44	江西省杂技团	480
9	江苏省启东市评弹团	1711	45	山东省庆云县杂技团	450
10	浙江曲艺杂技总团	1708	46	天津市曲艺团	448
11	中国杂技团	1519	47	山西省太原市杂技团	436
12	江苏省太仓市评弹团	1500	48	河北省唐山市皮影团	412
13	江苏省常熟市评弹团	1438	49	河北省心连心艺术团	385
14	江苏省扬州市木偶剧团	1398	50	广东省广州杂技团	384

全国艺术表演团体分剧种按经费自给率排序

单位:%

名次	单位名称	经费自给率	名次	单位名称	经费自给率
	一、话剧、儿童剧、滑稽剧团		33	陕西省宝鸡市话剧团	32.7
1	上海市黄浦区上海青艺滑稽剧团	105.5	34	宁夏话剧团	31.4
2	上海市人民滑稽剧团	102.6	35	黑龙江省牡丹江市话剧团	31.2
3	广东省佛山市话剧团	89.8	36	天津人民艺术剧院	30.6
4	重庆市话剧团	74.0	37	陕西省人民艺术剧院	30.2
5	中国青年艺术剧院	73.9	38	四川省成都市话剧院	30.1
6	河南省话剧团	73.0	39	湖南省话剧团	29.9
7	江苏省苏州市滑稽剧团	67.0	40	山东省青岛市话剧院	28.8
8	江苏省无锡市滑稽剧团	59.1	41	安徽省话剧团	28.7
9	浙江省杭州滑稽剧团	53.3	42	吉林市话剧团	27.9
10	黑龙江省鸡西市人民艺术剧院	52.1	43	湖北省武汉话剧院	27.9
11	江苏省南通市话剧团	48.8	44	广东话剧院	27.5
12	江苏省连云港市话剧团	46.8	45	黑龙江省哈尔滨话剧院	26.6
13	山西省大同市话剧团	45.7	46	江苏省南京市话剧团	25.0
14	中央实验话剧院	45.6	47	广西壮族自治区话剧团	23.3
15	上海滑稽剧团	45.4	48	长春市话剧院	20.9
16	上海话剧中心	45.4	49	江西省话剧团	20.0
17	陕西省西安市话剧院	44.4	50	贵州省话剧团	18.3
18	辽宁省沈阳市话剧团	43.1		二、歌剧、舞剧、歌舞剧团	
19	广东省惠州市实验剧团	42.7	1	山西省壶关县秧歌剧团	99.9
20	浙江省杭州话剧团	41.6	2	山西省武乡县光明秧歌剧团	99.9
21	江苏省常州市滑稽剧团	40.7	3	山西省太谷县秧歌剧团	99.9
22	云南省话剧团	40.3	4	陕西省汉中市歌舞团	86.6
23	辽宁省鞍山市话剧团	37.8	5	山西省繁峙县秧歌剧团	81.4
24	辽宁人民艺术剧院	36.3	6	中央歌剧芭蕾舞剧院	73.3
25	延边朝鲜族自治州延边话剧团	36.2	7	重庆市歌剧院	70.7
26	河北省话剧院	34.7	8	湖南省郴州市歌舞剧团	70.2
27	福建省人民艺术剧院	34.4	9	广东省平远县山歌剧团	65.9
28	辽宁省大连市话剧团	34.0	10	上海芭蕾舞团	60.1
29	辽宁省丹东市话剧团	33.9	11	湖北省宜都市歌舞剧团	59.5
30	新疆伊犁州话剧团	33.9	12	山西省阳高县民间歌剧团	58.3
31	山东省话剧院	33.8	13	山西省朔州市朔城区秧歌剧团	57.8
32	江苏省人民艺术剧院	33.7	14	江西省瑞金市歌舞剧团	57.3

全国艺术表演团体分剧种按经费自给率排序

单位：%

名次	单位名称	经费自给率	名次	单位名称	经费自给率
15	湖南省歌舞剧院	53.9	48	四川省攀枝花市歌舞剧团	15.1
16	四川省南充市歌舞剧院	52.2	49	广东省蕉岭县山歌剧团	14.8
17	湖南省湘潭市歌舞剧团	52.0	50	新疆歌舞剧团	14.6
18	天津歌舞剧院	45.1		三、乐　团	
19	山西省襄垣县人民秧歌剧团	43.8	1	中国交响乐团	67.7
20	湖北省歌剧舞剧院	40.2	2	中央民族乐团	57.8
21	湖南省株洲市歌舞剧团	39.8	3	广州交响乐团	50.9
22	上海歌剧舞剧院	39.6	4	上海交响乐团	48.1
23	江西省崇义县歌舞剧团	39.3	5	上海民族乐团	45.8
24	湖北省赤壁市歌舞剧团	38.6	6	北京交响乐团	44.7
25	陕西省西安市秦腔二团	38.0	7	天津交响乐团	39.1
26	山西省长治市歌舞剧团	34.7	8	广东省深圳交响乐团	36.8
27	陕西省安康地区歌剧团	34.1	9	吉林省民族乐团	35.3
28	广东歌舞剧院	32.5	10	江苏省南京市民乐团	31.9
29	广东省梅州市山歌剧团	32.1	11	云南省昆明市交响乐团	17.4
30	广东实验现代舞团	31.9	12	湖北省武汉乐团	15.9
31	贵州省贵阳市歌舞剧院	31.7	13	广东省阳江市歌舞团	11.3
32	广东省梅县山歌剧团	31.2	14	新疆木卡姆艺术团	5.8
33	辽宁芭蕾舞团	30.5	15	陕西省乐团	4.3
34	福建省龙岩市山歌剧团	30.4		四、文工团、文宣队、乌兰牧骑	
35	山东省青岛市歌舞剧院	29.5	1	陕西省清涧县人民剧团	99.9
36	新疆石河子市歌舞话剧团	29.4	2	陕西省佳县剧团	83.3
37	中国歌剧舞剧院	29.1	3	陕西省子洲县文工团	80.9
38	湖北省歌舞剧院	27.1	4	辽宁省抚顺县文工团	77.5
39	湖北省宜昌市歌舞剧团	26.7	5	河南省汝阳县文工团	77.4
40	湖南省长沙市歌舞剧院	25.4	6	湖南省新化县文工团	76.7
41	山东省歌舞剧院	24.0	7	广东省白云区羊城艺术团	73.0
42	辽宁歌剧院	23.9	8	江苏省淮阴县文工团	72.9
43	湖南省衡阳市歌舞剧团	23.2	9	内蒙古自治区和林县乌兰牧骑	72.7
44	广东省广州歌舞团	22.3	10	重庆市奉节县文工团	72.2
45	黑龙江省哈尔滨歌剧院	20.3	11	陕西省榆林市文艺工作团	69.7
46	内蒙古民族剧团	19.1	12	桦甸市文工团	68.4
47	湖北省枝江市歌舞剧团	15.2	13	内蒙古自治区兴和县乌兰牧骑	66.6

全国艺术表演团体分剧种按经费自给率排序

单位:%

名次	单位名称	经费自给率	名次	单位名称	经费自给率
14	内蒙古自治区呼市清水河县乌兰牧骑	64.7	47	新疆喀什地区麦盖提县文工团	37.0
15	内蒙古自治区察右中旗乌兰牧骑	62.4	48	黑龙江省肇源县文工团	35.7
16	河北省深泽县文工团	59.9	49	广西东兴市艺术团	35.2
17	四川省雅安市文工团	58.3	50	新疆喀什地区英吉沙县文工团	34.5
18	贵州省遵义市文工团	57.7		五、戏曲剧团	
19	甘肃省高台县文艺工作团	57.4	1	云南省昆明人民曲剧团	276.5
20	陕西省横山县文工团	55.5	2	河南省登封市豫剧团	114.2
21	陕西省靖边县文工团	55.5	3	山西省介休市晋剧团	105.5
22	甘肃省两当县文工队	54.5	4	广东省鹤山市粤剧团	105.4
23	湖北省南漳县文工团	53.3	5	海南省屯昌县琼剧团	102.5
24	广西武鸣县武鸣县文工团	52.3	6	广东省茂南区南方轻音乐队	101.9
25	新疆和田地区皮山县文工团	50.7	7	四川省盐亭县川剧团	101.6
26	四川省宣汉县文工团	50.6	8	黑龙江省地方戏学会实验剧团	100.7
27	河南省开封市文工团	50.3	9	河南省荥阳市豫剧团	100.3
28	黑龙江省青冈县文工团	49.9	10	河北省新乐市河北梆子剧团	99.9
29	广西上思县文工团	49.9	11	河北省魏县豫剧团	99.9
30	四川省达县文工团	49.9	12	河北省临城县豫剧团	99.9
31	甘肃省成县文工团	47.8	13	河北省内丘县豫剧团	99.9
32	宁夏中宁县文工团	46.6	14	河北省涞水县河北梆子团	99.9
33	广西富川瑶族自治县民族艺术团	45.6	15	河北省定兴县评剧团	99.9
34	新疆喀什地区岳普湖县文工团	45.1	16	河北省唐县河北梆子团	99.9
35	广西融水苗族自治县民族文工团	43.5	17	河北省望都县河北梆子剧团	99.9
36	西藏自治区安多县无兰牧奇	43.4	18	河北省高碑店市河北梆子团	99.9
37	山西省运城地区文工团	42.6	19	河北省隆化双蕾河北梆子剧团	99.9
38	辉南县艺术团	42.5	20	河北省香河县评剧团	99.9
39	江西省万年县文工团	41.9	21	山西省阳高县晋剧团	99.9
40	广西靖西县广西壮剧团靖西分团	41.1	22	山西省沁源县晋剧团	99.9
41	广西恭城县文工团	40.7	23	山西省岚县晋剧团	99.9
42	河北省保定市文工团	40.3	24	内蒙古自治区临河市晋剧团	99.9
43	双辽县双辽市艺术团	38.8	25	永吉县地方戏曲剧团	99.9
44	湖南省益阳市艺术团	38.4	26	白山市评剧团	99.9
45	湖南省长沙县文化艺术工作团	38.0	27	广东省鹤山市青年粤剧团	99.9
46	江西省鹰潭市艺术团	37.0	28	广东省茂南区粤剧团	99.9

全国艺术表演团体分剧种按经费自给率排序

单位:%

名次	单位名称	经费自给率	名次	单位名称	经费自给率
29	海南省东方市东方县琼剧团	99.9	17	浙江省嘉兴市评弹团	87.7
30	海南省陵水县琼剧团	99.9	18	河北省沧州市杂技团	87.4
31	陕西省礼泉县剧团	99.9	19	河南省南乐县杂技团	86.7
32	陕西省彬县彬县剧团	99.9	20	广东省中山市文化局	86.7
34	陕西省神木县晋剧团	99.9	21	广东省龙川县龙川杂技团	85.0
35	陕西省定边县秦腔团	99.9	22	重庆市万州区三峡杂技艺术团	84.6
37	福建省仙游县鲤华剧团	98.4	23	河南省清丰县说唱团	84.5
38	山西省和顺县晋剧团	98.2	24	江苏省太仓市评弹团	81.4
39	陕西省乾县乾县剧团	98.1	25	河北省乐亭县皮影团	79.9
40	山西省垣曲县曲剧团	97.2	26	河南省清丰县杂技团	79.4
41	广东省汕头市红阳潮剧团	96.3	27	广西博白县杂技艺术团	77.0
42	浙江省临安县越剧团	95.5	28	上海市黄浦区新长征评弹团	76.9
43	山西省方山县晋剧团	94.7	29	山东省庆云县杂技团	74.9
44	河北省丰润县评剧团	94.5	30	四川省资中县木偶剧团	74.8
45	山西省灵石县晋剧团	94.4	31	广东省五华县木偶剧团	71.4
46	广东省茂名市粤剧团	94.4	32	浙江省海宁市评弹团	68.7
47	安徽省临泉县梆剧团	94.2	33	辽宁省沈阳杂技团	67.9
48	广东省揭东县潮剧团	94.1	34	河南省郑州市杂技团	67.6
49	山西省平遥县晋剧团	92.8	35	上海市闸北区新艺评弹团	67.1
50	河北省沽源县晋剧团	92.6	36	江苏省吴江市评弹团	67.1
	六、曲、杂、木、皮团		37	河南省开封市杂技团	64.9
1	浙江省湖州市评弹团	162.2	38	浙江省舟山市曲艺队	63.7
2	广西防城港市杂技团	116.6	39	浙江省杭州杂技总团	63.2
3	河北省沧州市吴桥杂技团	116.2	40	河南省宜阳县曲艺队	62.4
4	黑龙江省鸡西市曲艺团	108.4	41	上海木偶剧团	61.8
5	安徽省宿州市涌桥区动物表演艺术团	106.3	42	辽宁省鞍山市曲艺团	61.7
6	浙江省温州市曲艺团	104.4	43	上海杂技团	61.7
7	河南省鄢陵县说唱团	103.6	44	广西壮族自治区杂技团	61.7
9	河北省肃宁县杂技团	99.9	45	上海评弹团	59.6
10	辽宁省辽阳市辽阳地方戏剧团	99.9	46	山东省聊城市杂技团	59.1
11	广东省越秀区音乐曲艺团	99.9	47	辽宁省大连市杂技团	58.5
12	黑龙江省北安市曲艺团	99.8	48	江苏省如东县杂技团	58.3
13	北京市丰台区长城杂技艺术团	98.3	49	北京市宣武区北京杂技团	57.9
14	上海市杨浦区东方评弹团	97.6	50	河北省邯郸县曲剧团	57.5
15	河南省南阳市说唱二团	92.3			

全国艺术表演团体分剧种按演出收入排序

单位:千元

名次	单位名称	演出收入	名次	单位名称	演出收入
	一、话剧、儿童剧、滑稽剧团		34	陕西省人民艺术剧院	137
1	上海市人民滑稽剧团	1857	35	广东省佛山市话剧团	134
2	江苏省苏州市滑稽剧团	1849	36	湖南省话剧团	122
3	河南省话剧团	1723	37	广东省广州话剧团	96
4	上海市青艺滑稽剧团	1648	38	天津人民艺术剧院	80
5	上海话剧中心	1303	39	甘肃省话剧团	80
6	广东省话剧院	1065	40	黑龙江省齐齐哈尔市话剧团	78
7	辽宁省沈阳话剧团	891	41	黑龙江省佳木斯话剧团	77
8	中国青年艺术剧院	741	42	江苏省人民艺术剧院	70
9	浙江省杭州滑稽剧团	731	43	湖北省话剧院	67
10	浙江省浙江省浙江话剧团	727	44	吉林省长春市长春话剧院	62
11	上海滑稽剧团	683	45	陕西省西安市话剧院	62
12	辽宁人民艺术剧院	676	46	陕西省宝鸡市话剧团	62
13	云南省话剧团	673	47	江西省九江市话剧团	56
14	福建省人民艺术剧院	640	48	山西省太原市话剧团	55
15	广东省惠州市实验剧团	587	49	辽宁省本溪市话剧团	55
16	中央实验话剧院	519	50	安徽省话剧团	55
17	黑龙江省鸡西市人民艺术剧院	495		二、歌剧、舞剧、歌舞剧团	
18	辽宁省鞍山市话剧团	470	1	中央歌剧芭蕾舞剧院	4711
19	江苏省南通市话剧团	464	2	上海歌剧舞剧院	4453
20	延边话剧团	407	3	广东省歌舞剧院	3914
21	江苏省常州市滑稽剧团	400	4	上海芭蕾舞团	3423
22	宁夏话剧团	390	5	天津歌舞剧院	2468
23	江苏省无锡市滑稽剧团	363	6	歌剧舞剧院	1968
24	山东省话剧院	353	7	辽宁芭蕾舞团	1367
25	山东省青岛市话剧院	325	8	福建省歌舞剧院	1360
26	湖北武汉市话剧院	266	9	中国歌剧舞剧院	1280
27	黑龙江省牡丹江市话剧团	226	10	广东省广州歌舞团	1188
28	重庆市话剧团	225	11	湖南省歌舞剧院	1022
29	辽宁省丹东市话剧团	215	12	辽宁歌剧院	896
30	新疆伊犁州话剧团	183	13	山东省歌舞剧院	856
31	吉林省吉林市话剧团	175	14	广东省广州芭蕾舞团	752
32	江苏省南京市话剧团	174	15	湖北省武汉市歌舞剧院	598
33	江苏省连云港市话剧团	168	16	山东省青岛市歌舞剧院	542

全国艺术表演团体分剧种按演出收入排序

单位：千元

名次	单位名称	演出收入	名次	单位名称	演出收入
17	重庆市歌剧院	459		三、乐　团	
18	四川省歌舞剧院	411	1	广东省广州交响乐团	5466
19	黑龙江省歌舞剧院	402	2	中国交响乐团	4432
20	内蒙古民族剧团	368	3	上海交响乐团	3910
21	湖南省株洲市歌舞剧团	334	4	中央民族乐团	3310
22	山西省长治市歌舞剧团	300	5	北京交响乐团	2250
23	湖北省宜昌市歌舞剧团	290	6	广东省深圳交响乐团	1962
24	江西省瑞金市歌舞剧团	250	7	上海民族乐团	1382
25	甘肃省歌剧团	249	8	天津交响乐团	587
26	广东省梅州市山歌剧团	248	9	云南省昆明交响乐团	386
27	湖南省长沙市歌舞剧院	216	10	湖北武汉乐团	356
28	陕西省西安市秦腔二团	204	11	江苏省南京民乐团	218
29	广东省实验现代舞团	197	12	吉林省民族乐团	178
30	山西省歌舞剧院	175	13	陕西省乐团	101
31	湖南省郴州市歌舞剧团	175	14	新疆木卡姆艺术团	91
32	福建省龙岩市山歌剧团	161	15	辽宁乐团	0
33	山西省武乡县光明秧歌剧团	140			
34	新疆歌剧团	140		四、文工团、文宣队、乌兰牧骑	
35	湖北宜都市歌舞剧团	138			
36	山西省朔州市朔城区秧歌剧团	120	1	吉林省桦甸市文工团	455
37	湖南省湘潭市歌舞剧团	119	2	吉林省辽源市艺术团	351
38	山西省太谷县秧歌剧团	113	3	山西省运城地区文工团	287
39	山西省繁峙县秧歌剧团	110	4	江苏省淮阴县文工团	270
40	新疆喀什地区歌舞剧团	100	5	河南省开封市文工团	269
41	陕西省安康地区歌剧团	96	6	陕西省佳县剧团	250
42	新疆石河子市歌舞话剧团	90	7	广西武鸣县文工团	243
43	山西省襄垣县人民秧歌剧团	86	8	河南省汝阳县文工团	240
44	山西省壶关县秧歌剧团	85	9	吉林省延边艺术剧团	219
45	湖北省枝江市歌舞剧团	72	10	新疆喀什地区莎车县文工团	213
46	山西省阳高县民间歌剧团	70	11	湖南省新化县文工团	183
47	湖南省衡阳市歌舞剧团	62	12	宁夏中宁县文工团	175
48	广东省梅县山歌剧团	62	13	陕西省子洲县文工团	170
49	湖北省当阳市歌舞剧团	60	14	山西省吕梁地区文工团	155
50	宁夏歌舞团	60	15	河北省保定市文工团	146

全国艺术表演团体分剧种按演出收入排序

单位:千元

名次	单位名称	演出收入	名次	单位名称	演出收入
16	陕西省榆林市文艺工作团	128	50	宁夏灵武市民族艺术团	60
17	内蒙古自治区直属乌兰牧骑	126		**五、戏曲剧团**	
18	陕西省榆林地区文工团	123	1	北京京剧院	4570
19	吉林省和龙市艺术团	120	2	广东省粤剧院	3325
20	陕西省清涧县人民剧团	120	3	上海越剧院（含红楼）	3240
21	新疆喀什地区麦盖提县文工团	120	4	上海京剧院	2132
22	吉林省曲艺团	115	5	广东省潮剧院	1894
23	内蒙古自治区呼市清水河县乌兰牧骑	110	6	上海沪剧院	1891
24	甘肃省成县文工团	110	7	中国京剧院	1852
25	内蒙古察右中旗乌兰牧骑	100	8	山西省太原市实验晋剧院	1686
26	黑龙江省肇源县文工团	100	9	广东省饶平县潮剧团	1618
27	陕西省横山县文工团	100	10	广东省广州粤艺发展中心	1563
28	陕西省靖边县文工团	100	11	北京市中国评剧院	1406
29	新疆和田地区皮山县文工团	99	12	浙江越剧院团	1399
30	新疆喀什地区岳普湖县文工团	93	13	福建省东山县潮剧团	1376
31	安徽省利辛县文工团	90	14	广东省潮州市潮剧团	1366
32	湖北省南漳县文工团	89	15	广东省广州粤剧二团	1252
33	河北省深泽县文工团	81	16	山西省吕梁地区晋剧团	1127
34	内蒙古和林县乌兰牧骑	80	17	广东省广州粤剧一团	1123
35	黑龙江省海林市文工团	80	18	广东省揭阳市潮剧团	1021
36	湖南省长沙县文化艺术工作团	80	19	河北省京剧院	1013
37	广西邕宁县文工团	78	20	广东省江门市粤剧团	1002
38	内蒙古自治区宁城县乌兰牧骑	77	21	广东省顺德市粤剧团	1000
39	吉林省延吉市曲艺团	75	22	安徽省黄梅戏剧院	955
40	黑龙江省巴彦县文工团	71	23	河北省新乐市河北梆子剧团	950
41	吉林省舒兰市文工团	70	24	海南省琼剧院	943
42	黑龙江省齐齐哈尔市艺术团	66	25	江苏省京剧院	934
43	内蒙古自治区伊金霍洛旗乌兰牧骑	64	26	山东省潍坊市吕剧团	930
44	黑龙江省鸡东县文工团	64	27	北京市河北梆子剧团	902
45	广西富川瑶族自治县民族艺术团	63	28	浙江省宁波市越剧团	874
46	内蒙古自治区兴和县乌兰牧骑	60	29	山西省晋剧院	856
47	黑龙江省绥化市文工团	60	30	浙江省杭州越剧团	845
48	广西东兴市艺术团	60	31	云南省盘龙区昆明人民曲剧团	838
49	四川省达县文工团	60	32	广东省揭东县潮剧团	807

全国艺术表演团体分剧种按演出收入排序

单位：千元

名次	单位名称	演出收入	名次	单位名称	演出收入
33	广东省新会市粤剧团	801	17	江苏省扬州市木偶剧团	1030
34	河北梆子剧院	800	18	河北省沧州市杂技团	1013
35	江苏省淮剧团	800	19	河北省杂技团	890
36	广东省深圳市粤剧团	798	20	北京市中国木偶艺术剧团	877
37	广东省 东莞市粤剧团	784	21	吉林省长春市杂技团	840
38	福建省厦门市高甲剧团	774	22	山东省杂技团	703
39	广东省珠海市珠海特区歌舞团	773	23	河北省保定市河北梆子团	701
40	浙江省嵊县嵊州市越剧团	767	24	四川省成都市杂技团	663
41	福建省宁德市闽剧团	765	25	广东省木偶剧团	658
42	陕西省戏曲研究院	750	26	江苏省如东县杂技团	654
43	北京市曲剧团	730	27	河南省郑州市杂技团	647
44	广东省潮阳市潮阳潮剧团	726	28	天津市杂技团	624
45	河南省豫剧一团	715	29	江苏省苏州市评弹团	611
46	广东省台山市粤剧团	709	30	河北省肃宁县杂技团	600
47	福建省梨园实验剧团	699	31	上海木偶剧团	598
48	广东省广州红豆粤剧团	689	32	北京长城杂技艺术团	593
49	福建省长乐市闽剧团	684	33	四川省成都市木偶皮影艺术剧院	562
50	山西省晋中地区晋剧团	680	34	山东省聊城地区聊城市杂技团	541
	六、曲、杂、木、皮团		35	江西省杂技团	530
1	上海杂技团	10631	36	山西省太原市杂技团	517
2	上海市黄浦区上海魔术团	4408	37	四川省南充市杂技团	503
3	辽宁省沈阳杂技团	3114	38	江苏省射阳县杂技团	470
4	北京市中国杂技团	2981	39	上海评弹团	456
5	浙江省杭州杂技总团	2040	40	重庆市杂技团	432
6	广东省广州杂技团	2026	41	广西博白县杂技艺术团	430
7	广东省广东音乐曲艺团	1904	42	贵州省遵义市杂技团	418
8	河北省沧州市吴桥杂技团	1790	43	河南省开封市杂技团	413
9	湖北省武汉市杂技团	1715	44	重庆市万州区三峡杂技艺术团	408
10	辽宁省大连市杂技团	1680	45	内蒙古自治区杂技团	405
11	安徽省宿州市涌桥区动物表演艺术团	1661	46	辽宁省鞍山市曲艺团	400
12	浙江省曲艺杂技总团	1521	47	江苏省如皋市木偶艺术团	390
13	北京市宣武区北京杂技团	1424	48	广东省中山市文化局	373
14	黑龙江省杂技团	1165	49	江苏省南京市杂技团	366
15	湖南省杂技团	1140	50	湖北省武汉市说唱团	352
16	安徽省杂技团	1040			

全国艺术表演场所按艺术演出场次排序

单位:场

名次	单位名称	艺术演出场次	名次	单位名称	艺术演出场次
1	江苏省无锡市延安影剧院	4 075	26	广西桂林市艺术馆影剧院	300
2	四川省自贡市文化中心	1 400	27	湖北省武穴市影剧院	296
3	上海市卢湾区雅庐书场	1 184	28	上海市宛平剧院	281
4	江苏省苏州市评弹团梅竹书苑	740	29	福建省南平市人民影剧院	270
5	广东省潮安县庵埠影剧院	630	30	广东省星海音乐厅	269
6	广东省澄海市大众影剧院	434	31	甘肃省黄河剧场	268
7	云南省昆明市剧院	434	32	陕西省周至县影剧院	260
8	北京市长安大戏院	431	33	湖南省华容县影剧院	258
9	中央北京音乐厅	430	34	浙江省杭州市东坡大剧院	257
10	上海市天蟾京剧中心逸夫舞台	428	35	福建省漳浦县人民剧场	255
11	福建省建阳市影剧院	400	36	上海市闸北区中兴影剧场	253
12	北京市中国木偶剧院	396	37	河南省舞阳县电影发行放映公司	250
13	浙江省平阳县剧院	390	38	福建省福州市中心儿童影剧院	248
14	湖北省黄鹤楼剧场	390	39	江苏省常熟市春来书场	243
15	北京市西城区北京朝阳剧场	370	40	中国儿童剧场	240
16	陕西省铜川市川口影剧院	365	41	北京市中和戏院	239
17	江苏省苏州文化广场(原名苏州书场)	364	42	广东省潮阳影剧院	216
18	广东省封开县电影院	360	43	浙江省杭州剧院	214
19	上海市青浦县文化书场	358	44	陕西省西安市五四剧院	214
20	上海市兰心大戏院	353	45	山东省夏津县夏津剧场	210
21	湖北省来凤县南剧团	351	46	北京市海淀剧院	209
22	浙江省杭州市杭州大华书场	340	47	上海市黄浦区共舞台	208
23	江苏省启东市瀛东书厅	319	48	上海市上海音乐厅	204
24	浙江省海宁市硖石书场	318	49	浙江省温岭市影剧院	204
25	河南省汝州市汝州剧院	300	50	江苏省徐州市中山堂娱乐中心	200

全国艺术表演场所按经费自给率排序

单位:%

名次	单位名称	经费自给率	名次	单位名称	经费自给率
1	河南省温县人民剧院	456.8	28	上海市兰心大戏院	157.3
2	北京市平谷县平谷影剧院	426.4	29	上海市虹口区东山影剧院	153.4
3	辽宁省辽阳市剧院	311.8	30	四川省新都县新都影剧院	151.3
4	河南省温县人民影剧院	290.7	31	江苏省靖江市人民大会堂	151.1
5	上海市华光文化娱乐总汇	281.8	32	江苏省建湖县影剧院	150.4
6	江苏省灌南县影剧院	276.2	33	辽宁省朝阳县新华影剧院	147.6
7	新疆博尔塔拉州博尔塔拉影剧院	247.5	34	河南省上蔡县人民影剧院	146.9
8	陕西省绥德县剧院	236.7	35	上海市文化广场实业公司	145.9
9	河南省淇县人民剧院	231.7	36	吉林省安图县影剧院	145.4
10	河南省卢氏县人民会堂	230.6	37	浙江省杭州市东坡大剧院	144.9
11	陕西省汉中市汉台区京剧团	215.6	38	河南省睢县睢州剧院	144.4
12	云南省曲靖地区曲靖市艺术剧院	215.3	41	广东省揭阳市榕江影剧院	142.5
13	山东省滨州地区滨州人民剧院	199.6	42	广东省五华县华侨戏院	142.1
14	江苏省无锡市延安影剧院	197.3	43	河南省鹤壁市鹤壁剧院	142.0
15	陕西省延安地区延安解放影剧院	181.1	44	四川省自贡市檀木林影剧院	141.5
16	福建省武平县影剧院	179.9	45	广西南宁剧场	141.3
17	陕西省勉县剧场	179.9	46	浙江省宁海县人民剧院	141.0
18	宁夏青铜峡市影剧院	178.9	47	广西柳州市东风剧场	141.0
19	河南省洛阳市红星剧院	175.6	48	河南省中州影剧院	139.2
20	河北省满城县剧场	174.9	49	上海市南市区中华剧场	138.6
21	内蒙古阿拉善左旗巴彦浩特影剧院	173.9	50	山西省灵丘县影剧院	137.8
22	福建省东山县人民会堂	172.0	51	山东省威海市文化艺术活动中心	137.6
23	浙江省温州市温州大戏院	171.3	52	陕西省吴旗县影剧院	137.4
24	江苏省常州市常州金星影剧院	169.2	53	湖北省广水市楚剧团	136.3
25	江苏省盐城市人民剧场	167.1	54	上海市卢湾区雅庐书场	133.7
26	湖南省隆回县影剧院	166.2	55	广东省广州市海珠大戏院	132.1
27	广东省四会市影剧院	164.6			

全国公共图书馆分级别按总藏量排序

单位:册(件)

名次	单位名称	总藏量	名次	单位名称	总藏量
	一、省级公共图书馆		35	重庆市少年儿童图书馆	272664
1	上海图书馆	40498260	36	广西自治区少年儿童图书馆	159533
2	江苏省南京图书馆	7113896		**二、地市级公共图书馆**	
3	四川省图书馆	4698934	1	辽宁省大连市图书馆	2146502
4	山东省图书馆	4221401	2	广东省广州市广州图书馆	2035500
5	广东省中山图书馆	4132541	3	黑龙江省哈尔滨市图书馆	1950067
6	浙江省浙江省浙江图书馆	4124704	4	辽宁省沈阳市图书馆	1564373
7	湖北省图书馆	3927762	5	湖北省武汉市武汉图书馆	1515857
8	重庆市图书馆	3519172	6	吉林省长春市图书馆	1371403
9	湖南图书馆	3445193	7	四川省成都市图书馆	1314131
10	天津图书馆	3365509	8	广东省深圳市深圳图书馆	1290095
11	辽宁省图书馆	3282381	9	吉林省吉林市图书馆	1249850
12	吉林省图书馆	2809517	10	江苏省苏州市图书馆	1179311
13	北京市首都图书馆	2701915	11	辽宁省鞍山市图书馆	1166716
14	甘肃省图书馆	2603940	12	黑龙江省齐齐哈尔市图书馆	1146624
15	陕西省图书馆	2497668	13	江苏省无锡市图书馆	1113397
16	河南省图书馆	2485489	14	山东省济南市图书馆	1100616
17	黑龙江省图书馆	2328984	15	江苏省常州市图书馆	1093930
18	福建省图书馆	2310261	16	山东省青岛市图书馆	1068000
19	云南省图书馆	2253271	17	江苏省南京市金陵图书馆	1004851
20	安徽省图书馆	2220666	18	江苏省南通市图书馆	933278
21	贵州省图书馆	2164142	19	江苏省扬州市图书馆	856363
22	山西省图书馆	2147939	20	江苏省徐州市图书馆	824500
23	江西省图书馆	2010000	21	河北省石家庄市图书馆	816428
24	广西桂林图书馆	1801103	22	浙江省杭州市杭州图书馆	804074
25	广西自治区图书馆	1471380	23	江西省南昌市图书馆	799000
26	内蒙古图书馆	1465748	24	重庆市北碚区图书馆	780666
27	青海省图书馆	1443726	25	福建省厦门市图书馆	779927
28	宁夏图书馆	1344926	26	四川省泸州市图书馆	747304
29	河北省图书馆	1168283	27	湖北省黄石市图书馆	716376
30	新疆维吾尔自治区图书馆	943510	28	辽宁省锦州市图书馆	676336
31	天津市少年儿童图书馆	827749	29	浙江省温州市图书馆	666992
32	湖南省少年儿童图书馆	646624	30	山东省淄博市图书馆	660433
33	北京市少年儿童图书馆	424478	31	河北省保定市图书馆	657843
34	上海市少儿图书馆	372971	32	江苏省镇江市图书馆	652465

全国公共图书馆分级别按总藏量排序

单位:册(件)

名次	单位名称	总藏量	名次	单位名称	总藏量
33	浙江省宁波市图书馆	644832	17	四川省雅安市图书馆	287259
34	辽宁省抚顺市图书馆	627027	18	上海市青浦县图书馆	283034
35	河北省唐山市图书馆	626515	19	四川省达县图书馆	278000
36	河南省南阳市图书馆	605097	20	广东省梅县图书馆	276000
37	辽宁省丹东市图书馆	604293	21	山东省莒南县图书馆	264941
38	山西省太原市图书馆	602422	22	江苏省宜兴市图书馆	253808
39	西藏自治区图书馆	595944	23	上海市奉贤县图书馆	251819
40	河南省新乡市图书馆	580156	24	山东省文登市图书馆	248925
41	湖北省宜昌市图书馆	571098	25	广东省三水市图书馆	248494
42	河北省张家口市图书馆	566853	26	浙江省平湖市图书馆	247403
43	广西柳州市图书馆	556790	27	山东省青岛市李沧区图书馆	247145
44	河南省郑州市图书馆	552145	28	浙江省海宁市图书馆	245920
45	辽宁省本溪市图书馆	550933	29	上海市南汇县图书馆	239022
46	湖南省衡阳市图书馆	549533	30	陕西省咸阳市秦都区图书馆	234800
47	河南省洛阳市图书馆	538042	31	浙江省萧山市图书馆	234081
48	广东省佛山市图书馆	537607	32	江苏省江阴市图书馆	233680
49	黑龙江省大庆市图书馆	529273	33	广东省顺德市图书馆	231967
50	江苏省盐城市图书馆	529065	34	江苏省海安县图书馆	229160
	三、县市级公共图书馆		35	山东省滕州市图书馆	226256
1	江西省吉安市图书馆	1472507	36	四川省西昌市图书馆	226112
2	湖北省恩施州图书馆	634515	37	江苏省吴江市图书馆	225402
3	江苏省常熟市图书馆	632636	38	河南省梁园区图书馆	220000
4	重庆市市中区图书馆	541700	39	新疆喀什地区莎车县图书馆	218350
5	江西省庐山局图书馆	436000	40	四川省简阳市图书馆	218074
7	上海市崇明县图书馆	377910	41	广西博白县图书馆	218000
8	广东省新会市图书馆	350000	42	陕西省延安市宝塔区中山图书馆	211000
9	浙江省临海市图书馆	330000	43	重庆市开县图书馆	210350
10	江苏省江宁县图书馆	324749	44	江苏省东台市图书馆	208904
11	广东省南海市图书馆	318050	45	福建省龙岩市图书馆	205630
12	山东省平度市图书馆	317143	46	广东省普宁市图书馆	205000
13	宁夏固原县图书馆	312260	47	广西桂平市图书馆	203556
14	山东省青州市图书馆	305952	48	山东省昌邑市图书馆	203534
15	宁夏吴忠市利通区图书馆	304081	49	江苏省武进市图书馆	202711
16	云南省个旧市图书馆	297953	50	广东省番禺市图书馆	200000

全国公共图书馆分级别按外借册次排序

单位:千册次

名次	单位名称	外借册次	名次	单位名称	外借册次
	一、省级公共图书馆		35	新疆维吾尔自治区图书馆	38
1	上海图书馆	1565	36	广西自治区少年儿童图书馆	23
2	辽宁省图书馆	1068		二、地市级公共图书馆	
3	山东省图书馆	1053	1	福建省厦门市图书馆	2483
4	天津市少年儿童图书馆	1000	2	广东省广州市广州图书馆	1063
5	云南省图书馆	790	3	宁夏银川市图书馆	936
6	天津图书馆	589	5	广东省湛江市少年儿童图书馆	783
7	湖北省图书馆	551	6	黑龙江省哈尔滨市图书馆	757
8	河北省图书馆	481	7	辽宁省大连市图书馆	721
9	广东省中山图书馆	474	8	山东省青岛市图书馆	665
10	浙江省图书馆	453	9	上海市卢湾区图书馆	634
11	上海市少儿图书馆	411	10	江苏省苏州市图书馆	615
12	黑龙江省图书馆	394	11	吉林省长春市图书馆	601
13	福建省省图书馆	381	12	上海市嘉定区图书馆	600
14	广西桂林图书馆	372	13	北京市海淀区图书馆	503
15	广西自治区图书馆	345	14	广东省潮州市谢慧如图书馆	496
16	重庆市少年儿童图书馆	328	15	江苏省南京市金陵图书馆	481
17	湖南省图书馆	326	16	上海市闵行区第二图书馆	467
18	湖南省少年儿童图书馆	320	17	河南省郑州市图书馆	466
19	山西省图书馆	317	18	上海市宝山区图书馆	456
20	河南省图书馆	300	19	福建省泉州市图书馆	455
21	江苏省南京图书馆	295	20	浙江省温州市图书馆	453
22	江西省图书馆	191	21	浙江省杭州市杭州图书馆	443
23	甘肃省图书馆	187	22	辽宁省沈阳市儿童图书馆	435
24	内蒙古自治区图书馆	130	23	江苏省徐州市图书馆	432
25	重庆市图书馆	128	24	云南省楚雄彝族自治州图书馆	432
26	安徽省图书馆	123	25	辽宁省沈阳市图书馆	427
27	北京市少年儿童图书馆	118	26	黑龙江省齐齐哈尔市图书馆	422
28	北京市首都图书馆	108	27	江苏省无锡市图书馆	409
29	吉林省图书馆	106	28	云南省昆明市昆明图书馆	405
30	宁夏图书馆	92	29	广西南宁市图书馆	395
31	贵州省图书馆	89	30	湖北省黄石市图书馆	386
32	青海省图书馆	87	31	辽宁省大连市少年儿童图书馆	377
33	四川省图书馆	85	32	广东省江门市五邑图书馆	373
34	陕西省图书馆	63	33	广东省广州市广州少年儿童图书馆	370

全国公共图书馆分级别按外借册次排序

单位:千册次

名次	单位名称	外借册次	名次	单位名称	外借册次
34	四川省南充市图书馆	367	17	江西省贵溪市图书馆	345
35	上海市南市区图书馆	348	18	云南省双柏县图书馆	326
36	福建省福州市图书馆	335	19	宁夏贺兰县图书馆	325
37	广东省深圳市图书馆	325	20	陕西省汉中市汉台区图书馆	310
38	湖北省武汉市图书馆	319	21	广东省黄埔区图书馆	300
39	北京市东城区图书馆	311	22	福建省南安市图书馆	291
40	上海市闸北区图书馆	308	23	北京市昌平县图书馆	289
41	北京市西城区少儿图书馆	307	24	江苏省江阴市图书馆	278
42	浙江省金华市图书馆(严济慈图书馆)	305	25	浙江省永加县图书馆	278
43	北京市朝阳区图书馆	303	26	重庆市长寿县图书馆	273
44	广西北海市少年儿童图书馆	297	27	江西省于都县图书馆	269
45	湖南省株洲市图书馆	296	28	云南省楚雄市图书馆	269
46	广西钦州市图书馆	291	29	江苏省宿迁市宿城区图书馆	266
47	河南省开封市图书馆	290	30	湖南省武冈市图书馆	264
48	天津市红桥区图书馆	282	31	广西博白县图书馆	259
49	黑龙江省大庆市图书馆	282	32	重庆市石柱县图书馆	258
50	北京市崇文区图书馆	281	33	江苏省启东市图书馆	250
	三、县市级公共图书馆		34	广东省番禺市图书馆	250
1	山东省潍坊市寒亭区图书馆	1000	35	宁夏中卫县图书馆	250
2	江西省吉安市图书馆	967	36	辽宁省旅顺口区图书馆	248
3	河北省晋州市图书馆	900	37	安徽省蒙城县图书馆	232
4	四川省绵竹市图书馆	501	38	上海市奉贤县图书馆	219
5	安徽省青阳县图书馆	450	39	宁夏吴忠市利通区图书馆	216
6	广东省新会市图书馆	445	40	江苏省常熟市图书馆	211
7	山东省金乡县图书馆	444	41	河北省辛集市图书馆	210
8	江苏省张家港市图书馆	420	42	江苏省大丰市图书馆	210
9	上海市崇明县图书馆	388	43	辽宁省甘井子区图书馆	208
10	山东省兰山区图书馆	370	44	江苏省如皋市图书馆	208
11	海南省东方县图书馆	365	45	辽宁省瓦房店市图书馆	204
12	江苏省靖江市图书馆	364	46	宁夏青铜峡市图书馆	200
13	山东省平度市图书馆	364	47	广东省顺德市图书馆	198
14	浙江省宁海县图书馆	360	48	广东省深圳南山图书馆	197
15	四川省邛崃市图书馆	356	49	江苏省南京市白下区图书馆	192
16	山东省菏泽市图书馆	350	50	河北省鹿泉市图书馆	190

全国公共图书馆分级别按购书费占总支出比重排序

单位：%

名次	单位名称	购书费占总支出比重	名次	单位名称	购书费占总支出比重
	一、省级公共图书馆		35	宁夏图书馆	3.9
1	山东省图书馆	54.0	36	广西自治区少年儿童图书馆	0.0
2	上海市图书馆	41.0		**二、地市级公共图书馆**	
3	江苏省南京图书馆	39.2	1	广东省揭阳市图书馆	69.4
4	湖南省图书馆	35.3	2	山东省威海市图书馆	45.8
5	湖北省图书馆	35.2	3	福建省福州市少儿图书馆	43.8
6	甘肃省图书馆	34.3	4	辽宁省铁岭市儿童图书馆	43.7
7	浙江省图书馆	30.0	5	福建省福州市图书馆	43.5
8	北京市少年儿童图书馆	29.2	6	云南省昆明市昆明图书馆	39.3
9	辽宁省图书馆	29.1	7	贵州省贵阳市图书馆	37.6
10	黑龙江省图书馆	28.8	8	内蒙古自治区霍林郭勒市图书馆	36.3
11	天津市图书馆	28.2	9	辽宁省大连市少年儿童图书馆	36.3
12	广东省中山图书馆	28.2	10	广东省广州市少年儿童图书馆	36.2
13	上海市少儿图书馆	27.2	11	浙江省温州市图书馆	35.9
14	吉林省图书馆	24.4	12	新疆巴音郭楞州图书馆	35.4
15	安徽省图书馆	23.9	13	吉林省长春市少年儿童图书馆	35.0
16	贵州省图书馆	23.6	14	辽宁省弓长岭区	33.3
17	广西自治区图书馆	23.4	15	辽宁省沈阳市图书馆	32.8
18	河北省图书馆	22.6	16	广东省广州市广州图书馆	32.6
19	山西省图书馆	22.4	17	广东省江门市五邑图书馆	32.1
20	重庆市图书馆	20.3	18	辽宁省大连市图书馆	31.8
21	四川省图书馆	19.5	19	湖北省随州市图书馆	31.2
22	陕西省图书馆	17.4	20	福建省漳州市图书馆	31.1
23	北京市首都图书馆	16.8	21	四川省德阳市图书馆	30.3
24	广西桂林图书馆	16.1	22	安徽省合肥市图书馆	29.8
25	云南省图书馆	15.2	23	北京市石景山区少儿图书馆	29.4
26	内蒙古自治区图书馆	14.3	24	上海市虹口区图书馆	29.1
27	福建省图书馆	14.3	25	上海市浦动新区川沙少年儿童图书馆	28.5
28	重庆市少年儿童图书馆	13.8	27	江苏省苏州市图书馆	28.3
29	湖南省少年儿童图书馆	13.1	28	北京市顺义区图书馆	28.1
30	青海省图书馆	10.8	29	吉林省长春市图书馆	28.1
31	天津市少年儿童图书馆	10.7	30	甘肃省金昌市图书馆	27.5
32	河南省图书馆	8.9	31	山西省太原市图书馆	27.3
33	江西省图书馆	6.1	32	山东省青岛市图书馆	27.2
34	新疆维吾尔自治区图书馆	4.3	33	福建省南平市图书馆	26.9

全国公共图书馆分级别按购书费占总支出比重排序

单位:%

名次	单位名称	购书费占总支出比重	名次	单位名称	购书费占总支出比重
34	福建省厦门市图书馆	26.8	17	河北省鹿泉市图书馆	49.9
35	重庆市南桐区图书馆	26.5	18	广东省增城市图书馆	49.7
36	浙江省宁波市图书 馆	26.3	19	四川省绵竹市图书馆	48.4
37	河北省衡水市图书馆	26.2	20	浙江省龙湾区图书馆	47.3
38	内蒙古自治区呼盟图书馆	25.8	21	广东省越秀区图书馆	47.0
39	湖北省武汉市图书馆	25.8	22	广东省荔湾区图书馆	45.4
40	广西南宁市图书馆	25.3	23	重庆市武隆县图书馆	44.7
41	湖南省湘潭市图书馆	25.1	24	福建省长乐市图书馆	44.2
42	湖北省孝感市图书馆	24.8	25	湖北省京山县图书馆	42.8
43	天津市河东区少年儿童图书馆	24.6	26	宁夏彭阳县图书馆	42.8
44	江苏省泰州市图书馆	24.6	27	广西靖西县图书馆	42.6
45	上海市普陀区少儿图书馆	24.5	28	山西省古交市图书馆	42.2
46	浙江省绍兴市鲁迅图书馆	24.5	29	山东省蒙阴县图书馆	42.1
47	安徽省滁州市图书馆	24.3	30	河北省清河县图书馆	41.6
48	河北省廊坊市图书馆	23.9	31	黑龙江省新青区图书馆	41.6
49	辽宁省锦州市图书馆	23.8	32	湖北省利川市图书馆	41.6
50	江苏省南京市金陵图书馆	23.8	33	江西省新余市渝水区图书馆	41.1
	三、县市级公共图书馆		34	云南省宁蒗县图书馆	41.1
1	广西钦州市钦北区图书馆	99.9	35	江西省高安市图书馆	40.2
2	浙江省金华县图书馆	99.7	36	河北省深泽县图书馆	39.9
3	福建省罗源县图书馆	74.9	37	湖北省襄阳县图书馆	39.9
4	湖南省永州市芝山区图书馆	66.8	38	广东省紫金县图书馆	39.8
5	山西省大同市新荣区图书馆	61.5	39	广东省天河区图书馆	39.2
6	江苏省无锡市郊区图书馆	59.7	40	新疆伊犁地区伊宁市图书馆	38.9
7	黑龙江省集贤县图书馆	59.1	41	福建省湖里区图书馆	38.7
8	山东省青岛市崂山区图书馆	58.1	42	河北省晋州市图书馆	38.4
9	辽宁省盘锦市兴隆台区图书馆	56.4	43	湖南省永兴县图书馆	37.8
10	山西省泽州县图书馆	55.5	44	江苏省江浦县图书馆	37.7
11	安徽省黄山市徽州区图书馆	52.8	45	重庆市大足县图书馆	37.6
12	山东省日照市东港区图书馆	52.6	46	福建省厦门市思明区图书馆	37.4
13	广西武宣县图书馆	51.3	47	贵州省湄潭县图书馆	37.3
14	江苏省南京市大厂区图书馆	51.2	48	福建省厦门市杏林图书馆	36.3
15	广东省雷州市李纪妙图书馆	50.7	49	四川省什邡市图书馆	36.2
16	四川省汶川县图书馆	50.6	50	四川省隆昌县图书馆	36.2

全国公共图书馆分级别按经费自给率排序

单位：%

名次	单位名称	经费自给率	名次	单位名称	经费自给率
	一、省级公共图书馆		35	陕西省图书馆	0.2
1	重庆市少年儿童图书馆	65.6	36	广西自治区少年儿童图书馆	0.0
2	湖南省少年儿童图书馆	55.6		**二、地市级公共图书馆**	
3	福建省图书馆	41.9	1	江苏省南通市少年儿童图书馆	77.2
4	广东省中山图书馆	29.5	2	云南省昆明市图书馆	72.7
5	四川省图书馆	26.0	3	天津市河北区少儿馆	68.8
6	湖南省图书馆	25.0	4	重庆市巴南区图书馆	63.2
7	江西省图书馆	23.7	5	上海市普陀区少儿图书馆	61.1
8	重庆市图书馆	23.7	6	云南省大理州图书馆	57.9
9	天津市少年儿童图书馆	22.8	7	上海市闸北区图书馆	57.3
10	新疆维吾尔自治区图书馆	22.8	8	上海市普陀区图书馆	55.5
11	上海市少儿图书馆	22.4	9	湖南省湘潭市少年儿童图书馆	50.1
12	天津市天津市天津图书馆	21.8	10	天津市南开区少年儿童图书馆	49.0
13	广西自治区图书馆	21.4	11	重庆市沙坪坝图书馆	49.0
14	湖北省图书馆	16.5	12	天津市红桥区少年儿童图书馆	45.0
15	贵州省图书馆	16.4	13	湖北省黄石市图书馆	44.6
16	青海省图书馆	15.3	14	浙江省湖州市图书馆	43.8
17	辽宁省图书馆	13.8	15	重庆市大渡口图书馆	43.6
18	江苏省南京图书馆	12.8	16	广东省湛江市少年儿童图书馆	42.9
19	云南省图书馆	12.5	17	江苏省盐城市图书馆	42.7
20	上海市图书馆	11.8	18	浙江省嘉兴市图书馆	41.1
21	广西桂林图书馆	10.7	19	广西南宁市少年儿童图书馆	40.0
22	山西省图书馆	9.8	20	重庆市北碚区图书馆	39.9
23	安徽省图书馆	7.7	21	北京市崇文区图书馆	39.2
24	河南省图书馆	7.6	22	天津市红桥区图书馆	39.2
25	河北省图书馆	6.0	23	上海市杨浦区图书馆	39.1
26	北京市首都图书馆	4.1	24	湖南省衡阳市图书馆	38.3
27	黑龙江省图书馆	3.9	25	湖南省邵阳市松坡图书馆	38.2
28	吉林省图书馆	3.6	26	河北省邢台市图书馆	38.0
29	山东省图书馆	3.3	27	重庆市南桐区图书馆	38.0
30	宁夏图书馆	3.0	28	北京市东城区图书馆	37.7
31	内蒙古图书馆	2.8	29	河南省洛阳市图书馆	37.5
32	浙江省图书馆	2.8	30	重庆市渝北区图书馆	37.5
33	甘肃省图书馆	2.7	31	四川省南充市图书馆	37.3
34	北京市少年儿童图书馆	0.2	32	上海市徐汇区图书馆	37.1

全国公共图书馆分级别按经费自给率排序

单位：%

名次	单位名称	经费自给率	名次	单位名称	经费自给率
33	浙江省金华市图书馆(严济慈图书馆)	36.8	17	辽宁省沈阳市和平区图书馆	69.8
34	天津市河北区图书馆	36.1	18	浙江省临安县 图书馆	69.5
35	山西省阳泉市图书馆	35.6	19	浙江省安吉县图书馆	67.5
36	重庆市南岸区图书馆	35.4	20	湖南省永顺县图书馆	67.2
37	北京市石景山区图书馆	35.1	21	四川省元坝区图书馆	66.6
38	上海市长宁区图书馆	35.1	22	安徽省太湖县图书馆	66.2
39	北京市海淀区图书馆	35.0	23	云南省腾冲县和顺图书馆	66.0
40	陕西省咸阳市图书馆	34.9	24	广东省开平市图书馆	65.1
41	安徽省铜陵市图书馆	34.8	25	安徽省旌德县图书馆	62.7
42	天津市河东区图书馆	34.5	26	黑龙江省南岗区图书馆	62.6
43	广东省中山市图书馆	33.9	27	湖北省武汉市江岸区少年儿童图书馆	60.5
44	广西贵港市图书馆	33.4	28	湖北省麻城市图书馆	59.8
45	辽宁省阜新市海州区图书馆	33.3	29	河南省新密市图书馆	58.6
46	湖南省湘西自治州图书馆	33.0	30	辽宁省沈阳市沈河区少儿图书馆	58.3
47	安徽省淮北市图书馆	32.8	31	贵州省普定县图书馆	57.1
48	云南省保山地区图书馆	31.7	32	广东省白云区图书馆	57.0
49	重庆市江北区图书馆	31.3	33	广西柳城县沙埔乡图书馆	56.4
50	上海市南市区图书馆	31.1	34	广东省遂溪县图书馆	56.3
	三、县市级公共图书馆		35	江苏省南京市玄武区少儿图书馆	55.9
1	湖北省蕲春县中医药图书馆	274.8	36	广东省罗湖区图书馆	55.5
2	广西柳城县冲脉乡图书馆	189.8	37	江苏省南京市白下区图书馆	55.4
3	广西柳城县太平乡图书馆	169.1	38	湖南省沅江市图书馆	55.2
4	广东省雷州市李纪妙图书馆	106.9	39	湖南省平江县图书馆	54.8
5	黑龙江省勃利县图书馆	99.9	40	山东省枣庄市薛城区图书馆	54.0
6	广东省东源县图书馆	99.9	41	广东省海丰县图书馆	53.5
7	陕西省太白县图书馆	99.9	42	湖北省石首市图书馆	53.3
9	陕西省留坝县图书馆	99.7	43	广西柳城县龙头乡图书馆	53.2
10	福建省晋安区图书馆	93.1	44	江苏省南京市建邺区图书馆	52.9
11	广东省金园区图书馆	91.4	45	山东省日照市东港区图书馆	52.6
12	湖北省洪湖市图书馆	87.4	46	广东省和平县图书馆	52.6
13	广东省高要市图书馆	81.3	47	湖北省罗田县图书馆	52.4
14	广东省连州市图书馆	75.1	48	重庆市潼南县图书馆	51.4
15	广东省高州市图书馆	74.5	49	浙江省长兴县图书馆	51.2
16	福建省上杭县图书馆	72.8	50	福建省南安市李成智公众图书馆	51.2

全国其他文化产业(企业)按劳动生产率排序

单位:元/人

名次	单位名称	劳动生产率	名次	单位名称	劳动生产率
1	北京图书馆出版社	2 077.6	27	上海市黄浦区黄艺呢绒公司	108.4
2	中演环球艺术制作有限公司	464.5	28	浙江省杭州市杭州国美饭店	107.6
3	北京图新技术开发总公司	422.3	29	中演北京中端装饰工程有限公司	107.3
4	北京中演文化娱乐公司	295.2	30	上海市崇明县明宝商场(崇明)	105.1
5	上海佳音工贸公司	248.4	31	四川省成都市文化实业投资开发公司	104.6
6	江苏省盐城市城区文化美术服务公司	226.7	32	青艺东单大酒店	102.7
7	上海市创导广告有限公司(美设)	190.5	33	浙江省杭州市奥星钟表眼镜公司	102.3
8	上海市长宁区上海星际投资发展有限公司	164.6	34	四川省达川地区艺苑实业公司	100.7
9	广东省广州市美术公司	161.4	35	江苏省江都市舞台设备厂(集体)	98.3
10	天津市文化艺术音像出版社	156.2	36	宁夏图书馆装订厂	94.3
11	上海市上海市美术设计公司浦东分公司(美设)	154.4	37	北京北图文化发展中心	93.8
12	上海青浦文化发展中心	147.9	38	北京图书馆综合服务部	92.3
13	广东省深圳市电影制片厂	142.0	39	浙江省海盐县电器工贸公司	91.0
14	甘肃省图书馆开发经营公司	133.1	40	江苏省扬州市广陵书社	87.6
15	广东省演出公司	131.5	41	江苏省张家港市家用纺织品进出口公司	87.4
16	山东省淄博市临淄区封神演义宫	127.5	42	辽宁省辽宁文艺器材公司	86.9
17	上海南方文化发展有限公司	126.4	43	天津泥人张彩塑工作室经营部	85.2
18	广东省深圳市博雅艺术公司	125.8	44	江苏省苏州市文化局房管站	83.0
19	广东省深圳市福田区文化中心	123.3	45	江苏省南京市南京金銮大厦置业公司	82.5
20	浙江省杭州市大北文化娱乐有限公司	122.1	46	江苏省江阴市万事发工贸公司(集体)	80.7
21	广东省深圳市新华书店	121.0	47	中国美术学院出版社	80.2
22	广东省深圳南国影联股份有限公司	119.6	48	江苏通艺广告装饰公司	78.3
23	广东省深圳文化企业发展公司	119.4	49	广东省深圳市龙岗区文化体育发展公司	77.5
24	上海故事杂志社(群艺馆)	118.5	50	广东省广州市新时代影音公司	76.6
25	中央美术学院装饰工程公司	115.7			

全国其他文化产业(企业)按利润排序

单位:千元

名次	单位名称	利润	名次	单位名称	利润
1	广东省深圳市新华书店	12 828	25	北京图书馆出版社	320
2	中演环球艺术制作有限公司	12 114	26	北京中演时代广告有限公司	306
3	广东省广州市演出公司	7 454	27	四川省达川市荷华坛美容美发厅	300
4	上海佳音工贸公司	4 573	28	青艺东单大酒店	287
5	上海市黄浦区黄艺呢绒公司	3 371	29	江苏省苏州市演出管理处	286
6	广东省深圳市南国影联股份有限公司	2 781	30	北京图书馆服务公司	282
7	北京中演文化娱乐公司	1 738	31	四川省达川地区艺苑实业公司	256
8	浙江省文艺音像出版社	1 261	32	江苏省江阴市第三电子仪器厂(集体)	251
9	广东省广州市美术公司	1 257	33	上海贺绿汀钢琴总汇	234
10	天津市文化艺术品公司	1 205	34	中演北京中端装饰工程有限公司	232
11	江苏省京剧院梨园艺术培训中心	936	35	湖北省沙洋县影视发展总公司	200
12	北京东方文化经济发展公司	699	37	江苏省盐城市文化经济发展公司	192
13	辽宁省金州区新华书店	566	38	广东省深圳市电影制片厂	180
14	四川省成都武侯祠博物馆服务部	562	39	浙江省杭州市大北文化娱乐有限公司	175
15	北京图新技术开发总公司	555	40	上海南方文化发展有限公司	171
16	宁夏银川市新华书店	552	42	河南省卫辉市影剧院	167
17	广东省广东音像出版社	535	43	浙江省海宁市旅游有限责任公司	165
18	中国美术学院出版社	517	44	浙江省幻灯制片厂	162
19	广东省演出公司	484	45	北京远东文化经济开发总公司	159
20	辽宁省庄河市新华书店	480	46	浙江省宁波天一阁古建筑维修有限公司	158
21	北京市电影器材公司	433	47	天津泥人张彩塑工作室经营部	152
22	湖北省咸宁市文达实业总公司	417	48	上海市黄浦舞美艺术服饰总汇	150
23	四川省成都杜甫草堂博物馆服务部	336	49	湖北省枣阳市文化招待所	150
24	北京市电影公司	321	50	天津市文化艺术音像出版社	149

全国其他文化产业(企业)按应付各种费用排序

单位:千元

名次	单位名称	应付各种费用	名次	单位名称	应付各种费用
1	广东省深圳市新华书店	10 347	26	重庆市美术公司	575
2	浙江省杭州市大北文化娱乐有限公司	5 064	27	浙江省幻灯制片厂	561
3	上海市黄浦区黄艺呢绒公司	3 837	28	山东省青岛市广告公司	560
4	江苏省通州市文化产业办公室	3 305	29	浙江省慈溪市慈溪东方娱乐发展有限公司	521
5	广东省深圳市南国影联股份有限公司	3 220	30	福建省幻灯制片厂	492
6	广东省广州市美术公司	2 563	31	广东省深圳市宇宙影视中心	480
7	广东省深圳市博雅艺术公司	2 294	32	青艺东单大酒店	471
8	广东省艺术中心	2 239	33	北京图新技术开发总公司	467
9	广东省演出公司	2 142	34	北京中演客货运输代理公司	458
10	广东省广州市演出公司	2 095	35	上海市埃迪霓虹电器有限公司(美设)	457
11	宁夏银川市新华书店	1 750	36	上海市创导广告有限公司(美设)	444
12	江苏省南京市美术公司	1 603	37	江苏省京剧院梨园艺术培训中心	438
13	北京图书馆出版社	1 534	38	北京东方文化经济发展公司	430
14	浙江省平湖市广告装潢公司	1 439	39	北京文化艺术音像出版社	429
15	广东省音像出版社	1 322	40	福建省厦门市艺园宾馆	411
16	重庆市电影公司	1 319	41	上海市卢湾区文苑经营服务部	398
17	辽宁省金州区新华书店	1 105	42	上海市宝山区宝松美术广告公司	393
18	中演环球艺术制作有限公司	1 068	43	北京市电影器材公司	392
19	北京中演文化娱乐公司	1 058	44	福建省电影公司	389
20	上海佳音工贸公司	1 052	45	上海市故事杂志社(群艺馆)	384
21	中国美术学院出版社	902	46	上海市崇明县明宝商场(崇明)	376
22	天津杨柳青画社	901	47	江苏省南京市金銮大厦置业公司	371
23	辽宁省庄河市新华书店	785	48	上海市夜巴黎娱乐总会有限公司(文建)	368
24	浙江省鄞县振影制版彩印有限公司	673	49	北京图书馆服务公司	364
25	浙江省杭州市美术总公司	653	50	江苏省文华演出器材公司	360

全国其他文化产业(企业)按上交主办单位数排序

单位:千元

名次	单位名称	上交主办单位数	名次	单位名称	上交主办单位数
1	上海佳音工贸公司	4 574	26	上海故事杂志社(群艺馆)	146
2	北京图新技术开发总公司	3 350	27	北京图书馆服务公司	133
3	上海市崇明县明宝商场(崇明)	1 140	28	上海市崇明县伟达百货商行(崇明)	130
4	天津市文化艺术品公司	923	29	四川省攀枝花市鸿运娱乐公司	129
5	天津市和平文化宫娱乐中心	840	30	戏曲学院 北京梨园艺术服务公司	125
6	北京北图文化发展中心	750	31	天津市河北梆子剧院招待所	120
7	天津人艺大厦	735	32	重庆市图强文化科技公司	120
8	北京图书馆招待所	612	33	浙江省大龙门酒家有限公司	115
9	江苏省京剧院梨园艺术培训中心	600	34	浙江省杭州市美声艺术贸易公司	105
10	北京图书馆出版社	600	35	江苏省欣艺文化艺术发展公司	100
11	上海市越友酒家(越剧院)	524	36	中央美术学院广告公司	100
12	四川省成都武侯祠博物馆服务部	311	37	四川省成都市演出公司器材经营部	80
13	江苏省江宁县锡剧团助剂厂(集体)	280	38	浙江省杭州市百合花婴幼儿用品商店	76
14	四川省达川地区艺苑实业公司	212	39	湖北省黄梅县剧院艺术服务公司	72
15	北京图书馆综合服务部	186	40	上海市浦东三元艺术实业公司(芭团)	70
16	四川省新都县文博旅游公司	170	41	江苏省苏州市文化国际旅行社	65
17	中国美术学院造型艺术研究所	162	42	江苏省扬州广陵书社	63
18	浙江省杭州华艺贸易公司	160	43	江苏省周恩来纪念馆旅游服务公司(集体)	60
19	天津市河北梆子剧院集美百货经营部	150	44	江苏省南京书画院服务部	60
20	上海市闵行区宏华实业总公司(闵行)	150	45	江苏省盐城市城区文化美术服务公司	60
21	江苏省文华演出器材公司	150	46	江苏省江都市舞台设备厂(集体)	60
22	江苏省南京市优美复印机设备公司	150	47	广东省深圳市福田区文化中心	60
23	江苏省苏州市华夏实业总公司(集体)	150	48	中央美术学院艺术工程部	60
24	江苏省吴江市图书馆文化用品服务部	150	49	北京泥芳斋图书发行部	60
25	浙江省杭州市奥星钟表眼镜公司	150	50	江苏省文化音像出版社	58

全国群众文化业按经营收入排序

单位：千元

名次	单位名称	经营收入	名次	单位名称	经营收入
1	重庆市沙坪坝文化馆	8 983	26	黑龙江省牡丹江市群众艺术馆	279
2	上海市虹口区曲阳文化馆	5 789	27	湖北省群艺馆	279
3	重庆市北碚区文化馆	1 566	28	江苏省连云港市群众艺术馆	262
4	北京市西城区文化馆	1 395	29	吉林省吉林市船营区文化馆	256
5	湖北省武汉市群众艺术馆	1 104	30	山东省淄博市张店区文化馆	253
6	湖北省黄石市群众艺术馆	978	31	安徽省芜湖市群众艺术馆	250
7	上海市闸北区彭浦文化馆	812	32	重庆市九龙坡文化馆	247
8	浙江省黄岩市台州市黄岩区文化馆	561	33	湖北省长阳自治县文化馆	245
9	辽宁省沈阳市朝鲜族文化馆	520	34	湖南省长沙市群众艺术馆	245
10	浙江省嘉兴市群众艺术馆	515	35	吉林省德惠市文化馆	235
11	上海市奉贤县文化馆	492	36	辽宁省盘锦市群众艺术馆	230
12	辽宁省大连市朝鲜族艺术馆	475	37	云南省玉溪市红塔区群艺馆	230
13	河北省承德市群艺馆	381	38	上海市安亭镇文化馆	221
14	山西省群众艺术馆	371	39	四川省绵竹市文化馆	220
15	云南省澄江县文化馆	362	40	宁夏群众艺术馆	212
16	湖北省武汉市江岸区文化馆	355	41	湖南省桂阳县文化馆	210
17	吉林省吉林市群众艺术馆	323	42	重庆市长寿县文化馆	207
18	山东省济南市天桥区文化馆	318	43	吉林省长春市朝阳区文化馆	191
19	江苏省苏州市金阊区文化馆	315	44	湖南省南县文化馆	190
20	福建省厦门市群众艺术馆	313	45	河北省邢台市群艺馆	180
21	湖南省湘潭市岳塘文化馆	312	46	河南省群众艺术馆	179
22	北京市门头沟区文化馆	300	47	西藏自治区日土县文化馆	164
23	广东省台山市文化馆	290	48	湖南省湘乡市文化馆	160
24	广西北海市群众艺术馆	289	49	重庆市开县文化馆	160
25	辽宁省锦州市群众艺术馆	280	50	云南省思茅地区群众艺术馆	155

全国群众文化业按经费自给率排序

单位：千元

名次	单位名称	经费自给率	名次	单位名称	经费自给率
1	上海市虹口区曲阳文化馆	239.4	26	湖南省湘潭市岳塘文化馆	99.9
2	安徽省蚌埠市郊区文化馆	186.4	27	四川省元坝区文化馆	99.9
3	广西桂林市群众艺术馆	179.5	28	贵州省从江县文化馆	99.9
4	广西柳州市群众艺术馆	141.4	29	西藏自治区扎朗县文化馆	99.9
5	四川省成都市成都艺术中心	134.0	30	重庆市北碚区文化馆	99.9
6	上海市静安区文化馆	128.5	31	陕西省咸阳市渭城区文化馆	99.9
7	重庆市沙坪坝文化馆	116.7	32	陕西省榆林地区群众艺术馆	99.9
8	上海市虹口区文化馆	113.1	34	上海市闵行区吴泾文化馆	99.6
9	江苏省常州市戚墅堰区文化馆	111.2	35	山西省太原市迎泽文化馆	99.5
10	四川省合江县文化馆	110.3	36	北京市崇文区文化馆	99.0
11	湖南省桂阳县文化馆	107.0	37	上海市杨浦区文化馆	98.4
12	浙江省鹿城区文化馆	106.8	38	四川省攀枝花市西区文化馆	97.7
13	上海市杨浦区九赋文化馆	102.1	39	江西省南康市文化馆	96.8
14	上海市闸北区彭浦文化馆	102.0	40	上海市杨浦区九颂文化馆	95.2
15	北京市怀柔县汤口文化馆	101.9	41	上海市杨浦区九歌文化馆	92.8
16	河南省开封市郊区文化馆	101.3	42	湖北省石首市新厂文化馆	92.0
17	上海市闸北区文化馆	100.6	43	福建省福州市晋安区文化馆	91.8
18	北京市丰台区南苑分馆	99.9	44	上海市浦南文化馆	91.5
19	北京市丰台区长辛店分馆	99.9	45	上海市闵行区文化馆	91.1
20	山西省大同市城区文化馆	99.9	46	四川省龙马潭区文化馆	90.8
21	上海市普陀区甘泉文化馆	99.9	47	上海市普陀区文化馆	89.8
22	河南省商城县汤泉池文化分馆	99.9	48	吉林省吉林市船营区文化馆	89.7
23	湖北省武汉市江夏区金口文化分馆	99.9	49	湖北省麻城市宋埠文化馆	89.4
24	湖北省武汉市流芳文化分馆	99.9	50	浙江省海曙区文化馆	89.3
25	湖北省江陵县文化馆	99.9			

全国文化市场经营单位按劳动生产率排序

单位:元/人

名次	单位名称	劳动生产率	名次	单位名称	劳动生产率
1	北京市凯元鸿工贸有限公司白垩宫	9 862.0	26	黑龙江省哈尔滨市高阳园娱乐有限	1 791.0
2	黑龙江省滴道区豪华录相厅	8 514.8	27	黑龙江省哈尔滨市烧鹅佬美食城	1 691.5
3	黑龙江省滴道区三和游戏厅	6 435.6	28	辽宁省中山区四川豆花饭庄	1 690.7
4	广东省石湾区佛山市石湾影剧院	5 644.6	29	浙江省平阳县林瑞珉电子游戏室	1 683.1
5	黑龙江省滴道区花园录相厅	5 148.5	30	山西省太原市工人	1 611.9
6	云南省大理县博雅书屋	5 053.4	31	浙江省平阳县池素丽电子游戏室	1 584.1
7	浙江省萧山市城厢镇时代游戏房	4 984.3	32	浙江省平阳县徐小凤电子游戏室	1 584.1
8	浙江省讯港文化咨询服务部	4 811.4	33	四川省高新区银桥宫卡拉OK厅	1 497.0
9	广东省南海市百佳电子游戏机室	3 980.0	34	黑龙江省鸡西市宏大电脑	1 486.1
10	云南省官渡区云叶服务部	3 490.0	35	山东省济南市辖区济南羊城酒楼	1 395.9
11	浙江省江干区杭州明月书店	2 987.0	36	天津市金岛乐园发展有限公司	1 395.1
12	云南省开远市通达游戏室	2 952.7	37	江苏省苏州市姑苏饭店ok厅	1 373.8
13	辽宁省沈阳百货大楼音像商场	2 662.2	38	广东省福田区中阁音像城白天鹅音像深圳经营部	1 357.8
14	黑龙江省滴道区平朵歌厅	2 574.2	39	贵州省黔东南苗族侗族自治州大礼堂投影厅	1 354.9
15	黑龙江省滴道区梦园歌厅	2 574.2	40	黑龙江省哈尔滨市波特曼西餐厅	1 343.2
16	河南省郑州市北国之春娱乐城	2 448.7	41	广东省福田区深圳音像公司艺声音像行	1 324.1
17	黑龙江省滴道区梦尔歌厅	2 376.2	42	上海市虹口区上海上外国际文化交流中心	1 321.7
18	云南省开远市通达游戏室	2 376.2	43	辽宁省大连市大连新华大酒店泉涌分公司	1 249.0
19	黑龙江省哈尔滨市千手佛国际休闲俱乐部	2 338.3	44	黑龙江省哈尔滨市黑天鹅名人俱乐部	1 248.2
20	黑龙江省滴道区永业游戏厅	2 189.0	45	广东省福田区同德书店	1 213.3
21	云南省西山区云达电子游戏室	1 995.2	46	黑龙江省哈尔滨市东方保龄球有限公司	1 201.9
22	江西省萍乡市丹霜音像店	1 958.4	47	天津市天宇大酒店有限公司	1 179.8
23	黑龙江省鸡西市卓越电脑	1 922.7	48	上海市浦东新区上海延陵宾馆	1 140.1
24	黑龙江省哈尔滨市秦淮酒店	1 890.5	49	浙江省青田县花园降电子游戏室	1 138.6
25	上海美亚丝绸总厂歌舞厅	1 871.2	50	吉林省文化图书城	1 136.6

全国文化市场经营单位按利润排序

单位：千元

名次	单位名称	利润	名次	单位名称	利润
1	重庆市银河大酒店	15 107	27	上海市白玉兰餐饮经营公司	3 620
2	陕西省西安市碑林区帝豪歌剧院	11 000	28	上海市白玉兰大酒家	3 620
3	辽宁省沈阳市百货大楼音像商场	9 000	29	广东省东莞市聚富溜冰场	3 430
4	江苏省金陵娱乐发展实业有限公司	7 834	30	广东省番禺市石基娱乐有限公司石基酒店	3 388
5	辽宁省沈阳市华新夏宫经理公司	6 731	31	黑龙江省哈尔滨市高阳园娱乐有限	3 340
6	浙江省湖州市航运实业总公司工会乃乐歌舞厅	6 680	32	湖北省武汉嘉叶娱乐有限公司	3 294
7	云南省西山区云达电子游戏室	6 000	33	山西省太原东方大世界	3 293
8	福建省福州市永德信保龄球馆有限公司	5 253	34	四川省南江县新华书店	3 276
9	江西省吉安市金多利保龄球	5 200	35	上海海德休闲城	3 238
10	四川省锦江区成都星空娱乐有限公司	4 903	36	上海朝代文化娱乐有限公司	3 171
11	北京翰海艺术品拍卖公司	4 755	37	浙江省温岭市校办公司图书经营部	3 104
12	河北省新华区东来顺	4 700	38	黑龙江省哈尔滨市烧鹅佬美食城	3 100
13	广东省南海市百佳电子游戏机室	4 400	39	上海市闵行区九宇宾馆	3 064
14	黑龙江省哈尔滨市十字佛国际休闲俱乐部	4 344	40	广东省东莞市鸡啼岗酒店	3 050
15	云南省大理县博雅书屋	4 216	41	上海石泉金融大厦俱乐部	3 014
16	黑龙江省大庆市新华书店	4 059	42	辽宁省沈阳协和百货北方有限公司	3 000
17	北京银亚大酒店有限责任公司	4 038	43	辽宁省大连森林动物园	2 986
18	湖北省武昌九九城堡	4 005	44	福建省三明市皇冠保龄球有限公司	2 985
19	河南省信阳运输汽车公司金通大厦	4 000	45	湖南省常德市东安娱乐有限公司	2 950
20	内蒙古包头市邮电大厦保龄球馆	3 875	46	广东省福田区天星观光卡拉 OK	2 901
21	广东省福田区同德书店	3 805	47	黑龙江省滴道区豪华录相厅	2 900
22	河南省许昌市亚细亚大酒店康乐部	3 800	48	广东省东莞市比华利大酒店	2 897
23	云南省寻甸县县印刷厂	3 700	49	上海白玉兰经营公司	2 860
25	河北省桥东区张家口铁路俱乐部	3 643	50	辽宁省大连侨联音像经销公司	2 831
26	黑龙江省哈尔滨市秦淮酒店	3 642			

全国文化市场经营单位按应付各种费用排序

单位：千元

名次	单位名称	应付各种费用	名次	单位名称	应付各种费用
1	北京市东城区红尘一角歌舞厅	16 578.4	26	广东省珠海市三越歌舞城娱乐有限公司	3 332.0
2	辽宁省大连市中山武昌娱乐宫	16 232.0	27	广东省汕头市华之杰有限公司	3 302.4
3	山西省太原市港晖综合服务有限公司	13 720.0	28	山西省太原市工人	3 254.0
4	贵州省黔东南州大礼堂投影厅	9 419.0	29	黑龙江省滴道区花园录相厅	3 200.0
5	广东省番禺市市桥镇龙泉大酒店	7 738.0	30	广东省福田区小乡村啤酒屋	3 016.0
6	辽宁省沈阳市沈阳百货大楼音像商场	7 000.0	31	北京长青泰餐饮娱乐有限公司	3 001.6
7	辽宁省沈阳协和百货北方有限公司	7 000.0	32	江苏省南京瑞迪大酒店	2 931.0
8	河南省郑州市天王星娱乐城	7 000.0	33	湖北金发娱乐有限公司	2 743.0
9	江苏省无锡市大满贯娱乐有限公司	6 918.2	34	内蒙古包头市春馨娱乐厅	2 614.9
10	黑龙江省铁锋区祥和园OK餐厅	6 200.0	35	黑龙江省滴道区梦园歌厅	2 600.0
11	广东省天河区实惠坚酒楼	6 000.0	36	黑龙江省滴道区平朵歌厅	2 400.0
12	江苏省金陵娱乐发展实业有限公司	5 050.0	37	广东省广州市东山区江湾新太阳夜总会	2 312.0
13	河南省郑州市北国之春娱乐城	4 828.0	38	江苏省南京中山乐园有限公司	2 280.0
14	黑龙江省滴道区豪华录相厅	4 800.0	39	上海朝代文化娱乐有限公司	2 224.0
15	黑龙江省滴道区三和游戏厅	4 500.0	40	山西省唐都大酒店	2 136.0
16	江苏省昆山市麦迪森育乐有限公司	4 187.0	41	黑龙江省滴道区永业游戏厅	2 100.0
17	陕西省咸阳市太阳岛保龄球馆有限公司	4 010.0	42	广东省福田区新华深科技书店	2 100.0
18	四川省高新区银桥宫卡拉OK厅	4 002.0	43	云南省开远市滇南大酒店(保龄球)	2 029.0
19	广东省潮阳市皇都大酒店	3 891.8	44	云南省开远市滇南大酒店	2 029.0
20	河南省郑州市河南龙源大酒店	3 760.0	45	江苏省昆山市南港镇录像厅	2 001.0
21	福建省厦门市厦门外贸酒店	3 614.0	46	黑龙江省滴道区梦尔歌厅	2 000.0
22	黑龙江省鸡西市渡假村夜总会	3 607.0	47	辽宁省沈阳市情满珠江酒店	1 974.0
23	广东省福田区依米酒吧娱乐有限公司	3 567.0	48	黑龙江省鸡西市卓越电脑	1 921.0
24	江苏省韵之星娱乐有限公司	3 505.0	49	福建省厦门市厦门上格娱乐有限公司	1 903.0
25	江苏省洋益保龄球俱乐部	3 444.0	50	福建省厦门市厦门宝龙娱乐有限公司	1 891.0

全国文化市场经营单位按上交主办单位数排序

单位：千元

名次	单位名称	上交主办单位数	名次	单位名称	上交主办单位数
1	广东省天河区实惠坚酒楼	6 000	26	浙江省温州市中达大酒店	450
2	内蒙古包头市春馨娱乐厅	2 200	27	浙江省慈溪市东方大酒店歌舞厅	430
3	云南省官渡区顺发台球室	1 440	28	河北省沧州市不夜城舞厅	420
4	北京润达娱乐有限莱特曼迪厅	1 400	29	广东省汕头经济特区服装城卡拉OK歌舞厅	420
5	辽宁省大连市华宫新夜总会	1 280	30	上海新世界股份有限公司	410
6	北京饭店樱花俱乐部有限公司	1 200	31	北京赛飞特港湾娱乐城	400
7	河北省桥西区张市三A夜总会	1 200	32	辽宁省东陵区大连海鲜火锅城	360
8	江苏省南京市秦淮区秦淮区秦虹娱乐中心	1 200	33	广东省东莞市东海浪漫卡拉OK厅	360
9	广东省深圳市阳光JJ娱乐城	1 105	34	广东省东莞市金龙酒店十六楼荷东歌舞厅	360
10	江苏省洋益保龄球俱乐部	1 000	35	云南省市辖区乐乐电子游戏室	360
11	江苏省江苏省南京瑞迪大酒店	1 000	36	辽宁省大连万恒影剧院	350
12	云南省文山县显香游戏室	840	37	上海市夜上海蓝村美食城	350
13	内蒙古自治区赤峰市金迅迪厅	810	38	广东省东莞市石碣豪华大酒店	323
14	江苏省江阴市江东集团江东休闲中心	800	39	浙江省嘉兴市工人文化宫	316
15	广东省福田区同德书店	689	40	北京东方渔港大酒店	302
16	广东省东莞市中国皇宫夜总会	678	41	广东省佛山市东亚俱乐部	302
17	湖北省直属荆门市海慧保龄球馆	600	42	浙江省文成县朱春仙电子室	302
18	上海市黄浦区上海添梦娱乐总汇	560	43	河北省市辖区浮阳北方歌舞厅	300
19	河北省黄骅市晶牛大酒店歌舞厅	500	44	河北省市辖区华夏宾馆歌舞厅	300
20	河北省河间市紫鲁大酒店舞厅	500	45	河北省市辖区人民商场歌舞厅	300
21	内蒙古伊金霍洛旗大世界歌舞厅	500	46	河北省市辖区淮阳大酒店	300
22	江苏省江阴市活力天滚轴溜冰场	500	47	河北省黄骅市中港大饭店舞厅	300
23	广东省福田区好孩子文化艺术培训中心	500	48	浙江省金华市华都夜总会	300
24	新疆昌吉州百大电玩世界	500	49	浙江省永康市泛星夜总会	300
25	辽宁省沈阳市沈阳皇姑影剧院	461	50	天津市南开区天塔宾馆歌舞厅	300

1999年全国文化先进县表彰名录

北京市东城区
北京市西城区
天津市大港区
河北省河间市
河北省赞皇县
山西省泽州县
山西省太原市小店区
内蒙古自治区鄂温克族自治旗
内蒙古自治区东胜市
辽宁省沈阳市铁西区
辽宁省彰武县
吉林省汪清县
吉林省长岭县
黑龙江省巴彦县
黑龙江省海伦市
上海市黄浦区
江苏省盐都县
江苏省南京市大厂区
浙江省乐清市
浙江省宁波市北仑区
安徽省合肥市中市区
安徽省宣州市
福建省厦门市同安区
福建省泰宁县
江西省贵溪市
江西省吉安市
山东省青岛市李沧区
山东省淄博市周村区
河南省孟津县
河南省灵宝市
湖北省武汉市江汉区
湖北省宜城市
湖南省沅江市
湖南省湘潭市雨湖区
广东省番禺市
广东省澄海市
广西壮族自治区象州县
广西壮族自治区那坡县
海南省文昌市
四川省新都县
四川省峨眉山市
重庆市铜梁县
贵州省遵义县
云南省峨山彝族自治县
云南省景谷傣族彝族自治县
西藏自治区拉萨市曲水县
陕西省凤翔县
陕西省旬阳县
甘肃省静宁县
宁夏回族自治区隆德县
新疆维吾尔自治区玛纳斯县
新疆维吾尔自治区喀什市
新疆生产建设兵团农一师十二团

1999年全国文化工作先进集体表彰名录

北京市	北京歌华文化发展集团 中国杂技团 石景山区少年儿童图书馆
天津市	天津市青年京剧团 平津战役纪念馆 河东区图书馆
河北省	河北省艺术学校 张家口市青年晋剧团 廊坊市文化局文化市场稽查队 唐山市图书馆 河北省群众艺术馆 大厂县评剧团
山西省	河曲县人民文化馆 临猗县眉户剧团 阳泉市豫剧团 山西省文化艺术学校
内蒙古自治区	内蒙古展览馆 开鲁县文工团 包头市歌舞剧团 卓资县电影发行放映公司
辽宁省	辽宁歌剧院 辽宁省图书馆 沈阳杂技团 建平县文物保管所
吉林省	吉林省民间艺术团 延边歌舞团 长春图书馆 吉林市群众艺术馆
黑龙江省	哈尔滨市图书馆 富锦市向阳川镇文化站 牡丹江市文化市场管理办公室 大庆市话剧院 黑龙江省北方剧场
上海市	上海少年儿童图书馆 上海交响乐团 中国福利会儿童艺术剧院
江苏省	江苏省京剧院 无锡市歌舞团 常州文化艺术学校 南京市艺术小学
浙江省	温州市图书馆 嘉兴市南湖革命纪念馆 舟山市普陀区蛟头镇文化站 浙江话剧团 浙江省群众艺术馆 宁波市文化市场稽查队
安徽省	安徽省歌舞团 霍邱县姚李镇文化站 阜阳市图书馆 安徽省电影发行放映总公司 马鞍山市黄梅戏剧团
福建省	福建省图书馆 漳州市芗城区文化馆 南安市高甲戏剧团 连江县图书馆 厦门小白鹭民间舞团
江西省	弋阳县图书馆 赣州市文化市场稽查支队 萍乡市采茶剧团 新余市渝水区良山镇文化中心站 江西省文艺学校
山东省	山东省戏曲学校 东营市艺术团 济宁市豫剧团 泰安市泰山画院 滨州地区吕剧团 聊城市杂技团

1999 年全国文化工作先进集体表彰名录

河南省
河南博物院
郑州市豫剧团
辉县市城关镇文化站
柘城县电影公司
焦作市豫剧团
鹤壁市文化局文化市场管理办公室

湖北省
武汉话剧院
湖北省实验花鼓剧院
十堰市图书馆
天门市电影发行放映公司
湖北省艺术学校

湖南省
永州市群众艺术馆
衡阳艺术学校
溆浦县低庄镇文化站
安仁县花鼓戏剧团
常德市鼎城区花鼓戏剧团

广东省
南越王宫博物馆筹建处
深圳锦绣中华发展有限公司
东莞市大朗文化站
佛山市图书馆
湛江艺术学校
广东省星海音乐厅

广西壮族自治区
广西壮族自治区彩调剧团
桂林图书馆
宜州市怀远镇文化站
田东县右江革命纪念馆

海南省
海口市群众艺术馆
琼海市中原文化站

四川省
隆昌县文化馆
甘孜藏族自治州歌舞团
会理县民族艺术团
攀枝花市群众艺术馆
雅安地区群众艺术馆
旺苍县图书馆
四川省电影公司
四川省舞蹈学校

重庆市
重庆杂技艺术团
重庆市博物馆
重庆市群众艺术馆

贵州省
贵阳市图书馆
都匀市歌舞剧团
六枝特区落别乡文化站
从江县民族文工队

云南省
沧源佤族自治县文工队
怒江傈僳族自治州群众艺术馆
马关县文化馆
大理州电影发行放映有限责任公司
云南省艺术学校
屏边苗族自治县大围山民族歌舞团

西藏自治区
乃东县文化馆
索县乌兰牧骑歌舞队

陕西省
咸阳市群众艺术馆
洛川县文化馆
榆林地区文工团
镇巴县文工团
西安市青年秦腔艺术团
陕西省戏曲研究院青年实验剧团

甘肃省
甘肃省图书馆
张掖地区七一秦腔剧团
西峰市寨子乡文化站

青海省
青海省平弦实验剧团
青海省藏剧团

宁夏回族自治区
银川市图书馆
宁夏回族自治区展览馆

新疆维吾尔自治区
新疆歌舞团
克拉玛依市图书馆
额敏县文化市场稽查大队

长廊共建单位
黑龙江省农垦总局红兴隆分局
黑龙江省军区 81675 部队
黑龙江省东方红林业局
新疆维吾尔自治区公安边防总队
辽宁省丹东海关
辽宁省丹东市振安区浪头小学
海南省国营龙江农场

部直属单位
中国交响乐团
东方歌舞团
中央民族乐团
国家图书馆
北京舞蹈学院
中国美术学院

1999年全国文化系统先进工作者表彰名录

北京市	王新纪	北京京剧院编剧
	陈安琪(女)	首都图书馆阅览部副主任
	凌金玉	北京市曲剧团团长、党总支书记
	任若平	朝阳区文化文物局局长、党委书记
	刘玉泉	大兴县文化文物局局长、党组书记
	王金绵	密云县文化馆馆长
天津市	刘乃刚	天津市儿童艺术剧团团长、党支部书记
	孔方恩	天津图书馆副馆长
	崔连润(女)	天津评剧院演员
	姜玉明	静海县图书馆党支部书记
河北省	边献海	河北省艺术学校吴桥杂技分校校长
	左志清	昌黎县文化局局长
	彭秀兰(女)	唐山市实验唐剧团团长
	赵同安	河北省图书馆馆长
	贡淑芬(女)	河北省艺术研究所《大舞台》编辑部主编
	李翠霞(女)	新河县教育文化体育局副局长
	王新占	满城县文化体育局局长
	乔文斗	安平县文化体育局局长
	张殿仁	唐山市文物管理处主任
	史学术(女)	石家庄市图书馆馆长
	郭鲁泰	邯郸市文化局副局长
山西省	葛凤英(女)	晋中地区行政公署文化局局长
	原凤彬	长治市群众艺术馆馆长、党支部书记
	年　权	大同市晋剧二团团长、党支部书记
	杜世柱	吕梁地区电影发行放映公司经理
	霍顺旺	应县文化体育委员会主任
	卫秀英(女)	曲沃县图书馆党支部书记
	李　和	山西省京剧院院长、党总支书记
	李小强	山西省图书馆馆长
	傅仁杰	运城地区行政公署文化局副局长
内蒙古自治区	布仁巴雅尔	呼伦贝尔盟文化体育广播电视局局长、党组书记
	曹勒门	阿拉善左旗嘉尔嘎勒赛汉镇文化站站长
	傅　敏(女)	兴安盟文化体育局局长
	张文琴(女)	哲里木盟图书馆馆长
	李炅峰	赤峰市文化局局长、党组书记
	田自强	伊克昭盟文化局局长、党组书记
	王秀英(女)	呼和浩特市艺术学校分部副主任、党支部委员

辽宁省	杨　赤	大连京剧团副团长
	翟贞华(女)	鞍山市话剧团导演
	汤亚良	抚顺市歌舞话剧院院长
	张广志	本溪市群众艺术馆馆员
	杨显武	锦州市文化市场管理办公室主任
	郝静中(女)	西丰县图书馆馆长
	杜　铁	辽宁省文化厅厅长、党组书记
	宋国锋	辽宁人民艺术剧院院长
	李　刚	辽宁省艺术学校校长
	孟昭凯	朝阳市文化局局长
	尹德翠(女)	大连市中山区文化局局长
吉林省	尹俊明	吉林省文化厅艺术处处长、吉林省歌舞剧院院长、党委书记
	周国瑞	吉林市歌舞团团长、党总支书记
	王　辉	白城市文化局局长
	吴庆发	辽源市艺术团团长
	费善有	白山市文化局局长、党委书记
	傅丽明(女)	四平市群众艺术馆馆长
	姚玉霞(女)	通化市文化局局长、党委书记
	管玉华(女)	敦化市文化体育局局长、党委书记
黑龙江省	王焕兴	齐齐哈尔市文化局局长、党委书记
	杨利民	大庆市艺术创评室编剧、省作协副主席
	王广贺	黑龙江省农垦总局文化局局长
	马延椿(女)	牡丹江市群众艺术馆馆长、党支部书记
	孙永林	虎林市文物管理所所长
	朱学林	伊春市戏曲剧院院长
	王仁佳	尚志市电影发行放映公司经理、党支部书记
上海市	黄豆豆	上海歌舞团演员
	赵其华(女)	上海市群众艺术馆馆长、党支部副书记
	朱芸芳(女)	宝山区文化局局长、党委书记
	吴德英(女)	闸北区图书馆馆长
	马承源	上海博物馆顾问、馆员
	岳美缇(女)	上海昆剧团演员
	高美芬(女)	上海京剧院天蟾京剧中心副总经理
	刘京方	徐汇区社会文化管理办公室主任
	俞瑾云	上海市文化艺术档案馆馆长

江苏省	金德华	周恩来纪念馆馆长
	强银娣(女)	锡山市洛社镇文化站站长
	赵玉明(女)	镇江市图书馆馆长、党支部书记
	袁华定	武进市西厦墅镇文化站站长
	张克勤	苏州市滑稽剧团演员
	牛小艾(女)	常熟市文化馆副馆长
	乔学大	宝应县安宜镇文化站站长
	张　让	沛县文化与体育局副局长
	焦祝平	东台市文化局市场股股长
	刘　燕(女)	盱眙县文化局局长、党组书记、体委主任
	顾晓群	南通市文化局剧目工作室主任
	汤承英(女)	灌南县文化局局长
	黄素萍(女)	泰州市淮剧团演员
浙江省	侯　军(女)	杭州越剧院院长、党支部书记
	王燕芬(女)	宁波市海曙区文化馆馆长
	阮望盛	温州市白鹿影城经理
	吴凤花(女)	绍兴小百花越剧团演员
	程建中	湖州市群众艺术馆馆长
	吴衍明(女)	嘉兴市电影发行放映公司总经理
	杨　翎(女)	舟山市群众艺术馆副馆长
	周鸣岐	义乌市文化馆馆长
	雷一培	景宁畲族自治县民族文化工作队副队长
	魏真柏	浙江曲艺杂技总团团长
	俞剑咏(女)	浙江省博物馆副馆长、党支部书记
安徽省	王　蓉(女)	安徽省杂技团演员
	余　顺	安徽省黄梅戏剧院一团演员队队长
	陈小妹(女)	芜湖县横岗镇文化站站长
	方学成	蚌埠市淮光娱乐总汇经理、党支部书记
	夏积成	安庆市黄梅戏一团团长、党支部书记
	孙以宽	凤台县文化局局长
	尚庭松	安徽剧院总经理、党支部书记
	窦保民	北市文化市场管理办公室副主任、稽查队队长
	陆鹤龄	安徽省艺术馆馆长、书记
	赵纯钢	安徽省京剧团演员队副队长
福建省	林　瑛(女)	福建省实验闽剧院院长、党总支书记
	吴永珍(女)	福建省文化厅艺术处主任科员
	李竹松	福鼎市文化局局长
	陈文耀	莆田市涵江区文化馆馆长
	黄云裕	龙岩市艺术馆馆长
	高　勉	建阳市文化局局长

江西省	何盛林	九江市话剧团团长、党支部书记
	何益萍(女)	波阳县赣剧团演员
	罗晓航	赣州市群众艺术馆馆员
	邱锡荣	萍乡市文化局局长、党组书记
	金　麟	江西省话剧团副团长
	龚平荣	江西省赣剧团团长、党支部书记
山东省	高鼎铸	山东省艺术馆馆长
	田子淳	山东省杂技团副团长
	赵　宇	济南市歌舞团副团长
	苏积玉	青岛市艺术研究所名誉所长、编剧
	刘心德	淄博市文化局局长、党委书记
	孙晋强	枣庄市薛城区文化局副局长
	董翠娜(女)	烟台市京剧团团长
	王振民	潍坊市文化局局长、党组书记
	张丽华	莱芜市文学戏剧创作室编剧
	田峰泉	威海市文化局局长、党委书记
	邢仁强	禹城市文化馆馆长、党支部书记
	何西良	菏泽市大平调剧团团长、党支部书记
	何乃磊	莒县文化局副局长、莒州书画院院长
	薛　岩	临沂市歌舞团团长
河南省	郭建华(女)	开封县电影发行放映公司经理、党支部书记
	董建磊	叶县文化局文物仓库管理干部
	张宝英(女)	安阳文化艺术学校名誉校长
	贾　璐	濮阳市文化局戏剧创作研究室主任
	薛宗耀	舞阳县文化局局长
	王建中	南阳市文化局副局长
	陈永省	信阳市文化局局长、党组书记
	郑崇海	济源市文化局局长、党委书记
	崔　明	河南省歌舞剧院演员
	马亚非	河南省雕塑书画院美术师
	艾　立	许昌市豫剧团团长、党支部书记
	张惠民	郑州市图书馆馆长
湖北省	陈立海	大冶市图书馆馆长、党支部书记
	张　雁(女)	汉川市图书馆馆长
	杜忠道	襄樊市文化局艺术科科长
	肖书秀(女)	荆州市图书馆副馆长、党支部书记
	秦湘麟	鄂州市艺术创作研究所导演
	刘建恩	利川市文化局局长
	赵建新	随州市文化局局长、党组书记
	金亚敏(女)	崇阳县文化局局长
	张月生	蕲春县李明珍纪念馆馆长
	陈　光	仙桃市文化局办公室主任、党委委员

湖南省	杨源明	长沙市文化局局长、党委副书记
	缪桂芳	株洲市文化局局长、党组书记
	梅　实	岳阳市文化局局长、党组书记
	王一飞	湖南省群众艺术馆馆长、党总支书记
	宋纪元	湖南省祁剧团团、党支部书记
	阳春香(女)	双峰县图书馆馆长
	蔡上矢	慈利县文化体育局戏剧创作工作室主任
	龙京沙	湘西土家族苗族自治州文物管理处副队长
广东省	张润华	广州歌舞团团长
	王大可	深圳图书馆馆长助理、计算机部主任
	邓晓薇(女)	深圳罗湖区文化局局长助理、宣传部部长助理
	李瑞香(女)	南澳县潮剧团女演员组组长
	陈苑芳(女)	梅州市群众艺术馆馆长
	李景文	惠州市文化局创作室主任
	罗派钧	东莞市可园博物馆馆长
	萧润君	翠亨孙中山故居纪念馆馆长
	余阳丽(女)	江门市粤剧团副团长
	张耀光	顺德市容奇镇文化站站长、党支部书记
	林奕军	肇庆市文化局局长、党组书记
	陈　鹏	潮州市潮剧团团长
	杜路坤	罗定市文化局副局长、粤剧团团长
	王佳纳(女)	广东省艺术研究所导演
	杨锦燕	广东省文化厅文化稽查总队副队长
广西壮族自治区	韦壮凡	广西壮族自治区文化厅巡视员
	黄唯国	钟山县图书馆馆长
	凌祖余	玉林市文化局局长、党组书记
	胡庆玲(女)	桂林市群众艺术馆馆长、党支部书记
	胡　勖	广西壮族自治区艺术研究所所长
	覃厚彰	南宁地区文化市场管理办公室主任
海南省	陆宇圣	海南省文化艺术学校校长
	孙　凯	海南省民族歌舞团团长
	黄循荣	万宁市文化体育局局长

四 川 省	李茂群	巴中地区文化体育局局长、党委书记
	王本杰	遂宁市文化局局长、党委书记
	马成富	阿坝藏族羌族自治州文化局社会文化市场管理科负责人
	曾发明	泸县文化体育局局长、党委书记
	王希异	大竹县文化局副局长
	李文福	阆中市图书馆馆长
	张尔君	绵阳市图书馆馆长、党支部书记
	景志龙	简阳市文化馆馆长
	张科佳(女)	自贡市群众艺术馆馆长
	吴世光	宜宾县柏溪镇文体办公室主任、文化中心站站长
	唐大玉(女)	成都市木偶皮影艺术剧院院长、党支部书记
	曾洪永	内江市文化局局长、党委书记
重 庆 市	王明凯	重庆市文化局社会文化处处长
	何　渝(女)	沙坪坝区文化局局长、党委书记
	周先鸣(女)	渝北区文化局局长
	柯愈劢	重庆市歌剧院院长
	董　政	三峡歌舞剧团团长、党支部书记
	邵小英(女)	北碚区文化馆馆长、党支部书记、重庆广播电影电视艺术学校校长
贵 州 省	潘国贤	遵义市杂技团团长
	朱仕明	玉屏侗族自治县文化广播电视局局长
	彭荫荪	贵定县文体广播电视局局长
	张剑平	紫云苗族布依族自治县文化广播电视局副局长、文化馆馆长
云 南 省	禹崇全	临沧地区行政公署文化局局长
	秦桂珍(女)	昆明市文化局局长、党委书记
	泽仁培措	德钦县奔子栏乡文化站站长
	吴明俊	昭通地区图书馆副馆长
	黄乃镇	丽江纳西族自治县文化局局长
	杨荣所	曲靖市花灯团团长
	王建才	武定县近城镇麻栗棵文化站站长
	刀亚斌(女)	勐腊县文化体育局局长
西藏自治区	丹增贡布	西藏自治区文化厅艺术处副处长
	巴　桑	日喀则地区文化局局长、党组书记
	洛　嘎	昌都地区文化广播电视局副局长

陕西省	赵德志 梁澄清 高谦良 薛登安 杨宏明(女) 樊恩民 雷玉平 丁金龙 窦晓宇	宝鸡市群众艺术馆馆长、党总支书记 咸阳图书馆馆长、党支部书记 铜川市文化局副局长 汉中市汉台区文化体育广播电视局局长 安塞县文化文物馆馆长 洛南县剧团团长、党支部书记 秦始皇兵马俑博物馆副馆长、党委书记 西安市秦腔一团团长、党支部书记 陕西省民间艺术剧院“小喇叭演出队”队长
甘肃省	王继位 李　江 任志翔 刘德田 朱小勤	庆阳地区行政公署文化处处长、党组书记 白银市平川区陡城乡文化中心专干 临夏回族自治州书画院院长 甘肃省图书馆《四库全书》书库负责人 兰州市文化实业发展总公司总经理
青海省	许新国 桑太本 李　鸣 杨素琴(女)	青海省文物考古研究所所长 果洛藏族自治州文化体育广播电视局局长 西宁市城北区文化体育局局长 格尔木市文化局局长
宁夏回族自治区	曹元升 黄建光 马晓琳(女) 王志洪	青铜峡市文化馆馆长、党支部书记 平罗县文化局局长、党总支书记 固原地区文化广播电视体育局副局长 宁夏回族自治区话剧团团长
新疆维吾尔自治区	阿迪力·穆罕默德 库尔班比比(女) 热合买托拉 俞友仁(女) 周义森	喀什地区文管所副所长 克孜勒苏柯尔克孜自治州群众艺术馆馆长 阿勒泰市萨尔胡松乡文化站站长 阿克苏地区文化局局长 伊犁州电影发行放映公司经理、党支部书记
新疆生产建设兵团	姜书艺 林忠杰	新疆生产建设兵团文化中心总经理 新疆生产建设兵团杂技团团长
部直属单位	于魁智 陈颙(女) 杨鸿年 张　宇 王培录 赵有亮 孙　毅 欧阳逸冰	中国京剧院演员 中国青年艺术剧院导演 中央音乐学院指挥系教授 中国对外演出公司总经理 东方歌舞团舞美设计 中央实验话剧院院长 中国歌剧舞剧院演员 中国儿童艺术剧院副院长

文化部第一届文化艺术科学优秀成果奖 获奖成果及获奖者名录

特别奖获得者(9人)

杨荫浏　周贻白　顾仲彝　缪天瑞　王朝闻　张　庚　葛一虹　周巍峙　郭汉城

一等奖(8项)

中国戏曲通史	张　庚　郭汉城　主编
斯坦尼斯拉夫斯基全集	郑雪来　等译
湖南地方剧种志	湖南省戏曲研究所
聂耳全集	周巍峙　主编
曾侯乙钟磬铭文乐学体系初探(论文)	黄翔鹏著
齐白石	郎绍君　著
红楼梦新证	周汝昌　著
红楼梦大辞典	冯其庸　李希凡　主编

二等奖(18项)

中国戏曲文化	周育德　著
中国曲学大辞典	陈　多　等主编
戏曲意象论	沈达人　著
《西厢记》的文献学研究	蒋星煜　著
西厢记集解	傅晓航　编辑校点
汉剧音乐漫谈	李金钊　著
中国音乐词典	缪天瑞　吉联抗　郭乃安　主编
律吕精义(点注本)	冯文慈　点注
中国佛教京音乐研究	袁静芳　著
中国舞蹈发展史	王克芬　著
敦煌建筑研究	萧　默　著
中国宗教美术史	金维诺　罗世平　著
书法学	陈振濂　主编
李希凡文艺论著选编(一) ——论鲁迅的五种创作	李希凡　著
曹雪芹家世新考	冯其庸　著
马克思主义文艺学大辞典	陆梅林　等主编
中国现代学术要略(论文)	刘梦溪　著
我国最早的木活字印刷品 ——西厦文佛经《吉祥遍至口和本续》(论文)	牛达生　著

三等奖(39 项)

当代西方舞台设计的革新	胡妙胜 著
巴蜀目连戏剧文化概论	杜建华 著
晋昆考	张雨林 著
二十世纪西欧戏剧	廖可兑 著
潮剧志	连裕斌 主编
歌仔戏史	陈 耕 等著
清代以来的北京剧场	李 畅 著
目连戏·南戏源流与声腔形态研究	石生朝 黎建明 著
中国现代比较戏剧史	田本相 著
贵池傩文化艺术	吕光群 编著
中国话剧通史	葛一虹 主编
豫剧表导演艺术	谭静波 著
振兴川剧十年	严福昌 王定欧 主编
论戏曲音乐的历史分期(论文)	何 为 著
清宫演戏史事(论文)	丁汝芹 著
武汉戏剧文化现状调查报告(调查报告)	蒋锡武 著
戏曲表演(论文)	黄克保 著
明应王殿元代戏剧壁画调查札记(论文)	刘念兹 著
粤剧风格论(论文)	郭秉箴 著
民族音乐概论	中国艺术研究院音乐研究所
音乐学概论	俞人豪 著
中国民间音乐	伍国栋 著
音乐审美经验的感性论原理(论文)	邢维凯 著
现代音乐欣赏辞典	罗忠镕 主编
中国古典舞教学	朱清渊 著
中国美术通史	王伯敏 主编
戏出年画	王树村 著
艺术发展史(译著)	范景中 译
中央苏区文化艺术史	刘 云 主编
艺术类型学	李心峰 主编
中西宗教与文字	马焯荣 著
山东艺术发展研究	谭源材 主编
王国维美学思想研究	周锡山 著
电影语言学导论	贾磊磊 著
中国丛书综录补正	阳海清 编撰
康有为、梁启超与维新运动(图集)	李才垚 主编
《无垢净光大陀罗尼经》译刻考(论文)	李致忠 著
四川贫困地区文化发展战略研究综述(论文)	胡继先 杨茂成 杨红梅(总撰)
谈新高技术与当代文化事业发展的关系(论文)	胡清亮 著

1999年度文化部科技进步奖获奖者名录

	一等奖2项	
图书馆自动化网络系统(LLASII)	深圳图书馆	王大可 朱光华 马 瑞 秦格辉 王 林 肖卫东 周 强 郑晓军 陆承兆
高胡、二胡、中胡(系列)高音区音质、音量的改良	四川音乐学院 天津音乐学院	陈 泽 赵砚臣 陈 欣
	二等奖5项	
标准通用置标语言(SGML)的图书馆应用	国家图书馆 北京大学计算机研究所	孙承鉴 镇锡惠 陈 求 许绥文 王 昆 常 明 谢华东
多功能组合式民族管乐器	中国福利会儿童艺术剧院	许国屏
敦煌壁画乐器仿制研究	甘肃省文化厅 甘肃省科学技术委员会 敦煌研究院	庄 壮 郑汝中
HDL－D96全数字智能调光硅柜	广州市河东电子有限公司	曾 义 陈 才 徐德浓
气垫运载音响射罩	江苏省文化科学技术协会 天津市艺拓舞台科技开发有限公司	石 路 胡清亮 何锡扬 李复千 崔裕波 冯新亚 董 超
	三等奖2项	
个人全能乐队系统	山东飞马演出器材中心 山东师范大学	马志正 孔 丽
浙江音乐厅可变混响时间的研究	浙江舞台电子技术研究所 浙江大学	张三明 竺爱琴 王亦民 谢 毅
	四等奖4项	
多媒体房地产咨询信息库	广东省佛山市图书馆	刘培俊 王惠君 曹晓莉
99－金舞台计算机综合灯光控制系统	浙江舞台电子技术研究所	王伟强 张忠宏 王 钧
舞台灯光计算机辅助设计系统	上海舞台技术研究所	钱玉林 程 岚 刘 亮
北京舞蹈学院附中舞蹈女学员体成份的研究	北京舞蹈学院	杨 欧 温 柔
	科技管理奖1项	
深化改革,发展舞台技术产业	浙江舞台电子技术研究所	俞 健 连晓鸣 张 霞 傅 兰 鲁 星 詹有根 汪宜玲 竺爱琴 丁黎敏 张 雁 寿金华 吴天德 洪连荣

全国第九届“群星奖”获奖者名录

金奖(25个)

总政代表队	器乐小合奏	《班务会》
山西代表队	器乐	《上党八音鱼鼓韵》
山西代表队	器乐	《拉呱》
湖北代表队	琵琶表演唱	《化蝶》
浙江代表队	女声表演唱	《海乡的秋天》
总政代表队	二胡与独唱	《海岛的眷恋》
广东代表队	二胡独奏	《莲花畅想》
广东代表队	女声独唱	《我就是一个士兵》
武警代表队	重唱	《红贝蕾》
湖北代表队	男声表演唱	《咂酒歌》
武警代表队	表演唱	《爱在边疆》
河南代表队	唢呐独奏	《责任田边农家乐》
广东代表队	唢呐独奏	《梦归》
山西代表队	器乐	《老鼠娶亲》
福建代表队	小合唱	《海面漂着渔火》
山东代表队	吹打乐	《拜鼓曲》
武警代表队	女声独唱	《鸽子,橄榄叶》
河北代表队	女声小合唱	《上大学的哥哥回乡来》
重庆代表队	合唱	《三峡魂》
甘肃代表队	童声演唱	《捉蚂蚱》
上海代表队	无伴奏合唱	《牧归》
山东代表队	板胡独奏	《乡情》
内蒙代表队	合唱	《我的家乡》
上海代表队	民乐合奏	《灯节》
重庆代表队	民间吹打乐	《赶山》

银奖(48个)

吉林代表队	器乐合奏	《延边阿里郎》
湖北代表队	女声表演唱	《采莲戏雨》
云南代表队	男女声表演唱	《弦子弹到你门前》
甘肃代表队	女声独唱	《尕马儿骑上下四川》
广东代表队	女声表演唱	《渔家喜事多》

上海代表队	男声独唱	《母爱》
福建代表队	女声独唱	《村里来了高甲戏》
浙江代表队	双扬琴与乐队	《海乡情》
湖南代表队	女声二重唱	《木龙歌》
黑龙江代表队	女声独唱	《日月畅想曲》
湖南代表队	女声独唱	《晒秋》
江苏代表队	小合唱	《扬州民歌联唱》
天津代表队	女声独唱	《画扇面》
兵团代表队	女声独唱	《我们让绿州更美丽》
河北代表队	四胡与人声	《乡趣》
山东代表队	男声合唱	《海鸥回来了》
武警代表队	女声独唱	《我们从这里出发》
四川代表队	女声独唱	《妈妈的日记》
全总代表队	排鼓	《龙腾虎跃》
湖南代表队	女声独唱	《吊脚楼之恋》
宁夏代表队	男声独唱	《六盘山亮了》
武警代表队	女声独唱	《军旅不了情》
山西代表队	女声独唱	《枣林沟》
重庆代表队	男声独唱	《重庆火龙》
黑龙江代表队	女声独唱	《祖国,我心中的两个大字》
云南代表队	傣族葫芦丝齐奏	《孔雀姑娘》
江苏代表队	女声独唱	《江南吟》
重庆代表队	女声重唱	《醉金秋》
河南代表队	古筝独奏	《汉江韵》
湖北代表队	女声独唱	《长江的故事》
河北代表队	女声独唱	《哥哥就要走》
河北代表队	软弓京胡独奏	《麦子熟了》
重庆代表队	男声小合唱	《三峡石头歌》
河北代表队	女声独唱	《报春鸟》
山西代表队	女声独唱	《难忘当年离别情》
重庆代表队	男声独唱	《川江船二哥》
辽宁代表队	女声独唱	《我家住在大海边》
北京代表队	男女声二重唱	《爱在春天》
上海代表队	大合唱	《举起这杯祝福酒》
湖北代表队	混声合唱	《父亲的故事》
安徽代表队	吹打乐	《淮河情韵》
云南代表队	云南洞经音乐选曲	《南令·老卦腔·将军令》
福建代表队	二胡齐奏	《壶兰抒怀》
广东代表队	大合唱	《龙舟飞歌》
河北代表队	民间器乐	《小曲联奏》
上海代表队	民乐合奏	《山娃的心愿》
总政代表队	女声表演唱	《剪窗花》
江苏代表队	童声独唱	《牧童哪里去了》

铜奖(50个)

福建代表队	文枕琴独奏	《海峡情韵》
新疆代表队	女声独唱	《这里充满希望》
江西代表队	女声独唱	《将军紧握士兵的手》
贵州代表队	女声独唱	《歌唱家乡好地方》
河南代表队	女声小合唱	《数瓜》
湖南代表队	女声独唱	《抗洪部队撤走了》
天津代表队	二重唱	《等你等了很多年》
江西代表队	二胡独奏	《茶乡的春天》
安徽代表队	琵琶独奏	《巢湖泛舟》
海南代表队	女声独唱	《阳光·阳光》
安徽代表队	古诗吟唱	《床前明月光》
上海代表队	少女合唱	《夏·枣儿红了》
江苏代表队	少儿古筝二重奏	《小苗青青》
江西代表队	童声独唱伴唱	《红孩子》
河北代表队	童声小合唱	《哦,山那边》
河北代表队	童声二重唱	《我们是地球小主人》
辽宁代表队	合唱	《小平,你好》
总政代表队	男声独唱	《当兵来到大东北》
天津代表队	民乐合奏	《江河随想曲》
江苏代表队	民乐合奏	《江南新韵》
河北代表队	器乐	《渔村走进喜日子》
辽宁代表队	铜管乐合奏	《呐喊——球迷》
内蒙代表队	男声独唱	《褐色的山峰》
浙江代表队	女声独唱	《家乡的竹斗笠》
新疆代表队	男声独唱	《黑云雀》
黑龙江代表队	女声独唱	《祖国圆舞曲》
吉林代表队	女声独唱	《海之歌》
天津代表队	男声独唱	《我的中国》
黑龙江代表队	女声独唱	《举起这杯迎新酒》
陕西代表队	女声独唱	《根在黄土地》
辽宁代表队	笛子独奏	《渔岛夜思》
四川代表队	男声独唱	《绿色情》
江西代表队	民乐三重奏	《琴弦上的歌》
广西代表队	京族独弦琴独奏	《大海情深》
四川代表队	女声独唱	《川北妹》

黑龙江代表队	女声独唱	《我自豪地唱起国歌》
山东代表队	男声独唱	《中国龙船》
湖南代表队	女声独唱	《难忘的泼水节》
湖南代表队	女声独唱	《湘女神韵》
陕西代表队	陕北民歌	《哪达达也不如咱山沟沟好》
福建代表队	民乐组曲	《俗乐三篇》
辽宁代表队	唢呐独奏	《六字开门》
辽宁代表队	男女声二重唱	《共和国的同龄人》
甘肃代表队	男声独唱	《喊一声号子心舒坦》
山西代表队	女声独唱	《追黄河》
广东代表队	广东音乐合奏	《潮涌东江》
广东代表队	琵琶独奏	《珠水流甜》
山东代表队	女声独唱	《相思曲》
江苏代表队	女声小组唱	《有缘村里来相会》
辽宁代表队	男声独唱	《金太阳·银月亮》

组织奖(12个)

重庆市文化局
上海市文化局
广东省文化厅
江西省文化厅
四川省文化厅
河南省文化厅
山西省文化厅
内蒙古自治区文化厅
湖北省文化厅
湖南省文化厅
浙江省文化厅
辽宁省文化厅

第二届中国国际钢琴比赛获奖者名录

名次	姓名	国家	性别	出生日期
第一名	Qin Chuan 秦川	中国	男	1975年11月12日
第二名	Kern Oliver 奥利威尔·科恩	德国	男	1970年1月27日
第三名	Li Yun Di 李云迪	中国	男	1982年10月7日
第四名	Kern Olga 奥丽加·科恩	俄罗斯	女	1975年4月23日
第五名	Mikhailuk Alexander 亚力山大·米哈依路克	乌克兰	男	1970年6月5日
第六名	Dalibaltayan Ruben 鲁班·达里巴塔斯	亚美尼亚	男	1973年11月28日

全国第九届“孔雀奖”少数民族声乐大赛(民族唱法)获奖者名录

一等奖(3名)

内蒙古自治区 朝鲁(蒙古族)
广西壮族自治区 莫晓文(壮族)
吉林省 金勇(朝鲜族)

二等奖(12名)

广西壮族自治区 韦丽萍(壮族)
上海音乐学院 赵勇(回族)
新疆维吾尔自治区 欧坦别克(哈萨克族)
中央民族乐团 方春月(朝鲜族)
成都军区战旗歌舞团 白云(土家族)
广西壮族自治区 李卫红(壮族)
广东省 丁义(满族)
云南省 董凤琴(白族)
广西壮族自治区 樊青青(壮族)
新疆维吾尔自治区 努尔阿米娜(维吾尔族)
陕西省 金小英(达斡尔族)
云南省 欧阳丽梅(彝族)

三等奖(21名)

中央民族歌舞团 雷桂榕(畲族)
武警文工团 拉姆措(藏族)
湖南省 付辽源(土家族)
湖北省 陈春茸(土家族)
广西壮族自治区 严当当(壮族)
煤矿文工团 满艳(回族)
武警文工团 霍然(满族)
中国音乐学院 聂影(回族)
湖南省 李群霞(土家族)
中国音乐学院 毛宁(回族)
广西壮族自治区 唐彩媚(壮族)
青海省 张花春(土族)
辽宁省 王燕(满族)
新疆维吾尔自治区 叶尔哈力·努尔扎达(哈萨克族)
济南军区前卫歌舞团 刘文欣(满族)
广西壮族自治区 蒙玲玲(壮族)
中央民族歌舞团 苏都阿洛(彝族)
宁夏回族自治区 王晓春(满族)
吉林省 金贤子(朝鲜族)
湖北省 田昌萍(土家族)
广东省 萨仁呼(蒙古族)

优秀演唱奖(9名)

中央民族大学 王雪辉(满族)
中央民族大学 巴达玛·其其格(鄂温克族)
内蒙古自治区 达木丁苏荣(蒙古族)
中央民族大学 汤春华(苗族)
西藏自治区 普布卓玛(藏族)
云南省 段世敏(傣族)
黑龙江省 舒国金(锡伯族)
广西壮族自治区 翟克杨(壮族)
内蒙古自治区 白娟(鄂伦春族)

演唱奖(26名)

西藏自治区 仓决卓玛(藏族)
内蒙古自治区 团梅(蒙古族)
新疆维吾尔自治区 刘咏梅(回族)
宁夏回族自治区 马爱学(回族)
天津市 马丽(回族)
广东省 雷慧兰(壮族)
云南省 李建英(白族)
新疆维吾尔自治区 莱丽(塔吉克族)
黑龙江省 安艳华(达斡尔族)
广西壮族自治区 张颖(满族)
青海省 黄培琴(裕固族)
四川省 吉木歇尔(彝族)
宁夏回族自治区 严青霞(羌族)
黑龙江省 李晓燕(回族)
中国音乐学院 肖静(土家族)
辽宁省 宁彤(满族)
解放军海政歌舞团 曾晓燕(布依族)
云南省 李端凤(傈僳族)
内蒙古自治区 呼格吉勒图(蒙古族)
内蒙古自治区 阿日斯楞(蒙古族)
云南省 卓玛拉初(藏族)
中央民族大学 易秒樱(瑶族)
新疆维吾尔自治区 毛丽努尔·依米提(维吾尔族)
湖北省 陈宇京(土家族)
贵州省 刘兰平(侗族)
内蒙古自治区 红梅(蒙古族)

第九届全国美术作品展览水彩、粉画获奖作品名录

地　区	作 品 名 称	作　者	获奖等项
广东	同心协力	黄增炎	金奖
江苏	渔村	卢卫星	金奖
江苏	历史之痛——记侵华日军南京大屠杀	高柏年　庄弘醒	银奖
湖南	森林的报告	坎　勒	银奖
湖北	为了忘却的记忆	胡盛骑	银奖
广东	和谐的记忆	陈海宁	金奖
辽宁	红苹果	韩　婕　黄亚奇	银奖
广东	行进中的大凉山人	叶献民	铜奖
广东	金色的雍布拉康	李　醒　李　明	铜奖
辽宁	归	董喜事	铜奖
上海	都市	平　龙	铜奖
上海	巨龙——船厂风貌图	池振明	铜奖
上海	阳光下	赵志强	铜奖
浙江	干季	杜　拙	铜奖
浙江	白光	郑士龙	铜奖
山东	啊，黄河	陈锡岩	铜奖
山东	四季歌	王绍波	铜奖
山东	阿爸三月归	王　迪	铜奖
湖南	塔林晨光	张举毅	铜奖
云南	红土绿荫	姚建华	铜奖
湖北	红辣椒	唐超伟	铜奖
湖北	秋天掠过池塘	陈　涛	铜奖
江苏	暖阳	莫　雄	铜奖
江苏	’99之夏	金　田	铜奖
湖南	秋华	段　辉	铜奖
福建	第十交响乐——希望	谢艾非	铜将
北京	发展才是硬道理	楼青蓝	铜奖
黑龙江	有风吹过	王晓东	优秀奖
黑龙江	暮归时斜阳正浓	赵云龙	优秀奖
上海	水乡朱家角	傅　钢	优秀奖
上海	希望	孙振伟	优秀奖
上海	一个星期天的早晨	李锡华	优秀奖
上海	国色天香	陈培荣	优秀奖
内蒙古	晨	丁晓晖	优秀奖
广东	红土人	陈朝生	优秀奖
广东	周末的清晨	张小钢	优秀奖
广东	瑶寨正月	张洪亮	优秀奖
广东	世纪末的春天	廖剑华	优秀奖
辽宁	古城	李升权	优秀奖
浙江	世纪风	蒋　跃	优秀奖

地　区	作品名称	作　者	获奖等项
浙江	挥逝流年	周　刚	优秀奖
浙江	花猫	翟水良	优秀奖
山东	花雨	王力克	优秀奖
山东	龙声阵阵	谭国信　谭大可	优秀奖
山东	海唱	于普洁	优秀奖
山西	跨世纪辉煌——今日缚住苍龙	吉成林　吉　森	优秀奖
山西	乡情难忘	朱　同	优秀奖
江苏	阳光水乡	张新权	优秀奖
江苏	密林深处	杨云龙	优秀奖
江苏	军令	徐益群	优秀奖
江苏	野趣之三	毕鸣仁	优秀奖
云南	拼	胡晓幸	优秀奖
河南	世纪辉煌小浪底	王敬贤	优秀奖
安徽	雨后——水上人家系列之八	高清泉	优秀奖
吉林	夏日	梁志燕	优秀奖
吉林	山花	金隆贵	优秀奖
吉林	嬉雪	张庆平	优秀奖

第九届全国美术作品展览艺术设计获奖作品名录

地　区	作品名称	作　者	获奖等项
中直	灵光	刘巨德	银奖
中直	春夏秋冬	林乐成	银奖
广东	结构·对话	苏若山　林　强	优秀奖
陕西	过去·连接·未来	马　辉	铜奖
辽宁	大连《海之韵》	马克辛　王　伟	铜奖
上海	上海博物馆	邢同和	银奖
云南	中国古代铜鼓展	李　黎　张　原　潘　怡	铜奖
广东	广州中信广场店	吕劲雄	铜奖
中直	国务院接待楼室内环境艺术设计	郑　曙　李风崧 刘铁军　杨冬江 张　伟　林　泽	金奖
中直	卫生部办公楼多功能厅	管　嘉	优秀奖
广东	神农大酒店	集美组·梁建国　蔡文齐 卢海峰　曾芷君 张　宁　崔华峰	铜奖
中直	山东工行银工大厦室内环境艺术设计	梁世英　葛　非　朱黎明	优秀奖
中直	北京市政府外事楼接待厅室内环艺设计	葛　非　潘吾华　黄　艳	铜奖
湖北	天籁	唐小禾　程　犁	优秀奖
广东	人民大会堂广东厅	吴武彬　黄建成　陈卫群	铜奖
广东	浙江世界贸易中心大饭店	集美组·蔡文齐　刘志勇 梁建国　卢海峰 陈向京　林春立	优秀奖

地区	作品名称	作者	获奖等项
广东	南苑饭店	集美组·曾芷君　陈向京 蔡文齐　梁建国　卢海峰 林春莉　刘志勇　崔华峰	铜奖
广东	银城酒店	集美组·陈向京　曾芷君 梁建国　蔡文齐　张　宁 刘志勇　崔华峰　卢海峰 林春莉	金奖
江苏	状元及第图	保　彬　张连生　单德林	优秀奖
山东	大地颂	许文集　朴晓卉	优秀奖
湖北	信息时代	程　犁　唐　晖	优秀奖
上海	春华秋实	刘克敏	铜奖
中直	生命之树常青	崔彦伟　姜竹青	银奖
中直	东方文明	侯一民　李林琢	银奖
北京	我是财神,财神是我	张世彦　谷云瑞　赵少若	优秀奖
山东	孙子圣绩图	陈飞林　李友生	银奖
辽宁	听雨	刘　洋	铜奖
广东	天风	全　森	铜奖
广东	广东美术馆室内环境设计	集美组·王中石　谢向宇 叶明辉　张　雁	银奖
中直	大成若缺	白　明	优秀奖
中直	流动的线	祝重华	优秀奖
中直	栖居	章　星	优秀奖
山东	蚕与茧	胡希佳	优秀奖
浙江	踏云归	高　峰	银奖
中直	和谐·餐具设计	李正安　陶尊方	优秀奖
浙江	三个罐	许　群	铜奖
浙江	静语	戴雨享	铜奖
中直	北方面馆餐具	郑　宁	优秀奖
山东	城	远　宏	铜奖
浙江	花祭——布上百合·云中团花	郭　艺	铜奖
广东	砖木结构 XI、XⅡ	陆　斌	铜奖
浙江	汲	李素芳	铜奖
浙江	战争肖像——1999.3.24	刘　正	优秀奖
浙江	青龙泉	周　武	铜奖
中直	“手机”概念设计	工业设计研究所系统设计室	银奖
中直	自动取款机造型设计	工业设计研究所系统设计室	优秀奖
福建	双人休闲艇概念	谢大康	优秀奖
中直	城市有轨电车设计	赵　超	优秀奖
中直	牙科综合治疗机	蔡　军　李　卫　黄　平　杨　霖	优秀奖
河北	便携式运动车	刘朝辉	铜奖
浙江	起承转合	吴海燕	金奖
浙江	中国风	王善珏	优秀奖
中直	巴黎大赛“国家奖”	钟　捷	优秀奖
浙江	监控仪造型设计	雷　达　袁　韧	优秀奖

地 区	作 品 名 称	作 者	获奖等项
福建	萨克斯休闲沙发	吴秋玲	铜奖
天津	铸铁椅	王逸刚	优秀奖
浙江	越	王健芳	铜奖
浙江	春天的故事	裘海索	金奖
浙江	蓝花花	裘海索	铜奖
中直	雅致中华新概念	刘元风	优秀奖
辽宁	城市另类	杨 慧	优秀奖
中直	90CC 摩托车造型设计	工业设计研究所交通工具造型设计组	优秀奖
北京	便携式游艇	林晓雅	铜奖
中直	“car for china”交通工具概念设计	工业设计系部分研究生及三年级全体学生	优秀奖
浙江	保护水资源、珍惜水资源	蒋 华	银奖
广东	中国古瓷	程 耀	优秀奖
浙江	穿针引线	梅发钗	优秀奖
香港	结合≠互动(之一、二)	李永荃	银奖
湖南	中国的足球不要重男轻女	贵仁杰 欧阳波	优秀奖
上海	互动	沈浩鹏	优秀奖
浙江	靳埭强设计展	韩 绪	银奖
广东	保护大自然	彭佐标	铜奖
湖北	触动手足情	张向东	优秀奖
贵州	生存、状态	刘 意 郭达平	优秀奖
广东	蜥蜴篇(交通安全)	陈绍华	银奖
北京	关注 2000	刘雪茜	铜奖
北京	新十字架	王志俊	优秀奖
中直	中国华宝大典 传世画藏	黄 维	优秀奖
山东	商品?!	王宏昆	优秀奖
江西	中国民间刺绣艺术火柴	丘 斌	铜奖
四川	爱书	许 亮 廖蔷薇	铜奖
湖南	一路光明	陈 明	铜奖
山东	2000	苗登宇	银奖
山东	捍卫和平	石增泉	优秀奖
广东	沟通	毕学峰	铜奖
广东	人与自然——森林在减少湖泊在萎缩	杜峰松	铜奖
云南	陈鸿瓴钢笔临古帖	杨 军	优秀奖
黑龙江	花笺掇英	蒋 悦 汪敏明 何伟权	银奖
北京	北京图书馆藏书票	郝雪婷	优秀奖
江苏	冯骥才名篇文库	速泰熙	铜奖
陕西	贾平凹书画	李 丹	优秀奖
广东	许钦松版画集	吴 玮	优秀奖
北京	何香凝国画作品	王虎鸣 阎炳武	优秀奖
香港	物我融情,靳埭强海报选集	靳埭强	优秀奖
山西	迎接新世纪	赵紫春	优秀奖

地　区	作品名称	作　者	获奖等项
中直	贝隶铭	宋协伟	银奖
上海	1998 联合国邮票	张乐陆	银奖
广东	深圳市深南中路环境设计改造	吴家骅　古　锐　李　普 饶小军　黄绮莉	特邀作品
上海	地铁二号线江苏站	张宇炜　庄　骥	特邀作品
浙江	杭州环城北路城市设施系列	赵　阳　俞　坚　周　勇 王　均　周　波	特邀作品
中直	中华世纪柱	杜大恺　王培波　赵　萌 张延刚　周尚仪	评委作品
湖南	线与面	张瑶燕	优秀奖

第九届全国美术作品展览版画获奖作品名录

地　区	作品名称	作　者	获奖等项
浙江	古树祭——天目山古树被盗伐纪实	蔡　枫　沈立功	金奖
湖北	世纪三峡	王晓愚	金奖
浙江	来自开发区的报道——出土二战 70 万件遗物的思考	韩黎坤	银奖
浙江	黄河大合唱	朱维明	银奖
总政	延河水	李传康	银奖
重庆	窗内外的风景	戴政生	银奖
浙江	平常人之四	陈旭海	铜奖
云南	古瓶系列·故鉴图	郝　平	铜奖
陕西	村官候选	代大权　杨　锋	铜奖
内蒙	巴丹吉林	苏　和	铜奖
贵州	璀灿的阳光	王建山	铜奖
宁夏	阳光·阳光——东方国里的穆斯林之八	罗贵荣	铜奖
山东	静物	杨　越	铜奖
安徽	十二生肖·鼠·龙·羊·猴	班　苓	铜奖
黑龙江	放春	何为民	铜奖
河北	人与龙	张敏杰	铜奖
天津	收获	陈九如	铜奖
天津	四重奏	张　莞	铜奖
江苏	故乡的阳光	徐　健	铜奖
江苏	和平风雅颂	王轶琼	铜奖
江苏	水中的鱼	陈　琦	铜奖
江苏	1936·民族的希望	金小平	铜奖
四川	凉山姑娘	阿　鸽	铜奖
新疆	春潮	蒋振华	优秀奖
湖北	历史的超越——跨越塔克拉玛干	魏　谦	优秀奖
浙江	走近某日	王　超	优秀奖
浙江	水巷	黄安华	优秀奖
浙江	黄河魂——纪念黄河大合唱诞生 60 周年	陈玄巍	优秀奖

地 区	作 品 名 称	作 者	获奖等项
总政	民以食为——彭德怀元帅 1958 年在湖南农村	贾力坚	优秀奖
云南	乡音	陈永乐	优秀奖
内蒙	树	张存刚	优秀奖
广东	亘古之月	郑星球	优秀奖
广东	鸟语花香	黄启明	优秀奖
河北	好年景	滕雨峰	优秀奖
河北	大山情	董建生	优秀奖
广东	白发苍桑	王文明	优秀奖
安徽	一九七八年十一月二十四日	倪建明	铜奖
甘肃	文部人	王　兵	优秀奖
黑龙江	冬至	郭长安	优秀奖
黑龙江	大风歌	陈玉平	优秀奖
重庆	奔马	康　宁	优秀奖
重庆	步行街	李　仲	优秀奖
重庆	初秋	钟长青	优秀奖
江苏	世说新语	顾志军	优秀奖
江苏	日出而作	陈　勉	优秀奖
辽宁	梦入长沙滩	崔　嵬	优秀奖
山西	庄稼汉组画之四·父子	李晓林	优秀奖
河南	乡里乡亲	肖宏德	优秀奖
四川	春到高原	马力平　青　萍	优秀奖
四川	高原之母	李焕民	评委
黑龙江	惊蛰	晃　楣	评委

第九届全国美术作品展览油画获奖作品名录

地 区	作 品 名 称	作 者	获奖等项
总政	士兵们	秦文清	金奖
总政	巡堤	邵亚川	银奖
总政	检阅	艾民有　张庆涛	银奖
河北	无死人生	郑　峰	银奖
上海	畅想·浦东	邱瑞敏　马宏道　石奇人	银奖
上海	空间	张正刚	银奖
河南	阳关三叠	王宏剑	金奖
北京	苍山如海	曹吉冈	银奖
黑龙江	凡心已炽	郑　艺	银奖
吉林	座席	林　森	银奖
辽宁	多雪的冬天	吴云华	银奖
广西	家园	张冬峰	银奖
湖北	五角星	冷　军	金奖
广东	自梳女	林永康	银奖
广东	沉浮	郭润文	银奖

地区	作品名称	作者	获奖等项
总政	1998 夏·丰碑	高泉 张庆涛 孙立新	铜奖
总政	冬雪	陈坚	铜奖
总政	大敌当前	骆根兴 贾力坚	铜奖
山东	远海	王玉萍	铜奖
山东	神秘园	管朴学	铜奖
安徽	文成公主的故事	高鸣	铜奖
河北	品茶	明镜	铜奖
上海	速写建设者	沈勇	铜奖
河南	七月黄河	段正渠	铜奖
北京	流失的记忆	陈淑霞	铜奖
重庆	穿越时间的呐喊	庞茂琨	铜奖
重庆	春来春去	黄颖	铜奖
云南	预约明天·金色阳光	何云昌	铜奖
黑龙江	东家长,西家短	王文江	铜奖
黑龙江	老歌——我为祖国献石油	王丕	铜奖
吉林	欢乐海洋	刘大明	铜奖
湖南	痕	党朝阳	铜奖
辽宁	消息树	张鸿伟	铜奖
辽宁	未亡人宣言	张澎	铜奖
辽宁	都市早安	齐程翔	铜奖
辽宁	一天到晚游泳的鱼	宋黎明	铜奖
辽宁	寂寞的大工厂	赵晓佳	铜奖
新疆	故土亲人	买买提·艾依提	铜奖
新疆	生存启示	程林新	铜奖
内蒙	暖暖的下午	苗景昌	铜奖
湖北	红土情	王小宝	铜奖
江苏	温暖的阳光	姚莨	铜奖
陕西	红枣	王胜利	铜奖
陕西	石鲁	郭北平	铜奖
浙江	国色天香	施峥	铜奖
浙江	尕海小栈	陈宁	铜奖
浙江	水调歌头	章晓明 焦小健 蔡枫	铜奖
天津	远亲	忻东旺	铜奖
天津	黑色主题 NO.24	祁海平	铜奖
广东	瑶山歌堂	叶献民	铜奖
广东	酸雨	徐唯辛	铜奖
总政	1998·夏	顾建国 秦文清	优秀奖
青海	檀香	丁一军	优秀奖
山西	日出东方红	刘建平	优秀奖
山东	有兰色背景的画室	阎平	优秀奖
山东	柳埠春早	王克举	优秀奖
河北	北方三月	马琳	优秀奖
河北	九月·风	赵文华	优秀奖
河北	质疑	贾向国	优秀奖

地　区	作　品　名　称	作　者	获奖等项
上海	动力	韩巨良	优秀奖
上海	互补构图 NO.6	周长江	优秀奖
上海	记忆的空间 NO.2	程俊杰	优秀奖
河南	家乡风景	于会见	优秀奖
河南	作品 1996.4.5	毛　毳	优秀奖
北京	桃花依旧	潘　强	优秀奖
北京	翠谷	张　元	优秀奖
北京	1978 年 11 月 24 日夜小岗	王少伦	优秀奖
北京	夏日正午	孙为民	优秀奖
北京	雨后荷塘	康有和	优秀奖
云南	收荞	金志强	优秀奖
吉林	太阳·1949	王晓明	优秀奖
贵州	大山里的节日	孔　阳	优秀奖
湖南	东方红·1949	段江华	优秀奖
辽宁	世纪能源	赵世杰	优秀奖
辽宁	家园	韦尔申	优秀奖
四川	又是一年好秋天	何冠霖	优秀奖
四川	水	胡承斯	优秀奖
新疆	太阳·月亮	王光新	优秀奖
宁夏	家	王印泉	优秀奖
内蒙	春游	砂　金	优秀奖
内蒙	白驼·牧女	燕　杰	优秀奖
内蒙	归途	董从民	优秀奖
内蒙	人路朝天	肖　红	优秀奖
内蒙	春·夏·秋·冬	夫　子	优秀奖
湖北	今日新闻	吴小平	优秀奖
江苏	遐歌	金　田	优秀奖
浙江	安立	常　青	优秀奖
浙江	东方红	井士剑	优秀奖
浙江	开架图书	王羽天	优秀奖
浙江	孕	何红舟	优秀奖
浙江	祺圣	黄　鸣	优秀奖
浙江	克隆教授	金甲镇	优秀奖
浙江	我·KOSOVO·1999	崔小冬	优秀奖
浙江	美丽新世界	檀梓栋	优秀奖
广东	边疆集市	李金明	优秀奖

第九届全国美术作品展览漫画获奖作品名录

地　区	作　品　名　称	作　者	获奖等项
黑龙江	人物漫画像一组	吕鸿群	银奖

地　区	作品名称	作　者	获奖等项
上海	璀璨五十年迈向新世纪	陆汝浩　孙绍波　潘文辉　杜建国　天　呈　郑辛遥　董之一	铜奖
山东	草船借箭	黎　清	银奖
北京	敬畏	徐鹏飞	铜奖
山西	我的牛	李二宝	铜奖
上海	小朋友乖乖,把门开开	毛小榆	铜奖
解放军	战士的足迹	郑化改	铜奖
北京	遥控	魏　铁	优秀奖
河北	机构	李志宏	优秀奖
上海	齐心协力	谢振强	优秀奖
上海	国徽	天　呈	优秀奖
上海	无题	汪家铭	优秀奖
浙江	家中有了电脑	柴立青	优秀奖
福建	不准看	林颐彦　张兆年	优秀奖
福建	鲁迅先生,我坚信精神是可以变物质的	叶崇正　林容生	优秀奖
山东	无题	肖文津	优秀奖
广东	大款	方　唐	优秀奖
四川	绿化检查	雷瑞之	优秀奖
北京	论独立思考	王复羊	评委

第九届全国美术作品展览插图获奖作品名录

地　区	作品名称	作　者	获奖等项
北京	钻石项圈奇案	高荣生	金奖
浙江	童年的梦	陶文杰	银奖
陕西	莎士比亚	吕书峰	银奖
浙江	在细雨中呼喊	安　滨	铜奖
广东	中国历代后妃大观	邹　莉	铜奖
贵州	乌蒙传奇	谌宏微	铜奖
上海	田园颂歌谣集	沈刚强	铜奖
浙江	我们的好伙伴	顾域树	优秀奖
福建	水手梦	张永海	优秀奖
福建	海峡民间故事	朱宇南	优秀奖
福建	八闽揽胜	肖秉纯	优秀奖
北京	战争与回忆	张守义	评委

第九届全国美术作品展览漆画获奖作品名录

地　区	作品名称	作　者	获奖等项
福建	花季	苏国伟	金奖
福建	盛世祥和	陈金华	银奖

地　区	作品名称	作　者	获奖等项
福建	心愿	郑益坤	银奖
福建	布达拉宫	郑修铃　李国栋	银奖
福建	暖金	李云燕	银奖
重庆	花与桃	肖连恒	银奖
北京	故宫养心门	白小华	铜奖
山西	梨花蜜	黄　山　崔俊恒	铜奖
江苏	钟馗出巡	高　震	铜奖
福建	欢乐颂	吴嘉诠	铜奖
广东	古韵悠悠	岑凤环	铜奖
北京	山村	李　鲤	优秀奖
天津	故园	任建民	优秀奖
河北	国泰民安	韩　翔	优秀奖
辽宁	白山黑水	梁义勇	优秀奖
江苏	香格里拉	汪　浒　李东卫	优秀奖
福建	流金岁月	高　宏	优秀奖
福建	铁树	邱祥锐	优秀奖
江西	山城之歌	熊建新	优秀奖
江西	战神	杨　在	优秀奖
湖南	山城	何新闻　蔡阳勇	优秀奖
湖南	乡情	焦小群	优秀奖
重庆	峡谷晴空	陈恩深	优秀奖
重庆	白露	刘善林	优秀奖
北京	信徒	乔十光	评委

第九届全国美术作品展览年画获奖作品名录

地　区	作品名称	作　者	获奖等项
浙江	四季如春	陈继武	银奖
辽宁	瑞雪	王　宓	银奖
江西	世纪潮	刘称奇	金奖
天津	美酒飘香	刘　正	铜奖
浙江	虎	何业琦	铜奖
山东	福满人间	李永强　藏恒旺	铜奖
四川	吉祥如意	王殿科	铜奖
河北	二月二	王建礼　王　军	优秀奖
辽宁	满族婚俗——称心如意	刘　丹　刘宝贵	优秀奖
江苏	走进新时代	徐华华　成砺志	优秀奖
浙江	遍地英雄	吕德胜	优秀奖
广东	明天会更好	洪白云	优秀奖
四川	十世班祥大师藏区巡游图	陈秉玺.翔秋志玛	优秀奖

第九届全国美术作品展览连环画获奖作品名录

地　区	作 品 名 称	作　者	获奖等项
解放军	男人的海	杨在溪　付　林　吕醉陶	银奖
上海	紧急迫降	杨宏富	铜奖
上海	小二黑结婚	贺友直	银奖
广东	战友——中国记者在贝尔格莱德	赵　健　蔡海威　林　琳 刘新强　卜绍基	银奖
内蒙	一起睡着了	周　旭	铜奖
辽宁	夕阳落在山那边	黄洪涛	银奖
黑龙江	春暖刁翎	衣晓白	铜奖
上海	伟人的抉择	叶　雄	铜奖
湖南	风雨长河	廖正华	铜奖
海南	小桔灯	高鸣峰	铜奖
陕西	平凡的世界	李志武	铜奖
河北	老房子	谢永增	优秀奖
吉林	超越自我	史殿生	优秀奖
黑龙江	暴风骤雨	侯国良	优秀奖
上海	老鼠偷眼镜	张蔚听	优秀奖
山东	生命的呼唤	尹　毅	优秀奖
湖南	三个男人和一个女人	陈和西	铜奖
湖南	乌鸦唤来五谷祭	周伟钊	优秀奖
四川	三国演义大迷宫	刘学伦　刘　蔡　殷　梦　郭　川	优秀奖

第九届全国美术作品展览宣传画获奖作品名录

地　区	作 品 名 称	作　者	获奖等项
浙江	禁止污水超标排放	魏新燕	金奖
陕西	硕果	史　强　史　刚	银奖
陕西	迎接新世纪网络时代的挑战	郭线庐	银奖
浙江	勿亡国耻	马学文	铜奖
浙江	我们的生命怎能承受	郑军德	铜奖
广东	旭日、群雁回归	廖小元　王建伟	铜奖
陕西	遏制荒漠化靠我们的双手	李望平	铜奖
陕西	远离毒品,洁身自好	李荣伟　柯建军	铜奖
辽宁	我想有个家	姜永坤	优秀奖
辽宁	中华人民共和国万岁	晁德仁	优秀奖
山东	生死攸关	丰兴军	优秀奖
湖北	锦绣前程	范汉成	优秀奖
广西	黎明	刘承钢	优秀奖
陕西	关爱野生动物	王檬檬	优秀奖
陕西	停止杀戮藏羚羊	彭　程	优秀奖
陕西	寻找快乐家园	王　山	优秀奖

地　区	作 品 名 称	作　者	获奖等项
陕西	还我色彩	史　刚	银奖
青海	保护环境系列	程新洁	优秀奖
解放军	保卫和平巩固国防	游　健	优秀奖

第九届全国美术作品展览雕塑获奖作品名录

地　区	作 品 名 称	作　者	获奖等项
江苏	希望	徐诚一	银奖
湖南	出境	雷宜锌	铜奖
广东	大道	钟志源	银奖
陕西	大江东去	陈云岗	银奖
北京	钱学森	李守仁	铜奖
北京	寓言组雕	张大生　张慧先	铜奖
上海	申江花月夜	张健民	铜奖
上海	天路	瞿广慈	铜奖
重庆	魂韵	焦兴涛	铜奖
重庆	中国人系列 51 号——无名氏	刘　威	铜奖
重庆	父与子	邓　刚	铜奖
山东	希望	刘大力	铜奖
浙江	国风	班陵生	铜奖
河南	克隆羊	李大鹏	铜奖
广东	科技时代的沉思	唐颂武	铜奖
四川	渔惘	严永明	铜奖
四川	源	刘　忠	铜奖
四川	世纪阳光	钱斯华　赵莉	铜奖
北京	陶陶一岁半了	吕品昌	优秀奖
北京	河之泪	黄月新	优秀奖
北京	和风	叶　晨	优秀奖
上海	空房间	向　京	优秀奖
天津	天地间	景育民	优秀奖
河北	春不老	王艺宁	优秀奖
山东	如歌的行板	张白涛	优秀奖
浙江	金秋	龙　翔	优秀奖
浙江	壮怀激烈	杨奇瑞	优秀奖
浙江	生命之门	李秀勤	优秀奖
浙江	百年名流	仇世杰　李沐　阮亚青	优秀奖
广东	生生不息	尹秋生	优秀奖
广东	唢呐情	陈　克	优秀奖
广东	巴金像	黄炳谊	优秀奖
广东	解放——纪念 1949、1978	黎　明	优秀奖
广东	黄少强像	林汉强	优秀奖
广西	动力	石向东	优秀奖

地　区	作品名称	作　者	获奖等项
四川	小川戏	李先海	优秀奖
陕西	高原一饮	田　勇	优秀奖
陕西	静语	马　辉	优秀奖
陕西	在路上	王洪汀	优秀奖
	杨善深头像	潘　鹤	评委

第九届全国美术作品展览中国画获奖作品名录

地　区	作品名称	作　者	获奖等项
上海	热血	韩　硕	金奖
浙江	书香门第	郑　力	金奖
广东	丰年	方　向	银奖
总政	民兵史话长卷	于长江　陈　嵘 钱宗飞　吴涛毅	金奖
北京	毕业生	杨　凡	银奖
吉林	云飘塞北	张鸿飞	银奖
江苏	九九春运图	于友善	银奖
山东	吉祥腊月	于新生	银奖
浙江	梅花傲骨天成	吴静初	银奖
浙江	空谷	姜建林	银奖
浙江	又是一春风	姜宝林	银奖
江西	佳人有约	杨金星	银奖
湖北	银锁	李乃蔚	银奖
总政	青春华彩	孔　紫	银奖
总政	九八记事	袁　武	银奖
总政	热血男儿	苗再新	银奖
总政	洪流滚滚	甘长霖	银奖
北京	梵净雨后	张仁芝	铜奖
北京	阳光璀璨	南海岩	铜奖
上海	与大师相会	张培成	铜奖
陕西	选村官	郭全忠	铜奖
陕西	依山傍水	张振学	铜奖
陕西	家园	赵益超　张明堂	铜奖
陕西	读	王有政	铜奖
新疆	红柳滩	康书增	铜奖
新疆	煦日	叶　华	铜奖
总政	边陲白杨	张远航　李晓柱	铜奖
总政	源	肖李雷	铜奖
总政	夏日的记忆	宫　丽	铜奖
总政	侗乡巡诊图	满维起	铜奖
总政	画兵	李　翔	铜奖
总政	大河上下	陈钰铭	铜奖
日本	绿韵	马星华	铜奖
北京	兰岛之夜	杨延文	优秀奖
北京	踱步	王颖生	优秀奖

地 区	作品名称	作 者	获奖等项
北京	山高处清凉	聂 鸥	优秀奖
北京	峰回路转	赵 卫	优秀奖
北京	晨曦	晁 海	优秀奖
北京	改革之年	毕建勋	优秀奖
上海	荷满塘	张桂铭	优秀奖
天津	高秋	霍春阳	优秀奖
天津	溪塘过雪	贾广健	优秀奖
天津	往事如歌	范志斌	优秀奖
河北	圣山	李壮阁	优秀奖
河北	欢乐北方	梁占岩 纪京守	优秀奖
辽宁	古塬逢春	韩敬伟	优秀奖
黑龙江	塞北绿风	高卉民	优秀奖
黑龙江	熏风	权伍松	优秀奖
黑龙江	云水观道	卢禹舜	优秀奖
江苏	故宫喜事	张 铨	优秀奖
江苏	战洪图	周京新	优秀奖
江苏	金色的池塘	叶 烂	优秀奖
山东	今夜无人入睡	孙笑运	优秀奖
山东	绿野	宋丰光 张锦平	优秀奖
山东	花季	吕广欣	优秀奖
山东	槐树沟开发过后	胡应康	优秀奖
山东	田园寄情	曾先国	优秀奖
山东	阳光	梁文博	优秀奖
山东	霜晨	王小晖	优秀奖
浙江	好山色	郎承文	优秀奖
浙江	归航	田一平	优秀奖
浙江	踏平坎坷成人道	黄发榜	优秀奖
浙江	太行洪谷	张 谷	优秀奖
浙江	儒林	林海钟	优秀奖
浙江	富春人家	陈向迅	优秀奖
浙江	栖禽涤露图	韩 璐	优秀奖
浙江	灿若繁星——冰心	周 晋	优秀奖
浙江	血浓于水——白求恩	王 赞	优秀奖
福建	百年冰心	卢志强	优秀奖
湖北	绿色家园	樊 枫	优秀奖
湖北	南风	李 锋	优秀奖
湖北	秋颂	魏金修	优秀奖
湖北	我们万众一心	刘正洪	优秀奖
河南	苍翠大别山	桂行创	优秀奖
广东	渔舟	张正勋	优秀奖
广东	新绿	梁如洁	优秀奖
广东	江村春意	蓝佐然	优秀奖
广东	大荔丰年图	王孟奇	优秀奖
广东	藤韵	方楚雄	优秀奖
广东	金贝堂之秋	陈少珊	优秀奖

地　区	作品名称	作　者	获奖等项
广东	静观·天长地久	李东伟	优秀奖
广西	清夏	周　松	优秀奖
广西	家在水云乡	张复兴	优秀奖
陕西	乳汁颂	石景昭	优秀奖
陕西	柿子熟了的时候	贺荣敏	优秀奖
总政	决战	杨　芳　吕十锁	优秀奖
总政	太空的呼唤	张万臣	优秀奖
总政	回眸于崑乐相融	杜　军	优秀奖
总政	女特警队员	黄援朝	优秀奖
总政	我那南疆扫雷的战友们	邓超华	优秀奖
总政	雪域情	邹立颖	优秀奖

第九届全国美术作品展览港、澳、台地区获奖作品名录

地　区	作品名称	作　者	获奖等项
台湾	海峡夜浪	冉茂芹	优秀作品
香港	岩嶂千重图	马桂顺	优秀作品
香港	餐酒、梨和爵士	陈方远	优秀作品
香港	喜泼吉祥水	胡作人	优秀作品
香港	天意	黄孝奎	优秀作品
台湾	五羊图	李金国	优秀作品
台湾	生命之歌	陈显栋	优秀作品
澳门	紫蝴蝶	叶　泉	优秀作品
香港	寿而康图	谢举贤	优秀作品
香港	建国五十周年庆	沈　默	优秀作品
香港	山影依旧枕山村	曾三凯　计玉菁	优秀作品
香港	水墨系列 1999(6)	蔡海鹰	优秀作品
香港	皖南奇冤备忘录之三	陆国源	优秀作品
香港	百岁光阴卷宗岁蝶——香港今昔	吴清华	优秀作品
香港	荷影	胡永凯	优秀作品
香港	华山图	熊　海	优秀作品
香港	傲霜	郑慧琛	优秀作品
香港	沙巴原住民·鲁顺少女	李自兴	优秀作品
香港	聚	南　溪	优秀作品
台湾	东港渔村	陈庆惠	优秀作品
香港	月曲	卢炳森	优秀作品
台湾	苍虬图	司徒锦鹰	优秀作品
香港	春山初醒	蔡布谷	优秀作品
香港	梵籁	曾三凯	优秀作品
香港	金生丽水	蔡健如	优秀作品
澳门	澳门新纪元	李瑞祥	优秀作品
香港	雨后	王秋童	优秀作品
澳门	山居图	王健尔	优秀作品
香港	碧嶂吐玉泉	蔡湘君	优秀作品
香港	兢	李学迅	优秀作品

全国高等艺术院校名录

学校名称	主管部门	专业设置
中央音乐学院	文化部	研究生专业:音乐学 本科专业:作曲与作曲技术理论、指挥、音乐学、演唱、键盘乐器演奏、管弦(打击)乐器演奏、中国乐器演奏
中央美术学院	文化部	研究生专业:美术学、绘画、雕塑 本科专业:中国画、油画、版画、雕塑、壁画、美术学、装潢艺术设计、环境艺术设计
中央戏剧学院	文化部	研究生专业:戏剧学 本科专业:导演、表演、戏剧文学、舞台设计、灯光设计、服装和化妆设计
中国音乐学院	文化部	研究生专业:音乐学、作曲与作曲技术、声乐表演、器乐表演、音乐教育 本科专业:音乐学、作曲与作曲技术理论、演唱、中国乐器演奏、音乐教育
中国戏曲学院	文化部	研究生专业:戏剧戏曲学 本科专业:戏曲文学、表演、导演、戏曲作曲、舞台设计
北京舞蹈学院	文化部	本科专业:舞蹈史与舞蹈理论、舞蹈编导、舞蹈教育、表演
上海音乐学院	文化部	研究生专业:音乐学、作曲与作曲技术理论、音乐表演艺术 本科专业:作曲与作曲理论、指挥、演唱、键盘乐器演奏、管弦(打击)乐器演奏、中国乐器演奏、音乐学、乐器修造艺术、音乐教育、音乐音响导演
上海戏剧学院	文化部	研究生专业:戏剧学、导演艺术及表演艺术、舞台美术及技术 本科专业:导演、表演、戏剧文学、舞台设计、灯光设计、文艺编导、服装和化妆设计、电视编辑、装潢艺术设计
中国美术学院	文化部	研究生专业:美术学、设计艺术学 本科专业:中国画、油画、版画、雕塑、染织艺术设计、陶瓷艺术设计、环境艺术设计、装潢艺术设计、服装艺术设计、工艺美术学、美术教育、美术学
中国艺术研究院	文化部	研究生专业:音乐学、美术学、戏剧学、电影历史及理论、舞蹈历史及理论、文艺学
北京电影学院	广播电影电视总局	研究生专业:电影学 本科专业:电影文学、导演、表演、电影摄影、电影电视美术设计、录音艺术、影像工程、动画、文学理论、文学剧作、广告、节目制作、文化艺术事业管理

注:文化部管辖,艺术大中专院校2000年3月划交国家教委和北京市教委管理。

全国高等艺术院校名录

学校名称	主管部门	专业设置
中央工艺美术学院	北京市	研究生专业:工艺美术学、工艺美术设计、环境艺术、工业造型艺术、工业造型美术 本科专业:环境艺术设计、染织艺术设计、装饰雕塑、陶瓷艺术设计、服装艺术设计、工艺美术学、装潢艺术设计、工业设计、公共环境系统设计、商业摄影、展示艺术设计、金属工艺、漆艺、公共设施系统设计
天津音乐学院	市教委	研究生专业:音乐学、音乐表演艺术、作曲与作曲技术理论、音乐表演艺术 本科专业:作曲与技术理论、中国乐器演奏、键盘乐器演奏、管弦(打击)乐器演奏、音乐教育、音乐学、演唱
天津美术学院	市教委	研究生专业:美术史论、中国画、油画、版画、装潢设计 本科专业:装潢艺术设计、染织艺术设计、服装艺术设计、环境艺术设计、中国画、油画、版画、雕塑、工业设计、美术教育、装饰艺术设计
沈阳音乐学院	省教委	研究生专业:作曲与作曲技术理论、演唱 本科专业:演唱、管弦(打击)乐器演奏、乐器修造艺术、作曲与作曲技术理论、中国乐器演奏、键盘乐器演奏、舞蹈教育、音乐学、音乐教育、音乐文学。舞蹈表演、通俗音乐
鲁迅美术学院	省教委	研究生专业:美术学、中国画、版画、油画、雕塑、装潢艺术设计 本科专业:中国画、油画、版画、雕塑、装潢艺术设计、服装艺术设计、环境艺术设计、染织艺术设计、美术教育、美术学、影像工程、实用美术、造型艺术设计
吉林艺术学院	省文化厅	研究生专业:音乐学、绘画艺术 本科专业:版画、雕塑服装艺术设计、环境艺术设计、美术教育、舞蹈表演、壁画、装潢艺术设计、管弦(打击)乐器演奏、中国乐器演奏、键盘乐器演奏、作曲与作曲技术、音乐教育、油画、中国画、舞蹈编导、演唱、戏剧导演、戏剧表演、文艺编导、舞蹈教育
南京艺术学院	省教委	研究生专业:美术学、音乐学、工艺美术设计 本科专业:演唱、中国乐器演奏、管弦(打击)乐器演奏、作曲与作曲技术理论、键盘乐器演奏、音乐教育、装潢艺术设计、工业设计、环境艺术设计、工艺美术学、乐器修造艺术、美术学
山东艺术学院	省文化厅	本科专业:作曲与作曲技术理论、中国乐器演奏、管弦(打击)乐器演奏、键盘乐器演奏、中国画、油画、版画、雕塑、表演、舞台设计、音乐教育、美术教育、环境艺术设计、戏剧文学、导演、美术学、播音、演唱、舞蹈教育、音乐学、装饰艺术设计、影视美术、公共关系、商业美术设计、文化管理

全国高等艺术院校名录

学校名称	主管部门	专业设置
武汉音乐学院	省教委	研究生专业:音乐学、马克思主义理论与思政治教育 本科专业:作曲与作曲技术理论、演唱、中国乐器演奏、键盘乐器演奏、管弦(打击)乐器演奏、音乐教育、音乐音响导演
湖北美术学院	省教委	研究生专业:美术学、绘画、雕塑、工艺美术学、工艺美术设设、工业造型艺术 本科专业:中国画、油画、版画、雕塑、美术学、环境艺术设计、工艺美术学、染织艺术设计、服装艺术设计、装潢艺术设计、美术教育
广州美术学院	省高教厅	研究生专业:美术学、雕塑、工艺美术设计、环境艺术、工业造型艺术、绘画 本科专业:中国画、油画、版画、壁画、雕塑、美术学、环境艺术设计、服装艺术设计、装潢艺术设计、装饰艺术设计、美术教育、印刷艺术、社会美术、工业设计
星海音乐学院	省高教厅	本科专业:音乐学、作曲与作曲技术理论、演唱、键盘乐器演奏、管弦(打击)乐器演奏、中国乐器演奏、音乐音响导演、音乐教育、社会音乐
广西艺术学院	区党委 宣传部	研究生专业:音乐学 本科专业:广告学、作曲与作曲技术理论、演唱、键盘乐器演奏、中国乐器演奏、中国画、油画、版画、雕塑、染织艺术设计、装潢艺术设计、音乐教育、美术教育
贵州艺术高等专科学校 (贵州大学艺术学院)	贵州大学	本科专业:演唱、管弦 乐器演奏、油画、键盘乐器演奏、声乐、民乐、油画、国画、版画、雕塑、广告摄影、服装设计、室内设计、装潢设计、环境艺术设计、戏剧、舞蹈、中国乐器、电声、美术教育、音乐教育
四川音乐学院	省教委	研究生专业:音乐学、作曲与作曲技术理论、音乐表演艺术、民族乐器、高师声乐教学、高师钢琴教学 本科专业:音乐学、作曲与作曲技术理论、音乐表演、表演、音乐学、舞蹈学、广播电视编导
四川美术学院	省教委	研究生专业:绘画艺术、工艺美术设计、环境艺术、美术学、雕塑艺术 本科专业:中国画、油画、版画、雕塑、美术学、环境艺术设计、服装艺术设计、陶瓷艺术设计、装潢艺术设计、装饰艺术设计、美术教育
云南艺术学院	省教委	本科专业:作曲与作曲技术理论、演唱、键盘乐器演奏、管弦(打击)乐器演奏、中国乐器演奏、中国画、油画、版画、雕塑、环境艺术设计、服装艺术设计、装潢艺术设计、表演、戏剧文学、舞蹈教育、音乐教育、美术教育
西安音乐学院	省教委	研究生专业:音乐学、作曲及作曲技术理论、音乐表演艺术 本科专业:音乐学、作曲与作曲技术理论、演唱、键盘乐器演奏、管弦(打击)乐器演奏、中国乐器演奏、文化艺术事业管理、音乐教育
西安美术学院	省教委	研究生专业:绘画、美术学、工艺设计 本科专业:国画、油画、版画、摄影、雕塑、染织艺术设计、服装艺术设计、装饰绘画、装潢艺术设计、环境艺术设计、广告、美术教育
新疆艺术学校	自治区教委	本科专业:音乐学、美术学、戏剧文学、舞蹈编导

全国中等艺术学校名录

学校名称	主管部门	专业设置
中央音乐学院附属中等音乐学校	文化部	键盘乐器演奏、管弦乐器演奏、中国乐器演奏、音乐理论基础
中央美术学院附属中等美术学院	文化部	美术
中国音乐学院附属中等音乐专科学校	文化部	声乐、中国乐器演奏、音乐理论基础
中国戏曲学院附属中等戏曲学校	文化部	戏曲表演、戏曲音乐、舞台美术、舞蹈表演
北京舞蹈学院附属中等舞蹈学校	文化部	芭蕾表演、中国舞表演、国际标准舞专业
上海音乐学院附属中等音乐专科学校	文化部	中国乐器演奏、键盘乐器演奏、管弦乐器演奏、音乐理论基础、声乐、乐器制造
中国美术学院附属中等美术学校	文化部	美术
中国北方曲艺学校	文化部	曲艺表演、曲艺音乐伴奏、曲艺创作
北京市戏曲学校	市文化局	戏曲表演、戏曲音乐、群众文化艺术、马戏杂技表演、芭蕾表演、中国舞表演、舞台美术、音乐理论基础、基功师范、键盘乐器演奏
天津音乐学院附属中等音乐学校	天津音乐学院	键盘乐器演奏、管弦乐器演奏、音乐理论基础、中国乐器演奏、声乐
天津市艺术学校	市文化局	戏曲表演、戏曲音乐、马戏杂技表演、中国舞表演舞台美术、芭蕾表演、中国乐器演奏、键盘乐器演奏、影视动画
天津市工艺美学校	市文化局	装潢美术、工业造型设计、服装设计、环境艺术设计、实用美术
河北省艺术学校	省文化厅	美术、中国舞表演、音乐师范、戏曲表演、戏曲音乐、键盘乐器演、管弦 乐器演奏、中国乐器演奏、声乐、话剧表演
张家口分校	市文化局	美术、中国舞表演、声乐
唐山市分校	文化局	舞台美术、戏曲、声乐、舞蹈、器乐
吴桥杂技分校	市文化局	马戏杂技表演
邯郸分校	文化局	中国舞表演、美术、声乐
保定分校	文化局	戏曲戏剧表演、戏曲音乐
石家庄市艺术学校	市文化局	戏曲表演、中国舞表演、群众文化艺术、影视、播音

全国中等艺术学校名录

学校名称	主管部门	专业设置
山西省戏曲学校	省文化厅	戏曲表演、音乐、美术、舞台美术、声乐、中国舞表演、美术教育、音乐教育、公关礼仪与文秘、文物管理与保护
山西省电影学校	省文化厅	电视节目制作、影视表演、影视美术
山西省文化艺术学校	省文化厅	音乐、美术、中国舞表演、话剧与影视表演
大同市文化艺术学校	市文化局	群众文化艺术、美术、中国舞表演
山西省忻州地区文化学校	地区文化局	戏曲表演、美术、群众文化艺术
太原市文化艺术学校	市文化局	戏曲表演、美术、群众文化艺术
山西省运城地区艺术学校	省文化厅	戏曲音乐、声乐、美术、戏曲表演
长治文化艺术学校	市文化局	戏曲表演、音乐、美术、群众文化艺术、戏曲音乐、美术教育
山西省晋中地区艺术学校	行署文化局	戏曲表演、戏曲音乐、美术、声乐、中国舞表演、中国乐器演奏、群众文化艺术、音乐、音乐教育、美术教育
山西省临汾地区文化艺术学校	地区文化局	戏曲表演、音乐、美术、文物保护与管理、群众文化艺术
山西省阳泉市文化艺术学校	市文化局	音乐师范、美术师范、群众文化艺术、戏剧表演、音乐、美术教育
内蒙古自治区哲里木盟艺术学校	盟文化局	声乐、中国舞表演、美术、管弦乐器演奏、键盘乐器演奏、群众文化艺术、美术、影视表演
内蒙古自治区呼伦贝尔盟民族艺术学校	盟文体广电局	中国舞表演、声乐、键盘乐器演奏、管弦乐器演奏、中国乐器演奏、话剧与影视表演、音乐理论基础、美术
赤峰市艺术学校	市文化局	芭蕾表演、声乐、管弦乐器演奏、键盘乐器演奏、美术、戏曲、表演、文博、群众文化艺术
沈阳音乐学院附属中等舞蹈学校	省教委	键盘乐器演奏、管弦乐器演奏、中国乐器演奏、声乐、音乐理论基础
沈阳音乐学院附属中等音乐学校	省教委	中国舞表演、芭蕾舞表演
辽宁省艺术学校	省文化厅	戏曲表演、戏曲音乐、话剧与影视表演、美术、群众文化艺术、中国舞表演、中国乐器演奏、声乐、键盘乐器演奏、舞台美术
沈阳市艺术学校	市文化局	戏曲表演、马戏杂技表演、中国舞表演、声乐、群众文化艺术、话剧表演

全国中等艺术学校名录

学校名称	主管部门	专业设置
大连艺术学校	市文化局	马戏杂技表演、中国舞表演、键盘乐器演奏、声乐
营口市戏曲学校	市文化局	声乐、中国舞表演、中国乐器演奏、群众文化艺术
吉林省戏曲学校	省文化厅	音乐伴奏、声乐、舞台美术、戏曲表演、健盘乐器演奏、舞蹈、通俗演唱、节目主持、钢琴调律、影视美术、器乐、电脑美术、美术、录音、扩声、摄像、音乐师范、美术师范、杂技
吉林省艺术学院附中	省文化厅	键盘乐器奏演、管弦打击乐器演奏、中国乐器演奏、戏曲表演、戏剧播音、美术、声乐、美术设计、舞蹈表演、作曲与作曲技术理论、乐器修理
延边艺术学校	州文化局	声乐、管弦乐器演奏、美术、话剧与影视表演、音乐、舞蹈、美术教育、音乐教育
黑龙江省艺术学校	省文化厅	声乐、管弦乐器演奏、中国舞表演、话剧影视表演、戏曲表演、中国乐器演奏、美术、杂技、键盘乐器演奏、电声乐器演奏
上海市舞蹈学校	市文化局	中国舞表演、芭蕾表演
上海市戏曲学校	市文化局	戏曲表演、戏曲音乐、曲艺表演、话剧影视表演、舞台美术
上海市马戏学校	市文化局	马戏杂技表演
江苏省戏剧学校	省文化厅	戏曲表演、戏曲音乐、美术、室内设计、中国舞表演、群众文化艺术、话剧与影视表演、音乐
江苏省文化学校	省文化厅	群众文化艺术、舞台美术
苏州评弹学校	市文化局	曲艺表演、戏曲表演、舞台美术、群众文化艺术、中国舞表演、装潢设计、美术
常州文化艺术学校	市文化局	戏曲表演、美术、群众文化艺术、播音、中国乐器演奏、声乐、实用美术、服装设计、装潢设计
扬州文化艺术学校	市文化局	群众文化艺术、曲艺表演、室内设计、服装表演、中国舞表演、美术
盐城鲁迅艺术学校	市文化局	戏曲表演、群众文化艺术、杂技表演、工艺绘画、器乐演奏、餐旅管理、戏曲表演
淮阴文化艺术学校	市文化局	美术、群众文化艺术、戏曲表演
徐州文化艺术学校	市文化局	群众文化艺术、美术、服装设计、柳琴表演、柳琴音乐、舞蹈
无锡文化艺术学校	市文化局	群众文化艺术、中国舞表演、锡剧表演

全国中等艺术学校名录

学校名称	主管部门	专业设置
南京艺术学院附中	省教委	键盘乐器演奏、管弦乐器演奏、音乐理论基础、美术、中国乐器演奏
浙江艺术学校	省文化厅	戏曲表演、戏曲音乐、中国乐器演奏、中国舞表演、群众文化艺术、话剧与影视表演、美术、马戏杂技表演、特殊教育师范、文秘
浙江省电影学校	省文化厅	电子声像设备
杭州艺术学校	市文化局	杂技、戏曲表演、音乐、舞蹈
安徽省艺术学校	省文化厅	音乐、美术、中国舞表演、戏曲音乐、群众文化艺术、杂技表演、活剧(影视)表演
安徽省黄梅戏学校	省文化厅	美术、装潢设计、戏曲表演、戏曲音乐、马戏杂技表演、群众文化艺术、音乐
安徽省电影学校	省文化厅	电子应用技术、影视美术、影视摄影、电子声像设备
福建省艺术学校	省文化厅	键盘乐器演奏、管弦乐器演奏、中国乐器演奏、声乐、美术、中国舞表演、马戏杂技表演、戏曲表演、戏曲音乐、木偶表演、曲艺表演、群众文化艺术
厦门戏曲舞蹈学校	市文化局	戏曲表演、中国舞表演、影视武术
江西省文艺学校	省文化厅	键盘乐器演奏、管弦乐器演奏、声乐、中国舞表演、戏曲表演、话剧与影视表演、美术、群众文化艺术、中国乐器演奏、马戏杂技表演、摄影
赣南文艺学校	地区文化局	戏曲表演、群众文化艺术、装潢设计、中国舞表演、声乐、中国乐器演奏、话剧与影视表演
宜春文艺学校	地区教委	声乐、键盘乐器演奏、管弦乐器演奏、中国舞表演、曲艺创作、话剧与影视表演、话剧与影视表演、群众文化艺术、美术、戏曲表演、民乐
山东省戏曲学校	省文化厅	戏曲表演、戏曲音乐、马戏杂技表演、中国乐器演奏、美术、声乐、中国舞表演、群众文化艺术、舞台美术
山东省电影学校	省文化厅	美术、装潢设计、电子声像设备

全国中等艺术学校名录

学校名称	主管部门	专 业 设 置
山东省烟台艺术学校	市文化局	戏曲表演、中国舞表演、管弦乐器演奏、群众文化艺术、声乐、美术、中国乐器演奏、工艺美术、音乐
山东省潍坊艺术学校	市文化局	管弦乐器演奏、键盘乐器演奏、美术、群众文化艺术、声乐、戏剧创作、美术文物修复
山东省临沂艺术学校	市文化局	中国舞表演、声乐、键盘乐器演奏、美术、群众文化艺术,中国乐器演奏
山东省济宁艺术学校	市文化局	中国舞表演、马戏杂技表演、曲艺表演、美术、声乐、装潢设计
山东省泰安艺术学校	市文化局	键盘乐器演奏、管弦乐器演奏、中国乐器演奏、声乐、戏曲伴奏、美术、中国舞表演、戏曲表演、装潢设计、杂技、戏曲音乐
山东省荷泽艺术学校	地区文化局	键盘乐器演奏、管弦乐器演奏、中国舞表演、文物保护与管理、美术、声乐、戏曲表演、中国乐器演奏
济南联合大学中专部	市文化局	戏剧、杂技
河南省艺术学校	省文化厅	话剧与影视表演、声乐、中国舞表演、器乐、管弦乐器演奏、戏曲表演、戏曲音乐、曲艺表演、戏曲音乐、曲艺表演、影视表演,公关礼仪,影视化妆、美术、书法、摄影
河南省电影电视学校	省文化厅	电子声像设备、美术、播音、电视节目制作
河南省安阳文化艺术学校	市文化局	戏曲表演、戏曲音乐、美术、中国舞表演、群众文化艺术
河南省新乡市文化艺术学校	市文化局	美术、声乐、器乐、舞蹈
河南省驻马店地区文化艺术学校	地区文化局	声乐、美术、群众文化艺术、中国舞表演、戏曲表演、装潢设计、器乐
河南省南阳文化艺术学校	市文化局	戏曲表演、戏曲音乐、美术、群众文化艺术、话剧与影视表演、键盘乐器演奏、曲艺音乐伴奏、文秘
洛阳文化艺术学校	市文化局	美术、中国舞表演、声乐、戏曲表演、群众文化艺术、戏曲音乐、器乐、礼仪、书法
河南省商丘文化艺术学校	市文化局	戏曲表演、戏曲音乐、声乐、音乐、舞蹈、礼仪、新闻采编、器乐
河南省许昌文化艺术学校	市文化局	戏曲表演、戏曲音乐、声乐、美术、群众文化艺术、管弦乐器演奏
郑州市文化艺术学校	市文化局	美术、声乐、管弦乐器演奏、戏曲表演、舞蹈杂技

全国中等艺术学校名录

学校名称	主管部门	专业设置
开封市文化艺术学校	市文化局	美术、电视摄像、群众文化艺术、中国舞表演、工艺美术、声乐、图书馆管理
焦作艺术学校	市文化局	戏曲表演、戏曲音乐、中国舞表演、美术、声乐、公关礼仪,中国乐器演奏
河南省濮阳杂技学校	市文化局	马戏杂技表演、戏曲表演、戏曲音乐、声乐、舞蹈
武汉音乐学院附属中等间乐学校	省教委	键盘乐器演奏、声乐、管弦乐器演奏、音乐理论基础、中国乐器演奏,中国舞表演
湖北美术学院附中	湖北美术学院	美术
湖北省艺术学校	省文化厅	键盘乐器演奏、美术、群众文化艺术、声乐、戏曲表演、文物保护与管理、中国乐器演奏、中国舞表演
武汉市艺术学校	市文化局	中国舞表演、戏曲表演、木偶表演、马戏杂技表演、声乐、美术、键盘乐器演奏
荆州市艺术学校	市文化局	美术、戏曲表演、中国舞表演、音乐、公关
湖北黄冈艺术学校	市文化局	音乐、美术、艺术公关、音乐教育、舞蹈
湖北省黄石市文化艺术学校	市文化局	中国舞表演、戏曲表演、声乐、美术、音乐理论基础
湖北省十堰艺术学校	市文化局	美术、中国舞表演、音乐、编剧、公关
湖南省艺术学校	省文化厅	戏曲表演、戏曲音乐、管弦乐器演奏、键盘乐器演奏、曲艺创作、中国舞表演、马戏杂技表演、群众文化艺术、声乐、美术
湖南省衡阳市艺术学校	市文化局	中国舞表演、声乐、曲艺音乐伴奏、美术
湖南省邵阳市艺术学校	市文化局	群众文化艺术、戏曲表演
湖南省常德市艺术学校	市文化局	戏曲表演、群众文化艺术、中国舞表演、声乐、美术、文博、商贸管理
湖南省电影学校	省文化厅	电视摄像、电视美术、装潢设计、电子声像设备、话剧与影视表演、行政事业管理
广州美术学院附属中等美术学校	省高教厅	美术

全国中等艺术学校名录

学校名称	主管部门	专业设置
星海音乐学院附属中等音乐学校	星海音乐学院	音乐理论基础,键盘乐器演奏、声乐、管弦乐器演奏、中国乐器演奏、音乐师范
广东粤剧学校	省文化厅	戏曲音乐、戏曲表演、群众文化艺术、话剧与影视表演、舞台美术
广东舞蹈学校	省文化厅	中国舞表演、音乐舞蹈、国标舞
梅州市艺术学校	市文化局	戏剧表演、戏曲音乐、音乐
湛江艺术学校	市文化局	美术、音乐、室内设计、戏曲表演、戏曲音乐、师范音舞
广东省汕头市文化艺术学校	市文化局	戏曲表演、戏曲音乐、群众文化艺术
广州市艺术学校	市文化局	马戏杂技表演、实用美术、群众文化艺术、中国舞表演、芭蕾表演、戏曲表演、曲艺、音乐伴奏、艺术公关
广东省韶关市文化艺术学校	市文化局	群众文化艺术、导游、文秘与档案、师范音乐
深圳艺术学校	市文化局	键盘乐器演奏、管弦乐器演奏、中国乐器演奏、中国舞表演、声乐、美术
海南省文化艺术学校	省文化广播体育厅	戏曲表演、戏曲音乐、键盘乐器演奏、美术、中国舞表演、声乐、群众文化艺术、管弦乐器演奏、礼仪公关
广西壮族自治区艺术学校	自治区文化厅	戏曲表演、美术、管弦乐器演奏、木偶表演、舞蹈、戏曲杂技、播音、彩调
广西艺术学院中专部	省文化厅	键盘和演奏、音乐理论、作曲、管弦乐器演奏、中国乐器演奏、声乐、打击乐、美术、中国舞表演
四川音乐学院附属中等音乐学校	省教委	键盘乐器演奏、管弦乐器演奏、中国乐器演奏、声乐、美术、作曲
四川美术学院附属中等美术学校	省教委	美术
四川省艺术学校(原四川省川剧学校)	省文化厅	戏曲表演、声乐、装潢美术、中国舞表演、曲艺表演、戏曲音乐、马戏杂技表演、影视表演、美术、服装设计与表演、文化管理与计算机、影视摄影与编辑
四川省舞蹈学校	省文化厅	中国舞表演、话剧与影视表演、器乐演奏、声乐
重庆艺术学校	市文化局	键盘乐器演奏、中国乐器演奏、中国舞表演、声乐、马戏杂技表演、话剧影视表演、管弦乐器演奏

全国中等艺术学校名录

学校名称	主管部门	专业设置
成都市文化艺术学校	市文化局	键盘乐器演奏、管弦乐器演奏、马戏杂技表演、中国舞表演、群众文化艺术、电视摄像、声乐、美术
贵州省艺术学校	贵州大学艺术学校	键盘乐器演奏、音乐理论基础、管弦乐器演奏、民乐、中国舞表演、音乐、声乐、话剧与影视表演、戏曲表演、马戏杂技表演、美术、电子声像设备、装潢设计、群众文化艺术
云南省艺术学校	省文化厅	键盘乐器演奏、管弦乐器演奏、声乐、戏曲音乐、中国舞表演、话剧与影视表演、戏曲表演、马戏杂技表、美术
云南电影学校	省文化厅	电子声像设备、舞台美术与灯光音响
西藏自治区艺术学校	自治区文化厅	声乐、器乐、舞蹈、作曲
西安音乐学院附属中等音乐学校	省教委	键盘乐器演奏、管弦乐器演奏、音乐教育
西安美术学院附属中等美术学校	省教委	美术
陕西省电影电视学校	省文化厅	戏曲表演、中国舞表演、群众文化艺术、装潢设计、曲艺音乐、伴奏、音乐、美术
陕西省电影电视学校	省文化厅	电视节目制作、播音、电子声像设备、广播电视发送技术、美术工艺、电视节目制作
西安市艺术学校	市文化局	戏曲表演、戏曲音乐、群众文化艺术、中国舞表演、舞台美术、声乐、话剧与影视表演、美术、幼儿艺术教育、装潢设计、室内设计
甘肃省艺术学校	省文化厅	管弦乐器演奏、戏曲表演、声乐、乐器演奏、曲艺创作、艺术师资、舞蹈、杂技、工艺美术
甘肃省电影学校	省文化厅	计算机及应用、电子技术应用
青海省文化艺术学校	省文化厅	声乐、器乐、舞蹈、音乐教育
宁夏回族自治区艺术学校	自治区文化厅	群众文化艺术、舞蹈、器乐
新疆艺术学院中专部	自治区教委	音乐理论基础、中国舞表演、马戏杂技表演、服装表演、美术
新疆阿克苏地区文化艺术学校	地区文化局	舞蹈、音乐、美术、器乐、声乐
新疆喀什地区文化艺术学校	地区文化处	中国舞表演、声乐、音乐理论基础
伊犁哈萨克自治州文化艺术学校	州教育局	美术、群众文化艺术、图书馆管理、音乐

中华人民共和国行政区划统计表

（截止 1999 年 12 月 31 日止）

顺序号	省级		地级		县级		市			市辖区
	合计	行政区划单位	合计	行政区划单位	合计	行政区划单位	合计	地级	县级	
	34	4 直辖市 23 省 5 自治区 2 特别行政区	95	58 地区 30 自治州 7 盟	1682	1510 县 117 自治县 49 旗 3 自治旗 2 特区 1 林区	663	236	427	749
1	北京市				5	5 县				13
2	天津市				5	5 县				13
3	河北省				115	109 县 6 自治县	34	11	23	34
4	山西省		4	4 地区	85	85 县	22	7	15	19
5	内蒙古自治区		7	7 盟	69	17 县 49 旗 3 自治旗	20	5	15	17
6	辽宁省				27	19 县 8 自治县	31	14	17	56
7	吉林省		1	1 自治州	21	18 县 3 自治县	28	8	20	19
8	黑龙江省		1	1 地区	47	46 县 1 自治县	31	12	19	64
9	上海市				3	3 县				17
10	江苏省				33	33 县	44	13	31	44
11	浙江省		1	1 地区	39	38 县 1 自治县	35	10	25	24
12	安徽省		2	2 地区	56	56 县	22	14	8	42
13	福建省				46	46 县	23	9	14	24
14	江西省		4	4 地区	71	71 县	21	7	14	14
15	山东省		2	2 地区	61	61 县	48	15	33	45
16	河南省		2	2 地区	89	89 县	38	15	23	46
17	湖北省		1	1 自治州	42	39 县 2 自治县 1 林区	36	11	25	34
18	湖南省		1	1 自治州	72	65 县 7 自治县	29	13	16	34
19	广东省				46	43 县 3 自治县	54	21	33	43
20	广西壮族自治区		5	5 地区	71	59 县 12 自治县	19	9	10	29
21	海南省				10	4 县 6 自治县	9	2	7	3
22	重庆市				23	18 县 5 自治县	4		4	13
23	四川省		7	4 地区 3 自治州	127	124 县 3 自治县	31	14	17	36
24	贵州省		6	3 地区 3 自治州	69	56 县 11 自治县 2 特区	13	3	10	7
25	云南省		13	5 地区 8 自治州	109	80 县 29 自治县	15	3	12	7
26	西藏自治区		6	6 地区	71	71 县	2	1	1	1
27	陕西省		2	2 地区	83	83 县	13	8	5	19
28	甘肃省		9	7 地区 2 自治州	67	60 县 7 自治县	14	5	9	10
29	青海省		7	1 地区 6 自治州	37	30 县 7 自治县	3	1	2	4
30	宁夏回族自治区		1	1 地区	15	15 县	5	3	2	7
31	新疆维吾尔自治区		13	8 地区 5 自治州	68	62 县 6 自治县	19	2	17	11
32	香港特别行政区									
33	澳门特别行政区									
34	*台湾省									

注：台湾省的行政区划资料暂缺。